Astrid Därr, Erika Därr

# Südmarokko mit Marrakesch, Agadir, Essaouira

120sm20 ad

„Marokko liefert sich nicht aus, man muss es sich selbst suchen.“

*Tahar Ben Jelloun*

# Impressum

Astrid Därr, Erika Därr
**Reise Know-How Südmarokko
mit Marrakesch, Agadir, Essaouira**

erschienen im Reise Know-How Verlag Peter Rump GmbH,
Osnabrücker Str. 79, 33649 Bielefeld


**8., neu bearbeitete und aktualisierte Auflage 2020**


**ISBN 978-3-8317-3239-5**

**Gestaltung und Bearbeitung**
Umschlag: G. Pawlak, P. Rump (Layout);
M. Luck (Realisierung)
Inhalt: G. Pawlak (Layout); M. Luck (Realisierung)
Fotonachweis: A. und E. Därr (ad, ed, dd),
Lapoint Surfcamp (lac), J. Lerche (jol),
V. Beushausen (vb), marokko-erfahren.de (mer)
Kartografie: B. Spachmüller, Kartographie Huber,
C. Raisin, Th. Buri
Lektorat: M. Luck

**Druck und Bindung**
Himmer GmbH, Augsburg

**Bibliografische Information
der Deutschen Nationalbibliothek**
Die Deutsche Nationalbibliothek verzeichnet diese Publikation in der Deutschen Nationalbibliografie; detaillierte bibliografische Daten sind im Internet über http://dnb.dnb.de abrufbar.

Reise Know-How Bücher finden Sie in allen gut sortierten Buchhandlungen. Falls nicht, kann Ihre Buchhandlung unsere Bücher hier bestellen:
D: Prolit, prolit.de und alle Barsortimente
CH: AVA Verlagsauslieferung AG, ava.ch
A, Südtirol: Mohr Morawa Buchvertrieb, mohrmorawa.at
B, LUX, NL: Willems Adventure, willemsadventure.nl
oder direkt über den Verlag: **www.reise-know-how.de**

**Bildlegende Umschlag und Vorspann**
(alle Bilder von A. Därr mit Ausnahme des Titelbildes)
Titelbild: Aït Benhaddou (stock.adobe.com © rudiernst)
Vordere Umschlagklappe: The White Camel Camp
in der Agafay-Wüste nahe Marrakesch
S. 1: Musiker in der Ecolodge Atlas Kasbah in Agadir
S. 2/3: Lehmdorf im Ammelntal (Anti-Atlas)
Umschlag hinten: Portal in der Medina von Essaouira
Hintere Umschlagklappe: Dünen im Erg Chegaga

054m015 ad

**Wir freuen uns über Kritik, Kommentare und Verbesserungsvorschläge, gern auch per E-Mail an info@reise-know-how.de.**

**Alle Informationen in diesem Buch sind von den Autorinnen mit größter Sorgfalt gesammelt und vom Lektorat des Verlages gewissenhaft bearbeitet und überprüft worden.**

Astrid Därr
Erika Därr

# SÜDMAROKKO

## MIT MARRAKESCH, AGADIR, ESSAOUIRA

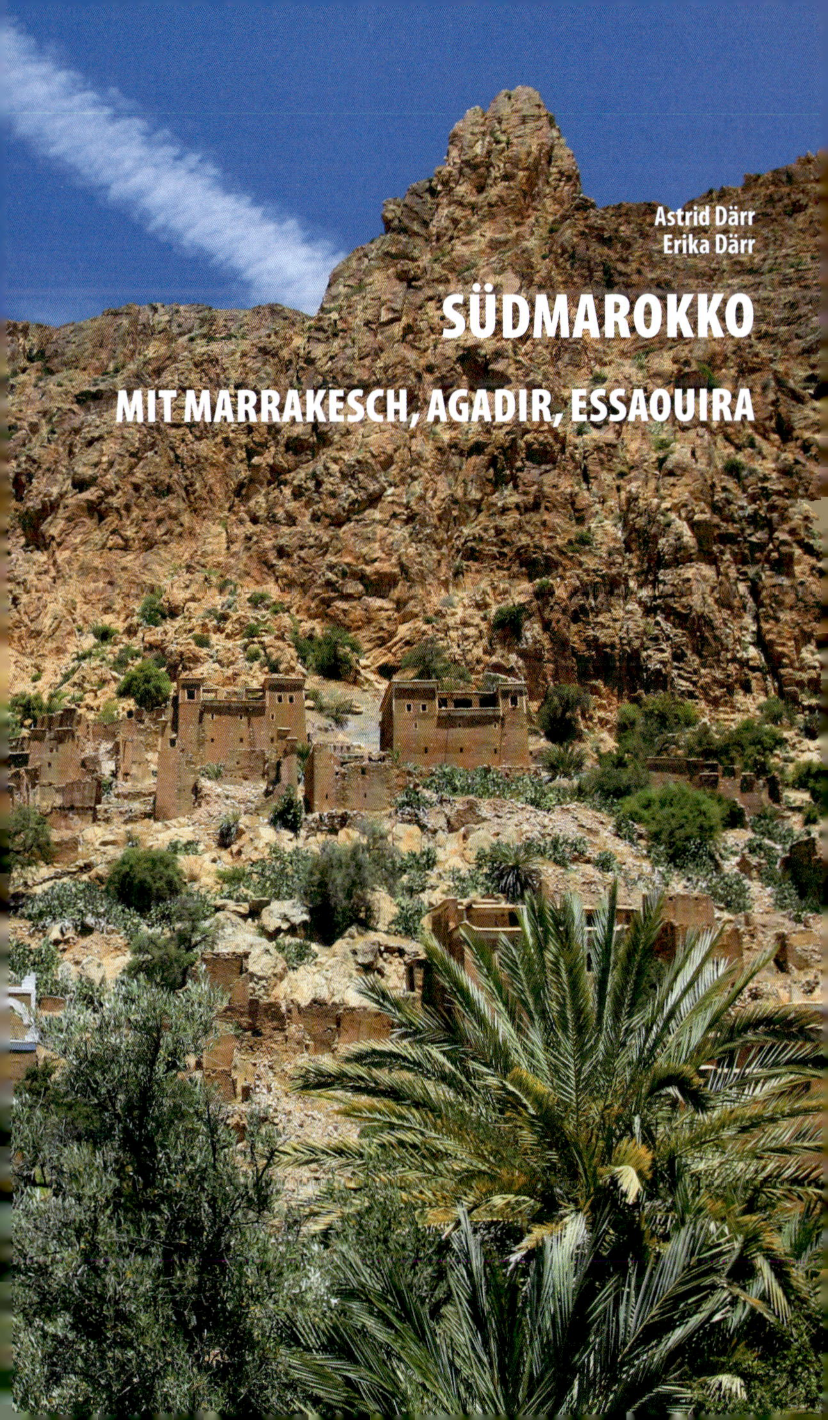

# Vorwort

**Königreich zwischen Sahara und Meer oder „Oase für die Sinne“,** wie das Fremdenverkehrsamt titelt – in Marokko können Reisende Entspannung am Strand, Aktivitäten im Wasser, in der Wüste und in den Bergen mit der Erkundung orientalischer Märkte und Monumente ideal verbinden!

Die moderne Atlantik-Metropole **Agadir** lädt vor allem zum Badeurlaub ein. Hier sucht man vergebens nach dem Flair aus „1001 Nacht“, dafür profitieren Urlauber von Hotels in allen Preis- und Komfortklassen, vom 10 Kilometer langen Sandstrand, von vielfältigen Sport- und Unterhaltungsmöglichkeiten und abwechslungsreicher Gastronomie. Dazu scheint fast das ganze Jahr die Sonne von einem strahlend blauen Himmel.

**Marrakesch** dagegen verbindet den Traum vom Orient mit modernem Lifestyle – farbenfrohe Märkte in den verschachtelten Gassen der Altstadt, prachtvolle Riads (Hofhäuser), die als Gästehäuser dienen, maurische Monumente aus der Zeit der Almohaden- und Saaditen-Dynastien, kulinarische Köstlichkeiten in opulenten Palastrestaurants, Hammams mit orientalischem Wellnessprogramm, blühende Gärten aus Rosen, Bougainvilleen und Palmen.

Westlich von Marrakesch lockt die „Windy City“ **Essaouira** Musiker und Künstler, Surfer und Individualisten an. Die charmante Fischerstadt am Atlantik bietet eine gute touristische Infrastruktur mit kleinen Gästehäusern und gemütlichen Lokalen in renovierten Altstadthäusern.

Beachlife am Strand von Imourane

048sm20 ad

Die **landschaftliche Vielfalt** Marokkos mit Sand- und Kiesstränden, Wäldern und Seen, Bergen und Schluchten, Wüsten und Oasen ist unvergleichlich. Lichte Kiefern- und Eukalyptuswäldchen bilden häufig das Hinterland der Strandzonen nördlich von Agadir, während die Macchia bis nahe ans Meer heranreicht. In den südlichen Küstenregionen weicht die Strauchvegetation zunehmend wüstenhafter Umgebung, nur noch vereinzelt gedeihen Palmen in trockenen Oueds (Wadis).

Das **Landesinnere** zeigt sich gebirgig. Karge Hochplateaus und Bergketten, durchzogen von grünen Tälern und Schluchten, bestimmen das Bild im südlichen Hohen Atlas. Der nördliche **Hohe Atlas** bekommt mehr Regen ab; Gebirgsbäche sprudeln, Terrassenfelder liegen im Schatten von Walnuss- und Apfelbäumen. Der **Anti-Atlas** mit seinen eindrucksvollen Granitbergen, bizarren Felsformationen und engen Palmentälern bei Tafraoute lädt zu ausgedehnten Entdeckungstouren ein. Jahrhunderte alte Speicherburgen aus Bruchstein bilden das architektonische Erbe der Chleuh-(Schlöh-)Berber. Trekkingtouren im Hohen bzw. im Anti-Atlas führen über Pässe und Gipfel zu abgelegenen Tälern und Dörfern – hier knüpft man nette Kontakte und lernt Marokko von seiner ursprünglichsten Seite kennen.

Im Drâa- und Dadèstal thronen die mächtigen Kasbahs der Berber – Wehrburgen aus Lehm – auf Anhöhen über den Flusstälern. Die **Straße der Kasbahs** führt von Ouarzazate nach Errachidia durch weite Steinwüste und fruchtbare Dattelpalmenoasen – im Norden begrenzt vom Hohen Atlas, im Süden vom vulkanischen Djabal Siroua und Djabal-Saghro-Massiv. Entlang des Ziz-Tals erreicht man das **Tafilalet** und die bis zu 150 m hohen Dünen des Erg Chebbi. Etwas ruhiger geht es im zweiten großen Sanddünengebiet zu, dem Erg Chegaga bei M'hamid. Wer ein authentisches Wüstenerlebnis sucht, unternimmt eine mehrtägige Kamel- oder Geländewagentour. Abends leuchtet über dem Lagerfeuer der endlose Sternenhimmel.

**Um Marokko** und seine Menschen wirklich **kennenzulernen,** gehört der Mut, den Hotelbereich zu verlassen und auf eigene Faust loszuziehen. Auch wenn die Kommunikation manchmal schwerfällt oder die vielen „hilfreichen Geister" auf die Nerven gehen: Mit Humor, Offenheit, Toleranz und etwas Abenteuerlust ist ein erlebnisreicher Urlaub in Marokko garantiert!

**Mit diesem Buch** möchten wir vor allem Flugtouristen ansprechen, die organisiert oder individuell, mit Mietwagen oder öffentlichen Verkehrsmitteln das Land entdecken wollen. Die „Reisetipps A–Z" umfassen neben Informationen zur Vorbereitung und Durchführung der Reise auch **Verhaltenstipps,** um sich im bisweilen „anstrengenden" Marokko besser zurechtfinden zu können. **Hintergrundinformationen** über Land und Leute tragen dazu bei, die Menschen und ihre Kultur besser zu verstehen. Die Regionalkapitel geben Ihnen detaillierte touristische Informationen zu den Sehenswürdigkeiten und den besten Adressen vor Ort.

**Wir wünschen Ihnen** einen eindrucksvollen und erholsamen Aufenthalt in Marokko!

Ihre *Astrid* und *Erika Därr*

# Inhalt

## 9 Land und Leute 569



## 10 Anhang 653



### Hinweis zum Straßennetz

In den letzten Jahrzehnten wurden die offiziellen **Straßennummerierungen immer wieder geändert.** Seit 2018 gilt wieder ein neues Nummernsystem. Dessen Umsetzung vor Ort (auf Schildern, Karten etc.) kann jedoch Jahre dauern, sodass in diesem Reiseführer die alte Nummerierung der Straßen (nach dem System N = Nationalstraße, R = Regionalroute) beibehalten wurde, um Verwirrung zu vermeiden. Apple und Google Maps verwendeten 2019 weiter die alten Nummern und Bezeichnungen, OpenStreet Maps z.T. die neuen (RN = Nationalstraße).

050sm20 ad

# Exkurse

# Karten

In den **Kopfzeilen** der Buchseiten erfolgt ein Verweis auf die jeweils in den Kontext passende Karte bzw. Stadtplan.



### Kapitelkarten



### Stadtpläne und sonstige Karten



Masire (Berber) im Hohen Atlas

051sm20 ad

# Hinweise zur Benutzung

## Unterkünfte: Preiskategorien

Die Preise im Buch gelten für **zwei Personen pro Nacht im Doppelzimmer mit Frühstück.**

① sehr einfaches Hotel/Billigunterkunft oder Bivouac/Nomadenzelt: **50–200 DH**
② einfaches Hotel/Gästehaus: **200–350 DH**
③ Mittelklassehotel/-gästehaus: **350–700 DH**
④ gehobene Mittel-/Oberklasse: **700–1600 DH**
⑤ Luxushotel/-gästehaus: **1600–3500 DH**

## Saisoneinteilung

■ **Hauptsaison:** Anfang Juli bis Anfang September, Ostern und Weihnachten; höchste Preise in den Hotels.
■ **Zwischensaison:** Anfang April bis Ende Juni und Mitte September bis Ende Oktober; günstige Hotelpreise, wenig Betrieb.

052sm20 ad

■ **Nebensaison:** November bis Mitte Dezember und Mitte Januar bis März; niedrigste Hotelpreise.

## Nicht verpassen!

In jedem Kapitel sind einige **(touristische) Highlights** hervorgehoben – man erkennt sie an der **gelben Hinterlegung.**

**UNSER TIPP:** **Besonders empfehlenswerte Unterkünfte, Restaurants und sonstige Tipps der Autorinnen** sind entsprechend gekennzeichnet.

Der Schmetterling zeigt an, wo man **besonders gut Natur erleben** oder **Angebote im Bereich des nachhaltigen Tourismus** finden kann.

## Sonstiges

**4** Die **Ziffern** in den farbigen Kästchen bei den praktischen Informationen zu den Orten verweisen auf den jeweiligen **Legendeneintrag im entsprechenden Stadtplan.**

**Updates nach Redaktionsschluss:** Auf der Produktseite dieses Reiseführers im Internetshop des Verlages finden sich zusätzliche Informationen und wichtige Änderungen.

Die **Internet- und E-Mail-Adressen** in diesem Buch können – bedingt durch den Zeilenumbruch – so getrennt werden, dass ein Trennstrich erscheint, der nicht zur Adresse gehören muss!

Hinweise zur **Problematik der Transkription** der arabischen Sprache finden sich auf S. 538.

# Steckbrief Marokko

- **Lage:** Marokko erstreckt sich zwischen dem 23. und 36. Breitengrad und zwischen dem 1. und 16. Längengrad. Begrenzt wird das Land vom Mittelmeer im Norden, vom Atlantik im Westen, im Süden von Mauretanien.
- **Größe:** 458.730 km², mit dem Gebiet der Westsahara ca. 710.850 km²; diese wird von Marokko als nationales Territorium beansprucht und verwaltet; Eingliederung des nördlichen Teils 1975 und des südlichen Teils 1979.
- **Staatsform:** konstitutionelle Monarchie mit sehr weitreichenden Zuständigkeiten des Königs und Zweikammerparlament; staatliche Unabhängigkeit seit 1956; König ist seit 1999 *Mohamed VI.*, Premierminister seit 2017 *Saad-Eddine El Othmani* von der „Partei für Gerechtigkeit und Entwicklung" (*Parti de la justice et du développement*, PJD).
- **Bevölkerung:** 35 Millionen, inkl. Gebiet der Westsahara; Bevölkerungsdichte: 42 Einwohner pro km² (mit Westsahara); Bevölkerungswachstum: ca. 1,2%; Bevölkerungsverteilung: 40% Landbevölkerung, 60% Stadtbevölkerung.
- **Lebenserwartung:** 75,8 Jahre.
- **Analphabetenrate:** insgesamt rund 30%, bei Frauen ca. 42% (!).
- **Arbeitslosigkeit:** landesweit rund 10%.
- **Religion:** ca. 98% sunnitische Moslems (der Islam ist Staatsreligion); jüdische (ca. 3000) und christliche (ca. 23.000) Minderheiten.
- **Sprachen:** offizielle Landessprachen sind Arabisch und die Berbersprachen (Tamzight); sehr verbreitet ist **Französisch** als Handels- und teilweise als Bildungs- und zweite Amtssprache; in den nördlichen Regionen zwischen Mittelmeer und Rif und in der Westsahara wird von der älteren Bevölkerung **Spanisch** gesprochen.
- **Währung: Dirham;** Wechselkurs Anfang 2020: 1 DH = 0,09 Euro, 1 Euro = 10,58 DH, 1 DH = 0,10 SFr, 1 SFr = 9,71 DH
- **Bruttoinlandsprodukt (BIP):** ca. 120 Mrd. US$ (2018) = pro Einwohner: ca. 3400 US$.
- **Auslandsschulden:** 64 Mrd. US-$ (2018).
- **Inflationsrate:** 2,8% (2018).
- **Wichtigste Städte** (offizielle Einwohnerzahlen nach „Le Maroc en chiffres 2018"):
  Agadir: 700.000, mit Inezgane/Aït Melloul 1,1 Mio.
  Casablanca: über 3 Mio.
  Fès: 1,6 Mio.
  Kénitra: 650.000
  Marrakesch: 1 Mio.
  Meknès: 690.000
  Nador: 165.000
  Oujda: 500.000
  Rabat (mit Salé; Hauptstadt): 1,5 Mio.
  Safi: 310.000
  Tanger (mit Asilah): 1,1 Mio.
  Tétouan: 400.000
- **Mitgliedschaft in internationalen Organisationen:** UN *(United Nations);* Union für den Mittelmeerraum; Union des Arabischen Maghreb; ECA *(Economic Commission for Africa);* FAO *(Food and Agriculture Organization);* IWF (Internationaler Währungsfond); Weltbank; GATT/ WTO (Welthandelsabkommen); Arabische Liga; Islamische Konferenz; OSZE-Partnerland. Marokko ist als einziges afrikanisches Land wegen des ungeklärten Status der Westsahara nicht Mitglied der Afrikanischen Union (AU).
- **Maßsystem:** metrisch.
- **Uhrzeit:** MEZ minus 1 Std. (während der Zeit, in der sich marokkanische und deutsche Sommerzeit nicht überschneiden, minus 2 Std.).
- **Strom:** 220 V, kein Adapter notwendig.

[<] Weberin in einer Teppichkooperative in Tazenakht

# Die Regionen im Überblick

## 1 Agadir und nördliche Küste | 33

**Agadir** (S. 36), das Badezentrum des Landes, hat keine historischen Sehenswürdigkeiten zu bieten. Doch dank seiner guten Verkehrsanbindung eignet sich die moderne Stadt gut als Ausgangspunkt für Touren im Süden. Die schönen Atlantikstrände nördlich von Agadir, z.B. **Sidi Kaouki** (S. 80), sind ein Eldorado für Wind-, Body- und Kitesurfer. Das einzigartige Flair des Künstler-, Surfer- und Fischerstädtchens **Essaouira** (S. 84), das zum UNESCO-Weltkulturerbe zählt, genießt man am besten in einem der Gästehäuser in der Altstadt.

## 2 Sous, Anti-Atlas und südliche Küste | 111

Das fruchtbare Sous-Tal trennt den Hohen Atlas vom Anti-Atlas, dem südlichsten Gebirgszug der Atlaskette. Zwischen kargen Granitbergen, z.B. in der Umgebung von **Tafraoute** (S. 131), Palmenoasen und alten Lehmdörfern lässt es sich wunderbar wandern, biken und klettern. Vogelliebhaber finden im **Nationalpark Oued Massa** (S. 164) am Atlantik ein Paradies vor. An den Stränden um **Sidi Ifni** (S. 193) tummeln sich Surfer in den Wellen. Südlich von **Guelmim** (S. 183) beginnt die endlose Weite der Sahara.

## 3 Marrakesch | 207

In Marrakesch, dem Zentrum Südmarokkos, locken quirlige Märkte, prachtvolle Paläste, Gaukler und Geschichtenerzähler, schicke Gästehäuser, Bars und Restaurants – wohl in kaum einer anderen Stadt kann man die Gegensätze zwischen orientalischer Tradition und modernem Lebensstil so hautnah erleben wie in dieser Metropole, die inzwischen rund eine Million Einwohner hat. Highlights sind u.a. der legendäre **Djamâa el-Fna** (S. 214) mit seinen Akrobaten, Schlangenbeschwörern und allabendlichen Essensständen, die **Suqs** (S. 221) bzw. verwinkelten Gassen der Altstadt, wo es einfach alles zu kaufen gibt, und die **Medersa Ben Youssef** (S. 225), eine ehemalige Hochschule für islamische Theologie aus dem 14. Jh., ein Meisterwerk maurischer Architektur.

## 4 Nördlicher Hoher Atlas | 279

Zwei Straßenpässe mit tollem Ausblick führen über das höchste Gebirge Nordafrikas in den wüstenhaften Süden. Ob zu Fuß, per Mountainbike oder mit Ski – im Hohen Atlas können sich Aktive austoben. Die Berge und Täler laden zu ausgedehnten Wanderungen und Trekkingtouren ein, z.B. bei **Agouti** (S. 297) oder **Imlil** (S. 313). Auf den Gipfeln bis über 4000 m Höhe liegt von Dezember bis März Schnee, im Sommer herrschen angenehme Temperaturen. Die schroffe Bergwelt durchziehen fruchtbare Flusstäler, in denen Berberdörfer aus Stein und Lehm über grünen Terrassenfeldern an den Hängen kleben. Mit den **Ouzoud-Wasserfällen** (S. 286) finden sich in der Region die höchsten Wasserfälle ganz Marokkos. In den beeindruckenden Kasbahs von **Telouèt** (S. 329) und **Aït Benhaddou** (S. 334) lernt man authentische Berberarchitektur kennen. Die **Moschee Tin Mal** (S. 324) war die Geburtsstätte der Almohaden-Dynastie und ist mit der Moschee Hassan II. (in Casablanca) das einzige Gotteshaus in Marokko, das Nicht-Muslime betreten dürfen.

## 5 Ouarzazate und Drâa-Tal | 341

Der sogenannte Große Süden (Le Grand Sud) ist das Land der mächtigen Ksour und Kasbahs aus Lehm, der Oasen und Wüstenlandschaften – hier sieht Marokko aus, wie man es aus Touristenprospekten kennt. **Ouarzazate** (S. 345) ist das Hollywood Marokkos und die Touristenmetropole des Südens. Hier starten Touren ins Drâa-Tal, z.B. nach **Agdz** (S. 357). In den wunderschönen Palmenoasen des Drâa-Tals streift man durch ursprüngliche Ksour (Lehmdörfer) und lernt traditionelle Bewässerungstechniken kennen. Die Sanddünen des Erg Chegaga erreicht man am gemütlichsten mit Kamelen: In drei Tagen geht es von **M'hamid** (S. 381) bis zu den Dünen. In der Region steht eine der ältesten Lehmburgen Marokkos, die teilweise renovierte **Kasbah Tamnougalte** (S. 361).

## 6 Die Straße der Kasbahs | 387

Zwischen der im Frühjahr schneebedeckten Gipfelkette des Hohen Atlas im Norden und der braunen Steinwüste des Djabal Saghro im Süden verläuft die „Straße der (1001) Kasbahs" nach Nordosten und durchquert dabei spektakuläre Landschaften, vorbei an zahlreichen festungsartigen Lehmburgen und -dörfern, z.B. **Boumalne du Dadès** (S. 404). Von Boumalne sollte man einen Ausflug in die Dadès-Schlucht mit ihren roten Felsformationen nicht verpassen. Von Tinerhir führt eine Asphaltstraße durch die Todrha-Schlucht bis nach **Imilchil** (S. 423) im zentralen Hohen Atlas; hier sind schöne Wanderungen in der Bergwelt und an den Seen möglich. **Skoura** (S. 396) ist eine idyllische Palmenoase, die zur Entspannung einlädt. Der letzte, weniger besuchte Teil der Straße der Kasbahs führt von Tinerhir durch karge Wüstenlandschaft bis nach Errachidia.

## 7 Der Südosten und das Tafilalet | 433

Im dünn besiedelten und infrastrukturell kaum entwickelten Südosten Marokkos sind Touristen fast unbekannt. Nomaden ziehen mit ihren Tieren durch die kargen Wüstenlandschaften und Halfagrassteppen. Das **Tafilalet** (S. 438) ist das größte zusammenhängende Oasengebiet Marokkos und Heimatregion der bis heute herrschenden Alawiten-Dynastie. In der Wüstenoase **Erfoud** (S. 439) kann man sich in eine Werkstatt begeben und zusehen, wie uralte Fossiliensteine zu Tischplatten und Schalen verarbeitet werden. Eine der schönsten Trekkingrouten in Marokko führt in fünf Tagen quer durch die eindrucksvolle Bergkulisse des **Djabal Saghro** (S. 472) bis nach Nekob. Bei **Merzouga** (S. 453) befindet sich das größte und von Touristen viel besuchte Dünengebiet Marokkos, der Erg Chebbi: Bis zu 200 m hoch türmen sich die Sandmassen und heben sich golden schimmernd gegen die schwarze Steinwüste und den blauen Himmel ab.

> Sonnenuntergang in Legzira

# Reiserouten und Touren

## Verkehrsmittel

Marokko lässt sich sehr gut auf eigene Faust bereisen, egal ob mit dem **Mietwagen** (ca. 30 €/Tag) oder mit **öffentlichen Verkehrsmitteln.** Das Asphaltstraßennetz ist sehr gut ausgebaut, sodass man mit einem Kleinwagen problemlos alle Highlights erreicht und auch abseits der Touristenströme schöne Routen findet. Wer einen **Geländewagen** mietet oder mit dem **Mountainbike** unterwegs ist, kann auch abenteuerliche Touren auf Pistenstrecken in den Bergen und der Wüste unternehmen (entsprechende Erfahrung und Ausrüstung vorausgesetzt).

Der **Verkehr** in Marokko ist nicht so chaotisch wie in anderen afrikanischen Ländern, dennoch kann es nach der Ankunft z.B. in Marrakesch erst einmal Nerven kosten, sich zwischen den in alle Richtungen drängelnden Autos, Mopeds, Droschken und Fußgängern einen Weg zu bahnen – Umsicht und defensives Fahren sind unbedingt notwendig.

**Bahnverkehr** gibt es nur zwischen den großen Städten im Norden (Tanger, Rabat, Casablanca, Fès, Oujda). Der südlichste Bahnhof befindet sich in Marrakesch. Deshalb kann man die in diesem Reiseführer beschriebenen Regionen nicht mit dem Zug, sondern nur per **Bus**

073sm20 ad

▷ Die Passstraße über den Tizi-n-Tichka ist gut ausgebaut und (meist) auch im Winter problemlos befahrbar

**oder (Sammel-)Taxi** ansteuern. Die Gesellschaften CTM und Supratours verfügen über die komfortabelsten und am besten gewarteten Busse, die alle größeren Orte im Süden ansteuern. Wählt man eine andere (billigere) Busgesellschaft, so muss man mit Verspätungen und Pannen rechnen. Kleine, abgelegene Dörfer in den Bergen oder in der Wüste erreicht man mit dem Sammeltaxi (bis zu 6 Pers.) und Minibussen.

Wegen der Größe und Vielfältigkeit des Landes sollte man sich unbedingt **genug Zeit nehmen** und nicht versuchen, in einer Woche alle Highlights zwischen Marrakesch und Anti-Atlas abzuklappern, sondern sich lieber für eine Auswahl reizvoller Ziele entscheiden. Es gibt überall so viel zu sehen, dass man besser flexibel plant, um an einem Ort oder in einer Region auch mal länger zu bleiben, wenn es einem dort gut gefällt.

## Reiseberatung

Afrika-Neulingen fällt es manchmal schwer zu beurteilen, welche Landesteile sich wie bzw. mit welchen Verkehrsmitteln am besten bereisen lassen, die passenden Reiseziele und -zeit für die eigenen Interessen auszuwählen und die Sicherheitslage einzuschätzen. Die Autorin **Astrid Därr** ist seit früher Kindheit in ganz Marokko und Afrika unterwegs – mit dem eigenen Fahrzeug, mit Bus und Bahn sowie als Reiseleiterin von Trekking- und Wandertouren, häufig auch als allein reisende Frau. Bei Interesse an einer individuellen Reiseberatung und -planung können Leser mit der Autorin Kontakt aufnehmen: www.daerr.net, web@daerr.net (Beratung gegen Honorar, Terminvereinbarung notwendig).

## Routenvorschläge

Die vorgeschlagenen Routen führen **durch verschiedene Landesteile** und sind straff geplant – an vielen Orten kann man wesentlich mehr Zeit verbringen. Um nicht in Stress zu geraten, sollte man unbedingt zusätzliche Erholungs- bzw. „Puffer"-Tage einkalkulieren.

Blick über das Drâa-Tal von der Dachterrasse der Kasbah in Tamnougalte

074sm20 ad

## Tour im „Großen Süden"

- **Dauer:** mind. 2 Wochen
- **Transport:** mit dem eigenen Auto bzw. Mietwagen oder mit dem Bus
- **Ausgangspunkt:** Marrakesch
- **Reisezeit:** September bis November, März bis Juni. Bei einer Reise in den Wintermonaten Dezember bis März können die Pässe über den Hohen Atlas verschneit sein und Minustemperaturen das Reisen sehr ungemütlich machen.

Diese Tour verbindet die **wichtigsten Highlights im Süden:** von der spektakulären Fahrt über den Hohen Atlas, entlang der Straße der Kasbahs mit ihren Lehmburgen, Flussoasen und Schluchten, sowie zu den Dünen des Erg Chebbi bei Merzouga.

**1./2. Tag:** Anreise und Besichtigung von Marrakesch.
**3./4. Tag:** Fahrt über den Tizi-n-Tichka-Pass über den Hohen Atlas nach Ouarzazate (Bus oder Auto) mit Stopp in Aït Benhaddou (Kasbahs, UNESCO-Weltkulturerbe) und Telouèt (nur Selbstfahrer). In Ouarzazate Besuch der Kasbah Taourirt und der Filmstudios.
**5. Tag:** Fahrt entlang der Straße der Kasbahs nach Skoura und Boulmane du Dadès, Ausflug in die Dadès-Schlucht mit ihren Felsformationen. Evtl. zwei Nächte in Skoura oder in der Dadès-Schlucht.
**6. bis 8. Tag:** Fahrt über Tinerhir (Ausflug in die Todhra-Schlucht), Tinejdad (Besichtigung Ksar el Khorbat, Quellen von Lalla Mimouna), Errachidia und Rissani nach Merzouga in die Wüste.

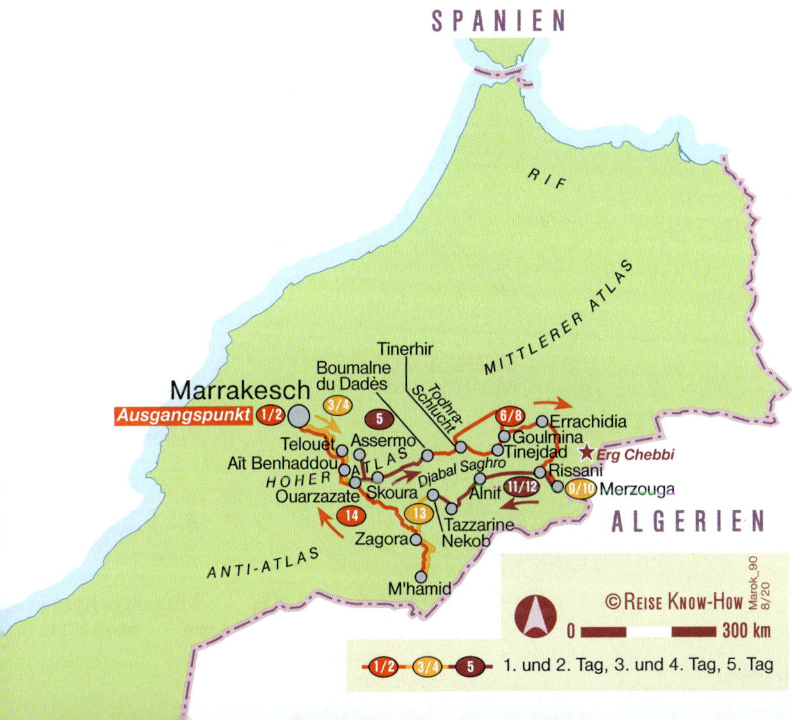

**9./10. Tag:** Merzouga, Sandwüste Erg Chebbi, Kameltour oder zwei Nächte im Hotel oder einem Wüstencamp.
**11./12. Tag:** Fahrt über Rissani nach Alnif (Fossilien), Tazzarine (ursprüngliche Oase) und Nekob (Kasbahs und Palmenoase), Ausflug ins Massiv des Djabal Saghro (Bab'n'Ali) und evtl. Wanderung (dann zwei Nächte in Nekob).
**13. Tag:** Fahrt ins Drâa-Tal nach Zagora oder M'hamid mit Wüsten- bzw. Kameltour (zusätzlich 1–2 Tage).
**14. Tag:** Rückfahrt durch das Drâa-Tal (Besichtigungspunkte: Töpferwerkstätten und Bibliothek von Tamegroute, Kasbah von Tamougalte, Oasengärten von Agdz) nach Ouarzazate und Marrakesch.

## Südmarokko-Kurztrip

- **Dauer:** 1 Woche bis 10 Tage
- **Transport:** mit Mietwagen oder Bus
- **Ausgangspunkt:** Marrakesch
- **Reisezeit:** ganzjährig, im Winter evtl. Schnee im Hohen Atlas (auf der Etappe Marrakesch – Ouarzazate)

Auf dieser kurzen Rundreise kann man einige der landschaftlichen und kulturellen **Highlights des Südens** erkunden. Die Straße der Kasbahs und die Sandwüste (Erg Chebbi, Erg Chegaga) fallen jedoch wegen der großen Distanz weg.

075sm20 ad

**1./2. Tag:** Anreise und Besichtigung von Marrakesch.

**3. Tag:** Fahrt über den Tizi-n-Tichka-Pass über den Hohen Atlas nach Ouarzazate (Bus oder Auto) mit Stopp in Aït Benhaddou (Kasbahs, UNESCO-Weltkulturerbe) und Telouèt (nur Selbstfahrer). In Ouarzazate Besuch der Filmstudios und der Kasbah Taourirt. Falls ein zusätzlicher Tag zur Verfügung steht, sollte man einen Abstecher in die Palmenoase Skoura an der Straße der Kasbahs unternehmen.

**4. Tag:** Fahrt über Tazenakht (evtl. Besuch einer Teppichkooperative) und Taliouine (Safran-Anbaugebiet) nach Taroudannt (Besichtigung der Altstadt mit dem Suq).

**5. Tag:** Fahrt nach Agadir, je nach Zeit mit Abstecher in den Nationalpark Oued Massa (nur mit Mietwagen).

**6. Tag:** Strand-/Surftag in Agadir oder an den nördlichen Stränden (Taghazoute), als Alternative bietet sich ein Ausflug ins Paradise Valley, zu den Wasserfällen von Immouzzer oder zum Bienenhaus von Inzerki an.

**7. Tag:** Rückflug von Agadir oder Rückfahrt über die Autobahn nach Marrakesch. Wer einen zusätzlichen Tag zur Verfügung hat, sollte einen Ausflug ins Ourika-Tal (u.a. Anima Garden) oder in die Agafay Desert planen.

Blick auf den Ksar von Aït Benhaddou vor dem verschneiten Hohen Atlas

## Anti-Atlas-Rundreise

- **Dauer:** mind. 2 Wochen bei Ausgangspunkt Marrakesch, bei Ausgangspunkt Agadir 1 Woche bis 14 Tage (mit Badeaufenthalt in Agadir)
- **Reisezeit:** September bis November, Februar bis Juni (Ausgangs-/Endpunkt Marrakesch), September bis Juni (Ausgangs-/Endpunkt Agadir)

Der Anti-Atlas mit seinen **schroffen Granitbergen, Palmenoasen, Terrassenfeldern und ursprünglichen Berberdörfern** wird vergleichsweise wenig von Touristen besucht – besonders schön ist es hier im Februar zur Mandelblüte. An der Straße zwischen Foum-Zguid und Tata erlebt man weite Wüstenlandschaften. Bei An-/Rückreise von Agadir beginnt man in umgekehrter Reihenfolge und tritt die Rückfahrt nicht über die Atlaspässe an, sondern fährt von Ouarzazate über Taliounie zurück nach Agadir.

**1. bis 3. Tag:** Marrakesch (Medina mit Suqs und Monumenten, Gärten, Museen).

**4. Tag:** Fahrt über den den Tizi-n-Tichka-Pass und Telouèt – Aït Benhaddou (Selbstfahrer) nach Ouarzazate oder über den Tizi-n-Test-Pass nach Taroudannt.

**5. Tag:** Fahrt von Ouarzazate über Tazenakht (Teppichkooperativen) und Taliouine (Safrananbau) nach Tata oder auf der malerischen Strecke nach Foum-Zguid (weiter über Tissint nach Tata, 1–2 Tage zusätzlich).

**6./7. Tag:** Fahrt durch schöne Wüstenlandschaft von Tata über Icht und Tarhijt zur Speicherburg Id Aissa in Amtoudi.

Bergstrecke über Ida Oussemlal nach Tafraoute (Selbstfahrer) oder über Bou Izakarne und Tiznit (Medina-Besichtigung) nach Tafraoute in den zentralen Anti-Atlas.

**8./9. Tag:** Touren und Wanderungen in der Granitfelsenlandschaft von Tafraoute und Umgebung (Ammelntal, Schlucht von Aït Mansour).

**10. Tag:** Fahrt über Aït Baha nach Taroudannt, auf dem Weg Besichtigung von Tizourgane.

**11. Tag:** Taroudannt (Stadtbesichtigung) und Weiterfahrt nach Agadir.

**12. Tag:** Agadir (Strand, Ausflug an die nördlichen Strände und ins „Paradise Valley"), evtl. Rückreise von Agadir.

**13. Tag:** Rückfahrt nach Marrakesch (bei ausreichend Zeit über Essaouira, mind. 1 Tag zusätzlich dort).

**14. Tag:** Rückflug von Marrakesch.

Im Ammelntal (Anti-Atlas) sind noch viele traditionelle Wohnhäuser aus Stein und Lehm erhalten

076sm20 ad

**Im Anti-Atlas zieht der Frühling ein:** Die ansonsten wüstenhafte Granitfelsenlandschaft schmückt ein Blütenteppich und die Mandelbäume blühen rosarot. Mandelfest mit Folklore in Tafraoute.

**Rosenfest:** Im **Rosental** ist Erntezeit der Rosenblüten, die mit dem **Rosenfest in Kelâa M'Gouna** gefeiert wird.

**Schönste Reise- und Wanderzeit:** Gilt **für alle Landesteile,** später wird es besonders im Süden sehr heiß und trocken. Touristische Hochsaison an Ostern.

JAN | FEB | MÄR | APR | MAI | JUN

**Winter in Marokko:** **Im Hohen Atlas und in den hohen Lagen des Mittleren Atlas liegt Schnee.** Einige Gebirgsstraßen und -pisten sind evtl. gesperrt oder nicht befahrbar. Alpinisten können **Skitouren** z.B. im Djabal-Toubkal-Gebiet unternehmen, **Surfer** freuen sich zu dieser Zeit auf die besten Wellen am Atlantik. Im ganzen Land kann es im Winter nachts empfindlich kalt werden (auch in der Wüste), nur wenige Unterkünfte haben eine Heizung.

**Fastenzeit:** Im **Fastenmonat Ramadan** haben tagsüber viele Restaurants und Cafés geschlossen, Museen und Ämter haben verkürzte Öffnungszeiten. Nach Sonnenuntergang tobt das Leben und es gibt besondere Leckereien.

**Festival:** Zum **Gnaoua-Festival in Essaouira** reisen Musikliebhaber aus aller Welt an.

**Festival:**
**Festival national des Arts populaires** in Marrakesch.

**Gute Reisezeit:**
**Angenehme Temperaturen** für Reisen im ganzen Land, für Wüstentouren sowie Wanderungen und Trekkings in den Gebirgen.

**Volle Campingplätze bis März:**
**Europäische Wohnmobilisten überwintern in Marokko.** Die Campingplätze südlich des Hohen Atlas und an der südlichen Atlantikküste sind meist überfüllt.

| JUL | AUG | SEP | OKT | NOV | DEZ |
|---|---|---|---|---|---|

**Ferienzeit in Marokko:**
In der **Ferienzeit der Marokkaner** sind die Strände und Campingplätze entlang der Atlantikküste oft überfüllt und schmutzig. Eine Reise in den Süden des Landes ist wegen der hohen Temperaturen nur etwas für hitzeresistente Traveller.

# Top 5 – Orte zum Bummeln

068sm20 ad

### Marrakesch | 221
Die **Medina** von Marrakesch ist sicher für viele der **Inbegriff des Orients:** ein Labyrinth aus verwinkelten Gassen, mit Touristenshops, Gewürzläden und traditionellen Handwerksbetrieben in den Vierteln der Eisenschmiede und Lampenmacher, der Gerber, Färber und Schuster – ein Einkaufsparadies für Liebhaber orientalischen Kunsthandwerks.

067sm20 ad

### Agadir | 40, 46
In der modernen Küstenstadt gibt es zwar keine historische Altstadt zu besichtigen, dennoch lohnt sich ein Bummel entlang der **Strandpromenade** und am **Boulevard du 20 Août** mit zahllosen Cafés und Restaurants. In **La Nouvelle Medina d'Agadir** in Ben Sergao kann man durch eine nachgebildete Altstadt schlendern und Kunsthandwerk einkaufen.

ma20_047 ad

### Essaouira | 84
Den Fischern beim Entladen ihres Fangs zusehen, von den Festungsmauern den Sonnenuntergang über dem Atlantik beobachten, durch die hellen Gassen flanieren und raffinierte Thujenholzarbeiten shoppen, auf einer Dachterrasse mit Meerblick sitzen oder mit dem Surfbrett über die Wellen zischen – die **blau-weiße Künstler-, Fischer- und Surferstadt** bietet für jeden etwas. Dank der stetigen Brise herrschen auch im Sommer angenehme Temperaturen.

ma20_046 ad

### Taroudannt | 116
In Taroudannt südlich des Hohen Atlas herrscht im Vergleich zu Marrakesch herrlich wenig Touristenbetrieb. Die Altstadt umgibt eine **beeindruckende Lehmmauer** aus dem 16. Jh., in den Suqs kann man ungestört bummeln und das Markttreiben beobachten. Taroudannt ist bekannt für seinen Silberschmuck. Wer's romantisch mag, nimmt sich eine Pferdekutsche zur Erkundung der Stadt.

069sm20 ad

### Tiznit und Sidi Ifni | 156, 193
Die im Vergleich zu Marrakesch sehr übersichtliche, von einer mächtigen Mauer umgebene Altstadt von Tiznit ist das Zentrum der **Gold- und Silberschmiede.** Die Medina wird nur wenig von Touristen besucht und so bummelt man hier völlig ungestört. Etwa 75 km südlich von Tiznit lädt auch das Küstenstädtchen Sidi Ifni mit seinen **spanischen Kolonialhäusern** zu einem Spaziergang ein.

# Top 5 – Architektonische Highlights

054sm20 ad

## Maurische Monumente in Marrakesch | 225, 233, 236, 224

In der Altstadt von Marrakesch gibt es einige der prachtvollsten maurischen Monumente des Landes zu besichtigen. Die **Medersa Ben Youssef** (14. Jh.), den **Bahia-Palast** (19. Jh.) und die **Saadier-Gräber** (16. Jh.) schmücken feinste Mosaike, Stuckornamente und Zedernholzschnitzereien. Auch das **Musée de Marrakech,** untergebracht in einem historischen Stadtpalast, ist einen Besuch wert.

ma20_049 ad

## Kasbahs in Telouèt und Aït Benhaddou | 329, 334

Eindrucksvolle Beispiele der Berberarchitektur sind die mehrstöckigen Lehmburgen (Kasbahs), die früher als **Wohn-, Schutz- und Herrschaftsburgen** für die Gemeinschaft eines Stammes dienten. Besonders imposant sind die Kasbahs von Aït Benhaddou (UNESCO-Weltkulturerbe) und die von Telouèt, die der Pascha *el-Glaoui* im Inneren mit maurischem Dekor verschönerte.

070sm20 ad

## Festungsdorf Tizourgane | 129

Wie eine Festung thront das Dorf aus Stein auf einer Kuppe im Anti-Atlas zwischen Aït Baha und Tafraoute. Die aufwendig aus Bruch- und Legesteinen errichteten, mehrgeschossigen Häuser und Mauern schmücken Ornamente. Von der Dachterrasse der dortigen Herberge bietet sich ein grandioser Ausblick auf die Terrassenfelder und Berge der Umgebung. Tizourgane ist ein außergewöhnliches Beispiel der **Berberarchitektur** im Anti-Atlas.

ma20_051 ad

## Lehmburg von Tamnougalte | 361, 362

Die Kasbah von Tamnougalte liegt in einer malerischen, von Wüstenbergen umgegeben **Palmenoase im Drâa-Tal** südlich von Ouarzazate. Hier kontrollierte seit dem 17. Jh. der lokale Qaid (Gouverneur) den Karawanenweg in Richtung Timbuktu. Die Nachkommen des damaligen Qaids renovierten einen Teil des großen Lehmkomplexes und richteten darin ein Museum und nettes Gästehaus ein.

ma20_052 ad

## Speicherburg von Amtoudi | 167

Der **Agadir Id Aïssa** thront imposant auf einem Hügel über der Flussoase von Amtoudi im südlichen Anti-Atlas. Man genießt nicht nur einen grandiosen Ausblick, sondern erhält auch einen Einblick in die Tradition der aus Schichtsteinen errichteten Speicherburgen, in denen die Menschen der Region ihre Wertgegenstände und Ernteerträge lagerten und bei Stammeskonflikten Zuflucht suchten.

# Top 5 – Orte zum Wandern

ma20_023 ad

### Aït-Bougoumez-Tal | 295

Das **„Tal der Glückseligen"** versteckt sich östlich von Marrakesch am Fuße des zweithöchsten Gipfels des Hohen Atlas, des Djabal M'goun (4071 m). Im Winter liegt hier Schnee, ab etwa Mai kehrt der Frühling ein und es sind herrliche Wanderungen möglich. Ambitionierte Bergwanderer besteigen den Gipfel des M'goun oder überqueren den Hohen Atlas bis zur Straße der Kasbahs.

ma20_039 ad

### Nationalpark Djabal Toubkal | 314, 320

**Imlil** südlich von Marrakesch im zentralen Hohen Atlas ist Ausgangspunkt für die Besteigung des Djabal Toubkal, des höchsten Gipfels Nordafrikas (4167 m). Der Ort im malerischen Mizane-Tal eignet sich sowohl als Ausgangspunkt für einfache Spaziergänge als auch als „Base Camp" für die zwei- bis dreitägige Toubkal-Besteigung. Daneben liegen weitere interessante 4000er-Gipfel.

030sm20 ad

### Djabal Saghro | 472

Bizarre Felstürme, eindrucksvolle Tafelberge, tiefe Schluchten und grüne Flusstäler kontrastieren mit dem blauen Himmel. Im Frühjahr überzieht ein Blütenteppich das **braun-schwarze Gebirge** südlich der Straße der Kasbahs. Man erkundet den Djabal Saghro entweder vom Dorf Tagdilt aus oder vom Kasbahdorf Nekob. Bei der nahe gelegenen Felsformation Bab'n'Ali beginnen Tagestouren.

ma20_054 ad

### Erg Chegaga | 382

Der Erg Chegaga westlich von M'hamid (Drâa-Tal) ist neben dem Erg Chebbi das zweite größere Sanddünengebiet Marokkos. Das **Sandmeer** kann man im Gegensatz zum Erg Chebbi nur per Geländewagen oder Kamel erreichen. In Ouled Driss und M'hamid kann man **(Kamel-)Touren** buchen, inklusive Übernachtung im Zeltcamp (Bivouac) sowie Lagerfeuerromantik unterm Sternenhimmel.

ma20_055 ad

### Tafraoute | 131

Rot-braune Granitberge, an deren Hängen Berberdörfer aus Lehm und Stein kleben, darunter saftig grüne Palmenoasen. Rund um Tafraoute in Zentrum des Anti-Atlas breitet sich eine **bizarre Felslandschaft** aus, in der Wanderungen jeder Schwierigkeit möglich sind: von der anstrengenden Besteigung des Djabal Lekst (2359 m) bis zum Spaziergang im Aït-Mansour-Tal oder zwischen den knallbunt bemalten Felsen *(Les Peintures)* von *Jean Vérame*.

# Top 5 – Orte zum Baden, Surfen und Entspannen

## Agadir | 36

Das **Badezentrum des Südens** ist schon seit den 1980er Jahren ein beliebtes (Pauschal-)Reiseziel für deutsche Urlauber. Entlang des 10 Kilometer langen Sandstrandes reihen sich zahlreiche Oberklassehotels und Restaurants aneinander. Wer Komfort, kulinarische Abwechslung und Nachtleben sucht, ist hier richtig. Das Klima ist das ganze Jahr über angenehm und kennt keine Extreme.

072sm20 ad

## Taghazoute | 75

Der Küstenstreifen nördlich von Agadir ist zwar auch nicht mehr einsam und wird zunehmend touristisch erschlossen, aber man findet hier noch immer **wunderschöne Sandstrände** wie etwa in Imourane, Taghazoute, Imi Ouaddar (Paradis Plage) und Immesouane. Die Gegend ist ein Paradies für **Surfer,** die hier diverse Surfschulen und -unterkünfte finden.

ma20_059 ed

## Immesouane Plage | 79

Entlang der Küstenstraße nördlich von Taghazoute reihen sich wunderschöne, von Felsen umrahmte Sandbuchten aneinander. Die touristische Infrastruktur ist hier nicht so gut ausgebaut, und genau das macht den Reiz der **wilden Atlantikküste** aus. Besonders lohnenswert ist ein Abstecher zur Immesouane Plage – Surfshops, Fischrestaurants und kleine Herbergen sorgen für entspannte Strandtage.

071sm20 ad

## Sidi Kaouki | 80

In diesem kleinen Ort südlich von Essaouira herrscht eine besonders relaxte Atmosphäre. Im Winter treffen sich hier **Surfer** auf den Wellen des kalten Atlantiks. Surfer und Traveller finden Unterkunft in sympathischen Gästehäusern. Am Sandstrand kann man endlose Spaziergänge unternehmen oder auf dem Rücken eines Pferdes oder Kamels zu einem Ausflug starten.

ma20_058 ed

## Mirleft | 189

Auch Mirleft südlich von Agadir ist unter Wellenreitern bekannt. Der Ort selbst hat außer hübschen Surferherbergen und chilligen Cafés nicht viel zu bieten, aber die **Buchten, Klippen und Strände** in der Umgebung sind sehr schön. Außerdem kann man einen lohnenden Ausflug zu den Natursteinbögen am Strand von Legzira und zum kolonial geprägten Städtchen Sidi Ifni unternehmen, das mit einer relaxten Atmosphäre und geradezu mediterranem Flair überrascht.

ma20_060 ad

017sm20 ad

# 1 Agadir und nördliche Küste

Agadir ist das Badezentrum des Landes. Dank seiner guten Verkehrsanbindung eignet sich die moderne Stadt gut als Ausgangspunkt für Touren im Süden. Die schönen Atlantikstrände im Norden sind ein Eldorado für Wind-, Body- und Kitesurfer. Das Künstler- und Fischerstädtchen Essaouira entfaltet einen einzigartigen Charme.

< Essaouira – „windy city" an der Atlantikküste

# Agadir und nördliche Atlantikküste

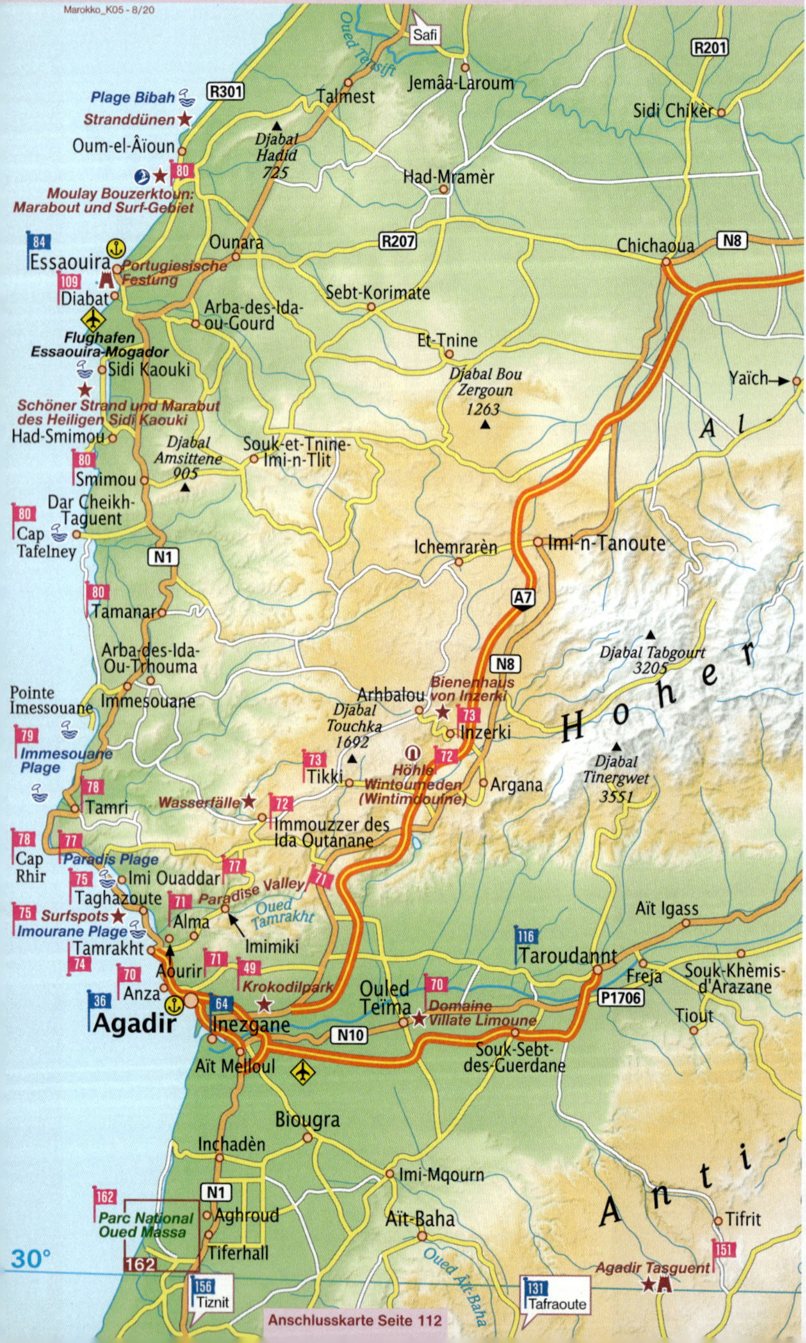

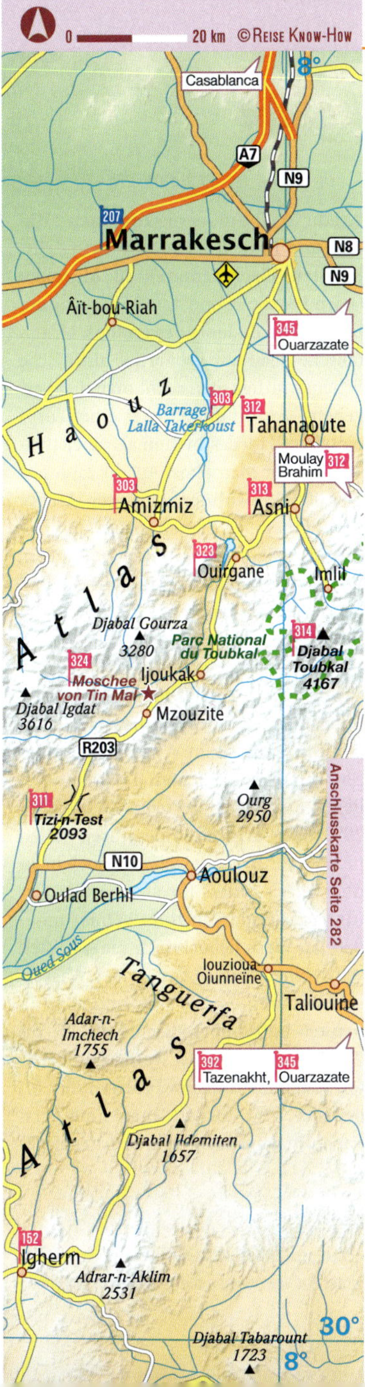


# ÜBERBLICK

Agadir liegt zwischen Hohem Atlas, Sous und Anti-Atlas. Der Hohe Atlas setzt sich im Süden nach dem Djabal Siroua mit dem Anti-Atlas fort. Die Ebene zwischen Anti-Atlas und Hohem Atlas nennt man Sous, begrenzt vom Oued Sous, der bei Agadir in den Atlantik mündet.

Der Sous gilt als eines der fruchtbarsten Gebiete des Landes. Die Flüsse des Hohen Atlas und Anti-Atlas, vor allem der Oued Sous, speisen das Becken mit Wasser. Hier gedeihen Zitrusfrüchte, Bananen, Oliven, Artischocken, Tomaten und viele weitere Obst- und Gemüsesorten. Im Sous fällt unter 300 mm Regen

## NICHT VERPASSEN!

- **Agadir:** ein Spaziergang auf der Strandpromenade | 40
- **Ben Sergao:** La Nouvelle Medina d'Agadir | 46
- **„Paradise Valley" und Imouzzer des Ida Outanane:** Ausflug ins grüne Flusstal und zu Wasserfällen | 71, 72
- **Sidi Kaouki:** Surfen und Baden an langen Sandstränden | 80
- **Essaouira:** Flanieren, Genießen und Einkaufen in der weißen Altstadt | 84

**Diese Tipps sind gelb hinterlegt.**

im Jahr, vor allem in den Monaten November/Dezember und Februar/März. Die Jahresdurchschnittstemperatur liegt bei 19,5°C. Der Sommer ist heiß, wobei der Chergui (warmer Fallwind) die Temperatur noch erhöht.

Die **mittlere Atlantikküste bis Essaouira** prägen Aleppokiefern und dichte Macchia, die vor allem zwischen Tamri und Tamanar Euphorbien- und Sukkulentenpolstern weichen. Dann folgt wieder die typische Macchiavegetation, wie sie auch in anderen Mittelmeerländern zu finden ist. Hier wachsen vorwiegend Pinien, Lorbeer, Thujen und andere Koniferenarten, dazwischen niedrige verholzte Stauden und Sukkulenten.

Die **schönen Buchten und Strände zwischen Agadir und Essaouira** sind in den Wintermonaten ein beliebtes Surfrevier. Zwischen Tamrakht und Tamri ermöglicht das milde Klima den Anbau von Bananen. Die Küste begrenzen niedrige **Ausläufer des Hohen Atlas** mit dem Djabal Amsittene (905 m) als der höchsten Erhebung.

Die Landschaft um Agadir und Essaouira ist zudem durch knorrige **Arganien** gekennzeichnet. Die nur in Marokko heimischen Eisenholzbäume sind streng geschützt (Biosphärenreservat der UNESCO) – sie liefern das kostbare goldene Arganienöl. Aus den gerösteten Samenkernen der olivenähnlichen Früchte wird in aufwendiger Handarbeit das nussige und ausgesprochen gesunde Speiseöl extrahiert. Kosmetisches Arganienöl verspricht ewige Schönheit und findet Anwendung in Anti-Aging-Cremes und Shampoos. Immer mehr Frauenkooperativen verkaufen ihre Arganienöl-Produkte direkt an Touristen.

# Agadir

Agadir ist eine moderne **Touristen-, Hafen- und Industriestadt mit dem drittgrößten Fischereihafen in Marokko** (nach Lâayoune und Tan-Tan) sowie der **beliebteste Badeort des Landes.** Orientalisches Flair und großartige historische Sehenswürdigkeiten sucht man hier vergebens. Agadir ähnelt eher einer europäischen Badedestination als einer typischen Stadt Marokkos. Agadir zählt fast **700.000 Einwohner,** darunter Araber und Berber. Mit den angrenzenden Gemeinden Ben Sergao, Inezgane, Aourir, Tamrakht, Taghazoute und Aït Melloul ist die Millionengrenze bereits überschritten.

Der vorbeifließende (kalte) Kanarenstrom sorgt in Agadir für ein **gleichmäßiges, angenehmes Klima** sowohl im Sommer als auch im Winter. Die mittleren durchschnittlichen Temperaturen liegen nicht unter 16°C und nicht über 28°C, die Wassertemperaturen fallen nicht unter 16°C, steigen aber auch nicht über 20°C, sodass für abgehärtete Naturen das Baden auch im Winter möglich ist. Wer's lieber warm mag, fröstelt selbst im Juli und August bei Wassertemperaturen um die 19°C und nicht zu heißen Lufttemperaturen von 25 bis 28°C. Der Himmel ist wegen des feuchten Kanarenstroms im Frühsommer oft bedeckt und lockert manchmal erst nachmittags auf. Im Winter ist es dage-

> Eine herrliche Unterkunft im Hinterland von Agadir – die Atlas Kasbah EcoLodge

gen meist klar und bei Temperaturen zwischen 18 und 23°C auch recht warm, nachts kühlt es jedoch bis auf 10°C ab (Jacke und lange Hosen nicht vergessen!). Regen ist selten – die Stadt zählt **300 Sonnentage im Jahr.** Bei diesem Klima kann man sich im Winter wie im Sommer wohlfühlen, ohne seinen Kreislauf zu strapazieren. Ähnlich wie die Kanaren entwickelte sich Agadir deshalb vor allem für Rentner zu einem **Überwinterungsparadies.** Gerade im Winter strahlt der Himmel in leuchtendem Blau, die Luft ist klar, und von den wenigen Bergen der Umgebung hat man eine fantastische Fernsicht.

Die Stadt am Atlantik fehlt in keinem deutschen Reiseprospekt und gefällt nicht nur Sonnenanbetern: Aktivurlauber spielen hier Tennis und Golf, Surfer gleiten über die Wellen. Gerade Touristen mit wenig Zeit und **europäischen Komfort- und Konsumbedürfnissen** sind hier gut aufgehoben. Ebenso beliebt ist Agadir unter Marokkanern: Die Stadt gilt als Vorzeigeobjekt des modernen Marokko und als Urlaubswunschziel Nummer Eins.

Agadir hat **nach Marrakesch jährlich die meisten Übernachtungen** und die **zweithöchste Bettenkapazität des Landes.** Die touristische Infrastruktur wird weiter ausgebaut. In Founty am Südrand Agadirs entstand ein komplett neuer Stadtteil mit Luxushotels und Villen für die reichere Bevölkerungsschicht. Die 7 km lange Strandpromenade erstreckt sich von der Marina am Nordende der Bucht bis zum Sofitel Agadir im Founty-Viertel im Süden der Stadt. Im alten Hafenbereich wurde 2007 das Großprojekt **Marina Agadir** mit Jachthafen, modernen Apartmentanlagen und einer Flaniermeile mit Restaurants, Eisdielen und schicken Boutiquen eingeweiht. Auch die Strände nördlich von Agadir um **Taghazoute** werden immer weiter touristisch erschlossen: Überall wird an Straßen, Hotels und sonstiger Infrastruktur gebaut.

044sm20 ad

Nirgends ist der **Kontrast zwischen Tradition, Religion und modernem Leben** größer als in Agadir. Was man sich hier als Tourist erlauben darf, ist in anderen marokkanischen Städten nicht angebracht. Selbst noch so leicht bekleidete Damen und Herren auf der Strandpromenade werden kaum beachtet oder angesprochen. Auch der sonst streng untersagte Alkoholgenuss in der Öffentlichkeit wird geduldet, fast jedes Touristenrestaurant ist im Besitz einer Alkohollizenz.

Die **Folgen** bleiben nicht aus: So mancher Familienvater investiert sein Geld in das überall käufliche Bier, und die Nachtclubs und Casinos verführen nicht bloß Touristen dazu, ihr Geld loszuwerden. Auch das horizontale Gewerbe hat seine Hauptniedelassung in Agadir gefunden, nirgendwo sonst im Land bieten sich so viele weibliche und männliche Prostituierte an. Zu den negativen Erscheinungen des Massentourismus gehören auch **Schlepper und Nepper.** Die fliegenden Händler am Strand können lästig werden, und das Wechselgeld wird manchmal großzügig zugunsten des Verkäufers berechnet … Jenseits der gepflegten Touristenviertel entlang der Strandpromenade, der Av. Mohamed und des Bd. du 20 Août findet man in den Wohnvierteln um den Suq noch marokkanisches Alltagsleben mit all seinen Begleiterscheinungen: Müll am Straßenrand, löchrige Gehwege und baufällige Häuser.

Auch ohne prägnante Sehenswürdigkeiten muss ein Aufenthalt in Agadir kein reiner Strandurlaub sein. Dank der günstigen Lage und sehr guter Versorgungsmöglichkeiten eignet sich die Stadt als **Ausgangspunkt für Rundreisen.** Von Agadir kann man bequem und preiswert mit Mietwagen oder organisiert Tages- und Wochenendausflüge unternehmen. Städte wie Marrakesch oder Essaouira, auch der Anti-Atlas und die Umgebung von Tafraoute oder der südliche Atlantik sind auf guten Straßen leicht und schnell erreichbar.

## Geschichte

Die **Ursprünge der Stadt** sind unklar, einige Chronisten bringen sie mit dem antiken Hafen Rusadir in Verbindung, an dem auch *Hanno,* der bekannte phönizische Seefahrer, gelandet sein soll. Die eigentliche Stadtgründung geht auf das Jahr 1505 zurück, als der portugiesische Edelmann **Joaõ Lopes de Sequeira** um eine Quelle in der Nähe des Meeres die Festung Santa Cruz de Cap de Gue gründete. Später wurden daraus die Namen Santa Cruz de Narba und Santa Cruz de Aguer. **Don Francisco de Castro,** der Statthalter der Festung (1513–1521), ließ auf Wunsch des neuen Besitzers, des portugiesischen Königshauses, die Festung ausbauen und lieferte sich im Laufe der Jahre heftige Kämpfe gegen die benachbarten Berberstämme.

**Muhamad ash-Shaykh** errichtete 1531 in der Nähe eine Festung, um Santa Cruz einzunehmen, was ihm 1541 auch gelang. Dieser Berberwiderstand führte zur Etablierung der Saaditen-Dynastie, da die Sous-Berber *Al-Qa'im,* den Vater *Muhamad ash-Shaykhs,* um Hilfe gegen die Portugiesen gebeten hatten.

Unter der Herrschaft der **Saadier** wurde der Hafen ein **bedeutender Handelsplatz.** Ausgeführt wurden Zuckerrohr, Datteln, Wachs, Häute und Gold; Stoffe kamen ins Land. Durch die verstärkten Einfuhren von Rohrzucker aus Südamerika nach Europa verlor der Hafen jedoch an Bedeutung.

1751 wurde **Dänemark** das Handelsmonopol über Agadir übertragen. Der Sultan *Sidi Muhamad ibn Abdallah* verhinderte 1756 eine weitere Entwicklung des Hafens zugunsten der Stadt Mogador (Essaouira). 1819 sollen nach Berichten des Reiseschriftstellers *Cochelet* nur noch zwölf bewohnte Häuser in Agadir gestanden haben.

Anfang des 20. Jahrhunderts gründeten einige **deutsche Firmen** Niederlassungen in Agadir (Mannesmann, Marx & Co., Atlasgesellschaft, Gondafi-Gesellschaft). Dadurch gab es einen neuen Aufschwung. Der deutsche Wirtschaftsstützpunkt, der den einzigen sicheren und damit strategisch wichtigen Hafen zwischen Casablanca und Dakar bot, störte die französische Kolonialpolitik erheblich. Als Reaktion auf den **französischen Einmarsch in Marokko** kam es beinahe 1911 schon zum Ersten Weltkrieg, als das deutsche Kanonenboot „Panther" vor der Küste aufkreuzte, um den deutschen Bewohnern und Firmen „Schutz zu gewähren". Diese Episode ging als **„Panthersprung von Agadir"** in die Geschichte ein. Mit dem Beginn der Protektoratsherrschaft wurden diese Rivalitäten beendet, die deutschen Firmen mussten das Land verlassen. Deutschland bekam als Gegenleistung Teile von Französisch-Westafrika zur Kolonie Kamerun zugeschlagen.

Unter den Franzosen entwickelte sich die Stadt zu einem **Badeort.** 1936 wohnten erst 6000 Menschen in Agadir, 1960 waren es schon 50.000.

Durch das **Erdbeben** am 29. Februar **1960,** das nur 15 Sekunden dauerte, wurde die Stadt fast vollkommen zerstört und 15.000 Bewohner getötet. 1962 begann der Wiederaufbau, die Häuser wurden erdbebensicher errichtet. Aber es entstanden keineswegs gesichtslose Einheitsbaracken, sondern ein Musterbeispiel architektonischer Stadtplanung der 1960er Jahre mit nur ein- bis zweistöckigen modernen Betonhäusern, die nach wie vor ziemlich fremdartig in Marokko wirken. Die Entwicklung zum Touristenort und zu einer wichtigen Hafenstadt begann mit diesem Neuanfang.

## Sehenswertes

### Kasbah

Die Ruinen der von **Moulay Abdallah al-Ghalib** (1557–1574) erbauten Festung liegen am nördlichen Stadtrand in 236 m Höhe auf einem Hügel oberhalb des Hafens. Die Kasbah ist das **einzige** nach dem Erdbeben von 1960 noch übrig gebliebene **historische Monument in Agadir.** Ein Ausflug (mit dem Taxi oder zu Fuß vom Kreisverkehr an der Ausfahrtsstraße Richtung Essaouira) lohnt sich weniger wegen der Ruinen als wegen des prachtvollen Ausblicks auf die Stadt und die Bucht.

### Touristenviertel

Die **Hauptadern Agadirs** sind die Av. Hassan II., die Av. Mohamed VI. und die Av. Mohamed V., die als Durchgangsstraße die Wohn- und Verwaltungsviertel von den Hotelvierteln trennt. An der

Av. Mohamed V. liegt die **Fußgängerpassage Aït Souss,** begrenzt von Grünanlagen, Sportplätzen und den beiden Museen sowie Pizza Hut, McDonald's und anderen Restaurants und Geschäften. Sie verbindet das Touristenviertel mit dem Zentrum und Talborjt. In der Fußgängerpassage lohnt das **Musée Municipal du Patrimoine Amazighe** einen Besuch. Das Museum zur Berberkultur (täglich außer So und an Feiertagen 9.30–17.30 Uhr, Eintritt: 10 DH) zeigt eine interessante Sammlung an Schmuck und Alltagsgegenständen der marokkanischen Berber (Masiren/Amaziren) wie alte Töpfereien, Hausrat, Kleidung und Teppiche. Außerdem finden temporäre Ausstellungen zu kulturellen Themen statt.

Vor der breiten und verkehrsreichen Av. Mohamed V. liegt der **Strand** mit seinen Hotelbauten, Strandanlagen, Geschäften und Restaurants – eine Touristenstadt für sich entlang des Bd. du 20 Août und der Rue Oued Souss. Der Stil der dortigen Hochhaushotels reicht vom Betonbau der 1970er Jahre bis zu der an maurische Stilelemente anknüpfenden Architektur der 1990er Jahre. Dieses **touristische Retortenviertel** unterscheidet sich exorbitant vom Rest Marokkos. Zwischen den Hotelanlagen liegen Fußgängerstraßen mit Boutiquen, Eisdielen, Cafés und (mittelmäßigen) internationalen Spezialitätenlokalen.

Zwischen dem nördlichen Bd. du 20 Août und der Av. Hassan II. erstreckt sich das 2,5 Hektar große **Vallée des Oiseaux,** ein Park mit zoologischem Garten (tägl. 11–17.30 Uhr, kein Eintritt). In einfachen Gehegen werden diverse Vogelarten (u.a. Flamingos, Papageien, Pfaue), Lamas, Ziegen und einige wenige Mufflons gehalten. Der (z.T. baufällige) Vogelpark ist vor allem bei Einheimischen beliebt, zwei Spielplätze machen Kinder glücklich.

Eine kleine **Bimmelbahn,** mit der eine 12 km lange Stadtrundfahrt unternommen werden kann, hat am Bd. du 20 Août (gegenüber dem Eingang zum Vogelpark, s.u.) ihre Haltestelle. Im Sommer ist sie immer voll besetzt, an Feiertagen vor allem von Einheimischen. Im Juli und August, zur Urlaubszeit der Marokkaner, ist auch der Strand von Agadir vorwiegend von Einheimischen belegt.

## Strand und Strandpromenade

Entlang des insgesamt 10 km langen Sandstrandes, besonders am nördlichen Abschnitt der Promenade, finden Touristen zahlreiche **Restaurants und Cafés,** öffentliche Strandabschnitte mit Liegen und Sonnenschirmen (zu mieten), aber auch private Strandbereiche der **Club- und Luxushotels** mit Beachvolleyballplätzen. Zur Hochsaison in den Sommermonaten beaufsichtigen Rettungsschwimmer den Strand – ist die schwarze Flagge gehisst, sollte man nicht baden. Im Juli und August, zur Urlaubszeit der Marokkaner, ist der Strand vorwiegend von Einheimischen belegt. Jet-Skis und Fußball spielende Jugendliche sorgen dafür, dass es nicht allzu ruhig wird …

Die breite, zum Teil palmengesäumte **Strandpromenade (Corniche),** auf der Touristen wie Marokkaner gerne flanieren und die Touristenpolizei patrouilliert, erstreckt sich von der Marina bis nach

Founty. Vor dem Tafoukt-Komplex befindet sich ein kleiner Vergnügungsplatz mit Karussells und Autoscooter zur Unterhaltung der Kinder und Jugendlichen. An Festtagen und in der Hauptsaison im Sommer werden dort Spektakel aufgeführt.

### Marina Agadir

2007 wurde neben dem Industrie- und Fischerhafen, am nördlichen Ende der Strandpromenade, nach langer Bauzeit das prestigeträchtige Projekt Marina Agadir eröffnet, das in krassem Kontrast zum Treiben im Hafen steht und von diesem durch eine Mauer getrennt ist. Das **moderne Flanier-, Shopping- und Restaurantviertel** („Port de Plaisance") beherbergt einen Jachthafen, teure Boutiquen internationaler Ketten, Banken, gehobene Restaurants und Cafés sowie schicke Apartmentanlagen. Besonders an Wochenenden bummelt hier die halbe Stadt durch die Ladenzeilen oder sitzt in einem Café und genießt den Sonnenuntergang mit Blick auf den Strand.

### Talborjt

Das **Wohnviertel** Talborjt nordöstlich des Touristenviertels zwischen Av. Mohamed V. und der Av. Moulay Abdellah war in den 1980er/-90er Jahren das moderne Wohnviertel der Mittelschicht. Heute ziehen diejenigen, die sich eine Neubauvilla leisten können, nach Founty/Ben Sergao südlich des Hotelviertels oder ins extrem teure Wohnviertel an der modernen Marina. In Talborjt finden Touristen **günstige Unterkünfte** und Mittelklassehotels, Banken, das Ensemble Artisanat sowie viele preisgünstige Restaurants und Cafés. Diese sind häufig auf europäischen Geschmack und Geldbeutel zugeschnitten, aber preiswerter als im Touristenviertel.

Am Rand von Talborjt laden zwei gepflegte Stadtparks zur Erholung ein: der **Jardin Olhao** und der **Jardin Ibn Zaidon** am südlichen Rand.

### Großer Suq (Souk)

Lohnenswert ist ein Besuch des großen Suq (südöstlich des Zentrums an der Rue Chaib Al Kamra Mohamed Ben Brahim), vor allem am Samstag oder Sonntag. **Hier gibt es alles, was das Herz begehrt:** frisches Gemüse, Obst und Gewürze, Töpferei- und Metallwaren, Lederwaren, Lampen, Kleidung, Schuhe, Teppiche, Schmuck, Elektrogeräte sowie allerlei Kitsch und Spielzeug aus asiatischer Fertigung. Man kann vielen Handwerkern bei der Arbeit zusehen. Ein Preisvergleich mit den Geschäften in der Stadt lohnt sich, um keinem Touristennepp zum Opfer zu fallen. Aber auch hier verlangen die Händler z.T. schon überzogene Touristenpreise (verhandeln!). Lassen Sie sich nicht von Schleppern verwirren, die gegen Provision in den Laden der Verwandtschaft führen!

Sehr günstig und mit einer gut sortierten Auswahl präsentiert sich der **Suq von Inezgane** 12 km südlich der Stadt. Große Markttage sind Dienstag und Freitag, dann ist das Treiben besonders bunt und das Angebot noch vielfältiger.

# Großraum Agadir

**Übernachtung**
1 Atlantica d'Imourane
2 Paradis Nomade
3 Atlas Kasbah Ecolodge

**Einkaufen**
4 Atacadao-Supermarkt

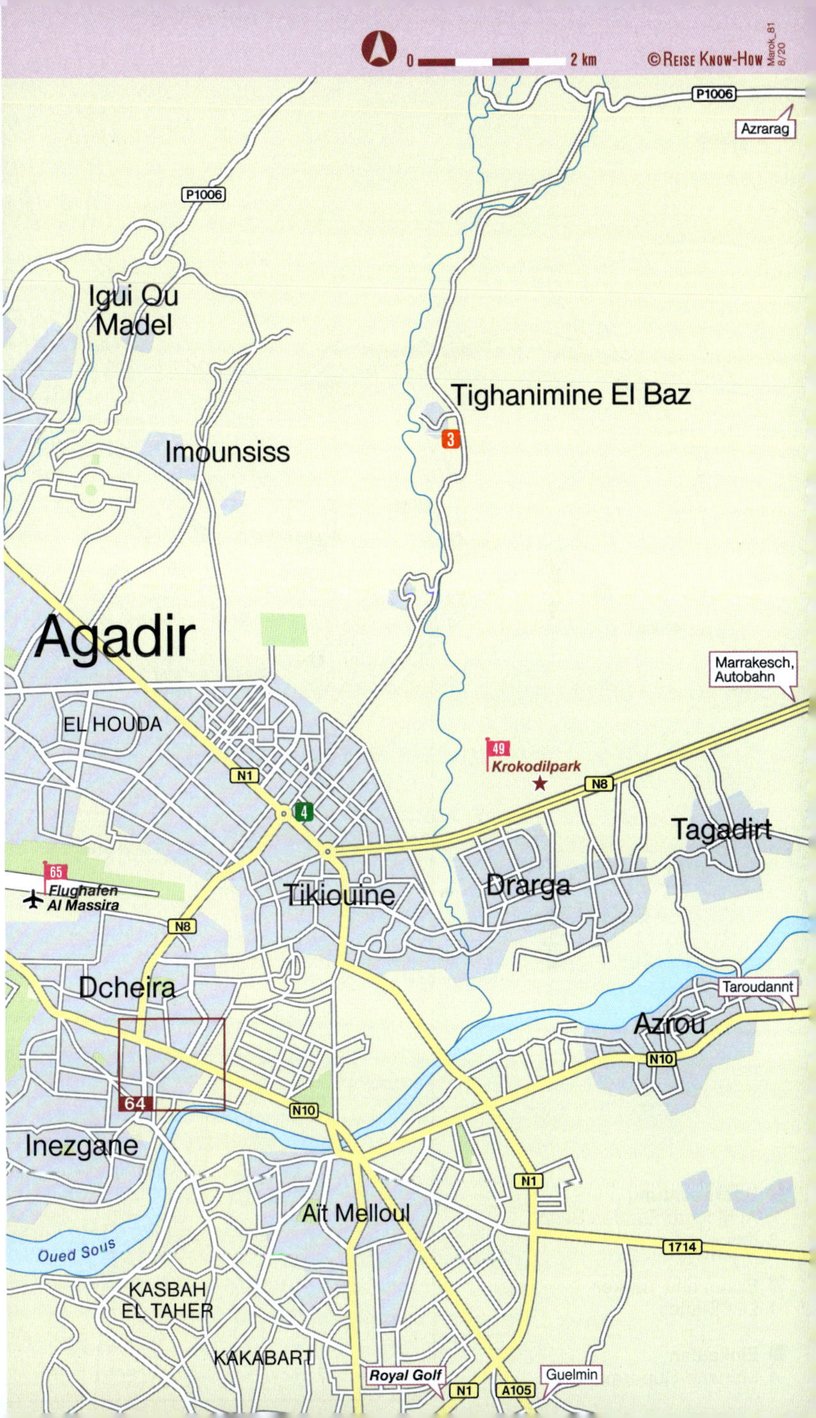
0
2 km
©Reise Know-How
Marok_81 8/20
P1006
Azrarag
P1006
Igui Ou Madel
Tighanimine El Baz
3
Imounsiss
Agadir
Marrakesch, Autobahn
EL HOUDA
49
Krokodilpark
N1
N8
4
Tagadirt
65
Flughafen Al Massira
Tikiouine
Drarga
N8
Dcheira
Taroudannt
Azrou
N10
64
N10
Inezgane
N1
Aït Melloul
1714
Oued Sous
KASBAH EL TAHER
KAKABART
Royal Golf
Guelmin
N1
A105

# Agadir

**Übernachtung**
2 Al Moggar Garden Beach
3 Ibis

**Essen und Trinken**
1 Les Blancs

**Einkaufen**
4 Marjane-Supermarkt

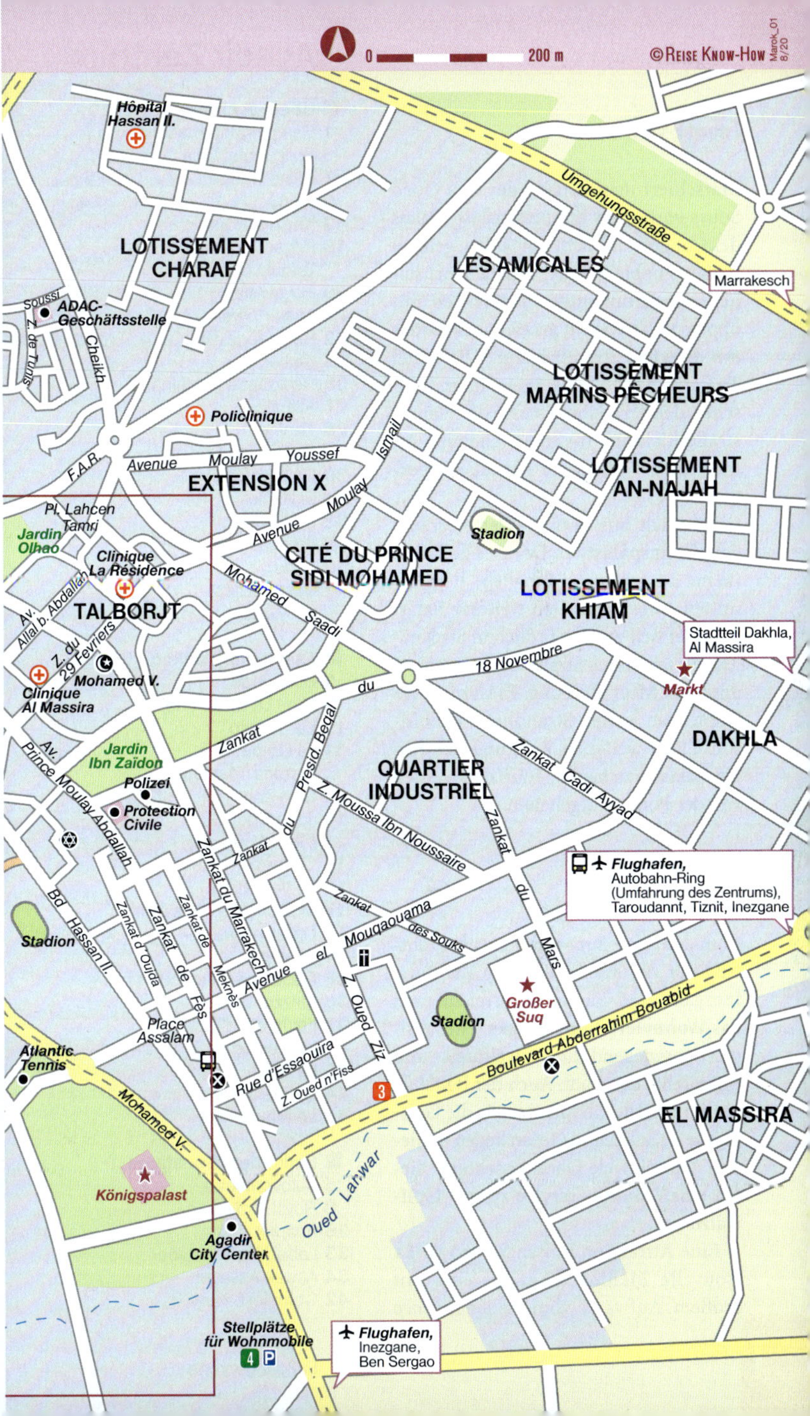

0
200 m
©Reise Know-How
Marok_01 8/20
Hôpital Hassan II.
LOTISSEMENT CHARAF
Umgehungsstraße
LES AMICALES
Marrakesch
Soussi
ADAC-Geschäftsstelle
Z. de Tunis
Cheikh
LOTISSEMENT MARINS PÊCHEURS
Policlinique
Ismail
F.A.R.
Avenue
Moulay
Youssef
EXTENSION X
LOTISSEMENT AN-NAJAH
Moulay
Pl. Lahcen Tamri
Avenue
Stadion
Jardin Olhao
Clinique La Résidence
CITÉ DU PRINCE SIDI MOHAMED
Mohamed
LOTISSEMENT KHIAM
Av. Allal b. Abdallah
TALBORJT
Saadi
Stadtteil Dakhla, Al Massira
Z. du 29 Février
18 Novembre
Markt
Mohamed V.
Clinique Al Massira
du
Zankat
Presid. Beqal
DAKHLA
Av. Prince Moulay Abdallah
Jardin Ibn Zaïdon
Zankat
Cadi Ayyad
QUARTIER INDUSTRIEL
Polizei
Z. Moussa Ibn Noussaire
Protection Civile
du
Zankat
Zankat
Flughafen,
Autobahn-Ring
(Umfahrung des Zentrums),
Taroudannt, Tiznit, Inezgane
Zankat du Marrakech
du
Zankat
Mouqaouama
des Souks
Bd Hassan II.
Zankat d' Oujda
Zankat de Fès
Zankat de Mekrnès
Stadion
Avenue
el
Mars
Z. Oued Ziz
Großer Suq
Stadion
Boulevard Abderrahim Bouabid
Place Assalam
Atlantic Tennis
Rue d'Essaouira
Z. Oued n'Fiss
3
Mohamed V.
EL MASSIRA
Oued Larwar
Königspalast
Agadir City Center
Stellplätze für Wohnmobile
4
P
Flughafen,
Inezgane,
Ben Sergao

## Founty-Viertel

Marschiert man entlang der Rue Oued Souss vorbei am Kongresspalast (Palais des Congrés) in Richtung Süden, gelangt man ins noble Founty-Viertel. Dort reihen sich **großzügige Privatvillen** mit üppigen Gärten und **große Luxushotels** mit direktem Strandzugang (z.B. Sofitel Thalasso Sea & SPA) aneinander. Zwischen den Strandhotels und der Hauptstraße Richtung Inezgane (südliche Av. Mohamed V.) liegt der Marjane-Supermarkt.

Nördlich ans Founty-Viertel grenzt der **Königspalast** an. Der riesige Palast (keine Besichtigung möglich) liegt inmitten eines Parks (ein weiterer Palast befindet sich weiter nördlich in Stadtnähe) zwischen der Straße nach Inezgane und dem Meer. Achtung: Es ist nicht erlaubt, vom letzten Strandhotel (Robinson Club) weiter in Richtung des Königspalastes zu laufen. Touristen werden von der Polizei aufgehalten.

## Ben Sergao

Vom Marjane-Supermarkt weiter entlang der Av. Mohamed V. in Richtung Inezgane und Flughafen erreicht man das **Wohnviertel Ben Sergao.** Hier residiert vorwiegend die Verwaltungs- und Militärelite der Stadt. Auch der Reitclub, der Königliche Golfplatz sowie die **Golfplätze** Le Soleil und Océan liegen in diesem Viertel; viele Oberklassehotels bieten einen Shuttle-Service zu den Golfplätzen an.

Eine Attraktion in Ben Sergao ist **La Nouvelle Medina d'Agadir,** eine mit großem Aufwand vom Italiener *Coco*

## Agadir Zentrum

**Übernachtung**
1 Camping International
6 Suite Hotel Tilila
7 Petite Suède
9 Aferni
13 Kenzi Europa
18 Royal Decamaron Tafoukt Beach
20 Royal Atlas
21 Anezi Tower
22 Résidence Tislit
23 Kamal
25 Résidence Yasmina
27 Atlantic
28 Tiznine
29 La Tour du Sud
30 La Tour Eiffel
31 El Bahia
32 Sindibad
38 Argana
39 Adrar
41 Cinq Parties du Monde

**Essen und Trinken**
2 Bollywood
3 Mimi La Brochette
10 Via Veneto
11 Le Dôme, Pizzeria Toscana
12 Little Italy
14 Jean Cocteau (Shem's Casino)
15 Camel's
16 Le Vendôme
17 McDonald's, Pizza Hut
19 Café del Mar
24 Scampi
35 Pâtisserie Tafarnout
36 Mezzo-Mezzo
37 Le Jardin d'Eau
40 McDonald's
43 La Scala
44 Le Tapis Rouge
45 Le Mauresque

**Einkaufen/Sonstiges**
5 Autovermieter
8 Royal Air Maroc
26 Anaprix
33 Label Vie, Carrefour
34 Aswak Assalam
42 Complexe Tamlelt

Fußgängerzone

0 100 m
©Reise Know-How
Agadir_02 8/20
Hôpital Hassan II.
Deutsches Konsulat
R. de Madrid
R. de Paris
Hassan II
Av. du Général Kettani
F.A.R.
Jardin Olhao
Avenue des
Av. d. Prés. Kennedy
Boulevard Mohamed Cheikh Sâadi
Place Lahcen Tamri
Ensemble Artisanal
Polizei
Clinique La Résidence
Abdallah
Mohamed V.
Délégation Régionale du Tourisme
Stadtverwaltung
Marché Municipal
Av.
Clinique Al Massira/ Coramed
Av. 29 Février
TALBORJT
(Haltestelle Bimmelbahn)
Av. du Prince Sidi Mohamed
Hauptpost
Rathaus
Place Al Amal
Shems Casino
Vallée des Oiseaux (Vogelpark)
Strandpromenade
R. de la Jeunesse
Jardin Ibn Zaïdon
Rue du 18 Novembre
Rue du Marrakech
Polizei
Feuerwehr
Prince Mulay Abdallah
Rue de la Foire
Royal Tennis Club of Agadir
Tafoukt-Komplex
Boulevard du 20 Août
Handelskammer
Justizpalast
Musée Municipal du Patrimoine Amazighe
Passage Aït Souss
Bd. Hassan II.
Rue de Meknès
Rue d'Oujda
Rue de Fès
Avenue Mohamed V.
Stadion
Boulevard du 20 Août
Place Assalam
Grands Taxis
Av. Mouquwana
Rue de Oued Souss
WC
Komplex Caribbean Village
Königspalast
Boulevard du 20 Août
Flughafen, Inezgane, Ben Sergao, Taroudannt, Tiznit, Marjane
ATLANTISCHER OZEAN
Polizei
Einkaufspassage
Casino Le Mirage
Palais des Congrès
Founty
Nachtleben
4 Xtrem Night Complex
18 The Factory
20 Actor's

## Founty-Viertel

0 — 400 m ©Reise Know-How Agadir_10 8/20

**Übernachtung**
1 RIU Tikida Beach
2 Golden Beach Appart-Hotel
3 RIU Tikida Dunas
4 Iberostar Founty Beach
5 Timoulay
6 Bo Appart-Hotel
7 Sofitel Agadir Royal Bay Resort
8 Sofitel Agadir Thalasso Sea & SPA
9 Riad Villa Blanche

**Nachtleben**
1 Papagayo
7 So Lounge

*Polizzi* erschaffene **Kunsthandwerksstadt** (tägl. 9–18 Uhr, Eintritt: 40 DH). Mangels einer echten Altstadt in Agadir entstand hier eine gelungene architektonische Nachbildung einer traditionellen, von Mauern umgebenen Medina aus Lehm und Stein, mit verwinkelten Gassen, Torbögen und kunstvollen Verzierungen aus Schieferstein. Kunsthandwerker bieten in kleinen Läden exzellente Qualitätsware zu fairen (verhandelbaren) Preisen an (u.a. Lampen, Stoffe, Schmuck, Lederwaren, Mosaiktische). Außerdem gibt es ein hübsches Terrassencafé und einen riesigen Spielplatz mit Hüpfburg.

Der **Abzweig** zur Medina d'Agadir liegt von der Hauptstraße Richtung Inezgane ca. 1 km hinter dem Königspalast auf der rechten Seite (beim Schild „Hotel Jacaranda").

Einen Besuch wert ist auch der **Komplex Kasbat Souss** in Ben Sergao, wo Kunsthandwerker Keramik, Schmuck, Lampen und Bilder anbieten (vgl. „Einkaufen").

## Krokodilpark

Eine **nicht nur für Kinder interessante Attraktion** in der Umgebung Agadirs ist der sehr naturnah gestaltete Krokodilpark etwa 16 km außerhalb der Stadt an der N 8 Richtung Marrakesch (Commune de Drarga, Tel. 0528 29 79 31, www.crocoparc.com, Eintritt: Erw. 75 DH, Kinder bis 12 Jahre 45 DH, im Winter 10–17.30 Uhr, im Sommer 10–20 Uhr geöffnet). Auf dem **großen Gartengelände** erfährt man viel über die Reptilien und kann sie in Ruhe beobachten. Im Drâa-Tal lebten angeblich bis Anfang des 20. Jh. noch Nilkrokodile, bevor sie in Marokko ausgerottet wurden. Es gibt ein Restaurant und zwei Spielplätze. Das Gelände ist behindertengerecht gestaltet.

# Praktische Informationen

## Informationen

- **Délégation Régional du Tourisme,** Av. Mohamed V. Mit etwas Glück bekommt man in dieser Tourist-Info eine informative Broschüre über interessante Ziele in der Umgebung („Souss Massa, Agadir Countryside") und eine Touristenkarte *(Carte Touristique)* der Region.
- Die offizielle Homepage der Stadt, **www.visit-agadir.com,** gibt touristische Informationen zu Sehenswürdigkeiten, Hotels, Aktivitäten etc.
- Auf **http://agadir.madeinmedina.com** findet man viele angesagten Adressen.
- Marokko-erfahren.de hat eine sehr gute **touristische Karte zu Agadir** herausgegeben (mit Stadtplan und Sehenswürdigkeiten in der Umgebung), Blatt J12: Agadir, Taghazout, Imouzzer, Maßstab 1:120.000 bzw. 1:15.000.

## Stadtführungen/Ausflugsfahrten

- Als Stadtführer und Reiseleiter für Ausflüge in alle möglichen Städte und in die nähere Umgebung ist der nette, sehr gut Deutsch sprechende **Hassan Aferiad** zu empfehlen. Er ist staatlich anerkannter Reiseleiter für das ganze Land (Mobil/WhatsApp 00212 661 18 88 52, hafpost@hotmail.com). Er organisiert auch schöne Ausflüge in die Umgebung, z.B. zur Domaine Villate Limoune (s. „Ausflüge").
- Ein weiterer empfehlenswerter Anbieter für individuelle Ausflüge in Kleingruppen (Minibusse) ist **Mustapha Ben Radi** (Mobil 0661 16 63 19, mustapha@erlebnis-tours-maroc.com).
- **Hassan Moukhsil,** staatlich anerkannter Reiseleiter und Deutschlehrer, organisiert Touren in Agadir und Umland (Mobil 0661 70 12 19, moukhsilov@yahoo.fr).
- Auch diverse kompetente, deutsch sprechende **Fahrer von Grands Taxis** bieten Stadt- und Ausflugsfahrten an (siehe „Taxis").

## Unterkunft

**Im Founty-Viertel** südlich des Hotels Tikida Dunas reihen sich diverse Luxushotels aneinander. Von hier sind es etwa 15 Min. Fußmarsch ins Zentrum, aber nur wenige Meter zum Strand. Die Hotels an der Hauptdurchgangsstraße Av. Mohamed V. liegen zentral, sind aber stark vom Straßenlärm betroffen.

Die Unterkünfte im lebhaften Viertel **Talborjt** liegen relativ weit vom Strand entfernt. Bei den meisten 4- und 5-Sterne-Hotels ist eine Vorausbuchung übers Internet (z.B. www.booking.com) oder einen Veranstalter wesentlich preiswerter.

Wer nur eine Nacht in Agadir bleibt oder die Stadt als Durchgangsstation betrachtet, findet **in Inezgane** (7 km südlich von Agadir) in der Nähe des Busbahnhofs (Av. Mokhtar Souissi) viele günstige Hotels.

### Oberklasse

**13 Kenzi Europa**④ (Plan S. 46), Bd. du 20 Août, Tel. 0528 82 12 12, www.kenzi-hotels.com. Familienfreundliches, achtstöckiges Hotel mit toller Aussicht auf den Strandbereich (von den oberen Zimmern) und modern ausgestatteten Zimmern mit Flat-TV etc. Gutes Essen in den Restaurants, Fitnesscenter, Pool mit Kinderbecken und Rutsche, Tennis/Squash und alle Annehmlichkeiten eines Luxushotels. Sehr gutes Preis-Leistungs-Verhältnis.

UNSER TIPP: **9 Riad Villa Blanche**④ (Plan S. 48), Baie de Palmiers, Secteur N° 50, im Founty-Viertel, Tel. 0528 21 13 13, www.riadvillablanche.com. Wunderschönes Haus im Stil eines traditionellen Riads. Die 28 großen, sehr elegant in Beige-Brauntönen gestalteten Zimmer und Suiten (mit Terrasse oder Balkon, Tadelakt-Bad, AC, Flat-TV, WLAN) gruppieren sich um den Innenhof mit Palmen und Springbrunnen. Pool im Garten, SPA (Besuch auch für Gäste von außerhalb möglich), Parkplatz vor der Tür. Wenige Gehminuten zum Strand, ca. 15 Min. ins Zentrum. Sehr gutes Restaurant (auch für Gäste, die nicht im Hotel übernachten).

**1 RIU Tikida Beach**④ (Plan S. 48), Chemin des Dunes, Tel. 0528 84 54 00, www.riu.com. Sehr schönes, komfortables All-Inclusive-Resort direkt am (privaten) Strand mit der richtigen Mischung aus marokkanischen und modernen Stilelementen. Klimatisierte Zimmer mit Sat-TV, Balkon oder Terrasse (Meer- oder Poolblick). Großer Pool im traumhaften Garten, breites Sport-, Wellnessangebot und Animationsprogramm (vom Arabischkurs bis zu Yoga), Thalassotherapiezentrum mit Hammam. Shuttlebus zum Golfplatz Golf du Soleil. Nightclub Papagayo angeschlossen. Günstige Angebote gibt es z.B. über TUI.

**3 RIU Tikida Dunas**④ (Plan S. 48), Chemin des Dunes, im Founty-Viertel, Tel. 0528 84 90 90, www.riu.com. Empfehlenswertes 4-Sterne-Hotel direkt am Strand mit großer Gartenanlage, mehreren Pools, Wellnesszentrum und allem Komfort.

**20 Royal Atlas**⑤ (Plan S. 46), Bd. du 20 Août, Tel. 0528 29 40 40, www.hotelsatlas.com. 5-Sterne-Luxushotel direkt an der Strandpromenade. Das dreistöckige Gebäude mit klaren Formen umgibt eine schöne Poollandschaft mit Palmen. Über 300 schicke Zimmer mit Balkon (Meer- oder Poolblick). Wellnesszentrum, Internet, marokkanische und italienische Küche, angesagter Actor's Nightclub.

**18 Royal Decamaron Tafoukt Beach**④ (Plan S. 46), Bd. du 20 Août, Tel. 0528 84 01 23, www.decameron.com. All-inclusive-Resort mit direktem Strandzugang, schöner Lobby (Funduq-Architektur) und modernen Zimmern mit maurischen Elementen. Hübscher Garten und Pool, um den sich die weißen Bungalows gruppieren. Gutes Essen, freundliches Personal, abwechslungsreiches Animationsprogramm. Angeschlossener (öffentlich zugänglicher) Tafoukt-Komplex mit Läden und Restaurants.

**7 Sofitel Agadir Royal Bay Resort**④ (Plan S. 48), (bei Internetbuchung günstiger), Baie des Palmiers, im Founty-Viertel neben Palais des Roses, Tel. 0528 84 92 00, www.sofitel.com. Die Luxusanlage gleicht von außen einer riesigen Burg in Ocker, Zedernholztüren, Torbögen, Brunnen und Kuppeln imitieren gelungen die Architektur der Mauren und Berber. 273 Zimmer, Suiten und Villen (mit eigenem Pool) mit jeder erdenklichen Ausstattung. Vier (teure) Restaurants (internationale und mediterrane Gourmet-Küche), großer beheizter Pool, Privatstrand, Fitnesscenter, Hammam und SPA. WLAN.

▷ Im RIU Tikida Beach Hotel

**8 Sofitel Agadir Thalasso Sea & SPA**⑤ (Plan S. 48), Baie des Palmiers, im Founty-Viertel, direkt neben Royal Bay Resort (ruhige Lage am Ende der Strandpromenade), Tel. 0528 38 80 00, www.sofitel.com. Das durchgestylte 5-Sterne-Hotel spricht mit seinen Schwarz-Weiß-Tönen Freunde des kühlen, modernen Designs an. Die etwas kleinen Standard-Suiten haben das (leider wenig funktionelle) Bad in der Mitte des Raums (mit Lichteffekt-Dusche), BOSE-Soundanlage und Flat-TV, Terrasse/Balkon zum Garten mit herrlicher Poollandschaft. Sehr schöner SPA mit beheiztem Innenpool, Hammam und Kosmetik- und Thalassoanwendungen (sehr teuer), direkter Zugang zum Privatstrand. Drei Restaurants mit französischer und marokkanischer Küche, fantastisches Frühstücksbüffet.

### Mittelklasse

**2 Al Moggar Garden Beach**③ (Plan S. 44), Bd. Mohamed V., Tel. 0528 84 22 70. Saubere, geräumige Zimmer mit TV, AC und großem Balkon, gute Lage nicht weit von der Marina, schöner Ausblick aufs Meer, zwei Pools (einer ruhig, einer mit Animation), Privatstrand, freundliches Personal, WLAN. Kein 4-Sterne-Standard, aber besonders in der Nebensaison sehr gutes Preis-Leistungs-Verhältnis (Angebote u.a. über TUI und Neckermann).

**9 Aferni**③ (Plan S. 46), Av. Général Kéttani, Tel. 0528 84 07 30, https://aferni.hotels-agadir.com. Sauberes Mittelklassehotel mit Pool, europäischer Küche und freundlichem Personal. Zimmer mit Bad, TV und z.T. Balkon. WLAN. Zum Strand sind es 10 Min. zu Fuß.

**21 Anezi Tower**④ (Plan S. 46), Av. Mohamed V., Tel. 0528 84 09 40, www.hotelaneziagadir.com. Strandnahes, etwas unpersönliches Hochhaus mit großer, sehr schöner Gartenanlage und Pool. Fantastischer Blick vom obersten (10.) Stock, z.B. von der Roof Garden Bar. Die altmodischen Zimmer entsprechen nicht dem neuesten Standard, sind aber sauber. WLAN in der Lobby, internat., marokk. und ital. Restaurant, Nightclub, Hammam. Klimatisierte DZ und Apartments (mit Küche).

**38 Argana**④ (bei Buchung von Pauschalangeboten billiger) (Plan S. 46), Av. Mohamed V., Tel. 0528 84 83 04, https://argana.hotels-agadir.com. Das etwas altmodisch-marokkanisch gestaltete Hotel ist gepflegt, freundlich und sauber. 238 Zimmer auf

077sm20 ad

vier Etagen mit Bad/WC, AC/Heizung, WLAN, Sat-TV und Balkon/Terrasse, von den oberen Etagen mit Meerblick. Gutes und reichhaltiges Büffet, Hammam, großer Pool im Palmengarten, Bar, Geldautomat und Wechselstube im Haus, kleiner Shop nebenan. Bis zum Strand sind es ca. 10 Gehminuten.

☑ Beach life international

**Unser Tipp:** **3** **Atlas Kasbah Ecolodge**④ (Plan S. 42), im Dorf Tighanimine El Baz, Route d'Azrarag, Drarga, Mobil 0661 48 85 04, www.atlaskasbah.com. Am Kreisverkehr vor dem Atacadao-Supermarkt nach links abbiegen, von dort 5 km außerhalb der Stadt (N 30°25,932', W 09°29,406'). Dieses wunderschöne, ökologisch vorbildliche Hotel (nachhaltiges Abfall-/Wasser- und Energiemanagement) im Kasbahstil liegt absolut ruhig auf einem Hügel

zwischen Arganienbäumen. Die zwölf geräumigen, farbenfroh im Berberstil eingerichteten Zimmer mit Tadelakt-Bad und Panoramafenstern sind sehr komfortabel. Der große Pool bietet Erfrischung, abends gibt es traditionelle Live-Musik beim Essen (Küchenzutaten aus dem eigenen Garten) auf der herrlichen Terrasse, morgens kommt ein tolles Berberfrühstück (mit Arganölprodukten und Pfannkuchen) auf den Tisch. Diverse Aktivitäten in der Umgebung möglich, auch kurze Koch- und Sprachkurse (Arabisch, Berberisch).

4 **Iberostar Founty Beach**④ (Plan S. 48), Rue Oued Souss, im Founty-Viertel, Tel. 0528 84 44 44, www.iberostar.com. All-Inclusive-Anlage (4 Sterne) am Strand, ca. 1 km vom Zentrum. Schöner Mix aus traditionellen und modernen Elementen. Die Zimmer im Bungalowstil gruppieren sich um den großen Garten mit Poollandschaft. Liegen und Sonnen-

022m015 ad

schirme sind gebührenfrei, am Strand gegen Gebühr. 470 Zimmer mit Sat-TV, AC, Safe usw. Restaurants (gute Pizzeria), Bar, Internet, Autoverleih, Sauna/Hammam, Fitness und SPA, Tennis und andere Aktivitäten. Freundliches Personal und sehr guter Service.

**3** **Ibis**③ (Plan S. 44), Rue Abderrahim Bouabid (beim Suq), Tel. 0528 07 25 34, www.ibishotel.com. Gepflegtes Hotel im modern-maurischen Stil, mit Restaurant, Pool, WLAN und 104 Zimmern mit Sat-TV und Klimaanlage. Bewachter Parkplatz (kostenpflichtig). Wie bei allen Ibis-Hotels ist das Preis-Leistungs-Verhältnis sehr gut, eine Reservierung mithin empfehlenswert.

**23** **Kamal**③ (Plan S. 46), Av. Hassan II., Tel. 0528 84 28 17, www.hotel-kamal.com. Angenehmes und sauberes, sehr freundliches 3-Sterne-Hotel ohne besonderes Ambiente in zentraler Lage, ca. 15 Gehminuten zum Strand. Die 128 Zimmer mit Bad/WC und TV, z.T. mit Balkon, sind auf drei Etagen verteilt. Es gibt einen Pool, eine schöne Terrasse mit Blick auf den großen Platz und ein Restaurant mit marokka-

nischer und internationaler Küche. WLAN. Gutes Preis-Leistungs-Verhältnis.

**2 Paradis Nomade**③ (Plan S. 42), Douar Azrarag, 15 km von Agadir entfernt, Mobil 0671 12 15 35, www.paradis-nomade.com. 8 hübsche, traditionell eingerichtete Zimmer mit eigener Terrasse und Klimaanlage, 3 Suiten und günstige Berberzelte. Sehr schöne Anlage mit Pool in ruhiger Lage (siehe „Camping- und Stellplätze").

**5 Timoulay**④ (Plan S. 48), Baie des Palmiers, im Founty-Viertel, Tel. 0528 23 42 20, www.timoulayhotel. com. Schönes 4-Sterne-Hotel im modernen Orientstil unweit des Strandes, nicht so riesig wie viele andere Anlagen. 58 große, gut ausgestattete Zimmer und Suiten mit Terrasse oder Balkon zum (Salzwasser-)Pool und Garten. Restaurant und Bar mit Live-Musik. Ca. 500 m zum Strand und 15 Min. Gehzeit ins Zentrum. WLAN.

**6 Suite Hotel Tilila**③ (Plan S. 46), Av. Géneral Kettani, Tel. 0528 84 06 66, www.suitehoteltilila. com. Hübsches, modernes Mittelklassehotel mit Pool, ca. 10 Min. zu Fuß zum Strand. Geräumige, makellose Studios mit Flat-TV, Kochnische und Balkon, freundliches Personal. WLAN (in Zimmern nahe Rezeption), Restaurant und Bar. Sehr gutes Preis-Leistungs-Verhältnis.

**27 Atlantic**③ (je nach Saison, bei Internetbuchung häufig günstiger) (Plan S. 46), Av. Hassan II., Tel. 0528 84 36 61/62, http://atlantichotelagadir. com. Gutes 2-Sterne-Hotel mit kleinem Garten, Pool, Sonnenterrasse, marokkanischem Restaurant und bewachtem Parkplatz. Saubere, hübsche DZ mit Bad und TV. Mit Privatstrand (ca. 10 Gehmin. entfernt). WLAN.

### Günstig (Plan S. 46)

**41 Cinq Parties du Monde**②, Av. Hassan II., Tel. 0528 84 54 81. Beliebtes, günstiges Travellerhotel. 46 Zimmer mit Bad.

**31 El Bahia**②, Rue El Mehdi Ibn Toumert, nahe Place Lahcen Tamri, Talborjt, Tel. 0528 82 27 24. Nettes und sauberes, besonders für Rucksackreisende empfehlenswertes Hotel. 27 Zimmer mit AC und Bad, nette Terrasse.

**30 La Tour Eiffel**①, Rue du 29 Février, Tel. 0528 82 37 12, direkt gegenüber der Moschee Mohamed V. in Talborjt. Sehr einfache, aber saubere Dreierzimmer, Dusche/WC auf dem Gang, Straßencafé/Restaurant mit preiswertem Essen im EG.

115m015 ad

☒ Die Marina von Agadir

29 **La Tour du Sud**②, 75, Av. Kennedy, in Talborjt nahe der Moschee Mohamed V., Tel. 0528 82 26 96. Empfehlenswertes 2-Sterne-Hotel mit typisch marokkanischem Ambiente. Hübsche, sehr gepflegte Zimmer mit Bad, TV und (meistens) Balkon. Nettes Straßencafé im EG.

7 **Petite Suède**②, Av. Hassan II./Général Kettani, Tel. 0528 84 07 79, www.petitesuede.com. Das kleine Hotel liegt etwas laut an einer verkehrsreichen Ecke, dafür ist das Personal sehr freundlich. Es gibt eine Autovermietung im Haus, die Zimmer mit Bad sind einfach und sauber. Nette Frühstücks-Dachterrasse mit Meerblick. Kein eigener Parkplatz, zum Strand sind es ca. 10 Minuten zu Fuß.

32 **Sindibad**②, Place Lahcen Tamri, Talborjt, Tel. 0528 82 23 23. Budget-Hotel mitten im lebhaften Viertel Talborjt mit relativ großen, sauberen Zimmern (Klimaanlage, TV), freundlichem Personal und Pool. Die Räume zum Hoteleingang/zur Straße sind nicht so ruhig. 20 Min. zu Fuß zum Strand.

28 **Tiznine**①, 3, Rue Drarga, in Talborjt, hinter dem Hotel Ayour (Rue de l'Entraide), Tel. 0528 84 39 25, www.hoteltiznine.com. Einfaches Travellerhotel mit sauberen Zimmern auf zwei Etagen um den Innenhof, Dusche/WC auf dem Gang.

### Ferienwohnungen

Bei den „Résidence touristique" oder „Appart-Hotels" genannten Unterkünften handelt es sich um **1- bis 2-Zimmer-Selbstversorger-Apartments** mit Kochnische und Kühlschrank. Auch die Ferienwohnungen bucht man günstiger im Internet, z.B. bei www.booking.com.

21 **Anezi Tower** (Plan S. 46), s.o. Hotels der Mittelklasse.

6 **Bo Appart-Hotel** (Plan S. 48), Founty Sonaba, im Founty-Viertel, Tel. 0528 29 24 01, www.bohotelspa.com. Moderne und ansprechend gestaltete Apartmentanlage mit 45 Wohnungen (alle mit Küche und Balkon mit Meerblick, Studios 55 $m^2$, Apartments 75 $m^2$, Suiten 100 $m^2$) auf drei Etagen, gute Pizzeria Luigi angeschlossen. Nahe des Strandes, ins Zentrum ca. 15 Min. zu Fuß. Mit Pool, SPA-Bereich, Parkplatz vor der Tür, WLAN in der Lobby. Günstige Internetpreise (ab 45 Euro pro Tag).

2 **Golden Beach Appart-Hotel** (Plan S. 48), Founty Sonaba, Secteur C, im Founty-Viertel, Tel. 0528 21 12 41, www.goldenbeach.ma. Moderne Apartmentanlage mit gepflegten klimatisierten Wohnungen inkl. Kochnische, TV, Safe und Balkon. Schöner Pool mit Palmen, wenige Minuten zum Strand, ca. 15 Min. Gehzeit ins Zentrum. Kleiner Supermarkt und Pizzeria angeschlossen, Parkplatz vor der Tür, WLAN. Ab ca. 50 Euro/Tag.

22 **Résidence Tislit** (Plan S. 46), Av. Prince Héritier Sidi Mohamed, Place Al Amal, Tel. 0528 82 02 39, www.residencetislit.com. 37 klimatisierte, saubere Zimmer und Studios in zentraler Lage mit Küchenzeile, Kühlschrank, TV. Balkon oder Terrasse. Pool mit Kinderbecken im Garten, freundlicher Service. Ca. 10 Min. zum Strand. Sehr günstige Tarife (ab 30 Euro/Tag für 2 Pers.)

25 **Résidence Yasmina** (Plan S. 46), Rue de la Jeunesse, Tel. 0528 84 26 60, www.residence-yasmina.com. 108 komfortable und (im Neubau) sehr geräumige, klimatisierte Apartments (bis zu 5 Personen) mit Balkon (ganz oben Meerblick), Küche und Flat-TV. Die schöne Anlage mit Pool und Gartenrestaurant liegt ziemlich zentral, aber weitab vom Strand. Freundlicher Service.

6 **Suite Hotel Tilila** (Plan S. 46), s.o. Hotels der Mittelklasse.

## Camping- und Stellplätze

1 **Camping International** (Plan S. 46), Bd. Mohamed V., Tel. 0528 84 66 83, 84 09 21. Die Anlage in Zentrumsnähe ist extrem abgewirtschaftet (sanitäre Anlagen in sehr schlechtem Zustand) und höchstens für eine Nacht zu empfehlen. Im Winter ist der Platz voller Wohnmobil-Rentner, im Sommer ganz in der Hand marokkanischer Familien.

2 **Paradis Nomade** (Plan S. 42), Douar Azrarag, 15 km von Agadir entfernt, Mobil 0671 12 15 35,

www.paradis-nomade.com. An der Kreuzung nach Marrakesch direkt gegenüber des Metro-Markts in kleine Asphaltstraße nach links abbiegen, durch Vororte, dann ausgeschildert (N 30°28,509', W 09° 27,961'). Idyllischer und beliebter Traveller-Treffpunkt **mit Gasthaus** von *Robby Derue*. Pool, Restaurant mit Alkoholausschank, acht DZ und drei Junior-Suiten mit Bad und Terrasse (③), auch Übernachtung im Nomadenzelt möglich (②), gute sanitäre Anlagen mit heißer Dusche. Nicht für Wohnmobile geeignet.

**1 Atlantica d'Imourane** (Plan S. 42), bei Aourir, 7 km von Agadir entfernt, N 30°30,660', W 09° 40,883', Tel. 0528 82 08 05, www.atlanticaparc.com. Gepflegter Platz mit 450 Stellplätzen für Wohnmobile und Zelte direkt am Meer oberhalb des beliebten Surfstrands von Imourane (mit Surfschule), direkt beim Teufelsfelsen. Der Platz hat europäischen Standard, Restaurant und Pool, Friseur, deutsche Zeitungen (Regenbogenpresse) und einen kleinen Laden. Man kann frischen Fisch direkt von den Fischern kaufen.

■ **Atlantica Parc,** komfortabler und sehr gepflegter Platz am Meer, 25 km nördlich in Aghroud; vgl. Route „Von Agadir nach Essaouira".

■ **Camping Aourir,** 17 km von Agadir entfernt, 5 km vom Abzweig in Aourir Richtung Imouzzer, Tel. 0528 31 55 61, Mobil 0648 97 76 61, N 30°29,691', W 09°37,384', www.campingaourir.fr. Sehr schöner, großer Platz unter deutsch-marokkanischer Leitung in ruhiger Umgebung mit Arganienbäumen, sauberen Sanitäranlagen, großem Pool und Minimarket. Die Sanitäranlagen sind sehr gepflegt und auch in ausreichender Zahl vorhanden. Wem der Trubel in Agadir auf den Geist geht, ist hier gut aufgehoben. Schöne Gegend zum Wandern und Radfahren.

■ **Marjane-Supermarkt** (Plan S. 44), auf den betonierten Parkplätzen des Supermarkts im südlichen Founty-Viertel reiht sich im Winter Wohnmobil an Wohnmobil – sogar offiziell als „Caravane Parking" ausgewiesen. Toiletten im Supermarkt.

■ **Im Strandbereich:** An den öffentlichen Parkplätzen, besonders beim **39 Hotel Adrar** (Plan S. 46), scheint in Absprache mit den Wächtern auch ein Parken über Nacht erlaubt zu sein. Sanitäranlagen und Duschen befinden sich unweit der Strandpromenade (nicht immer offen). Auch am Parkplatz zwischen dem Berbermuseum (Passage Aït Souss) und der Chambre de Commerce (Handelskammer), neben den Tennisplätzen, können Wohnmobile über Nacht stehen bleiben. Wohnmobile dürfen sich außerdem am Parkplatz beim Bab Marrakech „niederlassen".

## Essen und Trinken

Im Gegensatz zu anderen Städten verfügen in Agadir die meisten größeren Restaurants über eine **Alkohollizenz.** Ein Hauptgericht in einem durchschnittlichen Touristenrestaurant kostet zwischen 60 und 150 DH.

### Im Zentrum und nördlich (Talborjt) (Plan S. 46)

**11 Le Dôme,** Av. Hassan II., Place de l'Espérance, Tel. 0528 84 45 03, tägl. 7–1.30 Uhr. Auffälliger Glaskomplex mit **11 Pizzeria Toscana** (Holzofenpizza und andere italienische Gerichte, mittlere bis hohe Preise), guter Eisdiele und Nightclub in exponierter Lage an der Av. Hassan II. Auch Frühstück.

**12 Little Italy,** Av. Hassan II., Tel. 0528 82 00 39, https://littleitalyagadir.business.site, tägl. 11–24 Uhr. Sehr gute Pizzeria, gutes Preis-Leistungs-Verhältnis (Pizza ab 55 DH), Alkoholausschank.

**36 Mezzo-Mezzo,** 19, Av. Hassan II., Höhe Passage Aït Souss, Tel. 0528 84 88 19, tägl. ab 19 Uhr. Gemütlicher „Italiener" mit sehr guter Küche und Wein, kleine Terrasse zur Straße. Freundlicher Service, mittlere Preislage.

**24 Scampi,** 11, Av. Hassan II., Tel. 0528 84 40 54. Gute internationale Küche mit Pizza (ab 50 DH), Fisch und Meeresfrüchten in hübschem Ambiente. Alkoholausschank.

**10 Via Veneto,** 89, Av. Hassan II., Tel. 0528 84 14 67, www.viavenetoagadir.com, tägl. 11–1.30 Uhr.

018sm20 ad

Gute italienische Küche (Holzofenpizza u.a.), gutes Preis-Leistungs-Verhältnis, freundlicher Service, mittlere Preislage.

### Im Touristenviertel (Plan S. 46)

Zwischen Av. Mohamed V. und Strand, Rue Oued Souss, Bd. du 20 Août und an der Strandpromenade finden Touristen zahlreiche Lokale. Der Service und die Qualität der Restaurants an der **Promenade** lassen mitunter zu wünschen übrig. Die **einfachen Lokale,** in die auch die Einheimischen gehen, sind vor allem nördlich der Av. Moulay Abdellah und um den Platz Lahcen Tamri zu finden, aber auch im Bereich des Busbahnhofes der städtischen Busse (Place Salam) und des Suqs.

2 **Bollywood,** Bd. Tawada, an der Strandpromenade (im Norden), Tel. 0524 82 74 53. Gutes indisch-pakistanisches Restaurant der gehobenen Preisklasse.

Ruhig, komfortabel und ökologisch nachhaltig – die Atlas Kasbah Ecolodge

19 **Café del Mar,** an der Strandpromenade nahe Hotel Royal Atlas. Auf der Terrasse mit gemütlichen Polstergarnituren werden Spaghetti, Fleischgerichte oder Sandwiches serviert. Mittlere Preislage.

15 **Camel's,** direkt an der Strandpromenade im mittleren Bereich. Hübsch aufgemachtes Restaurant mit freundlichem Personal, abends Live-Musik, internationale Küche zu moderaten Preisen.

14 **Jean Cocteau (Shem's Casino),** Bd. Mohamed V., Tel. 0528 82 11 11, im 1. Stock von Shem's Casino, http://casinoshems.ma, tägl. 20–1 Uhr. Eines der besten Restaurants der Stadt mit französischer Küche (Fleisch-/Fischgerichte ab 120 DH).

43 **La Scala,** Rue Oued Souss, nahe Club Valtur/Ecke Bd. 20 Août, Tel. 0528 84 67 73, tägl. 12–15 und 19–1 Uhr. Hervorragendes Restaurant mit französischer und marokkanischer Küche, schönem Interieur und Gartenterrasse. Alkoholausschank, gehobene Preisklasse, evtl. längere Wartezeit.

37 **Le Jardin d'Eau,** Bd. du 20 Août (ggü. Hotel Atlas Almohades), Tel. 0528 84 01 95, www.jardindeau.com. Altbekanntes Restaurant mit romantischem Ambiente und großer Auswahl an Fischge-

richten (sehr gut) und Salaten, aber auch marokkanische Speisen (Fisch-/Fleischgericht oder Tajine/Couscous 100–170 DH). Freundlicher Service, jeden Abend Live-Musik.

45 **Le Mauresque,** Complexe Valtur (Ecke Bd. du 20 Août/Rue Oued Souss), Tel. 0528 82 04 44. Marokkanisches Restaurant (gute Tajine, Couscous plus internationale Küche) mit verspielter Orientatmosphäre, schöner Gartenterrasse und lobenswertem Service. Mittlere Preislage.

44 **Le Tapis Rouge** (Little Norway), Bd. du 20 Août/Ecke Rue Oued Souss, Complexe Tamlelt (ggü. Casino Le Mirage), Tel. 0528 84 08 48, tägl. 20–1 Uhr. Sehr gute, frisch zubereitete Fisch-, Fleisch- und Pastagerichte, die auf der gemütlichen Terrasse unter einem großen Sonnensegel serviert werden oder im kleinen, bunten Innenraum, der eher Barambiente hat (Alkoholausschank). Die günstigeren Gerichte auf der Snackkarte reichen auch als ganze Mahlzeit. Mittlere Preislage.

16 **Le Vendôme,** an der Strandpromenade, Tel. 0528 82 48 16, tägl. 8–2 Uhr. In diesem alteingesessenen Café/Restaurant mit Veranda gibt es marokkanische und internationale Gerichte sowie günstiges Frühstück, Säfte und Alkoholika.

3 **Mimi La Brochette,** an der Strandpromenade, Complexe Al Moggar, Tel. 0528 84 03 87, tägl. 12–24 Uhr. Beliebtes, alteingesessenes Terrassenrestaurant mit guter marokkanischer Küche (u.a. Brochettes) und Fischgerichten. Mittlere Preislage.

### In der Marina (Plan S. 44)

Im Bereich des neuen Jachthafens am nördlichen Ende der Strandpromenade findet man vor allem hochpreisige, noble Restaurants sowie moderne Cafés und Eisdielen. Günstig und sehr gut (gegrillter Fisch und Krebstiere) isst man an den einfachen nummerierten Buden im Fischerhafen neben der Marina; Preis vorher erfragen.

1 **Les Blancs,** am Nordende der Bucht/Promenade in der Marina, Tel. 0528 28 368, 82 83 68. Auf der schicken, mit Sonnensegel beschatteten Terrasse der Strandbar kann man bei einem Cocktail oder Glas Wein herrlich den Sonnenuntergang genießen. Im Restaurant mit edlem Ambiente in einem Glaspavillon werden mediterrane Gerichte zu gehobenen Preisen serviert.

### Cafés/Imbiss/Fast Food

Zahlreiche Cafés (auch mit deutschem Kuchen) reihen sich entlang der Strandpromenade. In den modernen Cafés und Eisdielen in der Marina sitzt man schön mit Blick auf die Jachten im Hafenbecken. Fast-Food-Lokale wie etwa Pizza Hut findet man außerdem am kleinen Platz zu Beginn der Passage Aït Souss/Ecke Av. Mohamed V.

35 **Pâtisserie Tafarnout** (Plan S. 46), Av. Hassan II., in Talborjt. Sehr beliebtes Terrassencafé und Konditorei mit hervorragendem Gebäck, auch Frühstück, WLAN. Es gibt eine Zweigstelle am Anfang des Jachthafens im Norden.

■ **McDonald's** ist auch in Agadir vertreten: Die Restaurants an der 40 Av. Mohamed V. (Drive In) und am Strand an der 17 Promenade (daneben **Pizza Hut**) werden vor allem von Jugendlichen frequentiert (Plan S. 46).

■ Am **Bd. Hassan II.** kann man zwischen **mehreren Pizzerien** auswählen.

## Einkaufen

Der **Suq (Souk)** im Südosten der Stadt hat dem Marché Municipal den Rang abgelaufen. Ob Souvenirs, Gewürze, Arganienöl, handwerkliche Produkte oder allerlei Plastik- und Spielwarenramsch aus Fernost – hier ist alles einigermaßen preisgünstig zu haben. Seit es zahlreiche Beschwerden über Touristennepp gab, kontrolliert die Polizei, ob Touristen fair behandelt werden. Am Montag ist der Suq geschlossen! Lohnenswert – auch wenn man nicht einkaufen möchte – ist der Besuch des riesigen **Markts in Inezgane.** Hier gibt es von Lebensmitteln bis zu Möbeln alles Erdenkliche zu kaufen – zudem ist es günstiger und viel weniger touristisch als in Agadir.

Kaufen Sie Lebensmittel und Spirituosen nicht im Touristenviertel ein. Dort sind die Preise um 10–20% höher. Das Einkaufen gestaltet sich in Agadir ansonsten recht einfach, da die allermeisten Händler zumindest ein bisschen deutsch sprechen. Sprüche wie „Wie geht's? Alles klar?", „Nur gucken, nix kaufen!" gehören zum Standardrepertoire jedes Händlers. Auch in den Hotels und Restaurants wird in mehreren Sprachen bedient.

Wollen Sie **in Ruhe einkaufen,** ohne zu feilschen, dann am besten in Talborjt (nordöstlich der Av. Moulay Abdellah in Richtung Place Lahcen Tamri). Hier ist das Einkaufszentrum der Einheimischen, Preisverhandlungen glücken nur in den wenigsten Fällen, da die Preise angemessen sind.

An der Ecke Avenue Mohamed V./Abderrahman Bouabid (südlich des Königspalastes beim Founty-Viertel) entsteht das Großprojekt **Agadir City Center** mit einer modernen Shopping Mall.

## Zeitungen

In den Läden am Strand und im Hotelviertel (z.B. Résidence Tafoukt oder am Bd. du 20 Août) gibt es deutsche Zeitungen und Landkarten von Marokko zu kaufen, ebenfalls in dem Buch- und Zeitschriftenladen an der Av. Hassan II.

## Souvenirs

In Agadir sind Souvenirs relativ teuer, dafür sind der Standard hoch und die Auswahl groß. Wer gut handelt, kann durchaus faire Preise erzielen.

■ **Kunsthandwerk** gibt es im Suq oder im Touristenviertel, am Marché Municipal und im (etwas verwaisten) **Ensemble Artisanal** in Talborjt (Av. 29 Février, So geschlossen). Dort werden hübsche Holz- und Keramikwaren, Lampen, Teppiche etc. in guter Qualität zu Festpreisen angeboten.

■ Diverse Souvenirläden findet man auch im **Tafoukt-Komplex** beim Royal Decamaron Tafoukt Beach Hotel.

■ Günstig und in großer Auswahl kauft man Kunsthandwerk in Werkstätten an der Straße Agadir – Inezgane, bei den Händlern in der **Medina d'Agadir** (vgl. „Sehenswertes") oder in der **Kasbat Souss** in Ben Sergao ein. In diesem Komplex mit idyllischem Innenhof und Café bieten Handwerker Keramikwaren, Silberschmuck, Spiegel, Bilder, Lampen u.a. an (km 5 Route Principale d'Agadir, Ben Sergao, von Agadir kommend auf der rechten Seite, Tel. 0528 28 19 34, geöffnet tägl. außer Mi 9–19 Uhr).

## Lebensmittel

4 (Plan S. 44) Für Lebensmittel und Konsumwaren bietet sich der **Marjane-Supermarkt** an der Straße nach Inezgane südlich vom Königspalast an. Nicht weit entfernt gibt es einen Drinkstore (in der Nähe des Hotels Ayad), in dem man Alkoholika einkaufen kann (N 30°23,998', W 09°35,579').

4 (Plan S. 42) Ein großer **Atacadao-Supermarkt** findet sich an der Umgehungsstraße Richtung Marrakesch im Westen der Stadt, N 30°23,359', W 009° 30,702'. Hier gibt es auch Alkohol zu kaufen (gesonderter Eingang).

■ (Plan S. 46) Die **Einkaufsmeile für Lebensmittel** und anderen Tagesbedarf (Zeitungen, Postkarten) ist die **Av. Hassan II.** in ihrem zentralen Bereich. In Höhe von Post und Rathaus liegt der 26 **Supermarkt Anaprix:** klein, aber gut sortiert, mit gutem Gemüse. Auch der **Marché Municipal** (u.a. Gewürze, Gemüse, Obst, Fisch und Fleisch) liegt in Gehweite. In Talborjt befinden sich zudem die gut sortierten **Supermärkte** 34 **Aswak Assalam** (zwischen Bd. Mohamed Cheikh Saadi und Rue Yacoub el Mansour) und 33 **Label Vie/Carrefour** (Rue Yacoub el Mansour, Alkoholverkauf).

■ Lebensmittel und Utensilien für den touristischen Bedarf (Sonnencreme u.a.) hat der **Supermarché im** 42 **Complexe Tamlelt** (Plan S. 46) gegenüber dem Hotel Tivoli in seinem Sortiment.

■ **Arganienölprodukte** kauft man am günstigsten und in verlässlicher Qualität (nicht gepanscht mit Olivenöl) im Supermarkt (z.B. Marjane, s.o.).

## Nachtleben

Die **großen Hotels** bieten ein buntes Abendprogramm, z.B. Show-Events à la Las Vegas, Zaubervorstellungen, Bauchtanz und klassisch marokkanisch-andalusische Musik. Natürlich verfügen sie auch über Discos und Bars.

Die meisten **Discos** bzw. Clubs/Lounges kosten um die 20 Euro Eintritt inkl. Getränk.

20 **Actor's** (Plan S. 46), im Hotel Royal Atlas, Bd. du 20 Août. Schicker Club mit gehobenen Preisen. Hier legen international bekannte DJs House auf.

1 **Papagayo** (Plan S. 48), im RIU Tikida Beach. Die größte und meistbesuchte Disco.

4 **Xtrem Night Complex** (Plan S. 46), an der Strandpromenade. Eine der modernsten und größten Discos mit Restaurant, Pub, Bar. Abendessen mit Live-Musik ab 18 Uhr, Disco ab 22 Uhr.

18 **The Factory** (Plan S. 46), im Hotel Tafoukt. Orientalisches Flair und Wasserpfeifen-Sitzecken für Ü-30-Publikum. Tägl. 23–4 Uhr.

7 **So Lounge** (Plan S. 48), im Sofitel Royal Bay Resort sind gleich drei schicke Locations für Nachtschwärmer untergebracht: So Nice, So Good und So Night Lounge (23–4 Uhr) mit Live-Konzerten und DJ Sessions.

## Notfall/Notrufe

- **Polizei:** Route de Taroudannt, Tel. 0528 24 00 47.
- **Notruf** (landesweit): Tel. 190.
- **Feuerwehr:** Tel. 150.
- **Ambulanz:** Tel. 0528 23 23 23.

## Medizinische Versorgung

### Apotheken

Apotheken gibt es **im gesamten Stadtgebiet** (dort Aushänge zu den Nachtdiensten).

### Krankenhäuser

- **Hôpital Hassan II.,** Route de Marrakech, Tel. 0528 84 14 77.
- **Clinique Al Massira/Coramed,** Av. du 29 Février, Tel. 0528 84 32 38, 84 64 72.
- **Clinique La Résidence,** 34, Rue Mehdi ben Toumert, Talborjt, Tel. 0528 82 36 82. Kleine moderne Privatklinik des französischen Chirurgen *Dr. Paul Hemelin,* der englisch und etwas deutsch spricht.

### Allgemeinärzte (deutschsprachig)

- **Dr. M. Akerbib,** 314a, Al Wifaq, Ben Sergao, Tel. 0528 28 13 73, Mobil 0662 28 48 52.
- **Dr. Mouhid,** 19, Rue de Marrakech, Bloc 11 N°14, Tel. 0528 82 64 04. Kinderarzt, wird von NUR empfohlen.

### Zahnärzte

- **Dr. Touhami,** Av. Moulay Abdellah, Immeuble M 2, App. 4, Tel. 0528 84 63 20. Spricht englisch und hat in Frankreich studiert. Er arbeitet sauber und gut und hat eine moderne Praxis.
- **Dr. Berradea Nadia,** Av. Hassan II., Immeuble Oumlil, 2. Stock, Tel. 0528 84 42 43. Die freundliche Ärztin arbeitet sehr kompetent.

### Tierärzte

- **Dr. Krzystof Albert,** Rue 210, Appt. 9, Quartier Industriel (östl. Seitenstraße des Bd. Hassan II., zwischen den Kliniken Assoulil und Argana), Tel. 0528 84 31 20.
- **Dr. Ali Ramich,** in Talborjt nahe Jardin Olhao und dem französischen Institut IFA, Mobil 0661 21 47 24.

## Taxis

**Petits Taxis** *(taxis rouges)* verkehren innerhalb des Stadtgebiets. Um einen überteuerten Fahrpreis zu verhindern, sollte man auf Einschalten des Taxameters bestehen! Der Normalpreis innerhalb der Stadt beträgt 15 DH. Die Petits Taxis fahren wie die

Grands Taxis auch kollektiv zu bestimmten Destinationen (preiswert)– Abfahrtsplatz ist El Battoire (zentraler Grand-Taxi-Stand) am Place Assalam.

**Vom/zum Flughafen** fahren **Grands Taxis** (Festpreis: 150 DH) und die deutlich billigeren blauen **Grands Taxis** (50–60 DH inkl. Gepäck bis nach Agadir, Haltestelle direkt gegenüber der Einfahrt zum Flughafen neben zwei Restaurants). Am preiswertesten ist der Bus, der an der Straße startet (siehe „Stadt- und Vorortbusse"). Teilt man sich ein Grand Taxi mit marokkanischen Fahrgästen als Sammeltaxi, kostet es offiziell nur 9 DH/Pers. Die offiziellen Taxipreise sind an einer Tafel am Flughafenausgang angeschrieben.

## ALSA-Buslinien Agadir

### Stadt- und Vorortbusse

| Bus / Strecke | Distanz | Dauer |
|---|---|---|
| **1** / Pl. Salam – Av. Pr. Moulay Abdallah –Anza (über den Hafen) | 9 km | 30 Min. |
| **2** / Pl. Salam – Hôpital Hassan. II. (über Amicale) | 10 km | 40 Min. |
| **3** / Pl. Salam – Hôpital Hassan II. (über Bouargane) | 8 km | 30 Min. |
| **4** / Pl. Salam – Facultes (Uni – über Bouargane) | 7 km | 30 Min. |
| **5** / Pl. Salam – Pl. Massira (Inezgane, Umsteigen zum Flughafen) | 10 km | 30 Min. |
| **6** / Pl. Salam – Pl. Massira (Inezgane) | 10 km | 30 Min. |
| **7** / Pl. Massira (Inezgane) – Tarrast | 3 km | 26 Min. |
| **8** / Pl. Massira (Inezgane) – Koleaa (über Aït Melloul) | 11 km | 35 Min. |
| **9** / Pl. Massira (Inezgane) – Tikiouine (über Aït Melloul) | 7 km | 30 Min. |
| **10** / Pl. Massira (Inezgane) – Lamzar (über Aït Melloul) | 7 km | 35 Min. |
| **11** / Pl. Massira (Inezgane) – Temsia (über Aït Melloul) | 12 km | 35 Min. |
| **12** / Pl. Salam – Taghazout (über Hafen, Tamrakht) | 21 km | 50 Min. |
| **13** / Pl. Salam – Imiki (über Hafen, Tamrakht) | 18 km | 45 Min. |
| **14** / Pl. Salam – Tamri (über Hafen-Taghazout) | 55 km | 2 Std. |
| **19** / Pl. Massira – Drarga (über Aït Melloul – Tikiouine) | 10 km | 30 Min. |
| **21** / Pl. Salam – Aït Melloul (über Faculte – Tikikouine) | 15 km | 40 Min. |
| **22** / Pl. Massira (Inezgane) – Flughafen El Massira (Aït Melloul) | 8 km | 30 Min. |
| **60** / Pl. Salam – Taghazout (über Hafen) | 18 km | 45 Min. |
| **61** / Pl. Salam – Tamri (über Hafen und Taghazout) | 55 km | 2 Std. |

### Regionalbusse

**31** / Hafen – Imimiki, alle 20 Min.
**32** / Place Salam – Taghazout, alle 30 Min.
**33** / Place Salam – Taghazout – Tamri, stündlich
**36** / Place Inezgane – Ouled Teima, alle 20 Min.
**37** / Place Inezgane – Flughafen, stündlich
**40/41** / Place Inezgane – Biougra, alle 20 Min., Weiterfahrt nach Aït Baha mit Bus Nr. 43
**42** / Place Inezgane – Belfaa – Massa, alle 20 Min.

Der **zentrale Abfahrtsplatz der Sammeltaxis** (Grand Taxi mit insgesamt sechs Fahrgästen) befindet sich in Inezgane neben dem Hotel Hagounia und Busbahnhof (u.a. Sammeltaxis nach Marrakesch, Essaouira, Taroudannt, Tiznit, Tafraoute) und in Agadir am Place Assalam (El Battoire) in Talborjt. Grands Taxis warten aber auch gegenüber des Suq, gegenüber des Atlantic Palace oder vor anderen großen Hotels.

### Ausflugsfahrten mit dem Grand Taxi

Am Flughafen sind für verschiedene Ausflugsziele Festpreise für Grands Taxis ausgeschrieben: z.B. Tafraoute 900 DH, Essaouira oder Guelmim 1000 DH. Folgende **Taxifahrer** sind sehr empfehlenswert:

- **Adi Ouali** (Mobil 0668 80 55 86, www.aditours.com) wird von vielen Lesern sehr gelobt. Er organisiert individuelle Touren mit dem Taxi oder im klimatisierten Mini-Van. Herr *Ouali* spricht sehr gut deutsch, ist sehr freundlich und bringt seinen Gästen auf angenehme Art die marokkanische Kultur näher. Er bietet Tagesausflüge (z.B. nach Taroudannt) und Mehrtagestouren (z.B. in den Anti-Atlas oder Hohen Atlas) an. Wer ihn länger engagieren will, sollte 2–3 Tage vorher Kontakt aufnehmen.
- Auch der sehr freundliche und sehr gut deutsch sprechende **Abdellah Abaidat** (Mobil 0661 57 56 37, abaidat.abdellah@hotmail.com) bietet ein- oder mehrtägige Ausflugsfahrten an.
- Ein sehr angenehmer Taxifahrer ist **Ahmed Zaky** (Taxi Nr. 96, Tel. 0528 20 46 42, Mobil 0661 70 98 75), der ebenfalls deutsch spricht.
- Leser machten außerdem sehr gute Erfahrungen mit **Rachid Tita** (Mobil/WhatsApp 0662 73 89 28, agadirtransport@gmail.com), der Ausflüge, Transfers und mehrtägige Rundreisen nach individuellen Wünschen organisiert. Er ist zertifizierter Guide für ganz Marokko und spricht sehr gut deutsch.

**Deutschsprachige Taxifahrer** verlangen für individuelle Ausflugsfahrten zu verschiedenen Destinationen 120–180 Euro pro Tag (Verhandlungssache).

## Stadt- und Vorortbusse

Im Stadtgebiet und näheren Umland verkehren die lokalen **ALSA-Busse.** Infos zu allen Linien: **www.alsa.ma** oder über die Hotline 0528 82 47 99.

Die meisten Busse fahren entlang der zentralen Achse **Av. Mohamed V.** und halten z.B. vor dem Royal Mirage Hotel. Mehrere Linien starten auch am Hafen, am Place Salam und in Inezgane bei der dortigen Grand-Taxi-Haltestelle (Platz bei Hotel Hagounia). Die Busse können außerdem per Handzeichen (mit deutlichem Schritt auf die Straße) angehalten werden. Zu den Stoßzeiten sollte man die Busse besser vermeiden – (nicht nur) dann treiben Taschendiebe ihr Unwesen.

### ALSA-Buslinien

- **Nach Inezgane** (zum zentralen Busbahnhof mit Verbindungen in alle Landesteile) fahren die Busse Nr. 11, 21 und 23 (ab Hafen und Av. Mohamed V. über Ben Sergao) und Nr. 6 (ab Place Salam).
- **Nach Founty** fährt die Linie Nr. 2 (Hay Mohammadi – Founty).
- **Von/zum Flughafen:** Nr. 37 und 371 von/nach Inezgane (Weiterfahrt ins Zentrum s.o.), Fahrzeit 30 Min., ab 6.30 Uhr morgens stündlich (bis 20.30 Uhr, sonntags nur bis 19.15 Uhr). Der Bus hält ca. 500 m vom Flughafenausgang entfernt direkt am Kreisel vor dem Gelände. Die Taxifahrer erzählen gelegentlich, dass es keinen Bus gäbe und verlangen unverschämte Preise.
- **Nach Taghazoute:** Nr. 32, 33 ab Place Salam.
- **Nach Tamri:** Nr. 33 ab Place Salam.
- **Nach Belfaa/Massa:** Nr. 42 ab Inezgane.
- **Nach Imimiki** (Paradise Valley, vgl. „Ausflüge"): Nr. 31 ab Place Salam.

## Fernverkehrsbusse ab Agadir

- Der **Busbahnhof** liegt nahe der südlichen Umgehungsstraße (N 1) am Bd. Abderrahim Bouabid (östlich vom Suq).

■ Der **zentrale Hauptbusbahnhof,** von dem die meisten Busse in alle Gegenden des Landes starten, befindet sich in Inezgane!

■ Busse der **Privatlinien** verkehren ständig in alle Richtungen (an den Schaltern am Busbahnhof in Agadir oder Inezgane erkundigen).

### CTM

■ **CTM-Büro** im Busbahnhof: Tel. 0528 22 55 96. Büro in Talborjt: 1, Yacoub El Mansour, Tel. 0528 82 53 41.

**Verbindungen ab Talborjt** (andere Verbindungen vgl. ab Inezgane unten):

■ **Casablanca:** 1x tägl., Fahrzeit 6–7 Std., 275 DH.

■ **Essaouira:** 2x tägl., Fahrzeit 3 Std., 100 DH.

■ **Marrakesch:** 1x tägl. Nachtbus, Fahrzeit 3½ Std., 130 DH; vgl. Inezgane.

■ **Rabat – Meknès:** 1x tägl. Nachtbus nach Rabat, Fahrzeit 8 Std., 290 DH; vgl. Inezgane.

■ **Rabat – Larache – Tanger:** vgl. Inezgane.

### Supratours

■ **Supratours-Büro** am Busbahnhof: Tel. 0528 23 73 05. Abfahrt ab Inezgane (s.u.) oder ab Innenstadt (Supratours-Büro in Talborjt, 35, Rue Yacoub el Mansour, Tel. 0528 82 72 46). Es gibt mehrmals täglich Verbindungen nach Marrakesch, Essaouira, Safi und Guelmim.

## Fernverkehrsbusse ab Inezgane

### CTM

■ **CTM-Büro** und Abfahrtsplatz in Inezgane: 94, Av. Mokhtar Souissi (ggü. Hotel Hagounia), Tel. 0528 83 22 20. Infos unter www.ctm.ma.

**Verbindungen und Preise:**

■ **Laâyoune – Dakhla:** 8x tägl., 240 DH/9–11 Std. bis Laâyoune, 390 DH/22 Std. bis Dakhla.

■ **Taroudannt:** 1x tägl. morgens., 35 DH, ca. 3 Std.

■ **Beni Mellal – Khénifra – Azrou – Ifrane – Fès – Oujda:** 2x tägl. Nachtbus, nach Beni-Mellal 170 DH (7–8 Std.), nach Khénifra/Azrou 1x tägl. Nachtbus, 240 DH, nach Ifrane 265 DH, nach Fès 4x tägl., Fahrzeit ca. 12 Std., 285–305 DH.
■ **Marrakesch:** 14x tägl., 110 DH, ca. 4 Std.
■ **Casablanca:** 10x tägl. und 4 Nachtbusse, 215–225 DH, 7–9 Std.
■ **Taroudannt – Tazenakht – Ouarzazate:** 2x tägl. morgens und abends, Ouarzazate 140 DH (6 Std.), Taroudannt 35 DH (3 Std.); Tazenakht 1x tägl. morgens, 115 DH, Fahrzeit ca. 5 Std.
■ **Essaouira – Safi – El Jadida:** 2x tägl., nach Essaouira 65 DH (3–4 Std.), nach Safi 115 DH (6 Std.), nach El Jadida 170 DH (8 Std.).
■ **Tafraoute:** 1x tägl., 6 Std., 70 DH.
■ **Rabat – Larache – Tanger:** 6x tägl., nach Rabat 250 DH, ca. 8 Std. (3x Nachtbus), nach Tanger 1x. tägl., 330 DH, ca. 18 Std. Nachtbus

### Supratours

■ Die Supratours-Busse starten direkt vor dem Hotel Hagounia beim dortigen **Supratours-Büro** (geöffnet Mo bis Sa 8.30–12.30 und 15–18.30 Uhr). Verbindungen nach Marrakesch, Meknès, Fès, Essaouira, Safi, Tiznit, Guelmim, Tan-Tan, Laâyoune. Infos unter www.oncf.ma.

## Flugverbindungen

■ **Flughafen Al Massira** (Aït Melloul, 25 km von Agadir entfernt), Tel. 0528 83 91 12, www.onda.ma. Am Flughafen gibt es Wechselstuben und Geldautomaten. Die Kofferträger erwarten ein Trinkgeld von 10–20 DH. Busverbindung von und zum Flughafen s.o., „Stadt- und Vorortbusse".
8 **Royal Air Maroc (RAM),** Rue Général Kettani (Plan S. 46), Tel. 0528 82 91 20.

Agadir wird außer von RAM auch von diversen Billigfluglinien aus Deutschland direkt angeflogen (siehe „Reisetipps A–Z").

## Rund ums Auto

### Autovermietung

Die meisten Anbieter liegen entlang des Bd. Mohamed V. oder rund um die Av. Hassan II. Bei einigen Agenturen kann man den Preis verhandeln. Häufig sind die Tarife der in den Hotels untergebrachten Agenturen höher. Am Flughafen sind Avis, Sixt, Europcar, Budget, Hertz und Thrifty Car vertreten.

■ **Auto-Cascade,** Av. Hassan II., Tel. 0528 84 37 61, www.auto-cascade.com. Kompetenter Service.
■ **Avis,** Bungalow Marhaba, Av. Mohamed V., Tel. 0528 82 14 14; Flughafen Al Massira, Tel. 0528 83 92 44.
■ **Budget,** Av. Mohamed V., Bungalow Marhaba, Tel. 0528 84 82 22; am Flughafen. Preiswerter ab Deutschland.
■ **Europcar,** Bd. Mohamed V./Rue Hubert Giraud, Tel. 0528 84 02 03; am Flughafen, Tel. 0528 84 03 37.
■ **First Car,** am Flughafen, Tel. 0522 30 00 07, www.firstcar.ma. Großer Vermieter mit mehreren Vertretungen in Marokko, kooperiert mit Sixt in Deutschland.
■ **Hertz Maroc,** Av. Mohamed V., Bungalow Marhaba, Tel. 0528 84 09 39; am Flughafen, Tel. 0528 83 90 71.
■ **Thrifty Car,** am Flughafen, Tel. 0528 83 90 54, www.thrifty.com. Günstige Tarife in Deutschland.

### Werkstätten

■ **Pannen-/Straßendienst,** Tel. 0177.
■ **Auto Hall,** Rue de la Foire, Tel. 0528 84 29 95, 84 39 73, www.autohall.ma. Große Werkstatt für alle möglichen Modelle.

## Fahrrad-/Motorrad-/Vespaverleih

Die **Preise variieren** leicht im Laufe des Jahres (Sommer und Festtage sind am teuersten). Eine Vespa oder ein Motorrad kostet etwa: 1 Tag 250 DH,

1 Std. 50 DH (jeweils inkl. Versicherung); ein Fahrrad ca. 100 DH/Tag. Motorrad- und Fahrradverleihe finden sich vor dem Hotel Les Almohades, nahe des Club Mediterranée und neben dem Hotel Salam.

- **Agadir Bike Evasion,** im Agadir Beach Club im Founty-Viertel, Mobil 0624 16 69 59. Organisiert werden geführte (MTB-)Radausflüge, zudem können Bikes ausgeliehen werden.

## Deutsches Konsulat

- **6, Rue de Madrid,** Sec. Résidentiel, Tel. 0528 84 10 25, **Konsul Hamza Choufani.**

## Banken/Wechselstellen

**Bankautomaten** (Abhebung mit Maestro-/Kreditkarte) sind im gesamten Stadtgebiet zu finden (z.B. am Bd. Hassan II.). In fast allen größeren Hotels besteht Tauschmöglichkeit zum offiziellen Kurs. Die Wechselstube am Flughafen tauscht übrige Dirham in Euro zurück. Im Touristenviertel (Bd. du 20 Août, Complexe Tivoli und Agador) gibt es **Wechselstuben,** die auch am Wochenende geöffnet haben.

## Post und Telefonieren

- **Hauptpost** an der Av. Prince Sidi Mohamed (Ecke Av. Prince Moulay Abdallah), geöffnet Mo bis Fr 8.30–12 und 14–18.30 Uhr.
- **DHL-Annahmestelle** am nördlichen Ende der Av. Mohamed V., Tel. 0528 84 0703, Mo bis Fr 8.30–12.30 und 14.30–18.30 Uhr, Sa bis 12.30 Uhr. Teurer, aber zuverlässiger und schneller Versand nach Deutschland.
- **Lokale (Prepaid-)SIM-Karten** von Maroc Telecom u.a. gibt es in vielen Läden und Kiosken für wenige Dirham zu kaufen; z.T. werden diese auch schon am Flughafen an Touristen ausgegeben.

## Reiseagenturen

Folgende empfehlenswerte Agenturen bieten ein **umfassendes Ausflugsprogramm** an (Preisbeispiele s.u., Ausflüge):

- **Bovoyages,** Av. Général Kettani, Tel. 0528 82 92 30, www.bovoyages.com. Kompetente, zuverlässige Agentur, die mit deutschen Veranstaltern zusammenarbeitet. Ausflüge, Rundreisen, Mietwagen etc.
- **Maroc Horizon Aventure,** 3, Av. Khalid Ibn El Walid, Tel. 0528 21 34 26, www.trekking-au-maroc.com. Die Agentur von drei Bergführern ist spezialisiert auf Trekking-, Wüsten- und Ökotourismus.
- **Sahara Tours International,** Bd. du 20 Août, ggü. Hotel Agador (27–29 Complexe Agador), Tel. 0528 84 04 21, 84 06 11, www.saharatoursinternational.com. Breites Ausflugsprogramm ab Agadir.
- **TigerTrip Marokko,** Bloc E, N°11, Hay Massira, Mobil 0652 91 57 01, www.tigertrip.cc. Der Österreicher *Hannes Zeller* organisiert Wüstentouren mit 4x4 und KTM Enduros. Seine Partnerin *Marion Bachinger* ist Yogalehrerin und veranstaltet mit ihrer Agentur **Yogitrip** (www.yogitrip.com) Yoga-Rundreisen in Marokko.
- **Trek Morocco Desert,** Mobil 0613 40 54 39, www.trek-morocco-desert.co.uk. *Nourddine* spricht deutsch und bietet u.a. Zwei- bis Fünftagestouren ab Agadir in die Wüste an, aber auch Tagesausflüge.

## Sport/Aktivitäten

- Agadir eignet sich perfekt für sportlich Aktive – jedes bessere **Hotel** hat Aktivitäten wie Tennis, Golf, Surfen, Jet Ski, Segeln, Bootsausflüge u.v.m. im Programm.
- Agadir ist nach Essaouira der wichtigste marokkanische **Surfer-Treffpunkt;** vor allem die Spots an der nördlichen Küste bei Taghazoute sind sehr bekannt.
- Wer lieber aufs Meer hinaus will, um zu **fischen,** kann einen Tagesausflug mit modernen Jachten bu-

chen. **Segler** können in der Marina einen Katamaran chartern.

■ **Flieger** können im Aéro-Club d'Agadir in Inezgane ihrem Hobby nachgehen. **Gleitschirmflieger** starten von der Kasbah auf dem Hügel über Agadir oder an anderen schönen Plätzen an den südlichen Stränden.

■ **Fahrräder** zur Stadterkundung kann man sich bei vielen Hotels und bei Bike Evasion (vgl. Fahrradverleih) mieten.

### Surfen und Segeln

**Viele bekannte Surfspots (Kite-, Body- und Windsurfen)** befinden sich an der nördlichen Küste zwischen Taghazoute und Tamri (z.B. Killer Point, Anchor Point, Banana Beach, Devils Rock etc.). Der Strand von Imourane ist wesentlich schöner und sauberer als derjenige von Taghazoute und zahlreiche Surfer tummeln sich hier in den Wintermonaten. Die eher ruhige Bucht von Agadir eignet sich besonders für Anfänger bzw. Windsurfer. Die höchsten Wellen gibt es zwischen Oktober und Mai, die Monate Juni bis September eignen sich eher für Anfänger. Neben den unten genannten Stellen bieten auch zahlreiche Hotels Leihgeräte sowie Kurse an.

■ **Aloha Surf Camp,** in Tamrakht, Mobil 0661 15 23 36, www.surfcampmaroc.com. Pauschalangebote für Surfer mit Kursen inkl. Unterkunft und Ausrüstung. Man kann das Equipment aber auch tageweise mieten.

■ **Adventurekeys,** in Taghazoute, Mobil 0660 51 68 11, www.adventurekeys.com. Surfkurse inkl. Unterkunft und Materialverleih.

■ **Surf Maroc,** im Zentrum von Taghazoute, Tel. 0528 20 02 30, https://surfmaroc.com. Diverse Packages zu Surfen und Yoga inkl. Unterkunft, Ausrüstung etc.

■ In der **Marina Agadir** (Port de Plaisance) gibt es 320 Plätze für **Jachten.** Hier können auch Boote/Katamarane gemietet werden, und es steht jegliche sonstige Infrastruktur zur Verfügung. Infos zu Jachtcharter und Segelkursen beim Jachtclub Agadir, Tel. 0528 82 41 98, http://yachtclubagadir.com. In der Marina werben verschiedene Anbieter für Bootsausflüge zum Fischen, Baden und Relaxen (2 Stunden bis 1 Tag inkl. Mittagessen).

■ In den großen **Hotels** können Segeltörns verschiedener Veranstalter gebucht werden.

### Jet Ski, Quad

■ **Agadiradventure,** am Strand von Imrouane (14 km nördlich von Agadir), beim Atlantica Camping Imrouane, Mobil 0600 03 65 91, www.agadir-adventure.com. Die deutschsprachige Agentur bietet Quadfahrstunden (auch für Kinder) und geführte Touren.

### TWIKE

Das TWIKE ist ein zweisitziges Elektrofahrzeug mit einer max. Geschwindigkeit von 85 km/h und einer max. Reichweite von 500 km. Zusätzlich ist es mit Pedalen ausgerüstet, also eine Art **Mischung aus E-Bike und Motorrad.** Mit dem TWIKE lässt sich emissions- und lärmfrei die Umgebung erkunden – wegen der großen Scheiben und dem offenen Dach kommt Cabrio-Feeling auf. In Agadir stehen drei TWIKES zur Verfügung (Pkw-Führerschein erforderlich). Die Freiburgerin *Silvia Brutschin* trainiert mit Ihnen das Pilotieren: **TWIKE Maroc,** Mobil 0603 75 16 38, www.twikemaroc.de, Tages- und Halbtagesausflüge z.B. ins Paradise Valley, in den Massa-Nationalpark oder nach Taroudannt, auch Mehrtagesausflüge z.B. nach Tarfaya, Dakhla und Essaouira, mit Unterkunft in ökologisch orientierten Hotels.

### Tennis

Fast alle großen **Hotels und Clubs** verfügen über eigene Tennisplätze.

■ Der **Royal Tennis Club d'Agadir** (Av. Hassan II., Tel. 0528 84 77 54) hat sieben Courts.

■ **Atlantic Tennis,** Bd. du 20 Août nahe Königspalast, Mobil 0661 04 43 13, www.tennis-agadir.com. 5 Plätze.

### Golfen

Golfer buchen ihren Golfurlaub am günstigsten direkt pauschal beim Veranstalter.

In Agadir stehen **vier Golfplätze** zur Verfügung. Gäste des Hotels Tikida Beach erhalten am Golf du Soleil Sonderkonditionen, Gäste des Club Med am Golf des Dunes.

- Der **Golf des Dunes** liegt rechter Hand der Straße in Richtung Ben Sergao (beschildert, Tel. 0528 83 46 48). Auf dem 80 ha großen Platz mit drei Parcours à 9 Löchern, Eukalyptusbäumen, Palmen und Wasserlöchern spielen vor allem Club-Med-Urlauber (Pendelbusse von dort). Auch Kursangebot.
- Der sehr schöne 36-Loch-Platz **Golf du Soleil** gehört zum Tikida Beach Hotel (Tel. 0528 33 73 29, www.golfdusoleil.com) und liegt ebenfalls in Ben Sergao in der Nähe des Golf des Dunes. Es verkehrt ein kostenloser Shuttleservice zum Club Valtur bzw. Tikida Beach, auch für andere Hotelgäste. Auch mehrtägige Kurse möglich (Golfakademie).
- Der 18-Loch-Platz **Royal Golf** mit Zypressen, Palmen und Eukalyptus ist einer der ältesten Marokkos (1955) und liegt 12 km südlich von Agadir Richtung Aït Melloul (Tel. 0528 24 85 51).
- Der 27-Loch-Platz **Golf de l'Océan** (Tel. 0528 27 35 42, www.golfdelocean.com) liegt zwischen Königspalast und Golf des Dunes (Richtung Ben Sergao). Modernes Clubhouse mit Restaurant. Kostenloser Shuttle-Bus vom Hotel Atlantic Palace.

### Reiten

Reiten oder nur mal auf dem Pferd bzw. Kamel rumhoppeln ist am Strand von Agadir möglich. Auch im Ausflugsprogramm der großen Hotels sind Kamel-/Pferdeausritte enthalten (siehe Aushänge in den Hotels). Zwei Stunden kosten etwa 250 DH. Auch vor La Medina d'Agadir in Ben Sergao (vgl. „Sehenswertes") warten Kameltreiber mit ihren Tieren auf Kundschaft.

- In Ben Sergao an der Route Richtung Inezgane, ca. 6 km von Agadir (gegenüber der Kaserne), liegt der **Royal Club Equestre d'Agadir,** Tel. 0528 33 30 93.

### Hammam, Massage

Ein Besuch im Hammam (traditionelles orientalisches Dampfbad) mit Massage gehört zum Pflichtprogramm eines Marokkourlaubs und ist herrlich erholsam. Inzwischen haben **fast alle größeren Hotels und Clubs** ein eigenes Hammam, wenn nicht sogar ein komplettes Wellnesszentrum (SPA).

Wesentlich günstiger (ca. 10 DH) sind die **Hammams der Einheimischen.** Hier gibt es nach Geschlechtern getrennte Bereiche oder Besuchszeiten. Zu jedem Quartier gehört ein Hammam – das Baderlebnis dort ist natürlich wesentlich authentischer als in der Hotelanlage, wenn auch nichts für Berührungsängstliche.

## Feste/Veranstaltungen

- **Semaine commerciale,** Handelswoche im Nov.
- **Touristen- und Kulturwoche,** im Dezember.
- **Kunsthandwerkswoche,** im Dezember.
- **Festival du théâtre amazigh (Berbertheater),** im Juni.
- **Kino-Festival,** im Dezember.
- **Timitar Festival,** vier Tage im Juni, Konzerte afrikanischer Gruppen mit Schwerpunkt auf der Musik der Berber, www.festivaltimitar.ma.
- **Concert pour la Tolérance,** an einem Tag im Oktober oder November wird der Strand zu einer Freiluftbühne: Internationale Musiker werben mit ihren Konzerten für Toleranz und Menschenrechte (www.m6.fr).
- **Moussem Sidi Bousta,** Ende Mai.
- **Moussem Sidi Boushab,** im gleichnamigen Ort bei Inezgane, 1. Juniwoche.
- **Moussem M'Hamed ben Amer,** in Aïn Nakhla bei Inezgane, 2. Junihälfte.
- **Moussem Sidi Abderrahmane,** in Aït Youssef bei Inezgane, Ende Juli.

- **Moussem Sidi Lhaj M'Barek,** in Inezgane, im Aug.
- **Moussem Tikki,** im Suq Jemaa Tikki, bei Inezgane, Mitte September.
- **Moussem Lallal Aicha,** Abdellah in Imouzzer Cercle Inezgane, September.
- **Manifestations Religieuses des Pecheurs,** in Agadir, im Oktober.
- **Moussem Sidi M'Hamed ou Amer,** in Zaouit Assif, bei Inezgane, 1. Oktoberwoche.
- **Moussem Sidi Yakoub,** im Douar Aferni bei Inezgane, im Dezember.
- **Moussem Immi Ouassif,** im gleichnamigen Dorf bei Inezgane, Dezember.

## Ausflüge

Alle oben genannten Reisebüros bieten Ausflugsprogramme von ein bis mehreren Tagen Dauer an. Auch mit Grands Taxis (Tagesmiete) sind individuelle Ausflüge möglich (vgl. oben „Taxis").

Beliebte Ausflugsziele, die viele Reisebüros anbieten, sind die Palmenoase **Tiout** und **Taroudannt** (schöne Altstadt). Auch **Tafraoute, Marrakesch** und **Essaouira** werden jeweils als Tagesausflug angeboten – wegen der Fahrtdauer von mehreren Stunden lohnen sich diese Ausflüge jedoch nicht; für diese Städte sollte man sich besser mehrere Tage Zeit nehmen. Lohnende Ausflugsziele für einen Tag sind der **Massa-Nationalpark** und das **Paradise Valley** (s.u.).

Im Paradise Valley

083m015 ed

Die **Küste nördlich von Agadir** zwischen Tamrakht, Taghazoute und Tamri hat schöne Sandstrände mit ruhigen Buchten zu bieten. Die Gegend um **Taghazoute** ist zudem ein Surferparadies.

Wer einen Einblick in die Landwirtschaft im Sous-Tal bekommen möchte und etwas Ruhe auf dem Land sucht, sollte die **Farm Domaine Villate Limoune** (in Ouled Teïma, 40 km in Richtung Taroudannt) ansteuern: Auf der 400 Hektar großen Plantage werden Bananen, Zitrusfrüchte, Oliven und allerlei Gemüse biologisch angebaut. Es gibt einen großen Pool, einen kleinen Tiergarten, einen Mini-Golfplatz, Tennisplätze und Pferde für Ausritte. *Hassan Aferiad* (siehe bei Agadir „Stadtführungen") organisiert Ausflüge (evtl. mit Mittagessen dort) – besonders empfehlenswert für Familien!

## Individuelle Ausflüge

Grundsätzlich ist es **viel angenehmer,** sich ein Auto zu mieten und den Tag nach Belieben einzuteilen, als mit zig Touristen in einem Bus zu sitzen. Alle genannten Ausflüge lassen sich problemlos individuell durchführen, alle Ziele sind auch mit öffentlichen Verkehrsmitteln erreichbar. Wer Wartezeiten oder volle Busse scheut, sollte sich einen Mietwagen nehmen. Nachfolgend einige Vorschläge für individuell geplante Tages- und Mehrtagesausflüge.

### Tagesausflüge

- Krokodilpark, vgl. „Agadir/Sehenswertes"
- Taghazoute – Tamri – Imouzzer
- Bienenhaus von Inzerki
- Tiznit
- Sous-Massa-Nationalpark mit Massatal
- Taroudannt und Tiout
- Speicherburg Id Aissa, Amtoudi
- Speicherburg Tizourgane

### Zwei- bis Dreitagestouren

- Essaouira (notfalls auch an einem Tag)
- Tafraoute (mit Agadir Tasguent 3 Tage)
- Marrakesch
- Tata – Akka (3 Tage)

# Von Agadir nach Imouzzer

- **61 km**
- Die Anfahrt zum nordöstlich von Agadir gelegenen Ort Imouzzer des Ida Outanane führt durch das hübsche **Paradise Valley** (s.u.) in reizvoller Berggegend. Endpunkt sind die Wasserfälle beim Ort Imouzzer, der durch das **Honigfest** (im Mai) Bekanntheit erlangte. Die Wasserfälle trocknen im Sommer aus. Dieser Ausflug ist bequem an einem Tag (evtl. mit Wanderung) machbar. Die Straße durch das Tal wurde 2018 verbreitert und befestigt, nach starken Regenfällen kann sie dennoch unterbrochen sein. Große, schwere Fahrzeuge sollten sich nach Regenfällen über den Zustand der Strecke erkundigen (schmale Bergstraße, Absturzgefahr).
- **Nach Tamrakht** verkehren die **Stadtbusse Nr. 12, 13, 60 und 61,** von dort fährt man mit dem Taxi weiter. Grands Taxis nach Imouzzer starten in Aourir nahe des Kreisverkehrs.

Von Agadir geht es nach Norden am Hafen in Richtung Essaouira und Taghazoute. Nach **6 km** durchfährt man den stetig wachsenden Ort **Anza,** der im Norden durch ein riesiges Palastareal eines saudischen Prinzen begrenzt wird.

**12 km hinter Agadir** ist **Aourir** (Surfshops, Bananenverkauf, Banken, Restaurants) erreicht. Hier **zweigt rechts** (beschildert) die Straße nach Immouzer des Ida Outanane ab. An der nächsten Kreuzung geht es rechts (Schild „Route de Miel" und „Imouzzer" bzw. „Camping Aourir"). Links geht es nach **Imimiki;** hier beginnt eine schöne **Wanderung** am Oued Tamrakht entlang (Stadtbus Nr. 31 fährt von Agadir nach Imimiki).

Die Asphaltstraße führt erst durch Neubauviertel und dann durch karge Hügellandschaft mit Arganienbäumen entlang des **Oued Tamrakht.** 5 km von Aourir entfernt liegt linker Hand der Straße der schöne **Camping Aourir (N 30°29,691', W 09°37,384',** siehe bei Agadir). Auch Gäste von außerhalb können gegen eine kleine Gebühr den Pool nutzen.

Hinter Aourir fallen immer wieder die vielen Bienenkästen auf – im ganzen Tal wird leckerer **Honig** (u.a. Thymian- und Lavendelhonig) produziert.

Vom Abzweig in Aourir sind es 10 km **(Gesamt-km 22)** bis zum kleinen Dorf **Alma (Oulma).** In einer **Herboristerie** mit kleinem botanischen Garten gibt es Kräuter, Naturmedizin und Arganienöl zu kaufen. Leser empfahlen *Lahoucine* (Mobil 0677 71 23 20), der zu Fuß zu einem Fossiliensteinbruch führt, an dem man selbst Steine klopfen kann (Hammer wird gestellt, gute Ausbeute).

Nach 1 km zweigt eine Straße übers Inland rechts nach Agadir ab (16 km). Nun geht es durch **bewaldete Gegend,** erst mit Arganienbäumen und mit zunehmender Höhe auch mit mediterraner Macchia. 7 km hinter Alma (Gesamt-km 29) führt rechts ein Abzweig zur „Gîte rural Ecolodge". 8 km hinter Alma **(Gesamt-km 30)** erreicht man das kleine Dorf **Tamzargout** und überquert dann den **malerischen Oued Tamrakht** auf einer Brücke. Danach schlängelt sich die Straße durch eine **schöne Schlucht** mit von Oleander und Palmen flankierten (Bade-)Gumpen. In den 1970er Jahren wurde das Tal von den Hippies nicht zu unrecht **„Paradise Valley"** genannt.

Nach einigen Kilometern weitet sich die Schlucht wieder und die Straße führt bergauf. Bei **Gesamt-km 37** erreicht man einen **Wanderweg** *(Sentier Pédestre)* mit Infotafeln und Parkplatz. Auch 3 km weiter ist ein Wanderweg beschildert (Parkplatz). Von hier aus hat man einen weiten Blick hinunter ins Tal.

30 km vom Abzweig bei Aourir **(Gesamt-km 42)** folgen die sehr freundliche **Herberge/Restaurant Tanout**② mit herrlichem Ausblick von der Terrasse – ideal für eine Mittagsrast (Mobil 0670 63 58 36, gutes Essen, saubere, marokkanisch-kitschig eingerichtete Zimmer mit Bad) und die **Auberge Bab Imouzzer** (Restaurant, traumhafte Aussicht).

Bei km 31 **(Gesamt-km 43)** liegen das Dorf **Tifrit** und das einfache **Hotel Tifrit**③ mit Aussichtsterrasse, sehr gutem Essen und (nicht immer gereinigtem) Pool (Tel. 0528 21 67 08, Mobil 0661 65 42 31).

3 km hinter Tifrit **(Gesamt-km 46),** beim Ort **Aksri (Aqasri),** findet man im **Riad de l'Olivier**③ (Tel. 0528 21 81 66, www.riaddelolivier.fr) mitten im Olivenhain eine ruhige Unterkunft mit herrlichem Ausblick von der Terrasse (Pool und sehr geräumige Suiten mit Bad und Balkon). Das französisch-marokkanische Eigentümerpaar *Marc* und *Fairouz* kümmert sich sehr um das Wohl ihrer Gäste und organisiert Wanderungen.

1 km weiter folgt der Ort **Tifaouine** auf einer Hochebene mit Feldern, Feigen- und Olivenbäumen. Nach 2 km geht ein Abzweig nach Aussrir, Tilguit. Hier liegt das **Restaurant Amadier** mit Honigverkauf. Weiter bergauf folgt **Timoulay** bei **km 39 (Gesamt-km 51)** in bewaldeter Gegend. 6 km hinter dem Ort ist eine Passhöhe erreicht und nach 1 km kommt man an eine Kreuzung (Gesamt-km 57, N 30°39,404', W 09°28, 987'): Biegt man rechts ab, gelangt man auf der kurvigen Asphaltstraße P 1004 zur **Grotte Wintimdouine** (masirisch = „Seengrotte"). Die **größte Höhle Marokkos** mit prächtigen Stalaktiten und Stalagmiten sowie unterirdischen Seen ist nur im Rahmen einer geführten Tour über eine Agentur in Agadir für Touristen zugänglich. Rechts geht es auch weiter zur N 8 bzw. Autobahn Marrakesch – Agadir (Einmündung bei N 30°36,166', W 09°20,70'). Links führt diese Route weiter nach Imouzzer.

49 km hinter Aourir und **61 km von Agadir** entfernt ist der 1240 m hoch gelegene, von Pinienwäldern umgebene Ort **Imouzzer des Ida Outanane** erreicht. Im Zentrum zweigt links (rechts geht es auf die P 1001, vgl. Abstecher unten) die steil abfallende Straße zu **Wasserfällen** ab, die man nach 4 km erreicht. Beim Restaurant Le Miel gibt es einen Parkplatz, von dort spaziert man über die Brücke zum Hotel Amalou (s.u.), wo der Fußweg (Durchgang rechts) zu den Wasserfällen beginnt. Vorbei an diversen Verkaufs- (u.a. lokaler Honig) und Tajineständen erreicht man nach etwa 10 Min. Fußmarsch ein glasklares Wasserbecken umgeben von dschungelartiger Vegetation am Fuß der Wasserfälle (im Sommer nur Rinnsale). Wagemutige

☑ Das Bienenhaus von Inzerki

019sm20 ad

Männer springen von den Klippen ins Becken und sammeln danach ein Trinkgeld für die „Cliff Diving Show" ein. Frauen fühlen sich hier beim Baden angesichts der vielen Zuschauer nicht besonders wohl.

Unterkunft finden Touristen im **Hotel des Cascades**③ (Tel. 0528 21 88 08, http://cascades-hotel.net) mit sehr guter Küche, schönem Garten und herrlichem Ausblick von der Terrasse. Auch von der Terrasse des **Hotels Amalou**② bei den Wasserfällen (Tel. 0528 21 66 61) bietet sich ein schönes Panorama. Es gibt ein Restaurant mit guten Essen und sehr saubere Zimmer mit Bad. *Abdellah Abidar* führt auf Wunsch Wanderungen in der Umgebung.

Für die **Rückfahrt** bieten sich Varianten an: auf der P 1000 und P 1002 Richtung Küste (Tamri), auf der P 1001 von Imouzzer über Tikki zur N 8/Autobahn (vgl. Abstecher unten) oder auf der P 1004 (Abzweig 4 km südlich von Imouzzer) ebenfalls zur N 8 nach Agadir.

## Abstecher nach Tikki und zum Bienenhaus von Inzerki

Vom Ort Imouzzer kann man auf der kurvigen Asphaltstraße P 1001 über Isk und Tikki (Tiqqi) zur Route N 8 bzw. Autobahn Marrakesch – Agadir weiterfahren. In **Tikki** (ca. 35 km ab Imouzzer) thront die **Auberge Zolado**③ (Mobil 0661 17 19 06, www.aubergezolado.com) auf einem Felssporn über dem Tal, mit grandiosem Ausblick hinunter zum Abdelmoumen-Stausee. Das freundliche Gasthaus mit Parkplatz im Hof hat zwei schöne Pools und große, saubere Zimmer mit einfacher Ausstattung, Bad (zeitweise Wasserprobleme) und Balkon, z.T. mit AC und TV; üppiges Frühstück mit Amlou („Berbernutella" aus Arganöl), Frischkäse und Obst; Organisation von Wanderungen und Ausflügen zum Bienenhaus.

Von der Herberge sind es noch etwa 4 km bis zur Einmündung auf die **N 8** bei N 30°42,310', W 09°12,570'. Auf der N 8 geht es entweder zurück in Richtung Agadir (ca. 55 km, vorbei am Crocoparc) oder noch ein Stück (ca. 14 km) weiter Richtung Norden bis zum Abzweig einer unscheinbaren **Piste** bei N 30°47,616', W 09°08,550'. Die Strecke ist mit Vorsicht auch mit einem robusten Pkw befahrbar (nicht nach Regenfällen) und führt entlang eines schönen Flusstals mit Palmen aufwärts zum Dorf **Igounane.** Weiter geradeaus durch das Dorf, dann entlang des Berghangs und wieder hinunter ins Flusstal. Es folgt das Dorf **Inzerki,** umgeben von roten Hügeln mit Wacholder und Arganien. Bei N 30°47,816', W 09°11,483' kann man bei einem weiß getünchten Haus parken und etwa 15 Min. zu Fuß weiter auf der Piste bis zu einer Kurve laufen, von wo ein Pfad nach rechts unten zum **Bienenhaus** abzweigt (**N 30°47,966', W 09°11, 516'**, 5 Min. Fußmarsch). Das beeindruckende Bienenhaus (franz. *rucher collectif*) von Inzerki ist in traditioneller Bauweise aus Lehm und Holz errichtet und stammt nach Aussagen der Dorfgemeinschaft aus dem 16. Jh. (laut Infotafel aus dem 19. Jh.). Die Südhanglage ist so gewählt, dass die Anlage sehr lange von der Sonne beschienen wird. Das Bienenhaus beherbergt Hunderte Parzellen, in die die aus Schilf geflochtenen Bienenkörbe gelegt werden. Jede Familie hatte ursprünglich einen markierten Abschnitt zur Verfügung. Heute stehen die meisten Parzellen leer, da die Familien inzwischen moderne Bienenkästen in der Nähe ihrer Häuser halten, die einen größeren Ertrag bringen. Die Berber vom Stamm der Ida Ouziki produzieren hier drei Sorten **Honig: aus Johannisbrot, Arganien und Thymian.** Wer mehr über die Anlage erfahren oder Honig direkt einkaufen möchte, kontaktiert *Ibrahim Chetwi* von der Association Taddart Inzerki, der mit seiner Familie in einem der Häuser (beim „Parkplatz") wohnt: Mobil 0673 90 79 64, 500 g Bio-Honig kosten 150 DH.

# Von Agadir nach Essaouira

- **173 km, N 1.**
- **Gute Asphaltstraße** durch hügelige Küstenlandschaft, bis Tamrakht vierspurig. Gute Busverbindung ab beiden Städten (siehe dort, Fahrzeit ca. 4 Std.). Zu den Stränden bei Taghazoute kann man mit den **ALSA-Stadtbussen** Nr. 32 stündlich von Agadir aus gelangen. Die Linie 33 geht bis Tamri.
- Der Küstenstreifen nördlich von Agadir wird seit Jahren touristisch ausgebaut und gleicht einer einzigen **Großbaustelle** (Hotels, Ferienwohnungen, Parkplätze, z.B. bei Tamrakht). An Sommerwochenenden sind die schönen Strände überfüllt. Zwischen Dezember und März überwintern immer mehr Wohnmobilisten an den Campingplätzen.
- Essaouira ist als Ziel für einen **Tagesausflug** anstrengend, aber durchführbar. Um die unvergleichliche Atmosphäre Essaouiras kennenzulernen, ist aber ein zweitägiger Aufenthalt zu empfehlen.

**Von Agadir** fährt man auf der vierspurigen, von Palmen gesäumten Av. Mohamed V. am Hafen vorbei, durchquert den Industrieort Anza und erreicht **nach 12 km Aourir.** Am Kreisel biegt eine ausgeschilderte Straße ins „Paradise Valley" und nach Imouzzer ab (vgl. vorhergehende Route). 5 km entfernt auf der Strecke nach Imouzzer liegt der schöne Campingplatz Aourir (vgl. bei Agadir). Kurz darauf folgt der große Bade- und Surferort **Tamrakht** (Surfshops, Cafés etc.). Es werden kleine, sehr leckere süße **Bananen** verkauft, die im Mündungsgebiet des Oued Tamrakht wachsen, daher wird der Ort auch „Banana Village" genannt. Markt ist am Mittwoch.

Unterkunft bietet der **Riad Dar Haven**④ (Quartier Aït Soual, Tel. 0528 31 54 34, Mobil 0671 83 31 30, www.riad-dar-haven.com) im modernen Orientstil – hübscher Patio mit Mini-Pool, Dachterrasse mit Meerblick und Sonnenliegen, Hammam, neun großzügige Zimmer mit Flat-TV, Tadeklakt-Bad (Verputz z.T. schon etwas angeschlagen), Couchecke und Ankleide, sehr gute Fisch-Tajine, versteckte Lage in den Gassen eines Wohnviertels (am Ortseingang rechts ab, dann wieder links), ca. 10 Min. Fußmarsch zum Strand. Eine weitere Übernachtungsmöglichkeit besteht in der hübschen **Auberge Littoral**② (Tel. 0528 31 47 26, www.hotellittoral.com, Restaurant mit Alkoholausschank, DZ mit Bad und Frühstück, mit Bad, sehr sauber und freundlich). Oberhalb der Brücke über das Oued Tamrakht kann man in der empfehlenswerten **Villa Solaria** von *Margrit* (Schweizerin) und

☒ Imourane Plage

*Mohamed Addi* übernachten (Tel. 0528 31 47 68, www.villa-solaria.com). Es gibt komfortable DZ (②), eine Ferienwohnung und Studios mit Meeresblick, Küche und Salon (③), kostenloses Internet sowie eine sehr schöne Dachterrasse. Zum Essen geht man in eines der Restaurants im Ort. Zum Strand sind es 15 Minuten zu Fuß.

Am Ortseingang von Tamrakht liegt linker Hand der Straße der sehr große und gepflegte **Campingplatz Atlantica Imourane** (s. Camping bei Agadir, N 30° 30,660', W 009°40,883'). Vor dem Campingplatz zieht sich der lange, saubere Sandstrand **Imourane Plage** entlang (großer Parkplatz mit Restaurants und Surfschulen), den an schönen Sommerwochenenden Dutzende Agadirer Familien bevölkern. Der markante Felsen im Atlantik wird „Teufelsfelsen" genannt – an ihm brechen sich große Wellen und man spürt hier die Kraft des Meeres. Alljährlich im Oktober findet hier die zweitägige **Fête Imouran** statt. Junge Mädchen versammeln sich in traditioneller Berbertracht, setzen sich bei Ebbe rund um den Felsen auf die Steine und warten, bis das Wasser sie nass spritzt – ein Zeichen für eine baldige Hochzeit.

**22 km nördlich von Agadir** liegt **Taghazoute,** ein Ort, der bereits in der Hippiezeit unter Kiffern und Bob-Marley-Anhängern angesagt war. Am Strandabschnitt vor Taghazoute Plage sind neue Ferienanlagen in Bau.

## Taghazoute

Im einstmaligen Hippie- und Aussteigerparadies treffen sich heute vorwiegend **Surfer,** die Zimmer in Privathäusern (B&Bs) oder Ferienwohnungen mieten. Anziehungspunkt sind die schönen Strände und bekannten Surfspots

045sm20 ad

der Umgebung. Der alte Ortskern mit engen Gassen, die hinunter zum kleinen Fischerhafen und der gemütlichen Herberge L'Auberge (s.u.) führen, liegt links der Durchgangsstraße. Die Kulisse am Strand mit den Fischerbooten und weißblauen Häusern ist **sehr malerisch,** insbesondere bei Sonnenuntergang, den man von der Terrasse eines der netten Cafés beobachten kann. Neben vielen Surfshops gibt es entlang der Hauptstraße diverse Restaurants mit einem auf Touristen abgestimmten Angebot von Pizzas, Salaten, Wraps bis hin zu veganer und vegetarischer Küche. **ALSA-Busse** und Grands Taxis fahren regelmäßig nach Agadir.

## Unterkunft, Essen und Trinken

Alkoholische Getränke sind im Munga Guesthouse und im Lapoint Camp La Paix erhältlich.

■ **La Source**②, 3 km außerhalb des Orts beim Anchor Point, Tel. 0528 20 03 29, www.taghazout-lasource.com. Komfortable Apartments ein wenig abseits des Trubels mit sehr schönem Ausblick und in direkter Nähe einiger Surfspots.

■ **L'Auberge**①-②, direkt am Fischerhafen, Tel. 0528 20 02 30, www.surfmaroc.com. Gemütlicher Traveller-/Surfertreffpunkt unter britischer Führung mit 13 Zimmern (2 DZ mit eigenem Bad, sonst saubere Duschen/WC auf dem Gang), mit Restaurant und Terrasse. Sportaktivitäten und Autovermietung über Surf Maroc, s.u.

■ **Munga Guesthouse**④-⑤, Rue Iwlite, 100 m nördlich der Moschee an der Hauptstraße (beim Rathaus) in die Gasse runter Richtung Meer abbiegen, Tel. 0528 20 02 02, Mobil 0698 68 06 80, www.mungaguesthouse.com. Das in einem stylischen Mix aus marokkanischem und schwarzafrikanischem Kunsthandwerk sehr originell gestaltete Boutique-Hotel hat 30–40 m² große Mini-Suiten mit Balkon (Meer- oder Bergblick), bis zu 60 m² große Suiten mit eigener Terrasse/Balkon und „Magnum-Suiten" von 100 m² mit Außenbereich und Platz für zwei Kinder. Toller Blick von der Dachterrasse direkt auf den Strand. Feine Küche mit Fisch und Meeresfrüchten auf der Dachterrasse des zugehörigen Restaurants Favela (auch für Gäste von außerhalb, Aperitif 17–19 Uhr, Abendessen 19–22 Uhr). Buchung privater Yogastunden möglich.

■ **Lapoint Surfcamp La Paix**②, zentral in Taghazoute, morocco@lapointcamps.com, www.lapointcamps.com/surfcamp/morocco. Internationale Surferunterkunft mit gemütlichen Zimmern (mit Balkon und AC) und Dorms (4–8 Pers.) für insgesamt 40 Gäste. Relaxte Atmosphäre, junges Publikum, zwei chillige Dachterrassen mit Meerblick, Surfkurse und Yogastunden (s.u.); zwei geräumige Apartments nebenan, z.B. für Familien.

■ **Villa Mandala**②, an der Banana Beach in Aourir (vgl. Routenbeschreibung), Tel. 0528 31 47 73, www.surfmaroc.com. Komfortables Gasthaus mit großer Terrasse (Meerblick), Pool und Yogaraum. Gemütliches Wohnzimmer mit WLAN, TV, DVD-Player, Büchern, Spielen etc., Hammam im Haus, neun großzügige Zimmer (davon sieben mit Bad).

## Surfen

Die beste Zeit zum Surfen ist Oktober bis April, die besten Wellen gibt es Dezember bis Februar. Für die Zeit um Weihnachten, Ostern und Neujahr sollte man die Unterkunft rechtzeitig reservieren.

■ Die skandinavische Agentur **Lapoint Travel** (Tel. 0461 88 00 81 25, www.lapointcamps.com/surfcamp/morocco) betreibt u.a. das Surfcamp La Paix in Taghazoute (s.o.) und erfüllt alle Surferwünsche. Buchbar sind verschiedene Pakete (1–3 Wochen) für Anfänger bis Könner mit Unterkunft, Verpflegung, Ausrüstung, Surfkurs und Yogastunden. Auch Flughafentransfer möglich.

053sm20 lac

**Endosurf** (www.endosurf.com) ist in deutscher Hand und bietet zwischen August und Mitte Mai Urlaubspakete für Surfer an (inkl. Unterkunft in einem gemütlichen Landhaus bei Taghazoute, Ausrüstung, Transport zu den Spots etc.).

## Weiterfahrt nach Essaouira

Nördlich von Taghazoute reihen sich zahlreiche herrliche **Strände** aneinander (u.a. Paradis Plage, Miami Beach und Surfer's Point). Nach 4 km folgt etwas erhöht rechts der Straße der **Campingplatz Terre d'Océan** (Mobil 0675 58 54 07, Tel. 0528 20 05 15, www.terredocean.com, N 30°33,730', W 09°44,420') in sehr schöner Lage mit Traumblick über das Meer (zu Fuß etwa 15 Min. nach unten zum Strand). Es gibt ordentliche sanitäre Anlagen, einen Pool, einen Laden, ein Restaurant, WLAN, Abwasserentsorgung für Wohnmobile, aber leider wenig Schatten. Man kann auch in eingerichteten Berberzelten, kleinen Bungalows oder einem Gasthaus③ (für 4 Personen) übernachten.

**30 km** nördlich von Agadir erstreckt sich über mehrere Kilometer eine lange Bucht mit schönen Sandstränden (Restaurant, Jet-Ski, Quadverleih). Bei **km 32** sind der Ort **Imi Ouaddar** (mit Strand) sowie **Paradis Plage** erreicht. Rechts der Hauptstraße befindet sich das **Restaurant Atlantica Parc** und der riesengroße, viel gelobte **Camping Atlantica Parc** (Tel. 0528 82 08 05, www.atlanticaparc.com, nicht unmittelbar am Strand). Dieser Platz mit europäischem Standard ist

Relaxte Atmosphäre auf der Dachterrasse des Lapoint Surfcamps La Paix in Taghazoute sicherlich einer der besten und saubersten des Landes, allerdings in den Wintermonaten von Dutzenden europäischer Wohnmobilisten besetzt. Die modernen Einrichtungen wie der saubere Sanitärblock mit Waschmaschine und heißen Duschen, der schöne Pool mit Liegen, das Restaurant und der Laden mit täglich frischem Brot lassen kaum Wünsche offen. Langzeitcamper können auch Chalets, Bungalows, Wohnzelte und Caravans mieten.

Surfer und Yoga-Liebhaber können im sehr komfortablen **Paradis Plage Surf Yoga & SPA Resort** (Tel. 0528 20 03 82, www.paradisplage.com) einen entspannten Urlaub am Meer verbringen: große, modern eingerichtete Suiten (rund 50 m²) mit Balkon, TV, DVD-Player, WLAN, Klimaanlage und Küche, auch größere (70 m²) Suiten und Bungalows für bis zu 6 Personen. Es gibt vier Restaurants, einen Pool, eine Surfschule mit Rip-Curl-Leihausrüstung, ein SPA und Yogastunden am Meer.

Nach 1 km folgt der sehr schön gelegene Ort **Aghroud** mit einer herrlichen **Sandbucht.** In kleinen Läden und Cafés kann man sich versorgen. Entlang der weiteren Route liegen diverse neue Apartmentanlagen.

Etwa **10 km hinter Aghroud** wird es ruhiger und die Straße führt kurvig die karstige Felsküste entlang, die gelegentlich von Sandbuchten unterbrochen wird. Das hügelige Hinterland zeigt sich wüstenhaft.

**48 km** nördlich von Agadir liegt das **Cap Rhir;** hier stehen ein Leuchtturm und einige Häuser. Eine Piste führt kurz darauf zu einem großen Parkplatz für Fischer und **Standplatz für Wohnmobile** an der Felsküste.

10 km weiter gelangt man zur **Plage Imi Ouassif,** einer tollen Bucht mit Sandstrand und ein beliebter Surfspot. Eine Piste führt links ab (verwittertes Schild) zu einem Standplatz an der Mündung des **Oued Aït-Ameur.**

Die Hauptstraße führt landeinwärts und nach weiteren 4 km, bei **Gesamt-km 60,** ist **Tamri** erreicht. In dem kleinen Fischerort ist am Montag Markttag. Das Gebiet war bereits in der Steinzeit bewohnt, man fand in den Höhlen von Ifrane Oughoua zahlreiche Steinwerkzeuge. Im Mündungsgebiet des **Oued Aït-Ameur** und an dessen Ufer gedeihen **Bananen,** die zwar klein sind, aber umso besser schmecken, deshalb wird das Tal auch **„Banana Valley"** genannt.

**9 km hinter Tamri** ziehen sich große Sanddünen bis zum Meer. Die **einsamen Buchten** kann man zu Fuß erkunden, und die oberhalb der Küste weiter verlaufende Straße bietet traumhafte Ausblicke aufs Meer.

Ab **km 72** entfernt sich die Straße vom Meer und führt durch das karge Hinterland mit Arganienbäumen.

Nachdem man mehrere Siedlungen passiert hat, zweigt rechts (ca. bei km 85) eine Straße zur Barrage Sidi Moulay Abdallah (Stausee) ab. Kurz darauf quert man das **Oued Tamkouirint** auf einer Furt. Hier kann man sein Auto parken und das Oued hinunterlaufen. Nach etwa 10 Minuten erreicht man die **Gouffre d'Agadir Imoucha,** wo das Flüsschen früher aus einer Schlucht über mehrere Terrassen in Kaskaden nach unten zur Mündung fiel; jetzt liegt der Abgrund wegen des Stausees trocken. Am Ende der Schlucht folgt das Dorf Tildi.

Bei **km 89** zweigt links ein Asphaltsträßchen nach **Immesouane Plage** ab.

## Abstecher nach Immesouane Plage

5 km nach Verlassen der Hauptstraße erreicht man Immesouane Plage. An der Kreuzung am Ortseingang geht es geradeaus durch eine hässliche Neubausiedlung; unterhalb liegt der alte Ortskern mit einer schönen Sandbucht. Der Strand ist ein **beliebtes Surferziel,** es gibt Surfshops, Läden und Fischlokale. Der kleine Fischerhafen voller blauer Boote und mit Leuchtturm ist recht malerisch. In der Markthalle finden frühmorgens Fischauktionen statt.

Die Surfschule **Planet Surf Morocco** bietet Kurse und Leihausrüstung an (Tel. 0528 21 87 83, Mobil 0673 70 67 78, www.planetsurfmorocco.com). Unterkunft für Ferien abseits des Touristentrubels bietet die saubere und stilvoll eingerichtete **Auberge Kahina**① (Tel. 0528 21 87 84, www.kahinasurfschool.com) mit Terrassenrestaurant.

Biegt man an der Kreuzung am Ortseingang rechts ab, erreicht man nach ca. 400 m die **Auberge Tasra** (Tel. 0528 21 68 79, Mobil 0608 99 31 57, www.tasra.info). Die hübsche Herberge mit Restaurant im Innenhof (Alkoholausschank) liegt zwar nicht direkt am Strand, ist aber dennoch ideal für Surfer. Die einfachen Zimmer sind in zwei Trakten um den Hofgarten untergebracht, die neueren Zimmer haben ein Bad (nur durch Duschvorhang abgetrennt, DZ②), bei den älteren Zimmern befinden sich Dusche/WC auf dem Gang (DZ①). Traveller mit kleinem Geldbeutel können auch im Schlafsaal übernachten. Der Betreiber der Herberge lebt in Köln. Zur Surfsaison sollte man unbedingt reservieren.

Von der Auberge führt die kleine Asphaltstraße weiter entlang der Küste mit schönem Blick aufs Meer. 7 km nach Immesouane Plage liegt der größere Ort **Immesouane** mit Oliven- und Obstgärten am Felshang oberhalb der Straße.

Der **Ocean Point Camping** (Mobil 0614 62 30 92, N 30°50,777', W 09°49, 316') ist einfach, liegt aber schön mit direktem Meerblick. Die angepflanzten Bäume spenden erst wenig Schatten. Übernachtung in einfachen Hütten und originell ausgebauten Fischerbooten möglich (①) – ideal für Surfer mit schmalem Geldbeutel: Camping 80 DH für 2 Pers. mit Wohnmobil, Strom 20 DH. Ein steiler Weg führt über die Felsen hinunter zum Strand.

Hinter Immesouane führt die Straße wieder ins Landesinnere und mündet bei km 18 (7 km hinter Immesouane) in die Hauptstraße nach Tamanar (16 km).

## Weiterfahrt nach Essaouira

Folgt man an der Kreuzung bei **km 89** der Hauptstraße, hat man 7 km weiter noch einmal die Möglichkeit, Richtung Immesouane (Plage) abzubiegen. Hier mündet der obige Abstecher 16 km vor Tamanar wieder in die Hauptroute.

Entlang der weiteren Strecke bis Essaouira kann man bei Frauenkooperativen **Arganienölprodukte** kaufen, z.B. Seifen, Cremes und Amlou, die „Berbernutella", eine leckere Mischung aus Arganienöl, Mandeln und Honig. Die freundlichen Frauen der Kooperativen erklären und demonstrieren die aufwendigen Arbeitsschritte zur Produktion des Öls.

Bei **km 109** erreicht man den Ort **Tamanar** (Tankstelle, Straßenrestaurants), das Zentrum der **Haha-Nomaden,** die vor allem für ihre Tänze bekannt sind.

12 km nach Tamanar führt rechts ein Abzweig zu einem weiteren Stausee. Hinter dem Dorf **Oued Tassaraset** (**124 km** von Agadir) wird es wieder gebirgiger.

**128 km** hinter Agadir (knappe 20 km nach Tamanar) geht es bei einem kleinen Dorf links nach **Tafedni** und zum **Cap Tafelney** (Beschilderung aus der Gegenrichtung: „Plage Tafedni"). Die schmale Asphaltstraße schlängelt sich durch Pinien-, Wacholder- und Loorbeerwald, bis nach 13 km ein Abzweig links in den neuen Ort Tafedni führt. Geradeaus geht es nach unten zu einer traumhaften Bucht, die sich südlich des Kaps erstreckt (insgesamt 14 km). Am Strand liegen mit verschiedenen Motiven bemalte Fischerboote, die nach dem Fang mit Hilfe von Pferden wieder an Land gezogen werden. Der schöne Sandstrand ist im Umkreis des Ortes verschmutzt, weiter weg aber sauber. Bei den Fischern kann man preiswert Fisch und Schalentiere kaufen. In mehreren Fischbuden bzw. kleinen Restaurants gibt es gegrillten Fisch. **Mountainbiker** können von hier auf einem Weg durch den Pinienwald einen Großteil der Strecke in Richtung Norden abseits der Hauptstraße zurücklegen.

3 km nach dem Abzweig zum Cap Tafelney führt rechts eine Straße (beschildert) zum **Djabal Amsittene** (herrliche Aussicht).

**138 km** nördlich von Agadir liegt der Ort **Smimou** (Tankstelle, Restaurants, Markt am Sonntag). Die Hügellandschaft entlang der Küste ist sehr idyllisch und auch für Wanderungen oder Reitausflüge geeignet. Mit dem Auto kann man jedoch nicht entlang der Küste weiterfahren.

Etwa 5 km weiter und noch einmal 24 km hinter Smimou zweigt links eine Straße zu den **Dünenstränden von Sidi Kaouki** ab. Eine kleine Asphaltstraße (20 bzw. 10,5 km ab dem Abzweig von der N 1) führt zu dem Surferort, der bei einem (gebührenpflichtigen) Parkplatz am Strand erreicht ist. Auf der N 1 geht es geradeaus weiter nach Essaouira.

## Sidi Kaouki

Die Wellen, der Wind, das Meer und ein herrlicher, langer Sandstrand prägen den kleinen Ort, der unter **(Wind-, Kite- und Body-)Surfern** als eines der besten Reviere Marokkos gilt. In der Nebensaison ist es hier beschaulich und ruhig, auch zur Surfsaison im Winter herrscht eine entspannte Atmosphäre. Wer nicht surft, kann ausgedehnte Spaziergänge sowie Kamel- und Pferderitte (ca. 100 DH/Std.) am Dünenstrand unternehmen (z.T. angeschwemmter Plastikmüll). Die einsame Küste nördlich und südlich von Sidi Kaouki säumen Arganien, Thujen, Ginster und Pinien.

Der namensgebende **Marabut des Heiligen Sidi Kaouki** auf einem Felsvorsprung im Meer (mehrstöckiges Gebäude mit abblätterndem Verputz vor dem Parkplatz) wird vor allem von Frauen besucht, die auf Erfüllung ihres Kinderwunsches hoffen. Das Grab befindet sich neben dem eigentlichen Marabut.

Die kleine Asphaltstraße vom Parkplatz in Richtung Süden führt vorbei an einigen unvollendeten Baustellen nach

**Sidi Mbarek,** von wo man z.B. eine schöne Strandwanderung zurück nach Sidi Kaouki unternehmen kann (3 Std.). Wandert man nordwärts, erreicht man (vorbei an „La Mouette et les Dromadaires", vgl. unten „Essen und Trinken") die kleine Landspitze **Cap Sim.**

**Vorsicht:** An den Stränden rund um Sidi Kaouki kam es in der Vergangenheit gelegentlich zu Diebstählen und Autoaufbrüchen! Wild campen ist daher nicht empfehlenswert bzw. wird z.T. von der Polizei verboten.

## Praktische Informationen

### Unterkunft

Es gibt diverse im Ort verstreute Herbergen und Apartments für Surfer und Traveller.

■ **Auberge de la Plage**③, Mobil 0661 10 26 64, www.kaouki.com. Das hübsche Gasthaus hat ein gemütliches Restaurant, zwei Terrassen, einen kleinen Garten, einen Lagerraum für Surfausrüstung und zehn saubere Zimmer mit Bad und Meerblick. Das Personal ist sehr nett. WLAN.

■ **Auberge du Marabut**②-③, Mobil 0661 46 57 61 oder Tel. 0524 47 34 29, contact@aubergemaraboutkaouki.com, direkt an der Ortseinfahrt auf der linken Straßenseite (ggü. Strandparkplatz). Gepflegtes Hotel mit sauberen, schlichten und geräumigen Zimmern mit Bad, z.T. mit Balkon und Meerblick (sonst Fenster zum Hof oder auf die Rückseite). Angeschlossene Surfschule Surf Twins, eigener Parkplatz im Hof. WLAN.

**Douar des Arganiers**④, Mobil 0613 20 60 42, www.douardesarganiers.com. Das Gasthaus „Weiler der Arganien" liegt inmitten von Arganbäumen (vgl. Kapiteleinleitung). Das aus Naturstein, mit traditionellen Techniken und Materialien erbaute Haus passt sich perfekt in die schöne Umgebung ein. Der Strom wird durch Solarenergie gewonnen. Es gibt vier Suiten (30 m²) mit Bad, Schlafzimmer, Wohnzimmer mit Kamin und privater Terrasse – alles in einem raffinierten, natürlichen Stil mit marokkanischem Touch. Ideal zum Entspannen und Erholen. Organisation von Touren und Taxi-Transfer möglich, 10 Min. Fußmarsch zum Strand, WLAN.

■ **La Pergola**②-③, etwas abseits der Strandstraße im Ort, direkt neben Le Kaouki (s.u.), Tel. 0524 78 58 31, Mobil 0671 49 24 49, www.pergolamaroc.net. Der französische Besitzer dieses netten Gasthauses kümmert sich sehr aufmerksam um seine Gäste. Es gibt neun farbenfrohe Zimmer (mit Bad), zwei Suiten für Familien, eine Sonnenterrasse und ein Restaurant mit leckerem Essen.

■ **La Mouette et les Dromadaires**④, am Strand etwa 500 m nördlich des Ortes, Mobil 0678 44 92 12, www.lamouetteetlesdromadaires.com. Sehr schönes, ökologisch orientiertes Boutique-Hotel und Restaurant (vgl. „Essen und Trinken"), Bungalows mit vier schicken Zimmern mit Kamin, eigener Terrasse und Liegestühlen unter Eukalyptusbäumen.

UNSER TIPP: **Résidence Le Kaouki**②, im Dorf wenige hundert Meter abseits der Strandstraße (Abzweig beim Surfcenter Le Kaouki), Tel. 0524 78 32 06, Mobil 0668 05 16 27, www.sidikaouki.com. Die ganz in Blau-Weiß gestaltete, sehr familienfreundliche Herberge der Freiburgerin *RoRo Viallon-Kallinich* ist der perfekte Ort für alle, die jenseits jeglichen Trubels in persönlicher Atmosphäre entspannen möchten. Das Haus wird durch einen eigenen Brunnen versorgt, nur an der Rezeption gibt es (Generator-)Strom, abends herrscht romantisches Ambiente bei Kerzenlicht. Die zehn hübschen Zimmer (mit blitzsauberen WCs und heißen Duschen am Gang) sind hell und gemütlich, außerdem gibt es Sitzecken drinnen (mit Kamin für den Winter) und draußen. Sehr gutes Abendessen (frischer Fisch) im liebevoll gestalteten Hofgarten oder im Salon. Organisation von Ausflügen und Mietwagenvermittlung möglich.

■ **Villa Soleil**③, Mobil 0670 23 30 97, www.villasoleilmaroc.com. Nettes Gasthaus unter belgischer Führung mit geräumigen Bungalows für bis zu vier

020sm20 ad

Personen mit Bad und eigenen kleinen Innenhöfen. Es gibt ein kleines Restaurant und einen Salon mit offenem Kamin.

■ **Windy Kaouki**③, Tel. 0524 47 22 79, Mobil 0661 25 63 66, www.windykaouki.com. Die schicken, geräumigen Apartments für bis zu vier Personen mit Küche und einem Kamin für kalte Tage sind modern marokkanisch eingerichtet. Es gibt eine Garage zur Lagerung der Surfausrüstung, einen Pool und ein Restaurant.

### Camping

■ **Camping Kaouki Beach,** beschilderter Abzweig links an der Straße Richtung Süden, www.camping-kaouki-beach.com, N 31°21,008', W 09° 47.698'. Ummauerter Platz mit sehr guten sanitären Anlagen (heiße Duschen), Pool, bepflanzten Stellplätzen mit Stromanschluss und Abwasserentsorgung für Wohnmobile. WLAN, kleine Bibliothek und Büchertausch, morgens wird frisches Brot geliefert, nachmittags Gebäck. Leider viele streunende Hunde (nachts Gebell).

■ **Camping Soleil Kaouki,** neben Kaouki Beach, ordentlicher (2017 eröffneter) Platz mit markierten Parzellen, Strom und recht guten Sanitäranlagen mit heißen Duschen. WLAN an der Rezeption.

■ Am südlichen Ortsausgang gibt es neben den „offiziellen" Campingplätzen noch den billigen **VHM-Stellplatz** für Wohnmobile (nur WC und Wasser, keine Duschen und Strom), N 31°20,875', W 9°47,722'.

### Essen und Trinken

■ Bei den **einfachen Fischlokalen** im kleinen Hofkomplex neben dem Strandparkplatz kommt der Fang des Tages frisch gegrillt auf den Tisch (50–60 DH Fisch mit Salat, auch Tajine und Pizza).

■ **Abdou Taguenza,** direkt neben dem Surfcenter Sidi Kaouki an der Hauptstraße. Hier gibt es gutes Essen auf der netten Terrasse oder im witzig gestalteten Interieur: Fisch mit Salat und Pommes 100–150 DH.

■ **Surfcenter Sidi Kaouki** (s.u., auffällig hohes und buntes Gebäude an der Hauptstraße). Auf der

⌃ Gemütliche Sitzecke in der Résidence Le Kaouki

hübschen Dachterrasse werden leckere Burger, Fischgerichte (ab 70 DH), Tajine, Salate (ab 30 DH), Smoothies und Frühstück (ab 30 DH) mit Ausblick auf die Wellen serviert. WLAN.

■ **La Mouette et les Dromadaires,** vom Parkplatz entlang des Strandes etwa 500 m Richtung Norden spazieren oder (mit dem Auto) von Essaouira kommend etwa 500 m vor dem Ort rechts ab auf eine Steinpiste (Schild), Mobil 0678 44 92 12, www.lamouetteetlesdromadaires.com, tägl. außer Di 10–18 Uhr. „Ein Platz zum Entspannen, Faulenzen und Genießen" lautet das Motto dieses schicken Terrassenrestaurants und Boutique-Hotels an einem absolut ruhigen Strandabschnitt. Mit direktem Blick aufs Meer macht man es sich entweder in Liegestühlen, auf Polstern im Nomadenzelt, auf der großen Terrasse oder im licht- und luftdurchfluteten Salon gemütlich und genießt einen Drink, einen Eisbecher oder eine gute Auswahl an Fisch-, Fleisch- und vegetarischen Gerichten (ab 110 DH, Salate 30–80 DH).

### Surfen

■ **Surfcenter Sidi Kaouki,** Mobil 0672 04 40 16, www.sidi-kaouki.com. Das gut organisierte und ausgestattete Surfcenter bietet Kurse, verleiht Equipment und hat Lagerräume für die eigene Ausrüstung (1 Std. Surfunterricht 180 DH, 2 Std. 300 DH, Surfbrett-Miete inkl. Neopren 200 DH/Tag). Auf der Dachterrasse des bunt bemalten Holzhauses genießt man einen Tee und die Aussicht auf den Strand.

### Sonstiges

■ Kleine **Shops** mit Lebensmitteln findet man bei den Fischrestaurants am Strandparkplatz und an der Steinpiste, die zur Résidence Le Kaouki (hinter dem Surfcenter Sidi Kaouki) abzweigt.

■ Am Strand kann man **Liegestühle** im (Wind-) Schatten von Bastschirmen für 30 DH/Tag/Person buchen. Außerdem kann man auf **Kamelen** oder **Pferden** den Strand entlang reiten bzw. sich führen lassen (der Preis ist Verhandlungssache).

### Busse/Sammeltaxis

■ Die **Regionalbusse der Linie 2** verkehren bis 19 Uhr etwa alle 2 Stunden zwischen Essaouira und Sidi Kaouki (7 DH). Außerdem fahren Grands Taxis von Sidi Kaouki nach Essaouira (5 DH/Pers. als Sammeltaxi, allein 100–120 DH).

■ Ein **Grand Taxi** (Privatmiete) ab Essaouira kostet ca. 150 DH.

## Weiterfahrt nach Essaouira

Von Sidi Kaouki geht es auf der kleinen Asphaltstraße durch den Küstenwald zurück zur **N 1** (10,5 km) und dort links weiter nach Essaouira. Kurz darauf folgt der Abzweig zum **Flughafen Essaouira-Mogador.** Die Route führt vorbei an vielen Arganienbäumen.

3,5 km weiter, bei einem großen Kreisverkehr an der Einfahrt von **Essaouira El Jadida** (ein neu erbauter Vorort), geht es rechts nach Casablanca und Marrakesch. Ein Schild weist auf den Camping Le Calme hin (9 km, vgl. „Essaouira/Campingplätze"). Die N 1 führt weiter durch Essaouira El Jadida. 2,5 km nach der Ortsausfahrt zweigt kurz vor der Brücke über das Oued Ksab eine Straße nach **Diabat** ab (vgl. „Ausflüge" bei Essaouira). Man kann entweder auf dieser kleinen Asphaltstraße durch Diabat (vorbei am Sofitel Golf & Spa, Ranch Diabat und Jimi Hendrix Café) über eine Brücke und vorbei am kleinen Leuchtturm Sidi Magdoul in die Stadt fahren, oder man folgt weiter der Hauptstraße und kommt direkt beim großen Kreisverkehr am Südende der Strandpromenade (Bd. Mohamed V.) nach Essaouira.

**Essaouira** ist bei **Gesamt-km 173 ab Agadir** (12,5 km vom Abzweig nach Sidi Kaouki) erreicht.

# Essaouira

Ein Besuch der **malerischen blau-weißen Fischerstadt,** an deren Festungsmauern und Küstenfelsen die Brandung des Atlantiks schlägt, gehört zum „Pflichtprogramm" einer Südmarokko-Reise. Das frühere Mogador, im 15. und 16. Jh. portugiesische Festungs- und Hafenstadt, verliert als Fischereistandort zunehmend an Bedeutung. Dafür kommen Touristen aus aller Welt in die **„windy city"** mit dem unverwechselbaren Flair und der stetigen kühlen Meeresbrise, um mit Wind- oder Kiteboard über die Wellen zu surfen, das international bekannte Gnaoua-Musikfestival zu besuchen oder einfach nur durch die Gassen der Altstadt zu flanieren.

Die **Medina** von Essaouira zählt seit 2001 zum **UNESCO-Weltkulturerbe.** Eine ockerfarbene Stadtmauer mit fünf Bastionen umgibt die Altstadt mit ihren lichtdurchfluteten Gassen, die weiße Häuser mit blau getünchten Fenstern und gelb-blauen Türportalen begrenzen. Im Inneren der Hofhäuser sorgen Natursteinbögen, -säulen und -gewölbe für ein besonderes Ambiente. Viele der alten Gebäude wurden zu stilvollen Gasthäusern und Restaurants mit Dachterrasse und Meerblick umfunktioniert. Bei einem **Altstadtbummel** entdeckt man immer wieder neue Dinge: gemütliche Restaurants und Cafés, Galerien und Läden lokaler Künstler und Kunsthandwerker mit den typischen Intarsienarbeiten aus Thujen- und Zitronenholz, zahllose Boutiquen mit orientalischen Lampen, Teppichen, Keramik, Musikinstrumenten der Gnaoua u.v.m.

Die **lebhafte Künstler- und Musikszene** Essaouiras lockte schon in den 1970er Jahren Hippies, Beatniks und Musiker wie *Bob Marley, Jimi Hendrix, Jim Morrison* und die *Rolling Stones* an. Auch heute noch treffen sich jedes Jahr im Juni während des **Gnaoua-Festivals** junge (und alte) Alternative und Musikfreunde aus aller Welt in der Stadt.

In Essaouira begegnen sich **Moderne und Tradition.** Eine erneuerte Hafenanlage, Grünflächen rund um die Stadtmauer, die schmucke Strandpromenade mit Surfshops und Cafés – die Stadt ist attraktiv geworden. Während in der Medina viele Frauen verschleiert in den Suqs zum Einkaufen gehen, schlendern europäische Touristinnen im Trägertop oder Bikini den Strand entlang. Kaum eine Stadt hat in den letzten 15 Jahren so vom Tourismus profitiert wie Essaouira und trotzdem ihren Charme bewahrt.

## Geschichte

Das **frühere Mogador** ist wahrscheinlich nach dem Heiligen und berberischen Schutzpatron *Sidi Magdoul* (Grab am Eingang zur Stadt) benannt. Der Name könnte aber auch vom Wort *Amegdoul,* „die Wohlbehütete", abstammen. Die Ursprünge des Hafens und Handelsplatzes gehen auf den karthagischen Admiral **Hanno** (um 465 v.Chr.) zurück, der hier einen Stützpunkt anlegte. Der Nubierkönig **Juba II.** unterhielt im 1. Jahrhundert n.Chr. Purpurmanufakturen. Der rötliche, von der **Purpurschnecke** gewonnene Farbstoff gab den vorgelagerten Inseln ihren Namen (Purpurinseln) und wurde zu hohen Preisen an die Römer geliefert.

Zu Beginn des 16. Jahrhunderts errichteten die **Portugiesen** unter König *Manuel I.* ein erstes Fort am Atlantik (1506). Sie tauften die Stadt Mogadouro. Zeitweise diente die Stadt auch Piraten als Unterschlupf.

Ihre heutige Form erhielt die Stadt erst Mitte des 18. Jahrhunderts. 1765 wurde Essaouira im Auftrag des Alawiten-Sultans *Sidi Mohamed Ben Abdallah* und unter Mitwirkung des französischen Festungsarchitekten *Théodore Cornut* als **Konkurrenzhafen zu Agadir und Salé** erbaut. *Cornut* war ein Schüler von *Vauban*, der wiederum (u.a.) La Rochelle befestigte, die am Atlantik gelegene Partnerstadt von Essaouira. Im Gegensatz zu den anderen (Alt-)Städten in Marokko verlaufen die Straßen schnurgerade.

Mogador wurde nach der Schließung des Hafens von Agadir (1765) wichtiger **Hafen und Handelsplatz.** Jüdische Händler ließen sich in der Stadt nieder. Im 19. Jahrhundert beherrschte Mogador 40% des überseeischen Handels des Landes. **Karawanen** aus Timbuktu brachten Gold und Elfenbein aus dem Süden und tauschten es gegen Lederwaren, Salz und Zucker aus Marokko.

Erst im 20. Jahrhundert nahm die Bedeutung als Handelsstadt ab, als durch die französische Besetzung von Timbuktu der Saharahandel unterbrochen wurde und andere große Häfen wie Casablanca und Agadir immer mehr Konkurrenz machten.

## Sehenswertes

Für Touristen sind in Essaouira in erster Linie die **Medina,** der **Hafen** und der **lange Sandstrand** interessant. Die angrenzende Neustadt hat für Besucher nichts Besonderes zu bieten. Hauptgassen der Altstadt sind die Av. Oqba Ibn Nafi (bzw. Okba Ben Nafi) und deren Verlängerungen Av. de l'Istiqlal und Av. Mohamed Zerktouni. Haupteingangstore in die Medina sind das Bab Sbâa und das Bab Marrakech. Am nördlichen Ende der Av. Mohamed Zerktouni liegt das Stadttor Bab Doukkala.

Wenn man durch das **Bab Sbâa** die **Medina** betritt, läuft man direkt auf den bemerkenswerten **Uhrenturm (L'horloge)** in der Stadtmauer an der Av. Oqba Ibn Nafi zu. Er wurde 1928 fertiggestellt und ist als Landmarke bis heute ein guter Orientierungspunkt. Von dort kann man rechts auf die Avenue de l'Istiqlal abbiegen und gelangt so direkt in die lebhaften **Suqs** (Suq Djedid, Avenue Mohamed Zerktouni). Die Einheimischen kaufen hier frisches Obst, Gemüse, Gewürze, Fleisch und Fisch, ferner Kleidung, Stoffe, Haushaltswaren und Elektrogeräte. Sehenswert ist der Innenhof des **Marché aux grains** (alter Getreidemarkt) mit netten Cafés für einen Tee oder ein kleines Mittagessen. Händler verkaufen Schmuck, Kleidung und Kunsthandwerk im Hof. Direkt gegenüber (auf der anderen Seite der Marktgasse Suq Djedid) befindet sich der **Fisch- und Gewürzmarkt** mit allerlei Läden für Gewürze, Kräuter und nützliche Dinge für das Hammam (Olivenseife, Peelinghandschuhe, Tonerdemaske Rhassoul etc.) unter den Arkaden.

Biegt man vom Uhrenturm nach links ab, so erreicht man den Hauptplatz der Medina, den **Place Moulay Hassan** mit Terrassenrestaurants, Banken und einer kleinen Grünanlage, um die sich Fischbuden gruppieren. Besonders in den

Abendstunden herrscht hier viel Trubel mit flanierenden Einheimischen und Touristen, die die Stimmung vor Sonnenuntergang mit Blick aufs Meer genießen. Über den Platz marschiert man nach Süden zum ummauerten und von Festungstürmen flankierten **Fischereihafen,** den man durch die Porte de la Marine betritt. Im Juni beginnt hier die Sardinenfischerei. Sehenswert sind der Trubel am Hafen (u.a. die Fischauktion, meist vormittags) und das Einbringen der Netze sowie die traditionellen Bootswerften, die nach wie vor die schönen, blauen Holzboote herstellen.

Zurück am Place Moulay Hassan geht es über die Rue de la Sqala zur Festungsanlage **Sq(k)ala de la Kasbah** (Zutritt tägl. 9–20.30 Uhr). Man kann auf den breiten Mauern zwischen den Festungstürmen spazieren, die in Spanien gefertigten Bronzekanonen (Sevilla, 1743) bewundern und einen wunderbaren Ausblick auf die Klippen des Atlantiks und den Sonnenuntergang genießen. In den Arkaden unterhalb der Sqala-Mauer verkaufen Handwerker ihre **Holzeinlegearbeiten** aus Thujen- und Zitronenbaumholz, für die Essaouria bekannt ist.

An der Rue Laâlouj, die ebenfalls zur Sqala führt bzw. über die man zurück zur Av. Oqba Ibn Nafi und zum Uhrenturm spazieren kann, liegt das kleine **Musée Sidi Mohamed Ben Abdallah** (unregelmäßige Öffnungszeiten, offiziell tägl. 9–17 Uhr, Eintritt: 70 DH). In die-

021sm20 ad

sem Riad aus dem 19. Jh. finden wechselnde Ausstellungen zu volkskulturellen Themen statt, seit Ende 2013 zum Beispiel über die Geschichte des Tees als Nationalgetränk in Marokko. Im Museum erfährt man auch viel über die **Gnaoua (Gnawa).** Die Musiker westafrikanischer Herkunft sind für ihre ekstatischen Tänze und Rhythmen bekannt. Mit ihren spirituellen Ritualen beschwören die Maâlems die Geister. Die Gnaoua-Musik hat im volkstümlichen Glauben die Kraft, Krankheiten zu heilen und „baraka" zu übertragen. Das **Al-Qacha-Viertel** zwischen Sqala und Rue d'Oujda ist das Zentrum der Gnaoua-Musiker. Wer Glück hat, kann sie beim Musizieren und Tanzen beobachten (Vorsicht beim Fotografieren, vorher fragen!). Wer will, kann in Essaouira auch lernen, eines der traditionellen Instrumente zu spielen.

Über die Rue Touahen oder die Rue Sidi Mohamed Ben Abdallah kann man von der Sqala bzw. der Rue Laâlouj durch die Gassen in den Norden der Medina zur **Mellah** (altes Judenviertel) laufen. Hier zeigt sich die Stadt ganz anders als im touristischen Bereich um den Place Moulay Hassan: Die alten Häuser und Steinbögen verfallen, in den Ruinen sammelt sich der Müll. Nachts sollte man die Nebengassen des Viertels lieber meiden.

Das neue **Museum zur jüdischen Geschichte** in Marokko und des jüdischen Lebens in Essaouira **(Maison de la Mémoire/Bayt Al Dakyra)** liegt in der Rue Mehdi Ibn Toumert (Seitengasse der Rue Laâlouj).

Kunstinteressierte sollten es nicht verpassen, eine der Galerien in der Medina zu besuchen. Am bekanntesten ist die **Galerie Van Damgaard** in der Rue Oqba Ibn Nafi, in der Künstler aus der Stadt und ganz Marokko ihre Bilder und Skulpturen ausstellen. Eine kleine Galerie mit ansprechenden und günstigen Bildern, auch von nicht so bekannten Künstlern, ist die **Galerie Kasbah** von *Attar Kabir* in der Rue Tétouan (vgl. „Einkaufen/Galerien"). In den Seitenräumen befinden sich die Künstlerwerkstatt und Verkaufsausstellungen von Bildern, Holzskulpturen, Keramik, Teppichen und Messing.

Blick vom Place Moulay Hassan auf die Mauern der Altstadt

# Essaouira

**Übernachtung**
2 Casa Guapa de Tamuziga
3 Vent de Dunes
5 Riad Zahra
6 Sofitel Mogador Golf & SPA

**Einkaufen**
1 Aswak Assalam
7 Carrefour/Label Vie

**Essen und Trinken**
4 Beach and Friends
8 Océan Vagabond

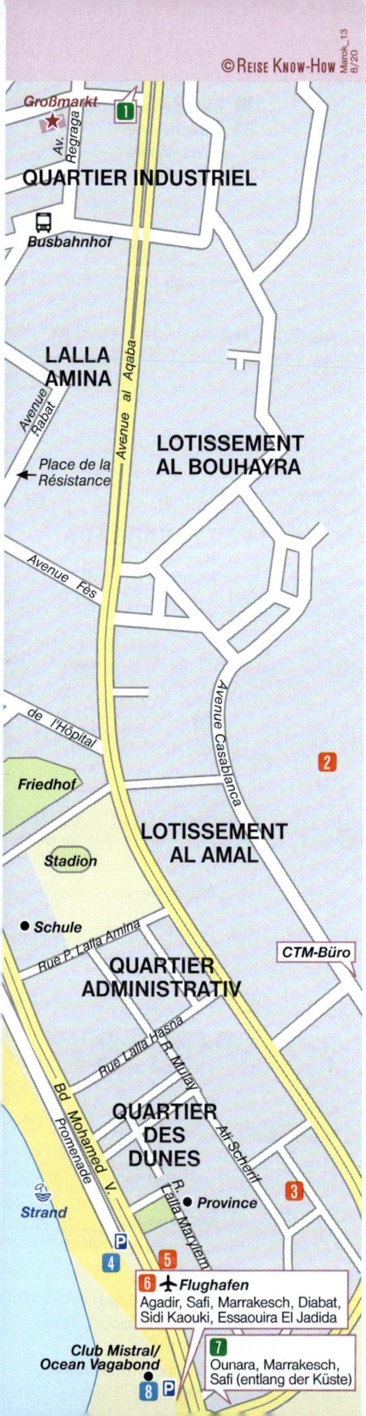


Außerhalb der Altstadt lohnt ein Blick in den vor wenigen Jahren neu errichteten **Complexe Commercial** im gepflegten Park zwischen Bab Sbâa und Bab Marrakech. Dort haben sich Galerien und das **Centre de la Bijouterie Artisanale** (Silberschmuck) angesiedelt.

Vom Bab Sbâa führt der Bd. Mohamed V. am langen Sandstrand entlang in Richtung Süden. An der hübschen **Strandpromenade** laden Cafés und Restaurants zum Verweilen ein. Badeurlauber können Liegen und Sonnenschirme mieten. In der „windy city" Essaouira weht eine stete Brise und bei einer Wassertemperatur von durchschnittlich 18°C zwischen November und April ist es zum Baden oft zu kalt. Die Promenade endet im Süden beim Surfcenter und Terrassenrestaurant Océan Vagabond. Dort kann man die Wind- und Kitesurfer in den Wellen beobachten oder auf einem Kamel oder Pferd über den Strand reiten bzw. sich führen lassen.

# Praktische Informationen

## Informationen für Touristen

- **Délégation du Tourisme,** 10, Rue du Caire, beim Bab Sbâa und in der Nähe des Uhrenturms, Tel. 0524 78 35 32. Einige nützliche Infos an der Pinnwand: Sportangebot, Adressen, offizielle Führer. Mittags 2–3 Std. geschlossen.
- Tipps zu Hotels, Restaurants, Bars etc. unter **http://essaouira.madeinmedina.com.**
- Die in vielen Gasthäusern und Restaurants ausliegenden, kostenlosen **Broschüren „Le Guido"** (www.leguido.com) und **„Les Carnets de Voyage, édition Essaouira"** (www.vivre-essaouira.com) enthalten diverse nützliche touristische Infos zu Essaouira.

# Essaouira Medina

**Übernachtung**

1 Dar Al Bahar
2 Riad Baladin
4 Dar Adul
9 Salut Maroc
11 Riad Malaika
12 Maison du Sud
13 Ryad Watier
14 Riad Perle d'Eau
15 Riad Dar Maya
16 Dar Latigeo
17 Thais
19 Riad Jade Mogador
25 Atlantic Hostel
26 Essaouira Hostel
28 Darsal
29 Riad Chbanate
30 Emeraude
32 Heure Bleue Palais
33 Ocean Medina
35 Riad Chakir Mogador
38 Les Matins Bleus, Dar el Paco
39 Souiri
40 Riad Al Madina
46 Cap Sim
47 Jack's Apartments
51 Villa Maroc

**Einkaufen/Sonstiges**

24 Gewürzladen Chez Makki
27 Alkohol-Laden

**Essen und Trinken**

3 Triskala
5 D'Orient et d'Ailleurs
6 Pasta Baladin
7 La Licorne
8 Les Alizés de Mogador
9 Salut Maroc
10 La Clé de Voûte
18 bistrO, La Roche, Tara
20 Miyame
21 Au Bonheur des Dames, Bouâmama

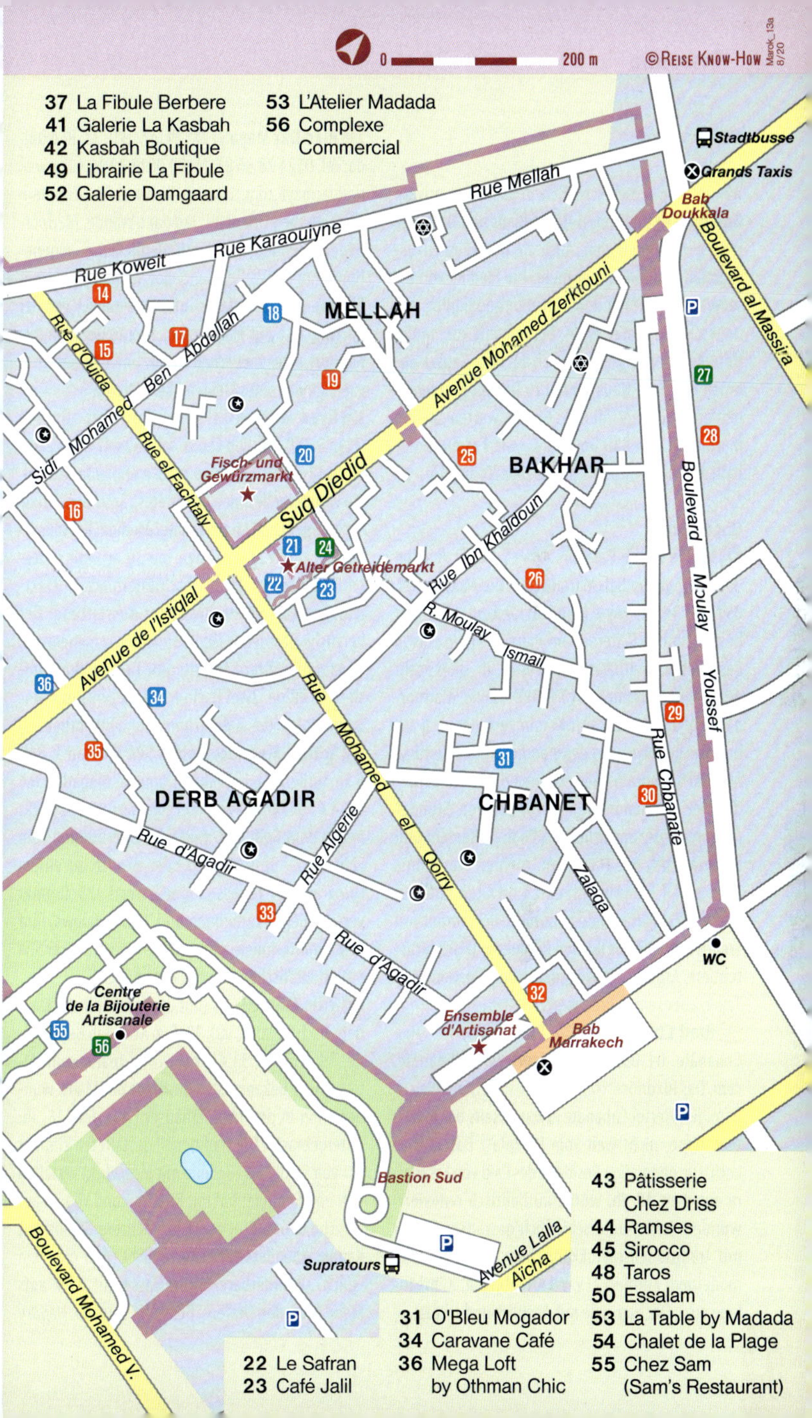

0
200 m
©Reise Know-How
Marok_13a 8/20
37 La Fibule Berbere
41 Galerie La Kasbah
42 Kasbah Boutique
49 Librairie La Fibule
52 Galerie Damgaard
53 L'Atelier Madada
56 Complexe Commercial
Stadtbusse
Grands Taxis
Bab Doukkala
Boulevard al Massira
Rue Mellah
Rue Karaouiyne
Rue Koweit
MELLAH
Avenue Mohamed Zerktouni
Rue d'Oujda
Sidi Mohamed Ben Abdallah
Rue el Fachtaly
Fisch- und Gewürzmarkt
Suq Djedid
BAKHAR
Boulevard Moulay Youssef
Alter Getreidemarkt
Rue Ibn Khaldoun
R. Moulay Ismail
Avenue de l'Istiqlal
Rue Mohamed el Qorry
Rue Chbanate
DERB AGADIR
CHBANET
Rue d'Agadir
Rue Algerie
Zalaqa
WC
Centre de la Bijouterie Artisanale
Ensemble d'Artisanat
Bab Marrakech
Bastion Sud
Supratours
Avenue Lalla Aïcha
Boulevard Mohamed V.
43 Pâtisserie Chez Driss
44 Ramses
45 Sirocco
48 Taros
50 Essalam
53 La Table by Madada
54 Chalet de la Plage
55 Chez Sam (Sam's Restaurant)
31 O'Bleu Mogador
34 Caravane Café
36 Mega Loft by Othman Chic
22 Le Safran
23 Café Jalil

## Unterkunft

Wie in Marrakesch schießen in Essaouira private **Gasthäuser** (Maisons d'Hôtes/Riads und Dars) geradezu aus dem Boden. Auch die Hotels im Luxussegment werden immer mehr. Die Medina von Essaouira ist nicht mit dem Fahrzeug zugänglich. Am unbeschwerlichsten ist es, bei Ankunft kurz in der Unterkunft anzurufen, um sich mit dem Gepäck abholen und zum Haus führen zu lassen. Karrenwagenfahrer *(chariots)* für das Gepäck warten am Bab Marrakech und Bab Doukkala – sie kosten innerhalb der Medina 20 DH (plus kleines Trinkgeld).

### Oberklasse

32 **Heure Bleue Palais**⑤ (Plan S. 90), 2, Rue Ibn Battouta, neben Bab Marrakech in der Medina, Tel. 0524 78 34 34, www.heure-bleue.com. Eines der besten Hotels (5 Sterne) am Platz in einem stilvoll gestalteten Stadtpalast aus dem 19. Jh. Die 33 sehr geräumigen Zimmer mit TV, DVD-Player, Marmorbad, Balkon und z.T. mit Kamin verteilen sich auf drei Stockwerken. Auf der grandiosen Dachterrasse mit 360°-Panorama genießt man die letzten Stunden vor Sonnenuntergang zur „Blauen Stunde" *(L'heure bleue)* am beheizten Pool. Außerdem gibt es einen SPA mit Hammam, mehrere vornehme Bars, einen Billardraum, einen privaten Kinosaal und ein hervorragendes Gourmet-Restaurant mit kreativer Küche aus lokalen Produkten (Fisch, Krustentiere, Arganienöl, Ziegenkäse und Bio-Gemüse). Teuer, aber seinen Preis wert.

29 **Riad Chbanate**④-⑤ (Plan S. 90), 179, Rue Chbanate, Tel. 0524 78 33 34, www.riadchbanate.com. Das luxuriöse, charmante Riad liegt im gleichnamigen Viertel Chbanate etwas abseits der Touristenströme, nicht weit vom Parkplatz Bab Marrakech. Die ehemalige Residenz des Caid von Essaouira aus dem 18. Jh. wurde authentisch renoviert: wunderschöne, unterschiedlich gestaltete Suiten mit traditionell-marokkanischem Ambiente und modernem Komfort (TV, WLAN, Minibar, Klimaanlage etc.). Dachterrasse mit Ausblick und Jacuzzi.

15 **Riad Dar Maya**④-⑤ (Plan S. 90), 33, Rue Oujda, Tel. 0524 78 56 87, Mobil 0619 39 46 40, www.riaddarmaya.com. Schicker Riad mit fünf Zimmern im modernen Orientstil: Tadelakt-Wände, Marmorbäder, Klimaanlage, Fußbodenheizung, eigener Hammam mit Wellnessangebot, Kaminzimmer mit Bibliothek und PC. Meer- und Medinablick von der Dachterrasse mit Planschpool. Hier findet man den Komfort eines modernen Hotels und den persönlichen Service eines kleinen Riads. WLAN.

13 **Ryad Watier**④ (Preise schwanken saisonal) (Plan S. 90), 16, Rue Ceuta, Tel. 0524 47 62 04, Mobil 0661 34 68 18, www.ryad-watier-maroc.com. Ein wundervolles (neu errichtetes) Gasthaus in bester, ruhiger Lage im Herzen der Medina: lichtdurchflutete, großzügige Suiten (ab 30 m²) mit unterschiedlicher marokkanischer Gestaltung, Tadelakt-Bädern und sehr hochwertiger Ausstattung. Der herzliche Gastgeber *Jean Gabriel Nucci* managt das Haus mit größter Sorgfalt, gibt Tipps und organisiert Ausflüge. Zwei Dachterrassen, privates Hammam, Hofgarten, Kaminzimmer und Bibliothek.

6 **Sofitel Mogador Golf & SPA**⑤ (Plan S. 88), 6 km außerhalb in Diabat, Domaine Mogador, Tel. 0524 47 94 00, www.sofitel.com. Luxushotel direkt neben dem Golfplatz: modernes Orientdesign vom Feinsten – Besichtigung oder Besuch zu einem Drink auf der Terrasse lohnenswert! 175 Zimmer verschiedener Kategorien und 28 Bungalows, fünf Restaurants, Innen- und Außenpool, luxuriöser SPA mit orientalischen Anwendungen. WLAN.

51 **Villa Maroc**④-⑤ (mit üppigem Frühstück auf dem Dach) (Plan S. 90), 10, Rue Abdellah Ben Yassine, Tel. 0524 47 31 47, www.villa-maroc.com. Ältestes und bekanntestes Gasthaus der Stadt, wunderschön in drei Medinahäusern aus dem 18. Jh. untergebracht. Die traditionell gestalteten Zimmer (21 von Single bis zur Suite mit Meerblick) verteilen sich um den Innenhof mit Pflanzen und Vögeln auf verschiedenen Stockwerken. Mehrere Salons mit Kamin, Abendessen bei Kerzenlicht (sehr gut, kein Lunch). Wunderbare Dachterrasse mit Blick aufs Meer und den Hafen. Besitzer *Cornelia Hendry*

(Schweizerin) und *Abderrahim Ezzaher* betreiben auch das Landhaus Jardins de Villa Maroc (www.lesjardinsdevillamaroc.com) mit nur drei Zimmern und Pool etwa 15 Fahrmin. außerhalb Richtung Marrakesch. Parken am bewachten Parkplatz vor dem Hafen möglich.

14 **Riad Perle d'Eau**③-⑤ (Plan S. 90), 64, Rue du Koweit, Tel. 0524 78 54 00, Mobil 0661 60 19 55, www.riad-essaouira-perledeau.com. Der luxuriöse Riad unter Führung des Schweizer Ehepaars *Ernest* und *Gisèle* bietet jeglichen Komfort eines guten Hotels kombiniert mit dem Charme eines Riads: acht geräumige, hochwertig (teils mit Antiquitäten) ausgestattete Zimmer und Suiten Richtung Meer oder Medina. Kaminzimmer und Bibliothek, eigener Hammam und SPA, Jacuzzi auf einer der Terrassen. Organisation vieler Aktivitäten (Ausritte per Pferd oder Kamel, Golf, Wanderungen etc.) möglich. WLAN.

**Unser Tipp:** 9 **Salut Maroc**④-⑤ (Plan S. 90), 32, Rue Ibn Rochd, Tel. 0524 47 55 60, www.salut-maroc.com. Das von der britischen Designerin *Helen Howat* aufwendig renovierte denkmalgeschützte Hofhaus direkt an den Sqala-Mauern ist eine echte Sehenswürdigkeit! Die knallbunten Farben und kreativen Muster der Mosaike an Boden und Wänden, der Stoffe, Sessel und Kissen machen sofort gute Laune und man fühlt sich ein bisschen wie Alice im Wunderland. Alle elf Zimmer/Suiten (mit Heizung/AC) auf drei Etagen um den Hof sind unterschiedlich gestaltet, die meisten mit unschlagbarem Ausblick aufs Meer. Selbst die Bäder sind besonders: mit Kupferbadewanne und Retro-Toiletten von WC-Pionier *Thomas Crapper* (19. Jh.). Kleiner Hammam, hervorragendes Dachterrassenrestaurant (vgl. „Essen und Trinken"), WLAN.

### Mittelklasse (Plan S. 90)

4 **Dar Adul**③, 63, Rue Touahen, Tel. 0524 47 39 10. Das gemütliche, originell gestaltete Künstlerhotel des Malers *Didier Spindler* (s.a. Caravane Café) hat neben zwei Zimmern und zwei Juniorsuiten (z.T. mit Kamin oder Terrasse) auch eine Galerie.

1 **Dar Al Bahar**③-④, 1, Rue de Touahen, in der Medina an der Stadtmauer zum Atlantik, Tel. 0524 47 68 31, www.daralbahar.com. Kleines, stilvoll renoviertes Altstadthaus mit schöner Dachterrasse und freundlichem Personal. Das „Haus am Meer" wird vom niederländisch-französischen Ehepaar *Lise* und *Jean-Claude* betrieben. Die steilen Stufen sind für ältere Gäste evtl. beschwerlich. Etwas kleine DZ, z.T. mit Meerblick, gutes Frühstuck inkl.

30 **Emeraude**③ (mit Frühstück), 228, Rue Chbanate, Tel. 0524 47 34 94, www.essaouirahotel.com. Sehr schönes Hotel unter französischer Leitung in einem Stadthaus aus dem 18. Jh. (5 Min. vom Strand, 50 m vom Bab Marrakech). Die acht DZ und zwei Dreibettzimmer (alle mit eigenem Bad) gruppieren sich auf drei Etagen um den Innenhof, von der Dachterrasse bietet sich eine herrliche Aussicht. Im Restaurant wird original Souiri-Essen serviert.

12 **Maison du Sud**③, 29, Av. Sidi Mohamed Ben Abdellah, Tel. 0524 47 41 41, www.riad-maisondusud.com. Stilvolles Gasthaus mit vielen Topfpflanzen in zwei miteinander verbundenen Riads aus dem 18. Jh. Die unterschiedlich gestalteten, geräumigen Zimmer mit kleinem Salon und Tadelakt-Bad gruppieren sich auf mehreren Etagen um den hellen Innenhof (auch Familienzimmer für 4 Pers.). Auf der Dachterrasse kann man gemütlich im Nomadenzelt sitzen. Abendessen im Restaurant nach Vorbestellung, kein Alkohol. Das Haus ist größer und etwas unpersönlicher als andere Riads, aber sehr zentral, freundlich und empfehlenswert.

40 **Riad Al Madina**③, 9, Rue Attarine (vom Uhrenturm Richtung Medina, dann rechter Hand), Tel. 0524 47 59 07, www.riadalmadina.com. Sehr stilvolles Hotel in einer ehemaligen Pascharesidenz aus dem 18. Jh. mit hübschen, jedoch relativ kleinen Zimmern. Im Innenhof mit Pflanzen und Springbrunnen befindet sich das Restaurant. Im ehemaligen Hotel Pascha haben schon die Rock- und Popgrößen *Janis Joplin, Mick Jagger, Jimi Hendrix* und *Leonard Cohen* residiert. Manche Gäste bemängeln den Service und dass manche Zimmer nicht mehr optimal in Schuss sind.

**Unser Tipp:** **2** **Riad Baladin**③, 9, Rue Sidi Magdoul, Quartier Sqala, Mobil 0661 60 45 04, www.riadbaladin.com. In den drei miteinander verbundenen, afrikanisch/marokkanisch gestalteten Hofhäusern mit Natursteinbögen sind drei Salons und zehn Zimmer auf zwei Etagen um die Patios untergebracht. Die sehr schön mit hellen Farben und Stoffen gestalteten Zimmer mit Tadelakt-Bad (und Fossilienwaschbecken) haben alle Heizung und Kamin. Es gibt auch ein Familienzimmer. Das gute Frühstück wird auf der hübschen Dachterrasse (mit mehreren Ebenen und Sonnenliegen) serviert. Super Lage direkt bei der Sqala, heißer Jacuzzi im Patio (abends Betrieb nach Vorankündigung), WLAN, Organisation von Touren möglich.

**11** **Riad Malaika**③, 17, Derb Zayan, Tel. 0524 78 49 08, www.riad-essaouira-malaika.com. Authentisch renovierter, charmanter und zentral in der Medina gelegener Riad mit ausgezeichnetem Preis-Leistungs-Verhältnis und gutem Service. Verschieden gestaltete Zimmer unterschiedlicher Kategorien (Standard, Superieur, Terrassensuite), drei Salons (mit Kamin für die kalte Jahreszeit), Frühstück auf der Dachterrasse mit herrlichem Panoramablick. Restaurant und Bar, vielfältiges Ausflugsprogramm, WLAN.

**5** **Riad Zahra**③ (Plan S. 88), 90, Quartier des Dunes, Tel. 0524 47 48 22, www.riadzahra.com. Gasthaus nahe der Dünen am Strand mit 23 sehr hübsch eingerichteten, sauberen Zimmern mit Bad und TV, teils mit Balkon oder Meerblick. Dachterrasse mit Blick über die Dünen, Pool, zwei Restaurants (marokkanische Küche, Fisch, Tapas und spanische Spezialitäten). Parkplatz vorhanden, WLAN.

**38** **Les Matins Bleus**③ (DZ mit Bad und Frühstück, Suite für 2 Personen④), 22, Rue du Drâa, Tel. 0524 78 53 63, www.les-matins-bleus.com. Etwas versteckt und ruhig mitten in der Medina gelegenes, sehr freundliches und sauberes Familienhaus, das von (u.a.) deutsch und englisch sprechenden Brüdern betrieben wird. Offener Innenhof mit zwei Stockwerken, auch Zimmer auf der Dachterrasse. Gutes Essen, WLAN.

**35** **Riad Chakir Mogador**③, 13, Rue Malek Ben Morhal (Nebengasse der Av. de IIstiqlal), Tel. 0524 47 33 09, www.riadchakir.com. Beliebtes, größeres Traditionsriad mitten in der Medina, die meisten Zimmer mit Fenster zum Patio; Dachterrasse, Frühstücksraum und Salon. Freundliches, englisch sprechendes Personal. Gemeinschaftsräume mit WLAN.

**3** **Vent des Dunes**③ (Plan S. 88), Villa 20, Quartier des Dunes, nahe Hotel Al Jasira, Tel. 0524 47 53 91, www.ventdesdunes.com. In einer schönen alten Privatvilla, jedes Zimmer im marokkanischen Stil mit Bad und TV, Garten, Frühstück und Abendessen im Berberzelt, sehr ruhige Lage. Meerblick von der Dachterrasse. Bewachter Parkplatz und Garage für Sportgeräte (Windsurfer). Es gibt auch Familienzimmer und ein Apartment.

### Günstig (Plan S. 90)

Die Hostels in der Medina liegen zwar zentral, aber meist nicht ruhig – empfehlenswert für Traveller, die lockere Atmosphäre und Gesellschaft suchen. Sehr billige, extrem einfache und meist dreckige Hotels gibt es rund um das Bab Doukkala. In vielen der kleinen Riads sind die Besitzer nicht immer anwesend und die Rezeption ist nicht immer besetzt. Bei der Buchung wird man i.d.R. nach der Ankunftszeit gefragt und entsprechend abgeholt bzw. empfangen.

**25** **Atlantic Hostel**① (ab 5 Euro im Schlafsaal oder auf der Dachterrasse), 34, Rue El Abbana, Medina, Mobil 0629 65 22 68, atlantichostel@hotmail.fr. Bei internationalen Backpackern sehr beliebtes Hostel mit gemischt-geschlechtlichen Schlafsälen und Doppel-/Dreierzimmern verschiedener Größe auf drei Etagen. Saubere Bäder/WCs am Gang (heiße Duschen), voll ausgestattete Küche für Selbstversorger, Mahlzeiten auf Anfrage. Sehr freundliches, hilfsbereites Personal, der Betreiber *Chalek* spricht sehr gut deutsch.

**46** **Cap Sim**①-② (inkl. Frühstück), 11, Rue Ibn Rochd, Tel. 0524 78 58 34, www.hotelcapsim.com. Empfehlenswertes, sehr sauberes und bei Travellern beliebtes Hotel mit netter Einrichtung und Panoramaterrasse, WLAN. (Etwas kleine) DZ ohne und mit Bad. Kreditkarten werden akzeptiert.

38 **Dar El Paco**②, 10, Rue du Drâa, Mobil 0669 93 02 51, zentrale Lage ganz in der Nähe der Place Moulay Hassan, nur 5 kleine (ca. 10 m²), gemütliche Zimmer im marokkanischen Stil und mit Außenfenstern. Kleine Dachterrasse, zuvorkommender Service und gutes Preis-Leistungs-Verhältnis. WLAN in den Gemeinschaftsräumen.

16 **Dar Latigeo**②, 12, Rue Youssef Ben Tachfine, Mobil 0618 26 76 07, buchbar über www.booking.com. Einfaches, günstiges Riad im Zentrum der Medina mit gemütlicher Dachterrasse. Die hilfsbereiten Gastgeber *George* und *Latifa* haben allerlei Tipps parat. Sechs unterschiedlich gestaltete Zimmer (9–18 m²), die meisten mit Gemeinschaftsbad/WC, auch zwei Zimmer mit eigenem Bad. V.a. während des Gnaoua-Festivals sehr beliebt.

26 **Essaouira Hostel**② (ab 7 Euro im Schlafsaal), 17, Rue Laghrissi, Medina, Tel. 0524 47 64 81, buchbar über www.booking.com. Beliebte Backpacker-Unterkunft mit 17 Einzelbetten in Schlafsälen (einige getrennt nach Männern und Frauen), Gemeinschaftsbad und WC auf der jeweiligen Etage. TV und DVD-Player, WLAN, Nutzung der Küche möglich, Grillmöglichkeit auf der Terrasse, Spielzimmer und Bibliothek.

33 **Ocean Medina②,** Rue d'Agadir, in der Sackgasse Moulay Azzouz 7, Mobil 0658 52 15 02, www.riadoceanmedina.puzl.com. Der von dem netten französischen Paar *Christel* und *Guillaume* (sprechen englisch) betriebene Riad liegt nicht weit vom Bab Marrakech und der Supratours-Busstation. Sieben sehr gepflegte, hübsche Zimmer, zwei Dachterrassen mit Meerblick und Liegen, sehr gutes Frühstück, freundliches Personal. Besonders schön ist die Suite „Essaouira" auf der unteren Dachterrasse. Gutes Preis-Leistungs-Verhältnis!

19 **Riad Jade Mogador**②-③, 16, Rue Ennaser, Tel. 0662 33 71 09, buchbar über www.booking.com. Gemütliches, einfaches Gasthaus, das mit seiner Höhe (viele Treppen) die umliegenden Gebäude überragt. Herzliche Atmosphäre, gutes Frühstück auf der Dachterrasse mit tollem Ausblick. Saubere und gepflegte Zimmer mit Bad.

39 **Souiri**②, 37, Rue Lattarine, Tel. 0524 47 53 39, www.hotelsouiri.com. Freundliches, ruhiges und empfehlenswertes Hotel mit 36 auf drei Etagen verteilten, sauberen Zimmern und Panoramaterrasse. DZ mit und ohne Bad (Etagendusche), auch 3er-Zimmer mit/ohne Bad und ein Apartment mit zwei Zimmern und Küche.

17 **Thais**②, 181, Av. Sidi Mohamed Ben Abdellah, Mobil 0610 99 64 60, buchbar über www.hostelworld.com. Modern marokkanisch gestalteter Riad mit fünf kleinen Zimmern (10–15 m²) mit schönen Tadelakt-Bädern ohne Türen. Patio mit Küche, Kaminzimmer, Dachterrasse und eigener Hammam. WLAN.

### Unterkunft im Umland

Die Unterkünfte einige Kilometer außerhalb von Essaouira bieten Entspannung und Erholung abseits des Stadttrubels und lohnen sich für einen **mehrtägigen Aufenthalt.** Um zwischen Strand, Stadt und den Hotels zu pendeln, empfiehlt sich ein Mietauto.

■ **Auberge Tangaro**④, 7 km in Richtung Agadir, neben dem Golfplatz und Sofitel Mogador Golf & SPA, Tel. 0524 78 47 84, www.aubergetangaro.com. Das blau-weiße Hotel mit gemütlichem Innenhof, Terrasse und 18 Zimmern (mit Kamin) gibt es seit 1920 – am Wochenende ist es ein beliebtes Ausflugsziel. ½ Std. Fußmarsch zum Meer.

■ **Baoussala**④, El Ghazoua, 10 km von Essaouira, Mobil 0606 06 88 85, www.baoussala.com. In dieser „Ecolodge" im traditionellen Kasbahstil sind sechs sehr hübsche, unterschiedlich gestaltete Suiten und Zimmer mit Bad untergebracht. Das 5000-m²-Gelände mit Eukalyptusbäumen eignet sich gut für einen ruhigen Urlaub abseits des Stadttrubels. Marokk. Essen im Berberzelt.

■ **Casa Naima**③, 18 km außerhalb, bis Ausfahrt El Ghazoua in Richtung Agadir, dann Richtung Marrakesch und nach Ida Ougourd rechts abbiegen. Mobil 0678 96 18 80, www.casa-naima.com. Die beiden Bretonen *Séverine* und *Jacques* errichteten hier auf 30.000 m² Land mit Quellwasser ein Wohn- und Gasthaus im Kasbahstil. Es gibt fünf hübsche Zimmer (mit Bad und Terrasse) und einen Pool, mehrfach täglich verkehrt ein Bus von der nahen Straße in die Stadt.

■ **Villa Amaryllis**③, Douar El Ghazoua (ca. 10 Min. Fahrzeit von Essaouira), Tel. 0524 79 28 29, buchbar über www.booking.com. Das Haus von *Myriam* und *Bernard* liegt in einem 5000 m² großen, blühenden Park mit Eukalyptusbäumen. Acht stilvolle, große und komfortable Zimmer/Suiten unterschiedlicher Preislage, Pool und Terrasse, Hammam und Wellnessangebot, Ausflugsprogramm. Marokkanische und französische Küche auf Vorbestellung. Besondere Aktivität: *Bernard* nimmt Sie zu einer (Angel-) Tour auf seinem eigenen Boot mit.

■ **Villa Beldi** (ehem. Dar Caravane)④, km 1, Route d'Agadir, Tel. 0524 78 48 04, www.villabeldi.com. Hinter der langen Mauer an der Straße verbirgt sich eine wahre Oase: Auf dem wunderschönen Areal mit Palmen, Agaven, Oliven, Aloe und einem großen Pool lädt ein in einer bunten Mischung aus marokkanischen und modernen Elementen kreativ gestaltetes Boutique-Hotel mit nur sechs Suiten und einem Gartenrestaurant (Di bis So 12–18 Uhr, Reservierung erforderlich) zu einem entspannten Aufenthalt ein.

■ **Villa Daba**④, km 8, Route d'Agadir, Douar El Ghazoua (ca. 10 Min. Fahrzeit von Essaouira, 3 km vom Golfplatz), Tel. 0524 79 29 56, Mobil 0650 02 20 05, www.villadaba.com. In der schön gelegenen Villa von *Bernadette* und *Didier* findet man Erholung zwischen Dünen und Meer. Die sechs hellen, geräumigen Zimmer und Suiten (alle mit Balkon oder Terrasse und Blick zum Pool oder Garten) sind individuell und liebevoll eingerichtet. Der ganzjährig geöffnete Pool ist beheizt. Essen auf Bestellung im Restaurant (marokkanische Gerichte und Fisch). WLAN, Parkplätze vor dem Haus, breites Ausflugsprogramm. Nur Barzahlung möglich!

■ **Ryad des Vignes**④, Domaine du Val d'Argan, Ounara (ca. 30 km in Richtung Marrakesch), Mobil 0660 24 18 93/92, www.riaddesvignes.com. In diesem gemütlichen Landhaus auf einem 30 ha großen Weingut gruppieren sich fünf farbenfrohe Zimmer mit Bad, AC/Heizung um den Pool im blühenden Garten. Panoramarestaurant mit feiner marokkanischer Küche, Arganien- und Olivenöl aus eigener Produktion und Weinverkostung nach Voranmeldung – hier wird der bekannte „Gazelle de Mogador" gekeltert. Auch für Gäste von außerhalb lohnen sich eine Führung und ein feines Abendessen auf dem Weingut.

### Apartments/Ferienhäuser

In Essaouira werden inzwischen zahllose Apartments, Ferienwohnungen und ganze Häuser von Privateigentümern zur Miete angeboten. Beim Kreisverkehr an der Stadteinfahrt wedeln Vermittler den Touristen mit Schlüsseln zu – ein Zeichen, dass sie Zimmer zu vermieten haben. Günstige Angebote findet man zum Beispiel bei www.airbnb.de.

**2** **Casa Guapa de Tamuziga** (Plan S. 88), Lotissement Azlef 404, gegenüber Hammam Ghita, Neustadt (15 Min. Fußmarsch in die Medina), Mobil 0662 83 94 34, www.casaguapa.info. Die charmante süddeutsche Besitzerin *Nadine* hat in ihrem „schönen Haus" zwei Apartments und ein Studio auf der Dachterrasse kreativ im marokkanischen Stil eingerichtet. Die geräumigen 2-Zimmer-Apartments (100 m², mit Zugang zur Terrasse) für bis zu 5 Pers. sind mit Küche, Wohnzimmer, Tadelakt-Bad, TV und WLAN ausgestattet. Leckeres Frühstück oder Abendessen, Flughafentransfer, Massagen etc. auf Bestellung. Parken vor dem Haus möglich.

**28** **Darsal** (Plan S. 90), buchbar über www.airbnb.de, frühzeitige Reservierung empfohlen. Der sehr schön gestaltete Riad (180 m²) der Engländerin *Sally Cartwright* in der Medina punktet mit einem unschlagbaren Preis-Leistungs-Verhältnis: ab 45 Euro/Tag (je nach Saison, ab drei Tagen) für den ganzen Riad! Das Haus hat zwei Dachterrassen und (auf insgesamt drei Etagen) drei Zimmer mit Bad für bis zu sieben Pers., zwei Küchen mit Esszimmer und ein Wohnzimmer. Ideal für Familien oder Gruppen, aber auch für einen ruhigen Pärchenurlaub!

47 **Jack's Apartments** (Plan S. 90), Infos im Büro am Place Moulay Hassan hinten rechts (Durchgang Rue Ibn Rochd), Tel. 0524 47 55 38, Mobil 0661 09 63 71, www.jackapartments.com. Der deutschsprachige Schweizer *Jack Oswald* lebt in Essaouira, renovierte zahlreiche Häuser und vermietet darin schöne, traditionell eingerichtete Apartments direkt an der Stadtmauer (Rue de la Sqala) mit herrlichem Blick aufs Meer. Jedes Apartment hat Wohnzimmer, Schlafzimmer, Küche und Bad, auch kleinere Studios. Die Preise variieren je nach Größe, Saison und Mietdauer zwischen 60 und 170 Euro pro Nacht.

## Camping (außerhalb der Stadt)

**Wohnmobile** dürfen beim Parkplatz am Hafen stehen, an der Strandpromenade sind sie nicht mehr erwünscht.

■ **Dar El Bernicha,** etwa 10 km außerhalb von Essaouira (ab Carrefour) an der Küstenstraße Richtung Safi (R 301), N 31°31,833', W 09°41,350', Mobil 0700 43 52 36. Im Jahr 2019 eröffneter, sehr gepflegter, ummauerter Platz mit nur zehn Stellplätzen (Kies, kein Schatten). Kleiner Pool im Patio, hübsche Zimmer und Frühstück.

■ **Des Oliviers** *(chez Alain),* in Ounara, ca. 23 km Richtung Marrakesch, Mobil 0613 95 43 82, www.campingdesoliviers.ma, N 31°31,97', W 09°32,80'. Sehr schöner und schattiger Platz mit Kinderspielplatz, Restaurant (im Sommer Disco), sauberen Sanitäranlagen (heiße Dusche), Strom und Pool (keine extra Gebühr). Übernachtung auch in Bungalows (bis 5 Pers.) möglich (①). Der marokkanische Künstler *Noureddine Binak* (Tel. 0610 51 69 12) bemalt auf Wunsch Wohnmobile mit Wüstenmotiven.

■ **Esprit Nature,** ca. 15 km von Essaouira Richtung Marrakesch (1,5 km vor Ounara) in ruhiger Lage, Mobil 0653 05 17 55, www.espritnature-essaouira.com, N 31°33,204', W 09°37,490'. Sehr empfehlenswerter, gepflegter und kinderfreundlicher Platz des französischen Ehepaars *Patrice* und *Séverine* (auch englischsprachig) in einem Forstgebiet mit guten Sanitäranlagen, Abwasserentsorgung für Wohnmobile, Waschmaschine, Pool (50 DH/Pers.), Minigolf und Abenteuerspielplatz (30 DH/Kind für Gäste von außerhalb), Restaurant, Stellplätze mit Strom.

■ **Le Calme,** in Idaougourd, ca. 10 km Richtung Marrakesch, Mobil 0661 53 04 13, www.campinglecalme.com, N 31°25,95', W 09°39,41'. Gut ausgestatteter Platz mit Pool, Restaurant, Waschmaschine, schattigen Standplätzen und angeschlossenem Riad② (DZ mit/ohne Bad). WLAN.

## Essen und Trinken (Plan S. 90)

In Essaouira existieren mittlerweile unzählige Restaurants und Cafés, eine Auswahl fällt schwer. **Empfehlenswerte Adressen** sind u.a.:

21 **Au Bonheur des Dames,** Marché aux Grains im Suq, Tel. 0524 47 59 68, tägl. bis 18 Uhr. In diesem kleinen, sympathischen Terrassencafé (mit WLAN) sitzt man gemütlich im Hof des alten Getreidemarkts. Es gibt wechselnde Tagesmenüs mit frischen Waren aus der Region (Tajine, Fischgericht ab 60 DH, auch Pasta).

4 **Beach and Friends** (Plan S. 88), Bd. Mohamed V., an der südlichen Promenade am Strand, Tel. 0524 47 45 58, tägl. 11–23 Uhr. Ideal zum Chillen auf den Sofas drinnen und draußen, oft Konzerte/Events. Alkoholausschank, Pizza, Snacks und Salate zu moderaten Preisen.

23 **Café Jalil,** 42, Rue Siyaghine, etwas versteckt hinter dem Marché aux Grains (alter Getreidemarkt), Mobil 0658 37 69 56. In diesem einfachen, aber sehr authentischen und günstigen Restaurant kommen alle Zutaten für Suppen, Tajine, Couscous und Omelette frisch vom Markt. Es stehen nur zwei

# Rhani Krija – Weltmusik-Percussionist mit Wurzeln in Mogador

**von Norbert Schmidt**

Wer sind sie und wo, die einem breiteren Publikum **bekannten Bewohner** Essaouiras? Die Stadt am Atlantik ist – anders als die angesagten Marrakesch-Locations – kein schillernder Laufsteg. Die Präsenz der *Jimi Hendrix, Brian Jones* & Co. ist Legende. *Frederic Damgaard* hat seine Galerie abgegeben. Die international geachtete Malerin *Regraguia Benhila* nahm im November 2009 still und leise Abschied von dieser Welt. Als 2011 der Erfolgsfilm „Ziemlich beste Freunde" in die Kinos kam, erfuhr man, dass auch der französische Aristokrat *Philippe Pozzo di Borgo* („Pommery") gern in Essaouira bzw. dem Nachbardorf Ghazoua lebt. Aber da gibt es auch den in Mogador wurzelnden und in Köln lebenden „Musique du Monde"-Perkussionisten *Abdelrhani Krija,* der in seinem Metier in der Champions League spielt. Einer seiner „Brötchengeber" ist seit 2002 der britische Rock-Musiker, Sänger und Bassist *Sting* (früher *The Police*). In Deutschland kennt man ihn auch von seinen Auftritten mit *Wolfgang Niedecken* und BAP.

Ein paar Tage ist es her, da gingen wir mit *Rhani Krija* in Essaouira auf **Spurensuche** – zwischen ansässigen Arabern und den Berbern aus dem Hinterland, internationalen Reisenden und Residenten. Rhani kam am 21. Dezember 1971 zur Welt, wuchs mit drei Geschwistern auf, erzogen von Vater *Mohamed* und Mutter *Zahra,* eingebettet in eine weit verzweigte Verwandtschaft. Alles andere als typisch für Marokko, aber die Eltern und deren Weitsicht auszeichnend: 1977 verlegten sie ihren Wohnsitz nach Casablanca – der Schulbildung ihrer Kinder wegen. So konnte Rhani in Deutschland studieren, und seit 1999 besitzt er einen deutschen Pass.

Rhanis **„Spielplatz"** war die **Medina:** Moulay Azziz Nummer 12, in Verlängerung der Rue d'Algerie. Der Musiker erzählt von den Brunnen, an denen er morgens und abends Wasser holte; am Ensemble Artisanal und an der Moschee Tripoli in der Rue de l'Iraque. Erzählt vom Backhaus in der Rue de l'Algerie und von den Épicerien, den Läden fürs Alltägliche in der schmalen Avenue El Qouri. Vom Handwerker, bei dem sich der Vater für ein Schwätzchen aufhielt, von *Moulay Ali,* dem Schlüsselhändler. Von den Suqs mit ihrem überreichen Angebot. Erzählt von klaren Regeln in einem transparenten Alltag. Rhani lobt das Bewusstsein der Kaufleute früherer Jahre: alles blitzblank sauber. Vieles sei nicht mehr so wie damals. „Wenn einer faul ist, verbreitet sich das schneller als der Fleiß."

Später lag das Abenteuer auf dem Platz jenseits des Bab Marrakech, **am Strand,** bei den Fischgrills am Hafen. „Sardinen im Überfluss, Zitrone, Brot, Salat – und eine Cola." „Damals haben wir im Meer gebadet. Das würde ich heute dort nicht mehr tun."

Der Strand war fast immer leer. Es gab nur das Hotel des Îles, zu Protektoratszeiten eine Kaserne. Und gegenüber das Chalet de la Plage, das (Fisch-)Restaurant Chez Jeannot. Das ist Rhani eine Art Heimstatt geblieben. Einmal war er mit Kollegin *Annie Lennox* da, die ihrerseits im noblen L'heure bleue wohnte. Lieblingsspeise des Musikers: Rührei mit Seeigel, zubereitet mit Arganöl – und dazu *Thé à la menthe.* Mit Annie war Rhani auch im 2016 abgerissenen Chez Sam, jenem Restaurant vorn im Hafen, von dem *Wolfgang Niedecken* (BAP) meinte, es sei „weltweit der beste Fischladen".

Essaouira ist die Heimstatt der **Gnaoua-Musik (Gnawa)** – und mittelbar waren es deren Einflüsse, die Rhanis Weg lenkten, die ihn das Technikstudium bleiben ließen, um sich nur noch Klängen und Rhythmen zu widmen, um damit und davon zu leben. Hinsichtlich des Einflusses meint er vor allem die Einstellung der Musiker, ihren Geist, ihre Emotion. „Gnawa basiert auf Trance. Ein guter Musiker kann seine Audience in Trance versetzen, kann seine Zuhörer loslösen." Musik sei zunächst als Heilmittel zu betrachten gewesen – „das mit der Unterhaltung kam später". Musik ein Heilmittel? „Gnawas sagen: Die Definition von Krankheit ist die Entfernung des Geistes vom Körper; mit Musik bringst du beides wieder in Einklang."

Wie war das für ihn als Kind? „Wenn die Musiker durch die Straßen zogen, war ich überwältigt von deren Macht, deren Einfluss. Es war weniger der Sound. Man wusste, es ist etwas Heiliges, aber auch etwas Selbstverständliches und Mystisches." Angst? Nein. „Als Kind bist du mit diesen Klängen und Rhythmen eingeschlafen. Und sofort aufgewacht, wenn sie aufhörten."

Gnawa – auch Gnaoua geschrieben – ist für Rhani Identität. Auch wenn er ganz andere, viel komplexere Klangteppiche zu knüpfen pflegt mit Derbouka, Riqq, Frame drums, Congas, Bongos, Djembe, Carribbean Timbales. Seine **Einflüsse** reichen von traditionellen arabischen, nordafrikanischen und andalusischen Rhythmen, von lateinamerikanischen Stilrichtungen über Blues und Reggae zu Rock und Pop. Rhanis Musik ist mit *Michael Buthes* Malkunst vergleichbar: geprägt von opulenter Farbigkeit, ornamentalen Mustern, bizarren Momenten, rätselhaften Zeichen. Und man meint, auch immer die Sonne zu sehen, die Palmen. Bald jede Klangfolge eine Auseinandersetzung mit der westlichen und der östlichen Mystik.

Zurück in die Altstadt, auf die Place aux Graines, den Kornmarkt am Suq. Zu *Abdelatif* und *Driss*, zu *Abderachim* und *Zaccharia*, zu Rhanis **Onkeln und Cousins**, die dort als Schuster arbeiteten, als *Cordonniers* – Abdelatif in jenem Verschlag, in dem Rhanis Opa aus Tieta-El Henchane Schuster war. Als Erster beendete Zaccharia die Tradition, machte aus seiner Werkstatt das **21** Café-Restaurant Bouâmama (Plan S. 90) und folgte so dem steten Wandel an dieser Stelle der Stadt. Die fingerfertigen Handwerker bewundern den von Rhani beschrittenen Pfad, die Courage des Kleinen, bekommen leuchtende Augen, wenn man sie als Fremder auf ihn anspricht.

Der **Geist der Stadt** sei immer gleich geblieben, sagt Rhani, trotz der Entwicklung, der äußerlichen Veränderungen. „Saouiris sind immer dem Fremden gegenüber offen. Sie hatten ja auch immer mit Fremden zu tun, allein des Meeres wegen." Saouiris seien Künstler und sie seien Künstlern zugeneigt. Wenn er zu Hause sei, sagt Rhani, sitze er oft auf der Skala und höre das

ma16_171 vb

Rhani Krija – die Welt ist sein Zuhause

Echo der Stadt. Sehe unendlich Bilder in sich aufsteigen. „Diese Mauern strahlen etwas ab: Wenn man bei sich ist, kann man unheimlich viel mitbekommen von dem, was vor der eigenen Zeit war." Sie künden von einer Kultur, die es zum Teil nur noch in der Erinnerung gibt.

Übrigens gilt Rhani Krija in Essaouira gar nicht mal als populärer Sohn der Stadt: „Nur Freunde und Weggefährten kennen mich. Die Leute aber nicht. Das finde ich gut! Man nimmt mich, wie ich bin." Er werde nicht umgarnt und hofiert, weil er ein anerkannter Musiker sei. Rhani liebt das Gespräch mit den Alteingesessenen, die ihm die Stadt spiegeln in den Farben, Formen und Gewohnheiten, wie sie vor 30, 40 und mehr Jahren die Regel waren. Mit Leuten, die dann auch seine Familie kennen.

An einem der Juni-Wochenenden hängt Rhani draußen in der Welt den Klängen aus der Heimat nach, ist in Gedanken in Essaouira – oder selbst vor Ort: beim **Gnawa-Festival.** 2003 trat er dort selbst erstmals vor zehntausenden Besuchern auf, darunter seine Eltern. Ein andermal hat er mit *Keziah Jones* gespielt, dem kosmopolitischen Musik-Philosophen aus Nigeria. 2009 vor großer Menschenmenge am Bab Marrakech mit der WDR-Bigband („Jazz l'Arab"). Deren Manager und Produzent *Lukas Schmid* habe sich damals die Zeit genommen, sei allein durch die Medina geschlendert, habe dann gesagt: „Jetzt weiß ich, was Du für einen Weg gemacht hast, jetzt wo ich gesehen habe, woher du kommst."

- **www.rhanikrija.com**

Tischchen vor dem Lokal. Wer möchte, kann beim freundlichen *Jalil* eine Tajine mit seinen Wunschzutaten mittags für das Abendessen vorbestellen.

**34** **Caravane Café,** 2 bis, Rue Cadi Ayad, Tel. 0524 78 31 11, tägl. ab 14 Uhr außer So/Mo. Angesagtes Künstlercafé von *Didier Spindler* in einem originellen Riad voller Bilder und Skulpturen. Internationale Gerichte (u.a. mit Fisch und Meeresfrüchten) zu gehobenen Preisen, Alkoholausschank.

**54** **Chalet de la Plage,** 1, Bd. Mohamed V., Tel. 0524 47 59 72, direkt am Strand am nördlichen Ende der Promenade, www.lechaletdelaplage.com, tägl. 12–14.30 und 18.30–22.30 Uhr. Das alteingesessene Fischrestaurant mit der dunklen Einrichtung im Schiffsambiente wirkt nostalgisch-verstaubt, auf der windgeschützten Freiluftterrasse mit Blick auf den Strand und den Hafen sitzt man jedoch sehr schön. Gutes Essen (Gericht 100–160 DH) und sehr guter Service, Alkoholausschank.

**55** **Chez Sam (Sam's Restaurant),** Av. du Caire, Complexe Commercial, Mobil 0661 47 56 80, tägl. 12–15.30 und 19.30–22.30 Uhr. Das bekannteste, schon fast legendäre Fischrestaurant am Platz mit maritimer Küche (sehr gute Fischgerichte und Meeresfrüchte) und Alkoholausschank (vorzüglicher Mogador-Wein aus der Region) ist von der Baustelle am Hafen zum Complexe Commercial umgezogen. Mittlere Preislage.

**5** **D'Orient et d'Ailleurs,** 67 bis, Rue Touahen, nahe der Sqala, Tel. 0524 47 59 77, tägl. ab 19 Uhr. *Liliana* und *Lawrence* servieren wöchentlich wechselnde marokkanische und französische Spezialitäten (auch Fischgerichte) aus saisonalen frischen Zutaten. Angenehmes, romantisches Ambiente im kleinen Innenraum mit Kerzenlicht, freundlicher und unaufdringlicher Service, gute Auswahl an marokkanischen Weinen. Mittlere Preisklasse (Menü ab 90 DH, Hauptgericht ab 65 DH). WLAN.

**50** **Essalam,** Place Moulay Hassan (ggü. Taros und Café Ben Mostafa). Schon lange eines der günstigsten und populärsten Restos am Platz, 3-Gänge-Menü für rund 60 DH, ideal für ein Mittagessen. Sitzgelegenheit auf der überdachten Terrasse.

**10 La Clé de Voûte,** 76, Rue Laalouj (versteckt am Ende einer abgehenden Sackgasse), Tel. 0524 786 76, tägl. 12–15 und ab 18.30 Uhr. Wie im D'Orient et d'Ailleurs (s.o., gleiche Betreiber) kommen auch in diesem kleinen Lokal mit farbenfroher Deko feine marokkanisch-französische Gerichte auf den Tisch, dazu gibt es eine gute Weinauswahl und besonders leckere Desserts. Das Menü wechselt je nach saisonal verfügbaren frischen Zutaten vom Markt. Sehr aufmerksamer Service, mittlere Preislage. WLAN.

**7 La Licorne,** 26, Rue de la Sqala, Tel. 0524 47 36 26, www.restaurant-lalicorne-essaouira.com, tägl. außer So 19–22 Uhr. Stilvolles, gut besuchtes Restaurant in einem Altstadthaus direkt an der Sqala. Sehr gute, z.T. vegetarische Gerichte (Tajine 95 DH, Fisch 130 DH, Menü 160 DH), gute Weinkarte.

**22 Le Safran,** im Marché aux Grains (alter Getreidemarkt), Mobil 0600 60 50 31, tägl. 9–21 Uhr. Leckere marokkanische Küche, frisch zubereitete Spezialität: Fisch und Pastilla, schön für ein Mittagessen auf der (unteren oder oberen) Terrasse im alten Getreidemarkt, auch Frühstück und Crêpes. WLAN.

**53 La Table by Madada** (ehem. After 5), 7, Rue Youssef El Fassi, nahe Bab Sbaa, Tel. 0524 47 21 06, www.latablemadada.com, Di geschlossen. Schickes Restaurant mit Lounge in einem sehenswerten Gewölbe – ideal für einen „Apéro" am frühen Abend. Hervorragende Bistroküche mit Fisch und Meeresfrüchten, auch Tapas und Cocktails an der Bar. Gute Weinauswahl, Fr/Sa Live-Musik. Ausstellungen und Kochkurse, auch als Location für Privatfeiern buchbar. Gehobene Preisklasse (Fischgericht ca. 165 DH).

**8 Les Alizés de Mogador,** 26, Rue de la Sqala, Tel. 0524 47 68 19. In diesem sehr beliebten Lokal in Gewölberäumen direkt am Fuße der Stadtmauer gibt es sehr gute marokkanische Küche und Weine (sowie andere Alkoholika). Eine Reservierung ist sinnvoll. Tajine 85 DH, Fischgericht 130 DH.

**20 Miyame,** 19, Rue Jbala, Mobil 0655 58 79 61/0, tägl. 12–15 und 19–23 Uhr. Winziges, preiswertes Lokal in einer ehemaligen Koranschule mit sehr guter marokkanischer Küche, geführt von einer sehr herzlichen Familie. Pastilla und andere Gerichte nach Wunsch auf Vorbestellung. Prima Preis-Leistungs-Verhältnis, Reservierung am Abend dringend empfohlen. Kein Alkoholausschank.

**31 O'Bleu Mogador,** 28, Rue Bouchentouf, wenige Gehminunten vom Bab Marrakech, Tel. 0524 78 31 33, tägl. ab 19 Uhr, mittags nur nach Reservierung. Die hervorragende „Cuisine Fusion" des Franzosen *Serge Peuzin,* der bereits Restaurants in Luberon und Aix-en-Provence betrieb, ist inspiriert durch mediterrane und marokkanische Einflüsse. Kreative Menüs mit Fleisch- und Fischgerichten, Meeresfrüchten und Zutaten frisch vom Markt. Freundliches, stimmungsvolles Ambiente im Erdgeschoss eines kleinen Riads. Gehobene Preisklasse.

**8 Océan Vagabond** (Plan S. 88), am südlichen Ende des Bd. Mohamed V. beim Kreisverkehr, Tel. 0524 78 43 67, www.oceanvagabond.com, tägl. 9–18 Uhr, Fr und Sa auch abends (Happy Hour 18–19 Uhr). Chill-Restaurant und Wohlfühl-Café der Surferszene mit abwechslungsreicher Karte (Salate, Pizza und Burger ab 50 DH, Sandwiches, Crêpes, Eisbecher, Fr und Sa ab 18 Uhr Tapas an der Bar) und schöner, schattiger Terrasse direkt am Strand (Liegen für Gäste kostenlos). Neben frischen Smoothies gibt's hier auch Cocktails, Bier und Wein. Das gleichnamige Surfcenter ist direkt angeschlossen.

**36 Mega Loft by Othman Chic,** 49, Rue Al Yeman, Mobil 0666 09 05 28. Kreatives, alternatives und mit viel Holz, knallbunten Schalenstühlen und Lampenschirmen gestaltetes Café, Restaurant und Galerie. Gute (alkoholfreie) Cocktails, Smoothies und Säfte, tolle Dachterrasse, regelmäßig Live-Musik, junges marokkanisches und ausländisches Publikum.

**6 Pasta Baladin,** 48, Rue Laalouj, Mobil 0661 60 45 04, www.riadbaladin.com, tägl. außer Mo 12–16 und 18–22 Uhr. Keine Lust auf Tajine & Co.? Hier gibt es eine kleine Speisekarte mit günstigen, leckeren Nudelgerichten (50–60 DH, auch zum Mitnehmen) und Salaten.

**43 Pâtisserie Chez Driss,** 10, Rue El Hajjali, direkt am Place Moulay Hassan. Führendes Kaffeehaus am Platz mit reicher Geschichte, wovon die zahllosen

Fotos von prominenten Gästen an den Wänden Zeugnis ablegen. Sehr gutes Gebäck und günstiges Frühstück, mit Dachterrasse.

44 **Ramses,** 18, Rue Ibn Rochd, Tel. 0524 47 21 39. Sehr gemütliches, typisch marokkanisch gestaltetes Lokal mit guten marokkanischen Speisen, Fisch und vegetarischen Gerichten zu moderaten Preisen. Sehr freundlicher Service, Alkoholausschank.

UNSER TIPP: 9 **Salut Maroc,** 32, Rue Ibn Rochd, Tel. 0524 47 55 60, www.salutmaroc.com. In diesem knallbunten Designer-Riad (vgl. „Unterkunft") sitzt man gemütlich auf der wunderschönen Dachterrasse mit direktem Blick über die Sqala-Mauern aufs Meer (im Winter mit Heizpilzen, auch Innenräume mit Kamin) – der beste Platz der Stadt, um den Sonnenuntergang zu genießen! Es gibt Frühstück (7.30–10.30 Uhr) sowie hervorragendes Mittag- und Abendessen (11–22.30 Uhr, marokkanische Küche, Fisch und Meeresfrüchte, Salate und Grillgerichte, alkoholfreie Cocktails, Empfehlung: Seafood-Pastilla). Perfekter englischsprachiger Service, mehrmals wöchentlich Live-Musik, WLAN, mittlere Preislage (Salate/Sandwiches 90–120 DH, Hauptgericht 120–180 DH).

45 **Sirocco,** 15, Rue Ibn Rochd, Tel. 0524 47 23 96, tägl. ab 18.30 Uhr. *Anni Garnier,* die Hausherrin, führt das Restaurant mit Herzenswärme. Sie oder ihr Sohn *Gregory* kümmern sich persönlich um das Wohl der Gäste. Mittlerweile hat sich das Restaurant in einem tollen Gewölbe vom Tipp für Insider zur festen Größe in Essaouira gemausert. Sehr gutes Essen (marokkanische Küche mit internationalem Touch) zu mittleren bis leicht gehobenen Preisen, exzellente Pastilla und zum Dessert *Fondant au chocolat!* Häufig gibt es Live-Musik zu hören.

48 **Taros,** 2, Rue de la Sqala/Ecke Place Moulay Hassan, Tel. 0524 47 64 07, https://letaros-essaouira.com, tägl. 11–1.30 Uhr. Das Taros ist Restaurant, Roof-Garden und Musik-Café in einem und inzwischen eine (etwas überlaufene) Institution in Essaouira. Das internationale Publikum diniert im Salon oder genießt einen Digestiv, Cocktail oder Espresso auf der in mehreren Ebenen angelegten riesigen Dachterrasse mit Blick auf den Platz und den Sonnenuntergang. Der Service ist vorbildlich, die Küche einfallsreich (Salate, Tartines, Fisch, Fleisch, Pizza/Pasta, Burger ab etwa 80 DH). Di bis Sa gute Live-Musik, So und Mo zwischen 19.30 und 21.30 Uhr Gnaoua-Konzert, spätabends sorgt ein DJ für gute Stimmung.

UNSER TIPP: 3 **Triskala,** Rue Tahouane. Das plastikfreie, witzig im Vintage- bzw. Shabby-Chic-Stil gestaltete Café in einer versteckten Gasse ist eine unbedingte Empfehlung. Ein unauffälliger Eingang führt in das mit Kerzenlicht beleuchtete Innere, in dem man unter Natursteinbögen zwischen Postern von *Jimi Hendrix, Bob Dylan* und den *Beatles* exzellente, superfrische und täglich wechselnde vegetarische Gerichte (auch Fischgerichte) mit selbst gemachtem Brot genießt. Die Tapas sollte man unbedingt probieren (z.B. Falafel, Hummus mit Rote Beete, Auberginenmus, drei Tapas à 25 DH, Tajine 60 DH). Es stehen auch ein paar Tische an der Gasse.

18 Gemütlich für einen Tee oder Mittagssnack sitzt man an den bunten Tischen der **Cafés bistrO, La Roche und Tara** auf dem hübschen, kleinen Platz am nördlichen Ende der Av. Sidi Mohamed Ben Abdallah (am Eingang zur Mellah, Rue Boutouil).

■ Bei den **Fischbuden vor dem Hafen** am kleinen, begrünten Platz zwischen Bab El Minzah, Pl. Moulay Hassan und Fischmarkt kann man unkompliziert frisch gegrillten Fisch, Kalamari, Shrimps und andere Meeresfrüchte essen. Man sitzt direkt an den Buden an einfachen, sauberen Tischen und Bänken. Die angeschriebenen Preise gelten für alle Stände, Salat und andere Beilagen kosten extra. Man kann auch den Gesamtpreis für eine Platte mit Fisch, Shrimps und Tintenfischringen inkl. Salat und Brot verhandeln (für 3 Personen ca. 200 DH).

## Einkaufen

Die **ganze Altstadt** ist ein Einkaufsparadies für Liebhaber orientalischer Wohnkultur und Kunsthandwerk sowie für Bilder und Skulpturen. Essaouira ist besonders für seine qualitativ hochwertigen Intarsienarbeiten aus Thujen- und Zitronenholz und die bunten Webereien bekannt. Im Gegensatz zu den Suqs in Marrakesch wird man beim Bummeln in Essaouira kaum von Händlern bedrängt. Die Preise sind nicht niedrig, aber mit etwas Verhandlungsgeschick kann man noch Schnäppchen ergattern.

### Zeitungen/Bücher (Plan S. 90)

42 Zeitungen, Bücher, Postkarten etc. gibt's in der **Kasbah Boutique** zu Beginn der Rue Sidi Mohamed Ben Abdallah, kurz vor der Abzweigung zur Galerie La Kasbah.

49 Eine gut sortierte Buchhandlung mit englischen und französischen Reiseführern, Postkarten usw. ist die **Librairie La Fibule** am Place Moulay Hassan.

### Galerien/Kunst(handwerk)/ Souvenirs (Plan S. 90)

**Infos** zu den Galerien in der Stadt finden sich online unter **https://essaouira.madeinmedina.com.**

Die Suqs sind ein Einkaufsparadies

52 **Galerie Damgaard,** Rue Oqba Ibn Nafi, Tel. 0524 78 44 46, www.galeriedamgaard.com, tägl. 9–13 und 15–19 Uhr. 1988 gründete der Skandinavier *Frédéric Damgaard* eine Galerie mit Werken lokaler Künstler – ein Haus, das immer noch weit nach Europa hinein wirkt, auch wenn *Damgaard* 2006 die Räumlichkeit an *Alain Graffe* und *Claude Jadot* abgab. Die ganze Fülle lokaler Kunst ist dort zu sehen – und zu erwerben.

41 **Galerie La Kasbah,** Attar Kabir, 4, Rue Tétouan, Tel. 0524 47 56 05. Das alte Gebäude (ein Funduq) ist ein Gesamtkunstwerk: Hier gibt es Antiquitäten, Kunsthandwerk, alte Türen, Keramik etc. zu kaufen. Auch ohne Kaufinteresse lohnend!

37 **La Fibule Berbere,** 51–53, Rue La Attarine, Tel. 0524 47 62 55. „Zaroil" *Abdenbi Adnani* bietet in seinem Schmuckladen besonders schöne Stücke an (u.a. alten Berberschmuck).

- Haupteinkaufsmeile für Kunsthandwerk ist die **Rue Sidi Mohamed Ben Abdallah** mit den abgehenden Gassen.
- Im **Ensemble d'Artisanat** (Mo bis Sa 9–19 Uhr, So 10–17 Uhr) in einem Hofkomplex direkt beim Bab Marrakech kann man Kunsthandwerk (v.a. die

022sm20 ad

typischen Holzeinlegearbeiten) zu fairen Festpreisen einkaufen. Die große Silberwerkstatt verkauft hübschen Schmuck. Der lustige Handwerker *Boujah Larbi* präsentiert vor seiner Werkstatt am hinteren Ende des Hofes mit Begeisterung seine „Magic Boxes": Kästchen mit Intarsien aus Thujen- und Zitronenholz und ausgeklügelten Verschlussmechanismen – besonders für Kinder ein nettes Mitbringsel. 56 Im **Complexe Commercial** (im Park zwischen Bab Marrakech und Bab Sbâa) befinden sich **Galerien** (z.B. Galerie La Rochelle), Cafés und das **Centre de la Bijouterie Artisanale** mit einer großen Ausstellung und Verkauf von Silberschmuck, der in der dortigen Werkstatt z.T. auch hergestellt wird.

### Lebensmittel

Die Haupteinkaufsmeile der Einheimischen ist die **Rue Suq Djedid/Av. Mohamed Zerktouni** in der zentralen Medina. In den Suqs findet sich alles von frischen Lebensmitteln über Kleidung bis zu Haushaltswaren.

7 **Carrefour/Label Vie** (mit Alkoholverkauf) am Kreisverkehr stadtauswärts Richtung Ounara, 1 **Aswak Assalam** am nördlichen Ende der Av. Al Aqaba (östlich der Medina), N 31°29,783', W 09° 45,139', beide Plan S. 88.
27 (Plan S. 90) Am Bd. Moulay Youssef, vom Bab Doukkala kommend der Mauer entlang, nach ca. 100 m auf der linken Seite, gibt es einen **Alkohol-Laden** (Bier und Wein, am Freitag erst spätnachmittags geöffnet).

Vorsicht bei **Gewürzen und Duftstoffen:** Oft werden Touristen unechter Moschus oder falscher Safran angedreht. Die Gewürzpreise sind völlig überhöht! Empfehlenswert ist der Gewürzladen (Herboristerie) 24 **Chez Makki** der Brüder *Makki* im Marché aux Grains (alter Getreidemarkt, Plan S. 90): seriöse und gute Beratung, es gibt auch gutes Arganienöl, Kosmetik und Töpferwaren.

Auch bei **Arganölprodukten** sollte man vorsichtig sein und nur direkt bei Frauenkooperativen im Herstellungsgebiet kaufen (Kooperativen z.B. an der Route nach Agadir).

## Notfall/Medizinische Versorgung

- **Polizei:** Tel. 19.
- **Gendarmarie:** Tel. 177.
- **Protection Civile** (Lebensrettung): Tel. 15.
- **Notarzt** (tagsüber): Tel. 0522 44 21 50.
- **Notfallapotheke** im Rathaus.
- **Krankenhaus:** Hôpital Sidi Mohamed ben Abdellah, am Bd. de l'Hôpital, Tel. 0524 47 57 16.
- **Tierarzt:** Cabinet Veterinaire La Lagune, *Dr. Adnane El Aji*, 504, Av. Allal Al Fassi, Lot. 5, Tel. 0524 47 28 87, Mobil (Notfall) 0661 56 16 10. Vielfach empfohlener Tierarzt.

## Taxis/Sammeltaxis

- **Petits Taxis** beim Bab Doukkala, Bab Sbâa und Bab Marrakech: 7 DH im Stadtbereich, nach 20 Uhr 8 DH. Ein Taxi zum Flughafen von Essaouira kostet 150 DH.
- **Sammeltaxis** warten hinter dem Busbahnhof; Preis z.B. nach Agadir ca. 75 DH p.P. (3 Std. Fahrzeit, zum Flughafen muss man in Inezgane in ein anderes Grand Taxi umsteigen), nach Marrakesch ca. 90 DH p.P.
- **Grands Taxis** stehen am Bab Doukkala; Preise für ein komplettes Taxi: nach Agadir (auch Flughafen) ca. 800 DH, nach Marrakesch ca. 700 DH, nach Sidi Kaouki ca. 150 DH.

> Weiß-blaue Häuser prägen das Stadtbild von Essaouira

## Stadt-/Regionalbusse

- **Linie 1:** bis Diabat.
- **Linie 2:** etwa alle 1½ Std. nach Sidi Kaouki.
- **Linie 3:** alle 2 Std. in den Süden nach Smimou.
- **Linie 4:** nach Hrarta.
- **Linien 5 und 6:** Richtung Osten nach Had Drâa, El Hanchane.
- **Linie 7:** nach Sidi Ishak.
- Die **Linien 1** und **4** (in der Stadt) fahren auch am Strand entlang.

Eine Übersicht über die Stadtbuslinien mit Fahrplan findet man an der Anschlagtafel im Touristenbüro. Die meisten Busse verkehren bis etwa 18 Uhr; Start am Bab Doukkala.

## Fernverkehrsbusse

Der **zentrale Busbahnhof** (Tel. 0524 78 52 41) befindet sich ca. 500 m nordöstlich der Medina in der Neustadt (10 Min. zum Bab Doukkala), Rue Ghazouat Badr, Quartier Industriel. Vorsicht vor Schleppern, die Hotels empfehlen und Provision kassieren!

### CTM-Busse

- **CTM-Büro,** Tel. 0524 78 47 64. Informationen unter www.ctm.ma. Die CTM-Busse starten am Place 11 Janvier, Lotissement Azlef.

**Verbindungen und Preise:**

- **Agadir:** 2x tägl. nachmittags, 60 DH, Fahrzeit 3–4 Std. Wenn man einen Anschlussflug nach

023sm20 ad

Deutschland bekommen will, dann ist es besser, ein Sammeltaxi zu nehmen. Es fahren auch Privatbusse mehrmals täglich.

- **Safi:** 3x tägl. vormittags und nachmittags, 55 DH, 2 Std.
- **Casablanca:** 3x tägl., 140 DH, 6 Std.
- **El Jadida:** 2x tägl., ca. 100 DH, 4 Std.
- **Marrakesch:** 2x tägl., 80 DH, 3 Std.

### Supratours-Busse

- **Büro und Abfahrtsplatz** gegenüber des Borj Sud (nahe Bab Marrakech, Av. Lalla Aicha, Tel. 0524 47 53 17) – am besten zwei Tage im Voraus reservieren! Infos unter www.oncf.ma.
- Es existieren u.a. Verbindungen **nach Agadir** (1x tägl., 3½ Std. Fahrzeit), **Marrakesch** (6x tägl., Fahrzeit ca. 3 Std.) und **Safi** (1x tägl., 2¼ Std.).

### Privatbusse

Private Busse diverser Gesellschaften fahren mehrmals täglich nach Marrakesch, Agadir und zu anderen Zielen (Casablanca, Rabat, Fès, Taroudannt etc.). Eine Reservierung ist nicht möglich, die Abfahrtszeiten wechseln ständig. Die privaten Busse sind zwar billiger, aber wesentlich schlechter in Schuss (Unfallgefahr!).

## Flugverbindungen

- **Flughafen,** Tel. 0524 47 67 04/05. Essaouira wird 3x die Woche aus Casablanca von Royal Air Maroc angeflogen. Außerdem fliegt Ryanair (ab Weeze/Niederrhein Airport) saisonal nach Essaouira.

## Rund ums Auto

### Autoverleih

- **M6 Car,** Mobil 0661 34 43 32, www.m6-car.com.
- **Essaouira Travel Car,** 4, Rue Wad el Makhazin (Neustadt), Tel. 0524 78 31 66, www.essaouiratravelcar.net.

078sm20 ad

### Parken

Ein **großer bewachter Parkplatz** befindet sich nahe dem Hafen vor den Fischbuden beim Place Moulay Hassan – der Parkpreis wird für Touristen relativ willkürlich festgelegt, man sollte nicht mehr als 40 DH/Nacht bzw. Tag bezahlen. **Weitere große Parkplätze** befinden sich am Bab Marrakech sowie am südlichen Ende der Strandpromenade vor der Surfschule/Restaurant Océan Vagabond (50 DH/Tag für Pkw). Auch entlang der Strandpromenade (Bd. Mohamed V.) gibt es Parkbuchten. **Achtung:** Touristen berichteten, dass Wohnmobile schon nach kurzer Zeit abgeschleppt wurden, wenn sie entgegen der Fahrtrichtung parken. Um das Fahrzeug auszulösen, ist ein nerviges Prozedere notwendig (zur Polizeistation, an anderer Stelle Papiere abholen, zurück auf der Polizeistation insgesamt etwa 500 DH Strafe bezahlen, Auslöseschein bei Stadtbehörde abholen, dann zum Abstellplatz).

## Geld/Post

- Mehrere **Banken mit Geldautomat** verteilen sich rund um den Place Moulay el Hassan.
- Das **Wechselbüro Essaouira Change** in der Rue de la Sqala hat auch am Wochenende geöffnet.
- Eine **Post mit Wechselbüro** befindet sich neben dem Museum in der Av. Laâlouj. Die **Hauptpost** ist in der Neustadt in der Av. Lalla Aicha.

## Surfen/Wassersport

- Das Wassersportzentrum **Club Mistral/Océan Vagabond** mit angeschlossenem Café/Restaurant (Bd. Mohamed V., Tel. 0524 78 39 34, www.ocean-vagabond.com) befindet sich am südlichen Ende der Promenade direkt am Strand (Liegestühle) und bietet Kurse sowie Leihausrüstung für Wellenreiter, SUP, Wind- und Kitesurfer an. Ein dazugehöriges Gasthaus liegt in der Querstraße Lalla Aicha. Die Anfängerkurse finden vormittags statt, wenn der Wind noch nicht so stark ist. Ein Rettungsboot sorgt für ein gutes Sicherheitsgefühl. Preise: Kite Miete 75 Euro/Tag, Kitekurs 75 Euro/2 Std., Surfbrett Miete 25 Euro/Tag, Surfkurs 30 Euro/2 Std., SUP Miete 40 Euro/Tag, Mountainbike Verleih 35 Euro/Tag, auch geführte Biketouren.

## Wandern und Reiten

- Geführte **Wanderungen** in der Umgebung bieten *Frédérique* und *Edouard* an, Mobil 0610 63 83 99. Informationen unter www.essaouira-randonnees.com oder nachmittags im Restaurant La Découverte, 8, Rue Houmman el Fatouaki.
- Die **Ranch de Diabat** hat **Kamel- und Pferdetouren** entlang der Atlantikküste im Angebot: Tel. 0524 47 63 82, Mobil 0662 29 72 03, www.ranchdediabat.com. Es können auch mehrtägige Trekks organisiert werden: Die Reitstrecke mit dem Kamel beträgt dabei 15–20 km täglich, die mit dem Pferd bis zu 40 km.
- Auch **Equi Evasion** (in Diabat, Mobil 0666 78 05 61, www.equievasion.com) bietet Ausritte inkl. Abholung vom Hotel und Reithelm an. Sehr freundlich, deutsch- und englischsprachig, auch mehrtägige Pferdetreks sind möglich.

## Sonstige Aktivitäten

- Nahe Diabat, ca. 3 km von Essaouira entfernt, liegen zwei 18-Loch-Parcours auf dem Platz **Golf de Mogador** (Tel. 0524 47 43 46).
- Am südlichen Strandabschnitt bei Océan Vagabond warten **Reitpferde, -kamele und Quads** auf Touristen.
- Océan Vagabond (s.o.) verleiht **Mountainbikes** und bietet geführte MTB-Touren im Umland an.

◁ Reitkamele am Strand von Essaouira

■ **Location Les Frères** (Mobil 0610 03 45 90, www.beauvoyagemaroc.com) beim Bab Sbâa in der Medina verleiht ebenfalls Bikes (150 DH/Tag) und bietet Angelausflüge, Quad-, Reit- und Kameltouren an.

## Hammam/Wellness

Viele Riads haben ein Hammam für ihre Gäste. Die traditionellen Hammams für die Einheimischen sind zwar sehr günstig, aber nicht immer sauber.

■ Ein kleiner, feiner **Hammam** ist **Lalla Mira** neben dem gleichnamigen Gasthaus: 14, Rue d'Algérie, tägl. 9.30–19 Uhr für Frauen, dann für Männer.
■ Ein umfangreiches Verwöhnprogramm mit Massage, Hammam etc. bietet das **Heure Bleue Palais** an (vgl. Hotels, tägl. 14–21 Uhr, Reservierung für Nicht-Gäste unter Tel. 0524 78 34 34).
■ Eine empfehlenswerte Wellness-Adresse ist das schicke **Azur Art & SPA** (15, Rue Khalid Ben Walid, kleine Gasse neben dem Café de France am Place Moulay Hassan, Tel. 0524 78 57 94, www.azur-spa-essaouira.com). Im Erdgeschoss dieses alten Stadthauses stellen lokale Künstler ihre Werke aus, im 1. und 2. Stock befinden sich ein großer Hammam, Massage- und Kosmetikräume sowie ein Ruheraum mit Kamin und kleiner Bar.

## Feste/Veranstaltungen

■ **Le Printemps des Alizés,** seit 2001 jedes Jahr vier Tage im April. Festival der klassischen Kammermusik, kostenlose Konzerte (Orchester und Solisten) im Kulturzentrum Dar Souiri, Rue du Caire. Infos bei der Association Essaouira-Mogador, Rue du Caire, Tel. 0524 47 52 68.
■ **Gnaoua Festival,** seit 1998 jedes Jahr vier Tage im Juni. Bei diesem international renommierten Weltmusikfestival treffen sich die bekanntesten Gnaoua-Maalems mit eingeladenen Künstlern aus Marokko und aller Welt, um zusammen zu musizieren. Auf verschiedenen Bühnen in der Stadt erleben die Besucher traditionelle Gnaoua-Musik, Jazz, Blues, Reggae, schwarzafrikanische Rhythmen, spirituelle Lilas und Trancemusik – ein einzigartiges Musikerlebnis und DAS Event des Jahres. Festivalpass und Infos unter www.festival-gnaoua.net.
■ **Festival des Andalousies Atlantiques,** drei Tage Ende Okt./Anfang Nov. Dieses Festival ruft zum Dialog der Religionen und Kulturen auf. Erstklassiger Musikgenuss mit jüdisch-arabischen, muslimisch-andalusischen und mediterranen Klängen. Gratis-Konzerte im Kulturzentrum Dar Souiri (s.o.).
■ Folgende **Moussems** (Mausims) werden in Essaouira gefeiert: im April **Regraga,** im August **Moussem El Hmadcha,** Mitte Sept. **Moussem Derkaouia,** (meist) Anfang Nov. die **Moussems Ghazia** und **Aissaouia.**

## Sonstiges

■ **Berberlands,** Mobil 062 61 66 78, www.berberlands.org. Die kleine Agentur der Deutschen *Claudia Stirnweiss* bietet außergewöhnliche Ausflüge (Tageswanderungen, Kochkurs bei einer Berberfamilie, Marktbesuche) in die Umgebung und interessante Workshops (u.a. Yoga, Textilien färben) an.
■ **Institut Français,** 9, Rue Mohamed Diouri/Rue Lâalouj, Tel. 0524 47 61 97, http://if-maroc.org/essaouira. Hier werden Französisch-Sprachkurse für Einheimische und Arabisch-Kurse für Ausländer gegeben, außerdem gibt es ein vielfältiges Kulturprogramm (Kunstausstellungen, Musikveranstaltungen, Lesungen, Theater).
■ **Coeur de l'Amitié,** 52, Rue Laâyoune, www.au-coeurdelamitie.org. Eine Reihe engagierter Bürger nimmt sich der (Straßen-)Kinder von Essaouira an: warmes Essen, medizinische Versorgung, schulische Begleitung und Stringenz, Freizeitaktivitäten, Sozialisierung. Präsidentin ist *Francoise Belhaoui,* Mobil 0668 16 40 87. Wer möchte, kann der Einrichtung einen Besuch abstatten.

■ **Domaine du Val d'Argan,** ca. 30 km in Richtung Marrakesch, www.riaddesvignes.com. Für Weinliebhaber lohnt es sich, das freundliche Weingut zu besuchen und dort zu Abend zu essen (vgl. „Unterkunft im Umland/Ryad des Vignes").

53 **L'Atelier Madada** (Plan S. 90), Rue Mohamed Ben Messaoud, Tel. 0700 18 90 17, www.lateliermadada.com. Hobbyköche können im Kochstudio des Gourmetrestaurants Madada bei einem Workshop (engl. und franz.) selbst marokkanische Backwaren *(pâtisserie)* herstellen oder die Zubereitung einer Tajine ihrer Wahl üben (220 bzw. 500 DH).

## Ausflüge

Wandert man entlang des Strandes (vom Océan Vagabond) südwärts bzw. biegt man am Kreisverkehr am Südende des Bd. Mohamed V. rechts auf eine kleine Asphaltstraße ab, so gelangt man nach **Diabat** (2 km ab dem Kreisverkehr, vorbei am Leuchtturm Sidi Magdoul, beim zweiten Kreisverkehr wieder rechts, über die Brücke ins Dorf). In dem ruhigen Küstenort mit hübscher Araukarien-Allee gibt es nicht viel zu sehen, aber entlang der Flussmündung kann man viele Vögel beobachten und schöne Strandspaziergänge unternehmen. Das **Jimi Hendrix Café** (und Auberge) im Dorf knüpft mit seinem Namen an die Geschichte an: In den 1970er Jahren war Diabat ein beliebtes Hippie-Aussteigerziel, nachdem sich hier der Rockstar *Jimi Hendrix* mit Anhängern für einige Zeit niedergelassen hatte. Im Zuge eines Tourismusentwicklungsplans der Regierung entstand am Südende des Orts das **Luxushotel Sofitel Essaouira Mogador Golf & SPA** mit 18-Loch-Golfplatz. Zwischen der Brücke über den Fluss und dem Strand liegen die Ruinen des Sultanpalastes von *Mohamed Ben Abdellah* (18. Jh.). Wer Reitausflüge unternehmen möchte, besucht die **Ranch de Diabat** oder **Equi Evasion** am nördlichen Ortsende nahe der Moschee.

Vor der Küste Essaouiras liegen die sogenannten **Purpurinseln (Îles de Mogador)**, auf denen unter *Juba II.* der kostbare Farbstoff Purpur aus den Purpurschnecken gewonnen und nach Rom exportiert wurde. Die Inseln stehen als Naturreservat unter Schutz, da dort – neben Möwen, Kormoranen und anderen Vögeln – die seltenen **Eleonorenfalken** brüten. Die Falken nisten von Mai bis Oktober auf den Inseln, über den Winter zieht es die Tiere nach Madagaskar. Eine Überfahrt zu den Inseln ist nur mit Erlaubnis des Tourismusbüros möglich (Verhandlung der Bootsfahrt mit den Fischern im Hafen). Die Inseln sind unbewohnt, nur die Ruinen von zwei alten Festungen, einer Moschee und eines Gefängnisses aus dem 18. Jh. blieben erhalten.

Zu den Stränden von **Sidi Kaouki** vgl. weiter oben.

Im Süden liegt ca. 58 km entfernt der **Djabal Amsittene** (905 m), auf den man hinaufwandern oder -biken kann (schöne Aussicht). Auch eine schlechte Piste führt nach oben.

# 2 Sous, Anti-Atlas und südliche Küste

Das fruchtbare Sous-Tal trennt den Hohen Atlas vom Anti-Atlas. Hier lässt es sich wunderbar wandern, biken und klettern. An den Stränden um Sidi Ifni tummeln sich Surfer in den Wellen. Südlich von Guelmim beginnt die Sahara.

‹ Les Peintures (bemalte Felsen) im Ammelntal

# ÜBERBLICK

Das Sous bezeichnet die vom Hohen Atlas und Anti-Atlas eingeschlossene Ebene und ist eines der fruchtbarsten Gebiete des Landes. Die Flüsse des Hohen und Anti-Atlas, vor allem der Oued Sous, speisen das Becken mit Wasser. Groß angelegte Bewässerungssysteme leiten zudem Wasser von Staudämmen auf die Felder. Die Bewässerung ist für den Ernteerfolg unabdingbar, denn im Sous fallen unter 250 mm Regen im Jahr. Die durchschnittliche Jahrestemperatur liegt bei 19,5°C. Der Sommer ist heiß, wobei der vom Anti-Atlas wehende Chergui, ein warmer Fallwind, die Temperatur auf bis zu 35°C erhöht.

Zwischen dem 16. und 18. Jh. war das Sous dank des Anbaus von Zuckerrohr und Baumwolle die reichste Provinz Marokkos. Taroudannt, die Hauptstadt des Sous, war nach den Königsstädten die viertgrößte Stadt des Landes. Heute gedeihen in der Region neben Zitrusfrüchten Obst- und Gemüsesorten aller Art auf großen Plantagen und in Gewächshäusern.

In den trockenen Flusstälern des Anti-Atlas weiter südlich kontrastieren die Kronen der Dattelpalmen und die Blüten von Oleander und Mandelbäumchen mit dem rot-braunen Granit. Malerisch kleben die aus Lehm und Stein errichteten Häuser an den schroffen Berghängen. Wind, Wetter und Wasser formten bei Tafraoute eine wilde Felslandschaft aus Fingern, Türmen und Kugeln.

Der **Anti-Atlas** ist das älteste Gebirge der Atlaskette mit Gipfeln bis zu 2300 m Höhe. Im Sommer wirkt die Landschaft aus Fels und Stein eher wüstenhaft, nur in den bewässerten Oasengärten wachsen Kulturpflanzen im Schatten von Dattelpalmen, Mandel-, Aprikosen- und Feigenbäumen. Nach Regenfällen im Frühjahr breitet sich in der sonst so kargen Landschaft dagegen ein wahrer Blütenteppich aus, und die Mandelbäume blühen rosarot. Das ist die schönste Zeit, um die grandiosen Granitfelsenlandschaften und idyllischen Palmentäler bei Wanderungen und auf Mountainbiketouren zu erkunden.

Die im Anti-Atlas heimischen **Chleuh-(Schlöh-)Berber** haben ihre Traditionen und ihre Sprache (Tachelheit) bis in die Gegenwart bewahrt. Ihr Handelsgeschick, die Viehzucht und der Verkauf des kostbaren Arganienöls verhalfen ihnen zu **Wohlstand.** Viele wanderten in die Küstenstädte ab und finanzierten ihren zurückgebliebenen Familien große Familienhäuser. Die traditionellen **Berberhäuser** im Anti-Atlas sind – im Gegensatz zu den Lehmbauten weiter nördlich und östlich – aus Bruchstein gebaut, mit Dachbalken aus Palmholz und z.T. Lehmverputz. Die alten Häuser weichen allerdings mehr und mehr mo-

065m015 ad

dernen Zweckbauten aus Beton, die den Bewohnern mehr Komfort bieten. Die Chleuhs unterhielten traditionell zahlreiche **Gemeinschaftsspeicher,** die – anders als Kasbahs – nur selten ganzen Stämmen Unterkunft boten. Die meisten Agadire befinden sich zwischen Aït Baha und Tafraoute. Der größte Speicher ist der **Agadir Id Aïssa** in Amtoudi, der interessanteste der **Agadir Tasguent** zwischen Igherm und Tafraoute.

**Ausgangspunkt für Reisen in den Anti-Atlas** sind Agadir, Tiznit oder Taroudannt. Die Gegenden im südlichen Anti-Atlas, am südlichen Atlantik und in der marokkanischen Sahara sind noch sehr ursprünglich und weniger von Touristen besucht als die Region um Agadir und Essaouira.

Neue Arbeitsplätze und einen Gegenpol zur Landflucht im Anti-Atlas schuf der sukzessive **Ausbau der Häfen** entlang der südlichen Atlantikküste. Inzwischen ist **Laâyoune** mit Abstand der größte Fischereihafen des Landes, es folgen Tan-Tan, Agadir und Dakhla. Auch touristisch entwickelt sich die südliche Atlantikküste bis Dakhla immer mehr: Ihr Potenzial sind die endlosen weißen Sand-(dünen)strände und vogelreiche Lagunen im Bereich von Flussmündungen. Hier haben Surfer und Angler ein riesiges Terrain für sich allein. Im Hinterland erstreckt sich meist eine öde, weite Wüstenlandschaft.

Im Übergang zur **Westsahara** und im Grenzgebiet zu **Algerien** fällt die starke Präsenz des Militärs auf. In den Städten der Westsahara wird seit Jahren vom marokkanischen Staat intensiv investiert, wohl auch um eine ideologische Bindung an Marokko zu fördern. Die Straßen sind gut ausgebaut, die Städte blitzsauber, die Märkte gefüllt, und es wird viel gebaut.

Oasenwirtschaft im Anti-Atlas

## Buchtipp

■ Eine ganz neue Perspektive auf die Bergwelt, Dörfer und Speicherburgen im Anti-Atlas bietet der **Bildband „Anti-Atlas (Marokko). Eine eindrucksvolle Kulturlandschaft von oben betrachtet“** von *André Humbert* und *Herbert Popp* (Michael Imhof Verlag). Er zeigt nicht nur beeindruckende Luftaufnahmen, sondern bietet zudem interessante Hintergrundinformationen zu Geografie, Landwirtschaft, Bevölkerung, Bergbau und Industrie in der Region.

## NICHT VERPASSEN!

- **Agadir Tizourgane:** hier kann man uralte Berberarchitektur bewundern | 129
- **Das wertvolle Arganienöl** | 132
- **Die Umgebung von Tafraoute:** ein herrliches Revier zum Wandern und Biken | 149
- **Nationalpark Oued Massa:** Paradies für Vogelliebhaber | 164
- **Agadir Id Aïssa in Amtoudi:** von der Speicherburg öffnet sich ein wundervolles Panorama auf die Oase und die Wüste im Süden | 167
- **Am Strand von Legzira** | 191
- **Sidi Ifni:** im blau weißen Städtchen herrscht relaxte Surfer-Atmosphäre – ideal für ein paar Tage am Meer | 193

**Diese Tipps sind gelb hinterlegt.**

# Von Agadir nach Taroudannt

- **81 km, N 10.**
- Es existieren **zwei Routen** nach Taroudannt: die autobahnähnliche Schnellstraße, die hinter Aït Melloul beginnt (Richtung Flughafen) oder die hier beschriebene, langsamere Landstraße N 10.
- Mehrmals täglich fährt ein **Bus von Inezgane** (Agadir) nach Taroudannt.

Eine breite (zum Teil vierspurige), gut ausgebaute und sehr verkehrsreiche Hauptverbindungsstrecke über Aït Melloul (12 km) Temsia, Jorf, Ouled Teima (km 35), Oulad Tahou, Lakhnafif verbindet Agadir und Taroudannt. In der gesamten Sous-Ebene werden in riesigen **Gewächshäusern** vor allem Bananen, Tomaten und Paprika angebaut. Auf großen **Plantagen** beiderseits der Straße wachsen Zitrusfrüchte. Die Fahrt nach Taroudannt verläuft ohne besondere landschaftliche Attraktionen (im Winter sieht man die schneebedeckten Gipfel des Hohen Atlas).

Etwa bei **km 43** ist die Kleinstadt **Ouled Teima** erreicht. Wer eine ruhige Unterkunft auf dem Land sucht oder einen Einblick ins Sous-Tal bekommen möchte, sollte die **Domaine Villate Limoune** ansteuern (km 40, Route d'Agadir – Taroudannt, Tel. 0528 52 69 64, https://domainevillatelimoune.ma, vgl. „Agadir/Ausflüge“): Auf der 400 Hektar großen Farm gibt es neben luxuriösen Zimmern auch einen Zoo, Reitpferde und einen Swimmingpool für Tagesgäste. In einem Laden kann man frische Bio-Produkte einkaufen.

Bei **km 52** liegt linker Hand der **Jardin de la Koudya** (vgl. „Taroudannt/Camping“).

**6 km vor Taroudannt** (ca. km 75) führt diese Route bei einem Kreisverkehr mit der Schnellstraße zusammen (in der Gegenrichtung beschildert „Agadir par R.N. 10“ rechts und „Agadir“ geradeaus über Schnellstraße). Nach 6 km ist die Stadtmauer von Taroudannt erreicht.

# Taroudannt

Die von einer imposanten Mauer umgebene **Hauptstadt des Sous (81.000 Einwohner)** ist ein wichtiges **landwirtschaftliches Zentrum** inmitten von Olivenhainen, Obst- und Weingärten. Die **Menschen** sind sehr freundlich und **unaufdringlich** – hier lässt es sich entspannt durch die ursprünglichen Suqs bummeln, und ist es nicht so überlaufen wie z.B. in der Medina von Marrakesch. Eine nette Berberlegende erzählt die **Herkunft des Stadtnamens:** Eines Tages verschwand der Oued Sous aus seinem Bett und nahm die Kinder einer Berberfrau mit sich, die an dessen Ufer lebte. Die Mutter rief daraufhin verzweifelt in der ganzen Umgebung „Taroua dante!“ – „Meine Kinder wurden weggetragen!“

## Geschichte

Taroudannt, eine **Stadt berberischen Ursprungs,** wurde 1030 von den Almoraviden besetzt. Anfang des 14. Jahrhunderts von den Meriniden zerstört, gewann sie bald wieder ihre Bedeutung als wichtigste Stadt des Sous zurück. Sie war Operationsbasis für die Angriffe gegen Agadir, das bis 1541 von den Portugiesen besetzt war. Die Saadier bauten die Stadt aus und machten sie in den Jahren zwischen 1520 und 1540 unter *Mohamed ash-Shaykh* zu ihrer Hauptstadt, bevor sie diese nach Marrakesch verlegten.

Taroudannt erlebte seine Blütezeit unter *Ahmad al-Mansur* (1576–1603) als **Handelszentrum für Karawanen** nach dem Sudan (die Regionen südlich der Sahara); gehandelt wurden vor allem Gold, Silber und Sklaven. Die Region wurde dank der Sklavenarbeit zum landwirtschaftlichen Zentrum des damaligen Marokko. Hauptsächlich Zuckerrohr, Baumwolle, Indigo und Früchte für den Export wurden angebaut. Die Abschaffung des Sklavenhandels, der Niedergang des Zuckerhandels und die Schließung des Hauptausfuhrhafens Agadir im Jahr 1765 durch den Sultan *Moulay ar-Rashid* ließen Taroudannt an Bedeutung verlieren. Im 20. Jahrhundert wurde die Stadt **Sitz des Rebellen El Hiba,** der gegen die Franzosen kämpfte und 1912 auch Marrakesch eroberte. 1913 schlugen die Stämme der Glaoui, Goundafa und Mtougui aus dem Hohen Atlas zurück und nahmen Taroudannt ein. 1917 wurde die Stadt von den Franzosen besetzt.

Der **Aufstieg Agadirs** hat der Stadt viel von ihrer früheren Bedeutung genommen. Sie ist jedoch nach wie vor wichtiger Handelsort für landwirtschaftliche Produkte.

## Sehenswertes

Taroudannt ist fast vollständig von einer bis zu 9 m hohen **Lehmmauer** mit Türmen und fünf Toren aus dem 16. Jh. umgeben. Die Stadtmauer sieht man bereits bei der Einfahrt in die Altstadt.

Taroudannt hat zwar keine großartigen Sehenswürdigkeiten zu bieten, besitzt aber viel Flair. Ein Bummel durch die **Medina und die Suqs** ist auf jeden Fall lohnenswert, vor allem für Ausflugsgäste aus Agadir, die noch keine erhaltene Medina besucht haben. Hier lernt man noch ein Stück unverfälschtes Marokko kennen.

Das Herz der Medina bilden die belebten **Plätze El Alouine (Assaragh)** und **Talmoklate** mit ihren hübschen Cafés und den nahe gelegenen Suqs, die zu

002sm20 ad

Eines der fünf Tore der Stadtmauer von Taroudannt

# Taroudannt

**Essen und Trinken**
1 Riad Maryam
4 Les Arcades
6 Chez Nada
7 Bab El Kasbah

**Einkaufen**
3 La Maison Nomade

den schönsten und lebendigsten in Marokko zählen.

Auch der **Markt am Sonntag** (Suq el Hed), der vormittags rund um das Bab el Khemis abgehalten wird und zu dem die Bevölkerung aus dem ganzen Sous-Gebiet zusammentrifft, ist interessant und malerisch.

Taroudannt ist traditionell für seine **handwerklichen Arbeiten** bekannt, vor allem für Silberschmuck. In den Suqs kann man Kunsthandwerk in guter Qua-

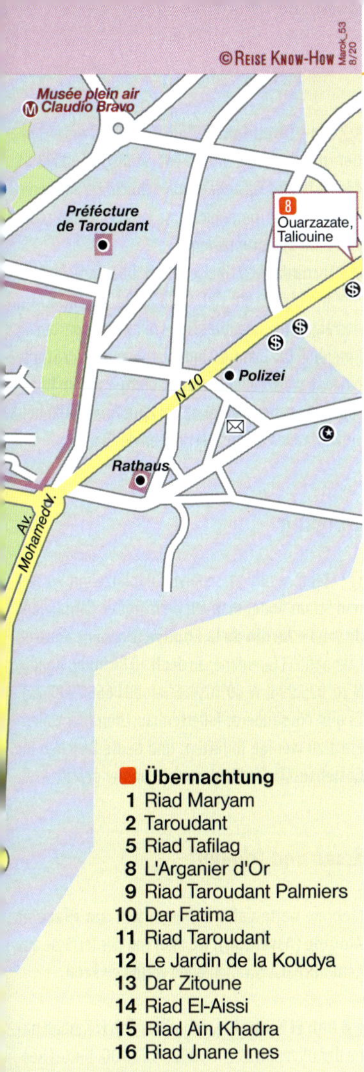


lität und zu entsprechenden Preisen einkaufen. Nur mit Glück sind noch alte Stücke zu finden.

Trotz berberischen Ursprungs ist die Stadt im Gegensatz zu ihrer Umgebung **stark arabisch geprägt.** Nur in wenigen Städten Marokkos begegnet man so vielen verschleierten Frauen, Indiz für einen hohen arabischen und konservativ-islamischen Bevölkerungsanteil. Ein dezentes Auftreten europäischer Reisender ist deshalb unbedingt angebracht.

## Praktische Informationen

### Unterkunft

#### Oberklasse

**13 Dar Zitoune**④ (DZ, Zelt oder Suite), 2 km außerhalb des Zentrums an der Straße Richtung Agadir, Tel. 0528 55 11 41/42, www.darzitoune.com. Sehr schönes Kasbahhotel (4 Sterne) unter schweizerischer Führung: 14 Bungalows im tollen tropischen Garten mit Pool, Terrasse, Hammam. Originell: In der Village Berbère kann man in luxuriös eingerichteten traditionellen Festzelten (mit Bad, AC, Sat-TV und Safe) wohnen, die sich um einen Pool gruppieren. WLAN.

#### Mittelklasse

**8 L'Arganier d'Or**③, 19 km Richtung Ouarzazate (N 10) in Zaouiat Ifergane Aït Igasse, Tel. 0528 55 02 11, www.riadhotellarganierdor.com. Schöner Riad zum Relaxen in ruhiger ländlicher Umgebung auf einer 3 ha großen Orangenfarm mit Pool und Hammam. Die klimatisierten Zimmer mit Bad gruppieren sich um einen kleinen Innenhof. Frühstück auf der Panoramaterrasse.

**15 Riad Ain Khadra**③, am Stadtausgang Richtung Agadir (Abzweig von der Schnellstraße P 1714), Tel. 0528 85 41 42, Mobil 0615 49 77 71, www.riad-ain-khadra.com. Schöner Riad etwas außerhalb in ruhiger Lage, Salon mit Kamin, Dachterrasse, grüner Innenhof mit Pool, beheizter Jacuzzi, gemütliche Zimmer.

**14 Riad El-Aissi**③-④, Mobil 0661 17 30 89 oder 0666 66 35 13, www.riadelaissi.com. 3 km außerhalb (Village Talaa) an der Route Richtung Agadir über Ameskroud, direkt an einem schönen, ruhigen Orangenhain. Hübsches, kleines Gästehaus im traditionellen Stil mit Restaurant und Pool. Die Besitzerin hat in Europa gelebt und kocht selbst für ihre Gäste. Klimatisierte, unterschiedlich gestaltete DZ, großes Zimmer oder Suite für bis zu 6 Personen.

16 **Riad Jnane Ines**④, ca. 8 km außerhalb, Route de l'Aéroport d'Agadir, Machraa Al Ain (vom Zentrum auf der N 10 Richtung Agadir, dann P 1417 Richtung Flughafen), Tel. 0528 85 25 45. Sehr komfortabler Riad mit hübschen, unterschiedlich gestalteten Zimmern, Pool und Hammam. WLAN, gutes Essen, freundliches Personal, kein Alkohol.

1 **Riad Maryam**③, 140, Derb Maalem Mohamed, in der Medina nahe Bab Taghount/Av. Mohamed V., Mobil 0666 12 72 85, www.riadmaryam.com. Sechs etwas kitschig-bunte Zimmer und Suiten mit Klimaanlage in einem Riad aus dem 19. Jh. (Familie *Moultazim*), außerdem sehr gutes Restaurant (vgl. „Essen und Trinken"). WLAN.

5 **Riad Tafilag**③, 31, Derb Taffelagth, Tel. 0528 85 06 07, Mobil 0641 03 67 42, www.riad-tafilag.com. Hübscher, sauberer und freundlicher Riad mit fünf individuell eingerichteten Zimmern und zwei Suiten. Kleiner Pool, Hammam, Salon mit TV, freundliches Personal und guter Service, Wohlfühlatmosphäre. Zimmer mit Bad, Klimaanlage/Heizung, z.T. mit Terrasse.

11 **Riad Taroudant**③, 243, Av. Al Qods, Derb Jdid, Tel. 0528 85 25 72, Mobil 0700 86 38 84, www.riad-taroudant.com. Riad mit 16 klimatisierten Zimmern in guter Lage mitten in der Medina, Frühstück auf der tollen Dachterrasse mit vielen Pflanzen, freundliches und hilfsbereites Personal. WLAN.

### Günstig

10 **Dar Fatima**②, in einer Seitengasse der Av. Prince Héritier Sidi Mohamed, nahe Großer Moschee, Mobil 0661 60 66 22, www.darfatima.com. Gästehaus mit sechs schönen Zimmern um den liebevoll gestalteten Innenhof, Salon mit Kamin, Bibliothek und TV, sehr freundliche Familie, Dachterrasse mit toller Aussicht.

9 **Riad Taroudant Palmiers**②, Av. Prince Héritier (neben dem Centre d'Éducation), Tel. 0528 85 45 07. Nettes Gästehaus mit schlichten, sauberen Zimmern (mit/ohne Bad), die sich um einen schönen Innenhof gruppieren.

2 **Taroudant**② (Preise saisonabhängig), Place el Alouine (Assaragh), Tel. 0528 85 24 16. Einfaches, nostalgisch-verstaubtes Hotel mit Palmengarten im Innenhof. Die Zimmer sind relativ sauber, zur Straße hin laut, sonst ruhig. Zwei Parkplätze vor dem Hotel, sonst bewachter Parkplatz am Hauptplatz. Alkoholverkauf (auch an Auswärtige) an der Bar.

## Camping

12 Mehrere ruhige, schöne Stellplätze mit Wasser und Strom findet man auf dem großen Farmgelände von **Le Jardin de la Koudya** (Domaine Roussel, Lakhnafif/El Guerdane, an der N 10 Richtung Agadir, N 30°025,094', W 09°02,465', Mobil 0665 79 87 22). Es gibt ein sauberes Toilettenhäuschen (bei vollem Platz zu wenige Toiletten) und heiße Duschen im Gästehaus②. Der Pool ist nicht immer gefüllt.

## Essen und Trinken

Mehrere nette Cafés befinden sich **am Place el Alouine (Assaragh),** wo man von der Terrasse aus gemütlich das Straßenleben verfolgen kann.

7 **Bab El Kasbah,** am Stadttor Bab El Kasbah nahe der Olivenpresse, Tel. 0528 55 13 30. Nettes Restaurant und Café (auch Frühstück) mit marokkanischer Küche zu günstigen Preisen.

6 **Chez Nada,** 15, Av. Moulay Rachid, ca. 100 m vom Hospital in Richtung Innenstadt, Tel. 0528 85 17 26. Marokkanische und internationale Spezialitäten (die Qualität variiert) werden auf der schönen Dachterrasse serviert.

4 **Les Arcades,** am Place el Alouine (Assaragh). Freundliches Café mit Terrasse unter einer schatti-

gen Laube, Brochette und Tajine zu mittleren Preisen (70 DH), auch Frühstück. WLAN.

1 **Riad Maryam,** 140, Derb Maalem Mohamed, in der Medina nahe Bab Taghount/Av. Mohamed V., Tel. 0528 55 11 15, Mobil 0666 12 72 85, www.riadmaryam.com. Sehr gute marokkanische Küche in einem Riad aus dem 19. Jh. (vgl. „Unterkunft"), Reservierung sinnvoll, reichhaltiges 4-Gänge-Menü 200 DH, Weinausschank.

## Einkaufen

- **Alkoholische Getränke** (Bier und Wein) werden im Hotel Taroudant (s.o.) verkauft.

3 Eine schöne Auswahl an **Teppichen** hat der gut deutsch sprechende *Brahim Bihi* im **La Maison Nomade** (Tel. 0528 85 46 20) nahe dem Place El Alouine in einer Gasse hinter der BMCE-Bank (Schild).

- Gute **Arganienölprodukte** gibt es in der Frauenkooperative in Tiout (vgl. „Ausflug zur Oase Tiout").

## Pferdedroschken und Taxis

- Ähnlich wie in Marrakesch verkehren in Taroudannt **Pferdedroschken** *(calèches)* als romantische Alternative zum Taxi. Mit den Kutschen kann man z.B. von den Suqs (Place El Alouine) zurück zum Hotel fahren oder einmal rund um die Stadtmauern (1 Std. ca. 100 DH). Ansonsten kann man die Stadt auch problemlos zu Fuß erkunden.
- **Sammeltaxis** in alle Richtungen ab Place El Alouine und Bab Zorgane. Ein Grand Taxi nach Inezgane/Agadir kostet ca. 40 DH, eins nach Moulay Brahim über den Tizi-n-Test etwa 1000 DH (für das ganze Taxi). Preiswerter fährt man über den Tizi-n-Test nach Marrakesch, wenn man erst mit dem Sammeltaxi nach **Ouled Berhil** (45 Min., 30 DH) fährt und von dort mit dem Bus oder mit dem Sammeltaxi oder Bus nach **Asni** (4 Std.); von dort geht es weiter nach **Marrakesch.**
- Die **Petits Taxis** in Taroudannt sind grün-weiß lackiert und kosten etwa 10 DH im Stadtgebiet.

## Busse

- **CTM-Büro,** Bd. El Mansour Eddahbi, Bab Zorgane (nahe Busbahnhof), Tel. 0528 85 38 58.
- **CTM- und Privatbusse** fahren vom **Busbahnhof beim Bab Zorgane** außerhalb der Stadtmauern los.

### Verbindungen und Preise

- **Agadir:** mehrmals täglich, u.a. mit CTM, 35 DH, ca. 2 Std. Fahrzeit.
- **Marrakesch** (CTM-Bus): 1x tägl. um 22 Uhr (Bus nach Casablanca), Ankunft gegen 2 Uhr nachts, 110 DH.
- **Ouarzazate:** Um 11.30 Uhr fährt ein CTM-Bus über Taliouine, 115 DH, ca. 4 Std. Fahrzeit.
- **Casablanca:** CTM-Bus 1x tägl. um 22 Uhr, 190 DH (über Agadir, Safi etc.), Fahrzeit ca. 8 Std., auch Privatbusse über Marrakesch mehrmals täglich.

## Feste/Veranstaltungen

- Zahlreiche **Moussems** finden in den Dörfern der Umgebung zwischen Juli und Oktober statt. Vor allem im August und September zur Erntezeit häufen sich die Moussems.
- **Moussem Rkeb Moulay Brahim,** in Taroudannt am zweiten Tag von Aid Mouloud.
- Weitere **drei Moussems in Ouled Teima** während des Mouloud.
- Im April findet eine **Handwerksmesse** mit Kunsthandwerksausstellung statt.

## Sonstiges

- In der Stadt stehen mehrere **bewachte Parkplätze** zur Verfügung.

■ Die **Post** liegt außerhalb der Medina an der Straße nach Ouarzazate.

## Ausflug zur Oase Tiout

**Anfahrt: Von Taroudannt sind es 38 km Asphaltstraße bis Tiout,** es fahren Sammeltaxis. Von Taroudannt geht es zunächst zurück in Richtung Agadir, nach 3 km über den Oued Sous bis zum Kreisverkehr 6 km hinter der Stadt – hier Richtung Ouarzazate und Tata abbiegen. Die Straße führt an Orangenhainen, Oliven- und Arganienbäumen entlang. 16 km nach dem Kreisverkehr bzw. 22 km ab Taroudannt an der Kreuzung nach einer Tankstelle rechts auf eine schmale Asphaltstraße abbiegen Richtung Tiout (Schild) bzw. Igherm: Links geht es nach Aït Yazza, geradeaus nach Taliouine. 11 km weiter (33 km ab Taroudannt) rechts nach Tiout abzweigen (geradeaus weiter nach Igherm), das nach 5 km erreicht ist.

An der Ortseinfahrt auf der linken Seite steht das Gebäude der **Arganienölkooperative Taitmatine** (Tel. 0528 21 16 55, www.targanine.com). Hier kann man den Frauen beim Klopfen der Arganienkerne, beim Rösten der Samenkerne und Extrahieren des Arganienöls zusehen. Außerdem werden gutes (aber teures) Arganienöl mit Bio-Zertifikat und die **„Berbernutella" Amlou,** eine köstliche Mischung aus Honig, Mandeln und Arganienöl, zum Verkauf angeboten. Machen Sie nur Fotos, wenn die Damen damit einverstanden sind!

Die hübsche **Palmenoase Tiout,** die vom 16. bis 19. Jahrhundert, zur Zeit des Zuckerhandels, recht bekannt war, wird im Südwesten überragt von einer mächtigen **Kasbah.** Zur ihr gelangt man ab der Kreuzung am Ende der Asphaltstraße links auf einer ausgefahrenen Piste (2 km). Auf dem Parkplatz am Ende der Piste **(N 30°23,137', W 08°41,578')** werden Busladungen an Touristen abgesetzt, die in die zum Restaurant umfunktionierte Kasbah zum Mittagessen pilgern. Die eigentliche Kasbah kann nicht mehr besichtigt werden, das Restaurant wurde als Betonbau oben draufgesetzt. Der Ausflug lohnt sich nur wegen des Dorfs mit einem hübschen **Marabut,** zu dem die Einheimischen pilgern. Man kann Spaziergänge unternehmen oder in Begleitung eines Führers mit dem Esel durch die Oasengärten reiten.

Bei der **Rückfahrt** ist es möglich, an der Kreuzung von km 22 geradeaus weiter Richtung Aït Yazza zu fahren und von dort nach 3 km zum Dorf Freija zu gelangen.

Links der Straße liegt die schöne Lehmburg **Kasbah Freija,** errichtet Ende des 19. Jh., die zu einem (leider inzwischen recht heruntergekommenen) Hotel umgebaut wurde. Die weitere Route überquert das Oued Sous auf einer Furt. Bei **Aït Yazza** (2 km ab Freija) mündet die Strecke in die Straße Marrakesch – Taroudannt ein (bei N 30°30,204', W 08° 48,008'). Von Taroudannt kommend biegt man hier rechts Richtung Kasbah Freija bzw. Tiout ab. Von hier sind es noch 7 km bis Taroudannt.

# Von Agadir nach Tafraoute

- **155 km bis Tafraoute, R 105.**
- **275 km bis Tiznit, R 104.**
- **Ca. 370 km als Rundfahrt bis Agadir, N 1.**
- Für diese **schöne und sehr lohnenswerte Rundstrecke** sollte man mindestens zwei, besser aber **drei Tage** einplanen. Eine landschaftlich großartige Alternative (mit Terrassenfeldern) ist die ungefähr ähnlich weite Strecke von Aït Baha nach Tanalt und von dort über Taguenza ins Ammelntal bzw. direkt von Tanalt nach Tiznit.
- **Mit öffentlichen Verkehrsmitteln:** Es fahren mehrmals täglich Busse von Agadir bzw. Inezgane über Aït Baha nach Tafraoute (und umgekehrt).

Agadir über die Straße nach Ben Sergao und Inezgane (Av. Mohamed V. südwärts in Richtung Founty, vorbei am Königspalast) oder auf der Umgehungsstraße Richtung Flughafen und Aït Melloul verlassen. **Inezgane** ist etwa 7 km hinter Agadir erreicht (Busbahnhof und großer Markt). Weiter geht es auf vierspuriger Schnellstraße nach **Aït Melloul** (ca. 9 km bzw. ab Marjane Founty 6 km). Die geschäftige Stadt am Oued Sous ist sozusagen Vorort von Agadir. In Aït Melloul werden die schwarz-weißen Makhzenzelte *(tentes caïdales)* hergestellt, außerdem gibt es zahlreiche Produzenten von Keramikfliesen.

Am Kreisverkehr hinter der Brücke über den Oued Sous in Aït Melloul geht es links nach Ouarzazate, rechts nach Tiznit und geradeaus nach Tafraoute. 4 km weiter zweigt an einem weiteren Kreisverkehr die Straße zum **Flughafen Al Massira** ab. Die Straße nach Tafraoute führt geradeaus (rechts nach Tiznit) weiter durch dicht bebautes Gebiet – hier herrscht viel Verkehr, also Vorsicht!

Bei **km 28** ist **Biougra** erreicht, ein geschäftiger Ort mit vielen Neubauten und allen Versorgungsmöglichkeiten. In der Umgebung werden in großem Stil Gemüse, Erdbeeren und Zitrusfrüchte angebaut. In Biougra findet Mitte August ein schöner Moussem statt. An der Ortsausfahrt bietet das hübsche **Hotel Targante**② (Av. Hassan II., Tel. 0528 81 01 27, sotayour@menara.ma, DZ mit Bad) Unterkunft.

Hinter dem Ort **Imi-Mqorn** (**km 43,** links nach Taroudannt und Ouled Teima, rechts nach Tiznit, geradeaus nach Aït Baha und Tafraoute) wird die karge, steinige Landschaft hügeliger, auf den knorrigen **Arganienbäumen** klettern Ziegen. Aus dem nussartigen Samenkern der Arganienfrüchte wird Speiseöl gewonnen (vgl. Exkurs „Der Arganbaum und das Arganienöl").

8 km hinter Imi-Mqorn geht es auf der schmalen Asphaltstraße kurvig bergauf bis **Aït Baha** (**km 60,** Abzweig rechts in den Ort). Am Sonntag findet hier ein Wochenmarkt statt, es gibt eine Tankstelle, Cafés und einen Grand-Taxi-Stand. Im **Complexe des Produits de Terroirs et Artisanaux** an der Stadteinfahrt (von Agadir kommend) auf der linken Seite verkaufen lokale Handwerksbetriebe ihre Produkte, u.a. Arganienöl und (Thymian-/Euphorbien-)Honig der Frauenkooperative Targante und die typischen bunt bestickten, runden Babuschen der Region. Übernachtung ist im freundlichen **Hotel Al Adarissa**② möglich (Av. Mohamed V., Tel. 0528 25 44 61/62): abgeschlossener Parkplatz, saubere Zimmer mit TV und Bad, von

# Speicherburgen im Anti-Atlas

**von marokko-erfahren.de**

Zahlreich sind sie im Anti-Atlas anzutreffen, die **Igoudar** (**Agadir** in der Einzahl), imposante Bauwerke mit einer teils bis zu 1000-jährigen Tradition. Vergleichen kann man sie bzgl. ihrer äußeren Optik mit europäischen Burgen, jedoch zum Zweck als Speicher/Tresor und Gemeinschaftsgebäude entstanden.

Der Begriff „Agadir" stammt aus dem Sprachschatz der **Chleuh-Berber,** einer hauptsächlich im Süden und Südwesten Marokkos beheimateten berberischen Bevölkerungsgruppe. Diese hat sich in ihren Lebensbedingungen und der Baukunst hervorragend **an die klimatischen und landschaftlichen Bedingungen ihrer Bergheimat angepasst.** Der zur Versorgung einer Familie notwendige Bedarf an Getreide, Gemüse und Obst wird in mühevoller Handarbeit in den Oasentälern und an terrassierten Hängen angebaut, bewässert, gepflegt und geerntet. Die kultivierten Flächen um die Dörfer waren für die Ziegen- und Schafherden der Bewohner keine Futterquellen, sie mussten an den Berghängen auf Suche gehen. Daher zogen viele Familien in den Sommermonaten als Teilnomaden mit ihren Herden durch das Gebirge auf der Suche nach ergiebigen Futterstellen. Verständlich war der Wunsch, nach ihrer Rückkehr zurückgelassene Wertgegenstände, persönliches Hab und Gut sowie die erzielte Ernte unbeschadet wieder vorzufinden. Nur allzu gern waren in den Sommermonaten die hauptsächlich von Frauen und Kindern bewohnten Dörfer Ziel feindlicher **Angriffe und Plünderungen.** Was lag da näher, als einen **„Tresor"** zu bauen, einen Gemeinschaftsspeicher, in dem herumziehende Familien ihren Besitz sicher verwahrt wussten.

ma20_029 mer

So entstanden in zahlreichen Dörfern Gemeinschaftsspeicher – Igoudar –, deren genauer **Entstehungszeitraum** heute sehr **schwer nachvollziehbar** ist. Lebende Zeitzeugen können nicht mehr befragt werden und eine schriftliche Fixierung wichtiger Daten war bei den Berbern lange nicht üblich. Alle Familien eines Dorfes beteiligten sich am Bau, die architektonische Struktur passte sich den landschaftlichen Gegebenheiten an. So lassen sich **vier Bauformen** unterscheiden: die mit rechteckiger Form, deren Speicherkammern in mehreren Etagen von einem Mittelgang erreichbar sind; quadratisch angelegte Speicher mit großem Innenhof, um den sich die Kammern gruppieren; stand wenig Platz zur Verfügung, wurde rund und meist hoch gebaut; ganz außergewöhnliche Konstruktionen entstanden, wenn der gewachsene Felsen eines Berggipfels als Fundament diente.

Erkennbar sind die Speicher meist schon von Weitem durch ihre etwas abweisend wirkenden, **fensterlosen Mauern,** die im Anti-Atlas meist aus sauber aufeinander geschichteten Bruchsteinen gebaut wurden. Eine einzige massive Tür führt ins Innere, oft verfügen die Speicher zusätzlich über einen oder mehrere **Wachtürme.** Drohende Gefahren konnten so frühzeitig erkannt werden. Den äußeren Schutz bildet eine umgebende Mauer mit einem Eingangsbereich, zusätzliche Sicherheit boten die außen herum angelegten **Hecken** aus Opuntien (Kakteengewächse) oder sauber aufgeschichtete Wälle aus Kameldorn. Kreisrunde Dreschplätze befinden sich genauso wie Zisternen meist im direkten Umfeld.

Jede Familie erhielt im Inneren ihre **persönliche Kammer,** unterteilt in verschiedene Bereiche, gut belüftet zum Erhalt der Vorräte und mit einer weiteren Tür gesichert. In vielen Speichern entdeckt man außer den Kammern noch kleine **Werkstätten** von Schmieden, meist einen Gebetsraum, selten sogar eine kleine Moschee. Im Belagerungsfall war man so in der Lage, einen gewissen Zeitraum autark zu überleben.

Wichtigster Mann war und ist auch heute noch in weiterhin genutzten Igoudar der **Amin,** ein von der Dorfgemeinschaft gewählter, vertrauenswürdiger Mann. Er war für die Sicherheit des Speichers zuständig und wohnte oft mit seiner Familie innerhalb der Mauern. Tagsüber schloss er die Eingangstüren auf, kontrollierte den Zutritt und verriegelte abends das Gebäude ordentlich. Entlohnt wurde er von allen Kammerbesitzern, die einen verabredeten Teil ihrer Ernte an ihn abgaben, da er selber aufgrund seiner Aufgabe keine Felder bestellen oder Vieh versorgen konnte.

In allen Speichern befinden sich im **überdachten Eingangsbereich** rechts und links an der Wand **Stein-Sitzbänke.** Hier versammelten sich die Dorfältesten, wenn es Probleme zu erörtern gab, um Neuigkeiten auszutauschen oder notwendige Reparaturarbeiten abzusprechen.

## Kartierung der Speicherburgen

Das Buch von *Herbert Popp, Mohamed Aït Hamza* und *Brahim El Fasskaoui* **„Les agadirs de l'Anti Atlas occidental"** inspirierte uns, das in ihm gewonnene Wissen zu vertiefen. So begannen wir in dieser von uns so bevorzugten Gebirgsregion mit der Suche nach weiteren Speichern. Sehr hilfreich erwies sich dabei die wissenschaftliche Arbeit von *Madame Jacques Meunié,* die zwischen 1941 und 1949 mehrfach mit verschiedenen Wissenschaftlern in Marokko unterwegs war, um Speicher zu fotografieren, Grundrisse anzufertigen und die Stammesnamen zu kartografieren. So gelang es uns, zahlreiche weitere Igoudar zu entdecken. Mittlerweile sind **weit über 200 Speicherburgen** in unterschiedli-

[<] Der Agadir Inoummar thront hoch über dem Fluss Oussaka

chem Erhaltungszustand von uns besichtigt, fotografiert und GPS-fähig erfasst worden. In Topform trifft man Gebäude, die noch in Nutzung sind, oder solche, die mit fremder Hilfe restauriert wurden. Längst aufgegebene Bauwerke offenbaren nur noch ihre Grundmauern, dazwischen sind alle Facetten anzutreffen.

Hat man die Absicht, einen verschlossenen Speicher von innen zu **besichtigen,** tut man gut daran, sich vorab über den Tag des in der Umgebung stattfindenden Marktes zu informieren. Mit Sicherheit ist der Schlüsselverantwortliche dort mit dem Einkauf beschäftigt, trägt den Schlüssel bei sich und die Speichertür bleibt verschlossen! Ist der Besuchstag jedoch günstig gewählt, äußert sich die Freude der Einheimischen am Interesse ihrer Kultur in großer Gesprächsbereitschaft. **Geschichten am Rande,** die so nicht in Büchern stehen, werden gern erzählt. Hätten Sie gewusst, dass selbst die **Katze** des Amins ihre Futterrechte dokumentiert bekam? Immerhin hatte sie die wichtige Aufgabe, den Speicher mäusefrei zu halten, damit die Vorräte erhalten blieben. Und dafür sägte manch ein Kammerbesitzer sogar unten in seine Tür ein Loch, damit die Katze bequem ihre Beute verfolgen konnte. Interessant empfanden wir auch die Erklärung, dass eine mit **drei Schlössern** gesicherte Kammertür nicht als Zeichen überängstlicher Besitzer zu werten war. Vielmehr teilten sich in diesen Fällen mehrere Familien eine Kammer, die auch alle beim Öffnen der Tür anwesend sein mussten. Gern wurden auch **Bienen** zum Schutz eines Speichers eingesetzt: Regalähnliche Steinkonstruktionen an den Außenmauern dienten der Ablage geflochtener Röhren, in denen Bienenvölker lebten. Kletterte ein Eindringling über die Mauer, wurde er so empfangen, dass ihm die Lust auf den weiteren Weg verging.

Subjektiv ist die Frage nach der **Wertung** eines Speichers – Lage, Größe, Erhaltungszustand oder Baukunst unter Ausnutzung jedes noch so kleinen Winkels – wo und wie wird der Maßstab angesetzt? Marokko-erfahren möchte zwei aus persönlicher Sicht beeindruckende Speicher vorstellen.

## Der Agadir Inoummar in der Region Chtouka Aït Baha

Agadir Inoummar, der **größte Speicher der Region Chtouka Aït Baha,** mit 295 Kammern um 1750 erbaut, wurde seitdem mehrfach erweitert. Das hoch über dem Fluss Oussaka thronende Bauwerk mit ehemals vier Wachtürmen (drei sind noch erhalten) diente 13 umliegenden Dörfern als Speicher. Frau und Sohn des ehemaligen Amins steigen jeden Morgen zum Agadir hinauf, öffnen die Türen und warten auf Besucher. Gern erklären sie die Funktionen des Speichers, weisen auf ehemals farbenprächtig dekorierte Türen hin, erläutern die Nebengebäude und lassen dann ausreichend Zeit für einen individuellen Rundgang. Vielleicht servieren sie auf Nachfrage sogar einen frischen *thé à la menthe* und zeigen die noch erhaltenen, auf Papier und Holz geschriebenen Dokumente.

**Anfahrt:** Inoummar ist erreichbar über die R 105 aus Richtung Agadir oder Tafraoute. In Imi Mqorn auf die P 1007 Richtung Nord-Ost abbiegen, nach ca. 7 km zweigt kurz vor der Flussmündung eine Asphaltstraße Richtung Süd-Ost ab, der man immer im Flusstal folgt. Nach etwa 6 km vor dem Ort Annzad gabelt sich die Straße; geradeaus führt nun eine Piste in Serpentinen steil bergauf und durchquert den Ort Ataïane. Knapp 3 km nach der Gabelung ist rechts ein sehr schönes Ruinendorf (mit den Resten einer jüdischen Synagoge) erkennbar, zu dem man abbiegt. Von hier führt ein ca. 500 m langer Fußweg Richtung Flusstal direkt zum Speicher.

[>] Der mittlerweile verstorbene Amin Marco zeigt den Schlüssel zur Speicherburg

## Der Agadir Tislane Aït Ali in der Region Taroudannt

Ganz anders präsentiert sich Agadir Tislane Aït Ali in der Region Taroudannt. Auf einem Hügel am Rande des Dorfes gelegen, sollte man bereits an der alten Moschee nach dem Schlüssel fragen. Kommt man nicht gerade zur Gebetszeit, ist der Koranlehrer gern bereit, den durch **drei Eingangstüren** gesicherten Speicher zu öffnen. Eine sehr **spannende Architektur,** die selbst ein Grundriss wegen der überraschenden Effekte kaum darzustellen vermag, erwartet den Besucher. Wunderschön dekorierte Innentüren begeistern genauso wie der Ausblick über Dorf und Umgebung vom Dach der Nebengebäude. Im Anschluss lohnt es sich, den alten Dorfkern zu durchstreifen. Faszinierende Eingangsportale, ungewöhnliche Fenster und kleine Trampelpfade zwischen den eng aneinander gebauten Häusern runden den Ausflug ab.

**Anfahrt:** Auf der R 106 von Igherm oder Tafraoute kommend, folgt man in Aït Abdallah der kleinen Asphaltstraße Richtung Tabia. Nach 26 km sind linker Hand Dorf und Speicher nicht zu übersehen.

## Weitere Informationen

Unter **www.marokko-erfahren.de** gibt es neben den hier vorgestellten Speichern zusätzliche Infos und Fotos. Die touristische Landkarte „K13 Tafraoute nord – Tizourgane – Igherm" verzeichnet weit über 100 Speicher, alle mit GPS-Daten, Fotos und Zusatzinformationen.

ma20_028 mer

der Terrasse auf der Gebäuderückseite des Cafés/Restaurants blickt man auf die Berge). An der Stadtausfahrt lädt das **Café Raha** zur Einkehr ein (WLAN, der Besitzer spricht deutsch).

Die kleine Bergstraße windet sich am Tal des **Oued Aït Baha** entlang bis auf 1300 m hinauf. Der Fluss wurde zu einem See gestaut, an seinem Ufer liegt der kleine Ort **Had Aït M'Zal.** Es geht weiter durch wildromantisches Bergland mit Arganien, Mandelbäumen, Kakteen und schönen Ausblicken hinunter ins Tal des Oued Aït Baha (ab ca. **km 76**). Steinhäuser kleben an den terrassierten Hängen, auf denen Getreide und Mais angebaut werden.

Nachdem man einige kleine Dörfer passiert hat, liegt nach **97 km** das **Café du Moulin** an der Strecke und 2 km weiter eine alte, verfallene Speicherburg auf einem Felssporn unterhalb der Straße. Bei **km 101** mündet diese Route in eine weitere Straße nach Biougra ein (links; geradeaus weiter Richtung Ida ou Gnidif). 1 km weiter befindet sich oberhalb der Straße wieder eine schöne Speicherburg **(Agadir Imhailen).** Nun führt die Straße bergab ins Tal. Kurz darauf eröffnet sich ein toller Blick auf die auf einem Hügel thronende kreisförmige Dorfanlage von Tizourgane. An der V-Kreuzung bei **km 105** geht es links nach Tafraoute und zum Parkplatz für den (unbedingt lohnenswerten) Besuch von Tizourgane, rechts ins Dorf **Ida ou Gnidif** (4 km) bzw. **Tioulit** unterhalb der Anlage. Hier ist das **Gebiet der Illalen,** einer Konföderation von 18 Berberstämmen.

Das Festungsdorf Tizourgane thront auf einem Hügel

003sm20 ad

## Tizourgane

Die Kasbah von Tizourgane (auch Agadir Tizourgane genannt) ist ein **Dorf,** das **auf der Kuppel eines inselartig isolierten Berges** liegt. Tizourgane besticht schon von Weitem durch seine fotogene, die Umgebung überragende Lage. Es ist jedoch weder eine Kasbah (= Burg) noch ein Agadir (= kollektiver Getreidespeicher), wie oft behauptet wird: Eine Burg deshalb nicht, weil es dort nie einen Herrschaftssitz gab, ein Agadir nicht, weil kein separater Baukörper mit Ummauerung, mit Wächter *(amin)* und einem entsprechenden Gebäudegrundriss und -aufriss vorhanden ist. Tizourgane wurde im Zuge der kriegerischen Auseinandersetzungen zwischen den Berberstämmen als **Zufluchtsstätte** genutzt und nach Angaben der Dorfbewohner bereits im 13. Jh. gegründet. Der heutige, von einer Ringmauer umgebene Komplex mit Lagerräumen, Moschee und 30 Steinhäusern wurde bis zur Unabhängigkeit Marokkos von 35 Familien bewohnt. Nach Dürreperioden wanderten sie in moderne Häuser oder auf der Suche nach Arbeit in die größeren Städte des Landes ab. Heute wohnen nur noch drei Familien in Tizourgane. Bei einem Spaziergang durch die schmalen Gassen (Eintritt: 20 DH, oben am verschlossenen Tor klopfen) kann man die **alte Architektur** bewundern: Die Flachdächer der Häuser aus grauem Bruchstein sind mit Erde beschwert und werden von Deckenbalken aus Arganienholz getragen. Holztüren führen ins Innere, in das nur wenig Licht durch die Fensterchen fällt.

Seit 2005 wurde der Agadir mit Unterstützung des Kulturministeriums **z.T. renoviert,** ebenso einige Häuser von Familien aus dem Dorf in Privatinitiative. Zur Bewahrung der einzigartigen Atmosphäre wurden die Stromleitungen für die wenigen bewohnten Häuser – im Gegensatz zu allen anderen Orten Marokkos – unterirdisch verlegt!

Die nette Familie *Mussali* engagiert sich besonders für den Erhalt des Agadirs und betreibt das (inzwischen leider überteuerte) **Maison d'Hôtes②** in mehreren renovierten Steinhäusern. *Jamal* und *Malika Mussali* (Mobil 0661 94 13 50, www.tizourgane-kasbah.com) führen die authentische Herberge, die sie sehr schön und mit Liebe zum Detail hergerichtet haben. Es gibt fließend Wasser und Strom, einen kühlen Berbersalon, eine schattige und gemütliche Dachterrasse mit Blick auf die Berge und 19 hübsche Zimmer (auch Familienzimmer), die meisten mit Dusche und WC auf dem Gang. Das Gepäck wird mit einem Lastenaufzug nach oben gezogen. *Jamal* führt gerne durch die Anlage und organisiert bei Interesse **Wanderungen** in der Umgebung, z.B. zu einem anderen Agadir oder zur Palmenoase Targa'n'Touchka (Markt am Sonntag). Die Herberge ist vor allem unter **Kletterern** beliebt, denn an der Nordseite des Djabal Lekst gibt es mehrere interessante Gebiete (Ein- und Mehrseillängen, Infos im Salon und unter www.climb-tafraout.com). Wer möchte, kann auch mehrtägige **Trekkingtouren** unternehmen oder an einem Tag den Djabal Lekst (2359 m) nach Tafraoute überschreiten. Neben der Herberge befindet sich ein Hammam. Dieser Ort eignet sich perfekt für ein paar geruhsame (Wander-)Tage auf dem Land!

## Weiterfahrt nach Tafraoute

Weiter auf der Hauptstraße erreicht man bei **km 111** das **Café-Restaurant Al Khaima** am Fluss und gleich darauf **Madao,** eine große Siedlung im Tal des von unzähligen Mandelbäumen gesäumten Oued Aït Baha, dahinter die Kulisse der im Nachmittagslicht rot schimmernden Berge. Die **Herberge Chez une famille bérbère**② (Mobil 0615 17 98 41) mit hübscher Gartenterrasse bietet einfache Unterkunft. Gegenüber beim Shop befindet sich ein Wohnmobilstellplatz.

Danach führt die schmale Straße wieder bergauf durch **Tagmoute (km 122)** und wenige Kilometer weiter durch **Sidi M'Zal,** einen großen Ort. Es gibt einen Marabut und eine hübsche alte Zaouia.

Bei **km 134** zweigt links eine Asphaltstraße (15 km) nach **Aït Abdallah** und Igherm ab, beides sehr schön gelegene Anti-Atlas-Dörfer. Rechts führt die Hauptstraße weiter nach Tafraoute. Nach 1 km **(km 135)** ist die **Passhöhe Tizi Mlil** (1650 m) erreicht. Die Straße führt in Serpentinen und mit grandiosem Ausblick ins Tal.

Bei **km 143** liegt die **Zaouia Sidi Abd el Jabar** unterhalb der Straße, umrahmt von hohen, rötlichen Granitbergen der Djabal-Lekst-Kette. Das Dach der Zaouia ist wie bei allen marokkanischen Heiligtümern mit grün lasierten Ziegeln gedeckt. Jedes Jahr im Sommer findet ein Moussem zu Ehren des Heiligen statt.

Im Tal und an den terrassierten Hängen liegen **viele malerische Dörfer** mit rosafarbenen Häusern vor grandioser Bergkulisse, Arganien und Palmen gedeihen im Tal.

Nach gut **149 km** (hinter Agadir) geht eine Asphaltstraße rechts nach **Oumesnat** (beschildert) und ins **Ammelntal** ab (vgl. bei Tafraoute „Ausflüge").

Auch bei der Kreuzung 2 km weiter (**151 km** hinter Agadir) führt eine Asphaltstraße rechts ins Ammelntal und weiter nach **Tahala** und über Tanalte nach Anezi und Tiznit (eingangs erwähnte Variante). Eine **Rundfahrt** (vgl. bei Tafraoute „Ausflüge") durch das Tal bis Tahala und zurück über Afella Adaï lohnt sich auf jeden Fall – die alten Häuser der Dörfer kleben an den Berghängen des **Djabal Lekst (2359 m)** oder sind imposant auf Hügeln gebaut.

## Abstecher zum Maison traditionelle in Oumesnat

**Unser Tipp:** Zweigt man bei km 149 oder 151 rechts ab, gelangt man über ein schmales Betonsträßchen bis zu einem Parkplatz unterhalb des Dorfes Oumesnat (Parken bei einer großen gelben Moschee, N 29°45,732', W 08°56,572', von dort zu Fuß weiter, vorbei an der *Association Oumesnat pour le développement et la conservation de l'environment,* weiter auf einem Pfad Schildern aufwärts zum *Maison traditionelle* folgen, ca. 5 Min.) Die Familie *Ahrass* renovierte ein **400 Jahre altes traditionelles Haus** und gab es für Touristen zur Besichtigung frei – der Besuch ist unbedingt lohnenswert! Der blinde, liebenswerte alte Herr *Abdessalam* oder (meistens) sein Sohn *Mustapha* führen sachkundig durch das Haus (Eintritt: 20 DH plus Trinkgeld für die Führung). Sie erzählen über Traditionen und Architektur und erklären die alten Gerätschaften und deren Funktionsweise. Mittlerweile ist das kleine Museum ziemlich bekannt bei internationalen und marokkanischen Touristen. Die alten mehrstöckigen Häuser der Region sind aus Bruchstein gebaut und mit Lehm verputzt. Das Dach tragen Balken aus Palm- und Arganienholz. Im Erdgeschoss des *Maison traditionelle* waren ursprünglich die Tiere untergebracht, im Obergeschoss befinden sich die Küche, ein Getreidespeicher und der Salon, auf der Terrasse und im Obergeschoss liegen die Schlafräume und ein Webstuhlzimmer. Am Ende der Führung erhält man einen Tee im liebevoll dekorierten Salon und kann (bei Interesse) Arganienöl oder die typischen bunten Babuschen von Tafraoute kaufen.

*Rachid Ahrass,* ein Bruder von *Mustapha,* betreibt direkt neben dem Maison traditionelle ein **Maison d'Hôtes**② (pro Pers. inkl. HP, Mobil 0666 91 77 68, maisondhote@gmail.com). Das sehr freundliche, saubere Gästehaus besteht aus zwei Teilen: Im alten Trakt in einem traditionellen Haus gibt es vier einfache Zimmer, die sich zwei Bäder teilen. Die sechs Zimmer im neuen Trakt sind komfortabler, mit Klimaanlage und eigenem Bad, aber weniger authentisch und (zu) kitschig nach marokkanischem Geschmack gestaltet. Von der Dachterrasse hat man einen schönen Ausblick. Wenn man mit dem Taxi von Tafraoute kommt, reicht ein Anruf, und man wird mit einem Gepäckesel am Parkplatz abgeholt.

Ein Mitglied der Familie führt auch gerne durch den alten Dorfkern oberhalb der (weitgehend verwilderten) Oasengärten. Die vielen schönen, zwischen Arganien, Palmen und Feigenkakteen am Hang gelegenen Häuser verfallen großteils. Die Fassaden vieler Ruinen mit Lokba-Verzierungen sind immer noch sehenswert. Es existieren auch noch zwei alte Olivenölmühlen im Ort, die jedoch nicht mehr in Betrieb sind.

Fährt man von Tafraoute in Richtung Oumesnat, sollte man seine Augen auf die große runde Gipfelformation richten, die hinter Oumesnat aufragt. Mit etwas Fantasie (am besten im Abendlicht) erkennt man schlitzförmige Katzenaugen und eine Schnauze – den **Tête de Lion** („Löwenkopf").

## Weiterfahrt nach Tafraoute

Weiter entlang der Hauptroute ist nach ca. **158 km Tafraoute** erreicht.

# Tafraoute

Die auf 1000 m Höhe gelegene **Dattelpalmenoase** mit rund 5000 Einwohnern ist das **Zentrum der Chleuh-Berber.** Die Bevölkerung von Tafraoute empfängt Touristen sehr freundlich, es herrscht eine angenehme, entspannte Atmosphäre. Die Frauen tragen traditionell lange schwarze, am Saum bunt bestickte Gewänder. Es lohnt sich ein Bummel durch das **Marktviertel** rund um den zentralen Place el Massira, wo man neben allen Dingen für den täglichen Gebrauch u.a. Arganienölprodukte von den Frauenkooperativen der Umgebung sowie die bunt bestickten, runden

# Der Arganbaum und das Arganienöl

**von Prof. Herbert Popp,** Geographisches Institut der Universität Bayreuth

Im Südwesten Marokkos findet man das Verbreitungsgebiet des **endemischen Arganbaumes** (lat. *Argania spinosa*). Die lichten Wälder in einem Band entlang der Atlantikküste reichen von Safi im Norden bis zum Drâa-Tal im Süden, von der Atlantikküste im Westen bis an den Westrand des Djabal Siroua im Osten. Die wichtigsten Arganareale sind der westliche Hohe Atlas, das Sous-Tal und der Anti-Atlas. Der **tertiärzeitliche Reliktbaum** wies vermutlich früher ein durchgehendes Verbreitungsareal bis in den Senegal auf, das mit der zunehmenden Trockenheit abgetrennt wurde – man spricht hierbei von einem „disjunkten Areal". Bei Niederschlägen von weniger als 300 mm im Jahr ist es ungewöhnlich, dass überhaupt eine Baumart natürlich vorkommt. In unseren Lehrbüchern können wir schließlich lesen, dass sich am Nordrand der Sahara eine baumlose Steppe anschließe. Die Ausnahme der Arganwälder, die sog. **Arganeraies,** sind gut an Trockenperioden angepasst, doch sicherlich sind sie auch dadurch möglich, dass die Küstennebel des kalten Kanarenstroms zusätzliche Feuchtigkeit liefern, die dem Wachstum der Bäume förderlich ist.

Der Baum, der optisch eine gewisse Ähnlichkeit mit dem Ölbaum hat, diente in der Vergangenheit der Bevölkerung für mehrere Zwecke. Im Einzelnen waren die Bäume im Rahmen einer Waldweide für Ziegen-, Schaf- und Kamelherden nicht nur Schattenspender, sondern auch Tierfutter in Form ihrer Blätter und Früchte. Das Holz des Baumes fand Verwendung als Brennholz, Bauholz und zur Holzkohlegewinnung. Die Früchte des Arganbaumes, die wie Oliven aussehen, ergeben außerdem ein **hochwertiges Speiseöl,** das man aus den Samen ihrer Kerne recht aufwendig gewinnt. Zunächst müssen die

ma07_630 ad

Kerne geknackt werden; die entnommenen Samen werden über dem Feuer geröstet, gemahlen und unter Zugabe von Wasser so lange geknetet, bis das Öl austritt. Zur Gewinnung von 1 Liter Arganöl arbeitet eine Frau 1½ Tage. In den vergangenen Jahrzehnten ging die Wertschätzung des Baumes bei der einheimischen Bevölkerung stark zurück. Entsprechend wurden auch die lichten Wälder der Arganeraies stark dezimiert. Auch der Flughafen von Agadir-Al Massira kam nur durch Rodungen im größten Arganwald Südmarokkos zustande.

Der einmalige Waldbestand der Arganeraie ist somit objektiv gefährdet. Im Rahmen eines deutsch-marokkanischen Entwicklungsprojektes mit der Gesellschaft für Technische Zusammenarbeit (GTZ) wurde deshalb 1995 das Projekt „Conservation et Développement de l'Arganeraie" initiiert. Im Rahmen eines zu schaffenden (und mittlerweile in der Tat ausgewiesenen) **Biosphärenreservats der UNESCO** sollten der Schutz der Bäume und ihre nachhaltige Nutzung erreicht werden. Dabei sollte der Schwerpunkt auf der Gewinnung und Vermarktung des Arganöls liegen. **Frauengenossenschaften** in vielen Dörfern wurden initiiert, die mit den Einnahmen aus der Ölgewinnung die ökonomische Abhängigkeit der Frauen von ihren Männern verringern sollte; Marketingstudien und Werbekampagnen in Europa versuchten, das Produkt auf dem Exportmarkt zu platzieren.

Diese Zielsetzungen konnten, wie wir inzwischen wissen, zu einem Großteil erfolgreich umgesetzt werden. Das Arganöl gilt heute wegen seines hohen Anteils ungesättigter Fettsäuren und seines nussigen Geschmacks als ein zugleich cholesterinsenkendes wie auch wohlschmackhaftes und höchstwertiges Speiseöl. Es ist geradezu zu einem **„Mode-Speiseöl"** in Europa avanciert, für das man pro Liter deutlich mehr Geld investieren muss als für eine Flasche besten schottischen Whiskys (1 Liter ab 80 Euro)! Infolge der hohen Nachfrage sind die meisten Frauenkooperativen erfolgreich, auch wenn der Anteil am Verkaufspreis für sie relativ gering ist. Doch selbst ein original bei einer Kooperative erworbenes Arganöl erhält der Käufer heute nicht für unter 25 Euro pro Liter.

Dementsprechend gibt es auf dem Markt inzwischen auch Strategien, das Arganöl zu **strecken und** zu **vermischen,** sodass das Prinzip des Vertrauens zum Produzenten immer wichtiger wird. Selbst im Antiatlas wird das Arganöl für den „Hausgebrauch" mittlerweile zu teuer. Das ist einer der Gründe, weshalb die Gastronomen die „Paste des Amalou" ihren Gästen nur zum Teil anbieten: Diese Speise ist einfach in der Herstellung sehr teuer.

Die Nachfrage nach Arganöl ist noch keineswegs gesättigt, sondern erreicht ein noch höheres Niveau dadurch, dass inzwischen auch die **Kosmetikindustrie** das Produkt entdeckt hat und erfolgreich vermarket. Es gibt mittlerweile in den Ländern Europas Arganölprodukte zur „Bewahrung der Schönheit der Frau". Dazu gehören z.B. Argan-Gesichtstagescrème, Argan-Hand- und -Fußcreme, Argan-Haarwasser, Arganseife. Das Arganöl wird auch angepriesen als wirksames Mittel gegen Akne. Und in Marokko entstehen zunehmend Gästehäuser, die zugleich als eine Art Schönheitsfarm auf der Basis von Arganöl bezeichet werden können.

## Tafraoute

0 — 200 m ©Reise Know-How Marok_48 14/20

**Übernachtung**
1 Camping 3 Palmiers
2 Camping Tazka
3 Camping Granite Rose
4 El Malara
6 Maison Tigmi Ozro
7 Azur Tafraoute
8 Les Rochers Peints
9 Les Amandiers
10 Saint Antoine
11 Dar Amrar
14 Maison d'Hôtes Arganino
16 Salama
20 L'Arganier
21 Chez Amaliya
22 Auberge Tililia
23 Yamina
24 Camping La Vallée d'Ammelne
25 Espace Tifawine
27 Safa
28 Auberge les Amis
29 Tafraoute
30 Maison de Vacances
33 Argana

**Essen und Trinken**
5 Chez Nadia
13 Atlas
18 Marrakech
19 Etoile du Sud
20 L'Arganier
26 Café de Paris
31 La Kasbah

**Einkaufen/Sonstiges**
12 Maison Touareg/ Zaidtours
15 Coin des Nomades
17 Agentur Tawada
32 Maison de Troc
33 iTours Morocco

Babuschen der Region findet. Ansonsten hat Tafraoute selbst keine besonderen Sehenswürdigkeiten zu bieten, doch die Umgebung mit ihrer **fantastischen Bergwelt** aus bizarren Granitfelsformationen zählt zu den schönsten Regionen des Landes. Besonders malerisch sind die alten, an die Felshänge gebauten Wohnhäuser im Ammelntal und in der 6 km entfernten Oase Adaï. Die Fassaden der mehrstöckigen, mit Lehm verputzten Steinhäuser sind teilweise mit sog. **Lokbas** dekoriert, drei- und viereckige, aus Schieferstein gesetzte Löcher, die mit Pferde- oder Maultierschwanzhaaren verstopft werden. Auch die heute vorherrschenden mehrstöckigen Betonhäuser passen sich in ihren Rosatönen, mit farblich abgesetzten Fenstern und Türen und den Zinnen auf dem Dach gut in die Landschaft ein.

Die Bewohner der Region gelten als geschickte Kaufleute mit **langer Handelstradition.** Viele arbeiten in den Städten im Norden oder sammeln Berufserfahrung im Ausland. Jede Familie besitzt ihren eigenen kleinen Oasengarten mit Obstbäumen, Gemüse und Gewürzpflanzen, die heute jedoch oft brachliegen. In der Region gedeihen viele **Mandelbäume,** die Ende Februar die Landschaft in ein weiß-rosa Blütenmeer verwandeln – zu dieser Zeit findet auch das bekannte Mandelfest statt.

Tafraoute bietet **alle Versorgungsmöglichkeiten,** immer mittwochs findet der Wochenmarkt (Suq) statt.

# Praktische Informationen

## Informationen

- Touristische Informationen für die ganze Region bietet die französischsprachige Internetseite **www.maroc-tourisme-rural.com.**
- Die **„Touristische Karte des Westlichen Anti-Atlas"** von *Herbert Popp, Brahim El Fasskaoui* und *Mohamed Aït Hamza* (Verlag Naturwissenschaftliche Gesellschaft Bayreuth e.V.) gibt interessante Hintergrundinformationen zur Region und ihren Bewohnern. Außerdem sind alle touristischen Attraktionen, Unterkünfte und Agadire eingezeichnet. Beziehbar beim Geographischen Institut der Uni Bayreuth (www.stadtgeo.uni-bayreuth.de/de/publications/maghreb-karten/) oder in vielen Gästehäusern in Tafraoute und Umgebung.
- Interessante Informationen über **Kletter- und Wanderrouten** sind auf **www.climb-tafraout.com** zu finden, dort kann man auch Kletterführer bestellen bzw. downloaden. Der Oxfort Alpine Club hat u.a. die hilfreiche **Karte** „Ait Mansour Gorge and surrounding area. Outdoor Activity Map for climbers, trekkers and tourits 5" im Maßstab 1:50.000 herausgegeben.

## Unterkunft in Tafraoute

### Mittelklasse

**Unser Tipp:** **4 El Malara**③, 5 km außerhalb von Tafraoute in Richtung Tiznit (R 104) am nordöstlichen Pistenabzweig zu den bemalten Felsen, N 29° 41,250', W 09°00,970', Mobil 0658 18 18 36, 0695 90 92 92, www.elmalara.com. Das mit feinen Berberteppichen, -kunsthandwerk und Antiquitäten gestaltete Gästehaus der Franzosen *Bernadette* und *Jean* bietet momentan die komfortabelste Unterkunft in der Region. Wie eine kleine Burg thront das Gebäude aus Stein und Holz in der freien Landschaft nahe der bemalten Felsen in absolut ruhiger Lage. Große, wunderschöne Zimmer mit Heizung/AC, z.T. mit Badewanne, Salon mit Bibliothek und Kamin, Dachterrasse mit tollem Ausblick, Garten mit Pool, exzellente Küche, Alkoholausschank.

**9 Les Amandiers**③, auf dem Hügel über dem Zentrum, Tel. 0528 80 00 88. Das größte Hotel (60 Zimmer) am Platz thront seit über 40 Jahren wie eine Kasbah über dem Ort. Pluspunkte sind der tolle Ausblick (v.a. bei Sonnenuntergang) auf Tafraoute und die Berge und der Pool zwischen Granitfelsen. Ansonsten ist das Haus ziemlich in die Jahre gekommen und hätte dringend eine Modernisierung nötig. Restaurant und Bar mit nostalgischem Charme und Alkoholausschank. Man spricht deutsch.

**10 Saint Antoine**③ (mit Frühstück), Av. Mokhtar Souissi, Tel. 0528 80 14 97, www.hotelsaintantoine-tafraout.com. Von außen wirkt das sehr freundliche Hotel im Stadtzentrum etwas gesichtslos, aber es bietet einen großen Pool im hübschen Hofgarten sowie komfortable, große Zimmer mit Bad, TV und Klimaanlage. WLAN, Alkoholausschank im Restaurant, Parken vor dem Haus möglich.

16 **Salama**②, im Zentrum beim Markt, Mobil 0808 51 84 92, www.hotelsalama.com. Das traditionsreiche Hotel (seit 1966) hat sehr hübsche, klimatisierte Zimmer im marokkanischen Stil mit TV und Bad (manche mit Balkon und Bergblick), eine gemütliche Kaminecke in der Lobby, eine schöne Panorama-Dachterrasse und einen Parkplatz vor dem Haus. Gutes Essen im Restaurant/Café im EG, gutes Preis-Leistungs-Verhältnis.

8 **Les Rochers Peints**③ (mit Frühstück), an der Straße zum Hotel Les Amandiers, Tel. 0528 80 00 32, www.hotelrocherspeints-tafraout.com. Das Interieur des ansonsten hübschen Gästehauses wirkt etwas kitschig-orientalisch. Alle acht Zimmer (mit Bad, TV) sind sauber, ordentlich und klimatisiert. Beeindruckend: die massiven Holztüren aus Mali.

30 **Maison de Vacances,** an der Straße Richtung Aguard Oudad/Tiznit, neben CTM-Büro, Tel. 0528 80 01 97, Mobil 0662 87 96 57, www.maisondevacances-tafraout.com. Das Ehepaar *Naima* und *Richie* (aus Passau) empfängt die Gäste in diesem netten Ferienhaus mit voll ausgestatteten Apartments② mit Küche, Salon und Schlafzimmer sowie mit klimatisierten Zimmern③ mit TV und Bad. Dachterrasse mit Ausblick, WLAN, MTB-Verleih.

6 **Maison Tigmi Ozro**②, Bd. Mokhtar Souissi bzw. Straße nach Tazka (neben dem Musée de la Résistance, ca. 2 km vom Zentrum), Mobil 0699 91 69 79. In diesem kleinen, hübschen Gästehaus kümmert sich *Bouchra* herzlich um ihre Gäste. 5 Zimmer mit Bad und TV, sehr gutes Essen, Dachterrasse mit fantastischem Blick in die Umgebung, WLAN. Es gibt auch eine Gästewohnung.

### Günstig

33 **Argana**①-②, an der Straße nach Aguard Oudad (400 m vom Kreisel im Zentrum), Tel. 0528 80 14 96, Mobil 0660 33 24 45, www.argana-tafraout.com, N 29°42,991', W 08°58,210'. Kleines Hotel mit ordentlichen, netten Zimmern ohne Bad und WC. Auf jeder Etage gibt es ein sauberes Badezimmer mit warmen Duschen. Schöner Rundumblick von der Dachterrasse. Frühstück 25 DH/Pers.

28 **Auberge les Amis**①-② (inkl. Frühstück), Place Moulay Rachid, Tel. 0528 80 19 21, auberge.les-amis@yahoo.fr. Sehr ordentliches und freundliches Budgethotel, einfache Zimmer mit oder ohne eigenes Bad (sauber, heiße Dusche), z.T. mit Heizung/AC, netter Balkon mit Blick auf den Place Moulay Rachid, Parkplatz vor der Tür, WLAN. Übernachtung auf Matratzen im Nomadenzelt auf der Dachterrasse möglich. Waschmaschine vorhanden.

7 **Azur Tafraoute**②, an der Straße nach Tazka (ggü. Lycée), Mobil 0643 84 14 59. Recht neues, sauberes und freundliches Gästehaus mit einfach ausgestatteten Zimmern. Frühstück auf der Gartenterrasse, ruhige Lage.

11 **Dar Amrar**②, Av. Mokhtar Souissi (ggü. BMCE Bank), Tel. 0528 80 14 10. Das zentral gelegene, sehr freundliche und ziemlich neue Gästehaus bietet saubere, hübsch gestaltete Zimmer mit Bad und TV. Gutes Frühstück, gutes Preis-Leistungs-Verhältnis. WLAN.

25 **Espace Tifawine**①-②, an der R 105 Richtung Ammelntal, Tel. 0528 80 14 88. Einfache, saubere Zimmer mit und ohne eigenes Bad, mit Klimaanlage und TV. Freundlicher Empfang, Pool (saisonal), gutes Terrassenrestaurant, WLAN.

14 **Maison d'Hôtes Arganino**①, Rue de la Marche Verte, in der Gasse neben Café/Restaurant Atlas, Mobil 0615 11 65 21, arganino@hotmail.fr. Kleine, schlichte und saubere Zimmer mit oder ohne Bad in einem Familienhaus, netter Empfang, einfaches Hammam, Fahrradverleih (60–80 DH/Tag), eigene Arganienölherstellung.

27 **Safa**①-②, an der Straße Richtung Ammelntal, zweites Haus rechts vom Krankenhaus, Mobil 0619 70 83 84, hotelsafatafraout@gmail.com. Schlichtes, sauberes Maison d'Hôtes im oberen Stockwerk eines Neubaus, 12 Zimmer zur Straße oder nach hinten. DZ mit Bad auf dem Gang oder eigenem Bad.

29 **Tafraoute**①, Place Moulay Rachid (bei der Afriquia-Tankstelle), Tel. 0528 80 00 60. Einfache

Zimmer mit Waschbecken, WC/Dusche auf dem Gang, ordentlich und okay. Unterstellmöglichkeit für Fahrräder und Motorräder.

## Unterkunft im Ammelntal

21 **Chez Amaliya**③, ca. 5 km außerhalb Richtung Agadir, gleich nach dem Abzweig ins Ammelntal, Tel. 0528 80 00 65, www.chezamaliya.com. Dieses große Kasbahhotel unter holländischer Führung liegt vor der fantastischen Bergkulisse des Djabal Lekst und hat 14 stilvoll marokkanisch gestaltete klimatisierte/beheizte Zimmer mit Bad, die sich um den Hofgarten mit schönem Pool gruppieren. Auf dem Dach bietet ein Apartment mit zwei Zimmern und Küche genug Platz für eine Familie. Im gemütlichen Salon mit Bücherregal (zum Tausch) sorgt an kalten Tagen ein Heizstrahler für Wärme. Restaurant mit Alkoholausschank. Boutique mit Verkauf von Arganienöl und der sehr guten „Touristischen Karte des Westlichen Antiatlas“ (vgl. „Information“).

20 **L'Arganier d'Ammelne**②, ca. 5 km außerhalb Richtung Agadir (1 km nach dem Abzweig ins Ammelntal auf der linken Seite, direkt ggü. Tête du Lion), Tel. 0528 80 00 69, Mobil 0661 92 60 64, www.arganierammelne.com. Das sehr freundliche Gästehaus in schöner Lage bietet schlichte, etwas dunkle, aber saubere Zimmer und zwei Familiensuiten um den Innenhof (Pool meist ohne Wasser). Im gemütlichen Salon im Berberstil gibt es Frühstück (mit Arganienölprodukten) und gutes, günstiges Essen, auch für auswärtige Gäste. Von der Dachterrasse bietet sich ein toller Ausblick auf die Berge. Das angeschlossene Campingareal ist sehr gepflegt (s.u.). WLAN vorhanden.

23 **Yamina**③ (mit HP/sehr gutes Essen), ca. 6 km außerhalb Richtung Agadir (Pistenabzweig nach Tandilt bei L'Arganier d'Ammelne), Mobil 0670 52 38 83, www.yamina-tafraout.com. Ein französisch-marokkanisches Paar betreibt diese sehr schöne Unterkunft mit nur vier (klimatisierten) Gästezimmern in einem traditionellen Lehmhaus in ruhiger Lage.

22 **Auberge Tililia**②, ca. 7 km außerhalb beim Dorf Azgaour, N 29°45,850', W 08°58,229', Mobil 0668 58 56 29, abraz70@hotmail.com. Links hinter L'Arganier d'Ammeln (von Tafraoute kommend) auf holpriger Piste Richtung „Tandilt –ila, Chez Abdallah, Yamina“ bzw. den Pfeilen folgen. Einfache Herberge in einem Neubau mit recht großen, netten Zimmern, Bad auf dem Gang, kleiner Salon, grandiose Aussicht von der Dachterrasse. Das Haus liegt zwar etwas ab vom Schuss, aber dafür sehr ruhig – ideal für Wanderungen oder Mountainbiketouren. Der Gastgeber *Abdellah* ist sehr nett, sein Cousin *Mohamed* (Mobil 0613 29 60 33) führt Wanderungen in der Umgebung.

## Camping

Alle Plätze sind im Winter hoffnungslos überfüllt mit **Wohnmobilen,** die hier z.T. mehrere Wochen stehen. Man kann aber auch wild im Palmenhain bei Tazka (Wasser und Müllentsorgung gegen Gebühr) oder bei den bemalten Steinen stehen (Müll wieder mitnehmen!). Wohnmobile können auch an den Parkplätzen entlang der Ausfallstraße Richtung Ammelntal über Nacht stehen.

2 **Tazka,** Tel. 0528 80 14 28, www.campingtazka.com. Gepflegter Platz mit einigen Palmen ca. 600 m außerhalb an der Straße Richtung Tiznit (Aday). Die Sanitäranlagen sind sauber, Abwasserentsorgungsmöglichkeit für Wohnmobile, leider wenig Schatten, WLAN, Wäscheservice, Fahrradverleih.

3 **Granite Rose,** an der Straße Richtung Tiznit, neben Tazka. Etwas karger, aber gepflegter ummauerter Platz. Jeder Stellplatz hat Stromanschluss und Wasserhahn, die Sanitäranlagen sind gepflegt (warme Duschen). Es gibt eine Waschmaschine und WLAN. Der Besitzer *Omar* spricht deutsch und ist sehr hilfsbereit.

1 **3 Palmiers,** nur etwa 400 m außerhalb an der Straße Richtung Tiznit, Tel. 0528 80 00 38, N 29°43,30', W 08°58,77'. Ummauerter Platz mit wenig

Schatten, im benachbarten Palmenhain stehen bei großem Andrang ebenfalls Wohnmobile. Sehr einfache, nicht immer saubere Sanitäranlagen. WLAN an der Rezeption. Max. Durchfahrtshöhe 3,40 m. Es gibt auch Bungalows zur Miete (sauber).

24 **La Vallée d'Ammelne,** 5 km Richtung Agadir auf der rechten Seite, Mobil 0667 59 92 80 *(Mr. Salmi)*. Recht gepflegter Platz in schöner Bergkulisse mit Pool (evtl. ohne Wasser) und Restaurant, nur wenig Schatten. Die Sanitäranlagen sind okay, aber schon etwas angeschlagen.

20 **L'Arganier d'Ammelne,** 5 km Richtung Agadir, vgl. „Unterkunft im Ammelntal". Der an das Gästehaus angeschlossene Standplatz ist sehr gepflegt und sauber, allerdings bieten die Olivenbäume und Palmen am Rand nur wenig Schatten. Gemütliches Restaurant.

## Essen und Trinken

Alkoholausschank nur in den Hotels El Malara, Les Amandiers und Saint Antoine sowie im Restaurant La Kasbah.

13 **Atlas,** am Place de La Marche Verte im Zentrum, Mobil 0667 12 02 93. Besonders unter den Einheimischen beliebtes Terrassencafé/-restaurant. Günstige Salate, Sandwiches und Omelette, auch Brochettes und Tajine. WLAN.

26 **Café de Paris,** an der R 105 Richtung Norden auf der linken Seite. Angenehmes Café mit gutem und günstigem Frühstück sowie Gebäck aus der dazugehörigen Bäckerei.

5 **Chez Nadia,** Bd. Mokhtar Souissi, nahe dem Stadion, neben Maison Tigmi Ozro, Mobil 0648 77 64 73. Familiäres Restaurant mit leckeren marokkanischen Gerichten zu günstigen Preisen (Tajine 50 DH, Pastilla 80 DH).

19 **Étoile du Sud,** im Zentrum, Tel. 0528 80 00 38. Stark von Touristengruppen frequentiertes, sonst angenehmes Gartenrestaurant mit mittleren Preisen, Folkloredarbietungen im Original-Hochzeitszelt – ein Besuch lohnt sich, wenn gerade keine Gruppen da sind.

31 **La Kasbah,** an der Straße Richtung Aguard Oudad (ggü. Maison de Troc und Maison de Vacances), Mobil 0672 30 39 09. Sehr gutes, frisch zubereitetes Essen (evtl. längere Wartezeit) auf der Terrasse oder im gemütlichen Interieur (Menü 90 DH, Tajine 70 DH), Alkoholausschank. WLAN.

20 **L'Arganier d'Ammelne,** 5 km Richtung Agadir, vgl. die gleichnamige Unterkunft oben. Zum Gästehaus und Campingareal gehört ein sehr hübsches Restaurant im Berberstil, in dem gutes Essen zubereitet wird.

18 **Marrakech,** zentral nahe Place Moulay Rachid, Mobil 0663 22 92 60. Günstiges, gutes und reichliches Essen in marokkanischem Ambiente, Terrasse zur Einkaufsstraße hin etwas laut. Menü 75 DH.

## Einkaufen

Tafraoute gehört zum Ausflugsprogramm der Agadir-Pauschaltouristen, entsprechend groß ist das Angebot an Souvenirs. Die Läden am kleinen Marktplatz vor dem Hotel Salama und im Suq bieten u.a. Arganienöl (ca. 120 DH/500 ml), lokalen Honig und die für die Region typischen, vorne abgerundeten **Babuschen** (Sandalen) aus Ziegenleder an.

32 **Maison de Troc,** an der Straße nach Aguard Oudad, ggü. Restaurant La Kasbah, Tel. 0528 80 00 35 oder Mobil 0660 95 42 69, Mohamed_Tafraout @yahoo.com. Wer Teppiche, Lampen oder Fossilien kaufen will, ist bei *Lahcen* und *Mohamed Lamghari* goldrichtig – beide sind sehr freundlich und sprechen sehr gut deutsch. Interessierte können sich unverbindlich und ohne Kaufzwang die verschiedenen Muster und Web-/Knüpftechniken erklären lassen. Kissenbezüge aus einem zugeschnittenen Teppich werden nach individuellen Wünschen bis zum nächsten Tag genäht. Der Teppichversand nach Deutschland per DHL funktioniert zuverlässig und reibungslos. Kreditkartenzahlung möglich.

**12** **Maison Touareg,** Av. Mohamed V., Richtung Hotel Les Amandiers, Tel. 0528 80 02 10, www.maisontouareg.com. Auch in diesem Souvenir- und Teppichladen wird man gut beraten. Zahlung mit Kreditkarte und zuverlässiger Versand nach Deutschland möglich. Die Clan-Mitglieder der Familie *Aït Sidi Brahim* in ihren Tuareggewändern sprechen allerdings des Öfteren Touristen an, was zuweilen nervig sein kann. Sie verleihen auch Fahrräder und organisieren Touristenausflüge in die Umgebung.

## Aktivitäten

Man sollte unbedingt eine Tagestour oder sogar mehrtägige **Wanderung** in der tollen Gebirgswelt aus Granit unternehmen. Konditionsstarke und trittsichere Wanderer können zwei der höchsten Berge des Anti-Atlas, den **Djabal Lekst** (2359 m) oder den **Adrar Mqorn** (2344 m), besteigen. Vgl. „Ausflüge".

Es bieten sich viele junge Männer als (Wander-) Führer an – die meisten haben keine offizielle Lizenz, nur wenig Sprachkenntnisse und wenig Motivation für eine interessante Führung.

**12** **Zaidtours,** Mobil 0666 91 81 61 oder 0661 05 05 10 (Maison Tuareg), zaidtours@yahoo.com. Die gut Deutsch sprechenden Guides *Zaid (Zayou Aouijil)* bzw. *Mohamed* vom Maison Tuareg (s.o.) organisieren Ausflüge aller Art. Auch Vermittlung von Bergführern und Fahrradverleih.

**17** Der freundliche **Brahim Bahou** (Mobil 0661 82 26 77, 0615 72 82 79, brahim-izanzaren@hotmail.com, **Agentur Tawada,** Büro oberhalb des Hotels Salama in der Gasse hinter Babouches Aït Boussa) ist der einzige staatlich geprüfte **Bergführer** in der Region. Er spricht englisch und französisch.

**33** **iTours Morocco,** im Hotel Argana, Tel. 0528 80 14 96, Mobil 0660 33 24 45, www.itoursmorocco.com. *Mustapha* und *Zaid* organisieren Touren in der Umgebung von Tafraoute und in ganz Marokko.

**15** **Coin des Nomades,** direkt am Marktplatz (rechts neben Hotel Salama), Mobil 0661 62 79 21, tägl. 8.30–21 Uhr. Der freundliche *Houcine Laroussi* verkauft Kopien **topografischer Karten** und gibt allerlei nützliche **Infos zu Wander- und Kletterrouten** (Topos) in der Region – ein Besuch in seinem kleinen, chaotischen Souvenirladen lohnt sich.

**12** Das **Maison Touareg** (Av. Mohamed V. Richtung Hotel Les Amandiers, s. bei „Einkaufen") verleiht moderne **Mountainbikes,** Kinderräder und Räder mit Kindersitz für 50–100 DH/Tag. Auch das **30** **Maison de Vacances** und das **Gästehaus** **14** **Arganino** (s.o.) vermieten Fahrräder. Man sollte unbedingt die Qualität der Reifen überprüfen und ein Reparaturset mit Flickzeug mitnehmen.

## Busse

- **CTM** (Tel. 0528 80 17 89) startet einmal tägl. morgens um 8 Uhr **über Tiznit und Agadir nach Casablanca.** Nach Tiznit ca. 2½ Std., 35 DH; nach Agadir ca. 5 Std., 70 DH; nach Casablanca ca. 13 Std., 250 DH.
- Weitere **Privatbuslinien** fahren täglich **über Tiznit nach Agadir, Marrakesch und Casablanca.**
- In der Umgebung fahren **Regionalbusse,** z.B. Bus Nr. 20 ab/bis Tiznit (über Adai und Tahala, Abfahrt neben der Post, Rue Hassan el Tani). An der Afriquia-Tankstelle startet der Bus nach Tarsouat (Richtung Tiznit über Aguard Oudad). Am Krankenhaus fährt etwa im Stundentakt ein Bus ins Ammelntal nach Südwesten über Taguenza nach Amarkhsine und nordöstlich bis zum Pass Tizi Mlil.

## Sonstiges

- Die **Post** liegt am Place Mly Rachid (mit Wechselbüro).
- Im Stadtzentrum gibt es **Banken** mit Geldautomaten.

# Tafraoute und Ammelntal

0 — 1 km ©Reise Know-How Marok_49 8/20

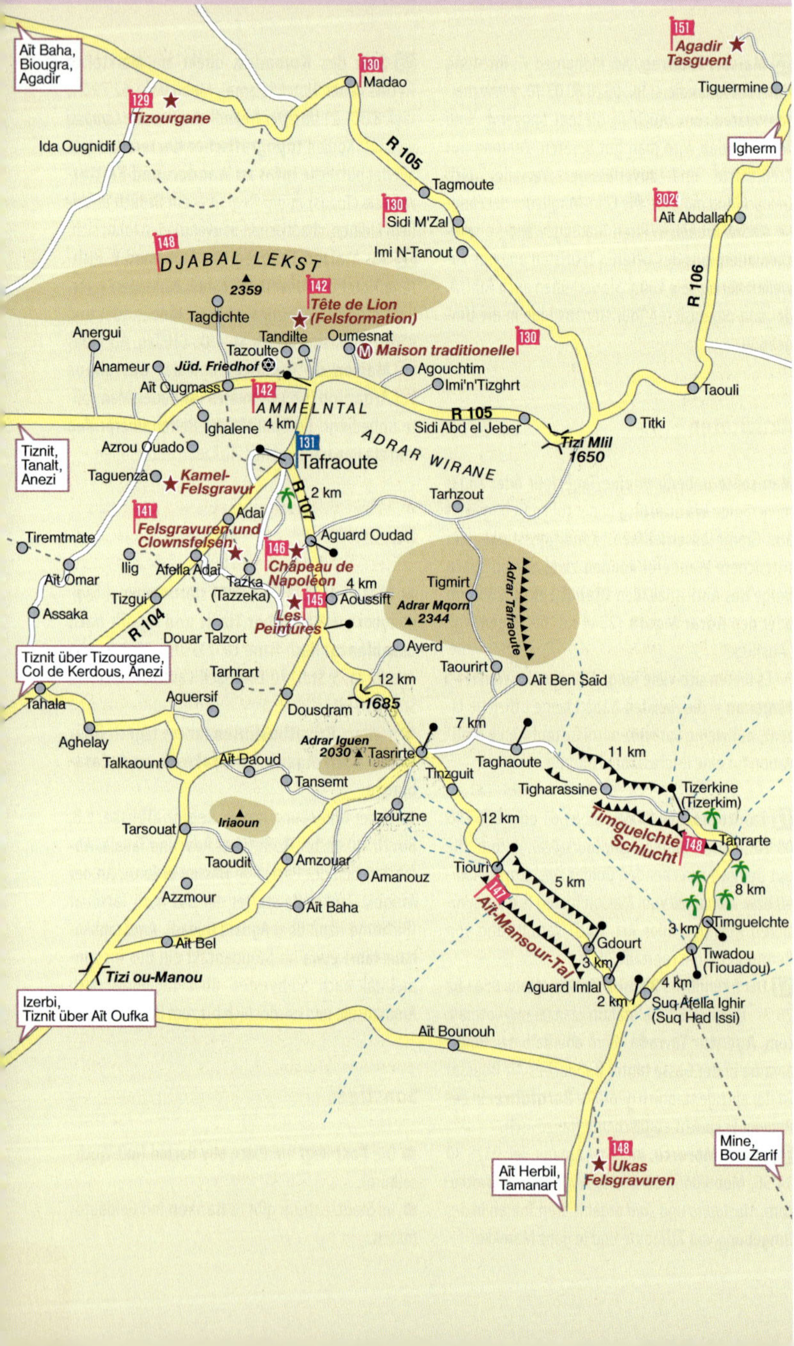

- **Apotheken:** Pharmacie Massira im Zentrum ggü. Artisanat du Coin, Pharmacie de Tafraout an der Ausfahrt Richtung Ammelntal nahe Place Moulay Rachid.
- An der Ausfallstraße Richtung Aït Baha befinden sich mehrere **Autowerkstätten.**
- Die **Sammeltaxis** nach Tiznit (ca. 30 DH, 1 Std.) starten täglich frühmorgens zwischen 6 und 7 Uhr. Auch nach Tanalte und Aït Baha verkehren Sammeltaxis. Grands Taxis können für Ausflugsfahrten in der Umgebung angemietet werden.

## Feste/Veranstaltungen

- Das bekannte dreitägige **Mandelfest (Festival des Amandiers)** wird jedes Jahr zur Mandelblüte Ende Februar abgehalten (www.festivalamandiers.ma). Dann ist ganz Tafraoute auf den Beinen, vor allem die Jugend tanzt begeistert vor der Bühne, wenn Bands aus dem ganzen Land aufspielen. Gleichzeitig findet ein Markt statt, auf dem Händler aus der Region ihre Produkte verkaufen (Arganöl und Cremes, Mandeln, Rosenwasser etc.).
- **Moussem Sidi Ahmed ou Said,** in Adaï, Mitte August.
- In Anameur findet dreimal im Jahr, im Januar, März und Mai, ein **Fest zu Ehren des Marabut Chezelhamiz,** mit großem Essen im Freien, statt.

# Ausflüge

Nicht motorisierte Touristen können die beschriebenen Ausflüge entweder als **Tagestour** buchen (vgl. oben „Aktivitäten") oder ein **Grand Taxi** anmieten.

In der Umgebung von Tafraoute kann man tagelang wandern, Rad fahren oder klettern und die malerischen Dörfer im Ammelntal besuchen, z.B. ausgehend von Oumesnat (vgl. „Abstecher nach Oumesnat").

Nur wenige Kilometer von Tafraoute entfernt liegen großartige, von der Winderosion geschaffene Felsformationen aus Granit. Besonders bekannt sind der **Chapeau Napoléon** bei Aguard Oudad, der **Tête de Lion** bei Oumesnat und der **Clownsfelsen** nahe Tazzeka (Tazka).

Neben den bizarren Formen der Granitberge sind **Les Peintures** – vom belgischen Künstler *Jean Vérame* blau, violett, rot und schwarz bemalte Felsen bei Aguard Oudad – eine der touristischen Attraktionen (s.u.).

In der Umgebung Tafraoutes gibt es außerdem **Felsgravuren** zu entdecken, am leichtesten die **Gazellengravur** zwischen den Dörfern Adaï und Tazka (Tazzeka, s.u.). Ihre Authentizität wird allerdings bezweifelt.

Problemlos zu Fuß erreicht man die sehr hübschen Dörfer Tazka und Aguard Oudad, beide in herrlicher Lage am Fuße von Granitfelsen und zwischen Palmenhainen. In **Tazka** lädt ein altes, renoviertes Haus – ein „Maison traditionelle" ähnlich wie in Oumesnat – zum Besuch ein. In **Aguard Oudad,** einem herausgeputzten Ort am Fuße des Napoleonfelsens, kann man über die Fußgängerzone durch die Ortsmitte und weiter auf einer Piste zu den bemalten Felsen *(Les Peintures)* spazieren – sehr schön im Frühjahr, wenn alles blüht.

Nicht versäumen sollte man den Besuch des *Maison traditionelle* in **Oumesnat,** den man mit einem Spaziergang durch den alten Ortskern und die Oasengärten verbinden kann (siehe vorherige Routenbeschreibung).

## Rundfahrt durchs Ammelntal

Eine Tour ins wunderschöne Ammelntal mit seinen ursprünglichen Dörfern und der **grandiosen Granitfelsenkulisse** sollte man auf keinen Fall verpassen. Der Ausflug führt als Rundfahrt von Tafraoute über das Ammelntal nach Tahala und von dort wieder zurück über Afella Adaï nach Tafraoute (R 104). Die Route ist durchgehend asphaltiert und ohne Abstecher etwa 41 km lang.

Die **Ammeln** – ein **Berbervolk,** das zur Hauptgruppe der Chleuh gehört – haben in ganz Marokko einen Ruf als gute Händler. Es gibt im Ammelntal **vier Berberstämme:** Afella Wassif, Aït Smaybun (Anameur), Aguns Wassif und Tahala, die in 46 Dörfern (Douar) leben. Die meisten der für die Region typischen zinnenbewehrten Häuser aus Bruchstein, mit weißer Ornamentikbemalung und Lokba-Verzierungen auf dem Lehmverputz, verfallen. Viele Ammeln haben die Region verlassen und arbeiten die meiste Zeit des Jahres im Ausland oder in großen Städten wie Casablanca – das Ersparte fließt häufig in Form eines modernen Familienhauses wieder zurück in die alte Heimat. Die neuen, mehrstöckigen und rosa getünchten Gebäude mit weiß umrahmten Fenstern prägen inzwischen das Landschaftsbild rund um Tafraoute.

Verlassen Sie Tafraoute auf der Asphaltstraße Richtung Agadir/Aït Baha (vom Place Moulay Rachid nach Norden, beschildert). Nach wenigen Kilometern folgt ein **Aussichtspunkt auf den Tête du Lion** – eine markante Felsformation am Gebirgszug des Djabal Lekst, bei der man mit etwas Fantasie (am besten im Abendlicht) ein Löwengesicht erkennen kann. Nach knapp 5 km erreicht man einen **Kreisverkehr:** Links geht es ins westliche Ammelntal, rechts kann man einen lohnenswerten Abstecher nach Oumesnat und zum *Maison traditionelle* (vgl. „Von Agadir nach Tafraoute“) unternehmen.

Gleich hinter dem Abzweig ins Ammelntal liegt das komfortable **Kasbahhotel Chez Amaliya** auf der rechten Seite (s. „Unterkunft“ bei Tafraoute). Die schmale Asphaltstraße führt durch im Sommer sehr trockene Felslandschaft mit Arganien und Palmen. Auf der rechten Seite ragen die imposanten Granitberge des **Djabal Lekst (2359 m)** auf. Kleine Stichstraßen oder Pisten führen zu den Dörfern, die an den Berghängen kleben.

Etwa 2 km nach dem Abzweig (km 6 ab Tafraoute) führt rechts eine kleine Asphaltstraße zum Dorf **Tazoulte** am Fuße der Berge. Zwischen Tazoulte und dem Nachbardorf Dimialen liegt ein von einer hohen Betonmauer geschützter, alter **jüdischer Friedhof** mitten in der Landschaft (bei N 29°45,742', W 08°59, 079'). Man kann von Tazoulte in etwa 30 Min. zum Friedhof marschieren, indem man kurz vor dem Ortseingang auf eine kleine Piste abbiegt und gleich nach dem Überqueren des Bachbetts links auf einem Pfad südwärts spaziert. Das Eingangstor ist meistens verschlossen. Interessierte sollten sich vorher nach dem Schlüsselhalter erkundigen.

4 km nach dem Abzweig (**km 8** ab Tafraoute), unmittelbar vor dem Dorf **Aït Ougmass,** zweigt bei einem gemauerten Wegweiser am Ortseingang rechts (N 29°45,299', W 8°59,875') eine steile, teilweise betonierte Straße nach **Tagdichte** (1422 m) ab. Das Dorf ist Aus-

gangspunkt für die Besteigung oder Überschreitung des Djabal Lekst (vgl. Ausflug weiter unten).

Bei km 11 ab Tafraoute folgt ein Abzweig zum Dorf Tidli.

Etwa 1,5 km weiter (**km 12** ab Tafraoute) führt eine schmale Asphaltstraße rechts ab Richtung **Tanalt** und **Anezi** (N 29°44,243', W 9°02,111'). Von Tanalt kann man auf einer westlichen Alternativroute nach Aït Baha fahren (vgl. Route Agadir – Tafraoute).

Folgt man der Asphaltstraße nur etwa 2 km Richtung Tanalt, kann man bei einem kleinen Wegweiser rechts auf eine Piste nach **Anergui** (1469 m) abbiegen. Die 7 km lange Piste führt sehr kurvig und steil (ohne Seitenbegrenzung) bergauf. Die größten Steigungen sind betoniert. Es bietet sich ein grandioser Ausblick nach unten! Anergui thront wie ein Adlerhorst auf einer Bergkuppe, darunter fallen die rot-braunen Felshänge steil ab. Vom oberen Ortsrand kann man auf einem Pfad bis zum Talschluss wandern oder in einer Tagestour den Djabal Lekst nach Tagedichte überschreiten (vgl. Ausflug weiter unten).

Folgt man weiter der Hauptstraße (ohne Abstecher nach Anergui), ist bei **km 13** (1 km weiter) das Dorf **Taguenza** erreicht. Bei **km 16** führt eine Furt über den **Assif Almouloud.** Die Straße entfernt sich vom Ammelntal und führt kurvig durch ein Tal mit Arganien und Palmen.

Zu Gast im Maison traditionelle in Oumesnat

080sm20 ad

3 km weiter **(km 19)** zweigt eine kleine Piste rechts nach Tiremtmate (Steinwegweiser etwa bei N 29°41,586', W 09° 04,132') ab. Biegt man hier ab, bieten sich schöne Wildcampingmöglichkeiten entlang eines kleinen Oueds. Nach 3 km auf holpriger Piste (mit Vorsicht auch mit Pkw möglich) erreicht man das Dorf **Tiremtmate.** Dort kann man einen schönen Spaziergang entlang des Flüsschens mit Oleander und Froschteichen unternehmen und mit Hilfe eines einheimischen Führers evtl. auch die dortigen **Felsgravuren,** die Gazellen darstellen, entdecken.

Bei **km 24** ist der Ort **Assaka** erreicht. 4 km weiter (km 28 ab Tafraoute) mündet diese Route beim großen Ort (Oued) **Tahala** in die Asphaltstraße R 104 ein. Links geht es zurück nach Tafraoute (17 km), rechts nach Tiznit (90 km). Von Tafraoute kommend, ist dieser Abzweig ins Ammelntal nur arabisch beschildert (N 29°38,166', W 09°05,754').

7 km hinter Tahala passiert man das Dorf **Boutabi.** 3 km danach **(km 37** ab Tafraoute) zweigt unmittelbar vor Afella Adaï rechts eine Piste (arabisches Schild, N 29°41,317', W 09°01,033') zum wunderschönen **Gästehaus El Malara** (vgl. „Tafraoute/Unterkunft") und zu den bemalten Felsen ab (ca. 6 km, gut mit Pkw befahrbar, siehe nächster Ausflug).

Nur 1 km weiter folgt das Dorf **Afella Adaï** in wunderschöner Kullerfelsenlandschaft.

2 km hinter Adaï **(km 40** ab Tafraoute) führt eine kleine Piste rechts ab (N 29°42,705', W 08°59,455') in den Palmenhain zu den **Gravuren von Tazzeka** (Tazka, 1 km). Rechts oberhalb der Piste kann man an einem Felsen eine ca. 3 m große Gazelle und eine Kuh erkennen (N 29°42,685', W 08°59,311'). Über das Alter der (nachgeritzten) Gravuren lässt sich streiten … Die Piste durchquert das Dorf Tazzeka (kleines Museum bzw. *Maison traditionelle* oberhalb der Moschee, nur zu Fuß erreichbar) und mün-

081sm20 ad

☒ Die Dörfer im Ammelntal erstrecken sich an den Hängen des Djabal Lekst

det 2 km nach dem Abzweig von der Hauptroute (bei N 29°42,574', W 08°59, 174') in die Asphaltstraße zwischen Tazzeka und Tafraoute (1 km) ein.

Fährt man nicht über die Gravuren und Tazzeka, sondern die Asphaltstraße weiter (vorbei an Camping Tazka und Granite Rose), folgt nur etwa 1 km nach dem Abzweig (Gesamt-km 41) Tafraoute.

## Rundfahrt zu den bemalten Felsen (Les Peintures)

Die bemalten Felsen – im Französischen „Les Peintures" genannt – sind das Werk des belgischen Künstlers *Jean Vérame*, der mitten im Nirgendwo **bis zu 30 m hohe Granitfelsen in den Farben Blau, Rot, Schwarz und Violett** ganzflächig oder in geometrischen Mustern bemalte.

So entstand hier 1984 eine „Phantasmagorie“ von 2 km Länge und 800 m Breite. 20.000 Kilo Farbe, nach altägyptischen Rezepten hergestellt, wurden in zwei Monaten vermalt – nachdem der Künstler bereits ähnliche Projekte auf Korsika, in den Cevennen, im Tibesti-Gebirge und im Sinai verwirklicht hatte. Die mit der Sonneneinstrahlung und Erosion stark verblassenden und abbröckelnden Farben wurden inzwischen mehrmals erneuert – zuletzt Ende 2018, sodass sie nun etwas arg knallig wirken und die „Ästhetik“ des Kunstwerks umstritten ist. Dennoch lohnt sich ein Ausflug zu diesem besonderen Ort, in dessen Umgebung, einer bizarren Kullerfelsenlandschaft, man wandern kann.

Die etwa **22 km lange Rundfahrt** führt von Tafraoute über Aguard Oudad zu den bemalten Felsen und über Afella Adaï zurück nach Tafraoute. Die breite, geschobene Piste mit betonierten Furten ist problemlos mit Pkw und Wohnmobil befahrbar. Die bemalten Felsen kann man von Aguard Oudad auf einer Piste Richtung Süden (vom hübschen Ortskern ausgehend) auch gut zu Fuß oder mit dem Mountainbike erreichen.

Von Tafraoute geht es südwärts (am Platz Moulay Rachid rechts) in Richtung Izerbi/Tiznit durch malerische Landschaft mit Palmen, mächtigen Granitfelsen und den typischen rosaroten Häusern des Anti-Atlas. Nach knapp 3 km erreicht man **Aguard Oudad.** Das hübsche Dorf liegt rechter Hand in einem Palmenhain am Fuße des sogenannten **Chapeau Napoléon** („Napoleonshut“), einem eigenartigen Turmfelsen, der dem berühmten Hut des Kaisers ähnlich sehen soll. Ein Bummel durch das schmucke Zentrum entlang der gepflasterten Fußgängerzone lohnt sich, von dort kann man auch zu den bemalten Felsen weiterwandern.

Etwa 6 km hinter Tafraoute zweigt bei einer V-Kreuzung links die Straße ins Aït-Mansour-Tal nach Afella Ighir ab (vgl. folgenden Ausflug). Rechts geht es nach Tiznit und nach nur 400 m (km 6,4 ab Tafraoute) auf eine breite Piste rechts ab zu den **bemalten Felsen** (franz. **Les Peintures** oder **Les rochers peints,** engl. **Painted Rocks**). Ein gemauerter Wegweiser beim Abzweig (N 29°39,623', W 08°57,718') ist nicht zu übersehen. Etwa 2 km nach dem Abzweig (ca. km 9 ab Tafraoute) führt rechts eine Piste zu einem Aussichtspunkt und von dort hinab in den Kessel. Pkw folgen besser der breiten Schotterpiste geradeaus, die nach weiteren 2 km zu einem **Parkplatz** führt (km 11 ab Tafraoute, N 29°40,216', W 08°58,466'). Der schöne Platz ist ein beliebter Übernachtungsort für Wohnmobile. Leider liegt Müll herum, und einige Felsen wurden mit Graffiti verunstaltet. Auf diversen Pisten kann man die Gegend mit 4x4 erkunden – schöner ist es jedoch zu Fuß!

Die **alte Zufahrtspiste** führt vom Parkplatz Richtung Nordosten zwischen den bemalten Felsen hindurch zu einem eingezäunten privaten Farmgelände. In der schönen Umgebung stehen viele Wildcamper – bitte den Müll unbedingt wieder mitnehmen, Wasser kann beim Farmgelände aufgefüllt werden. Von hier führt die alte Zufahrtspiste weiter nach Aguard Oudad (nach Regenfällen z.T. ausgewaschen vom Wadi), auf der man vom Zentrum in Aguard Oudad hierher spazieren oder radeln kann.

Die breite Pistentrasse führt von den bemalten Felsen weiter westwärts (später

Richtung Norden) durch **schöne Granitfelsenlandschaft** mit vielen Wildcampingmöglichkeiten zwischen Palmen und Arganien. Am Abzweig nahe Tazka steht ein arabischer Wegweiser (N 29°40,080', W 08°58,748') – rechts weiter auf breiter Piste. 2 km weiter (Schild) rechts abbiegen; nach weiteren 2 km (6 km von den Peintures, ca. km 17 ab Tafraoute) mündet diese Route – kurz hinter dem Gästehaus El Malara (vgl. „Tafraoute/Unterkunft") in die Asphaltstraße zwischen Tahala und Tafraoute ein (N 29°41,317', W 09°01,033'). Links geht es weiter nach Afella Adaï, rechts nach Tafraoute (6 km, arabischer Wegweiser).

## Rundfahrt durchs Aït-Mansour-Tal

Dieser **Tagesausflug** führt in einer Rundfahrt von Tasrirte durch die schöne Aït-Mansour-Schlucht nach Suq d'Afella Ighir und durch die Schlucht von Timguelchte zurück nach Tasrirt. Bedauerlicherweise werden die Oasendörfer und -gärten im Tal infolge der Abwanderung der jungen Bevölkerung Richtung Casablanca und Rabat immer weniger gepflegt. Dennoch lohnt sich dieser Ausflug durch herrliche Palmenoasen und vorbei an ursprünglichen Dörfern inmitten wüstenhafter Berglandschaft.

**Die gesamte Route ab/bis Tafraoute ist 91 km lang.** Die schmale Asphaltstraße ist z.T. beschädigt oder unterbrochen, in Tizerkine endet der Asphalt. Die weitere Piste bis zurück zur Kreuzung bei Tasrirte sollte man besser nur mit 4x4 oder mit einem robustem Fahrzeug mit viel Bodenfreiheit befahren (bzw. mit dem Mountainbike, holprige Flussfurten). Auf der gesamten Strecke muss der Fluss häufig auf Betonfurten gequert werden – nach starken Regenfällen kann die Straße daher überschwemmt sein.

Von Tafraoute geht es über **Aguard Oudad** (2 km) nach Süden. Bei **km 6** zweigt diese Route links ab nach Afella Ighir (beschildert), geradeaus geht es nach Tarsouate, Izerbi und Tiznit sowie zu den bemalten Felsen Les Peintures (s.o.). Die Straße schlängelt sich mit herrlichem Ausblick hinauf auf den **Adrar Mqorn (2344 m).**

**18 km** hinter Tafraoute führt beim Dorf **Tasrirte** in einer Rechtskurve eine Piste links ab nach Timguelchte (arabischer Wegweiser, N 29°36,800', W 08°55,144'). Hier mündet diese Rundfahrt am Ende wieder ein – mit 4x4 kann man sie natürlich auch umgekehrt befahren. Mit Pkw geht es auf der Asphaltstraße weiter geradeaus nach Aït Mansour.

Schon 7 km weiter (**km 25** ab Tafraoute) eröffnet sich eine **spektakuläre Bergkulisse** – die Straße folgt dem von Palmen und Oleander gesäumten Flusstal in der Aït-Mansour-Schlucht.

Bei **km 30** sind der zwischen hohen rot-braunen Felswänden eingeschlossene Palmenhain von **Aït Mansour** und der Ort **Tiouri** erreicht. Die gesamte Region mit ihren vielen Oasen nennt sich **Afella Ighir.** In den Oasen des Flusstals gedeihen Dattelpalmen, Oleander, Oliven und Feigen. Es folgen das Dorf **Gdourt (km 35)** und der schöne, leider verfallene **Ksar Aguerd Imlal (km 38).**

40 km nach Tafraoute mündet diese Route in eine größere Asphaltstraße ein (N 29°29,885', W 08°49,333'): Unsere Rundfahrt führt links weiter zum Ort **Suq d'Afella Ighir** (1 km, Markt am

Sonntag), wo die Arbeiter der nahen Goldmine von Akka wohnen.

1 km nach dem Ort folgt man weiter der Straße nach Timguelchte geradeaus und verlässt die Asphaltstraße, die zur Mine führt (keine Besichtigung möglich). 3 km weiter (**km 45** ab Tafraoute) ist **Tiwadou** in einem Palmenhain erreicht. Am Ortseingang geht es rechts zur Herberge der Familie *Sahnoun* (**Chez Sahnoun**②, kein Schild, Tel. 0528 21 83 65, maisonsahnoun@gmail.com). Die überaus gastfreundliche Familie vermietet drei sehr einfache, aber nette Zimmer in ihrem Lehmhaus (inkl. HP), die sanitären Anlagen sind sauber. Besonders idyllisch ist der schattige Oasengarten, in dem man hervorragende Tajine serviert bekommt. Wer möchte, kann hier auch sein Zelt aufschlagen.

Beim hübschen Dorf **Timguelchte** (Timguichte, **km 47)** beginnt die **Schlucht** von Timguelchte. Im Dorf befindet sich eine historisch bedeutsame Zaouia mit Koranschule und außergewöhnlichem Minarett aus Steinquadern. In Timguelchte hält man sich links und folgt der schmalen Straße entlang des Flusstals mit Arganien, Oleander, Palmen, Oliven und Granatäpfeln zwischen hohen rot-braunen Felswänden. Die Dörfer **Imi Ouazal (km 53)** und **Tizerkine (km 55)** umgeben herrliche Oasengärten. Ab Tizerkine fährt man auf Piste mit (holprigen) Asphaltresten. Bis zu den Ruinen des **Ksar Taghaoute** bei **km 66,** die rechts auf einer Kuppe thronen (neuer Ort etwas später), durchfährt man eine einsame Gegend, die sich auch gut als Terrain für Mountainbiker eignet.

Bei **km 73** sind wieder das Dorf **Tasrirte** und die Asphaltstraße zurück nach Tafraoute erreicht (vgl. km 18).

### Variante mit 4x4

Biegt man an der Kreuzung bei **km 40** nach rechts ab, gelangt man auf die Asphaltstraße nach Izerbi. Mit einem Geländewagen kann man zunächst dieser Straße folgen und 4 km nach der Kreuzung auf eine Piste links abzweigen (kein Wegweiser, N 29°28,031', W 08°50,977'). Die steinige, sehr holprige Piste (8 km) folgt dem Oued Tazougart zu den mehrere tausend Jahre alten **Felsgravuren von Ukas** am **Guelta Imtkan** (N 29°24, 693', W 08°51,513'), die leider von Vandalen mutwillig zerkratzt wurden. Sie liegen auf dem Hügel (angegebene Koordinate unterhalb) und sind nicht leicht zu finden.

## Besteigung des Djabal Lekst

Der Djabal Lekst, **mit 2359 m höchster Berg der Region,** kann von den Dörfern Tagedichte (1422 m) oder Anergui (1469 m) im Ammelntal bestiegen werden (Anfahrt zu den Orten vgl. Ausflug „Rundfahrt durchs Ammelntal“). Der kürzere Weg führt vom oberen Ortsrand in Tagedichte über gerölliges Gelände steil bergauf bis zum Gipfel mit grandiosem Ausblick auf die karge Landschaft des Anti-Atlas und die Dörfer rundum. Für den **Aufstieg** biegt man in Tagedichte 300 m hinter der Moschee und dem Laden in einer Linkskurve auf einen Pfad nach rechts ab (vorbei an Zisternen). 200 m vor dem Wasserfall steigt man links auf einen terrassierten Schuttkegel auf und nach etwa 10 Minuten rechts auf einem deutlichen Pfad hinauf zu einer Wasserleitung. Nun geht es bis zu deren Ende in einem Talkessel über dem Wasserfall, dann weglos links auf

Schutthalden bis zum Gipfel. Aus dem Ammelntal wandert man etwa 1½ Std. bis Tagedichte (falls man keine Mitfahrgelegenheit findet), von dort bis zum Gipfel sind es 4–5 Std., für den Abstieg 3–4 Std. (Gesamtgehzeit 10–12 Std.), rund 1000 Höhenmeter sind zu überwinden.

Von **Anergui** auf der Westseite der lang gezogenen Djabal-Lekst-Kette kann man den Berg auch nach Tagedichte überschreiten. Diese **anstrengende Tour** dauert einen ganzen Tag (ca. 7 Std. Gehzeit). Der Weg startet am Parkplatz am obersten Ende des neuen Ortsteils von Anergui. Treppenstufen führen bergauf zu einem steinigen Pfad, der einem kleinen, herrlich ruhigen Tal bis zum Talschluss folgt und dann in Serpentinen zum Plateau Azarah und weiter nach Tagdichte führt.

Für beide Touren sind Trittsicherheit, Bergschuhe und **gute Kondition** unbedingte Voraussetzung. Es gibt kaum Schatten, daher gehören eine Kopfbedeckung, genug Wasser und Proviant ins Gepäck. Der Weg ist schwer zu erkennen und nur gelegentlich mit Steinmännchen markiert, daher empfiehlt es sich sehr, einen Bergführer anzuheuern. In der Gegend gibt es Wildschweine und Gazellen.

## Wanderungen

Überall um Tafraoute, im Ammelntal, in der Aït-Mansour-Schlucht und bei den bemalten Felsen kann man schöne Wanderungen unternehmen. Ausgangspunkte sind z.B. Oumesnat oder Azgaour unterhalb der Bergformation Tête du Lion. Zweigt man hinter dem **L'Arganier d'Ammelne** von Tafraoute kommend links Richtung Tandilt ab und parkt in den Oasengärten von **Azgaour** (2 km ab L'Arganier d'Ammelne), kann man eine schöne Tour zum alten Ksar unternehmen. Zunächst geht es Richtung Westen (vorbei an einem Bewässerungsbecken) durch die Gärten und dann auf einem Pfad bergauf zum alten Dorf. An den verfallenen Lehmburgen ist noch die typische Steinarchitektur mit Lehmverputz, Schmuckornamenten, Rundbögen und Stützbalken aus Palmholz zu erkennen. Von hier oben bietet sich ein fantastischer Blick auf das Ammelntal. Vom alten Ksar spaziert man nun Richtung Osten auf einen Einschnitt mit Palmen unterhalb des Tête du Lion zu und steigt zum Flussbett ab, dem man zurück zu den Oasengärten folgt (insgesamt ca. 1 Std.). Die Wanderung lässt sich beliebig verlängern: Pisten und Wege verbinden die an den Berghängen klebenden Dörfer im Ammelntal.

Traditionelles Wohnhaus aus Lehm und Stein

082sm20 ad

# Von Tafraoute über Igherm nach Taroudannt

- **Ca. 185 km (ohne Abstecher), R 106 und R 109.**
- Die Strecke nach Igherm (107 km) und weiter nach Taroudannt ist asphaltiert. **Das landschaftlich schönste Stück reicht bis 6 km hinter Aït Abdallah.** Der Höhepunkt dieser Route, nur wenige Kilometer abseits der Hauptstrecke, ist der beeindruckende Agadir Tasguent.

Ab Tafraoute Richtung Aït Baha fahren und nach 4 km rechts Richtung Agadir/ Oumesnat (vgl. „Von Agadir nach Tafraoute") abbiegen. Links geht es ins Ammelntal (s.o.).

Ca. **7 km** hinter Tafraoute geht es links nach **Oumesnat** zum *Maison traditionelle* (vgl. „Von Agadir nach Tafraoute").

Bei **km 10** kann man links einen Abstecher zum Dorf **Imi'n'Tizghrt** (Wegweiser) mit vielen schönen alten Steinhäusern am Hang und zur **Arganienölkooperative Al Baraka** unternehmen. Die Kooperative liegt ca. 1 km nach dem Abzweig; man kann vor dem Gebäude mit der Aufschrift „Association Jaideco" parken und durch die Oasengärten zur Kooperative spazieren, wo die Frauen wertvolles Arganöl und Kosmetikartikel produzieren.

Etwa **11 km** hinter Tafraoute liegt links die Zaouia des *Sidi Abd el Jebar* (vgl. „Von Agadir nach Tafraoute"). Nun geht es bergauf, bis bei **km 20** die Passhöhe **Tizi Mlil** (1650 m) erreicht ist.

1 km weiter führt die Hauptstraße links weiter nach Aït Baha und Agadir,

079sm20 ad

**hier rechts abbiegen** nach Igherm und Aït Abdallah (beschildert). Die kurvige Straße führt durch karge Berglandschaft entlang eines Flusstals mit vielen Mandelbäumchen (Blüte im Februar).

Der große Ort **Aït Abdallah** auf ca. 1500 m Höhe ist bei **km 36** erreicht (Wochenmarkt am Samstag). Die Straße führt bergauf zum Pass **Tizi'n'Tarakatine** (ca. 1690 m).

**50 km** hinter Tafraoute erreicht man das Dorf **Tiguermine,** nach Igherm geht es geradeaus weiter. Eine Asphaltstraße verbindet Tiguermine mit Taroudannt.

## Abstecher zum Agadir Tasguent

In Tiguermine sollte man sich unbedingt etwas Zeit zur Besichtigung der **imposanten Speicherburg** Agadir Tasguent nehmen. Entweder man fährt sie direkt an (z.T. steinige Piste) oder nimmt sich im Dorf einen Führer und läuft zu Fuß. Zu empfehlen ist M'hamed Aït Omar, der in einem der ersten Häuser von Tiguermine wohnt.

Zum Agadir direkt am Ortsanfang links auf eine gute Piste (bergauf) abbiegen (N 29°52,485', W 08°43,352', Schild von der Straße nicht zu sehen). Nach 3 und 4 km folgen Dörfer. 6 km nach dem Abzweig biegt man an der Dorfeinfahrt von **Alma (N 29°55,247', W 08°44, 115')** mit hübschen alten Steinhäusern links ab. Der Parkplatz beim Dorf unterhalb des Agadir Tasguent ist 8 km nach dem Abzweig von der Hauptstraße erreicht **(N 29°54,935', W 08°44,788').** Ein mit Steinen gepflasterter Weg führt bergauf zum Eingang in den Agadir. Ein Wächter öffnet das Tor und verlangt 40 DH Eintritt.

Im renovierungsbedürftigen, aber dennoch sehr sehenswerten **Agadir Tasguent,** der keine Ecktürme oder Zinnen hat, befinden sich 200 Speicherkammern mit sehr schön geschnitzten und bemalten Türen. Die Räume, in denen das Hab und Gut der Dorfbewohner lagerte, sind über enge Gänge, die oberen Zellen nur über in die Mauer integrierte Trittstufen aus Steinen erreichbar. Der ganze Speicher ist **aus Schiefersteinen ohne Mörtel** errichtet und hat sieben, mit Arganienholzbalken gestützte Stockwerke, fünf Innenhöfe, Stallungen, eine Zisterne und eine Moschee – alles in einem Bau, falls im Kriegsfalle die Bevölkerung des Dorfes hier Zuflucht suchen müsste. Der größte Schatz ist jedoch eine schriftliche **Aufzeichnung des Gewohnheitsrechtes der Berber** *(droit coutumier)* auf Holztafeln, die fast 1000 Jahre alt sein soll. Dieses Gewohnheitsrecht, das Regeln über die Schlichtung von Streitigkeiten und die Aburteilung von Vergehen vorsieht, wurde jahrhundertelang in mündlicher Form weitergegeben, angeblich von Frauen auf Schiefertafeln und erst später auf die Holztafeln eingeritzt. Die Tafeln gelten als Heiligtum und lagern in einem Turm, der mit zwölf Schlössern verschlossen ist.

Speicherkammern mit Trittstufen im Agadir Tasguent

## Weiterfahrt nach Taroudannt

Weiter in Richtung Igherm durchfährt man eine karge Hügellandschaft mit Getreidefeldern. Bei **km 71** kleben die Lehmhäuser des Dorfes **Illigh** links der Straße am Hang. Auch der alte Ortskern von **Azoura (km 74)** am terrassierten Hang rechts unterhalb der Straße bietet ein schönes Fotomotiv. Hinter **Tagadirt Nait Ali (km 76),** das rechts auf einem Hügel thront, führt die Straße durch eine Felsenge mit markanten Spitzen. An der T-Kreuzung bei **km 95** geht es links weiter nach Taroudannt und rechts nach Igherm und Tata.

Der große Ort **Igherm** auf 1706 m Höhe liegt nur etwa 500 m südlich der Kreuzung. Es gibt einige einfache Cafés/Restaurants, eine Tankstelle und diverse Läden. Der Wochenmarkt findet am Mittwoch statt.

## Variante nach Tata

Folgt man von Igherm weiter der guten Asphaltstraße R 109 nach Süden, gelangt man nach Tata. Diese schöne Alternativroute führt durch eine **wüstenhafte Landschaft:** Die kargen, bizarr in Schichten gefalteten Berge durchziehen palmengesäumte Wadis, an der Strecke liegen malerische Dörfer wie Issafèn (sehenswerter Suq am Donnerstag) und Tizgui Ida Oubaloul. Bei Tata mündet die Route in die N 12 Richtung Akka/Bou Izakarne bzw. Foum-Zguid ein. Von Igherm fahren auch Busse nach Tata.

## Weiterfahrt nach Taroudannt

An der Kreuzung von **km 95** weiter Richtung Norden (Taroudannt) führt die Straße **in vielen Windungen bergauf und -ab** durch eine karge Gebirgsgegend mit Arganien und Getreidefeldern. Es sind zwei Pässe zu überwinden, dann geht es kurvig bergab.

65 km hinter Igherm (**km 160** ab Tafraoute) ist die Sous-Ebene erreicht, links zweigt eine kleine Straße nach **Tiout** ab, wo man eine Arganienölkooperative besuchen kann. Dahinter verläuft die Asphaltstraße nur noch einspurig.

80 km hinter Igherm (**km 175** ab Tafraoute) mündet bei **Aït Yazza** die R 109 in die Hauptstraße N 10 ein (aus der Gegenrichtung an dieser unbeschilderten Kreuzung rechts abbiegen nach Igherm, N 30°30,204', W 08°48,008'). Kurz zuvor passiert man die zum Hotel umgebaute **Kasbah Freija** am Oued Sous (vgl. „Von Agadir nach Taroudannt").

Auf der N 10 links weiter sind es nur noch 7 km nach **Taroudannt,** das etwa **182 km** nach Tafraoute erreicht ist (Stadtbeschreibung weiter oben).

> Wüstenlandschaft nahe Tata

# Von Tafraoute nach Tiznit

- **117 km, R 104 u.a.**
- Es gibt **nach Tiznit zwei bzw. drei Strecken,** die bei Ida Oussemlal wieder zusammenführen. Die erstbeschriebene Hauptroute ist kürzer, die nachfolgend beschriebene Variante die landschaftlich reizvollere, die durch einsame Landschaft über Izerbi bzw. kürzer an dem Ort vorbei nach Jemaa Ida Oussemlal führt. 10 km kürzer als die unten beschriebene Route 1 über das Ammelntal ist der direkte Weg von Tafraoute-Ortsmitte (Place Moulay Rachid) in Richtung Westen nach Adaï und Afella Adaï sowie Tahala (Hauptstrecke). Eine zusätzliche Alternativstrecke führt über das Ammelntal nach Tanalt und Anezi (siehe Variante) und von dort auf kürzerem Weg nach Tiznit. Ebenfalls nach Tiznit beschildert ist die längere Strecke über Tarsouat und Izerbi.
- Zu den **Busverbindungen** nach bzw. von Tiznit siehe bei Tafraoute bzw. Tiznit.

## Route 1

**Folgen Sie ab Tafraoute** der Wegweisung nach Agadir, bis nach ca. 4½ km die Abzweigung nach Oumesnat und ins östliche Ammelntal erreicht ist. Biegen Sie hier links ins westliche Ammelntal ab. Etwa **12 km** hinter Tafraoute führt eine schmale Asphaltstraße rechts ab Richtung Tanalt. Diese Route verläuft über Anezi nach Tiznit (vgl. Variante) bzw. über Tanalt nach Aït Baha.

### Variante Tafraoute – Anezi – Tiznit (bzw. Tanalt – Aït Baha)

Biegen Sie bei dem Abzweig bei GPS-Pos. N 29°44,25', W 09°02,12' rechts ab. Kurz darauf führt eine sehr schöne **Serpentinenstrecke** bis auf 1400 m Höhe. Immer wieder bieten sich tolle Ausblicke auf Dörfer und Terrassenfelder. Nach knapp 15 km passiert man ein Dorf.

083sm20 ad

Wiederum ein Wegweiser und **Abzweig** folgen **nach 22 km** (N 29°44,32', W 09°08,82'): Rechts geht es nach Tanalt (10 km) und Aït Baha (83 km). Unsere Route führt über **Tanalt (km 34,** Militärfort, Tankstelle) durch das **Oued Takoucht.** Bei **km 51** erreicht man die **Passhöhe** bei Tlata Aounouenz mit Cafés, durchquert den Ort (nicht auf die rechts abzweigende Straße nach Suq el-Had de Targa abbiegen) und stößt auf ein Oued. Bei **km 67** ist eine Palmenoase am Oued Anguerif erreicht, den man auf einer ausgebauten Furt durchquert. **69 km** nach dem Abzweig hält man sich im Ort Kehmis Aït Moussa rechts und fährt bergauf durch Hügelland. Bei **km 86** erreicht man **Sidi Abdallah,** ein Straßendorf, bei **km 114 bzw. 124 Aït Baha.**

Fährt man jedoch in **Richtung Tiznit,** weist der Wegweiser **geradeaus nach Anezi (30 km).** Zurück zeigt der Wegweiser „Tafraoute 34 km". Immer wieder passiert man Siedlungen, z.B. den größeren Ort **Amaghouz.**

Einen **weiteren Abzweig** mit Wegweiser erreicht man bei **km 31,5:** links nach Tafraoute (über Suq Tahala und ins Ammelntal, zurück Tanalt), rechts weiter Richtung Anezi (N 29°43,03', W 09° 11,90'). Die Straße schlängelt sich weiter durch das Bergland, bis man bei **km 40,3** wiederum auf einen **Wegweiser** trifft: Amaghouz zurück, links Suq el-Khemis, **rechts weiter** (N 29°41,61', W 09°15,83') und 2½ km (Gesamt-km 42,8) wieder ein **Abzweig** rechts nach Aït Baha – geradeaus weiter folgt bei **km 54,5** der große Ort **Anezi** (Tankstellen, Markt etc.). Hier links weiter und bei **km 58,5** geradeaus (Asphaltabzweig nach links). Nach 2 km liegt unterhalb der Straße ein schönes Dorf mit bemalten Häusern. Diese Route mündet hier auf die Straße in Richtung Tiznit; links weiter (N 29° 41,42', W 09°30,82'), bei ca. **km 113** ist **Tiznit** erreicht.

## Weiterfahrt nach Tiznit

Die **Hauptstrecke** in Richtung (Suq el-Had) Tahala und Tiznit windet sich durch Bergland mit Arganien und Mandelbäumen. Nach **25 km** erreicht man **(Suq el-Had) Tahala,** das früher ein Zentrum der Juden war. Ab hier führt ebenfalls eine Straße ins (westliche) Ammelntal und zurück nach Tafraoute.

Über **Suq Tnine de Tarsouale (km 39),** einem Ort in karger Gebirgslandschaft, zieht sich die Straße kurvig bergauf bis **Jemâa Ida Oussemlal** (bzw. Tizourhane) bei **km 52,** einem großen Marktort mit Tankstelle.

Links zweigt die Straße nach Foum-el-Hassane (110 km) und zur nachfolgend beschriebenen **Route 2** (Asphaltstraße Tafraoute – Izerbi, 60 km) ab.

7 km **(km 59)** hinter Jemâa Ida Oussemlal führt ein kleine Asphaltstraße (C 7076) links nach **Ifrane de l'Antiatlas (Ida-Oumarkt),** das einst die größte jüdische Ortschaft in Marokko war.

**61 km** hinter Tafraoute ist die Passhöhe **Col de Kerdous** erklommen. Von hier eröffnet sich eine herrliche Aussicht auf die bizarren Granitberge.

1 km weiter steht das **Hotel Kerdous**③ in 1200 m Höhe (Mobil 0616 19 62 06, www.hotel-kerdous.com). Das ehemalige Bordj Tiffermit wurde 1992 in ein Hotel umgewandelt und hätte eine Kompletterneuerung dringend nötig. Die Abgeschiedenheit und schöne Lage in den Bergen lädt zwar immer noch zum Ver-

weilen ein, doch die Zimmer (mit Bad, AC) und der Pool entsprechen keinesfalls mehr europäischen Ansprüchen. Im Restaurant mit Weinausschank gibt es gutes Essen. In den Wintermonaten kann es sehr kalt werden und starken Morgennebel geben, der sich im Laufe des Vormittags auflöst. Keine Zahlung mit Kreditkarte möglich!

Nach **74 km** ist **Tirhmi** erreicht, ein größerer Ort, in dem bemalte Töpfereiwaren verkauft werden.

Etwa **80 km** hinter Tafraoute besteht bei einem Dorf (mit Tankstelle) die Möglichkeit, zum Marabut und **Wallfahrtsort Sidi-Ahmed-ou-Moussa** abzuzweigen (10 km). Hier liegen der gleichnamige Idrissiden-Scherif, der im Jahr 1563 verstorben ist, und seine vier Söhne begraben. Die Marabut-Cherifen beherrschten dieses Gebiet (Tazeroualt) bis 1882. Das Grabmal (Marabut) und die Wallfahrstätte bzw. Sitz der religösen Bruderschaft (Zaouia) erreicht man über eine breite Treppe, die zum großen, mit grünen Tonziegeln gedeckten Gebäude führt (kein Zutritt für „Ungläubige“). Dreimal im Jahr (März, April, August) pilgern Wallfahrer hierher zum Grabmal. Die Anhänger der Bruderschaft haben als **Akrobaten** im 19. Jh. in der Zirkuswelt, vor allem wegen ihrer Spring- und Pyramidenbaukunst, international Bekanntheit erlangt.

4 km weiter folgt der von einer alten Kasbah gekrönte Ort **Iligh,** einst Zentrum des Zuckerhandels im Sous.

Die Route nach Tiznit führt weiter durch hügelige Landschaft entlang des **Oued Assaka** mit Palmen, Feigenbäumen und Arganien bis Sidi Assaka.

**117 km** von Tafraoute entfernt ist **Tiznit** erreicht.

## Route 2

Diese Route verläuft von Tafraoute **über Aït Oufka (Oufqa) nach Ida Oussemlal.** Sie umgeht Izerbi und führt direkt nach Suq Khèmis des Aït Oufka.

Verlassen Sie Tafraoute in Richtung **Aguard Oudad,** das nach knapp **3 km** erreicht ist (siehe „Ausflüge“ bei Tafraoute). Die weitere Strecke säumen riesige Granitfelsen.

Etwa **17 km hinter Tafraoute** stößt man auf den Ort **Tnine Tarzoual** mit einer schönen Moschee. Im Zentrum geht's rechts (beschildert) bergauf entlang eines Flusstales und großartiger Berglandschaft.

Weiter auf schmaler, kurviger Straße, bis bei **km 29** eine **Speicherburg** links der Straße erreicht ist; an der Kreuzung rechts abbiegen (links geht es auf längerer Strecke über Izerbi), kurz darauf liegt die nette Herberge Maison Mauouzi und nach 7 km ein Dorf an der Strecke. 1 km weiter, bei **km 37,** zweigt eine Straße nach Tahala ab (vgl. Route 1 oben).

Geradeaus weiter folgt der große Ort **Aït Oufka (Suq Tahala Aït Oufka)** bei **km 44.** Beim Stoppschild geht es rechts nach Tiznit, links nach Izerbi, geradeaus beschildert nach Anfeg. Über diese Strecke kann man mit einem geländegängigen Fahrzeug direkt bis zur Speicherburg von Id Aïssa (Amtoudi) fahren (vgl. 4x4-Route unten). Die Asphaltierungsarbeiten waren 2019 in Gang.

### 4x4-Variante/Route: Von Aït Oufka nach Amtoudi (48 km)

Asphalt bis Aït Ali n' Ahmed (22 km) und auf den letzten 4 km nach Amtoudi.

Auf der **reizvollen Gebirgsstrecke** dazwischen (meistens breite Schotterpiste mit betonierten Furten, gut für Enduros und Mountainbikes) wurde 2019 an der Asphaltierung gearbeitet – in naher Zukunft wird die Route auch für Pkw befahrbar sein.

In **Aït Oufka** (s.o.) an der Kreuzung beim Stoppschild in Richtung Anfeg (N 29°30,098', W 09°08,496', beschildert mit „Anfeg, Bdar", P 1916) abbiegen. Auf einer kleinen Asphaltstraße geht es durch ein Straßendorf, dann bergauf und bergab. Nach 7 km liegt links **Agro Oufkir,** ein Agrarprojekt. Nach 11 km zweigt eine kleine Asphaltstraße links ab, nach 2 km ist **Anfeg** erreicht (13 km). Man folgt weiter der Hauptstraße und ignoriert zwei folgende Abzweige. 18 km ab der Kreuzung ist der alte Wegstein Richtung Amtoudi (N 29°24,359', W 09° 15,272') erreicht – diesen nicht beachten (die Piste gibt es nicht mehr), sondern stattdessen weiter auf der Straße in Richtung **Aït Tanout (km 21)** fahren. Es folgt der Ort **Aït Ali n' Ahmed (km 22);** hier endet der Asphalt. Die kurvige Piste führt nun in ein Tal, bei **km 29** thront oben auf einem Felssporn der prächtige, angeblich über 900 Jahre alte, zum Teil verfallene **Agadir Meherz.** Der Aufstieg über den steilen Berghang und das Geröll ist sehr mühsam (ca. 1½ Std.), aber für Entdecker und Hobbyarchäologen durchaus interessant. Vorher erstrecken sich links oberhalb der Piste noch über 2 km die Ruinen und Reste von Befestigungsanlagen des verlassenes Dorfes **Tharga ou Khdair** auf einem Felskamm. Ab hier geht es wenige Kilometer kurvig durch eine kleine Schlucht; in der Vergangenheit war dieser Abschnitt zu schmal für größere Geländefahrzeuge (Lkw), inzwischen sollten die Bauarbeiten aber so weit fortgeschritten sein, dass es keine Probleme mehr gibt. Bei **km 32** ist das Dorf **Targa** an einem Oued mit Palmen erreicht (N 29°18,968', W 09°12, 872'). Die gute Schotterpiste folgt dem Trockenflussbett mit Arganien und Feldern durch wüstenhafte, ockerfarbene Berglandschaft. Nach insgesamt 44 km mündet diese Route in die Asphaltstraße von Amtoudi/Id Aïssa ein (N 29°13,298', W 9°13,493', Wegweiser „Targa Oughdir" zurück, bei einem Hügel mit einer Villa). Links geht es weiter zur sehenswerten Speicherburg und dem Oasendorf **Amtoudi/Id Aïssa,** das nach weiteren 4 km **(Gesamt-Km 48)** erreicht ist.

## Weiterfahrt nach Tiznit

In Aït Oufka rechts der Beschilderung nach Tiznit folgen. Bei **Ida Oussemlal** (ca. **km 54**) biegt die Straße rechts nach Tanalt/Tafraoute ab, geradeaus geht es weiter auf der vorher beschriebenen Hauptroute nach **Tiffermit** (ca. **km 60**) und über den **Col de Kerdous** (ca. **km 63**) nach Tiznit.

# Tiznit

Tiznit (ca. **74.000 Einwohner**) hat typischen Wüstenstadtcharakter und ist von einer 6 km langen **Mauer mit sechs Toren** umgeben. In der Altstadt (Medina) mit ihren lebhaften Suqs herrscht eine vergleichsweise ruhige und **angenehme Atmosphäre** – hier lässt es sich völlig unbelästigt flanieren. Tiznit ist vor allem für seinen kunstvoll gefertigten Silberschmuck, seine ziselierten Waffen und Kupferarbeiten bekannt (mittlerweile allerdings hier teurer als anderswo).

Die Stadt wurde 1882 von Sultan *Moulay Hassan* gegründet, wenn auch Legenden behaupten, dass *Lalla Fatima* hier vor 1500 Jahren bereits eine Siedlung gegründet haben soll. Ende des 19. Jahrhunderts wurde Tiznit zum **Handelszentrum** und Ausgangspunkt vieler **Karawanen** in den Süden. 1912 ging die Stadt in die Geschichte ein, als sich der Rebell und Thronanwärter *El Hiba* dort zum Sultan ausrufen ließ. 1917 wurde der Ort von den französischen Truppen unterworfen. Die Franzosen unterhielten hier bis 1956 eine Garnison, und auch heute noch ist Tiznit ein wichtiger Militärstützpunkt.

## Sehenswertes

Sehenswert sind die **alten Stadtmauern,** das **Minarett der Großen Moschee** mit ihren hervorstehenden Querstangen, die beim Lehmbau als Abstützungen dienten und typisch sind für die Lehmbauweise südlich der Sahara (Sahel). Die **Quelle Source bleue der Heiligen Lalla Fatima** (15. Jh.) bei der großen Moschee wurde in ein hübsches Natursteinbecken gefasst und lohnt einen Besuch.

Eine schöne Auswahl an Kunsthandwerk und Schmuck finden Einkaufsfreudige im großen **Souvenirgeschäft** **1** **La Perle du Sud** (Rue Ramiki, von der Rue Sidi Abderrahmane im Zentrum der Medina gegenüber der Polizei links abbiegen, Tel. 0528 60 01 01, tägl. 8.30–18.30 Uhr). Hier sieht man, wie die Handwerker filigranen Silberschmuck fertigen. Der freundliche Verkäufer *Boujemaa* berät gerne auf Deutsch.

Der **Suq der Schmuckhändler** *(Bijouterie)* liegt in der Kissaria (gedeckter Marktbereich unter den Arkaden) am Rande des Place el Méchouar. Hier gibt es eine große Auswahl an Gold- und Silberschmuck (faire Preise).

Wer etwas Natur in der Stadt sucht, sollte einen der **Parks** besuchen, in denen man Vögel beobachten kann.

## Praktische Informationen

### Unterkunft

#### Mittelklasse

**8** **Idou Tiznit**③, Av. Hassan II. (gegenüber dem Hotel Tiznit am Kreisverkehr), Tel. 0528 60 03 33, 60 04 44, www.idoutiznit.net. Das ordentliche Mittelklassehotel hat klimatisierte DZ mit TV, einen Pool und einen privaten Parkplatz. WLAN, Alkoholausschank.

**10** **Tiznit**②, Rue Bir Anzarane, Tel. 0528 86 24 11, 86 39 86, am Kreisverkehr der Ausfallstraßen nach Agadir und Tafraoute. In die Jahre gekommenes Hotel mit Pool und Restaurant/Bar. Großzügige, traditionell eingerichtete Familienzimmer mit Blick auf den Innenhof und ebenso schöne Standardzimmer. Zimmer zur Straße etwas laut. Sicherer Parkplatz.

**3** **Riad Janoub**③, 193, Rue de la Grande Mosquée, Medina, Tel. 0528 60 27 26, Mobil 0679 00 55 10, www.riadjanoub.com. Sehr schönes, komfortables Gästehaus im marokkanischen Stil mit Arkadengängen und (beheiztem) Pool im Hofgarten. Der Besitzer spricht sehr gut deutsch. Individuell gestaltete Zimmer von 14 bis 20 m$^2$, WLAN, Hammam im Haus.

#### Günstig

Mehrere **sehr einfache Hotels** liegen am und um den Place Méchouar (z.B. Atlas, Touristes).

**9 De Paris**①, 31, Av. Hassan II. (am Kreisverkehr), Tel. 0528 86 28 65. Älteres Hotel mit ordentlichen Zimmern (mit kleinem Balkon), freundlich, Parkplatz vor dem Haus. Restaurant im EG mit Frühstück und guter Tajine.

**2 Bab el Maader**②, 132, Rue El Haj Ali, Medina, Mobil 0673 90 73 14, www.bab-el-maader.com. Schönes und freundliches Gästehaus in der Medina. Liebevoll gestalteter Salon und Innenhof, drei Zimmer mit geteiltem Bad, zwei mit eigenem Bad.

**12 Mauritania**①, Rue Bir Anzarane, Tel. 0528 86 20 72. Sauberes Hotel mit kleinen Zimmern, Dusche/WC auf dem Gang, freundlich, Parken vor der Tür, gutes Restaurant.

## Camping

**6 Municipal,** vom Zentrum kommend am Kreisel beim Hotel Idou Tiznit links (von Agadir kommend rechts). Recht schöner ummauerter Kiesplatz mit Bäumen, nebenan ist das öffentliche Schwimmbad (nur im Sommer offen). Die sanitären Anlagen sind gepflegt und sauber. Es sind nur wenige Gehminuten zur Medina! WLAN.

**13 Riad Asllaf,** 2 km außerhalb an der Straße Richtung Tafraoute, N 29°41,786', W 09°42,589', Tel. 0528 60 03 85. Ummauertes Gelände mit (meist schattenlosen) Stellplätzen auf Beton- oder Kiesboden, z.T. schön zwischen Palmen und Oliven, im Winter voll mit Wohnmobilen. Saubere sanitäre Anlagen, Restaurant, Waschmaschine. WLAN.

## Essen und Trinken

**4 Asaraya,** unter den Arkaden am Place el Méchouar in der Medina. Kleines Terrassencafé mit gutem Kaffee und günstigem Mittagessen (Fisch, Brochettes, Burger, Sandwiches). WLAN.

**5 La Nouvelle Ville,** Av. du 20 Août, zwischen Grand-Taxi-Haltestelle und Av. Hassan II. Beliebtes, günstiges Café/Restaurant mit der üblichen Speisenauswahl (Tajines, Brochettes, Salate).

**11 Moritanya,** Rue Guelmim, neben Hotel Tiznit. Gutes Restaurant mit marokkanischen Gerichten im gleichnamigen Hotel, besonders das Couscous am Freitag ist zu empfehlen. Alkoholausschank.

## Einkaufen

- Der **Marché Municipale** (Obst und Gemüse, Fleisch, Frischwaren) liegt an der Hauptstraße Hassan II. links (von Tafraoute kommend).

**7** Der **Supermarché Idou Tiznit** befindet sich hinter dem Hotel Idou Tiznit.

- Sehr günstige **Korb- und Tonwaren** (u.a. Tajine-Töpfe) in großer Auswahl findet man am Verkaufsstand etwa 2 km außerhalb direkt an der Straße Richtung Agadir (ggü. Tankstelle) und auch im **Ensemble Artisanal.**

## Sammeltaxis

**Grands Taxis** warten am Platz neben der Post westlich des Bab Jdid. Nach **Sidi Infi** kostet die Fahrt 40 DH, nach **Mirleft** ca. 35 DH, nach **Agadir** 30 DH, nach **Tafraoute** 45 DH.

## Stadtbusse

Stadtbusse (grüne Busse von „Lux Transport") fahren am Bab Laâounia ab. Es verkehren u.a. folgende **Linien:**

- **1:** nach Aglou Plage (vgl. „Ausflüge").
- **2:** nach Rasmouka (von dort noch 7 km zum Staudamm Yussuf-Ibn-Tashfin mit Aussichtsplattform und Teestube).
- **5:** nach Igherm über Oulad Jerrar (südlich von Tiznit).
- **6:** nach Ouijjane (östl., am Rand des Anti-Atlas).
- **8:** nach Tirhmi und Anezi.
- **17:** nach Massa.
- **18:** nach Sidi Ifni und Mirleft über Aglou.
- **20:** nach Tafraoute.

## Fernverkehrsbusse

Die meisten Busse fahren vom Busterminal an der Straße Richtung Tafraoute (nahe des großen Kreisverkehrs, vgl. Stadtplan) ab. Die großen Busgesellschaften unterhalten Büros am Place Méchouar, Ecke Rue Yaqub el Mansur.

- **CTM-Büro** am Place Méchouar (Tel. 0528 86 23 29) und im Quartier Industriel (Rue Hafidi, ggü. Banque Populaire), Tel. 0528 86 66 93.

■ **Supratours-Büro,** Hay Youssoufia, Tel. 0528 60 00 50. Supratours fährt u.a. mehrmals täglich **nach Marrakesch** (130 DH, ca. 5 Std.).

### CTM-Verbindungen und Preise

■ **Agadir – Marrakesch – Casablanca – Rabat – Tanger:** mehrmals tägl., auch ein Nachtbus; Fahrzeit nach Tanger ca. 17 Std., 355 DH; nach Agadir ca. 2 Std., 40 DH; nach Marrakesch ca. 5 Std., 140 DH; nach Casablanca 9–10 Std., 240 DH.

■ **Tafraoute:** 1x tägl. spätnachmittags, 2–3 Std. Fahrzeit, 50 DH. Auch der Stadtbus Nr. 20 fährt etwa alle 2 Std. nach Tafraoute (Abfahrt Bab Laâounia).

■ **Guelmim – Tan-Tan – Laâyoune – Dakhla:** 2x tägl. spätabends und mittags, nach Guelmim und Tan-Tan mehrmals täglich. Fahrzeit nach Guelmim 2 Std., 35–50 DH; nach Laâyoune 9 Std., 200 DH; nach Tan-Tan ca. 4 Std., 90 DH; nach Dakhla ca. 17 Std., 370 DH.

■ **Weitere Busse** fahren ab Place Méchouar nach Agadir, Tafraoute, Mirleft, Sidi Ifni etc.

## Sonstiges

■ Das **Hauptpostamt** liegt vor dem Haupttor Bab Aït Jerrar links (von Tafraoute kommend).

■ **Banken** befinden sich am Bd. Hassan II.

■ **Zentral parken** kann man am Place Méchouar oder an der Stadtmauer beim Bab Laâounia.

■ **Mietwagen: Cosmos Cars,** 13, Av. Hassan II., Tel. 0528 86 43 06, www.cosmos-car.com.

## Feste/Veranstaltungen

■ **Moussem Sidi Abdellah ou Said,** an der Straße nach Massa (Resmouka), 1. Woche im Juni.

■ **Moussem Sidi Alhmed,** Ende August.

■ **Moussem Cheikh Maa El Ayine,** in Suq Khemis de Tiznit, Ende August.

■ **Moussem Sidi Moussa d'Aglou,** im gleichnamigen Ort, im September.

# Ausflüge

Verlässt man Tiznit von der Stadtmauer in Richtung Nordwesten (P 1909, nicht auf die R 104 in Richtung Sidi Ifni abbiegen), erreicht man nach insgesamt 16 km den ruhigen Fischerort und Strand von **Sidi Moussa d'Aglou.** Vom geplanten touristischen Ausbau ist bis auf die breite gepflasterte Promenade am Meer mit zwei Restaurants nicht viel zu spüren. Der lange, **schöne Sandstrand** ist vor allem bei der Tizniter Bevölkerung beliebt, aber auch europäische Aussteiger haben sich hier niedergelassen.

Am Ortseingang auf der rechten Seite liegt der **Camping Aglou Plage** (www.camping-aglou.com, N 29°48,259', W 09° 49,739') in einem ummauerten Areal mit kleinen Bäumen. Es gibt gute Sanitäranlagen, einen Pool, ein Restaurant, Waschmaschinen, WC-Entsorgungsmöglichkeit, einen Supermarkt und insgesamt 260 Stellplätze, die im Winter mit Wohnmobilen voll besetzt sind.

Das 3-Sterne-**Hotel Aglou Beach**③ (Tel. 0528 61 30 34) wirkt etwas steril, liegt aber schön oberhalb der Promenade. Die Preise sind angemessen, die 2- bis 4-Bett-Zimmer sind sauber und modern ausgestattet. Wohnmobile können am Parkplatz an der Promenade oder auf dem Platz unterhalb des Hotels über Nacht stehen bleiben (gegen Gebühr).

Im hübschen **Restaurant Idou Aglou** mit Terrasse zum Meer an der Promenade gibt es Sandwiches, Tajine und Fischgerichte (45–60 DH pro Gericht). Am anderen Ende der Promenade kann man im **Restaurant La Corniche** einkehren (Eisbecher, Frühstück, Tajine, Fisch).

Biegt man vor dem Campingplatz rechts in die Piste ein (gen Norden), erreicht man nach ca. 2 km in den Fels der Steilküste gehauene **Grottenwohnungen** (Troglodytenhäuser), wo Fischer leben. Im Bildband „Moroccan Interiors" (Taschen Verlag) sind Fotos dieser Wohnungen zu sehen. Die Höhlen werden aufgrund des touristischen Interesses immer bunter, der Abfall am Strand immer mehr. Die Fischer sind sehr freundlich, man kann ihnen beim Einholen des Fangs zusehen.

Von Tiznit bieten sich zudem **Tagesausflüge** in den **Massa-Nationalpark,** nach **Mirleft** (schöne Badebuchten) und nach **Sidi Ifni** (ehemalige spanische Enklave) an.

Reiseagenturen in Tiznit und Agadir haben außerdem Tagesausflüge in die „**Petit Sahara**" (Dunes de Rasmouka) im Programm; das kleine Gebiet mit niedrigen Sanddünen liegt in der Nähe von Tassila.

115m015 ed

# Von Tiznit über den Massa-Nationalpark nach Agadir

- **92 km, plus ca. 30 km Abstecher, N 1.**
- Die Route führt über eine weitgehend vierspurige, von Lkw stark frequentierte Schnellstraße mit vielen Tankstellen/Raststätten. **Stadtbus Nr. 17** fährt von Tiznit nach Massa, **Bus Nr. 2** nach Rasmouka (von dort 7 km zum Yussuf-Ibn-Tashfin-Stausee).

Tiznit über die vierspurige Ausfahrtsstraße Richtung Agadir verlassen (km 0 = Kreisverkehr mit Hotel Idou Tiznit im Zentrum). Etwa **2 km** außerhalb der Stadt (gegenüber einer Tankstelle) liegen direkt an der Straße rechts zwei große **Verkaufsstände** für Korb- und Tonwaren (u.a. sehr günstige Tajine-Töpfe). Die Route führt weiter durch mehr und mehr bebaute Halbwüstenlandschaft.

Etwa **25 km** hinter Tiznit wird die Landschaft beim Oued Massa etwas hügeliger.

**32 km** nach Tiznit zweigt rechts eine Asphaltstraße zum **Yussuf-Ibn-Tashfin-Stausee** ab, der das Wasser des Oued Massa sammelt. Den See umgeben Arganienbäume und kahle Berge, die Staumauer wird vom Militär bewacht. In der Kurve hoch über dem Staudamm kann man an einer Aussichtsplattform parken

Löffelreiher im Massa-Nationalpark

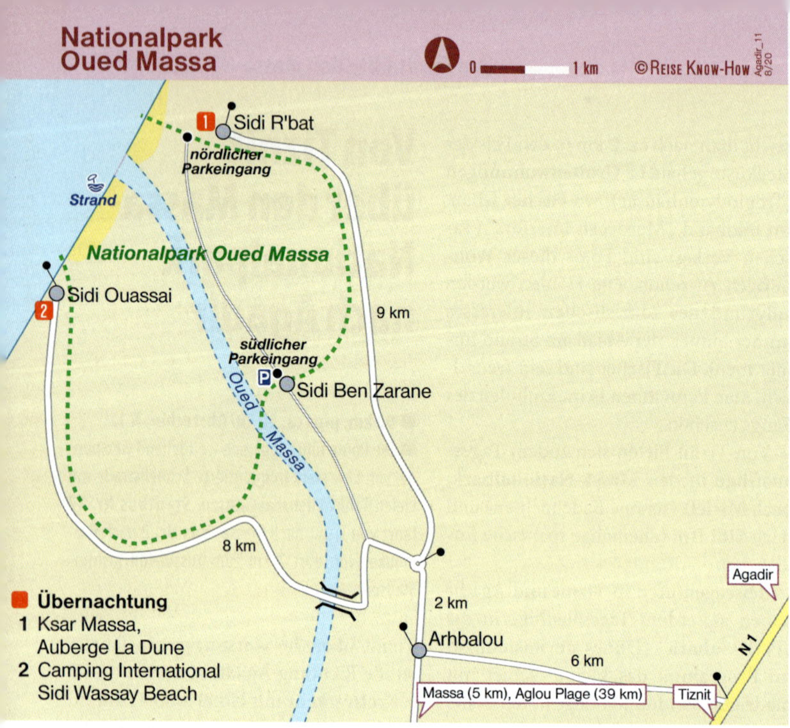


und einen Tee trinken. 2–3 km vor der Barrage, zwischen Rasmouka und dem Stausee nördlich der Straße, liegen ein paar kleine Sanddünen (N 29°50,11', W 09°31,20'). In unmittelbarer Nähe bietet sich das **Riad Auberge Assounfou** als Unterkunft oder für ein Mittagessen an (Village de Tallaaint, Tel. 0528 22 63 25, Alkoholausschank, Pool, Zimmer mit Bad, AC und TV).

Bei **km 40** nach Tiznit geht es an einem Kreisverkehr rechts nach Aït Baha und geradeaus weiter Richtung Agadir. Kurz darauf zweigt links eine Straße ab **zum Massa-Nationalpark** und nach Sidi R'bat (Schild „Camping Wassay Beach" und „Ksar Massa"), von hier lohnt sich ein Abstecher zum Nationalpark. Rechts geht es nach Biougra (vgl. Route „Von Agadir nach Tafraoute").

## Abstecher zum Nationalpark Oued Massa

■ Von Tiznit fährt der **Stadtbus Nr. 22** bis nach Sidi Abou, dort kann man in **Bus Nr. 17 aus Inezgane** nach Massa – Arhbalou umsteigen. In Arhbalou bestehen Mitfahrgelegenheiten nach Sidi Ouassai, Sidi R'bat oder Sidi Ben Zarane.

### Variante/zum nördlichen Parkrand

Diese Route führt auf einer **komplett asphaltierten Straße** nach Sidi R'bat. Zunächst 6 km bis zum Dorf **Arhbalou** fahren, dort rechts in Richtung Sidi R'bat abbiegen (links geht es zum Ort Massa). Nach 2 km geht es geradeaus zum Ksar Massa und nach Sidi R'bat. Nach insgesamt etwa **17 km** (ab dem Abzweig von der N 1) sind **Sidi R'bat** und Ksar Massa erreicht. Im kleinen Dorf gibt es einen Surfshop und die Unterkünfte Ksar Massa und Auberge La Dune. Unterhalb des Orts liegt der nördliche Parkeingang.

Der 1 **Ksar Massa⑤** direkt oberhalb des Strandes (Mobil 0661 28 03 19, www.ksarmassa.com) hat zehn geräumige, individuell und farbenfroh gestaltete Zimmer mit Tadelakt-Bädern, fünf Suiten und zwei Villen mit vier Zimmern. Den Pool umgibt eine Gartenanlage mit Palmen und Aloe auf mehreren Terrassen. Von diesen bietet sich ein herrlicher Blick aufs Meer, hier wird guter (teurer) Fisch serviert, auch für Gäste, die nicht übernachten. Im SPA kann man sich im beheizten Indoor-Pool, im Jacuzzi oder bei einer Massage erholen. Das stilvolle Hotel wurde frisch renoviert und hat seinen Preis …

Wesentlich günstiger ist die 1 **Auberge La Dune③** (Mobil 0666 80 78 24, www.ladune.de) oberhalb von Ksar Massa: einfache Gästezimmer mit Bad (nur kaltes Wasser, nicht immer alles funktionsfähig), Balkon und Meerblick; herzliche Betreuung der Gäste durch die Familie, auch Camping und Übernachtung im Berberzelt② möglich, gutes Essen.

Südlich von Sidi R'bat zieht sich der Massa-Park entlang, im Norden kann man rechts vor dem Ksar Massa auf einer ausgefahrenen Sandpiste oberhalb des Strands nordwärts bis zum nächsten Fischerdorf bei Douira fahren; hier gibt es wunderschöne Strände aus Muschelsand und ausgespülte Felsen. Die Fischer sind freundlich und zeigen gerne ihre **Höhlenwohnungen.** Die Piste kann man bis Tifinite weiterfahren (für Pkw zu sandig).

## Variante/zum südlichen Parkrand

In **Arhbalou** ebenfalls rechts in Richtung Sidi R'bat abbiegen. Nach 1 km am Kreisverkehr links, kurz darauf rechts weiter auf einer holprigen Piste (immer am Oued Massa entlang, Auto mit Bodenfreiheit sinnvoll) bis zum südlichen Nationalpark-Eingang beim Dorf **Sidi Ben Zarane** (2 km, N 30°03,337', W 09° 39,231'). Am Parkplatz mit Picknickareal befinden sich ein (nie eröffnetes) Museumsgebäude und Infotafeln in einem kleinen Eukalyptushain. Von dort kann man auf einem breiten Weg **oberhalb des Oued Massa** durch den Park bis zum Meer und dem nördlichen Parkeingang wandern (2,5 km). Wer möchte, kann sich auch auf einem Esel transportieren lassen (Männer bieten „Transport" mit ihren Tieren an). Die Frauen, die mit Eseln die Ernte von den Feldern am Flussufer heimbringen, lassen sich nicht gerne fotografieren.

Folgt man in Arhbalou der Straße nach links, gelangt man über Massa und Tassila bis nach **Aglou Plage (39 km).** Die freundliche **Herberge La Palmeraie de Massa③** auf dem Weg im Dorf Ifentar Massa (etwa 10 km südlich des Parks, N 29°57,838', W 09°39,673', Mobil 0668 79 94 56, www.lapalmeraiedemassa.com) verdient viel Lob: Die Anlage umfasst ein kasbahartiges Hauptgebäude mit vier großen Gästezimmern und mehreren Terrassen, einen parkähnlichen Garten und einen sauberen Pool. Auch ein Restaurantbesuch (fabelhaftes Essen, faire Preise) ohne Übernachtung ist möglich. Von der Herberge lassen sich schöne Ausflüge entlang des grünen Flusstals, zum Strand oder in den Nationalpark unternehmen.

## Variante/nach Sidi Ouassai Plage

Nach Sidi Ouassai und zum Campingplatz ebenfalls in Arhbalou rechts abbiegen, nach etwa 2 km weiter der Asphaltstraße folgen (nicht rechts auf Piste zum Parkeingang). Die Straße führt nun in einem Bogen zur Brücke über den Oued Massa und nach **Sidi Ouassai Plage** (8 km), einem kleinen Dorf mit Marabut. Die Straße endet oberhalb des Strandes. Hier kann man parken und einen Spaziergang zur Massa-Mündung und zum nördlichen Parkeingang bei Sidi R'bat unternehmen (ca. 3 km). Der viel gelobte 2 **Camping International Sidi Wassay Beach** (Karte S. 162, Mobil 0661 18 31 52, www.wassaybeach.net) liegt ruhig direkt am Strand. Es gibt mehr als 100 schattenlose Stellplätze mit Stromanschluss und Blick aufs Meer. Die sauberen sanitären Anlagen haben europäischen Standard. Der Platz bietet alles, was das Camperherz sich wünscht: Waschmaschinen, heiße Duschen, ein Restaurant und einen Lebensmittelladen. Es stehen auch eingerichtete Nomadenzelte, Wohnwagen und Bungalows zur Verfügung.

## Nationalpark Oued Massa

Der 338 m² große Nationalpark an der Mündung des Oued Massa in den Atlantik existiert seit 1991 und wurde mit Hilfe der deutschen Entwicklungshilfegesellschaft GIZ aufgebaut. Im Park leben **250 Vogel- und 24 Säugetierarten,** darunter Schakale, Füchse, Hasen und Stachelschweine. Dem Zoo Hannover gelang mit einem Auswilderungsprogramm die Ansiedlung von Säbel- und Mendesantilopen, von Mhorr-Gazellen und Straußen. Leider sieht man die scheuen Tiere meistens nicht.

Am Ufer des Oued Massa (am besten zugänglich vom Parkeingang bei Sidi Ben Zarane, vgl. Variante zum südlichen Parkrand) kann man Löffler, Flamingos, Reiher und seltene **Vogelarten** (Zwergseeschwalbe, Brauner Sichler) beobachten. Besonders lohnenswert ist das im Herbst, wenn die Vögel hier auf ihrem Zug gen Süden Halt machen. Der Park beheimatet **eine von nur fünf Waldrapp-Brutkolonien weltweit.** Marokko hat mit etwa 700 Tieren dieser Ibis-Art die größte Population.

Das fruchtbare **Tal des Oued Massa,** an dessen Ufern Getreide, Gemüse und Obst angebaut werden, begrenzen lehmige, z.T. ausgewaschene Hänge mit karger Steppenvegetation. Entlang des Steilufers liegen hübsche ursprüngliche Orte mit weiß gekalkten Moscheen und Umzäunungen aus Feigenkakteen. Meist ist das Mündungsgebiet durch Dünen vom Meer getrennt, und der Fluss erreicht nur noch nach starken Regenfällen das Meer.

■ Am Nationalparkeingang bei Sidi Ben Zarane bieten die deutsch sprechenden **Touristenführer Lahcen Mjat** (Mobil 0671 05 31 29) und **Lahcen Ahuilat** (Mobil 0648 10 80 16) ihre Dienste an.

# Weiterfahrt nach Agadir

Weiter entlang der vierspurigen Schnellstraße nach Agadir folgen die großen Orte **Had Aït Belfa (km 44), Arbya Aït Boutayeb (km 51)** und **Tin Mansour (km 52)** mit diversen Tankstellen und Cafés/Restaurants.

Etwa **58 km** hinter Tiznit biegt bei einem Kreisverkehr links eine Straße zum Meer nach **Tifnite** ab, die bei einem sandigen (vermüllten) Parkplatz am langen Strand endet. An der Straße vor Tifnit liegt der ordentliche **Camping Bakanou** (saubere, heiße Duschen) hinter einer Mauer. Am Strand ist Campen verboten. Das ärmliche Fischerdorf war einmal für den touristischen Ausbau vorgesehen, bislang gibt es hier aber nicht mehr als einfache Fischerhütten, eine Fischhalle und einen Gendarmerieposten.

Am selben Kreisverkehr rechts geht es nach **Biougra.** Dort finden im Oktober die Moussems Sidi Amzal und Sidi Messaoud statt. Wenige Kilometer weiter liegt der Ort **Sidi Bibi** etwas östlich der Straße (4 km). Samstags findet dort ein netter Markt statt. Im August wird hier drei Tage der Moussem Sidi Bibi veranstaltet, ein riesiger Markt mit vielen Zelten zur Übernachtung, Kinderkarussell und Fantasia, zu dem alles, was Füße, Esel oder Lkw hat, anreist.

Bei **km 73** geht es an einem Kreisverkehr geradeaus nach **Aït Melloul.** Beim großen Kreisverkehr im Zentrum der Kleinstadt (km 77) hält man sich links über die Brücke des Oued Souss Richtung Inezgane und Agadir. 3 km weiter ist **Inezgane** erreicht (Busbahnhof der Überlandbusse, vgl. Agadir). Eine vierspurige Straße führt nun durch die zusammengewachsenen Vororte über **Ben Sergao** und vorbei am Königspalast (km 87) ins Zentrum von **Agadir (km 92).**

Der Oued Massa nahe seiner Mündung im Nationalpark

084sm20 ad

# Von Tiznit über Bou Izakarne nach Tata

- **Ca. 312 km, davon 68 km auf der N 1 bis Bou Izakarne, dann R 102 und N 12 nach Akka und Tata.**
- Die Strecke ist **durchgehend asphaltiert,** auch zur Speicherburg Id Aïssa (Amtoudi) führt eine Asphaltstraße. Bis Bou Izakarne ist der Verkehr dicht, dann geht es durch eine reizvolle Wüstengegend, in der sich karge braune Bergzüge und malerische Palmenoasen mit fast vegetationslosen Sand- und Steinebenen abwechseln. Absolutes Highlight entlang der Strecke ist die **Speicherburg Id Aïssa (Amtoudi).** In der wunderschönen Umgebung kann man sich tagelang aufhalten und wandern. Von Tiznit verkehren Grands Taxis und Busse nach Tata. Supratours fährt bis Bou Izakarne.

**Tiznit auf der N 1 nach Süden verlassen.** Die Route führt durch dicht besiedelte Gegend und erreicht bei km 30 eine weite Ebene mit Arganienbäumen und Olivenhainen.

Die verkehrsreiche Straße führt bergauf durch eine mit Arganien bewachsene Hügellandschaft, bis bei **km 38** der Pass **Tizi-Mighert** (1057 m) erreicht ist. In Gegenrichtung bietet sich im Winter bei klarem Wetter ein herrlicher Blick auf die Ebene vor Tiznit.

Nach **42 km** wird der große Straßenort **Tleta Akssass** mit Café-Restaurants und einer Tankstelle passiert. Bei **km 68** ist **Bou Izakarne** erreicht, ein großer Marktort und Verkehrsknotenpunkt ohne Attraktionen. Busse verkehren mehrmals täglich nach Laâyoune sowie nach Guelmim, Tiznit und Agadir. Ein Supratours-Bus fährt über Tiznit und Agadir nach Marrakesch. Hier befindet sich die letzte Tankstelle bis Tata – also volltanken! Unmittelbar vor der Ortseinfahrt – von Norden kommend – befindet sich der empfehlenswerte **Camping Tinnoubga** auf der linken Seite (Pistenabzweig, ca. 2 km): gepflegter, kleiner Platz, freundlicher Besitzer, einfache, aber saubere Sanitäranlagen (mit Warmwasser), Windschutz und Schatten in einem Nomadenzelt.

In Bou Izakarne biegt diese Route auf die R 102 (gute Asphaltstraße) links Richtung Akka und Tata ab.

14 km hinter Bou Izakarne ist der große Ort **Timulaye** erreicht. Von hier kann man auf einem schmalen Asphaltsträßchen nach **Ifrane de l'Antiatlas** (Abzweig bei N 29°10,077', W 09°34,099') und weiter nach Jemâa Ida Oussemlal und Tafraoute fahren. Der Marktort Ifrane de l'Antiatlas liegt schön am Fluss Assif Ifrane mit Dattelpalmenhainen und Obstgärten im Außenbereich. Nordöstlich des modernen Ortsteils, auf der anderen Seite des Flusses, liegt das alte Judenviertel (Mellah) auf einem Hügel. Ifrane war einst **eine der größten** und einflussreichsten **jüdischen Siedlungen** in Südmarokko und wurde „Klein-Jerusalem" genannt. Die Lehmgebäude der Mellah verfallen leider, es existieren noch eine (verschlossene) Synagoge und ein jüdischer Friedhof. Der Besuch der Synagoge ist evtl. möglich, wenn man beim Schlüsselhalter im Nachbarhaus anklopft. Unterkunft findet man in Ifrane de l'Antiatlas bei der gastfreundlichen Familie von *Mohamed Addi* in ihrem Haus **Tigmmi Alhana**② (Mobil 0661 28 14 36, tigmmi.alhana@yahoo.fr, DZ im

Berberstil mit oder ohne Bad, mit Ventilator, auch Übernachtung auf der Terrasse oder im Salon, schöne Ausflüge möglich, N 29°14,162', W 09°26,991', ca. 500 m zu Fuß ab dem Parkplatz).

Berge begrenzen die Straße bis zur großen Palmenoase **Taghjijt** etwa 37 km hinter Bou Izakarne (Hotel und Camping, Bank mit Geldautomat). Vor der Ortseinfahrt nach Taghjijt biegt rechts die schmale Straße nach Guelmim ab (beschildert), geradeaus weiter nach Akka und Tata.

5 km hinter Tarhjijt (42 km ab Bou Izakarne) führt eine Straße über die schöne alte Oase **Tainzirt** nach Tnine Wadai und Amtoudi (Id Aïssa, s.u.). Der Abzweig für diese Strecke befindet sich bei GPS-Pos. N 29°03,024', W 09°21,661'.

Etwa 15 km hinter Taghjijt (52 km ab Bou Izakarne) kann man links nach **Amtoudi** zur unbedingt sehenswerten Speicherburg von Id Aissa abbiegen.

## Ausflug nach Amtoudi zum Agadir Id Aïssa

15 km hinter Tarhjijt (N 29°04,903', W 09°15,645', Steinwegweiser) zweigt eine Asphaltstraße zum großen Ort (mit Palmenhain) **Tnine Wadai (Adaï)** ab (9 km), wo die Straße von Tainzirt (vgl. oben) bei einer V-Kreuzung einmündet. Eine kleine Asphaltstraße führt rechts weiter zur **Oase Id Aïssa** (5 km). Der **Ort Id Aïssa** mit der schon früh sichtbaren Speicherburg ist etwa 24 km nach dem Abzweig von der Hauptstraße erreicht.

Von Tnine Wadai kann man auch links zum hübschen Ort **Timulaye n' Ouamalougt** (12 km) fahren, wo ebenfalls ein Agadir auf einem Hügel thront. Ein Abstecher zur gefassten **Quelle Lalla Melaka** lohnt kaum.

Die ganze Region entlang des schönen Flusstals des Assif Boulgous wird **Amtoudi** genannt. Das **Dorf Id Aïssa am Fuße des Agadir Id Aïssa,** der auf einem hohen Felsvorsprung thront, besteht aus einem alten Ortsteil auf der West- und einem neuen Ortsteil auf der Ostseite des Oueds. Etwa 800 **Berber vom Stamm der Aït Herbil** leben im Tal. Gelegentlich steuern im Winter auch Touristenbusse die Oase an, um den Agadir zu besuchen. Die Menschen der Region sind freundlich und hilfsbereit und haben es verstanden, vom Tourismus zu profitieren und zugleich ihre Traditionen zu bewahren.

### Agadir Id Aïssa

Zur **Besichtigung** des Agadir überquert man bei der Herberge L'Ombre Arganier (hier evtl. Führer *Abdullah* organisieren, s.u.) das Flussbett zum alten Ortsteil und steigt von dort auf einem breiten Steinpfad etwa eine halbe Stunde bergauf. Der alte Wächter *Mohamed Ait Faska* (spricht nur wenig französisch) öffnet das Tor und kassiert 15 DH Eintritt.

Der Agadir Id Aïssa thront etwa 100 m über dem Dorf und dem Flusstal **imposant auf einem Felsen.** Die aus Bruchstein ohne Mörtel errichtete Speicherburg aus dem 12. Jh. ist eine der ältesten und besterhaltenen in Marokko. Sie wurde bis in die 1950er Jahre als Speicher für Getreide und Wertgegenstände sowie als Zufluchtsstätte (für Mensch und Tier) bei Stammeskonflikten genutzt. Die **75 verschließbaren Kammern** sind heute immer noch im Privatbesitz der Familien. Früher bewachten drei Wärter in drei Wachtürmen rund um die Uhr den Agadir. Die Bewohner des Tals bezahlten sie dafür mit Naturalien (Olivenöl, Getreide) oder Geld. Bei einem Überfall zogen sich die Menschen in die Burg zurück; damit sie auch länger ausharren konnten, gibt es im Komplex eine Zisterne mit drei Brunnen, Bienenzellen, eine gemeinschaftliche Küche und eine Moschee. Ein Zimmer (Schlüssel vom Wärter) dient heute als **Museum** für alte Gebrauchsgegenstände und mehrere hundert Jahre alte Aufzeichnungen auf Holz.

In der Herberge L'Ombre d'Arganier (s.u.) kann man den sehr freundlichen **Touristenführer Abdullah Bouffi** (Mobil 0667 60 92 87, 100 DH/4 Pers.) engagieren. Er führt kompetent zum und durch den Agadir.

Von der Auberge L'Ombre d'Arganier sollte man unbedingt entlang des Flussbetts ostwärts durch die **Schlucht des Assif Boulgous** spazieren (hin und zurück 2–3 Std.). Ab der Herberge folgt man zunächst einige hundert Meter der Piste ins Tal Richtung Agadir Aglouy und biegt dann hinter der betonierten Furt über den Fluss auf einen Pfad links ab. Entlang der Bewässerungskanäle oder im kiesigen Flussbett kann man nun herrlich durch die Oasengärten mit Palmen, Oleander, Getreidefeldern, Granatapfel- und Feigenbäumen wandern. Oberhalb der Schlucht thront der (teilweise renovierte) **Agadir Aglouy** wie ein Adlerhorst. In den vielen Gumpen am Ende der Schlucht bei den Quellen kann man herrlich baden (aber bitte nicht zu freizügig!).

Ein schöner **Ganztagesausflug** führt von Id Aïssa über das Felsplateau oberhalb des Flusses zum Agadir Aglouy, zur Quelle und dann über ein anderes Plateau zurück zur Herberge.

## Unterkunft

Die Unterkünfte organisieren auf Wunsch **mehrtägige Trekkings** in der landschaftlich wunderschönen Umgebung (mit Gepäckmulis, Übernachtung in Zelten oder einfachen Herbergen, ca. 400 DH/Tag/Person). Fußfaule mieten sich einen Esel, um zur Speicherburg hinaufzureiten.

004sm20 ad

■ Am Ortseingang auf der linken Seite befindet sich das **Hotel Auberge Amtoudi**② (Tel. 0528 21 65 40, Mobil 0672 05 09 68 oder 0611 15 00 56, hotelamtoudi@gmail.com) mit Campingplatz. Das Campingareal besteht aus einem schattenlosen Kiesplatz (kleine Bäumchen) mit Strom und ordentlichen Sanitäranlagen. Die einfachen Zimmer gruppieren sich um einen kleinen Innenhof und sind sehr sauber (Duschen/WC auf dem Gang). Es gibt auch ein nettes Restaurant im traditionellen Salon. Der Betonpool hat meist kein Wasser.

■ Am Ortseingang rechts geht es durch den neuen Ortsteil runter zum Oued (ca. 1,5 km) zur **Herberge L'Ombre d'Arganier**② (ehem. Ondiraitlesud): einfach und sauber, Zimmer mit oder ohne Bad, auch Übernachtung im Nomadenzelt möglich, Abholung vom Airport Agadir kann arrangiert werden. Das Haus wird von *Abdoul* (Mobil 0668 39 86 75) und *Mohammed* (Mobil 0667 23 90 10) geführt. Hier wartet der Führer *Abdullah* auf Kundschaft (s.o.).

⌃ Aussicht vom Agadir Id Aïssa ins Tal

■ Der Franzose *Georges Roy* (früher Pächter der Herberge Ondiraitlesud) hat auf der anderen Seite des Flussbetts im Dorf am Berghang die komfortable **Herberge Tigmi Bulbul**③ eröffnet (Mobil 0655 44 73 75 oder 0642 91 92 54, https://amtoudi.wixsite.com/tigmibulbul). Das liebevoll gestaltete Gästehaus bietet drei geräumige Zimmer im Berberstil, einen tollen Blick von der Terrasse und gute Küche.

## Weiterfahrt nach Tata

Die Asphaltstraße (N 12) führt weiter durch ein weites, von braunen Wüstenbergen begrenztes Tal mit Oasen und Nomadenzelten. 81 km hinter Bou Izakarne (30 km nach dem Abzweig nach Amtoudi, N 29°07,998', W 08°57,915') zweigt links eine Straße zu den Oasen **Tamanart (Aït Herbil)** und **Tamessoult** ab. Von dort kann man auf einer 4x4-Piste (Asphaltierung geplant, bisher sehr holprig und nach Unwettern beschädigt) über Ukas bis ins Aït-Mansour-Tal fahren (vgl. Ausflüge bei Tafraoute).

44 km nach dem Abzweig Richtung Amtoudi, etwa 96 km hinter Bou Izakarne, führt eine Zufahrtspiste links zum Camping/Hotel Borj Biramane und nur etwa 500 m weiter eine Straße links in die malerische Palmenoase **Icht.** Das große Gelände von **Borj Biramane** (Mobil 0610 46 99 33, www.borj-biramane.com, **N 29°03,550', W 08°51,212'**) liegt in schöner, ruhiger Wüstenlandschaft mit Palmen und Akazien. Der Campingplatz mit sehr guten sanitären Anlagen ist Treffpunkt von Individualreisenden mit eigenem Fahrzeug (Standplätze auf Kies, mit Strom, 80 DH für 2 Pers. mit Auto). Die französischen Betreiber *Philippe* und *Paul Savonitto* (spricht englisch) geben Tipps zur Erkundung der Region, für 4x4-Ausflüge und Wanderungen. Auf der Terrasse des Restaurants (gutes Essen auf Bestellung, Alkoholausschank) sorgt ein Jacuzzi für Erfrischung. In den Bungalows im Garten sind elf sehr hübsche Zimmer③ mit Tadelakt-Bädern und Klimaanlage/Heizung untergebracht; es gibt sogar ein barrierefreies Zimmer. Günstiger wohnt man in den Nomadenzelten② (mit Betten und Strom) und den Berberbungalows aus Lehm (bis zu 6 Pers., Gemeinschaftsbad). Das Wasser ist hier leicht salzhaltig. WLAN verfügbar.

Eine preiswerte Alternative ist die **Ferme d'Hôtes Amerdoul**② (Mobil 0666 53 43 58, www.amerdoul.com, N 29°02,815', W 08°50,794') ca. 1 km weiter an der Straße: Der kleine, saubere Platz liegt in einem ummauerten Hof in den Oasengärten. Es gibt sechs einfache, ordentliche Zimmer mit Bad für bis zu vier Personen, einen Pool und ein Restaurant (Essen auf Bestellung). Die Betreiberfamilie ist sehr freundlich.

Für einen **Besuch des alten Ksar und der Oasengärten** von Icht (Auskünfte dort) ist der Führer *Abdellah* (Mobil 0650 68 46 59) empfehlenswert. Er weiß viel zu erzählen (franz.) und zeigt auch einige Häuser von innen. Zudem führt er zu sehenswerten **Felsgravuren** von Gazellen und Nashörnern (bei N 29°03,359', W 08°51,659' und ein Stück weiter auf der Hauptpiste im Oued linker Hand, ca. 300 m zu Fuß am Hang, N 29° 03,221', W 08°52,157'). Weitere Gravuren finden sich 5 km weiter Richtung West-Südwest an der Hauptpiste entlang des Oued Tamanart (bei einem kleinen aufgestauten Teich und einer Ruine, N 29°02,991', W 08°53,750').

Sehr zu empfehlen ist ein Ausflug zur wunderschönen **Oase Tadakoust** (s.u.), erreichbar über 4x4-Piste vom Borj Biramane oder über die Asphaltstraße Richtung Tata (Abzweig nach Nordwesten) für Pkw.

Etwa 99 km hinter Bou Izarkane bzw. 3 km nach dem Abzweig zum Borj Biramane/Icht geht es an einer Kreuzung mit Gendarmerieposten links weiter Richtung Akka und Tata. Rechts führt eine Asphaltstraße nach **Foum-el-Hassane (Fam el Hism,** 5 km) und **Assa.** Foum-el-Hassane ist eine ruhige Oase mit Palmenhain, Arkadenläden und Marktplatz. Im Notfall bekommt man hier Sprit aus Kanistern in einer Werkstatt. Nahebei finden sich Felsgravuren.

Weiter Richtung Tata geht es durch eine karge Landschaft, deren Kennzeichen Hammada (Steinwüste) und grau-braune Berge sind.

Etwa 139 km hinter Bou Izakarne passiert man das Dorf **Tisgui El Haratine** und 2 km weiter die Oase **Aït Oubali.** Vor der Furt über den Oued Oubali zweigt eine Straße nach Imitek, Aït Abdellah und Tadakoust ab.

## Abstecher zur Oase Tadakoust

Ein Ausflug (18 km) nach Tadakoust in **grandioser Bergkulisse** lohnt sich unbedingt. Auf dieser Strecke braucht man keinen Geländewagen (außer man fährt von dort weiter zum Borj Biramane).

Um zum Dorf zu gelangen, biegt man beim oben genannten Abzweig vor der Furt links ab. 1 km weiter überquert man wieder das Oued und es geht durch einen Palmenhain. Die kleine Asphaltstraße führt in Richtung Nordosten, dann Richtung Westen parallel zum Flussbett bis nach Tadakoust (N 29°15.575', W 08° 41.803'). Etwa 2 km vor dem Ort zweigt vor einer Krankenstation links eine 4x4-Piste Richtung Borj Biramane ab (N 29° 14,546', W 08°41,456').

### Tadakoust

Die Kulisse dieses **ursprünglichen Dorfes** an den Hängen einer imposanten Bergformation mit drei Felstürmen über einer ausgedehnten Palmenoase könnte nicht eindrucksvoller sein. Auf einem der **Felstürme** thronen die Ruinen eines alten Agadirs (Speicherburg), weiter unten dehnt sich das Dorf mit seinen **Häusern aus Lehm und Stein** aus. Die Oase zählt noch etwa 540 Einwohner, die Touristen sehr freundlich empfangen. In den Gassen des Ksar (altes Dorf) gibt es einiges zu entdecken. Schon am kleinen Platz am Eingang des Dorfes, wo man das Auto abstellt, fällt ein mit Steinplatten abgedeckter **Brunnen** auf; ein aufgerichteter Stein auf der Abdeckung dient als Sonnenuhr und regelt die Bewässerungszeiten für die Parzellen der Familien in den Oasengärten. Von dort spaziert man in die teilweise überdachten, dunklen Gassen des Ksar. Viele Häuser verfallen, aber es lässt sich noch schön die **traditionelle Architektur** bewundern: aus Bruchstein aufgeschichtete Mauern, mit Palmholz gestütze Dächer, Eingangsportale aus Tamariskenholz, deren Innenschlosser sich über eine armbreite Öffnung neben der Tür öffnen lassen. Im Zentrum des Dorfs versteckt sich das kleine **Eco Musée Baba Ali** in einem alten Haus. Falls der sehr freundliche und engagierte Betreiber *Abdesslam Ait Hussein* (genannt *Baba Ali,* Mobil 0623 07 79 63) gerade nicht anzutreffen ist, fragt man im Dorf nach ihm oder ruft kurz an. In seinem privaten Museum hat er allerlei Alltags- und Gebrauchsgegenstände sowie prähistorische Pfeilspitzen, Faustkeile und tierische Überbleibsel aus früheren Zeiten (Haifischzähne, Fossilien) gesammelt und ausgestellt. Von der Terrasse bietet sich ein toller Blick auf die Berge und die Palmenoase. *Baba Ali* engagiert sich in einer *Association* für die touristische Entwicklung und die Erhaltung von Tadakoust. Er erklärt mit Begeisterung die Geschichte des Dorfes und führt auch gerne zur **Frauenkooperative El Khaya pour Anmaliz.** Die Dorfbewohnerinnen stellen dort Webteppiche aus alten Stoffresten (Fleckerlteppiche) und Taschen aus Plastikresten sowie Körbe her. Außerdem betreiben die Damen eine Couscous-Kooperative. In den Räumlichkeiten am Dorfeingang (den Berg hinauf und die zweite Gasse links) kann man den Frauen bei der Arbeit zusehen. Mit dem Verkauf ihrer Produkte verdienen sie sich ihren eigenen Lebensunterhalt.

## Weiterfahrt nach Tata

Auf der Weiterfahrt **Richtung Akka** ziehen sich schräg geschichtete Berge links und rechts der Straße entlang, Oasen liegen in malerischen Palmenhainen. Im Trockenflussbett wachsen Akazien.

162 km hinter Bou Izakarne ist der Ort **Tizounine** in einem großen Palmenhain erreicht. Im Umland wurden riesige Flächen mit intensiver Bewässerung in Getreideäcker verwandelt.

Der große Ort **Akka** mit Straßenrestaurants, kleinen Läden und Markt liegt 181 km von Bou Izakarne entfernt. Am Ortsausgang (Richtung Tata) informiert eine Tafel auf der linken Seite über die touristisch interessanten Orte der Umgebung. Hier kann man auf eine schmale Asphaltstraße links abbiegen und eine

085sm20_ad

☒ Das Dorf Tadakoust liegt spektakulär unterhalb von drei Felstürmen kleine **Oasenrundfahrt** *(Circuit Culturel)* unternehmen. 2 km hinter Akka in Richtung Tata liegt am Oued Gouirgine rechter Hand der große Camping Communale am Abzweig nach Aït Rahal.

## Abstecher nach Aït Rahal

Nördlich von Akka erstreckt sich ein Palmenhain bis nach Aït Rahal – die **Oasengärten** und alten Ksour sind einen Besuch wert. Zweigt man bei der Infotafel am Ortsausgang links ab, so erreicht man nach 3 km ein Dorf mit dem altem Ksar **Agadir Ouzrou,** dessen Lehmhäuser eindrucksvoll auf den Felsen oberhalb der Straße kleben. Hier kann man eine Teppichkooperative besuchen.

Die Asphaltstraße führt weiter entlang des palmengesäumten Flussbetts Richtung Norden. 5 km nach dem Abzweig von der Hauptroute geht es über das Oued westwärts und durch ein großes Dorf mit roten Häusern. Bei Gesamt-km 7 folgt eine **Kreuzung:** Gerade-

aus (Richtung Nordwesten) geht es einige hundert Meter durch Oasengärten bis zu einer Schule oberhalb des Flussbetts, wo die Straße für Pkw endet. Auf der anderen Seite des Oued thront der alte Ksar **Sidi Abdallah Ben M'Barek,** zu dem man zu Fuß spazieren kann.

Zur Fortsetzung der Rundfahrt biegt man an der Kreuzung von km 7 links ab und folgt der Asphaltstraße über eine Furt durch einen herrlichen Palmenhain mit einigen Wasserbecken bis zum Dorf **Aït Rahal** (bzw. Aït Rahala, km 8). In Aït Rahal bietet eine einfache Herberge (Gîte) Unterkunft. Im Dorf wurde mit Hilfe der marokkanischen Stararchitektin *Salima Naji,* die sich sehr für das bauliche Erbe des Landes engagiert, das Minarett der **Almohaden-Moschee Lalla Baytou Allah** aus dem 11. Jh. renoviert (im Dorf danach fragen). Um den „Tour Almohade" zu besichtigen, biegt man am Ortsausgang bei N 29°25,878', W 08° 15,973' links in eine kleine Gasse ab und parkt etwa 200 m weiter am Eingang zum Ksar (Lehmdorf, Weg durch die Gassen von Kindern zeigen lassen). Ein unscheinbares braunes Blechtor (N 29° 25,870', W 08°15,815') führt in den Hof der Moschee, den man evtl. nach Rücksprache mit der Dorfbevölkerung betreten darf, um das Minarett aus der Nähe zu betrachten.

Hinter Aït Rahal führt die Straße einen Berghang hinauf mit schönem Ausblick auf die Oase. Die unverputzten grauen Betonhäuser verschandeln leider etwas das Oasenbild.

Bei km 10 führt eine Piste nach „Vieux Akka – Tagouramt". 4 km weiter, bei **Gesamt-km 14,** mündet diese Route 2 km westlich von Akka wieder in die **N 12** ein (Wegweiser „Kasbat Sidi Abdellah M'barek, Imitek, Tour Almohade XI siècle", N 29°23,066', W 08°16,073').

## Weiterfahrt nach Tata

Etwa 5 km hinter Akka zweigt rechts eine Piste über eine Furt nach **Oum Laleg (Oum-el-Alek)** ab. Am zweiten niedrigen Felsrücken hinter dem Dorf, ca. 4 km von der Straße entfernt (steinige Piste), finden sich **Gravuren** („gravures rupestres"). Man parkt unterhalb des Kamms bei N 29°20,021', W 08°11,201' und marschiert wenige Schritte aufwärts. Bei genauem Hinsehen kann man Gazellen und andere figürliche Gravuren auf den Steinen (z.T. beschädigt) entdecken.

Weiter Richtung Akka säumen Berge und Palmenhaine die Wüstenstrecke.

Etwa 46 km hinter Akka (227 km von Bou Izakarne, 17 km vor Tata, N 29°36, 00', W 08°00,37') führt rechts eine Piste in Richtung eines niedrigen Felsrückens. Hier liegen **Gravuren** (Strauß, Elefant, Spiralen) verstreut, viele allerdings zerstört oder überkritzelt.

59 km hinter Akka (240 km von Bou Izakarne) zweigt links eine Asphaltstraße nach Taroudannt (über Imitek bzw. Igherm) ab. An einem mit hellem Sand flankierten Felsabbruch etwa 15 km vor Tata bieten sich **ruhige Picknick- oder Übernachtungsplätze** an, dann beginnt der Palmenhain. Tata erreicht man 63 km hinter Akka (244 km hinter Bou Izakarne, 312 km von Tiznit entfernt).

# Tata

Die im Norden und Westen von ausgedehnten Palmenhainen umgebene Stadt am Bergzug **Djabal Bani** entwickelte in den letzten zehn Jahren eine neue Dynamik. Vorbei ist die Zeit, als es nichts zu sehen gab und Militär das Straßenbild dominierte. Die **16.800 Einwohner** der Hauptstadt der Provinz Tata setzen sich hauptsächlich aus **Chleuh-Berbern** und **Haratin,** den dunkelhäutigen Abkömmlingen ehemaliger Sklaven, zusammen. Der Araberanteil liegt bei 10%. Die traditionelle Tracht der Frauen besteht aus einem himmelblau glänzenden Rock und einem schwarzen Umhang. Die Menschen in Tata sind offen und sehr freundlich – hier wird man nicht bedrängt. Der Bürgermeister engagiert sich sehr für den infrastrukturellen Ausbau von Tata, auch mit Unterstützung aus Frankreich und Deutschland.

Die Ortschaft bietet sich für **Wüsten-Unternehmungen** an. Sie ist noch nicht von Touristen überlaufen und herrlich ruhig. Ein Spaziergang durch die **Oasengärten** am Rande der Stadt ist ebenso schön wie eine Wanderung hinaus zum Marabut oberhalb des Stadtteils Agadir-Lehne. Empfehlenswert sind **Ausflüge in die Douars** im Süden der Stadt: Tazart mit verfallender Mellah, El-Ayoun mit genossenschaftlichem Waschwasserbrunnen, Jebair mit einer 350 Jahre alten Karawanserei aus Lehm-Mauerwerk (im Ort nach dem Schlüssel fragen). Einen Besuch wert sind auch die **Grottes de Mesalites** an der Straße Richtung Tagmoute etwa 6 km außerhalb (Tata über den Bd. Mohamed V. nordwärts verlassen, Schild an der Straße, N 29°48,668', W 07°59,407'). Man kann vom dortigen Parkplatz zu Fuß in ein reizvolles Trockenflussbett mit Akazien absteigen, dessen steiler Felsabbruch von Grotten durchlöchert ist.

## Praktische Informationen

### Informationen für Touristen

■ **Office du Tourisme,** 70, Bd. Mohamed V. (ggü. der neuen Moschee an der Ortseinfahrt, von Akka kommend), Tel. 0528 80 21 31.

### Unterkunft

■ **Dar Infiane**④, Douar Indfiane, etwa 1 km vor Tata (von Akka kommend, beschildert) links auf eine kleine Schotterstraße abbiegen, Tel. 0528 80 21 04, Mobil 0610 93 25 24, www.darinfiane.com, N 29°44,052', W 07°58,544'. Der Franzose *Patrick Simon* gestaltete dieses alte Steinhaus mitten in der Palmeraie mit viel Liebe zum Detail in ein originelles Gästehaus um. Alle 10 unterschiedlich großen Zimmer sind farbenfroh individuell eingerichtet, mit Berberteppichen und -decken, Bad, AC/Heizung und z.T. kleiner Terrasse. Ein Rundgang durch das verwinkelte Hofhaus mit niedrigen Decken und Türen, Dachbalken aus Palmholz und zahllosen Stufen ist ein Erlebnis. Gemütlicher Innenhof, toller Ausblick von der Dachterrasse auf die Oase, WLAN. Hier bekommt man informative Broschüren und Karten zur Region. Ausflüge zu Felsgravuren und in die Wüste möglich.

■ **Oasis Dar Ouanou**③, Zufahrt etwa 3 km vor Tata rechts (von Akka kommend, beschildert), Mobil 0661 36 44 88, http://dar-wanou.e-monsite.com. Einfaches, sauberes Gästehaus mit neun Zimmern und Möglichkeit zum Campen in ruhiger Lage (vgl. „Camping").

■ **Relais des Sables**②-③, Av. des F.A.R. (von Akka kommend beim Kreisel am Ortseingang geradeaus Richtung Oued Tata), Tel. 0528 80 23 01, 80 23 02, www.hotelrelaisdessables.com, N 29°44,364', W 07°58,461'. Das eigentlich hübsche Hotel im Kasbahstil hätte eine Renovierung nötig: Die in Bungalowblocks untergebrachten Zimmer sind einfach eingerichtet und schon recht abgewohnt, im Bad funktioniert nicht immer alles. Es gibt einen Pool und ein Restaurant mit Alkoholausschank. DZ und Minisuite mit AC. WLAN an der Rezeption.

■ Die **Hotels Essalam**① und **Sahara**① im Zentrum sind sehr einfach und nicht immer sauber.

## Camping

■ **Camping Municipale,** Bd. Mohamed V., Tel. 0528 80 33 56, N 29°44,849', W 07°58,413'. Von Akka kommend nordwärts Richtung Tagmoute/Agadir fahren, kurz vor dem Ortsausgang links. Im Winter ist der zentrumsnahe, ummauerte Betonplatz mit Wohnmobilisten völlig überfüllt. Schattenlose Stellplätze mit Strom (harter Untergrund für Zelte eher ungeeignet), die Sanitäranlagen sind okay (heiße Duschen), WLAN an der Rezeption. Nachts Hundegebell. Nebenan liegt das Freibad.

■ **Camping Hayat,** Mobil 0668 37 52 27, N 29° 44,220', W 07°58,697'. Von Akka kommend am ersten Kreisel im Ort geradeaus zum Hotel Relais du Sable, direkt hinter dem Hotel links runter über die Furt des Oued Tata, der Campingplatz liegt wenige hundert Meter weiter auf der anderen Flussseite. Ummauerter Platz mit Bäumchen und Blumenbeeten in sehr schöner Lage mit Blick auf die Palmeraie und das Oued, Stellplätze mit Strom, gute Sanitäranlagen mit heißen Duschen. Sehr nette Betreiberfamilie, auch Übernachtung im Nomadenzelt möglich – derzeit der beste Platz in Tata.

■ **Oasis Dar Ouanou,** Zufahrt etwa 3 km vor Tata rechts (von Akka kommend, beschildert), Mobil 0661 36 44 88, N 29°42,856', W 07°57,964'. Das Gästehaus mit Campingplatz auf einem Kiesgelände liegt ruhig in einem Palmengarten. Die sanitären Anlagen für Camper sind sehr sauber. Es gibt ein Restaurant (Essen auf Bestellung, Tajine/Couscous 70 DH) mit Terrasse im Hofgarten und neun recht hübsche, klimatisierte Zimmer mit einfachem Bad.

■ **Camping Palmier,** Mobil 0677 60 40 55, ca. 700 m vom Camping Municipale entfernt (2. Straße links), N 29°45,180', W 07°58,458'. Schöner, schattiger Platz mit Palmen, allerdings relativ weit vom Zentrum entfernt. Kleiner Shop, saubere sanitäre Anlagen, WLAN an der Rezeption, Waschmaschinen vorhanden.

## Busse/Sammeltaxis

■ Der neue **Busbahnhof** liegt am Ortseingang (von Akka kommend vor dem Einfahrtstor rechts). **Grands Taxis** (grüne Dacia Logan) und **Privatbusse** fahren vom Place Al Massira im Zentrum (unweit Bd. Mohamed V.).

■ **Busverbindungen:** Agadir – Casablanca 4x tägl., Ouarzazate 4x tägl., Tan-Tan 2x tägl., Fès 1x tägl., Rabat 2x tägl.; Preise: Agadir 70–80 DH, Casablanca 170 DH, Ouarzazate 130 DH, Fès 200 DH.

## Sonstiges

■ Am Bd. Mohamed V. und um den Place Al Massira im **Zentrum** gibt es diverse Straßenrestaurants mit der üblichen Speisenauswahl mittlerer Qualität (Grillgerichte und Tajines). Hier findet man auch eine Post, Banken (mit Geldautomat) und Läden für jeden Bedarf. Der **Wochenmarkt** findet sonntags auf dem Suq-Gelände hinter der neuen Moschee im Kasbahstil statt (von Akka kommend beim ersten Kreisel rechts am Ortseingang).

■ **Souvenirs** (Teppiche, Schmuck, Fossilien etc.) gibt es im **Maison du Patrimoine Tataoui** (Bd. Mohamed V.).

■ **Notfall: Poliklinik,** Tel. 0528 80 20 01.

# Von Tata über Foum-Zguid nach Tazenakht

- **N 12 und R 111, 233 km bzw. 277 km** (auf der R 108 ins Drâa-Tal).
- Bis Foum-Zguid führt eine gute **Asphaltstraße,** danach wird sie schmäler und ist nur noch eineinhalbspurig. Diese Wüstenstrecke ist landschaftlich meist schön, vor allem um Tissint und hinter Foum-Zguid in Richtung Tazenakht.
- **Sammeltaxis** fahren von Tata nach Tissint, Foum Zguid und Tazenakht. Außerdem steuern **Privatbusse** Tissint von Tata und Tazenakht an.
- Die **alternative Route** über Bou-Azzer und Aït Semgane ins Drâa-Tal (Asphaltstraße R 108) ist ohne große Höhepunkte und verläuft entlang eines Wadis mit Streudörfern.

Tata auf der **N 12** in Richtung Osten verlassen. Die Straße verläuft kilometerlang schnurgerade durch **reizvolle Wüstenlandschaft,** die durch die Bergkette des Djabal Bani im Süden und Norden begrenzt wird.

Bei **km 48** zweigt links eine Asphaltstraße zu den schönen **Palmenoasen Akka Ighane und Aguinane** (66 km) ab. Dieser Abstecher ist sehr lohnenswert, denn am Ende der Straße (bzw. Piste auf dem letzten Stück nach Aguinane) liegt ein Talkessel mit unzähligen Palmen am Rande eines Steilabbruchs. Wer es abenteuerlich liebt, kann mit leichtem Geländefahrzeug über eine enge Serpentinenpiste zu einer Passhöhe gelangen und von hier weiter nach **Taliouine.** Für die seitlich schlecht befestigte Piste braucht man gute Nerven, dafür genießt man einen atemberaubenden Ausblick. Der Ort ist sehr ursprünglich (Bäcker und einfache Auberge Le Paradis). Den Ausflug kann man auch im Hotel Bab Rimal in Foum Zguid buchen.

Weiter in Richtung Tata nähert sich von Norden ein breites Palmental, das nun parallel zur Straße verläuft.

**57 km** hinter Tata folgt **Tghit (Trit)** mit einem neuen Ort und einem alten Ksar an einem Palmen-Oued. In der Umgebung wird in Salinen von den Dorfbewohnern noch immer mit traditionellen Methoden Salz gewonnen.

Einige Kilometer weiter verläuft der **Oued Tissint** links der Straße (oft trocken); er hat hier eine bizzare Wüstencanyonlandschaft geschaffen.

Bei **km 67** (1 km vor Tissint) zweigt links eine Schotterpiste hinunter zum Oued und zum Dorf **Akka Nait Sidi** ab, dessen Steinhäuser auf den Felsen oberhalb des idyllischen Flusstals thronen. Bei **km 68** ist **Tissint** erreicht.

## Tissint

Die Bewohner der Oase sind aus dem alten Ksar in den **neuen Ort** Tissint **mit rosa Betonhäusern** gezogen. Am Ortseingang befindet sich ein Stützpunkt der Gendarmerie, die gelegentlich Verkehrskontrollen vornimmt. Entlang der Straße zieht sich eine Arkadenzeile mit Läden (Lebensmittel, Alltagswaren). Es gibt einfache Cafés, einen Markt und eine Post. Im Juli findet ein Moussem zu Ehren des lokalen Heiligen am Marabut in Akka Nait Sidi statt. Die sehr freundliche Bevölkerung **(Chleuh-Berber)** trägt die für Südmarokko und Mauretanien typischen blau-schwarzen Kleider *(Fukias).*

Fährt man am Ortseingang an der Gendarmerie geradeaus (N 29°54,443', W 07°18,995'), anstatt dem rechtwinkligen Knick der Hauptstraße zu folgen (Schild „Cascades d'Atiq"), erreicht man (vorbei am Hotel Kasbah) nach 300 m einen Parkplatz auf der linken Seite. Von hier führen Treppen hinunter zum **Oued Tissint** mit den kleinen **Cascades d'Atiq.** Über eine Felsstufe sprudelt der Fluss in ein großes **Wasserbecken,** das man mitten in der Wüste nie vermuten würde und von der Hauptstraße aus nicht sieht. Nach langen Trockenperioden ist das (leicht salzhaltige) Wasser wenig einladend und veralgt. Wenn das Becken gut gefüllt ist, tummelt sich hier die ganze Dorfjugend zum Baden. Etwas ruhigere und schönere Badeplätze findet man, wenn man oberhalb der Kaskaden entlang des Flusses in Richtung Akka Nait Sidi marschiert oder weiter in Richtung Foum Zguid (siehe folgende Routenbeschreibung).

Von den Kaskaden kann man zum alten **Ksar von Tissint** spazieren. Zunächst folgt man geradeaus (südwärts) dem Sträßchen am Fluss bzw. den Palmengärten (von Mauern begrenzt) entlang, dann biegt man rechts zum Eingangstor in das Lehmdorf ab (N 29°54, 125', W 07°18,880'). Hinter dem Eingang geht's links und gleich in die erste dunkle Gasse rechts bis zur verschlossenen Tür am Ende (Dorfbewohner nach Schlüssel fragen). Dort befindet sich das frühere, leider verfallende **Haus von Charles de Foucauld** (französischer Pater und Forschungsreisender, 1858–1916) bei N 29° 54,116', W 07°18,888'. Der kleine Patio mit bemalten und mit Ornamenten verzierten Säulen und Wandnischen ist sehenswert. Der ganze Ksar wird nicht mehr instand gehalten oder renoviert – es liegt viel Müll und Schutt herum.

Jeden **Samstag** findet in Tissint ein interessanter **Wochenmarkt** (Suq) statt. Dann bieten sich für Rucksackreisende die besten Mitfahrgelegenheiten in Sammeltaxis und Lkw. Privatbusse fahren täglich nach Tata.

## Unterkunft

- **Kasbah Tissint**②-③, kurz vor den Kaskaden, Reservierung über Bab Rimal in Foum-Zguid, Tel. 0528 80 60 00. Das Haus ist einfacher als das Mutterhotel, aber ebenfalls sauber und ordentlich, mit Pool und gutem Essen. WLAN.
- Unterkunft (nur nach Voranmeldung) findet man im **Maison Chez Lahcen**④ im Dorf Akka Nait Sidi (vor Tissint auf die ruppige Schotterpiste abbiegen, dann über die Furt und links steil hinauf in den Ort), Tel. 0528 80 21 04, Mobil 0676 05 05 17, www.cans-akkanaitsidi.net. Das traditionelle Haus aus

[>] Canyonlandschaft im Oued Tissint beim Campement Akka Nait Sidi

Lehm und Stein mit Palmholztüren und -dachbalken hat vier einfache, hübsche Zimmer mit Bad (heiße Dusche). Im gemütlichen Kaminsalon wird hervorragendes Essen serviert (nur auf Bestellung, Wein- und Bierausschank). Von der kleinen Terrasse bietet sich ein schöner Ausblick hinunter ins Oued.

**Unser Tipp:** **Campement Akka Nait Sidi,** öffnet ebenfalls nur nach Voranmeldung (ab 4 Pers., gleicher Betreiber wie Chez Lahcen, Kontakt s.o.). Dazu fährt oder marschiert man von Akka Nait Sidi am Marabut vorbei und über die weite Kiesebene etwa 2 km nordwärts. Die Piste endet oberhalb des Wüstencamps, das am Rand des ausgewaschenen Canyons liegt (N 29°55,548', W 07°20,673'). Auf dem weitläufigen Gelände verteilen sich 14 große Nomadenzelte mit einfachen Betten, Teppichen und Waschschüssel (kein Strom). Es gibt zwei Sanitärblocks mit Toiletten und Duschen. Abends sitzt man unter dem Sternenhimmel am Lagerfeuer und speist im Nomadenzelt. In dieser weiten Landschaft mit bizarr erodierten ockerfarbenen Felsformationen kommt echtes Wüstenfeeling auf. Im Campement kann man herrlich ruhige Wüstentage verbringen, durch die Palmengärten im Flusstal spazieren oder die bizarre Canyonlandschaft (zu Fuß oder mit 4x4) erkunden.

## Weiterfahrt nach Tazenakht

Bei **km 70** ziehen sich weitere Palmenhaine zur Linken des **Oued Tissint,** der wegen des Salzgehaltes **Oued Maleh** (arab. *maleh* = Salz) genannt wird. Etwa 12 km von Tissint aus **(km 80)** kann man auf einer gut sichtbaren Piste (mit Vorsicht auch mit Pkw oder hochbeinigem Camper möglich) nach Norden (links) ca. 300 m in Richtung Fluss abbiegen und auf ein kleines Steinhaus mit zwei Palmen zuhalten. Dann – je nach Belastbarkeit des Fahrzeugs – bis zu einer leicht geneigten Fläche weiterfahren (N 29°51,097', W 07°15,323'). Dieser Platz ist ein schöner Übernachtungsplatz und von der Straße aus nicht einzusehen. Ein **Naturpool** mit ca. 3 m Wassertiefe (je nach Jahreszeit), Palmen und kleinen Kaskaden ist in wenigen Schritten erreicht (Bademöglichkeit). Da das tief eingeschnittene Oued von der Straße aus nicht zu sehen ist, fahren die meisten

005sm20 ad

Leute an diesem wunderschönen Platz vorbei. Auch danach führen immer wieder kleine Pisten zum Oued mit ähnlich schönen Plätzen.

Etwa bei **km 85** kreuzt man erneut das **Oued Maleh.** Prähistorische Felszeichnungen liegen oben auf dem westlichen Ausläufer des kleinen, von der Straße gut sichtbaren Höhenzuges.

Nach weiteren 4½ km erreicht man das Dorf **Mirhimina.** Weiter führt die Straße durch Hammada, die ab und zu von Sanddünen südlich der Straße aufgelockert wird.

Bei **km 135** (N 30°03,619', W 06°52, 162') sind ein Wegweiser und die **Abzweigung zur Zaouia Abd-er-Rahman und zum Lac Iriki** erreicht. Der Lac Iriki füllte sich früher in regenreichen Jahren mit Wasser des Oued Drâa, was wegen des Baus eines Stausees am Oberlauf des Flusses heute nur noch selten passiert. Östlich des Lac Iriki zieht sich ein großes Dünengebiet (Erg Chegaga, Erg Smâa) bis M'hamid (siehe dort).

Nach weiteren 5 km erreicht man bei **km 140 Foum-Zguid.**

## Foum-Zguid

Das ganz in Rosatönen gehaltene **Wüstenstädtchen mit Militärbasis** hat etwa **10.000 Einwohner** und liegt am trockenen Oued Zguid am Fuße des Djabal Bani. Ein großer Torbogen an der Ortseinfahrt heißt Besucher willkommen. In Foum-Zguid selbst gibt es keine Sehenswürdigkeiten, die Umgebung bietet sich jedoch für Wüstenausflüge an.

**Markttag** ist der **Sonntag,** am Mittwoch findet ein kleiner Gemüsemarkt auf dem Suq hinter dem Café Iriqui statt.

### Praktische Informationen

#### Unterkunft

■ **Auberge Iriqui**②, am Ortsausgang Richtung Erg Chegaga, Tel. 0528 80 65 68. Das Hotel bietet einfache, saubere Zimmer mit Bad, auch Übernachtung auf der Terrasse möglich. Gute und günstige Tajine im dazugehörigen Restaurant. WLAN.

■ **Maison d'Hôtes Riad Hiba**②, Douar Amezrou, einige Kilometer außerhalb Richtung El Mhamid in der Palmeraie, Tel. 0528 21 64 87. Ruhige Lage, hübsche Zimmer mit Bad (z.T. mit Klimaanlage) und Pool.

**Unser Tipp:** **Bab Rimal**③, Douar Amezrou, 7 km außerhalb an der Straße nach Zagora, Tel. 0528 21 62 78 oder Mobil 0668 16 74 36, www.babrimal.com, N 30°07,690', W 06°52,045'. Das von den sehr freundlichen Brüdern *Naji* und *Bari Labbali* geführte Hotel bietet den höchsten Komfort am Platz. Das Hauptgebäude mit Souvenirshop, Bar und Restaurant ist im Kasbahstil erbaut, die Zimmer verteilen sich in Bungalows (z.T. mit großer Fensterfront und Terrasse) im gepflegten Garten (einfachere Zimmer im Hauptgebäude). Toller Pool im Garten, Restaurant im Salon (gutes Essen, bei großem Gruppenandrang mit Buffet), Alkoholausschank, WLAN, Reservierung sinnvoll, Organisation von Touren. Auf dem ummauerten Campingareal mit Kiesplätzen und nur wenig Schatten (einige Palmen) gibt es Stromanschlüsse und recht neue WCs/Duschen. Die Familie *Naji* betreibt u.a. auch zwei Wüstencamps im Erg Chegaga.

#### Camping

■ Camping ist beim **Bab Rimal** (s.o.) und im einfachen und sehr freundlichen **Khayma Park** am Südrand der Stadt (am Ortseingang, von Tata kommend) möglich: Kiesstellplatz mit Palmen, Strom, einfache sanitäre Anlagen, auch Übernachtung in Nomadenzelten möglich.

■ **Camping La Palmeraie,** Abzweig gegenüber der Afriquia-Tankstelle an der Straße (N 12) Richtung Norden/Zagora, N 30°5,188', W 6°52,988'.

Hübscher Platz mit Schatten spendenden Palmen, saubere sanitäre Anlagen mit heißer Dusche, Strom vorhanden, abends Tajine auf Bestellung.

### Essen und Trinken

Für ein Mittagessen oder einen Kaffee bieten sich das **Restaurant Iriqui** in der gleichnamigen Auberge (s.o.) und das **Restaurant Chegaga** am Hauptplatz an.

### Busse

Ein Bus fährt 1x täglich morgens in 2 Std. nach **Tazenakht.** Nach **Tissint** und **Tata** startet abends ein Bus (2½ Std.)

☐ Bungalows des Hotels Bab Rimal (Foum-Zguid)

## Weiterfahrt nach Tazenakht/Zagora

Knapp 5 km hinter Foum-Zguid zweigt beim Dorf **El Mhamid (Lahamid)** an einer Kreuzung mit Checkpoint eine Straße **rechts nach Zagora** und zum Hotel Bab Rimal (s.o.) ab. Diese schnelle Querverbindung ins Drâa-Tal führt durch reizvolle Tafelberg- und Wüstenlandschaft. Nach 80 km passiert man eine große Melonenplantage, 8 km weiter liegt der kleine Ort **Rgab M'tel.** Bei **km 120** ab der Kreuzung bei Foum-Zguid ist Zagora erreicht. Nach Agdez/Tazenakht geht es weiter geradeaus (beschildert mit „Ouarzazate"). Die Straße führt bergauf, nahe der Passhöhe bietet sich ein wunderbarer Ausblick zurück auf das Tal und die Oasen.

092sm20 ad

15 km weiter (20 km hinter Foum-Zguid) liegt eine große Raststation mit Tankstelle, Restaurant und dem **Hotel El Fayja** an der Straße. Es gibt einen Stellplatz für Wohnmobile und einen Pool im Hinterhof.

Die schmale Asphaltstraße in **Richtung Tazenakht** führt durch Dörfer, Palmenhaine und Schluchten in schöner Wüstenberglandschaft (schöne Wanderungen am Fluss und durch die Oasen möglich) und erreicht 72 km hinter Foum-Zguid (bei **Gesamt-km 212**) den Abzweig nach Bou-Azzer und Agdz ins Drâa-Tal (rechts, 65 km). Diese Alternativroute führt durch Berge und erreicht nach 11 km das unattraktive Bergbaudorf **Bou-Azzer** (Abbau von Kobalt, Nickel und Kupfer).

Weiter geht es landschaftlich unspektakulär entlang eines trockenen Flusstals über die große Palmenoase **Tasla** (30 km ab der Kreuzung, einfacher Campingplatz) bis nach Agdz im Draâ-Tal (**Gesamt-km 277).**

Nach Tazenakht folgt man der R 108 weiter nach links (Richtung Nordwesten, etwas mehr als 21 km); zu **Tazenakht** siehe im Kapitel zur Straße der Kasbahs.

# Von Tata über Igherm nach Taliouine

- **202 km, R 109 und R 106.**
- Die **Asphaltstraße** führt ab Igherm durch eine sehr schöne wüstenhafte Landschaft mit bizarr in Schichten aufgefalteten Bergen. Zwischen Igherm und Taliouine war die Straße in den vergangenen Jahren schmal, z.T. stark beschädigt und für Pkw und Wohnmobile ohne 4x4 nicht geeignet (zerstörte Furten und Brücken, die im Gelände umfahren werden müssen).

Durch den Palmenhain von Tata geht es zunächst auf der N 12 Richtung Akka. Etwa 4 km hinter Tata zweigt die R 109 rechts ab.

Die Straße führt durch eine karge Landschaft. Ab etwa km 26 geht es bergauf nach **Imitek** (760 m Höhe), das **33 km** hinter Tata erreicht ist.

Etwa bei **km 49** zweigt links eine **Geländewagen-Piste** (kleiner Wegweiser, **N 29°38,765', W 08°25,355'**) **nach Bou Zarif** und weiter in Richtung Tafraoute ab (vgl. 4x4-Variante weiter unten).

Der Ort **Tizgui Ida Oubaloul** liegt bei etwa **km 65** in einem breiten Palmental. Die Route führt weiter entlang des schönen Flusstals mit diversen alten Ksour.

Bei **km 82** thront über dem Straßenort **Suq Khemis-d'Issafen** (sehenswerter Wochenmarkt am Donnerstag) ein mächtiger Agadir auf einem Hügel; er kann besichtigt werden. **Tagadirt** mit einem alten Ksar auf einer Kuppe folgt 9 km hinter Issafen.

Etwa **113 km** hinter Tata ist **Igherm** auf 1700 m Höhe erreicht (vgl. „Von Tafraoute über Igherm nach Taroudannt“). Man verlässt Igherm in Richtung Nordosten und durchfährt eine steinige, schroffe Berglandschaft.

Nach ca. 5 km ist eine Passhöhe und nach **13 km** das kleine Straßendorf **Adar** erreicht. Danach geht es 4,5 km bergab und anschließend bergauf durch eine felsige Landschaft mit vereinzelten Wacholder- und Mandelbäumen bis zu einem Pass auf 1900 m Höhe (ca. **km 131), N 30°08,359', W 08°20,581'.**

Die Route führt weiter durch Lehmdörfer, die sich an die Hänge schmiegen. Immer wieder bieten sich herrliche Ausblicke auf die bizarre Berglandschaft. Besonders eindrucksvoll ist der Blick auf den imposanten **Djabal Ouaklim (Adrar-n-Aklim),** einen 2531 m hohen Kegelberg mit abgeflachtem Gipfel.

Es folgen wahre **Anti-Atlas-Bilderbuchdörfer,** umgeben von Terrassenfeldern in den Flusstälern. Ein besonders schönes Dorf in Hanglage liegt etwa 17 km nach der Passhöhe (ca. **km 148**) an der Strecke. Es geht weiter durch zerklüftete Felslandschaft mit einzelnen Speicherburgen auf den Anhöhen.

Etwa bei **km 156** erreicht man das Suq-Gelände von **Azaghar N-Irs, N 30° 18,209', W 08°14,959'.** Danach folgen weitere Orte mit verfallenden Speicherburgen.

Bei **km 186,** im Flusstal des **Oued Assakis,** wird es wieder fruchtbarer.

Etwa bei **km 191** erreicht man die Straße Agadir – Taliouine (N 10) vor einer Brücke am Oued Assakis, **N 30°33, 120', W 08°01,655'.** Hier geht es rechts weiter nach **Taliouine** (ca. 11 km).

# Von Tiznit nach Guelmim

- **Ca. 105 km, N 1.**
- Breite, **gute Asphaltstraße** durch Halbwüsten-Landschaft mit **Eukalyptus-, Arganien-, Palmen- und Olivenhainen** und vielen Orten entlang der Strecke. Die landschaftlich attraktivere Route führt von Tiznit über Moussa d'Aglou und Sidi Ifni entlang des Meeres nach Guelmim (siehe „Von Tiznit über Sidi Ifni nach Guelmim“).
- Gute **Busverbindungen** mehrmals täglich (siehe bei Tiznit bzw. Guelmim).

Die verkehrsreiche, zunächst vierspurig ausgebaute Straße führt auf 68 km nach Bou Izakarne (Beschreibung vgl. „Von Tiznit über Bou Izakarne nach Tata“).

76 km hinter Tiznit befindet sich der Ort **Tagant** mit Tankstelle. Nach gut 105 km fährt man in Guelmim ein.

# Guelmim

Die **Garnisonsstadt** Guelmim in wüstenhafter Umgebung zählt rund **200.000 Einwohner.** Die wenig attraktive Neustadt um den zentralen Place Bir Anzarane und die davon abgehenden Hauptstraßen Bd. Mohamed VI. und Bd. Hassan II. umgeben **bergige Ausläufer des Anti-Atlas.** Einst war Guelmim ein wichtiger Handelsposten für Karawanen aus Schwarzafrika, die hier auch Wasser schöpften – „Aguelmim“ bedeutet auf Masirisch (Sprache der Berber) „wo es

# Guelmim Zentrum

Wasser gibt". Die Männer der Region tragen traditionell eine blaue **Djellabah,** die Frauen hüllen sich in bunte Wickeltücher. Wegen ihres blauen Umhangs heißen die ursprünglich nomadisch lebenden Mauren in der Westsahara auch „Blaue Männer" *(les hommes bleus).*

Der interessante **Suq** und der berühmte **Kamelmarkt** finden am Samstag (für die Einheimischen schon am Freitagabend) an einem Platz an der Straße nach Tan-Tan statt. Der Markt hat seine wirtschaftliche Bedeutung verloren, da durch den Westsahara-Konflikt (vgl. Exkurs „Der vergessene Krieg in der Westsahara") keine Karawanen mehr verkehren und die Menschen sesshaft werden. Die Dromedare dienen jetzt u.a. der Touristenbeförderung, sei es für einen kurzen Ausritt oder auch eine längere Tour. Der Wochenmarkt ist heute ein normaler Gemüse- und Viehmarkt mit Schafen, Ziegen, Eseln – und wenigen Kamelen.

Die seit vielen Jahren geplante **touristische Entwicklung** der Region Guelmim – Es-Smara mit Großprojekten am **Plage Blanche** sowie an den Mündungen von Oued Drâa (Foum Drâa) und Oued Chbika (Foum Chbika) an der Atlantikküste lässt auf sich warten.

# Praktische Informationen

## Informationen

■ **Conseil Régional du Tourisme (C.R.T.),** 17, Rue Lahbab, Bd. Mohamed VI., Tel. 0528 87 29 11, www.portailsudmaroc.com. Hier bekommt man ein recht informatives, dreisprachiges Heftchen mit Infos zu Sehenswürdigkeiten in der Region.

■ Naturkundliche Informationen sind auf der Website **http://ecotourisme.geoparcjbelbani.com** (franz.) zu finden. Die *Association* setzt sich für die UNESCO-Anerkennung der Region von Guelmim bis Foum-Zguid als Geopark ein.

## Unterkunft

Das Angebot in Guelmim ist nicht besonders gut – unten seien nur zwei empfehlenswerte Adressen genannt. Schöner und ruhiger wohnt man in den Oasen der Umgebung oder am Fort Bou Jerif ca. 42 km von Guelmim entfernt.

1 **Adil Moussafir**②, 869, Av. Mohamed VI., an der Stadteinfahrt (von Tiznit kommend), Tel. 0528 77 29 30, 77 29 32. Etwas in die Jahre gekommenes Businesshotel mit 44 klimatisierten, sauberen Zimmern mit Bad und TV. WLAN.

4 **Carrefour**②, 3, Av. Mohamed V., Tel. 0528 77 15 10. Neueres, mehrstöckiges Mittelklassehotel beim Place Bir Anzarane, Terrassencafé/-restaurant im EG. 21 ordentliche, klimatisierte Zimmer mit Bad, TV und Balkon. WLAN.

8 **Fort Akabar,** 13 km in Richtung Assa in der Oase Tighmert, Mobil 0671 57 42 73. Gästehaus mit 10 Doppel- und Dreibettzimmern (mit Bad) in ruhiger Lage am Rand der Oase, gutes Restaurant und Pool.

7 **La Maison Saharaouie Dar Zineb**②, in der Oase Tighmert, 13 km außerhalb Richtung Assa, Tel. 0528 87 07 06, darzineb@hotmail.com, N 28°56, 818', E 09°57,786'. In diesem traditionellen Lehmhaus inmitten der Palmeraie wohnt man authentisch mit Familienanschluss. Es gibt sechs einfache, saubere Zimmer und einen Hammam. Gutes Essen im Salon. Organisation von Ausflügen möglich, Verkauf lokaler Produkte. Buchung über www.airbnb.de möglich.

## Camping

■ **In Abeïno** (vgl. „Ausflüge") und beim **Fort Bou Jerif** (siehe übernächste Route).

6 **Camping Touareg,** 13 km in Richtung Assa in der Oase Tighmert, N 28°56,540', W 9°56,979'. Kleiner, ruhiger und günstiger Platz, saubere Sanitäranlagen, kein Schatten, kein Strom an den Stellplätzen, Kassettenentleerung möglich, wenige Gehminuten zum Dorf.

9 **Camping Ain Nakhla,** 13 km Richtung Assa in der Oase Tighmert, N 28°56,471', W 9°55,999'. Ummauerter Platz am Rand der Oase mit Schatten und steinigem Untergrund. Guter Sanitärblock, Stellplätze mit Strom. Der Betreiber spricht deutsch. Im Winter voll mit Wohnmobilisten.

8 **Fort Akabar,** das Gästehaus (s.o.) verfügt über einen ummauerten Stellplatz mit ordentlichen sanitären Anlagen.

## Essen und Trinken

5 In den **Grilllokalen** *(rotisserie)* **am Place Bir Anzarane** kommen zu Mittag Grillhähnchen, Tajine und Omelettes (gut und günstig) auf den Tisch.

3 Gute, günstige Tajine (30 DH) gibt es in den **Lokalen neben der Post** (Av. Mohamed V., dort Parkplatz).

2 Leckere und preiswerte Tajine, Salate und Grillgerichte isst man außerdem im **Restaurant Al Jazira** in der Bd. Mohamed VI.

### Sammeltaxis

**Grands Taxis** fahren am Markt (Straße Richtung Assa) und am Busbahnhof ab: Verbindungen nach **Abeïno** (10 DH), **Bou Izakarne** (35 DH), **Tiznit** (55 DH), **Tan-Tan** (ca. 60 DH) und **Sidi Ifni** (25 DH).

### Busse

- **Busbahnhof** an der Av. Abaynou (von Bou Izakarne kommend am Kreisverkehr rechts Richtung Abeïno).
- **CTM-Büro,** Tel. 0528 87 27 07.

#### Verbindungen und Preise

- **Laâyoune – Tan-Tan – Dakhla:** 4x tägl., bis Laâyoune 7–8 Std. Fahrzeit, 170 DH; bis Dakhla, ca. 16 Std. Fahrzeit, 330 DH.
- **Agadir:** mehrmals täglich mit CTM, 4–5 Std., 90 DH.
- **Marrakesch:** CTM 7x tägl., davon 2 Nachtbusse, 7–9 Std. Fahrzeit, 180 DH.
- **Casablanca:** CTM 5x tägl., davon 2 Nachtbusse, ca. 12 Std., 300 DH.
- **Privatbusse** fahren mehrmals täglich nach **Sidi Ifni** (ca. 25 DH).
- **Supratours** fährt 6x täglich nach **Marrakesch,** 160 DH, 7–8 Std., und nach **Laâyoune,** ca. 8 Std., 160 DH.

### Feste/Veranstaltungen

- Im Jahresverlauf finden in der Region **zahlreiche Moussems** statt (Termine im Touristenbüro erfragen).
- Die **Guedra,** der traditionelle Knietanz der Bewohner um Guelmim, ist meist nur noch im Rahmen von Touristenveranstaltungen zu bewundern.

### Sonstiges

- Der lebhafte **Markt** liegt an der Straße Richtung Assa (Bd. Mohamed V.).

10 **Marjane-Supermarkt** am Stadtausgang beim letzten Kreisverkehr an der N 12 in Richtung Assa/Tata, N 28°58,081', W 10°01,978'.

- Am Place Bir Anzarane stehen **Banken mit Geldautomat** zur Verfügung.
- Das **Krankenhaus** befindet sich an der Stadtausfahrt Richtung Assa/Icht.

## Ausflüge

### Abeïno

Bis Abeïno sind es 13 km. Nach 5 km auf der Straße nach Sidi Ifni geht es rechts ab (beschildert). In diesem nicht besonders ansprechenden Ort gelangt man zu 39 Grad heißen **Schwefelquellen** mit ordentlichen Badebereichen (getrennt für Frauen und Männer, Eintritt 10 DH).

Der von Franzosen geführte **Camping de la Vallée** befindet sich in ruhiger Lage etwa 2 km hinter Abeïno (gute Piste, N 29°06,828', W 10°01,204'): schöne Stellplätze in einem schattigen Garten (mit Strom und Wasser), einfache, saubere Sanitäranlagen mit heißer Dusche. Camper können auch Halb- und Vollpension zum fairen Preis buchen.

Zwischen Guelmim und Fort Bou Jerif

## Plage Blanche

Der **lange Dünenstrand** im Südwesten Guelmims und südwestlich von Fort Bou Jerif ist entgegen seines Namens nicht weiß (siehe nächste Route).

## Oase Tighmert

Die Palmenoase Tighmert mit mehreren Dörfern erstreckt sich auf 8 km Länge östlich von Guelmim. Man erreicht sie, indem man Guelmim auf der Asphaltstraße Richtung Assa/Icht verlässt und nach etwa 3 km rechts nach Tighmert/Asrir abbiegt (beschildert). Es verkehren auch Sammeltaxis ab Guelmim. Auf der Karte ist die Oase, die sich zu einem **alternativen Touristenziel** entwickelt hat, auch als **Aït Boukha** eingezeichnet. In den Lehmdörfern (Ksour) leben etwa 650 Saharaoui-Familien, die ursprünglich als Nomaden durch die Wüste zogen. In den von Bewässerungskanälen durchzogenen Palmengärten wächst Weizen, Gerste, Mais und Futterklee für das Vieh. Mehrere Quellen speisen die Brunnen von Tighmert. Wer hier ein oder zwei Nächte in einem der **familiengeführten Gästehäuser** oder auf einem Campingplatz (vgl. bei Guelmim) verbringt, kann auf authentische Art das ursprüngliche Oasenleben kennenlernen.

# Von Guelmim zum Plage Blanche

- **62 km bis Plage Blanche, bis Fort Bou Jerif ca. 42 km** (davon 9 km Piste).
- **Asphaltstraße** mit betonierten Furten. Zum Fort Bou Jerif (ab Kreuzung zum Plage Blanche) sind es 9 km Piste. Mit **Taxi** ab Guelmim-Zentrum (kein Sammeltaxi, diese fahren nur bis Laksabi).

aga_43 dd

Im Zentrum von Guelmim von Tiznit kommend rechts (gen Nordwesten) in Richtung Laksabi und Sidi Ifni abbiegen (Av. Hassan II.). Bei **km 1,5** überquert die Straße auf einer Brücke den **Oued Lakhdar.** Bei km 2 zweigt beim Kreisverkehr die Route links nach Laksabi, zum Plage Blanche und zum Fort Bou Jerif ab (beschildert, N 29°00,058', W 10° 04,399'). Nach Sidi Ifni geht es geradeaus weiter.

Nach **12 km** zeigt ein Torbogen den Ortsbeginn von **Laksabi** an, kurz danach geht es rechter Hand zum Plage Blanche und Camping Fort Bou Jerif (Schild). Geradeaus führt die Straße in den Ort.

Bei **km 15** folgt erneut eine **Gabelung** (N 29°00,052', W 10°11,616'): Rechts geht es nach Taligouine und Ouadai Assaka (alte 4x4-Strecke nach Fort Bou Jerif), geradeaus weiter zum Plage Blanche und nach Fort Bou Jerif.

Bei **km 33** ist der **Abzweig zum Wüstencamp Fort Bou Jerif** (N 29°00,409', W 10°20,700') erreicht (9 km Piste). Weiter auf der Hauptroute in Richtung Plage Blanche folgt bei **km 39** ein **Dorf** mit Moschee. Es geht durch eine hügelige, karge Landschaft mit einigen Getreidefeldern.

Bei **km 60** mündet von rechts die Piste von Foum Assaka ein (ca. 35 km, steinig und schlecht, nur mit 4x4).

Etwa **62 km hinter Guelmim** endet die Asphaltstraße bei einigen Häusern, einem Funkmast und dem **Hotel Dromedaire** mit schäbigen Bungalows. Hier können Wohnmobile stehen bleiben, das Toilettenhäuschen ist allerdings nicht benutzbar.

Unterhalb eines Steilabbruchs befindet sich der leider nicht gerade saubere Strand **Plage Blanche** mit kleinen Dünen und der Flussmündung. Auf der anderen Flussseite liegt ein kleines Fischerdorf. Hier fließt der kalte Kanarenstrom vorbei, sodass sich vor allem im Hochsommer, wenn die Temperaturunterschiede zwischen Inland und Wasser hoch sind, ein Nebelband von ca. 40 km Breite die Küste entlangzieht. Zum Baden ist es daher oft zu kalt.

# Von Tiznit über Sidi Ifni nach Guelmim

- **136 km, R 104 oder P 1909, N 12.**
- Von Tiznit nach Sidi Ifni gibt es **zwei Strecken:** Die nur wenig kürzere R 104 führt kurvig durchs Hinterland direkt nach Mirleft. Die landschaftlich schönere (hier beschriebene) Route P 1909 verläuft über Sidi Moussa d'Aglou entlang der wildromantischen Steilküste. An kleinen Felsbuchten kann man baden. Das Städtchen Sidi Ifni steht im krassen Kontrast zu Agadir: dort Touristenrummel und moderne Hotelneubauten – dagegen weiß-blaue Kolonialgebäude und relaxte Surferatmosphäre in Sidi Ifni.
- **Busverbindung** ab Guelmim bzw. Tiznit (Stadtbus Nr. 18 ab Tiznit nach Mirleft/Sidi Ifni über Sidi Moussa d'Aglou), auch **Sammeltaxis.** Zur schönen Bucht Legzira kann man sich mit dem Bus am Abzweig absetzen lassen und ca. 2 km zu Fuß laufen. Zurück muss man den Bus an der Straße anhalten.

Die **direkte Route nach Mirleft** (R 104) zweigt gegenüber dem Bab Laâounia (Bushaltestelle an der Stadtmauer) links nach Westen ab. Nach Aglou Plage fährt man weiter geradeaus nach Nordwesten.

Bei **km 13** führt eine schmale Asphaltstraße rechts nach Tassila und weiter zum Massa-Nationalpark (Schild „Camping Sidi Wassai").

2 km weiter, bei **km 15,** geht es an einer Kreuzung beim Campingplatz und Supermarkt links weiter nach Mirleft/Sidi Ifni und geradeaus in den Ort **Sidi Moussa d'Aglou** (s. „Tiznit/Ausflüge").

Die Straße in Richtung Sidi Ifni führt vorbei an nicht fertiggestellten Ferienhäusern, dann folgt sie der Steilküste mit Wildcampingmöglichkeiten und kleinen Sandbuchten unten am Wasser.

Bei **km 32** liegt die Pferdefarm **Les 2 Gazelles** von zwei Französinnen rechts der Straße (www.les2gazelles.com, Mobil 0666 26 66 86). Das Gästehaus hat acht hübsche Zimmer mit Bad, einen gemütlichen Salon und eine Terrasse. Es werden Reitstunden und Ausritte ins Hinterland oder entlang der langen Strände mit den Araberpferden der Farm angeboten – ideal für begeisterte Reiter.

Bei **km 36** durchfährt man das Dorf **Sidi Bou Ifdail.** 1 km weiter zweigt eine Straße zum Fischerhafen von Sidi Bou Ifdail und zu einem Wohnmobilstellplatz an der Küste ab.

Bei **km 40** kann man in einer sehr schönen, kleinen **Bucht** mit bizarren Felstürmen und Kiesstrand einen Badestopp einlegen. Auch hier finden Wohnmobilisten einen Stellplatz für die Nacht.

Nur 1 km weiter **(km 41)** bietet das **Hotel Un thé au bout du monde**③ herrlich ruhige Unterkunft (Mobil 0661 97 57 42, www.untheauboutdumonde.com). Auf dem großen, grünen Gelände verteilen sich fünf blau-weiße Bungalows mit komfortablen Zimmern und Studios. Die sehr hübschen Zimmer mit Tadelakt-Bad, Terrasse und Meerblick sind alle unterschiedlich gestaltet. Die hellen Studios haben zusätzlich einen kleinen Salon, TV und eine Küche. Das Restaurant ist auch für Nicht-Gäste geöffnet.

Bei **km 43** mündet beim Dorf **Gourizim** diese Route in die Hauptstraße von Tiznit ein (R 104), rechts geht es weiter nach Mirleft. 2 km weiter liegt die empfehlenswerte Surfer-Unterkunft **Aftastrip** links der Straße (s.u.).

**48 km** hinter Tiznit zweigt rechts eine Zufahrt zum **Plage Imi n'Tourga** ab. Die Straße endet an einem Parkplatz oberhalb des von roten Felsen umrahmten Sandstrandes an der Flussmündung des Oued Mirleft (Wohnmobilstellplatz).

Bei **km 49** ist **Mirleft** erreicht.

## Mirleft

Das einst unscheinbare, kleine Fischerdorf und Hippie-Aussteigerziel ist heute ein **angenehmer Surfer- und Badeort** mit zahlreichen Ferienhäusern und hübschen Gästehäusern *(Maisons d'Hôtes).* Der Ort selbst ist nicht besonders attraktiv und wild gewachsen, sodass er sich über mehrere Kilometer links und rechts der Durchgangsstraße erstreckt. Aber an dem von bizarr erodierten Kliffs eingerahmten Sandstrand **Plage Mirleft** (am nördlichen Ortsende) oder am schönen Strand **Plage Aftas** mit Cafés (südlich des Villenviertesl Les Amicales) kann man in den kühlen Wellen des Atlantiks baden oder bodysurfen. Auch die Strände der Umgebung lohnen einen Ausflug. Die strandnahen Unterkünfte und das Villenviertel Les Amicales liegen westlich der Hauptstraße (ca. 1 km). Im **Ortszentrum** östlich der Straße gibt es einen Markt, Geschäfte mit Touristen-

und Alltagswaren, Surfshops, eine Tankstelle, eine Post, Apotheken und eine Bank mit Geldautomat.

Auf dem Hügel oberhalb des Orts thront ein altes französisches **Militärfort** (von 1935, ca. 1 km vom Ortszentrum bergauf). Ein Teil des Forts beherbergt heute die beste Unterkunft am Platz: Les 3 Chameaux (s.u.). Der Hügel, auf dem das Fort thront, ist unter Gleitschirmfliegern bekannt: Von hier oben kann man herrlich zum Meer hinunter segeln.

## Praktische Informationen

### Unterkunft

■ **Aftastrip**③, 4 km nördlich von Mirleft Richtung Tiznit, Mobil 0666 02 65 37, 0677 12 14 24, www.aftas-trip.com. Hübsches Gästehaus mit Garten, Pool, Hammam, eigener Surfschule und tollem Blick aufs Meer von den Zimmern und dem Restaurant im traditionellen Festzelt (gutes Essen). Übernachtung in großen DZ mit Tadelakt-Bädern oder im Nomadenzelt (ohne eigenes Bad). Sehr familienfreundlich, auch spezielle Surfkurse für Kinder. Man kann zu Fuß zu einer Felsbucht laufen (ca. 1 km). Außerdem werden Angel- und Kayaktouren angeboten. WLAN.

■ **Abertih**② (inkl. Frühstück), Rue du Marché im Ortszentrum, Tel. 0528 71 93 04, Mobil 0672 22 58 72, www.abertih.com. Empfehlenswertes Travellerhotel mit hübsch gestalteten, farbenfrohen (z.T. dunklen) Zimmern mit oder ohne Bad (im Winter mit Heizung). Hier treffen sich die Paraglider.

■ **Atlas**②, Rue du Marché im Ortszentrum, Tel. 0528 71 93 09, atlasmirleft@gmail.com. Beliebte Budgetunterkunft mit 17 sauberen, sehr ordentlichen Zimmern, einige mit Bad, andere mit Waschbecken im Zimmer und Du/WC auf dem Gang. Marokkanischer Salon mit TV, Dachterrasse, nettes Restaurant im EG. WLAN.

■ **Dar Najmat**④, am Plage Sidi Mohamed Ben Abdallah, Tel. 0528 71 90 56, www.darnajmat.com. Das Gästehaus im modernen Kasbahstil thront in herrlicher Lage direkt über dem Strand in der Bucht 2 km südlich von Mirleft (Richtung Sidi Ifni). Sehr elegante Zimmer mit Tadelakt-Bädern und separatem WC, auch Familienzimmer und ein großes Apartment mit Privatterrasse, toller Infinity-Pool mit Ausblick. WLAN, Restaurant und Bar.

■ **Du Sud**①, Rue du Marché im Ortszentrum, neben Hotel Atlas, Tel. 0528 71 94 07, Mobil 0662 14 61 34. Günstiges, einfaches Hotel mit ordentlichen Zimmern (ohne Bad), Restaurant La Bonne Franquette mit marokkanischer und französischer Küche im EG. WLAN, Waschmaschine vorhanden.

■ **Les 2 Gazelles,** in Sidi Bou Ifdail an der Straße Richtung Aglou Plage, s. vorhergehende Routenbeschreibung.

■ **Les 3 Chameaux**④, Tel. 0528 71 91 87, Mobil 0666 54 85 79, www.3chameaux.com. In den umgebauten historischen Gemäuern auf dem Hügel über dem Ort herrscht rustikales Landhausambiente mit einem fantastischen Blick auf Mirleft und das Meer. Die Zimmer/Suiten mit Tadelakt-Bädern und TV sind sehr schön marokkanisch gestaltet. Die geräumigen, hellen Suiten mit Kamin haben eine Terrasse mit herrlichem Ausblick. Es gibt einen beheizten Pool (sehr angenehm im Frühjahr). Im Restaurant kommt hervorragende Küche jenseits der Standard-Tajine auf den Tisch (z.B. Fisch in Salzkruste und Blütensalat). WLAN, Alkoholausschank.

UNSER TIPP: **Sally's Bed & Breakfast**③, von Tiznit kommend im Ort rechts Richtung Les Amicales abbiegen, dann rechts halten, das gelbe Haus von Sally's liegt schräg ggü. des Restaurants La Braise, Tel. 0528 71 94 02, Mobil 0661 46 98 88, www.sallymirleft.com. Die Amerikanerin *Sally* ist begeisterte Reiterin und hat ihr Haus extravagant mit marokkanischen Antiquitäten, alten Fotos und Reiterutensilien dekoriert. Vom gemütlichen Wohnzimmer mit Kamin, den fünf klimatisierten Zimmern (im Winter mit Heizdecken) und dem Studio (mit Küchenzeile und Terrasse) bietet sich ein unvergleichlicher Ausblick auf die Klippen oberhalb des Strands. Hauspapagei *Bella* sorgt für Erheiterung. WLAN, Waschmaschinenbenutzung möglich, schöne Dachterrasse mit Sonnenliegen, nur wenige Gehminuten über eine Betontreppe runter zum Strand.

■ **Un thé au bout du monde,** an der Straße Richtung Aglou Plage, siehe Routenbeschreibung oben (km 41).

### Camping

■ Zu dem kleinen, schönen **Camping Gîte Nomade** biegt man im Ort beim Wegweiser rechts ab Richtung Aftas (Mobil 0671 50 52 75). Auf dem Hofplatz gibt es allerdings keinen Schatten und nur etwa sechs Stellplätze für Wohnmobile.

■ **Erkounte Park Camping,** etwa 10 km südlich von Mirleft an der R 104 Richtung Legzira, Mobil 0666 55 48 72, N 29°30,472', W 10°04,073'. Riesiger, sehr gut ausgestatteter Kiesplatz (wenig Grün) in Stadtnähe (Fußpfad dorthin) mit modernen, sauberen Sanitäranlagen. Waschmaschinen verfügbar, Kassettenentleerung möglich, gutes Restaurant und Shop. Im Winter voll mit Wohnmobilen.

■ In der Bucht von Mirleft (unmittelbar vor dem Ort auf der rechten Seite von Tiznit kommend) gibt es strandnahe **Stellplätze für Wohnmobile.**

### Essen und Trinken

■ In der Rue du Marché im Ortszentrum (von Tiznit kommend links der Durchgangsstraße) reihen sich mehrere nette Restaurants aneinander. Empfehlenswert ist u.a. das **Restaurant Ayour** direkt neben dem Hotel Atlas: gemütliches, knallrotes Interieur mit Polstern und Kerzenlicht, auch Tische auf dem Gehsteig, sehr freundlicher Service, frisch zubereitete Fischgerichte (evtl. längere Wartezeit), Tajine (z.B. mit Crevetten oder Kamelfleisch) und Salate, Weinausschank.

■ Die Deutsche *Ramona* betreibt das empfehlenswerte **Café Aftas** direkt am Strand mit marokkanischer Küche und Fischgerichten (Mobil 0656 18 37 62, www.cafeaftas.com, mit angeschlossener Surfschule Chasseurs de Vagues).

### Sonstiges

■ Die Umgebung von Mirleft und Sidi Ifni ist ein beliebtes Revier für Paraglider, die von den Hügeln im Hinterland bis zum Strand hinuntergleiten. **Paraglide Morocco** bietet Tandemflüge an: Mobil 0676 31 86 55, www.paraglidemorocco.com.

■ **Stadtbus Nr. 18** fährt Mirleft von **Tiznit** an (ca. 45 Min.), mehrmals täglich fahren Busse auch nach **Sidi Ifni** (30 Min.).

## Weiterfahrt nach Guelmim

Die Strecke weiter in Richtung Sidi Ifni folgt einer **wild zerklüfteten Steilküste** mit Ausblicken aufs Meer. 2 km hinter Mirleft ist **Sidi Mohamed Ben Abdallah** mit sehr schönem Sandstrand, Felsinseln und Felstor erreicht. Unterkunft bieten das elegante **Dar Najmat** direkt oberhalb der Bucht (vgl. bei Mirleft „Unterkunft") und das **Hotel Au Soleil Couchant**② (einfache Zimmer, tolle Lage mit Meerblick).

19 km hinter Mirleft zweigt rechts eine Asphaltstraße zur **Bucht von Legzira** ab (1 km). Oberhalb der Bucht verschandelt eine Bauruine die Landschaft. Links vor der Einfahrt in die Anlage zweigt eine steile Zufahrt hinunter zu den Restaurants/Herbergen in der Bucht und zum Parkplatz (gebührenpflichtig) ab. Pkw-Fahrer parken besser oben und steigen auf den Treppenstufen zum Strand hinunter.

## Legzira

Legzira zählt sicher zu den **landschaftlich eindrucksvollsten Buchten in Marokko.** Hauptattraktion am ca. 3 km langen Kies- und Sandstrand ist ein **gewal-**

086sm20 ad

**tiges, von Wind und Wellen geformtes Felstor** aus rotem Konglomerat (Achtung vor Steinschlag unter dem Tor). Ein weiteres Felstor ist 2016 leider eingestürzt. Im Sommer herrscht in der idyllischen Bucht ziemlicher Trubel, es gibt mehrere Gästehäuser, Cafés und einen Surfshop. Ein Stopp zum Baden, für einen Spaziergang oder für ein Mittagessen (frischer gegrillter Fisch) lohnt sich aber auf jeden Fall. Etwas weiter südlich entlang des Strandes ist weniger los.

⌃ Legzira zählt zu den schönsten Stränden in Marokko

## Unterkunft/Essen und Trinken

■ Einfach, ordentlich und sauber sind die Zimmer in der **Auberge Legzira** (Chez Abdoul)③ (inkl. HP) mit schattiger Terrasse (Mobil 0662 54 06 37, DZ mit Dusche/WC auf dem Gang, aber auch einige Zimmer mit Bad).

■ Auch der **Beach Club Legzira**② (Mobil 0670 52 28 00) bietet neben einer Terrasse mit Meerblick saubere, einfache Zimmer mit Bad – allerdings haben nur manche ein Fenster nach außen zum Meer.

■ Der junge *Abdallah* vom unmittelbar benachbarten **Sable d'Or**② (Mobil 0661 30 24 95, sabledor1@gmail.com) ist sehr freundlich und um das Wohl seiner Gäste bemüht. Die sauberen Zimmer (mit und ohne Bad, mit Fenster zum Gang oder zum Meer) verteilen sich auf drei Etagen. Von der Terrasse genießt man einen herrlichen Blick aufs Meer und den Sonnenuntergang.

■ In allen Herbergen kann man leckeren, frisch gegrillten **Fisch essen** (ca. 70 DH).

## Weiterfahrt nach Guelmim

27 km hinter Mirleft beginnt die vierspurige Einfahrtsstraße durch die Neubauviertel von Sidi Ifni. 31 km hinter Mirleft (ca. 80 km von Tiznit entfernt) erreicht man schließlich einen **Kreisverkehr** vor dem Zentrum der Stadt: Rechts geht es zum Strand mit den Campingplätzen und dem Hotel Aït Bamrane, links nach Guelmim und Laâyoune, geradeaus ins Zentrum von Sidi Ifni.

## Sidi Ifni

Die **Provinzhauptstadt** in der Region Sous-Massa-Drâa mit heute etwa **21.000 Einwohnern** lag viele Jahre im Dornröschenschlaf – besonders in den heißen Sommermonaten wirkte das Städtchen verschlafen und verstaubt. Anfang der 2000er Jahre erhielten einige der sehenswerten, verfallenden **Art-déco-Gebäude** aus der spanischen Kolonialzeit der 1930er Jahre um den Place Hassan II. einen frischen blau-weißen Anstrich, es entstand eine breite **Strandpromenade** und immer mehr Ferienwohnungen und Gästehäuser für Surfer und Strandurlauber eröffneten. Von wirtschaftlicher Bedeutung ist der **Fischfang** – der Fischerhafen liegt 5 km südlich der Stadt. Der **alte Stadtkern** liegt oberhalb eines Steilabbruchs über dem schönen Sand- und Kiesstrand, zu dem von der Plaza de la Marina (Hotel Suerte Loca) eine Treppe hinunterführt. Vorbei am Camping El Barco kann man die Promenade entlang spazieren und die Surfer in den Wellen beobachten. Der Atlantik ist zwar oft zu kalt zum Baden, aber wegen der **relaxten Atmosphäre** und des fast mediterranen Flairs lässt es sich in Sidi Ifni gut mehrere Tage aushalten.

Wer nicht schon vorher bei den Felstoren Halt gemacht hat, kann von Sidi Ifni eine **Strandwanderung** Richtung Norden nach Legzira unternehmen (ca. 10 km).

### Geschichte

Sidi Ifni diente den **Spaniern** schon Ende des 15. Jahrhunderts als Stützpunkt für den Sklavenhandel und die Fischerei. Im 16. Jahrhundert fiel die Festung mit dem Namen Santa Cruz del Mar Pequeña nach diversen Aufständen zurück in marokkanische Hände. Erst nach dem spanisch-marokkanischen Krieg 1860 wurde das Gebiet als Enklave wieder an Spanien abgetreten und in den 1930er Jahren unter dem späteren Diktator **Francisco Franco** zum wichtigen Militärstützpunkt ausgebaut. 1957 fand ein Aufstand der marokkanischen Bevölkerung gegen Spanien statt, weitere Angriffe von marokkanischer Seite folgten. **1969** wurde das Gebiet schließlich **an Marokko zurückgegeben.**

### Praktische Informationen

#### Unterkunft

**2** **Aït Bamrane**②, Rue de la Plage, Tel. 0528 78 02 17. Dieses typisch marokkanische Hotel direkt am Strand hat ordentliche, einfache Zimmer mit Bad und TV, z.T. mit Meerblick. Bewachter Parkplatz vor der Tür.

**11** **Bellevue**①-②, 9, Place Hassan II., ggu. dem Rathaus, Tel. 0528 87 52 42, www.hotel-belle-vue-ifni.com. Das 2-Sterne-Hotel im kolonialspanischen Stil (1958 errichtet) in toller Lage über den Klippen

des Atlantiks hat vor einigen Jahren einen frischen Anstrich und neues Mobiliar in den Zimmern (Bäder jedoch alt) bekommen. Sicherer Parkplatz im Hof, gutes Preis-Leistungs-Verhältnis.

**9 Logis la Marine**③, 1, Av. Moulay Abdellah, Mobil 0641 76 60 96, www.logislamarine.com. Empfehlenswertes Gästehaus des belgischen Paares *Benoit* und *Dominique* (sprechen etwas englisch) mit vier hübschen, kleinen DZ mit Bad (z.T. Meerblick) und einem Familienzimmer für 4 Pers. WLAN, kleiner Garten, Sonnenterrasse und Wohnzimmer für die Gäste.

**14 Safa**③, Bd. de Caire (an der Straße zum alten Hafen, neben dem Krankenhaus), Tel. 0528 78 07 96, www.hotel-safa.com. Ordentliches Mittelklassehotel im Komplex Ifni Marina mit Supermarkt, Restaurant, Bäckerei etc. Parkplatz vor der Tür, klimatisierte Zimmer mit Balkon.

**6 Suerte Loca**①-②, Av. Moulay Youssef, Tel. 0528 87 53 50, suerteloca36@yahoo.com. Dieses einfache und beliebte Travellerhotel hat eine angenehme, entspannte Atmosphäre und ist ideal für Surfer. Es gibt eine Dachterrasse mit hübschem Salon und Meerblick, dort auch günstige Übernachtung auf Matratzen möglich. Im kleinen Restaurant im EG (mit Crêpes und Kuchen) steht ein Billardtisch. Renovierungsbedürftige DZ ohne und mit Bad. WLAN.

12 **Xanadu**③, 5, Rue El-Jadida, Tel. 0528 87 67 18, www.maisonxanadu.com. *Patrick* und *Sandrine Jacquin* sind sehr hilfsbereit und freundlich und kümmern sich super um ihre Gäste. Schöne, makellos saubere Zimmer, tolle Dachterrasse mit Ausblick, leckeres Frühstück.

■ Außerdem befinden sich **Gästehäuser am Strand von Legzira** (s.o.).

### Camping

Alle vier Campingplätze sind im Winter mit Wohnmobilen überfüllt.

3 **El Barco,** neben Hotel Aït Bamrane, Tel. 0528 78 07 07, www.complexe-elbarco.com. Freundlicher Campingplatz mit kleinem Restaurant und Terrassencafé direkt am Strand (Mauer zwischen Camping und Meer). Die sanitären Anlagen sind sauber. Die angeschlossenen, sehr ordentlichen Apartments mit Küche, Bad, TV und Terrasse mit Meerblick sind in der Nebensaison recht günstig (②). WLAN.

5 **Gran Canaria,** Av. El Houria (Rue de la Plage), Tel. 0528 87 68 21, von Mirleft kommend am Ortseingang direkt neben Solymar. Großer, schattenloser Platz in Strandnähe, gute sanitäre Anlagen mit heißer Dusche.

1 **Sidi Ifni,** Tel. 0528 87 52 42, unterhalb des Hotels Suerte Loca. Der staubige Platz ohne Schatten ist durch eine Mauer vom Meer getrennt (direkter Zugang zum Kiesstrand möglich). Die sanitären Anlagen sind sauber und okay. Abwasserentsorgung für Wohnmobile möglich, auch Zimmervermietung in Betonbungalows①. Es gibt einen Pool (nur im Sommer geöffnet) und WLAN.

4 **Solymar,** von Mirleft kommend am Ortseingang auf der rechten Seite beim Oued, Tel. 0528 78 09 16. Schattenlose Stellplätze mit Strom, gute sanitäre Anlagen mit heißer Dusche. WLAN.

15 Der wenig ansprechende **Wohnmobilstellplatz Camping Municipal** liegt direkt neben dem Komplex Ifni Marina (mit dem Hotel Safa, Restaurant, Bäckerei, Supermarkt) am Südrand der Stadt.

### Essen und Trinken

**In der Fußgängerzone** oberhalb des Steilabbruchs gibt es mehrere Restaurants mit Tischen auf dem Gehsteig und Blick übers Meer.

13 **Ere Nouvelle,** Av. Sidi Mohamed Abdallah, ggü. der Polizei, Tel. 0528 87 52 98. Das einfache Café/Restaurant im gleichnamigen Hotel bietet gutes und preisgünstiges Essen.

10 **Nomad,** 9, Av. Moulay Yussef, Mobil 0662 17 33 08. Sehr nettes und gutes Lokal (Fischgerichte ca. 100 DH) mit lockerer Atmosphäre und viel Musik von Rai bis Rock und Pop. Alkoholausschank, montags geschlossen.

7 **Miramar,** 3, Av. Moulay Abdellah (oberhalb des Hotels Suerte Loca an der Treppe), Tel. 0528 87 66 37. Freundliches Restaurant mit gemütlichem Innenraum und Dachterrasse mit Meerblick. Es gibt Pizza und Fischgerichte zu mittleren Preisen.

### Busse/Sammeltaxis

■ **Tiznit:** mit CTM-Bus 3x tägl. (vormittags und am Abend), 30 DH, ca. 1½ Std. Fahrzeit.

■ **Casablanca:** mit CTM-Bus 1x tägl. vormittags, 270 DH, ca. 10 Std. Fahrzeit.

■ **Marrakesch:** mit CTM-Bus 2x tägl., 170 DH, 6½ Std. bzw. 8 Std. (Nachtbus, 105 DH) Fahrzeit.

■ **Agadir:** mit CTM-Bus 3x tägl., 70 DH, 4 Std. Fahrzeit.

■ **Laâyoune:** 3x tägl. mit CTM, 195 DH, ca. 8 Std. Fahrzeit.

■ **Sammeltaxis:** Nach **Agadir** kostet das ganze Taxi 300 DH (Platz im Sammeltaxi 50 DH), nach **Mirleft** ca. 15 DH (im Sammeltaxi).

### Sonstiges

- Es gibt einen **Markt (Marché Municipal),** ein **Postamt,** mehrere **Banken** und eine Tankstelle an der Av. Mohamed V. Am Samstag findet ein **Wochenmarkt** auf der Freifläche an der Südseite der Av. Hassan II. statt.
- Einmal jährlich im Sommer wird ein großer **Moussem** (Fest mit Reiterspielen) abgehalten.

8 **Ifni Surf,** gegenüber dem Hotel Suerte Loca (Bd. Moulay Youssef, Mobil 0670 79 09 52, www.ifnisurf.com), bietet Surfkurse, Leihausrüstung und auch hübsche Zimmer und Apartments für Surfer an. Ein weiterer Surfshop mit Ausrüstungsverleih liegt unten am Strand (bei Camping El Barco).

## Weiterfahrt nach Guelmim

Sidi Ifni in Richtung Guelmim und Abeïno verlassen. Die **Asphaltstraße** führt kurvig durch die mit Feigenkakteen, Dornbüschen und Arganien bewachsene Hügellandschaft im Hinterland.

22 km hinter Sidi Ifni liegt der kleine Ort **Mesti.** Hier kann man Arganienölprodukte direkt bei der **Frauenkooperative Tafyoucht** einkaufen.

49 km hinter Sidi Ifni führt links eine Asphaltstraße zu den **Thermalquellen von Abeïno** (vgl. bei Guelmim „Ausflüge") – geradeaus weiter. 3 km weiter ist die Stadteinfahrt von Guelmim mit den repräsentativen Bauten des Institut du Tourisme und des Konferenzzentrums erreicht.

Nach etwa **136 km** Fahrt ab Tiznit (54 km ab Sidi Ifni) ist man im Zentrum von **Guelmim** angekommen.

# Von Guelmim nach Tarfaya

- **447 km, N 1**
- **Gute Asphaltstraße,** die ursprünglich als Versorgungsachse für die marokkanischen Truppen in Richtung Westsahara gebaut wurde. Die Strecke in die Westsahara ist bis zur mauretanischen Grenze bei Guergarat frei befahrbar, bei den Kontrollposten vor und nach den Städten wird man als Tourist meist durchgewunken – hinter Laâyoune werden die genauen Personendaten aufgenommen. Für die Kontrollen ist kein vorgefertigtes „Fiche" mit den Personen- und Fahrzeugdaten mehr notwendig – die Beamten fotografieren ggf. die Papiere. Gute Busverbindung ab Guelmim (siehe dort).
- Für Abenteuerlustige ist eine **Weiterfahrt nach Nouâdhibou** in Mauretanien problemlos möglich.
- Die Strecke sollte **nicht nachts** befahren werden (viele Lkw mit überhöhter Geschwindigkeit!).
- Die **Küstenlandschaft** bis Tarfaya präsentiert sich als eine flache Wüstensteppe mit wenig Vegetation. In einigen Regionen wird Getreide angebaut, auf den restlichen, kargen Flächen weiden Schafe und Ziegen. Die Wüstenlandschaft wird durch breite, canyonartige Quertäler verschiedener Oueds unterbrochen. Von diesen führen nur die **Oueds Drâa und Chbeika** gelegentlich Wasser. In den Mündungsgebieten kann man häufig **Flamingos** und andere Wasservögel beobachten, es finden sich auch traumhafte Übernachtungsplätze. Besonders schön sind das Naturschutzgebiet um das **Sebkha Naila** und die Salzsenken *(sebkhas)* vor Laâyoune. Auch das hügelige und kaum besiedelte Hinterland im Osten zwischen Asrir, Ayoun du Drâa und Ayounet Torkoz und die Gegend entlang des Oued Drâa nach Westen sind ein tolles Revier für Geländewagenfahrer. Tipps für Offroad-Strecken erhält man im Ksar Tafnidilt, s.u.

Viele Dutzende Kilometer dieser Route führen durch **flache und langweilige Gegenden,** die Radfahrer angesichts der starken Seitenwinde vom Meer und der Eintönigkeit verzweifeln lassen.

Von Guelmim führt die Straße weitgehend durch flache Landschaft – die Berge sind etwas weiter weg – bis zum Ort **Ras Oumlil** (Tankstelle, Läden, Restaurants) bei **km 56.** Hier beginnen braune Berge, und die Straße schlängelt sich über 16 km bergauf zu einer **Passhöhe** (350 m). In umgekehrter Richtung bieten sich bei klarer Luft tolle Ausblicke auf die Ebene in Richtung Guelmim.

Bei **km 107/108** ist das **Oued Drâa** (Kontrollposten vor der Brücke) nahe seiner Mündung ins Meer erreicht – hier beginnt die Provinz Tan-Tan. Kurz davor (N 28°33,686', W 10°54,572') zweigt beim Berg Tafnidilt (beschildert „Tafnidilt Guesthouse") eine Piste rechts zum Campingplatz/Auberge Ksar Tafnidilt ab (sehr zu empfehlen, vgl. bei Tan-Tan). Auch der Abstecher zum **alten Fort** (Piste führt hinauf) mit fantastischer Aussicht über das Flusstal des Drâa, ist empfehlenswert. Ab hier lassen sich mit Geländewagen zahlreiche (anspruchsvolle) Touren ins Oued Drâa und zur Oued-Mündung unternehmen.

Bei **km 127** zweigt eine asphaltierte Straße nach **M'Sied** (frei befahrbar) ab.

1 km weiter ist das von zwei Kamelen flankierte Einfahrtstor von Tan-Tan erreicht.

# Tan-Tan

Die etwa **73.000 Einwohner** zählende Stadt mit großen Kasernen ist **Gouverneurssitz,** hat eine Kasbah, mehrere Moscheen und ein großes Geschäfts-/Marktviertel **(Suq Hebodmaire)** an der Durchgangsstraße. Im Zuge der hohen marokkanischen Investitionen in der Westsahara entstanden in Tan-Tan ausgedehnte Neubauviertel, Parkanlagen sowie ein moderner Hochseehafen. Die **Küstengewässer** sind **sehr fischreich** (jährliche Fangmenge: rund 129.000 Tonnen). Die saubere, quirlige Stadt dient als **Versorgungszentrum** für den Süden: Elektrogeräte, Lebensmittel, Hygieneartikel – hier gibt es alles zu kaufen.

Seit 2008 zählt der **Moussem** von Tan-Tan zum immateriellen UNESCO-Erbe der Menschheit. Zu diesem Fest kommen alljährlich im Sommer mehr als 30 Nomadenstämme aus dem Süden Marokkos, Mauretaniens und Malis, um sich auszutauschen, Handel zu treiben und ihre Zuchttiere (Kamele und Pferde) zusammen zu bringen. Der seit 1963 abgehaltene Moussem dient traditionellerweise auch zum Arrangement von Hochzeiten und zum Kulturaustausch mit Musik, Tanz, Poesiewettbewerben und Reiterspielen.

## Geschichte

Schon der berühmte Historiker *Ibn Khaldoun* berichtet von den Anfängen der Islamisierung und den **Auseinandersetzungen zwischen Berbern und Arabern** in der Region. Das Gebiet, ursprünglich von Sanhaja- und Zenata-Berbern besiedelt, wurde nach und nach von den arabischstämmigen Beni Hassan dominiert. Diese breiteten sich südwärts bis in die Westsahara aus. Das Hassania, ein arabischer Dialekt, wird auch in der Westsahara von den Sahara-

# Tan-Tan

0 200 m ©Reise Know-How Marok_62 8/20

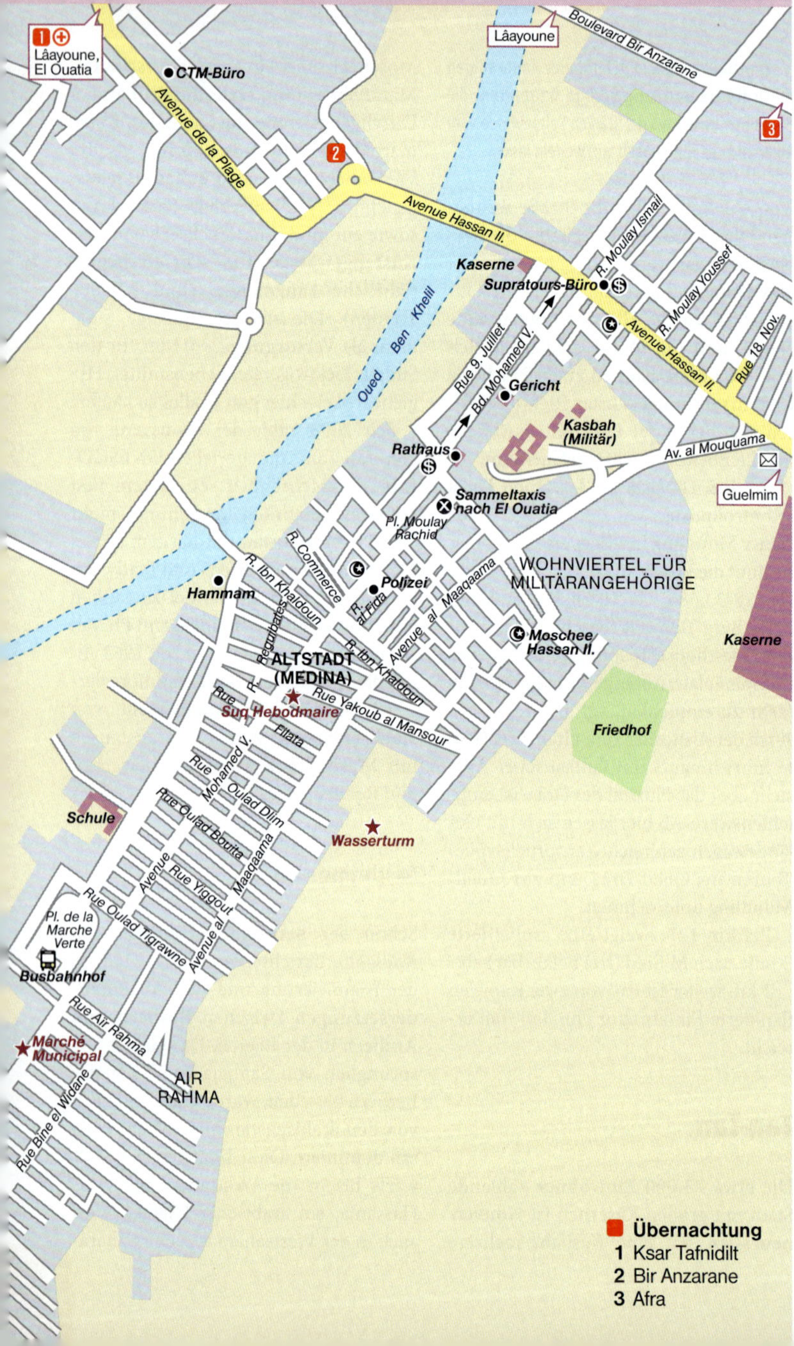

ouis gesprochen, von denen viele der Ethnie der Beni Hassan angehören.

Im 14. Jahrhundert, als die **Spanier** die Kanarischen Inseln besetzten, fassten sie auch an der Küste südlich von Tan-Tan (an der Khnefiss-Mündung) Fuß und errichteten dort ein Handelsfort, das auch als Sklavenzwischenlager diente. Immer wieder gab es Kämpfe mit den Bewohnern des Hinterlandes, vor allem die Assa-Marabuts vereinten sich und konnten 1524 die Spanier vertreiben. Später drangen die **Portugiesen** an der Drâa-Mündung ins Hinterland ein und lieferten sich Kämpfe mit der Bevölkerung; bald beherrschten sie die ganze Atlantikküste mit ihren Forts.

Mit der Ausweitung der Handelsniederlassungen und der Dominanz der europäischen Mächte in Marokko gelangte der schottische Händler *McKenzie* in die Region und errichtete in Tarfaya das **Casa Mar,** eine Burg im Meer, die als Handelslager diente. Zucker, Munition, Waffen und Gold wurden über dieses Zwischenlager transportiert, bis Sultan *Hassan I.* dem Treiben ein Ende setzte.

Ende des 19. Jahrhunderts eroberten die Spanier abermals das Gebiet südlich des Drâa und kolonisierten es bis hinunter nach Mauretanien. Die **spanische Kolonie Río de Oro** wurde geschaffen. Im Jahr 1953 überließen die Spanier das Gebiet nördlich von Tah-Daora den Marokkanern.

Die **„Befreiung" der Westsahara,** der **Grüne Marsch,** als 350.000 unbewaffnete Zivilisten zu Fuß in die gerade von den Spaniern verlassene Westsahara ein marschierten, startete am 6. November 1975 in Tan-Tan.

## Praktische Informationen

### Informationen

■ **www.portailsudmaroc.com,** u.a. touristische Informationen zur Region Guelmim Oued Noun (mit Tan-Tan) auf Französisch.

### Unterkunft

**Einfache Hotels** mit oft wenig gepflegten Zimmern findet man in der Av. Hassan II. (u.a. El Madina und Sables d'Or) sowie am Busbahnhof (Place de La Marche Verte).

Zu weiteren Hotels und Campingplätzen siehe auch weiter unten bei **El Ouatia.**

**3** **Afra**②, Av. Bir Anzarane, neben Tankstelle, Tel. 0528 76 50 16, www.hotelafra.ma. 30 ordentliche und saubere Zimmer mit Bad. Restaurant, WLAN.

**2** **Bir Anzarane**②, 154, Av. Hassan II., an der Straße nach El Ouatia, Tel. 0528 87 78 34, hotelbir-anzarane@hotmail.fr. Gutes, sauberes Hotel mit 32 Zimmern.

**1** **Ksar Tafnidilt,** vgl. „Camping".

### Camping

**1** **Ksar Tafnidilt,** nördlich von Tan-Tan bei einem alten Fort (5 km Piste ab dem Abzweig vor km 107/108, s.o.), Mobil 0663 23 31 15, www.tafnidilt.com, N 28°32,755', W 10°59,569'. Großer Campingplatz, stilvolle Herberge und Traveller-Treffpunkt mit fantastischem Blick auf das alte Fort. Hier findet man Wandkarten mit GPS-Koordinaten sowie 4x4-Rundfahrten durchs Hinterland und entlang des Oued Drâa. Es gibt Nomadenzelte, Zimmer mit/ohne Bad (③ inkl. HP), ein sehr gutes Restaurant (Alkohol, Menü ab 150 DH) und einen Pool.

### Essen und Trinken

Viele **günstige Restaurants** findet man an der Av. Hassan II. (u.a. im Hotel Sables d'Or) und rund um den Place de La Marche Verte beim Busbahnhof.

- **Ksar Tafnidilt,** vgl. „Camping", hervorragendes Essen in sehr schöner Umgebung (gut für einen Ausflug).

### Sammeltaxis/Taxis

- **Petits und Grands Taxis** warten am Hauptplatz Moulay Rachid.
- **Sammeltaxis** nach Guelmim ca. 45 DH, nach Laâyoune ca. 95 DH, nach Tiznit ca. 85 DH.

### Busse

- **CTM-Büro,** Av. de la Plage, Tel. 0528 76 58 86.
- **Supratours-Büro,** Av. Hassan II., Tel. 0528 87 77 95.
- Der zentrale **Busbahnhof** *(gare routière)* liegt an der Av. Mohamed V./Rue Air Rahma.

**Verbindungen und Preise:**

- **Laâyoune:** 10x tägl. (Nachtbus) mit CTM, 130 DH, Fahrzeit ca. 6 Std.
- **Agadir:** mehrmals tägl. mit CTM, 130 DH, ca. 5½ Std. Fahrzeit.
- **Marrakesch:** 6x tägl. mit CTM, ab 200 DH, 9–10 Std. Fahrzeit.
- **Supratours-Busse** verkehren mehrmals tägl. nach **Laâyoune** und **Agadir** und 2x tägl. (spätabends/nachts) nach **Marrakesch.**
- **Weitere Busse** fahren nach **Assa** und **Fam el-Hism** oder nach **Bou Izakarne** und **Tiznit.**

### Sonstiges

- Das Krankenhaus **Hôpital Hassan II.** liegt an der Av. de la Plage (Straße Richtung Laâyoune, Tel. 0528 87 71 74).
- Diverse **Banken mit Geldautomat** entlang der Av. Hassan II.
- Eine schnell arbeitende **Reifenwerkstatt** bzw. Reifenhändler mit modernem Equipment (auch Schlauchlos-Reifen) findet man nordöstlich der Av. Mohamed V. und des Zentrums (nahe Rue Moulay Ismail Richtung Av. Bir Anzarane).

## Weiterfahrt nach Tarfaya

Ab Tan-Tan führt die gute, breit ausgebaute **Asphaltstraße nach El Ouatia.** Achtung: Die Polizei kontrolliert im Bereich Tan-Tan, El Ouatia und bis Tarfaya sehr häufig an den Kreisverkehren vor den Orten mit **Radarpistolen** die Geschwindigkeit. Schon bei geringer Überschreitung sind 400 DH zu berappen (gegen Quittung). Versuchen Sie nicht, die Polizei zu bestechen – so befeuern Sie nur die Korruption im Land! Ein Leser berichtete von **unseriösen Beamten,** die trotz korrekter Geschwindigkeit kassieren wollten und eine niedrigere Quittung ausstellten als der tatsächlich gezahlte Betrag. Man sollte in diesem Fall darauf bestehen, dass auf dem ausgestellten Papier die ID und der Name des Beamten in lateinischer Schrift notiert werden, um ggf. bei der nächsten Polizeistelle zu reklamieren. Bei unberechtigten Forderungen werden die Polizisten den Reisenden dann weiterfahren lassen …

**Wenige Kilometer hinter Tan-Tan** zweigt links eine Straße zum Flughafen, 1 km weiter (km 7 ab Brücke) nach Es-Semara (Smara) in der Westsahara und kurz darauf bei einem Militärposten eine weitere Straße rechts (Westen) Richtung Foum el Oued Drâa (Flussmündung) ab.

23 km hinter Tan-Tan **(km 153)** führt bei einem Kreisverkehr eine breite Straße geradeaus in Richtung Hafen und El Ouatia und links weiter nach Tarfaya und Laâyoune.

## El Ouatia

Der Ort (ehemals **Tan-Tan Plage**) mit vielen Neubauten liegt 2 km abseits der

Hauptstraße (an obiger Kreuzung geradeaus). Er dient als **Sommerfrische** für die Bewohner von Tan-Tan. Im groß ausgebauten **Fischerhafen** werden inzwischen nach Laâyoune landesweit die größten Fischmengen pro Jahr gefangen (vgl. bei Tan-Tan). Seit 1998 ist der Ort Sitz des Nationalen Meeresforschungsinstituts. Im kleinen **Zentrum** von El Ouatia gibt es Geschäfte mit Lebensmitteln und Alltagswaren, einen kleinen Markt und einige recht nette Grill-/Fischrestaurants. Nordöstlich des Hafens befindet sich eine hübsche Strandpromenade. Der **Strand** ist im südlichen Bereich in Richtung Camping Sable d'Or und Camping Equinox nicht besonders gepflegt, aber wegen der zum Teil bizarr geformten, bei Ebbe freiliegenden Felsplatten und Muschelbänke recht reizvoll. Im Juli findet in El Ouatia ein **Folklore-Festival** statt.

### Camping/Unterkunft

In El Ouatia gibt es drei Campingplätze: Das ummauerte Gelände des **Camping Equinox** liegt direkt am Strand (Tel. 0661 17 05 10, ggü. Hotel Hagounia); der Platz hat sehr gute saubere Sanitäranlagen, schnelles WLAN und einfache Zimmer mit Aussichtsterrasse, der freundliche Besitzer spricht gut englisch. Daneben liegt das etwas größere Gelände (französischer Besitzer) des **Camping Sable d'Or** (Tel. 0528 87 90 80) mit gutem Restaurant und einfachen Bungalows. Die sanitären Anlagen sind älter, aber sauber (oft kein warmes Wasser). Weiter nördlich findet sich der **Camping Atlantique,** ein großes ummauertes Areal ohne Schatten direkt an der Strandpromenade. Nur wenig nördlich davon befindet sich das hübsche **Riad Essadia**② (Tel. 0528 87 92 14, riad.essadia@gmail.com) einer norwegisch-marokkanischen Familie (mit Café/Restaurant, Zimmer mit Bad, TV und Balkon, Terrasse mit Meeresblick, WLAN). Auch das 3-Sterne-**Hotel Kasba**③ (9, Av. Mohamed V., Tel. 0528 87 98 98) mit Restaurant direkt am Strand ist empfehlenswert. Große, saubere Zimmer (Bad, TV, Meerblick) bietet das typisch marokkanische 2-Sterne-**Hotel Hagounia**② (Av. El Wahda, Tel. 0528 87 90 20; englischsprachiges, freundliches Personal).

## Weiterfahrt nach Tarfaya

1 km hinter El Ouatia mündet die Straße in Richtung Tarfaya bei einem **Kreisverkehr** südlich des Ortes ein. Die Straße führt die ersten 15 km nahe am Kiesstrand entlang (Wildcampingplätze). Flache Wüstenlandschaft begrenzt die **Steilküste,** an der sich meterhohe Wellen brechen. **Fischer** stehen mit meterlangen Angelruten am Steilabbruch; sie verkaufen günstig frischen Fisch.

Eine **Kormoran-Kolonie** hat sich bei **km 177** unter den Küstenfelsen eingenistet. 31 km hinter El Ouatia **(km 184)** mündet das **Oued Chbika** unweit der Straße (½ Std. Fußmarsch) malerisch zwischen Sanddünen ins Meer. Auf dem Plateau oberhalb der Brücke über das Oued ist ein Gendarmerieposten in einem kleinen Fort untergebracht. Am Oued Chbika und dem Mündungsgebiet kann man häufig **eine der größten Flamingokolonien Marokkos** beobachten.

Das von Dünen gesäumte **Oued Ma Fatma** ist bei **km 212** erreicht. Eine Brücke führt über den Fluss nahe der Mündung bergauf. Rechter Hand bietet ein schöner Platz mit Blick über die Mündung Wohnmobilisten eine Übernachtungsmöglichkeit. Hier sieht man ebenso häufig **Flamingos,** wie auch an der Mündung des **Oued El Ouaer (km 222,** Brücke, Gendarmerie). Eine **schöne Sandbucht** wird von schwarzen, ausgewaschenen Felsterrassen mit Höhlen und Muschelbänken begrenzt.

Kurz darauf trifft man auf drei Tankstellen und eine Moschee links der Straße. Ab hier kann man wesentlich **preiswerter** (zoll- und steuerfrei) **tanken** als im Norden. Das gesamte Gebiet der Westsahara ist zoll- und steuerfrei!

Bei **km 241** trifft man auf die **Station de la Marine.** Nebenan findet man ein großes **Loch mit Meereseinbruch** rechts der Straße.

1 km weiter **(Gesamt-km 242)** ist der Ort **Sidi Akhfennir** erreicht. Einfache Häuser, eine Tankstelle und viele einfache Restaurants (mit preiswertem Grillfisch) säumen die Straße. Bei der Tankstelle im Zentrum liegt das ordentliche 3-Sterne-**Hotel Sahara Beach**③ (Tel. 0528 76 55 00). Empfehlenswert ist außerdem die Unterkunft (und Geländewagenfahrer-Treffpunkt) **La Courbine d'Argent**③ (Mobil 0671 42 23 77, www.lacourbinedargent.com) von *Paul Italiano* in einem ummauerten Areal direkt am Meer hinter dem Ort: 10 saubere Zimmer mit Bad, Restaurant, Organisation von Angelausflügen möglich.

Ein **Ausflug** führt von Sidi Akhfennir in knapp 22 km zu einem sehr schönen Talkessel mit kleinen **Wasserfällen,** die zum Nationalpark Khenifiss (s.u.) gehören. Im Zentrum von Akhfennir zweigt eine Asphaltstraße nach Osten Richtung Abatteh (an der Straße Tan-Tan – Smara) ab und passiert **große Windparkanlagen** inmitten der Wüste. Bei N 27°57, 744', W 11°56,996' befindet sich ein **tiefer Taleinschnitt** direkt nördlich der Straße. Von hier bietet sich ein großartiger Ausblick ins Tal mit kleinen Kaskaden und Froschtümpeln. Folgt man der Asphaltstraße entlang des Taleinschnitts, kann man nach 20 km bei der Verengung mit Geländewagen auf einer Piste ins Tal hinunter fahren.

Von Sidi Akhfennir **weiter in Richtung Laâyoune** endet die Steilküste und geht in einen schönen, kilometerlangen Sandstrand über.

Bei **km 261** weist rechts ein gemauerter Wegweiser auf den **Nationalpark Khenifiss/Reserve Naila – Lac Naila** hin, zu dem eine Asphaltstraße abbiegt (ca. 2 km).

## Parc National de Khenifiss

Der 2006 deklarierte, 1850 km² große Nationalpark schützt die Küstenwüstenlandschaft, die Feuchtgebiete und die dünengesäumte **Khenifiss-Lagune** mit **zahlreichen Wasservögeln** (u.a. Flamingos, Löffler, Marmelenten). Zur Zeit des Vogelzugs im Frühjahr und Herbst ist der Nationalpark wichtige Raststation für europäische Zugvögel.

Die **Zufahrtsstraße** endet an einem Parkplatz mit dem Gebäude der Nationalparkverwaltung und nahe gelegenen Fischerhäusern. Direkt oberhalb der Steilküste mit prächtigem Ausblick auf die Lagune können Wohnmobilisten gegen eine kleine Gebühr übernachten. An der Bootsanlegestelle unten am See starten morgens die Fischerboote. Die Fischer bieten **Ausflüge** in der ausgedehnten Lagune bis hin zur Meeresmündung an (400 DH, nicht bei schlechtem Wetter und starkem Wind).

▷ Einsame Strände und grandiose Buchten laden zu Strandspaziergängen ein

## Weiterfahrt nach Tarfaya

Weiter entlang der Hauptstraße nach Laâyoune bieten sich Ausblicke nach unten auf die tiefblaue, von Sanddünen und Schilf gesäumte Lagune. Die Straße führt nun ca. 1 km vom Meer entfernt gen Süden an einigen Sebkhas (Salzseen) vorbei. Nach 15 km kann man im großen **Sebkha Debira bzw. Tamzra (km 276)** gut den **Salzabbau** beobachten. An der Küste liegt das Marabut des *Sidi Lemsid (Sidi El Msid)*. Das Sebkha ist von einer Dünenkette eingerahmt und erstreckt sich von Westen nach Osten auf einer Länge von 25 km. An seiner Mündungslagune stehen die **Reste eines viereckigen kleinen Forts,** das seinerzeit die Einfahrt zum „Puerto Cansado" beschützte. Das ganze Küstenplateau ist übersät mit Muschelschalen, früher fanden sich auch allerhand prähistorische Artefakte wie Pfeilspitzen, kleine Steinbeile, auch Straußeneierschalen und Skelettstücke von Walen. Ein Abstecher lohnt sich sowohl in landschaftlicher Hinsicht als auch auch wegen des traditionellen Salzabbaus.

Bei **km 294** endet der Nationalpark Khenifiss. Bei **km 312** führt die Straße wieder am Meer (Steilküste) entlang, und nach 12 km erstreckt sich ein sehr schöner Sanddünenstrand bis Tarfaya.

Etwa **ab km 326** bis Tarfaya fallen immer wieder **gestrandete Schiffe** an der Küste auf. Dieser Küstenabschnitt bis hinunter zum Cap Juby (s.u.) war immer schon berüchtigt für seine Untiefen und Riffe. Zu Kolonialzeiten wiesen Leuchttürme den Weg, einige stehen noch.

**3 km vor Tarfaya** (km 356) führt ein Abzweig links nach Laâyoune (ca. 100 km), rechts geht es nach Tarfaya (km 359).

090m015 ed

# Tarfaya

Tarfaya ist das **Tor zur Westsahara und von großer strategischer Bedeutung.** Der geschichtsträchtige Ort – einst trostloses Wüstenkaff – hat in den letzten Jahren sehr viel an Charme gewonnen. Die **langen Sandstrände der Umgebung** haben durchaus touristisches Potenzial. Bereits unter den Franzosen war Tarfaya, damals wegen des vorgelagerten Kaps **Cap Juby** genannt, ein wichtiger Posten. Der noch gut erhaltene Leuchtturm, der die Schiffe vor den Klippen der Steilküste warnte, und die Postfliegerstation des französischen Militärs, von der aus Briefe in die westafrikanischen Kolonien geflogen wurden, kann man noch bewundern. Die Kolonialfassade der ehemaligen französische Kaserne, in der jetzt marokkanisches Militär untergebracht ist, ist gut erhalten. Der Schriftsteller **Antoine de Saint-Exupéry** war hier 1927–1929 als Postkurierflieger stationiert. Hier holte er sich die Inspiration für einige seiner wichtigsten Bücher wie „Wind, Sand und Sterne“, „Der kleine Prinz“ oder „Stadt in der Wüste“. Das **Musée de Saint-Exupéry** (Av. Mohamed V., unregelmäßige Öffnungszeiten) nahe der Strandpromenade erinnert an den berühmten Autor. An der hübschen, von Palmen und Araukarien gesäumten **Promenade** gibt es einen Spielplatz und Umkleidekabinen für Badegäste. Am südlichen Ende des Ortes liegt der **moderne Hafen,** der vor allem dem Transport von Bodenschätzen aus dem Süden dienen soll. Ab hier (und auch ab Agadir) soll in Zukunft ein Fährverkehr zu

> Schiffswrack in der Nähe von Tarfaya

den Kanarischen Inseln aufgenommment werden. Angrenzend liegt der **Fischerhafen** *(Village des Pêcheurs)*. Die Sanddünenstrände weiter südlich in der Westsahara sind vor allem für Surfer interessant.

Im Ort findet man Unterkunft im 2-Sterne-**Hotel Tarfaya**② (Tel. 0528 89 58 68, an der Hauptstraße, mit Restaurant) und im besserern **Hotel Casa Mar**② (Tel. 0528 89 53 26, WLAN) mit voll eingerichteten, sauberen Apartments mit Küche und Meerblick. Die Leute sind sehr freundlich, das gute Restaurant serviert Fisch und Meeresfrüchte. **Supratours-Busse und Grands Taxis** verkehren von Tarfaya nach Tan-Tan und Laâyoune.



mal_004 ad

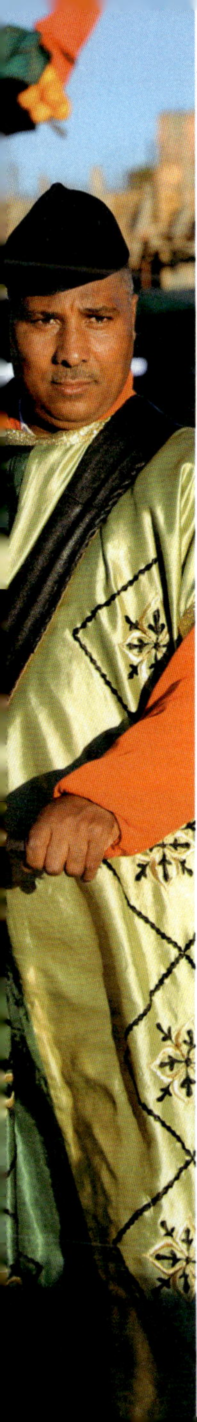

3

# Marrakesch

Quirlige Märkte, prachtvolle Paläste, Gaukler und Geschichtenerzähler, schicke Gästehäuser, Bars und Restaurants – wohl in kaum einer anderen Stadt kann man die Gegensätze zwischen orientalischer Tradition und modernem Lebensstil so hautnah erleben wie in Marrakesch. Nicht weit von den schneebedeckten Gipfeln des Hohen Atlas lockt die „Rote Stadt“ Individualisten, Kulturinteressierte und sportlich Ambitionierte gleichermaßen an.

◁ Gnaoua-Musiker auf dem Djamâa el-Fna

# ÜBERBLICK

Marrakesch, das Zentrum Südmarokkos, liegt in etwa 465 m Höhe auf der fruchtbaren Haouz-Ebene nördlich des Hohen Atlas, dessen 4000 m hohe Gipfel nur 50 km südlich der Stadt aufragen. Auf den Anbauflächen der Region Haouz, die jahrhundertelang mit Khettaras (unterirdischen Kanälen) bewässert wurden, wachsen vor allem Olivenbäume und Getreide. Die Gebirgskette des Hohen Atlas prägt das Klima der Region, und auch bei Temperaturen von über 35°C im Sommer weht in den Abendstunden noch ein kühler Wind von den Bergen her. Die hohen Lagen des Gebirges bedeckt von Ende Dezember bis Ende März meist eine dicke Schneeschicht – der Hohe Atlas bildet in dieser Zeit bei klarem Wetter eine traumhafte Kulisse am Horizont von Marrakesch. Der Atlantik (z.B. die Surferstadt Essaouira) ist knapp 200 km entfernt und daher auch auf einem Tagestrip zu erreichen.

Der Name der Metropole leitet sich vom Wort Mraksch (= „die Stadt") ab, die Stadt selbst wiederum – eine der vier Königsstädte – war namensgebend für das Land Marokko. Im Stadtgebiet von Marrakesch leben heute über 1 Million Einwohner, die sich stolz Marrakchis nennen. Sie gelten unter Marokkanern als fröhliche sowie gastfreundliche und warmherzige Leute. Traditionell sind sie als begnadete Geschichtenerzähler bekannt, das Zentrum der mündlichen Überlieferung alter und neuer Geschichten bildet dabei natürlich der zentrale Stadtplatz Djamâa el-Fna.

007sm20 ad

**Nähert man sich Marrakesch vom Airport her,** also aus dem Südwesten, so präsentiert sich die Stadt als ein blühender Park: mit Palmenalleen, Rosen, Oleander, Bougainvilleen und plätschernden Springbrunnen. An den blitzsauberen Einfahrtsstraßen schießen Neubauviertel mit noblen Eigentumswohnungen aus der Wüstenerde. Vorbei an den Menara-Gärten gelangt man in die Hivernage westlich der Altstadt. Hier reiht sich ein Luxushotel an das nächste.

Weiter nördlich schließt **Guéliz** an, die unter den Franzosen errichtete Neustadt und heute bevorzugtes Wohngebiet der Mittelschicht mit mehrgeschossigen Mietshäusern. Im Nordwesten fällt der einzige Hügel der Stadt auf, der **Djabal Guéliz** mit einer Militärbasis. An der **Hauptverkehrsader Av. Mohamed V.** gibt es Banken, Straßencafés, Restaurants, Boutiquen, Autoverleiher, Reisebüros und Immobilienagenturen. Natürlich fehlen auch internationale Ketten wie McDonald's, Pizza Hut & Co. nicht. In der Neustadt überwiegt das **moderne Leben:** Die Männer tragen meist Jeans oder dunkle Hose und Hemd, die Frauen schlendern mit offenem Haar und Jeans, Kostüm oder Hosenanzug im westlichen Stil oder züchtig bedeckt mit Kopftuch oder Djellabah über modernem Outfit durch die Straßen.

Am südöstlichen Ende der Av. Mohamed V. markiert die **Stadtmauer** den Eingang in die **Medina,** die Altstadt. Die ockerrot gestrichenen Hauswände und Stadtmauern verhalfen Marrakesch zu seinem Beinamen „Al Hamra" oder „La Rouge" – die „Rote Stadt". Die **Kutubiya-Moschee** thront als Wahrzeichen von Marrakesch über der Medina. Schon von Weitem sichtbar, dient ihr mächtiges Minarett als Orientierungsmarke, um zum Djamâa el-Fna hin bzw. wieder aus der Medina herauszufinden.

Der nahe gelegene **„Platz der Geköpften", Djamâa el-Fna,** ist zweifellos die größte Attraktion in Marrakesch. Am Nachmittag kann man hier Schlangenbeschwörer, Artisten und Gnaoua-Musiker beobachten. Der Djamâa el-Fna trennt die Medina in einen nördlichen Teil mit den ausgedehnten Suqs (Märkten) und einen südlichen Abschnitt mit Sehenswürdigkeiten wie dem El-Bahia- und El-Badi-Palast sowie dem Kasbah-Viertel.

☒ Marrakesch ist eine Stadt mit interessanten Museen

**NICHT VERPASSEN!**

- **Djamâa el-Fna:** Akrobaten, Schlangenbeschwörer, Geschichtenerzähler – der „Platz der Geköpften", ein Spektakel für Einheimische und Touristen | 214, 216
- **Suqs:** in den verwinkelten Gassen der Altstadt gibt es alles zu kaufen – Gewürze, Lampen, Lederwaren, Pantoffeln, Fisch und Gemüse | 221
- **Medersa Ben Youssef:** die ehem. Hochschule für islamische Theologie ist ein Meisterwerk maurischer Architektur | 225
- **Saadier-Gräber:** Stuckornamente und Mosaiken in Vollendung | 236

**Diese Tipps sind gelb hinterlegt.**

Hinter den fensterlosen Mauern der Altstadt verbergen sich prachtvolle Hofhäuser, sogenannte **Riads** oder **Dars,** mit Mosaiken, Springbrunnen, Stuckornamenten und Zedernholzschnitzereien – einst Residenzen von Wesiren oder Sultanen. Jahrzehntelang drohte diesen z.T. einige hundert Jahre alten Häusern der Verfall. Nach der Unabhängigkeit und dem Abzug der Franzosen aus der Neustadt drängten arme Familien vom Land in die Medina, oft teilten sich mehrere Großfamilien die Geschosse der Häuser. Die bisherigen Bewohner der Altstadt, Angehörige der oberen Mittelschicht, zogen in die modernen Häuser der Neustadt um. Die Medina marginalisierte, war übervölkert, dreckig, ohne Strom und fließend Wasser. Das alte Kunsthandwerk in den Häusern konnte nicht instand gehalten werden. Angestoßen durch Berichte über die Medina in den europäischen Medien entwickelte sich ab den 1990er Jahren schließlich ein internationaler Immobilienmarkt für Wohnhäuser in der Altstadt.

Heute besitzen nicht mehr nur noch Reiche und Künstler einen Riad, auch Rentner und Orientliebhaber aus aller Welt gestalten sich in Marrakesch ihren eigenen kleinen Palast als privates Wohnhaus oder Maison d'Hôtes. Die **Immobilienpreise** stiegen jährlich rasant, sodass eine Investition in Marrakesch ein bombensicheres Geschäft war. Inzwischen hat sich die internationale Prominenz von *Mick Jagger* bis *Kate Moss* in Marrakesch eingekauft. Entsprechend präsentiert sich die Altstadt heute: ordentlich gepflasterte Gassen mit funktionierender Stromversorgung und Kanalisation, an jeder Ecke Läden mit Waren für den touristischen Bedarf.

Nördlich der Medina und jenseits der Stadtmauern breitet sich der einzige Dattelpalmenhain nördlich des Hohen Atlas aus: die **Palmeraie.** Hier leben die Reichen der Stadt in großzügigen Villen, und es entstehen ständig neue Oberklassehotels.

Außerhalb des Zentrums liegen auch die großen **Gärten** der Stadt, entstanden unter den Almohaden nach andalusischem Vorbild: die **Jardins Menara und Agdal,** beides alte Obst- und Olivengärten, in denen sich die Bevölkerung zum Picknick und zur Erholung trifft.

# Geschichte

Im Gegensatz zu den Zentren des Nordens wie etwa Fès ist Marrakesch keine arabische Stadt, sondern **berberischen Ursprungs.** Nomaden des Sanhaja-Berberstamms (Almoraviden genannt) brachen Mitte des 11. Jh. Richtung Norden auf, um ihr Einflussgebiet zu erweitern. Wahrscheinlich im Jahr 1062 errichtete der Anführer der **Almoraviden, Abu Bakr,** ein Militärlager nördlich des Hohen Atlas, wo vorher nur gelegentlich Karawanen Halt gemacht hatten.

Sein Vetter **Yussuf Ibn Tashfin** (Regierungszeit 1061–1107) ließ die erste Moschee, einen Markt und unterirdische Bewässerungskanäle (*foggaras* bzw. *khettaras* genannt) erbauen. Die Siedlung wurde strategischer Stützpunkt zur Er-

[>] Riads/Dars sind zu Gästehäusern umgestaltete Altstadthäuser (im Bild das Riad Bérbère)

oberung des Nordens und dann zur prosperierenden **Hauptstadt eines Almoraviden-Reiches,** das sich bis nach Andalusien erstreckte.

Der Sultan **Ali Ibn Yussuf** (1107–1143), Sohn *Ibn Tashfins,* baute Marrakesch aus und ließ die mächtige, neun Kilometer lange Stadtmauer errichten, die die Medina noch heute teilweise umgibt. Marrakesch erstrahlte in höfischem Glanz, diente als spirituelles und ökonomisches Zentrum mit neuen Moscheen, Koranschulen und Krankenhäusern.

Der vermeintliche Sittenverfall und die weniger strenge Befolgung der islamischen Lebensregeln unter *Ali Ibn Yussuf* führten dazu, dass sich islamische Erneuerer um **Ibn Tumart** gruppierten. Nachdem dieser 1121 aus der Stadt vertrieben worden war, zog er sich in die Festung Tin Mal südlich von Marrakesch im Hohen Atlas zurück. Dort predigte er den Islam und nannte sich „Mahdi", „Der von Gott Gesandte". Seine Anhänger bezeichneten sich als „El Muwahidun". Daraus entstand der Begriff **Almohaden** für die neue Herrscherdynastie, die unter **Abd al-Mu'min** (1130–1163) im Jahr 1147 Marrakesch eroberte. Alle Bauwerke der Stadt bis auf die Stadtmauer wurden zerstört, die Almoravidenherrscher ermordet. Wenig später bauten die Almohaden die Stadt mit monumentalen Palästen, Moscheen und Stadttoren wieder auf. Sie errichteten die **Kutubiya-Moschee** und legten erstmals riesige **Gärten** mit Wasserreservoirs an (z.B. Agdal und Menara). Unter den nachfolgenden Herrschern *Abu Yaqub Yussuf* (1163–1184) und **Abu Yussuf Yaqub Al Mansour** (1184–1199) erblühte Marrakesch als Kulturstadt und erfreute sich starker Zuwanderung. *Al Mansour* („der Siegreiche") stellte die Kutubiya-Moschee fertig, ließ neue Suqs sowie eine Kasbah mit zwölf Palästen er-

055sm20 ad

richten. Die maurische Architektur und Kunst erlebten ihren schöpferischen Höhepunkt. Nach dem Tod *Al Mansours* leiteten Zwistigkeiten um die Thronfolge und Aufstände umliegender Berbervölker den Niedergang der Almohaden ein.

Unter der Dynastie der **Meriniden** ab dem Jahr 1269 erholte sich Marrakesch nicht. Fès wurde neue Hauptstadt, die „Rote Stadt" fristete ein Schattendasein. Erst unter den **Saadiern** ab der Mitte des 16. Jahrhunderts erwachte die Hauptstadt des Südens wieder zum Leben. Der Sultan **Muhammad ech-Cheikh** (1554–1557), der 1554 Fès eroberte und die Meriniden-Elite ermorden ließ, entschied sich für Marrakesch als Hauptstadt des neuen Reiches. Die Saadier ver-

054sm20 ad

halfen Marrakesch zu neuer wirtschaftlicher Blüte und errichteten einige der prachtvollsten historischen Bauten, so z.B. den El-Badi-Palast, die Bab-Doukkala-Moschee und die Saadier-Gräber. Unter **Moulay Ahmed al-Mansour** (1578–1603) blühte der transsaharische **Karawanenhandel,** der das Reich bis an den Niger und in den Sudan erweiterte.

Zu Anfang des 17. Jh. traten die **Alawiten** die Nachfolge der Saadier an. Der prunksüchtige König **Moulay Ismaïl** (1672–1727) betrieb Raubbau an den Palästen der Saadier, ließ die Saadier-Gräber zumauern und andere Prachtbauten in der Kasbah vernichten, zerstörte den El-Badi-Palast und transportierte den Marmor von dort nach Meknès ab, um dort seine neue *Ville impériale* (Königsstadt) zu errichten.

Ende des 19. Jh. verloren die Alaouidenherrscher immer mehr an Einfluss, örtliche Paschas und mächtige Berberfürsten gewannen an Macht. Der Pascha **Madani al-Glaoui** unterstützte **Moulay Hafidh,** den Bruder des amtierenden Sultans, im Kampf um den Thron und wurde, als dieser die Sultanswürde erlangte, mit zahlreichen Machtbefugnissen ausgestattet.

Am 30. März 1912 unterzeichnete *Moulay Hafidh* die **Konvention von Fès,** mit der fast ganz Marokko (der nördlichste Teil unterstand spanischer Kontrolle) unter französisches Protektorat gestellt wurde. Die französische Armee verbündete sich mit **Thami al-Glaoui,** Angehöriger des Berberstammes der Glaoua und jüngerer Bruder *Madani al-Glaouis,* und vertrieb nur wenige Monate nach dem Einmarsch des Berberrebellen *El Hiba* im August 1912 diesen aus der Stadt. *Thami al-Glaoui* wurde zum neuen Pascha ausgerufen und kooperierte mit den Franzosen. Er verschaffte sich durch diese Verbindung zahlreiche Vorteile und wurde bald einer der einflussreichsten Männer Marokkos.

◁ Maurische Architektur in den Saadier-Gräbern

Als **Mohamed V.** 1956 den Thron eines unabhängigen Königreichs bestieg, war es aus mit der Herrlichkeit *al-Glaouis.* Drei Jahre später starb der einst so mächtige Pascha, sein Vermögen wurde vom Staat beschlagnahmt. Prächtige Stadtpalais in der Medina von Marrakesch und große Kasbahs im Süden Marokkos zeugen noch heute von seiner früheren Macht.

# Sehenswertes

In der **Altstadt** findet man nicht nur die wichtigsten sehenswerten Monumente wie etwa die Kutubiya-Moschee, die Medersa Ben Youssef und die Saadier-Gräber, sondern erlebt bei einem Bummel durch die Suqs, die Mellah und das Kasbah-Viertel auch **orientalisches Alltagsleben.** Die gesamte **Medina** erschließt sich am besten zu Fuß, große Teile sind ohnehin für den Autoverkehr gesperrt (leider nicht für Mopeds ...). Die wichtigsten Orientierungsmarken, die sich als Ausgangspunkte für eine Stadttour anbieten, sind die Kutubiya-Moschee und der Djamâa el-Fna, mit dem wir unsere Besichtigung starten.

## Djamâa el-Fna

Der **„Platz der Geköpften"** bietet zweifellos das größte Schauspiel, ist die bedeutendste Attraktion und das **historische Zentrum der Stadt.** Hier wurden einstmals Verbrecher und Rebellen hingerichtet und ihre Köpfe so lange ausgestellt, bis nur noch die kahlen Schädel übrig blieben. Heute wird der gepflasterte Platz nachmittags von den Darbietungen der Akrobaten, Tänzer, Schlangenbeschwörer, Märchenerzähler und Musikanten beherrscht.

Durch das **Gewirr von Menschen** auf dem Djamâa el-Fna tönt das Glockengeläut der Wasserverkäufer, das Hauptfotomotiv für Touristen. Frauen sitzen auf niedrigen Hockern und bieten Hennatattoos für Füße und Hände an (Vorsicht: Schwarzes Henna mit chemischen Zusätzen kann allergische Reaktionen auslösen!). Männer aus dem Süden verkaufen Wundermittelchen vom Strauß und andere Essenzen. Auch wenn man schnell annimmt, es würde sich bei dem Spektakel am Platz um eine Touristenshow handeln – das Gegenteil ist der Fall! Touristen sind zwar eine willkommene Einkommensquelle, aber vor allem abends ist das Areal voller Einheimischer, die den Märchenerzählern und Musikern lauschen, an Geschicklichkeitsspielchen teilnehmen oder die Dienste der Wunderheiler in Anspruch nehmen. Für viele Analphabeten bietet die *Halka* (= Gesprächs- oder Erzählkreis) die einzige Abwechslung im sonst so tristen Alltag.

Seit Jahrhunderten ist der Djamâa el-Fna ein **Platz der Begegnung, des Handels und des Austauschs.** Wegen seiner Einzigartigkeit ist er seit 2001 Teil der UNESCO-Liste der „Meisterwerke des mündlichen und immateriellen Erbes der Menschheit".

Auch kulinarisch hat der Platz einiges zu bieten. An **Saftständen** gibt es köstlichen frisch gepressten Orangensaft (4 DH pro Glas). Andere Buden bieten diverse Dattelsorten, Nüsse und getrocknete Früchte an. Ab etwa 17 Uhr geht das Spektakel mit den Märchenerzählern, Schlangenbeschwörern und Akrobaten am Platz richtig los. Dann werden auch die **nummerierten Garbuden mit Tischen und Bänken** aufgebaut, und die Kellner positionieren sich mit der mehrsprachigen Speisekarte in der Hand, um Gäste anzusprechen. Ganze gedünstete oder gebratene Hammel- und Ziegenköpfe, kleine gekochte Schnecken mit gestreiftem Schneckenhaus, gegrillter Fisch, Kefta, die roten Merguez-Würstchen und allerlei Salate werden angeboten. Wer sich nicht scheut, einheimische Speisen zu probieren, kommt hier voll auf seine Kosten! Leider werben die jungen Männer, die an den Garbuden arbeiten, arg aufdringlich und nervig in allen Sprachen um Kundschaft. Zudem sind die Portionen in den letzten Jahren zusehends kleiner geworden. Die **Preise** sind ausgewiesen (z.B. Brochettes 70 DH, Tajine 40–70 DH). Jede kleine Beilage, die häufig unaufgefordert auf den Tisch gestellt wird, kostet extra (z.B. Salat/Brot/Oliven je 5 DH), sodass zum Schluss doch eine höhere Rechnung als erwartet anfällt. Wer keine Lust auf Verhandlungen hat, kehrt daher lieber in eines der Restaurants um den Platz ein.

**Ob tagsüber oder abends:** All die optischen und akustischen Eindrücke am Djamâa el-Fna auf sich wirken zu lassen, ist ein einzigartiges und unvergessliches Erlebnis! Das ganze Schauspiel lässt sich am angenehmsten von einer Dachterrasse der vielen Cafés rund um den Platz aus beobachten. Man muss zur Benutzung dieser Aussichtsterrassen allerdings ein Getränk konsumieren oder einen kleinen Obolus bezahlen.

Achtung: Ein **Foto** auf dem Djamâa el-Fna ist nie umsonst zu haben – mit dem **Trinkgeld** für ihre Darbietungen verdienen die Künstler schließlich ihr tägliches Brot. Inzwischen werden zum Teil recht unverschämte Preise verlangt, man sollte jedoch keinesfalls mehr als 10 DH für ein Bild bezahlen! Heimliche Schnappschüsse aus dem Handgelenk können aggressive Reaktionen und unangemessen hohe Forderungen der Schausteller provozieren und sollten daher gar nicht erst versucht werden.

## Kutubiya-Moschee

Das monumentale Minarett der Kutubiya-Moschee, das **Wahrzeichen der Stadt**, überragt die Dächer der Medina und dient als Orientierungspunkt aus allen Richtungen, um zum Djamâa el-Fna zu finden.

Die Moschee wurde 1158 bis 1162 anstelle einer ersten Moschee erbaut, die nach der Fertigstellung der Kutubiya abgerissen wurde. Die Pfeilerstümpfe auf der Nordseite neben der Moschee und einige Mauerreste unter (zerschlagenen) Glasdächern zeugen von dem alten Bau.

Das **Minarett** der Kutubiya ist das einzige fertiggestellte der Almohadenzeit. Mit dem Hassan-Turm in Rabat und der Giralda in Sevilla – beides architektonische Vorbilder der Kutubiya – steht das Minarett bis heute beispielhaft für marokkanische Architektur. Seinen Namen erhielt es von den *Kutubiyn,* den Buchhändlern, deren Buden sich früher um das Gebäude gruppierten. Das Minarett misst 12,80 m in der Seitenlänge, ist bis zur Terrasse 69 m und zusammen mit den vergoldeten, die Turmkuppel krönenden Kugeln 77 m hoch. Außen verziert den Turm auf allen Seiten unter-

# Im Meer der Sinnlichkeit – der Djamâa el-Fna in Marrakesch

von *Christoph Leisten*

Unter den berühmten Plätzen dieser Welt gibt es vermutlich nur wenige, deren äußeres **Erscheinungsbild** so **unspektakulär** ist wie das des Djamâa el-Fna in Marrakesch. Es ist kaum die Architektur, die seinen Reiz ausmacht, sondern vielmehr das unvergleichliche Leben, das auf ihm stattfindet – und vielleicht das Geheimnis, das er in sich birgt. Ganze Generationen von Künstlern und Schriftstellern hat dieser Platz in den Bann gezogen; für manche von ihnen war die pure Begegnung mit dem bunten Treiben ein Anlass, für immer in Marrakesch zu bleiben. Und vielleicht braucht es ja wirklich eine ganze Lebensspanne, um die sinnliche Vielfalt, den Farbenreichtum und die Komplexität dieses Platzes wenigstens im Ansatz zu begreifen.

Wer zum ersten Mal herkommt, dem präsentiert sich der Djamâa el-Fna als ein **unvergleichliches Gewirr** von Erzählern, Gauklern, Gnaoua-Musikern, Artisten, Naturheilern, Händlern und Garköchen, die hier Tag für Tag ihr Werk verrichten und die vom späten Nachmittag an unzählige Besucher anziehen, sodass sich der Platz bis zum Abend mit Tausenden von Menschen füllt. In Kreisen – *halqas* – von fast geometrischer Struktur sammeln sich die Zuschauer, um den Darbietungen beizuwohnen. Das, was dort geschieht, ist für den Fremden auf die Schnelle kaum zu greifen. Dies gilt umso mehr, als sich allenfalls ein gewisser Teil der Darbietungen vornehmlich an Touristen wendet, während vieles, was auf dem Platz stattfindet, tief im Volksglauben und der Tradition der Marokkaner selbst verwurzelt ist.

Dichter und Schriftsteller haben schon seit Mitte des 19. Jahrhunderts immer wieder versucht, das Geheimnis des Platzes zu lüften. Bereits in früheren Jahrhunderten war der Djamâa el-Fna offenbar das **Herz der Stadt,** das Einheimische, Reisende, Karawanen und Nomaden auf der Durchreise für Stunden zusammenführte zu Unterhaltung, Ablenkung, Einkauf und Lehre. Ob freilich die weit verbreitete Legende, hier seien früher die Köpfe der zum Tode Verurteilten ausgestellt worden, tatsächlich der Wahrheit entspricht, ist ungewiss. Als gesichert kann inzwischen aber gelten, dass die geläufigen Benennungen des Djamâa el-Fna als **„Platz der Geköpften"** und als „Versammlungsort der Toten" kaum angemessene Übersetzungsversuche darstellen, die auf einen französischen Reiseführer des 19. Jahrhunderts zurückgehen und von dort in alle möglichen Sprachen transportiert wurden. Manche Reisebeschreibungen, die mehr als 100 Jahre alt sind, lesen sich indes erstaunlich frisch und aktuell. Auch wenn der Platz einer **stetigen Metamorphose** unterliegt: Sein Grundzug, nämlich ein **organisiertes Chaos** zu sein, das wie beiläufig den Eindruck vermittelt, als sei hier exemplarisch gerade die ganze Menschheit versammelt, hat sich bis heute erhalten. *Juan Goytisolo* (gest. 2017 in Marrakesch), der große spanische Romancier, dem neben *Elias Canetti* und *Hubert Fichte* die eindringlichsten Schilderungen des hiesigen Lebens zu verdanken sind, ermutigte die UNESCO 2001 dazu, den Djamâa el-Fna als erstes „Immaterielles Kulturerbe der Menschheit" auszuzeichnen.

Wer die Gelegenheit hat, etwas länger in Marrakesch zu verweilen, wird sich dem Platz vielleicht **in Etappen annähern.** Kommt man am Vormittag her, ist der Djamâa el-Fna beinahe überschaubar und leer – abgesehen von den um Kunden werbenden Orangensaftverkäufern,

008sm20 ad

Hennamalerinnen und Schlangenbeschwörern sowie den – inzwischen deutlich seltener werdenden – Schreibern, die in der Mitte des Platzes hocken und Unkundigen ihre Dienste anbieten. Mit dem Fortlauf des Tages nimmt das Treiben zu, und immer mehr breitet sich ein anhaltender Klangteppich aus, der von den Trommeln der Gnaoua-Musiker herrührt. Wer am späteren Nachmittag, eine gute Stunde vor **Einbruch der Dämmerung,** auf einer der Caféterrassen Platz nimmt, wird zuerst die unendliche Farbenvielfalt wahrnehmen, die mit der sinkenden Sonne aus dem kaum überschaubaren Menschenmeer erwächst, bis er schließlich die aus der Verschmelzung all jener sinnlichen Eindrücke des Hörens, Sehens und Riechens aufgehende Einheit dieses Platzes zu erahnen vermag.

Letzteres gelingt vornehmlich dem, der sich schließlich hineinbegibt in das Geschehen. Wenn dies behutsam und respektvoll geschieht, mit Wertschätzung für das Andere dieser Kultur (und vielleicht auch mit einem angemessenen Obolus für die Darbietenden), dann offenbart sich dem Besucher ein **sinnlicher Kosmos.** Mit etwas Glück wird er in einer Halqa einem der letzten noch tätigen Geschichtenerzähler lauschen können – ein tief berührender Genuss selbst für den, der des Arabischen nicht mächtig ist. Vielleicht wird er dann im Anschluss an dieses Erlebnis ein Nachtmahl zu sich nehmen in einem der kleinen Restaurants am Rande des Platzes, oder aber mitten auf dem Platz an einem der mobilen Stände, wo zur Abendstunde unter improvisierten Lichtern Tausende speisen.

Nein, der Djamâa el-Fna ist kein Jahrmarkt. Der Platz ist **gleichermaßen Spiel und Ernst,** Tanz- und Lehrort, Zuschauertribüne und Bühnenraum, Touristenattraktion und heimische Agora, ein Ort, an dem Arm und Reich, Kleinod und Nepp ineinander übergehen, Darbietende und Zuschauer mitunter die Rollen tauschen, und zwar in einem Maße, dass das vermeintlich Gegensätzliche und Getrennte kaum mehr voneinander zu unterscheiden ist, sondern fortwährend ineinander fließt: ein Meer der Sinnlichkeit. Vermutlich gibt es kaum einen anderen Ort weltweit, an dem die extrem unterschiedlichen Lebensformen und -entwürfe einer globalisierten Welt schon im Erscheinungsbild der dort versammelten Menschen, mehr noch aber in dem, was geschieht, so sehr ineinander verwoben sind wie auf dem Djamâa el-Fna in Marrakesch. Dieser Platz ist **ein Bild des Menschlichen** – in all seinen Facetten.

Dieses Bild wurde durch einen **Terroranschlag** auf das Café Argana am 28. April 2011 schwer erschüttert. Wer auch immer diese schreckliche Tat zu verantworten hat: Er löschte mit seiner Attacke auf das Touristencafé nicht nur vielfach menschliches Leben aus, er traf auch den marokkanischen Fremdenverkehr und damit die gesamte Wirtschaft sowie – nicht zuletzt – das moralische Gefühl der Marokkaner an empfindlichster Stelle. Für einen schrecklichen Moment erschien es so, als habe sich das grausige Wort von der „Versammlung der Toten“ doch noch bestätigt. Aber der Djamâa el-Fna lebt weiter. Und mit einigem Recht ließe sich sagen, dass schon im **Namen dieses Platzes** sein Weiter-Leben angedeutet ist: Das arabische Wort „Fna“ stammt nämlich eigentlich aus der Sufi-Philosophie und bezeichnet dort – nahezu unübersetzbar – eine (nämlich die vorletzte) Stufe auf dem Weg zum Göttlichen. Behelfsmäßig ließe es sich als „Entwerdung“ übersetzen, was so viel meint wie eine „Auflösung des Ichs im Ganzen“. Die Sufi-Philosophie verwendet zur Veranschaulichung dieses Phänomens Metaphern wie „die Tropfen, die im Meer aufgehen“ und „das Verschwinden eines Schattens im Sonnenlicht“.

Und wirklich: Wer einmal tief in den Platz Djamâa el-Fna und das dortige Geschehen eingedrungen ist, der wird spüren, wie es sich anfühlt, in einer bislang unvorstellbaren Sinnenfülle angelangt zu sein, gleichsam wie „Tropfen, die im Meer aufgehen“.

Der Schriftsteller **Christoph Leisten** bereist Marrakesch seit über 30 Jahren. Er publizierte unter anderem die Prosa-Bände „Marrakesch, Djemaa el Fna“ (Rimbaud Verlag 2005) und „Argana. Notizen aus Marokko“ (Rimbaud Verlag 2014). Infos auf www.christoph-leisten.de.

009sm20 ad

schiedliches, herrliches Dekor mit Blendarkaden und grünen Mosaikkacheln am oberen Abschluss. Am Fuße des Minaretts befinden sich die Reste einer **Koubba** (= Grabstätte) einer als heilig verehrten Frau, genannt *Lalla Zohra Bint el Kuch,* Tochter eines schwarzen Fürsten (was im arabisch-berberischen Kastensystem sehr selten war) aus dem 17. Jahrhundert. Sie ist Vorbild für viele Frauen Marrakeschs, und oft werden ihr zu Ehren Kinder geweiht.

Das 90 m lange Gebäude der **Moschee** aus Ziegelsteinen wurde in T-Form mit einem Quer- und 17 Langschiffen errichtet. Mit ihren Hufeisenbögen, Pflanzenornamentkapitellen und dem beeindruckenden Gewölbedekor ist die Kutubiya eine der schönsten Moscheen Nordafrikas. Fast 20.000 Gläubige finden in ihr Platz. Bis zu ihrer Renovierung in den 1990er Jahren beherbergte die Kutubiya-Moschee noch eine wertvolle Minbar (Gebetskanzel) aus dem 12. Jahrhundert, die nun im Palais El-Badi ausgestellt ist. In Marokko dürfen Moscheen und Zaouias von Ungläubigen nicht betreten werden, daher bleibt Touristen ein Blick ins Innere leider verwehrt.

093m015 ed

⌄ ⌃ Grundriss und Minarett der Kutubiya-Moschee

Der **Jardin Kutubiya** an der Nordwestseite der Moschee wurde im 12. Jahrhundert von *Abd el Moumen* errichtet, Vorbild waren die andalusischen Gärten mit ihrer Blütenpracht und ihren Wasserspielen. In dieser gepflegten Parkanlage nur wenige Fußminuten vom Djamâa el-Fna lässt es sich herrlich zwischen Jasmin- und Pomeranzenbäumen, Rosen, Jacarandas und Palmen spazieren – mit Blick und guter Fotoperspektive auf das majestätische

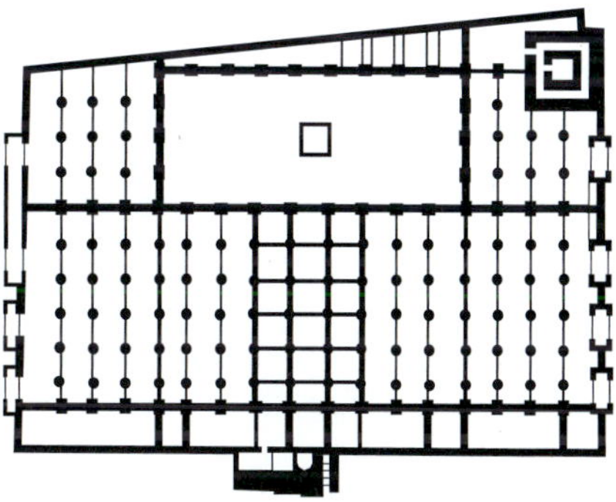

# Nördliche Medina

Anschlusskarte Seite 230

Minarett der Kutubiya-Moschee. Der Park beherbergt die Stadtbibliothek von Marrakesch. Nachts sind die Tore zur Gartenanlage abgeschlossen.

## Die nördliche Medina und die Suqs (Souks)

**Die Suqs von Marrakesch sind die größten des Landes,** die Orientierung im Gassengewirr fällt jedoch nicht so schwer wie z.B. in Fès oder anderen orientalischen Altstädten. Die traditionell nach Handwerkszweigen und Warenangebot gegliederten Suq-Viertel beginnen an der Nordseite des Djamâa el-Fna. Ziemlich ungestört kann man morgens zwischen etwa 8 und 10 Uhr oder mittags zwischen 13 und 14.30 Uhr durch die Suqs bummeln, dann öffnen gerade die Läden bzw. manche machen Mittagspause und im Suq ist am wenigsten los, weil die Touristengruppen entweder noch nicht unterwegs sind oder bereits zu Mittag essen. Die wichtigsten Durchgangsgassen in Richtung Musée de Marrakech und der Medersa Ben Youssef sind die Rue Mouassine, die Rue Suq Smarine und die Rue Kennaria.

Linker Hand des Cafés Les Terrasses de l'Alhambra am nördlichen Djamâa el-Fna gelangt man zunächst in eine Gasse mit Olivenverkauf und Garbuden. An den Theken mit Schafsköpfen und Tanjia-Tontöpfen kann man schön beobachten, wie **Méchoui** zubereitet wird: Das auf einen Holzpflock gespießte Lamm wird durch eine Luke im Boden in den Ofen abgelassen; fertig gegart wird es an der Stange herausgezogen, zerkleinert und an kleinen Tischen serviert.

Links weiter beginnt hinter einem Torbogen die gedeckte **Rue Suq Smarine** mit dem **Textilien-Suq.** Hier reihen sich kleine Läden mit Djellabahs, Babuschen, aber auch moderner Kleidung und Souvenirs aneinander. Bald weist ein Schild nach rechts zum Platz Rahba el-Kedima („Marché des épices") und kurz darauf zum Teppichmarkt Criée Bérbère („Suq principale des tapis").

Beim **Rahba el-Kedima** befand sich über viele Jahrhunderte der alte Sklavenmarkt. Jetzt haben sich hier die Gewürzhändler und Quacksalber niedergelassen, die sich mit dem wohlklingenden französischen Namen *Herboriste* (= Kräuterkundige) schmücken. In allerlei Tiegeln und Behältnissen findet man die eigenartigsten Mixturen und Grundessenzen. Aphrodisiaka und Mittel, die Frauen Fruchtbarkeit verschaffen sollen, lebende Chamäleons und Schildkröten, getrocknete Echsen, Rosenwasser und Moschusparfüm, orientalische Gewürze von Safran bis Kreuzkümmel und die Gewürzmischung Ras el-Hanut. Die Händler versuchen, Touristen in ihre Läden zu locken und preisen in Showmanier alle ihre Mittelchen an – die Preise sind z.T. überteuert. Auf dem Platz werden auch hübsche Korbwaren und Strohhüte feilgeboten.

Auf dem **Suq el Ghezel** unmittelbar südlich des Rahba el-Kedima verkaufen Händler dicke Wollbündel, und Frauen bieten Gebrauchtkleider an.

Nördlich des Rahba el-Kedima befindet sich der **Teppichmarkt Criée Berbère,** wo regelmäßig Teppichauktionen stattfinden.

☑ Blick auf den Rahba el-Kedima vom Café des Epices

057sm20 ad

Beim Rahba el-Kedima spaltet sich die stark frequentierte Hauptgasse in die Rue Suq Attarine und die Rue Suq el-Kebir v-förmig auf. Folgt man der Gasse **Suq el-Kebir** bzw. Suq al Henna nordwärts, führen zunächst Torbögen auf der linken Seite in die sogenannte **Kissaria** mit Touristenläden und Bekleidung, anschließend folgen Lederwarenshops, bevor der Platz vor dem Musée de Marrakech, der Koubba und der Medersa Ben Youssef erreicht ist.

Folgt man am Rahba el-Kedima links der Rue Suq Attarine, passiert man die **Suqs der Kupferschmiede,** die u.a. Töpfe, Teekannen und Lampen fertigen. Hält man sich rechts, geht es weiter in den **Suq des Babouches** mit den traditionellen Pantoffeln in allen Größen und Farben.

In den Gassen links des Suq Attarine liegt der **Wollfärber-Suq.** Die quer über die Gassen gehängten bunten Wollbündel galten früher als Highlight für Fotografen und erfüllten das Klischeebild orientalischer Farbenpracht. Heute hat sich das Bild gewandelt: Mit dem Import gefärbter Stoffe, künstlicher Färbemittel und zunehmender industrieller Färbung hat das Handwerk an Bedeutung verloren und nur noch wenige Färber sind übrig geblieben. War früher schon die Herstellung der richtigen Mischung von natürlichem Farbstoff mit der dazu passenden Beize eine Kunst für sich, die über Generationen weitergegeben wurde, ist das Färben mit chemischer Farbe heute problemlos für jedermann möglich. Statt Naturfasern werden heute vor allem ganze Kleidungsstücke und fertige Stoffe gefärbt. In einem für Touristen zugänglichen Färberhof kann man noch beobachten, wie die Stoffe in erwärmten Kesseln gefärbt und anschließend zum Trocknen aufgehängt werden. In den Gassen des Viertels werden schöne kräftig-bunte Stoffe in allen Größen an Touristen verkauft.

Nur eine Gasse weiter befindet sich der **Holzschnitzer-Suq (Suq Chouari).** Dort entstehen Tische, Stühle, Hocker, Kästchen und allerlei andere Dinge aus Holz.

Zwischen dem Suq Attarine und dem Place Ben Youssef (Musée Marrakech, Koubba Almoravide) liegt das **Viertel der Eisenschmiede (Suq Haddadine)** mit ihren lärmenden und rauchenden Werkstätten. Hier können Lampen und andere schmiedeeiserne Waren direkt vom Handwerker erstanden werden.

Folgt man – statt zum Holzschnitzer- und Wollfärber-Suq bzw. zur Moschee Mouassine links abzubiegen – der Rue Suq Attarine noch etwas nach Norden und biegt dann rechts auf die Riad Laarous ab, gelangt man zum **Ledermarkt (Suq Cherratine).** Nahe der Moschee Ben Youssef sitzen die Lederhändler vor Stapeln noch ungefärbter und -geschnittener Tierhäute und verkaufen diese weiter. In kleinen Werkstätten wird daraufhin das Leder zugeschnitten und z.B. zu Pantoffeln verarbeitet.

Westlich der Wollfärber- und Holzschnitzer-Suqs erreicht man die arg verfallene, aber kunstvoll mit Stuck und Zedernholzschnitzereien ausgestattete **Fontaine El-Mouassine,** den größten Brunnen der Stadt. Die abgesperrte Brunnenanlage umfasst drei überdachte Viehtränken und einen davon getrennten Brunnen für die Stadtbewohner. Die Fontaine el Mouassine gehört zu der für das Viertel namensgebenden **Moschee El-Mouassine,** die der Saadier-Sultan

*Moulay Abdallah* Ende des 16. Jh. errichten ließ. Die Moschee umfasste ursprünglich auch ein Hammam, eine Koranschule, Unterkünfte für Staatsbeamte und eine Bibliothek.

Links der Moschee geht es durch einen kleinen Torbogen und dunkle Gassen zum sehenswerten **Musée Mouassine.** Nach dem Besuch bietet sich eine kleine Teepause im gemütlichen 14 **Dar Daoud** (vgl. „Unterkunft", Plan S. 220) an. Nur ein Stück weiter entlang der Rue Mouassine zweigt gegenüber der Westseite der Moschee eine Gasse zum Kulturcafé Dar Cherifa ab.

Von der Mouassine-Moschee Richtung Norden kommt man am Eingang zum **Jardin secret** vorbei, einem herrlichen Garten, in dem man bei einem Tee zur Ruhe kommt, bevor es wieder ins Getümmel geht. Entlang der Rue Dar el Bacha liegen Richtung Westen mehrere renovierte **Funduqs** (Karawanserails), in deren Höfen sich Kunsthandwerker angesiedelt haben.

Die Gasse führt zum **Dar el Bacha,** einem 100 Jahre alten Palast, in dem einst Pascha *al-Glaoui* residierte. Darin wurde 2017 das sehenswerte **Musée des Confluences** eröffnet.

Weiter entlang der Rue Dar el Bacha erreicht man die große **Bab-Doukkala-Moschee,** im 16. Jahrhundert von der Mutter *Ahmed el-Mansours, Lalla Messaouda,* angelegt. Nur wenig westlich führt das Stadttor **Bab Doukkala** hinaus aus der Medina. Hier warten Taxis, die einen auf Wunsch zurück zum Djamâa el-Fna fahren.

116m015 ad

## Musée de Marrakech

Schon der Hof vor dem Eingang des Museums **lädt zum Verweilen ein:** mit einem hübschen kleinen Café und einem Museumsladen mit Postkarten und französischsprachiger Literatur über Marokko. Das Museum, untergebracht in einem Palast aus dem 19. Jh., dem Dar M'Nebhi, wird von der *Fondation Omar Benjelloun* betrieben, die drei historische Stätten restauriert hat: die Medersa Ben Youssef, die Koubba El-Badiyin und eben dieses Museum. Dem Geschäftsmann und Kunstsammler *Omar Benjel-*

Die Medersa Ben Youssef, ein Highlight maurischer Architektur und Ornamentik

*loun* (1928–2003), der zeitweise bei Mercedes in Deutschland arbeitete, ist es zu verdanken, dass sich diese großartigen Monumente heute in einem außerordentlich guten Zustand befinden. Im Eingangsbereich des Museums sind Bilder von den Restaurierungsarbeiten im Jahr 1997 ausgestellt. Der 2000 m² große **Dar M'Nebhi** war Ende des 19. Jh. Residenz des Verteidungsministers *Mehdi M'Nebhi* unter Sultan *Moulay Abdelaziz.* Nach der Unabhängigkeit beherbergte das Gebäude die erste Mädchenschule in Marrakesch.

Um den **700 m² großen Innenhof** mit Marmor- und Mosaikboden gruppieren sich vier Salons und der traditionelle Hammam. Den ursprünglich offenen Hof mit drei Brunnenschalen bedeckt heute ein Zeltdach, von dem eine gigantische orientalische Metalllampe hängt. Neben dem Bahia-Palast veranschaulicht dieses Gebäude sicher am besten den Prunk des Sultans im 19. Jahrhundert: Säulen und Böden voll feiner Mosaike, bemalte Stuckornamente, kunstvoll geschnitzte Zedernholztäfelungen und -decken.

In den seitlichen **Salons** informieren Tafeln in Französisch über die Ausstellungsstücke in den Vitrinen (Schmuck, Stickereien, Stoffe, Keramik, Teppiche).

In der **Douiria** (= kleines Gästehaus) finden temporäre **Ausstellungen** mit Werken zeitgenössischer Künstler oder zu kulturellen Themen statt. Zudem dient das Dar M'Nebhi gelegentlich als Veranstaltungsort für Konzerte, Theateraufführungen und Seminare.

■ **Info:** www.museedemarrakech.ma, Tel. 0524 36 09 11, täglich 9–18 Uhr, im Ramadan 9.30–16.30 Uhr.

■ **Eintritt:** 50 DH, bis 12 Jahre 30 DH.

■ **Wegbeschreibung:** Das Museum befindet sich in der nördlichen Medina am Ende der Rue Kennaria bzw. der Hauptgassen vom Djamâa el-Fna durch die Suqs. Am einfachsten ist es, vom östlichen Ende des Platzes durch die Rue des Banques oder Rue Dabbachi zu laufen, in die Rue Kennaria links abzubiegen und nordwärts bis zum Museum zu gehen.

## Medersa Ben Youssef

Die **einst größte und bedeutendste Koranschule des Maghreb** in einem der ältesten Gebäude der Stadt ist sicher eine der wichtigsten Sehenswürdigkeiten in Marrakesch, allerdings **seit Mitte 2018 wegen Renovierung geschlossen.**

Die **Gründung** dieser religiösen Lehr- und Wohnstätte geht auf die Meriniden im 14. Jh. zurück, verdankt aber ihre heute noch erhaltene prachtvolle Gestalt dem späteren Saadier-Sultan *Abdallah el-Ghalib* (1557–1574). Die Medersa diente als Lehrstätte für theologische Studien und beherbergte vor allem Studenten aus den ländlichen Regionen, die hier zwischen ihrem 14. und 27. Lebensjahr wohnten. Der Lehrbetrieb wurde erst 1960 eingestellt und das Monument von 1999 bis 2002 erstmalig aufwendig renoviert.

Die Medersa befindet sich ebenso wie die gleichnamige **Moschee Ben (Ibn) Youssef** (erbaut Anfang des 19. Jh. auf den Ruinen früherer Moscheen) am gepflasterten **Platz Ben Youssef.** Das bronzene Eingangsportal versteckt sich hinter einem Torbogen in einem engen Durchgang zwischen Moschee und Medersa auf der rechten Seite.

Den großen **Patio (= Innenhof)** der Lehranstalt betritt man durch eine prächtige Mashrabiya-Tür aus Zedernholz. Die Mashrabiya-Technik wurde auch an den Fenstern des Obergeschosses meisterhaft angewendet: ein Gitterwerk aus gedrechselten, auf Stifte gezogenen Zedernholzteilen, die zu geometrischen Ornamenten ineinandergesteckt werden. Den Boden des Innenhofs mit viereckigem Wasserbecken bedeckt Carrara-Marmor, der einst nach gleichem Gewicht gegen Zucker eingetauscht wurde.

Die strukturelle und dekorative Gestaltung ist beispielhaft für **vollendete maurische Architektur:** mehrfarbige Kachelmosaike auf den unteren Wänden, Stützpfeiler mit Stuckkapitellen, Stuckornamente und arabische Schriftbänder mit den wiederkehrenden Begriffen „Friede" und „Allah" über den Mosaiken, im oberen Teil der Wände Täfelungen aus Zedernholz bzw. die genannten Mashrabiya-Fenster. Die ganze obere Fassade und die Türbögen sind mit Stuckdekorationen verziert, das Dach ist – typisch für religiöse Bauwerke – mit grünen glasierten Ziegeln ausgestattet.

Das **Wohnheim** im oberen Stockwerk – der Zugang erfolgt über den Vorraum – beherbergt 132 Kammern, in denen je zwei bis drei Studenten wohnten. Mehrere kleine Innenhöfe sorgen für Luft und Licht. In einigen kleinen Zimmern sind noch Gebrauchs- und Einrichtungsgegenstände der damaligen Studenten ausgestellt. Durch die Fenster kann man einen Blick nach unten in den großen Hof werfen.

Wenige Schritte von der Medersa entfernt lohnt sich ein Blick in das **Kulturzentrum Dar Bellarj** mit wechselnden Ausstellungen.

## Koubba El-Badiyin

Direkt am Platz Ben Youssef gegenüber der Moschee Ben Youssef befindet sich die Koubba El-Badiyin bzw. Koubba Almoravide (**seit Mitte 2019 wegen Renovierung geschlossen**) in einem abgesperrten Ausgrabungsareal etwas unter dem heutigen Bodenniveau. Die Koubba ist eines der wenigen **Überbleibsel aus der Dynastie der Almoraviden.** Etwa um 1120 errichtet, wurde sie erst im Jahr 1948 wiederentdeckt. Stufen führen nach unten zur zweigeschossigen Koubba mit quadratischem Grundriss, Fensterbögen im oberen Teil und einem großen Kuppeldach.

Besonders die Innenseite der **Kuppel** mit dem filigranen Dekor in Form von kunstvoll in den Stein geschlagenen Muscheln, Rosetten, Ranken und Blumen ist sehenswert. In der Mitte unter der Kuppel befindet sich ein rechteckiges Becken für Waschungen. Französische Tafeln geben Detailinformationen über die Stätte: Demnach war die Koubba das Zentrum einer Wasch-, Brunnen- und Latrinenanlage, von der heute nur noch Ruinen geblieben sind.

## Le Jardin secret

Der **2016 eröffnete „geheime Garten"** versteckt sich hinter unscheinbaren hohen Mauern inmitten der Medina – eine **wundervolle Oase der Ruhe** mit wogendem Federgras, Vogelgezwitscher und Wasserplätschern. Auf dem Gelände befand sich bereits im 16. Jh. ein Palast des saadischen Sultans *Moulay Abd-Allah.* Nach seiner Zerstörung errichtete der Caid *Hajj Abd-Allah U-Bihi* im 19.

Jh. einen neuen Palast. Ab 1934 war das Anwesen verlassen. 2008 begann der italienische Architekt *Lauro Milan* mit der achtjährigen Renovierung der Anlage.

Der Jardin Secret widmet sich den Themen Geschichte, Architektur, Gartenkultur und (traditionelle) Bewässerung und besteht aus **zwei Hofgärten:** dem **Jardin exotique** mit Pflanzen aus aller Welt und dem **Jardin islamique** mit der typischen geometrischen Aufteilung eines Riads. Die Seiten des Jardin islamique flankieren zwei prachtvolle Pavillons, in denen man typische Elemente der maurischen Palastarchitektur mit Mosaiken, bemalten Zedernholzdecken und Stuck bewundern kann. Eine Ausstellung im **Pavillon Oud el Ward** illustriert die Themen des Jardin secret, außerdem zeigt ein Video die aufwendigen Renovierungsarbeiten. Der **17 m hohe Turm** des Pavillons ist eine echte Besonderheit – sonst erreicht kein Gebäude die Höhe der Minarette. Von oben bietet sich ein fantastischer 360-Grad-Panoramablick bis zum Hohen Atlas. Im **Terrassencafé** sitzt man gemütlich mit Blick ins Grüne.

■ **Info:** 121, Rue Mouassine (direkt ggü. Café Arabe), Tel. 0524 39 00 40, www.lejardinsecretmarrakech.com, April bis Sept. tägl. 9.30–19.30 Uhr, im Frühjahr und Winter nur bis 17.30 Uhr, Eintritt: 50 DH, Turm 30 DH extra.

## Musée Mouassine

Das kleine Museum in einer Douiria (Gästetrakt eines Riads) aus dem 18. Jh. beherbergt wechselnde **thematische Ausstellungen zur Kunst in Marokko,** zuletzt über Kleidung, Schmuck etc. bei marokkanischen Festlichkeiten. Schon das prächtige maurische Dekor des Hauses ist sehenswert. Auf der Dachterrasse kann man eine Teepause auf den Basthockern einlegen. Jeden Montag und Freitag (Oktober bis Mai) spielen von 19 bis 19.45 Uhr bei der **„Soirée Musiques de la Medina"** lokale Musiker für Besucher (Eintritt: 50 DH).

■ **Info:** Derb El Hammam (schmale Seitengasse an der Ostmauer der Mouassine-Moschee), Tel. 0524 37 77 92, www.museedemouassine.com, tägl. außer Fr 10–18 Uhr, Eintritt: 30 DH.

## Dar Cherifa

Hinter einem unscheinbaren Eingang in einer schmalen Hintergasse verbirgt sich dieses Kleinod. Der Dar Cherifa wurde im 16. Jh. errichtet und gilt als das **älteste erhaltene Wohnhaus der Stadt.** *Abdellatif Aït Ben Abdallah,* Chef der Agentur „Marrakech Riads" und Kenner der Kunstszene in Marrakesch, ließ zahlreiche Riads in der Altstadt instand setzen und renovierte auch dieses wunderschöne Hofhaus mit viel Feingefühl. Die Flügeltüren und Verkleidungen aus geschnitztem Zedernholz und die Stuckornamente wurden nicht mit Farbe und Beton überkleistert, sondern in ihrer ursprünglichen Schönheit belassen.

In dem Gebäude finden **Kulturveranstaltungen** (Konzerte, Lesungen etc.) statt, u.a. in Zusammenarbeit mit dem „Dialogpunkt Deutsch" und dem Institut Français, ferner wechselnde Kunstausstellungen (Malerei, Kalligrafie, Bild hauerei, Fotografie etc.). Im Innenhof mit Polsterecken oder auf der Dachterrasse kann man für eine kleine Verschnaufpause Platz nehmen, die Atmosphäre sowie marokkanische Gerichte, frische Säfte oder Tee mit Gebäck genießen. Dabei besteht zudem die Möglichkeit, in französischsprachiger Literatur zu schmökern.

■ **Info:** 8, Derb Charfa Lakbir, Mouassine, Medina, Tel. 0524 42 64 63, www.dar-cherifa.com, Tel. 0524 42 64 63, Eintritt frei, Restaurant/Café tägl. 10–23 Uhr, Mi nur bis 19 Uhr.

■ **Wegbeschreibung:** Gegenüber der Moschee Mouassine in die mit „Riad les Jardins Mouassine, Dar Justo" beschilderte Gasse einbiegen, links um die Ecke, die nächste Gasse rechts durch einen niedrigen Durchgang, an der Tür direkt dahinter auf der rechten Seite anklopfen.

## Jenseits der Suqs (Souks)

Nördlich des Musée de Marrakech und der Medersa Ben Youssef endet das touristische Terrain. Doch ein Spaziergang durch die Viertel jenseits der Suqs, wo **fast nur Einheimische** unterwegs sind, lohnt sich durchaus.

Von der Medersa Ben Youssef lohnt sich ein Abstecher in die Gasse **Suq al Fassi** (hinter der Medersa rechts bzw. ostwärts). Entlang der Gasse kann man einen Blick in die Höfe teils renovierter Funduqs werfen. In einer dieser alten Karawanserails befindet sich das sehr empfehlenswerte **Restaurant Le Foundouk** (vgl. „Essen und Trinken/Restaurants in der Medina"). Kurz hinter dem Restaurant folgt das **Maison de la Photographie,** das einen Besuch lohnt.

☒ Im Dar Cherifa

### Maison de la Photographie

In dem schönen, weißen Hofhaus sind **Hunderte historische Fotografien** ausgestellt. Die beeindruckenden Bilder von 1870–1950 zeigen Menschen, Städte, Architektur und Traditionen Marokkos. Außerdem kann man sich eine digitale Show von drei französischen Dokumentarfilmen aus den 1950er Jahren ansehen. Auf der Dachterrasse mit tollem Ausblick gibt es Tee und günstige Tajine. Am Eingang werden schöne Postkarten und Poster mit Schwarz-Weiß-Fotografien verkauft.

■ **Info:** 46, Rue Suq al Fassi, www.maisondelaphotographie.ma, Tel. 0524 38 57 21, tägl. 9.30–19 Uhr, Eintritt: 40 DH, Kinder unter 16 Jahren frei.

Vom Maison de la Photographie weiter entlang der Gasse ostwärts erreicht man den **Place El Moukef** (mit Taxi-Haltestelle), wo man spätnachmittags noch geschäftiges Altstadtleben mit rauchenden Garbuden, kleinen Läden und Marktbetrieb miterlebt. Geht man die Rue Bab Debbargh noch weiter nach Osten, erreicht man das Gerberviertel.

### Gerberviertel

Das Gerberviertel von Marrakesch ist nicht so groß und malerisch wie das von Fès. Dennoch erhält man einen guten Eindruck von den harten Arbeitsbedingungen der Handwerker, die **in großen Betonbottichen Rinds-, Kamel- und Ziegenleder gerben und färben.** Für eine Visite eignet sich am besten der Vormittag, wenn es am betriebsamsten ist.

Entlang der Rue Bab Debbargh befinden sich mehrere Gerberhöfe, in denen **unter freiem Himmel** gegerbt und gefärbt wird. Zwei Gerberhöfe befinden sich direkt vor dem Stadttor Bab Debbargh auf der linken und der rechten Seite. **Inmitten von Schmutz und Gestank** sind auch viele Jugendliche bei der Arbeit. Inzwischen bieten sich an den Gerberhöfen Guides für eine **Führung** an. Man sollte den Preis unbedingt vorher vereinbaren (ca. 40 DH).

Bewegt man sich hinter der Medersa Ben Youssef statt nach Osten zunächst gen Westen (links, vorbei am Hammam Bain d'Or) und biegt dann Richtung Norden ab, erreicht man die **Fontaine Echroub ou Chouf** aus der Saadier-Zeit (16. Jh.). Der einst prächtige Brunnen mit einem kunstvoll mit Ornamenten geschmückten Vordach aus Zedernholz ist leider stark renovierungsbedürftig.

## Zaouia Sidi Bel Abbès und Zaouia Sidi Ben Slimane

Entlang der Rue Bab Taghzout geht es weiter nördlich durch mehrere Wohnviertel zu den **Grabstätten** zweier der sieben Stadtheiligen, zur Zaouia Sidi Ben Slimane und zur Zaouia Sidi Bel Abbès. Das heute innerhalb der Stadtmauern liegende Tor **Bab Taghzout** bildete einst die Grenze der Altstadt, bis man die Mauern erweiterte, um das Heiligtum von Sidi Bel Abbès mit einzuschließen.

059sm20 ad

Die **Zaouia Sidi Bel Abbès** wurde Anfang des 17. Jh. für den 1204 verstorbenen heiligen *Abou el Abbès Ahmed ben Jafar* unter den Saadiern errichtet und 1998 renoviert. Besucher sollten auf jeden Fall den Innenhof der Anlage besichtigen und das schmucke Eingangsportal zum Mausoleum mit Stuckornamenten und grünem Ziegeldach bewundern. Durch ein kleines Gitterfenster kann man einen Blick ins Innere der Zaouia werfen, die von Nichtgläubigen nicht betreten werden darf. Im Schatten des Arkadengangs vor der Moschee und dem Mausoleum halten sich Alte, Blinde und Behinderte auf, als deren Beschützer *Sidi Bel Abbès* gilt. Neben dem Eingang zum Mausoleum befindet sich eine kleine Sonnenuhr und gegenüber ein schöner Brunnen mit feinen Mosaiken.

Von der Zaouia Sidi Bel Abbés kann man sich zur nahe gelegenen **Zaouia Sidi Ben Slimane** führen lassen, von der von außen aber nur das grüne Kuppeldach und ein kleiner Brunnen vor dem Eingangsportal sichtbar sind. *Sidi Bel Abbès* und *Sidi Ben Slimane* sind zwei der sieben Stadtheiligen Marrakeschs, für die jeweils ein Heiligtum in der Stadt errichtet wurde.

## Die südliche Medina

Die von Souvenirläden flankierten Hauptgassen vom Djamâa el-Fna in Richtung Süden zum Place Ferblantiers, zum Marché couvert, zur Mellah und zum Kasbah-Viertel sind die parallel verlaufenden **Rue Riad Zitoun el Kedim** und **Rue Riad Zitoun el Djedid.** Über Letztere erreicht man am schnellsten das Dar-Si-Said- und das Dar-Tiskiwin-Mu-

## Südliche Medina

**Übernachtung**
1 Ali
5 Riad Johenna
8 Riad Celia
9 Riad Noga
10 Sherazade
11 Jnane Mogador
12 Essaouira
13 Le Gallia
20 Riad Aladdin
22 Riad du Rabbin
23 Young and Happy Hostel
24 Dar Les Cigognes
28 Riad Berta

**Essen und Trinken**
2 Pâtisserie des Princes
3 Snack Toubkal
4 Café de France
6 Naranj
7 La Famille
15 Earth Café
16 Ksar El Hamra
17 Koulchi Zine
18 Fine de Marrakech
21 Kosybar
25 Kasbah Café
27 Café Clock

**Einkaufen/ Sonstiges**
19 La Perle d'Olive
26 Ets. Bouchaib

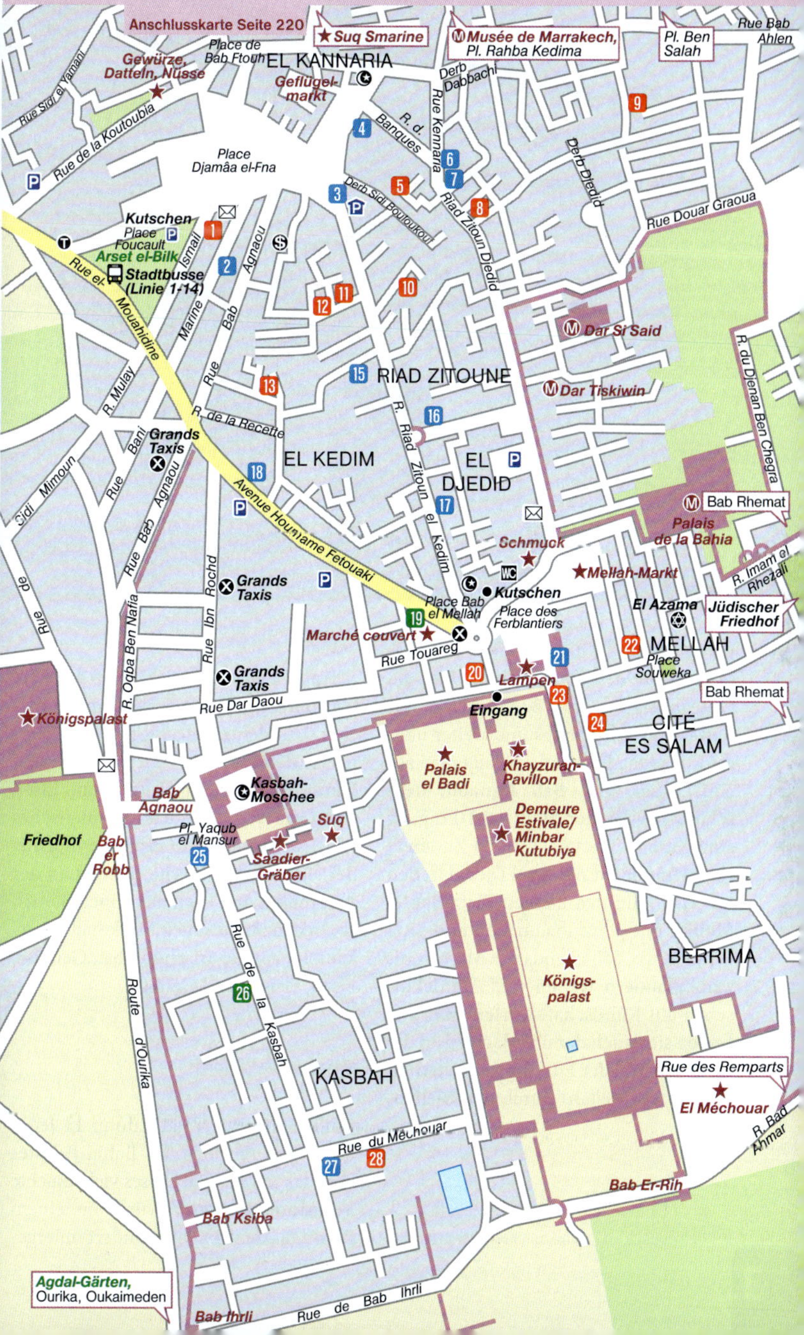
Anschlusskarte Seite 220
Suq Smarine
Musée de Marrakech, Pl. Rahba Kedima
Pl. Ben Salah
Rue Bab Ahlen
Gewürze, Datteln, Nüsse
Place de Bab Ftouh
EL KANNARIA
Geflügelmarkt
Rue Sidi el Yamani
Rue de la Koutoubia
Place Djamâa el-Fna
R. d. Banques
Rue Kennaria
Derb Dabbachi
Derb Sidi Bouloukat
Riad Zitoun Djedid
Derb Djedid
Rue Douar Graoua
Kutschen
Place Foucault
Arset el-Bilk
Stadtbusse (Linie 1-14)
Rue el Mouahidine
Ismail
Agnaou
Rue Bab
Marine
Dar Si Said
RIAD ZITOUNE
Dar Tiskiwin
R. du Djenan Ben Chegra
R. Mulay
R. de la Recette
Grands Taxis
Rue Bani
Rue Bab Agnaou
Sidi Mimoun
EL KEDIM
R. Riad Zitoun el Kedim
EL DJEDID
Avenue Houmame Fetouaki
Bab Rhemat
Palais de la Bahia
Schmuck
Mellah-Markt
R. Imam el Rhezali
Rue de
Rue Ibn Rochd
Grands Taxis
Place Bab el Mellah
Kutschen
Place des Ferblantiers
El Azama
Jüdischer Friedhof
Marché couvert
Rue Touareg
MELLAH
Place Souweka
R. Ogba Ben Nafia
Grands Taxis
Rue Dar Daou
Lampen
Eingang
Bab Rhemat
Königspalast
CITÉ ES SALAM
Palais el Badi
Khayzuran-Pavillon
Kasbah-Moschee
Bab Agnaou
Suq
Demeure Estivale/ Minbar Kutubiya
Friedhof
Bab er Robb
Pl. Yaqub el Mansur
Saadier-Gräber
BERRIMA
Rue de la Kasbah
Königspalast
Route d'Ourika
KASBAH
Rue des Remparts
El Méchouar
R. Bab Ahmar
Rue du Méchouar
Bab Er-Rih
Bab Ksiba
Agdal-Gärten, Ourika, Oukaimeden
Bab Ihrli
Rue de Bab Ihrli

030m015 ad

seum sowie den Bahia-Palast. Über die Fußgängerzone Rue Bab Agnaou mit Restaurants und Shops und weiter über die Rue Oqba Ben Nafia gelangt man am einfachsten zum **Bab Agnaou,** dem schönsten Tor der Stadt und Eingang zum Kasbah-Viertel. Die Riad Zitoun el Kedim und Riad Zitoun el Djedid treffen im Süden auf den kleinen Platz **Bab el Mellah** mit Olivenbäumchen und Sitzbänken, wo sich abends die Marrakchis zum Plaudern treffen und Pferdekutschen auf Kundschaft warten. Hier befinden sich auch der überdachte Suq der Juweliere und der Eingang zum alten Judenviertel (Mellah) durch den Mellah-Markt.

⌃ Bab Agnaou – Eingang zum Kasbah-Viertel

Angrenzend liegt der **Place des Ferblantiers,** das Quartier der Lampenmacher. Um den rechteckigen Platz gruppieren sich Läden, in denen Handwerker Lampen aus Messing, Kupfer und Eisen fertigen. Wer ein Stück orientalisches Alltagsleben hautnah erfahren möchte, der stattet dem **Marché couvert** an der Av. Houmman El Fetouaki einen Besuch ab: In den überdachten Markthallen verkaufen Händler frisches Obst, Gemüse, Fisch, Fleisch und Geflügel.

## Musée Dar Si Said

Östlich der Rue Riad Zitoun El Jedid und etwas nördlich des Bahia-Palastes liegt das Dar Si Said. Dieses viel besuchte **Volkskunstmuseum** wurde in einem Palast aus dem 19. Jahrhundert untergebracht und beherbergt eine umfangreiche **Sammlung berberischen Kunsthandwerks** aus Marokko. Im Eingangsbereich befindet sich eine Holzausstellung mit antiken Gebrauchsgegenständen und Architekturelementen (Türen, Balustraden, Fenster) aus Zedern-, Pinien-, Oliven-, Feigen- und Nusshölzern. In den Salons des Innenhofs mit Springbrunnen und Bäumen sind u.a. Waffen, Musikinstrumente und Werkzeuge ausgestellt. Besonders sehenswert ist das Obergeschoss mit seinem prunkvollen Festsaal: Mosaike an Wänden und Böden, bemalte Stuckdekorationen und hohe Zedernholzdecken mit kunstvoller Bemalung verleihen dem Haus auf dieser Etage echten Palastcharakter. In einem Zwischengeschoss können einige alte Küchenutensilien besichtigt werden. Hier herrscht wesentlich weniger Touristentrubel als im nahen Bahia-Palast.

- **Info:** Tel. 0524 44 24 64, Mo 10–18 Uhr, im Ramadan bis 15.30 Uhr.
- **Eintritt:** Erwachsene 70 DH, Kinder unter 12 Jahren 30 DH.
- **Wegbeschreibung:** Das Museum (Adresse: Derb Si Said) liegt östlich der Rue Riad Zitoun Djedid, von wo es zwei beschilderte Zugänge gibt. Entweder man geht durch den südlichen Torbogen gegenüber dem großen Parkplatz vorbei am Dar Tiskiwin und biegt in die erste Gasse links ab, oder man spaziert durch den nördlicheren Torbogen (z.B. vom Djamâa el-Fna aus) zum Museum (beschildert).

## Musée Dar Tiskiwin

Der Niederländer **Bert Flint** lebt seit rund 60 Jahren in Marrakesch. Seine Leidenschaft für die Traditionen und Kulturen der Menschen in Marokko sowie der Sahara- und Sahelländer veranlasste ihn dazu, 1985 ein privates Museum zu eröffnen. Hier präsentiert er seine wertvolle Sammlung, die er auf vielen Forschungsreisen erwarb. 2006 vermachte *Flint* das „Maison Tiskiwin“ der Universität von Marrakesch Cadi Ayyad. Das übergreifende Thema des **Volkskunstmuseums** ist der kulturelle und wirtschaftliche Austausch zwischen Marokko und den heutigen Sahelstaaten, der vor allem als Karawanenhandel seit Jahrhunderten stattfindet. Die Ausstellungsräume gruppieren sich in zwei Etagen um den stuckverzierten Innenhof des Altstadthauses. Die Säle zeigen Kleidung, Utensilien des täglichen Lebens, Schmuck oder Arbeitsgegenstände der Regionen und Völker entlang der Karawanenroute von Marrakesch durch die Sahara nach Agadez und weiter in den Sahel bis nach Timbuktu. Auf dem virtuellen Rundgang von Marrakesch nach Timbuktu und zurück bewundert man u.a. Teppiche, Stoffe, Agrarutensilien im Oasenfeldbau, Lederwaren und TuaregSchmuck sowie Holzfiguren und Kleidung westafrikanischer Völker.

- **Info:** tägl. 9–12.30 und 14.30–18 Uhr.
- **Eintritt:** Erwachsene 30 DH, Kinder 10 DH.
- **Wegbeschreibung:** Der Eingang zum Museum liegt in einer kleinen Quergasse der südlichen Rue Riad Zitoun Djedid. Vom Parkplatz nahe der Préfecture geht es durch einen Torbogen mit zum Verkauf ausgehängten Teppichen in die Gasse (Schild).

## Palais de la Bahia

Der **Bahia-Palast** trägt den Namen der Lieblingsfrau des Großwesirs *Ba Ahmed Ben Moussa,* der den Alawiten-Sultan

*Moulay Abdelaziz* Ende des 19. Jh. bei den Regierungsgeschäften unterstützte bzw. diese faktisch leitete. Angeblich lebte er mit vier Frauen und 80 Konkubinen in diesem riesigen Palast. Nach seinem Tod ließ sich die französische Protektoratsverwaltung in dem Komplex nieder. Die 50 prachtvoll im maurischen Stil mit geschnitzten und bemalten Zedernholzdecken, Stuckverzierungen und Marmor ausgestatteten Räume stehen heute leer. Der Gesamtkomplex bildet ein **Labyrinth aus miteinander verbundenen Zimmern, Sälen, Innenhöfen und Hofgärten.** Bei einer Besichtigung oder Führung kann man sich ein gutes Bild über den Prunk und die Ausstattung (inkl. Harem) orientalischer Fürstenhäuser um die vorletzte Jahrhundertwende verschaffen. Auch die herrlichen Gärten von Petit Riad (kleines Hofhaus) und Grand Riad (großes Hofhaus) mit Zitronenbäumen, Palmen und Bambussen lohnen die Besichtigung. In den Salons des Grand Riad versprechen die Kalligrafiebänder aus Stuck über den Mosaiken dem Bewohner des Hauses „Reichtum und Gesundheit". In der Hauptsaison herrscht im Palast großes Touristengedränge und es bilden sich schon an der Kasse lange Schlangen.

- **Info:** tägl. 9–17 Uhr, im Ramadan bis 15 Uhr.
- **Eintritt:** 70 DH, Kinder 30 DH
- **Wegbeschreibung:** Das unscheinbare Eingangstor in einer Mauer liegt an der südlichen Riad Zitoun Djedid nördlich des Place des Ferblantiers (kleines Schild).

Grand Patio im Bahia-Palast

058sm20 ad

## Palais el Badi

Südlich des Place des Ferblantiers befinden sich die **Ruinen** dieses Palastes. Den Komplex ließ ab 1578 der Saadier-Sultan *Ahmed el-Mansour* erbauen. Der Sultan wählte dafür einen Ort auf dem Gelände eines almohadischen Gartens und importierte für den Bau **kostbare Materialien aus der ganzen Welt,** so auch italienischen Marmor. Doch bereits um 1700 ließ der Alawiten-Sultan *Moulay Ismaïl* große Teile des Palastes abtragen, um eine neue *Ville impériale* (Königsstadt) in Meknès zu errichten. Verbliebenes Dekor wie Mosaike und Stuck an Wänden und Böden vernichtete er. Heute lässt sich nur noch erahnen, dass der El-Badi-Palast einst eine der prächtigsten und größten Palastanlagen des Maghreb war.

Nach jahrelanger Renovierung hat die Anlage 2016 wiedereröffnet. Ein **Rundweg** führt quer durch das Gelände in die unterirdischen Gewölbe, den erholsam-ruhigen Hofgarten sowie zum Ausstellungssaal des Minbar.

Die Palasträumlichkeiten waren um einen rechteckigen Hof von 135 x 110 m mit einem großen Wasserbecken und Blumenrabatten angeordnet, der noch heute die **einstigen Dimensionen** des Palastes verdeutlicht. Mehr als die Ruinen der Palastanlage begeistern die Touristen heute meist die **Störche,** die überall auf den Mauern nisten und sich von einem Turm des Palastes oder der Terrasse eines Cafés am Place des Ferblantiers schön fotografieren lassen.

Unter dem Hof des Palastes liegen ausgedehnte **Gefängnisse,** von denen oben nur die Lichtluken erkennbar sind. Dort sind seit der Wiedereröffnung historische Fotografien, Keramiken und alte Bauteile ausgestellt. Die Freiflächen des El-Badi-Palastes mit mehreren Wasserbecken und schönen (abgesenkten) Orangenbaumgärten sind jährlicher Hauptschauplatz des großen Folklorefestivals **„Festival National des Arts Populaires"** und des Comedy-Festivals **„Marrakech du Rire"**.

Im **Khayzuran-Pavillon** mit schmucker Arkadenfassade widmet sich eine Ausstellung den traditionellen Bewässerungssystemen. In der Sommerresidenz des Sultans **(Demeure Estival)** befinden sich das wertvolle **Minbar (Gebetskanzel) der Kutubiya-Moschee** und eine Ausstellung zur Renovierung der Kanzel. Das Minbar aus der Almoravidenzeit gilt als die feinste erhaltene Holzarbeit aus dem islamischen Spanien (Al-Andalus) des Mittelalters. Es wurde 1137 in Córdoba im Auftrag des Almoraviden-Sultans *Ali Ibn Youssuf* entworfen. Die über 100 Bauteile aus Zedern-, Eben- und Sandelholz wurden dann 800 km nach Marrakesch transportiert und dort zusammengesetzt. In den 1990er Jahren befand sich das Meisterwerk der Almoraviden in einem sehr schlechten Zustand, bis sich die Kunstsammlerin *Patti Birch* in Zusammenarbeit mit Spezialisten des Metropolitan Museum of Art New York und lokalen Künstlern der aufwendigen Restaurierung der Kanzel annahm. Seit seiner Wiederherstellung ist das Minbar im Palais El Badi ausgestellt. Das Minbar mit acht Stufen, auf denen normalerweise der Vorbeter (Imam) beim Freitagsgebet steht, ist fast 4 m hoch, 1 m breit und 3,50 m tief. Kunstvolle Schnitz- und Einlegearbeiten mit geometrischen und floralen Mustern bedecken die Seitenwände, arabische Kalligrafiebänder mit religiösen und historischen Inskriptionen umgeben jede Flanke.

- **Info:** tägl. 9–17 Uhr, im Ramadan bis 15 Uhr.
- **Eintritt:** 70 DH, Kinder unter 12 Jahren 30 DH.
- **Wegbeschreibung:** Vom Place Ferblantiers durch das Tor in der Stadtmauer, dann rechts (ca. 100 m).

## Kasbah-Viertel

Das schönste Tor der Stadt, **Bab Agnaou,** führt in das von Mauern umgebene Kasbah-Viertel am Südrand der Medina. Das Bab Agnaou blieb als einziges von acht Einlasstoren ins almohadische Kasbah-Viertel erhalten. Das reich ornamentierte Steintor mit übereinander liegenden Hufeisenbögen flankierten einst zwei Wachtürme; heute wird es deshalb auch „Widder ohne Hörner" genannt. Während die Medina Wohnraum für die marokkanischen Muslime bot und die Mellah für die Juden eingerichtet wurde, beherbergte die Kasbah schon vor der Errichtung der Mellah die gesamte Infrastruktur für den **Hofstaat des Sultans.** Der Almohaden-Sultan *Yakoub el-Mansour* ließ diese durch Mauern geschützte *Cité imperiale* Ende des 12. Jahrhunderts errichten. Der Saadier-Sultan *Ahmed el-Mansour* baute die Kasbah später aus.

Eine breite Gasse führt vom Bab Agnaou direkt auf die umfassend renovierte, 70 x 77 m große **Kasbah-Moschee** im Zentrum des Viertels zu. Auch sie stammt aus der Almohaden-Dynastie unter *Yakoub el-Mansour* (12. Jh.). Ihr Minarett aus Bruch- und Ziegelstein mit seinem schönen Rautendekor galt als beispielhaft für weitere Moscheebauten. Gleich südlich der Moschee führt eine Gasse zu einer der bedeutendsten Sehenswürdigkeiten der Stadt, den Saadier-Gräbern (s.u.).

Etwas abseits des Touristenrummels um die Kasbah-Moschee und die Saadier-Gräber kann man bei einem Bummel durch die Hintergassen und den Lebensmittel-Suq noch ein Stück **ursprüngliches Quartiersleben** beobachten. Hier gibt es im Vergleich zur nördlichen Medina nur wenige Maison d'Hôtes. Im alternativen **Café Clock** mit leckeren Snacks sollte man eine Pause einplanen (s. „Essen und Trinken/Cafés").

Östlich schließen die hohen Mauern des **Königspalastes Dar el Makhzen** an. Der Königspalast wurde um 1747 vom Alawiten-Sultan *Mohamed Ben Abdallah* erbaut, später erweitert und unter König *Hassan II.* umfassend renoviert. Von außen ist lediglich die hohe Mauer mit Eingangstoren sichtbar, die Palastanlage kann nicht besichtigt werden. Während des Besuchs des Königs sind die Portale stark bewacht und es darf nicht fotografiert werden.

## Saadier-Gräber

Der Alawiten-Sultan *Moulay Ismaïl* ließ nicht nur den El-Badi-Palast zerstören, sondern auch dieses Kunstwerk seiner Vorgängerdynastie zumauern, sodass es erst **1917 von den Franzosen wiederentdeckt** wurde. Die Gräber sind in zwei

[>] Saadier-Gräber

verschiedenen Bauten untergebracht, auch im Innenhof mit schönen Königs- und Dattelpalmen befinden sich Grabsteine.

Das südliche Gebäude gleich links des Eingangs besteht aus drei miteinander verbundenen Sälen. Im **Saal des Mihrab** wird das zentrale, reich verzierte Kreuzgratgewölbe von vier Carrara-Marmorsäulen getragen. Der Saal der drei Nischen besteht – wie der Name sagt – aus drei mit Stuck und Mosaiken verzierten Nischen mit Gräbern von Nachkommen der Saadier-Herrscher.

Absoluter Höhepunkt der Besichtigung ist der **Saal der zwölf Säulen:** In diesem quadratischen Raum tragen vier Gruppen von jeweils drei weißen Säulen aus Carrara-Marmor mit bemerkenswerten Kapitellen die reich mit Stalaktitenschmuck verzierte Kuppel des Saals. Die Wände bedecken bis auf zwei Meter Höhe kleinteilige, ungemein kunstvoll gefertigte Kachelmosaike in Ornamenten und Arabesken. Den Abschluss der Mosaike bilden Kalligrafiebänder, darüber spannt sich eine Zedernholzdecke. Der Raum beherbergt den Sarkophag des Saadier-Sultans *Moulay Ahmed el-Mansour* (mittleres Grab).

Das **nördliche Gebäude** mit zwei Sälen auf der anderen Seite des Hofs ist weniger prunkvoll ausgestattet, aber dennoch sehr sehenswert. Dort und im Hof wurden weitere Angehörige der Saadier-Dynastie wie etwa Kinder, Frauen und Soldaten bestattet.

Die Saadier-Gräber sind eine der wichtigsten touristischen Sehenswürdigkeiten der Stadt, deshalb drängelt sich in der Hauptsaison vor allem vormittags eine **Unmenge an Besuchern** durch die

060sm20 ad

Anlage. Man sollte den Gräbern deshalb möglichst gleich nach der Öffnung oder kurz vor der Schließung einen Besuch abstatten.

- **Info:** tägl. 9–17 Uhr, im Ramadan bis 15 Uhr.
- **Eintritt:** 70 DH.

## Mellah – das Judenviertel

Östlich des Place des Ferblantiers breitet sich die Mellah aus, das ehemalige Judenviertel. **Typisch für das Modell der islamischen Stadt** ist die Abgrenzung der islamischen Wohn- und Geschäftsviertel von nicht-islamischen Einflüssen. In Marokko fand dies Ausdruck in der Ansiedelung der größten religiösen Minderheit, der Juden, in ein ummauertes Judenviertel, die sogenannte Mellah. Fès war die erste Stadt, in der Anfang des 15. Jh. eine Mellah entstand, Mitte des 16. Jh. wurde ein Judenviertel in Marrakesch errichtet, weitere Städte folgten.

Die Mellah von Marrakesch wurde an der Stelle errichtet, wo sich einst die königlichen Stallungen befanden, die gesamte jüdische Gemeinschaft musste umsiedeln. Nur ein abschließbares Tor zur Kasbah erlaubte Einlass in die Mellah, wo die jüdische Bevölkerung die kommenden Jahrhunderte – weniger eingesperrt als (in der unmittelbaren Nähe des Sultanspalastes mit seiner Garde) **geschützt vor Angriffen von außen und nichtjüdischen Einflüssen** – lebte. Heute umfasst die jüdische Gemeinde in Marrakesch nur noch etwa 200 Mitglieder, und das tägliche Leben in der Mellah ist muslimisch bestimmt.

Der Eingang zum alten Judenviertel führt durch den gedeckten **Mellah-Markt (Kissariat Djedida,** Südende der Av. Houmane El Fetouaki), wo sich farbenfrohe Gewürzberge türmen. Durch den Markt gelangt man in die Gassen der Mellah.

Die **Bausubstanz** der Mellah war lange Zeit ziemlich marode – erst 2016 wurden die Fassaden und Ladenzeilen in den Hauptgassen bis zur Place Souweka komplett erneuert. Das Viertel verlor damit zwar etwas an Authentizität, aber Besucher erleben in den geschäftigen Gassen der Mellah immer noch ein Stück ursprüngliches Stadtleben mit weniger Touristen, weniger Gästehäusern, Restaurants und Souvenirläden. In den Seitengassen findet man gelegentlich noch **architektonische Hinweise auf die jüdische Vergangenheit:** Die mehrgeschossigen Häuser haben Erker, Fenster und Balkone zur Straße, wogegen sich die Häuser der muslimischen Viertel nur nach innen öffnen.

Im Zentrum der Mellah in einer Gasse nahe der Place Souweka (kleiner Platz mit Bäumchen) versteckt sich die 1492 von den aus Spanien vertriebenen Juden erbaute **El-Azama-Synagoge.** Über dem unscheinbaren Eingang auf der rechten Seite der Gasse hängt ein Schild mit der Aufschrift **„Musée juif de Mellah".** Der große blau-weiße Innenhof diente früher als Schule (Jeschiwa) für Hunderte von jüdischen Kindern aus der Mellah und dem Atlas-Gebirge. Rechts betritt man den schönen Gebetssaal. Den besten Blick hat man vom Balkon (Treppe direkt vor der Kasse rechts rauf ins OG). In den umliegenden Räumen informieren historische Bilder und Schriften über das jüdische Leben in Marokko (tägl. außer Sa 9–19 Uhr, Fr bis 17 Uhr, Eintritt: 10 DH).

Spaziert man von der Synagoge ostwärts, erreicht man die interessanteste Sehenswürdigkeit der Mellah, den von einer weißen Mauer umfassten **Jüdischen Friedhof.** Ein braunes Metalltor mit hebräischen Lettern darüber führt in das Areal (Fr ab 16 Uhr, Sa geschlossen, Eintritt: 10 DH, WC vorhanden). Auf dem großen Gelände führt ein betonierter Weg durch die Reihen Hunderter weißer, eng aneinanderliegender Gräber. Einige weisen noch hebräische Widmungen auf, neuere Grabsteine informieren auch über den Namen und das Todesdatum des Verstorbenen.

## Neustadt (Guéliz und Hivernage)

Die Neustadt, das heutige Viertel **Guéliz,** entstand in der Kolonialzeit **im Westen der Medina** als modernes Wohnviertel für die Franzosen außerhalb der Stadtmauern – heute erstickt Guéliz im Verkehr. Das Stadtviertel ist besonders zum **Einkaufen, Essen und Ausgehen** geeignet, sonst aber ohne besondere Sehenswürdigkeiten. In den mehrstöckigen Betonbauten in Rosa entlang der Hauptstraße **Av. Mohamed V.** und in den Seitenstraßen sind Shops mit Kleidung und Souvenirs, Restaurants, Cafés und Bars, Banken, Immobilienbüros, Reiseagenturen und Autovermieter untergebracht.

Am großen Place du 16. Novembre verführt die **Marrakech Plaza,** ein moderner Gebäudekomplex mit Läden und Apartments vor einem Platz mit Springbrunnen und Palmen, zum Shopping. In der verglasten Ladenpassage haben sich westliche Boutiquen (Mango, Zara etc.) und das empfehlenswerte Café 16 (siehe „Essen und Trinken“) eingemietet. Dahinter, an der Ecke von Rue des Nations Unies und Rue Ibn Toumert, befindet sich der **Marché central** mit Lebensmitteln, Souvenirs und günstigen Garbuden. Auf halbem Weg zwischen Marrakech Plaza und Place Abdelmoumen steht der schicke **Komplex Carré Eden** (Ecke Rue de la Liberté) mit Boutiquen (von H&M bis Lacoste) und Carrefour-Supermarkt. Am Place Abdelmoumen, an der Kreuzung zum Bd. Zerktouni, laden viele Cafés mit schattiger Terrasse auf dem Gehsteig zu einer Verschnaufpause ein. Das am Platz gelegene Office du Tourisme (vgl. „Praktische Informationen“) informiert Besucher.

Entlang der Av. Mohamed Abdelkrim El Khattabi gelangt man südwärts zur Kreuzung Av. Mohamed VI./Av. Hassan II. Hier thront das 2001 fertiggestellte **Théâtre Royal** des tunesischen Star-Architekten *Charles Boccara.* Der gelbe Bau mit großer Kuppel, Säulen und Backsteinen weckt von außen Assoziationen zu Moscheen und Tempeln in Ägypten. Das Gebäude ist u.a. Veranstaltungsort beim Filmfestival *(Festival international du Film de Marrakech)* sowie für Theater- und Musikvorführungen.

Beim Théâtre Royal beginnt der südliche Abschnitt der **Av. Mohamed VI.** Diese vierspurige, von Palmen flankierte Prachtmeile säumen Luxushotels, Cafés, Restaurants und der Kongresspalast *(Palais des Congrès).*

Die sog. **Hivernage** zwischen Av. Moulay el Hassan und Av. de la Ménara schließt westlich an die Medina und südlich an Guéliz an. In diesem blitzsauberen, mit Palmen und Oliven begrün-

# Guéliz und Hivernage

ten Quartier reihen sich edle Apartmentanlagen und Luxushotels aneinander – die Hivernage ist neben der Palmeraie das teuerste Wohnviertel der Stadt.

An der Ecke Av. Mohamed VI. und Av. Prince Moulay Rachid erstreckt sich die moderne **Menara Mall** mit dem Café-Restaurant La Table du Marché, Carrefour-Supermarkt und Boutiquen wie in Europa. Im Obergeschoss lockt ein Kinder-Spielareal. Nach Sonnenuntergang tanzt das Wasser der großen Fontäne vor der Mall im Rhythmus von Licht und Musik – eine sehenswerte Show.

## Die Gärten

### Jardin Majorelle

Der französische Künstler **Jacques Majorelle** (1886–1962) vereinte die auf seinen Reisen durch alle Kontinente gesammelten **exotischen Pflanzen** in diesem wunderschönen Garten, den er 1947 für die Öffentlichkeit zugänglich machte. 1980 erwarben der in Oran geborene Modeschöpfer *Yves Saint-Laurent* (1936–2008) und dessen Lebensgefährte *Pierre Bergé* die Gärten. Vor 2000 war der damals verwilderte Tropengarten kaum bekannt. Heute drängeln sich schon am späten Vormittag die Touristen auf den schmalen Wegen, und an der Kasse bilden sich lange Schlangen.

Die Blütenpracht, das **üppige Grün,** das Vogelgezwitscher und die vielen Pflanzen in diesem verwunschenen Garten sind beeindruckend: Kakteen, Palmen, Bougainvillea, Bambus, dazwischen leuchtend blau gestrichene Pavillons, Fischteiche und knallbunte Blumentöpfe. Tafeln informieren über die aus der ganzen Welt gesammelten Pflanzen. Inzwischen ist dieser kleine botanische Garten schon fast zu geschniegelt – kein Blättchen liegt auf der Erde. Im **Restaurant** kann man schön im Hof sitzen und zu Mittag essen (freitags gutes Couscous) oder einen Tee trinken. In der **Boutique** gibt es exquisite orientalische Accessoires zu kaufen, auch eine Buchhandlung ist angeschlossen.

Im Jardin Majorelle lohnt sich ein Besuch des interessant gestalteten **Musée d'Art islamique** und des **Musée d'Art berbère** (s.u. „Weitere Museen").

2017 eröffnete etwa 200 m entfernt vom Jardin Majorelle das von den europäischen Medien umjubelte **Musée Yves Saint Laurent,** ein architektonisch gefeierter Millionen-Bau, der sich dem Werk des berühmten Modeschöpfers widmet. Es gibt Kombitickets für den Eintritt in den Garten und das Museum, sollte man beides besuchen wollen (dann spart man sich einmal Schlangestehen). Infos unter www.museeysImarrakech.com.

■ **Info:** www.jardinmajorelle.com, Tel. 0524 30 18 52, Hunde nicht erlaubt, Okt. bis April 8–17.30 Uhr, Mai bis Sept. 8–18 Uhr, im Ramadan 9–17 Uhr.

■ **Eintritt:** Garten 70 DH, Berbermuseum 30 DH, Kombiticket mit YSL-Museum 180 DH.

■ **Wegbeschreibung:** Der Garten liegt nördlich des Bab Doukkala in Guéliz und ist am besten mit einem Taxi oder der Pferdekutsche zu erreichen. Die

aga10_09 ad

Busse Nr. 15 und Nr. 2 halten an der Av. Moulay Abdallah (ab Bab Doukkala oder Arset el-Blik). Achtung: Die Taxifahrer direkt vor dem Garten verlangen unverschämte Preise – besser ein Stück zu Fuß gehen und ein Taxi an der Straße anhalten.

## Ménara-Gärten

Ursprünglich im 12. Jh. **unter den Almohaden errichtet,** wurden die Ménara-Gärten im 19. Jh. unter Sultan *Mohamed ibn Abd el-Rahman* als Obst- und Olivenplantagen neu angelegt.

Vom **Eingangstor** am Ende der Av. de la Ménara führt eine breite Promenade durch die von Bewässerungskanälen durchzogenen **Olivenhaine** in Richtung Wasserbassin. Im Gegensatz zu den menschenleeren Agdal-Gärten (s.u.) sind hier marokkanische Schulklassen unterwegs, treffen sich junge Leute zum Flanieren und Plaudern, picknicken marokkanische Familien im Schatten der knorrigen Olivenbäume. Wer länger verweilen will, sollte eine Decke mitnehmen, denn es gibt kaum Bänke und auch keinen Rasen.

Am linken Ende des zentralen Bewässerungsbeckens von 150 x 200 m thront ein **Pavillon** vom Ende des 19. Jh. mit einem Pyramidendach aus grün glasierten Ziegeln. Das von Palmen und Oliven umrahmte **Wasserbecken** mit dem malerischen Pavillon ist eines der beliebtesten Prospekt- und Fotomotive – vor allem vor der Kulisse der schneebedeckten Gipfel des Hohen Atlas an klaren Tagen im Winter. Der Eingang zum Pavillon liegt auf dessen Rückseite, vom oberen Stockwerk bietet sich ebenfalls ein toller Ausblick. Die Innenräume sind leer, einzig bemerkenswert sind die bemalte Holzdecke im Erd- und das Kuppeldach im Obergeschoss.

☐ Der Pavillon in den Menara-Gärten

- **Info:** tägl. 8.30 Uhr bis Sonnenuntergang.
- **Eintritt:** Die Gärten sind frei zugänglich, der Eintritt in den Pavillon kostet 70 DH/Person.
- **Wegbeschreibung:** Die Ménara-Gärten sind entweder mit dem Petit Taxi (ca. 30 DH ab Djamâa el-Fna), der Calèche oder dem Bus Nr. 11 ab Place de Foucault erreichbar. Zu Fuß läuft man von der Kutubiya-Moschee ca. 30 Min. entlang der Av. de la Ménara vorbei an den großen Hotels der Hivernage.

## Jardins de l'Agdal

Die Gartenanlagen, bereits **1157 unter den Almohaden gegründet,** sind eine der ältesten der arabisch-islamischen Welt – älter als die Gärten der Alhambra. Angeblich gab *Abd el Moumen* den Auftrag, einen *Jardin impérial* in der Nähe der Sultanspaläste zu errichten. Während die Olivenernte den Almohaden großen Ertrag einbrachte, lagen die Gartenanlagen unter den Meriniden und Ouattasiden brach. Erst im 16. Jh. (unter dem Saaditen *Moulay el-Mansour*) wurden die Agdal-Gärten regeneriert und das Bewässerungssystem wieder in Betrieb genommen.

Die heute ummauerten und umzäunten Gärten sind 515 Hektar groß und werden über einen **Kanal vom Stausee Lalla Takerkoust** am Rande des Hohen Atlas bewässert. Etwa 30.000 Oliven-,

24.000 Orangen- und Mandarinen-, 7000 Granatäpfel- und 720 Feigenbäume bringen jährlich eine reiche Ernte.

Die Gartenanlagen selbst sind nur bedingt sehenswert – man kann ein bisschen ländliche Ruhe genießen und allein zwischen den Baumreihen mit schmalen Bewässerungsrinnen aus Erde schlendern. Gelegentlich picknickt eine marokkanische Familie im Schatten eines Olivenbaums. Der Hauptzugang zu den Gärten befindet sich beim großen **Wasserbassin El Hana.** Ein Wärter öffnet das Zugangstor beim Gebäude einer alten Ölmühle (Trinkgeld wird erwartet). Im braunen Wasser des betonierten Bassins schwimmen dicke Karpfen, am Horizont zeichnet sich der Hohe Atlas ab.

■ **Info:** Zugang zum Bassin nur Fr bis So, Eintritt frei.

■ **Wegbeschreibung:** Zugang über den Méchouar südlich des Königspalastes (bei Besuch des Königs gesperrt) oder vom Stadttor Bab Ighli entlang der Stadtmauer Richtung Süden, dann links in die Rue d'Agdal bis zum Eingangstor auf der rechten Seite (unbeschildert). Von allen anderen Seiten sind die Gärten verschlossen und die Eingänge nur schwer auffindbar. Der weite Weg entlang der Straße bis zum Bassin bietet keinerlei Schatten, daher lässt man sich besser mit dem Taxi oder der Pferdekutsche am Eingangstor beim Grand Bassin absetzen. Bus Nr. 6 ab Place de Foucault.

## Palmeraie

Bei der Palmeraie handelt es sich um den einzigen Palmenhain nördlich des Hohen Atlas, der angeblich durch einen **Zufall** entstand. Der Legende nach lagerte hier *Youssouf Ben Tachfin* im 11. Jahrhundert mit seinen Truppen, die hier Dattelkerne hinterließen. Heute dienen die Palmen als exotische Kulisse für die dortigen Villen und Hotels.

Die 12.000 Hektar große Palmeraie im Norden der Stadt ist weniger ein zusammenhängender Oasengarten als vielmehr ein Areal für große **Hotelprojekte,** riesige Privatanwesen, ein internationales Konferenzzentrum und für den Golfplatz **Golf de la Palmeraie.** Die Palmeraie ist neben der Hivernage das teuerste Wohnviertel der Stadt.

Eine **22 km lange Rundfahrt,** der **Circuit de la Palmeraie,** führt durch den Palmenhain mit abgegrenzten und zum Teil ummauerten Grundstücken, einzelnen Oliven- und Zitrusgärten und Reitkamelen für Touristen. In der Palmeraie ist es schön ruhig, und die Luft ist besser als im Zentrum, ein Autoausflug hierher lohnt sich jedoch nur für speziell Interessierte. Der grüne Rundkurs *(Circuit Oasis)* der ALSA-Touristenbusse führt durch die Palmeraie. Der Bus hält auch der Stelle, an der Kameltreiber auf Kundschaft warten.

■ **Anfahrt:** mit dem Taxi, dem Sightseeing-Bus oder Bus Nr. L36 von der Haltestelle an der Südseite der Kutubiya-Moschee.

## Cyber Parc (Arset Moulay Abdelslam)

Ein Besuch im sauberen, schönen Cyber Parc bzw. Arset Moulay Abdelslam (zugänglich 9–18 Uhr) direkt an der Av. Mohamed V. zwischen Medina und Guéliz lässt den tobenden Verkehr der Stadt vergessen. **Familien, Studenten und Jugendliche flanieren** zwischen den akkurat geschnittenen Sträuchern, Jacarandas, Zitronenbäumen, Pinien,

Palmen und Oliven. Bänke laden zu einer Rast im Schatten der Bäume ein. Im ganzen Park kann man das kostenlose WLAN nutzen.

### Gärten außerhalb der Stadt

Marrakesch feiert seinen Ruf als Gartenstadt, und so entstehen sowohl im Stadtgebiet (z.B. Jardin secret) als auch außerhalb immer mehr schöne Grünanlagen. Besonders sehenswert sind der fantasievolle **Paradiesgarten Anima** von *André Heller*, der **Safrangarten Paradis du Safran** von *Christine Ferrari* und der **Jardin Bio-Aromatique Nectarome,** alle nahe Ourika etwa 30 km außerhalb (vgl. Kapitel „Der nördliche Hohe Atlas", Route „Von Marrakech ins Ourika-Tal und nach Oukaimeden"). Zum Anima-Garten verkehrt viermal täglich ein kostenloser Shuttle-Bus vom Parking La Koutoubia auf der Nordwestseite der Kutubiya-Moschee (Reservierung online ist sinnvoll, www.animagarden.com). Sonst kann man sich auch ein Grand Taxi zum Besuch der Gärten buchen.

Für Kakteenliebhaber lohnt **Cactus Thiemann** (km 10, Route de Casablanca, nahe Camping Relais, www.cactusthiemann.com, Eintritt: 60 DH) einen Besuch. *Rosie Quazza* (deutschsprachig) führt sachkundig durch die riesige Gärtnerei mit Kakteenarten aus aller Welt. Verschnaufen kann man in einem Café.

## Weitere Museen

**Marrakeschs Kulturleben** entwickelte sich in den letzten Jahren rasant. Ende 2018 wurde die Ernennung Marrakeschs zur **„Afrikanischen Kulturhauptstadt" 2020** bekannt gegeben, was die Entwicklung sicher noch weiter beflügeln wird.

### Heritage Museum

In einem prachtvollen Riad aus dem 17. Jh. ist mit historischem Schmuck, Amphoren, Textilien, Manuskripten etc. das **kulturelle Erbe Marokkos** dokumentiert. Auf der schönen Dachterrasse gibt es Mittagssnacks und Tee.

■ **Info:** 25, Rue Rahba Kedima, nördliche Medina, Tel. 0524 39 02 80, Di bis So 9–18 Uhr, Eintritt: 30 DH.

### Musée d'Art Contemporain Africain Al Maaden (MACAAL)

Das schon wegen seiner Architektur sehenswerte, sehr moderne Museum zeigt eindrucksvoll die **Spannbreite der zeitgenössischen afrikanischen Kunst** von Malerei bis Skulpturen. Gartencafé und Shop vorhanden. Anfahrt mit dem Taxi.

■ **Info:** Im Al Maaden Golfresort, Sidi Youssef Ben Ali, Neustadt, www.macaal.org, Di bis So 10–18 Uhr, im Ramadan bis 17 Uhr, Eintritt: 40 DH.

### Musée Mohamed VI. pour la Civilisation de l'eau au Maroc

Das 2017 eröffnete, sehr sehenswerte und modern gestaltete Museum widmet sich ganz dem **Thema Wasser:** von historischen Bewässerungssystemen bis zu seiner Rolle in Gesellschaft, Politik und Kultur heutzutage.

■ **Info:** Route de Casablanca, beim Kreisel Richtung Palmeraie (ca. 7 km vom Zentrum), Tel. 0524 05 53 51, www.museeaman.ma, tägl. 9–19 Uhr, Eintritt: 45 DH.

### Musée d'Art islamique und Musée d'Art berbère

Die Museen in der ehemaligen Galerie von *Jacques Majorelle* im Jardin Majorelle beherbergen u.a. die **persönliche Sammlung islamischer Kunst von Pierre Bergé und Yves Saint-Laurent,** darunter wertvolle Keramik, Schmuck und Textilien.

■ **Info:** Tel. 0524 30 18 52, www.jardinmajorelle.com, Okt. bis Ende April 8–17.30 Uhr, Mai bis Sept. 8–18 Uhr, Eintritt: Museum 30 DH plus Eintritt Garten 70 DH.

# Praktische Informationen

### Informationen für Touristen

■ **Office du Tourisme** (ONMT), Place Abdelmoumen, Guéliz, Tel. 0524 43 61 31, 43 61 39. Kostenlose Broschüren und Faltpläne, keine Detailinfos oder Empfehlung von Stadtführern.

■ **www.madein-marrakech.com,** Unterkünfte, Restaurants, Nachtleben, Einkaufen – alle wichtigen Adressen übersichtlich gesammelt.

■ Beim Tourismusamt in der Neustadt (s.o.) und in vielen Gästehäusern liegen englisch- und französischsprachige **Broschüren** mit Stadtplan, Veranstaltungskalender, Hinweisen zu Sehenswürdigkeiten sowie Restaurant- und Hotelanzeigen aus, z.B. „Les Carnets de voyage (édition Marrakech)" und „Marrakech Pocket".

### Stadttouren und -führungen

Kompetente deutschsprachige Stadtführer verlangen für eine halbtägige Führung 40–50 Euro, für den ganzen Tag bis zu 100 Euro (unabhängig von der Personenzahl). Der Preis sollte immer vorher vereinbart werden! Die Hotels halten in der Regel eine Liste empfehlenswerter Stadtführer bereit.

■ **Empfehlenswerte offizielle und des Deutschen mächtige Führer** für alle Sehenswürdigkeiten sind: *Soufiane Ouazali* (Mobil 0662 72 51 13, soufianeoua@yahoo.fr), *Hassan Moumen* (Mobil 0661 58 16 81), *Jamal Benihoud* (Mobil 0662 20 32 81, www.benihoud-touristguide-marokko.com), *Abdelkader Dizi* (Mobil 0667 96 49 12), *Mustapha Arabia* (Mobil 0666 59 03 10) und *Ahmed Tija* (Tel. 0524 30 03 37).

■ Die roten **Doppeldeckerbusse** von ALSA (www.alsa.ma) bringen Touristen auf **zwei Rundkursen** („Tour historique" und „Tour Oasis") zu den Attraktionen der Stadt. Die Busse verkehren zwischen 9 und 18 Uhr halbstündlich bzw. stündlich. Ein Audioguide ist dank einer kostenlosen App verfügbar. Haltestellen befinden sich z.B. bei der Kutubiya und entlang der Av. Mohamed V. in der Neustadt. Das Ticket kostet 190 DH und ist 48 Std. gültig (beliebig viele Fahrten und Stopps).

■ Mit **Marrakech City Bike Tour** können Besucher eine geführte Radtour durch die Stadt unternehmen (3 Std., 25 Euro/Pers., Abfahrten vormittags und nachmittags, Mobil 0661 24 01 45, www.marrakech-city-bike-tour.com).

■ Vor der Kutubiya, der Menara Mall und an weiteren Stellen in der Stadt stehen **Mietfahrräder von Medina Bike** (https://medinabike.ma) zur Verfügung. Von Helfern vor Ort oder per App erhält man einen Freischaltcode und kann das Bike für 50 DH pro Tag nutzen.

## Unterkunft in der Neustadt

Fast alle **Hotels in der Neustadt** verfügen über eigene **bewachte Parkplätze,** mit Ausnahme einiger Hotels direkt an der Av. Mohamed V. (hier gibt es öffentliche bewachte Parkplätze).

### Hotels der Oberklasse (Plan S. 240)

Die modernen Oberklasse-Hotels in der Neustadt – vor allem in der Hivernage – unterscheiden sich kaum hinsichtlich Komfort, Ausstattung und Angebot (klimatisierte Zimmer mit TV, mehrere Restaurants, Sport- und Wellnessangebot). Daher seien hier nur zwei ausgewählte Adressen genannt.

**23 Royal Mansour**⑤, Rue Abou Abas El Sebti (zwischen Kutubiya und Cyber Park), Tel. 0529 80 80 80, www.royalmansour.com. Das Luxushotel ist mehr eine Sehenswürdigkeit als eine Unterkunftsoption (zumindest nicht für Normalverdiener). Der König ließ das Prestigeobjekt von den besten Handwerkern des Landes errichten – schon im Eingangsbereich bewundert man marokkanische Palastarchitektur in Vollendung: Mosaike, Stuckdekor, Zederndecken etc. Im wunderbaren Palmengarten Le Jardin kann man als Tagesgast den Pool genießen (vgl. „Sport/Aktivitäten"), auch der architektonisch grandiose SPA (mit Innenpool) ist für Gäste von außerhalb gegen Vorausbuchung zugänglich. Hotelgäste haben ein privates Hofhaus (53 Riads) mit drei Etagen und Jacuzzi auf dem Dach für sich – auch hier ist alles vom Feinsten, inkl. Butlerservice mit unterirdischem Zugang. Es lohnt sich ein Besuch auf einen Drink, für ein Mittagessen oder im SPA bzw. am Pool.

**24 La Mamounia Palace**⑤, Av. Bab Djedid (zwischen Stadtmauer und Kutubiya-Moschee), Tel. 0524 38 86 00, www.mamounia.com. Das aus dem Jahr 1923 stammende, von *Henri Probst* entworfene Traditionshotel verbindet die märchenhafte Atmosphäre aus 1001 Nacht mit dem Komfort des 21. Jh. Es diente als Kulisse für zahlreiche Filme und als Domizil für Aristokraten, Stars und Politiker, darunter Stammgast *Winston Churchill.* Sterneköche sorgen im französischen und marokkanischen Gourmet-Restaurant fürs leibliche Wohl, der 2500 m² große SPA-Bereich garantiert Entspannung und ist (mit Reservierung) auch für Gäste von außerhalb geöffnet. Unbedingt einen Besuch wert ist der traumhafte, **7 ha große Mamounia-Park** mit Pool unter Palmen. Gäste, die nicht im Hotel übernachten, können den Pool und Fitnesspavillon mit einem Tagespass (50 Euro) nutzen. Prachtvoll mit Mosaiken, Marmor, Stuck und modernem Hightech ausgestattete Zimmer und Suiten mit Balkon und Blick über die Gärten kosten ab 600 Euro. Zutritt in den Park und ins Hotel für alle, die nicht zu den Übernachtungsgästen gehören, nur mit angemessener Kleidung (keine Sandalen!).

### Hotels der Mittelklasse (Plan S. 240)

**13 Almas**②, 79, Av. Moulay Rachid, Tel. 0524 42 55 40/41, www.hotelalmasmarrakech.com. Das 3-Sterne-Hotel mit ordentlichen, sauberen Zimmern inkl. Kühlschrank, Minibalkon und Flat-TV liegt zentral hinter der Hauptpost. Es gibt einen kleinen Pool auf der Dachterrasse. Bus Nr. 1 zur Medina fährt um die Ecke an der Av. Mohamed V.

**10 Ibis**③, Av. Hassan II., Place de la Gare (direkt am Bahnhof), Tel. 0524 43 59 29/33, www.ibishotel.com. Schönes 3-Sterne-Mittelklassehotel mit Pool, freundlichem Service und gutem Frühstück, WLAN. Die Räume nach vorne sind laut, besser Zimmer zum Garten verlangen. Ein weiteres Ibis-Hotel liegt an der Ausfahrtsstraße Richtung Casablanca.

**4 Le Caspien**③, 12, Rue Loubnane, Ecke Rue Liberté, Guéliz, Tel. 0524 42 22 82, www.lecaspienhotel.com. Die 36 sauberen, (etwas kitschig) marokkanisch gestalteten Zimmer (mit Bad, TV) gruppieren sich auf mehreren Etagen rund um den Patio (auch Suiten mit Balkon). Das 3-Sterne-Haus hat ein angenehmes Bistro und einen Mini-Pool.

### Günstige Hotels (Plan S. 240)

**11 Jugendherberge (Auberge de jeunesse),** Rue el Jahed, Hivernage, Tel. 0524 44 77 13, www.

hihostels.com, in einer Parallelstraße zum Bd. el Hansali. Die sehr saubere Jugendherberge liegt ruhig nahe des Bahnhofs. Hübscher kleiner Garten und TV-Salon, 7 Euro mit Frühstück im Mehrbettzimmer, auch Familienzimmer.

16 **Toulousain**②, 44, Rue Tariq Ben Ziad, Guéliz, Tel. 0524 43 00 33, www.hoteltoulousain.com. Zentral gelegenes einfaches Traveller-Hotel mit Parkmöglichkeit im Hinterhof. Nebenan befindet sich das Café du Livre (vgl. „Essen und Trinken"). Die ordentlichen, hübschen Zimmer gruppieren sich um zwei begrünte Patios – diejenigen im alten Trakt sind etwas einfacher, aber okay. Freitags gibt es günstiges Couscous.

## Maisons d'Hôtes und Hotels in der Medina

Maisons d'Hôtes sind **Gästehäuser in alten, renovierten Stadthäusern (Riads)** der Medina. Die mehreren hundert Gästehäuser der Altstadt sind in der Regel nicht mit dem Auto zugänglich! Die ungenauen Pläne der Medina mit ihren unzähligen Gassen reichen zur Orientierung bzw. zum problemlosen Auffinden der Häuser nicht aus. Rufen Sie deshalb am besten vorher in der jeweiligen Unterkunft an und lassen Sie sich (z.B. vom Djamâa el-Fna) abholen und den Gepäcktransport organisieren; am Djamâa el-Fna und am Place Ferblantiers warten Männer mit Gepäckkarren (franz. *chariots,* ca. 20 DH, vorher verhandeln!). Parken ist auf bewachten Parkplätzen in der Umgebung des Djamâa el-Fna möglich (Av. Houmane Fetouaki). Eine Reservierung ist für alle Gästehäuser unbedingt empfehlenswert. Alle Unterkünfte bietet kostenloses WLAN.

Maisons d'Hôtes in der **nördlichen Medina** liegen in den Quartieren Kennaria, Dabbachi, Azbezt, Mouassine, Kat Benhadid, Riad Larousse, Bab Doukkala, u.a. nördlich des Djamâa el-Fna. Gästehäuser in den Quartieren Riad Zitoun el Jdid, Riad Zitoun el Kedim, Berrima, Mellah, Kasbah u.a. zählen wir zur **südlichen Medina.**

### Oberklasse

24 **Dar Les Cigognes**⑤ (Plan S. 230), 108, Rue de Berrima, südliche Medina, Tel. 0524 38 27 40, www.lescigognes.com, an der Hinterseite des El-Badi-Palastes, mit Pkw zugänglich. In dem eleganten Luxus-Riad aus zwei 400 Jahre alten, miteinander verbundenen Hofhäusern (renoviert von Star-Architekt *Charles Boccara*) dreht sich alles um die marokkanische Küche. Im Gourmetrestaurant SALT (http://saltmarrakech.com, auch für Nicht-Gäste geöffnet, Di bis Sa ab 20 Uhr, nur mit Reservierung) zaubert der Chefkoch ein delikates Menü (650 DH) auf den Tisch. Elf großzügige Zimmer und Suiten mit Kamin, AC, Zedernholzdecken, Tadelakt-Wänden/-Bädern. Schönes Hammam mit Jacuzzi, sehr persönlicher, professioneller Service, Organisation diverser Ausflüge. Die Dachterrasse bietet einen direkten Blick in die Storchennester auf den Palastmauern.

**Unser Tipp:** 17 **Riad Enija**⑤ (Plan S. 220), 9, Derb Mesfioui, Rahba Lakdima, nördliche Medina, Tel. 0524 44 09 26, 44 00 14, www.riadenija.com. Kein Schild an der Tür, auf der linken Seite am Ende der Gasse (Haus Nr. 9). Dieser wunderschöne Luxus-Riad aus vier Stadtpalästen der Schweizer *Ursula Haldimann* und *Björn Conerdings* verbindet modernes, farbenfrohes Design (Lampen, Kunst, Möbel) mit der Architektur aus 1001 Nacht. Der Hofgarten im größten Patio gleicht einem Urwald mit Palmen, Orangenbäumen und Kakteen. In einem weiteren Innenhof sorgt ein Pool für Erfrischung. Günstige Lage nahe Djamâa el-Fna. Restaurant im Gewölbe eines ehemaligen Hammams. Zimmer/Suite z.T. mit eigener Terrasse.

5 **Riad Farnatchi**⑤ (Plan S. 220), Derb el Farnatchi, Rue Suq el Fassis, Qua'at Ben Ahid, nördliche Medina, Tel. 0524 38 49 10/12, www.riadfarnatchi.com. Dieser traumhafte Riad besteht aus mehreren miteinander verbundenen Häusern des 16. Jh. und liegt mitten in der Medina in direkter Nachbarschaft zur Medersa Ben Youssef. Die acht stilvoll gestalteten Suiten mit mehreren Räumen sind z.T. größer als die meisten Stadtwohnungen und bedienen alle Ansprüche: Kamin, Tadlakt-Wände und -Böden,

Sat-TV und Privatterrasse. Architektonische Highlights sind der Mosaik-Badebrunnen im ersten Innenhof sowie der Speisesalon mit Rankenrelief bis zur Decke. Das Personal spricht englisch. Angeschlossener SPA, gutes Restaurant Le Foundouk nahebei (vgl. „Essen und Trinken“).

18 **Riyad el Cadi**④-⑤ (Plan S. 220), 86/87, Derb Moulay Abd el Kader (kein Türschild), Dabbachi, nördliche Medina, Tel. 0524 37 86 55, www.riyadelcadi.com. Dieses edle Gästehaus besteht aus sieben miteinander verbundenen Hofhäusern mit 14 komfortablen Zimmern oder Suiten – das Ensemble mit seinen grünen Patios, verwinkelten Treppen und Zimmern ist beinahe labyrinthisch. Die sehr großzügigen Suiten (z.T. mit mehreren Zimmern und Privatterrasse, mit AC, TV, Minibar, Kamin) überzeugen durch ihr minimalistisches Design aus wertvollen antiken Sammelstücken (z.B. Berbertextilien und Orientteppichen) kombiniert mit modernem Mobiliar. Das „Blaue Haus“ kann komplett privat gemietet werden (4–5 Pers.). Sehr ruhige Lage in einem Wohnviertel nicht weit vom Platz, kleiner Pool, Hammam, große Dachterrasse mit Sonnenliegen und Schattenplätzen. Man spricht deutsch.

### Mittelklasse

1 **Dar Malak**③ (Plan S. 220), 20, Derb Assabane, Riad Laarouss, nördliche Medina, Tel. 0524 38 58 06, Mobil 0667 48 19 36, www.darmalak.com. Die sympathischen Franzosen *Eric* und *Rose Ruel* kümmern sich persönlich um die Gäste ihres hellen „Hauses der Engel“ mit nur drei Zimmern und einer Suite. Der Künstler *Eric* stellt in einem Atelier seine Gemälde aus. Bemalte Stuckdecke, ansonsten minimalistische Gestaltung, kleiner Hammam, ruhige Lage, Essen auf Bestellung.

20 **Riad Aladdin**④ (Plan S. 230), 7/8, Derb Touareg, Berrima, Place des Ferblantiers, Tel. 0524 38 64 25, www.riadaladdin.com. Sehr schöner Riad mit 17 individuell im Berberstil gestalteten klimatisierten Zimmern, ideale Lage beim Place des Ferblantiers und dem Bahia-Palast. Von der großen, grünen Dachterrasse mit Sonnenliegen lässt sich herrlich der allabendliche Einflug der Störche zu ihren Nestern auf den Mauern des El-Badi-Palastes beobachten. Es gibt einen kleinen Pool, einen gemütlichen Kaminsalon und eine Bar mit Alkoholausschank.

7 **Riad Bérbère**④ (Plan S. 220), 23, Derb Sidi Ahmed Ben Nasser, Kaat Ben Nahid, in der nördlichen Medina zwischen Maison de la Photographie und Medersa Ben Youssef, Tel. 0524 38 19 10, www.leriadberbere.com. Die Belgierin *Ingrid* gestaltete diesen eleganten, puristischen Riad aus dem 17. Jh. in hellen Tönen. Um den Patio mit Mini-Pool, Bananen und Mandarinenbäumen gruppieren sich fünf große Zimmer im EG und OG (mit AC/Heizung, Tadelakt-Bad, zum Teil mit Zedernholzdecke, kleinem Balkon oder Terrasse). Im gemütlichen Salon sorgt im Winter ein Kamin für Wärme. Leckeres Frühstück mit hausgemachten Produkten.

28 **Riad Berta**③ (Plan S. 230), 191, Rue Bab Ksiba/Triq Dar el Makhzen, Kasbah-Viertel, Tel. 0524 38 49 92, www.riadberta.com. Die acht hübschen, modern ausgestatteten Zimmer mit Tadelakt- und Marmor-Bädern sowie AC/Heizung reihen sich um einen Patio mit Palmen. Das Frühstück auf der Dachterrasse (mit Schattenlaube und Sonnenliegen) hält den ganzen Tag satt: Pfannkuchen, Obst, Joghurt, O-Saft, Müsli, Käse, Oliven usw. Zwei gemütliche Salons im EG, persönlicher und freundlicher Service, Vorfahrt mit dem Auto möglich.

UNSER TIPP: 22 **Riad du Rabbin**④ (Plan S. 230), 105, Rue Souika/Ecke Rue Sekaia, Quartier Essalam in der Mellah (südliche Medina), Tel. 0524 38 90 90, www.riad-du-rabbin.com. Im Gewürz-Suq der alten Judenviertels versteckt sich dieses herrliche Hofhaus mit Arkadenbögen und z.T. sehr gut erhaltenen bemalten Zedernholzdecken. Gute Lage nahe des Bahia- und Badia-Palastes und dennoch abseits der Touristenströme (10 Min. zum Djamâa el-Fna). Romantisches Ambiente in sanften Farbtönen, großzügige Suiten mit AC um den Patio, tolle Dachterrasse mit Sonnenliegen und Ausblick auf den Atlas, kleiner Planschpool im Innenhof, Hammam. Herzliche deutschsprachige Betreuung durch die Managerin *Latifa*.

**5** **Riad Johenna**③-④ (je nach Saison), Plan S. 230, 25, Derb Sidi Boulafdail (in der gleichen Gasse wie Dar Fakir), Kennaria, südliche Medina, Mobil 0671 23 63 24, www.riad-johenna.com. Der Oberbayer *Hans Kraus* betreibt mit seiner marokkanischen Frau *Sabah* diesen kleinen Riad, in dem man sich wie zu Hause fühlt und persönlich betreut wird. Die drei Zimmer mit altem Stuck, Tadlakt, AC/Heizung und eigenem Bad orientieren sich zum kleinen offenen Innenhof, der bei Regen abgedeckt wird. Auf der Dachterrasse kann man die Geräuschkulisse des Djamâa el-Fna miterleben. Vom Platz kommend über Rue des Banques in Riad Zitoun Djedid abbiegen, dann erste Gasse rechts.

**Unser Tipp:** **9** **Riad Noga**④ (saisonabhängig), Plan S. 230, 78, Derb Jdid, Douar Graoua, Tel. 0524 37 76 70, 38 58 46, www.riadnoga.com. Vom Djamâa el-Fna auf der Derb Dabbachi nach Osten, nach der Kreuzung mit der Rue Kennaria die vierte Gasse rechts runter (ca. 10 Min. zu Fuß). Das Riad Noga (unter deutscher Führung) ist eine Oase der Ruhe inmitten der Medina! Das Gästehaus besteht aus zwei wundervoll renovierten Stadthäusern mit kühlem Innenhof. Im Patio des ersten Hauses mit Orangenbäumen kann man in der Polsterecke in Marokko-Büchern schmökern. Im erdroten Patio nebenan befindet sich ein erfrischender Pool. Sieben individuell eingerichtete, hübsche DZ unterschiedlicher Größe mit Bad, Heizung/Klimaanlage, Sat-TV/DVD, z.T. mit offenem Kamin. Sehr gutes Frühstück und Dinner (auf Bestellung, Alkohol) auf der herrlichen Dachterrasse mit Ausblick. Wellness- und Ausflugsprogramm. Reservierung notwendig!

**21** **Riad Sahara Nour**③-④ (mit Frühstück), Plan S. 240, 118, Derb Dekkak, Bab Doukkala, nördliche Medina, Tel. 0524 37 65 70, www.riadsaharanour-marrakech.com. Das Gästehaus mit fünf Zimmern bietet u.a. arabische Kalligrafiekurse, Lesungen etc. an. Zwei große, helle Suiten und zwei kleine Zimmer auf der Dachterrasse (ohne Ausblick), alle hübsch individuell gestaltet (z.B. Africa Suite). Sonniger Innenhof mit Zitrus- und Olivenbäumen.

### Günstig

Die meisten preiswerten Gästehäuser liegen südlich des Djamâa el-Fna, z.B. in den Seitengassen der Rue Bab Agnaou und der Rue Riad Zitoun el Kedim.

**1** **Ali**② (mit Frühstück), Plan S. 230, Rue Moulay Ismail (wenige Schritte vom Djamâa el-Fna), südliche Medina, Tel. 0524 44 49 79, www.hotel-ali.com. Travellertreffpunkt Nr. 1 in Marrakesch, internationales junges Low-Budget-Publikum. Zimmer laut, nicht klimatisiert und sehr klein, aber sauber, bewachter Parkplatz. Jeden Abend günstiges All-you-can-eat-Büffet, eigener Pizzaofen. Abends lebhaftes Treiben im Café zur Straße. Wechselbüro (auch am Wochenende und abends geöffnet). Es können Tagesausflüge (z.B. nach Ouzoud) gebucht werden. Übernachtung auf der Dachterrasse mit tollem Blick auf den Platz (Matratze und Schlafsäcke vorhanden), auch 3er-Zimmer.

**Unser Tipp:** **14** **Dar Daoud**② (Plan S. 220), 52, Derb El Hammam, El Mouassine, nördliche Medina, Tel. 0524 38 17 79, www.dar-daoud.com. In diesem süßen, kleinen Hofhaus in einer versteckten Gasse nahe der Mouassine-Moschee fühlt man sich auf Anhieb wohl. Der junge Manager *Bader* (spricht gut englisch) kümmert sich liebevoll um die Gäste und gibt Tipps zu allen Belangen, egal ob man in einem der vier Zimmer wohnt oder nur zum Tee, Frühstück oder Snack vorbeikommt. Die sehr hübsch eingerichteten DZ mit Bad (EZ mit Bad am Gang) gruppieren sich im OG um den blau-weißen Patio, sie haben Heizung/AC und gemütliche Sitzecken mit Lesestoff. An den Wänden hängen Bilder des bekannten deutschen Künstlers *Hans Werner Geerdts* (gest. 2013), der hier jahrzehntelang lebte. Kleine Dachterrasse. Tolles Frühstück mit Pfannkuchen, Omelette, Amlou, Honig, Saft, Obstsalat etc.

☒ Ein Paradies mitten in der Medina von Marrakesch – der Riad Noga

**12 Essaouira**①-② (Plan S. 230), 3, Derb Sidibouloukate (Seitengasse der Riad Zitoun el Kedim), südliche Medina, Tel. 0524 44 38 05, Buchung über www.booking.com. Am Südende des Djamâa el-Fna durch einen Torbogen in die Riad Zitoun el Kedim einbiegen, dann ca. 5 Min. bis zum Hotel rechts in der zweiten kleinen Seitengasse. Einfaches, hübsches und sauberes, daher beliebtes Travellerhotel in einem kleinen Riad mit bunt bemalten Holzbalkonen. Hellhörige Zimmer mit Waschbecken oder eigenem Bad auf zwei Etagen um den Innenhof. Abendessen auf Bestellung. Dachterrasse mit Snackbar und Blick auf die Stadt und die Berge (Übernachtung auf der Terrasse möglich). DZ mit Etagendusche (warm), nur eine Toilette pro Gang, sowie DZ mit Bad/WC.

**13 Le Gallia**③ (Plan S. 230), 30, Rue de la Recette (Seitengasse der Rue Bab Agnaou), südliche Medina, Tel. 0524 44 59 13, www.hotellegallia.com. In diesem renovierten alten Stadthaus wird man sehr freundlich empfangen, den schönen Innenhof ziert eine große Palme, die 19 Zimmer sind sauber und klimatisiert. Häufig ausgebucht, Reservierung notwendig.

**11 Jnane Mogador**③ (Plan S. 230), 116, Riad Zitoun el Kedim, Derb Sidi Bouloukat, südliche Medina, nur wenige Meter vom Djamâa el-Fna, Tel. 0524 42 63 23, 42 63 24, www.jnanemogador.com. Kleiner, hübscher Riad mit zwei Stockwerken, Internetecke, 18 schönen Zimmern mit TV und Klimaanlage, Dachterrasse ohne Schatten, kleiner Hammam.

**2 Mosaic Hostel**①-② (Plan S. 220), 105, Derb al Farane, Riad Laarousse, nördliche Medina, Mobil 0643 07 20 00, Tel. 0524 38 12 40, www.mosaic-kech.com. Sympathische Backpackerunterkunft in

The White Camel Camp in der Agafay-Wüste

056sm20 ad

einem ruhigen Viertel: Der junge, nette Betreiber *Zaakaria* (spricht sehr gut englisch) hat in diesem typisch marokkanischen Wohnhaus mit bunten Fliesen ein Hostel eingerichtet. Es gibt gemischte Mehrbettzimmer mit bis zu acht Betten, ein Viererzimmer nur für Frauen und zwei DZ mit eigenem Bad. Die Stockbetten sind extrabreit und hoch. Gemeinschaftsküche vorhanden, Toiletten/Duschen (sehr sauber) auf dem Gang, netter Patio und Dachterrasse, Parkplatz/Taxis nahebei. Kontakt mit *Zaakaria* zur Abholung per WhatsApp (über die erste oben genannte Tel.-Nummer).

**Unser Tipp:** **8** **Riad Celia**③ (mit Frühstück), Plan S. 230, 1, Douar Graoua, Riad Zitoun Djedid, südliche Medina, Tel. 0524 42 99 84/81, www.hotelriadcelia.com. Hübscher, kleiner und freundlicher Riad in günstiger Lage nur wenige Minuten vom Djamâa el-Fna. Die klimatisierten Zimmer mit Bad gruppieren sich auf drei Etagen um den Innenhof mit riesiger Palme und TV-Salon. Dachterrasse mit Olivenbäumchen und gemütlicher Sitzecke (ohne Ausblick), WLAN.

**10** **Sherazade**②-③ (Plan S. 230), 3, Derb Djamaa, Riad Zitoun El Kedim (ca. 5 Min. vom Djamâa el-Fna), südliche Medina, Tel. 0524 42 93 05, www.hotelsherazade.com. Am Südende des Djamâa el-Fna durch einen Torbogen in die Riad Zitoun el Kedim einbiegen, dann in die dritte Gasse auf der linken Seite. Die Deutsche *Sabina* und ihr Mann *Ahmed Benchaira* gehörten zu den ersten, die ein Gästehaus in der Medina eröffneten. Die 23 in kräftigen Farben gestalteten hübschen Zimmer (auch Familienzimmer) gruppieren sich um zwei grüne, ruhige Patios. Gemütliches Lokal und Schattenlaube auf der Dachterrasse mit Palmen, Bougainvilleen und Oliven. Zum Frühstück gibt es selbst gemachte Marmeladen. DZ mit Bad (z.T. mit AC) oder mit (sauberem) Etagenbad.

**23** **Young and Happy Hostel**① (Plan S. 230), 113, Rue de Berrima (1. Stock), südliche Medina, Tel. 0524 38 33 88, Buchung über www.booking.com. Sehr saubere und freundliche Backpacker-Herberge: Geboten werden 6- bis 8-Personen-Zimmer und DZ mit Dusche/WC auf dem Gang. Vom Balkon blickt man direkt auf die Störche des El-Badi-Palastes. Gemeinschaftsküche, gemütlicher Salon mit Sitzpolstern, Vorfahrt mit Taxi möglich.

## Unterkunft außerhalb

■ **The White Camel Camp**⑤, Agafay Desert, ca. 30 km südwestlich der Stadt beim Douar Agafay, N 31°27,216', W 08°12,883', Mobil 0661 77 67 66, www.thewhitecamel.ma, Buchung über Sahara Experience (vgl. „Reisebüros"). In diesem Luxuscamp in der weiten, kargen Hügellandschaft der Agafay-Wüste (vgl. „Ausflüge") lässt es sich vor den Toren

☑ Im Dar Daoud fühlt man sich wohl

061sm20 ad

# Das neue Marrakesch – die Touristifizierung des Mythos von 1001 Nacht

**von Prof. Dr. Anton Escher und Dr. Sandra Petermann**

## Die Stadt Marrakesch im 21. Jh.: Ware und Hotel für die Welt

In den 1960er Jahren wurde Marrakesch von europäischen Schriftstellern, internationalen Künstlern und zahlreichen Celebrities entdeckt, von denen sich einige in der Medina niederließen. Das Internet ermöglichte Ende der 1990er Jahre einen **globalen Immobilienmarkt,** und europäische TV-Sender sorgten für die **weltweite Werbung** für die Innenhofhäuser (Dar und Riad) von Marrakesch. *Quentin Wilbaux,* ein belgischer Architekt, und *Abdellatif Aït ben Abdallah,* sein marokkanischer Freund, trugen zur weltweiten Kenntnis und zum **Kaufrausch** bei. Ausländisch-marokkanische Immobilien- und Baufirmen entstanden und warben um potenzielle Käufer in den Herkunftsländern. Die ausländischen Investitionen trugen maßgeblich zur Erneuerung, Umgestaltung und Umnutzung der Baustruktur bei. Die Ausländer gestalten bis heute ihre Riads nach dem Vorbild der orientalistischen Maler des 18. Jh., deren Bilder in den Häusern nicht fehlen dürfen. Im Verlauf der ausländischen Investitionen werden die Innenhofhäuser nicht nur zu **Wohnhäusern** mit europäischer Infrastruktur (Badezimmer, Klimaanlage, Elektroküche, Swimmingpools auf dem Dach oder im Hof etc.) umgebaut, sondern insbesondere in **Gästehäuser (Maisons d'Hôtes)** umgestaltet. Hinzu kommt der Um- und Ausbau von Wohnhäusern in Traveller-Hotels, Restaurants, Hammams, SPA- und Wellness-Center, Basarläden (u.a. Teppiche, traditionelle Heilmittel), Showrooms und Concept-Stores sowie Kunstgalerien für touristische Besucher. Die Namen der Restaurants und Bäder sind oft den Märchen aus 1001 Nacht entnommen. Überwiegende Teile der Altstadt erfahren eine **bauliche Transformation und funktionale Neuinterpretation.**

Die touristische Prägung der Stadt zeigt sich auch außerhalb der Medina deutlich. Ausgehend vom Viertel **Hivernage,** wo bereits in den 1920er Jahren europäische Touristen logierten, entstanden im Laufe der Zeit Stadthotels, Hotels mit Parkanlagen, Ferienresorts, Ferienhäuser und Ferienwohnungen unterschiedlichster Architektur. Im Norden der Stadt liegt **Chez Ali,** ein orientalisches Disneyland. Dort wird von Gesangs- und Tanzgruppen sowie Fantasia-Reitergruppen für Touristen der Mythos und die Erzählung von 1001 Nacht inszeniert. Südlich der Altstadt an den landschaftlich attraktiven Ausfallstraßen, die in die Täler des Hohen Atlas führen, konzentriert sich die touristische Palette mit **Freizeit-, Sport- und Spaßangeboten.** In den letzten Jahrzehnten kam es zum ökologisch höchst bedenklichen Ausbau von zwei auf 13 Golfanlagen, die inzwischen durch ein halbes Dutzend Erlebnisbäder ergänzt werden. Diese sehr wasserintensive Nutzung ließ den Grundwasserspiegel von 50 auf 108 Meter sinken und drängt die Landwirtschaft in der semiariden Enklave Marrakesch zunehmend zurück.

› Riad du Rabbin

## Festivalisierung

Im Jahr 1959 gründete der König *Mohammed V.* mit dem **Festival International des Arts Populaire** das älteste moderne Festival Marokkos, das bis heute in bleibender Pracht in Marrakesch stattfindet. Die Veranstaltung präsentiert jährlich das reiche kulturelle Erbe des Landes mit unterschiedlichen ethnischen traditionellen und modernen Gesangs- und Tanzgruppen. Während die Sportveranstaltungen Marathon International (1987) und Rallye Classique du Maroc (1993) noch im 20. Jh. initiiert wurden, werden die meisten der zwei Dutzend heute regelmäßig veranstalteten internationalen Festivals in den Bereichen Musik und Tanz, Kunst und Film sowie Sport und Show meist unter der Schirmherrschaft des Königs *Mohammed VI.* veranstaltet. Herausragend ist das seit 2001 jährliche stattfindende **Festival International du Film,** das den Beginn der intensiven Festivalisierung der Stadt markiert. Es knüpft an die Tradition von Hollywood in Marrakesch und seiner Verortung im Hotel La Mamounia an. Eines der jüngsten international vermarkteten Festivals ist das 2013 gegründete **Marrakech Golf Festival.** Festivals und Events bestimmen den Takt in der Tourismus-Stadt Marrakesch.

## Initiativen und Museen der Kunstszene

Bereits zu Beginn des 20. Jh. lud der erste Generalgouverneur *Hubert Lyautey* **europäische Künstler** nach Marrakesch ein, darunter den heute als „Maler von Marrakesch" bekannten Franzosen *Jacques Majorelle.* Ihm folgten ungezählte Künstler aus aller Welt. Stand vormals die Ausstellung orientalistischer Kunst von Europäern im Vordergrund, strebt man heute zunehmend die **Vermarktung afrikanischer Kunst-**

062sm20 ad

**werke** an. Bereits im Jahr 2004 initiierte *Vanessa Branson,* die Schwester des milliardenschweren Unternehmers *Richard Branson* und stolze Besitzerin eines Hotelkomplexes im Altstadt-Viertel Ksour, das Kunstfestival **Biennale 2004** von Marrakesch. Damit erreichte die Vermarktung von marokkanischer Gegenwartskunst in Marrakesch einen Höhepunkt. Weitere Highlights waren die **Marrakech Art Fair** im Jahr 2010 mit 40 Galerien aus Europa und Marokko sowie die **Riad Art Expo** im Jahr 2013. In der Folge sind jüngst **neue Museen** für marokkanische und afrikanische Kunst entstanden, zum Beispiel das Musée d'Art Contemporain Africain Al Maaden (MACAAL). Zudem existieren auch zahlreiche Museen, die marokkanische Handwerks- und Alltagskunst ausstellen wie das Dar Tiskiwin, Dar Si Said und Marrakech Museum. Wenn auch die Regelmäßigkeit der Veranstaltungen manchmal unterbrochen wird, so wird die **Verknüpfung von Kunst und Ökonomie** stets neu belebt. Daneben sind Initiativen wie die Eröffnung des Musée Yves Saint-Laurent zu nennen, welche Kunst, Kommerz und Touristen in Marrakesch mit Paris und Europa verbinden.

## Musealisierung des Gartens im städtischen und ländlichen Raum

Die märchenhaften Innenhöfe der Riads von Marrakesch werden **nach den Vorgaben des himmlisch-koranischen Paradieses** (mit den symbolischen vier Gärten, den Flüssen aus Was-

ser, Honig, Wein und Milch sowie Blumendüften und Vogelgezwitscher) gestaltet. Sie erfahren ihre Erweiterung in den zahlreichen künstlerisch gestalteten Gärten, grün konzipierten Garten-Museen und öffentlichen Parkanlagen. Ausgehend vom berühmten **Jardin Majorelle** wurden im letzten Jahrzehnt zahlreiche Museen, die auf der Basis von Gärten konzipiert sind, eingerichtet: das **Paradis du Safran,** das **Musée du Parfum** und das **Musée de la Palmeraie.** Von großem internationalen Aufsehen war die Entstehung des **Anima-Gartens** im Süden von Marrakesch, und auch der in der Medina gelegene **Jardin secret** zieht viele Touristen an. Der gesamte öffentliche Raum in Marrakesch wurde auf Initiative von *Mohamed VI.* – soweit dies die örtlichen Bedingungen zuließen – als Garten und Park gestaltet. Die herausragenden Anlagen sind der **Arsat Moulay Abdeslam Cyber Park** am Rande der Medina, der sich mit digitalen Welten und Umweltschutzthemen auseinandersetzt, und der im Rahmen der Weltklimakonferenz errichtete Park **Jardin des Arts COP 22,** wo übergroße konsumkritische Skulpturen ausgestellt werden. Auch das Museumsprojekt **Musée Mohammed VI. de la Civilisation de l'Eau au Maroc** knüpft an die Gestaltung von Gärten und Landschaft an.

ma20_038 ad

## Touristifizierung und Neoliberalisierung in Marrakesch

Das Gesicht Marrakeschs hat sich im 21. Jh. vor allem durch die Entscheidungen der kommunalen Akteure massiv verändert. Sie ermöglichen einerseits die konsequente und kontinuierliche Entwicklung Marrakeschs durch **globales Kapital und (inter)nationale Akteure** zu einem touristischen Ort mit Freizeit- und Ferienanlagen, Sport- und Spaßplätzen, Kultur-und Kunstmärkten. Andererseits unterstützen sie auch die staatlich initiierte aggressive Wohnungsbaupolitik für Einheimische und Auslandsmarokkaner zur **Diversifizierung des Wohnungsangebotes** sowie zur Auflösung der Bidonvilles und somit eine Transformation abseits der touristischen Pfade.

Der Text ist eine gekürzte und modifizierte Version des Aufsatzes „Das neue Marrakesch – eine Materialisierung des Mythos von 1001 Nacht?" von *Anton Escher, Sandra Petermann* und *Gregor Arnold,* der 2018 in der „Geographischen Rundschau" 7/8 erschienen ist.

[<] Anima Garden außerhalb von Marrakesch

der Stadt herrlich entspannen. Vom Pool fällt der Blick über die Steinwüste in die grüne Haouz-Ebene, im Süden erheben sich die Gipfel des Hohen Atlas. Zehn sehr geräumige, stylish eingerichtete (mit Mauern befestigte) Luxuszelte mit Parkett, Glasfront, Terrasse, AC und Bad, 20 etwas kleinere Standardzelte. Sehr gutes Essen (inkl. Alkoholausschank) im offenen Restaurant, aufmerksamer Service, Quad- und Kamelausflüge möglich. Am Abend romantisches Wüstenfeeling unterm Sternenhimmel mit Feuerschalen und Laternen. Anfahrt: Von Marrakesch am Flughafen vorbei auf der Av. Guemassa/R 212 in Richtung Westen (vgl. „Ausflüge/Agafay Desert"). Das Camp organisiert den Transfer.

## Riad-Vermittlungsagenturen

Folgende Agenturen helfen bei der Vermittlung von Zimmern in Maison d'Hôtes (alle Kategorien) oder auch bei der Miete bzw. dem Kauf ganzer Häuser in der Medina:

- **Marrakech Medina,** 102, Rue Dar el Bacha, Souika Sidi Abd al Aziz, Medina, Tel. 0526 10 04 93 oder 0524 29 07 07, www.marrakech-medina.com.
- **Marrakesch Riads,** 8, Derb Chorfa Lakbir, Mouassine, Medina, Tel. 0524 42 64 63, www.marrakech-riads.com.

## Camping (Plan Umschlag hinten)

**1 Le Relais de Marrakech,** in der Palmeraie, Mobil 0664 71 73 28, www.relaisdemarrakech.com, N 31°42,408', W 07°59,407'. Die schattigen Camping-Stellplätze (mit Strom) dieses Kasbahhotels③ (DZ und komfortable Nomadenzelte) und Restaurants (Alkohollizenz, sehr gutes Essen) unter französischer Führung verteilen sich in der wunderschönen Gartenanlage mit tollem, großem Pool (Sonnenliegen). Die Sanitäranlagen mit heißer Dusche haben europäischen Standard (Waschmaschine vorhanden). WLAN, Wellnessangebot, diverse Aktivitäten möglich. Mit dem Grand Taxi (ca. 100 DH) kommt man in die Medina. Die Anfahrt mit eigenem Fahrzeug ist nicht ganz einfach: Navis lotsen über die Autobahn Richtung Casablanca, von der man dann beim nächsten Kreisverkehr hinter der Palmeraie erst wieder zurück muss und über holprige Piste zum Camping gelangt. Besser beim Kreisverkehr hinter dem Oued Tensift links fahren (Richtung Fantasia-Restaurant Chez Ali, Beschilderung „Club-Hotel Sangho"); rechts geht's zur Palmeraie und Richtung Autobahn nach Casablanca. Dann biegt man beim Restaurant Le Mechoui und kurz nach der Residence Dar Lamnia von der Hauptstraße Richtung Club Sangho ab (N 31°42,243', W 07° 59,674', Campingschild).

**2 Camping Ferdaous,** Tel. 0524 31 31 67, N 31° 43,144', W 07°58,918', 13 km außerhalb an der Straße Richtung Casablanca (Route de Casa) links (rosa Gebäude, ca. 100 m vor der Tankstelle links abbiegen; bzw. von Casablanca kommend ca. 100 m nach der Tankstelle rechts). Der Platz wurde 2019 instand gesetzt: gute, saubere Sanitäranlagen mit Warmwasser, Pool, Restaurant, WLAN im Café und kleiner Laden. Allerdings ist es von der Straße her etwas laut. Die Parzellen ohne Schatten werden von Bäumen und Büschen begrenzt. Mit Taxi oder Bus gelangt man zur Medina.

- **Wohnmobilisten** können zentral in der Medina am bewachten Parkplatz hinter der Kutubiya-Moschee (80 DH/Nacht, N 31°37,450', W 07°59,770') oder am Parkplatz an der Av. El Yarmouk direkt vor den Mauern der Medina (50 DH/Nacht, N 31°37, 190', W 07°59,936') übernachten.
- **Manzil La Tortue,** Douar Gzoula, 12 km in Richtung Ouarzazate, Tel. 0525 11 88 85, www.manzil-la-tortue. com, N 31°36,828', W 07°53,415'. Anfahrt: Erst der Beschilderung Richtung Fès folgen, 500 m hinter Metro am Kreisverkehr in Richtung Ouarzazate abbiegen, 4,5 km hinter dem Kreisverkehr bei der amerikanischen Schule links und 2,5 km der Piste folgen. Schickes Gästehaus mit komfortablen Zimmern, Berberzelten und einigen Camping-Stell-

plätzen im Garten (Mitbenutzung der sauberen WCs/Duschen am Pool, nachts lautes Froschkonzert). Restaurant mit Speisen aus Bioprodukten. Es gibt einen schönen Pool (kostenlos, wenn man dort isst, und ab 19 Uhr, sonst 50 DH p.P.). WLAN.

## Essen und Trinken

Erste Adresse für ein erlebnisreiches Mahl in Marrakesch sind die **Garbuden am Djamâa el-Fna,** wo man neben Einheimischen zu Abend isst. Hier gibt es nahezu alles: Salate, gegrilltes Gemüse, Fleischspieße, Tajine, Suppe und sogar Schnecken und Schafsköpfe. Leider wird sehr aufdringlich um Kundschaft geworben und immer mehr abgerechnet als geordert wurde, weil ungefragt zusätzliche (oder größere) Beilagen serviert werden. Empfehlenswert ist ein Besuch bei der einzigen Wirtin am Platz: *Rachida* mit Stand Nr. 42.

Neben dem obligatorischen „Dinner" auf dem Djamâa el-Fna empfiehlt es sich, in einem der **Palast-Restaurants** à la 1001 Nacht ein delikates Menü zu genießen (z.B. Dar Zellij, Le Foundouk, Le Tobsil – frühzeitige Reservierung notwendig). Häufig gehört Live-Musik, manchmal auch Bauchtanz zum Rahmenprogramm.

In den **günstigen und mittelpreisigen Restaurants** muss nicht immer gleich ein ganzes Menü konsumiert werden; dort gibt es einen Salat schon ab 15 DH und eine gute Tajine ab 50 DH. Gut **vegetarisch** isst man z.B. im Koulchi Zine, im Naranj und im Earth Café.

### Restaurants in der Medina

**9** **Café Arabe** (Plan S. 220), 184, Rue el Mouassine, nördliche Medina, Tel. 0524 42 97 28, https://cafearabe.com, tägl. 10–24 Uhr. Delikate, recht teure italienische und marokkanische Küche im Innenhof eines eleganten Riads. Auf der Dachterrasse herrscht abends chillige Lounge-Atmosphäre (Cocktails). Auch Sonntagsbrunch. Fleisch- und Fischgerichte ab 140 DH, Pasta ab 80 DH.

**19** **Chez Chegrouni** (Plan S. 220), direkt am Djamâa el-Fna. Das ausschließlich von Touristen frequentierte Café hat die höchste Terrasse am Platz – von hier oben bietet sich ein entsprechend toller Blick auf das Treiben. Das Essen ist recht günstig, kann aber bei starkem Andrang etwas dauern. Salate 20 DH, Couscous/Tajine 70 DH.

**Unser Tipp:** **7** **Dar Zellij** (Plan Umschlag hinten), 1, Kaasour, Sidi Ben Slimane, nördliche Medina, Tel. 0524 38 26 27, www.darzellij.com, mittags und abends ab 19.30 Uhr, Di geschlossen, nur mit Reservierung (Abholung durch Mitarbeiter des Restaurants an der Moschee Sidi Ben Slimane, mit Taxi erreichbar). Hervorragende marokkanische Küche in einem wunderschönen Riad aus dem 17. Jh. ohne Orient-Kitsch: Hier speist man bei dezenter Live-Musik in äußerst romantischer Atmosphäre unter Orangenbäumen im offenen, weißen Innenhof mit Arkaden, vorher gibt es einen Aperitif auf der Dachterrasse. Die Ober sprechen auch englisch. 4-Gänge-Menü ab 32 Euro, Hauptgericht ab 12 Euro, Alkoholausschank (u.a. Wein aus Marokko). Donnerstag- und Sonntagabend Bauchtanzshow.

**25** **Kasbah Café** (Plan S. 230), Place des Tombeaux des Saadiens, Tel. 0524 38 26 25, www.kasbahcafemarrakech.com, tägl. 9–23 Uhr. Traditionell gestaltetes Café/Restaurant (Frühstück, Mittag- und Abendessen) direkt ggü. der Saadier-Gräber, Dachterrasse mit Strohschirmen und Ausblick, erfrischende Wasserzerstäuber. Internationale Küche (Tajine 90–150 DH, Pizza 95 DH), auch vegetarische Gerichte und Frühstück. WLAN.

**21** **Kosybar** (Plan S. 230), 47, Place des Ferblantiers, Tel. 0524 38 03 24, tägl. 11–1 Uhr. In diesem orientalisch-schicken Riad mit Bar sitzt man am besten auf einer der beiden Dachterrassen mit herrlich kühlenden Wasserzerstäubern – inklusive Blick auf die Störche des El-Badi-Palastes und die Kutubiya-Moschee. Ein Gericht – es gibt internationale Küche von Tajine bis Sushi – kostet mittags ab 70 DH, abends (überteuerte) 160 DH. Do bis Sa Live-Musik. Bier 70 DH, ein Glas marokkanischer Wein kostet 60 DH.

**17 Koulchi Zine** (Plan S. 230), 164, Rue Riad Zitoun el Kedim, südliche Medina, Tel. 0524 37 75 80, www.koulchizine.com, tägl. 10–23 Uhr. Im hübsch in Grün-Weiß gestalteten Hofhaus sitzt man auf der obersten Etage der Dachterrasse unter den Sonnensegeln (mit kühlenden Wasserzerstäubern) besonders schön. In den Salons weiter unten ist es (im Winter) wärmer. Es gibt marokkanische Gerichte und eine gute Auswahl an stets frisch zubereiteten vegetarischen und veganen Speisen ab 60 DH (z.B. Vegan-Burger, Quinoa-Salat, Mezze).

**16 Ksar el Hamra** (Plan S. 230), 28, Sabt Ben Daoud (in einer Quergasse zwischen Riad Zitoun Kedim und Djedid), Tel. 0524 42 76 07, www.restaurant-ksarelhamra.net, tägl. 12–24 Uhr. Gemütliche Atmosphäre im offenen Innenhof eines prächtigen Riads mit vielen Pflanzen und Springbrunnen, abends Live-Musik (Gnaoua). Ein Menü mit marokkanischen Spezialitäten kostet 220–450 DH.

**7 La Famille** (Plan S. 230), 42, Riad Zitoun Djedid, südliche Medina, Tel. 0524 38 52 95, tägl. außer Mo 12–18 Uhr. Das originelle Restaurant/Café ist eine versteckte Oase: Im ruhigen, hellen Hofgarten mit Feigen, Oliven und Orangenbäumen wird eine kleine Auswahl an frischen, gesunden Gerichten serviert (z.B. Salate, selbst gemachte Pasta und Kuchen, je ca. 70 DH). Ein wunderbarer Ort für eine Mittagsrast! WLAN.

**6 Le Foundouk** (Plan S. 220), 55, Rue Suq al Fassi, Kat Bennahid, nördliche Medina hinter dem Musée de Marrakech, Tel. 0524 37 81 90, www.foundouk.com, Do bis Di 19–24 Uhr. Der alte Funduq (Karawanserail) ist nun ein elegantes Restaurant mit Cocktailbar – besonders schön sitzt man auf der Dachterrasse mit Blick über die Medina bis zur Kutubiya, aber auch an den Tischen um den Hof mit Kerzenlicht herrscht romantische Atmosphäre. Die Karte mit exzellenten internationalen und marokkanischen Speisen wechselt etwa monatlich. Hervorragende Auswahl an Weinen und Cocktails. Reservierung notwendig. Hauptgericht ab 145 DH.

**4 Le Trou au Mur** (Plan S. 220), 39, Derb el Farnatchi, Kaat Bennahid, nördliche Medina, Tel. 0524 38 49 00, www.letrouaumur.com, Mi bis Mo 12.30–15 und 18.30–24 Uhr. Auf der Speisekarte dieses Restaurants, zu dem ein „Loch in der Mauer" führt, stehen Gerichte, die man sonst in keinem Lokal in Marokko findet. Speisen wie *Berkoukesh* (winzige Nudeln) und gefülltes Stubenküken gibt es sonst nur zu Festanlässen in der Familie, etwa nach der Geburt eines Kindes oder zur Hochzeit. Auch internationale Gerichte (Curry, Fisch, Steak) ab ca. 145 DH. Die Ras-el-Hanut-Eiscreme ist einen Versuch wert ... Alkohlausschank.

**6 Naranj** (Plan S. 230), 84, Riad Zitoun Djedid, südliche Medina, Tel. 0524 38 68 05, www.naranj.ma, Mo bis Sa 11.30–22.30 Uhr. Das gemütliche, sehr natürlich in hellen Farben gestaltete Restaurant serviert exzellente syrisch-libanesische Gerichte in großen Portionen. Mittags auch Sandwiches (z.B. mit Falafel für 60 DH), außerdem gute Auswahl an vegetarischen Gerichten und leckere alkoholfreie Cocktails. Unbedingt probieren: die Signature-Mezzés-Platte (155 DH). Der syrische Betreiber *Wahib Kalai* lebte jahrelang in Wien und spricht gut deutsch, das Personal englisch. Von der grünen Dachterrasse blickt man über die Gasse. Abends unbedingt reservieren!

**3 Snack Toubkal** (Plan S. 230), am Südende des Djamâa el-Fna (nahe des Eingangs zur Gasse Riad Zitoun Kedim). Dieses einfache Lokal mit Tischen unter der Markise im EG und auf der Dachterrasse ist mittags brechend voll mit Einheimischen und Touristen, die hier sehr günstig und gut essen. Tajine/Brochette/Grillhähnchen ab 35 DH, einfaches Menü für 50 DH.

### Restaurants in der Neustadt (Plan S. 240)

**2 Al Fassia,** 55, Bd. Zerktouni, Guéliz, Tel. 0524 43 40 60 oder 43 79 73, tägl. außer Di 12–14.30 und 19.30–23 Uhr. Das Al Fassia ist eine der bekanntesten und besten Adressen für marokkanische Küche (aus Fès) und doch nicht zu teuer (Tajine und Couscous ca. 140 DH, auch vegetarische Gerichte). Im eleganten marokkanischen Interieur mit niedrigen Tischen und Polsterhockern bzw. Sitzecken bedienen nur Frauen, die in einer Kooperative organisiert sind. Auf Vorbestellung (ab 4 Pers.) gibt es Mechoui und Pastilla. Alkoholausschank, eine Reservierung ist sinnvoll.

**12** **Azar,** Rue Yougoslavie, Ecke Av. Hassan II., Guéliz, www.azarmarrakech.com, Tel. 0524 43 09 20, tägl. ab 19 Uhr. In dieser modern durchgestylten „Brasserie Libanaise" sollte man die leckeren warmen und kalten *Mezze* probieren. Mezze (libanesische Vorspeisen) 45–75 DH, Menü mit Mezze, Grillgerichten oder Tajine und Dessert ab 175 DH. Jeden Abend um 22 Uhr orientalische Tanzshow. Alkoholausschank, auch gute alkoholfreie Saftcocktails.

**17** **Le Cantanzaro,** 50, Rue Tarik Ibn Zaid, Tel. 0524 43 37 31, neben Hotel Toulousain, Mo bis Sa 12–14.30 und 19.30–23 Uhr. Obwohl von außen wenig attraktiv, herrscht in diesem beliebten Restaurant mit italienischer Küche innen echte Pizzeria-Atmosphäre, leider ohne Tageslicht. Der Laden ist selbst mittags voll mit marokkanischem und internationalem Publikum. Pizza und Pasta 70–90 DH. Alkoholausschank, WLAN.

**25** **Comptoir Darna,** Av. Echouada, Hivernage, Tel. 0524 43 77 02, www.comptoirdarna.com, tägl. 19–3 Uhr. Hier bringen junge Marokkanerinnen internationale und marokkanische Gerichte auf den Tisch. Trotz des sehr guten Service und Essens sind die Preise überhöht (Hauptgericht ab ca. 200 DH). Die Lampen und Räucherstäbchen sorgen für orientalisches Ambiente, im OG füllt sich die Lounge, bevor täglich um 22 und 24 Uhr eine sehenswerte Bauchtanzshow beginnt. Alkoholausschank, Reservierung notwendig, Kreditkarten werden akzeptiert. WLAN, Dresscode (elegant).

**Unser Tipp:** **1** **El Amal,** Ecke Av. Allal Ben Ahmed/Ibn Sina (bei Clinique Ibn Tofail), Guéliz, Tel. 0524 44 68 96, http://amalnonprofit.org, tägl. 11.30–16.30 Uhr. Die Non-Profit-Organisation bildet sozial schwach gestellte Frauen für die Gastronomie aus (Küche, Service, Sprachen). Für die Gäste kochen die Frauen eine kleine, aber feine Auswahl an sehr leckeren und günstigen Gerichten (45–60 DH). Man sitzt im hübschen Hofgarten unter Orangenbäumen. Das Restaurant ist zwar etwas ab vom Schuss, aber eine unbedingte Empfehlung!

**Unser Tipp:** **9** **La Trattoria,** 179, Rue Mohamed El Beqal, Guéliz, www.latrattoriamarrakech.com, Tel. 0524 43 26 41, tägl. 12–15 (außer So) und 19–23 Uhr (Barbetrieb bis 1 Uhr). Im wohl besten italienischen Restaurant der Stadt mit absolut vorbildlichem Service (auch englischsprachig) kommen wechselnde mediterrane Gerichte (u.a. Fisch und Pasta, keine Pizza) auf den Tisch. Für einen Aperitif (marokkanischer Wein, Bier, Cocktails etc.) sitzt man im angenehmen Vorgarten mit Palmen und Bambus. Der Hauptgang wird in eleganter Atmosphäre im offenen Innenhof unter Bananen- und Olivenbäumen am Rand eines romantisch beleuchteten Pools serviert. Wasserzerstäuber kühlen von oben die Luft ab, im Winter sorgen Heizpilze für Wärme. In die elegante Art-déco-Bar kann man sich auf einen Drink begeben. Das alles gibt's zu absolut fairen Preisen: Pasta ab 130 DH, Fleisch- und Fischgerichte ab 180 DH, auch italienische Desserts. Reservierung obligatorisch.

## Cafés und Patisserien

**Alkohol** wird in den kleinen Lokalen und Cafés in der Medina nicht ausgeschenkt!

In der **Neustadt** finden sich viele Straßencafés entlang der Av. Mohamed V., besonders um den Place Abdelmounen.

### In der Medina

**Unser Tipp:** **27** **Café Clock** (Plan S. 230), 244, Derb Chtouka, Kasbah, www.cafeclock.com. Witziges „Cross Cultural Café" mit Kunstausstellung und Veranstaltungen wie marokkanischer Kochkurs, Jam Sessions, Kalligrafie, Geschichtenerzähler-Abende (in Englisch) jeden Donnerstag ab 19 Uhr etc. Frische, leichte Snacks (Spezialität: Kamelburger für 95 DH), Milchshakes und Eisbecher.

**4** **Café de France** (Plan S. 230), nördlicher Djamâa el-Fna. Das Café ist eine der ältesten Institutionen für Touristen am großen Platz. Im EG gibt es neben den üblichen Getränken mittelmäßige à-la-carte-Gerichte – dort sitzt man in der ersten Reihe, wenn junge Akrobaten ihre Kunststücke vorführen. Auf der Terrasse im 1. Stock wird das Standard-Touristenmenü (Tajine und Couscous) serviert, von der Panoramaterrasse im 2. Stock (nur Getränke) bietet sich der schönste Blick.

15 **Café des épices** (Plan S. 220), 75, Rahba Kedima, Tel. 0524 39 17 70, www.cafedesepices.net. Dieses sehr nette Café liegt in der Medina auf halbem Weg zwischen Djamâa el-Fna und Musée de Marrakech. Hier sitzen junge Traveller bei chilliger Musik auf der (heißen) Dachterrasse, auf niedrigen Polstern oder Basthockern im kühlen Zwischengeschoss oder an Tischen im Erdgeschoss mit Terrasse. Neben gutem Espresso gibt es Sandwiches und Salate (ca. 60 DH), gutes Frühstück und frische Säfte. Vom Dach hat man einen tollen Blick auf den kleinen Platz Rahba Kedima mit den Korbhändlerinnen (guter Fotostandort).

10 **Café Le Bougainvillier** (Plan S. 220), 33, Rue el Mouassine, nördliche Medina, tägl. 10–22 Uhr. Ganz in den lila-pinken Farben der Bougainvillea-Blüten gehaltenes Café zum Entspannen im grünen Patio mit Brunnen und im angrenzenden Salon mit Ausstellungen marokkanischer Künstler. Neben Cappuccino und Tee gibt es frische Säfte, marokkanische Gerichte sowie Pizza, Pasta (ca. 70 DH) und Paninis (ca. 55 DH). WLAN.

15 **Earth Café** (Plan S. 230), 2, Derb Zawak (Seitengasse der Riad Zitoun el Kedim), südliche Medina, www.earthcafemarrakech.com, tägl. ab 11 Uhr. Im winzigen bunten Innenhof dieses jung-alternativen Cafés hängt der Küchendampf von frisch zubereiteten vegetarischen und veganen Gerichten (Veggie-Burger o.Ä. für 70 DH).

☒ Von den Terrassen des Café de France kann man das abendliche Treiben auf dem Djamâa el-Fna in aller Ruhe beobachten

18 **Fîne de Marrakech** (Plan S. 230), 13, Av. Houmman el Fetouaki. In der Auslage dieser von Marokkanern wie Touristen gleichermaßen frequentierten Patisserie liegen bergeweise Versuchungen mit Mandeln, Sesam und Pistazien. Beim Straßenverkauf gibt es neben Gebäck frische Croissants, im bestuhlten Inneren auch Café au Lait.

2 **Pâtisserie des Princes** (Plan S. 230), 32, Rue Bab Agnaou. Eine der ältesten und bekanntesten Konditoreien in Marrakesch: große Auswahl an leckerem Gebäck und Kuchen, auch gut verpackt zum Mitnehmen (Mandelgebäck 230 DH/kg).

8 **Terrasse des épices** (Plan S. 220), 15, Suq Cherifa, *Sidi Abdelaziz*, nahe Dar el Bacha in der nördlichen Medina, Tel. 0524 37 59 04, www.terrassedesepices.com, tägl. 12–22.30 Uhr. Auf der riesigen, mit Oliven und Papyrus begrünten Dachterrasse sitzt man gemütlich auf Polstern im Schatten oder mit Strohhut in der Sonne. Beliebter Treffpunkt junger Marokkaner und Ausländer, entspannte Atmosphäre. Wechselnde Tageskarte mit marokkanischen Gerichten (auch Tanjia), Salattellern, Fisch (Hauptgericht ab 100 DH) und guter Dessertauswahl. Patisserie mit leckerem Gebäck im EG.

### In der Neustadt (Plan S. 240)

19 **Café 16,** Place du 16 Novembre (Marrakech Plaza), Guéliz, Tel. 0524 33 96 70, www.16cafe.com, tägl. 8–24 Uhr. Das Motto dieses modernen, in freundlichem Weiß und Hellgrün gestalteten Cafés und Restaurants am zentralen Vorzeigeplatz Marrakech Plaza könnte lauten: frisch und gesund. Denn es werden sehr leckere, toll angerichtete Salate, Sandwiches und Quiches (ca. 140 DH), frisch gepresste Säfte, 16 Sorten Tee, Eisbecher (70 DH) und Sorbets sowie Frühstück serviert. Man sitzt im kühlen, großzügigen Innenraum oder auf der Terrasse unter Sonnenschirmen. WLAN.

15 **Café du Livre,** 44, Rue Tarik Ben Ziad, Guéliz, im Hinterhof vor dem Hotel Toulousain, Tel. 0524 43 21 49, www.cafedulivre.com, tägl. 11–24 Uhr. In dieser Einheit aus (klimatisiertem) Café, Restaurant und kleiner Bibliothek lässt es sich in verschieden-

sprachiger Literatur (Zeitschriften, Bücher, Reiseführer) über Marokko schmökern. An der Bar herrscht bisweilen schon nachmittags eine etwas alkoholgeschwängerte Atmosphäre. U.a. gute Salate (z.B. geräucherter Forellensalat), Sandwiches (50–80 DH) und Tapas. Abends regelmäßig Live-Musik, Mo ab 19 Uhr Quizabend (engl.), WLAN.

8 **Kechmara,** Rue de la Liberté, www.kechmara.com, tägl. 12–24 Uhr. In diesem In-Café mit verglaster Front, einigen Stühlen auf dem Gehsteig und weißem, minimalistischem Interieur mit schwarzafrikanischen Bildern und Skulpturen gibt es Cocktails und Wein an der Longbar (abends regelmäßig Live-Musik), ein Mittagsmenü für 130 DH oder Wraps, Burger und Salate (ab 75 DH). WLAN.

14 **Grand Café de la Poste,** Ecke Bd. el Mansour Eddahabi/Av. Imam Malik, Guéliz (direkt gegenüber der Hauptpost), www.grandcafedelaposte.restaurant, tägl. 8–1 Uhr. In diesem traditionsreichen Café (seit 1925) gibt es nach Aussagen in Marrakesch lebender Ausländer das beste Frühstück der Stadt (8–12 Uhr). Man sitzt auf der hübschen Terrasse oder im eleganten Salon mit kolonialem Ambiente. Feine französische à-la-carte-Gerichte (mittags und am Abend) ab 130 DH, Kreditkartenzahlung möglich, Alkoholausschank. WLAN.

7 **Pâtisserie Al Jawda,** 11, Rue de la Liberté, Guéliz, tägl. 8–20.30 Uhr. Eine der populärsten Patisserien der Stadt: Im kleinen Verkaufsladen kann man aus *Madame Alamis* hausgemachten köstlichen Gebäckvariationen mit Mandeln, Feigen, Honig, Sesam und Orangenblüten auswählen. Es gibt auch (für den Export mit Biosiegel bezeichneten) Honig, Marmelade und Arganöl.

■ Für Freunde von Fast-Food steht ein 18 **McDonald's** am Place du 16. Novembre (Plan S. 240) bereit sowie ein weiterer beim 3 Marjane-Supermarkt weiter nördlich (Plan Umschlag hinten).

## Einkaufen

### Traditionelles Handwerk

**Souvenirs** gibt es in der größten Auswahl in der **Medina** in den Suqs – hier muss man aber bis aufs Äußerste handeln (meist kann etwa ein Drittel des

063sm20 ad

erstgenannten Preises erzielt werden)! Auch in der Neustadt bekommt man Souvenirs – die Auswahl ist kleiner, dafür sind sie manchmal günstiger.

- Empfehlenswert für alten, echten **Schmuck** sind diverse Läden in der **Rue Mouassine** (nördliche Medina, beginnend am Place Bab Ftouh).
- Im **Ensemble Artisanal** an der Av. Mohamed V. (Plan S. 240) kann man Kunsthandwerk zu ziemlich hohen Festpreisen kaufen (tägl. 9.30–19 Uhr). Vor allem zur Preisinformation vor dem Einkauf im Suq ist ein Besuch anzuraten.
- Utensilien für die marokkanische **Teezeremonie** gibt es am Ostende des Bab Fteuh oder in der Rue Riad Zitoun Djedid (Tabletts, Teekannen, bunte Gläschen).
- Im **Gewerbeviertel Sidi Ghanem** (4 km außerhalb links der Straße nach Safi) kaufen Riad-Besitzer und Marrakchis orientalische Dekorationsgegenstände und Mobiliar ein. Nach Sidi Ghanem fährt der Stadtbus Nr. 15 ab Arset el-Blik. Mit dem Auto in Richtung Safi fahren und dann (vom Zentrum kommend) links in eine der Seitenstraßen einbiegen, N 31°40,332', W 08°02,741'. Das Gewerbeviertel ist von der Hauptstraße nicht als solches erkennbar.
- Auf dem **Suq el Khemis** am Nordende der Medina kann man mit etwas Glück schöne gebrauchte Antiquitäten, Lampen und Teppiche erstehen. Am meisten los ist samstags und donnerstags.
- Originelle **Kunst aus Autoreifen** (Hocker, Bilderrahmen, Schalen) verkaufen Shops am südlichen Ende der Riad Zitoun el Kedim.

**26** **Ets. Bouchaib** (Plan S. 230), Complexe d'Artisanat, Rue de la Kasbah, http://complexeartisanal.com, tägl. 8.30–19 Uhr, im Sommer bis 20 Uhr. In diesem Kaufhaus gibt es auf zwei Etagen alles, was Marokko an Kunsthandwerk zu bieten hat: Lampen, Keramik, Teppiche, Kleidung, Lederwaren, Schmuck und sogar Arganienöl, Gewürze und Kosmetika. Wer

⊻ Gewürze gibt es u.a. auf dem Mellah-Markt

065sm20 ad

keine Lust auf Handeln und lange Sucherei in der Medina hat, bekommt hier Massenware zu fairen Festpreisen. Kreditkarten werden akzeptiert.

### Kleidung/Stoffe

**11 Maison de Caftan (MC)** (Plan S. 220), 65, Rue Sidi Yamani, Medina, bei der Mouassine-Moschee und dem Café Bougainvillier von der Rue Mouassine links ab (vom Djamâa el-Fna kommend). Großer Laden mit riesiger Auswahl an Kaftans in allen Farben und Schnitten, auch handbestickte Kissen- und Bettbezüge, Tischdecken etc.

**3 Scènes de Lin** (Plan S. 240), 70, Rue el Houria (Rue de la Liberté), Guéliz, https://scenesdelin.com, Mo bis Sa 9.30–13 und 15.30–19.30 Uhr. Schicker Laden mit Dekorations- und Einrichtungsgegenständen für das modern-orientalische Interieur (Kissen, Stoffe, Tischdecken, auch Kaftans, v.a. in Leinen), auch Auftragsarbeiten.

### Teppiche

**12 Art Akhnif** (Plan S. 220), 6, Rue Mouassine, Medina, Tel. 0524 42 60 96. Schöne Kelims und Kelim-Kissenbezüge, auch andere Teppiche und Überzüge in verschiedenen Farben und Größen werden im kleinen Verkaufsraum präsentiert. Keine aufdringliche Touristenanmache, die Beratung ist freundlich, die Preise sind fair.

**16 Bazar du Sud** (Plan S. 220), 117, 14 Suq des Tapis, beim Rahba Kedima, Tel. 0524 44 30 04, tägl. 9–20 Uhr. Die freundlichen Brüder *Hicham* (spricht deutsch) und *Ismail Lamdaghri* sind unaufdringlich und Profis (Familienbetrieb seit 1940, Export zu Großhändlern in Deutschland). Riesige Auswahl.

### Supermärkte/Lebensmittel/Gewürze

**8 Atacadao** (Plan Umschlag hinten), an der N 8 nach Fès/Casablanca, in der Palmeraie, N 31°38,850′, W 07°56,715′. Riesiger Supermarkt mit europäischem Angebot, Alkohol im Laden dahinter.

**6 Carrefour** (Plan Umschlag hinten), Route de l'Ourika (ca. 6 km außerhalb Richtung Süden/Ourika), im Shopping Center Almazar, tägl. 9–22 Uhr. Riesiger Supermarkt nach französischem Vorbild, auch Arganienöl und Gewürze zu günstigen Preisen. Mit Tiefgarage. Ein weiterer (großer) Carrefour befindet sich in der **5** Menara Mall (Ecke Bd. Mohamed VI./Prince Moulay Rachid).

**22 Carrefour/Label Vie** (Plan S. 240), Av. Moulay El Hassan, nahe Place de la Liberté. Kleinere Filiale mit Alkoholverkauf im Untergeschoss.

**Unser Tipp:** **19 La Perle d'Olive** (Plan S. 230), im Marché Couvert an der Av. Houmame Fetouaki nahe Place des Ferblantiers. Der sympathische, unaufdringliche *Abdellatif* verkauft Salzzitronen, Harissa, Gewürze und leckere eingelegte Oliven zu unglaublich günstigen Preisen.

**4 Marjane** (Plan Umschlag hinten), Route de Casablanca, Semlalia (nördliche Stadtausfahrt, N 9, N 31°40,027′, W 08°00,740′, tägl. 9–22 Uhr. Riesiger Hypermarché mit europäischem Sortiment (kein Alkohol), gutes und günstiges (Bio-)Arganienöl. Ein weiterer Marjane befindet sich an der Straße Richtung Essaouira (auch kein Alkoholverkauf).

■ **Gewürze, Kräuter und Öle** gibt es an Ständen rund um den **Rahba Kedima** in der nördlichen Medina und im **Marché Central** in der Neustadt. Auf dem **Mellah-Markt** (Eingang beim Place des Ferblantiers bzw. schräg gegenüber dem Eingang zum Bahia-Palast) kann man sich die Gewürzmischung Ras el-Hanut frisch mahlen lassen, allerdings häufig zu überhöhten Touristenpreisen.

■ Die **Herboristerien,** die mehr und mehr aus dem Boden sprießen und häufig ausschließlich an Touristen verkaufen, bieten **Gewürze** zu überteuerten Preisen an. Dort werden in kommerziellen Verkaufsshows (oft auch auf Deutsch) allerlei traditionelle Heilmittel gegen Rheuma, Blähungen, Husten etc. und diverse Schönheitsmittel präsentiert. Das in den Herboristerien verkaufte Arganöl ist oft nicht rein, sondern mit Olivenöl versetzt!

### Buchhandlungen/Zeitschriften

**Deutsche Zeitungen und Zeitschriften** von „Spiegel" bis „Gala" werden an der Bude neben dem Café de France am Nordende des Djamâa el-Fna sowie an Straßenständen entlang der Av. Mohamed V. (z.B. am Place Abdelmoumen) in Guéliz verkauft.

13 **Fnaque Berbère** (Plan S. 220), Rue Mouassine, tägl. ab 10 Uhr. In diesem kleinen Kiosk mitten in der Medina gibt es Reisebücher und Bildbände über Marokko. Ein Literaturcafé befindet sich im 1. Stock.

### Kunst und Kultur

■ **Dar Cherifa,** 8, Derb Chorfa Lakbir, Mouassine, Medina, www.dar-cherifa.com. Im Herzen der Medina liegt dieser stilvoll renovierte Riad aus dem 16. Jh., in dem regelmäßig Kulturveranstaltungen und wechselnde Ausstellungen marokkanischer Künstler stattfinden (vgl. „Sehenswertes/Die nördliche Medina und die Suqs").

27 **Café Clock,** 224, Derb Chtouka, Kasbah, www.cafeclock.com (vgl. „Cafés in der Medina"). In diesem jung-alternativen Kulturcafé im Kasbah-Viertel ist täglich Spannendes geboten: von Kochkursen bis zur Kurzeinführung in die Mentalität der Marrakchis, Live-Musik, Yoga- und orientalische Tanzkurse. Unbedingt besuchenswert ist der Hikayat-Abend jeden Donnerstag um 19 Uhr, an dem ein Meister des Märchenerzählens die Kunst an seine Schüler weitergibt.

## Nachtleben

Das Nachtleben spielt sich hauptsächlich in den **Discos in Guéliz** bzw. in den **teuren Hotels der Hivernage** ab, an die meist eigene Nightclubs und Bars angeschlossen sind – dort wird auch überall Alkohol ausgeschenkt. Einige Klubs bieten wochentags auch eine Ladies Night mit kostenlosen Getränken an. Alle größeren Klubs und Discos erheben einen Eintrittspreis zwischen 150 und 250 DH.

■ **Art-déco-Bar im Restaurant La Trattoria** (vgl. „Restaurants in der Neustadt"), 179, Rue Mohamed El Beqal, Guéliz, www.latrattoriamarrakech.com, tägl. 18–1 Uhr. Ob mit einem Gin Tonic gemütlich in den Sesseln am Kamin (im Winter) oder mit einem Cocktail in der Garden Lounge (im Sommer) – hier kann man entspannt einen Apéro schlürfen, der Live-Musik lauschen und die elegante Art-déco-Atmosphäre genießen.

■ **Casino de Marrakech,** Av. El Qadissia, Hivernage, 50 m vom Hotel Es-Saâdi, Tel. 0524 44 88 11, tägl. 14–4 Uhr. Im ältesten Kasino des Landes (seit 1952) herrscht verrauchte Spielhöllenatmosphäre mit Spielautomaten, Black Jack, Poker und Roulette. Gelegentlich auch Tanz- und Akrobatikshows, kein Dresscode, vor allem männliches Publikum.

■ **Chez Ali,** Ouahat Sidi Brahim, Tel. 0524 30 77 30, http://restaurant-chezali.com, tägl. ab 20 Uhr. Dinner-Spektakel mit Bauchtanz, Reiterspielen, Folklore, Feuershow etc. auf einem großen Gelände am Stadtrand (Hoteltransfer inklusive) – ein bisschen wie Disneyland.

■ **Comptoir Darna** (vgl. „Restaurants in der Neustadt"), Av. Echouada, Hivernage, www.comptoirmarrakech.com. Elegantes Restaurant im EG. Am Wochenende prall gefüllte Lounge im OG mit Publikum aus Marokkanern und Ausländern, aber auch Familien und Touristen. Täglich um 22 und 24 Uhr beginnt eine spektakuläre Show mit attraktiven Bauchtänzerinnen, die sich auch nicht scheuen, auf die Tische zu steigen. Es werden sämtliche Alkoholika ausgeschenkt. Im kleinen Hofgarten mit Boutique schmusen Pärchen in den Polsterecken.

■ **Kosybar** (vgl. „Restaurants in der Medina"), 47, Place des Ferblantiers. Hier sitzt man entspannt bei Kerzen- und Laternenlicht auf der Dachterrasse eines vornehmen Riads und genießt den Blick auf die beleuchtete Kutubiya-Moschee. Es gibt Bier, marokkanischen Wein und Cocktails. Häufig Live-Musik.

■ **Le Theatro,** Av. El Qadissia, Hivernage (im Hotel Es-Saâdi), Mobil 0664 86 03 39, www.theatromarrakech.com, tägl. 24–5 Uhr. Dieser Klub ist momentan eine der ersten Adressen im Nachtleben der Stadt. Bekannte DJs (House-Musik) und Livespektakel unterhalten das hippe marokkanische und internationale Publikum. Di Ladies Night.

■ **Mégarama,** Bd. Mohamed VI., beim Pacha-Klub, Tel. 0890 10 20 20, http://marrakech.megarama.ma. Modernes Kino mit aktuellem Hollywood-programm (franz.).

■ **SO Lounge,** Rue Haroun Errachid, im Sofitel Hotel, Hivernage, Tel. 0656 51 50 09, tägl. 19–4.30 Uhr. Einer der angesagtesten Klubs in Marrakesch mit internationalen DJs und wechselnden Shows (tägl. ab 19.30 Uhr). Dresscode: elegant.

■ **The Royal Mansour Bar & Cigar Bar,** im Hotel Royal Mansour, Rue Abou Abbas El Sebti, südlich des Cyber Park, westliche Medina, www.royalmansour.com/en/dining/bars. Wer eine Vorstellung vom Prunk der Königspaläste bekommen möchte, der sollte das auf Geheiß König *Mohameds VI.* errichtete Luxushotel Royal Mansour auf einen abendlichen Drink besuchen. Hier gibt es marokkanische Palastarchitektur und Kunsthandwerk in Vollendung zu bewundern, dazu perfekten Service und glamouröse Atmosphäre in The Bar (im EG, tägl. 11–23 Uhr) oder der Cigar Bar (im OG, tägl. ab 19 Uhr) mit erlesenen Whiskeys und Piano-Konzert.

## Medizinische Versorgung

■ **Dr. Gertrud Michaelis,** 7, Rue Ibn Sina, Guéliz, Tel. 0524 44 83 43. Deutsche Ärztin für Allgemeinmedizin.

■ **Clinique internationale de Marrakech**, Bab Ighli, Route de l'Aéroport (kein Schild an der Straße), Tel. 0524 36 95 95, www.clinique-internationale-marrakech.com. Von Ausländern in Marrakesch bevorzugt genutzte Privatklinik.

■ **Dr. Samir Belmezouar,** 6, Rue Fatima Zohra Rmila, 1. Stock Imm. Benkirane, Tel. 0524 38 33 56, Mobil 0661 24 32 27. Der in Frankreich ausgebildete Allgemeinmediziner ist u.a. Hausarzt für das Hotel La Mamounia.

■ **Policlinique du Sud,** Rue Yougoslavie, Ecke Rue Ibn Aicha, Guéliz, Tel. 0524 44 79 99. Privatklinik mit 24-Std.-Notfallaufnahme.

■ **Apotheken** gibt es im gesamten Stadtgebiet. Die Nachtdienste der Apotheken *(pharmacies de garde de nuit)* werden wöchentlich neu eingeteilt. Infos beim Syndicat des Pharmaciens de Marrakech, Tel. 0524 44 75 20, www.syndicat-pharmaciens-marrakech.com.

## Taxis/Sammeltaxis

### Petits Taxis

Eine **Stadtfahrt** mit den beigen Petits Taxis darf tagsüber 10–25 DH kosten, nachts 30–50 DH, je nach Entfernung. Viele Taxifahrer in Marrakesch zocken inzwischen schamlos ab und weigern sich, das Taxameter („compteur") einzuschalten – also immer **vor dem Einsteigen hart verhandeln!** Taxistände z.B. am Djamâa el-Fna, am Bab er Robb und am Bab Doukkala.

Wer nicht feilschen will, kann sich unter Tel. 0524 40 94 94 ein **Taxi Vert** bestellen: Grundpreis tagsüber 10 DH bzw. 15 DH nachts plus Taxameter-Tarif (0,24 DH pro 100 m, nachts 50% Zuschlag). Flughafentransfer von der Medina ab 75 DH.

### Grands Taxis (Sammeltaxis)

■ Die Grands Taxis (Dacia Lodgy) nehmen bis zu fünf Passagiere mit und dürfen **auch außerhalb des Stadtgebietes** verkehren, z.B. für (ganztägige) Ausflugsfahrten (600–700 DH). Wenn man sich ein Fahrzeug bis zu einem bestimmten Ziel als Sammeltaxi mit anderen (marokkanischen) Passagieren teilt, verringert sich der Fahrpreis entsprechend. Sammeltaxis warten z.B. gegenüber dem Place de Foucault, am Bahnhof sowie beim Gare Routière an der Stadtmauer nördlich des Bab Doukkala.

■ Ein Grand Taxi **vom Flughafen in die Innenstadt** kostet offiziell 100 DH (in die Palmeraie 150 DH), ein Petit Taxi 70–100 DH (offizielle Tarife am Taxihalt vor dem Flughafengebäude ausgehängt). In umgekehrter Richtung (aus der Stadt zum Flughafen) wird meist deutlich mehr verlangt – unbedingt verhandeln!

■ **Sammeltaxis in Richtung Asni und Ijoukak** (über den Tizi-n-Test, in Ijoukak Umsteigemöglichkeit nach Ouled Berhil) fahren an der Kreuzung Rue Bab Agnaou/Rue Houmame Fetouaki ab.

## Pferdedroschken

Mit den **allgegenwärtigen** Pferdedroschken *(calèche)* kann man sich **zu allen Sehenswürdigkeiten** fahren lassen. Haltestellen befinden sich z.B. am Place de Foucault, beim Place de la Liberté Richtung Hivernage, am Westende der Kutubiya-Gärten nahe dem Hotel La Mamounia und beim Jardin Majorelle. Der offizielle Preis für 1 Stunde Rundfahrt beträgt 120 DH (25% Aufschlag nach 19 Uhr), unabhängig von der Passagierzahl. Die offiziellen Preise sollten an der Scheibe hinter dem Kutscher angeschlagen sein; viele Kutscher haben die Tafel entfernt und verlangen stattdessen astronomische Summen – daher unbedingt verhandeln! Der ausgehandelte Preis gilt für die ganze Kutsche, also für höchstens vier Personen.

## Stadtbusse

Eine Haupthaltestelle für **ALSA-Busse** in die Neustadt, zu den Ménara-Gärten oder zum Flughafen befindet sich am **Place Foucault/Arset el-Blik** zwischen Djamâa el-Fna und Kutubiya-Moschee (Fahrpreis: 5 DH). Auch am **Gare Routière** (Busbahnhof) beim Bab Doukkala halten viele Stadtbusse. Momentan werden Trassen mit Oberleitungen für Elektrobusse ausgebaut. An den großen Haltestellen hängen Fahrpläne und ein Routenplan mit den Busnummern aus.

■ Die **Linien 6, 9, 10, 13 und 14** fahren über Bab Doukkala in die Neustadt (Av. Mohammed V.) und zum Bahnhof.

■ Die **Linien 11, 18, 19 und 20** fahren zur Menara Mall und zu den Menara-Gärten.

■ Die **Linien 8, 9, 10 und 13** fahren vom Bahnhof ins Stadtzentrum.

■ Die **Linie 15** fährt ins Gewerbegebiet Sidi Ghanem und Richtung Jardin Majorelle.

■ Die **Linie 19** fährt vom Flughafen zum Busbahnhof und zum Place Foucault (Djamâa el-Fna).

### Sightseeing-Busse

■ Ein **roter Doppeldeckerbus** mit offenem Dach verkehrt auf zwei Rundkursen durch die Stadt (www.alsa.ma) und klappert die Hauptattraktionen in Neu- und Altstadt ab (Zu-/Ausstieg z.B. bei der Kutubiya), vgl. „Stadttouren und -führungen".

## Fernverkehrsbusse

■ Der zentrale **Busbahnhof** *(gare routière)* liegt am Place el-Mourabiten (nahe Bab Doukkala), Tel. 0524 43 44 02, Schalter 10 in der Halle, geöffnet Mo bis So 6–22 Uhr. Die Haltestelle für die CMT-Busse befindet sich etwas südlich des Bahnhofs in der Neustadt an der Ecke Rue Zineb Nafzia/Rue Abou Bakr Seddiq.

■ Busse privater Linien an den Nordrand des Hohen Atlas (z.B. Amizmiz, Setti-Fatma) fahren auch am **Place er Robb** ab.

■ Der Busbahnhof von **Supratours** liegt an der Av. Hassan II. etwas westlich vom Bahnhof, Tel. 0524 43 55 25. Einen Tag im Voraus buchen! Mehrmals täglich Verbindungen nach Essaouira (Fahrzeit 3¼Std.), Agadir (4 Std.), Tiznit – Guelmim – Tan-Tan – Tarfaya (9 Std. bis Guelmim) sowie nach Ouarzazate – Kelâa Mgouna – Boumalne – Tinerhir (5 Std. bis Ouarzazate, 8 Std. bis Tinerhir). Nach Fès, Tanger, Rabat und Casablanca verkehren Züge (s.u.).

■ Im Viertel Azzouzia (nördlich des Zentrums nahe der N 7 Richtung Safi) ist ein **neuer Busbahnhof** in Bau, der 2020 in Betrieb genommen werden soll.

### Verbindungen und Preise (CTM)

■ **Agadir:** stündlich, ab 110 DH, Fahrzeit 5 Std.; auch Busse direkt ins Zentrum statt nach Inezgane.

- **Tiznit:** 7x tägl., ca. 5 Std., ab 140 DH.
- **Casablanca:** stündlich, 4 Std., ab 95 DH.
- **Essaouira:** 2x tägl., 3 Std., 80 DH.
- **Fès:** 7x tägl., ca. 9 Std., ab 180 DH.
- **Ouarzazate:** 5x tägl., 5 Std., ab 90 DH.
- **Errachidia:** 1x tägl., 10 Std., 175 DH.
- **Taroudannt:** 1x tägl. (Nachtbus), ca. 5 Std., 115 DH.
- **Laâyoune:** 5x tägl., 17 Std., 360 DH.
- **Zagora:** 2x tägl., 8 Std., 160 DH.
- **Smara:** 1x tägl., 14 Std., 290 DH.

### Andere Buslinien

Verschiedene weitere Busgesellschaften (Büros am Gare Routière Bab Doukkala) bieten u.a. mehrmals täglich **Verbindungen** nach Fès (ca. 9 Std. Fahrzeit) und Meknès (ca. 6 Std. Fahrzeit), Agadir, Taroudannt, Essaouira, Safi, El Jadida, Rabat, Casablanca und Ouarzazate an. Die Busse sind schlechter in Schuss als die von Supratours und CTM.

## Bahn

- Der moderne **Bahnhof** befindet sich an der Av. Hassan II./Ecke Av. Mohamed VI. im Westen der Neustadt, Tel. 0524 44 65 69. Die Medina liegt zu weit weg, um zu Fuß mit Gepäck hinzumarschieren – besser ein Taxi nehmen. Zur Jugendherberge sind es nur ca. 10 Min. Gehzeit.
- Genaue Abfahrtszeiten unter **www.oncf.ma.**

### Verbindungen und Preise

- **Casablanca:** 9x tägl. (ab 5.50 Uhr alle 2 Std.), 110 DH (2. Klasse), Fahrzeit ca. 3¼ Std.
- **Rabat:** 7x tägl., 140 DH (2. Klasse), ca. 4 Std.
- **Tanger:** ab 5.50 Uhr alle 2 Std., 260 DH (2. Kl.), 5½–8½ Std.
- **Fès:** 8x tägl. (ab 5.50 Uhr alle 2 Std.) 235 DH (2. Kl.), 6½–8 Std.

## Flugverbindungen

- Der architektonisch besonders gelungene **Flughafen Marrakesch-Ménara** (Tel. 0524 44 78 65) liegt 6 km südwestlich des Zentrums, aus der Neustadt ist mit ca. 15 Min. Fahrzeit zu rechnen. Ein Grand Taxi vom Flughafen in die City kostet offiziell 100–150 DH, ein Petit Taxi 70–100 DH. In umgekehrter Richtung (aus der Stadt zum Flughafen) wird meist deutlich mehr verlangt – unbedingt verhandeln!
- Der **Shuttlebus Nr. 19** (Navette) hält etwas oberhalb der Ankunftshalle beim Taxiparkplatz (Aire de dépose 3). Die Taxifahrer behaupten gern, dass es keinen Bus gibt, doch er fährt von 6 bis 23.30 Uhr halbstündlich über die Hivernage und den Djamâa el-Fna zum Busbahnhof (Bab Doukkala) und Bahnhof in Guéliz (einfache Fahrt 30 DH, hin und zurück 50 DH).
- **Royal Air Maroc** unterhält **Inlandsverbindungen** nach Agadir, Fès, Oujda und Tanger – schneller ist man mit der Bahn oder dem Bus am Ziel.
- **Easy Jet, Edelweiss Air, Eurowings, Ryan Air, Vueling** und **TuiFly** fliegen Marrakesch (z.T. nur saisonal) von verschiedenen deutschen und schweizerischen Flughäfen an. Weitere Verbindungen mit **Royal Air Maroc** von Frankfurt und München direkt nach Marrakesch oder über Casablanca.

## Rund ums Auto

### Parken

- Im Gegensatz zu anderen marokkanischen Städten kann man in der Medina **in direkter Umgebung des Djamâa el-Fna** gut parken. In den großen Straßen um die Kutubiya-Moschee (insbesondere in der Av. Houmane Fetouaki, z.B. gegenüber dem Hotel Riad Bahia Salam, 35 DH/Tag) finden sich mehrere bewachte Parkplätze. Auf einem ummauerten Gelände nahe der Moschee kann man mit dem Wohnmobil auch über Nacht bleiben.

■ Ein weiterer **Parkplatz** zentral in der Medina liegt **gegenüber der Préfecture** (bzw. Hammam Ziani) an der Riad Zitoun Djedid.

■ In der **Av. Mohamed V.** kann man sowohl am Mittelstreifen als auch auf beiden Seiten parken (Gebühr am Parkautomaten bezahlen).

■ Bei der **Marrakech Plaza** in der Neustadt steht eine Parkgarage zur Verfügung.

■ Auch die **Gärten Menara und Agdal** haben bewachte Parkplätze.

### Werkstatt

■ Die **Motorradwerkstatt** von *El Amari Abdeljalil* (Mobil 0670 40 92 97, 19, Rue de la Recette, neben dem Hotel Gallia in der südlichen Medina) führt Reparaturen zuverlässig und gut aus.

■ **Atraxion 4x4** (523, Zone industrielle Sidi Ghanem, Mobil 0661 14 56 45, Tel. 0524 35 55 58, http://atraxion-4x4-maroc.com, N 31°40,690', W 08°02,918') ist auf die Reparatur und Wartung von Geländewagen spezialisiert und organisiert Wüstenrallyes.

### Autovermietung

6 **Avis** (Plan S. 240), 137, Av. Mohamed V., Tel. 0524 43 25 25; am Flughafen, Tel. 0524 43 31 69.

5 **Hertz** (Plan S. 240), 154, Av. Mohamed V., Tel. 0802 00 77 78, und am Flughafen; www.hertz.com.

20 **Sahara Experience** (Plan S. 240), Tel. 0524 42 06 73 oder Mobil 0661 77 67 66, www.sahara-experience.com (vgl. auch „Reisebüros/-veranstalter"), vermittelt neuwertige Fahrzeuge vom Kleinbis zum 4x4-Wagen.

■ **Amsterdam Car,** 112, Bd. Mohamed V., im 2. Stock (über Café Negociants), Guéliz, Tel. 0524 43 99 52, Mobil 0643 12 93 78. Zuverlässig, kompetent, gute Fahrzeuge. Der freundliche *Mohamed* spricht sehr gut deutsch.

■ **Budget,** Bd. Zerktouni, Guéliz, Tel. 0524 43 87 10, auch am Flughafen; www.budget.com.

■ **Europcar,** 63, Bd. Zerktouni, Guéliz, Tel. 0524 43 12 28, auch am Flughafen, Tel. 0524 43 77 18; www.europcar.com.

■ **First Car,** 234, Bd. Mohamed V., Imm. Zahir, Tel. 0524 43 87 64, und am Flughafen; www.firstcar.ma; zentrale Reservierungsstelle in Casablanca: Tel. 0522 30 00 07.

■ **Ifri Car,** Av. Hassan II., Koutoubia Center II (1. Stock, Büro N°5), Tel. 0524 42 06 73 oder Mobil 0661 77 67 66. Professionell geführt und zuverlässig, die Pkw sind gut in Schuss. Auch Vermietung von komfortablen, klimatisierten Geländewagen mit Fahrer. Englische Korrespondenz möglich.

■ **Marrakech Roues,** 3, Rue Bani Marine, Imm. Roux Marrakech (wenige Gehminuten südlich Djamâa el-Fna), Mobil 0663 06 18 92, www.marrakech-roues.com. Vermietung von Rollern, Mopeds und Quads.

■ **Sixt,** 9, Bd. el Mansour Eddahabi, Tel. 0524 43 31 84, auch am Flughafen, Tel. 0524 43 17 99; www.sixt.de.

## Geldwechsel

■ **Banken mit Geldautomat** findet man überall in der Neustadt sowie in der Rue Bab Agnaou und am Place de Bab Ftouh nahe des Djamâa el-Fna in der Medina.

■ Die **Wechselstube der Banque Populaire** am Südende des Djamâa el-Fna sowie diejenige **im Hotel Ali** haben auch sonntags geöffnet.

## Post und Internet

■ **Postämter:** Place du 16. Novembre, Av. Mohamed V. (Hauptpost) und am Djamâa el-Fna.

■ Die meisten Touristencafés und Restaurants bieten kostenloses **WLAN** an. Marokkanische **SIM-Karten** mit Prepaid-Guthaben zum Telefonieren und Surfen bekommt man in den Handyshops in der Rue Fatima Zohra (ab der Ecke Av. Mohamed V./Rue de la Koutoubia nahe Djamâa el-Fna Richtung Norden).

## Sport/Aktivitäten

### Baden und Schwimmen

Baden bzw. Schwimmen ist in einigen der **Luxushotels** in der Hivernage gegen Gebühr möglich. Außerdem kann man in folgenden Anlagen entspannte Badestunden oder -tage verbringen:

■ **La plage rouge,** km 10, Route de l'Ourika, www.laplagerougemarrakech.com, Tel. 0615 15 15 47, Eintritt: 250 DH inkl. Liege, tägl. 11–20 Uhr. Hier gilt jeden Tag das Motto „Sehen und gesehen werden". An der Strandbar wird die ganze Palette alkoholischer Getränke von Bier, Cocktails und marokkanischen Weinen bis zu Champagner ausgeschenkt. Die schicke Anlage um einen zentralen, 80 x 40 m großen Pool mit Palmen, Polsterliegen, breiten Futons und Hängematten ist weniger für Familien geeignet, denn häufig sorgen Live-Musik oder ein DJ für Stimmung am Pool. Anfahrt: Die Anlage liegt relativ weit außerhalb an der Straße nach Ourika (dort beschildert); viermal täglich mit privatem Shuttlebus ab dem Palais de Congrès, der Hauptpost in Guéliz oder von der Kutubiya-Moschee beim Café Islane zu erreichen; ansonsten mit dem Taxi.

■ **Le Jardin,** Rue Abou Abbas El Sebti, Tel. 0529 80 80 80, im Royal Mansour Hotel, www.royalmansour.com/en/dining/lejardin. In der herrlichen Parkanlage mit hohen Palmen, Olivenbäumen und Rosen auf dem Gelände des königlichen Prestigehotels Royal Mansour genießt man Ruhe und Luxus in unmittelbarer Nähe der Kutubiya. 20 x 30 m großer Pool, Gourmetrestaurant, sieben private Pool-Pavillons, Kinderbetreuung im Kid's Club. Nov. bis März tägl. 9–17 Uhr, April bis Okt. tägl. 8–24 Uhr. Tagesticket 700 DH/Pers., mit Lunch 1500 DH.

■ **Oasiria,** km 4, Route d'Amizmiz, Cherifia (ggü. Club Equestre), Tel. 0524 38 04 38, www.oasiria.com, tägl. 10–18 Uhr. Schönes Familienbad auf einem 10 ha großen Gelände mit Oliven- und Eukalyptusbäumen und schattigen Rasenflächen. Das Wellenbad, ein 500 m langer Wasserkanal, in dem man sich mit Gummireifen treiben lassen kann, die Pirate Lagoon mit Piratenschiff und die Kid's Lagoon mit Abenteuerspielplatz bringen vor allem Kindern Spaß (Spaßbereich erst ab ca. 1. April geöffnet). Anfahrt: mehrmals täglich kostenloser Shuttleservice ab dem Parkplatz an der Kutubiya-Moschee und ggü. von McDonald's in Guéliz; sonst mit Taxi. Eintritt Erw. 210 DH/Tag, 170 DH/halber Tag, Kinder bis 150 cm Korpergröße 130 bzw. 100 DH, Kinder unter 80 cm kostenlos.

### Golfen

■ **Atlas Golf,** km 4, Route d'Amizmiz, www.atlasgolfmarrakech.com. 9-Loch-Golfplatz vor der Kulisse des Hohen Atlas.

■ **Palmeraie Golf Club,** www.pgpmarrakech.com. Die 18-Loch-Anlage mit sieben Wasserhindernissen wurde vom legendären Golfplatzarchitekten *Robert Trent Jones* gestaltet. Zum Platz gehört das 5-Sterne-Hotel Palmeraie Golf Palace.

■ **Golf d'Amelkis,** km 12, Route de Ouarzazate, Palmeraie, www.golf-stage-maroc.com. Mitte der 1990er Jahre angelegter Platz mit 18 Löchern zwischen Erdwällen und Wasserhindernissen für technisch versierte Spieler.

■ **Royal Golf,** Ancienne Route de Ouarzazate, www.royal-golf-marrakech.com. Der traditionsreiche 18-Loch-Platz unter Palmen, Zypressen und Zitrusbäumen existiert seit 1927. Es gibt auch einen neueren 9-Loch-Parcours.

### Hammam und Wellness

In Marrakesch eröffnen immer mehr ausnehmend schöne Wellness-Oasen in renovierten Riads. Authentischer (und viel billiger!) ist es, ein Quartier-Hammam aufzusuchen. Alle großen Hotels der Neustadt bieten Massagen, Hammam und Kosmetikbehandlungen an.

■ **Bain d'Or,** in der Gasse an der Rückseite der Ben-Youssef-Moschee, Öffnungszeiten für Männer 6–11 Uhr, für Frauen 11–23 Uhr, Eintritt 10 DH. Der älteste Hammam der Stadt wird noch heute von den Bewohnern des Quartiers genutzt. Bei diesem

Bad handelt es sich um einen traditionellen Hammam, d.h. ohne Privatbehandlung oder besondere Wahrung der Intimsphäre wie bei Touristeneinrichtungen. Dafür erlebt man authentische marokkanische Alltagskultur.

■ **Heritage Spa,** 40, Arset Aouzal, Bab Doukkala, Tel. 0524 38 43 33, www.heritagespamarrakech.com, tägl. 10–20 Uhr. Ein hübscher Riad wurde zur duftenden Wellness-Oase umfunktioniert. Die nette Ukrainerin *Antonina* gibt eine gute Einweisung, auch die Hammam-Frauen sprechen englisch. Behandlung in kleinen, privaten Hammams, Verwendung hochwertiger Naturkosmetikprodukte von Nectarome.

■ **Le Bain Bleu,** 32, Derb Chorfa Lakbir, nördliche Medina, Mouassine-Viertel, Tel. 0524 38 38 04,

☑ Luxus-SPA im Royal Mansour Hotel

www.lebainbleu.com, tägl. 10–21 Uhr. Von der Rue Mouassine ggü. der Mouassine-Moschee in Gasse abbiegen, vorbei an Dar Cherifa Abzweig geradeaus und in letzter Gasse rechts bis zum Ende. Moderner SPA mit sehr angenehmer orientalischer Atmosphäre, private Hammams, Jacuzzi (Bikini mitbringen) und sehr professionelle Massagen. Terminvereinbarung notwendig.

- **Spa Farnatchi,** 60, Rue Suq El Fassi, Kaat Bennahid, nördliche Medina, angeschlossen an das gleichnamige Luxus-Riad (vgl. „Unterkunft"), Tel. 0524 38 49 14, www.farnatchispa.com, tägl. 11–19 Uhr. In diesem elegant in Schwarz-Weiß gehaltenen Spa erhält man professionelle Behandlungen von englischsprachigen Damen im Privathammam. Reservierung notwendig.

064sm20 ad

### Kochkurse

Wer in die Kunst der marokkanischen Küche eintauchen und selbst leckere Vorspeisen, Tajine und Couscous zubereiten möchte, hat die Möglichkeit, an einem Kochkurs teilzunehmen. Inzwischen bieten auch einige Gästehäuser für interessierte Gäste einen Einblick in ihre Küche.

- **Café Clock,** vgl. „Cafés in der Medina" und „Kunst und Kultur". Hier finden regelmäßig Kochkurse statt. Die Zutaten kaufen die Teilnehmer gemeinsam auf dem Suq ein.
- **El Amal,** Ecke Av. Allal Ben Ahmed/Ibn Sina, Guéliz, Tel. 0524 44 68 96, http://amalnonprofit.org (vgl. „Essen und Trinken"). Die Fraueninitiative bietet tägl. ab 10 Uhr Kochkurse für 300 DH (inkl. Zutaten, Rezept) an.
- **Faim d'Épices,** Mobil 0600 04 88 00, www.faimdepices.com. Individuelle Kochkurse mit Abholung vom Riad, 550 DH/Pers. für einen ganzen Tag inkl. Getränke.

### Trekking/Bergführer

Die bis über 4000 m hohen Gipfel des **Hohen Atlas** erheben sich nur etwa 50 km südlich von Marrakesch und zeichnen sich an klaren Tagen am Horizont ab. Marrakesch eignet sich sehr gut als Ausgangspunkt, um eine mehrtätgige Trekkingtour (z.B. am Djabal Toukbal, M'goun, Djabal Sahgro usw.) zu organisieren. Vorsicht: Von Dezember bis etwa April liegt in höheren Lagen Schnee. Die beste Zeit für Wanderungen ist Ende April/Mai und Sept./Okt. (vgl. „Reisetipps A–Z/Sport").

Man sollte sich nur lizensierten, staatlich geprüften **Bergführern** anvertrauen, die meist mehrere Sprachen sprechen und sich auf Wunsch auch um den Gepäcktransport mit Mulis, Unterkünfte in

Gîte d'étapes (einfachen Herbergen) und ggf. um die Verpflegung unterwegs kümmern. Ein deutschsprachiger Bergführer erhält ein Honorar von ca. 500 DH/Tag, ein Mulitreiber etwa 150 DH/Tag. Wir empfehlen folgende, sehr kompetente und erfahrene Bergführer:

- **Abdeslam Ourbati,** Mobil 0676 79 03 66, Abdourbati@gmail.com, abdou_ourbati@yahoo.fr. Der junge und angenehm zurückhaltende *Abdou* spricht deutsch.
- **Slimane Baadoud,** Mobil 0661 24 16 43, www.naturetrek-maroc.com. *Slimane Baadoud* organisiert mit seiner Agentur zuverlässig Berg-, Mountainbike-, Wildwasser- und sonstige Aktiv-Touren.
- **Yasin el Hadi,** Mobil 0618 07 56 34, yasinguide @yahoo.fr. Der stets gut gelaunte *Yasin* spricht sehr gut deutsch und führt seit Jahren für deutsche und französische Trekkingreiseveranstalter. Er organisiert auch individuelle (Berg-)Touren nach den Wünschen der Gäste.
- **Hafida Hdoubane,** Mobil 0618 24 44 31, www.tawadatrekking.com. Die erste Bergführerin Marokkos leitet und organisiert Trekkings und Raftingtouren.
- Auch viele **Reisebüros/-veranstalter** (s.u.) haben Bergtouren, Trekkings und Wüstenausflüge im Angebot.

## Reisebüros/-veranstalter

Es gibt zahllose **Trekkinganbieter** in und um Marrakesch, die allerdings **nicht immer legal** arbeiten. Man sollte bei der Auswahl eines Veranstalters deshalb nicht nur auf den Preis, sondern auch darauf achten, dass die Touren ökologische und soziale Prinzipien berücksichtigen. Ein seriöser Anbieter kann daher keine Dumping-Preise bieten. Zu Empfehlungen kompetenter (deutschsprachiger) Bergführer siehe oben. Wir empfehlen folgende Veranstalter (alphabetisch gelistet):

- **Cultures Natur Voyage,** 19, Rue Oum R'Bia, Immeuble Nakhil, Guéliz, Tel. 0524 43 98 66 oder Mobil 0667 59 11 47, mo1hamed@hotmail.com (deutsch), www.culturenaturevoyage.com. Die zuverlässige Agentur der Bergführer *Mohamed Driouich* und *Lahcen Id Belaid* organisiert Trekkingtouren, Pferde- und Kameltrekkings sowie andere Aktivreisen.
- **Marabout Travel/Amalou Voyages,** 2, Rue Ibn Aicha, Apt. 9, Tel. 0524 43 22 21, www.maraboutreisen.ch. Die auf Wüstentouren (mit Kamelen und 4x4-Fahrzeug) und Trekkings spezialisierte Agentur wird von der Schweizerin *Brigitte Zahner* und ihrem Mann *Lahoucine Taha* geleitet, der aus dem Aït-Bougoummez-Tal stammt. Beide sprechen deutsch und legen besonderen Wert auf ökologische und soziale Nachhaltigkeit. Professionelle Betreuung, Reisen in Kleingruppen. Auch individuelle Touren für Familien.
- **Maroc Expedition,** N°564, Maatallah Askejour Menara, Mobil 0661 51 16 68 oder 0666 16 16 04, www.marocexpedition.com. Freundlich und kompetent; Tagesausflüge (z.B. ins Ourika-Tal oder nach Ouzoud) und Rundfahrten mit 4x4 oder Minibus. Korrespondenz auf Englisch möglich.

UNSER TIPP: 20 **Sahara Experience** (Plan S. 240), 88, Bd. Zerktouni, Immeuble Moutassali, App. 38 (4. Stock), zwischen Hotel Al Kabir und Boustane, sowie weiteres Büro in Av. Hassan II., Koutoubia Center II., 1. Stock (Büro N°5), ggü. Gendarmerie Royal, Guéliz, Tel. 0524 42 06 73, Mobil 0661 77 67 66, www.sahara-experience.com. Sehr erfahrene und kompetente Agentur des gut englisch sprechenden *Abdelkhalek Benalila,* die mit europäischen und amerikanischen Veranstaltern zusammenarbeitet. Tages- und Mehrtagestouren ab Marrakesch, u.a. MTB-Ausflüge, Trekkingtouren im Hohen Atlas, Wüstentouren in den Erg Chegaga und Kameltrekkings; Begleitung durch deutschsprachige Führer möglich. Sahara Experience hat eine eigene Mietwagenfirma und betreibt luxuriöse Wüstencamps im Erg Chegaga, im Erg Chebbi und in der Agafay-Wüste nahe Marrakesch (vgl. „Ausflüge").

■ **Sport Travel,** 154, Bd. Mohamed V, Tel. 0524 43 63 69, www.sporttravel-maroc.com. Die professionell arbeitende Agentur richtet sich an Aktiv-Reisende: Trekking-, Ski- und Pferdetouren, Mountainbiking, Canyoning etc.

■ **Tamsilt,** Tel. 0524 34 37 98, Mobil 0667 49 57 01, http://tamsilttrekking.com (Korrespondenz auf Deutsch möglich). Der freundliche Bergführer *Lahoucine Oulkadi* und die Schweizerin *Beatrice Buschor Oulkadi* führen kleine Trekkinggruppen durch den Hohen Atlas und die Wüste. Lahoucine stammt aus dem Aït-Bougoummez-Tal, einer der schönsten Wanderregionen Marokkos, die er wie seine Westentasche kennt. Beide betreiben eine nette Herberge in Agouti. Individuelle Tourenorganisation, Miete von Minibussen und Allradfahrzeugen mit Chauffeur ab Marrakesch möglich.

■ **Tombouctour,** Av. Mohamed V., Résidence Nacarat, App 403, Guéliz, Tel. 0524 43 01 11, 0041 (0)43 205 25 00 (in der Schweiz), www.tombouctour.ch. Die Agentur unter marokkanisch-schweizerischer Führung (mit jeweils einer Vertretung in der Schweiz und in Zagora) hat ein umfangreiches Angebot von Kameltrekking über Wüstentouren und Mietwagen bis zu individuellen Rundreisen.

### Festivals

■ **Festival National des Arts Populaires** (FNAP), eine Woche im Juli. Dies ist die größte und wohl bedeutendste Kulturveranstaltung der Stadt mit Folklore-Musikgruppen und Artisten aus allen Teilen Marokkos. Bei den Spektakeln im El-Badi-Palast und an anderen Veranstaltungsorten kann der Besucher die kulturelle Vielfalt Marokkos und ihre musikalischen Ausprägungen kennenlernen: traditionelle Musik der Berber aus dem Hohen Atlas, andalusisch geprägte Melodien aus Nordmarokko, mystische Rhythmen der Gnaoua aus Essaouira usw.

■ **Festival International du Film de Marrakech,** www.festivalmarrakech.info, neun Tage Anfang Dez. Jedes Jahr kommt zum Internationalen Filmfestival unter Schirmherrschaft von König *Mohamed VI.* für ein paar Tage ein bisschen Hollywoodglamour nach Marrakesch. In den letzten Jahren wurde der rote Teppich z.B. für internationale Produzenten und Stars wie *Martin Sheen, Leonardo di-Caprio* und *Martin Scorsese* ausgerollt. Das Festival widmet sich internationalen Filmen jeden Genres. An den verschiedenen Veranstaltungsorten werden Hunderte Filme gezeigt, darunter auch nicht nominierte, international ausgestrahlte Kinofilme.

# Ausflüge

## Organisierte Ausflüge

**Hotels und Reisebüros** bieten eine breite Palette an Ausflügen an: Tagesfahrten ins Ourika-Tal, nach Asni und Aghbalou, nach Asni und Ouirgane, nach Ouarzazate, nach Essaouira, zwei Tage nach Zagora etc. Wer unabhängig sein möchte und nicht mit dem eigenen Fahrzeug unterwegs ist, mietet sich am besten ein Grand Taxi für einen Tagesausflug.

Ein sehr breit gefächertes Ausflugsprogramm ab Marrakesch bietet **Sahara Experience** an (s.o.).

## Ausflüge auf eigene Faust

(mit Mietwagen, Sammeltaxi oder öffentlichen Verkehrsmitteln)

**Halbtagesausflüge** zum **Lalla Takerkoust** (Stausee des **Oued N'Fiss** 20 km südlich, Bade- und Einkehrmöglichkeit) oder zum **Anima-Garten** von *André Heller* per Shuttlebus (vgl. „Von Marrakesch ins Ourika-Tal und nach Oukaïmeden“ im Kapitel zum nördlichen Hohen Atlas, www.anima-garden.com).

## Tagesausflüge

Für Tagesausflüge bieten sich z.B. das **Ourika-Tal** und **Oukaïmeden** an. Ein Highlight auf dem Weg ins Ourika-Tal ist **Anima Garden,** der 2016 eröffnete Garten des Künstlers *André Heller* (27 km ab Marrakesch). Auf dem drei Hektar großen Gelände mit Café und Museum kann man zwischen subtropischen Pflanzen und Skulpturen wandeln und den Blick auf den Hohen Atlas genießen (www.anima-garden.com). Acht Jahre lang baute *André Heller* an diesem Projekt und verpflanzte dafür 30 m hohe Palmen. Es werden maximal 500 Personen pro Tag zugelassen, daher muss man sich anmelden. Der Ausflug kann mit dem Besuch des **Jardin Aromatique Nectarome** und der **Safranfarm Paradis du Safran** in Ourika kombiniert werden (vgl. „Von Marrakesch ins Ourika-Tal und nach Oukaïmeden“ im Kapitel zum nördlichen Hohen Atlas).

Weitere Ziele für einen Tagesausflug sind **Moulay Brahim** (Wallfahrtsort), **Asni, Ouirgane** und **Tin Mal,** die Gründermoschee der Almohaden; ferner **Demnate – Pont Naturel Imi-n-Ifri** und die **Ouzoud-Wasserfälle.**

066sm20 ad

## Zweitagesausflüge

Zweitagesausflüge bieten sich nach **Telouèt** an, zur Kasbah des Paschas *El Glaoui,* und nach **Aït Benhaddou** (UNESCO-Weltkulturerbe). Beide liegen auf der Strecke nach **Tizi-N-Tichka** und Ouarzazate. Telouèt ist auch an einem Tag zu machen (vgl. Kapitel zum nördlichen Hohen Atlas).

### Agafay Desert

Wer etwas Wüstenfeeling erleben möchte, aber nicht die weite Strecke in die Dünengebiete Erg Chebbi oder Erg Chegaga zurücklegen möchte, der unternimmt einen Ausflug in die **unwirkliche Mondlandschaft** der Agafay-Wüste, nur etwa 40 Minuten Fahrzeit von Marrakesch entfernt. Die Stille und Weite, die klare Luft und der Nachthimmel aus Abermillionen Sternen vermitteln fast das gleiche Freiheitsgefühl wie die „echte" Sahara. Sahara Experience (vgl. „Reisebüros/-veranstalter" und „Unterkunft außerhalb/The White Camel") und andere Veranstalter unterhalten dort komfortable **Wüstencamps** (Bivouacs). Es sind **Kamelausflüge** möglich, ansonsten ziehen nur einige Viehhirten mit ihren Ziegen durch die karge Stein- und Lehmhügellandschaft mit goldenem Trockengras. Von den Hügeln fällt der Blick auf die Felder unten in der grünen Haouz-Ebene und bis zum Häusermeer von Marrakesch. Im Süden zeichnet sich an klaren Tag der Hohe Atlas mit seinen (im Winter und Frühjahr) verschneiten Gipfeln ab.

■ **Anfahrt:** Marrakesch vorbei am Flughafen auf der Av. Guemassa/R 212 verlassen. Nach ca. 21 km (ab Flughafen Marrakesch) geht es vor dem unattraktiven Dorf Douar Agafay/Aït Daoud links ab auf eine schmale Asphaltstraße in Richtung Süden (Schilder „Douar Laarissa" und „Etoile des Terres"). 5 km weiter zweigt kurz hinter einer Anhöhe mit Mobilfunkmast eine Piste rechts zum White Camel Camp ab (kein Schild, 3 km). In der weiten Landschaft von Agafay kann man auch überall wild übernachten. Die Camps organisieren Transfers von Marrakesch.

## Dreitagesausflüge

Durch die Oasen des Drâa-Tals zu den Sanddünen des **Erg Chegaga** (besser vier Tage), **Wandern** im **Nationalpark Djabal Toubkal** (Anfahrt über Asni und Imlil) oder im **Aït-Bougoumez-Tal.**

☒ Sonnenuntergang in der Agafay-Wüste

010sm20 ad

# 4 Nördlicher Hoher Atlas

Der Hohe Atlas lädt zu Wanderungen, Trekking und Touren mit dem Mountainbike ein. Auf den Gipfeln bis über 4000 m Höhe liegt von Dezember bis März Schnee, im Sommer herrschen in der Region angenehmere Temperaturen als in Marrakesch oder Ouarzazate. Die schroffe Bergwelt durchziehen fruchtbare Flusstäler, in denen Berberdörfer über grünen Terrassenfeldern an den Hängen kleben.

< Trekkingtour im Hohen Atlas

# ÜBERBLICK

Nur etwa 50 km südlich von Marrakesch erhebt sich der Hohe Atlas. Er ist mit den Gipfeln Djabal Toubkal (4167 m, Besteigung ab Imlil) und Djabal M'goun (4071 m, Besteigung ab Agouti) das höchste Gebirge in Nordafrika. Der Hohe Atlas, der die natürliche Trennlinie zur Sahara bildet, ist nur wenig besiedelt. In den grünen Flusstälern wachsen zahllose Apfel- und Nussbäume. Auf den von Bewässerungskanälen durchzogenen Terrassenfeldern bauen die Dorfbewohner Getreide und Mais an. In den höheren Lagen gedeihen nur noch einige Thujen, Pinien und knorriger Wacholder. Die Bergbewohner leben in ursprünglichen Dörfern mit Häusern aus Stampflehm und Bruchstein und Flachdächern aus Knüppelholz. Im Sommer ziehen Hirten mit ihren Ziegen und Schafen über die vielen kleinen Pfade quer durch die Berge und campieren in einfachen Schäfereien (franz. *bergerie*, berb. *azib*) auf Hochweiden.

044m015 ad

Überquert man den Hohen Atlas über einen der beiden **Straßenpässe Tizi-n-Tichka** (2260 m) oder **Tizi-n-Test** (2093 m) Richtung Süden, wähnt man sich in einer anderen Welt. Die Berge werden kahl und unwirtlich, die Landschaft bekommt mehr und mehr wüstenhaften Charakter. Die schroffen, im Abendlicht rot schimmernden Südhänge durchziehen tiefe Schluchten wie die Dadès- und die Todrha-Schlucht.

Die Dörfer im Hochgebirge kennen **kaum Tourismus** – nur ein paar Trekker und Geländewagenfahrer verirren sich gelegentlich hierher. Ein gewisses Gespür für die in einfachsten Verhältnissen (z.T. ohne Strom und fließend Wasser) lebenden Einwohner sollte man dort unbedingt mitbringen. Bei Wanderungen über die Pässe, durch die Dörfer und Täler knüpft man nette Kontakte und nähert sich den Menschen auf die natürlichste Art. Wer lange genug Zeit hat, sollte unbedingt eine mehrtätige Trekkingtour im Hohen Atlas – beispielsweise ab Agouti, Imlil, Oukaimeden oder Setti-Fatma – oder im Djabal Saghro einplanen.

Typisches Berberdorf im Hohen Atlas

# Von Marrakesch zu den Ouzoud-Wasserfällen und dem Stausee Bin-el-Ouidane

■ **195 km von Marrakesch bis zu den Ouzoud-Wasserfällen, 257 km bis Bin-el-Ouidane; N 8, R 304.**

■ Um mit öffentlichen Verkehrsmitteln nach Ouzoud zu kommen, nimmt man in Marrakesch entweder einen **Bus in Richtung Beni-Mellal** und steigt an der Kreuzung nach Aït Attab aus, oder man fährt mit einem **Bus Richtung Azilal** mit Ausstieg an der Kreuzung nach Ouzoud. Von beiden Kreuzungen verkehren Sammeltaxis zu den Wasserfällen. Viele Hotels und Veranstalter bieten die Ouzoud-Wasserfälle als Tagesausflug an.

■ Die im ersten Drittel eintönige Strecke über Aït Attab führt im weiteren Verlauf malerisch durch Steineichen und Thujenwälder oberhalb der Abid-Schlucht entlang und weiter zum Bin-el-Ouidane-Stausee. Eine landschaftlich ebenso reizvolle, aber kürzere **Alternativroute** (155 km) auf weniger befahrener Strecke führt auf der R 208 und der R 304 (gute Asphaltstraßen) in Richtung Demante von Süden zu den Wasserfällen (s.u.).

**Beide Routen beginnen in Marrakesch** beim Bab Doukkala an der Nordseite der Medina. Folgt man der Beschilderung in Richtung Ouarzazate und Fès, passiert man die Palmeraie und erreicht nach 5 km einen Kreisverkehr. Beim nächsten Kreisverkehr **(km 9)** folgt man weiter den Schildern nach Fès/Beni-Mellal in Richtung Nordosten (N 8). Weiter geht es durch landwirtschaftliches Gebiet (Oliven, Zitrusfrüchte) bis zum großen Ort **Tamelelt (52 km,** Straßencafés, Markt am Samstag).

Nach 5 km **(Gesamt-km 57)** besteht die Möglichkeit, **rechts** (ostwärts) **nach Demnate und Azilal** und auf direktem Weg über die R 208 zu den Ouzoud-Wasserfällen zu gelangen (nicht über die Schlucht El Abid, beschildert „Demnate 52, Azilal 98"). Diese gut ausgebaute Straße führt über **Attaouia** (14 km ab Abzweig) und **Tanannt** (59 km), vorbei am **Stausee Hassan I. (km 74),** durch großartige Bergkulisse bis zum Abzweig bei km 83 nach Ouzoud (links, Norden) bei einer Ziz-Tankstelle auf die P 3105. Nach 15 km und **Gesamt-km 98** ab dem Abzweig ist auf dieser Route **Ouzoud** erreicht.

**NICHT VERPASSEN!**

- **Ouzoud-Wasserfälle:** willkommene Erfrischung | 286
- **Die Täler Aït Bougoumez (Agouti) und Mizane (Imlil):** bei einer Wanderung eröffnen sich herrliche Ausblicke auf die Bergwelt des Hohen Atlas | 297, 299, 313
- **Tin Mal:** die Moschee war die Geburtsstätte der Almohaden-Dynastie und ist mit der Moschee Hassan II. das einzige Gotteshaus in Marokko, das Nicht-Muslime betreten dürfen | 324
- **Telouèt und Aït Benhaddou:** in den beeindruckenden Kasbahs lernt man authentische Berberarchitektur kennen | 329, 334

**Diese Tipps sind gelb hinterlegt.**

# Nördlicher Hoher Atlas

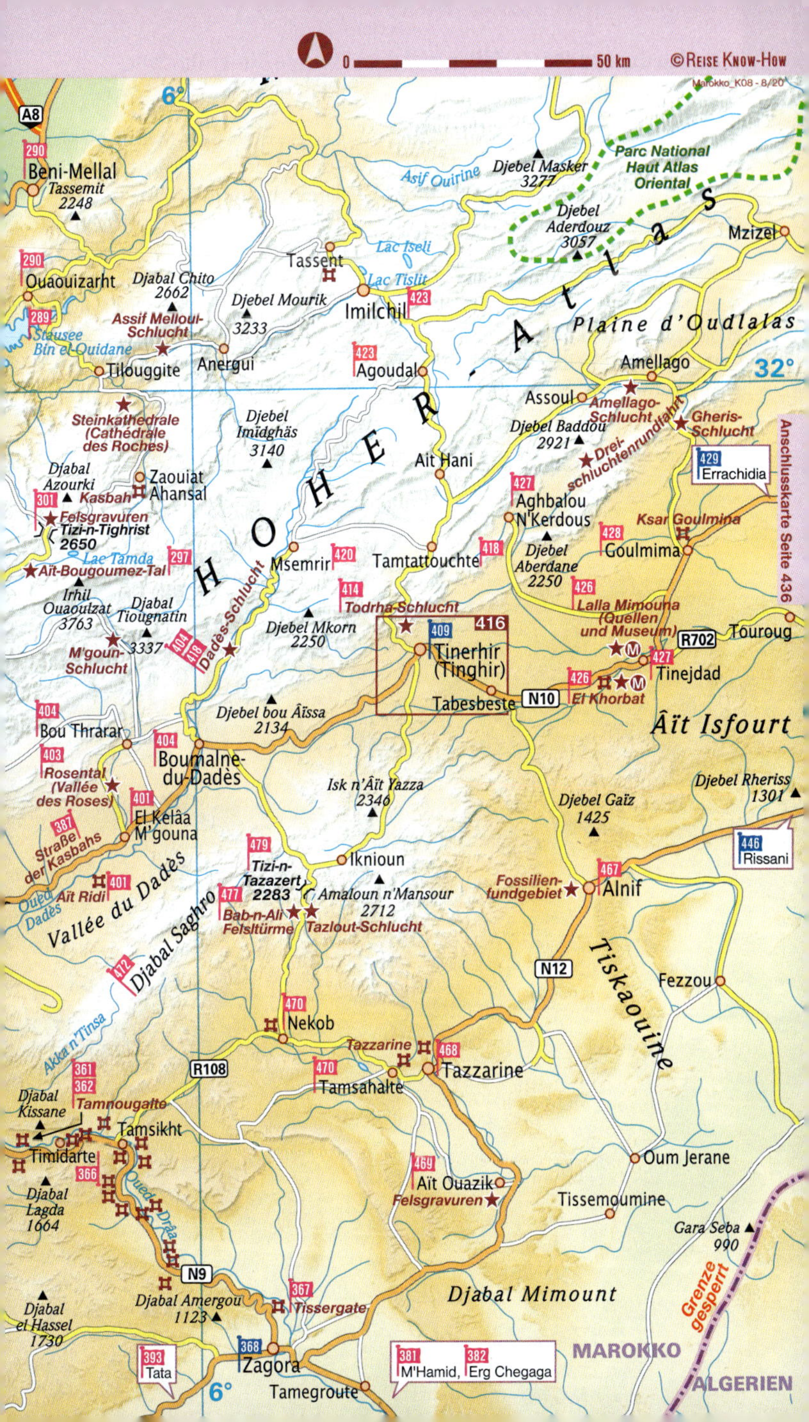

0 50 km
©Reise Know-How
Marokko_K08 - 8/20
Beni-Mellal
Tassemit 2248
Ouaouizarht
Djabal Chito 2662
Djebel Mourik 3233
Tassent
Imilchil
Lac Iseli
Lac Tislit
Asif Ouirine
Djebel Masker 3277
Parc National Haut Atlas Oriental
Djebel Aderdouz 3057
Mzizel
Plaine d'Oudlalas
Assif Melloul-Schlucht
Stausee Bin el-Ouidane
Tilouggite
Anergui
Agoudal
Amellago
32°
Assoul
Amellago-Schlucht
Gheris-Schlucht
Djebel Baddou 2921
Steinkathedrale (Cathédrale des Roches)
Djebel Imïdghäs 3140
Hoher Atlas
Ait Hani
Drei-schluchtenrundfahrt
Errachidia
Anschlusskarte Seite 436
Djabal Azourki
Zaouiat Ahansal
Kasbah
Felsgravuren
Tizi-n-Tighrist 2650
Aghbalou N'Kerdous
Ksar Goulmima
Goulmima
Lac Tamda
Aït-Bougoumez-Tal
Msemrir
Tamtattouchte
Djebel Aberdane 2250
Irhil Ouaoulzat 3763
Djabal Tiougnatin 3337
Dadès-Schlucht
Djebel Mkorn 2250
Todrha-Schlucht
Lalla Mimouna (Quellen und Museum)
R702
Touroug
M'goun-Schlucht
Tinerhir (Tinghir)
Tinejdad
Tabesbeste
N10
El Khorbat
Djebel bou Âïssa 2134
Bou Thrarar
Boumalne-du-Dadès
Âït Isfourt
Rosental (Vallée des Roses)
Isk n'Aït Yazza 2346
Djebel Rheriss 1301
Djebel Gaïz 1425
El Kelâa M'gouna
Straße der Kasbahs
Iknioun
Rissani
Tizi-n-Tazazert 2283
Amaloun n'Mansour 2712
Fossilien-fundgebiet
Alnif
Aït Ridi
Oued Dadès
Vallée du Dadès
Djabal Saghro
Bab-n-Ali Felstürme
Tazlout-Schlucht
Tiskaouine
N12
Fezzou
Akka n'Tinsa
Nekob
Tazzarine
R108
Tamsahalte
Djabal Kissane
Tamnougalte
Tamsikht
Timidarte
Oued Drâa
Oum Jerane
Djabal Lagda 1664
Aït Ouazik
Felsgravuren
Tissemoumine
Gara Seba 990
N9
Djabal Mimount
Grenze gesperrt
Djabal el Hassel 1730
Djabal Amergou 1123
Tissergate
Tata
Zagora
M'Hamid, Erg Chegaga
MAROKKO
6°
Tamegroute
ALGERIEN

Weiter auf der N 8 folgt bei etwa **km 84** die hübsche Kleinstadt **El Kelâa des Sraghna** (Hotels, Tankstellen, Cafés, Marjane-Supermarkt, Markt etc.).

Bei einem Kreisverkehr 15 km hinter El Kelâa des Sraghna zweigt eine Straße nach Settat und Casablanca ab; weiter geradeaus nach Fès und Beni-Mellal (beschildert). 6 km weiter ist der breite **Canal Tassaout** zu sehen – er bewässert die Ebene zwischen Beni-Mellal und Marrakesch. Bei einer großen Afriquia-Tankstelle gibt es eine Raststätte.

Bei **km 121** und einer weiteren Afriquia-Tankstelle führt rechts wieder ein Abzweig nach Azilal (R 307). Geradeaus geht es weiter nach Beni-Mellal und Fès. Hier beginnt der Mittlere Atlas.

Bei **km 130** (9 km hinter dem Abzweig nach Azilal) kann man bei einer

039m015 ad

Olivenmühle auf der linken Seite kaltgepresstes Olivenöl direkt einkaufen (Hausbemalung mit Olivenölflasche, N 32°10,603', W 06°58,440').

Bei **km 146** liegt der große Ort **Khemis des Ouled Ayad.** Hier muss man rechts nach Aït Attab (25 km) abbiegen (beschildert). Vorbei an einer Zuckerraffinerie geht es bis zu einer V-Kreuzung (1 km): Zu den Cascades d'Ouzoud geht es rechts am Steinbruch und zwei Restaurants vorbei bergauf.

Nach **157 km** wird eine kleine **Passhöhe** (980 m) passiert, dann geht es bergab – der Bewuchs ist wesentlich dichter. Einige Bauerngehöfte sind aus der typischen roten Erde dieser Region gebaut. Der große Taleinschnitt des **Oued El Abid** liegt vor uns. Eine breite Straße führt bis zu dem Ort **Aït Attab,** der nach **167 km** erreicht ist. Hier gibt es eine Tankstelle, Markttag ist Mittwoch. Ein Bus fährt zur Straße nach Marrakesch bzw. Beni-Mellal.

In Aït Attab geht es geradeaus weiter. Die Straße windet sich bergauf ins Tal des Oued El Abid und folgt dann diesem nach Süden. Über eine Stahlbrücke geht es bei **km 174** über den **Oued El Abid** (550 m). Die Straße schlängelt sich in vielen Serpentinen durch Thujen, Wacholder, Pinien- und Eichenwald bergauf am Canyonrand entlang. Die Sicht auf die Oued-Abid-Schlucht und Aït Attab ist überwältigend. Die Route führt auf eine **Passhöhe** (1040 m) und weiter zum Weiler **Ouzo** (Forsthaus) bei **km 193.** 1 km weiter spannt sich eine Stahlbrücke über den Fluss.

Kurz danach (500 m), bei **km 194,** ist das Dorf **Ouzoud** erreicht. Beschilderung zurück: nach „Aït Attab 26 km", links nach Azilal.

◁ Die Ouzoud-Wasserfälle sind die höchsten und schönsten des Landes

## Ouzoud

Der Ort Ouzoud ist wegen der **höchsten und schönsten Wasserfälle Marokkos** bekannt. Diese fallen in mehreren Etagen 110 m über rote Sinterterrassen nach unten, wenn nicht eine lang anhaltende Trockenheit nur noch Rinnsale übrig lässt. Leider hat sich Ouzoud (v.a. an Wochenenden im Frühjahr und Sommer) zu einer Art **Rummelplatz** entwickelt, mit zahllosen Buden und Selfies schießenden einheimischen Ausflugstouristen, die teilweise auch ihren Müll hinterlassen ... Die Gegend lohnt wegen der schönen Landschaft trotzdem einen Besuch.

Vom Parkplatz in Ouzoud führt (vorbei am Hotel Dar Essalam und Chellal d'Ouzoud) ein **betonierter Fußweg** nach links zu den Wasserfällen. An dem Weg mit vielen Treppenstufen nach unten reihen sich Souvenirbuden und Tajine-Restaurants aneinander. Trotz des touristischen Hochbetriebs wirkt die Szenerie mit den vielen Kakteen, Feigenbäumen, Oliven und Oleandersträuchern recht idyllisch. Im Gebüsch springen Makakenaffen herum, die frech Ausschau nach Essbarem halten.

Für Fotografen herrscht am frühen Nachmittag das beste Licht, morgens und abends liegen die Wasserfälle im Schatten. Bis ganz unten sind es ca. **15 Min. Fußmarsch** ab dem Parkplatz. Baden im Becken unterhalb der Kaskaden ist offiziell verboten, woran sich aber niemand hält.

Vom Platz im Ort rechts am Riad Cascades d'Ouzoud vorbei kann man auch an die **Oberkante der Wasserfälle** (nicht gesichert, also Vorsicht!) und auf einem steilen Weg auf der rechten Seite der Fälle nach unten gelangen bzw. als Alternative zum gängigen Weg vom Parkplatz aus durch die Olivenhaine entlang des Flusses (Ausgangspunkt ist die Brücke am Ortsausgang Richtung Aït Attab, s.o.) wandern. Auf einem Spaziergang (ca. 10 Min.) erreicht man dann die obere Kante des Wasserfalls und kann entweder von dort über eine kleine Brücke auf die andere Seite gelangen und zurück zum Parkplatz oder aber bergab marschieren zum Fuß des Wasserfalls (s.o.; nach Regenfällen sehr glitschig).

### Praktische Informationen

#### Unterkunft

■ **Chellal Ouzoud**② (mit Frühstück), vom Hotel Essalam ca. 100 m am Weg zu den Wasserfällen, Tel. 0523 42 91 80, Mobil 0672 38 47 91, http://hotel-chellal.weebly. com. Einfache, aber sehr ordentliche und saubere Zimmer mit Bad, hübsches Restaurant mit Terrasse.

■ **Hôtel de France**②, Tel. 0523 42 91 76, www.hotelfrance-ouzoud.com. Etwas außerhalb des Ortes auf der anderen Flussseite, beschildert, N 32°01, 006', W 06°43,041'. Ordentliches Hotel mit sehr sauberen Zimmern (mit und ohne Bad) und Restaurant. Camping im Garten mit Olivenbäumen möglich (für Caravans wenig Platz).

■ **Kasbah Ouzoud**③-④, neben dem Camping Zebra am Ortseingang, Tel. 0523 42 92 10, www.kasbahouzoud.com. Das sehr empfehlenswerte Gästehaus bietet hübsche Zimmer oder Bungalows mit eigener Terrasse im wunderschönen Garten. Pool (auch für Gäste von außerhalb gegen Gebühr nutzbar), Restaurant im Festzelt, sicheres Parken im Hof möglich.

■ **Riad Cascades d'Ouzoud**③, Tel. 0523 42 91 73, Mobil 0662 14 38 04, www.ouzoud.com. Komfortabler, im Berberstil gestalteter Riad in einem zweistöckigen Lehmhaus mit Innenhof. Die neun rustikalen Zimmer (alle mit Bad und Heizung, zum Teil mit AC) sind sehr schön. Vom Restaurant auf der Dachterrasse (sehr gutes Menü auf Bestellung) hat man einen herrlichen Blick.

■ **Zebra,** s. „Camping".

### Camping

■ **Camping/Auberge Zebra,** 1 km außerhalb Richtung Demnate am Ortseingang von Ouzoud, Mobil 0666 32 85 76, N 32°00,351', W 06°43,177'. Das sehr schöne Campinggelände erstreckt sich auf mehreren Terrassen mit gemütlichen Sitzecken – wunderbar zum Entspannen in herrlicher Lage. Es gibt ein gutes Zeltrestaurant mit Kaminfeuer, einen Hammam, saubere (heiße) Duschen und WCs sowie zehn sehr saubere Zimmer in Bungalows, vier mit Dusche und Toilette (DZ③, Zimmer oder Nomadenzelt ohne Dusche②). Buchung von 4x4-Wüstentouren und Ausflügen in der Umgebung möglich, Vermittlung von Bergführern. WLAN im Restaurant.

■ **Traumschiff Walhalla,** in Tazrout, Mobil 0767 01 76 49 oder 0664 26 33 67, https://ferien-in-marokko.de. Anfahrt: Von Ouzoud 2 km in Richtung Azilal, dann links auf eine Piste abbiegen (N 31°59, 899', W 06°44,164'), weiter auf schmaler Piste auf einen Hügel (N 31°59,684', W 06°43,800'). Der außergewöhnliche Platz in herrlicher Umgebung wurde von der Deutschen *Jane Schmidt* mit ihrer Familie und vielen Helfern aus Naturmaterialien geschaffen. Die Familie freut sich über Gäste ohne große Komfortansprüche, die Zeit in der Natur und in entspannter Atmosphäre verbringen möchten. Ausstattung: Solarenergie, Sanitäranlagen mit Öko-Toilette und einfachen Duschen, Übernachtung in der Jurte oder im Pyramidenzelt für Selbstversorger, einfache Küche und Waschmaschine vorhanden, Kinderspielplatz mit Trampolin. Nicht alle Stellplätze für Camper sind eben.

### Essen und Trinken

Entlang des Weges zu den Wasserfällen und am zentralen Platz im Ort gibt es **zahlreiche Café und Restaurants** mit dem üblichen Tajine-Angebot. Auch in den Restaurants der Hotels Chellal Ouzoud und Riad Cascades d'Ouzoud gibt es gutes Essen.

### Sammeltaxis/Taxis

Die Leute von den Campingplätzen oder Hotels sind bei der Taxibeschaffung behilflich. Ein Sammeltaxi bis Marrakesch kostet ca. 500 DH für 6 Pers. Ab der Kreuzung Marrakesch – Azilal hält morgens und nachmittags ein Bus nach Marrakesch. Ab Azilal und Aït Attab verkehren auch Sammeltaxis.

## Weiterfahrt zum Stausee Bin-el-Ouidane

Es gibt **zwei Routen nach Azilal:** Die kürzere, **recht neue Straße** zweigt 2 km hinter Ouzoud (in Richtung Aït Attab, P 3105) rechts ab (bei N 32°01,302', W 06°42,122', beschildert „Azilal 24"). Sie führt mit herrlichen Ausblicken ins Tal nach 10 km auf eine **Passhöhe** (1352 m), von der sich ein fantastischer Blick auf die Kette des Djabal M'goun (zweithöchster Berg des Hohen Atlas) bietet. Weiter kurvig durch die Hügellandschaft erreicht die Straße nach 20 km ein kleines Flusstal und nach weiteren 5 km Azilal (Gesamt-km 219).

Eine **ältere Straße** (P 3105) führt von Ouzoud in Richtung Süden und mündet nach 15 km (Gesamt-km 209) in die R 304 – Route nach Azilal, zum Stausee Bin el-Ouidane und nach Beni-Mellal (links) – ein. Rechts geht es nach Demnate und Marrakesch (R 304, vgl. oben bzw. Alternative ab km 57).

Links geht es durch Oliven- und Obstanbaugebiet, danach bergauf durch steinige Gegend mit Macchia-Vegetation und später durch landwirtschaftliches Gebiet. Bei **km 231** ist **Azilal** erreicht.

# Azilal

In der ruhigen, für Touristen aber uninteressanten Provinzstadt Azilal (1400 m) leben rund **100.000 Menschen.** Entlang der Durchgangsstraße Av. Hassan II. reihen sich Verwaltungsgebäude, Cafés und Banken. Unterhalb der Av. Hassan II. und des kleinen Hauptplatzes bei der großen Moschee befindet sich der Suq mit vielen Läden.

Azilal ist Ausgangs- bzw. Umsteigepunkt für Fahrten ins Aït-Bougoumez-Tal (Agouti) und für **Trekking- bzw. Mountainbiketouren im Hohen Atlas:** auf den Djabal Azourki, 3690 m; zum Lac d'Izourar; nach Aït Bougoumez, zur Steinkathedrale *(Cathédrale des Roches);* zum Djabal M'goun, 4071 m; ins M'goun-Tal weiter bis Kelâa M'gouna zur Straße der Kasbahs.

In der Nähe von Azilal, in einem Trockenflussbett nahe der Ortschaft Woudane, fand man 1987 eines der größten **Dinosaurierskelette** der Welt, die ca. 165 Mio. Jahre alten Überreste eines *Atlasaurus Imelakai.* Die Ausgrabungsarbeiten dauerten Jahre, die über 500 Kilo schweren Knochen mussten mit dem Hubschrauber ausgeflogen werden. Jetzt ist das Skelett im Bergbaumuseum in Rabat zu besichtigen.

Die Berberfrauen in der Gegend tragen schöne bunte, mit Pailletten verzierte Umhängetücher, die man auf dem **Suq am Donnerstag** kaufen kann.

## Praktische Informationen

### Unterkunft

- **Binazi**②-③, 1 km außerhalb an der Straße Richtung Aït Mohamed auf der rechten Seite, Tel. 0523 45 82 61. Hotel im marokkanischen Stil mit Restaurant und sechs sehr sauberen, einfachen Dreibett-Zimmern mit Bad, z.T. mit Balkon. Im Garten gibt es einen großen Pool. Man kann auch im Schlafsaal übernachten.
- **Tanout**①-②, Av. Hassan II., Richtung Bin-el-Ouidane an der Ortsausfahrt auf der rechten Seite, Tel. 0523 45 93 23. Die einfachen, teilweise auch klimatisierten Zimmer (mit und ohne Bad) sind fast alle nordseitig orientiert (im Sommer kühler und kein Straßenlärm).

### Essen und Trinken

An der Av. Hassan II. liegen einfache Cafés und Restaurants. Zu empfehlen ist das viel besuchte **Restaurant Ibnou Ziad,** linker Hand an der Av. Hassan II., ca. 100 m vor dem Hauptplatz: gute, preiswerte Tajine, ruhigere Plätze im 1. Stock.

### Busse

Der **Busbahnhof** liegt nahe der Av. Hassan II./Tarik Ibn Ziad im Zentrum.

- **Beni-Mellal:** 5x tägl., 1½ Std., ca. 30 DH.
- **Marrakesch:** 3x tägl., 3–4 Std., ca. 60 DH.
- **Demnate:** 3x tägl., 1½ Std., ca. 20 DH.
- Nach **Agouti** (Aït-Bougoumez-Tal) verkehren Sammeltaxis (s.u.).

### Sammeltaxis/Taxis

- **Grands Taxis** halten hinter der großen Moschee im Zentrum. **Sammeltaxis** zu den Ouzoud-Wasserfällen fahren jedoch meist auf dem Suq von einer Anhöhe ab – von Marrakesch kommend auf der linken Seite der Hauptstraße.
- Ein **Sammeltaxi nach Marrakesch** kostet ca. 90 DH p.P., nach **Beni-Mellal** ca. 50 DH und nach **Agouti** bzw. **Tabant** im Aït-Bougoumez-Tal 40 DH (3 Std.).

### Trekking/Bergführer

Azilal ist neben Imlil eines der Bergsteigerzentren Marokkos. Die meisten Bergführer der Region stammen aus dem Aït-Bougoumez-Tal, wo alle marokkanischen Bergführer ausgebildet werden. Eine **frühzeitige Anmeldung bei den Guides** ist notwendig, da sie häufig unterwegs sind. Nachfolgend drei sehr empfehlenswerte Führer, weitere (deutschsprachige) Bergführer siehe bei Marrakesch unter „Sport/Aktivitäten".

■ **Lahoucine Oulkadi** (Mobil 0667 49 57 01, www.tamsilttrekking.com) spricht englisch und deutsch und führt mit seiner Schweizer Frau *Beatrice* eine Gîte d'étape in Agouti (vgl. bei Agouti „Unterkunft").

■ **Mohamed Boutahar** (Mobil 0666 28 66 31, www.darafra.com) spricht sehr gut deutsch und ist angenehm zurückhaltend und sehr freundlich. Er betreibt mit seinem Bruder *Hassan* die Herberge Dar Afra im Aït-Bougoumez-Tal (vgl. bei Agouti „Unterkunft").

■ **Lahoucine Outezdot** (Mobil 0671 19 22 87, www.aitayoub-voyages.com) führt im Aït-Bougoumez-Tal die Gîte d'étape Aït Ayoub.

## Weiterfahrt zum Stausee Bin-el-Ouidane

Hinter Azilal führt die Straße **in Richtung des Stausees Bin-el-Ouidane** durch steinige Gegend mit Steineichen, Getreidefeldern und verfallenden Tighremts (Steinburgen). Nach einer kleinen Passhöhe (ca. 1500 m, 13 km hinter Azilal) verläuft die Straße bergab; es bietet sich ein toller Ausblick auf den weit verzweigten Stausee mit seinen Inseln und Lagunen – die dunkelrote Erde der Umgebung kontrastiert schön mit dem türkisblauen Seewasser.

Bei **km 256** (25 km nach Azilal) sind der **See** und ein Abzweig zum Strand erreicht (Bootsverleih und Hotel Chems du Lac). Danach folgen die Kaserne und der Ort **Bin-el-Ouidane** (Markttag ist Donnerstag).

Etwa 1 km hinter Bin-el-Ouidane führt die Straße über die Staumauer mit Militärposten (Fotografieren verboten!). An der Kreuzung bei Bin-el-Ouidane (2 km) kann man entweder links nach Afourer oder rechts entlang des Stausees nach Ouaouizarth und Tilouggite abbiegen.

## Stausee Bin-el-Ouidane

Der riesige, 1955 erbaute Stausee Bin-el-Ouidane schließt die Schluchten des Oued el Abid ab, der zwischen der Hauptkette des Mittleren Atlas und dem parallelen Vorgebirge zum Hohen Atlas, dem Dir, verläuft. Der See liegt **auf 1200 m Höhe** zwischen Bergen und Wäldern. Das Seewasser dient zur Bewässerung der Ländereien und Obstplatagen um das Gebiet von Beni-Mellal. Die Staumauer wird vom Militär bewacht – hier ist Fotografieren verboten!

Der See hat sich zum **Urlaubsziel für reiche Marokkaner** (u.a. aus Marrakesch) entwickelt, entlang des Ufers entstanden teure Hotels und Ferienwohnungen. Wer möchte, kann Angel-, Kayak- und Bootsausflüge unternehmen (Organisation über die Hotels). Die schönen Lagunen kann man mit halbwegs geländegängigem Fahrzeug erreichen (Camping möglich).

### Unterkunft

■ **Bin el-Ouidane**④, ca. 6 km in Richtung Ouaouizarht, Tel. 0523 44 26 00, www.hotelbinelouidane.com. Typisch marokkanisch gestaltete Suiten/Apartments für bis zu sechs Personen, z.T. mit Küche und Terrasse – ideal für einen (Familien-)Urlaub in ländlicher Idylle. Gemütliches Zeltrestaurant auf der Dachterrasse mit Seeblick, Garten mit Pool. Diverse Aktivitäten (auf dem Wasser) können organisiert werden.

■ **Chems du Lac**④, am Ortseingang von Bin el-Ouidane links, Tel. 0523 44 29 11/12, www.chems-hotels.com. Großes 4-Sterne-Hotel mit Pool, Panoramaterrasse und nach marokkanischem Geschmack (kitschig) eingerichteten, klimatisierten Zimmern (mit Balkon) und Suiten (z.T. mit Jacuzzi und Kamin) in herrlicher Lage mit Seeblick.

■ **Dar Eau Vive**②, ca. 3 km Richtung Afourer/Beni-Mellal (R 304), unterhalb der Staumauer am Oued el Abid (beschilderter Abzweig links runter), N 32°6,394', W 6°28,750', Tel. 0523 44 29 31, Mobil 0666 64 21 83. In diesem netten Gästehaus mit Restaurant (Essen auf Bestellung) und Traumpanorama auf den von Pinienwald gesäumten Fluss gibt es einfache, saubere Zimmer mit Gemeinschaftsbad. **Camping** ist auf Terrassen etwas unterhalb möglich (Strom, Sanitäranlagen). Ein kleiner Pfad führt hinunter zum Fluss, wo man herrlich baden kann. WLAN.

■ **Widiane Suites & SPA**⑤, Chemin du Lac, Route de Ouaouizarth, Tel. 0523 44 27 76, www.widiane.net. Diese traumhafte 5-Sterne-Anlage im Kasbahstil mit großem Pool, Wellnessangebot/SPA, Luxussuiten mit Balkon, Panoramaterrasse und Liegewiese lohnt sich (mindestens) für eine Kaffeepause auf dem Weg.

## Weiterfahrt nach Beni-Mellal

Fährt man an der Kreuzung bei Bin-el-Ouidane weiter in Richtung Ouaouizarht, folgt die Straße dem mit Olivenbäumen bewachsenen Seeufer. Über kleine Feldwege kann man immer wieder das Ufer erreichen (Badegelegenheiten). Nach 15 km liegt rechter Hand **Ouaouizarht** (Tankstelle, Läden, Unterkunft) etwas oberhalb des Stausees. In der Ortsmitte zweigt eine Straße rechts Richtung Zaouiat Ahansal ab (Schild „Gîte d'étape La Cathédrale"). Die landschaftlich grandiose Strecke führt über Tilouggite und Zaouiat Ahansal ins Aït-Bougoumez-Tal. Auf der Asphaltstraße R 306 gelangt man von Ouaouizarht weiter nach Beni-Mellal.

Fährt man von Bin-el-Ouidane **weiter in Richtung Afourer,** erreicht man ca. 3 km nach dem Ort den Abzweig zum Gästehaus Dar Eau Vive und zum Hotel Chems du Lac unterhalb der Staumauer am El-Abid-Fluss (s.o. „Unterkunft"). 3 km weiter thront ein schöner Tighremt links unterhalb der Straße. Es geht kurvig bergauf bis zu einer Passhöhe auf ca. 1300 m etwa 16 km hinter Bin-el-Ouidane. An den Hängen wachsen Pinien, Steineichen und Mandelbäumchen. Nun geht es in Serpentinen bergab, es eröffnen sich herrliche Ausblicke auf die fruchtbare Ebene von Beni-Mellal.

Etwa 32 km hinter Bin-el-Ouidane (29 km ab dem Abzweig zu den Herbergen) ist der große Ort **Afourer** erreicht (Tankstelle, Krankenhaus, Restaurants, Bank mit Geldautomat). Unterkunft bietet das große, für Gruppenreisende eingerichtete 4-Sterne-**Hotel Le Tazarkount**④ (Tel. 0523 44 01 01, www.tazarkount.com) mit Wellnessangebot und Pool im großen Garten. Es werden u.a. Wander-, Angel- und Reitausflüge in der Region organisiert.

Die Straße führt hinter Afourer bergab in die Ebene von Beni-Mellal, die intensiv landwirtschaftlich genutzt wird.

6 km hinter Afourer mündet die Route in die verkehrsreiche **Hauptstraße von Marrakesch nach Beni-Mellal** (N 8) ein. Rechts entlang sind es noch 19 km bis **Beni-Mellal.** Nach links besteht die Möglichkeit, nach Marrakesch (280 km) zurückzufahren.

# Von Azilal nach Demnate

- **70 km bis Demnate, R 304;** Weiterfahrt nach Marrakesch auf der R 210 und N 8 möglich (etwa 100 km ab Demnate).
- **Gute Asphaltstraße. Busse** fahren von Beni-Mellal oder Marrakesch nach Azilal bzw. Demnate, **Sammeltaxis** nach Ouzoud und Imi-n-Ifri. Der Ausflug kann gut mit den Ouzoud-Wasserfällen kombiniert werden, allerdings sollte man dann überlegen, ob man die zusätzlichen Kilometer bis zum Bin-el-Ouidane-Stausee fährt.

**Azilal in Richtung Westen** (vorbei an einer großen Ziz-Tankstelle) **verlassen.** Die Strecke führt durch eine steinige Hügellandschaft mit Getreidefeldern, Öl-, Mandel- und Olivenbäumen.

**20 km** hinter Azilal folgt der Abzweig zu den Ouzoud-Wasserfällen rechts. Von den Wasserfällen kommend biegt man an dieser Kreuzung rechts Richtung Marrakesch ab.

Bei **km 42** ist der kleine, wenig attraktive Ort **Tanannt** erreicht (Tankstelle). Halblinks bzw. geradeaus geht es nach Demnate und zur Naturbrücke von Imi-n-Ifri, rechts nach Bzou und zur Schnellstraße N 8 zwischen Marrakesch und Beni-Mellal. 5 km weiter folgt ein weiterer Abzweig zur N 8 (Beschilderung nach Casablanca).

Bei **km 59** zweigt links die Straße nach Demnate und Imi-n-Ifri ab – links weiter, geradeaus geht es nach Tamelelt zur N 8. Nach 66 km geht es zum Cercle de Demnate rechts ab – Weiterfahrt geradeaus.

**70 km** hinter Azilal ist **Demnate** erreicht.

# Demnate

Der große Ort liegt **hübsch zwischen Bergen, Olivenbäumen und Pinien.** Sehenswert sind die (leider verfallende) alte Stadtmauer und der Sonntagsmarkt. Entlang der Hauptstraße und in den Parallelstraßen zum Markt kann man sich mit Lebensmitteln eindecken, außerdem gibt es eine Tankstelle und Banken. Günstige Tajines bieten die kleinen Restaurants direkt an der Hauptstraße an.

Ende September wird der **Moussem Sidi Ali Ben Hamdouch** gefeiert.

## Praktische Informationen

### Unterkunft

- **Atlas**①, direkt hinter dem Busbahnhof, Tel. 0523 50 82 16. Das einfache Hotel ist sauber und freundlich, das Essen gut, die DZ verfügen über eine Dusche.
- **Kasbah Illy**④, an der Route Richtung Imi-n-Ifri (s.u.), Tel. 0525 08 55 29/30, www.illykasbah.com. Das Kasbah-Hotel in malerischer, ruhiger Lage hat einen großen Pool, sehr komfortable, klimatisierte Suiten/Zimmer und ein Restaurant. WLAN.

■ **Kasbah Timdaf**③, Tel. 0523 50 71 78, www.kasbah-timdaf.com. Das sehr schöne, mit traditionellen Materialien und Berberdekor gestaltete Gästehaus liegt etwas außerhalb auf einem Hügel mit tollem Ausblick (Abholung in Demnate bei Anruf) und bietet gemütliche DZ mit Bad. Sehr gutes Essen, Zutaten aus dem eigenen Garten.

■ **Maison d'Hôtes Tizouit**③, in Aït Oumghar (ca. 2 km außerhalb von Demnate Richtung Imi-n-Ifri), Mobil 0658 34 61 48, www.tizouit.ma. Das sehr stilvolle, aus Natursteinen erbaute Gästehaus (masirisch „Haus der Bienen") in schöner Lage hat einen herrlichen Garten mit Pool und sehr schöne Zimmer mit Terrasse. Franz. Leitung, sehr gutes Essen.

### Busse/Sammeltaxis

Von Demnate bestehen **Busverbindungen** nach Marrakesch (7x tägl., 2 Std. Fahrzeit), nach Azilal (mehrmals tägl., ca. 1 Std.) und Beni-Mellal (mehrmals tägl., ca. 1½ Std.) und weiter nach Casablanca (1x tägl.). **Grands Taxis (Sammeltaxis)** halten an der Kreuzung, an der es rechts nach Marrakesch und links nach Imi-n-Ifri geht.

## Ausflüge

### Imi-n-Ifri

Imi-n-Ifri liegt auf 1069 m Höhe und ist **Ausgangspunkt für Ausflüge und Wanderungen** in der Umgebung. Neben Dinosaurierspuren (s.u.) und Felszeichnungen wurde hier eines der größten intakten Dinosaurierskelette der Welt entdeckt. Im Winter herrschen recht frostige Temperaturen – mit Schneefällen ist schon ab November zu rechnen.

In Demnate biegt man Richtung Imi-n-Ifri ab. Vorbei am Haus der Forst- und Wasserverwaltung *(Eaux et Fôret)* und durch Pinienwälder geht es bergauf und vorbei an mehreren Hotels (u.a. **Maison d'Hôtes Tizouit,** s.o.).

6 km hinter Demnate ist Imi-n-Ifri mit der **Pont Naturel** erreicht: Der Oued Lakhdar hat sich unter der Erde und durch den Stein durchgegraben und eine Naturbrücke geschaffen. An der Kreuzung bei der Brücke informieren Tafeln über Wandermöglichkeiten, über prähistorische Fundstellen und die Dinosaurierspuren. Es bieten sich zahlreiche, etwas lästige Führer an. Man kann von der Brücke über eine gemauerte Treppe zum Fluss hinuntersteigen (ca. 20 Min.) und unter der Brücke hindurch und auf der anderen Seite wieder nach oben gelangen (ca. 45 Min.). An den Steilhängen zur Brücke nisten unzählige Vögel, im Fluss leben Wasserschildkröten. Oberhalb des Flusses dehnen sich Pinienwälder aus, das Ufer säumen Oleander und Feigenbäume.

Eine landschaftlich sehr reizvolle Strecke führt über eine schmale Asphaltstraße **weiter ins Tessaout-Tal** im Hohen Atlas und bis kurz vor Ouarzazate. Außerdem besteht von Imi-n-Ifri eine **Pistenverbindung nach Osten** über Aït Blal nach Abachkou (Aït Bouwli) und ins Aït-Bougoumez-Tal (nur mit 4x4-Geländewagen).

#### Unterkunft

■ Unterkunft bietet die einfache, saubere **Gîte d'étape Imi-n-Ifri**② in einem Wohngebiet etwa 200 m vom Abzweig Richtung Dinosaurierabdrücke (saubere Mehrbettzimmer mit Bad auf dem Gang). Wer es etwas komfortabler mag, steuert das schöne **Riad Aghbalou**②-③ an (Tel. 0523 50 74 98, www.riad-aghbalou.com): 10 Zimmer mit oder ohne Bad, Pool im Garten, Essen auf Bestellung. Auch Zelten möglich.

### Dinosaurierabdrücke (Site d'Iouaridene)

Bei N 31°41,447', W 06°58,301' (beschildert „Iwassiden 8, Aït Blal 35") zweigt eine kleine Asphaltstraße links von der Hauptstraße ab; die nach etwa 30 m links wegführende Piste ignorieren. Bei **km 4** ist ein kleiner **Pass** erreicht, dann geht es bergab in einen Talkessel. Es bietet sich ein herrlicher Blick auf den Hohen Atlas und einige Dörfer. Bei **km 7** führt die Straße bei einem Steinabbruch (rötliche, schräge Platten) nach unten. Kurz vor zwei Dörfern auf einem Hügel befinden sich die Saurierabdrücke (ausgewiesen als Site d'Iouaridene) auf den 20 x 10 m großen, roten Steinplatten links der Straße (Infotafel über die Saurier, N 31°43,578', W 06°54,502'). Meist stehen die Dorfkinder schon auskunftsbereit auf den Platten. Es soll in ca. 4 km Entfernung (zu Fuß etwa 1 Std.) weitere Abdrücke geben.

## Weiterfahrt nach Marrakesch

Von Demnate geht es auf der guten R 210 durch die landwirtschaftlich intensiv genutzte **Haouz-Ebene.** In **Sidi Rahal** (51 km hinter Demnate) gibt es eine Tankstelle, Straßenrestaurants und eine Grand-Taxi-Haltestelle. 86 km hinter Demnate mündet die Route in die N 8 ein (viele Verkehrskontrollen!). Dann sind es noch etwa 15 km bis Marrakesch.

# Von Demnate über den Tizi-n-Outfi nach Ouarzazate

- **165 km, R 307.**
- Diese **schmale, ausgefranste Asphaltstraße** führt durch landschaftlich sehr schöne und ursprüngliche Gegend mit mehrstöckigen Kasbahs aus Bruchsteinen. Das Oued Tessaout bei Toufrine kann bei Hochwasser schwer passierbar sein, auch Schnee kann die Strecke ab November unbefahrbar machen. Das abzweigende Tessaout-Tal ist ab Aït Ali n'Ito nur mit Geländewagen befahrbar. In den Dörfern an der Strecke kann man sich mit den wichtigsten Lebensmitteln versorgen.
- Es fahren hier keine Busse, aber Lkws und **Kleinbus-Sammeltaxis.**

In **Demnate (km 0)** aus Richtung Norden links nach Imi-n-Ifri abbiegen; rechts geht's nach Marrakesch. Am Forsthaus vorbei durch Pinienwald stetig bergauf, dann folgen das Kasbah-Hotel Illy und das Maison d'Hôtes Tizouit (zu beiden siehe bei Demnate).

**6 km** hinter Demnate befinden sich der **Pont Naturel Imi-n-Ifri** (vgl. vorige Route) und eine Kreuzung **(N 31°41, 447', W 06°58,301'**, zurück Beschilderung „6 Demnate"). Die Asphaltstraße R 307 führt weiter geradeaus durch den Ort (links zu den Dinosaurierabdrücken, beschildert „Site Irouiden, Iwassiden 8, Ait Blaha 35", s.o.) und zum netten **Hotel-Restaurant Riad Aghbalou** (Tel. 0523 50 74 98). Wanderer finden auch eine einfache **Gîte** im Ort.

Nach 2 km liegt rechter Hand die **Auberge La Belle Vue** (Mobil 0615 97 46 78). Danach führt die löchrige Straße hinauf zu einem Pass auf 1650 m Höhe, **N 31°39,380', W 06°55,678'.** Entlang der Route bieten sich tolle Ausblicke auf Lehmdörfer am Rande des Flusstales, das eine braun-rote Schlucht bildet.

Die Straße schlängelt sich bergauf und -ab, bis nach 21 km eine Talsenke auf 1475 m erreicht ist. Das Dorf **Ahnssa** mit mehrstöckigen Steinhäusern zieht sich entlang des Flusstales bei **km 23.** Links erstreckt sich die schöne **Schlucht des Assif M'goun** mit Terrassenfeldern. Die Route führt die nächsten 5 km durch weitere Dörfer den Fluss entlang und dann steil bergauf zu einem namenlosen **Pass** auf 2192 m Höhe **(N 31°33,878', W 07°00,281').** Nach kurzer Abfahrt geht es wieder hinauf zum **Tizi-n-Outfi bei km 38 (2150 m, N 31°33,376', W 07° 00,049')** durch eine sehr einsame Gegend. Es wachsen nun kaum mehr Bäume, nur noch Macchia und verkrüppelte Wacholder sind zu sehen.

Die Straße windet sich in Serpentinen bergab ins Dorf **Aït Tamlil** (Steinkasbah und Café-Restaurant La Rose) und überquert dann den Fluss auf einer Brücke. 1 km darauf liegt ein Forsthaus *(Maison Forestière)* links der Route, die nun oberhalb des **Oued Tessaout** verläuft **(km 56).** Die schmale Straße folgt einer roten Schlucht und führt bergauf zu einem weiteren Pass. Danach geht es bergab durch das dicht besiedelte Tal des Oued Tessaout mit Mandel-, Walnuss-, und Obstbäumen in herrlicher Landschaft.

Das am Hang klebende Dorf **Imdoukal** mit einfacher Gîte d'étape Imdoukal an der Straße passiert man bei **km 65 (N 31°28,977', W 06°54,648).** Es bieten sich immer wieder großartige Ausblicke auf die **Steinkasbahs,** die wie Vogelnester an den Hügeln kleben.

Die im Tal teils ausgewaschene Straße führt bei **km 70** hinunter zu einer **Brücke über den Oued Tessaout,** der auch im Sommer viel Wasser führt (N 31°25, 656', W 06°52,626', Schild rechts „Ouarzazate 86", zurück „Demnate 85").

## Abstecher zum Kasbahdorf Magdaz

Vor der Brücke über den Oued Tessaout führt eine Piste (geradeaus, nach Südosten) entlang des Tessaout-Tals vorbei an der Gîte Ifoulou zum Dorf **Aït Ali n'Ito** (9 km, N 31°25.023', W 06°47,833') auf 1848 m Höhe. Hier findet man Unterkunft in der netten und sauberen, aber einfachen **Gîte d'étape Assounfou** (Tel. 0668 96 82 63, giteassounfou@gmail.com, Matratzenlager) des sehr freundlichen Bergführers *Abdellah Bourchouq.* Die Piste schlängelt sich weiter etwas oberhalb des Flusses am Berghang entlang. Nach 2 km sind die *Dispensaire de Magdaz* (Gesundheitsstation) und das **sehr ursprüngliche Dorf Magdaz** erreicht (N 31°23,504', W 06°47,586'). Die mehrstöckigen Kasbahs aus rötlichbraunem Schichtstein ziehen sich am Hang nach oben. Die Bewohner sind etwas misstrauisch, da hier nur selten Touristen vorbeikommen, und eine Kinderschar begleitet die Fremden bis zur Speicherburg (Tighremt) auf einer Anhöhe.

Ohne den Abstecher einzulegen, zurück an der Brücke bei km 70, folgt der kleine Ort **Toufrine** (Toufghine) im Flusstal mit vielen Nussbäumen. In der familiären und sauberen **Gîte d'étape Touf-**

**ghine** von *Mohamed Eddahbi* kann man in einem Schlafraum mit Matratzen und Decken übernachten (Mobil 0667 23 87 30, taufghine@hotmail.com) und von hier aus Wanderungen unternehmen.

Nach 2 km folgt ein Dorf mit Steinkasbah und kleiner **Gîte d'étape (N 31° 24,966', W 06°52,977').**

Weitere Dörfer liegen am Hang und im Tal. Bei **km 80** ist das **Douar Tighfiste** erreicht (rechts Abzweig in die malerische Schlucht). Am Ende des Tals geht es in Kurven auf deutlich schlechterer Straße bergauf zur **Passhöhe Tizi-n-Fedghat** (Tizi-n-Fedrhate, **2190 m, N 31°20,546', W 06°54,992', km 84**).

Die Straße führt wieder kurvig bergab über die trockenere Atlas-Südseite mit kleinen Dörfern in den Tälern. Danach geht es wieder bergauf, bis bei **km 86** das Dorf **Tiguerte** erreicht ist. Die Straße folgt einem kleinen Oued und erreicht bei km 92 die Talsohle, um dann wieder bergauf durch eine **dramatische rotbraune Canyonlandschaft** anzusteigen.

Bei **km 97** ist eine **Passhöhe auf 2000 m** erreicht; bald darauf bietet sich ein weiter Blick auf ein kahles Faltengebirge sowie das Dadès-Tal und den Stausee El Mansour Eddahbi. Bei **km 106** liegt der malerische **Ksar Assermo (Asseghmou)** linker Hand der Strecke.

Weiter in Richtung Ouarzazate folgen **Oasendörfer** wie der größere Ort **Ghassate** bei **km 112, Ighir Amella** mit einer Kasbah, **Tidgheste** mit einer großer Kasbah und schließlich **Thergouste.**

Bei **km 137** mündet diese Route bei **N 30° 58,681', W 06°46,965'** in die **N 10 zwischen Ouarzazate und Skoura** ein (beschildert „Ghassate 24, Demnate 142"). Nach **Ouarzazate** geht es rechts weiter (ca. 20 km).

# Von Azilal ins Aït-Bougoumez-Tal

■ **68 km bis Agouti, ca. 80 km bis Tabant, R 302.**

■ Die Strecke ist bis kurz vor Tabant im Aït-Bougoumez-Tal asphaltiert und mit Pkw befahrbar (ca. 2 Std. Fahrzeit). Vorsicht bei Gegenverkehr auf der einspurigen Bergstraße. Der Asphalt ist (v.a. nach starken Regenfällen) z.T. löchrig und an manchen Stellen (besonders im Bereich von Flussfurten) unterbrochen. Ab Azilal fahren **Minibusse und Sammeltaxis.** Hinter Imelghas in Richtung Zaouiat Ahansal ist die Piste nur noch für Fahrzeuge mit viel Bodenfreiheit (besser Geländewagen) oder Mountainbikes und nicht im Winter befahrbar. Das Aït-Bougoumez-Tal ist Ausgangspunkt für **Wanderungen** und mehrtägige **Trekkings** rund um den Djabal M'goun (4071 m). Ohne Vorbuchung kann man auch direkt ab Agouti oder Tabant Bergführer und Gepäckmulis anheuern.

Biegen Sie in Azilal ca. 1 km nach dem Zentrum (aus Richtung Marrakesch kommend) nach rechts ab (Beschilderung „Réserve naturelle de Tamga").

Etwa **18 km** hinter Azilal zweigt links eine Straße nach **Aït M'hamed** ab (Schild, 3 km), rechts geht es weiter nach Aït Bougoumez.

4 km weiter erhebt sich eine hohe Kasbah (bzw. Tighremt oder Irherm) aus Schichtsteinen links unterhalb im Tal (Aguerd-n-Ouqidoun). Das grüne **Tal des Assif Bernat** begrenzen Pappeln und Felder, die roten Steinhäuser mit Flachdächern zieren weiß umrahmte Fenster. Es geht durch Berglandschaft mit Getreidefeldern, Pinien, Wacholder und Steineichen. Die Region ist sehr ur-

sprünglich, die Berber haben sich ihre Traditionen abseits des Touristentrubels bewahrt.

**36 km** hinter Azilal ist die **Passhöhe Tizi-n-Oughbar** (2250 m) erreicht. Es bietet sich eine grandioser Ausblick nach unten. Einige Kilometer fährt man einen Sattel entlang bevor die Straße in Serpentinen und weiten Kurven bergab ins **Lakhdar-Tal** führt. Die ersten (im Frühjahr schneebedeckten) Gipfel des Hohen Atlas tauchen auf.

**54 km** hinter Azilal führt eine Furt über den breiten Gebirgsfluss **Oued**

041m015 ad

**Lakhdar,** der zur Schneeschmelze viel Wasser führt. Die Straße verläuft nun oberhalb entlang des von Feldern und Mandelbäumen gesäumten Flusstals. Malerische mehrgeschossige Lehmgehöfte kleben an den steilen Hängen. Wieder bieten sich großartige Ausblicke und Fotomotive! Die Landschaft hat immer mehr Gebirgscharakter, die Berge ragen hoch über dem Flusstal auf.

Bei **km 66** biegt die Asphaltstraße nach Osten in das **Tal Aït Bougoumez** (sprich Aït Bugmes) ein. Es ist nach der hier lebenden Volksgruppe benannt (*Aït* = abstammend von) und wird auch **„Vallée des hereuses“** (Tal der Glücklichen) genannt, denn der Fluss führt hier selbst in trockenen Jahren ausreichend Wasser. Dank des kontinentalen Gebirgsklimas in 1800 m Höhe (zwischen November und März liegt Schnee, im Sommer herrschen südeuropäische Temperaturen) sind die Ernten gut, es wachsen viele Obst-, vor allem Apfelbäume. Die Dörfer sind inzwischen an das Strom- und Telefonnetz angeschlossen, die Bewohner leben vorwiegend von der Landwirtschaft und immer mehr vom Tourismus.

3 km weiter, **69 km** nach Azilal, ist **Agouti** erreicht.

## Agouti

Das Dorf in 1800 m Höhe ist neben Tabant der Hauptort im Aït-Bougoumez-Tal und ein **beliebter Ausgangspunkt für Trekkingtouren.** Hier lohnt sich auch ein längerer Aufenthalt im angenehmen Bergklima. Wer keine größeren Unternehmungen plant und sich nur erholen will, kann gemächlich durch die Felder und Dörfer der Umgebung spazieren. Ein wunderschönes Panorama bietet sich von der **zerfallenen Speicher**

☐ Blick vom Mosesberg (siehe S. 302) ins Aït-Bougoumez-Tal

**burg** auf einem Hügel. Ebenso lohnenswert ist ein Besuch der **Schnitzerkooperative Association Ighrem** (u.a. hübsche Teller und Schüsseln aus Walnussholz) und der **Frauenkooperative** mit Handarbeiten wie schmucken Ketten, Schafwollteppichen und gefilzten Taschen. Im Ort gibt es kleine Lebensmittelläden.

## Praktische Informationen

### Unterkunft

Im gesamten Aït-Bougoumez-Tal finden Reisende Unterkunft in zahlreichen **Gîtes d'étapes** (Familienhäuser mit einfachen Zimmern und gemeinschaftlichen Toiletten/Duschen). Essen gibt es meist nur auf Bestellung.

■ **Flilou – La maison berbère**②, gleich am Ortseingang von Agouti auf der linken Seite, Mobil 0672 70 99 57, tamsilt@menara.ma (Korrespondenz in Deutsch möglich), www.tamsilttrekking.com. Der lizensierte Bergführer *Lahoucine Oulkadi* und die Schweizerin *Béatrice Buschor* betreiben diese sehr nette, marokkanisch gestaltete Gîte d'étape und das Restaurant mit Blick auf das M'goun-Massiv. Gäste haben die Wahl zwischen vier einfachen Großzimmern mit Gemeinschaftsbad und sieben sauberen, hübschen Doppelzimmern mit eigenem Bad sowie einer Ferienwohnung für 6 Pers. Das Essen ist hervorragend und abwechslungsreich (z.B. hausgemachter Apfelkuchen oder auch mal Pasta statt Tajine). Neben der Gîte/Auberge kann man campen oder in einem geschlossenen Hof sicher parken. Organisation von Trekkingtouren im gesamten Hohen Atlas möglich.

■ **Dar Afra**②, im Dorf Aït Ziri (wenige Kilometer Richtung Tabant), Mobil 0666 28 66 31 oder 0662 78 35 50, www.darafra.com. Das hübsche Gästehaus mit Panoramaterrasse und sechs Zimmern (mit Bad) im Berberstil wird vom gut deutsch sprechenden, sehr angenehmen Bergführer *Mohamed Boutahar* und seinem Bruder *Hassan* betrieben. Organisation von Wanderungen und diversen Ausflügen (auch für Kinder) möglich.

■ **Dar Itrane**④ (mit HP), in Imelghas, 9 km von Agouti in Richtung Tabant, Tel. 0524 45 93 12, Mobil 0661 20 63 30, www.dar-itrane.com. Das gemütliche Lehmhaus mit Innenhof liegt gleich am Ortseingang links (ca. 300 m Piste bergauf). Die hübschen Zimmer (auch zwei Familienzimmer) im Berberstil haben Tadelakt-Bäder, von der Terrasse bietet sich ein toller Ausblick, in den beiden Salons kann man am Kamin sitzen oder in der Bibliothek stöbern. Hier bekommt man auch viele Tipps für individuelle oder geführte Wanderungen in der Umgebung.

■ **Dar Si Hamou**③, ca. 9 km von Agouti Richtung Tabant (1 km hinter der Kreuzung auf der linken Seite), Mobil 0661 07 34 82, Buchung über www.booking.com möglich. Wunderschönes kleines Steinhaus mit sieben Zimmern im Berberstil (mit Bad), toller Aussicht von der Terrasse auf den Mosesberg und gutem Essen (auf Bestellung) im Kaminzimmer. Reservierung notwendig.

■ **La Casbah du M'goun**①-③, im Dorf Douar Aguerd N'Ouzrou gegenüber Sidi Moussa auf der anderen Flussseite, Mobil 0662 77 81 48, www.hotel-ait-bouguemez.com. Der deutsch sprechende Bergführer *Ahmed Nassiri* gestaltete eine alte Kasbah zu einem stilvollen Gästehaus um. Es gibt DZ und große Familienzimmer mit Bad, aber auch günstige Mehrbettzimmer für Traveller. *Ahmed* gibt Tipps zu sämtlichen Aktivitäten in der Region: Trekking, Klettern, Paragliding, Skitouren etc. DZ (im Berberstil) mit und ohne Bad.

⊡ Im Tal gibt es mehrere hübsche Gästehäuser mit Dachterrasse und Ausblick

### Sammeltaxis

**Von/nach Azilal** fahren Sammeltaxis (Minibusse/Transporter, 3 Std. Fahrzeit) für ca. 40 DH p.P., von dort weiter nach Marrakesch für ca. 120 DH p.P. An Markttagen (Do in Azilal, So in Tabant) hat man die beste Chance auf eine Mitfahrgelegenheit.

## Wanderungen

Das **Aït-Bougoumez-Tal** und das **Massiv von M'goun** zählen zu den schönsten Trekking- und Wanderregionen in Marokko – von einfachen Wanderungen bis zur Besteigung des 4000ers Djabal M'goun ist hier alles möglich. Als Besucher der Region sollte man unbedingt **ein- oder mehrtägige Ausflüge** zu Fuß unternehmen. Bei der Vermittlung von Bergführern und Gepäckmulis sowie der Routenwahl sind die genannten Unterkünfte behilflich.

Sehr nützliche Informationen über die Region sowie die Gîtes liefert eine Karte der Professoren *Herbert Popp* und *Mohamed Aït Hamza:* **„Kulturtrekking im Zentralen Hohen Atlas"** im Maßstab 1:100.000, zu beziehen über die Geografische Fakultät der Universität Bayreuth (www.stadtgeo.uni-bayreuth.de/de/publications).

Zudem gibt es noch zwei hervorragende Karten der *Division de la Cartographie* in Rabat: **Carte touristique Region Tadla – Azilal,** 1:250.000, Maroc Haut Atlas, **Carte des randonnés de Zaouit Ahançal,** 1:100.000. Wenn man Glück hat, erhält man die Karten auch in Azilal oder Beni-Mellal.

Von Agouti lohnt sich eine schöne Tageswanderung durch die **Schlucht des Assif-n-Arous** – ein enger Canyon mit steilen Sandsteinwänden –, ferner der Besuch der nahen Ortschaft **Arous,** de-

087sm20 ad

ren Stampflehmhäuser an einem Hang oberhalb grüner Felder liegen.

Von Tabant (s.u.) kann man eine Tageswanderung auf den **Pass Tizi-n-Aït Imi** (2905 m) unternehmen.

## Besteigung des Djabal M'goun

Zur Besteigung des Djabal M'goun **(4071 m)** sollte man sich **vier Tage** Zeit nehmen. Entweder man heuert sich über eine der Herbergen einen Bergführer (ca. 450 DH/Tag) und Gepäckmulis (ca. 200 DH/Tag) für die Tour an, oder man trägt seinen Rucksack selbst (sollte dann aber Zelt, Matte, Schlafsack und genug Verpflegung einpacken). Auch im Mai kann es auf über 3000 m noch schneien – warme Kleidung ist also ein Muss!

**Am ersten Tag** marschiert man von Agouti zunächst auf einer Piste auf die andere Flussseite Richtung Süden zum **Dorf Aït Said** (4 km, 1 Std.) am Eingang zum Arous-Tal. Im Dorf gibt es eine Gîte d'étape. Weiter geht es auf einem kleinen Fahrweg zum sehr ursprünglichen Dorf **Arous** (ca. 1½ Std. ab Agouti) mit der **Gîte d'étape Tamazirt** (www.tamazirt-reizen.nl). Dort endet die Piste und startet auch die Wanderung in die Arous-Schlucht (s.o.). Auf einem nur gelegentlich markierten Saumpfad geht es den Assif Arous entlang, immer leicht bergan. Nach ca. 1 Std. Marsch ab Arous kommen die Terkeddit- und M'goun-Bergketten in Sicht. Nach 3–4 Std. Gehzeit insgesamt ist bereits die erste Tagesetappe erreicht: die Schäferhütten von **Azib'n'Ikis,** die in 2300 m Höhe idyllisch auf einer grünen Alm mit plätschernden Gebirgsbächen liegen. Hier kann man zelten.

**Am zweiten Tag** zweigt man bei Ikis auf einem Weg nach rechts (Westen) in ein Seitental ab und folgt diesem bergauf bis fast ans Ende des Talkessels. Dann geht es in Serpentinen steil bergauf in Richtung eines roten markanten Felsblocks und vorbei an einer kleinen Quelle (letztes Wasser bis zum Terkeddit-Plateau!). Nach etwa zwei anstrengenden Stunden erreicht man einen Sattel (6 Std. ab Agouti). Weiter über einen zweiten Sattel gelangt man nach noch einmal 2 Std. Marsch auf einem Serpentinenpfad zum **Tizi-n-Aghouri** auf 3400 m – hier ist die Höhe schon deutlich spürbar. Bei klarem Wetter bietet sich ein toller Ausblick auf die M'goun-Kette. Vom Pass geht es wieder in steilen Serpentinen bergab zum **Terkeddit-Plateau mit der Terkeddit-Hütte** (2910 m) unterhalb des Djabal M'goun. In der Hütte gibt es Lagerbetten, Essen, Wasser und Getränke, im Sommer auch heiße Duschen (Refuge de Terkeddit, Tel. 0524 43 63 69, www.sporttravel-maroc.com). Im Umkreis der Hütte gibt es gute, ebene Zeltplätze. In der Zeit zwischen Dezember und April liegt ausreichend Schnee und man kann von der Hütte aus **Skitouren** unternehmen.

**Am dritten Tag** steht die **Besteigung des Djabal M'goun** auf dem Programm. Der höchste Gipfel der Kette ist 4071 m hoch und bis auf die erforderliche Höhenanpassung nicht schwierig zu besteigen. Der Aufstieg ab dem Terkeddit-Plateau dauert etwa 5 Std. und führt z.T. über Geröll und lose Steine. Oben ist es meistens sehr windig, dafür hat man einen grandiosen Ausblick.

**Am vierten Tag** steigt man in einer langen Etappe über den Pass und Azib' n'Ikis wieder ab **nach Agouti.** Sehr fitte

Bergsportler können die Tour natürlich auch in drei Tagen bewältigen.

**Wer noch länger trekken möchte,** kann vom Terkeddit-Plateau über das Oulilimt- ins Ouzighimt-Tal wandern und von dort nach Süden durch das M'goun oder Ameskar-Tal bis ins Dadès-Tal zur Straße der Kasbahs (mindestens fünf Tage).

### Zu den Felsgravuren am Tizi-n-Tighrist

Auf einer Tagestour kann man die **Schlucht von Ikkis** (2 km vor dem Ortsanfang von Agouti) sowie Felsgravuren am Tizi-n-Tighrist erkunden. Von Agouti bzw. Ikkis führt die Asphaltstraße R 302 über Aït Belal (12 km) nach Aït Bouali (13 km, ursprünglicher Sonntagsmarkt). 8 km weiter zweigt eine Piste links ab (N 31°37,936', W 06°39,717'), die leicht bergauf führt. Sie erreicht nach weiteren 6 km die **Passhöhe Tizi-n-Tighrist** in 2650 m Höhe (N 31°36,577', W 06°41'326'). Rechts der Piste am Berghang nahe der Antenne und drei Lehmhäusern sind in einem ummauerten Gelände auf flachen Steinen relativ grob geritzte Felsgravuren zu finden. Bemerkenswert ist die **Gravur einer Pantherjagd,** die zwar auch sehr grob angefertigt, aber als Motiv einmalig in Marokko ist. Fährt man die Piste weiter, erreicht man nach 11 km das sehr ursprüngliche Dorf **Emi Ouarka** und 42 km nach dem Pass wieder die Asphaltstraße zwischen Azilal und Demnate. Nach Demnate geht es links (Westen), rechts (Osten) nach Imi-n-Ifri, Azilal und zurück ins Aït-Bougoumez-Tal (N 31°43,384', W 06°55,662').

## Weiterfahrt nach Demnate oder ins Rosental

Folgt man von Agouti ohne Abstecher zum Tizi-n-Tighrist (s.o.) der Asphaltstraße **R 302,** erreicht man nach ca. 68 km die Dinosaurierspuren, dann bei km 75 Imi-n-Ifri (vgl. „Demnate/Ausflüge") und nach 81 km Demnate.

2018 wurde eine **Pistenverbindung** vom Aït-Bougoumez-Tal in **Richtung Süden** zur M'goun-Schlucht und nach Bou Tharar (Vallée des Roses/Rosental) gebaut. So kann man eine Traverse des M'goun-Massivs inzwischen auch mit Geländewagen (statt nur zu Fuß beim Trekking) bewältigen und gelangt auf direktem Weg zur Straße der Kasbahs zwischen Ouarzazate und Tinerhir.

## Weiterfahrt durch das Aït-Bougoumez-Tal

Die Straße führt **von Agouti weiter** durch das idyllische, grüne Aït-Bougoumez-Tal mit Getreidefeldern, Pappeln, Walnuss- und Obstbäumen, ursprünglichen Lehmhäusern und Kasbahs – im Frühjahr vor der Kulisse schneebedeckter Gipfel. Das Leben scheint hier noch wie vor 100 Jahren abzulaufen: Haupttransportmittel ist der Esel, die Felder werden mit Hacke und Sichel bearbeitet, das Wasser vom Dorfbrunnen geholt. Die alten mehrstöckigen Lehmhäuser sind nicht nur Wohnstätte für die Menschen, sondern auch für ihre Schafe und Ziegen, deren Ställe sich im nach Süden geöffneten Obergeschoss befinden.

Beim Ort **Sidi Moussa,** nur 7 km von Agouti entfernt, thront der sogenannte **Mosesberg (2008 m)** mit einer alten, runden **Speicherburg** in der Mitte des Tals. Die Lehmburg beherbergt das Grab des Marabut *Sidi Moussa*. Ein Fußpfad führt vom Dorf zunächst zum Funkmast und dann in Serpentinen bergauf zur Speicherburg (ca. 20 Min.). Von oben bietet sich ein fantastischer Blick auf das Tal, das sich hier in das Assif-n-Rabat- und das Assif-n-Aït-Hkim-Flusstal teilt. Ein Wärter bewacht das Gebäude, serviert den Besuchern Tee und erlaubt gegen ein Trinkgeld (mind. 10 DH p.P.) die Besichtigung. Die Burg ist etwa 200 Jahre alt, dank des Engagements der Talbewohner gut erhalten und sehr sehenswert. Neben Speicherkammern für Wertgegenstände und die Ernte der Familien birgt eine dunkle Kammer das **Grabmal des Heiligen Sidi Moussa.** Frauen pilgern traditionell hierher, um für die Erfüllung ihres Kinderwunsches zu bitten. Es gibt außerdem einige alte Gebrauchsgegenstände zu bewundern, über eine Holzleiter kann man aufs flache Dach steigen. Der alte Wärter, dessen Bilder innen aushängen, ist nur selten anwesend – er soll mittlerweile über 100 Jahre alt sein.

1 km hinter Sidi Moussa geht es an einer **Kreuzung** rechts nach Tabant, links auf steiniger Piste nach Imgelghas.

Der Ort **Tabant** auf der anderen Flussseite ist das Verwaltungszentrum des Tales, Sitz einer Bergführerschule und Ausgangspunkt für die „Große Atlasdurchquerung", eine anstrengende zweiwöchige Trekkingtour für Wanderer mit Ausdauer. Der ursprüngliche Wochenmarkt am Sonntagvormittag lohnt einen Besuch. Es gibt einige Cafés und es besteht Sammeltaxiverkehr nach Azilal (am häufigsten am Markttag). Sehr hübsch wohnt man im **Dar Si Hamou** nur 1 km nach der Kreuzung Richtung Tabant auf der linken Seite (vgl. bei Agouti „Unterkunft"). Dinosaurierspuren auf schrägen Felsplatten und ein Klettergebiet mit Sportkletterrouten findet man beim Dorf **Ibaklioune** (von Tabant etwa 3 km in Richtung Osten).

Fährt man an der Kreuzung (8 km hinter Agouti) links, kommt man nach **Imelghas** (1860 m), einem weiteren beliebten Wanderziel. Hier endet die Asphaltstraße. Im Dorf gibt es eine Teppichkooperative, wo man den Frauen beim Kauf zu einem eigenen Einkommen verhelfen kann. *Said El-Ouakhmi* betreibt in Imelghas eine einfache, saubere und gemütliche **Gîte d'étape** (Matratzenlager, warme Dusche, kleine Bibliothek mit Literatur zur Region). Gemütliche Unterkunft findet man außerdem im **Dar Itrane** gleich am Ortseingang links oben (vgl. bei Agouti).

Die Piste hinter Imelghas ist vorsichtig auch mit Pkw befahrbar. Sie führt leicht bergauf am Flusstal entlang durch die ursprünglichen Dörfer **Aït Wanougdal** und **Ifrane** nach **Aït Ouham** (ca. 20 km nach Agouti) auf etwa 2050 m Höhe. Die Kinder betteln ab und zu nach Kugelschreibern und Bonbons.

**Hinter Aït Ouham** führt die gut ausgebaute Piste (nach schweren Regenfällen oder im Winter nur mit 4x4-Wagen befahrbar) in Serpentinen mit fantastischen Ausblicken ins „glückliche Tal" bergauf zum Tizi-n-Illisi (2600 m) und weiter in Richtung Zaouiat Ahansal (ca. 70 km hinter Agouti). Von dort geht die Strecke weiter bis zum Stausee Bin-el-Ouidane.

# Von Marrakesch nach Amizmiz

- **54 km, Asphaltstraße, P 2009.**
- An der landschaftlich großartigen Strecke entlang des **Oued N'Fiss** thronen drei mächtige Kasbahs (rotbraune Lehmburgen). Die Flusstäler säumen Oleander, an den Berghängen wachsen Walnuss-, Mandel- und Feigenbäume. Fährt man von Amizmiz weiter nach Osten in Richtung Ouirgane, erreicht man die Passstraße über den Tizi-n-Test nach Agadir/Taroudannt (R 203).
- Es fahren **Busse und Sammeltaxis** ab Marrakesch nach Amizmiz (ca. 1 Std.).

**Man verlässt Marrakesch** auf der R 203 gen Süden (Ouirgane, Asni) und fährt beim Kreisverkehr nach 5 km geradeaus weiter. Die Straße nach Asni (und weiter über den Tizi-n-Test) bleibt links.

Bei **km 32** führt eine Brücke über den **Oued N'Fiss.** Flussabwärts liegt der 7 km lange **Stausee Lalla Takerkoust,** der zur Bewässerung der Haouz-Ebene und als Naherholungsgebiet für Marrakesch dient.

## Stausee Lalla Takerkoust

Besonders an heißen Sommerwochenenden kommen **viele Ausflugsgäste aus Marrakesch** hierher, um abzukühlen und das ruhige Landleben zu genießen – es werden auch organisierte Tagestrips zum Stausee angeboten. An vielen Stellen entlang des mit Pinien gesäumten Seeufers wird auf ein Schwimmverbot hingewiesen. Wer dennoch baden will, kann (kostenpflichtig) den Pool der dortigen Restaurants/Herbergen nutzen. Unterkunft bietet die **Villa du Lac④** (Mobil 0661 24 99 00, www.lavilladulac-marrakech.net) mit schönem Garten direkt am Seeufer, kleinem Pool und sechs hübschen, klimatisierten Zimmern mit Bad und Tadelakt-Verputz. Ruhig und idyllisch wohnt man in **Jnane Tihihit④** (Tel. 0524 38 73 52, www.jnane-tihihit.com) auf einem Farmgelände mit Oliven, Orangen und Wein. Die geräumigen Gästehäuser für bis zu sechs Personen haben eine eigene Terrasse, das Essen wird aus selbst angebautem Gemüse zubereitet. Etwas günstigere, aber ebenso stilvolle Zimmer bietet die **Auberge/Restaurant Le Flouka③** (Mobil 0664 49 26 60, www.leflouka.com, klimatisierte DZ, Pool).

Weiter entlang der Straße nach Amizmiz liegt bei **km 49** linker Hand der Straße die **Zaouia des Heiligen Sidi Boudhaj,** der hier sehr verehrt wird.

Bei **km 54** ist **Amizmiz** erreicht.

## Amizmiz

Den **13.000-Einwohner-Ort** in sehr schöner Umgebung auf ca. 1100 m Höhe teilt der Fluss in zwei Teile. Dienstags ist großer Suq – einer der größten, ganz und gar untouristischen Märkte im Hohen Atlas, auf dem sich die Cleuh-Berber der Gegend treffen. Hier werden hübsche Tongefäße verkauft. In Amizmiz findet jeden Sommer ein **Festival** mit Folkloreveranstaltungen und Kunsthandwerksausstellungen statt. Im Ort gibt es eine Apotheke, diverse Läden und Banken. Es verkehren Grands Taxis nach Marrakesch (ca. 1 Std.)

4 km südlich des Ortes, nahe der Straße nach Marrakesch, erreicht man über eine unbefestigte Straße das gute **Restaurant/Hotel La Source bleue**② (Hinweisschilder beachten, Tel. 0524 45 45 95, einfache Zimmer) mit wunderbarer Aussicht. Sehr komfortabel ist die **Maroc Lodge**④ (Mobil 0661 20 25 37, www.maroc-lodge.com) mit herrlichem Garten, Pool, Gourmet-Küche und vier 80 m² großen Bungalows für bis zu 4 Personen (mit Schlaf- und Wohnzimmer mit Kamin, Terrasse etc.). Ebenso nobel wohnt man im **Boutique-Hotel Kasbah Igoudar**④-⑤ 7 km vor Amzimiz auf einem Farmgelände (Mobil 0663 77 89 44, www.kasbah-igoudar.com, klimatisierte/beheizte Zimmer und Suiten mit Bad, Sat-TV, Minibar, großer Pool etc.).

Wer weiter zur R 203 (Passstraße nach Taroudannt) fahren möchte, folgt den Wegweisern in **Richtung Ouirgane.** Die Straße (P 2022) führt durch karge Hügellandschaft und einige Dörfer nach Aouzar auf der Ostseite des Oued N'Fiss. Weiter geht es über eine Passhöhe (km 79 ab Marrakesch) bis nach Ouirgane (km 86 ab Marrakesch).

⊡ Skulptur im Anima Garden von André Heller

# Von Marrakesch ins Ourika-Tal und nach Oukaïmeden

■ **63 km nach Setti-Fatma, P 2017; ca. 77 km nach Oukaïmeden, P 2017 und P 2030.**

■ Zunächst gute, dann im Ourika-Tal z.T. vom Regen beschädigte Asphaltstraße. Kurz hinter Asguine sind **zwei Varianten** möglich: weiter nach Setti-Fatma (Variante 1) oder hinauf zum Skiort Oukaïmeden (Variante 2). Variante 1 führt durch das inzwischen ziemlich touristische Ourika-Tal. Das idyllische Flusstal des Oued Ourika mit Oliven, Pappeln, Apfel- und Nussbäumen umrahmen rote, erodierte Berghänge. An heißen Wochenenden im Sommer herrscht in Setti-Fatma Hochbetrieb.

■ Setti-Fatma ist Ausgangspunkt für schöne **Wanderungen** zu den Wasserfällen oder in die Aït-Boulmane-Schlucht. Von dort bieten sich auch mehrtägige **Trekkingtouren,** z.B. zum Djabal-Yagour-Plateau (interessante Felsgravuren), an. Auch in Oukaïmeden beginnt ein Trekking über den Tizin-Eddi-Pass (2928 m) ins Imenane-Tal (Gîtes z.B. in Ouaneskra, Imsker). Die Wege führen durch die grandiose Bergwelt des Hohen Atlas und zu abgelegenen Berberdörfern.

■ **Sammeltaxis** fahren bis Setti-Fatma (ca. 40 DH) oder Oukaïmeden. **Bus Nr. L25** verkehrt vom Gare routière in Marrakesch (Busbahnhof beim Bab Doukkala) bis zum Marktort Ourika. Man kann den Ausflug auch in Marrakesch buchen.

Vom Stadttor Bab Er Robb in Marrakesch geht es auf der **Route d'Ourika** entlang der Stadtmauer Richtung Süden (P 2017). Vorbei am Carrefour-Supermarkt (km 0) führt die vierspurige Straße zunächst durch Vororte, dann mit herrlichem Blick auf die im Frühjahr noch weiß gezuckerten Berge weiter Richtung Ourika.

Etwa **9 km** südlich von Marrakesch liegt das Farmgelände von **La Ferme Berbère**③ (Mobil 0661 92 09 41, www.lafermeberbere. com): zehn schöne Zimmer im marrokanischen Stil, möblierte Berberzelte in absolut ruhiger Lage, Pool, Hammam, marokkanisch-französisches Essen; Ausflügler können gegen Eintritt (inkl. Mittagessen) den Poolbereich nutzen.

Bei **km 27** ab Marrakesch (Schild ca. 3 km vor Ourika, 1 km nach einer großen Total-Tankstelle) geht es rechts zu *André Hellers* **Gartenprojekt Anima,** dessen Besuch man auf keinen Fall verpassen sollte.

## Anima Garden

Der österreichische Universalkünstler **André Heller** hat das mehr als 7 ha große, verödete Land einer Rosenfarm in acht Jahren Arbeit in einen wahren Paradiesgarten verwandeln lassen. Seit 2016 sind insgesamt 3 ha für die Öffentlichkeit geöffnet.

*André Heller,* der auf dem Gelände auch einen Wohnsitz unterhält und 10 Mio. Euro seines Privatvermögens in das Projekt investierte, wollte einen **fantasievollen, üppigen Garten** schaffen, der **Erholung und Stille** vom Trubel in Marrakesch bietet. Das ist ihm gelungen: Der Park voller Palmen, Olivenbäume, Bambusse, Kakteen, Bougainvilleen, Hibis-

121sm20 ad

kus, Rosen und Aloe vor der malerischen Kulisse des Hohen Atlas wirkt, als hätte es ihn schon immer gegeben. Farbenfrohe **Kunstinstallationen** wie eine überdimensionale, Wasserdampf speiende afrikanische Maske oder eine Arche Noah sorgen immer wieder für Überraschungen.

*Heller* und Projektleiter *Gregor Weiss* setzten bei der Realisierung auf **Nachhaltigkeit:** Der Garten wird wassersparend mit einem traditionellen Sickerwasserbrunnen bewässert, 50 Menschen aus der Umgebung wurden fest angestellt, außerdem finanziert Anima eine Grund- und eine Handwerksschule.

Im **Espace Anima** finden wechselnde Kunstausstellungen statt. Im knallbunten **Café Paul Bowles** kann man einen Tee schlürfen und dem Vogelgezwitscher lauschen.

■ **Info:** Tel. 0524 48 20 22, www.anima-garden.com, Eintritt: 120 DH, Kinder 60 DH, geöffnet: im Winter 9–17 Uhr, im Sommer 9–18 Uhr, im Ramadan 9–15 Uhr, Sept. bis Juni 4x tägl. kostenloser Shuttlebus vom Parking La Koutoubia auf der Nordwestseite der Kutubiya-Moschee in Marrakesch (Online-Reservierung sinnvoll).

Nur 2 km weiter entlang der Hauptstraße, kurz vor dem Ort Ourika, weist ein großes Schild auf Le Paradis du Safran hin (Abzweig links auf eine kleine Straße entlang des Wasserkanals zum Dorf **Douar Takateret,** 3 km).

## Le Paradis du Safran

Die Safran-Farm der Schweizerin *Christine Ferrari* lohnt einen Stopp. Auf einer **interessanten Führung** durch den **2 ha großen Schaugarten** erfährt man alles über die dort kultivierten Pflanzen – darunter Safran, Heilpflanzen, Kräuter, Zitrus- und allerlei tropische Früchte von Papaya bis Avocado. Besucher können Gewürze testen, auf einem Natur-Barfußweg laufen und die Füße in einem Kräuter-Waschbecken baden.

In ihrem lehrreichen, halbstündigen **„Safran-Seminar"** erklärt *Christine* die heilende Wirkung von Safran, die Anwendung in der Küche und den Unterschied zwischen echtem und falschem Safran. Hungrige sollten das **köstliche Mittagsmenü** (250 DH) mit Zutaten aus dem Garten probieren: Salat mit frischen Biokräutern, Gemüsecremesuppe mit Safran, würzige Rind- und Gemüsetajine mit karamellisierten Pflaumen, Reis mit Safran-Sahnesoße, Dessert und Tee. Im Shop werden neben Arganöl, Aromaseifen und Kräuterteemischungen auch ganze Safranknollen zum Anbau im eigenen Garten verkauft. 1 g Safranfäden höchster Qualität (mit Schweizer Biozertifikat) aus eigener Ernte kostet 30 Euro.

■ **Info:** Tel. 0628 79 69 79, www.diesafranfrau.de, Eintritt: 100 DH, tägl. außer Di 11–16 Uhr, im Ramadan und zwischen Mitte Juni und Anfang Sept. geschlossen. *Christine* organisiert gern ein Privattaxi ab Marrakesch (500 DH hin und zurück).

## Weiterfahrt nach Oukaïmeden

Im lebhaften Marktort **Ourika** (Banken, Restaurants, Grands Taxis nach Setti-Fatma, Bus Nr. L25 nach Marrakesch) passiert man zunächst einen Abzweig rechts nach Tahanoute (R 203), dann folgt bei **km 33** ein **Abzweig** links nach Tnine de l'Ourika und Aït Ourir (an der N 9). Geradeaus weiter geht es Richtung Setti-Fatma.

In **Tnine de l'Ourika** findet montags ein sehenswerter ursprünglicher Wochenmarkt statt (Suq-Gelände am Oued Ourika, 3 km ab der Kreuzung). Falls man im Boutique-Hotel Kasbah Bab Ourika logieren oder den Garten Nectarome (in Tnine de l'Ourika links, ausgeschildert, s.u.) besuchen möchte, biegt man hier ebenfalls nach links ab. Das schöne, familienfreundliche **Hotel Kasbah Bab Ourika**④ (in Ourika Richtung Aït Ourir links, hinter Tnine de l'Ourika weiter rechts bergauf, im nächsten Dorf rechts auf Piste, ca. 3,5 km, Mobil 0668 74 95 47, www.kasbahbabourika.com) auf einem Hügel bietet einen grandiosen 360°-Blick auf die Berge und das Flusstal. Das Interieur mit Salons und lichtdurchfluteten Arkadenhöfen vereint modernes Design mit ländlichem Berberstil und antikem Inventar. Die 26 komfortablen Suiten haben alle einen Kamin, Bergblick und ein modernes Bad, z.T. auch eine eigene Terrasse. Es gibt einen Hammam/SPA, einen parkartigen Garten mit Infinity Pool, WLAN, ein Restaurant (Alkohol) und ein großes Aktivitätenprogramm (Wanderungen, Reiten, Mountainbiken) – traumhaft für ein paar ruhige Tage auf dem Land.

## Jardin Bio-Aromatique Nectarome

Nectarome ist ein erfolgreicher Hersteller von Biokosmetikprodukten, der viele Hotels und SPAs in Marokko und Frankreich beliefert. Bei einer Tour durch den 1 ha großen Garten in Tnine de l'Ourika (Tel. 0524 48 21 49, www.jardin-bioaromatique-ourika.com, Eintritt: 20 DH, Kinder 10 DH, tägl. 9–17 Uhr, Juni bis Aug. bis 18.30 Uhr) bekommt man einen Einblick in die vielfältigen **Anwendungsmöglichkeiten der Heilkräuter und Aromapflanzen.** Es gibt schöne Sitzecken und einen kleinen Salon (Mittagessen auf Bestellung), außerdem kann man im Shop hochwertige Öle (Sesam, Argan), Seifen, Shampoos etc. direkt einkaufen. Ein weiterer Laden für Nectarome-Produkte befindet sich in der Menara Mall in Marrakesch.

## Weiterfahrt nach Oukaïmeden

Hinter Ourika (an der bereits erwähnten Kreuzung geradeaus Richtung Setti-Fatma) führt die Straße kurvig bergauf **das grüne Ourika-Tal entlang.** An der Strecke werden bergeweise Töpferwaren angeboten. Im **Töpferzentrum Douar Tafza** kann man dem **Berbermuseum** einen Besuch abstatten (37 km ab Marrakesch, Beschilderung nach rechts oben ins Dorf, weiter zu Fuß am Abwasserkanal entlang wenige hundert Meter bergauf).

### Ecomusée Berbère de l'Ourika

In einem über 100 Jahre alten **renovierten Lehmhaus** ist ein interessantes Privatmuseum (Tel. 0524 38 57 21, www.museeberbere.com, tägl. 9.30–19 Uhr, Eintritt: 20 DH) untergebracht, das historische Fotografien, Alltagsgegenstände, Werkzeuge, Musikinstrumente, Teppiche, Brautschmuck und Töpferwaren der Berber aus der Region zeigt. Die Brüder *Salah* und *Khalid* sprechen sehr gut englisch und führen sachkundig durch die Ausstellung. Es gibt eine Dachterrasse mit schönem Blick über das Flusstal.

Etwa 5 km hinter Ourika liegt der verschachtelte und verspielt in bunten Farben gestaltete Türmchenbau der **Kasbah de Tifirte** (Mobil 0668 94 36 54, www.kasbahtifirte.com) links an der Straße. Auf der Panoramaterrasse genießt man schön unter Weinlauben einen Tee oder ein Mittagessen. Es gibt auch Zimmer.

10 km hinter Ourika (etwa 43 km ab Marrakesch) geht es an einer **V-Kreuzung** links weiter nach Setti-Fatma oder rechts rauf zum Skiort Oukaïmeden.

## Variante 1: nach Setti-Fatma

Richtung Setti-Fatma fährt man links weiter entlang des Ourika-Tals. 1 km hinter der Gabelung befindet sich auf der rechten Straßenseite das Gästehaus und Restaurant Le Maquis (vgl. „Setti-Fatma/Unterkunft"). Die zum Teil beschädigte (und bei Hochwasser evtl. gesperrte) Straße führt nun direkt am Fluss entlang durch mehrere Ortschaften. Ca. 58 km hinter Marrakesch werden das Dorf **Asgaour** und kurz darauf Setti-Fatma erreicht.

### Setti-Fatma

Der **Ausflugsort** zieht sich am Fluss entlang bis zum Ende des Asphalts beim Dorf Agadir-n-Aït Boulmane. Es gibt mehrere einfache Unterkünfte, Garbuden, Läden (Tipp: Thymianhonig aus dem Hohen Atlas), eine Grand-Taxi-Haltestelle und ein *Bureau des guides et accompagnateurs* (Vermittlung von autorisierten Führern).

Diverse „Parkeinweiser" winken Touristen auf ihren Parkplatz (ca. 10 DH) und bieten sich als Führer zu den **Wasserfällen** an. Auf der anderen Flussseite reihen sich die knallbunten Plastiktische und -sofas der einfachen Restaurants direkt am Wasser aneinander – ideal, um bei einem Glas Tee die Beine ins kühle Nass zu hängen. Mehrere Fußgängerbrücken führen hinüber. Besonders an heißen Wochenenden pilgern zahllose Familien aus Marrakesch und Touristen hierher, um das kühle Gebirgsklima zu genießen. Kinder können sich auf Pferden und Kamelen herumführen lassen.

#### Wanderung zu den Wasserfällen

An der Grand-Taxi-Haltestelle den Fluss überqueren und auf einem kleinen, steinigen Pfad aufsteigen. Diese etwa **halbstündige Wanderung** folgt dem grünen Flusstal bergauf Richtung Südost, vorbei an einigen Souvenirhändlern, zu den kleinen Kaskaden. Wer gut zu Fuß ist, kann noch zu weiteren kleinen Wasserfällen wandern (feste Schuhe!). Im Winter ist der Weg ohne Führer nicht leicht zu finden und sollte nur bei trockenem Wetter ohne Schnee begangen werden.

### Wanderung in die Aït-Boulmane-Schlucht

Diese sehr schöne Flusswanderung ist **nur bei niedrigem Wasserstand** möglich. Am Ende der Straße in Setti-Fatma folgt man der Betonstraße am rechten Flussufer entlang zum Dorf Agadir-n-

Aït Boulmane. Hinter dem Dorf ist das von Feldern gesäumte Tal noch recht breit, doch schon bald verengt es sich zu einer tollen Schlucht mit roten Felswänden, Pappeln und Walnussbäumen. Um den idealen Weg zu finden, muss man den Fluss immer wieder queren – deshalb am besten Trekkingsandalen oder alte Turnschuhe tragen. Nach etwa einer Stunde ist eine klapprige Metallbrücke erreicht. Hier dreht man entweder um oder hängt noch eine **Bergtour** (mit festen Schuhen) an die Schluchtenwanderung an: Kurz hinter der Brücke führt ein Pfad links bergauf, der in Serpentinen in etwa einer Stunde zum ursprünglichen Dorf **Tamatert** mit Terrassenfeldern auf 1800 m Höhe führt. Vom Dorf geht es etwa eine Stunde weiter aufwärts bis zum **Pass Tizi-n-Tamatert** mit knorrigen Wacholderbäumen auf 2155 m Höhe. Bis dorthin sind es ab Setti-Fatma 4–5 Stunden Gehzeit. Wer nicht so gut zu Fuß ist, kann statt der Wanderung hinter Setti-Fatma auf einer Schotterpiste rechts bergauf zum **Pass Tizi-n-Chiker** fahren und von dort das Panorama auf die Gipfel um das Toubkal-Massiv genießen.

### Unterkunft/Essen und Trinken

- **Asgaour**②, kurz vor Setti-Fatma (Ortseinfahrt) auf der linken Seite, Tel. 0524 48 52 94. Das sehr freundliche Hotel bietet einfache, aber sehr ordentliche Zimmer mit oder ohne eigenes Bad. Günstiges Essen im blitzsauberen Restaurant (im Winter mit Heizung). WLAN.
- **Au Bord de l'Eau**②-③, Asgaour, kurz vor Setti-Fatma, Mobil 0661 22 97 55, www.obordelo.com. *Polou* (spricht englisch) und *Martine* betreiben dieses Gästehaus mit vier kleinen, liebevoll gestalteten Zimmern direkt am Wasser. Salon mit Kamin, WLAN.
- **Chez Larbi**③, bei km 46 ab Marrakesch, etwa 14 km vor Setti-Fatma, Mobil 0661 34 23 92, www.chezlarbi-ourika.com. Kleines, hübsches Gästehaus mit tollem Garten, Kaminsalon, Restaurant und Hammam. Sehr freundlicher Empfang. DZ mit Bad und z.T. mit Terrasse.
- **La Perle d'Ourika**②, Mobil 0624 85 75 93, Buchung über www.booking.com möglich. 1 km vor Setti-Fatma liegt die schöne, mit viel Liebe zum Detail gestaltete, sehr freundliche Herberge an der Straße oberhalb des Flusses. Es gibt einen Garten, gutes Essen, fünf DZ mit Bad und einen Schlafsaal für bis zu 6 Personen. Tolle Aussicht ins Tal.

089sm20_ad

▷ Blick ins Ourika-Tal vom Hotel Kasbah Bab Ourika

- **Le Maquis**③, ca. 17 km vor Setti-Fatma, Tel. 0524 48 45 31, www.le-maquis.com. Die simplen, aber gemütlichen und farbenfrohen Zimmer mit Zentralheizung gruppieren sich um den Garten mit Pool und Terrasse. Im hübschen Salon des Restaurants gibt es einen Kamin für kalte Tage. Bar mit Alkoholausschank, sicherer Parkplatz, WLAN.
- **Ourika Garden Mountain Villa**④, Aghbalou, etwa 10 km vor Setti-Fatma, Tel. 0524 48 44 41, www.ourikagarden.com. Das Gästehaus mit aufmerksamer Betreuung durch Bergführer *Abdelkarim Ait* (spricht englisch) hat sechs schöne, teilweise mit antiken Stücken ausgestattete Suiten mit AC/Heizung. Die schöne Gartenanlage mit Pool erstreckt sich über mehrere Terrassen. Das Restaurant serviert leckeres Essen und steht auch Gästen von außerhalb offen.
- Empfehlenswert für ein Mittagessen sind das **Restaurant Le Noyer** (blaues Gebäude mit Dachterrasse und Tischen am Fluss, Menü 100 DH) oder das kleine, einfache und unaufdringliche **Restaurant Asgaour** (Tel. 0524 48 52 94, Menü mit Brochette/Tajine 50 DH, WLAN). Beide befinden sich am unteren Ortseingang von Asgaour.

## Variante 2: nach Oukaïmeden

Zurück an der Kreuzung 2 km hinter Asguine (s.o.) geht es weiter nach Oukaïmeden. Diese Route liegt **abseits des großen Ausflugsverkehrs.** Die schmale, z.T. beschädigte Straße verlässt das Flusstal und schraubt sich in Serpentinen von 1300 bis auf 2600 m Höhe nach oben. Einfache Häuser aus Stein und Lehm kleben an den rot-braunen Hängen mit Terrassenfeldern, Apfel- und Nussbäumen, Agaven und Feigenkakteen. Nach etwa 11 km (ab der Kreuzung) führt eine **Asphaltstraße rechts nach Tahanoute/Asni.** Je höher die Straße klettert, desto schroffer wird die Bergkulisse, bis ab 2100 m Höhe endgültig alle Gehöfte, Felder und Bäume verschwinden. Hier im **Hochgebirge,** mit Schnee von etwa November bis März, wachsen nur noch Ginster und Wacholderbüsche. Nach etwa 30 km ist Oukaïmeden erreicht.

### Oukaïmeden

Der Bergort auf 2650 m Höhe ist **Marokkos einziges hochalpines Skigebiet** (Skibetrieb etwa zwischen Dezember und März). Am Ortsanfang befindet sich ein kleiner Stausee. Hier fühlt man sich eher ins schottische Hochland versetzt als in Marokko. Im Vergleich zur sommerlichen Hitze in Marrakesch ist es angenehm kühl, im Winter und Frühjahr ziemlich kalt mit Schnee. Die Berge sind oft in Wolken gehüllt.

In Oukaïmeden gibt es stark verwitterte (z.T. beschädigte) **Felsgravuren** zu sehen, z.B. eine Sonnenscheibe, eine Kuh und ein Dolch auf den Sandsteinplatten am Ortseingang rechts oberhalb der Häuser (dort Infotafel über den Toubkal-Nationalpark und die Gravuren).

Den Ort verunstalten **hässliche Betonbauten,** insgesamt besteht er aus nicht viel mehr als einer Moschee, einem Markt mit Lebensmittelläden, einem Posten der Gendarmerie, einigen Unterkünften mit Restaurant und den Baracken des *Bataillon des Skieurs.* Im Sommer wirkt der Ort bis auf einige Schaf- und Ziegenherden, die hier oben weiden, sehr verlassen.

Die Asphaltstraße entlang des Tales endet beim Sessellift (Übersichtstafel), der Skifahrer auf den 3265 m hohen **Djabal Oukaïmeden** bringt. Weitere Schleppliftanlagen erschließen das Gebiet. Eine Fahrpiste führt weiter hinauf zum **Tizi-n-Eddi** (2928 m). Von dort bietet sich eine tolle Aussicht auf das Imenane-Tal. Zu Fuß wandert man etwa zwei Stunden bis zum Pass.

Fährt man am Ortsende von Oukaïmeden vorbei an Chez Juju auf einer Piste geradeaus bergauf, so erreicht man eine **Aussichtsplattform** (2740 m). Hier hat man einen großartigen Panoramablick auf den Tizi-n-Test, Djabal Toubkal und Marrakesch. Mit Glück sieht man einen der seltenen Bartgeier.

### Unterkunft

- **Chez Juju**③, direkt an der Hauptstraße im Ort, Tel. 0524 31 90 05, www.hotelchezjuju.com. Herberge im französischen Hüttenstil, recht komfortable Zimmer mit Bad, üppiges Frühstück. Restaurant, Bar und Terrasse. WLAN. Zimmer im Winter am teuersten.
- **Le Courchevel**③, Tel. 0524 31 90 92, Buchung über www.booking.com möglich. Größtes Hotel im Ort mit einfach ausgestatteten Zimmern für bis zu 5 Pers. mit Bad, z.T. mit Terrasse. Restaurant und Aufenthalts-/TV-Raum mit Kamin, Bar mit Alkohol. Auch Lagerbetten. WLAN.
- **Refuge de Club Alpin Français,** Tel. 0522 99 01 41, http://cafmaroc.ffcam.fr/refuges-chalets-centres-de-montagne.html. In dieser empfehlenswerten Unterkunft des französischen Alpenvereins herrscht gemütliche Hüttenatmosphäre. Es gibt top gepflegte Mehrbettzimmer (Stockbetten, Schlafsack mitbringen), absolut saubere Waschräume mit heißen Duschen und einen Gemeinschaftssalon mit Kamin. 1:50.000-Karten des Gebiets zur Ansicht, Treffpunkt der Skitourengeher und Bergsteiger. 90 DH p.P. für Alpenvereinsmitglieder, sonst 230 DH (im Winter) bzw. 140 DH (im Sommer), Abendessen 85 bzw. 115 DH, Alkoholverkauf. WLAN.

## Rückfahrt nach Marrakesch

Von Oukaïmeden etwa 19 km wieder zurück bis **Aït Lekak (N 31°15,850', W 07°49,272')** kann man auf einer schmalen Asphaltstraße über den Tizi-n-Taslirane (2200 m) **in Richtung Tahanaoute/Asni** (an der R 203) fahren. Beim großen Ort **Tadmamt** unterhalb am Hang zweigt eine unbeschilderte Piste links nach Asni ab (sehr schmal, z.T. sehr schräg, schöner Blick auf den Djabal Toubkal). Die Straße rechts weiter mündet bei **N 31°20,107', W 07°56,859'** nahe Tahanaoute in die Asphaltstraße R 203 von Asni nach Marrakesch.

# Von Marrakesch über den Tizi-n-Test nach Taroudannt

- **224 km (bis Asni 48 km), Asphalt, R 203.**
- Diese **landschaftlich sehr schöne, kurvige Strecke** ist etwas abenteuerlicher als die Passstraße über den Tizi-n-Tichka. Die Asphaltstraße wurde zuletzt massiv ausgebaut, sodass man bald durchgehend auf einer breiten Trasse fahren kann. Wintersperre nach frischem Schneefall.
- **Busse und Sammeltaxis** fahren von Marrakesch nach Asni, von dort weitere Verbindungen nach Ouled Berhil. Es fährt ein CTM-Nachtbus von Marrakesch bis Taroudannt (ca. 6 Std.).

Marrakesch vom **Bab Er Robb** (südliches Stadttor beim Kasbah-Viertel) auf der **R 203** in Richtung Asni/Taroudannt/Ourika-Tal verlassen. Nach etwa 5 km geht es am Kreisverkehr links weiter Richtung Asni (geradeaus nach Amizmiz, vgl. Route „Von Marrakesch nach Amizmiz“).

Am Kreisverkehr vor dem Ort **Tahanoute** (mit Tankstelle) bei **km 31** geht es geradeaus weiter (links ins Ourika-Tal, rechts nach Amizmiz). Auf dem Suq-Gelände findet dienstags ein **schöner Markt** statt.

Die Straße führt durch Olivenhaine am Rande des Atlasgebirges. Nach **34 km** bzw. 4 km nach dem Kreisverkehr zweigt eine Straße links nach Oukaïmeden (vgl. vorherige Route) ab, und das Dorf **Saour** ist erreicht. Nach 3 km führt eine Brücke über den **Assif Reraïa.** Rote Lehmhäuser, die sich kaum von der Umgebung abheben, ziehen sich entlang der Hänge. Die Straße führt nun bergab am Fluss entlang.

Bei **km 42** warten geschmückte **Reitpferde und -kamele** für Ausflügler und Wallfahrer am Straßenrand. Oberhalb auf dem Berg thront der Wallfahrtsort Moulay Brahim.

1 km weiter, bei **km 47,** kann man zur Zawia (Zaouia) und **nach Moulay Brahim** abzweigen (4 km).

## Moulay Brahim

Das schön gelegene Bergdorf auf 1200 m Höhe ist nach dem „Heiligen“ *Moulay Brahim* benannt. Einige Tage nach Maulad-Beginn findet dort ein wichtiger **Moussem** (Volksfest) statt. Moulay Brahim ist ein viel besuchtes Wallfahrtsziel für Frauen mit unerfülltem Kinderwunsch. Der Ort wirkt von der Straße aus etwas schmuddelig und touristisch: Cafés, geschmückte Reitpferde und Kamele usw. Hierher kommen aber fast nur **marokkanische Pilger und Ausflügler aus Marrakesch,** und der Ort ist als typischer kleiner Wallfahrtsort (evtl. mit Führung) sehenswert.

Es gibt einen **Wohn- und** einen **Marktbereich.** Letzteren erreicht man, wenn man am Ortseingang bei den Restaurants parkt und linker Hand die Treppen nach oben geht. Beim Aufgang lassen sich die Frauen die Hände mit **Henna** verzieren – das bringt „baraka“, den göttlichen Segen. Die Tradition der Hennabemalung ist vor allem in Wallfahrtsorten zu sehen und bei Hochzeiten üblich. Auch Touristinnen können sich schmücken lassen (Preis verhandeln!). Der Suq-Bereich zieht sich zur Zaouia hin, und je näher man dem Heiligtum (an dem grünen Dach zu erkennen) kommt, desto mehr Devotionalien werden verkauft.

Vom Marktbereich gelangt man zum Wohnbereich. Dazwischen kann man noch die **heiligen Quellen** besichtigen und in den Wohnvierteln Einblicke in das Leben einer ländlichen Gemeinde gewinnen.

Beim Ort nehmen die Schluchten des Moulay Brahim mit dem **Oued Moulay Brahim** ihren Anfang.

Im Ort gibt es nur einfachste **Unterkünfte** für den Notfall, wer es komfortabler will, sollte in Imlil oder Ouirgane übernachten. Die im Ort abzweigende Straße in Richtung Westen (P 2024) führt auf ein Plateau (fantastische Aussicht) und weiter nach **Aguergour** (ca. 16 km) und nach weiteren 5 km zur **Kasbah Tifferouine,** einem Ausflugsziel marokkanischer Veranstalter.

## Weiterfahrt nach Taroudannt

**Hinter Moulay Brahim** schlängelt sich die Straße hinauf ins Bergland mit Thujen, Kiefern und Steineichen. Nach 1 km ab dem Abzweig, bei **km 48,** ist Asni erreicht.

## Asni

Der insgesamt wenig attraktive Ort hat Bedeutung als Straßenkreuzungspunkt (Abzweig nach Imlil zum Djabal Toubkal) und wegen des interessanten **Wochenmarkts** am Samstag, zu dem die Menschen der Umgebung anreisen, um Vieh, Lebensmittel und andere Ware zu kaufen und zu verkaufen. Wer Wanderungen im Hohen Atlas unternehmen will, kann hier nach einem **Bergführer** Ausschau halten oder einen Transfer nach Imlil organisieren. Hier bestehen auch die besseren Versorgungsmöglichkeiten als in Imlil, bevor man z.B. den Djabal Toubkal besteigt (vgl. Exkurs). Asni ist außerdem das Zentrum für die **Mineralien- und Fossilienverkäufer** des Hohen Atlas. Überall entlang der Straße zum Tizi-n-Test bieten die Händler ihre echte oder auch gefälschte (bunt bemalte) Ware feil.

### Praktische Informationen

#### Unterkunft

- **Kasbah Tamadot**⑤, ca. 4 km Richtung Imlil, Tel. 0524 36 82 00, www.kasbahtamadot.virgin.com. Auf dem riesigen Gelände dieses ultraluxuriösen Hideaway des britischen Milliardärs *Sir Richard Branson* verbergen sich 24 mit wertvollen Antiquitäten ausgestattete Suiten sowie sehr komfortable Zeltsuiten. Hier bleiben garantiert keine Wünsche offen – ideal für die Flitterwochen (wer es sich leisten kann: DZ ab 600 Euro) oder besondere Anlässe. Das Restaurant Kanoun steht mit Reservierung auch Gästen, die nicht übernachten, offen (Hauptgericht ab 200 DH). Für Entspannung sorgen ein Innen- und ein Außenpool, ein Tennisplatz und der Hammam mit Wellnessangeboten.
- Weitere (bezahlbare) Unterkünfte finden sich in Imlil und Ouirgane (s.u.).

#### Sammeltaxis/Busse

Sammeltaxis und Kleinbusse **fahren am Marktplatz ab.**

- **Sammeltaxis bis Imlil** für ca. 40 DH.
- **Grand Taxi nach Marrakesch** (komplett für 4–5 Pers.) ca. 400 DH, **Sammeltaxi** ca. 40 DH.
- **Bus nach Ouled Berhil:** 1x tägl. vormittags, ca. 50 DH. Alternative: mit Kleinbus bis Ijoukak, dort Umsteigen in ein Sammeltaxi/anderen Kleinbus.

## Weiterfahrt nach Taroudannt

Bei **km 50** hinter Marrakesch zweigt links die Straße nach **Imlil** (s.u.) ab, Ausgangspunkt für die Besteigung des Djabal Toubkal.

## Imlil

Eine schmale Asphaltstraße führt über 17 km zum 1740 m hoch gelegenen Berberdorf Imlil im **Mizane-Tal** mit unzähligen Walnuss-, Apfel- und Kirschbäumen zwischen Terrassenfeldern. Der Ort in malerischer Gebirgskulisse ist mittler-

# Bergsteigen im Djabal-Toubkal-Gebiet

**Imlil bzw. Aroumd** im Mizane-Tal sind die **Ausgangsorte** für die Besteigung des Djabal Toubkal und viele weitere Bergtouren im Hohen Atlas. In und um Imlil gibt es viele Shops (auch mit Verkauf und Verleih von gebrauchter Bergausrüstung), Cafés, Restaurants und Herbergen (z.T. mit Campinggelände) verschiedener Preislagen. Das **Bureau des Guides de Montagne** neben der Hütte des Club Alpin Français beim Parkplatz im Zentrum vermittelt Bergführer für die Toubkal-Besteigung (vgl. Informationen unten). In Imlil kann man auch Mulitreiber mit ihren Tieren für den Gepäcktransport anmieten. Vertrauen Sie sich nur staatlich geprüften, diplomierten Bergführern an (Ausweis zeigen lassen). Ein marokkanischer Bergführer erhält einen Tagessatz von etwa 450–600 DH (unabhängig von der Gruppengröße). Mulitreiber bekommen etwa 250 DH am Tag. Dreitägige Toubkal-Besteigungen werden in Imlil und Marrakesch (inkl. Transfer) auch als Pauschalpaket mit Bergführer/Verpflegung/Gepäcktiere für ca. 1900 DH p.P. (3 Tage, Gruppe ab 3 Pers.) angeboten.

Für die Besteigung des Toubkal rechnet man **3 Tage.** Für eine Rundtour über mehrere Gipfel sind 5 Tage zu veranschlagen. In der Regel steigt man am ersten Tag bis zur Hütte auf und verbringt dort den Nachmittag zur Akklimatisation (wichtig!). Am zweiten Tag geht es auf den Gipfel und wieder zurück zur Hütte, am dritten Tag steigt man über Sidi Chamharouch bis Imlil ab. Fitte Bergsteiger können auch am Gipfeltag wieder ganz bis Aroumd absteigen (und somit die Tour auf 2 Tage verkürzen), dann sind allerdings knapp 1000 anstrengende Höhenmeter im Aufstieg und über 2000 Höhenmeter im Abstieg zu bewältigen.

Ab Aroumd rechnet man 4–5 Stunden Gehzeit bis zu den beiden Berghütten auf 3207 m. Von dort sind es noch 3–4 Std. bis zum Gipfel auf 4167 m Höhe. Die Tour ist generell nur für geübte Geher zu empfehlen, der Anstieg zum Gipfel führt z.T. über loses Geröll (Trittsicherheit unbedingt notwendig). Schon im September und bis in den Mai kann es in der Höhe schneien – warme Funktionskleidung, Regenschutz, Mütze und Handschuhe müssen ins Gepäck. Wer zeltet, muss seine Lebensmittel und Ausrüstung selbst mitbringen. Wasser gibt es an den Hütten.

Die **Toubkal-Hütte** sowie die neuere **Hütte Les Mouflons** (Mobil 0663 76 37 13, Tel. 0524 44 97 67, www.refugetoubkal.com, 280 DH/Pers. inkl. guter HP im Lager, DZ 950 DH für 2 Pers. mit HP, auch Familienzimmer für bis zu 8 Pers.) direkt unterhalb sind ideale Zwischenstationen für die Besteigung des Djabal Toubkal und weitere Gipfel rund ums Mizane-Tal. Die Hütten haben Mehrbettlager (Les Mouflons auch Zimmer) sowie heiße Duschen auf dem Gang. Die sanitären Anlagen sind schon etwas angeschlagen und nicht immer sauber. Beide bieten eine Kochgelegenheit für mitgebrachte Verpflegung und servieren eine warme Mahlzeit auf Vorbestellung (ca. 110 DH). In einem kleinen Shop in der Mouflon-Hütte gibt es Wasserflaschen, Saft, Cola/Fanta, Schokolade, Klopapier etc. Im gemütlichen Salon der Mouflon-Hütte sorgt ein Kamin für wohlige Wärme, ansonsten ist es in den Innenräumen meist frisch. In der Umgebung der Hütten sowie weiter unterhalb entlang des Bachs finden sich ebene Flächen für Zelte. In der Toubkal-Hütte des Club Alpin Français können Alpenvereinsmitglieder ermäßigt übernachten (ca. 80 DH), Nichtmitglieder zahlen etwa 110 DH pro Nacht (heiße Dusche extra). Die Umgebung der Hütten ist von den vielen Wandergruppen schon stark in Mitleidenschaft gezogen worden: überall Müll und Hinterlassenschaften mit Klopapierfahnen. Jeder Bergsteiger sollte deshalb seinen Müll wieder mit ins Tal nehmen und das Klopapier verbrennen!

Seit der Ermordung zweier Skandinavierinnen im Dezember 2018, die am Berg campierten, herrschen **verschärfte Sicherheitsvorkehrungen** im Toubkal-Nationalpark. Die Gendarmerie Royale hat vier **Checkpoints** eingerichtet, an denen sich Trekker registrieren bzw. melden müssen. Ein Checkpoint befindet sich zu Beginn des Wanderwegs in Aroumd, ein weiterer bei den Hütten. Außerdem ist der **Aufstieg** seit Frühjahr 2019 **nur in Begleitung eines lokalen Bergführers** erlaubt. Bislang war die individuelle Besteigung kein Problem. Camping unterhalb der Hütten bzw. entlang der Aufstiegsroute ist nur noch für Teilnehmer einer gebuchten Tour zugelassen.

## Der Aufstieg

In Imlil folgt man der Straße geradeaus bergauf bis zur Betonbrücke und dem Schild „Parc National du Toubkal". Weiter geht es auf dem Fahrweg und schließlich auf Pfaden durch die Terrassenfelder mit Walnussbäumen entlang des Tales bis zum Dorf **Aroumd** (1950 m). Alternativ kann man (zu Fuß oder mit dem Auto) die 5 km lange Piste am Berghang oberhalb nach Aroumd nehmen. Eine kleine Brücke quert zum Schluss den Fluss zum Terrassendorf auf der Ostseite.

Von Aroumd geht es entlang des Flussbetts ca. eine ½ Stunde talaufwärts (Süden), bis ein breiter Schotterpfad beim grünen Nationalparkschild links nach oben abzweigt. Zur Zeit der Schneeschmelze oder nach Regenfällen kann der Fluss recht reißend sein, ansonsten liegt er meist trocken.

Auf dem einfachen, nur leicht ansteigenden Pfad geht es in gemütlichen 2 Stunden zum Pilgerort **Sidi Chamharouch** (2450 m), wo der Bach auf einer Betonbrücke überquert wird. Unter dem großen, weiß bemalten Stein wurde angeblich ein Heiliger verschüttet. Pilger kommen hierher zum Freitagsgebet und hoffen auf Erfüllung ihrer Wünsche. Es gibt mehrere Souvenirbuden, Teestuben und einen Kiosk mit Getränken und Snacks. Der weitere Weg führt noch vor den Buden rechts vorbei in Serpentinen nun etwas steiler aufwärts. In 2–3 Stunden ist der weite Kessel mit den Campplätzen und zwei **Hütten** (3207 m) erreicht.

Der Gipfelaufstieg führt durch den südlichen **Irhzer n'Ikhibi,** das Tal, das etwa bei der Toubkal-Hütte ins Haupt-(Mizane-)Tal mündet. Es handelt sich um einen steilen, nach Westen exponierten Anstieg, der vormittags lange im Schatten liegt.

Direkt oberhalb der Hütten hält man sich links (der Weg geradeaus nach Süden führt zum Tizi-n-Ouagane) und überquert bei einem kleinen Wasserfall den Bach. Dann geht es durch steiles Geröll Richtung Osten bergauf. Weiter stetig bergauf, z.T. durch Blockgelände und über Platten, hat man nach etwa 1½ Std. Gehzeit in 3600 m Höhe die erste Steilstufe geschafft. Hier endet das Blockgelände und man sieht oberhalb erstmals die Toubkal-Scharte **(Tizi-n-Toubkal),** ein Sattel am rechten Ende des Gipfelgrats. Der Weg führt nun in kleinen Serpentinen (bei Eis und Schnee teils rutschig) über eine weitere Steilstufe zum Sattel auf knapp 4000 m Höhe hinauf (2–3 Std. ab den Hütten). Weiter geht es nach links einfach über den SW-Grat zum Gipfel (45 Min. bis 1 Std. ab Sattel), dessen (mit Graffiti und Aufklebern verunstaltete) **Gipfelpyramide** aus Metall erst sehr spät in Sicht kommt. Die Gehzeit beträgt 3–4 Stunden ab der Toubkal-Hütte. Der Weg ist nur unregelmäßig mit Steinmännchen markiert. Für den Abstieg sollte man mit zusätzlichen 2–2½ Std. rechnen. Gesamtgehzeit rauf und runter ab den Hütten: ca. 7 Std.

Vom Gipfel kann man auch über eine **nördliche Variante** absteigen. Dieser Weg führt über wesentlich steileres, schwierigeres Geröllgelän-

Asni
Marrakesch
Ftala
Ifghane
Sidi Fars
Marrakesch
Iguenane
Aït el Qaq
Bou
Ourika
Setti Fatma
1470
Tansghart
Tissil
Ouksirt
Taourirt-n-Ikis
3195
Tisrafene
3066
Oukaïmeden
Imsker
Gliz
Azib
Tiferguine
Timoummar
Tioudiou
Tamalert
Tizi-n-Ouhattar
3100
Timichehl
Imi Oughlad
Tanifine
Arg
Adrar n-Oukaïmeden-Eddi
3273
Angour
3616
Mizane
Amssakrou
Tizi-n-Addi
2928
Tizi Tacheddirt
3172
Ouaneskra
Tinghourine
Tacheddirt
Anrhemer
3892
Tizi Tamatert
2279
Tamatert
Imlil
Mezzik
Bou Iguenouane
3882
Dj. Tasghimout
2664
Aroumd
Tizi n-Likemt
Tizi
Mezzik
2450
Tizi Oussem
Aksoual
3842
Azib
Likemt
El Azib-n-Tinzar
Adrar Adj
3129
3695
Tizi-n-Tagharat
3456
N-DERN
Aguelzim
3547
Sidi
Chamharouch
Tichki
3753
Adrar Tinilim
3670
3845
3727

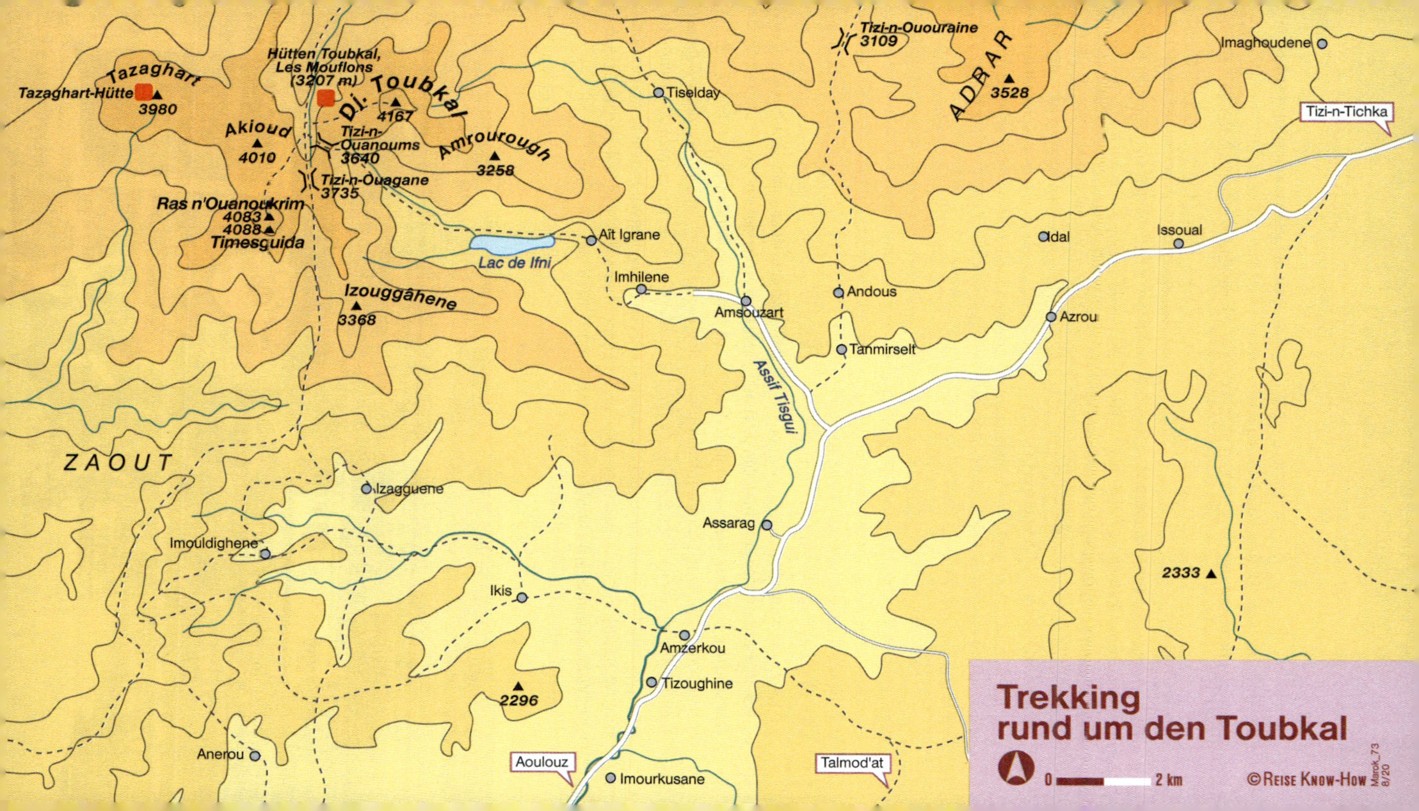
Trekking
rund um den Toubkal
0
2 km
©Reise Know-How
Marok_73
8/20
Tazaghart
Tazaghart-Hütte
3980
Hütten Toubkal,
Les Mouflons
(3207 m)
Dj. Toubkal
4167
Akioud
4010
Tizi-n-
Ouanoums
3640
Amrourough
3258
Tizi-n-Ouagane
3735
Ras n'Ouanoukrim
4083
4088
Timesguida
Lac de Ifni
Aït Igrane
Imhilene
Izouggâhene
3368
Tiselday
Tizi-n-Ououraine
3109
ADRAR
3528
Imaghoudene
Tizi-n-Tichka
Idal
Issoual
Andous
Amsouzart
Azrou
Tanmirselt
Assif Tisgui
ZAOUT
Izzaguene
Imouldighene
Assarag
Ikis
2333
Amzerkou
Tizoughine
2296
Anerou
Aoulouz
Imourkusane
Talmod'at

de und mündet etwa 300 Höhenmeter unter den Hütten in den Aufstieg-/Abstiegsweg von/nach Sidi Chamharouch.

### Alternativroute: Vom Lac de Ifni zum Djabal Toubkal

Wer dem Trubel in Imlil aus dem Weg gehen möchte, kann die Toubkal-Hütten auch vom malerischen Lac de Ifni im Süden ansteuern. Das Trekking startet im Dorf **Amsouzart** (1766 m) im Flusstal Assif Tisgui. Hier finden Wanderer Läden, Cafés, ein Hammam und eine Gîte d'étape mit Matratzenlager (WC/Dusche am Gang, nicht immer sauber) vor. Außerdem gibt es einen kleinen Zeltplatz. Man erreicht Amsouzart entweder von Norden von der Passstraße über den Tizi-n-Tichka (Abzweig von der N 9 in Agouim) oder von Süden aus Aoulouz (N 10). Es verkehren Minibusse/Sammeltaxis.

Von Amsouzart wandert man am **ersten Trekkingtag** zunächst noch auf einer Piste bergauf durch Dörfer mit Terrassenfeldern; an einer Kreuzung geht es links zum Lac de Ifni, rechts nach Tiselday. Nach etwa 1 Stunde ist das Dorf **Aït Igrane** mit einer Herberge inkl. Café unter Walnussbäumen erreicht. Man folgt weiter der steinigen Piste in Serpentinen bergauf bis zu einem **Pass** auf 2370 m Höhe (ca. 1 Std. ab Aït Igrane, ca. 2 Std. ab Amsouzart). Von hier eröffnet sich ein schöner Blick auf den grün schimmernden Lac de Ifni zwischen rot-braunen, fast vegetationslosen Berghängen. Nun steigt man auf einem z.T. gerölligen Weg zum See hinab. Bei einem Laden auf einer Aussichtsterrasse kann man sich mit einer Cola erfrischen. Etwas oberhalb des nördlichen Seeufers führt der Pfad weiter bis an die Westseite des Sees mit Kiesstrand und Steinhütten von Snack- und Getränkeverkäufern. An diesem schönen Platz kann man sein Zelt mit Seeblick aufbauen. Ab Amsouzart sollte man inkl. Pausen mit einer Gehzeit von rund 4 Stunden rechnen (700 Höhenmeter rauf, 100 Höhenmeter runter). Der **Lac de Ifni** (rund 2300 m Höhe) befindet sich im Nationalpark, und es sollte darin nicht gebadet werden, um Verschmutzungen mit Shampoo und Sonnencreme zu vermeiden!

Am **zweiten Trekkingtag** stehen 6–7 Stunden Gehzeit und 1300 Höhenmeter Aufstieg zum Pass Tizi n'Ouanoums und 500 Höhenmeter Abstieg zu den Toubkal-Hütten bevor – entsprechend früh sollte man starten. Ein Bergpfad führt durch das geröllige Flusstal des Assif N'Moursain (im Sommer trocken) und eine rötli-

011sm20 ad

che Schlucht bergauf. Nach etwa 1 Stunde wird der Serpentinenpfad immer steiler, einige Geröllstufen müssen überwunden werden. Der Pass – ein breiter Sattel links neben einer engen Scharte in der Mitte der Schlucht – kommt erst auf etwa 3300 m Höhe in Sicht. Nach insgesamt 4–5 Std. Aufstieg ist der **Pass Tizi n'Ouanoums** (3640 m) endlich erreicht. Zurück eröffnet sich ein schöner Ausblick auf den See, nach vorne in ein grünes Tal, aber noch nicht bis zu den Hütten. Nach etwa 45 Min. Abstieg in engen Serpentinen bietet sich eine Mittagspause an einem Bach an. Von hier ist es noch ca. 1 Std. Marsch (ca. 2 Std. ab Pass) bis zu den Toubkal-Hütten (s. oben).

## Weitere Gipfel im Bereich der Toubkal-Hütte

Neben dem Djabal Toubkal gibt es noch eine ganze Reihe anderer leicht zugänglicher hoher Berge.

Zu den Gipfeln **Ras n'Ouanoukrim** (4083 m) und **Timesguida** (4088 m) folgt man oberhalb der Hütten dem Tal südwärts (nicht über den Bach links ab zum Toubkal) und steigt in etwa 2 Stunden bis zum Pass Tizi-n-Ouagane (3735 m) auf. Vom Pass sind es dann noch 1½–2 Std. zunächst in leichter Kraxelei über Felsblöcke, dann über einen Geröllpfad entlang der flachen Südflanke des Ras n'Ouanoukrim zum weiter hinten liegenden Gipfel des Timesguida (flacher Kopf mit Steinpyramide). Von hier bietet sich ein fantastischer Ausblick auf die weite Gebirgswüste aus Stein und Geröll und hinüber zum Toubkal – hier steht man im Gegensatz zum Nachbarberg ganz alleine auf dem Gipfel!

Die **Gipfel Akioud** (4010 m) und **Afella** (4015 m) erreicht man über die Amrharas-n-Iglioua-Scharte nördlich des Tizi-n-Ouagane. Ein weiteres beliebtes Ziel ist der **Tazaghart** (3980 m), dort kann man in der im Sommer bewirtschafteten Tazaghart-Hütte (ex Lepiney) des Club Alpin Français (Buchung über die Zentrale in Casablanca, s.u.) übernachten.

Diese Routen auf die höchsten Gipfel Nordafrikas sind auch als **Skihochtouren** möglich. Die Monate März und April gelten als die beste Zeit, um im Atlasfirn hinunterzuwedeln.

## Informationen

- **Club Alpin Français (CAF) de Casablanca,** 50, Bd. Sidi Abderrahamane, Casablanca, Tel. 0522 99 01 41, http://cafmaroc2011.ffcam.fr. Infos und Reservierung für die Hütten im Hohen Atlas.
- **Bureau des guides Imlil,** neben der Hütte des CAF im Zentrum von Imlil, Tel. 0524 48 56 26, bureau.guides@yahoo.fr, http://bureaudesguidesimlil.com.
- **Karte: „Djebel Toubkal im Hohen Altas",** Touristikkarte, 1:100.000 und 1:60.000, Spruck/Zylka 1999, FH Karlsruhe.
- Empfehlungen für (deutschsprachige) **Bergführer** s. bei Marrakesch und bei Asni/Imlil.

## Vorsicht!

Der Toubkal ist **im Winter** (Anfang November bis Ende März) Skibergsteigern bzw. erfahrenen Alpinisten mit entsprechender Winterausrüstung (Steigeisen, Pickel etc.) vorbehalten! Es kam in der Vergangenheit zu mehreren schweren, **auch tödlichen Unfällen,** weil unerfahrene und schlecht ausgerüstete Touristen stürzten oder sich im Schneesturm verirrten. Man bewegt sich am Toubkal in hochalpinem Gelände über 4000 m, im Notfall gibt es keine professionelle Bergrettung! Zu jeder Saison sind warme Kleidung und gute Bergstiefel unbedingt notwendig. Auch Ende Mai muss man beim Gipfelanstieg noch mit Altschneefeldern rechnen.

weile stark von **Touristen und Tagesausflüglern aus Marrakesch** frequentiert: Cafés, Läden, Souvenirhändler und immer mehr Herbergen und Anbieter von Bergtouren (z.T. mit Ausrüstungsverleih/-verkauf) reihen sich aneinander. Imlil ist letzter Versorgungspunkt für eine Besteigung des Djabal Toubkal, mit 4167 m der höchste Berg Nordafrikas (vgl. Exkurs „Bergsteigen im Djabal-Toubkal-Gebiet"). Von Imlil führt eine Asphaltstraße weiter gen Osten über Tamatert bis nach **Tacheddirt.** Das Berberdorf ist ebenfalls ein guter Ausgangspunkt für Wanderungen im Toubkal-Nationalpark und nicht so überlaufen wie Imlil. Hier findet man Unterkunft in der sehr hübschen, aus traditionellen Materialien erbauten Herberge Tigmi Tacheddirt (Mobil 0667 59 11 47, Zimmer mit Bad, Restaurant) mit herrlichem Panorama von der Terrasse. Tacheddirt ist Zwischenetappe bei einem Trekking von Imlil nach Setti-Fatma.

Von Imlil lohnt sich eine Wanderung zum höher gelegenen **Aroumd** etwas weiter südlich im Mizane-Tal (vgl. Exkurs „Bergsteigen im Djabal-Toubkal-Gebiet"): Die Moschee und die Häuser von Aroumd thronen am Hang oberhalb des Flusstals. Nur etwa 1 km flussaufwärts beginnt der Aufstiegspfad zum Djabal Toubkal. Ganz oben im Dorf gibt es einen traditionellen **Hammam,** in dem man sich nach der Toubkal-Besteigung den Staub vom Leib waschen kann: ca. 50 DH/Pers. inkl. Olivenseife und Peelinghandschuh, Eintritt für Damen 8–15 Uhr, für Herren 15.30–24 Uhr.

**Grands Taxis** (300–400 DH sind für das ganze Taxi nach Marrakesch zu zahlen) und **Minibusse** halten gegenüber dem Café Aksoual bei der Hütte des Club Alpin Français.

088sm20 ad

## Praktische Informationen

### Unterkünfte in Imlil und Aroumd

In Imlil ist das Angebot an (komfortablen) Unterkünften inzwischen ziemlich groß. Wer zum Toubkal aufbrechen möchte, übernachtet am besten in einer Herberge in Aroumd weiter oben im Tal, wo der Weg startet (s.u.). Von dort kann man auch kleine Akklimatisierungstouren unternehmen, bevor man weiter aufsteigt. Hier nur eine Auswahl empfehlenswerter Adressen (alphabetisch). Alle Herbergen können Bergführer vermitteln und Touren organisieren.

■ **Auberge Atlas Toubkal (Chez Omar le rouge)**①, direkt am Fluss (Westufer) an der Piste Richtung Aroumd, Mobil 0678 45 79 14, high.atlas2010@gmail.com. Die meisten Zimmer dieser einfachen, günstigen Herberge am Ausgangsort für die Toubkal-Besteigung haben ein eigenes Bad. Der Betreiber *Mohamed Id Mansour* ist Bergführer (s.u.). Dachterrasse mit tollem Ausblick.

■ **Bivouac de la Bergerie**③, gegenüber Aroumd auf der Westseite des Oueds am Fuße des Toubkal, Mobil 0678 45 79 14, high.atlas2010@gmail.com. Das Camp von *Mohamed Id Mansour* (s.u.) direkt am Flussbett bietet außergewöhnliche Unterkunft in ruhiger Umgebung: Es gibt drei als Zimmer eingerichtete, hübsche Berberzelte (350 DH/Pers. inkl. HP), ein Restaurant, ein traditionelles Hammam und eine Terrasse mit Aussicht. Transport von Imlil per Esel möglich.

■ **Berber Family Lodge**②, etwa 2 km vor Imlil auf der östlichen Flussseite im Douar (Dorf) Aguer Sioual, Imlil, Mobil 0609 78 54 27 oder 0661 43 35 28, www.berberfamilylodge.com. Die Herberge des Bergführers *Mohamed Idahli* und seiner Familie bietet sehr hübsche Zimmer im traditionellen Berberstil, eine Terrasse mit Toubkal-Blick und gutes Essen. *Mohamed* organisiert Toubkal- und MTB-Touren.

■ **Club Alpin Français** (CAF), am Ortseingang von Imlil auf der linken Seite (von Marrakesch kommend), Tel. 0524 48 51 22, Mobil 0677 30 74 15. Hütte des französisch-marokkanischen Alpenvereins mit Bettenlager, Essen auf Bestellung, **Camping** im Garten unter Pinien möglich. Mulis zum Gepäcktransport können organisiert werden.

■ **Dar Achain,** in Imlil, Mobil 0670 34 17 14, www.toubkaltrekkingguide.com. Die saubere, ruhige und hübsch eingerichtete Herberge wird vom Bergführer *Rachid Aztat* betrieben (s.u.).

■ **Dar Adrar**②, 10 Min. Fußmarsch von Imlil durch das Tal Richtung Aroumd, Anmeldung im Atlas Trek Shop in Imlil (Gepäcktransport mit Mulis), Mobil 0668 76 01 65, www.daradrar.com. Hübsche Herberge unter der engagierten Führung von *Mohamed* und *Ibrahim Aztat,* schöne Lage mit Blick Richtung Toubkal, gutes Preis-Leistungsverhältnis. DZ mit Bad und z.T. mit Kamin.

■ **Dar Mezik**①, Douar Mezik, Mobil 0661 34 44 31, Azdourb@hotmail.com. Die sehr saubere Herberge mit typisch marokkanisch gestalteten Zimmern in einem Steinhaus oberhalb von Imlil mit herrlicher Aussichtsterrasse wird vom Bergführer *Brahim Azdour* (s.u.) betrieben. Er spricht ausreichend gut englisch, gibt Tipps und organisiert selbst Touren. Das Essen ist sehr gut und üppig.

■ **Étoile du Toubkal**② (mit Frühstück), zentral in Imlil, Tel. 0524 48 56 18, www.hotel-etoile-toubkal.com. Rosafarbenes Steinhaus mit 18 ordentlichen Zimmern mit Bad, Terrassenrestaurant mit Aussicht.

■ **Gîte Le Toubkal**①, ganz oben im Dorf Aroumd, Mobil 0670 85 55 93, Buchung über www.booking.com möglich. Die liebevoll dekorierte Herberge von

*Omar Id Mansour* hat einen schönen Hofgarten mit Walnuss- und Kirschbäumen, einen Salon mit Kamin, eine Dachterrasse mit Ausblick und einfache, saubere Doppel- und Dreierzimmer mit WC/Duschen (Warmwasser) auf dem Gang.

■ **Gîte Imlil**①, am Ortsausgang von Imlil, über die Brücke, dann 100 m hinter der Schule (ca. 7 Min. Fußmarsch vom Zentrum), Mobil 0661 24 16 43. Die Herberge des erfahrenen Bergführers *Slimane Baadoud* (s.u.) hat 10 Zimmer mit WC/heißer Dusche auf dem Gang und eine schöne Terrasse.

■ **Imi n'Ouassif**②, im Zentrum von Imlil 100 m abseits der Hauptstraße, Mobil 0662 10 51 26, iminouassif@gmail.com. Empfehlenswerte, sehr saubere Herberge von *Mohamed Bouinbaden* (pensionierter Bergführer) mit 10 Zimmern. Die unteren Zimmer haben ein eigenes Bad, die oberen teilen sich eine Etagendusche/WC und Waschbecken auf dem Gang. Schöne Frühstücksterrasse, Küchenbenutzung möglich.

■ **Les terrasses de Toubkal**②, kurz vor Imlil (von Marrakesch kommend), zu Fuß ca. 10 Min. ins Zentrum, Mobil 0661 34 27 12, www.terracesdetoubkal.com. Empfehlenswertes Hotel in schöner Lage direkt am Fluss, mit Zimmern (mit Bad) für bis zu 4 Personen und günstigen Schlafsälen. Gutes Frühstück und Abendessen.

■ **Kasbah du Toubkal**④, Tel. 0524 48 56 11, www.kasbahdutoubkal.com. Die renovierte und zum Hotel umfunktionierte Kasbah (ca. 20 Min. Aufstieg) thront zwischen Imlil und Aroumd in grandioser Lage über dem Flusstal. Die im Berberstil dekorierten Suiten und Zimmer sind sehr schön, sollten aber weit im Voraus reserviert werden und haben ihren Preis. Es gibt auch ein Familienhaus (Gardenhouse) mit drei Zimmern und verglaster Front und Balkon mit Toubkal-Blick sowie zwei Bersalons (für 3–4 Pers.) mit gemeinschaftlichen Duschen/WC. Von den Terrassen bietet sich ein herrlicher Ausblick auf das Mizane-Tal und die Bergwelt. Das Hotel engagiert sich in Form einer Association für die Entwicklung der Region. Es können diverse Tagesausflüge und Trekkings gebucht werden.

■ **Riad Dar Imlil**③, im Zentrum von Imlil an der Brücke, Tel. 0524 48 49 17, www.darimlil.com. Hübsches, massives Steinhaus mit mehreren Panoramaterrassen, kleinem Pool im Garten, Salon mit Kamin, 20 komfortablen Zimmern und zwei Suiten mit Bad und AC/Heizung. WLAN. Der Eigentümer *Mohamed* ist Bergführer.

■ **Roches Armed**①-②, im Zentrum von Aroumd (ganz oben im Dorf), Tel. 0524 48 57 51, Mobil 0667 64 49 15, www.rochesaremd.com. Stilvolle, sehr gepflegte und freundliche Herberge mit gemütlichen Doppel- und Mehrbettzimmern. Schöner Frühstücksraum und Salon, 360°-Panoramaterrasse mit Aussicht auf den Toubkal und gutes Essen.

■ **Zaratoustra**③, ca. 700 m vom Zentrum am Ortsausgang (über die Brücke und vorbei an der Schule), Mobil 0661 74 09 68, www.zaratoustra.com. Größeres Gästehaus mit mehreren Terrassen und Innenhöfen unter belgisch-marokkanischer Führung. Freundliche, familiäre Atmosphäre, Hammam und blitzsaubere Zimmer mit oder ohne Bad. Leckeres Essen, WLAN.

### Bergführer

Engagieren Sie **nur diplomierte Bergführer** (Ausweis zeigen lassen), z.B. über das Bergführerbüro *(Bureau des guides)* in Imlil. Alle Bergführer organisieren Wanderungen und Trekkings nach individuellen Wünschen – von einfachen Spaziergängen durch die Terrassenfelder im Mizane-Tal bis zu mehrtägigen Trekkings im Hohen Atlas. Sie kümmern sich auch um den Gepäcktransport mit Mulis. Nur wenige Bergführer haben profunde Kenntnisse über Skitouren und die Einschätzung der Lawinengefahr. Die hier empfohlenen Bergführer sollte man frühzeitig kontaktieren, da sie häufig unterwegs sind. Das Honorar für einen Bergführer beträgt ca. 450–600 DH/Tag, für Mulitreiber 250 DH/Tag.

■ **Slimane Baadoud (Nature Trekking Maroc),** Mobil 0661 24 16 43, http://berberemaroctrekking.com. Der sehr erfahrene, nette *Slimane* spricht gut englisch, hat sein Büro aber in Marrakesch und muss deshalb frühzeitig kontaktiert werden (geeignet für längere Touren).

■ **Hassan Ben Mohamed Azdour,** Mobil 0666 39 59 21, www.trektoubkal.com, www.natur-atlas.com. *Hassan* und sein Cousin *Brahim* (s.u.) führen seit 30 Jahren und zählen zu den erfahrensten Guides der Region. Hassan spricht englisch und etwas deutsch. Er betreibt die **Gîte Tizi Mizik** in Mzik (zwischen Imlil und Aroumd).

■ **Brahim Azdour,** Mobil 0661 34 44 31, Azdourb @hotmail.com. Der erfahrene Bergführer *Brahim* ist Betreiber der Herberge Dar Mazik (s.o.). Er spricht ausreichend gut englisch und gut französisch.

■ **Mohamed Id Mansour (Trek Atlas Morocco),** Mobil 0678 45 79 14, Tel. 0524 48 57 50, www.trekatlasmorocco.com. *Mohamed „Le Rouge"* hat mehr als zwanzig Jahre Erfahrung als Guide und spricht neben französisch auch gut englisch. Er betreibt mit seiner Familie das Bivouac de la Bergerie und die Auberge Atlas Toubkal (s.o.). *Mohamed* verleiht auch Skiausrüstung für Tourengeher.

■ **Rachid Aztat,** Mobil 0670 34 17 14, www.toubkaltrekkingguide.com, vgl. Dar Achain oben. *Rachid* führt auch Skitouren.

■ Das **Bureau des Guides** (Bergführerbüro) beim Parkplatz neben der Hütte des Club Alpin Français in Imlil (siehe Exkurs) vermittelt Bergführer (Tel. 0524 48 56 26, http://bureaudesguidesimlil.com).

■ Weitere sehr kompetente deutschsprachige Bergführer vgl. „Marrakesch/Trekking".

■ Ausführliche **Informationen** zum Trekking in der Region vgl. obigen Exkurs „Bergsteigen im Djabal-Toubkal-Gebiet".

## Weiterfahrt nach Taroudannt

Beim Ort **Imarighen (km 59)** führt rechts ein Abzweig nach Amizmiz.

Bei **km 60** zweigt rechts die Zufahrt zur **Kasbah de Ouirgane** ab (vgl. bei Ouirgane „Unterkunft"). Ein Steinschild zeigt den Weg zum noblen **Landhaus La Bergerie** (vgl. unten bei Ouirgane „Unterkunft").

1 km weiter führt eine Straße rechts zum Stausee, der **Barrage Yacoub El Mansour.** Das Oued N'Fiss ist hier seit 2008 zu einem See aufgestaut, der u.a. Marrakesch mit Wasser versorgt. Kurz darauf folgt **Ouirgane** bei **km 61.**

## Ouirgane

Der nette Ausflugsort Ouirgane hat zwar keine besonderen Sehenswürdigkeiten zu bieten, eignet sich aber als **Ausgangspunkt für Wanderungen** und andere Unternehmungen in der schönen, ruhigen Umgebung. Einige ansprechende Unterkünfte laden dazu ein, hier ein paar Tage zu verweilen – zum Beispiel zur Entspannung nach einem hektischen Stadtaufenthalt in Marrakesch. An der Hauptstraße liegt eine **Ölmühle,** in der im Januar/Februar die Oliven zu Öl verarbeitet werden. Jeden Donnerstag findet ein interessanter Wochenmarkt statt. Als Wanderführer zur Erkundung der Umgebung ist der englisch sprechende *Abdellatif Aït Wakrim* zu empfehlen (Mobil 0667 23 11 78, Atlas-nature@hotmail.com); er unternimmt z.B. Ausflüge zu nahe gelegenen Salinen.

### Unterkunft

■ **Chez Momo II**③, nahe der Ortsmitte, Tel. 0524 48 57 04, 48 57 12, www.aubergemomo.com. Die romantisch gestaltete Herberge mit sehr freundlichem Personal liegt traumhaft mitten in einem Olivenhain, hat einen Pool, einen Salon mit Kamin und stilvolle Zimmer und Suiten. Schöne Wanderung ostwärts nach Tassa Ouirgane am Talende möglich (Übersichtskarte an der Rezeption).

■ **Domaine de la Roseraie & Spa④**, Tel. 0524 43 91 28, www.laroseraiehotel.com. Exklusive Hotelanlage und **Pferdefarm** mit Tennisplätzen, Pool und Reitplatz in herrlicher Berggegend direkt am Fluss. Das Essen ist sehr gut und wird im Sommer im duftenden Rosengarten serviert.

■ **La Bergerie④**, etwa 1 km vor Ouirgane (vgl. Routenbeschreibung), Tel. 0524 48 57 17, www.labergerie-maroc.com. Hier genießt man gemütliche Landhausatmosphäre, es gibt komfortable (beheizte) Zimmer und einen Pool im grünen Garten. Im Restaurant mit Kamin wird gute französische und marokkanische Küche serviert (Menü 150 DH inkl. Poolnutzung).

■ **Le Moflon②**, in Ouirgane, Tel. 0524 48 43 71. Die günstige, freundliche Herberge von *Farid Elkassbi* hat ein sehr gutes Restaurant im schönen Garten, das auch Gästen von außerhalb offen steht.

■ **Kasbah de Ouirgane③** (mit HP), etwa 1 km vor Ouirgane (vgl. Routenbeschreibung), Tel. 0524 48 48 37, http://kasbahdeouirgane.blogspot.de. Sehr freundliche Herberge in toller Lage mit weitem Blick übers Tal, nette Zimmer mit Bad, gutes Essen. Camping vor dem Haus möglich.

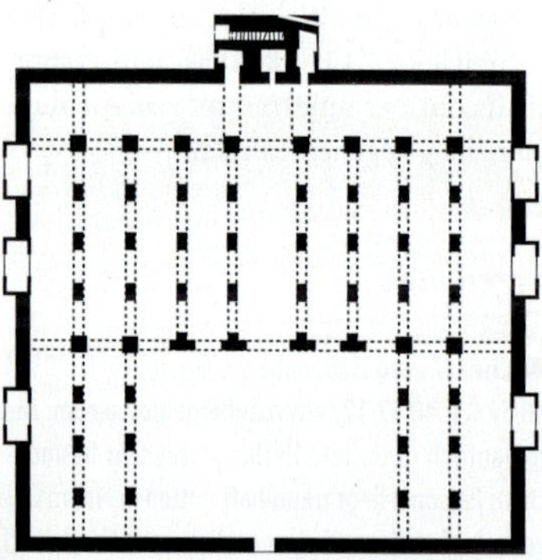

## Weiterfahrt nach Taroudannt

Hinter Ouirgane verläuft die schmale, ausgefranste Straße **weiter durch sehr schöne Gebirgslandschaft** im grünen Tal des **Oued N'Fiss.** Bei **km 73** ist das Dorf **Imegdal** erreicht. Nach 3 km verengt sich das Flusstal, Häuser aus Bruchstein kleben an den Berghängen.

Bei **km 93** ist der kleine Ort **Oued Agoundis bzw. Ngoundis (Ijoukak)** erreicht. Etwa 1½ km weiter gibt es eine Tankstelle. Ein Abzweig führt nach **Talat n'Yacoub,** einem wichtigen Zentrum des Goundafa-Stammes. Dort kann man in der **Gîte d'étape Chez Imnir①** von *Lahcen Imnir* (Mobil 0662 03 63 64) übernachten. Das Privathaus in ruhiger Lage bietet einfache Gästezimmer mit gemeinschaftlichen Duschen und WC (Essen gibt's auf Bestellung).

1 km entfernt thronen zwei mächtige Kasbahs an der Straße, die **Goundafa-Kasbahs Agadir N'Gouj** (links) und **Tagoundaft** (rechts).

**Etwa 97 km** nach Marrakesch führt ein Abzweig rechts nach **Tin Mal.**

## Tin Mal (Tin Mel)

Auf einer kleinen Brücke überquert man den Oued N'Fiss und erreicht nach ca. 1 km oder 15 Min. Fußweg die **festungsartige Moschee** auf dem Hügel über einem Lehmdorf in wunderschöner Umgebung.

◁ ▷ Moschee Tin Mal (links: Grundriss)

Die Moschee und Zaouia Tin Mal ist **Ursprungsort der Almohaden.** Der von den Almorawiden verfolgte *Ibn Tumart* fand 1120 hier Zuflucht. Der Marabut wurde von seinen Anhängern als Mahdi verehrt, bekehrte die hier wohnenden Masmuda-Berber zum Islam und gründete das Kloster Ribat. Die Klosterbrüder nannten sich „Al Mohawadun", daraus wurde später der Name „Almohaden" (s.a. „Land und Leute/Geschichte").

Der Nachfolger von *Ibn Tumart,* **Abd al-Mu'min,** eroberte von hier aus in sieben Jahren Marokko. Marrakesch wurde Hauptstadt. Tin Mal blieb weiter heiliger Ort und letzte Zufluchtsstätte der Almohaden, als die Meriniden das Reich eroberten. Die **Moschee** ließ *Abd al-Mu'min* 1154 erbauen, sie wurde 1276 von den Meriniden zerstört. In den 1990er Jahren wurde die Moschee mit großem Aufwand von Stuttgarter Architekten z.T. renoviert. Der Bau mit Außenmauern aus Stampflehm und einem Innenraum mit Hufeisenbögen und Ziegelsteinsäulen (z.T. mit Stuckornamenten verziert) beeindruckt noch heute und lohnt einen Besuch. Neben der Moschee Hassan II. in Casablanca ist Tin Mal das einzige Gebetshaus in Marokko, das auch von Nicht-Muslimen besichtigt werden darf (außer freitags).

## Weiterfahrt nach Taroudannt

Ab **km 100** folgen kleine Dörfer mit Lehmhäusern. Die Asphaltstraße folgt dem von Pappeln, Oliven- und Obstbäumen gesäumten Tal des Oued N'Goundis. Bei **km 105** führt die Route wieder kurvig bergauf durch ein weiteres Lehmdorf mit Terrassenfeldern.

**Ca. 114 km hinter Marrakesch** liegt das Dorf **Idni.** Weiter kurvig bergauf erreicht man 1,5 km hinter Idni die *Barrière de Neige;* ab hier bzw. bei km 152 wird bei starkem Schneefall die Strecke von Süden her gesperrt.

Steile Abhänge ohne Begrenzung fallen hinab zum **Oued N'Goundis.** An die stark erodierten Hänge schmiegen sich Lehmhäuser, die kaum von der roten Erde zu unterscheiden sind.

Bei **km 133** ist der **Pass Tizi-n-Test** in **2093 m** Höhe erreicht **(N 30°32,086', W 008°22,754').** Am Parkplatz warten Mineralienhändler und ein Café auf Kundschaft. Einfache Unterkunft findet man in der Auberge/Camping du Col – die meiste Zeit des Jahres allerdings

ma07_808 ad

nur für Hartgesottene, denn die Temperaturen hier oben sind nur im Sommer angenehm. Ab dem Pass ist eine Wanderung entlang der Piste zu einer TV-Station mit schöner Aussicht möglich (ca. 2 Std.). Das **Hotel/Restaurant Tizi-n-Test** folgt 1 km hinter dem Pass.

Auf der Südseite des Tizi-n-Test wurden die nun deutlich schrofferen Berghänge mit Pinien aufgeforstet, um die Erosion einzudämmen. Die Straße führt bergab, immer wieder bieten sich herrliche Ausblicke.

7 km hinter der Passhöhe liegt das für seine einfache Ausstattung überteuerte **Hotel La Bellevue**③ mit Panoramaterrasse und geschäftstüchtigem Betreiber (Mobil 0667 59 57 58, Du/WC auf dem Gang, gutes Restaurant mit Kamin). Empfehlenswerter ist die sehr gepflegte, gemütliche **Auberge La Haute Vue**③-④ (Mobil 0670 25 00 95, www.tizintest.com) mit vier einfachen Zimmern im Berberstil (mit Bad) etwa 100 m weiter oben.

Nach 9 km folgt das Dorf **Dar Issoufen** mit Café-Restaurant und schönem Ausblick auf die Berge und hinunter ins grüne Tal.

Es geht weiter in Serpentinen bergab. Auf 30 km „fällt" die Straße von 2000 m Höhe auf nur noch 500 m im Soustal!

**148 km** hinter Marrakesch trifft man auf eine weitere **Barrière de Neige** (Schneesperre).

Ca. **158 km** hinter Marrakesch flachen sich die Hänge des Hohen Atlas zur Sous-Ebene hin ab (Gebiet der Arganienbäume; vgl. entsprechenden Exkurs im Kapitel zum Sous und Anti-Atlas).

Bei **km 173** mündet die Strecke in die breite Straße Richtung Taroudannt (rechts) und Ouarzazate (links) ein.

Der große Ort **Oulad Berhil** ist etwa bei **km 184** erreicht. Ein Hinweisschild führt zum **Palais Riad Hida**③ (Tel. 0528 53 10 44, www.palaisriadhida.com, bei den Schildern im Zentrum unmittelbar links auf eine Piste, die am Markt vorbeiführt, abbiegen und dann 1,1 km geradeaus). Der prachtvoll renovierte ehemalige **Pascha-Palast** mit sechs Zimmern ist mit typisch maurischem Dekor ausgestattet. Im schönen Garten mit tropischen Pflanzen, Pool und Terrasse stolzieren Pfauen umher. Besonders schön ist das Zimmer Nr. 10, das ehemalige Schlafgemach des Paschas. Ein Bus über den Tizi-n-Test fährt von Ouled Berhil zweimal am Tag nach Asni, es verkehren auch Sammeltaxis nach Taroudannt.

Entlang der weiteren Strecke wird intensiv **Landwirtschaft** betrieben – das fruchtbare Soustal mit vielen Zitrusfrucht-Plantagen zieht sich von Ouled Berhil bis nach Agadir. Bei **km 209** folgt der große Ort **Aït Igass,** nach weiteren 9 km ist **Freja** erreicht.

**224 km** hinter Marrakesch fährt man in **Taroudannt** ein. Bis Agadir sind es noch ca. 67 km (je nach Strecke bzw. Schnell- oder Landstraße).

# Von Marrakesch über den Tizi-n-Tichka nach Ouarzazate

■ **204 km, Asphalt, N 9.**

■ Von Marrakesch führt die breite, **gute Asphaltstraße** (seit 2017 mit staubiger Dauerbaustelle für den mehrspurigen Ausbau) in herrlicher Berglandschaft hinauf zum Tizi-n-Tichka (2260 m). Vor allem im Frühjahr, wenn alles blüht, ist diese Route ein Genuss. Die zwei großen **Atlas-Pässe** – Tizi-n-Tichka und Tizi-n-Test (*Tizi* = berberisch „Pass") – gehören zu den **landschaftlich schönsten Routen Marokkos.** Die abenteuerlichere Strecke verläuft über den Tizi-n-Test. Der Tizi-n-Tichka ist (bis auf kurzzeitige Sperrungen wegen Schneeräumarbeiten) auch im Winter passierbar. Tanken Sie in Marrakesch voll, denn es gibt auf rund 120 km an der Strecke keine Tankstelle. Dafür bieten sich diverse Cafés für eine Teepause an.

■ Die Bewohner der Täler verdienen sich ein Zubrot durch den Verkauf von **Halbedelsteinen und Fossilien** – Vorsicht vor Fälschungen (vor allem die auffällig bunten Steine in Grün, Pink und Lila sind nicht echt)!

■ Es fahren **Busse nach Ouarzazate** (4 Std. Fahrzeit, siehe bei Marrakesch).

**Man verlässt Marrakesch** am einfachsten über die nördliche Umfahrung der Altstadt (Route de Fès/Ouarzazate, N 8) und zweigt dann nach ca. 7 km bei einem Kreisverkehr rechts in Richtung Ouarzazate auf die zunächst vierspurige, palmengesäumte N 9 ab. Die Route führt zunächst über die fruchtbare **Haouz-Ebene.** Im Frühjahr bietet sich bei klarem Wetter ein fantastisches Panorama auf die Berge des Hohen Atlas.

**33 km** hinter Marrakesch führt diese Route geradeaus weiter, links geht eine Straße nach Aït Ourir ab, rechts nach Ourika/Tannant.

6 km weiter passiert man die Brücke **Pont du Zate.** Ordentliche Zimmer gibt es im **Hotel Le Coq Hardi**② (Tel. 0524 48 00 56, www.lecoq-hardi.com; Restaurant, Pool, WLAN).

Bei einem weiteren **Kreisverkehr bei km 37** kann man ebenfalls nach Aït Ourir bzw. Sidi Rahal abbiegen. Nach 40 km liegt eine große Tankstelle mit Teppichverkauf an der Strecke, die Ausläufer des Hohen Atlas sind erreicht.

Bei **Gesamt-km 51** fährt man durch den Ort **Touama** (freundliches, sehr einfaches **Hotel Dar Oudar**①, zehn Zimmer mit Du/WC und Restaurant, Tel. 0524 48 47 72, Mobil 0661 07 02 71, www.daroudar.moonfruit.fr). 4,5 km weiter liegt eine große Afriquia-Tankstelle mit Hotel an der Strecke.

Bei **km 63 und 64** sind die kleinen Orte **Toufliht** (einfache Auberge) bzw. **Aït Barka** erreicht.

Die Straße führt kurvig bergauf durch Pinien- und Steineichenwälder zum **Tizi-n-Aït Imguer** (1470 m bei **km 67**) mit Blick auf den **Djabal Tistouit** (3224 m), links unten liegt das Dorf **Aghbalouh.** Es folgen **weitere Orte** wie Tighoudine bei km 69, das malerisch auf einem Hügel gelegene Ighit H'klim bei km 75 und Oued Ameskar mit nettem Café, Flussblick und vielen Walnussbäumen bei km 83.

3 km vor Taddert liegt das empfehlenswerte **Restaurant Glaoui** mit Panoramaterrasse am Weg (gutes und günstiges Mittagessen, sauberes WC).

090sm20 ad

Bei **km 91** durchfährt man den Ort **Taddert** mit zahlreichen Cafés, Grill-Restaurants und Lkw-Rastplatz 1 km weiter. Einfache Unterkunft bieten die Gîte d'étape Taddart① und die Auberge des Noyers①. Bei Taddert befindet sich eine **Barrière de Neige,** im Winter ist die Straße nach Schneefällen evtl. zeitweise gesperrt (Wartezeit 2–3 Std.).

Die weitere, **landschaftlich schöne und breit ausgebaute Strecke** führt in Serpentinen durch schroffe, zerklüftete Berge mit einigen knorrigen Wacholderbäumen an den Hängen. Im Kontrast dazu stehen die grünen Täler mit sprudelnden Bächen und ursprünglichen Dörfern.

Bei **km 95** bietet sich das **Café/Restaurant Tichka** mit Mineralienständen (viele angemalte Quarze) und einem großen Busparkplatz für eine Pause an.

Bei **km 103** liegt das nette **Café/Restaurant Assanfou** mit Garten, Terrasse und Spielplatz in schöner Lage rechts an der Straße. Hier gibt es guten Kaffee, frisch gepressten Orangensaft, Pizza, Tajine, Brochette, Salate und Frühstück. Wohnmobile finden hier auch einen Stellplatz für die Nacht.

**107 km** nach Marrakesch überquert die Straße die Passhöhe von **Tizi-n-Tichka** auf 2260 m. Ein Steinmonument informiert über die Konstruktionsgeschichte, jede Menge Händler bieten in Buden Mineralien und Fossilien an – ein gewitzter Händler versucht seit Jahren mit dem immer selben Trick, Touristen (auf Deutsch) in seinen Laden zu locken, indem er um einen Kugelschreiber bittet und dafür ein „Geschenk" anbietet. Die Straße führt nun bergab.

⌃ Die einst prächtige Kasbah Telouèt wurde nur teilweise renoviert

Bei **km 111** (2113 m, N 31°15,721', W 07°23,059') zweigt links rechtwinklig eine Straße nach Telouèt und Anemiter ab (beschildert „Telouet 20"), die bis **nach Aït Benhaddou** führt. Der **67 km lange Abstecher** gehört zu den schönsten Strecken in Marokko und verbindet die beiden Highlights der Kasbah-Architektur, Telouèt und Aït Benhaddou.

## Abstecher nach Telouèt und über Anemiter bis Aït Benhaddou

■ **67 km, P 1506.** Die **gute Asphaltstraße** ist bis Telouèt breit ausgebaut, ab dort **schmale, kurvige Route.** Nach starken Regenfällen ist mit Straßenschäden und evtl. Unterbrechungen zu rechnen.
■ Die Strecke nach Telouèt verläuft vom Tizi-n-Tichka **durch das Tal des Oued Ounila** (Assif Ounila) in einer grandiosen, stark zerklüfteten und je nach Sonnenstand in allen Rot- und Ockertönen leuchtenden Bergkulisse. Bei klarem Wetter bieten sich herrliche Ausblicke.

7,5 km nach dem Abzweig von der Passstraße passiert man die einsam an der Straße gelegene **Auberge Agdal Argue**② in einer hübschen Steinkasbah (Mobil 0667 59 59 52, auberge.atlas@yahoo.fr, 8 Zimmer mit Bad, Restaurant und Camping, familiäre Atmosphäre, gutes Essen, Trekking-/Wandermöglichkeit in der Umgebung).

1 km darauf folgt das Dorf **Argue.** Die ausgefranste Straße schlängelt sich weiter durch rote, erodierte Hochgebirgslandschaft.

**20 km** nach dem Abzweig ist **Telouèt** erreicht.

### Telouèt

Der Ort in 1870 m Höhe hat mehrere (Souvenir-)Geschäfte, Cafés/Restaurants und einige Touristenunterkünfte zu bieten. Markttag ist der Donnerstag. Etwas erhöht thront ca. 800 m nach dem eigentlichen Ort rechter Hand das von zinnenbewehrten Mauern umgebene **Dar Glaoui,** einst Herrschaftssitz eines der mächtigsten Berberfürsten, des *Al Glaoui* (sprich *Glawi*). Die Al-Glaoui-Stammesfürsten beherrschten das Glaoui-Bergland südlich von Marrakesch und kontrollierten hier den Handelsweg, der von Süden über den Hohen Atlas nach Marrakesch führte.

Am mächtigsten wurde der **Pascha Thami Al Glaoui** (1879–1956), der zunächst mit dem Sultan paktierte und als Großwesir die politischen und wirtschaftlichen Angelegenheiten im Süden regelte. Während der Protektoratszeit wechselte er die Seiten und verbündete sich mit den Franzosen. Im französisch besetzten Marokko konnte er endgültig seinen Machteinfluss sichern und hatte letztlich mehr zu sagen als der Sultan. Während seiner Glanz- und Prunkzeit in den 1930er und 1940er Jahren führte er zahlreiche Unternehmen vom Bergbau bis zum Handel mit Oliven und Datteln. Ab 1950 kämpfte er gegen die Unabhängigkeitsbewegung unter *Mohamed V.,* die er jedoch nicht aufhalten konnte. 1956, im Jahr der Unabhängigkeit Marokkos, starb der exzentrische Pascha.

Die **Kasbah** von Telouèt, die aus einem ganzen Komplex an Lehmgebäuden besteht, wurde Anfang des 20. Jh. von *Thami Al Glaoui* als Symbol seiner Macht und seines Reichtums erbaut. Von außen sieht man den Gemäuern aus

Stein und Lehm nicht an, welcher Prunk sich im Inneren verbarg – nur der abblätternde weiße Fassadenputz verrät, dass es sich hier nicht um eine gewöhnliche Kasbah handelt. *Al Glaoui* stattete seine Residenz im Stil eines maurischen Palastes aus: mit Stuckverzierungen, kleinteiligen Mosaiken und kunstvoll geschnitzten und bemalten Zedernholzdecken. Einst lebten hier mehr als 1000 Menschen in 350 Zimmern. Der Pascha hatte neben seinen fünf Ehefrauen angeblich 80 Konkubinen, als Charlie-Chaplin-Fan seinen eigenen Kinosaal und einen Reitspielplatz.

In den letzten Jahrzehnten verfiel die Kasbah Al Glaoui, da der Staat kein Geld in die Renovierung der ehemaligen Paläste des ungeliebten Franzosenfreundes *Thami Al Glaoui* investierte (mit Ausnahme der Kasbah Taourirt in Ouarzazate). Inzwischen ging die Residenz wieder in den Besitz des Glaoui-Clans über, der in Privatinitiative Teile der Kasbah renovierte. Am besten erhalten sind das prunkvolle Empfangszimmer und der Harem. Von der Dachterrasse hat man einen wunderbaren Ausblick auf die umliegenden Berge und ins Flusstal.

Bei der Ankunft am Dar Glaoui fährt man am besten gleich durchs Tor und parkt dort kostenlos. Die Kasbah hat tägl. bis etwa 18.30 Uhr geöffnet, es werden 20 DH Eintritt als Renovierungsbeitrag verlangt, der **Führer** kostet extra (Verhandlungssache). Empfehlenswert ist u.a. der nette, deutsch sprechende *Mohamed Aghoujdan* (Mobil 0668 37 77 30), der im Dorf den Kunsthandwerksladen Maison Berbère Touareg und das Restaurant Le Palace betreibt (s.u.).

In der **Umgebung von Telouèt** kann man tolle Wanderungen und mehrtägige Trekkingtouren unternehmen (z.B. in vier Tagen nach Tamdakht durch das herrliche Tal des Assif Ounila). Die Gîte de Tighza im Tal (Douar Tighza, Mobil 0666 16 34 88, http://telouet-anmiter.gitemaroc.net) erreicht man in einer Tagestour (5–6 Std.) oder auf Piste von Anemiter. Der Betreiber *Mohamed Bouchahoud* ist Bergführer und organisiert Trekkings.

### Unterkunft/Essen und Trinken

■ **Auberge Telouèt Chez Ahmed**②, 500 m vom Ort in Richtung Kasbah, Tel. 0524 89 07 17, Mobil 0662 13 44 55, www.telouet.com. In diesem schön ausgestatteten Gästehaus mit kunstvoll gestalteter Front aus Legesteinen gibt es gutes Essen und saubere Zimmer (mit/ohne WC, auch auf der Dachterrasse). Der sehr freundliche Besitzer *Ahmed Boukhas* kümmert sich herzlich um die Gäste. Wer mehrere Tage bleiben möchte, kann sich auch in hübsche private Wohnhäuser einmieten (Infos über die Herberge).

■ **Dar Aissa**①-②, Mobil 0670 22 22 47, daraissa @hotmail.fr. Die einfache, aber saubere und sehr freundlich geführte Herberge befindet sich nahe der Kasbah. Zimmer mit und ohne eigenes Bad.

■ **Gîte du Lac**② (mit Vollverpflegung), im Ortsteil Iaarabene, 550 m vom Hauptort entfernt, Mobil 0668 19 29 17, www.trek-atlas.com. Die einfache Herberge und Trekkerunterkunft wird von *Mohamed Bennouri* betrieben und liegt 5 Min. oberhalb des Suqs. Saubere und schlichte 2- und Mehrbettzimmer mit Gemeinschaftsdusche, gutes Essen, sehr freundlich.

■ **Le Palace de Telouèt,** Mobil 0668 37 77 30 *(Mohamed Aghoujdan)*. Kleines, hübsches Restaurant im Berberstil linker Hand am Ortsanfang von Telouèt (ggü. einige Souvenirschäfte).

■ **Lion d'Or Atlas**①-②, direkt vor dem Eingang zur Kasbah, Tel. 0524 88 85 07, Mobil 0673 01 43 33. Die sehr hübsche, aus roten Schichtsteinen erbaute Herberge hat DZ mit oder ohne eigenes Bad. Man kann auch campen oder auf der Dachterrasse übernachten. Nebenan gibt es ein Restaurant mit nett gestaltetem Salon (gutes, relativ teures Menü).

■ **Auberge Agdal,** s. Routenbeschreibung oben.

■ **Tizi Maison d'Hôtes③**, Mobil 0660 62 41 67. Die Herberge in einem hübschen Steinhaus ist sehr gepflegt und freundlich, die traditionell gestalteten Zimmer haben ein Bad. Sehr gutes Preis-Leistungs-Verhältnis, viele Tipps für Ausflüge und Wanderungen in der Umgebung.

### Einkaufen

■ Im Zentrum befindet sich das **Maison Nomade** der Brüder *Alla,* die schöne Kelims und Berberschmuck zu vernünftigen Preisen anbieten.

### Busse

■ Ein Bus fährt ab Anemiter und Telouèt frühmorgens **nach Marrakesch.**

■ **Nach Ouarzazate** fahren bei Bedarf Kleinbusse.

## Weiterfahrt über Anemiter nach Aït Benhaddou

Ab Telouèt führt die schmale, kurvige Asphaltstraße entlang des **Oued Ounila (Vallée d'Ounila)** – mit wunderschönen Ausblicken auf ursprüngliche Lehmdörfer und Kasbahs sowie das von Pappeln gesäumte Flusstal. Die kargen, erodierten Berghänge in Rot- und Ockertönen kontrastieren mit den grünen Feldern und den (bis ins Frühjahr) schneebedeckten Gipfeln des Hohen Atlas im Norden. Die Straße windet sich im weiteren Verlauf oberhalb des Vallée d'Ounila durch einen Canyon. Nach einer kleinen Passhöhe geht es wieder hinunter ins Flusstal und es tauchen Dattelpalmen und Obstbäume auf.

Nach **31 km** erreicht man den Weiler **Anemiter (Inmiter)** mit einem kleinen Laden und mehreren Unterkünften (Auberge Ouahsouss, Riad Kasbah und Auberge Camping Le Jardin Ametter linker Hand bei einer großen Wiese am Fluss sowie Maison d'Hôtes Kasbah Tigmi). Leser empfahlen die sehr einfache Herberge **Chez Yazid Mohamed①** (Mobil 0666 74 86 49) mit schönem Blick hinunter ins Dorf. *Mohamed* führt Wanderungen in der Umgebung (u.a. zum Lac Tamda). Seine Frau *Fatima* kocht sehr gut für die Gäste.

Von Anemiter kann man eine schöne **Wanderung zum Tamda-See** unternehmen (8–9 Std.). Dafür nimmt man sich am besten zwei Tage Zeit und übernachtet unterwegs in der Gîte d'étape (2 Std. Gehzeit ab Anemiter). 200 m nach Beginn der Asphaltstraße zweigt eine Piste (von Anemiter kommend) rechts ab. Sie führt zwischen Hügeln hindurch und links am Berghang an mehreren Dörfern vorbei, um sich vor dem Dorf **Tizgha** in einen Muliweg zu verwandeln. Dort liegt die einfache Gite d'étape Tighza. Auf dem Muliweg geht es weiter durch eine Talenge und dann auf der rechten Talseite, um an einer breit ausgetretenen Kreuzung links abzubiegen, sobald man etwas rechts das rosafarbene Minarett der Moschee sehen kann. Im nächsten Dorf **Aloukrite** gibt es eine Herberge *(Gîte).* Dann folgt der Maultierweg konsequent dem Bach und durchquert noch ein weiteres Dorf, dann wird es etwas einsamer. An einer tief eingeschnittenen Stelle mit einer steinernen Schäferhütte geht es (dem Wasser nach) links bis in den weiten Talboden hinein. Dort weiter rechts bis zum See (manchmal trocken). Die **grandiose Berglandschaft** in diesem

Hochtal ist unbedingt sehenswert. Wasser gibt es aus dem Bach (entkeimen!) und aus einer Quelle unterhalb des Sees. Wer Zeit und Ausrüstung zur Übernachtung hat (es kann kalt werden), dem sei der Ausblick von der Bergkette im Norden (3600 m) empfohlen. Zurück auf dem gleichen Weg.

**Nach Anemiter** führt die Strecke durch das Dorf **Anguelez** und nach 3 km über eine Brücke. Nun folgt die Straße dem grünen Flusstal des **Assif Ounila,** umgeben von der Bergkulisse des Hohen Atlas.

Bei **km 37** erreicht man das schöne Dorf **Maarouch,** bei **km 38 Taguendoucht** und gleich danach **Tajegujite.** Bei **km 39** liegt die Gite d'étape Oumazir am Wegesrand.

Bei ca. **km 40** sind eine Passhöhe und das Dorf **Assaka** auf 1635 m Höhe erreicht. Teile des alten Ksar und der Kasbah kleben wie ein Adlerhorst sehr malerisch an der Felswand am Schluchtrand. Die Straße führt eng durch das Dorf und nahe dem Schluchtrand, bis sie nach 2 km etwas entfernter vom Flusstal kurvig etwas bergab nach **Aït Attab (km 41,5)** und Tizgui verläuft. Nach 3,5 km lockt das Maison d'Hôtes Restaurant Achahoud mit tollem Ausblick aufs Tal zur Einkehr.

Bei **km 48** ist die **Gite d'étape Tizgui** erreicht, nach einem weiteren Kilometer, bei Gesamt-km 49, geht es rechts ins Kasbahdorf **Tizgui N'Barda** und 1 km weiter folgt **Tiggrite.** Die Straße zieht sich weiter durch den Lehmksar **Tamakochte. Aït Fars** ist bei **km 54** erreicht. Unterkunft (mit Pool) bietet sich bei **km 57** im **Maison d'Hôtes Les Grottes/ Camping Chez Mohamed** (Mobil 0668 64 03 41, www.vallee-ounila.com).

Bei **km 59** liegt der Ort **Tiffste.** Malerische Lehmksour säumen beide Ufer des Flusses. Nach weiteren 2 km, bei **Gesamt-km 61,** erreicht man **Oua-Oum Sesritte** und die **Kasbah Ounila** in 1357 m Höhe. Am Ortsanfang geht rechts eine Straße (beschildert nach Tizlet, N 31°06,776', W 07°08,219') auf die andere Flussseite ab, wo man zu Fuß oder per Allrad die Gegend erkunden kann.

Bei **km 62** ist Tamdakht mit der alten **Kasbah Tamdakht** erreicht. Sehr schön wohnt man in den zum Hotel umfunktionierten Lehmburgen **Kasbah de Cigogne** und **Kasbah Ellouze** sowie in der Kasbah Titrit (vgl. „Aït Benhaddou/Ausflug nach Tamdakht"). Bis **Aït Benhaddou** (bei **km 67**) folgen – entlang der wieder breit ausgebauten Asphaltstraße – zahlreiche weitere Unterkünfte.

## Weiterfahrt nach Aït Benhaddou auf der N 9

Fährt man vom Tizi-n-Tichka ohne Abstecher entlang der N 9 weiter, erreicht man bei **km 115** das Dorf **Agouelmous** mit Café/Restaurant, Mineralienverkäufern und Häusern aus roter Erde, die mit den grünen Terrassenfeldern kontrastieren. Es folgen der Ort Tamesna und 4 km weiter der **Complexe Touristique Tichka** (Café, Aussichtsterrasse, saubere Toiletten, Mineralienhändler).

[>] An der Strecke zwischen Telouèt und Aït Benhaddou im Ounila-Tal liegen viele ursprüngliche Dörfer

1 km weiter (9 km ab Abzweig) folgt der hübsche Ort **Ighrem-n-Ougdal** mit Post, einfachen Restaurants, einer Herberge und Souvenirläden. Links oberhalb thront eine bewohnte Speicherburg (Agadir). Im Ort befindet sich die **Barrière de Neige,** falls man aus der anderen Richtung kommt. 2 km weiter gelangt man an einen Rastplatz mit Restaurant und Mineralienläden.

Bei **km 123** folgt das Restaurant Rafik (saubere Toiletten und Busparkplatz).

Beim großen Ort **Tighboula** bzw. **Agouim (km 131,** Tankstelle) mit schönem Samstagsmarkt geht rechts eine Straße zum Lac d'Ifni auf der Südseite des Djabal Toubkal ab. Danach werben viele „Arganienkooperativen" für ihre Produkte – obwohl im Hohen Atlas gar keine Arganbäume wachsen.

Bei **km 143** passiert man den Ort **Tizirine.** Eingebettet in die tolle Felsenlandschaft liegt oberhalb des Dorfes **Tisselday** das **Gästehaus I Rocha③** am Hang (**km 147,** kleines Schild an der Zufahrtspiste, Mobil 0667 73 70 02, www.irocha.com), das sich auch für eine Mittagspause anbietet. Die sehr hübsche Herberge hat zehn Zimmer (auch ein Familienzimmer) im Berberstil mit Bad und AC/Heizung, gruppiert um einen kleinen Hof. Es gibt eine tolle, schattige Aussichtsterrasse, Sonnenliegen im Kräutergarten, einen kleinen Pool, einen Hammam und einen gemütlichen Salon mit Kamin. WLAN, Restaurant und Bar mit Alkoholausschank sind vorhanden.

Bei **km 157** folgt **Imini** mit einer kleinen Steinkasbah und dem **Gästehaus Kasbah Imini②** (Mobil 0666 23 03 21,

012sm20 ad

www.kasbah-imini-ouarzazate.com; 10 einfache, sehr saubere und originelle Zimmer mit Dusche/WC auf dem Gang, netter Innenhof, ummauerter Parkplatz, sehr freundlich, gutes Essen, schöne Aussichtsterrasse).

Bei **km 161** ist **Amerzgane** erreicht. Hier zweigt rechts (nach Westen) die Straße nach Tazenakht und Tata (N 10, 64 km) ab. Ein weiterer Abzweig folgt 10 km weiter **(km 171,** beschildert nach Agadir und Tazenakht) in **Aït Zineb** bei der Gendarmerie (jeden Mittwoch interessanter Wochenmarkt).

**174 km** nach Marrakesch zweigt in **Tabourath** bzw. im gleich anschließenden **Tissargate** links die Asphaltstraße nach Aït Benhaddou ab (8 km bis Zentrum). An der Kreuzung gibt es Tankstellen, eine gute Werkstatt und eine Auberge. Den Abstecher zum beeindruckenden Lehmksar von Aït Benhaddou sollte man nicht verpassen.

Gute 3 km nach dem Abzweig in Richtung Aït Benhaddou liegt rechts der empfehlenswerte Campingplatz Atlas View (vgl. bei Aït Benhaddou).

## Aït Benhaddou

Das Ksar Aït Benhaddou zählt **seit 1987** zum **UNESCO-Weltkulturerbe.** Hier und in den Filmstudios von Ouarzazate (siehe dort) wurden zahlreiche Filme gedreht, darunter „Lawrence von Arabien" (1962), *Martin Scorceses* „Die letzte Versuchung Jesu" (1988), „Gladiator" (2000), „Alexander" (2004), „Königreich der Himmel" (2005) und „Prince of Persia: Der Sand der Zeit" (2010).

⊡ Der Ksar Aït Benhaddou mit seinen vielen Kasbahs liegt am Hang oberhalb des Oued Mellah

013sm20 ad

Aït Benhaddou ist ein **wunderschönes Beispiel traditioneller Lehmbauarchitektur** der Berber. Das **Ksar** (= befestigtes Dorf) auf der östlichen Seite des **Oued/Asif Mellah** besteht aus einem Labyrinth an Häusern, Türmen und Kollektivspeichern, von denen es sechs in Aït Benhaddou gab. Die aus Stampflehm errichteten und mit Ornamenten geschmückten Häuser liegen ineinander verschachtelt am Berghang und sind als Ensemble ein beeindruckender Anblick. Lange Zeit verfielen die Gebäude, da die Bewohner in moderne Häuser im neuen Ortsteil auf der Westseite des Oued Mellah (*mellah* = Salz, benannt nach dem leicht salzhaltigen Wasser) umzogen und die Kasbahs nicht mehr instand hielten. Erst in den letzten zehn Jahren wurden viele Kasbahs renoviert.

Über die Asphaltstraße erreicht man zunächst den **neuen Ortsteil.** Hier gibt es viele Herbergen, Cafés, Restaurants und Souvenirbuden, die auf Touristenfang sind. Mittags strömen die Besucher in Scharen aus den Bussen und kehren in ein Restaurant ein, bevor das alte Ksar besichtigt wird. Planen Sie möglichst den frühen Vormittag oder späten Nachmittag für Ihre Besichtigungstour ein. Lassen Sie sich nicht von Führern, die nur abkassieren oder sich als illegaler Guide aufdrängen wollen, zu vermeintlichen Parkplätzen leiten.

Besonders lustig ist eine **Führung** mit dem 85-jährigen *Abdoul Mhend,* genannt „Le Chakal", der brauchbar deutsch spricht (Mobil 0663 22 07 61 oder 0624 10 06 21). Für eine zweistündige Führung sind 150 DH Honorar angemessen. Auch *Andreas Reinhartz* von der Auberge Khadija (s.u.) führt seine Gäste sachkundig durch den Ort.

Ein **großer Parkplatz** befindet sich von Ouarzazate kommend rechts (von Telouèt kommend links) der Straße vor dem großen Hotel La Kasbah. Von dort führt der Weg an einigen **Souvenirläden** vorbei hinunter zum Oued und zum Ksar auf der anderen Flussseite. Das alte **Ksar** ist nur zu Fuß erreichbar, eine hässliche Betonbrücke überspannt den Fluss. Bei niedrigem Wasserstand (was meistens der Fall ist) kann man das Oued auf Sandsäcken überqueren. Bei den beiden offiziellen Zugängen in den Ksar muss **kein Eintritt** bezahlt werden: Einer führt ganz links über die Fußgängerbrücke, der andere ganz rechts auf der anderen Flussseite seitlich in den Ksar (weiße Aufschrift „Entrée" auf Lehmwand, dann weißen Pfeilen folgen). Betritt man den Ksar durch den Torbogen in der Mitte, kommt man in eine private Kasbah (Eintritt 10 DH als Renovierungsbeitrag).

Durch den **beeindruckenden Komplex aus Dutzenden Kasbahs** führen Gässchen und Steintreppen, auf denen man bis nach oben auf den Hügel mit einem alten Agadir (Kollektivspeicher für die Bewohner des Ortes) gelangt. Von hier oben bietet sich ein toller Ausblick auf die Umgebung, die niedriger gelegenen Häuser und die vielen Storchennester (im Frühjahr) auf den verzierten Türmen. Wichtige Gebäude im Komplex wie die alte Moschee und die Koranschule wurden mit Infotafeln versehen.

Das **„Maison berbère"** der Familie von *Ibach Brahim* kann besichtigt werden (Trinkgeld). Das einfache typische Haus mit einigem Original-Interieur vermittelt eine Vorstellung vom traditionellen Wohnen. Ein weiteres **„Maison traditionelle"** (Trinkgeld) ist im oberen

Bereich des Dorfes zu finden. Es gehört dem überaus netten *Ali Aït Malik* und seiner Familie.

Im Ksar bieten viele **Souvenirhändler und Galerien** ihre Waren an. Sehenswert ist die Vorführung der **Aquarellmaler,** die mit zunächst durchsichtigen Farben aus grünem Tee und Safran Postkarten und Bilder malen. Die „Wunderfarben" werden erst bei Erhitzung über einer Flamme sichtbar.

Am Geburtstag des Marabuts und Schutzpatrons *Sidi Ali Ouamate* im August wird ein großer **Moussem** veranstaltet. Nach einem ausgiebigen Mahl gehen alle ins Dorf zurück, dann wird zum Takt der Bendirs und Flöten die ganze Nacht hindurch gesungen und getanzt.

## Praktische Informationen

### Unterkunft/Essen und Trinken

Hinweis: Das **Duschwasser** in Aït Benhaddou ist **leicht salzig.** Alle Unterkünfte bieten Exkursionen in der Umgebung an.

■ **Auberge Bagdad Café**③, Tel. 0524 88 25 06, www.auberge-bagdad-cafe.com. Sehr freundliches, familiäres Gästehaus im Lehmbaustil, mit traditionellen Materialien gestaltete Zimmer (Tadelakt-Bäder, Palmholz-Decken, mit Klimaanlage/Heizung). Pool im Innenhof, WLAN. Doppel-, Dreier- und Vierbettzimmer inkl. Frühstück.

■ **Auberge Tiguami Khadija**③ (mit HP), an der Hauptstraße (N 31°02,594', W 07°07,828'), Mobil 0660 85 31 84 oder 0650 50 94 04, www.auberge-khadija.com. Familienfreundliche Herberge des sehr netten österreichisch-marokkanischen Ehepaares *Andreas* und *Khadija Baabbouz-Reinhartz:* sechs hübsche, geräumige und saubere Zimmer (mit/ohne Bad), sehr gutes Essen, leckeres Frühstück. *Andreas* führt durch den Ksar, gibt Ausflugstipps und organisiert Eselsausritte für Kinder. Auf dem kleinen Parkplatz kann man auch mit dem Wohnmobil übernachten (maximal ein Camper).

■ **Dar Mouna**④ (mit HP), hinter dem Hotel La Baraka Richtung Oued (kleines Schild), Tel. 0528 84 30 54, www.darmouna.com. Nettes Maison d'Hôtes mit 12 gemütlichen Zimmern mit AC und Blick auf den schönen Pool oder das Ksar. Restaurant mit Kamin. Herrliche Aussicht von der Terrasse.

■ **Defat Kasbah**③, Douar Assfalou, ca. 3 km außerhalb an der Straße Richtung Tamdakth, Tel. 0524 88 80 20, Buchung über www.booking.com möglich. Hübsche und sehr freundliche Herberge mit Pool in ruhiger Umgebung, sehr gutes Frühstück. WLAN.

■ **Kasbah de Cigogne,** in Tamdakth neben Kasbah Ellouze, vgl. Ausflug weiter unten.

■ **Kasbah Ellouze,** in Tamdakth, vgl. Ausflug weiter unten.

■ **Kasbah du Peintre**③ (mit Frühstück), im Amerzagane, 5 km in Richtung Tamdakth, Tel. 0524 88 59 24, Buchung über www.booking.com möglich. Das farbenfroh gestaltete Gästehaus einer marokkanischen Künstlerfamilie in ruhiger Lage hat fünf Zimmer (mit Bad und Terrasse), einen Hammam (Massageangebot) und einen schönen Ausblick auf das Flusstal. Es werden auch Aquarellkurse angeboten.

■ **Kasbah Isfoula**②, wenige Kilometer außerhalb an der Straße Richtung Tamdakth, Tel. 0524 88 59 55, kasbah-isfoula@hotmail.fr. Hübsches, komfortables Hotel im Kasbahstil mit Pool, SPA und (z.T. barrierefreien) Zimmern mit Klimaanlage/Heizung und TV. Terrasse mit Aussicht, gutes Essen.

■ **Kasbah Tebi**④, im alten Ksar, Mobil 0661 94 11 53, www.kasbah-tebi.com. Der sehr freundliche und deutsch sprechende *Hassan Aït Ougram* und seine Familie betreiben diese originalgetreu renovierte Kasbah mitten im alten Ksar. Romantische Atmosphäre bei Kerzenlicht (kein Strom), sechs sehr saubere und hübsche Zimmer mit Bad, familiäre Atmosphäre beim gemeinsamen Abendessen. Hassan setzt sich sehr für den Erhalt des Ksar ein und unternimmt gerne eine Führung mit den Gästen.

■ **Kasbah Titrit**④, in Tamdakth, vgl. Ausflug weiter unten.

■ **Kasbah Valentine**③, an der Hauptstraße (gegenüber der Auberge Khadija), Mobil 0668 39 89 91, Buchung über www.booking.com möglich. Hübsche, mit bunten Stoffen und Berberteppichen gestaltete, freundliche Herberge mit Panoramaterrasse. Sehr gutes Abendessen und Frühstück.

■ **La Kasbah**③, ggü. vom Restaurant La Kasbah, von Ouarzazate kommend am Ortsanfang rechts, Tel. 0524 89 03 02/08. Größtes Hotel am Platz mit riesigem Parkplatz (Caravan-Stellplatz), das Interieur ist etwas seltsam kitschig-marokkanisch gestaltet. Die klimatisierten Zimmer (z.T. mit Balkon) im Hauptgebäude sind sauber, aber etwas düster. Die Bäder in den Zimmern im alten Trakt sind schon etwas angeschlagen. Der Pool und der große Garten mit Terrasse und tollem Blick auf das Ksar befinden sich hinter dem Hotel (Richtung Ksar) am Oued. Restaurant mit Alkoholausschank.

■ **La Rose du Sable**②, Mobil 0667 76 03 27, www.larosedusable.com. Freundliches Hotel mit Pool im ummauerten Hof, 30 saubere, klimatisierte Zimmer mit Bad (nicht immer heißes Wasser). Parkplatz vor der Tür, WLAN.

■ **Maison d'Hôtes Chez Brahim**③, Mobil 0671 81 63 12. Die Herberge von *Brahim Boulkayed* bietet sechs saubere, sehr schöne Zimmer mit Bad und einen tollen Blick auf den Ksar.

■ **Maison d'Hôtes/Camping Nouflla**③, am Ortsanfang von Tabourath kommend (neben dem Aussichtspunkt), Tel. 0524 89 09 13, http://maisondhotes-nouflla. com. Das Hotel mit gutem Restaurant und schöner Terrasse mit herrlicher Aussicht auf den Ksar hat unterschiedlich gestaltete, komfortable Zimmer mit Bad, Minibar, Safe, AC und Sat-TV. Ein ummauertes Campingareal mit wenig Schatten, guten und sauberen Sanitäranlagen ist angeschlossen. WLAN.

■ **Riad Maktoub**④, von Ouarzazate kommend an der Ortseinfahrt auf der rechten Seite, Tel. 0524 88 86 94, www.riadmaktoub.com. Hübsches Gästehaus im traditionellen Lehmbaustil, kleiner Pool im Innenhof. Teilweise recht kleine und hellhörige DZ mit Bad.

### Camping

An der Asphaltstraße Richtung Ouarzazate liegt der **Camping Tissa** (siehe weitere Routenbeschreibung unten). **Wohnmobilisten** können auf dem großen Parkplatz vor dem Hotel La Kasbah übernachten.

■ **Camping Atlas View,** 5 km in Richtung Tabourath (Ourazazate), N 31°00,872', W 07°06,237'. Der hübsche Platz mit Olivenbäumchen in wunderschöner Lage am Rand des Oueds hat saubere europäische Toiletten und eine Dusche im Hauptgebäude. Die Familie des Betreibers *Youssef Houma* ist unglaublich freundlich, serviert auf Wunsch Essen in einem kleinen Salon und führt durch den einfachen Bauernhof, in dem die Familie lebt. Morgens gibt's selbst gebackenes Brot.

■ **Camping Nouflla,** s.o.

■ **Camping Zaytoune,** am Ortsausgang Richtung Tamdakth. Einfacher, ummauerter Kiesplatz für Wohnmobilisten, die hier Stromanschluss und saubere Sanitäranlagen vorfinden.

### Taxi

Es verkehren **Grands Taxis von/nach Ouarzazate** (ca. 20 DH/Pers.). Man kann sich auch mit dem Bus (von Taroudannt, Marrakesch oder Ouarzazate kommend) im Kreuzungsort Tabourath absetzen lassen und dort ein Grand Taxi nach Aït Benhaddou nehmen. Der sehr freundliche Taxifahrer *Ikene Brahim* (Mobil 0667 41 57 82, ikene. taxi680gmail.com) aus Tabourath kann für Ausflugs- oder Transferfahrten nach Ouarzazate bzw. in die Umgebung von Aït Benhaddou engagiert werden.

### Sonstiges

Im Ort gibt es neben **Souvenir- auch Lebensmittelläden,** aber keine Bank.

■ Die **Galerie der Künstlerin Hafida Zizi** (Mobil 0662 87 66 65, Auskunft auch über *Andreas* von der Auberge Khadija) im alten Ksar lohnt einen Besuch. Ihre bunten Werke zeigen vorwiegend Frauen mit auffallend großen Augen und Teppichmustern als Hintergrund.

## Ausflug zur Kasbah Tamdakth

Vorbei an den Herbergen Defat Kasbah und Kasbah Isfoula (s.o.) führt die **Asphaltstraße** von Aït Benhaddou in Richtung Norden nach Tamdakht (ca. 6 km).

Die mächtige Kasbah Tamdakht gehörte wie die in Telouèt und Ouarzazate einst dem **Glaoui-Pascha.** Nachdem die Lehmburg lange leer stand und verfiel, renovierten Privatinvestoren einen Teil der Kasbah und richteten darin ein Gästehaus ein. Der prächtige Komplex war früher Wohnsitz von Tauben, Falken, Blauracken und Eulen, auf den Türmen bauten Störche ihre Nester. Heute gibt es in der **Kasbah de Cigogne**③ („Storchenkasbah, Tel. 0524 89 03 71, www.kasbahcigogne.com) stilvolle Zimmer mit Bad, eine Terrasse mit traumhaftem Ausblick und gutes Essen vom freundlichen Wirt *Mohamed* und seiner Frau. *Mohamed* ist Hobbykünstler und verkauft seine Bilder im angeschlossenen Laden.

Direkt neben der Kasbah liegt das wunderschöne **Hotel Kasbah Ellouze**④ (mit HP) unter Führung des sehr netten französischen Paares *Michel* und *Colette Guillen* (Tel. 0524 89 04 59, www.kasbahellouze.com). Das traditionelle Lehmhaus hat neun sehr hübsche, große Zimmer im rustikalen Berberstil mit Balkon, Bad und AC. Die Terrassen und Zimmer bieten zum Teil einen herrlichen Blick auf die Kasbah, das Oued und die Störche. Kühle, gemütliche Salons sind ideal zum Ausruhen nach einer Besichtigung in der Hitze.

Auch das sehr schöne, komfortable **Hotel Kasbah Titrit**③ (Tel. 0524 88 79 29 oder Mobil 0678 54 41 33, www.kasbah-titrit.net) in Tamdakht bietet komfortable, geräumige Zimmer/Suiten (z.T. mit Balkon) und eine grandiose Aussicht von der Terrasse. Es gibt einen Pool, Hammam und Jacuzzi.

Besucher, die nicht in Tamdakth übernachten, können die Kasbah und die Oasengärten besichtigen oder ein Café aufsuchen.

## Weiterfahrt nach Ouarzazate

**Zurück auf der Asphaltstraße nach Ouarzazate** liegt 1 km weiter der **Camping Tissa** auf der rechten Seite (einfache, saubere Sanitäranlagen, großer, gemütlicher Salon, gutes Essen auf Bestellung, wenig Schatten, Boden für Zeltheringe nicht geeignet). Gegenüber dem Campinggelände liegt das **Gästehaus Tigminou**③ (Tel. 0524 89 10 59, www.tigminou.com): klimatisierte Zimmer mit Bad in kleinen Lehmhäusern in einem Garten mit Pool, familiäre Atmosphäre, leckeres Essen, WLAN, gutes Preis-Leistungs-Verhältnis.

Bei etwa **km 190** (ab Marrakesch, ohne Abstecher) liegen die riesigen **CLA Filmstudios** an der Straße. Man kann die Studios (www.cla-studios.com, Eintritt: 40 DH) im Rahmen einer Führung (deutsch, englisch, französisch) besichtigen und u.a. die Kulissen aus den Filmen „Königreich der Himmel", „Game of

Thrones“ und „Medicus“ bewundern. Die etwa 2 km von den Studios entfernten Jerusalem-Kulissen erreicht man entweder mit dem Taxi oder eigenem Fahrzeug rechts der Studios auf einer holprigen Piste.

Am Kreisverkehr direkt hinter den Studios zweigt rechts eine kleine Asphaltstraße zur **Kasbah Tiffoultoute** (2 km) und nach Zagora ab. Die verfallende Kasbah des ehemaligen Kalifen *Abderrachmane* liegt imposant über dem palmenbestandenen Oued Tifoultoute. Im Ausflugsrestaurant neben der Kasbah finden Folkloreabende für Gruppen statt. Die Aussicht vom zinnenbewerten Dach auf das Drâa-Tal ist sehr schön.

Nach **192 km** ist **Tamassint** erreicht, wo man im 3-Sterne-**Hotel Oscar**③ nächtigen kann (Garten mit Pool, Tel. 0524 88 22 12). Daneben liegen die älteren **Atlas Filmstudios,** die man ebenfalls besichtigen kann (Okt. bis Feb. 8.15–17.15 Uhr, März bis Sept. 8.15–18.45 Uhr, Eintritt: 50 DH, Kinder 35 DH, zahlbar an der Rezeption des Hotels). Den Eingang flankieren riesige Imitationen ägyptischer Statuen. Die Gegend zwischen Aït Benhaddou und Zagora dient als Kulisse für zahlreiche internationale Filme mit Starbesetzung. In den Atlas-Filmstudios erhalten Besucher einen Einblick in die Filmindustrie Marokkos. Viele der hier ausgestellten Kulissen mit Gipsfassaden und Holzgerüsten sind verstaubt oder in schlechtem Zustand – die Führung durch die surreale Szenerie mitten in der Wüste ist dennoch interessant. Zu bewundern sind u.a. der tibetische Tempel aus „Kundun“, der Papp-Düsenjet aus dem „Juwel vom Nil“, der ägyptische Tempel aus „Asterix und Obelix – Mission Kleopatra“ sowie die Jerusalem-Kulisse aus „Königreich der Himmel“. Zuletzt wurden hier u.a. Szenen für den Kassenschlager „Der Medicus“ (2013) gedreht. Auch die CLA Studios (s.o.) können besichtigt werden.

Nach weiteren 4 km, bei **Gesamt-km 196** (ohne Abstecher), ist **Ouarzazate** erreich – an einem Kreisverkehr mit einer Filmrollenplastik in seiner Mitte.

Nördlicher Hoher Atlas

091sm20 ed

☒ Requisiten aus dem Film „Die Mumie“ in den Atlas Filmstudios

119m015 ad

# 5

# Ouarzazate und Drâa-Tal

Ouarzazate gilt als das Hollywood Marokkos und ist die Touristenmetropole des „Großen Südens" – von hier geht es ins Drâa-Tal, zum Djabal Saghro, zu den Sanddünen des Erg Chegaga und zur berühmten „Straße der Kasbahs".

[<] Blick von der Kasbah Tamnougalte ins Drâa-Tal

# Ouarzazate und das Drâa-Tal



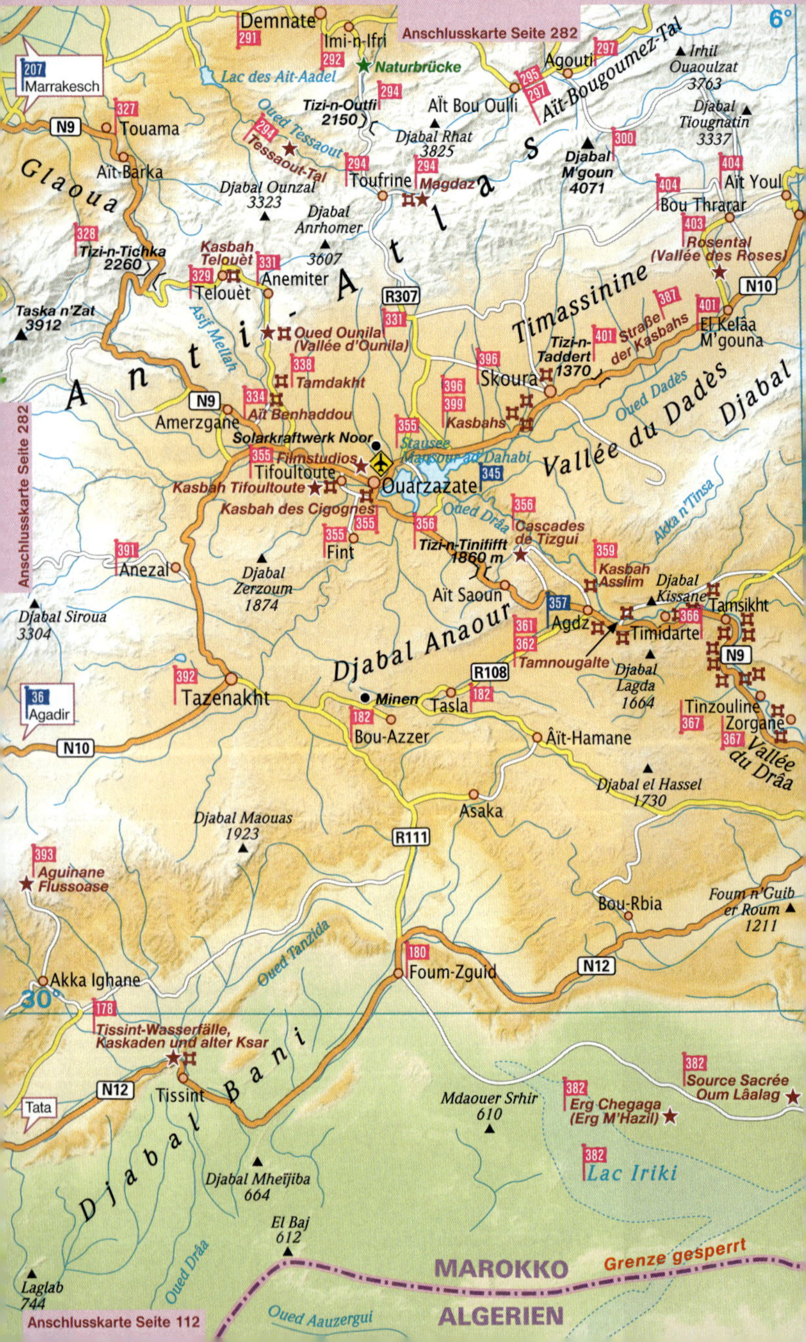

# ÜBERBLICK

Ein Meer aus grünen Palmenwipfeln, die sich sanft im Wind neigen, spendet Schatten für die Oasengärten am Ufer des Oued Drâa und des Oued Ziz. Die süßen Datteln, die dort jedes Jahr geernet werden, zählen zu den besten des Landes. Am Rande der Oasen erheben sich mächtige Kasbahs, Burgen aus Lehm, von denen aus die einstigen Herrscher der Berberstämme die Handelswege zwischen der Sahara und dem Norden kontrollierten. Entlang des Flusstales folgt ein malerischer Ksar (befestigtes Lehmdorf) auf den nächsten, und die Menschen scheinen noch heute zu leben und zu wirtschaften wie vor Hunderten

**NICHT VERPASSEN!**

- **Die Oasengärten im Drâa-Tal:** bei einer Wanderung lernt man traditionelle Bewässerungstechniken kennen, z.B. in Agdz oder Amezrou (Zagora) | 359, 369
- **Kasbah Tamnougalte:** die teilweise renovierte Kasbah ist eine der ältesten Lehmburgen Marokkos | 361, 362
- **Erg Chegaga:** mit Kamelen erreicht man die Dünen am gemütlichsten – drei Tage sind es ab M'hamid | 382

**Diese Tipps sind gelb hinterlegt.**

Jahren. Nahe der algerischen Grenze im äußersten Süden des Landes versickern Drâa und Ziz in der Wüste.

Der Große Süden mit seinen **abwechslungsreichen Wüstenlandschaften und Palmenoasen** bietet jede Menge Entdeckungen für Wanderer, Mountainbiker und Individualtouristen. Die Wüste lässt sich besonders naturnah auf dem Rücken eines Kamels ab Zagora oder M'hamid erleben. Bei einer mehrtägigen Exkursion reitet oder marschiert man einige Stunden bis zu einem schönen Lagerplatz. Abends bleibt genug Zeit, um die Umgebung zu erkunden und am Lagerfeuer zu sitzen, während die Begleiter Brot im Sand backen und Tajine in der Glut garen.

014sm20 ad

**Zentraler Dreh- und Angelpunkt** für Touristen(-gruppen) aus aller Welt ist **Ouarzazate;** hier reiht sich ein komfortables Hotel an das nächste. Zwei moderne Filmstudios bieten die nötige Infrastruktur für internationale Produktionen – *Leonardo DiCaprio, Brad Pitt* und andere Stars weilten schon in der Stadt. Von Ouarzazate starten Touren zu den touristischen **Highlights im Süden:** in die Sanddünengebiete Erg Chegaga und Erg Chebbi, ins Trekkinggebiet Djabal Saghro sowie in die Palmentäler des Drâa, Dadès und Ziz. In Ouarzazate beginnt auch die „Straße der Kasbahs" nach Errachidia, entlang der sich – wie der Name sagt – Hunderte beeindruckender Lehmburgen reihen.

Das **Klima** im Süden ist durch starke Temperaturunterschiede geprägt. Trockene, sehr heiße Sommermonate mit Tagestemperaturen bis über 40°C und Nachtwerten bis zu 28°C stehen der Winterzeit gegenüber, in der es nachts manchmal bis auf -5°C abkühlen kann, tagsüber aber in der Regel angenehme 25°C herrschen. Auch Regenfälle sind im Winter, heftige Gewitter manchmal auch im Sommer, zu erwarten. Für den Winter empfiehlt sich wegen der kühlen Nächte warme Kleidung und für Wüstenexkursionen ein guter Schlafsack. Im Sommer ist es in stickigen Zimmern kleiner Hotels ohne Klimaanlage oder Ventilator dagegen kaum auszuhalten. Dann sollten Reisende mit schmalem Geldbeutel besser auf der Dachterrasse (Sternenhimmel inklusive) oder auf einem Campingplatz übernachten.

Die Lehmburgen (Kasbahs) zieren Ornamente und Zinnen

# Ouarzazate

Ouarzazate (sprich: Warsasat) hat sich vom ehemaligen Militärstützpunkt zu einer **sauberen, modernen Stadt** mit knapp **100.000 Einwohnern** (290.000 in der gesamten Provinz) gemausert. Schon in der Protektoratszeit war Ouarzazate wichtiger Militärstützpunkt, und nach dem Krieg waren auch deutsche Kriegsgefangene in Ouarzazate interniert. Nach der Unabhängigkeit nutzten die Marokkaner den Ort weiterhin als Militärbasis.

In den 1980er Jahren wurde im Zuge der Förderung des Wüsten- und Rundreisetourismus die touristische Infrastruktur von Ouarzazate ausgebaut, die Stadt erhielt ein **neues Gesicht.** Braune und rote Häuser, Mauern mit weiß abgesetzten Zinnen, ein hübscher Hauptplatz (Place du 3 Mars) mit Springbrunnen, eine palmengesäumte **Fußgängerzone** (Rue du Marché) und ein großes Hotelviertel geben dem Ort das Aussehen und Ambiente einer Touristenstadt mit marokkanischem Lokalkolorit. Das Konzept ging auf: Viele internationale Reiseveranstalter nutzen Ouarzazate als Ausgangsort für Rundtouren. Pauschaltouristen fliegen von Casablanca zum kleinen Flughafen der Stadt ein.

Aber Ouarzazate ist heute nicht nur eine **Touristenstadt** mit guter Infrastruktur, sondern in erster Linie eine **Filmmetropole.** Ein Monument mit zwei Filmrollen in der Mitte des Kreisverkehrs an der Stadteinfahrt aus Richtung Marrakesch symbolisiert diesen Status. *Bernardo Bertolucci, Martin Scorsese, Oliver Stone, Orson Welles* und *Alfred Hitchcock* sind nur ein paar der berühmten Regisseure, die sich Marokko als Drehort auswählten. Die Filmografie ist lang: Es begann 1956 mit *Hitchcocks* „Der Mann, der zu viel wusste". Es folgten – um nur wenige zu nennen – „Lawrence von Arabien" (1962), „The Jewel of the Nile" (1985), „Himmel über der Wüste" (1990), sämtliche Folgen von „Die Bibel" (1994–1999), „Kundun" (1997), „Die Mumie" (1999), „Gladiator" (2000), „Alexander" (2004), „Königreich der Himmel" (2005), „Die Päpstin" (2008), „Der Medicus" (2013) sowie Episoden aus der Fernsehserie „Game of Thrones" (2016). Einige Kulissen können in den **Atlas** oder den **CLA Filmstudios** (www.cla-studios.com) wenige Kilometer vor Ouarzazate (von Marrakesch kommend) bewundert werden (vgl. Routenbeschreibung „Weiterfahrt nach Ouarzazate" am Ende des Kapitels „Nördlicher Hoher Atlas"). Außerdem informiert das **Musée du Cinéma** gegenüber der Kasbah Taourirt über die Geschichte der Filmstadt (s.u.). Wegen der großen Nachfrage der internationalen Filmindustrie wurde in Ouarzazate sogar eine Filmschule eingerichtet, an der Ausbildungen wie Produktionsmanagement, Bühnen-, Masken- und Kostümbildner angeboten werden.

## Sehenswertes

Ouarzazate hat **nur wenige Sehenswürdigkeiten** zu bieten. Dank der zentralen Lage zwischen Hohem Atlas und Wüste eignet sich die Stadt jedoch gut als Ausgangspunkt für Ausflüge.

Die **Kasbah Taourirt** (tägl. 8–18 Uhr, 20 DH Eintritt) am östlichen Rand von

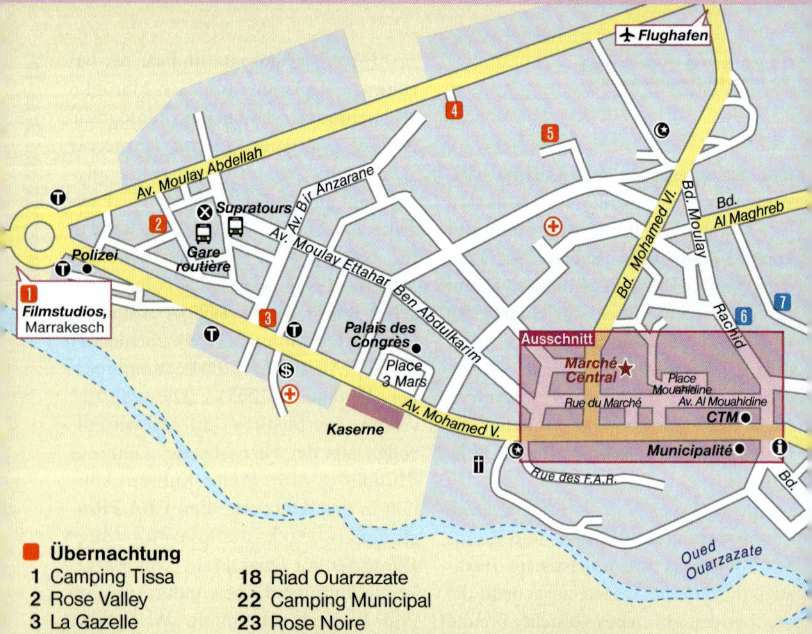


**Übernachtung**

1 Camping Tissa
2 Rose Valley
3 La Gazelle
4 Marmar
5 Dar Bergui
9 Atlas
14 Royal
17 Le Petit Riad
18 Riad Ouarzazate
22 Camping Municipal
23 Rose Noire
24 Dar Kafila/Gandini B&B
26 Dar Kamar
27 Le Fint
29 Camping La Palmeraie
30 Les Jardins de Ouarzazate
31 Dar Daïf
32 Dar Chamaa
33 Jugendherberge (Auberge de Jeunesse)
34 Auberge La Roche Noire

Ouarzazate – einst Wohnsitz des Paschas von Marrakesch (*Al Glaoui*, siehe bei Marrakesch und Telouèt) – ist der Inbegriff der stadtähnlichen Kasbah mit Fürstensitz und Wohnvierteln. Der riesige verschachtelte Bau hinter hohen Mauern bot einst einem ganzen Stamm Unterkunft. Das Kasbahviertel hinter dem Palastgebäude ist auch heute noch bewohnt. Der sehenswerte Palastbereich hat schöne Holz- und Stuckverzierungen in den (leeren) Innenräumen. Ein offizieller Führer verlangt für eine etwa einstündige Führung etwa 100 DH (für eine ganze Gruppe).

Das **Kasbah-Viertel** hinter der Kasbah Taourirt (Durchgang links vom Haupteingang des Palastes) ist ein Dorf für sich: mehrgeschossige Lehmbauten, eine Burg, Türme und eine *Mellah* (Judenviertel). Alles fügt sich zu einem Ganzen zusammen, der Kasbah – in diesem Falle die ganze Altstadt, einst eine der größten in Marokko. In der Mellah wohnen keine jüdischen Bewohner mehr. In der Synagoge ist eine Teppichweberei untergebracht. Ein Rundgang durch die verwinkelten Gassen des Kasbah-Viertels ist ein faszinierendes Erlebnis, auch wenn sich inzwischen einige

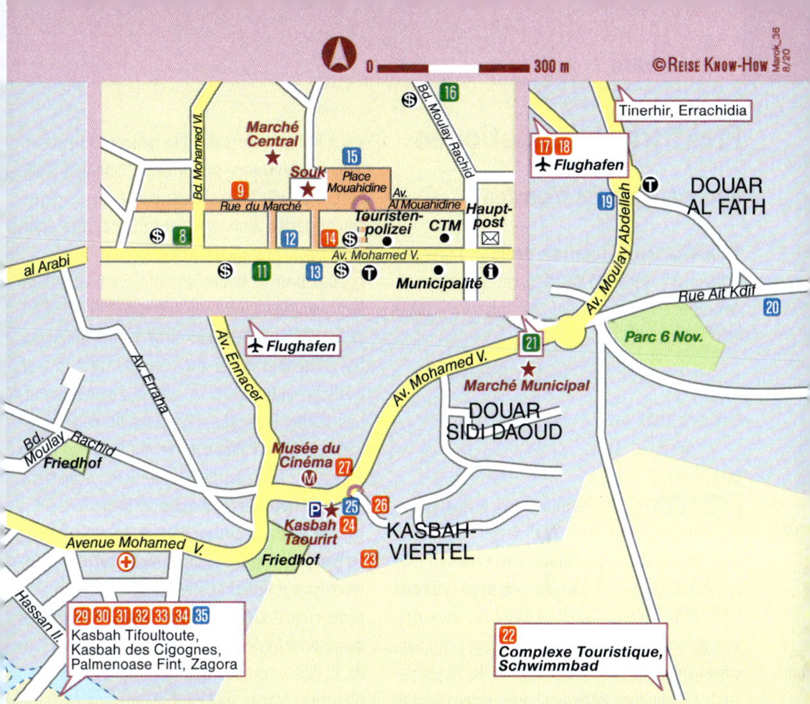


**Essen und Trinken**
6 Chez Nabil
7 Accord Majeur
12 Chez Dimitri
13 Le Jardin des Arômes
15 Pâtisserie Habous
19 Relais Saint-Exupéry
20 La Kasbah des Sables
25 Douyria
35 Côté Sud

**Einkaufen/Sonstiges**
8 Royal Air Maroc
11 Supermarché Dimitri
16 Supermarché Dadès
21 Aswak-Supermarkt

Souvenirhändler niedergelassen haben und Kinder sich als Führer aufdrängen.

Gegenüber der Kasbah, auf der anderen Straßenseite, werden in einem Ladenkomplex allerlei Souvenirs und Teppiche verkauft. Daneben befindet sich der Eingang ins **Musée du Cinéma** (tägl. 8–18 Uhr, im Hochsommer Mittagspause zwischen 12.30 und 14.30 Uhr, Eintritt: 40 DH), das über die Filmgeschichte der Stadt informiert. Auf dem Gelände steht u.a. die Kulisse einer weißen Kirche aus dem Bibelfilm „Bethlehem". Der falsche Glockenturm ist z.B. aus den oberen Etagen der Kasbah Taourirt zu sehen und sorgt bei europäischen Besuchern häufig für Verwirrung.

Einen Besuch wert ist der kleine **Suq** (bis 22 Uhr), der zwar nicht mit den Märkten der großen Städte konkurrieren kann, aber durchaus eine nette Auswahl an Waren zu bieten hat. Markttag ist der Sonntag.

In der **Umgebung** von Ouarzazate können die Kasbah Tifoultoute und die Kasbah Cigognes besichtigt werden (vgl. „Ausflüge").

# Praktische Informationen

## Informationen für Touristen

■ **Délégation du Tourisme de Ouarzazate,** Av. Mohamed V., Tel. 0524 88 24 85, cptzagora@gmail.com. Hier erhält man einen Stadtplan und einige Infos zur Region.

## Unterkunft

### Oberklasse

UNSER TIPP: 26 **Dar Kamar**④, 45, Kasbah Taourirt, kleine Zufahrt ins Kasbahviertel direkt links vom Haupteingang der Kasbah, dort Parkplatz (Auto bewachen lassen!), dann ca. 100 m zu Fuß erste Gasse rechts bergab, Tel. 0524 88 87 33, www.darkamar.com. Die Atmosphäre in diesem Lehmbau, einem alten Gerichtshof aus dem 17. Jh., ist einmalig. Die spanischen Betreiber haben einen künstlerischen Mix aus alter marokkanischer Lehmarchitektur und schwarzafrikanischen Elementen geschaffen: Springbrunnen und Waschbecken aus Fossilien, Tadelakt-Bäder, afrikanische Masken, bunte Lampen, Bilder von Afrikareisen usw. Von der Dachterrasse bietet sich ein fantastischer Blick auf die Umgebung und das Kasbahviertel. Zur Entspannung gibt es ein Hammam (mit Massage). Klimatisierte Zimmer mit Bad, gutes Essen. WLAN.

### Mittelklasse

5 **Dar Bergui**③, Sidi Hssaine Ben Nasser (hinter dem gleichnamigen Hospital nördlich der Av. Mohamed V. im Zentrum), Mobil 0668 67 51 64, www.darbergui.com. Hübsches Gästehaus mit großen, unterschiedlich gestalteten Zimmern mit separater Toilette. Schöner Pool, gutes Essen und Frühstück auf der Terrasse, herzlicher Empfang durch *Martine* und *Jean Michel*. WLAN.

32 **Dar Chamaa**③, im Zentrum Richtung Zagora abbiegen, über die Brücke und dann links, Tel. 0524 85 49 54, www.darchamaa.com. Sehr schönes Maison d'Hôtes im Kasbahstil in ruhiger Lage außerhalb des Zentrums, mit offenem Innenhof, Pool, Restaurant mit Alkohollizenz und 20 geräumigen, klimatisierten Zimmern. Sehr freundlicher Empfang. Eigener Parkplatz, WLAN.

31 **Dar Daïf**③, Douar Talmasla, 5 km außerhalb Richtung Zagora (Abzweig beschildert, N 30°54,35', W 06°52,85'), Tel. 0524 85 49 47, www.dardaif.ma. Das Gästehaus in der alten Storchenkasbah (vgl. Ausflüge unten) hat 14 schöne Zimmer unterschiedlicher Größe (bis 4 Pers.) mit AC/Heizung, einen herrlichen Palmengarten mit Pool und einen Hammam. Der französische Besitzer *Jean-Pierre* gibt tolle Tipps zur Erkundung der Region. WLAN.

24 **Dar Kafila/Gandini B&B**③, im Kasbah-Viertel hinter der Kasbah Taourirt, Mobil 0676 99 19 95, www.gandini-bb.com. Der französische Marokko-Kenner und Buchautor *Jacques Gandini* führt dieses gemütliche Gästehaus in einem alten Lehmgebäude. Es gibt ein großes Apartment (für bis zu 5 Pers.) über zwei Etagen und ein Dreibettzimmer. Gutes Frühstück auf der Terrasse. *Latifa* kümmert sich um die Gäste.

27 **Le Fint**③, Av. Mohamed V. (gegenüber der Kasbah Taourirt), Tel. 0524 88 48 86, www.fintho-tel.com. Hübsches Hotel mit 74 klimatisierten/beheizten Zimmern, Pool und nettem Restaurant mit Aussichtsterrasse.

17 **Le Petit Riad**③, Hay Al Wahda (bei der gleichnamigen Moschee nahe des Flughafens), Tel. 0524 88 59 50, www.petitriad.com. Netter, kleiner Riad mit fünf farbenfrohen, klimatisierten Zimmern mit Sat-TV, Pool im Innenhof und sehr gutem Essen. Trotz der Lage direkt neben einer kleinen Moschee und am Flughafen kaum Lärmbelästigung.

18 **Riad Ouarzazate**③, N°1462 Hay El Wahda, Seitenstraße der Av. Moulay Abdellah, Tel. 0524 89 08 21, Mobil 0664 90 44 80, www.riad-ouarzazate.com. Mit üppigem Palastdekor gestaltetes, komfortables Hotel der Familie *Sbai* (sehr freundlicher

☒ Die Kasbah Taourirt in Ouarzazate

Manager *Hakim*). Klimatisierte Zimmer mit TV, schöne Terrasse und Pool, tolles Frühstück, ruhige Lage, Parkplatz vor dem Haus, WLAN. Gutes Preis-Leistungs-Verhältnis.

23 **Rose Noire**③, Derb Jamaa (Rue de la Mosquée), Taourirt (Kasbah-Viertel), Tel. 0524 88 20 16, www.maisondhoterosenoireouarzazate.com. Familiäres Gästehaus in den Gassen des Kasbah-Viertels mit hübschen, klimatisierten Zimmern im Berberstil. Herzlicher Empfang. Gutes Frühstück auf der Dachterrasse mit Blick auf die Altstadt.

2 **Rose Valley**②, Quartier Tassoumaate, Lot Billad Alkhir, direkt am Busbahnhof der privaten Buslinien, Tel. 0524 88 25 25, 88 81 81, http://ouarzazaterosevalley.com. Neueres Hotel mit nach marokkanischem Geschmack gestalteten, schlichten Zimmern mit Bad und Klimaanlage. Restaurant mit günstiger Pizza, Pasta und Tajine. Pool im Hof, 24-Std.-Rezeption. Gutes Preis-Leistungs-Verhältnis.

### Günstig

33 **Jugendherberge (Auberge de Jeunesse)**①, Quartier Tkhissa Inzbiaten, ca. 3 km außerhalb des Zentrums, Tel. 0526 51 15 64, Mobil 0661 74 68 78, www.hihostels. com. Auf der N 9 Richtung Zagora, dann an Kreuzung hinter Oued (in Tabounte) rechts, nach ca. 1 km links abbiegen zur Jugendherberge, Buslinie 1. Zimmer für 2 bis 6 Pers., Nomadenzelt auf der Terrasse, Waschmaschine vorhanden. Übernachtung im Mehrbettzimmer ca. 7 Euro/Pers., DZ 14 Euro, Ermäßigung mit Internationalem Jugendherbergsausweis.

34 **Auberge La Roche Noire**②, in der Oase Fint (vgl. „Ausflüge"), Tel. 0526 40 56 89, Mobil 0671 51 99 62, www.larochenoire-oasis-fint.com. Die authentische, familiäre Herberge in einem Lehmhaus in ruhiger Umgebung hat einfache, saubere Zimmer mit Bad. Geführte Oasenwanderungen und Ausflüge in die Umgebung sind möglich.

9 **Atlas**①, 13, Rue du Marché, Tel. 0524 88 77 45, Buchung über www.booking.com möglich. Sehr zentral gelegenes, sehr einfaches, aber ordentliches Budget-Hotel (alle Zimmer mit Bad). Die Zimmer auf der Dachterrasse sind die beste Option. 24-Std.-Rezeption, WLAN.

3 **La Gazelle**②, Av. Mohamed V., Tel. 0524 88 21 51, www.hotel-lagazelle.com. 1-Stern-Hotel mit nicht besonders großen, aber ordentlichen Zim-

mar_003 ed

mern (mit Klimaanlage und TV), gruppiert um einen Innenhof mit kleinem Garten und Pool. WLAN, gutes Frühstück, Parkmöglichkeit im Hof.

30 **Les Jardins de Ouarzazate**② (inkl. Frühstück), in Tabounte, außerhalb der Stadt an der Straße nach Zagora, Tel. 0524 85 42 00, www.hotel-les-jardins-de-ouarzazate.com. Angenehmes 3-Sterne-Kasbahhotel mit schöner Frühstücksterrasse zum Palmengarten mit Pool. WLAN, klimatisierte Zimmer mit TV, von der Hauptstraße manchmal laut. Sehr gutes Preis-Leistungs-Verhältnis!

4 **Marmar**②, 16, Av. Prince Moulay Abdallah, Tel. 0524 88 88 87, www.hotel-marmar.com. Ordentliches, typisch marokkanisches Hotel mit einfachen Zimmern mit Bad. Freundlicher Empfang, gute Lage nahe Busbahnhof. Cafeteria, WLAN, bewachter Parkplatz.

14 **Royal**①, 24, Av. Mohamed V., Tel. 0524 88 22 58. Das sehr einfache Hotel mit Innenhof liegt sehr zentral und ist daher nicht ganz ruhig. Einige DZ ha-

Aussicht von der Dachterrasse des Maison d'Hôtes Dar Kamar

ben einen Balkon, Klimaanlage und ein eigenes Bad, ansonsten gibt es (nicht immer saubere) WCs/ Duschen auf dem Gang. Freundlicher Empfang.

## Camping

**22 Municipal,** hinter der Kasbah Taourirt in Richtung Stausee, dann ca. 1 km nach der Kasbah rechts (4 km vom Zentrum), N 30°55,395', W 06°53,213', Tel. 0524 88 25 78. Nur einige Standplätze mit Schatten, im Winter mit Wohnmobilen überfüllt, einfache sanitäre Anlagen (nicht immer sauber). WLAN vorhanden, aber langsam.

**29 La Palmeraie,** Douar Tajda, ca. 2 km in Richtung Zagora, über die Brücke, an der ersten Ampel links, dann nach 1 km auf der rechten Seite, N 30° 54,234', W 6°53,902', Tel. 0524 85 42 37, www.camping-ouarzazate.com. Schöne Wohnmobil-Stellplätze (mit Strom), Zimmer mit Bad und Berberzelte in einem Palmenhain auf der südlichen Seite des Oued Ouarzazate. Es werden 4x4-Ausflüge organisiert. Sehr netter Empfang und ökologische Ausrichtung (Mülltrennung, Anbau von Bio-Lebensmitteln für das Restaurant). DZ mit Frühstück②. WLAN.

**1 Tissa,** Richtung Marrakesch, vgl. Routenbeschreibung am Ende des vorigen Kapitels.

aga08-430 ad

## Essen und Trinken

**In den Hotels,** z.B. im Hotel La Vallée, isst man gut und preiswert (mit Alkoholausschank). Weitere günstige Restaurants gibt es auch um den Suq und in der Av. Mohamed V. gegenüber der Touristeninformation.

**7 Accord Majeur,** schräg gegenüber dem Hotel Bérbère Palace, Tel. 0524 88 24 73, www.restaurant-accord-majeur.com. Hier wird mittags und abends eine gelungene Mischung aus marokkanischer und südfranzösischer Küche serviert. Auch Weine aus Meknès, etwas gehobene Preisklasse.

**12 Chez Dimitri,** 22, Av. Mohamed V., Tel. 0524 88 73 46, www.dimitri-restaurant-ouarzazate.com. Schönes Restaurant, stilvolles Ambiente mit Autogrammfotos vieler Filmstars an der Wand, gute Küche, Alkoholausschank. Das traditionsreiche (seit 1928) Restaurant profitiert vom Ruf vergangener Zeiten, ist aber nach wie vor gut und zu empfehlen (auch europäische Gerichte statt der obligatorischen Tajine). Hauptgericht (z.B. Lammkotelett, Moussaka oder Tajine) ca. 95 DH, Mittagsgerichte ab 60 DH. Kreditkarten werden akzeptiert.

**6 Chez Nabil,** Bd. Moulay Rachid, Tel. 0524 88 45 45, beim Supermarché Dadès. Gutes marokkanisches Essen, auch Café und Eisdiele, gemischtes Publikum (Marokkaner und Touristen), Hauptgericht ab ca. 50 DH.

**35 Côté Sud,** einige Kilometer außerhalb in Tifoultoute (N9 Richtung Marrakesch, dann links Richtung Zagora), Tel. 0540 01 93 87, www.cotesud-maroc.com. Auf einer Fläche von 20.000 m² hat der spanische Architekt *Jordi Ros* ein ambitioniertes Kultur- und Architekturprojekt ins Leben gerufen. Neben einem Restaurant gibt es in diesem modernen Lehmkomplex mit Garten einen Kino-, einen Ausstellungs- und Konzertsaal, vier Suiten mit Privatterrasse sowie eine Kochschule. Täglich wechselnde Speisen aus frischen, saisonalen Zutaten. Fisch- und Grillgerichte ab 100 DH.

**25 Douyria,** am Eingang ins Kasbah-Viertel (links neben der Kasbah Taourirt), Tel. 0524 88 52 88, www.restaurant-ouarzazate.net. Fröhlich buntes, modern marokkanisches Interieur, toller Blick von der Dachterrasse, leckere marokkanische Küche, Tajine ab 60 DH (auch mit Kamelfleisch).

**20 La Kasbah des Sables,** 195, Aït Kdif, Tel. 0524 88 54 28, www.lakasbahdessables.com. Im Wohnviertel Aït Kdif östlich der Kasbah Taourirt, rechts der Av. Mohamed V. (stadtauswärts), bewachter Parkplatz vorhanden. Das viel gelobte Restaurant im Kasbahstil mit internationaler und marokkanischer Küche (gehobene Preise) und schickem marokkanischen Ambiente bietet erstklassige Küche und Service.

**13 Le Jardin des Arômes,** 69, Av. Mohamed V., neben der BMCI-Bank, Tel. 0524 88 88 02, tägl. 12–14.30 und ab 19 Uhr, Mo geschlossen. In diesem schicken Gartenrestaurant mit mittleren Preisen gibt es eine gute Auswahl an französischen, libanesischen und marokkanischen Gerichten. Sehr freundlicher Service, Alkoholausschank.

**15 Pâtisserie Habous,** 22, Place Mouahidine. Zentral gelegenes Café mit köstlichem marokkanischen Gebäck, Croissants etc. Von der Terrasse kann man gut das Treiben auf dem Platz beobachten.

**19 Relais Saint-Exupéry,** 13, Bd. Moulay Abdellah, Tel. 0524 88 77 79, www.relais-ouarzazate.com. Der Name des Lokals ist Programm: In der Herberge erinnern viele Accessoires an den Autor des „Kleinen Prinzen". Guter Service, gehobene und gute Küche, mittlere Preislage.

## Einkaufen

■ **Marché Municipal** *(Marché couvert),* in einer nördlichen Parallelstraße bzw. am Platz zur Av. Mohamed V. (von Marrakesch kommend links). Hier gibt es ein umfassendes Angebot an Frischwaren.

**11 Supermarché Dimitri,** in der Av. Mohamed V. (gegenüber Restaurant Chez Dimitri). Gute Auswahl an Konserven, alkoholischen Getränken und Drogeriewaren. 8–21 Uhr.

**16 Supermarché Dadès,** Av. Moulay Rachid, neben Restaurant Chez Nabil. Gutes Angebot, aber teurer als in kleinen Geschäften.

**21 Aswak-Supermarkt,** Av. Al Maghrib Al Arabi (von der Av. Mohamed V. beim ersten Kreisverkehr nördlich der Kasbah Taourirt links abbiegen), N 30° 55,591', W 06°53,727', tägl. 8–22 Uhr. Moderner Supermarkt mit europäischem Warenangebot.

■ Diverse **Souvenirgeschäfte** finden sich rund um die Kasbah Taourirt. In der **Teppichkooperative** gegenüber der Kasbah bieten Frauen ihre handgewebten Berberteppiche an.

■ Außerdem hat Ouarzazate einen kleinen, interessanten **Suq** (bis 22 Uhr geöffnet) und einen **Marché Central.** Der **Wochenmarkt** findet samstags auf dem Marktgelände auf der Südseite des Oueds in Tabount statt.

## Taxis

### Stadttaxis

Tagsüber kostet das Petit Taxi einheitlich **5 DH/Pers.** im ganzen Stadtbereich. Die Taxifahrer verlangen von Touristen meist mehr – verhandeln!

### Sammeltaxis/Grands Taxis

Grands Taxis fahren beim Busbahnhof der privaten Buslinien (s.u.) ab. Es verkehren u.a. **Sammeltaxis nach Agdz, Zagora, Agadir, Aït Benhaddou, Skoura, Tinerhir und Erfoud** (mit Umsteigen). Man hangelt sich auf der Strecke nach Osten (Straße der Kasbahs) von Ort zu Ort, z.B. bis M'gouna, von dort nach Boumalne du Dadès, von Boumalne weiter nach Tinerhir.

Ein Grand Taxi zum **Flughafen** (nur 3 km vom Zentrum) kostet etwa 50 DH, dorthin kann man aber auch ein Petit Taxi nehmen. Ein (privat gemietetes) Grand Taxi nach **Marrakesch** kostet etwa 600 DH, nach **Aït Benhaddou** hin und zurück 200–300 DH, nach **Zagora** 300 DH, nach **Agdz** 150 DH.

Der sehr empfehlenswerte **Taxifahrer Brahim Ikene** (Grand Taxi Nr. 680) aus Tabourath (Kreuzung zu Aït Benhaddou) bietet Ausflugsfahrten an, hilft bei Einkäufen und der Ersatzteilsuche etc.: Mobil 0667 41 57 82 (franz.), ikene.taxi680@gmail.com.

## Busse

Der große **Busbahnhof der Privatlinien** liegt 1,5 km außerhalb des Zentrums am westlichen Stadtrand zwischen Av. Moulay Abdallah und Av. Mohamed V. (nahe der Polizei am Kreisverkehr von Norden kommend). Es verkehren ständig Busse nach Zagora, Agadir, Marrakesch und Errachidia. Die CTM- und Supratours-Busse haben einen eigenen Busbahnhof.

- **CTM-Büro,** 5, Av. Mohamed V., Tel. 0524 88 24 27 (tägl. 7–22 Uhr). CTM bietet nur wenige Verbindungen an; andere Privatbusse bedienen diverse Ziele mehrmals täglich.
- Das **Supratours-Büro** befindet sich an der Av. Mohamed V. (Nr. 66), Tel. 0524 84 89 31.

- In Ouarzazate verkehren grüne **Stadtbusse** von Lux Transports (u.a. von Aït Kdif im Osten der Stadt bis zu den CLA Studios an der Route de Marrakech) sowie die Buslinie 2 nach Süden bzw. nach Tabount (Kasbah de Cigognes und Markt am Samstag).

### Verbindungen und Preise (CTM)

- **Inezgane/Agadir:** 1x tägl. (mittags), ca. 6 Std. Fahrzeit, 140 DH.
- **Agdz – Zagora – M'hamid:** nach Agdz 3x tägl. (1x frühmorgens, 2x nachmittags), 75 Min. Fahrzeit, 30 DH; nach Zagora 2x tägl. mit CTM und 1x tägl. mit Supratours, 3 Std. Fahrzeit, 55 DH; nach M'hamid 1x nachmittags, 5 Std. Fahrzeit, 85 DH.
- **Boumalne:** 1x tägl., 40 DH, ca. 2½ Std.
- **Casablanca:** 4x tägl. (zwei Nachtbusse), 160 DH, ca. 9 Std.
- **Marrakesch:** 5x tägl., 95 DH, ca. 5 Std. Fahrzeit.
- Um nach **Aït Benhaddou** zu kommen, kann man den Bus nach Marrakesch nehmen und an der Kreuzung (Tabourath) aussteigen. Dort findet man für die restlichen 11 km meist eine Mitfahrgelegenheit (oder man nimmt sich ein Grand Taxi).

aga10_015 ad

▷ Auf den Lehmmauern im Kasbah-Viertel nisten Störche

## Flugverbindungen

- **Flughafen,** Taourirt, Tel. 0524 88 22 97.

8 **Royal Air Maroc (RAM),** 1, Bd. Mohamed V., Tel. 0524 89 91 45.

- Täglich Flüge mit RAM nach **Casablanca** und von dort in andere (marokkanische und europäische) Städte. Außerdem Direktflüge nach Frankreich und Belgien.

## Rund ums Auto

### Werkstatt

- **Garage Tichka,** 75, Av. Mohamed V., Tel. 0524 88 51 96.

### Autoverleih

In Ouarzazate gibt es recht **viele Autovermieter,** die z.T. auch am Flughafen vertreten sind. Büros lokaler Agenturen findet man an der Av. Mohamed V.

- **Avis,** Ecke Bd. Mohamed V./Place du 3 Mars, Tel. 0524 88 80 00, und am Flughafen.
- **Budget,** Av. Mohamed V., Tel. 0524 88 42 02, und am Flughafen.
- **Europcar,** Av. Mohamed V./Place du 3 Mars, und am Flughafen, Tel. 0524 88 20 35.
- **Hertz,** 33, Av. Mohamed V., Tel. 0524 88 20 84.
- **Samicar,** am Flughafen, Mobil 0668 44 44 44, www.samicar.com; weitere Vertretungen in Marrakesch, Casablanca, El Jadida und Fés, auch Transferfahrten z.B. zum Flughafen Casablanca.

## Sport/Aktivitäten

### Tennis, Baden

- Ein **Sportzentrum** mit Tennisplätzen gibt es im Hotelviertel oberhalb der Av. Mohamed V. Alle großen **Hotels** haben einen Pool – einige können gegen Gebühr auch dann genutzt werden, wenn man nicht übernachtet.
- Beim **Complexe Touristique** in Richtung Camping an der Av. Annasr gibt es ein **öffentliches Schwimmbad** *(Piscine municipale)*.

### Trekking

- Empfehlenswerte **Bergführer** für Wanderungen im Hohen Atlas und im Djabal Saghro siehe bei Marrakesch, Imlil und Nekob.
- Weitere **Bergführer** kann man über das **Bureau des guides et accompagnateurs** in Kelâa M'gouna (siehe dort) anheuern.

### Sonstiges

- **Quads Aventures,** Tel. 0524 88 40 24, www.quadsaventures.com. Quad-Ausflüge ins Drâa-Tal und die Wüste. Auch Kanutouren auf dem Stausee.
- Auf dem Stausee sind **Angelausflüge** möglich (buchbar über eines der Reisebüros).

## Sonstiges

- **Notruf:** Tel. 190.
- **Feuerwehr:** Tel. 150 oder 0524 88 21 15.
- **Polizei:** Tel. 190, Av. Mohamed V., Touristenpolizei *(Brigade Touristique)* an der Ecke Rue de la Poste und Rue Al Mansour Eddahabi.
- **Krankenhaus:** Hôpital Sidi Hussaine Ben Nasser, Hay Sidi Hussaine, Tel. 0524 88 21 28, 88 22 00.
- Die **Hauptpost** liegt an der Av. Mohamed V./Bd. Moulay Rachid.
- **Banken mit Geldautomat** finden sich entlang der Av. Mohamed V. und am Bd. Moulay Rachid.

## Reiseagenturen

Büros von diversen Tourenveranstaltern liegen rund um den Place du 3 Mars und den Place Al Mouahidine. Empfehlenswert sind:

- **Desert Evasion,** Av. Mohamed V., Imm. El Ghifari, Tel. 0524 88 86 82, www.desert-evasion.net.

Organisation von ein- und mehrtägigen Ausflügen (z.B. Aït Benhaddou, Dadès- und Todrha-Schlucht) im klimatisierten Geländewagen oder Minibus.

■ **Desert et Montagne,** Douar Talmasla, Dar Daif (vgl. Hotels der Mittelklasse), Tel. 0524 85 49 49, www.desert-montagne.ma. Wüstenreisen und geführte Bergtouren (Hoher Atlas, Djabal Saqhro, Djabal Siroua), 4x4-Verleih.

■ **Ksour Voyages,** 11, Place de 3 Mars, Tel. 0524 88 28 40, www.ksour-voyages.com. Halbtages- und Tagesausflüge nach Aït Benhaddou, Skoura und ins Drâa-Tal, auch mehrtägige Touren. *Mohamed Takhchi* spricht deutsch.

■ **Tombouctour,** 79, Av. Mohamed V., Tel. 0524 84 82 07, www.tombouctour.ch. Die Agentur unter marokkanisch-schweizerischer Führung (mit Vertretung in der Schweiz und in Marrakesch) bietet ein umfangreiches Tourenangebot von Kameltrekking bis zu individuellen Rundreisen an.

## Ausflüge

Im **wüstenhaften Umland** von Ouarzazate sind diverse Exkursionen (individuell oder organisiert) möglich. Alle großen Hotels und die genannten Reiseagenturen bieten (mehrtägige) Touren an. Zu den genannten Zielen kann man sich auch ein Grand Taxi mieten.

Es lohnt sich ein Ausflug zur **Kasbah Tiffoultoute** im gleichnamigen Dorf an der Verbindungsstraße Marrakesch – Zagora (ca. 10 km), die imposant auf einem Hügel über dem Oued Drâa thront. Sie wurde Ende des 19. Jh. zum Empfang der Gäste des Paschas *Al Glaoui* gebaut, heute verfällt sie großteils. Ein Restaurant in einem Betongebäude schließt an die Kasbah an – von der Terrasse bietet sich ein toller Ausblick auf die Flussoase.

Zur **Kasbah des Cigognes** („Storchenkasbah") gelangt man ebenfalls auf der Strecke in Richtung Zagora. Wenn man etwa 4 km hinter Ouarzazate in Tabount (südlich des Oueds) links abbiegt (Beschilderung „Dar Daif"), erreicht man die alte Festung mit den Storchennestern. In der Kasbah ist das Gästehaus Dar Daïf untergebracht (s.o.).

Der große **Stausee Mansour ad Dahabi** erstreckt sich etwa 15 km außerhalb von Ouarzazate südlich der Straße Richtung Tinerhir – das türkisblaue Wasser zwischen den braunen Wüstenbergen gibt ein fast surreales Bild ab. Am Nordufer liegt ein Luxushotelkomplex mit Golfplatz und Wassersportangebot. Im Hotel Sultana Royal Golf (https://hotelsultanaroyalgolf.com) mit schöner Gartenanlage kann man auch nur entspannt einen Cappuccino trinken und die Aussicht genießen.

Zum Ausflugsprogramm der Hotels gehört ein Abstecher in die 15 km entfernte, hübsch gelegene **Palmenoase Fint.** Die Tour lohnt sich eigentlich nur, wenn man sonst keine Oase entlang der Straße der Kasbahs (z.B. Skoura) oder im Drâa-Tal besucht. Zu erreichen ist Fint, indem man auf der Straße in Richtung Zagora und dann gleich beim nächsten Ort nach rechts auf die Umgehungsstraße um Ouarzazate fährt. Nach ca. 1,5 km folgt ein Schild, das links zur Oase weist. Die Oase selbst liegt hinter einem Bergrücken.

Cineasten können die **CLA und Atlas Filmstudios** nördlich von Ouarzazate an der Straße in Richtung Aït Benaddou/ Tizi-n-Tichka (N 9) besichtigen. Der Eintrittspreis beinhaltet eine mehrsprachige Führung. Details dazu vgl. Routenbeschreibung nach Ouarzazate am Ende des Kapitels zum nördlichen Hohen Atlas.

# Von Ouarzazate über Agdz nach Zagora

- **Ca. 250 km, gute Asphaltstraße, N 9.**
- Die Route führt durch wild zerklüftete braune Wüstenberglandschaft bis Agdz, dann landschaftlich sehr schön entlang der Palmenhaine des **Oued Drâa** (südliche Straße der Kasbahs). Sein lang gezogenes Flussbett und die Mündung sind allerdings sowohl auf der Landkarte als auch in natura gut zu erkennen. Viele erhaltene **Kasbahs** und ursprüngliche **Ksour** sind auf der linken Drâa-Seite zu bewundern. Die Gegend lieferte die traumhaft schönen Landschaftsbilder für *Bertoluccis* Film „Der Himmel über der Wüste".
- **Busse** verkehren ab Ouarzazate.

Im Zentrum von Ouarzazate bei der *Municipalité* (Provinzverwaltung) in Richtung Süden auf die **N 9** abbiegen. Die Straße überquert das Oued. In diesem Ortsteil auf der Südseite des Flusses (2 km hinter Ouarzazate) liegen die Hotels Les Jardins de Ouarzazate und Kasbah Dar Daïf (abseits der Hauptstraße, vgl. bei Ouarzazate „Unterkunft"). Bei der folgenden Kreuzung geht es rechts nach Marrakesch und geradeaus weiter nach Zagora.

Bei **km 15** führt ein Abzweig zum **Stausee Mansour ad Dahabi** (vgl. bei Ouarzazate „Ausflüge").

**42 km** hinter Ouarzazate ist der Ort **Aït Saoun** erreicht.

Die Straße führt weiter in Serpentinen bergauf zum **Tizi-n-Tinififft** (1860 m). Von der Passhöhe bietet sich in Richtung Norden an klaren Tagen ein weiter Blick auf die Bergkette des Hohen Atlas mit seinen (schneebedeckten) Gipfeln. **4 km weiter** auf der Serpentinenstraße bergab folgt ein **Aussichtspunkt** – das Panorama auf das grüne Drâa-Tal inmitten der braunen Berglandschaft ist überwältigend. In einem engen Canyon windet sich der Drâa durch die bizarren Wüstenberge.

Bei **km 58** kann man einen Abstecher nach Osten zu den kleinen Wasserfällen **Cascades de Tizgui** (links, Schild „Camping" oder „Cascades", N 30°43,572', W 06°32,058') unternehmen. Die breite Straße zum Douar Tizgui führt durch bergige Landschaft. Nach ca. 6 km geht es bei einer Pistengabelung links, bei km 8 links kurvig bergab, bis nach ca. 700 m ein Parkplatz auf 1029 m Höhe erreicht ist, auf dem man mit dem Wohnmobil auch über Nacht stehen kann (N 30°46, 704', W 06°31,754'). Rechts führt die Straße weiter zum **Douar Tizgui;** die Palmenoase liegt im breiten Flusstal des **Oued Drâa.** Von dort ist es möglich, auf landschaftlich sehr schöner Strecke oberhalb des Oued Draâ in Richtung Asslim (Agdz) zu fahren (die Strecke war 2019 im Ausbau).

## Cascades de Tizgui

Vom (oben genannten) Parkplatz führen **Treppen** (Hinweisschild) an einem steinigen Flussbett entlang zu den kleinen Wasserfällen (ca. 8 Min. Fußweg). Die Kaskaden (in regenarmen Jahren evtl. trocken) ergießen sich in einer romantischen Schlucht mit Palmen nach unten in ein Wasserbecken. Ist genügend Wasser vorhanden, kann man hier ein paar entspannte Stunden in der Natur ver-

015sm20 ad

bringen, baden und die Rinne von der letzten Steinstufe als Rutsche benutzen. *Omar* hat hier ein bescheidenes Freiluftrestaurant errichtet und betrachtet sich sozusagen als Wärter der Wasserfälle – bei ihm kann man einen Tee trinken oder eine Tajine bestellen, die unter dem mit Teppichen ausgelegten Schattendach schmoren.

Zurück auf der Hauptstraße durchfährt man nach 2 km (**km 59** ab Ouarzazate) das Dorf **Ourika** (1100 m) in einem Palmenhain.

**Agdz** (auch Agdez geschrieben) ist **67 km** nach Ouarzazate erreicht.

Abendstimmung im Drâa-Tal bei Agdz

## Agd(e)z

Das **angenehme Städtchen** am palmengesäumten Ufer des Oued Drâa liegt in etwa 900 m Höhe am Fuße des 1531 m hohen Djabal Kissane, der als dunkler, lang gezogener Tafelberg die Kulisse bestimmt.

Wem es in Ouarzazate zu touristisch und modern ist, der wird sich in Agdz wohl fühlen, denn die Menschen hier (Mezguita-Berber) sind freundlich und unaufdringlich. Die **schöne Lage im Drâa-Tal** lädt zu Ausflügen und Wanderungen in der Umgebung ein. Auf dem Marktplatz an der Straße nach Zagora findet donnerstags ein **sehr sehenswerter** und noch wenig touristischer **Suq** statt (bis 12 Uhr). Auch bei den Händlern in den Läden an der Durchgangsstraße (Arkaden) kann man einige schöne Dinge finden oder einen Chech (Kopfschleier) für die Wüste kaufen.

# Agdz

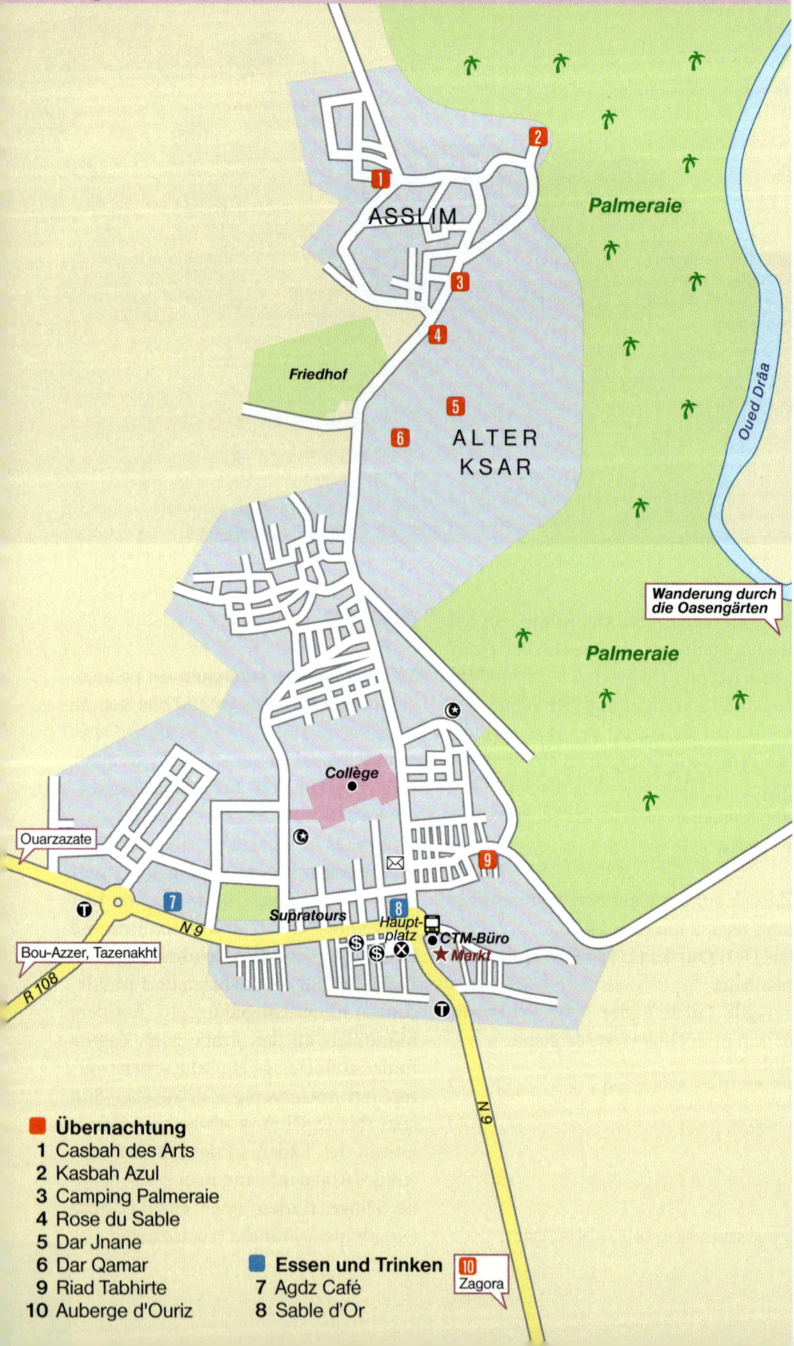
0 500 m
©Reise Know-How
Marok_80 8/20
Palmeraie
ASSLIM
Friedhof
ALTER KSAR
Oued Drâa
Wanderung durch die Oasengärten
Palmeraie
Collège
Ouarzazate
Supratours
Haupt-platz
CTM-Büro
Markt
N 9
Bou-Azzer, Tazenakht
R 108
N 9
Übernachtung
1 Casbah des Arts
2 Kasbah Azul
3 Camping Palmeraie
4 Rose du Sable
5 Dar Jnane
6 Dar Qamar
9 Riad Tabhirte
10 Auberge d'Ouriz
Essen und Trinken
7 Agdz Café
8 Sable d'Or
10 Zagora

Biegt man im Zentrum am Knick der Hauptstraße (Beschilderung u.a. „Dar Qamar, Camping Palmeraie") links in Richtung Norden auf eine kleine Asphaltstraße ab, erreicht man nach etwa 2,5 km die beiden lange Zeit verfallenden **Kasbahs im Palmenhain von Asslim.** Die untere Kasbah mit sechs hohen Wehrtürmen ist über 150 Jahre alt, die obere etwa 250 Jahre. Beide Lehmburgen gehören der Familie *Aït el Qaid;* in den 1950er Jahren lebten noch etwa 200 Mitglieder des Familienclans in den beiden Kasbahs. Die untere Kasbah wurde mit Hilfe der deutschen Organisation Lehmexpress (www.lehmexpress.de) und freiwilligen Helfern teilweise restauriert. Die Kasbah kann besichtigt werden, wenn sich ein Familienmitglied findet, das die Türen öffnet.

Es lohnt sich ein **Spaziergang** durch die Palmeraie und den angrenzenden alten, großteils verfallenden Ksar (Lehmdorf) von **Asslim.** Von dort sind Wanderungen und Touren mit dem Mountainbike ins obere Drâa-Tal (nordwestlich), durch ursprüngliche Dörfer in faszinierender Gebirgslandschaft, beispielsweise zu den Tizgui-Wasserfällen, möglich. Eine schöne Wanderung führt in (gemütlichen) 2–3 Stunden (ca. 8 km) südwärts durch die **Oasengärten** entlang des Drâa-Tals bis Tamnougalte. Am besten man lässt sich bei der Unterkunft einen Führer vermitteln.

## Praktische Informationen

### Unterkunft

**10** **Auberge d'Ouriz**①, 2 km vor Agdz (von Zagora kommend, etwas abseits der Hauptstraße, beschildert), Tel. 0524 84 39 60, www.maison-ouriz.com. Schlichtes Gästehaus mit sauberen Zimmern mit Ventilator. Der nette, zurückhaltende *Abdellah Elkamili* organisiert mehrtägige Eseltrekkings im Drâa-Tal mit Übernachtung bei lokalen Familien – so lernt man auf authentische Art das Dorfleben im Süden kennen. *Abdellah* spricht englisch.

**1** **Casbah des Arts**④, Mobil 0668 51 95 52 oder 0662 84 75 12, www.casbahdesarts.com. *Abderazak Aït el Qaid* (Enkel des letzten Qaids) gestaltete diese 300 Jahre alte Kasbah zu einem stylishen Gästehaus mit mehreren Panoramaterrassen um. Es stehen sieben hübsch traditionell gestaltete Zimmer mit Tadelakt-Bad und Klimaanlage zur Verfügung, außerdem ein Restaurant. Diverse Aktivitäten können organisiert werden.

**5** **Dar Jnane**③, Mobil 0673 18 13 14 *(Lahcen)*, www.darjnane-location-sud-maroc.com. Das ruhige Gästehaus des freundlichen franko-marokkanischen Paares *Lahcen* und *Dominique* liegt im alten Ksar im Palmenhain. Geboten werden zwei gemütliche Zimmer, eine Familiensuite, ein großer Garten mit Terrasse und WLAN.

UNSER TIPP: **6** **Dar Qamar**③, in der Palmeraie (Asslim), ca. 2 km vom Zentrum entfernt Richtung Kasbahs, dann rechts ab von der Hauptstraße in den alten Ksar, Tel. 0524 84 37 84, www.darqamar.com, N 30°42,440', W 06°26,918'. Das sehr schöne Gästehaus im Lehmbaustil mit üppigem Hofgarten (Rosen, Hibiskus, Orangen) und beheiztem Pool unter Palmen hat sieben große Zimmer im Berberstil mit AC und Tadelakt-Bädern. Wunderbar ruhige Lage am Rande des alten Ksar und der Oasengärten. Exquisites französisch-marokkanisches Essen (nicht nur Tajine und Couscous), Alkoholausschank, Parkplatz im Hof, Hammam, WLAN.

UNSER TIPP: **2** **Kasbah Azul**④, in der Palmeraie Asslim, Tel. 0524 84 39 31, Mobil 0670 72 33 89, www.kasbahazul.com. Diese wunderschöne Herberge ist eine Oase der Ruhe mitten im Palmenhain. Die Anlage mit sieben Zimmern (alle mit großen Tadelakt-Bädern) liegt in einem herrlichen Garten mit beheiztem Pool am Ende der Palmeraie. Hier findet man Luxus kombiniert mit marokkanischem Ambiente, und dazu gibt es hervorragendes Essen. WLAN.

9 **Riad Tabhirte**②, mitten in der Palmeraie (Asslim), Mobil 0668 68 00 47, www.riadtabhirte.com. Das hübsche Gästehaus unter Führung von *Hussein Achabak* und seiner französischen Frau *Evelyne Fabre* bietet fünf klimatisierte Zimmer (mit einfachem Bad) um den grünen Patio und zwei Zimmer im wildromantischen Garten. Es gibt außerdem einen gemütlichen (im Winter beheizten) Salon und günstige Nomadenzelte. Die Zutaten für die Küche kommen aus eigenem Bio-Anbau. Ruhig, sehr freundlich, sicherer Parkplatz, WLAN.

4 **Rose du Sable**③, in der Palmeraie (Asslim), ca. 2 km vom Zentrum entfernt, Tel. 0524 84 30 62, Mobil 0668 52 16 82, www.rosedusable.com. Hübsches, in traditioneller Lehmbauweise errichtetes Gästehaus der Schweizerin *Katrin Bänziger*. Die acht (2er- und 3er-) Zimmer mit AC/Heizung (teilweise recht dunkel) schmücken originelle Granit-Ornamente. Vier klimatisierte Zimmer im OG und auf dem Dach mit Bad und Blick über die Palmeraie; die Zimmer im EG mit Innenhof und TV-Salon teilen sich zwei Bäder. Es gibt einen hübschen kleinen Garten mit einer schattigen Laube und Pool. Sehr ruhige Lage in der Palmeraie, entspannte Atmosphäre, üppiges Menü auf Bestellung.

## Camping

3 **Camping Palmeraie** (N 30°42,700', W 06°26, 795'), in Asslim bei der Kasbah Qaid Ali, Mobil 0671 37 26 36, in der Ortsmitte bei der abknickenden Hauptstraße nach Norden abbiegen (Schild), dann 2 km Asphaltstraße und Piste. Der Platz war nach vorübergehender Schließung im Winter 2019/20 wieder geöffnet: weitläufiges Gelände unter Palmen zwischen der Kasbah Qaid Ali und Palmeraie, einfache Sanitäranlagen, Essen auf Bestellung, Besichtigung der Familienkasbah möglich.

- Campingmöglichkeiten bestehen auf einem kleinen Platz **hinter dem Agdz Café** an der Hauptstraße (einfache sanitäre Anlagen, warmes Wasser, N 30°41,655', W 06°27,407') und auf dem **Farmgelände Tansift** in einem schönen, kleinen Palmenhain (gepflegter Platz mit WLAN, Essen auf Bestellung, N 30°41,003', W 06°28,373') etwa 1,5 km außerhalb an der R 108 in Richtung Tazenakht.

## Essen und Trinken

**Am Hauptplatz** im Zentrum gibt es mehrere einfache Restaurants (mit Tajine, Omelette, Fleischspießen). Am **Markttag** wird auch auf dem Marktgelände Essen angeboten, u.a. gegrillter Fisch (Hygiene allerdings fraglich).

7 **Agdz Café,** beliebtes Lokal mit nettem Garten am Ortseingang links (von Norden kommend).

8 **Sable d'Or,** im Zentrum an der Hauptstraße. Gutes, preiswertes Essen, auch Patisserie.

## Busse und Sammeltaxis

Die Busse und Sammeltaxis (z.B. nach Ouarzazate, Zagora und Nekob) halten am zentralen Platz gegenüber dem Markteingang. Das **CTM-Büro** liegt direkt am Markteingang. Unter den Arkaden an der Hauptstraße gibt es ein **Supratours-Büro** (gegenüber der Attijariwafa Bank).

### Verbindungen und Preise

- **Zagora:** CTM-Bus 2x tägl., ca. 2 Std. Fahrzeit, ca. 35 DH. Supratours-Bus 1x tägl. spätabends.
- **Ouarzazate:** CTM-Bus 3x tägl., ca. 75 Min. Fahrzeit, ca. 30 DH. Supratours-Bus 1x tägl. morgens (Bus nach Casablanca).
- **Marrakesch:** CTM-Bus 3x tägl. morgens und abends, ca. 6 Std. Fahrzeit, ca. 115 DH. Supratours 1x tägl. morgens (Bus nach Casablanca).
- **Casablanca** (über Ouarzazate, Marrakesch): CTM-Bus 2x tägl. (morgens und Nachtbus), ca. 10 Std. Fahrzeit, ca. 200 DH. Supratours 1x tägl. morgens.

## Feste/Veranstaltungen

- **Moussem Sidi El Haj,** im Douar Zaouite Taoudacht bei Agdz, im August.
- **Moussem Sidi Hssaine,** in Agdz, Ende Sept.

### Sonstiges

Im Ort gibt es eine **Post** (an der Straße Richtung Palmeraie), einige **Banken mit Geldautomat** (z.B. am Hauptplatz gegenüber dem Eingang zum Suq) und mehrere Hammams (z.B. gegenüber dem Camping Palmeraie, s.o.).

## Weiterfahrt nach Zagora

Den **Oued Drâa ab Agdz südwärts** säumen zahllose Palmen und Oasen mit **ursprünglichen Lehmdörfern (Ksour) und Lehmburgen (Kasbahs).** Tamarisken und Schirmakazien geben der ansonsten kargen Landschaft mit braunen Wüstenbergen einen ostafrikanischen Anstrich. Das **Vallée du Drâa (Drâa-Tal)** gehört sicher zu den malerischsten Flusstälern Marokkos. Der Drâa führt in der Regel Wasser bis Zagora, in regenreichen Jahren bis M'hamid. Er erreicht als einziger Fluss Marokkos wegen des Staudamms in Ouarzazate nicht mehr den Atlantik, sondern versickert in der Sahara. Sein lang gezogenes Flussbett und die Mündung sind allerdings sowohl auf der Landkarte als auch in natura gut zu erkennen. Die Oasenbauern am Oued Drâa leiden wegen des Stausees immer mehr an **Wasserknappheit** und einem sinkenden Grundwasserspiegel. In den letzten Jahren gab es in den Oasen vermehrt Fälle der von **Mücken** übertragenen Infektionskrankheit Leishmaniose. Die Regierung ergriff jedoch recht wirksame Maßnahmen zur Eindämmung der Mücken (u.a. Aussetzen von genmanipulierten, unfruchtbaren männlichen Mücken).

Ein lohnender Abstecher führt bei **km 72** (5 km hinter Agdz) links über die Brücke in den **Ksar Tamnougalte.**

## Tamnougalte

Hier finden sich mehrere schöne Kasbahs innerhalb des befestigten Dorfes (Ksar), darunter auch die **älteste Kasbah des Drâa-Tals.** Die Besichtigung des alten Ksars, zu dem auch ein verfallendes Judenviertel (Mellah) gehört, sollte man sich keinesfalls entgehen lassen. Jahrhundertelang diente die Kasbah Tamnougalte – was übersetzt so viel wie „Ort des Zusammentreffens" heißt – als Herrschaftssitz, Karawanserail, Schutz- und Wohnburg. Ihre Gründung geht auf den Begründer der Alawitendynastie, *Moulay Rachid,* zurück, der im 17. Jh. herrschte (vgl. Exkurs zur Kasbah).

Bereits auf dem Weg ins Dorf passiert man nach ca. 1 km die links auf einem Hügel thronende etwa 60 Jahre alte **Kasbah Taourirt** (nicht zu verwechseln mit der Kasbah Taourirt in Ouarzazate) – besser bekannt als das „Fort Bounoura" aus *Bernardo Bertoluccis* Film „Himmel über der Wüste" (1990).

Kurz darauf befindet sich auf der rechten Seite das **Hotel Kasbah Itrane** (s.u.). Die schmale Piste führt rechts durch ein Eingangsportal – vorbei am Marabut Sidi Abdullah ou Ali – in den Ksar Tamnougalte zum Parkplatz vor dem Restaurant/Gästehaus Chez Yacoub (s.u.) und dem Eingang zum Ksar bzw. Museum. Direkt am Parkplatz befindet sich ein **Hammam** (tagsüber für Frauen, ab dem Abend für Männer geöffnet).

Der **Ksar Tamnougalte** ist ein verschachteltes Labyrinth aus dunklen Gängen, die drei Caid-Kasbahs miteinander verbinden. Es leben heute noch 25 Familien im Ksar. Die **Kasbah des Caids** aus dem 16. Jh. wurde in Privatinitiative von der Eigentümerfamilie *Aït el Caid* reno-

# Tamnougalte – die Geschichte einer Kasbah und viel mehr …

von *Muriel Brunswig*

Jahrhundertelang war die Kasbah von Tamnougalte **Herrschaftssitz und Schutzburg** für die umliegenden Dörfer. Herrschaftlich, wenn auch vom Verfall bedroht, ist sie heute noch. Nicht nur der bekannte Regisseur *Bernardo Bertolucci* hat die Schönheit und die Mystik dieses Ortes erkannt. Zahlreiche Filme wurden hier gedreht, und es war für keinen schwer, den Zauber Tamnougaltes einzufangen.

Irrtümlicherweise wird die Kasbah Tamnougalte oft mit ihrer Schwester Taouirt verwechselt, die nur wenige hundert Meter daneben stolz auf einem Hügel thront. Stolz auch darauf, dass sie in dem berühmten Film „Der Himmel über der Wüste" eine Rolle spielen durfte: die des Fort Bounoura, in welchem der Protagonist stirbt. Abgesehen davon hatte sie keine Funktion. Erst vor 60 Jahren erbaut und nie vollendet, war sie nicht mehr als ein „Lückenfüller" im Konkurrenzkampf zwischen Glaoui- und Qa'id-Familien. Nicht so die Kasbah Tamnougalte, die sich inmitten des alten Dorfes erhebt. Sie war die **erste Kasbah des Drâa-Tals,** sie kann auf eine lange und bewegte Geschichte zurückblicken.

Ein alter Mann, würdig im blauen Anzug, eine Zigarette im Mundwinkel, ansonsten jedoch zahnlos, erzählt die Geschichte seiner Familie. Er ist der Neffe des vorletzten Qa'ids von Tamnougalte und über 80 Jahre alt. Er freut sich, dass eine Europäerin etwas über seine Familie erfahren möchte und so beginnt er zu erzählen:

Weißt Du, sagte er, das ist eine lange Geschichte. Erinnerst Du Dich an *Moulay Rachid?* Ich frage ihn, ob er damit den Begründer der **Alawiten-Dynastie** meint, den Vorvater des heutigen Königs, der Mitte des 17. Jahrhunderts die Macht übernahm. Natürlich den, wen denn sonst? Nach einer kurzen Pause, in der ich zweifelnd gemustert werde, ob ich es wohl wirklich wert bin, dass man mir diese Geschichte anvertraut, nimmt der alte Mann den Faden wieder auf: **Moulay Rachid** war unzufrieden. Jahrelang hatte er das Herrscherhaus beobachtet und den steten Verfall seiner Macht erkannt. Ihm war klar, dass die Dynastie dem Untergang geweiht war, und so beschloss er, das Schicksal in seine Hände zu nehmen und selbst Sultan zu werden. Das Problem war *Ben Micha'il,* ein Jude, der immer an der Seite des Sultans war und ihn beschützte. Wenn man die Macht wollte, musste man an Micha'il vorbeikommen – aber wie? Er fragte seinen engsten Vertrauten, **Ali Mansur.** *Ali,* ein gewitzter Berber aus dem Rif-Gebirge, überlegte und ersann einen teuflischen Plan: Micha'il war für seine Gier nach Gold bekannt. Also würde er eine Kiste mit Gold erhalten, die so groß sein sollte, dass darin Ali selbst und zwei weitere Krieger Platz hätten. Die Kiste wurde zu Micha'il gesandt, und als dieser sie öffnete, sprangen die Krieger heraus, töteten den Mann und erlangten so die Herrschaft für Rachid. Meuchelmord also, der den ersten Sultan der neuen Dynastie an die Macht brachte, die bekannte Geschichte vom trojanischen Pferd.

Der alte Mann fragt mich, ob dieser Umstand ein schlechtes Bild auf seine Familie werfe, denn, man ahnt es schon, der mutige Ali Mansur war niemand anderes als der Vorfahr der Familie *Adt al-Qa'id,* die bis zum heutigen Tag in der Kasbah lebt. Ich weise darauf hin, dass dies nicht der einzige Fall gewaltsamer Machterlangung sei und er sich deswegen keine Sorgen zu ma-

016sm20 ad

chen brauche. Er freut sich, denn Ali Mansur war es, der auf diese Weise die Herrschaft der Familie im Drâa-Tal etablierte.

Moulay Rachid hatte aus den Fehlern seiner Vorgänger gelernt. Ein zentral geführter Staat, das hatte die Geschichte bewiesen, ließ sich nicht regieren. Also setzte er Verwalter ein, **Gouverneure,** die in seinem Namen das Land regierten. Als Dank für das, was Ali Mansur mit seinen zwei Brüdern für ihn getan hatte, ernannte er ihn zum **Qaid** (arab. Führer, Gouverneur) des Drâa-Tals und ließ als dessen Herrschaftssitz die erste **Kasbah** in Tamnougalte errichten. Und da steht sie noch heute. Sichtlich angeschlagen, aber sie steht. Großartig das Tor, reich verziert die Innenräume. *Jalil,* der Großneffe des alten Mannes, der mir so spannend die Geschichte seiner Familie erzählte, führt mich durch die Burg und erklärt mir ihre Funktionen, denn eine Kasbah war mehr als nur ein Herrschaftssitz. Sie war Schutzburg für umliegende Dörfer, die den Stammeskriegen ausgesetzt waren, sie war Versammlungsort für den Dorfrat, Wohnort für die Herrschaftsfamilie und Marktfleck zugleich. Mit einer Fackel führt er mich durch dunkle Gänge von Hof zu Hof, erklärt mir die Architektur des Lehmbaus und erzählt mir viel über die Geschichte des Hauses. Von einer Kasbah gelangen wir über die Dächer zur nächsten, denn bald schon wurden mehr und mehr Kasbahs errichtet, zwei davon im selben Dorf, die anderen in Sichtweite der jeweils nächsten – eine Kette von Kasbahs, die sich, parallel zum Fluss, das Tal entlang bis nach Zagora zieht.

Ausblick auf das Palmenmeer im Drâa-Tal von der Kasbah Tamnougalte

Tamnougalte, was in der Übersetzung so viel bedeutet wie „Ort des Zusammentreffens", war seit ewigen Zeiten ein **wichtiger Marktfleck** auf der langen Handelskarawanenstraße von Fès nach Timbuktu: die erste Oase, wenn man – von Marrakesch kommend – die Berge des Hohen Atlas und des Tinififft hinter sich gelassen hatte, die letzte für die Karawanen, die Gold, Elfenbein, Sklaven und Salz vom Süden nach Marrakesch transportierten.

Die Kasbahs des Drâa-Tales nördlich von Zagora blieben in den Händen der Nachkommen Alis. Starb ein Qa'id, übernahm – ganz im Sinne Moulay Rachids – der älteste Bruder dessen Funktion. So war es ausgemacht, damals, 1656, als Ali Mansur die Herrschaft im Drâa-Tal übernahm. Denn seine Brüder waren es gewesen, mit deren Hilfe er Ben Micha'il hatte meuchelmorden können. Nur unter der Bedingung, dass es keinen Bruder mehr gibt, darf das Amt an den ältesten Sohn übergeben werden oder – falls es diesen nicht gibt – an den Neffen. Auf diese Weise wurde es bis Mitte der 1940er Jahre gehandhabt, als die Familie ihren Titel abgeben musste. Nicht nur das, sie verlor ihren Besitz, ihr Land, ihre Kasbahs und somit ihre Ehre. Schuld daran war das französische Kolonialsystem, oder, besser gesagt, der kollaborierende **Berberfürst Tami ibn Mohamed al-Maswari Al Glaoui.**

Betretenes Schweigen, als ich nach diesem Mann frage, dann blitzt Zorn aus den Augen des alten Mannes, der mir so schön die Geschichte seiner Vorfahren erzählt hatte. „Ein Verräter" zischt er, „nicht wert, dass man sich seiner erinnert". Natürlich bin auch ich empört, möchte dann aber doch mehr erfahren über diesen Mann, der auch von offizieller Seite in Marokko totgeschwiegen wird. Von den Menschen des Südens erfährt man nicht mehr, als dass die Glaouis Verräter waren, Zorn bei der Erwähnung seines Namens. Kramt man aber ein wenig in der Literatur, wird man schnell fündig: Auf ihn gehen prächtige Kasbahs wie die Kasbah Taouirt in Ouarzazate oder Telouèt zurück.

Schon im 19. Jahrhundert schaffte es der **Berberclan der Glaoua,** sich durch skrupellose Kämpfe als größter Großgrundbesitzer des Südens zu etablieren. Seine Herrschaft war gefürchtet, seine Brutalität bekannt. Während die Berber erbittert gegen die französische Vorherrschaft kämpften, nutzte jener berüchtigte *Tami ibn Mohamed* die Gunst der Stunde und schloss sich den **Franzosen** an, die das Land 1912 zu ihrem Protektorat erklärt hatten. Spätestens damit begann sein Verrat. Seite an Seite mit den Franzosen erkämpfte sich der „Sultan des Südens", wie er zu dieser Zeit genannt wurde, die Vorherrschaft im Drâa-Tal. Bis Mitte der 1940er Jahre konnten sich die Qa'ids mit Hilfe der Bevölkerung noch halten, dann wurde der letzte Widerstand gebrochen. *Si Ali,* der letzte Qa'id von Tamnougalte (welch Ironie des Schicksals, dass der letzte Qa'id denselben Namen trug wie der erste), musste ins Exil, seine Familienmitglieder wurden aus der Region verbannt, einige wanderten ins Gefängnis.

Heute noch sichtbares Zeugnis dieser Zeit der großen **Konkurrenz zwischen den sultanfreundlichen Qa'ids und den franzosentreuen Glaouis** sind die zahlreichen Kasbahs, die mit Beginn des 20. Jahrhunderts in der Region entstanden. Jede Familie versuchte, mit dem Bau einer Kasbah die andere Familie zu übertrumpfen. Wo eine Qa'id-Kasbah stand, wurde in direkter Nachbarschaft eine Glaoui-Kasbah errichtet; exponierte Orte, wie der Hügel bei Tamnougalte, wurden durch den Bau einer Kasbah „besetzt". Nicht nur die wunderschöne Kasbah Taouirt von Tamnougalte besteht fast nur aus den Außenmauern, **viele Kasbahs wurden nie**

**vollendet,** waren wie Taouirt nur „Lückenfüller" im Konkurrenzkampf. Heute zerfallen die Glaoui-Kasbahs mehr und mehr, nur wenige werden – im Zeichen eines zunehmenden Tourismus – zögernd restauriert. Das erzählt mir der alte Mann nicht …

Der Triumph der Glaoui hielt nicht lange an. Schon 1956 musste sich Tami ibn Mohamed ergeben und dem **Sultan Mohamed V.** unterwerfen. Sein Besitz wurde verstaatlicht, seine Familie wanderte nach Frankreich aus. Er selbst starb nur wenige Monate nach seiner Niederlage. Der Untergang des einen war der Sieg des anderen: Aufgrund ihrer langen Sultanstreue erhielt die Familie *Aďt al-Qa'id* ihren Besitz zurück. Natürlich konnte das alte System der Qa'id-Herrschaft in dem jungen Staat nicht übernommen werden, aber die Ehre war wiederhergestellt und *Si Ali* konnte eines zufriedenen Todes sterben. Er hinterließ seinen Söhnen und Neffen zehn Kasbahs. Ein paar davon sind heute zerfallen, denn die Lebensdauer einer Kasbah ist – wenn man sie nicht fortwährend erneuert und restauriert – kurz. Die meisten aber sind von den Nachfahren der Erben bewohnt, darunter sind zwei, die man besichtigen kann. Die eine ist die „Originalkasbah" in Tamnougalte, inzwischen fast 350 Jahre alt, die andere ist die **Kasbah Qaid Ali (Asslim)** in Agdz.

Der alte Mann lächelt mir zu und gebietet seinem Enkel, mir noch einmal Tee einzuschenken. Ob ich noch eine andere Geschichte hören möchte, die Geschichte vom furchtlosen Abdelkrim, der die Franzosen bekämpfte. Mir scheint, er muss beweisen, dass Al Glaoui keine Brüder hatte. Ich nicke begeistert. Er zündet sich eine Zigarette an, nimmt einen Schluck des köstlichen Tees und beginnt zu erzählen …

viert. Bei einer Führung erfährt man viel über die Lebensweise in den Lehmgemäuern. In der dunklen, kühlen Kasbah des Caids sind u.a. ein Hammam, eine Moschee, ein Gerichtshof (bzw. -raum), Schlafzimmer und eine Küche untergebracht. In einem der Patios kann man alte Gebrauchsgegenstände bewundern. Besonders interessant ist die Architektur aus traditionellen Bauelementen einer Kasbah (Lehmmauern, Holztüren, Deckenbalken aus Palmholz) und maurischen Elementen (Bogengänge, Deckenbemalungen). Die Familie bietet in der Kasbah Gästezimmer an (s.u.). Sehenswert ist auch der **Funduq Labarjj** mit Stuckverzierungen, Säulen und bemalten Tamariskenholzdecken.

Zur weiteren Renovierung und Erhaltung der Kasbah (www.kasbah-des-caids.com) wird ein **Eintritt** von 20 DH pro Person verlangt. Der Verantwortliche des Museums und der Kasbah, *Hassan Aït el Caid* (Mobil 0667 34 56 02), führt sehr kenntnisreich in hervorragendem Englisch durch den Komplex. Auch der immer gut gelaunte, sehr freundliche *Abdellah Baba* (Mobil 0662 40 35 68) ist als **Führer** zu empfehlen. Mit ihm kann man außerdem eine schöne Wanderung von Agdz durch die Oasengärten bis nach Tamnougalte unternehmen (oder umgekehrt, 2–3 Std.).

## Praktische Informationen

### Unterkunft/Essen und Trinken

UNSER TIPP: **Kasbah des Caids**③, Mobil 0667 33 56 02, www.kasbah-des-caids.com. Authentischer kann man nicht wohnen als in den renovierten Räumlichkeiten der jahrhundertealten Kasbah Tamnougalte. Es gibt vier hübsche Zimmer (solarbeheizte Dusche und WC auf dem Gang) und eine Dachterrasse mit Schattenlauben und fantastischem Ausblick auf die Palmenoase. Der sympathische, sehr gut englisch sprechende *Hassan Aït el Caid* betreut die Gäste in seiner Familienkasbah sehr aufmerksam. Gutes Essen, auch Workshops zur Lehmarchitektur.

■ **Au Jardin de Tamnougalte**②, an der Zufahrtsstraße nach Tamnougalte gleich nach der Brücke, Mobil 0638 47 68 74, https://jardin-tamnougalt-maroc.jimdo.com. Die freundliche Familie von *Ismail Elalaoui* vermietet saubere, einfache Zimmer mit Bad in einem sehr schönen Palmengarten. Wohnmobilisten können im ummauerten Hof (kaum Schatten, keine Dusche/WC) **campen.**

**Bab el Oued**④, hinter dem Abzweig zur Kasbah Tamnougalte rechter Hand, mehr oder minder unterhalb der Kasbah Taourirt, Mobil 0660 18 84 84, www.babelouedmaroc.com. Diese Ecolodge der Französin *Mathilde Richard* ist ein wahres Kleinod im Palmenhain. Fünf geräumige, klimatisierte Bungalows reihen sich entlang des Pools im herrlichen Garten. Es gibt ein Restaurant mit gutem, aber teurem Essen (150–200 DH) und marokkanischem Gebäck. Das Haus wird ökologisch vorbildlich mit biologischer Klärgrube und Solarstrom betrieben.

■ **Chez Yacoub**③ (mit HP) im Ksar (direkt am Parkplatz), Tel. 0524 84 33 94, Mobil 0666 10 43 05. In diesem freundlichen Restaurant in einer Kasbah aus dem 18. Jh. sitzt man entweder im kühlen Patio oder auf der Dachterrasse mit schönem Ausblick (u.a. gute Tajine, Couscous, Brochette). Es gibt neun große, saubere Zimmer mit Bad (heißes Wasser) und AC.

■ **Kasbah Itrane**③, Tel. 0524 84 33 17, Mobil 0666 77 88 20. Das nicht sehr kreativ gestaltete Hotel im Kasbahstil liegt direkt am Palmengarten und hat ein Restaurant mit Terrasse zum großen Pool, zehn großzügige Zimmer mit schlichten gefliesten Bädern und fünf kleinere Zimmer (etwas günstiger). Ein netter **Campingplatz** ist angeschlossen.

■ **Kasbah Timidarte,** s.u. in der weiteren Routenbeschreibung.

### Busse

Busse **nach Agadir, Zagora und Ouarzazate** können an der Hauptstraße angehalten werden.

## Routenvariante

Wer nicht auf der Asphaltstraße Richtung Zagora weiterfahren möchte, kann von Tamnougalte aus die neuere Straße nehmen, die links (nördlich) des Drâa an zahlreichen schönen Lehmdörfern und Kasbahs vorbei **über Mezguita und Afra** zur Hauptstraße zwischen Tamsikht und Tazzarine führt (vgl. Routenbeschreibung im Kapitel „Der Südosten und das Tafilalet“).

# Weiterfahrt nach Zagora

Weiter nach Zagora geht es auf **breiter, gut ausgebauter Straße** (mit Seitenstreifen für Radfahrer) das palmenbestandene Drâa-Tal entlang – Oasengärten und Ksour säumen die Strecke.

Bei **km 83** (16 km hinter Agdz) führt eine 1 km lange Piste zu dem Ort **Timidarte.** Am Eingang zum alten Ksar liegt die **Kasbah Timidarte** aus dem 17. Jh., die *Hussein Achabak* in jahrelanger Arbeit sehr authentisch mit alten Handwerkstechniken restauriert und zu einer Herberge② umgestaltet hat (Mobil 0668 68 00 47, www.kasbahtimidarte.com). Die sauberen Zimmer im OG mit Dusche/WC auf dem Gang sind einfach ausgestattet; vier Zimmer haben ein eigenes Tadelakt-Bad. Budgettouristen können auch im Salon übernachten (① mit Frühstück). Es gibt einen Garten im Hof, auf Wunsch wird Essen zubereitet. Von der Dachterrasse hat man einen schönen Blick auf den gänzlich verlassenen Ksar. Der freundliche *Abdou* kümmert sich um die Gäste. Die Kasbah hat 2014 den Preis für verantwortlichen Tourismus *(Trophée Maroc du Tourisme responsable)* erhalten.

Bei **km 91** (24 km hinter Agdz) zweigt bei **Tamsikht** links die Straße (R 108) nach Nekob und Tazzarine ab. Wenig später führt die Straße an der kleinen Staumauer **Barrage Deriaba** vorbei.

Bei **km 108** (41 km hinter Agdz) thront die imposante **Kasbah Othmane** rechts oberhalb der Straße; sie kann besichtigt werden. Im Ort gibt es eine Tankstelle.

Der große Ort **Tinzouline** (mit Tankstelle und Suq am Montag und Donnerstag) mit beeindruckender Kasbah folgt 13 km weiter **(Gesamt-km 121).** Die diversen Cafés und Restaurants im Ort haben Tajine anzubieten. In der Nähe von Tinzouline gibt es **prähistorische Felsgravuren** *(gravures rupestres)* von Gazellen, Straußen und Reitern. Die Zufahrt (7 km schlechte Piste, dann ca. 250 m zu Fuß das Oued entlang) ist schwer zu finden, daher sollte man sich einen Führer nehmen.

Bei **km 128** (61 km hinter Agdz) führt eine Piste über eine Brücke auf die andere Seite des Drâa zum Ort **Zorgane** (2 km). Dort bietet die aus Lehm gebaute **Gîte d'étape Chez Hammou Aït Hssaine**① (Tel. 0524 84 65 08, Mobil 0667 35 90 80, aithssaine12@hotmail.com) saubere, ordentliche Zimmer mit Gemeinschaftsdusche. Die Herberge liegt nach der Durchquerung des Palmenhaines am Rande der Berge nahe des alten Ksar. Es ist auch Camping möglich.

Weiter entlang der Asphaltstraße folgt ein verfallender Ksar auf den nächsten. Die Frauen in der Region tragen schwarze Umhänge und verschleiern oft ihr Gesicht, wenn sich ein Fremder nähert.

Es besteht immer wieder die Möglichkeit, einen Abstecher zu den **Oasen** am anderen Drâa-Ufer zu machen, das von Touristen kaum besucht wird. Die Orte sind dort noch um einiges ursprünglicher als entlang der Hauptroute.

**148 km** hinter Ouarzazate (beschildert „Circuit de la Palmeraie", 81 km hinter Agdz) und 4 km weiter (beschildert „Camping Oued Drâa", 85 km hinter Agdz) führen Abzweige links auf die andere Flussseite zum liebevoll angelegten **Camping Oued Drâa** unter schattigen Palmen (einfache sanitäre Anlagen, nette Familie).

2 km weiter, bei **km 151,** liegt der noch gut erhaltene, sehenswerte Ksar von **Tissergate.** Im Gegensatz zu den meisten Ksour in der Region wurde in Tissergate in den Erhalt der alten Baustruktur investiert und die Häuser auch an das Stromnetz angeschlossen. Deshalb leben heute noch etwa 90 Familien im Ksar mit seinem Labyrinth aus überdachten Gassen. Die meisten Männer arbeiten jedoch auswärts in Rabat oder Casablanca. In einer alten Kasbah eröffnete die Familie *Naji* (Mobil 0661 34 83 88/*Azizi Naji*) ein **Museum,** das über das tägliche Leben in den Oasen informiert sowie Alltagsgegenstände und Kunsthandwerk zeigt (von der Straße ausgeschildert). Daneben liegt das gute **Gästehaus Kasbah Ziwana**② (Mobil 0675 24 01 35, www.kasbahziwana.com). Die französisch-marokkanischen Betreiber haben das Haus authentisch restauriert und innen liebevoll gestaltet. Die 13 Zimmer mit Bad sind einfach und sauber, es herrscht eine ruhige, persönliche

Atmosphäre, die Abendstimmung auf der Dachterrasse inkl. Blick auf die Palmeraie ist wunderbar. Ein Parkplatz für die Kasbah und das Museum liegt direkt vor dem seitlichen Stadttor. Wenn man den Ksar nach hinten verlässt, gelangt man in die Palmeraie des Drâa-Tales mit herrlichen Spazierwegen.

Unser Tipp: Das wunderschöne **Gästehaus Le sauvage noble**③ (Tel. 0524 83 80 72, Mobil 0661 34 84 13, Korrespondenz in Deutsch möglich, www.sauvage-noble.org) der Reiseagentur Renard Bleu Touareg (vgl. bei Zagora „Ausflüge/Kameltouren“) ist in einem sehr stilvoll mit traditionellen Materialien restaurierten Lehmhaus untergebracht. Es gibt 16 individuell gestaltete, romantische Zimmer mit Tadelakt-Bädern, allerdings ohne Klimaanlage. Alle Zimmer sind mit Moskitogittern an den Fenstern und Ventilator ausgestattet. Manche Zimmer haben einen Jacuzzi, und in einem angeschlossenen Gartengelände nahebei (2 Min. zu Fuß) gibt es einen Hammam für die Gäste. Im herrlichen Rosengarten sorgt ein Planschpool für Erfrischung. Von der Sonnenterrasse bietet sich ein schöner Blick auf die Palmeraie. Ganz ruhig ist es jedoch nicht, da unweit des Hauses die Hauptstraße nach Zagora verläuft. Der Anthropologe *Abdellah Najji* kann viel über die Region erzählen und spricht gut deutsch. Von hier aus kann man diverse Ausflüge in die interessante Umgebung unternehmen (z.B. in die Palmeraie, nach Tamegroute) und viel über die Lebensweise in den Oasen lernen. Bei einem geführten Rundgang durch den Ksar erfährt man mehr über die Sozialprojekte von Renard Bleu Touareg bzw. Azalay e.V., z.B. beim Besuch einer Frauen-Teppichkooperative.

Nur etwa 2 km hinter Tissergate zweigt links die Zufahrt zum **Camping Oasis Enchantée** ab (vgl. „Zagora/Unterkunft“).

Nach **157 km** (90 km hinter Agdz) ist **Zagora** erreicht.

# Zagora

Die **moderne Provinz- und Garnisonsstadt** zählt rund **35.000 Einwohner.** Sie liegt **am Rande der Wüste** an den palmengesäumten Ufern des Drâa und wird von den Wüstenbergen **Djabal Adafane** (1027 m) und **Djabal Zagora** (974 m) im Osten begrenzt. Auf dem Djabal Zagora befinden sich Reste einer Almoravidenfestung aus dem 11. Jh., in der heute Militär stationiert ist (Auffahrt mit dem Auto untersagt). Man kann zu Fuß hinaufspazieren und oben den Blick über das Drâa-Tal und die Palmenoasen genießen.

Zagora war früher wichtige Karawanenstation – das mehrmals erneuerte **Schild „Tomboctou 52 jours“** („52 Tage nach Timbuktu“) im Ortszentrum am Kreisverkehr gegenüber dem Gouverneurspalast (südliches Ende der Av. Mohamed V.) zeugt davon. In der Protektoratszeit **französischer Militärstützpunkt,** hat sich die Stadt dank des Tourismus und der vielen sozialen Initiativen sehr zum Positiven entwickelt.

Zagora selbst hat (außer dem viel fotografierten Timbuktu-Schild und der Palmeraie in Amezrou) keine besonderen Attraktionen. Die Stadt bietet sich jedoch als **Ausgangspunkt für Wüstenexkursionen** (per 4x4 oder Kamel) oder zum Relaxen in einem der Hotels unter Palmen an. Inzwischen ist der Tourismus die wichtigste Einkommensquelle für die Bevölkerung der Region. Da immer mehr Reiseagenturen ihre Dienste anbieten und der Konkurrenzdruck steigt, werden Touristen in Zagora häufig von Schleppern oder Tourenanbietern angesprochen und aufgefordert, bei ihnen eine Tour zu buchen. Unsere Liste empfehlenswerter **Reiseagenturen** (vgl. weiter unten) soll bei der Auswahl eines seriösen Anbieters helfen.

Zagora hat eine **sehr gute Infrastruktur** mit Banken, Souvenir- und Lebensmittelläden, Apotheken etc. – hier kann man sich mit allem Notwendigen eindecken, falls man weiter nach M'hamid und in die Wüste reist. Auf dem Suq-Gelände an der Straße in Richtung Foum-Zguid findet mittwochs und sonntags ein **großer Wochenmarkt** statt. Hier wird alles angeboten, was die Bevölkerung des Umlands für den täglichen Bedarf braucht: Gewürze, Werkzeug, Elektrozubehör, Kleider, Kleinkram, Kunsthandwerk u.v.m. Aber auch Touristen können schöne Dinge entdecken.

Der traditionelle Oasenfeldbau wird vorwiegend für den Eigenbedarf entlang des Oued Drâa betrieben. In den **Oasengärten von Amezrou** (ca. 2 km südlich vom Zentrum) kann man noch das traditionelle Bewässerungssystem bewundern, bei dem die Kanäle gezielt blockiert und wieder geöffnet werden, um die verschiedenen Parzellen zu bewässern. Ausgangspunkt für einen Spaziergang durch die Palmeraie und die Gärten ist der Weg zum Camping Amezrou, der links am Hotel Fibule du Drâa und Riad Dar Lamane und einigen Wohnhäusern vorbei in den Palmenhain führt.

Die **Kasbah** im alten Ksar Amezrou kann besichtigt werden. Dort wird auch altes Kunsthandwerk verkauft (u.a. Töpferwaren).

Leider kämpft die Stadt – u.a. infolge des steigenden Verbrauchs durch den Tourismus und des intensiven Anbaus von Wassermelonen in der Region – mit zunehmender **Wasserknappheit.** Mit Unterstützung der deutschen GIZ (Gesellschaft für Internationale Zusammenarbeit) wurde im Jahr 2000 das **Réserve de Biosphère des Oasis du Sud Marocain** (RBOSM) von der UNESCO anerkannt. Das riesige Reservat erstreckt sich über die Grenzen der Provinzen Zagora, Ouarzazate und Errachidia. Ziel des Projekts war die nachhaltige und ökologisch sinnvolle Entwicklung der Oasenregionen unter Berücksichtigung ihres kulturellen und architektonischen Erbes. Die fortschreitende Desertifikation sollte durch die Oasenbewirtschaftung verhindert werden.

Für die Lebensbedingungen der Nomaden und Oasenbewohner engagiert sich das **Tourismus- und Sozialprojekt Renard Bleu Touareg** (www.renard-bleu-touareg.org) des aus der Region stammenden Anthropologen *Abdellah Najih* (s.o. Gästehaus Le sauvage noble). Auf einer von Nomaden begleiteten Kameltour (vgl. „Ausflüge/Kameltouren") erfährt man mehr über die Projekte.

## Praktische Informationen

### Informationen für Touristen

■ **Conseil Provincial du Tourisme,** Av. Hassan II., im Zentrum in der Nähe des Gouverneurspalastes, Tel. 0524 84 72 52. Hier bekommt man einen

# Zagora

0
200 m
©Reise Know-How
Marok_60 8/20
Übernachtung
1 Riad de Rêve
2 Dar Pienatcha
3 Camping Prends Ton Temps
4 Camping Oasis Enchantée
7 Karim Sahara
8 Ternata
9 Riad Fennec
10 Camping Les Jardins de Zagora
11 Ksar Tinsouline
12 Camping Sindibad
15 La Palmeraie
17 Chez Ali
18 Riad Lamane
19 Dar Nekhla
20 La Fibule du Drâa
21 Ma Villa au Sahara
22 La Petite Kasbah
23 Camping d'Amezrou
26 Kasbah Sirocco
27 Camping Oasis Palmier
28 Riad Dar Sofian
Essen und Trinken
5 Dromadaire Gourmand
17 Chez Ali
20 La Fibule du Drâa
21 Ma Villa au Sahara
25 Zagour
Einkaufen/Sonstiges
6 Trek Morocco Desert
13 Tombouctour
14 Biosahara Exploration
16 Sahara Aventure
24 Coopérative des Artisans
Busbahnhof,
Oulad Atmane, Agdz, Ouarzazate
N 9
Kaserne
Grands Taxis
Marché Couvert
Bd. Mohamed V.
Av. Hassan II.
Av. Atlas Zaouite
Av. Atlas Zaouite
CTM
CTM-Busse und Grands Taxis
Timbuktu-Schild
Gendarmerie
Flughafen, Suq, Foum-Zguid
Tribunal, Préfecture
Park
Palmeraie
Palmeraie
Palmeraie
Oued Drâa
Djabal Zagora
Tamegroute, Tinfou, M'hamid, Amezrou (Oasengärten)

Stadtplan und eine Karte der Region mit touristischen Informationen und Camps in den südlichen Wüstenregionen von Zagora.

## Unterkunft

### Oberklasse

**28** **Riad Dar Sofian**④, 15, Route de Nakhla, Tel. 0524 84 73 19, www.riaddarsofian.com. Das Gästehaus in einem renovierten Familienpalast mit üppigem Dekor aus Stuck und Mosaiken lässt keine Wünsche offen. Die in hellen Farben gestalteten Zimmer mit Bad (inkl. toller Kosmetikprodukte wie Shampoo mit Arganöl) haben eine Klimaanlage, Kühlschrank und Safe. Im schönen Hofgarten mit hohen Palmen und Kakteen gibt es einen großen Pool. Restaurant mit sehr gutem Essen, WLAN, sehr freundlicher Service.

### Mittelklasse

**19** **Dar Nekhla**③, in der Palmeraie von Amezrou, in Richtung M'hamid, dann rechts am Rande eines Kanals in der Oase (beschildert), Mobil 0668 88 63 94 *(Brahim)* oder Tel. 0524 84 64 72, www.riadzagora. fr. Das „Palmenhaus" mit nur vier klimatisierten, individuell eingerichteten Zimmern mit Bad liegt ruhig am Rande des Palmenhains. Es gibt eine Terrasse mit Aussicht. Man kann auch das ganze Haus mieten.

**2** **Dar Pienatcha**③, im Viertel Tancita N'Chachda, westlich des Campings Prends ton temps, vor dem Lycée Sidi Ahmed Benasir an der N 9 links (von Norden kommend), am Ende der Straße rechts, dann die erste wieder links, Mobil 0677 55 52 79, www.darpienatcha.com. Sehr schönes, angenehmes und ruhig gelegenes Gästehaus im Lehmbaustil mit Pool im herrlichen Hof mit Palmen. Farbenfroh gestaltetes Interieur, Zimmer mit Klimaanlage/Heizung und Bad, gutes Essen, herzliche Betreuung durch Manager *Mohamed.* WLAN, Parken möglich.

**26** **Kasbah Sirocco**③, über die Drâa-Brücke (vom Zentrum kommend links abbiegen) in Richtung M'hamid, dann ca. 150 m auf der linken Seite, Tel. 0524 84 61 25, www.kasbah-sirocco.com. Sehr schönes, großes Kasbah-Hotel am Rande des Palmenhains, mit Garten und Pool, freundlichem Personal und komfortablen Zimmern/Suiten mit AC und guten Sanitäranlagen. WLAN.

**11** **Ksar Tinsouline**③, Av. Hassan II. (im Ortskern nach dem Torbogen links), Tel. 0524 84 72 52, www. ksar-tinsouline.ma. Älteres, dafür relativ günstiges Kasbah-Hotel mit 96 Zimmern mit AC, Balkon und TV. Pool im Garten und Hammam. Eigener Parkplatz, WLAN.

**20** **La Fibule du Drâa**③, Amezrou, 300 m nach der Brücke des Oued Draâ, Tel. 0524 84 73 18, www. casbah-fibule. ma. Angenehmes Traveller-Hotel im Kasbahstil mit Pool und Bar im ummauerten schönen Palmengarten, gutes Restaurant im marokkanischen Stil (Weinausschank). Ordentliche DZ mit Bad und AC, einfache Zimmer① im alten Teil des Hotels (klein und eng, mit Gemeinschaftsdusche).

**21** **Ma Villa au Sahara**②-④, Amezrou, Tel. 0524 84 60 93, www.mavillaausahara.com. Sehr schönes Gästehaus mit Pool und sehr gutem Restaurant, umgeben von einem herrlichen Garten. Vier Zimmer und zwei Suiten mit Bad, auch sehr günstige Übernachtung im eingerichteten Berberberzelt (mit insgesamt sechs Betten) möglich.

**9** **Riad Fennec**②-③, Hay Drâa, Mobil 0656 13 10 27, 0667 49 49 75, riadfennecsahara@gmail.com. Neu eröffneter Riad der Familie *Boughenbour. Abdellah Boughenbour* spricht hervorragend deutsch, ist seit Jahren im Tourismusgeschäft tätig und betreibt diesen hübschen Riad in schöner Lage mit herrlichem Ausblick direkt am Oued Drâa nur 10 Min. vom Ortszentrum nahe am Busbahnhof. Sechs Zimmer, fünf mit eigener Dusche und Toilette, zwei Restaurants (Salon und Zelt im Garten). Großer, bewachter Parkplatz.

**1** **Riad de Rêve**②, 353, Hay Moulay Rachid, Mobil 0677 19 13 37, biabli_20@hotmail.fr, N 30°20, 282', W 05°50,377'. Nettes, typisch marokkanisch gestaltetes Gästehaus (mit kleinem Garten) von *Abdeslam Huber,* der Besucher herzlich empfängt und

30 Jahre in der Schweiz lebte. Die fünf Zimmer mit Bad und AC gruppieren sich um den kleinen Innenhof. *Abdeslam* stammt aus einer Nomadenfamilie und organisiert interessante Wüstenausflüge abseits der Touristenpfade.

**Unser Tipp:** 18 **Riad Lamane**③-④ (mit HP), im Palmenhain von Amezrou (zwischen Fibule du Drâa und Camping Amezrou, N 30°18,55', W 05°49,47'), Tel. 0524 84 83 88, www.riadlamane.com. Das sehr schöne Gästehaus wurde von dem in Deutschland lebenden *Dr. Mohamed El Hachimi* und seinem Partner *Haj Houcine Yassine* (Manager) ins Leben gerufen und von einheimischen Handwerkern ausgebaut. Der Komplex im Stil einer verschachtelten Kasbah ist eine wahre Oase: fantastischer Garten, Pool, Zeltrestaurant und weitere Restaurants unter Dattelpalmen. Die acht klimatisierten, unterschiedlich gestalteten Bungalows mit Dachterrasse liegen im (u.a. mit Skulpturen afrikanisch angehauchten) Garten verteilt. Es gibt zudem fünf Berberzimmer, acht afrikanisch gestaltete Zeltzimmer und zwei Suiten. Die Mitarbeiter sind sehr freundlich und hilfsbereit. Organisation von Wüstenexkursionen, WLAN, Bibliothek, bewachter Parkplatz.

■ **Kasbah Ziwana** und **Le sauvage noble,** in Tissergate, vgl. Routenbeschreibung vor Zagora.

### Günstig

17 **Chez Ali**②, Av. Atlas (am südlichen Kreisverkehr auf der linken Seite, bevor man nach Amezrou abbiegt), Tel. 0524 84 62 58, www.chezali.net. Diese kleine Herberge in einem traumhaften Garten hat ein sehr hübsches Restaurant, einfache, sehr saubere Zimmer mit gemeinschaftlichen Sanitäranlagen im Garten sowie komfortable Zimmer mit Bad. Traveller mit kleinerem Budget kommen in günstigen Berberzelten unter. Sehr freundlicher Besitzer, hauseigene Kamele für Wüstentouren.

7 **Karim Sahara**①, Hay Mansour Dhabi, 500 m hinter der Polizei auf der linken Seite, Mobil 0610 09 86 65, www.karimsahara.com, günstige Buchung über www.booking.com. Familiäre Herberge mit sieben Zimmern mit Bad. Schattige Dachterrasse, eigener Parkplatz, WLAN. Tourenorganisation über die gleichnamige Agentur.

15 **La Palmeraie**②, am südlichen Ende der Av. Mohamed V., Tel. 0524 84 70 08, palmeraie_zagora@menara. com. Empfehlenswertes Traveller-Hotel mit angenehmer Atmosphäre, gutem Restaurant, freundlichem Personal und sauberen, geräumigen Zimmern mit Bad. Pool, bewachter Parkplatz, sehr gutes Preis-Leistungs-Verhältnis.

22 **La Petite Kasbah**②, Amezrou, an der Straße nach M'hamid auf der rechten Seite, Tel. 0524 84 80 43, Mobil 0671 51 61 97, www.hotelzagora.com. Schönes, sauberes Gästehaus im Kasbahstil der sehr freundlichen und hilfsbereiten Familie von *Brahim El Badri:* gutes Essen im netten Restaurant, fünf Zimmer mit Bad. Die Familie organisiert gerne eine interessante Dorfführung und Wüstenexkursionen.

21 **Ma Villa au Sahara**②, s.o. bei „Mittelklasse". Günstige Übernachtung im Berberzelt möglich.

8 **Ternata**②, Av. Mohamed V., Tel. 0524 84 69 69, ternata_zagora@menara.ma. Dreistöckiges Hotel im Zentrum mit ordentlichen klimatisierten Zimmern mit TV. Dachterrasse, Parkplatz und Pool.

■ Einfache und günstige Unterkunft finden **Backpacker** auch bei den Campingplätzen.

## Camping

10 **Les Jardins de Zagora,** am nordöstlichen Ende der Av. Hassan II., links neben dem Hotel Ksar Tinsouline, Tel. 0524 84 69 71. Schöner Platz in zentraler und dennoch ruhiger Lage mit sauberen sanitären Anlagen. Gutes Essen im Zeltrestaurant. Der nette Betreiber *Mohamed Akhatar* spricht gut englisch. Auch Berberzelte① und Zimmer mit Bad②. Kamel- und 4x4-Ausflüge möglich.

4 **Oasis Enchantée,** Mobil 0677 87 35 79, 2 km vor Zagora von Agdz kommend auf der linken Seite (300 m Piste, ggü. Friedhof), N 30°22,154', W 05° 50,460'. Schöner ummauerter Platz unter Palmen mit Pool und Restaurant. Auch Übernachtung im Nomadenzelt① möglich.

27 **Oasis Palmier,** auf der anderen Seite des Oued Drâa, an der Piste Richtung Amezrou, Mobil 0666 56 97 50, N 30°19,378', W 05°49,508'. Sehr gepflegter Platz in einem herrlichen, schattigen Palmengarten. Der freundliche Besitzer scheut keine Mühen, damit sich seine Gäste wohlfühlen, und alles – sogar die Toiletten! – ist liebevoll dekoriert. Die sanitären Anlagen sind sehr sauber, das Essen ist gut. Auch Kameltouren werden organisiert.

23 **Palmeraie d'Amezrou,** in Richtung Amezrou, hinter dem Hotel La Fibule du Drâa rechts abbiegen (noch vor dem Kanal), Tel. 0524 83 81 76, N 30°18, 845', W 05°49,810'. Der kleine, angenehme Platz liegt idyllisch inmitten eines schattigen Palmengartens – es gibt sogar Rasen. Die sauberen Sanitäranlagen sind gut in Schuss, haben warme Duschen und Sitzklos. WLAN und Waschmaschine verfügbar.

3 **Prends ton temps,** Hay El Mansour Dhabi (von Agdz kommend vor dem Zentrum links, beschildert), Tel. 0524 84 65 43, Mobil 0671 72 80 18, www.prendstontemps.com, N 30°20,262', W 05° 49,920'. Das Campingareal (gute Sanitäranlagen, WLAN) mit Palmen hat eher Parkplatzcharakter, die Einfahrt ist für große Wohnmobile nicht geeignet. Der Garten mit den darum gruppierten Häuschen ist liebevoll mit Wandmalereien gestaltet (ordentliche Zimmer① mit gemeinschaftlicher Du/WC). Es gibt auch komfortablere Zimmer mit eigenem Bad und ein schönes Zeltrestaurant mit leckeren Grillgerichten. Der Platz liegt nahe am Zentrum und ist deshalb ideal für Rucksack- und Motorradtouristen. Der Besitzer *Belaide Laalili* kümmert sich um die Gäste und veranstaltet Musikabende.

12 **Sindibad,** Tel. 0524 84 75 53, nahe Ksar Tinsouline, N 30°19,580', W 05°50,000'. Der Platz inmitten eines großen Palmengartens hat ein schönes, von Quellwasser gespeistes Schwimmbecken (nicht immer gefüllt). Die sanitären Anlagen sind einfach, aber sauber (warme Duschen). Es gibt auch sehr kleine, einfache Zimmer① und ein nettes Restaurant mit sehr gutem Essen und üppigem Frühstück. Waschmaschine, WLAN an der Rezeption.

■ **Camping Oued Drâa,** siehe bei Tissergate (8 km nördlich von Zagora).

## Essen und Trinken

**An der Hauptstraße Bd. Mohamed V.** reihen sich einfache Lokale unter den Arkaden; sie haben traditionelle marokkanische Gerichte bis hin zu Pizza im Angebot. Empfehlenswert ist z.B. das Assada.

17 **Chez Ali,** siehe günstige Hotels. Sehr gut, freundlich und preiswert.

5 **Dromadaire Gourmand,** im Norden (Stadteinfahrt) am Bd. Mohamed V. neben der Total-Tankstelle (Beschilderung beachten), Mobil 0661 34 83 94, www.dromadaire-gourmand.com. Im derzeit besten Restaurant der Stadt sitzt man in einem typisch marokkanischen Salon mit umlaufenden Sitzpolstern. Die Portionen sind groß, die Preise fair. Der Betreiber *Mustapha* organisiert Kameltrekkings und 4x4-Touren.

20 **La Fibule du Drâa,** s. Hotels der Mittelklasse. Gutes Essen mit Musik im schönen Speisesaal, auch Weinausschank. Qualität, Service und Wartezeit variieren nach Leseraussagen. Menü ca. 150 DH.

21 **Ma Villa au Sahara,** siehe Hotels der Mittelklasse. Sehr gutes Essen wird im herrlichen Garten aufgetischt, mittlere Preislage.

25 **Zagour,** sehr gutes Essen zu mittleren Preisen im Osten der Palmeraie.

## Einkaufen

■ Im **Marché Couvert** (zentraler Markt) am Bd. Mohamed V. kann man sich mit Lebensmitteln eindecken.

24 Schönes Kunsthandwerk (u.a. Silberschmuck aus eigener Werkstatt) gibt es bei den Brüdern *Barzouk* in der **Coopérative des Artisans** in einem alten Lehmgebäude in Amezrou (an der Straße in Richtung M'hamid auf der rechten Seite).

## Taxis

**Sammeltaxis (Grands Taxis)** fahren hinter der Moschee am Bd. Mohamed V. ab, u.a. nach **Ouarzazate** (ca. 80 DH), **Tamegroute** (ca. 10 DH), **Agdz** (ca. 40 DH), **M'hamid** (mit Umsteigen in Tamgroute, ca. 40 DH) und **Tazzarine** (ca. 60 DH). Am Busbahnhof kann man ein **Petit Taxi** (6 DH) zu den entfernteren Hotels in Amezrou nehmen.

## Busse

- Das **CTM-Büro** befindet sich an der Hauptstraße Bd. Mohamed V. im Süden nahe dem großen Kreisverkehr (Richtung M'hamid/Foum-Zguid) und dem Hotel La Palmeraie, Tel. 0524 84 73 27.
- Der **Gare routière** (Busbahnhof für CTM- und andere Busse) liegt nördlich des Zentrums an der Stadteinfahrt.

### Verbindungen und Preise (CTM)

- **Ouarzazate – Marrakesch:** 2x tägl. (morgens und abends, Bus fährt weiter nach Casablanca), 140 DH, ca. 8 Std. Fahrzeit (Ankunft nachmittags bzw. um 5.30 Uhr morgens in Marrakesch). Nach Ouarzazate 55 DH (ca. 3 Std.), nach Agdz 35 DH. Supratours-Bus 1x tägl. um 6 Uhr morgens.
- **Agdz:** Die CTM-Busse nach Marrakesch fahren über Agdz, Fahrzeit 1½ Std., 35 DH. Weitere Privatbusse mehrmals täglich.
- **Ouarzazate – Casablanca:** 2x tägl. (morgens und abends), nach Ouarzazate 55 DH (ca. 3 Std.), nach Casablanca 240 DH, Fahrzeit ca. 12 Std.
- **M'hamid:** 1x tägl. (abends), 1½ Std. Fahrzeit, 40 DH.

☑ Berühmter Wegweiser in Zagora

093sm20 ad

## Flugverbindungen

Der **Flughafen** liegt an der Straße Richtung Foum-Zguid. Royal Air Maroc und Air Arabia fliegen direkt nach **Marrakesch** und **Casablanca.**

## Werkstatt

■ **Chez Ali Nassir,** Av. Mohamed V., Mobil 0661 77 54 80, 0666 92 50 52, N 30°20,378', W 05°50,218'. *Ali* hat ein riesiges Ersatzteillager (besonders für Landrover) und repariert Geländewagen und Wohnmobile. Seine Mechaniker arbeiten schnell und ordentlich (Arbeitsstunde 100 DH).

## Feste/Veranstaltungen

■ **Marathon des Sables,** www.marathondessables.com. Der wohl härteste Marathon der Welt (eine Woche im April), bei dem sich die Sportler selbst versorgen müssen, verläuft jedes Jahr auf einer anderen Strecke durch weglose Stein- und Sandwüste. Der Ultramarathon beginnt immer in Zagora.

■ **Moussem Zaouite Tamegroute,** bei der bekannten Zaouia am 10. Moharrem (s. „Ausflüge").

■ **Moussem Sidi Ali ou Brahim,** im Ksar Tinsouline, im August.

■ **Ralley Aicha des Gazelles,** im März, www.rallyeaichadesgazelles.com. Bei der reinen Frauen-Wüstenrallye beweist das weibliche Geschlecht, dass es das Offroad-Fahren genauso gut beherrscht wie die Männer.

# Ausflüge

## Organisierte Ausflüge

Folgende professionell arbeitende und empfehlenswerte **Reiseagenturen** in Zagora bieten ein- und mehrtägige Geländewagen- und andere Wüstenexkursionen in der Umgebung der Stadt an (Auswahl, Stadtplan S. 370):

14 **Biosahara Exploration,** 14, Av. Mohamed V./Rue ancien Marché, Tel. 0524 84 73 52, www.biosahara.com; Kontakt in der Schweiz (deutschsprachig): Tel. 0041 78 658 82 43. *Houcine Elkharassi* spricht englisch und legt Wert auf naturnahe, ökologisch vertretbare Reisen. Zusammen mit *Verena Schatanek* veröffentlichte er den sehr empfehlenswerten Naturführer „Sahara. Tiere, Pflanzen, Spuren", Franckh-Kosmos Verlag).

16 **Sahara Aventure,** Hay El Massira, Mobil 0661 21 27 41, www.sahara-aventure.com. Der freundliche *Brahim El Meddiki* organisiert zuverlässig und zu fairen Preisen 4x4-Touren in der Wüste. Sein Sohn, der die Touren begleitet, gibt Erklärungen in englischer Sprache.

13 **Tombouctour,** 79, Bd. Mohamed V. (im Zentrum), Tel. 0524 84 82 07, Mobil 0661 49 73 09, www.tombouctour.ch. Die zuverlässige, professionell arbeitende Agentur der Familie *Dakhamat* (schweizerisch-marokkanisch, vgl. auch Hotel Le Pacha in M'hamid) ist eine der ältesten in Zagora. Organisation von individuellen Exkursionen per Kamel, 4x4 oder Quad (deutschsprachig). Auch Ausflüge mit Übernachtung zum Erg Lihoudi (kleines Dünengebiet) mit Kamel sind möglich.

6 **Trek Morocco Desert,** Oulad Atmane, Mobil 0613 40 54 39, www.trek-morocco-desert.co.uk. Der deutsch und englisch sprechende *Nourddine Aït Hommad* organisiert zuverlässig verschiedene Wüstenexkursionen.

## Kameltouren

**Zagora ist das Zentrum der Kameltouren-Anbieter,** sodass man als Neuankömmling mit (nicht immer seriösen!) Angeboten überhäuft wird. Man sollte vor der Buchung unbedingt Preisvergleiche anstellen und sich versichern, ob der Tourenanbieter tatsächlich über eigene Kamele, Campingausrüstung, Bivouacs (Zeltcamps) etc. verfügt und nicht nur vermittelt und Provision kassiert. Viele Anbieter bezahlen ihren Kameltreibern und Guides Minimallöhne, daher sollte man nicht das Angebot mit dem niedrigsten Preis wählen, sondern sich lieber an eine (vielleicht etwas teurere) Agentur wenden, die soziale Fairness verspricht, oder gleich an einen Familienbetrieb mit eigenen Kamelen, wie z.B. bei *Mohammed Azaghar* (s.u.). Der **Konkurrenzkampf ist enorm,** sodass es sogar Behauptungen gibt, Anbieter würden Touristen bestechen, damit diese (positive bzw. die Konkurrenz verleumdende) Leserbriefe an den Verlag schicken. Die unten (in alphabetischer Reihenfolge) genannten Agenturen können wir guten Gewissens empfehlen.

In der Regel werden Kameltouren von einer Stunde bis zu einer Woche angeboten – wobei es schon etwas Kondition bedarf, mehrere Tage auf einem schaukelnden Kamelrücken durchzustehen. Es steht jedoch jedem frei, zur Schonung des Hinterteils und für ein abwechslungsreiches Wüstenfeeling etappenweise neben dem Kamel zu laufen. Unterwegs übernachtet man in einfachen **Bivouacs** (befestigten Nomadenzelten mit Teppichen und Matratzen) oder wahlweise unter freiem Himmel in der Wüste. Zur **Ausrüstung** gehören ein guter Sonnenschutz (Hut mit Nackenschutz oder Chech), feste Schuhe, ein Tagesrucksack, eine Taschenlampe und im Winter ein eigener warmer Schlafsack. Radlerhosen schonen das Gesäß auf dem harten Sattel. Der Tourenanbieter sollte für die Wasserversorgung unterwegs sorgen (Mineralwasserflaschen oder abgekochtes Teewasser). Vor der Buchung sollte man sich versichern, ob das Essen unterwegs frisch zubereitet wird (z.B. im Feuer gebackenes Fladenbrot, Gemüse-Tajine) oder nur aus Konservenkost besteht. Zudem sollte der Führer über passable Sprachkenntnisse verfügen (zumindest in Französisch!). Der Kamelführer erwartet am Ende des Trips ein Trinkgeld.

Der **Preis** einer Kameltour hängt oft von der Teilnehmerzahl ab: ein Tag ca. 400 DH; ein Tag (Start nachmittags) und eine Nacht mit Abendessen, Frühstück und Übernachtung im Nomadenzelt ca. 800 DH p.P.; drei Tage 2500–3000 DH p.P. mit Verpflegung. Getränke müssen gesondert bezahlt werden.

### Tourenanbieter (alphabetisch geordnet)

- **Brahim Tours,** ggü. dem Hotel Ksar Tinsouline, Zagora, Mobil 0672 31 66 10 *(Brahim El Haddouchi)*, www.brahimtours.com. Die Agentur unter marokkanisch-schweizerischer Führung wurde für die Berücksichtigung individueller Wünsche, die gute Verpflegung und die freundliche, zurückhaltende Betreuung unterwegs gelobt.
- **Caravane Azul,** Tel. 0524 84 75 13, Mobil 0668 88 57 46, www.caravaneazul.ch. Agentur unter marokkanisch-schweizerischer Führung (*Ahmad Boucetta* und *Karin Rauber*), die für die kompetente Organisation von Kameltouren am Erg Chegaga und die fürsorgliche Betreuung unterwegs gelobt wird.
- **Caravane du Sud,** gegenüber dem Hotel La Fibule du Drâa, Tel. 0524 84 75 69, www.caravanesud.com. Die Agentur von *Ali Yassine* bietet ein individuelles Tourenprogramm mit 4x4 oder Kamelen.
- **Discovering South Morocco,** 3 km südlich von Zagora an der Straße nach M'hamid, gegenüber

dem Restaurant La Baraka, Tel. 0524 84 61 15, Mobil 0667 23 35 83, www.zagora-desert.info. Die Touren von *Mohamed Sirirou* wurden von Lesern gelobt: gute Organisation und authentisches Wüstenerlebnis.

UNSER TIPP: **Mohamed Azaghar (Camping Montagne),** Tel. 0524 84 75 78, Mobil 0666 41 58 06, www.azagarscamels.de, Hossahara@yahoo.fr. *Mohamed* war einer der ersten Tourenanbieter in Zagora. Er und sein Sohn *Hossein* haben eigene Kamele und organisieren zuverlässig individuell auf die Kundenwünsche abgestimmte Touren von einigen Stunden bis zu mehreren Tagen zu fairen Preisen. Die meist französischsprachigen Begleiter (*Hossein* und *Mohamed* sprechen auch englisch) sind freundlich und bereiten das Essen unterwegs frisch zu (inkl. im Sand gebackenes Brot). Kunden werden in Zagora vom Busbahnhof abgeholt, ein Transfer von Ouarzazate und preiswerte Unterkunft in Amezrou (vor dem frühmorgendlichen Aufbruch am nächsten Tag) können ebenfalls arrangiert werden.

■ **Renard Bleu Touareg,** Av. Mohamed V., Mobil 0661 34 84 13, www.renard-bleu-touareg.org. Die Agentur des freundlichen Anthropologen *Abdellah Najih Azizi* (spricht gut deutsch), der als Nomade aufwuchs, setzt sich für sozial und ökologisch verantwortlichen Tourismus ein. Renard Bleu Touareg erhielt 2018 den internationalen Nachhaltigkeitspreis EcoTrophea des Deutschen Reiseverbandes (DRV). Das Büro in Deutschland führt *Daniela Vogt. Abdellah* begleitet die Touren und weiß sehr viel Wissenswertes über die Region zu erzählen. Vgl. vorige Routenbeschreibung, Tissergate/Gästehaus Le sauvage noble.

■ **Sahara Feeling,** 315, Haz Draa I, Mobil 0667 77 45 50, www.sahara-feeling.com. Die mehrtägigen Kamel- bzw. 4x4-Touren von *Ali Mohamed Banune* wurden von Lesern sehr gelobt: individuelle und kompetente Organisation, gute Betreuung und tolles Erlebnis in der Wüste.

■ **Weitere Anbieter** von Wüstentouren siehe bei M'hamid weiter unten.

### Individuelle Ausflüge

Ein Halbtagesausflug führt 18 km südöstlich von Zagora zum Ort Tamegroute mit einem altem Ksar, der Zaouia Tamegroute und einer interessanten Töpferkooperative (siehe dort). Weitere Ausflüge führen nach M'hamid, zu den Dünen von Tinfou und zum Erg al-Yahudi bzw. Erg M'hazil/Erg Chegaga und zur Source Sacrée. Für die Tour bis M'hamid einschließlich Abstecher sollte ein ganzer Tag veranschlagt werden.

# Von Zagora nach M'hamid

■ **91 km, Asphaltstraße N 9.**

■ Die **breit ausgebaute Asphaltstraße** (mit Fahrradspur) führt durch typische Wüstenlandschaft ohne große Highlights, mit Dünen und Sandverwehungen, einigen Tamarisken und Dattelpalmen. Bei kleinen Abstechern in die Palmentäler kann man schöne Oasen entdecken. Richtiges **Wüstenfeeling** mit großen Dünen erlebt man erst hinter M'hamid: Voraussetzung für eine individuelle Fahrt zu den Dünen des Erg Chegaga und zum Lac Iriki sind ein Geländewagen und Wüstenerfahrung. In Zagora oder M'hamid können aber auch 4x4- oder Kameltouren bei den Veranstaltern und in Hotels gebucht werden.

■ Ab Zagora bzw. ab Marrakesch verkehrt einmal täglich ein **Bus nach M'hamid.**

Im Zentrum von Zagora zweigt links die Straße nach Amezrou und M'hamid ab (vorbei am repräsentativen Bau der Préfecture und über die Drâa-Brücke);

rechts geht es nach Foum-Zguid. Nach 14 km durchquert man den Ort Timetigue, nach 18 km ist Tamegroute erreicht.

## Tamegroute

Die wichtigste Sehenswürdigkeit des Ortes ist die **Zaouia Tamegroute** (tägl. außer Sa 8–12 und 15–18 Uhr geöffnet, Trinkgeld an den alten Wächter im Rollstuhl). Dieses berühmte Heiligtum des Nassirya-Ordens beim Douar Tamegroute wurde im 17. Jh. von *Mohamed Bennacer* gegründet. Es enthält eine **interessante Bibliothek,** die 4189 handgeschriebene Bücher und Schriften zu den Themen Mathematik, Astronomie, Biologie und Geschichte beherbergt. Die ältesten Handschriften stammen vom Ende des 12. bis zum 16. Jh. Sie sind in Glasvitrinen untergebracht und können natürlich nicht entnommen werden. Einige Bücher liegen mit aufgeschlagenen Seiten aus, sodass man sich dennoch einen Eindruck verschaffen kann.

In der Zaouia, dem Marabut neben der Bibliothek, befinden sich die **Gräber** von sieben heiligen Männern und einer heiligen Frau, die unter grünen Brokatdecken in einem Raum mit sehr schöner Wanddeko ruhen. Touristen dürfen nur den Innenhof betreten, nicht aber die Innenräume des Mausoleums.

Die Zaouia und die Bibliothek befinden sich vor der Altstadt links (von Zagora kommend) – das Heiligtum mit seinem grün gedeckten Dach ist nicht zu verfehlen. Etwa 100 m davor gibt es einen Parkplatz mit Parkwächter.

Der Ort Tamegroute ist außerdem für seine grün glasierten **Töpferwaren** bekannt. Die Handwerker formen die Töpfe mit der Hand auf einer runden Drehscheibe, die mit den Füßen gedreht wird. Anschließend werden die Waren einige Tage in der Sonne getrocknet und dann fünf Stunden im Holzofen gebrannt. Die Töpfer haben sich zu einer Kooperative zusammengeschlossen. Der nette (und sehr geschäftstüchtige) Töpfer *Abderrahmane Bassou* führt gerne zur Bibliothek, durch die Altstadt und in seine Werkstatt mit großer Verkaufsausstellung (Chez Bassou/Maison de Poterie, Tel. 0524 84 65 52; neben den grünen Töpferwaren aus Tamegroute auch bunte Massenware aus Safi). Die Verkaufsräume aller Töpfer befinden sich an der Hauptstraße links (Ortsausfahrt Richtung M'hamid).

Der alte, sehr ursprüngliche Ortsteil von Tamegroute besteht aus drei **Lehm-Ksour** mit engen, teils überdeckten Gassen und verschachtelten Bauten. Von der Bibliothek kann man durch den Ksar zu den Töpfern spazieren. Samstags findet ein **interessanter Wochenmarkt** in Tamegroute statt.

## Weiterfahrt nach M'hamid

Weiter in Richtung M'hamid ist etwa bei **km 25 Tinfou** erreicht. Links etwas abseits der Straße liegt das **Kasbah Hotel Sahara Sky**③, Mobil 0661 17 28 66 (dt.), Tel. 0524 84 85 62 (franz.), www.hotel-sahara.com oder www.saharasky.com (Observatorium). Das Kasbah-Hotel unter der Leitung des Deutschen *Fritz Gerd Koring* steht einsam und ruhig in der Wüste, direkt an den **Dünen von Tin-**

[›] Zu Besuch bei den Töpfern in Tamegroute

**fou.** Ist der Eigentümer abwesend, vermittelt das große Haus einen etwas verstaubten Eindruck, das Observatorium ist dann geschlossen. Attraktion des Hotels ist das **Observatorium** mit Teleskopen auf der Dachterrasse. Unterkunft finden Sternengucker in hübschen, etwas hellhörigen DZ mit Bad, AC und Ausblick. Falls man nicht zu den Hobby-Astronomen zählt, fühlt man sich durch den nächtlichen Betrieb evtl. etwas gestört. Sonst jedoch ist man von der professionellen Ausstattung des Observatoriums begeistert (Voranmeldung sinnvoll, damit Herr *Koring* anwesend ist). Es gibt eine Sauna mit Jacuzzi und WLAN.

**9 km danach** wird das Oued Drâa überquert. Die Straße führt durch Ausläufer der steinigen Berge des **Djabal Bani;** nach 11 km ist die Passhöhe erreicht. Nach 8 km durch die Berge eröffnet sich ein umwerfendes Panorama auf das Drâa-Tal und Tagounite bzw. Ouled Driss nach Süden.

**60 km** hinter Zagora weist ein Schild links nach Nasrate und zum schönen **Kasbah-Hotel Aït Issfoul**③-④ (ca. 2 km Piste durch einen Palmenhain, Mobil 0670 22 66 39, www.aitisfoul.com). Vom Restaurant mit Nomadenzelt bietet sich ein traumhafter Blick auf die Wüstenlandschaft. Übernachtung ist im eingerichteten Berberzelt oder in komfortablen Zimmern mit Bad und Klimaanlage möglich. Pool und WLAN.

Der **Ksar Nasrate (9,5 km)** ist ein malerisches Lehmdorf im Palmenhain mit einer sehenswerten Kasbah. Eine Geländewagenpiste zweigt nach Hassi Remlia und Taouz ab.

**Tagounite,** eine große Wüstenoase mit Militärbasis und der letzten Tankstelle (manchmal kein Sprit; mit kleinem Supermarkt und Imbiss) folgt nach 4 km

094sm20 ad

**(Gesamt-km 64).** Im Ort gibt es Cafés, ein einfaches Hotel, eine Grand-Taxi- und CTM-Haltestelle, Geschäfte und einen Markt. Am Ortsende führt ein Abzweig links zum **Camping Les Palmeraies** (Mobil 0661 97 66 59, https://lespalmeraiescamp.jimdo.com) auf einem schönen Palmengrundstück mit großen, schattigen Stellplätzen und sauberen Sanitäranlagen; es gibt auch Zimmer.

In Tagounite (Wegweiser links Richtung „Centre de Tagounite") zweigt eine Straße auf die **östliche Draâ-Seite** ab. Dort gelangt man auf die 4x4-Piste in Richtung Tafraout (Hassi Fougani), Hassi Remlia, Hassi Ouzina und Taouz (vgl. Kapitel „Der Südosten und das Tafilalet"). Der Einstieg in die Piste (Wegweiser nach Merzouga) befindet sich bei N 30°04,499', W 05°28,901'.

Weiter auf der Hauptroute nach M'hamid liegt bei **Gesamt-km 66,5** links der Straße die schöne **Kasbah Aït Arbaa.**

Ab **km 73** steigt die Straße zur Passhöhe **Tizi-Beni-Salmane** an, von wo sich ein schöner Ausblick ins Draâ-Tal eröffnet.

Bei **km 83** zweigt eine 6 km lange, gute Piste zu den Dünen des **Erg al-Yahudi** (auch **Erg Lihoudi** genannt), den Judendünen, ab. Einer Legende zufolge soll hier einmal ein Jude, der die Nomadenzelte am Rande der Dünen als Händler aufsuchte, verschwunden sein. In Vollmondnächten hört man ihn rufen … In den Bivouacs (fest installierte Nomadenzelte), die von organisierten Gruppen angesteuert werden, kann man übernachten. Geländewagenfahrer können an den Dünen wild campen (Pkws bleiben hier stecken). Vom Erg al-Yahudi ist es möglich, M'hamid auf einer Wüstenpiste (nur 4x4) direkt anzusteuern.

Bei **km 84** ist **Ouled Driss** erreicht. In diesem ruhigen, recht ursprünglichen Lehmdorf befindet sich ein informatives Museum zum Leben im Ksar (Schild im Dorf, von Zagora kommend rechts). Offroader und Individualreisende mit eigenem Fahrzeug oder Motorrad finden bei technischen Problemen kompetente Hilfe in der **Garage Dakar** (Mobil 0662 83 74 27, *Mohamed Fillali*) am Ortsausgang von Oueld Driss auf der rechten Seite (Richtung M'hamid).

Links der Straße liegt das große (Camping-) Areal der **Kasbah Ouled Driss②** **(N 29°49,775', W 05°39,323')** sehr hübsch im Palmenhain. An den Caravan-Stellplätzen gibt es Strom, außerdem kann man in befestigten Nomadenzelten übernachten. Eine weitere Unterkunftsmöglichkeit bietet das hübsche **Kasbah-Hotel Carrefour des Nomades** ①-③ (Mobil 0621 49 91 65, www.carrefourdesnomades.com, **N 29°49,775', W 05°39,323'**), ebenfalls in einem Palmenhain am Rande von Sanddünen kurz hinter Ouled Driss gelegen. Es gibt ein Restaurant, einen Pool, DZ mit AC und Bad, WLAN sowie voll eingerichtete Nomadenzelte mit Gemeinschaftsbad. Es werden diverse Wüstentouren mit Kamel und 4x4 angeboten. Im gepflegten Campingareal steht man schön unter Palmen.

Auch die **Kasbah Draa③** in traditioneller Lehmarchitektur bietet schöne Unterkunft an (ca. 700 m hinter Ouled Driss an der Kreuzung nach Bounou, 6 km vor M'hamid, Mobil 0662 13 21 72, www.kasbahdraa-sahara.com). Die meisten Zimmer haben ein eigenes Bad, z.T. mit Klimaanlage und Balkon. In den Türmen und im Garten liegen weitere einfache Zimmer ohne eigene Dusche/

WC verteilt. Es gibt eine Dachterrasse mit Panoramablick bis zu den Sanddünen, einen erholsamen Hofgarten, ein Café und einen Lebensmittelladen, auch WLAN ist verfügbar. Der Betreiber *Hassan Ennaji* arbeitet seit vielen Jahren mit deutschen Reiseagenturen zusammen und organisiert individuelle Wüstentrips mit Kamel und 4x4-Wagen.

Zum 2 km entfernten **Gästehaus Dar Paru**②-③ (Mobil 0645 28 34 04, www.das-zelt.com) im Oasendorf **Bouanane** (Beschilderung beachten) biegt man in Ouled Driss links ab. Diese kleine, alternative Herberge inmitten der Wüste, in unmittelbarer Nähe zur algerischen Grenze (von Militär bewacht und sicher), wird von *Paru (Ingeborg) Greuzinger* geführt. Es gibt fünf stilvolle Zimmer unterschiedlicher Größe (EZ/DZ, Suiten und Nomadenzelte, WLAN) in einem sehr schönen Garten und Palmenhain – ideal für einen abgeschiedenen Wüstenurlaub ohne Stress. Im Angebot sind auch Yoga- und Meditationskurse, Heilmassagen, meditatives Kochen, geführte Wanderungen etc.

1,5 km hinter Ouled Driss folgt die schöne **Hotelanlage Dar Azawad** (vgl. bei M'hamid). Gegenüber liegt das einfache, sehr saubere **Maison d'Hôtes Kasbah du Drâa**①-② (Tel. 0662 13 21 72, www.kasbahdraa-sahara.com) mit Restaurant und 13 Zimmern mit oder ohne Bad. Der sehr freundliche Besitzer *Brahim Ennaji* (spricht gut englisch und ein wenig deutsch) arbeitet auch als Bergführer für deutsche Agenturen. Nebenan führt eine Piste nach links zur **Karawanserail Caravane Rose du Sable**① (etwa 100 m weiter auf der linken Seite, N 29°49,608', W 05°39,978', Mobil 0671 16 17 62 oder 0612 66 81 40, www.rose-du-sable.eu), die von dem deutsch-marokkanischen Paar *Karla* und *Brahim Ahansal* geführt wird. Hier gibt es gepflegte, einfache Zimmer, Nomadenzelte und ein Campingareal (Dusche/WC in den gemeinschaftlichen Sanitäranlagen mit Warmwasser). *Brahim* kommt selbst aus einer Nomadenfamilie, die beiden organisieren diverse Hilfsprojekte für die lokalen Nomaden, darunter eine mobile Schule, Brunnenbau und medizinische Hilfe. Sie führen mehrtägige Kameltouren mit eigenen Tieren nach individuellen Wünschen durch, auch meditative Wüstentouren.

**Weiter Richtung M'Hamid** passiert man wenig später den Camping Winaroz und das empfehlenswerte **Hotel Chez Le Pacha** (vgl. bei M'hamid) links der Straße. Bei knapp **km 88** folgen das große Hotel Tabarkat und das Hotel Bab Rimal (mit Camping, vgl. bei M'hamid).

Nach **91 km** erreicht man **M'hamid.** Gleich am Ortseingang liegt das **Hotel Kasbah Sahara** mit der Niederlassung von **Sahara Services** – hier sollte man sich informieren, wenn man einen organisierten Ausflug zu den Dünen des Erg Chegaga plant.

# M'hamid

In M'hamid endet die Asphaltstraße in der Wüste. Die **große Oase** am (trockenen) Oued Drâa **nahe der algerischen Grenze** besteht aus acht Ksour. M'hamid selbst hat keine Attraktionen zu bieten, außer zweier großer Festivals (s.u.). Trotzdem hat sich eine passable (Touristen-)Infrastruktur entwickelt, denn der

Ort ist **Ausgangspunkt für schöne Wüstentouren.** Besonders im Frühjahr und im Herbst/Winter treffen sich hier Individualreisende mit eigenem Geländewagen ebenso wie Teilnehmer geführter Offroadtouren und Touristen aus Marrakesch, die einen Ausflug zu den Dünen des Erg Chegaga unternehmen. Im Hochsommer wirkt dagegen alles verlassen und staubig.

**Im Ort** gibt es ein großes Fort, einen kleinen Suq, wo man den obligatorischen Kopfschal *(chech)* als Sonnenschutz kaufen kann, (Souvenir-)Geschäfte, diverse Cafés, eine Post und eine Sanitätsstation. Eine Tankstelle und einen Geldautomaten sucht man vergeblich! Im Notfall erhält man an der Hauptstraße Richtung Westen und Richtung Camping Boussoule Sprit aus Kanistern (N 29°49,658', W 05°43,601'). Der wöchentliche **Suq** findet montags statt. Viele Frauen sind von Kopf bis Fuß in leuchtend blaue, rote oder orange Baumwolltücher gehüllt – ihre ethnische Verbindung zu den Sahrawis in der Westsahara und Mauretanien lässt sich nicht leugnen.

Sehr schön ist ein Bummel durch die Palmenhaine am Oued Drâa oder eine Tour im Geländewagen zum Dayet Chegaga (einem Zeitsee) und dem angrenzenden **Erg Chegaga (Erg M'Hazil)** etwa 60 km westlich von M'hamid (ca. 2 Std. Fahrt), zur **Zaouia Abd er Rahman** und der **Oase Source Sacrée Oum Lâalag.** Sehenswert ist auch die riesige Lehmebene des **Lac Iriki** in einsamer Wüstenlandschaft zwischen den Sanddünen und dem Gebirgszug des Djabal Bani. Der Erg Chegaga ist neben dem Erg Chebbi bei Erfoud das zweite große **Sanddünengebiet** Marokkos. Es soll hier Dünen bis zu 300 m Höhe geben, die aber mit dem Fahrzeug kaum erreichbar sind. Vor allem um Ostern herrscht wie am Erg Chebbi touristischer Hochbetrieb; es gibt viele fest installierte Bivouacs diverser Veranstalter. Dennoch erlebt man in der weiten Landschaft, weitab von einem Ort und der nächsten Asphaltstraße, noch mehr (manchmal sogar einsames) Wüstenfeeling als in Merzouga.

## Praktische Informationen

### Unterkunft

■ **Bab Rimal** (ehem. Paradise Garden)③, Tel. 0528 21 62 78, www.babrimal.com, N 29°49,639', W 05°40,906'. Das Hotel und Bivouac (Zeltcamp) hat sehr komfortable Bungalows, ein schönes Zelt-Restaurant, einen Pool und ein Campinggelände. 2018 wurden Bauarbeiten zur Renovierung und Begrünung ausgeführt. Die Agentur des Betreibers *Naji* (gleiche Führung wie Hotel Bab Rimal in Foum-Zguid) organisiert auch Wüstentouren.

■ **Chez Le Pacha**③, Ouled Driss, ca. 3 km vor M'hamid, Tel. 0524 84 86 96, www.chezlepacha.com, N 29°49,554', W 05°40,346'. Die sehr schöne, große Hotelanlage der freundlichen, sehr hilfsbereiten Brüder *Youssef* und *Hossein Dakhamat* hat einen herrlichen Garten (inkl. Sitzecken und gemütlichem Nomadenzelt), einen Pool, eine Bar sowie ein klimatisiertes Restaurant (im Winter mit Kamin, sehr gutes Essen) und ist als Mischung aus Kasbah-Architektur und schwarzafrikanischen Stilelementen gestaltet. Man hat die Wahl zwischen komfortablen Rundhütten sowie klimatisierten/beheizten Bungalow-Zimmern mit Bad und geräumigen Suiten mit

▷ Erg Chegaga bei M'hamid

Terrasse. Zudem gibt es ein Konferenzzentrum und ein Campinggelände mit Palmen und neuem Sanitärblock. Die Brüder *Dakhamat* sprechen hervorragend deutsch. Organisation von Exkursionen per Kamel und 4x4 sowie in die eigenen Wüstencamps in den Erg Chegaga. Beim Hotel werden Gewürze, Oliven- und Arganöl, Kosmetika, Marmeladen etc. des sozialen Frauenprojekts AMINA verkauft.

■ **Dar Azawad**③-④, Ouled Driss, ca. 4 km vor M'hamid, Tel. 0524 84 87 30, www.darazawad.com. Das schöne Boutique-Hotel wird vom schweizerisch-marokkanischen Paar *Monika Grunder* und *Youssef Dakhamat* (Besitzer des Hotels Le Pacha) professionell geführt. Die 15 in einem Mix aus traditionellen und modernen Elementen gestalteten klimatisierten Zimmer und Suiten liegen in Lehmbungalows im herrlichen Garten verteilt. Sehr gutes Restaurant, Pool und Sonnenterrasse, Bar im gemütlichen Kaminsalon. Sicheres Parken möglich.

■ **Dar Paru, Maison d'Hôtes Kasbah du Drâa** und **Caravane Rose du Sable** vgl. bei Ouled Driss in der Routenbeschreibung.

■ **Hamada du Drâa,** s. „Camping".

■ **Kasbah Azalay**③, El Ghizlane, im Ort links auf die andere Ouedseite abbiegen (die letzten 400 m sind Steinpiste), Tel. 0524 84 80 96, 84 80 98, www.azalay.com, N 29°49,267', W 05°43,067'. Das sehr gepflegte Kasbah-Hotel auf einem großen Gartenareal mit Palmen und Oleander hat sehr schöne, komfortable Zimmer und Suiten mit AC, Kühlschrank, TV und Mosaikbädern. Es gibt einen großen Pool. Im marokkanischen Restaurant wird sehr gutes Essen und Wein serviert. Übernachtung im Nomadenzelt deutlich günstiger.

■ **Kasbah Sahara Services**②-③, direkt am Ortseingang auf der rechten Seite, Tel. 0524 42 06 73, Mobil 0661 77 67 66, www.hotelmhamid.com. Das Hotel in Lehmarchitektur hat um den schönen

mal_003 ad

Pool im Garten gruppierte, mit Mauern befestigte (klimatisierte) Zeltzimmer (saubere gemeinschaftliche WCs/Duschen) sowie komfortable, hübsche Zimmer/Suiten mit AC und Bad im Hauptgebäude. Im Restaurant auf der Terrasse wird sehr leckeres Essen serviert (Menü ca. 120 DH). Traveller können sich hier austauschen und Touren über die zuverlässige Agentur Sahara Services, die das Hotel betreibt, buchen (vgl. „Reiseagenturen"). WLAN, Campingareal hinter dem Haus (vgl. „Camping"). Sahara Services betreibt außerdem ein luxuriöses Wüstencamp am Erg Chegaga sowie ein ebenfalls recht komfortables Bivouac am Erg Lihoudi (Organisation von 1½-tägigen Kameltouren dorthin).

■ **Le Petit prince**②, 7 km außerhalb am Oued Drâa (im Ortszentrum links), Mobil 0614 94 82 23 *(Ibrahim Sbai)*, www.bivouaclepetitprince.com. Zu diesem hübschen Bivouac (Zeltcamp) am Rande kleiner Dünen kann man organisierte Touren per 4x4 (ca. 20 Min. Fahrt ab M'hamid) oder Kamel (ca. 1 Std. Ritt) buchen und dort eine ruhige Nacht (abends mit Musik unterm Sternenhimmel) in der Wüste verbringen. Befestigte Nomadenzelte mit Betten und Solarstrom, Zeltrestaurant, gemeinschaftliche WCs/Duschen.

## Camping

Camping ist an diversen Plätzen vor M'hamid (siehe Anfahrt auf den vorherigen Seiten) und auf der anderen Seite des Flusses in den Palmenhainen möglich (im Ort links abbiegen). In M'hamid liegen folgende Campingplätze:

■ **Bab Rimal** und **Chez Le Pacha** (vgl. „Unterkunft").

■ **El Khaïma,** Mobil 0662 13 21 70, N 29°50,190', W 05°45,753'. Das große Areal von *Bachir Elkhadiri* bietet betonierte oder gekieste Stellplätze für Campingmobile (zum Teil im Schatten von Palmen) und gute sanitäre Anlagen. Zelten ist direkt auf dem Palmengelände möglich. Im hinteren Teil gibt es auch einfache Zimmer② mit Du/WC und Küche für bis zu 5 Pers.

■ **Hamada du Drâa,** Mobil 0662 13 21 54, www.hamada-sahara.com, N 29°49,278', W 05°43,256'. Die schöne ummauerte Anlage im Kasbahstil hat Stellplätze mit Strom und WLAN an der Rezeption, einen Pool, einen Hammam, ein Restaurant und Berberzelte② (mit Frühstück) sowie klimatisierte Zimmer② mit Bad. Der Service ist aufmerksam und freundlich. Organisation von Wüstentouren.

■ **Kasbah Sahara,** am Ortseingang auf der linken Seite (vgl. „Unterkunft"). Campingareal mit Kiesboden, Strom und heißen Duschen hinter dem Hotel, nur wenig Schatten von Tamarisken und Eukalyptusbäumen. Camper können im guten Restaurant essen und den Pool im Garten kostenlos nutzen. WLAN auf dem Gelände.

■ **La Boussole du Sahara,** am Ortsende an der Piste in Richtung Lac Iriki, N 29°49,635', W 05°43, 894'. Der Platz der sehr freundlichen Familie *Boudani* liegt auf einem Hügel mit schönem Blick zu den Dünen. Es gibt sehr saubere Sanitäranlagen, Entsorgungsmöglichkeit fürs Camping-WC und einfache Zimmer① mit gemeinschaftlicher Du/WC. Statt auf abgezirkelten Stellplätzen für WoMos stehen hier die Gelände- und großen Campingfahrzeuge eher locker in der Landschaft. Organisation von Tagesausflügen mit Picknick zum Erg Chegaga.

■ **Caravane Rose du Sable,** bei Ouled Driss, vgl. Routenbeschreibung vor M'hamid.

## Essen und Trinken

Im Ort gibt es **diverse einfache Cafés,** zudem **Restaurants in den Hotels.** Empfehlenswert sind das Restaurant im Hotel Kasbah Sahara Services und das Café Le Petit Prince (am Ortsausgang auf der rechten Seite).

## Reiseagenturen

Zuverlässige Veranstalter von **Kamel- und Geländewagentouren** in der Wüste sind:

- **Caravane de Rêve,** im Zentrum (El Ghizlane), Mobil 0670 02 00 33 oder 0049 677 19 40 27 (Deutschland), www.caravane-de-reve.com. Die kleine Agentur des freundlichen *Ali Laghfiri* und der Deutschen *Monika Diefenbach* hat u.a. Wüstenwanderungen, Kameltrekkings und Geländewagentouren im Programm und betreibt ein eigenes Bivouac ca. 10 km von M'hamid im Erg Lihoudi (vgl. vorhergehende Routenbeschreibung).
- **Caravane Rose du Sable,** in Ouled Driss, Mobil 0671 16 17 62, www.rose-du-sable.eu. Die Agentur von *Karla* und *Brahim Ahansal* bietet vielfältige individuelle Touren an: Kameltouren (1 bis 10 Tage), Yoga, Meditation in der Wüste etc.; vgl. Routenbeschreibung vor M'hamid.
- **Dar Sahara Tours,** Mobil 0667 85 33 17, www.darsaharatour.com. Leser empfahlen die Wüstentouren des sehr netten, engagierten *Mbarek Benghanzzi.* Er betreibt ein Bivouac an den Dünen und ein hübsches Gästehaus in M'hamid.
- **Desert Bivouac,** im Zentrum (El Ghizlane), Mobil 0670 84 21 16, www.desertbivouac.com. Die Agentur von *Ismail Sbai* organisiert zuverlässig Kamel- und 4x4-Touren mit Bivouac am Erg Chegaga.
- **Maroc Desert,** im Zentrum, Tel. 0528 21 62 78, Mobil 0668 16 74 36, www.maroc-desert.com. Die kompetente Agentur von *Naji,* der auch die Hotels Bab Rimal in Foum-Zguid und M'hamid (s.o.) betreibt, hat Kamel-, 4x4- und Quadexkursionen im Programm und zwei eigene Wüstencamps an den Dünen (Bivouacs Bab Rimal Chez Naji, vgl. im nächsten Kapitel).

**Unser Tipp:** **Sahara Services,** am kleinen Kreisverkehr im Zentrum neben dem Restaurant Dunes d'Or (Buchung auch über Kasbah Sahara Services möglich), Mobil 0661 77 67 66, www.saharaservices.info, www.morocco-luxury-camps.com, N 29° 49,517', W 05°43,205'. Die renommierte Agentur des sehr gut englisch sprechenden *Abdelkhalek Benalia* arbeitet mit internationalen Reiseveranstaltern zusammen und organisiert zuverlässig individuell auf die Kundenwünsche angepasste Touren, auch mit Abholung am Flughafen in Ouarzazate oder Marrakesch. *Abdel* ist Betreiber der gleichnamigen Herberge im Ort, verfügt über Landcruiser und betreibt ein **Luxuszeltcamp** direkt an den Dünen im Erg Chegaga (fünf große, voll eingerichtete Nomadenzelte mit Bad, Bett, Teppichen etc.). Auch allein reisende Frauen fühlen sich auf seinen Touren wohl.

## Busse/Taxis

Ein **CTM-Bus** fährt morgens um 6 Uhr nach **Ouarzazate** und weiter nach **Marrakesch** (Abfahrt in Marrakesch in Richtung „Lamhamid Ghozlane" gegen 11 Uhr). Außerdem verkehren **Mini-Busse und Grands Taxis** in Richtung Ouarzazate (150–200 DH/Pers. im Grand Taxi).

## Feste/Veranstaltungen

- Das dreitägige sehenswerte **Festival Internationale des Nomades** (www.nomadsfestival.org) mit Musik- und Kulturveranstaltungen sowie Diskussionen findet jedes Jahr im März im Zentrum von M'hamid statt. Es wird vom Weltverband der Nomaden „Association Nomades du Monde" veranstaltet. Zum Festival kommen Menschen aus der ganzen Region zu den Veranstaltungen und zum Einkaufen an den Marktständen.
- Beim **Festival Taragalte** (www.taragalte.org, drei Tage im Nov.) treten Musikgruppen der Region sowie aus Mali und Mauretanien im alten Ortsteil der Oase auf.

024sm20 ad

# 6 Die Straße der Kasbahs und der südliche Hohe Atlas

Die „Straße der Kasbahs" verläuft von Ouarzazate nach Nordosten durch spektakuläre Landschaften, vorbei an zahlreichen Lehmburgen und -dörfern.

‹ Ausblick ins idyllische Rosental von der Herberge Dar Itran

# Die Straße der Kasbahs

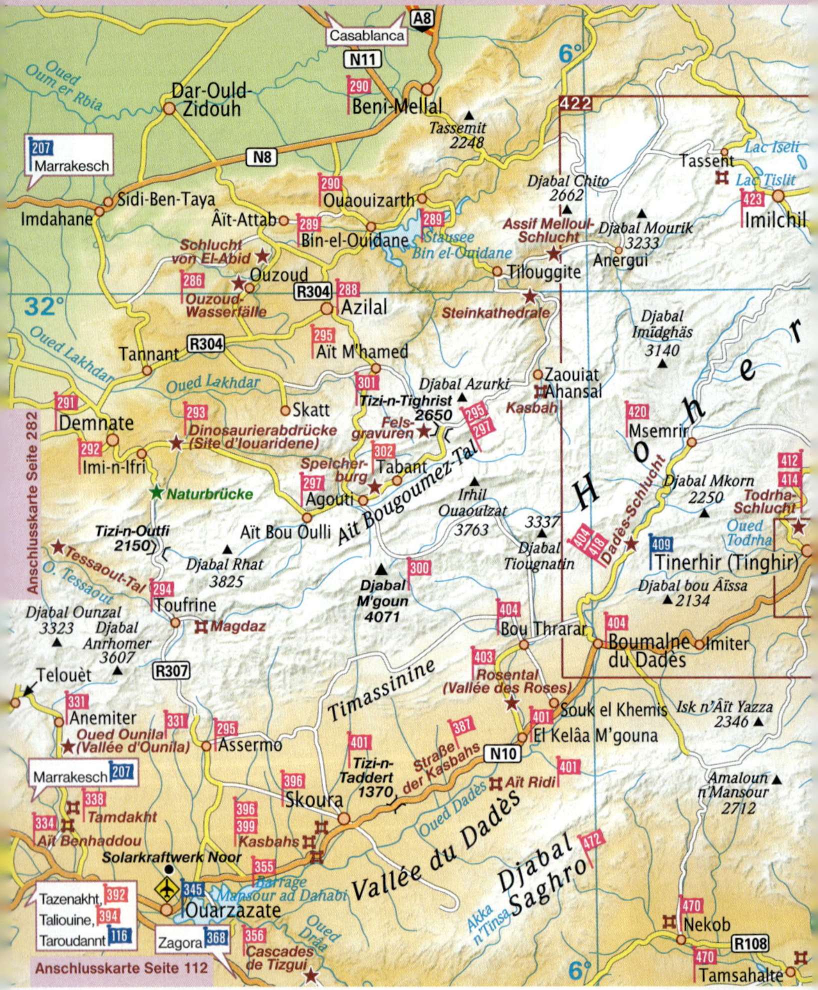


## ÜBERBLICK

Zwischen der im Frühjahr schneebedeckten Gipfelkette des Hohen Atlas im Norden und der braunen Steinwüste des Djabal-Saghro-Massivs im Süden verläuft die „Straße der 1001 Kasbahs“. Grüne Dattelpalmenoasen kontrastieren mit der kargen Wüstenlandschaft, die zinnenbewehrten Türme mächtiger Lehmburgen ragen in den stahlblauen Himmel. Die Flüsse Todrha und Dadès haben tiefe Schluchten in die im Abendlicht rot schimmernden, schroffen Berge

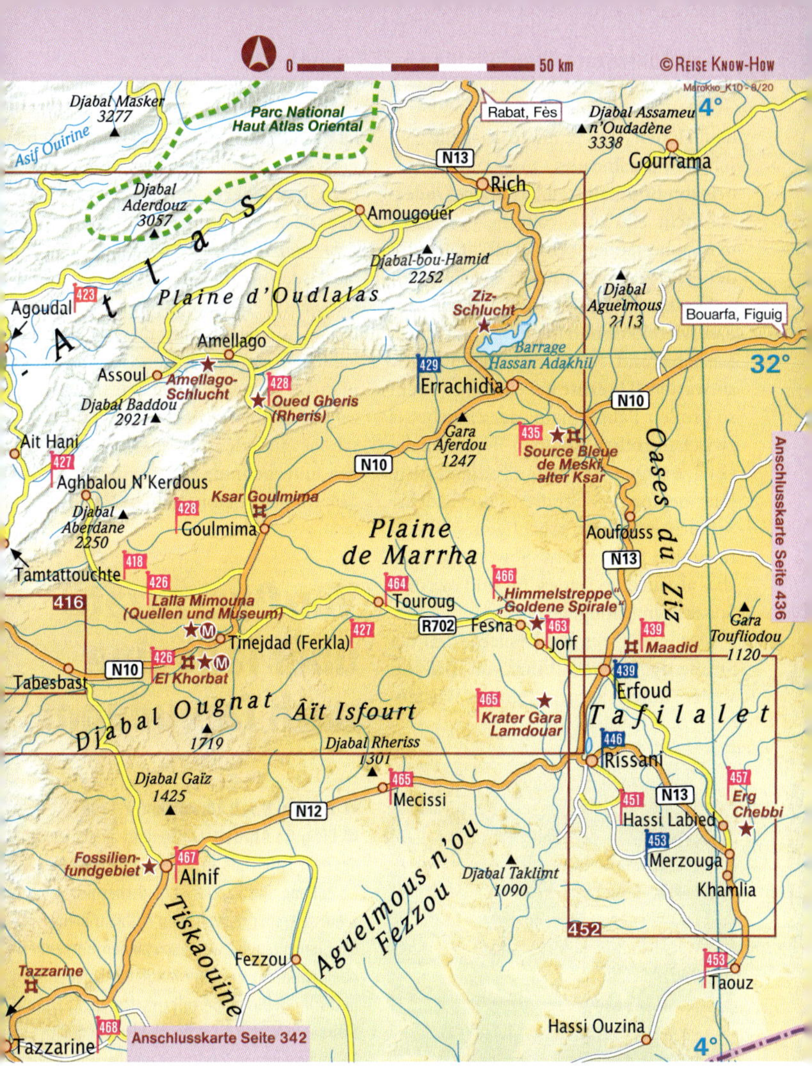


des südlichen Hohen Atlas gewaschen. Sie bewässern die Terrassenfelder der Oasen, auf denen Getreide und Gemüse, Mandeln und Obst gedeihen. Farben, Formen und das Spiel des Lichts vereinen sich an der Straße der Kasbahs zu einer kontrastreichen Bilderbuchlandschaft, wie man sie nur hier vorfindet.

Die Asphaltstraße ab Ouarzazate zieht sich im ersten Routenabschnitt nach Tinerhir **flussaufwärts am Dadès entlang,** mit Oasendörfern, Dattelpalmen und Kasbahs. Der Fluss entspringt im Hohen Atlas und windet sich in einem tiefen Canyon hinab zur Dadès-Schlucht. Bei **Boumalne du Dadès** mündet er aus dem Hohen Atlas in die Hochebene zwischen Boumalne und Ouarzazate. Nördlich von Boumalne gibt es in der **Dadès-Schlucht** eindrucksvolle Felsformationen zu bestaunen. Vor Ouarzazate wird der Fluss zu einem großen See gestaut.

**Skoura** ist die größte Dattelpalmenoase Marokkos und kann mit prächtigen Kasbahs und herrlichen Oasengärten aufwarten. **Tinerhir** hat einen fast ebenso großen Palmenhain, der eingebettet zwischen rötlich-braunen Bergen malerisch am **Oued Todrha** (Todgha) liegt. Hier beginnt die Straße in die Todrha-Schlucht mit ihren mächtigen, steil aufragenden Felswänden. Sowohl im Todrha- als auch im Dadès-Tal sind reizvolle Spaziergänge möglich.

Der letzte, weniger besuchte Teil der Straße der Kasbahs führt von Tinerhir weiter durch karge, steinige Wüstenlandschaft über die Oase **Goulmima** bis nach **Errachidia.** In Goulmima verlässt der **Oued Gheris,** der ebenfalls eine sehenswerte Schlucht bildet, den Hohen Atlas gen Süden. Die Bergzüge des Djabal Tisdafine im Norden und des Djabal Ougnat im Süden begrenzen die Route.

Von Tinerhir durch die Todrha-Schlucht oder von Osten (Rich) gelangt man auf Asphaltstraße nach Imilchil im zentralen Hohen Atlas. Hier kann man schöne ein- oder mehrtägige Wanderungen unternehmen oder einfach nur das ursprüngliche Dorfleben beobachten.

**NICHT VERPASSEN!**

- **Skoura:** Entspannen in der idyllischen Palmenoase | 396
- **Todrha-Schlucht:** die steilen Felswände sind ein Eldorado für Kletterer | 414
- **Dadès-Schlucht:** rote Felsen und mächtige Lehmburgen im grünen Flusstal | 418
- **Imilchil:** Kasbahs, Schluchten und Seen | 423
- **Lalla Mimouna:** Quellen und Museum | 426

**Diese Tipps sind gelb hinterlegt.**

# Von Ouarzazate über Taliouine nach Taroudannt

- **293 km, N 9, N 10; 260 km, P 1706.**
- Die **gute Asphaltstraße** führt an der Südseite des Hohen Atlas und an den Ausläufern des Anti-Atlas entlang. Die Strecke ist landschaftlich, je nach Jahreszeit, sehr reizvoll – im Frühjahr breitet sich ein Blumenteppich aus, nach langen Trockenperioden wirkt das einsame Bergland dagegen karg und schroff. Das wilde vulkanische Massiv **Djabal Siroua** (im Winter z.T. schneebedeckt) nördlich von Taliouine wird von Touristen kaum besucht, obwohl hier Trekkingrouten durch eine der schönsten Landschaften Marokkos führen. Wer es untouristisch und einsam liebt, ist hier genau richtig. Die Gegend zwischen Tazenakht, Taliouine und Aoulouz ist **Safranland:** Hier wird Safran angebaut und in den Dörfern verkauft. Die Region um Tazenakht ist außerdem für ihre Teppiche bekannt.
- Es fahren **Busse ab Ouarzazate** in Richtung Agadir (siehe bei Ouarzazate).

Fahren Sie ab Ouarzazate in Richtung Marrakesch. Von dort erreicht man bei **km 15** den Ort **Tabourath** (vgl. die Route nach Aït Benhaddou im Kapitel „Nördlicher Hoher Atlas"). Rechts führt ein Abzweig nach Aït Benhaddou, geradeaus geht es weiter.

Nach **19 km** zweigt im Ort **Aït Zineb** links die Straße nach Agadir ab (Wegweiser); weiter durch einsame Landschaft mit tollem Bergpanorama.

Bei **km 31** folgt das kuriose **Café Gas Haven** – die Fake-Tankstelle diente als Kulisse für den Horrorfilm „Hügel der blutigen Augen" (2006). Davor zweigt eine Piste zu einem Stausee ab.

Bei **km 56** liegt der Ort **Anezal (Anzal)** in schroffer Gebirgslandschaft an der Route. Unterkunft bietet die **Auberge Siroua (Sirwa)**① mit einfachen, um den Innenhof gruppierten Zimmern mit schöner Aussicht. Der nette und zurückhaltende Besitzer führt durch die Oasengärten. Die **Teppichkooperative Jemaite-Tfawine** im Ort lohnt einen Besuch: Die Damen der Kooperative wirtschaften auf eigene Rechnung (Festpreise) und schaffen kreative Muster. Geländewagenfahrer können von Anezal auf einer einsamen Piste durch grandiose Hochgebirgslandschaft über den Tizi-n-Melloul und Askaoun (ab hier Asphalt) nach Taliouine gelangen.

Zu Besuch in der Teppichkooperative Iklan bei Tazenakht

095sm20 ad

Wenige Kilometer hinter Anezal geht es bergauf zum **Pass Tizi-n-Bachkoum (km 67,** 1710 m, zahlreiche Souvenirstände). Von hier oben bietet sich ein fantastischer Ausblick auf die gesamte Umgebung. Bei **km 82** ist **Tazenakht** erreicht.

## Tazenakht

Tazenakht ist ein **angenehmer Ort,** in dem man in Ruhe durch den **schönen Markt** im Arkadenhof bummeln kann. Die Gegend ist bekannt für ihre schwarz-gelben (mit Safran gefärbten) und aus Schaf-/Ziegenwolle gefertigten **Glaoui- und Ouzgita-Teppiche.** Die in Teppichkooperativen *(Coopérative de Tapis)* organisierten Frauen und Mädchen, die die Teppiche knüpfen/weben, verdienen sich mit dem Verkauf ein eigenes Einkommen. Leider werden sie nicht immer fair bezahlt und müssen einen Anteil an Zwischenhändler abführen. Dennoch kommt beim Erwerb eines Teppichs hier mehr bei den Frauen an als z.B. beim Kauf in einem großen Geschäft in einer Touristenstadt. Sonntags findet ein Wochenmarkt auf dem Gelände ca. 2 km außerhalb in Richtung Talioune statt.

In der Umgebung wird **Safran,** das **teuerste Gewürz der Welt,** angebaut. Im Herbst ernten die Bauern die Blütenfäden der lila Krokusse *(Crocus sativus):* Für 1 g Safran müssen die Stempel von 140 bis 230 Krokussen gepflückt werden. Früher wurde Safran mit Gold aufgewogen und bereits im Mittelalter z.B. mit Öl bedampft, damit es schwerer wird. Heute werden die wertvollen Fäden z.T. mit anderen gefärbten Samen vermischt. Vorsicht: Häufig wird Gelbwurz als gemahlener Safran angeboten oder gefärbte Getreidespelzen vermischt mit wenigen Safranfäden. Echter Safran ist an den trompetenförmigen Enden der Blütenfäden zu erkennen.

### Praktische Informationen

#### Unterkunft/Essen und Trinken

- **Bab Sahara**②, im Zentrum, Tel. 0524 84 10 70. Das 3-Sterne-Hotel ist das komfortabelste und schönste am Platz. Es gibt große Zimmer mit Heizung, einen Pool, ein gutes Café (mit Patisserie) und ein Restaurant.
- **Taghadoute**①, zentral an der Hauptstraße, Tel. 0524 84 13 93. Einfaches, sauberes Hotel mit Terrassencafé, nicht alle Zimmer mit Bad.
- **Iznaga**①, direkt an der Hauptstraße in der Ortsmitte, Tel. 0524 84 10 32. Sauberes und freundliches Hotel mit einfachen Zimmer (mit Bad) und Restaurant.
- **Wohnmobilisten** können am großen Parkplatz vor der Polizei übernachten, außerdem gibt es wunderschöne Wildcampingplätze in der nahen Umgebung.
- **Tankstellen** und mehrere **Restaurants** bieten einfache Kost an.

#### Einkaufen

- Die **Teppichkooperative Iklan** im Dorf Talouste (4 km von Tazenakht Richtung Agdz, hinter dem Oued links, N 30°34,108', W 07°09,673', Mobil 0662 29 89 58, *Hamid Aït Ahmed*) bietet eine große Auswahl an schönen, mit Naturfarben gefärbten Teppichen zu fairen Preisen an.

#### Busse/Taxis

- 1x tägl. mit **CTM** nach Ouarzazate (2.45 Std., 35 DH) und über Taroudannt nach Agadir (115 DH, 4 Std.). Außerdem verkehren Grands Taxis in alle Richtungen.

## Weiterfahrt nach Taroudannt

Nach Süden (links) zweigt eine Straße (R 108) nach Foum-Zguid ab. 2 km weiter entlang dieser Strecke führt eine Route nach Norden in Richtung Ouarzazate (10 km asphaltiert, dann gute Piste). Unsere Route führt von Tazenakht **nach Nordwesten** (rechts) weiter in Richtung Taroudannt.

14 km hinter Tazenakht, bei **km 96**, liegt linker Hand ein verfallenes Ksar mit Moschee und Marabut, die **Zaouia Sidi Lahsain.**

Bei **km 107** ist der größere Ort **Kourkouda** erreicht (Safrananbau, Tankstelle, Fossilienverkauf).

Weiter führt die Straße durch **braune Halbwüste.**

Nach **128 km** beginnt der Ort **Tizounte.** Die Höhlen im Kegelberg rechts im Tal dienen Nomaden mit ihren Tieren als Unterschlupf. Von dort bietet sich ein prachtvoller Ausblick und man findet schöne Wildcampingplätze.

10 km weiter folgt **Ighri** (**km 138** und **139**) und gleich darauf **Tinfrat** mit zwei Marabuts links der Straße. Bei **km 141** wird das Dorf **Sidi Issaine** (mit Tankstelle) passiert. Bei einem Café mit Safrankooperative (N 30°28,446', W 07°44, 454', guter und günstiger Safran) führt ein Abzweig nach Norden in wunderschöne Vulkanlandschaft. Nach 6 km (N 30°32,801', W 07°40,171') führt eine Piste (4 km) in die ursprüngliche **Oase Tagmoute** mit der hübschen Auberge Pied du Siroua② (Mobil 0670 28 20 37, www.auberge-siroua.com). Von hier aus kann man schöne Wanderungen in die Berge unternehmen.

### 4x4-Variante nach Tata

Diese **sehr lohnenswerte Route** (ca. 150 km, von Aguinane 114 km) zweigt bei km 151 links (südlich) **in den Anti-Atlas** nach Aguinane, Akka Ighane (Akka-Irhen) und Tata ab. Diese 4x4-Route führt auf abenteuerlicher Piste durch wunderschöne Landschaft zur **Oase Aguinane** und ist nur für leichte Allrad-Fahrzeuge geeignet, da die Abfahrt nach Aguinane sehr steil und nur mangelhaft befestigt ist. Sinterterrassen mit kleinen Kaskaden ziehen sich den Berghang nach unten in das breite Palmental der Oase. Im Ort gibt es eine Bäckerei und eine einfache Herberge. In Richtung Süden führt eine Asphaltstraße weiter durch ein schönes Tal mit alten Ksour auf die N 12 bei **Akka Ighane (Akka-Irhen)** zwischen Tissint und Tata (vgl. Kapitel zum Sous und Anti-Atlas). Das Hotel Bab Rimal in Foum-Zguid organisiert den Ausflug von Süden her für Touristen im Geländefahrzeug.

Knapp 2,5 km weiter führt ein **lohnenswerter Abstecher zum Dorf Ifri,** das sehr schön an einem Flüsschen liegt. Auf dessen Ostseite erhebt sich eine Felswand, in die von fern nicht sichtbar ein **Agadir** mit vielen raffiniert in den Fels geschlagenen Kammern. Zur Besichtigung am Dorfanfang den Abzweig zu einer Schule nehmen und an dieser vorbeifahren bis zum Wasserturm. Dort parken und in Richtung Moschee laufen, in der Gasse rechts davor einbiegen und nach dem Wärter fragen (**N 30°26,726', W 07°50,440',** Trinkgeld ca. 50 DH). Innen kann man nicht sehr viel sehen (dunkel und verschachtelt), aber von außen ist der Speicher sehr imposant.

Zurück an der Kreuzung ist ohne Abstecher bei **km 162 Taliouine** erreicht.

# Taliouine

Die große, angenehme **Palmenoase** ist von den schroffen Bergen des Djabal Siroua im Norden und im Süden vom Anti-Atlas umrahmt. Eine verfallende **Kasbah,** einst Sitz eines Kalifen des Pascha *Al Glaoui,* mit bemerkenswerter Ornamentik im oberen Bereich thront auf einem Hügel an der Ortseinfahrt. Hinter der Kasbah im alten Ortskern findet montags ein sehenswerter **Markt** statt.

Der Ort lohnt sich aufgrund seiner schönen Lage für einen längeren Aufenthalt und für Ausflüge in die umliegenden Täler und Berge des über 3000 m hohen **Djabal Siroua** – ein reizvolles Gebiet für mehrtägige **Trekkingtouren.**

## Praktische Informationen

### Unterkunft

■ **Auberge Askaoun**①-②, gegenüber Le Safran, nach der Furt über das Oued am Ortseingang auf der rechten Seite, Tel. 0528 53 40 17, aubergeaskaoun@yahoo.fr. Das freundliche Hotel hat 40 große, einfach ausgestattete, aber sehr ordentliche Zimmer mit oder ohne Bad, z.T. mit Balkon. Im Terrassenrestaurant werden Spezialitäten mit Safran serviert. WLAN.

■ **Auberge Souktana**②, an der Hauptstraße auf der rechten Seite (von Ouarzazate kommend), Tel. 0528 53 40 75, souktana@menara.ma. Das kleine Hotel wird vom engagierten Besitzer *Ahmed Jadid* und seiner französischen Frau *Michelle* betrieben. Es gibt hübsche Zimmer mit Bad sowie Klimaanlage/Heizung im Haus oder kleine Hütten (mit Waschbecken) und winzige Zelte (mit Betten) im Garten (sehr saubere gemeinschaftliche Duschen und WC). Im Garten kann man zelten, es ist jedoch wenig Platz für Fahrzeuge. Von der schattigen Gartenterrasse des Restaurants (sehr gutes Essen) hat man einen schönen Blick auf die Kasbah. Es können Trekkingtouren im Djabal Siroua organisiert werden (mit Führer, Gepäckmuli, Essen und Übernachtung im Zelt).

■ **Escale Rando**②-③, Tel. 0528 53 46 00, www.escalerando.com. Das einfache, sympathische Gästehaus ist in einem Teil einer alten Kasbah untergebracht, hat DZ mit oder ohne eigenes Bad und einen hübschen Garten. Die sehr freundliche Familie von *Omar Id Hamou* kümmert sich um das Wohl der Gäste. WLAN.

■ **Le Safran**②, am Ortsanfang auf der linken Seite, Tel. 0528 53 40 46, Mobil 0668 39 42 23, http://auberge-safran-taliouine-sud-maroc.com. Die Herberge in sehr schöner Lage mit Blick auf die Kasbah hat farblich unterschiedlich gestaltete, einfach ausgestattete Zimmer, die meisten mit eigenem Bad. Der sehr nette Besitzer und diplomierte Bergführer *Mahmoud Mohiydine* spricht gut englisch und bietet Touren in den Anti-Atlas und den Hohen Atlas an.

### Essen und Trinken

Sehr gute Safran-Gerichte (ca. 70 DH) stehen z.B. in den **Herbergen Le Safran** und **Askaoun** auf der Speisekarte – hier kann man auch zum Mittagessen einkehren.

### Camping

■ **Toubkal,** ca. 2 km vor Taliouine rechts (von Tazenakht kommend), Tel. 0528 53 40 17. Viel besuchter Campingplatz (auf drei Terrassen) und sehr einfache Auberge① (kleine Zimmer mit Bad) mit Pool und Hammam. Ein kleiner Laden und ein Restaurant im Berberzelt komplettieren die Anlage. Die sanitären Anlagen sind sauber und okay. WLAN an der Rezeption.

■ **Zagmouzen,** ca. 2 km vom Zentrum Richtung Askaoun (auf der rechten Seite). Sehr ruhig gelegener Platz mit schönem Garten und sauberen sanitären Anlagen, auch Übernachtung im Berberzelt möglich.

- Außerdem ist Camping bei der **Auberge Souktana** (s.o.) möglich.

### Einkaufen

- Die **Coopérative Souktana du Safran** (Hinweisschild, tägl. 8–20 Uhr) liegt am Ortsanfang (von Ouarzazate kommend) rechter Hand. In der Kooperative kann man das wertvolle Gewürz direkt einkaufen.
- In der Umgebung kann man **Teppichkooperativen** besuchen (vgl. bei Tazenakht).

### Busse/Sammeltaxis

- **Busse** verkehren nach Ouarzazate, Taroudannt und Agadir.
- **Sammeltaxis** bedienen die Nebenstrecken in die Umgebung.

## Ausflüge

Viele Herbergen (s.o.) organisieren mehrtägige **Trekkingtouren ins Djabal-Siroua-Gebiet.** Die Wanderungen führen durch traumhaft schöne vulkanische Wüstenberge mit Basaltsäulen und schwarzen Schluchten mit Palmen (3–5 Std. Gehzeit täglich).

Von Taliouine lohnt sich ein Ausflug zum **Agadir** (Speicherburg) von **Ifri** (vgl. vorherige Routenbeschreibung).

Empfehlenswert ist auch ein Ausflug nach **Askaoun** im **Djabal-Siroua-Gebiet** auf landschaftlich sehr schöner Strecke (Asphaltstraße; Askaoun: **N 30°54, 034', W 07°47,932'**, über Tozro und Tala: **N 30°36,450', W 07°50,189'**). Dort wird Safran angebaut, außerdem kann man herrlich wandern. Eine Rundfahrt über Aoufour – Aoulouz und zurück nach Taliouine ist möglich.

## Weiterfahrt nach Taroudannt

13 km hinter Taliouine bzw. **178 km** hinter Ouarzazate liegt der Ort **Iouzioua Ounneïne** bzw. **Assaki** (Tankstelle und Geschäfte). Nach der Brücke über den **Oued Assaki** zweigt eine Asphaltstraße **nach Igherm (91 km, R 106) und Tata** ab, eine lohnenswerte Variante (Speicherburgen, bizarre Gebirgslandschaft), falls man den Anti-Atlas besuchen will. Seit einer Reihe von Unwettern im Jahr 2016 ist diese Route an vielen Stellen unterbrochen (u.a. viele Umfahrungen von Brücken) und nicht für große Wohnmobile geeignet.

Nach dem Oued weicht die karge Felslandschaft mit Palmenoasen und Kasbahs Arganienbäumen und Getreidefeldern. Es bieten sich immer wieder schöne Ausblicke auf den Atlas.

29 km hinter Taliouine bzw. bei **km 194** führt links die Straße P 1706 in **Richtung Agadir und Taroudannt.** Diese Strecke ist ungefähr 35 km kürzer, aber landschaftlich langweiliger (gute Straße durch das landwirtschaftlich intensiv genutzte Sous-Tal, Einmündung in die Route Agadir – Taroudannt bei km 71). Geradeaus führt die (hier beschriebene) alte Route (N 10) über Aoulouz nach Ouled Berhil.

Bei **km 202** erreicht man auf der N 10 **Aoulouz,** einen großen Ort mit Tankstelle und Geschäften. Hier kann man auf eine kleine Straße nach **Amsouzart** abbiegen, wo eine schöne Trekkingroute zum Lac d'Ifni und von Süden zu den Toubkal-Hütten begangen werden kann (siehe Exkurs „Bergsteigen im Djabal-Toubkal-Gebiet“).

Die Kreuzung rechts nach Marrakesch über den Tizi-n-Test ist bei **km 237** erreicht. Links geht es weiter nach Taroudannt/Agadir.

Bei **km 244** liegt **Oulad Berhil** (vgl. „Von Marrakesch über den Tizi-n-Test nach Taroudannt"). Die Straße führt durch dicht besiedeltes Gebiet und erreicht bei **km 293 Taroudannt.**

# Von Ouarzazate nach Tinerhir

- **165 km, N 10.**
- **Gute Asphaltstraße** durch schöne Wüstenlandschaft mit Oasendörfern, Kasbahs und Dattelpalmenhainen.
- **Busverbindung** nach Tinerhir mehrmals täglich (siehe Ouarzazate).

Von Ouarzazate verläuft die N 10 ostwärts zunächst über ein Wüstenplateau, auf dem das **weltweit größte Solarkraftwerk Noor** aufgebaut wurde (vgl. Kapitel „Land und Leute/Wirtschaft"; keine Besichtigung möglich).

Nach 15 km bzw. 18 km (von Ouarzazate Zentrum) zweigt links (beschildert „Ghassate 24 km, Demnate 139 km") die kleine Asphaltstraße **nach Demnate und Imi-n-Ifri** ab. Diese ausgefranste und schmale Straße führt landschaftlich grandios durch das **Tessaout-Tal** (Wandergebiet) über den Hohen Atlas. Im Winter bei Schneefall ist die Route nur für Allradfahrzeuge geeignet (vgl. im Kapitel zum nördlichen Hohen Atlas „Von Demnate über den Tizi N'Outfi nach Ouarzazate").

Etwa 4 km weiter erstreckt sich rechts der **Stausee Mansour ad Dahabi** (siehe bei Ouarzazate). 1 km weiter folgt der beschilderte Abzweig zum See und zum Luxushotel Sultana Royal Golf.

Nach weiteren 11 km befindet sich das **Café/Restaurant La Pergola** in einem schattigen Pinienwald links (nördlich) der Straße. Die Route führt durch Wüstenlandschaft mit Blick auf die schneebedeckten Berge des Hohen Atlas (Dezember bis April). 5 km vor Skoura liegen das **Gästehaus Chez Talout** sowie die **Kasbah d'Hôtes Chez Ayad** (vgl. „Skoura/Unterkunft") am Oued El Hajhaj. Es folgt das **Gästehaus Dar Ikram** im Palmental, und nach einem weiteren Kilometer ist bei der **Kasbah Aït Ben Moro** (vgl. „Skoura/Unterkunft") nach insgesamt 39 km Skoura erreicht.

## Skoura

Die **herrliche große Palmenoase** mit typischer Oasenbewirtschaftung besteht aus mehreren Dörfern, die weitläufig auf der nördlichen Seite des (meist trockenen) Oueds verteilt liegen. Dort verstecken sich auch zahlreiche schöne, mit Ornamenten verzierte **Kasbahs.** Viele der Lehmburgen von Skoura sind dem Verfall preisgegeben, einige wurden in Privatinitiative renoviert und z.T. in stilvolle Herbergen umgestaltet. Der Lehmbau ist den meisten Bewohnern zu mühsam geworden, da die Häuser nach starkem Regen immer wieder restauriert werden müssen. Das neue **Ortszentrum** von Skoura (mit Läden, Restaurants, Apotheke etc.) erstreckt sich wenige Kilometer hinter der Kasbah Aït Ben Moro entlang der Straße.

Die bekannteste Kasbah von Skoura, die auch von Gruppenreisenden besucht wird, ist die große, absolut sehenswerte **Kasbah Amerhidil** aus dem 17. Jh. Man erreicht sie, indem man kurz hinter der Kasbah Aït Ben Moro links abbiegt (N 31°02,865', W 06°34,337', beschildert) und auf einer Piste das Flussbett zur anderen Seite des Oueds überquert (N 31° 02,779', W 06°34,867'). Sie ist auch gut zu Fuß durch die Oasengärten vom Parkplatz des Hotels Ben Moro erreichbar. Eine Besichtigung der prachtvollen Lehmburg, die von der Familie *Naciri* authentisch renoviert wurde und sogar auf den alten 50-DH-Scheinen abgebildet ist, kostet 20 DH Eintritt, mit kompetenter Führung 50 DH. Ein kleines **Museum** zeigt alte Werkzeuge und Gebrauchsgegenstände. Die Familie hat neben der Kasbah das Gästehaus Espace Amridil eingerichtet (s.u.).

Versteckt im nordöstlichen Palmenhain neben einer Quelle im großen Oasengarten befindet sich die wunderschöne **Kasbah Aït Abou Ali** (siehe Ausflug weiter unten), die ebenfalls einen Besuch lohnt.

## Praktische Informationen

### Unterkunft

Inzwischen gibt es ein großes Angebot an Herbergen in der Oase. Die Anfahrt zu vielen Unterkünften durch das Flussbett ist nach starken Regenfällen evtl. schwierig oder vorübergehend nicht möglich. In den genannten Gästehäusern kann man auch zum (Mittag-)Essen einkehren.

### Mittelklasse

■ **Chez Talout**③, Oulad Arbia, Tel. 0524 85 26 66, Mobil 0668 24 76 74, www.cheztalout.com, N 31° 02,538', W 06°36,241'. Schöne, sehr gepflegte Herberge mit Restaurant (gutes Essen), schönem Pool und tollem Ausblick auf die Oase von den Terrassen. Herzlicher Empfang und liebevolle Betreuung. Klimatisierte/beheizte komfortable DZ mit Bad.

■ **Dar Lorkam**③, ca. 5 km abseits der Hauptstraße in der Palmeraie (andere Seite des Oueds), Tel. 0524 85 22 40, www.dar-lorkam.com, N 31°05,95', W 06°35,05'. Liebevoll gestaltete Herberge in ruhiger Lage mit Pool und netten Zimmern im Berberstil mit Bad. Das Essen wird mit Gemüse aus dem Garten zubereitet.

■ **Espace Amridil**③, unmittelbar neben der Kasbah Amerhidil, Tel. 0524 85 22 79, Mobil 0616 10 16 04. Freundliches, sehr hübsches Gästehaus in einer im Lehmbaustil nachgebildeten Kasbah mit 10 Zimmern mit Bad (einige klimatisiert). Essen auf Bestellung im Innenhof unter Palmen, WLAN, Mountainbike-Verleih.

■ **Kasbah Aït Ben Damiette**③, Douar Ouled Ali Khamsa, am Ortsausgang von Skoura (Richtung Kelâa M'gouna) links abbiegen Richtung Toundout (2 km), Tel. 0524 85 20 02, www.kasbahaitbendamiette.com. Das tolle Kasbah-Hotel unter Führung der herzlichen Franzosen *Yannick* und *Colette* hat 12 klimatisierte/beheizte Zimmer und Suiten mit Bad, AC/Heizung. Es gibt einen Pool sowie Restaurant, Fernsehsalon und Bar um den offenen Innenhof. Auch Übernachtung auf der Dachterrasse (mit Ausblick) möglich.

■ **Kasbah Aït Ben Moro**③-④, Tel. 0524 85 21 16, www.kasbahaitbenmoro.com. Die Kasbah aus dem 18. Jh. wurde stilvoll und authentisch zu einem Hotel mit sehr schönen, komfortablen Zimmern und Suiten umgestaltet (z.T. mit Privatterrasse, Kamin). Schöner Garten mit Terrasse und Pool, traumhafter Ausblick von der Dachterrasse auf den Palmenhain und den Hohen Atlas. Nebenan liegt die einfachere Herberge **Famille Ben Moro**.

■ **La Kasbah 123 Soleil**③, Ouled Amira, in der Palmeraie (holprige Pistenzufahrt, ca. 3 km von der Kasbah Amerhidil), Tel. 0524 85 23 85, www.lakasbah123soleil.com. Familiäres Kasbah-Hotel mit schönem Garten (eigener Bio-Gemüse- und Obstanbau für die Küche), Pool, Hammam, Dachterrasse mit Ausblick, 12 Zimmern (mit Bad) für bis zu 5 Personen. WLAN, Transferservice zur An- bzw. Abreise. Auch Camping auf dem Gelände möglich.

■ **L'Ma Lodge**④, Douar Ouled Ali Khamsa, in der Palmeraie, Anfahrt: am Ortsausgang von Skoura (Richtung Kelâa M'gouna) links abbiegen Richtung Toundout, nach 3 km links ab auf eine gute Piste bis zu einer Kasbahmauer, dann rechts und erste Piste wieder links, N 31°05,467', W 06°33,306', Tel. 0524 85 22 81, Mobil 0666 64 79 08 *(Vanessa)*, www.lmalodge.com; vorher anrufen, um hinzufinden. Sehr stilvolles und komfortables Gästehaus in ruhiger Lage, (beheizter) Pool mit Liegen im wunderschönen Garten unter Palmen und Obstbäumen, im Riad sind drei Suiten und vier unterschiedlich gestaltete, helle Zimmer für bis zu 5 Pers. mit Tadelakt-Bad und separatem WC untergebracht. Im Restaurant mit Kamin gibt es marokkanische und mediterrane Küche aus Bio-Produkten (vegetarisch und glutenfrei bei Vorbestellung). Transfers und Organisation von Ausflügen möglich.

■ **Les Jardins de Skoura**④, Tel. 0524 85 23 24, Mobil 0661 73 04 61, www.lesjardinsdeskoura.com, N 31°03,605', W 06°35,730'. Anfahrt wie zur Kasbah Amerdihil (s.o., Schild an der Straße), im Flussbett rechts halten und durch die Palmeraie hindurch immer den roten Pfeilen folgen (ca. 3 km). In diesem Landhotel mit schönem Garten mit Hängematten und Pool herrscht eine wunderbar ruhige und erholsame Atmosphäre. Die französische Betreiberin *Caroline* ist sehr um ihre Gäste bemüht. Hübsche, sehr große Zimmer und Suiten im Berberstil, z.T. mit Kamin und Privatterrasse (Familiensuite).

■ **Sawadi Ecolodge**③-④ (mit Frühstück), Douar Tajanate, in der Palmeraie, Tel. 0524 85 23 41, www.sawadi.ma. Die Gästefarm von *Catherine Quenisset* und *Philippe Ferrer Mora* ist ein kleines Paradies: geräumige, unterschiedlich gestaltete Suiten in einzelnen kleinen Kasbahs (mit Privatterrasse, z.T. mit Klimaanlage und Kamin) auf dem 4 ha großen Gartengrundstück. Anbau von Bio-Gemüse und Obst für den Eigenbedarf, toller Pool, kleines Hammam, Restaurant und Kinderspielplatz. Besonders für einen ruhigen Familienurlaub geeignet. Abholung aus Ouarzazate und diverse Ausflüge möglich.

### Günstig

■ **Kasbah Aït Abou Ali,** vgl. Ausflug unten. Gästehaus in einer schönen Kasbah.

■ **Kasbah Dar Dmana**②, Douar Rouda, Ouled Yakoub (Dorf hinter der Kasbah Amerhidil), Mobil 0613 87 73 22, Buchung über www.booking.com möglich. Sehr freundliches Gästehaus mit guter (auch vegetarischer) Tajine, leckerem Frühstück und hübschen Zimmern. WLAN.

■ **Kasbah d'Hôtes Chez Ayad**②, kurz vor Skoura an der Hauptstraße, Tel. 0524 85 20 47 oder Mobil 0662 35 25 02, www.chezayad.com. Schöne Unterkunft in einer renovierten Kasbah (ca. 100 Jahre alt). *Hassan Ayad* und seine Familie empfangen Gäste herzlich und sind sehr freundlich. Sechs DZ mit Bad und barrierefreie Zimmer im EG. Gutes Frühstück und Abendessen auf der Terrasse im Palmengarten.

■ **Kasbah La Palmeraie**②, Mobil 0662 15 30 49, Buchung über www.booking.com möglich. Nette Gîte d'étape der Familie *El Gharbi* in einer Kasbah, ca. 800 m vom Zentrum im Douar Rouha. Es gibt Zimmer mit oder ohne Bad, auch Übernachtung auf der Dachterrasse ist möglich.

### Camping

■ **Amridil,** Mobil 0666 25 11 54, nördlich der Hauptstraße am Oued, ummauertes Gelände nahe der Kasbah (Wegweiser, N 31°02,980', W 6°34,593'). Liebevoll gestalteter Campingplatz und idealer Ausgangspunkt zur Oasenbesichtigung: einfache, sau-

▷ Begrüßung mit einem Glas Tee in der Kasbah Amerhidil in Skoura

bere sanitäre Anlagen, schattiger Salon, gutes Restaurant, Pool, Stellplätze mit Strom und wenig Schatten, auch Bungalows③ im Kasbahstil.

■ **La Kasbah 123 Soleil,** vgl. „Unterkunft". Auf dem schönen Gartengelände (mit Pool) im Palmenhain sind Campingmobile willkommen.

## Sonstiges

■ Ein **Grand Taxi** nach Ouarzazate kostet ab Skoura etwa 40 DH. Die Busse von Ouarzazate (siehe dort) nach Tinerhir halten z.T. in Skoura.

■ Der Veranstalter Sport Travel in Marrakesch (www.horseriding-sporttravel.com, vgl. auch bei Marrakesch) betreibt eine **Pferderanch** *(Centre Equestre)* in Skoura, wo Reiter Ausritte unternehmen können. Anfahrt: Von Ouarzazate kommend in Skoura links ab auf die Asphaltstraße nach Toundoute, vor der Auberge Bouarif links auf eine Piste, nach 500 m ist dann die Ranch erreicht (Douar Tiriguioute, Mobil 0661 22 52 63).

## Ausflug zur Kasbah Aït Abou Ali

Dieser **schöne Abstecher** zur Kasbah Aït Abou Ali (erbaut im 19. Jh.) ist **auch für Radfahrer und Fußgänger geeignet,** da er durch die Oasengärten von Skoura führt. Man kann direkt vom Ortszentrum starten und über das Oued nordostwärts dorthin gelangen.

Kurz vor Ortsende in Richtung El Kelâa, Tinerhir weist das Schild „Gîte d'étape Kasbah Aït Abou Ali" nach links. Entlang der Asphaltstraße geht es knapp 7 km bis zu einem Dorf mit einer Kasbah. Dort auf eine Piste links abbiegen und nach 2,4 km auf einer kleinen **Brücke** ein Oued überqueren **(N 31°06,056', W 06°33,897').** Kurz darauf wieder auf guter Piste ein Oued queren. Weiter durch die Oasengärten: Nach 1,1 km er-

096sm20 ad

# M'goun-Tal/Rosental

reicht man ein Dorf. Weiter an Lehmmauern entlang geradeaus durch die Gärten, nach 500 m rechts abbiegen (Pfeil auf Mauer). Nach 800 m liegt linker Hand die wunderschöne **Kasbah Aït Abou Ali**② (Tel. 0524 85 22 34, **N 31°06, 442', W 06°34,714'**). Das Kasbah-Hotel mit hübschen Zimmern im Berberstil mit Bad (auch Familienzimmer, z.T. mit Klimaanlage/Heizung, Übernachtung im Nomadenzelt①) hat einen Hammam. In den herrlichen Palmengärten gibt es eine Quelle.

## Weiterfahrt nach Tinerhir

Die **N 10** führt durch wüstenhafte Gegend, die lediglich im Drâa-Tal grüne Farbe zeigt. Nach 3 und 4 km **(km 40/41)** folgen **Abzweige (links) nach Toundoute** südlich des Djabal-M'goun-Massivs. Von dort kann man weiter ins Rosental (Osten) oder ins Tessaout-Tal (Westen) fahren. Eine Piste nordwärts in Richtung Aït-Bougoummez-Tal war Anfang 2020 in Bau (vgl. Kapitel „Nördlicher Hoher Atlas").

Bei **km 41** und **km 57** befinden sich große **Raststätten** *(Aire de Repos)* mit Tankstelle und Restaurant. Die Strecke verläuft weiter über ein ödes Plateau zum Pass **Tizi-n-Taddert** auf 1370 m Höhe. Danach geht's hinab ins Dadès-Tal nach **Imassine (km 66).**

**Aït Ridi,** ein großer Oasenort mit vielen Kasbahs und diversen Cafés, ist nach **80 km** erreicht. Hier steht rechts der Straße ein großer, pilzförmig erodierter Felsen, der als Aussichtsplattform dient.

4 km weiter führt eine Brücke über den **Assif M'goun.** In der Nähe haben sich viele Restaurants, Cafés und Steinverkäufer entlang der hübschen Palmenhaine angesiedelt.

Die landschaftlich schöne Strecke führt weiter entlang des Dadès durch diverse Dörfer mit Kasbahs.

Bei **km 83** liegt das Hotel Rosa Damaskina an der **Pont d'Almou** (Brücke) mit herrlichem Blick. Im Restaurant kann man einen Stopp zum Mittagessen einlegen (die Zimmer sind nicht empfehlenswert).

**El Kelâa M'gouna** folgt bei **km 89** (km 92 ab Ouarzazate Zentrum).

## El Kelâa M'gouna

Die **schöne Oase** (etwa **17.000 Einwohner**) liegt 1467 m hoch am Fluss Assif M'goun, der hier vom Hohen Atlas kommend ins Dadès-Tal mündet und wenige Kilometer vor El Kelâa M'gouna in den Dadès-Fluss fließt. Auf einem Felsen, der die Oase überragt, liegt die **Kasbah** des früheren Pascha von Marrakesch, *Al Glaoui.* Die Kasbah gab dem Ort seinen Namen: *Kelâa* bedeutet Festung, *M'gouna* heißt der hier ansässige Stamm.

Die Region ist für die Herstellung von **Rosenprodukten** bekannt, die überall (z.T. direkt ab Fabrik) verkauft werden. Rosenwasser wird für Kosmetikprodukte sowie zum Backen und Kochen verwendet, Rosenöl als Essenz für die Parfümherstellung und z.B. für Massageöle. In El Kelâa M'gouna findet jedes Jahr Mitte Mai zur Rosenernte das landesweit bekannte **Rosenfest (Fête des Roses)** mit viel Folklore statt, bei dem auch eine Rosenkönigin gekürt wird.

Der große **Wochenmarkt** jeden Mittwoch ist sehr ursprünglich und sehenswert. Im Ort finden sich alle Versorgungsmöglichkeiten mit Shops, Restaurants, Cafés, Banken und Apotheken.

## Praktische Informationen

### Unterkunft in El Kelâa M'gouna und im Rosental (Karte S. 400)

**Unser Tipp:** 2 **Dar Timitar**③, Douar Agoulzi, Aït Ouassif, ca. 12 km von El Kelâa M'gouna im Rosental (vgl. Ausflug unten) oberhalb der Straße nach Bou Thrarar (2 km Pistenzufahrt, beschilderter Abzweig rechts bei N 31°18,966', W 06°10,283'), Mobil 0668 16 73 19, www.dartimitar.com. Das freundliche Gästehaus liegt sehr ruhig auf einem Hügel oberhalb des Flusstals mit fantastischem Panorama von der Terrasse auf die Dörfer im Tal und den Djabal M'goun im Norden. Im hinteren Bau mit kleinem Hofgarten liegen verspielt bunt gestaltete Zimmer mit Berberteppichen. Die großen Zimmer (z.T. mit mehreren Betten, einfache Bäder, keine Heizung) vorne haben einen Balkon und tollen Ausblick. WLAN. Von der Herberge kann man z.B. eine Wanderung über die Steinberge und einen kleinen Pass bis zur nächsten Flussschleife bei den Dörfern Tazi-richt/Hdida unternehmen.

1 **Gîte d'étape Tamaloutte**①-③, südlich von Bou Thrarar (25 km von El Kelâa M'gouna, vgl. Ausflug) im Rosental, N 31°23,088', W 06°07,865', Tel. 0524 83 11 26 oder Mobil 0670 22 07 23, www.tamaloutte.com. Die Herberge mit herrlichem Blick auf die Flussoase bietet sich sowohl für ein Mittagessen auf der Gartenterrasse (gute Tajine oder kleine Gerichte mit Salat/Ziegenkäse) als auch zur Übernachtung an (nette Zimmer mit Bad, AC und eigener Terrasse, auch Mehrbettzimmer).

1 **Kasbah Amnay**②, in Bou Thrarar im Rosental (28 km von El Kelâa M'gouna, vgl. Ausflug), Mobil 0612 02 86 98. Das liebevoll restaurierte Lehmhaus mit einfachen Zimmern liegt toll oberhalb des Flusses. Die sehr freundlichen Betreiber *Hassan* und *Youssef* sprechen englisch und organisieren Trekkingtouren.

1 **Kasbah Chems**①-③, in Bou Thrarar im Rosental (28 km von El Kelâa M'gouna, vgl. Ausflug), Mobil 0671 30 03 06, www.kasbah-chems.fr. Nettes Kasbah-Hotel mit tollem Ausblick, Restaurant und 14 Zimmern für bis zu 5 Pers., auch günstige Übernachtung im Mehrbettzimmer, in fest installierten Zelten und Camping möglich.

3 **Kasbah Itran**②-③, 3 km außerhalb von El Kelâa M'gouna an der Straße ins Rosental (vgl. Ausflug), Tel. 0524 83 71 03, Mobil *(Mohamed)* 0662 62 22 03, www.kasbahitran.com. Das Gästehaus in traditioneller Lehmbauweise hat 12 sehr hübsche Zimmer (mit oder ohne eigenes Bad, z.T. mit Kamin) im Berberstil, im OG mit fantastischer Aussicht auf das Flusstal. Restaurant mit sehr gutem Essen auf der tollen Panoramaterrasse.

4 **Ksar Kaissar**③, 3 km hinter dem Zentrum Richtung Tinerhir links ab (Schild), Tel. 0524 83 67 42, 83 67 76. Das große Hotel mit 64 klimatisierten Zimmern, 50 Höhlenzimmern und großem Pool empfängt vor allem Gruppen und ist etwas in die Jahre gekommen. Es gibt einen terrassenartig angelegten, weitläufigen Campingplatz mit schattigen Wohnmobilstellplätzen, toller Aussicht, aber wenig gepflegten Sanitäranlagen. Poolnutzung für Camper gegen Gebühr möglich.

### Sammeltaxis/Busse

- Einmal täglich (mittags) verkehrt ein **CTM-Bus nach Tinerhir** (von Ouarzazate kommend, ca. 2 Std. Fahrzeit, 35 DH) und weiter nach **Errachidia** (75 DH, ca. 4 Std.). Der CTM-Bus nach **Ouarzazate** startet vormittags (35 DH, ca. 2 Std. Fahrzeit) und fährt nach **Marrakesch** weiter (110 DH, ca. 6½ Std. Fahrzeit). Auch Supratours und weitere Buslinien verkehren in Richtung Ouarzazate, Marrakesch und Errachidia.
- **Sammeltaxis nach Boumalne** ca. 10 DH, nach **Ouarzazate** ca. 20 DH. **Ins Rosental** verkehren Kleinbusse/Grands Taxis (10 DH) ab der Kreuzung der N 10 mit der Straße Richtung Bou Thrarar/Vallée des Roses. Die Herbergen im Rosental bieten auch Transferserivces an.

025sm20 ad

## Sonstiges

- Tipps für Unternehmungen in der Region (Wandern, Ausflüge etc.) bekommt man im **Bureau des guides et accompagnateurs de montagne** 1 km vor El Kelâa M'gouna (von Ouarzazate kommend auf der linken Seite, Tel. 0524 83 73 68, 83 73 71) und in Suq el Khemis (s.u.). Die Büros vermitteln Bergführer.

## Ausflug ins Rosental (Vallée des Roses)

Ein Abstecher von El Kelâa M'gouna ins wunderschöne Rosental lohnt sich unbedingt, vor allem im Frühjahr (April/ Mai) zur Rosenblüte. Im Flusstal sind **Wanderungen** durch die Oasengärten und ursprüngliche Dörfer mit (z.T. gut erhaltenen) Kasbahs möglich, ambitionierte Bergwanderer können auf einem mehrtägigen **Trekking** auch das über 4000 m hohe Djabal-M'goun-Massiv in Richtung Norden bis ins Aït-Bougoumez-Tal überqueren (vgl. Kapitel „Nördlicher Hoher Atlas"). Die Menschen im Tal sind sehr freundlich.

Die schmale Asphaltstraße ins Rosental zweigt in der Ortsmitte von El Kelâa M'gouna bei einem Kreisverkehr in Richtung Norden ab. Immer wieder bieten sich herrliche Ausblicke in das grüne Flusstal des **Assif M'goun,** der sich durch die ansonsten karge, braune Berglandschaft windet. An klaren Tagen zeichnet sich das bis ins Frühjahr verschneite Massiv des Djabal M'goun im Norden am Horizont ab. Der Ort **Hdida** (ca. 19 km ab El Kelâa M'gouna) eignet sich als Ausgangspunkt für Spaziergänge durch die **Oasengärten** zwischen Walnuss-, Mandel- und Obstbäumen, Ro-

^ Die Dörfer im Rosental sind noch sehr ursprünglich aus Lehm und Stein gebaut

sensträuchern und Getreidefeldern. Wenige Kilometer vor Bou Thrarar verengt sich das Tal und die Straße führt durch eine rostrote, bizarr erodierte Canyonlandschaft mit steilen Felswänden und -türmen. Der ursprüngliche Ort **Bou Thrarar** (28 km von El Kelâa M'gouna) ist der größte im Rosental (Unterkünfte s.o.). Hier endet der Asphalt, Geländewagenpisten führen in Richtung Osten in die Dadès-Schlucht (Aït Youl), gen Westen nach Skoura und nach Norden zum Aït-Bougoumez-Tal.

## Weiterfahrt nach Tinerhir

Ohne Abstecher ins Rosental folgt man weiter der N 10 in Richtung Osten. Ab **Zaouiat el Bir** (bei **Gesamt-Km 103** ab Ouarzazate) führt die Route durch dicht besiedeltes Gebiet.

Bei **km 108** ist der große Ort **Suq el Khemis** (Wochenmarkt am Donnerstag) und bei **km 115 Boumalne du Dadès** erreicht.

## Boumalne du Dadès

Das regionale Markt- und Verwaltungszentrum (etwa **12.000 Einwohner**) liegt 1586 m hoch zwischen den kahlen, ver-

Der Dadès schlängelt sich als grünes Band durch die karge Berglandschaft

witterten Berghängen des Hohen Atlas im Norden und des Djabal Saghro im Süden. Das geschäftige, angenehme Städtchen ist **Zentrum der Aït-Atta-Berber.** Die Bewohner leben in erster Linie von der Landwirtschaft (Gemüse-, Obst-, Getreideanbau), die hier entlang der Flüsse betrieben wird. Palmen gedeihen auf dieser Höhe aufgrund der Winterkälte nicht mehr. Markt ist am Mittwoch – ein Besuch des **Suqs,** zu dem alle Bewohner der Umgebung kommen, lohnt sich (Marktgelände ca. 2 km außerhalb an der Straße nach Tinerhir).

Unbedingt einen Abstecher wert ist die **Dadès-Schlucht** (vgl. „Von Boumalne du Dadès in die Dadès-Schlucht"). Die Schlucht ist zumindest im oberen Bereich eindrucksvoller als die Todrha-Schlucht. Schon nach wenigen Kilometern flussaufwärts thronen imposante Kasbahs in dem von roten Felsen umrahmten grünen Flusstal – eine faszinierende Landschaft voller Kontraste.

097sm20 ad

## Praktische Informationen

### Unterkunft in Boumalne du Dadès

■ **Al Manader**③, Bd. Mohamed V. (ca. 500 m außerhalb in Richtung Tinerhir auf der rechten Seite), Tel. 0524 83 01 72. Einfaches Hotel mit sauberen, geräumigen Zimmern mit heißer Dusche und WC (nur durch Vorhang abgetrennt), vom Balkon herrlicher Blick ins Tal. Sehr freundliches Personal und gutes Essen, eigener Parkplatz, WLAN.

■ **Bougafer**①, direkt im Zentrum am kleinen Platz auf der linken Seite (von Ouarzazate kommend), Tel. 0524 83 17 85. Die einfache Unterkunft ist sauber und hat eine hübsche Terrasse/Dachterrasse sowie ein Restaurant mit gutem Essen. Zimmer mit Dusche/Waschbecken (ohne WC), auch 3er-Zimmer. WLAN.

■ **Casbah d'Hôte La Jeanne**③, Slillou, 2 km vom Stadtzentrum entfernt (Abholung bei Anruf), Tel. 0524 83 00 72, Mobil 0667 41 56 97, Buchung über www.booking.com möglich. Das Kasbah-Hotel von *Moha Mansoub* und seiner Familie hat großzügige, schöne Zimmer für bis zu 4 Pers. mit Bad und Blick auf die Gärten am Fluss (schöne Spaziergänge möglich). *Moha* bietet Touren in die Berge und die Wüste sowie Trekkings an.

■ **Kasbah Tizzarouine**③-④ (je nach Saison), am Ortsausgang Richtung Tinerhir rechts abbiegen (beschildert), dann einige 100 m Piste, Tel. 0524 83 06 90, www.tizzarouine.com. Das große Hotel im Kasbahstil hat einen Pool, die Terrasse am hinteren Ende der riesigen Anlage bietet einen tollen Blick auf Boumalne. Eines der zwei hübschen Restaurants befindet sich in einem Berberzelt (abends Folklore), meist gutes Essen und aufmerksamer Service. Übernachtung in Standard-Zimmern, in kleinen Höhlenzimmern (ohne Fenster, mit eigener Terrasse) oder in Berberzelten möglich (bei Ansturm nicht immer sauber).

■ **Riad Le Soleil Bleu**②-③, oberhalb des Ortes (2 km) in Richtung Tinerhir und dann links (vom Hotel Madayeq ca. 400 m weiter auf Piste, N 31°22, 684', W 05°58,872'), Tel. 0524 83 01 63, www.riad-soleilbleu.com. In den sauberen Zimmern mit Bad, AC und Balkon (alte Zimmer im EG, neuere Zimmer im OG) und z.T. Ausblick ins Tal ist nicht immer alles voll funktionsfähig. Es gibt ein gutes Restaurant mit sehr schöner Terrasse und herrlichem Blick. **Camping** im Hof möglich (Stellplatz im ummauerten Hof wenig ansprechend, sanitäre Anlagen aber ordentlich und sauber, warme Duschen).

■ **Xaluca Dadès**③, im oberen Ortsteil, Tel. 0524 83 00 60, www.xaluca.com. Das komfortable 4-Sterne-Kasbah-Hotel mit tollem Blick über das Dadès-Tal hat 106 hübsche, afrikanisch gestaltete Zimmer mit Bad, TV und Heizung/AC, ein gutes Restaurant (mit Alkoholausschank), einen Pool und einen SPA/Hammam. WLAN.

### Unterkunft/Camping in der Dadès-Schlucht

Die Unterkünfte sind entsprechend ihrer Reihenfolge entlang der Straße durch die Dadès-Schlucht aufgelistet (von Süden nach Norden).

■ **Kasbah Didis**③, in Aït Youl, ca. 8 km von Boumalne, Tel. 0524 83 00 03, http://kasbahdidis.com. Das auf einem Hügel gelegene, freundliche Hotel mit tollem Ausblick hat einen Garten mit Terrasse und Restaurant, hübsche Zimmer mit Bad und Balkon sowie einen steinigen, aber flachen Camping-Stellplatz mit sauberen Sanitäranlagen. WLAN.

■ **Kasbah Tifawen**②, ca. 11 km von Boumalne, direkt nehen Auberge Panorama, Tel. 0524 83 18 54, www.tifawenkasbah.com. Sehr freundliche Herberge im Kasbahstil mit sieben hübschen Zimmern (mit Balkon) um den offenen Innenhof herum, Panoramaterrasse.

■ **Auberge Panorama**③, in Aït Ibrirne in der Dadès-Schlucht, ca. 11 km von Boumalne, Tel. 0524 83 15 55, Mobil 06 67 15 99 41, www.aubergepanorama.com. Hübsches Hotel im Kasbahstil mit Restaurant und toller Panoramaterrasse. Die sieben sauberen Zimmer mit Bad sind unterschiedlich und liebevoll gestaltet.

■ **Hotel Tamlalte**② (mit HP), ca. 16 km von Boumalne auf der rechten Seite in einer Kurve, Tel. 0524 88 68 53, Mobil 0672 09 88 07. Einfache, familiäre Herberge auf einem Bergsporn hinter dem Aussichtspunkt auf die „Affenpfoten", mit fantastischer Aussicht ins Tal und auf die Felsen. Schöne, helle Zimmer mit Du/WC, freundliche Familie und gutes Essen, auch Camping auf dem Parkplatz vor dem Hotel.

■ **Kasbah Aït Arbi**②, ca. 17 km von Boumalne in der Dadès-Schlucht, Tel. 0524 83 17 23, Buchung über www.booking.com möglich. Diese kleine, authentische Herberge hat eine sehr schöne Aussichtsterrasse und saubere Zimmer mit warmer Dusche, man kann auch auf der Dachterrasse übernachten. Der junge, herzliche Eigentümer *Ahmed Boumadir* organisiert Touren in die Umgebung und die Besichtigung der Kasbah Aït Arbi.

■ **Auberge Ait Oudinar (Auberge des Gorges du Dadès)**③, in Aït Oudinar, ca. 24 km von Boumalne in der Dadès-Schlucht, Tel. 0524 83 02 21, Mobil 0662 15 29 29, 0666 13 34 60, www.aubergeaitoudinar.com. Das im Berberstil eingerichtete Hotel liegt direkt am Fluss. Leider haben die Sauberkeit der einfachen Zimmer sowie die Qualität des Essens in den letzten Jahren nachgelassen. Die Bäder hätten eine Renovierung nötig. Ein Aufenthalt lohnt sich, wenn man von hier in Begleitung eines Familienmitglieds eine sehr schöne Wanderung durch eine Nebenschlucht des Dadès unternehmen will (halber Tag). Es gibt auch einen kleinen Campingplatz mit Schatten spendenden Bäumen.

■ **Chez Pierre**③, ca. 25 km von Boumalne in Aït Oudinar, Tel. 0524 83 02 67, Mobil 0667 76 01 69, www.chezpierre.org. Ein Franzose betreibt dieses aus Lehm im Kasbahstil errichtete Hotel mit zehn sehr stilvollen Zimmern mit Bad, Zentralheizung (in Marokko eine Rarität) und kleiner Terrasse zum Garten. Es gibt einen Pool und hervorragendes Essen. Es werden auch (Wander-)Ausflüge organisiert und Mountainbikes verliehen.

■ **La Fibule**②, 25 km von Boumalne in der Dadès-Schlucht (bei Aït Oudinar), Tel. 0524 83 17 31, Mobil 0670 71 14 91, https://auberge-la-fibule-du-dades.business.site. Hübsche, verspielt dekorierte Herberge mit netten Leuten und gutem Essen. DZ mit kleinem Heizofen.

■ **La Gazelle du Dadès**②, in Aït Ouffi, 27 km hinter Boumalne in der Dadès-Schlucht (kurz vor Beginn der Serpentinen-Auffahrt), Tel. 0524 83 17 53, Mobil 0668 25 49 72, www.lagazellededades.com. In der sauberen, freundlichen und familiären Herberge gibt es hübsche, farblich unterschiedlich gestaltete Zimmer mit Bad und Heizung/AC, gutes Essen im Restaurant (mit Kamin) und einen Parkplatz für Camper gegenüber am Fluss. WLAN.

■ **Auberge des Peupliers**②, in Aït Ouffi, ca. 28 km hinter Boumalne in der Dadès-Schlucht, Tel. 0524 83 17 48, Buchung über www.booking.com möglich. Das einfache, saubere Hotel mit Restaurant und **Campingmöglichkeit** gehört *Mohamed Echaouich,* der Wanderungen zu den Höhlennomaden in den Bergen führt. Restaurant mit Kamin für den Winter, WLAN, DZ mit warmer Dusche.

■ **Auberge Tissadrine**②, in Aït Ouffi, ca. 27 km hinter Boumalne in der Dadès-Schlucht, Mobil 0617 47 90 53, https://auberge-tissadrine-ma.book.direct/de-de. Einfache, aber sehr angenehme Herberge der freundlichen Brüder *Ourizi Lahsen, Daud* und *Youssef* in traumhafter Lage direkt am Fluss. Hübsche Zimmer mit heißer Dusche, kleines Restaurant mit preisgünstigem und gutem Essen, **Camping** möglich.

■ **Atlas Berbère**②, am Ortsausgang von Aït Ouffi, ca. 27 km hinter Boumalne in der Dadès-Schlucht, Tel. 0524 83 14 72 Mobil 0666 41 56 57, http://hotelatlasberbere.com. Kleine, hübsch und mit viel Liebe gestaltete Herberge im Kasbahstil, sehr gutes Essen, romantische Terrasse am Fluss und auf dem Dach, kleiner Souvenirshop, sehr hilfsbereite, aufmerksame und freundliche Betreuung der Gäste. WLAN.

■ **Le Chateau du Dadès**③, am Ortsausgang von Aït Ouffi, ca. 28 km hinter Boumalne in der Dadès-Schlucht, Tel. 0524 83 12 61, www.lechateaududades.com. Wegen seiner Dimensionen wirkt das Hotel etwas steril, aber die Zimmer sind groß und hübsch und die Leute sehr nett. Jeden Abend wird Musik gemacht. Lärmempfindliche Menschen sollten im linken Flügel schlafen, da rechts der Generator brummt.

■ **Timzillite**③, ca. 29 km hinter Boumalne in der Dadès-Schlucht, Mobil 0624 40 82 44. Das Hotel und Café liegt beim Aussichtspunkt oberhalb der Serpentinen spektakulär auf einem Felsen. Unschlagbares Panorama von der Terrasse, aber renovierungsbedürftige Zimmer (mit Bad), Strom nur abends (Generator), warmes Wasser nicht immer verfügbar.

■ **Berbère de la Montagne**②, ca. 34 km hinter Boumalne am Ende des Dadès-Tals bei Imdiazen, Tel. 0524 83 02 28, https://berbere-montagne.com. Kasbah-Hotel mit Restaurant und **Campingplatz** (großer, schattiger Stellplatz, saubere Sanitäranlagen) sowie Zwei- bis Vierbettzimmer mit Bad und Klimaanlage/Heizkörper.

■ **Au nom de la rose**②, ca. 100 m hinter Berbère de la Montagne (34 km von Boumalne bei Imdiazen), Tel. 0524 83 13 65. Die kleine Herberge bietet drei saubere Zimmer mit Bad, einen hübschen Salon und leckeres Essen. Der sehr freundliche Besitzer *Mohamed* führt auf Wunsch eine reizvolle dreistündige Wanderung in eine Nebenschlucht und zu den Höhlen der Nomaden.

### Essen und Trinken

■ Im Zentrum gibt es diverse **einfache Cafés/ Restaurants,** gutes Essen bietet z.B. Bougafer (im gleichnamigen Hotel, vgl. Unterkunft).

■ **In viele Herbergen** entlang der Straße in der Dadès-Schlucht kann man zum Mittagessen einkehren (exzellente Küche z.B. bei Chez Pierre, s.o.).

Wer Lust auf Pizza hat, kehrt im **Riad Marhaba/ Restaurant Sindibad** (25 km von Boumalne in der Dadès-Schlucht) ein.

### Sammeltaxis/Grands Taxis

Die Sammeltaxis warten nahe der Moschee im Zentrum und fahren mehrmals täglich **in die Dadès-Schlucht** (Aït Youl, Aït Oudinar, Msemrir), außerdem **nach Tinerhir und El Kelâa M'gouna.** In den Djabal Saghro nach Iknioun fahren nur Lastwagen.

### Busse

Der **Gare routière** (Busbahnhof) liegt im Zentrum (südlich bzw. rechts der Hauptstraße, in der Nähe der Moschee).

- **Ouarzazate** und **Marrakesch:** mehrmals tägl. diverse Busse (CTM 1x tägl., Supratours 2x tägl.), 40–50 DH, ca. 2½ Std. Fahrzeit nach Ouarzazate; 115–125 DH, 6–7 Std. Fahrzeit bis Marrakesch.
- **Errachidia (über Tinerhir):** CTM 1x tägl., 70 DH, 3 Std. Fahrzeit bis Errachidia (von dort Weiterfahrt nach Erfoud, Rissani und Merzouga möglich); nach Tinerhir ca. 75 Min. Fahrzeit, ca. 30 DH (2x tägl. mit Supratours).
- **Erfoud:** mehrmals tägl., ca. 50 DH, 4 Std.

### Sonstiges

- Im Zentrum gibt es **Banken** (mit Geldautomat), Apotheken und eine Tankstelle.
- Die **Post** liegt oberhalb des Zentrums zwischen den Hotels Madayeq und Soleil bleu.

## Ausflüge

Der Ort eignet sich gut als Ausgangspunkt für **(Wander-)Touren** in die Dadès-Schlucht (vgl. „Von Boumalne du Dadès in die Dadès-Schlucht“), ins Rosental (vgl. bei El Kelâa M'gouna) oder nach Süden ins Djabal-Saghro-Massiv.

Das **Bureau des guides et accompagnateurs de montagne** in Suq el Khemis (kurz vor Boumalne) kann Touren in die Dadès-Schlucht und ins Rosental organisieren und Führer bzw. Bergführer vermitteln.

Sehr reizvoll sind Trekkingtouren im Massiv des **Djabal Saghro** (vgl. Exkurs bei Nekob im Kapitel „Der Südosten und das Tafilalet“), einem wild zerklüfteten, bergigen Wüstengebiet vulkanischen Ursprungs. Durchquerungen zu Fuß werden auch von deutschen Trekkingveranstaltern angeboten (Start im Dorf Tagdilt etwas südlich von Boumalne).

## Weiterfahrt nach Tinerhir

Auf der **N 10** in Richtung Tinerhir geht es weiter durch eine **baumlose Hochebene.** Die Route ist im Norden begrenzt vom Hohen Atlas, im Süden von den Wüstenbergen des Djabal Saghro. 6 km hinter Boumalne zweigt rechts eine schmale Asphaltstraße Richtung Süden nach Iknioun ab (N 31°21,851', W 05° 54,889', vgl. Kapitel „Der Südosten und das Tafilalet“). Diese Route führt quer über das Djabal-Saghro-Massiv (Pass Tizi-n-Tazazert) bis nach Nekob.

**135 km** hinter Ouarzazate folgt der Ort **Imiter** mit schönen Kasbahs.

Nach **165 km** ist **Tinerhir** erreicht.

# Tinerhir

Tinerhir (auch **Tinghir**), ein ehemaliges Festungsdorf auf 1342 m Höhe, liegt inmitten einer großen Palmenoase. Die etwa 60.000 Einwohner leben von Oasenfeldbau, Handel und Tourismus. Das Verwaltungszentrum ist die Provinzhauptstadt der gleichnamigen Region und setzt sich aus **25 Oasendörfern** zusammen, die sich das Tal entlangziehen. Tinerhir bietet alle Versorgungsmöglichkeiten (Banken, Krankenhaus etc.). Am Montag findet auf dem Suq-Gelände am Stadteingang (von Boumalne kommend) ein großer Wochenmarkt statt. Architektonisch entwickelt sich die stark wachsende Stadt mit hässlichen mehrstöckigen Neubauten nicht gerade zum Positiven, aber die schöne Umgebung lohnt nach wie vor einen Besuch.

## Sehenswertes

Tinerhir eignet sich als Ausgangspunkt für Ausflüge in die **Oasengärten** und die Todrha-Schlucht. Die Oasenfelder werden traditionell in „Stockwerken" angelegt: Die Dattelpalme als höchster Baum beschattet Obstbäume und Sträucher und diese wiederum die Bodenkulturen (Gemüse, Getreide). Zur Bewässerung durchzieht ein System aus Erd- oder Betonkanälen die Felder.

Einen **Spaziergang** durch die Oase startet man am besten kurz nach dem Abzweig der Straße in die Todrha-Schlucht (dort auf der linken Seite parken) oder vom Aussichtspunkt in die Todrha-Schlucht (4 km ab Tinerhir). Grundsätzlich ist es angebracht, beim Bummel durch die Gärten die Bauern um Erlaubnis zu fragen oder einen einheimischen Führer zu engagieren, da es sich um private Grundstücke handelt.

Auf einem Hügel über Tinerhir in Richtung Errachidia erhebt sich eine einstmals imposante **Kasbah des Pascha Al Glaoui** (1919 erbaut); ein Teil der Kasbah wurde zum Hotel umgebaut, der Rest ist vom Militär besetzt.

### Moschee und Koranschule Iklane

In Richtung Errachidia versteckt sich inmitten der Oasengärten rechter Hand der Straße ein **wahres Kleinod:** die Moschee und Koranschule Iklane aus dem 17. Jh., die mit Hilfe des Spaniers *Roger Mimó* (vgl. Hotel Tomboctou) und einer Association sorgfältig renoviert wurde. Der kleine Lehmbau hat eine schöne Dachterrasse mit umwerfendem Ausblick; vom Vorraum der kleinen Moschee mit Waschbrunnen und einigen historischen Bildern darf man einen Blick in die Säulenhalle werfen. Die Moschee wird von der Bevölkerung nicht mehr als solche genutzt, deshalb ist sie auch für Touristen zugänglich.

■ **Anfahrt:** Entweder vom Zentrum über die Brücke in Richtung Errachidia 1 km zu Fuß laufen oder bis zu einem Parkplatz am Rande der Straße fahren (N 31°31,701', W 05°31,708'); dort bei einem Haus rechts den weißen Pfeilen in die Oasengärten folgen, der Weg ist z.T. mit „Mosquée" ausgeschildert.
■ **Besichtigungszeiten:** 8.30–12 Uhr und 15 Uhr bis Sonnenuntergang, außer an religiösen Feiertagen und Freitagmittag; mind. 20 DH Trinkgeld für den Wärter, der in Eigenregie (und nicht immer originalgetreu) Renovierungsarbeiten vornimmt.

# Praktische Informationen

## Informationen für Touristen

■ Informationen über die Region und die Medersa Iklane (s.o.) gibt *Roger Mimó* auf seiner Website **www.rogermimo.com** (franz. und span.).

## Unterkunft in Tinerhir

### Mittelklasse

9 **Kasbah Lamrani**③, Bd. Mohamed V. (am Ortsanfang links (von Boumalne kommend), Tel. 0524 83 50 17, www.kasbahlamrani.com. Sehr schönes 3-Sterne-Hotel im Kasbahstil, mit Restaurant im Berberzelt (sehr gute marokkanische und europäische Küche). Bewachter, schattiger Parkplatz vor dem Haus, Pool und Garten mit Olivenbäumen. Die klimatisierten Zimmer sind großzügig und geschmackvoll eingerichtet. Das Personal ist zuvorkommend und freundlich.

6 **Tomboctou**③, 126, Av. Bir Anzarane, Tel. 0524 83 51 91, 0524 83 46 04, www.hoteltomboctou.com, N 31°30,917', W 05°32,028'. Das stimmungsvolle Mittelklassehotel von *Roger Mimó,* einem Spanier und Marokko-Experten (spricht englisch), ist in einer 1944 errichteten Kasbah des Cheikh *Bassou Ou Alī* untergebracht. Im schönen Garten gibt es einen Pool und ein Restaurant (oder im Festzelt, gutes Essen, Alkohol), von der Dachterrasse bietet sich ein toller Blick über die Stadt. Sehr schöne, afrikanisch gestaltete DZ mit Bad und AC/Heizung, auch Suite (teurer) und Familienzimmer. Das Personal spricht zum Teil deutsch. Eigener Parkplatz mit Wächter, WLAN, Kreditkarten werden akzeptiert. Führungen zur Moschee Iklane, in die Oasengärten sowie zum Museum El Khorbat bei Tinjedad sind möglich.

### Günstig

2 **Agdal**②, 97, Bd. Mohamed V., Tel. 0524 83 20 60. Ordentliches Hotel mit elf sehr sauberen Zimmern und sehr netter, bemühter Familie.

## Tinerhir

Entwurf: Roger Mimó

**Übernachtung**
1 La Kasbah
2 Agdal
3 Bachir
5 L'Avenir
6 Tomboctou
9 Kasbah Lamrani

**Essen und Trinken**
1 La Kasbah
4 Central

**Einkaufen/Sonstiges**
7 Suprateam Travel
8 Chez Kamal
10 Chez Michèle

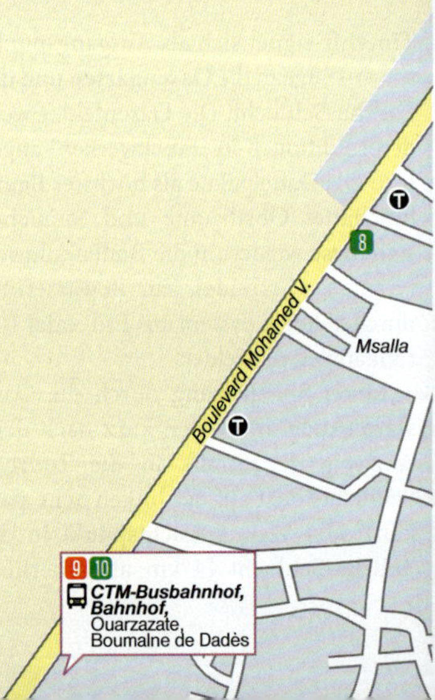

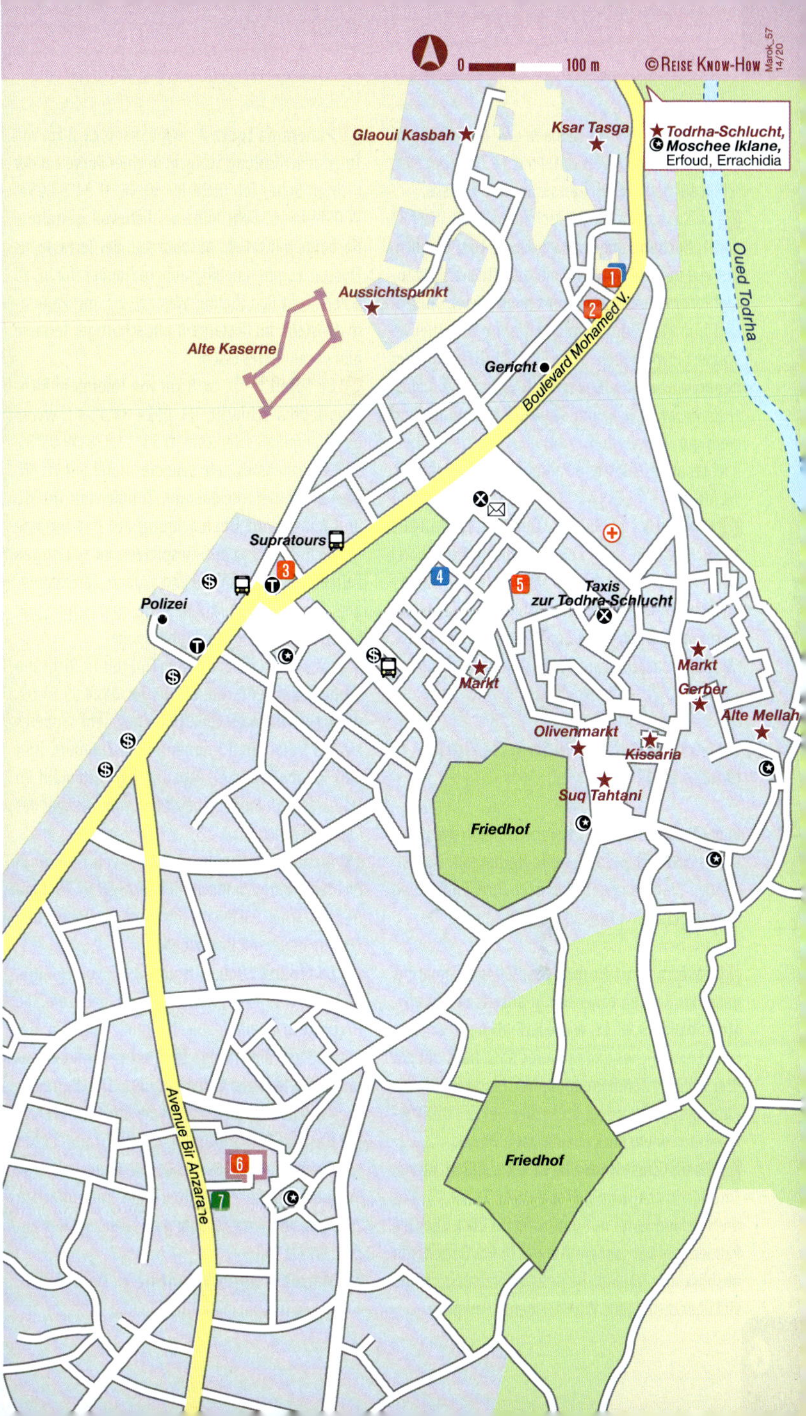

0
100 m
©Reise Know-How
Marok_57 14/20
Glaoui Kasbah
Ksar Tasga
Todrha-Schlucht,
Moschee Iklane,
Erfoud, Errachidia
Oued Todrha
Aussichtspunkt
Alte Kaserne
Boulevard Mohamed V.
Gericht
Supratours
Polizei
Taxis
zur Todrha-Schlucht
Markt
Markt
Gerber
Alte Mellah
Olivenmarkt
Kissaria
Suq Tahtani
Friedhof
Friedhof
Avenue Bir Anzarane
1
2
3
4
5
6
7

**3** **Bachir**①, 369, Bd. Mohamed V., Tel. 0524 83 36 23. Einfaches, sauberes Hotel mit 12 Zimmern (Duschen auf dem Gang), Restaurant mit Terrasse.

**1** **La Kasbah**②, 69, Bd. Mohamed V., Tel. 0524 83 44 71, Buchung über www.booking.com möglich. Das viel gelobte Hotel hat ein gemütliches Restaurant (oft von Touristenbussen angesteuert), saubere und hübsche Zimmer mit und ohne Bad (heißes Wasser) sowie neuere DZ (z.T. mit AC/Heizung). Der freundliche, englisch sprechende Besitzer *Mohamed El Barkaoui* ist sehr um seine Gäste bemüht und weiß gut über Berbertraditionen Bescheid. Überdachte, abgeschlossene Parkplätze für Autofahrer, WLAN.

**5** **L'Avenir**②, 27, Rue Zaïd Ouhmed, Tel. 0524 83 45 99, Mobil 0672 52 13 89. Einfaches Travellerhotel im Zentrum (am Marktplatz, laut) mit zehn zweckmäßigen Zimmern, sauberen sanitären Anlagen mit warmen Duschen auf dem Flur und gutem Essen. Auch Übernachtung auf der Dachterrasse möglich.

## Unterkunft in der Todrha-Schlucht (Karte S. 416)

In der Todrha-Schlucht entstehen ebenso wie in der Dadès-Schlucht ständig neue Herbergen. Die folgenden Empfehlungen sind nach ihrer Entfernung (aufsteigend) von Tinerhir sortiert.

**11** **Kasbah Petit Nomade**③, Village Ichmarine, nahe der Kasbah etwa 300 m abseits der Straße, Mobil 0668 49 58 38, www.kasbah-petitnomade.com. Freundliches und sauberes Gästehaus mit nur drei schönen Zimmern im Berberstil mit Bad sowie Klimaanlage/Heizung. Frühstück auf der Dachterrasse mit tollem Blick auf die Oase. WLAN.

**9** **Tissili Guest House**③, ca. 6 km außerhalb von Tinerhir in Ihajjamne, Mobil 0677 18 78 93. Das dreistöckige Hotel mit großartigem Blick über die Palmenoase hat saubere Zimmer (harte Betten) mit Ausblick. Der freundliche Besitzer erzählt gern und viel über die Region. WLAN, eigener Parkplatz.

**8** **Panorama Todra**③, in Aït Snane, ca. 8 km von Tinerhir in Richtung Schlucht in einer Kurve auf der rechten Seite, Tel. 0524 89 50 16, N 31°33,053', W 05°34,966'. Sehr hübsche, liebevoll gestaltete Herberge mit tollem Ausblick von der Terrasse ins Flusstal. Es gibt fünf blitzsaubere Zimmer (für bis zu 5 Pers.) mit Bad (heißes Wasser), z.T. mit Panoramafenstern. Im Restaurant mit schattiger Terrasse gibt es sehr gutes Essen.

**4** **Le Soleil**①-②, ca. 8 km von Tinerhir in Richtung Todrha-Schlucht, Tel. 0524 89 51 11, www.hotelcampinglesoleil.com, N 31°32,858', W 05°35' 370'. Angenehmes, sehr sauberes Hotel mit WLAN, Pool und gutem Restaurant, Zimmer mit Du/WC und ohne, auch Übernachtung auf der Terrasse möglich. Camping auf Kiesplätzen im schattigen Palmengarten, sehr gute und saubere Sanitäranlagen, Strom, warme Duschen, Waschmaschine und Kasettenentsorgung für Wohnmobile.

**7** **Amazir**③, 10 km hinter Tinerhir in Richtung Schlucht auf der rechten Seite, Tel. 0524 89 51 09, www.kasbahamazir.com. Hübsches, sehr sauberes kleines Hotel mit 12 farbenfrohen Zimmern (mit Bad, z.T. mit Terrasse), Pool und **7** Restaurant im Hofgarten mit Palmen, betrieben vom Besitzer des Camping Atlas.

**2** **Aicha**①, Douar Tizgui, 12 km von Tinerhir in Richtung Todrha-Schlucht, Tel. 0524 89 52 10. Kleines, einfaches Gästehaus mit Doppel-, Dreier- und Fünferzimmer mit Bad. WLAN.

**2** **La Fleur**②, Douar Tizgui, 13 km von Tinerhir, Mobil 0670 40 43 69, www.maison-lafleur.com. Die Herberge in einem Neubau hat großzügige Zimmer mit Bad und eine riesige Dachterrasse. Im Restaurant wird leckeres Essen serviert. Der Betreiber *Youssef* leitet Klettertouren in der Schlucht. WLAN.

**2** **Kasbah Dar Ahlam**②, Douar Tizgui, 13 km von Tinerhir, Mobil 0667 05 06 14. Kleine Herberge in einem verwinkelten alten Haus mit einfachen Zimmern und Terrasse. Sehr gutes Essen im Restaurant, WLAN.

**2** **Maison d'Hôtes Valentine**②, Douar Tizgui, 13 km von Tinerhir in Richtung Todrha-Schlucht, Tel.

0524 89 52 25, www.hotel-valentine.net. Die Herberge mit sechs sauberen, geräumigen Zimmern (DZ, 3er- oder 4er-Zimmer mit Bad) und Panoramaterrasse wird von einer sehr netten Familie betrieben, die auch gerne Ausflüge in der Gegend organisiert. WLAN.

1 **Auberge Le Festival**③-④, 22 km von Tinerhir, 7 km vom Eingang der Schlucht, Mobil 0661 26 72 51, 0673 45 43 07, www.aubergelefestival-todragorge.com. Dieses familiäre Hotel in fantastischer Lage ist wie eine Burg direkt an den Berg gebaut – fünf Zimmer wurden höhlenartig in den Fels gehauen. Die Zimmer (in Höhlen oder im Neubau) verschiedener Kategorien sind unterschiedlich groß und sehr hübsch marokkanisch gestaltet. Das ökologisch orientierte Hotel baut Gemüse und Kräuter selbst an und hat eine eigene Wasserversorgung und Solaranlage. An kalten Tagen wärmt der heiße Whirlpool, für den Sommer gibt es einen Pool. Großes Aktivitätenangebot von Wandern, Mountainbiken und Klettern bis Eselreiten für Familien. Sehr gutes Essen, freundlicher Empfang, vorwiegend outdoororientiertes, junges Publikum. DZ mit und ohne Bad, Turmzimmer mit Ausblick. WLAN.

## Camping (Karte S. 416)

5 **Atlas,** 9 km von Tinerhir in Richtung Todrha-Schlucht, Tel. 0524 89 50 46. Sehr schöner Campingplatz unter riesigen, schattigen Palmen: Restaurant, saubere und gute sanitäre Anlagen mit heißen Duschen, Waschmaschine verfügbar, auch Vermietung von Zimmern①, WLAN.

6 **Le Lac – Garden of Eden,** 9 km von Tinerhir, direkt neben Camping Atlas auf der rechten Seite, Tel. 0524 89 50 05. Schöner Platz in idyllischer Lage zwischen Palmen oberhalb der Oasengärten, direkt an der heiligen Quelle – das glasklare Quellbecken befindet sich talaufwärts gleich hinter dem Camping. Das freundliche Personal (spricht französisch und spanisch) ist gerne bereit, Gäste durch die Oasengärten und zu einer halb verfallenen Kasbah zu führen. Auch Übernachtung in Zimmern①-② (mit/ohne Bad), im Nomadenzelt oder auf der Dachterrasse möglich. Gutes Essen im Restaurant, WLAN.

3 **Source des Poissons Sacrés,** Mobil 0668 25 53 09. Schattiger, idyllischer Platz oberhalb des Camping Le Lac. Die heilige Quelle ist in ein Becken gefasst, in dem Fische herumschwimmen. Einfache saubere sanitäre Anlagen, ebensolche Zimmer①.

4 **Le Soleil,** siehe oben.

## Essen und Trinken

4 **Central** (Plan S. 410), 48, Av. Hassan II. Es gibt ausgezeichnete Tajine, auch vegetarisch.

12 **Chez Michèle** (Karte S. 416), 2 km Richtung Todrha-Schlucht (Aït Ourjdal), Tel. 0524 83 51 51, www.chez-michele.com. Das gepflegte Restaurant zeichnet sich durch ein gediegenes Ambiente aus. In den Salons oder auf der Panoramaterrasse wird französische und marokkanische Küche serviert.

10 **Inass** (Karte S. 416), ca. 3 km von Tinerhir entfernt Richtung Todrha-Schlucht auf der linken Seite, Tel. 0524 83 33 00. In diesem hübschen Gartenrestaurant wird sehr gute Tajine u.a. in schattigen Lauben oder im Nomadenzelt serviert. Viele Gruppen halten hier zum Mittagessen.

1 **La Kasbah** (Plan S. 410) (vgl. günstige Hotels), sehr empfehlenswert, aber viele Bustouristen.

## Einkaufen (Plan S. 410)

10 Im **Supermarkt Chez Michèle** am Bd. Mohamed V. (in Richtung Boumalne auf der linken Seite) werden europäische und marokkanische Waren sowie Alkohol verkauft (im Ramadan geschlossen). Auch der **Supermarkt** 8 **Chez Kamal** am Bd. Mohamed V. hat ein gutes Angebot.

■ Ein **Geschäft mit Alkoholverkauf** findet man am Bd. Mohamed V. Richtung Ouarzazate/Boumalne, ca. 2 km vom Zentrum auf der linken Seite (unscheinbarer Laden mit mintgrüner Fassade).

### Sammeltaxis/Taxis

- **Sammeltaxis (Grands Taxis)** fahren am Platz vor der Post bzw. dem Suq in alle Richtungen ab: z.B. nach **Tinjedad** (ca. 1 Std.), **Ouarzazate** (ca. 3 Std.) und **Erfoud** (mit Umweg über Errachidia).
- Die **Taxis in die Todrha-Schlucht** und bis nach Aït Hani fahren im Zentrum ab.
- Wer von Tinerhir mit öffentlichen Verkehrsmitteln zur **Dadès-Schlucht** will, sollte mit dem Bus oder Sammeltaxi bis Boumalne fahren und weiter mit einem Taxi in die Schlucht.

### Busse

Der **CTM-Busbahnhof** liegt an der Stadteinfahrt (von Boumalne du Dadès kommend) in einer Seitenstraße des Bd. Mohammed V. neben dem Suq-Gelände.

- **Merzouga** (über Errachidia): 1x tägl. (nachmittags) Supratours-Bus aus Marrakesch, ca. 130 DH, 5 Std. Fahrzeit.
- **Goulmima – Errachidia:** mehrmals tägl. (1x mit CTM), bis Errachidia 55 DH, 2½–3 Std. Fahrzeit.
- **Erfoud – Rissani** (über Errachidia): 1x tägl. mit Supratours (nachmittags), bis Erfoud ca. 60 DH, 3½ Std. Fahrzeit, bis Rissani ca. 68 DH.
- **Ouarzazate:** mehrmals tägl., 3–3½ Std., ca. 65 DH.
- **Marrakesch** (über Ouarzazate): 2x tägl. mit Supratours (aus Errachidia), 1x tägl. mit CTM, 8 Std., ca. 130 DH.
- Langstreckenbusse verkehren nach **Agadir, Fès, Casablanca, Rabat** und **Tanger.**

### Reiseveranstalter

- **7 Suprateam Travel** (Plan S. 410), 126, Av. Bir Anzarane, Tel. 0524 83 29 89, Mobil 0661 24 36 02, www.supratravel.com. Erfahrener und zuverlässiger Veranstalter unter marokkanischer Führung *(Aimrane Diani):* Geländewagen-, Quad-, Fahrradtouren, Kameltrekking, Rundreisen, Trekking und Fahrt mit dem Oriental-Zug (historischer Zug von Oujda/Fès nach Boudenib mit anschließender Rundreise im Süden, www.trainmaroc.com). Suprateam Travel organisiert auch Touren und Rundfahrten in der Umgebung.
- **Climbing Morocco,** Mobil 0628 13 94 45, www.climbing-in-morocco.com. Die Agentur bietet geführte Wanderungen und Klettertouren in der Todrha-Schlucht (diverse eingebohrte Sportkletterrouten) inkl. Ausrüstungsverleih an.

## Ausflug in die Todrha-Schlucht

1 km von Tinerhir in Richtung Goulmima und Errachidia zweigt links die Straße in die Todrha-Schlucht ab (R 703). Kurz darauf folgt das **Restaurant Chez Michèle** (vgl. bei Tinerher). Ein Aussichtspunkt über die Oasengärten, an dem sich Kamelführer mit ihren Tieren postiert haben, ist knapp 3 km hinter der Kreuzung erreicht. Hier liegt auch die nette **Unterkunft Petit Nomade** (vgl. bei Tinerhir).

Weitere **Aussichtspunkte** mit Ausblick in den Canyon mit einem verfallenen Ksar auf der gegenüberliegenden Flussseite folgen nach weiteren 3 bzw. 4 km. Dann geht es vorbei am einfachen **Camping La Lune de Gorges** bis zum Ort **Aït Ouritane** (8,5 km hinter dem Abzweig). Auf den folgenden Kilometern reihen sich mehrere Campingplätze

▷ Die Oase Tinerhir am Oued Todrha

und Gästehäuser aneinander. Besonders empfehlenswert ist der **Campingplatz Le Soleil** im Palmenhain (s.o. „Unterkunft in der Todrha-Schlucht").

1,5 km weiter am **Camping Auberge Le Lac – Garden of Eden** liegt das **Restaurant** (und Camping) **Source des Poissons Sacrés** (s.o. Unterkunft in der Todrha-Schlucht"), wo man stoppen sollte, um die idyllische, glasklare „Quelle der heiligen Fische" zu besichtigen.

**12 km** nach Tinerhir folgt das empfehlenswerte **Gästehaus Aicha** mit kleinem Museum (vgl. bei Tinerhir) links der Straße. 1 km weiter findet man im **Maison d'Hôtes Valentine** Unterkunft (vgl. bei Tinerhir). Bei **km 14** reihen sich einige Herbergen aneinander – hier beginnt die **Todrha-Schlucht.** Am besten man parkt hier oder ca. 1,5 km weiter hinter der ersten Verengung (Parkplatz) und wandert zu Fuß weiter. Bei **km 15** ist die engste und spektakulärste Stelle der Strecke erreicht. Die roten Felswände ragen steil in den klaren blauen Himmel. Eine betonierte, häufig von Überschwemmungen beschädigte Furt führt durch den Fluss. Hier wimmelt es zu manchen Jahreszeiten von **Touristen** und wochenends auch von einheimischen Ausflüglern, im Winter hingegen ist es ziemlich ruhig. Die Schlucht hat dadurch viel von ihrem ursprünglichen Reiz eingebüßt: Souvenirhändler reihen sich aneinander, Taxis und Busse parken entlang der Straße, die Felsen sind von Graffiti verunstaltet, spärlich bekleidete Urlauber schlendern umher.

**Kletterer** mit eigener Ausrüstung haben die Möglichkeit, auf mehreren gesicherten Routen die Felswände zu erklimmen.

026sm20 ad

# Palmeraie du Todrha (Todrha-Oase)

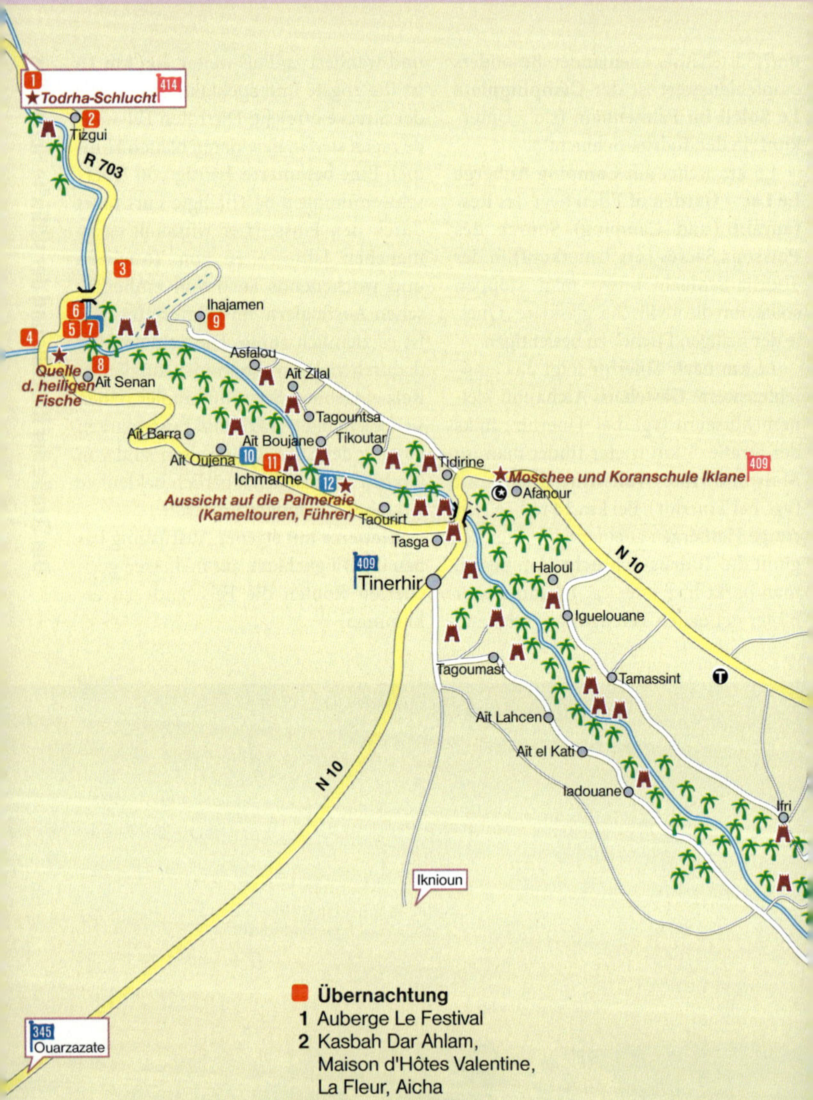


**Übernachtung**
1 Auberge Le Festival
2 Kasbah Dar Ahlam, Maison d'Hôtes Valentine, La Fleur, Aicha
3 Campingplatz Source des Poissons Sacrés
4 Campingplatz Le Soleil
5 Campingplatz Atlas
6 Campingplatz Le Lac – Garden of Eden
7 Amazir
8 Panorama Todra
9 Tissili Guest House
11 Kasbah Petit Nomade

**Essen und Trinken**
7 Amazir
10 Inass
12 Chez Michèle

Entwurf: Roger Mimó

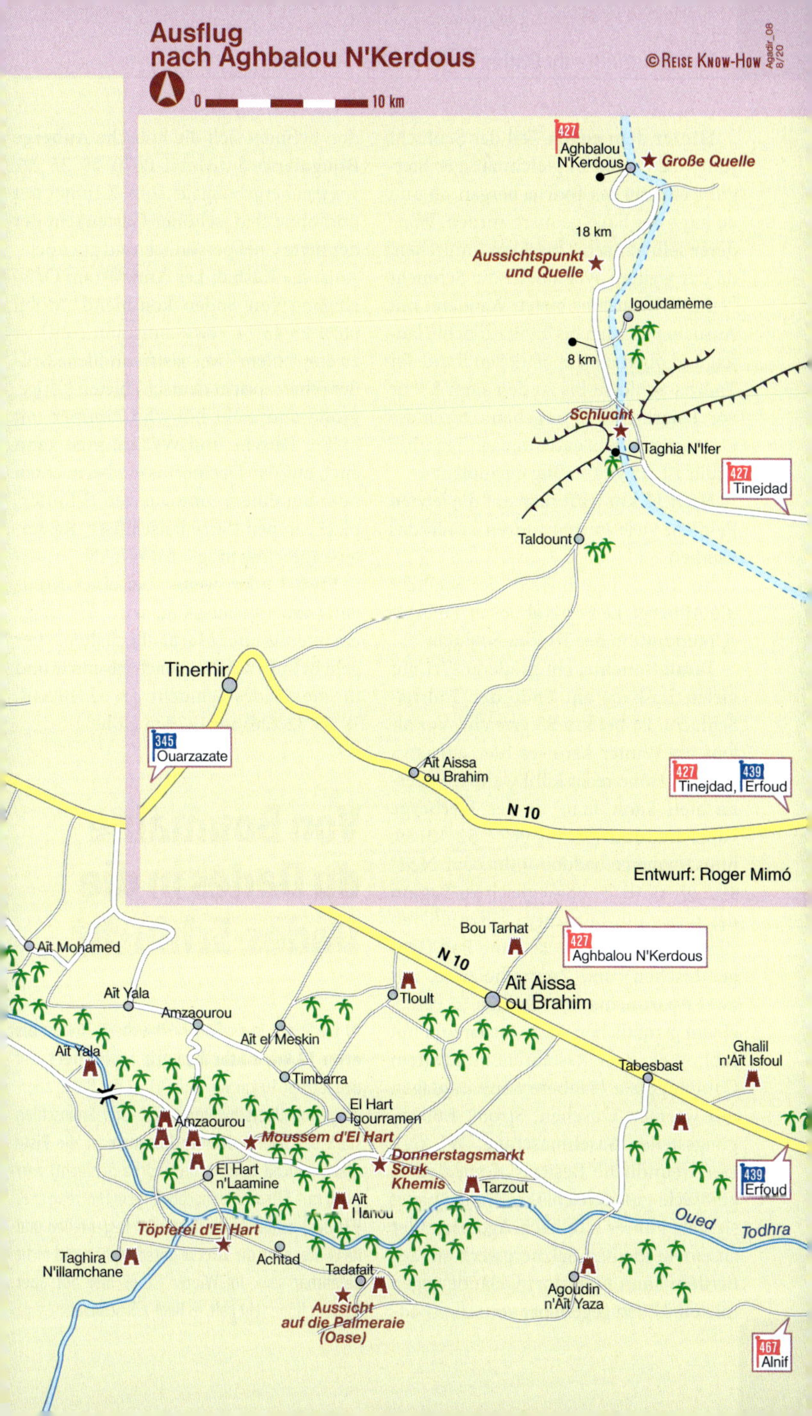

Ausflug
nach Aghbalou N'Kerdous
0
10 km
© Reise Know-How
Agadir_08
8/20
427
Aghbalou
N'Kerdous
Große Quelle
18 km
Aussichtspunkt
und Quelle
Igoudamème
8 km
Schlucht
Taghia N'Ifer
427
Tinejdad
Taldount
Tinerhir
345
Ouarzazate
Aït Aissa
ou Brahim
427
Tinejdad,
439
Erfoud
N 10
Entwurf: Roger Mimó
Bou Tarhat
427
Aghbalou N'Kerdous
N 10
Aït Mohamed
Aït Yala
Amzaourou
Aït el Meskin
Tiloult
Aït Aissa
ou Brahim
Aït Yala
Timbarra
Tabesbast
Ghalil
n'Aït Isfoul
El Hart
Igourramen
Amzaourou
Moussem d'El Hart
Donnerstagsmarkt
Souk
Khemis
El Hart
n'Laamine
Tarzout
439
Erfoud
Aït
I lanou
Oued
Todhra
Töpferei d'El Hart
Taghira
N'illamchane
Achtad
Tadafait
Agoudin
n'Aït Yaza
Aussicht
auf die Palmeraie
(Oase)
467
Alnif

**Hinter dem engen Teil** der Schlucht führt die Straße in gleichmäßiger Steigung entlang des Todrha bergan, ab und zu muss der Fluss gequert werden. Wanderer sollten nach 2 bis 3 km umdrehen, da der weitere Weg durch die Schlucht keine Abwechslung bietet. Wanderer mit Ausdauer können bis Tamtattouchte laufen und oberhalb am östlichen Rand der Todrha-Schlucht bis zu den alten Ksour vor Tinerhir hinuntergehen. Durch die Oasengärten geht es dann nach Tinerhir. Dafür ist ein ganzer Tag einzuplanen.

Nach **17 km** trifft man auf die letzten Palmen, viele Furten führen durch das Kiesbett.

Bei **km 22** liegt links in der Schlucht die **Auberge Le Festival** (s. bei Tinerhir „Unterkunft in der Todrha-Schlucht").

**Tamtattouchte,** ein größerer Ort mit vielen Kasbahs am Ende der Todrha-Schlucht, ist bei **km 33** erreicht. Vor allem im Winter kann es hier auf etwa 1800 m Höhe recht kühl werden. Übernachten kann man in der **Herberge Chez Baddou** (Mobil 0672 52 13 89, https://auberge-baddou-todra.com, N 31° 40,220', W 05°32,883') gleich zu Beginn des Ortes mit hübschen, blitzsauberen Zimmern②-③ mit oder ohne Bad (Etagenduschen) und Zentralheizung, mit zwei Apartments für Familien (6 Pers.), einem gemütlichen Aufenthaltsraum mit Bibliothek, Pool, Restaurant und nettem Campingplatz (saubere Sanitäranlagen mit warmen Duschen, Strom, Entsorgungsstelle, Waschmaschine, WLAN). Der freundliche Besitzer *Ahmed Abaz* gibt viele gute Ratschläge. *Ahmed* bietet sich als Führer z.B. nach Agoudal oder zu einem kleinen Salzbergwerk an, außerdem kann man dort Geländewagen mieten. Direkt gegenüber von Chez Baddou befindet sich die hübsche **Auberge Bougafer**②-③ (Mobil 0670 20 35 36, www.aubergebougafer.com, Zimmer mit und ohne Bad, schöner Garten), in der der nette Chef persönlich und gut kocht. Auch die **Kasbah Les Amis**③ (am Ortseingang von Süden kommend, Mobil 0670 23 43 74, www.amistamt.com) ist zu empfehlen: Zwei gastfreundliche Brüder (einer spricht deutsch) bieten luftige, große und recht hübsche Zimmer mit heißer Dusche und WC an; man kann auch auf der Dachterrasse übernachten oder auf einem ummauerten Schotterplatz campen (Stromanschlüsse, Kassettenentleerung möglich); WLAN.

Etwa 1,5 km weiter, bei einer Kreuzung am Ortsausgang, wird dienstags ein interessanter **Markt** abgehalten. Hier geht es links auf Piste nach Msemrir und in die Dadès-Schlucht (N 31°40,848', W 05°32,226', auf 1779 m Höhe).

# Von Boumalne du Dadès in die Dadès-Schlucht

■ Die Straße in die Dadès-Schlucht (R 704) ist **bis etwa 12 km hinter Msemrir asphaltiert,** auf den letzten 10 km vor dem Ort ist der Belag allerdings von Überschwemmungen und Steinschlag stark beschädigt. **Hinter Msemrir** ist die Piste (nach Imilchil bzw. in die Todrha-Schlucht) **nur noch mit Allrad** oder hochbeinigem Fahrzeug (z.B. VW-Bus) befahrbar. Nach starken Regenfällen und im Winter kann die Strecke unterbrochen und nicht befahrbar sein. Im Winter ist es hier auf über 2000 m Höhe sehr kalt, es liegt z.T. Schnee.

- Wer über **kein eigenes Fahrzeug** verfügt, kann mit dem Sammeltaxi bis Aït Youl oder Aït Oudinar fahren oder ein ganzes Grand Taxi anmieten (ca. 300 DH/½ Tag).
- Zur Beschreibung der **Unterkünfte** siehe bei Boumalne du Dadès „Unterkunft/Camping in der Dadès-Schlucht".

Die Route zweigt in Boumalne an einem Kreisverkehr vor der Brücke über den Dadès (von Skoura kommend) links gen Norden ab. Der **Dadès** windet sich als grünes Band durch die Landschaft – ein schöner Kontrast zu den kargen Felsbergen. **Oasengärten** mit Feigen-, Walnuss- und Obstbäumen sowie Silberpappeln gedeihen im Tal. Wegen der relativ hohen Lage und Kälte im Winter wachsen nur vereinzelt Palmen. Die Straße führt weiter in großen Kehren bergauf. Viele Häuser reihen sich entlang des Tales, darunter immer mehr Herbergen und Restaurants.

Bei **km 7** liegt rechter Hand im Tal die imposante **Kasbah Didis** (vgl. Unterkunft bei Boumalne du Dadès) in fotogener Bergkulisse. Bei **km 9** folgt das Dorf **Aït Ibrirne.** Hier bietet die hübsche **Auberge Panorama** im Kasbahstil rechts an der Straße Unterkunft und Möglichkeit zur Einkehr. Nach **10 km** ist die **Kasbah Aït Youl** (mit Hotel) erreicht. Am Ortseingang von Aït Youl zweigt bei N 31°24,784', W 06°00,175' (Schild „Gite") zwischen Häusern links die Geländewagenpiste in Richtung Bou Thrarar/Rosental ab.

2 km weiter folgt die **Kasbah de Mimi,** ebenfalls ein schönes Kasbah-Hotel.

**Zwischen km 15 und 17** fallen rechter Hand auf der anderen Flussseite bizarre **Felsformationen** bzw. -verwerfungen auf, die häufig in Marokko-Prospekten und auf Postkarten abgebildet sind. Sie werden wegen ihrer Form auch **„Affenpfoten"** genannt. Im grünen Tal stehen die Reste einer Kasbah.

Bei **km 17** thront die schöne **Kasbah Aït Arbi** in fantastischer Landschaft. Von dem an der Straße gelegenen Hotel/Restaurant Kasbah Aït Arbi (vgl. bei Boumalne du Dadès) führt ein schöner Weg über den Fluss und durch die Oasengärten zum Dorf und zur Kasbah. Kurz darauf folgt das Hotel/Restaurant Kasbah Aït Arbi.

Bei **km 17** ist der Ort **Tamlalt** und nach einem weiteren Kilometer das auf einem Bergsporn gelegene Hotel Tamlalte (vgl. bei Boumalne du Dadès) erreicht. Kurz dahinter bietet sich ein Parkplatz für einen Fotostopp an.

Bei **km 22** folgt das Dorf **Aït Ali** mit einer Teppichkooperative.

Bei **km 25** passiert man **Aït Oudinar,** einen lang gezogenen kleinen Marktort. An der Straße (links gleich nach der Brücke) liegt die **Auberge Gorges du Dadès** mit Campingplatz (siehe bei Boumalne du Dadès). Ein Mitglied der Betreiberfamilie führt auf Anfrage gerne eine Rundwanderung in eine spektakuläre Nebenschlucht (von Aït Oudinar auf der linken Flussseite bergauf zu den Strommasten, vorbei an Nomadenhöhlen, dann steil bergab in eine enge Schlucht, einige leichte Kletterpassagen über Felsblöcke). Die Schlucht mündet genau gegenüber der **Kasbah de la Vallée (km 27** ab Boumalne du Dadès) wieder in die Dadès-Schlucht. Dort muss man barfuß oder über eine kleine Brücke (weiter unten) den Fluss zur Straße überqueren. Die Wanderung dauert insgesamt etwa 3 Std. und lohnt sich definitiv (festes Schuhwerk notwendig!).

1 km hinter Aït Oudinar liegt rechts am Hang die **Auberge Chez Pierre.** 700 m weiter folgt die **Auberge La Fibule** (siehe bei Boumalne du Dadès).

Kurz darauf, bei **km 27,5,** ist **Aït Ouffi** erreicht, ein kleiner Ort, der sich die Felswände an der Straße entlangzieht. Reisende haben hier die Auswahl zwischen mehreren Herbergen und einfachen Campingmöglichkeiten (siehe bei Boumalne du Dadès). Von den Unterkünften aus bietet sich eine spektakuläre Wanderung in eine Seitenschlucht an (siehe oben bei Aït Oudinar).

Hinter Aït Ouffi verengt sich die Dadès-Schlucht. Die Felswände ragen immer höher und spektakulärer neben der Straße auf, die sich in Serpentinen weiter bergauf windet. Oben am **Aussichtspunkt** thront das Hotel Timzillite mit spektakulärer Aussicht (siehe bei Boumalne du Dadès).

Ab **km 32** durchfährt man den **engsten Abschnitt der Schlucht.** Die Straße führt auf den nächsten Kilometern direkt am Fluss entlang. Nach starken Regenfällen ist sie hier oft überschwemmt, entsprechend beschädigt ist der Asphalt. Direkt am Eingang in die enge Schlucht liegt die **Herberge La Source du Dadès.** Etwa 1 km weiter (km 34), wo sich das Tal wieder etwas weitet, befindet sich die **Unterkunft Berbère de la Montagne** (siehe bei Boumalne du Dadès).

Etwa bei **km 36** ist **Aït Toukhsine** erreicht. Die Häuser und Felder im Tal umgibt die Kulisse stark zerklüfteter und schräg gefalteter, brauner Berge. Es wachsen Pappel-, Äpfel-, Feigen- und Walnussbäume.

Bei **km 47** verengt sich das Tal wieder, die Straße führt auf einer kleinen Brücke über den Dadès und zunächst unmittelbar am Wasser entlang. Dann schlängelt sich die Route eng am Felshang entlang bergauf (Vorsicht: Steinschlag!). Auf 2100 m Höhe angekommen, bietet sich ein **grandioses Panorama in den Canyon des Dadès.** Unten windet sich der Fluss in grünen Schleifen durch die grau-braunen, schroffen Berge.

Ab **km 54** geht es wieder bergab ins Flusstal. Etwa bei **km 59** ist **Msemrir**

098sm20 ad

(N 31°41,717', W 05°49,214') erreicht. Den großen Ort umgeben Felder und Apfelbäume. Markt ist am Samstag. Im Spätherbst, Winter und Frühjahr ist es hier oben sehr kalt, es wurde uns von minus 10°C im April berichtet! Neben anderen einfachen Herbergen bietet sich die **Auberge El Warda** als Unterkunft an. Der Besitzer *Mohamed Outakhchi* ist Bergführer, sehr hilfsbereit und kompetent. Empfehlenswert ist zudem das **Gästehaus La vallée des nomades**② (Mobil 0666 57 95 02, N 31°41,607', W 05°49, 410') mit einfachen Zimmern (saubere Duschen/WC am Gang), Restaurant, WLAN und kleinem Campingareal.

Bizarre Felsformationen in der Dadès-Schlucht

**Hoher Atlas - Ost**
**Imilchil – Boumalne – Errachidia**

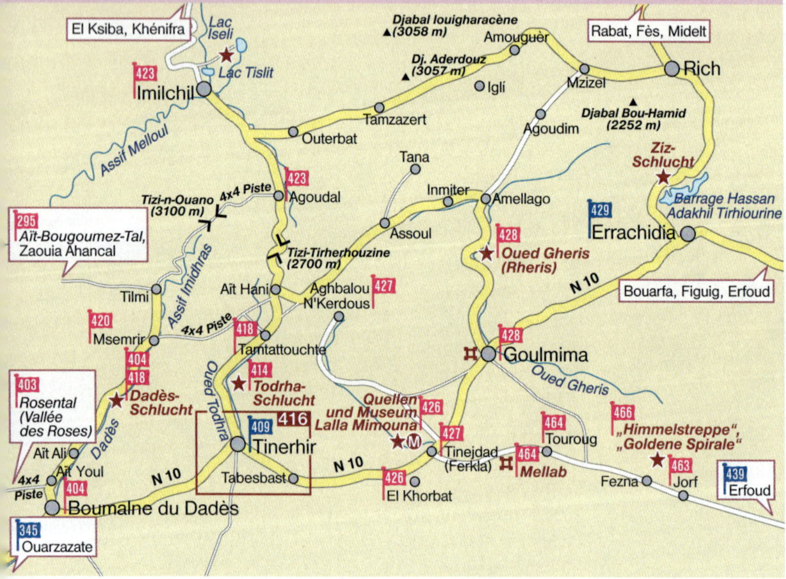


## Weiterfahrt von Msemrir nach Imilchil

Von Msemrir (N 31°41,717', W 05°49, 214') führt die Straße entlang des breiten grünen Hochtals mit vielen Dörfern und Feldern. Etwa **1,5 km hinter Msemrir** (1 km nach der Einmündung der Piste von der Todrha-Schlucht) findet man im Dorf **Tarzout Aït Ali n'Aissa/Kasbat Aït Ali** in der netten Auberge Assaka (mit Camping und Restaurant, N 31°45,201', W 05°47,755', abseits der Hauptstraße) Unterkunft.

Im Dorf **Aït Morghad** wenige Kilometer hinter Msemrir besteht die Möglichkeit, in einer Seitenschlucht eine beeindruckende **Tropfsteinhöhle** mit unterirdischen Seen, engen Gängen und großen Sälen zu besichtigen. Leser empfahlen den gut englisch sprechenden *Mohamed Djou* (Douar Aït Morghad, Mobil 0659 88 51 35), der zu den Höhlen (Taschenlampe nötig) führt und viel über das Dorfleben erzählt.

Im Tal reihen sich Dörfer aneinander, man kann auf beiden Seiten des Flusses (auf Piste) entlangfahren. Nach **9 km** ist das **Café Youba** erreicht, hier gibt es Sprit aus Fässern. Bald darauf liegt die **Auberge Atlas Tilmi** mit Camping (sehr einfach) an der Strecke. Etwa **13 km** hinter Msemrir **(bei Tilmi) endet der Asphalt.** Von Tilmi war im Sommer 2019 eine Asphaltstraße über das Atlas-Gebirge nach Westen Richtung Aït-Bougoumez-Tal in Bau.

**20 km** hinter Msemrir wird das Flusstal schmäler, die Piste wird steiniger und führt durch einen kleinen Canyon. Bei **km 21** folgt die **Gîte d'étape Ighounda (N 31°50,676', W 05°43,826')** einsam im Tal. Dahinter führt die Piste raus aus dem Flusstal holprig, schmal und abschüssig bergauf (eine andere Piste folgt weiter dem Tal); es geht durch eine braune und einsame Berglandschaft mit grandiosem Ausblick in die Schlucht.

**37 km** hinter Msemrir ist der **Pass Tizi-n-Ouano auf 3100 m Höhe** erreicht **(N 31°54,706', W 05°39,730').** Die Route verläuft nun weniger abenteuerlich und kurvig weiter über ein Hochplateau, auf dem Nomaden ihre Esel, Ziegen und Schafen weiden lassen. 13 km hinter dem Pass **(km 50)** folgen die **Auberge Bassou** und der **Camping Alrutif** in einem einsamen, schönen Tal. Immer wieder muss das Flussbett des Assif Melloul gequert werden (nach Regenfällen problematisch oder unmöglich).

Bei **km 59** sind die ersten Häuser von Agoudal erreicht, bei **km 60** mündet die Asphaltstraße aus der Todrha-Schlucht bzw. Aït Hani bei einem weißen, gemauerten Wegweiser in diese Route ein.

Das Zentrum von **Agoudal** (N 32°00, 496', W 05°29,434') in 2360 m Höhe durchfährt man bei **km 61.** Das hübsche Dorf mit Kasbah ist sehr ursprünglich, die Frauen tragen oft noch traditionelle Tracht. Unterkunft findet man in der sehr freundlichen **Auberge Ibrahim**② am nördlichen Ortsausgang (N 32°00, 732', W 05°29,250', Tel. 0535 88 46 28, aubergeibrahim@orange.fr). Es gibt ein liebevoll gestaltetes Restaurant mit Terrasse (sehr gute Küche), sechs saubere Zimmer und heiße Duschen; auch Übernachtung im Salon, im Berberzelt oder Camping im Hof möglich. *Abdul* von der Herberge bietet Trekkingtouren und Ausflüge zu den Sehenswürdigkeiten im Hohen Atlas an: zu Höhlen, Wasserfällen und dem geologisch interessanten Streufeld des Agoudal-Meteoriten mit Kraterresten. Hier kann man gut mehrere Tage lang die Umgebung erkunden.

Hinter Agoudal führt die Asphaltstraße durch das **Tal Assif Melloul** mit Pappeln und Feldern. 6 km weiter (bei **km 67**) liegt das Dorf **Timadine** im grünen Flusstal. Hier fand früher der Hochzeitsmarkt von Imilchil statt, vgl. unten).

Bei **km 72** folgt das Dorf **Akklim** und 3 km weiter bei **km 75** zweigt die (meist schmale und löchrige) Asphaltstraße in Richtung Rich (im Ziz-Tal) nach rechts (Osten) ab (Wegweiser „Rich 118", N 32° 05,949', W 05°30,572', vgl. anfangs genannte Variante). An der Route Richtung Rich, im Dorf **Agoudim,** kann man in der **Auberge Ouabbas**② (Mobil 0613 03 28 25, almounissan@hotmail.com, einfache Zimmer, warme Dusche, N 32° 22,988', W 05°10, 415') bei der sehr gastfreundlichen Familie von Bergführer *Driss* übernachten (organisiert auch Trekkingtouren).

Die hier beschriebene Route führt weiter nach Norden (geradeaus) nach Imilchil. Im Ort **Bou Azznou** (2 km weiter) mit schöner Kasbah bieten die Herbergen Tafidilt und Marrakech einfache Unterkunft. Bis zur **Kreuzung bei km 83** folgen die Dörfer Tissila und Ihoudgane. An der Kreuzung geht es rechts nach Tounfite und links weiter nach **Imilchil,** das 90 km nach Msemrir erreicht ist **(N 32°09,586', W 05°37, 939').**

## Imilchil

Imilchil liegt **auf einem wunderschönen Hochplateau am Fluss Assif Melloul** auf 2100 m Höhe, das Ortsbild prägen mächtige, jedoch immer mehr verfallende **Kasbahs.** Interessant ist die Tracht der Aït-Hadiddou-Frauen mit schwarzweiß gestreiften Wollumhängen und den roten Wolltroddeln. Am häufigsten wird sie in den benachbarten Orten zwischen Agoudal und Imilchil getragen.

Imilchil erlangte vor allem durch den früher Mitte September stattfindenden **Moussem der Bräute** große Bekanntheit, der aber nicht mehr stattfindet. Die hier lebenden **Aït Hadiddou** mit ihren Untergruppen Aït Brahim und Aït Yazza gehören zur großen Berbergruppe der Beraber. Sie trafen sich hier mehrere Tage zu Ehren eines Lokalheiligen. Auf dem Heiratsmarkt wurden Braut und Bräutigam von den Eltern vermittelt oder von den Kandidaten selbst ausgewählt. Dieser Brauch entwickelte sich angeblich deshalb, weil das ganze Jahr über irgendwo Hochzeiten stattfanden und dazu immer sämtliche Aït Hadiddou der Umgebung eingeladen wurden. Um das zu vereinfachen und die Hochzeit preiswerter zu gestalten, wurde der jährliche Hochzeitstermin ins Leben gerufen. An Festtagen sind die Frauen der Aït Hadiddou stark geschminkt und geschmückt. Die verheirateten Frauen und die Geschiedenen erkennt man an der hohen, spitzen Haube. Der traditionelle Heiratsmarkt entwickelte sich allmählich zu einem Touristenspektakel: Der ganze Moussem glich einem riesigen Markt mit vielen Tieren und sonstigen Waren – Verheiratungen fanden in den letzten Jahren vor der Abschaffung des Moussems kaum mehr statt.

Imilchil lädt wegen der schönen Gebirgslandschaft in der Umgebung zum **Wandern** ein (z.B. im Flusstal des Assif Melloul). Im Ort existieren eine Tankstelle, mehrere Herbergen, einige Straßencafés und diverse Läden zur Versorgung. Am Samstag wird in Imilchil ein sehr ursprünglicher **Markt** abgehalten.

Direkt an der Asphaltstraße von Imilchil Richtung El Ksiba und Beni-Mellal (ca. 4 km Richtung Norden) liegt der **Lac Tislit**, ein schöner, von Silberpappeln (im Frühjahr auch Wildblumen) umgebener See. Man kann eine kleine Wanderung rund um den See unterneh-

aga10_018 ad

◁ Imilchil mit seinen alten Kasbahs

men oder in der Auberge Tislit einen Tee trinken. Nicht weit entfernt gibt es noch einen weiteren See, den **Lac Iseli** (ca. 10 km nördlich von Imilchil). Dieser See ist unbewohnt und liegt in kahler, unwirtlicher Umgebung. Die beiden Seen werden als **„Braut"** (Lac Tislit) **und „Bräutigam"** (Lac Iseli) bezeichnet. Der Sage nach sind sie durch die Tränen eines Liebespaares entstanden, das nicht heiraten konnte, weil die beiden Stämme, von denen Braut und Bräutigam abstammten, verfeindet waren. Die Legende wird in enge Verbindung zum Heiratsmarkt gebracht. Die Seen sind sehr **fischreich,** im Lac Iseli lebt sogar eine endemische Forellenart.

## Praktische Informationen

### Unterkunft

■ **Chez Bassou**②-③, Tel. 0523 44 24 02, Buchung über www.booking.com möglich. Der Betreiber dieses ordentlichen Hotels und Restaurants, *Bassou Chabou,* ist Bergführer (Organisation von Touren). Es gibt einfache, saubere Zimmer mit und ohne Bad, einen Parkplatz vor der Tür und WLAN.

■ **Izlane**③, im Zentrum, Tel. 0523 44 28 06, Mobil 0661 22 48 82, www.hotelizlane.com. Kleines, ordentliches Hotel mit 15 sauberen, einfach eingerichteten Zimmern (bis 4 Pers.) mit oder ohne Bad. Restaurant/Café, Frühstück auf der Terrasse.

■ **Auberge Tislit**③, direkt am **Tislit-See** (an der Route Richtung El Ksiba), Tel. 0535 52 63 44, Mobil 0661 46 83 75. Die kleinen Zimmer (warme Dusche auf dem Gang) der freundlichen Herberge sind einfach, aber ordentlich, im Winter wird im großen Salon der Kamin eingeheizt (keine Heizung im Zimmer). Gutes Essen im Restaurant, auch **Camping** direkt am See möglich (Nutzung der einfachen Sanitäranlagen im Hotel, Zufahrt am Hang, z.T. uneben).

■ **Gîte Tadmert,** 3 km in Richtung El Ksiba, Mobil 0666 10 30 80. Die Herberge von Bergführer *Lhousain* (vgl. Trekking), der auch für europäische Veranstalter Trekkingtouren führt, hat saubere 4er-Zimmer, einen kleinen Salon und einfache sanitäre Anlagen (kalte Dusche).

### Camping

■ Camping ist bei der **Auberge Tislit** (s.o.) und am **Camping Lac Tislit** (herzlicher Empfang, im Winter geschlossen, sehr einfache Sanitäranlagen, nicht immer Warmwasser, N 32°11,858', W 05°37, 336') in ruhiger Lage am Ostufer des Sees möglich. Einige Herbergen (z.B. Izlane) gestatten es Wohnmobilisten, kostenlos auf ihrem Parkplatz zu campen, wenn sie im Restaurant etwas zu sich nehmen.

### Verkehrsmittel

■ Ein **Bus** fährt jeden zweiten Tag **nach Rich** (Mo, Mi, Fr, am Sa wegen des Marktes 2x, nicht am So).

■ **Sammeltaxis** (Minibusse) **und Lkw** verkehren nach Tinerhir, Rich und Kasba Tadla (von dort Weiterfahrt mit dem Bus möglich).

### Trekking

Ein empfehlenswerter, freundlicher **Bergführer** für die Region ist **Lhousain Oukhatar** (Mobil 0666 10 30 80, oukhatarimilchil@yahoo.fr). Er betreibt mit seiner Familie auch die nette Gîte Tadmert (s.o.).

### Sonstiges

Bei der Ortsausfahrt von Imilchil liegt linker Hand eine **Werkstatt** mit einem freundlichen und geschickten Mechaniker, der trotz mangelhaftem Werkzeug gut improvisiert. **Diesel** ist ist dort aus Fässern erhältlich.

# Von Tinerhir über Goulmima nach Errachidia

- **137 km, N 10.**
- Der letzte, weniger besuchte Teil der Straße der Kasbahs führt von Tinerhir durch **karge, steinige Wüstenlandschaft.** Die Bergzüge des Djabal Tisdafine im Norden und des Djabal Ougnat im Süden begrenzen die Route über Goulmima bis nach Errachidia.

Tinerhir in Richtung Norden auf der N 10 verlassen. **20 km hinter Tinerhir** passiert man den **Camping Tizmoutine** (mit Restaurant, auch Zimmer, sehr freundlicher Betreiber) in einem schönen Oasengarten am Rande der Wüste.

Etwa knappe **23 km** hinter Tinerhir zweigt eine Asphaltstraße nach Alnif Richtung Süden ab (47 km durch die schöne Landschaft des Djabal Oughnat).

**43 km** hinter Tinerhir lohnt es sich, **beim Schild „Aire de Repos, Sources, Musée, Galerie d'Art"** auf die Piste (500 m, N 31°29,406', W 05°07,730') links zu den **Quellen und dem Musée Lalla Mimouna** abzubiegen (Mobil 0661 35 16 74, tägl. 9–18 Uhr). Hier hat der Künstler **Zaïd Abbou,** der auch eine Galerie in Tinejdad betreibt (s.u.), mit sehr viel Engagement ein Freiluftmuseum geschaffen und fünf vormals vermüllte Quellen gesäubert und in Steinbecken gefasst. Der sehr freundliche, ältere *Zaïd* hat in Heidelberg studiert, spricht hervorragend deutsch und führt selbst durch die Anlage. Auf dem großen bepflanzten Areal widmen sich die Gebäude mit antiken Ausstellungsstücken verschiedenen Themen wie Landwirtschaft, Nomaden, Kunsthandwerk, Handschriften und Wasser. *Zaïd* will die Menschen der Region für Umweltthemen sensibilisieren, Kultur vermitteln und vor allem die glasklaren, türkisfarbenen, gas- und mineralhaltigen Quellen schützen. Seine Sammlungen und sein Wissen über die Kultur sind wirklich beeindruckend und den Eintritt von 50 DH wert. In einer kleinen angeschlossenen Galerie verkauft er eigene Kalligrafien sowie Werke lokaler Künstler. Es gibt ein Café und ein sehr sauberes Toilettenhäuschen sowie einen großen Park/Rastplatz für Wohnmobile.

Bei **km 47** folgt eine **Tankstelle mit dem Café/Restaurant Hotel Ifran.** 2 km weiter zweigt rechts beim Schild **„Musée des Oasis, Maison d'Hôtes el Khorbat"** eine Piste ab. Auf ihr gelangt man an einer Töpferei vorbei zum malerischen, auf 1019 m gelegenen **Ksar El Khorbat** (1 km).

## Ksar El Khorbat

Zur Besichtigung des alten Lehmdorfs bzw. des Museums kann man das Auto auf zwei Parkplätzen abstellen – auf dem größeren finden Wohnmobile auch einen Stellplatz für die Nacht (ohne sanitäre Anlagen). Im Ksar liegen das **Maison d'Hôtes** und **Musée El Khorbat** (Tel. 0535 88 03 55, Mobil 0676 52 73 92 www.elkhorbat.com) des Spaniers *Roger Mimó*. In drei renovierten alten Häusern des Ksar ist das sehr informative Museum über die Berber zwischen Dadès, Drâa und Ziz untergebracht (geöffnet 8–18 Uhr, Eintritt: 20 DH), das in Marokko seinesgleichen sucht. In vier Sprachen werden deren Lebensweise und Traditionen erklärt. *Roger*, der Marokko wie seine Westentasche kennt, führt bei Interesse selbst durch das Museum und gibt den Besuchern viele Tipps zur Umgebung. In drei weiteren zusammengeschlossenen Häusern sind die Gästezimmer untergebracht: große, einfach eingerichtete Zimmer④ (mit HP) im Berberstil mit AC, zum Teil mit eigener Terrasse. Man wohnt hier dunkel und kühl zwischen den dicken, alten Lehmmauern; kleiner Pool im Innenhof. Wer möchte, kann im kühlen Salon oder auf der Terrasse zu Mittag essen. Auch das freundliche, saubere **Gästehaus MuXu Berbere**③ (ca. 500 m vor dem Ksar El Khorbat, Tel. 0535 88 09 15, DZ mit Bad und AC/Heizung, WLAN) ist empfehlenswert.

Ein **Spaziergang** durch den sehr ursprünglichen Ksar el Khorbat mit seinen symmetrisch angeordneten, gedeckten Gassen ist ein Erlebnis! Der Hauptort des Berberstamms der **Aït Morhad** wurde dank einer *Association* z.T. originalgetreu restauriert. In Zusammenarbeit mit den Einheimischen soll die Infrastruktur verbessert werden, sodass das alte Lehmdorf besiedelt und erhalten bleibt. Schilder in der Umgebung weisen auf nachhaltigen Tourismus und Müllvermeidung hin – im Ksar ist es erfreulicherweise weitgehend müllfrei, entlang des Oueds leider nicht. In El Khorbat wird vorbildliche Arbeit geleistet, um das Bewusstsein der Bevölkerung für ihr kulturelles Erbe zu stärken.

## Weiterfahrt nach Errachidia

Bei **km 50** liegt rechter Hand die **Galerie Zaïd** (vgl. Lalla Mimouna und Tinejdad). Bei **km 53** erreicht man **Tinjedad,** bei **km 57** folgt **Ferkla (Aferkla).**

## Tinejdad (Ferkla)

Tinejdad ist mittlerweile mit Ferkla zusammengewachsen und für die meisten Touristen nur eine Durchgangsstation, obwohl das Hinterland viel zu bieten hat. Diverse Restaurants und Cafés bieten sich für eine Einkehr an. Tinejdad hat **gute Versorgungsmöglichkeiten,** es gibt u.a. Tankstellen, eine Bank und eine Post. Sammeltaxis und Busse verkehren nach Tinerhir, Erfoud, Errachidia und Ouarzazate.

Tinejdad selbst hat keine besonderen Sehenswürdigkeiten zu bieten. Es empfiehlt sich ein Blick in die **Galerie Zaïd** (vgl. auch Routenbeschreibung oben, Musée Lalla Mimouna), in der eine umfangreiche Kunsthandwerksausstellung mit altem marokkanischem Interieur und Schmuck, Töpferwaren, Hausrat, Büchern und Fotos zu bewundern ist (die gezeigten Gegenstände stehen teilweise auch zum Verkauf).

### Ausflug nach Aghbalou N'Kerdous (Karte S. 417)

Dieser Ausflug (ca. 60 km Asphaltstraße) führt **durch eine hübsche Schlucht zu der** schön gelegenen **Quelle Aghbalou N'Kerdous.** 3 km hinter Tinejdad

(1 km nach dem Abzweig nach Erfoud) zweigt eine Asphaltstraße links ab. Die Straße führt durch die Dörfer Ksiba N'Igouramène, Tadert N'Oumira (in der Nähe gibt es präislamische Tumulusgräber) und Irbiben nach Taghia N'Ifer und durch die Schlucht von Taghia N'Ifer. Auf dem Weg passiert man einen schönen Aussichtspunkt mit kleiner Quelle. Nach etwa 60 km ist die große Quelle Aghbalou N'Kerdous erreicht.

## Weiterfahrt nach Errachidia

Kurz nach Tinejdad **(km 60)** hinter einer großen **Tankstelle mit Café-Restaurant** (und sauberen WCs) zweigt rechts die R 702 nach Erfoud ab (beschildert „Arfoud 86", N 31°30, 976', W 05°00,880'); links weiter (beschildert „Goulmima 18, Errachidia 70"). 73 km hinter Tinerhir befindet sich das Suq-Gelände von **Goulmima,** 2 km weiter **(km 75)** ist die Stadt erreicht.

## Goulmima

Die sehr angenehme Stadt (etwa **17.000 Einwohner**) mit ihren roten Häusern besteht aus einem neuen und einem alten Teil. In der **Neustadt** befinden sich alle wichtigen Geschäfte, die CTM-Busstation, Tankstellen, Banken und das Krankenhaus. Auf dem Suq-Gelände vor der Stadt findet donnerstags der Wochenmarkt statt. Die unbedingt **sehenswerte Altstadt** (Beschilderung ab Kreisverkehr rechts „Ksar Goulmima") 1,2 km südlich der Neustadt ist ein typischer Lehmksar aus engen, dunklen und zum Teil überdachten Gängen mit einem Hauptplatz, einer Moschee und einem alten, sehr schönen Eingangstor mit quadratischen Ecktürmen. Die Bewohner des Ksar reagieren freundlich auf Touristen. Wie in vielen Städten Marokkos ist die wohlhabende Bevölkerung aus der Altstadt in neue Häuser gezogen, sodass im Ksar fast nur noch ärmere Familien (vorwiegend Haratin) leben. Vor dem Eingangstor bieten Führer ihre Dienste an, die es evtl. ermöglichen, ein Wohnhaus von innen zu besichtigen.

Im Zentrum beim Kreisverkehr links geht eine Asphaltstraße ab, die durch die **Schluchten des Oued Gheris (Rheris)** nach Amellago und weiter nach Rich durch fantastische Landschaft führt.

### Praktische Informationen

#### Unterkunft/Camping

■ **Camping Les Tamaris (Chez Michèle),** Av. Hassan II. (am Stadteingang links von Tinejdad kommend, in der Nähe des Busbahnhofs), N 31° 41,190', W 04°57,581', Tel. 0535 88 54 13, Mobil 0661 17 30 53, www.chez-michele.com. Der sehr gepflegte Campingplatz in einem rosa ummauertem Gelände bietet schöne, von Hecken begrenzte Stellplätze (z.T. schattig) mit Stromanschlüssen und vielen Wasserhähnen, gute sanitäre Anlagen, einen Pool (im Winter nicht immer gefüllt) und ein Restaurant. Waschmaschine und WLAN verfügbar.

■ **Maison de Pauline**③, 18 km außerhalb in Richtung Tadighoust – Ammelago, Tel. 0535 88 54 25, Mobil 0671 10 12 71, www.lamaisondepauline.blog. Die Herberge liegt am Ortsanfang der Palmenoase Tadighoust links auf einem Farmgelände in schöner, ruhiger Umgebung. Auf der Farm gibt es fünf sehr hübsche Zimmer und zwei Pavillons für 4 bis 10 Personen. WLAN.

■ **Gîte d'étape Les Jardins**②, 19, Hay Outamane (beim alten Ksar), Mobil 0654 49 11 16, www.gite-lesjardins.com. Die nette Herberge hat einfache Zimmer mit oder ohne Bad und ein Restaurant. WLAN sowie Organisation von Ausflügen und Wander-/Trekkingtouren.

## Weiterfahrt nach Errachidia

Nach dem letzten Kreisverkehr im Osten der Stadt führt die weitere Strecke über das Palmenoued und dann bergauf über eine wenig abwechslungsreiche Hochebene. Aus der Gegenrichtung kommend, eröffnet sich bei der Abfahrt nach Goulmima ein wunderschöner Ausblick auf die Oase. Bei **km 145** ist **Errachidia** erreicht.

# Errachidia

Die **stark wachsende Universitäts- und Provinzhauptstadt** (etwa **100.000 Einwohner**) ist Verkehrsknotenpunkt zwischen dem Tafilalet (Erfoud/Rissani), der Straße der Kasbahs (Tinerhir) und dem Ziz-Tal (Rich) sowie wichtiger Militärstützpunkt unweit der algerischen Grenze. Früher war Errachidia (damals noch Ksar-es Suq) Stützpunkt der Fremdenlegion. Die Stadt ohne besondere touristische Attraktionen liegt **am Rand der Sahara,** was sie zu einer guten Basis für Ausflüge in die Wüste und Oasen (Ziz-Schlucht, Erfoud, Rissani, Erg Chebbi) macht. In Errachidia sind **beste Versorgungsmöglichkeiten** gegeben.

## Praktische Informationen

### Informationen

■ **Office de Tourisme,** Av. Moulay Ali Cherif, Tel. 0535 62 34 60.

### Unterkunft/Camping

3 **Auberge Tinit**③, Route de Goulmima (2 km Richtung Goulmima), Tel. 0535 79 17 59, www.auberge-tinit.info. Das Hotel im Kasbahstil in ruhiger Lage unter marokkanisch-südtirolerischer Leitung (*Brahim* und *Irmgard*) hat einen schönen Garten mit Pool (mit Sitzlauben), um den sich die hübschen Zimmer mit Bad und AC gruppieren. WLAN. Nicht nur Hotelgäste können im 3 Terrassenrestaurant zwischen 12 und 15 Uhr sehr gut zu Mittag essen (Alkoholausschank).

5 **Ighiz Inn,** 2 km vom Zentrum an der Straße nach Goulmima, neben Auto Hall und Hotel Tinit (N 31°54,935', W 04°27,186'), Mobil 0637 44 93 07, www.ighizinn.ma. Auf dem großen Gartengelände (Freizeitpark und Ausflugsziel marokkanischer Familien) gibt es einen Pool, ein Restaurant (gut und preiswert, reichhaltiges Frühstück) und ein Campingareal mit noch wenig Schatten (kleine Olivenbäume, saubere sanitäre Anlagen mit warmen Duschen, Kassettenentsorgung möglich).

2 **Kasbat Aferdou**③, Zone touristique, Route de Goulmima (2,5 km vom Zentrum entfernt, nicht weit vom Le Riad), Tel. 0535 57 01 10, www.kasbat-aferdou.com. Das gute Mittelklassehotel im Kasbahstil hat klimatisierte Zimmer (ohne besonderen Stil) mit Bad, hinzu kommen WLAN und Pool.

4 **Le Riad**③, Route de Goulmima, Tel. 0535 79 10 06, 79 10 07. Das sehr schöne und luxuriöse Gästehaus verfügt über einen tollen Pool im Garten und komfortable Zimmer bzw. Suiten mit Sat-TV, AC, WLAN etc.

## Essen und Trinken

An der Durchfahrtsstraße Av. Moulay Ali Cherif im Zentrum (v.a. um den Busbahnhof) bieten **diverse Restaurants und Cafés** die üblichen Gerichte an (Tajine & Co.), z.B. das 6 **Restaurant Zerda** beim Centre Commercial (gute, schnelle Snacks wie Sandwiches, Spieße und Hähnchen). Gutes Essen gibt's außerdem in der 3 **Auberge Tinit** (s.o.).

## Sammeltaxis/Taxis

Der **Sammeltaxi-Parkplatz** liegt nordöstlich des Busbahnhofs zwei Blocks oberhalb der Av. Moulay Ali Cherif. Die Taxis verkehren in **alle Richtungen** (z.B. nach Erfoud, Tinjedad und Meski).

## Busse

Der zentrale **Busbahnhof (Gare routière)** liegt im Zentrum an der Rue M'Daghra.

- **CTM:** Büro am Busbahnhof, Tel. 0535 57 20 24; **Supratours:** 6, Rue Moulay Youssef, Tel. 0535 79 16 36.
- **Marrakesch** (über **Ouarzazate**): 1x tägl. mit Supratours und CTM (frühmorgens), 170 DH, ca. 10 Std. Fahrzeit; nach Ouarzazate 95 DH, ca. 5½ Std. Fahrzeit.
- **Tinerhir – Boumalne Dadès – Ouarzazate:** mehrmals täglich verschiedene Busse, CTM 1x tägl. (Bus nach Marrakesch, s.o.); bis Tinerhir 55 DH (ca. 2½ Std.), bis Boumalne 70 DH (ca. 3 Std.).
- **Casablanca:** 1x tägl. mit CTM (Nachtbus), ca. 9 Std. Fahrzeit, 215 DH.

■ **Erfoud** und **Rissani:** mehrmals tägl., 1x tägl. frühmorgens mit CTM, nach Erfoud 1½–2 Std. Fahrzeit, ca. 30 DH; nach Rissani 35 DH, 2 Std. Fahrzeit.
■ **Fès/Meknès:** mehrmals täglich (ca. alle 2 Std.) mit diversen Bussen, mit CTM 1x tägl., 130 DH, ca. 7 Std. Fahrzeit.
■ **Bouarfa** und **Figuig:** mehrmals tägl. Busse nach Bouarfa, dort Umsteigen nach Figuig.

## Sonstiges

■ Es gibt **mehrere Banken mit Geldautomat.**
■ **Hauptpost** am Bd. El Alaouiyin, neben dem Polizeipräsidium, von Ouarzazate kommend kurz vor der Brücke über den Ziz-Fluss links abbiegen.
■ In der Stadt gibt es mehrere **Alkoholläden,** 7 einer davon gegenüber dem Polizeipräsidium.
1 Ein **Marjane-Supermarkt** (ex Acima) findet sich an der Straße Richtung Rich/Midelt.
■ **Policlinique Tafilalet,** Route de Méknes/Boutalamine, Tel. 0535 57 43 21. Sehr gute Privatklinik mit deutsch und englisch sprechenden Ärzten.
■ **Ausflüge** in die Wüste (im klimatisierten Toyota) organisiert *Mhamid Mohamed,* Tel. 0525 09 13 99, www.marocvoyages.com.

# Ausflüge

Von Errachidia kann man gut Ausflüge zur **Source Bleue de Meski** (Richtung Erfoud) unternehmen, ebenso zum **Hassan-Adakhil-Stausee** und in die **Ziz-Schlucht** zum Tunnel der Legionäre an der Strecke nach Midelt.

## Imilchil

Ein lohnenswerter **2-Tage-Ausflug** führt nach Imilchil im Hohen Atlas. 63 km nördlich von Errachidia zweigt eine Straße nach **Rich** ab (4 km). Von dort führt eine z.T. beschädigte Asphaltstraße (130 km, Fahrzeit 3½–4 Std.) über Igli und Outerbat bis Imilchil. Auf der Strecke müssen viele Furten durchquert werden, was nach starken Regenfällen problematisch sein kann. Es verkehrt einmal täglich (morgens) ein CTM-Bus von Errachidia nach Rich, von dort kommt man mit dem Sammeltaxi oder Minibus weiter nach Imilchil (Ortsbeschreibung siehe „Weiterfahrt von Msemrir nach Imilchil").

099sm20 ad

▷ Straßenleben in Imilchil

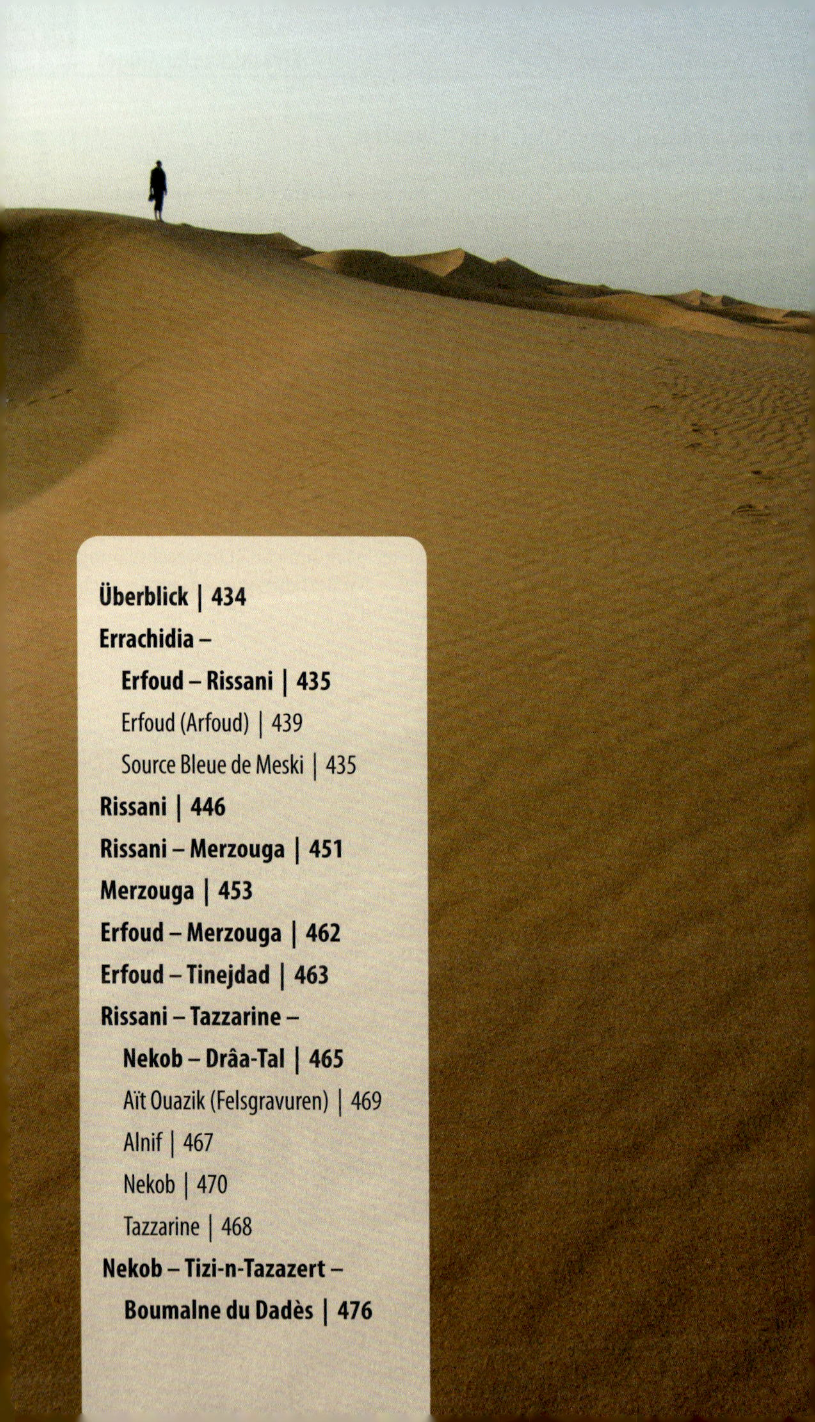

027sm20 ad

# 7 Der Süd-osten und das Tafilalet

Südlich der Garnisonsstadt Errachidia beginnt das Tafilalet mit den Wüstenoasen Erfoud, Rissani und Merzouga. Bei Merzouga befindet sich das größte Dünengebiet Marokkos, der Erg Chebbi. Die Bevölkerung des Tafilalet, dunkelhäutige Haratin und berberische Nomadenstämme, lebt vom Oasenfeldbau und vom Tourismus.

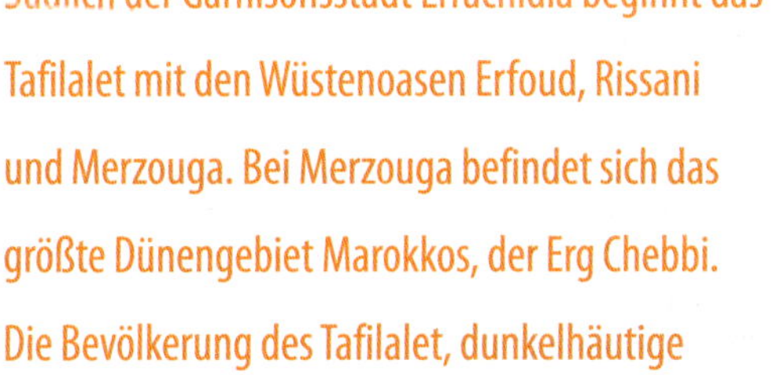


< Wüstenspaziergang in den Dünen des Erg Chebbi

# ÜBERBLICK

Im dünn besiedelten und infrastrukturell wenig entwickelten Südosten Marokkos zwischen Plateau du Rekkam, Aïn Beni Mathar und Figuig begegnet man kaum Touristen. Viele Nomaden leben hier noch nach alter Tradition und lassen ihre Tiere auf den kargen Böden und Halfagrassteppen weiden. Die Wüstenplateaus sind von Wadis durchzogen, die nur selten Wasser führen. Auch die Bilderbuchoase Figuig im äußersten Südosten des Landes wird seit der Schließung der Grenzen zu Algerien wegen ihrer Abgelegenheit nur wenig besucht. In diesem leeren Landstrich zwischen Figuig und Boudnib glaubt man sich am Ende der Welt. Die N 10 von Bouarfa und Boudnib mündet in die Hauptverbindungsachse Midelt – Errachidia – Erfoud ein. Nördlich von Errachidia gedeihen in der Ziz-Schlucht abertausende Dattelpalmen. Von Errachidia führt die N 13 weiter Richtung Süden durch das grüne Ziz-Tal mit vielen Oasendörfern ins Tafilalet. Das größte zusammenhängende Oasengebiet Marokkos erstreckt sich von Erfoud über Rissani bis zum Erg Chebbi mit seinen riesigen Sanddünen. Nahe Erfoud befinden sich die Ruinen der einst blühenden Handels- und Karawanenstadt Sijilmassa. Sie ist die Wiege der arabischen Herrscherdynastie der Alawiten (vgl. Exkurs „Das Tafilalet“).

**NICHT VERPASSEN!**

- **Erfoud:** in einer Werkstatt zusehen, wie über 300 Mio. Jahre alte Fossiliensteine zu Tischplatten und Schalen verarbeitet werden | 439
- **Rissani:** über den ursprünglichen Wochenmarkt am Sonntag schlendern | 446
- **Merzouga:** bei Sonnenaufgang mit dem Kamel oder zu Fuß eine Düne im Erg Chebbi besteigen | 453
- **Nekob:** ein paar ruhige Tage in einem Kasbahhotel in der Palmenoase verbringen | 470
- **Djabal Saghro:** Trekking durch das vulkanische Massiv | 472

**Diese Tipps sind gelb hinterlegt.**

Raffinierte **Bewässerungssysteme** sichern seit Jahrhunderten die Wasserversorgung der Oasen. Im Tafilalet kann man noch das System der *khettaras* bewundern: Mittels unterirdischer Leitungen wurde Wasser aus höheren Lagen in die Oasengärten geleitet.

Heute ist die Region um Erfoud bekannt für die **Fossilienverarbeitung:** Aus großen Steinbrüchen in der Wüste werden Platten mit über 350 Mio. Jahre alten versteinerten Meerestieren geborgen und zu Schalen, Anhängern, Tischen und Waschbecken verarbeitet.

Bis zu 200 m hoch türmen sich am **Erg Chebbi** bei Merzouga die Sandmassen. Golden schimmernde Dünen heben sich gegen die schwarze Steinwüste und den blauen Himmel ab. Wie eine Fata Morgana erscheint das Wasser des Zeitsees Dayet Sri, der nach starken Regenfällen Wasser führt. Erklimmt man eine der Dünen, so eröffnet sich gen Osten das Bild eines endlosen Sandmeeres. An der Westseite des Erg Chebbi reiht sich

Herberge an Herberge – der Wüstentourismus nimmt immer mehr zu.

Von Rissani führt eine schöne Wüstenstrecke über Alnif, Tazzarine und Nekob am Südrand des **Djabal Saghro** entlang bis ins Drâa-Tal. Das bizarre Djabal-Saghro-Massiv zählt zu den schönsten Wander- und Mountainbikegebieten in Marokko – ein Ausflug zu den Felstürmen Bab'n'Ali oder weiter in Richtung Norden über den Tizi-n-Tazazert lohnt sich unbedingt.

# Von Errachidia über Erfoud nach Rissani

- **104 km, N 13.**
- Hinter Errachidia führt die gute Asphaltstraße durch Wüstenlandschaft mit Streusiedlungen **entlang des Ziz-Tals.** Der Oued Ziz fließt ca. 1 km westlich in einem tiefen Taleinschnitt mit grünen Oasengärten, Palmen und Lehmdörfern – der Kontrast zu den Wüsten-Plateaubergen der Umgebung könnte nicht stärker sein.
- Auf der Strecke besteht eine **gute Busverbindung.**

**16 km hinter Errachidia** zweigt eine kleine Straße zu den Quellen von Meski ab (600 m).

## Source Bleue de Meski

Die „Blaue Quelle von Meski" **oberhalb des Ziz-Flusses** beim Dorf Meski liegt in einem tiefen, von Palmen gesäumten Taleinschnitt. Das **kalte, glasklare Wasser der Quelle** fließt durch die Oasengärten in ein großes Becken, das als Schwimmbad genutzt wird und in dem sich viele Fische tummeln. Im schattigen Palmenhain liegt ein Campingplatz mit Café und Souvenirläden. Die Händler sprechen fast alle deutsch und preisen ihre Ware häufig leider recht aufdringlich an. Die ehemals schön konzipierte Anlage ist im öffentlichen Besitz, die sanitären Anlagen sind leider – vor allem bei voller Belegung des Campingplatzes – oft nicht sonderlich sauber. Meski ist im Sommer **Treffpunkt der marokkanischen Jugend und von Soldaten** – entsprechend viel Betrieb herrscht vor allem wochenends. Wer hier nicht campt, muss Eintritt ins Schwimmbad und Parkgebühr zahlen.

Von der Blauen Quelle lohnt sich ein Ausflug zur verfallenden **Kasbah Meski** auf einem Felssporn auf der anderen Seite des Flusses – vor allem morgens und abends bietet sich ein schöner Ausblick. Man kann direkt vom Campingplatz durch die Oasengärten runter ins malerische **Ziz-Tal** laufen, wo Frauen Wäsche waschen. Beim Waschplatz kann man relativ trockenen Fußes den Fluss überqueren, hinauf zur Kasbah gehen und diese umrunden.

Zwischen Errachidia und Erfoud fahren **Sammeltaxis und Busse,** die auf Wunsch in Meski anhalten.

## Weiterfahrt nach Erfoud

**Zurück auf der Hauptstraße** liegen ca. **10 km** hinter der Quelle ein Parkplatz und ein **Aussichtspunkt** (mit Café/Restaurant), der einen herrlichen Blick auf

# Der Südosten und das Tafilalet

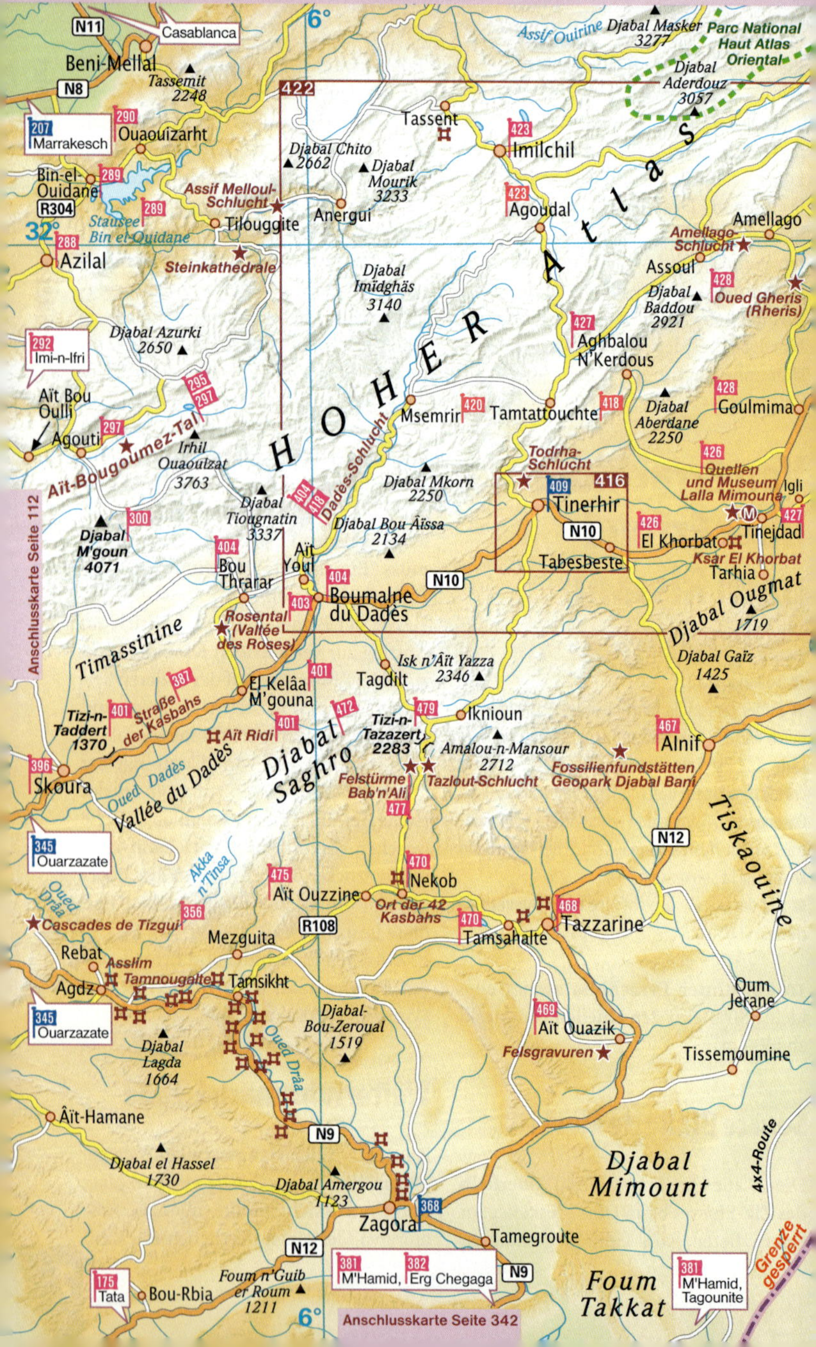

0 50 km
©Reise Know-How
Marokko_K11 - 8/20
Rabat, Fès, Midelt
Gourrama
Rich
Beni Tajjite
Djabal Khang el Ghar 1831
Djabal-bou-Hamid 2252
N13
Djabal Aguelmous 2113
Plaine de Snab (Hochebene)
Plaine d'Oudlalas (Hochebene)
Barrage Hassan Adakhil
N10
32°
Bouarfa, Figuig
Boudenib
429
Errachidia
Gara Aferdou 1247
435
Source Bleue de Meski, alter Ksar
Ziz-Tal
N10
Hammada du Guir
Aoufous
Plaine de Marrha
N13
Grenze gesperrt
Gara Toufliodou 1120
464
Mellab
464
Touroug
Ksar Jallal
466
„Himmelstreppe"
„Goldene Spirale"
Mellab
R702
Fezna
463
Jorf
439
Maadid
Âït Isfourt
439
Erfoud
Tafilalet
462
Oued el Abrod
465
Krater
Gara Lamdouar
Korallenriff
446
Djabal Rheriss 1301
Rissani
465
Mecissi
451
Hassi Labied
457
Erg Chebbi
453
Merzouga
Khamlia
Djabal Taklimt 1090
Aguelmous n'ou Fezzou
N13
452
Fezzou
453
MAROKKO
Taouz
Felsgravuren
Hassi Ouzina
Hassi Remlia
Kheb Azouggouarh
4x4-Route
Tafraout (Hassi Fougani)
Grenze gesperrt
Agout
Qamqam
ALGERIEN
Gara Seba 990
Oued Ghedis
Oued Daoura
N50
4°

# Das Tafilalet

Das Tafilalet ist ein großes, **von den Flüssen Ziz und Gheris (Rheris) gespeistes Oasengebiet.** Es erstreckt sich **südlich von Erfoud** über eine Länge von 30 km und eine Breite von 4–16 km. Am Horizont der blauschwarzen Steinwüste dehnt sich der **Erg Chebbi** aus, Berge gelber Sanddünen, durchwachsen von einigen Grasbüscheln, im Sand Spuren von Käfern, Vögeln und Schakalen, die die spärlichen Grasbüschel nach Wüstenratten durchsuchen.

**Sijilmassa** (das heutige Rissani), im 10. und 11. Jh. Hauptstadt dieser Gegend, war so mächtig, dass es sich mit Fès und Marrakesch messen konnte. Die Ursprünge von Sijilmassa sind umstritten, nach *Leo Africanus* war es eine römische Gründung, nach dem Geografen *El Bekri* war der Schmied *Midrar* aus Meknès der Gründer. Jedenfalls war es die Wiege der Alawiten: Von hier brachen die **Chorfa,** Nachkommen Mohameds und Begründer der heute noch regierenden Alawiten-Dynastie, Anfang des 17. Jh. auf, die religiöse Erneuerung ins ganze Land zu tragen. Sie eroberten Marrakesch und unter *Moulay Rachid* 1666 auch Fès und den Norden.

Das Tafilalet war wichtiges **Karawanen- und Handelszentrum.** Von hier zogen die Karawanen nach Timbuktu und Schwarzafrika, auf ihrem Rückweg brachten sie Sklaven und Gold mit. Doch der Stern des Tafilalet erlosch langsam, und auch Moulay Ismail, der große Sultan von Meknès und Beherrscher Marokkos über einen Zeitraum von 55 Jahren, konnte Ende des 17. Jh. die Region, aus der seine Vorfahren stammten, nicht wieder voranbringen – Sijilmassa wurde bedeutungslos.

Heute ist das Tafilalet bekannt für die Herstellung von **Töpferwaren** und schönen **Ledererzeugnissen,** den sog. *Filali.* Diese werden mit dem speziellen Gerbstoff „Takaout" präpariert, der dem Leder seine natürliche Farbe lässt.

Im Tafilalet kämpfen Menschen, Tiere und Pflanzen einen ungleichen **Kampf gegen den Sand.** Der Wüstensturm bläst Myriaden von Sandkörnern ins Kulturland, haushohe Dünen wälzen sich wandernden Sandwogen gleich und überfluten die Oasen, sodass die Menschen zum Abwandern gezwungen werden. Die Gegenwehr ist mühsam: Hecken aus Palmenzweigen werden gegen den Wind errichtet und Reihen bestimmter genügsamer Gräser angepflanzt, deren Wurzeln den Boden festigen. Im Windschatten der Gräser kommt dann der Sand zur Ruhe.

Das Tafilalet ist das **größte zusammenhängende Oasengebiet Marokkos.** Hier wachsen unzählige Dattelpalmen, und die Menschen kultivieren in ihren Oasengärten, die mit *khettaras* und Schöpfbrunnen *(segouias)* bewässert werden, Gemüse, Getreide und Futterpflanzen. Die Kulturen werden von Obstbäumen beschattet, diese wiederum von den Dattelpalmen. Nach einigen extremen Trockenperioden war das Tafilalet auch immer wieder von **schweren Überschwemmungen** betroffen – auch hier zeigten sich im Zuge des Klimawandels in den letzten Jahren immer mehr Wetterextreme. Zudem macht eine gefährliche **Pilzkrankheit** *(Bayoud)* den Dattelpalmen zu schaffen.

Der stetig **wachsende Wüstentourismus** in der Region bietet der Bevölkerung eine neue Einnahmensquelle, führt jedoch wiederum zu weiteren ökologischen Problemen wie etwa hoher Wasserverbrauch und der anfallende (Plastik-)Müll.

das palmengesäumte, von Wüstenbergen umrahmte Ziz-Tal ermöglicht.

Etwa **30 km** hinter Errachidia, direkt unterhalb des Aussichtspunktes, finden Camper und Budget-Traveller bei der **Auberge Tissirt** (Mobil 0661 35 82 19, http://campingtissirtziz.free.fr) einen schönen Platz im Palmenhain von **Oulad Chaker:** Es gibt einfache Zimmer① mit Zeltdach und Gemeinschaftsbad, ein Restaurant und ein Campingareal (z.T. mit Gras, heiße Duschen, Strom, Wäscheservice, WLAN an der Rezeption).

**2 km weiter** liegt die **Zaouia Amelkus** rechts im Palmenhain, danach folgen schöne Lehmdörfer rechts der Straße.

Das Städtchen **Aoufous** (Tankstelle) mit rosafarbenen Häusern und Arkaden folgt **42 km** nach Errachidia. Der **Camping Hakkou** bietet 30 Stellplätze für Wohnmobile und Zelte (kaum Schatten), gute Sanitäranlagen (heiße Duschen und Waschmaschine gegen Aufpreis, Kassettenentleerung möglich) und ein Restaurant. Empfehlenswert ist die **Herberge Maison Vallée Ziz**② (Tel. 0535 88 21 76, Mobil 0661 53 31 93, www.maisonvalleeziz.com, N 31°45,835', W 04°12,220'), die von *Mohamed* und *Said M'Hammdi* geführt wird und gut ausgestattet ist: acht saubere Zimmer mit Bad (heiße Dusche) und Klimaanlage, Terrasse mit Blick auf die Wipfel der Dattelpalmen, Restaurant, Pool, Organisation von Wandertouren in der Wüste und den Bergen möglich, faire Preise.

Weiter entlang des Ziz-Tals führt die Straße nun in das Gebiet des Tafilalet und nach Erfoud. Bei **km 73** ist der Ort **Maadid** erreicht. Der alte Ksar hat ein prächtiges Eingangstor aus der Almohaden-Zeit und ist von mächtigen Mauern und Oasengärten umgeben.

**Erfoud** folgt bei **km 77 (N 31°25,87', W 04°13,50').**

## Erfoud (Arfoud)

Die **Hauptstadt des Tafilalet** (ca. **25.000 Einwohner**) liegt auf 802 m Höhe am Fuße des **Djabal Erfoud** (935 m). 1917 von den Franzosen gegründet, befand sich hier **im Mittelalter** ein **Karawanenstützpunkt** auf dem Weg nach Sijilmassa (20 km südlich von Erfoud). Sklaven und Gold wurden aus Schwarzafrika nach Marokko, Arabien und später auch nach Europa gebracht.

Erfoud ist als Ausgangspunkt in das – neben dem Erg M'Hazil/Erg Chegaga südlich von M'hamid – einzige Dünengebiet Marokkos, den **Erg Chebbi,** zum **versteinerten Korallenriff** und in die südlichen Wüstenoasen Merzouga und Taouz interessant. Auch das im Spätherbst (meist im November zur Dattelernte) stattfindende **Dattelfest** ist sehenswert.

Im Zentrum gibt es **gute Versorgungsmöglichkeiten,** einen Suq *(Marché central)* mit Frischwaren und Kunsthandwerk, das auch in diversen Läden angeboten wird.

Erfoud ist bekannt für seine **Fossilien.** Das fossilienreiche Gestein wird aus Steinbrüchen versteinerter Korallenriffe in der Umgebung gewonnen und anschließend geschliffen und poliert. Die versteinerten Meerestiere wie Tintenfische mit Gehäuse (Belemniten und Ammoniten), Seelilien, Trilobiten und Schnecken stammen aus dem Devon (vor 350 bis 420 Millionen Jahren). Man geht davon aus, dass die Sahara damals von einem Flachmeer (Thetys) bedeckt

Erfoud
0 500 m
©Reise Know-How
Marok_12 8/20
1 2 3 4 Errachidia
N13
Avenue Moulay Ismail
5
6
Bordj Est
Aussichtspunkt
Djabal Erfoud
Ausschnitt
ZENTRUM
Oued Ziz
Merzouga
Avenue Moulay el Hassan
Avenue Mohamed V.
Place des F.A.R.
Hay Annahda
7
Av. Moulay el Hassan
9 (ca. 700 m), 10
Busbahnhof,
Jorf, Tinerhir
8
11 12 13 14
Rissani
Übernachtung
1 Chergui
2 Kasbah Xaluca
3 Camping Karla
7 Riad Salam
9 Kasbah Tizimi
10 Palais du Desert
11 Camping Tifina
12 Palm's Hotel Club
Essen und Trinken
5 Restaurant/Pizzeria des Dunes
6 Dakar
15 Café/Restaurant du Sud
Einkaufen/Sonstiges
4 Fossiles d´Erfoud
8 Fossilienfabrik Marmar
13 Adarissa Atelier – Pierre d'Erfoud
14 Macro Fossiles
Zentrum
0 100 m
Boulevard Moulay Youssef
Rue el Hamri
Hay Jdid
Boulevard Moulay Youssef
Rue Mohamed Zerktouni
Rue el Wahda
Rue el Wahda
Suq (Marché central)
Wochenmarkt
Avenue Moulay el Hassan
R702
Rathaus
15
Grands Taxis
Place des F.A.R.
Polizei
Avenue Mohamed V.
Avenue Mohamed V.
Polizei
CTM- und Supratours-Büro
Rue al Moukawama
Rue el Madariss
Oued Ziz
N13

war. Trilobiten stammen meist nicht von den Fundstellen bei Erfoud, sondern aus dem 110 km entfernten Alnif. Strikt abzuraten ist vom Kauf der ebenfalls angebotenen jungsteinzeitlichen Steinbeile und Pfeilspitzen – deren Ausfuhr ist verboten. Mehrere Werkstätten in Erfoud (an der Straße Richtung Rissani) führen durch ihren Betrieb und verkaufen Arbeiten aus Fossilienstein: Schalen, Anhänger, ganze Tischplatten, Springbrunnen etc. – ein Besuch lohnt sich (s.u. „Einkaufen"). Vorsicht: Besonders schöne und große Ammoniten entpuppen sich immer wieder als Fälschung, d.h. sie sind geschickte Steinmetzarbeiten.

Vom **Bordj Est**, einem Militärfort auf dem **Djabal Erfoud**, hat man eine grandiose Aussicht, vor allem bei Sonnenuntergang. Man kann bis zu einer Aussichtsplattform unterhalb des Gipfels hinauffahren.

Kunstwerke der besonderen Art sind in Richtung Jorf und Tinejdad zu bewundern, wo der Künstler und Architekt *Hannsjörg Voth* mitten in der Wüste die **„Himmelstreppe"** und die **„Goldene Spirale"** geschaffen hat (siehe Exkurs „Kunst in der Wüste").

## Praktische Informationen

### Unterkunft (Oberklasse)

Fast alle Hotels bieten (4x4-)Exkursionen in die Wüste an. Die meisten der komfortablen Hotels liegen etwas außerhalb und werden vor allem von Reisegruppen angesteuert, z.B. das Luxushotel Arfoud an der Straße nach Rissani.

1 **Chergui**④, außerhalb an der Straße nach Errachidia (5,5 km), Tel. 0535 57 85 04, www.hotelchergui.com. 4-Sterne-Kasbah-Hotel mit 100 klimatisierten Zimmern mit TV. Schöner Pool mit Palmen, Restaurant, Hammam, WLAN.

2 **Kasbah Xaluca**③, 5 km an der Straße nach Errachidia (in Maadid), Tel. 0535 57 84 50, 57 84 51, www.xaluca.com. Sehr schönes Kasbah-Hotel der Xaluca-Gruppe mit Liebe zum Detail: geschmackvoll eingerichtete, geräumige Zimmer, Suiten und Bungalows (Waschbecken aus Fossilienstein usw.) mit AC, Sat-TV, Decken aus Palmholz, Betten auf Steinsockeln. Gutes Restaurant, großer Pool, beheizter Innenpool und schöner SPA-Bereich, sehr freundliches Personal, reichhaltiges Frühstück. Camping im Hinterhof möglich mit separaten Sanitäranlagen.

10 **Palais du Desert**④, Route du Jorf, 1 km hinter Kasbah Tizimi (s.u.) Richtung Fezna/Jorf, Tel. 0535 57 82 91, www.palaisdudesert.com. Das Luxushotel mit SPA wirkt von außen wie eine Wüstenburg, innen ist es – wie der Name verspricht – ein Palast.

### Unterkunft (Mittelklasse)

12 **Palm's Hotel Club**③, ca. 4 km außerhalb an der Straße nach Rissani, Tel. 0535 57 61 44, Mobil 0666 91 45 52, www.palmotel.ma. Großer Komplex im Kasbahstil in einem Palmengarten mit Pool, 110 nüchtern eingerichtete Zimmer mit AC und Sat-TV. Hammam und Massagen. WLAN.

9 **Kasbah Tizimi**③, Route de Jorf (Richtung Tinejdad ca. 700 m ab Kreuzung), Tel. 0535 57 73 74, 57 61 79, www.kasbah-tizimi.com. Schönes Kasbah-Hotel mit Pool und traditionell gestalteten, klimatisierten Zimmern mit Sat-TV und Blick zum Pool oder auf die Palmeraie. WLAN.

7 **Riad Salam**③, Route de Rissani, Tel. 0535 57 66 65, http://hotel-erfoud-riad.com. 3-Sterne-Hotel mit sauberen, klimatisierten Zimmern und Suiten mit älterer Ausstattung. Gutes Essen, bewachter Parkplatz, schöner Garten mit Pool, WLAN in der Lobby.

### Unterkunft (günstig)

11 **Camping Tifina** und 3 **Camping Karla** (s.u.) bieten günstige Unterkunft in Berberzelten.

### Camping

**11 Camping Tifina,** einige Kilometer Richtung Rissani (ummauerter Platz auf der rechten Seite), N 31°22,90', W 04°16,30', Mobil 0610 23 14 15, www.tifina-marokko. com. Der sehr gepflegte Platz (europäischer Standard!) hat einen Pool, Stellplätze mit Wasseranschluss und Strom, WLAN, Abwasserentsorgung für Wohnmobile, auch Luxusstellplätze mit Pergola und privater Dusche/WC, ein Restaurant mit Alkoholausschank, außerdem Bungalows ② und Berberzelte①.

**3 Camping Karla,** in Maadid, 5 km von Erfoud an der Straße nach Errachidia, Tel. 0535 57 87 28 oder Mobil 0662 53 06 52, campingCarla@gmail. com, N 31°28,898', W 04°13,015'. Großer, schön angelegter Platz unter Palmen mit sauberen Sanitäranlagen (heiße Duschen), Souvenirshop, hübschem Restaurant (Alkoholausschank) mit Terrasse, Zimmern und Berberzelten①. Organisation von Ausflügen möglich, WLAN.

### Essen und Trinken

**15 Café/Restaurant du Sud,** 19, Av. Mohamed V., Tel. 0535 57 71 54. Sehr gutes Restaurant, in dem auch die Einheimischen essen gehen, mittlere Preise.

**6 Dakar,** Av. Moulay Ismail (am Ortsausgang Richtung Errachidia gegenüber der Ziz-Tankstelle),

Tel. 0535 57 77 49, www.restaurantdakarerfoud.com. Gepflegtes, gutes und günstiges Restaurant mit Suppen, Salaten, Pizza, Brochette und Tajine zu mittleren Preisen. Der Besitzer zeigt gern unverbindlich seine Fossiliensammlung im Untergeschoss. WLAN.

5 **Restaurant/Pizzeria des Dunes,** Av. Moulay Ismail, neben der Ziz-Tankstelle, Mobil 0662 08 09 25, www.restaurantdesdunes.com. Sehr gutes Restaurant der Familie *Ettaiek* mit Gartenplätzen unter einer Schattenlaube und abwechslungsreicher Speisekarte (von Holzofen-Pizza bis Tajine) – Spezialität des Hauses ist ein Fleischragout in Tajine, genannt *Kalia*.

100m315 ed

### Einkaufen

- Die **Av. Moulay el Hassan** führt zum Suq und zum zentralen Place des F.A.R. (mit Polizei, Grand-Taxi-Haltestelle und großem Parkplatz). An ihr sowie an der südlichen Parallelstraße **Av. Mohamed V.** sind sämtliche wichtigen Geschäfte, Banken, Apotheken und Tankstellen zu finden.
- Den **Suq (Marché central)** mit frischen Lebensmitteln aller Art betritt man durch ein rot-weißes Eingangstor am Place des F.A.R. Daneben befinden sich diverse Souvenirgeschäfte, in denen man günstig einkaufen kann. Der große **Wochenmarkt** am Sonntag findet neben dem Suq-Gelände statt.

In Erfoud kann man wunderschöne geschliffene **Fossilien** direkt in den Fabriken (auch als Schalen, Tischplatten, Waschbecken etc.) erwerben, z.B. bei:

13 **Adarissa Atelier – Pierre d'Erfoud,** Tel. 0535 57 75 96, 57 71 59, am Ortsausgang Richtung Rissani links neben einer Tankstelle.

14 **Macro Fossiles,** ggü. Hotel Belere und El Ati, Ortsausfahrt Richtung Rissani.

4 **Fossiles d'Erfoud,** nördlich des Zentrums an der Straße Richtung Errachidia.

8 In der **Fossilienfabrik Marmar** (an der Straße Richtung Tinerhir) kann man sich von einem deutsch sprechenden Führer durch die Fabrik führen und zeigen lassen, wie der Fossilienstein mit einer Diamantenschneide zugeschnitten und dann mit verschiedensten Werkzeugen poliert und bearbeitet wird. In der großen Verkaufsausstellung mit (verhandelbaren, relativ hohen) Preisen gibt es alle denkbaren Gegenstände aus Fossilienstein bzw. präparierte Fossilien aller Größen. Bezahlung mit Kreditkarte ist möglich, große bzw. schwere Waren werden auch nach Europa verschickt.

☐ Abendstimmung am Erg Chebbi

### Sammeltaxis/Taxis

Abfahrt der Sammeltaxis, Klein- und Privatbusse am Place des F.A.R., z.B. **nach Rissani** (20 Min.), **Tinerhir** (3½ Std.) und **Merzouga** (1 Std.).

### Busse

Die Büros von **CTM** und **Supratours** finden sich in der Av. Mohamed V.

**Verbindungen und Preise**

- **Errachidia:** mehrmals täglich, ca. 2 Std., 30 DH.
- **Meknès:** 1x tägl. mit CTM (abends) und Supratours, 155 DH, 9 Std. Fahrzeit (über Nacht).
- **Rissani:** mehrmals tägl., 20 DH, Fahrzeit ca. 45 Min.
- **Fezna** (Himmelstreppe) bzw. **Tinejdad:** Kleinbus ggü. der Post nach Fezna und Tinejdad, Fahrzeit 2–3 Std.
- **Midelt:** mehrmals tägl., ca. 85 DH, Fahrzeit 3 Std.
- **Tinerhir – Ouarzazate – Marrakesch:** 1x tägl. (vormittags) mit Supratours; bis Tinerhir 3½ Std., bis Ouarzazate ca. 7 Std., bis Marrakesch ca. 11 Std. Fahrzeit, bis Marrakesch ca. 190 DH.
- **Merzouga:** tägl. 2 x mit Supratours, 1 Std. Fahrzeit, 40 DH.

### Rund ums Auto

- **Ouargia Hami,** Mobil 0662 82 54 23, guter Mechaniker 150 m vom Busbahnhof und ca. 300 m vom Hotel Salam entfernt.
- **Garage Royal (Chez Barji Aziz),** an der Straße nach Rissani/Errachidia, neben der Ziz-Tankstelle, empfehlenswerte Werkstatt und Pannendienst, Mobil 0661 67 41 02.

### Fest

- Im September, anlässlich der Dattelernte, findet das **Dattelfest** statt (ein Wochenende).

▷ Ksar Oulad Abd el Halim bei Rissani

## Ausflüge

In allen Hotels und im Ort kann man **Touren zum Erg Chebbi oder nach Rissani** buchen. **Merzouga** und die Dünen sind inzwischen auf Asphaltstraße direkt von Erfoud oder Rissani erreichbar. Das Wüstenerlebnis ist jedoch auf einer Pistenfahrt entlang der Dünen größer – besonders schön ist eine Umrundung des Erg Chebbi (zwischen 60 und 85 km, je nach Strecke). Wer zum Sonnenuntergang nach Merzouga fahren will, sollte spätestens um 15 Uhr aufbrechen, um noch genügend Zeit zu haben, die Dünen zu erklimmen. Schöner ist der Sonnenaufgang, da die Sonne hier hinter den Dünen aufgeht, während sie über Merzouga untergeht.

Ein Tagesausflug mit dem Geländewagen zu den Dünen ab Erfoud kostet etwa 1200 DH für bis zu sechs Personen. Preiswerter ist es, selbst bis Merzouga zu fahren und eine Dünentour mit Quad oder Kamel bzw. eine Umrundung direkt vor Ort zu buchen.

### Touranbieter

- **Brahim Karaoui** und sein Cousin *Ahmed,* die beide gut deutsch sprechen und in Merzouga das Hotel Riad Nezha betreiben (Mobil 0661 98 79 77, riadnezha@gmail.com), organisieren zuverlässig Geländewagentouren im/zum Erg Chebbi.
- Auch die **Agentur Sand Fish** von *Omar* (Mobil 0661 92 62 63, www.sand-fish.com), der eine Auberge am Nordrand des Erg Chebbi führt, ist für Wüstentouren zu empfehlen.
- **Lahcen Mhamdi** (Mobil 0662 18 66 38, http://discoveraroundmorocco.com) organisiert nicht nur Wüstentouren, sondern führt auch Selbstfahrer mit eigenem Geländewagen (ein Tag bis mehrere Wochen), vermietet Geländewagen und bietet Offroad-Fahrtraining in den Dünen an. *Lahcen* spricht

sehr gut deutsch und arbeitet auch für Rallyes. Der Tagespreis ist hoch, aber verhandelbar (160–190 Euro/Tag).

## Weiterfahrt nach Merzouga

Die **Asphaltstraße,** die von Erfoud nach Merzouga führt, beginnt im Stadtzentrum (von Norden kommend links fahren), überquert das Trockenflussbett und führt später recht nahe an den Dünen entlang. Vorbei an zahlreichen Herbergen geht es nach **Hassi Labied,** bevor die Straße in die alte, von Rissani kommende Asphaltstraße einmündet. Vgl. Route „Von Erfoud nach Merzouga" weiter unten.

## Weiterfahrt nach Rissani

**Von Erfoud** geht es an Palmenhainen entlang, am Palm's Hotel Club (links) vorbei, auf der breiten Asphaltstraße nach Rissani. 5 km hinter Erfoud überquert man eine Khettara (Foggara), einen unterirdischen Bewässerungskanal.

Nach 17 km ist das Hotel Kasbah Ennasra (siehe bei Rissani) erreicht. Bei einem Kreisverkehr zweigt rechts (westlich) die **Straße nach Alnif und Tazzarine** bzw. Zagora ab (Ziz-Tankstelle, beschildert). Nach wiederum 1 km geht es an einem weiteren Kreisverkehr links nach Merzouga und zum Circuit Touristique (s.u.). Geradeaus weiter führt die Straße am Busbahnhof vorbei durch das schöne Stadttor ins Zentrum von **Rissani,** das bei **Gesamt-km 104** erreicht ist.

aga_86 ad

**Übernachtung**
1 Kasbah Ennasra
4 Kasbah Hotel Ziz Palace

**Essen und Trinken**
3 Merzouga
5 Toumbouctou
6 El Manzah

**Einkaufen/Sonstiges**
2 La Maison Saharienne
7 Maison Touareg, Les Frères Oulbadi
8 Sahara Gallery

# Rissani

Das **hübsche Oasenstädtchen am Rande der Wüste** (ca. **20.000 Einwohner**) ist Ausgangspunkt für Touren im Dünengebiet Erg Chebbi und entsprechend viel von Touristen besucht. Viele Kinder, Händler und „faux guides“ (nicht-lizensierte Führer) versuchen daraus Profit zu schlagen und verhalten sich ziemlich **aufdringlich.** Wenn man seine Ruhe haben will, engagiert man am besten einen lizenzierten Führer für einen Rundgang. Sehenswert sind der alte Ortskern (Ksar Abouam) mit seinen Lehmhäusern, der (Wochen-)Markt und die Oasen und Palmenhaine der Umgebung mit typischer Oasenbewirtschaftung. Wichtigste Handelsware ist die Dattel.

## Geschichte

**Rissani war das legendäre Sijilmassa,** die ehemalige Hauptstadt des Tafilalet, von der allerdings außer verwitterten Mauerresten 2 km außerhalb Rissanis nichts mehr erhalten ist. Der marokkanische Reisende *Leo Africanus* (1495 bis ca. 1550) führt die Gründung auf die Römer zurück, der Geograf *Al-Bekri* glaubt an eine Gründung im Jahre 757. Damit wäre das Reich Sijilmassa eines der ersten Sultanate auf islamischem Boden. 922 errangen die Fatimiden die Staatsgewalt über das Wüstenreich, und 1056 besetzten die Almoraviden Sijilmassa, danach folgten die Almohaden und 1255 die Meriniden.

Im Mittelalter war der Ort ein bedeutender **Karawanenstützpunkt** und Handelszentrum, in dem Datteln, Salz, Leder- und Metallwaren gegen Gold, Elfenbein und Sklaven getauscht wurden. Mitte des 17. Jh. eroberten die Alawiten-Cherife aus dem Tafilalet unter *Moulay al-Rashid* (1664–1672) Fès und Marrakesch und gründeten die auch heute noch regierende **Alawiten-Dynastie.** Zahlreiche Kasbahs wurden errichtet, nach und nach aber wurde Rissani zur Hauptstadt des Tafilalets, und Sijilmassa verfiel.

## Sehenswertes

### Torbogen

Die **Einfahrt von Rissani** schmückt ein prachtvoll verzierter Torbogen, der unter dem Königsvater *Hassan II.* zum Gedenken an seine aus der Gegend stammenden Vorfahren der Alawiten-Dynastie errichtet wurde.

### Markt

Besonders sehenswert ist der Markt. **Sonntag ist großer, Dienstag und Donnerstag kleiner Markt.** Zwischen den Mauern des Suq hocken die Händler mit Gemüse, unter den Arkaden befinden sich die Läden mit der Handwerkskunst sowie die Bäcker und Fleischer. In einigen Höfen werden Schafe, Ziegen, Hühner und vieles mehr verkauft. Der Handel dürfte sich – abgesehen von modernen Errungenschaften wie Uhren, Textilien und Plastikwaren – noch genauso abspielen wie vor hundert Jahren. Hier lässt es sich wunderbar beobachten, zuhören, staunen – ein Erlebnis!

### Kasbahs

Neben dem Hotel El Filalia liegt der sehenswerte, aber recht vernachlässigte **Ksar Abouam** mit der **Kasbah Moulay Ismail.** Der Lehmkomplex mit seinen verschachtelten Gassen und Innenhöfen hat ein prachtvolles, von mächtigen Türmen flankiertes Eingangstor. Der Ksar diente als Kulisse für die Filme „Marco Polo", „The secret of the Sahara" und „Himmel über der Wüste". Der Komplex beherbergt den Kunsthandwerksladen der unaufdringlichen, deutsch sprechenden Brüder *Slimane, Hafid* und *Ismail Dribi Alaoui,* **2** **La Maison Saharienne** (siehe „Einkaufen"), der mehrere Ausstellungsräume umfasst.

Im Zentrum nahe des Ksar Abouam zeigt das **Maison de la Culture** in einem renovierten Palast neben ein paar Fossilien Teppiche sowie einen geschichtlichen Überblick und Bilder zu Sijilmassa.

### Mausoleum Moulay Ali Cherif

Die mosaikgeschmückten Räume des 2 km entfernten Mausoleums (Zaouia, 1965 von König *Hassan II.* neu aufgebaut) von Moulay Ali Cherif dürfen von Nicht-Moslems nicht besichtigt werden.

028sm20 ed

Allerdings lohnt sich ein Blick in den (frei zugänglichen) **grünen Innenhof.** *Moulay Ali Cherif* ist ein Vorfahre des jetzigen Königs. Vor dem Mausoleum befinden sich zwei Lehmdörfer mit hübschen Eingangstoren.

## Oasenrundfahrt

Auf der Oasenrundfahrt *(Circuit touristique)* passiert man zahlreiche schöne Ksour, so das **Ksar Akbar,** ein riesiger Lehmbaukomplex mit herrlicher Ornamentik auf dem von mächtigen Türmen flankierten Eingangstor. Diesen Komplex schuf der Sultan *Moulay Abd al-Rahman* Mitte des 19. Jh., der hier sowohl seine Schätze als auch seine zahlreichen Frauen von einer schwarzen Leibgarde bewachen ließ. 2 km weiter auf der Route, die am Mausoleum (s.o.) vorbeiführt, gelangt man zu den Resten des **Ksar Oulad Abd al-Halim** aus dem 19. Jh., einstmals Residenz des Tafilalet-Kalifen *Moulay Rachid.* Inzwischen stark verfallen, zeugt es doch von einer prunkvollen Vergangenheit – so kann man die Reste einstmals kunstvoller Lehmhausarchitektur sowie das mit Ornamenten verzierte Tor bewundern. Der Ksar ist noch bewohnt, hier bekommt man das bescheidene Alltagsleben der Menschen zwischen den verfallenden Lehmmauern vor Augen geführt. Sehenswert ist auch das **Ksar Dar al-Beida** (18. Jh.), für das sogar Marmor aus Volubilis herangeschafft wurde. Teilweise sind die Außenmauern und Wehrtürme noch gut erhalten. Weiter geht es auf der Oasenrundfahrt durch zum Teil abgestorbene Pal-

⌃ Eingangsportal in den Ksar Abouam

menhaine. Schließlich ist nach insgesamt 20 km („Circuit touristique Rissani – Zaouia Moulay Ali Sherif – Rissani“) wieder Rissani von Süden her erreicht.

## Praktische Informationen

### Unterkunft

Die meisten Touristen übernachten in Merzouga am Rand der Dünen.

1 **Kasbah Ennasra**③, ca. 2 km außerhalb Richtung Erfoud, Tel. 0535 77 44 03, www.ennasra.com. Schönes Kasbahhotel mit 15 Zimmern/Suiten (auch Familienzimmer) mit Himmelbett, Bad, AC und kleiner Terrasse. Pool im hübschen Innenhof, Restaurant (Alkohol) mit Terrasse zum Hof. Parkplatz, WLAN.

4 **Kasbah Hotel Ziz Palace**③, Quartier Moulay Rachid (N 13 Richtung Merzouga), Tel. 0535 77 47 04, www.zizpalace.com. Das schöne, komfortable Kasbah-Hotel hat einen Pool, geräumige Zimmer/Suiten mit TV und AC, ein Restaurant, freundliches Personal, WLAN und einen eigenen Parkplatz.

### Essen und Trinken

Eine Spezialität des Tafilalet ist **Madfouna,** auch als „Berberpizza“ bekannt: Das große, mit Fleisch, Zwiebeln, Knoblauch, 44 (!) Gewürzen und Eiern gefüllte leckere Fladenbrot gibt es häufig nur auf Vorbestellung in Rissani oder in den Herbergen am Erg Chebbi.

■ Die beiden Restaurants 5 **Toumbouctou** und 3 **Merzouga** an der Straße Richtung Merzouga sowie das Restaurant 6 **El Manzah** (Tel. 0662 06 14 93, http://elmanzah.com) beim Ksar Oulad Abd al-Halim (vgl. „Oasenrundfahrt“) sind einen Besuch wert.

### Einkaufen

2 **La Maison Saharienne,** Ksar Abouam, zwischen Kasbah und Moschee, Mobil 0664 28 54 76. Im Laden der sehr freundlichen Brüder *Dribi* (s.o. unter „Kasbahs“) gibt es schöne Teppiche, Schmuck, Kupfer- und Lederarbeiten.

■ An der Stadtausfahrt Richtung Merzouga liegt die 8 **Sahara Gallery** (große Auswahl an marokkanischem Kunsthandwerk und Fossilien), kurz darauf folgt das 7 **Maison Touareg** mit einem großen Sortiment an Teppichen und Kunsthandwerk, fast daneben befindet sich 7 **Les Frères Oulbadi** (Fossilien).

### Sammeltaxis/Busse

Die Busse und Sammeltaxis fahren vom **Gare routière** vor dem Stadttor ab (etwas außerhalb neben der Gendarmerie in Richtung Erfoud).

Der **CTM-Busbahnhof** liegt beim Kreisverkehr vor dem Stadttor in Richtung Erfoud bzw. Zagora.

#### Verbindungen und Preise

■ **Merzouga:** 2x tägl. mit Supratours, ca. 30 Min. Fahrzeit, 25 DH; auch Sammeltaxis ab dem Busbahnhof (ca. 15 DH).

■ **Erfoud – Errachidia:** mehrmals täglich Busse und Sammeltaxis; Supratours fährt 2x tägl. (morgens und abends) nach Errachidia, CTM 1x tägl. (abends), ca. 1¾ Std. Fahrzeit, 40 DH; nach Erfoud 20 DH, 30 Min. Fahrzeit. Die Sammeltaxis sind schneller und nur unerheblich teurer als die Busse.

■ **Errachidia – Midelt – Fès:** Es fährt ein Nachtbus von Supratours (140 DH) und einer von CTM (170 DH); 9 Std. Fahrzeit bis Fès. Es verkehren auch Busse weiter nach **Meknès.**

■ **Ouarzazate – Marrakesch:** 1x tägl. morgens mit Supratours (via Erfoud, Errachidia, Tinerhir, Boumalne Dadès), ca. 12 Std. Fahrzeit bis Marrakesch (190 DH), dort Umsteigemöglichkeit nach **Casablanca.**

- Weitere Fernverkehrsbusse fahren täglich nach **Zagora, Rich, Rabat, Tanger** und **Casablanca** (Nachtbusse).

### Sonstiges

- Ein empfehlenswerter **lizensierter Führer** für die Stadt und die Region ist **Mohamed Naceur.** Er arbeitet seit 30 Jahren als Touristenführer, spricht u.a. deutsch und kennt die Gegend wie seine Westentasche. Man findet ihn im Café neben der Banque Populaire oder man kontaktiert ihn über Mobiltel. 0662 56 29 20. Er führt z.B. durch den alten Ksar und Markt oder begleitet Reisende auf dem Circuit Touristique (vgl. „Oasenrundfahrt"). Da die Jugend bzw. einige Händler und „faux guides" recht lästig sein können, macht ein lizensierter Führer durchaus Sinn, denn *Mohamed* hält sie einem vom Leib. Außerdem berichten Leser, dass seine Führung sehr lustig sei, da er sie mit deutschen Sprichwörtern und Sprüchen garniert, sodass es immer was zu lachen gibt.
- Für den **Notfall** stehen ein Centre Medical und Apotheken zur Verfügung. Das nächste Krankenhaus befindet sich in Erfoud.
- Im Frühjahr findet das **Festival de Sijilmassa du Malhoun** mit traditioneller Musik statt.

## Ausflüge

Bei Merzouga bzw. Taouz liegen am **Erg Chebbi** – neben den Dunes de Chegaga bei M'hamid – die einzigen höheren **Sanddünen** Marokkos (bis zu 200 m hoch). Wegen der vielen Herbergen entlang der Dünen findet man hier Wüsteneinsamkeit nur viele Kilometer abseits der Piste bzw. auf der Ostseite des Dünengebietes. Trotzdem empfinden Sahara-Neulinge den Erg Chebbi als das Wüstenerlebnis schlechthin. Touren nach Merzouga werden von den Hotels in Erfoud und Rissani angeboten, am schönsten ist ein Spaziergang oder Kamelausflug zum Sonnenaufgang. Die Preise sind meist verhandelbar und hängen in erster Linie von der Dauer ab (ob Halbtagestour oder mit Übernachtung/Essen; s.a. Ausflüge bei Erfoud). Wer über ein eigenes Fahrzeug und Zelt verfügt, kann den Sonnenauf- bzw. -untergang wesentlich ruhiger und stimmungsvoller abseits des Trubels in den Dünen genießen, denn Wildcampingmöglichkeiten gibt es genug.

Sehr schön ist der **Dayet Sri,** ein flacher Zeitsee in der Wüste, der nach starken Regenfällen immer wieder Wasser führt. Hier kann man gelegentlich sogar Flamingos beobachten. Auch beim Café Yasmina am Nordrand des Erg Chebbi und südlich von Merzouga bilden sich in regenreichen Jahren Seen, die zusammen mit den Sanddünen ein herrliches Bild ergeben.

Etwas nordwestlich des Erg Chebbi an der Straße von Merzouga nach Rissani liegt ein kleines Gebiet mit niedrigen Sanddünen, in dem man ebenfalls etwas Wüstenfeeling erleben kann.

# Von Rissani nach Merzouga

- **35 km, N 13, gute Asphaltstraße.**
- Die Straße führt zunächst sehr kurvenreich durch die Oasengärten und den Palmenhain von Rissani, dann geradeaus Richtung Osten. Die beeindruckende Silhouette der **Dünen** ist bei klarem Wetter schon am Horizont zu sehen. Entlang der Route erstreckt sich ein regelrechter Schilderwald der Herbergen am Erg Chebbi (Infos zu den Unterkünften bei Merzouga).
- **Mercedes-Kleinbusse** und ein **Supratours-Bus** verkehren ab Erfoud und Rissani (siehe dort), **organisierte Touren** werden von den Hotels angeboten.

Rissani am **Kreisverkehr** (beschildert „Merzouga", **N 31°17,308', W 04°15, 441'**) links nach Nordosten verlassen (rechts geht's zum Mausoleum Ali Cherif), vorbei an Sahara Gallery, Maison Touareg und Frères Oulbadi sowie Restaurant-Café Tafilalet.

Nach **3 km** folgt das Museé Ksar el Fida und danach das **Zeltrestaurant La Tente** mit Verkauf von Kamelmilch und -fleisch, danach beginnen die Oasengärten und man passiert einen verfallenen Ksar.

Nach **6 km** liegt der kleine, ummauerte **Camping/Piscine Le Trésor** an der Straße. Nach weiteren 2 km folgt ein Abzweig zum 1,8 km entfernten alten Ksar Haroua.

Bei **km 12** führt eine Brücke über den **Oued Ziz,** gesäumt von Fossilien-Korallenriffen. Hier schwenkt die Straße nach Süden.

**17 km** hinter Rissani zweigt links eine Piste nach **Hassi Labied** (Schild) zu zahlreichen Hotels ab (vgl. bei Merzouga); die bessere Zufahrt (Asphaltstraße) befindet sich bei km 30.

Etwa **20 km** hinter Rissani zieht sich rechts der Straße ein kleines Dünengebiet entlang, das für autarke, geländegängige Fahrzeuge nette Picknick- bzw. Übernachtungsplätze bietet. Es folgen weitere Pistenabzweige zu diversen Gästehäusern (besser erreichbar über die Asphaltstraße von/nach Erfoud).

Bei **km 26** führt eine Zufahrt zum **Staudamm el Beida,** der den Ziz-Fluss staut.

Bei **km 30** zweigt eine Asphaltstraße links nach **Hassi Labied**, zu den dortigen Herbergen und zum Museé de la Culture Nomade ab (geradeaus weiter nach Merzouga). Kurz darauf passiert man eine Ziz-Tankstelle mit kleinem Supermarkt.

Bei **km 34** folgt der Abzweig zum Hotel/Restaurant Panorama, das wie eine Festung vor den Dünen auf einem Hügel thront. Wenig später fährt man in **Merzouga** ein **(N 31°06,042', W 04°01,079').** An der Kreuzung bei dem Restaurant Bab Rimal kann man rechts direkt nach Taouz weiterfahren (Asphaltstraße). Weiter geradeaus bzw. links erreicht man die Post und danach bei km 35,5 die Ortsmitte von Merzouga. Etwa 1,5 km weiter (über das Oued) endet die Asphaltstraße an einem Wendeplatz vor der großen Düne.

## Tafilalet

■ **Übernachtung**
1 Kasbah Hotel Said
2 Kasbah Derkaoua
3 Lahmada
4 Yasmina
5 Auberge du Sud
6 Dunes d'Or
7 Kasbah Erg Chebbi
8 Atlas du Sable, Riad Mamouche, Auberge Oasis, La Source, Nasser Palace
9 Maison Merzouga Guesthouse
10 Kasbah Sable d'Or, Auberge Sahara
11 Heaven La Chance, Ksar Merzouga
12 Auberge Riad Amazir, Kasbah Mohayut, Kanz Erremal
13 Kasbah Tombouctou, Dar el Janoub
14 Chez Tihri – Suerte Loca
15 Les Portes du Désert
16 Rose de Sable
17 Nomad Palace

# Merzouga

Diese **kleine Wüstenoase** (ca. **5000 Einwohner**) liegt **am Rande des Erg Chebbi, des größten Dünengebiets Marokkos.** Rot-gelb schimmern die bis zu 200 m hohen Dünen im Abend- oder Morgenlicht und wirken wie ein Abziehbild der großen algerischen Wüstenlandschaften. Die Vermarktung ist dementsprechend, der Ort lebt – abgesehen von geringfügiger Landwirtschaft – von Touristen. Seit der Fertigstellung der Asphaltstraße eröffnen immer mehr Herbergen mit Café/Restaurant und Campingplatz entlang der Dünen. Von Spätherbst bis Frühjahr herrscht rund um Merzouga touristischer Hochbetrieb und das Motorenbrummen der Quads sorgt nicht gerade für erholsames Wüstenfeeling. Die Preise für Ausflüge sind zum Teil übertrieben teuer, auch Flaschenwasser wird in Merzouga wesentlich teurer verkauft (Vorrat in Rissani kaufen). Etwas abseits der Herbergen kann man dennoch sehr schöne Wanderungen im Dünengebiet unternehmen.

Das **alte Ortszentrum Merzouga West** bei der Moschee und das **neue Ortszentrum Merzouga Ost** mit Stadttor auf der anderen Seite des Oueds wurden vor einigen Jahren aufgehübscht. Hier gibt es Geschäfte, Souvenirläden, Restaurants, Fahrradverleiher und Sitzbänke mit Pergola zum Verweilen. Die Einheimischen treffen sich aber auch gerne am kleinen Dünenzug in Richtung Taouz am Ortsende, wo man wunderbar den Sonnenuntergang beobachten kann.

Ein Besuch der **Oasengärten** und die Besichtigung der **Bewässerungsanlagen** ist lohnenswert. Es existieren noch ein paar wenige Ziehbrunnen, an denen die Frauen das Wasser holen.

Auch der **Nachbarort Hassi Labied** direkt an den Dünen hat sich in den letzten Jahren touristisch ziemlich entwickelt (Quad- und Enduro-Verleih, 4x4-Werkstätten, Shops mit Souvenirs und Lebensmitteln, Museé de la Culture Nomade über die Nomadenkultur in der Region, Pistenzufahrt zu den Herbergen an den Dünen). Das einst staubige Wüstendorf aus einigen Lehmhäusern ist nun per Asphaltstraße direkt mit Merzouga und Erfoud verbunden.

Die Weiterfahrt in den Süden nach **Taouz** (nahe der algerischen Grenze) bietet nur wenig Aufregendes, abgesehen vielleicht von einem Besuch der **Gnaoua-Musiker im Künstlerdorf Khamlia** und der **Felsgravuren.** Die 3000 bis 7000 Jahre alten Gravuren kann man jedoch nur mit Führer besuchen bzw. eine organisierte Tour im Hotel buchen. Auf der Strecke nach Taouz liegt außerdem das **Morocco National 4x4 Auto Museum** – das Museum eines Geschäftsmannes aus den Emiraten zeigt eine kuriose Sammlung (Geländewagen, Oldtimer).

3 km westlich von Merzouga liegt der (meist trockene) **Dayet Sri,** ein flacher Zeitsee, der nur in regenreichen Jahren im Winter Wasser führt und wo man sehr selten auch Flamingos beobachten kann. Anfahrt: Wo die Zufahrt nach Merzouga von der N 13 abzweigt, rechts auf eine Piste abbiegen und zunächst auf den sichtbaren Funkmast zufahren; dort leicht rechts halten. Es gibt zahlreiche Fahrspuren, die immer wieder ineinan-

## Merzouga und Umgebung

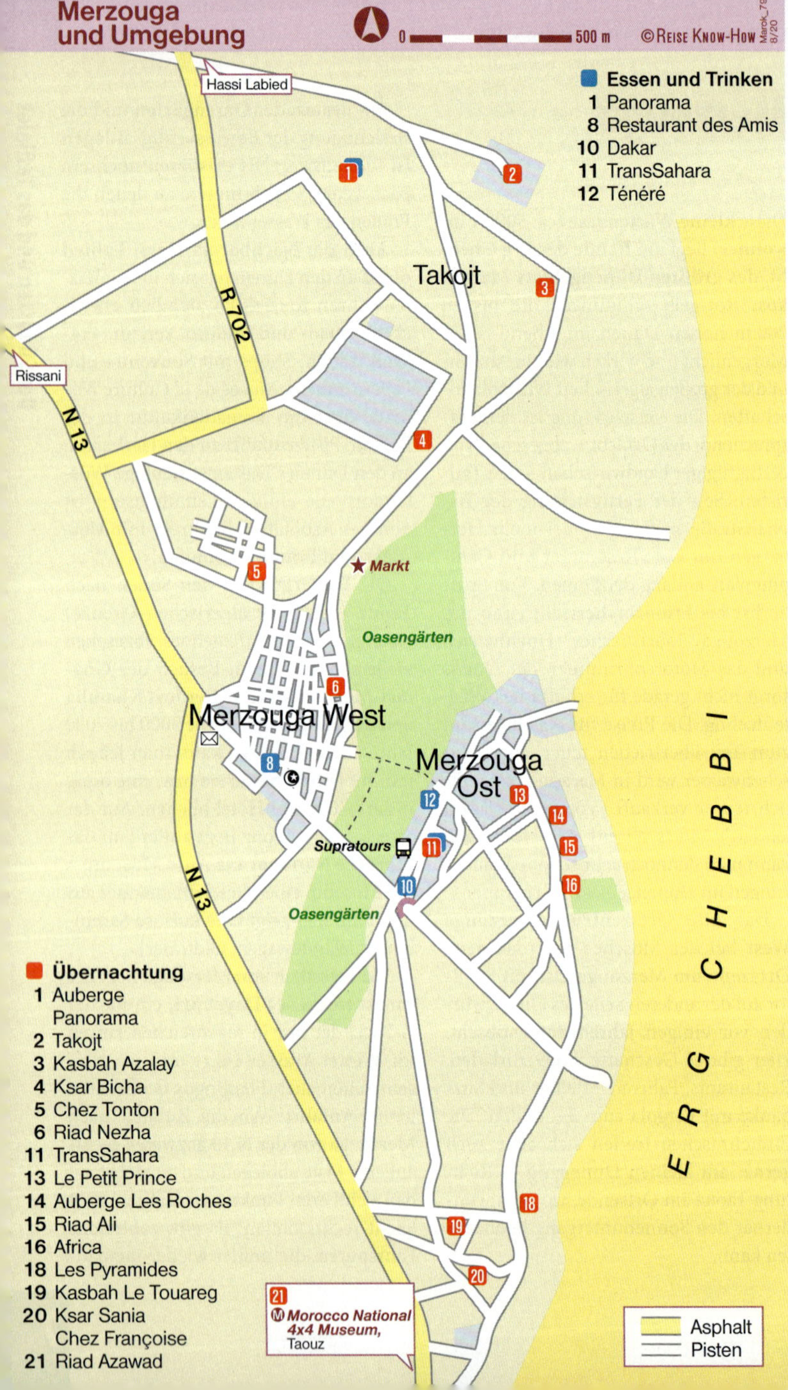

der übergehen, alle zum See führen und auch mit dem Pkw gut zu befahren sind. Am See bieten viele Fossilienhändler ihre Waren an.

# Praktische Informationen

## Unterkunft

Bei den meisten der genannten Herbergen *(Auberges)* ist **Camping** möglich, alle bieten **Aktivitäten** für Touristen an: Kameltrips in die Dünen zum Sonnenauf- oder -untergang (max. 200 DH p.P.), Kameltouren in den Erg mit Übernachtung im Berberzelt und Verpflegung (300–700 DH), Quadtouren und Wanderungen zur höchsten Düne. Ein halbtägiger Geländewagenausflug kostet 700–1200 DH. In vielen Herbergen wird abends Live-Musik für die Besucher gemacht. Nachts kann es zwischen November und März in der Wüste empfindlich kalt werden, und nur wenige Unterkünfte haben eine Heizung – also warme Kleidung einpacken.

**„Faux guides"** haben sich darauf spezialisiert, ankommende Touristen (z.T. bereits im Bus nach Merzouga) abzufangen und gegen Provision in eine Herberge zu schleppen – nicht beirren lassen und die gewählte/gebuchte Unterkunft ansteuern!

### Herbergen/Camping in Merzouga und südlich in Richtung Taouz (Karte S. 454)

Diese Auswahl an empfehlenswerten Herbergen in Merzouga sowie an der Straße nach Taouz ist alphabetisch sortiert. Die meisten bucht man inklusive Halbpension z.B. günstig über www.booking.com.

**16 Africa**①, Mobil 0666 73 84 05, www.auberge-africa.com, N 31°05,714', W 04°00,327'. Einfache, sehr saubere Herberge mit großem Hof, direkt vor den Dünen am Dorfrand. Sehr nette, zurückhaltende Familie, angenehme und ruhige Atmosphäre, gute marokkanische Gerichte. Zimmer mit und ohne Bad, auch Berberzelte.

**5 Chez Tonton**②, von Rissani kommend im Ort links, Mobil 0666 66 04 61, www.tonton-merzouga.com, N 31°06,21', W 04°00,95'. Die nette Herberge des gastfreundlichen *Ahmed Aït Bahaddou* und seiner Familie verfügt über sechs saubere, hübsche Zimmer mit Bad (z.T. klimatisiert).

**3 Kasbah Azalay**③, Mobil 0662 08 55 73, 0667 25 99 52, www.kasbahazalay.com, am nördlichen Ortsende erhöht auf einem kleinen Hügel, N 31° 06,694', W 04°00,343'. Geschmackvoll gestaltetes Hotel mit Pool und schönem Rundumblick. Geführt von den freundlichen Brüdern *Aït Bahddou.*

**19 Kasbah Le Touareg**③, am Ortsausgang 2 km in der Palmeraie, gegenüber der großen Düne, Tel. 0535 57 72 15, Mobil 0662 09 70 86, www.kasbah-letouareg.com, N 31°05,166', W 04°0,516'. Die Anlage im Stil einer Kasbah bietet 35 saubere Zimmer (mit Bad und AC), die sich um den großen Garten mit Palmen, Oleander und schönem Pool gruppieren. Salon mit Kamin für kalte Tage und ummauerter Campingplatz; auch Übernachtung auf der Terrasse und im Nomadenzelt (günstiger).

**4 Ksar Bicha**③, am Rand der Oase, 150 m vom Palais Berbère, Tel. 0535 57 71 13, Mobil 0666 50 64 81, www.ksarbicha.com, N 31°06,438', W 04°00, 635'. Sehr schönes, sauberes Hotel im Kasbahstil der Familie *Oubassidi.* Bepflanzter Innenhof mit Pool, reichhaltiges, gutes Essen. Ordentliche Zimmer im Berberstil mit geräumigem Bad (heißes Wasser und AC), von der Dachterrasse schöner Blick auf die Dünen. Der sehr freundliche Betreiber *Ali* spricht deutsch. Wohnmobil-Stellplatz vorhanden.

**20 Ksar Sania Chez Françoise**③, am Ortsende ca. 2 km in Richtung Taouz linker Hand, direkt an den Dünen, Tel. 0535 57 74 14, Mobil 0661 35 99 10, www.auberge-ksarsania-merzouga.com, N 31°05, 170', W 04°00,740'. Das Hotel unter französischer Führung ist in einem (klimatisch vorteilhaften) Lehmbau mit insgesamt 40 hübschen Zimmer unterschiedlicher Qualität untergebracht, von einfachen Zelthütten bis zu stilvoll gestalteten, komfortablen Zimmern mit Bad. Gutes Essen auf Vorbestellung. Camping möglich.

**13 Le Petit Prince**③, nahe der Dünen, über das Oued und hinter dem Stadttor links abbiegen, Mobil 0672 03 96 15, www.lepetitprincemerzouga.com, N 31°05,868′, W 04°00,395′. Die Herberge von *Mohamed Haddany* hat hübsche Zimmer mit Bad in Richtung Innenhof oder Dünen, gute Sanitäranlagen mit Sitzklos und warme Duschen für Camper. WLAN, sehr gute Küche.

**15 Les Portes du Desert**③ (Karte S. 452) Mobil 0667 61 13 03, Tel. 0535 57 79 30, www.lesportesdudesert.com, N 31°04,793′, W 04°00,616′. Sauberer Campingplatz und hübsche Herberge südlich von Merzouga, sehr schön direkt an den Dünen gelegen. Swimmingpool, klimatisierte Zimmer mit Bad und Restaurant. Übernachtung im Berberzelt und Camping möglich.

**18 Les Pyramides**②, am südlichen Ortsausgang zwischen Hotel Merzouga und Kasbah Le Touareg (s.o.), Mobil 0670 13 76 73, www.lespyramidesmerzouga.com. Schöne Herberge im Kasbahstil, gutes Essen, *Mohamed* ist sehr um seine Gäste bemüht. Auch Übernachtung auf der Terrasse möglich.

**14 Auberge Les Roches**③, von Rissani kommend 100 m hinter dem Stadttor links abbiegen, Mobil 0670 36 27 84 oder 0666 44 30 34, www.aubergemerzouga.com. Hübsche Herberge mit einfachen Zimmern (mit Bad) und Pool, sehr aufmerksames Personal (spricht z.T. deutsch), das intensiv für die angebotenen Kameltouren wirbt … Camping ist möglich.

**17 Nomad Palace**③ (Karte S. 452), ca. 7 km südlich von Merzouga Richtung Taouz, Tel. 0535 88 20 89, Mobil 0662 19 12 44, www.hotelnomadpalace.com, N 31°02,831′, W 03°59,743′. Komfortables Kasbah-Hotel mit Pool und traditionell gestalteten Zimmern (mit Bad) um den Innenhof. Ruhige Lage am Südrand des Erg Chebbi abseits des großen Touristentrubels.

**1 Auberge Panorama**③, ca. 1 km von Merzouga Richtung Hassi Labied, Tel. 0524 83 15 55, Mobil 0667 15 99 41, www.aubergepanorama.com, N 31° 06,873′, W 04°00,765′. Die Herberge mit empfehlenswertem Restaurant liegt links auf einem Hügel mit herrlichem Ausblick, ca. 1 km entfernt von den Dünen. Der Besitzer *Youssef Aït Behaddou* kümmert sich nett um die Gäste. Sehr saubere DZ mit Bad, Übernachtung auch auf der Dachterrasse oder im Nomadenzelt (günstiger). Fahrradverleih.

**15 Riad Ali**③, in Merzouga Ost zwischen Hotel Africa und Les Roches direkt bei den Dünen, Mobil 0670 62 41 36, www.hotelriadali.com. Die meisten (recht kleinen) Zimmer dieses neueren, traditionell gestalteten Hotels mit schönem Innenhof und Restaurant gruppieren sich um den Pool. Toller Blick von den Dachterrassen auf die Dünen.

**21 Riad Azawad**③, Ksar Tannamoste, in Richtung Taouz auf der linken Seite, Tel. 0535 57 83 34 oder Mobil 0668 10 45 66, www.riad-azawad.com. Sehr schönes, freundliches Hotel mit modern marokkanisch gestalteten Zimmern unterschiedlicher Größe im Garten und um den Pool (mit gemütlichen, schattigen Sitzecken). Direkter Zugang vom Garten zu den Dünen. Der Manager spricht gut englisch.

UNSER TIPP: **6 Riad Nezha**③, im Zentrum von Merzouga, N 31°06,02′, W 04°00,50′, Mobil 0661 98 79 77, 53 65 58, Tel. 0535 57 65 89, www.riadnezha.com. Dieses stilvolle und gepflegte Kasbah-Hotel unter der kompetenten und freundlichen Leitung des sieben Sprachen (auch Deutsch) sprechenden *Brahim Karaoui* hat hübsche Zimmer und Suiten in unterschiedlicher Größe (alle mit Bad und Klimaanlage) mit komfortablen Betten. Von der Dachterrasse bietet sich ein toller Blick über die Oase und den Erg Chebbi. Gutes Essen (ab und zu untermalt von Live-Trommelmusik) im Keller-Restaurant oder auf der Hofterrasse bzw. Frühstück auf der Dachterrasse. Sehr schöner, 14 x 7 m großer Pool. Beschatteter Privatparkplatz, gutes Preis-Leistungs-Verhältnis, WLAN.

Brahim betreibt ein eigenes **Zeltcamp** (Bivouac mit Wasserspültoiletten) am Fuß der Dünen in einer Oase inmitten des Erg Chebbi. Er bietet verschiedene Touren an, eine Standardtour mit Kamelen vom Hotel aus dauert 1½ Tage und umfasst Abendessen in der Wüste, Übernachtung im Zeltcamp, ein ausgiebiges Frühstück und Duschmöglichkeit im Hotel nach Rückkehr am nächsten Morgen (Gepäckdepot im Hotel möglich).

**16 Rose de Sable**③ (Karte S. 452), an der Straße nach Taouz, Mobil 0661 64 51 54, www.auberge-rosedesable.com, N 31°04,848', W 04°00,524'. Schöne, sehr saubere Auberge im Kasbahstil mit 18 Zimmern (davon 5 klimatisiert) und Pool, WLAN. Der Besitzer *Brahim* spricht gut englisch. Auch Übernachtung auf der Dachterrasse und Camping möglich (günstiger).

**2 Takojt**③, ca. 1½ km nördlich von Merzouga, Tel. 0535 57 426, Mobil 0670 36 27 81, www.takojt.com, N 31°06,975', W 04°00,400'. Sehr stilvolle Herberge eines überaus netten marokkanisch-französischen Ehepaars mit hübschen klimatisierten Zimmern mit Tadelakt-Bädern.

**11 TransSahara**①, in Merzouga Ost direkt an der neuen Hauptstraße links vom Stadttor. Einfache und freundliche Traveller-Unterkunft mit geräumigen, sauberen Zimmern (Bad/WC auf dem Gang), gemütlicher Sitzecke, Terrasse und viel gelobtem Frühstück. Gutes und günstiges Restaurant.

### Herbergen/Camping entlang des Erg Chebbi (Karte S. 452)

Die Gästehäuser befinden sich alle **an der Piste entlang der Dünenwestseite** südlich der Kasbah Derkaoua bis Hassi Labied und Merzouga. Die nachfolgend genannten Herbergen sind von Nord nach Süd geordnet, die erstgenannten Unterkünfte sind folglich am weitesten von Merzouga entfernt. Die meisten sind über direkte Querpisten (auch mit Pkw) erreichbar, die von der Asphaltstraße Rissani – Merzouga abzweigen (Beschilderung beachten). Gehobenen (europäischen) Standard bieten die Herbergen Kasbah Hotel Said, Kasbah Derkoua, Yasmina, Dunes d'Or, Riad Mamouche, Mohayut, Kanz Erremal, Tombouctou, Dar el Janoub, Suerte Loca, Ksar Merzouga, Takojt, Azalay und einige unter Merzouga genannte Hotels.

**1 Kasbah Hotel Said** und **2 Kasbah Derkaoua,** vgl. „Von Erfoud nach Merzouga".

**3 Lahmada**③, am Nordrand des Erg Chebbi (N 31°13,036', W 03°58,750'), ca. 350 m zu den Dünen, Mobil 0661 40 98 16, 0661 35 16 93, www.kasbahbivouaclahmada.com. Einfache Herberge mit Zimmern und Berberzelten, geschäftstüchtige Leitung. Die WCs/Duschen könnten sauberer sein (hängt von Belegung ab, warmes Wasser). Strom wird abends zugeschaltet.

**4 Yasmina**③-④ (mit HP), 11 km Piste ab dem beschilderten Abzweig von der Asphaltstraße (von Rissani kommend) und ca. 14 km ab der Kasbah Derkaoua (Straße von Erfoud kommend), Mobil 0661 35 16 67, www.hotelyasminamerzouga.com. Die Herberge von *Youssef Karaoui* in einer ehemaligen, großzügig und stilvoll ausgebauten Moschee liegt herrlich direkt am Dünenrand (tolle Terrasse). Bei reichlich Regen bildet sich ein See zwischen Dünen und Auberge. Großer Speisesaal, angenehme Atmosphäre (abends Live-Musik), schöner Pool, freundliches Personal. 20 gepflegte DZ mit Bad (warme Dusche) und Terrasse, z.T. mit AC. Übernachtung im Berberzelt und auf der Dachterrasse möglich (günstiger). Leider manchmal laut vom Quad-Motorengebrumm.

**5 Auberge du Sud**③, Mobil 0670 76 11 06, 0661 60 28 85, www.aubergedusud.com. Der nette Manager *Hamid* und sein deutsch sprechendes Personal kümmern sich um die Gäste. Rustikale, liebevoll eingerichtete Zimmer, ungezwungene Atmosphäre, reichhaltiges und gutes Essen, Pool. DZ mit Bad, Terrasse und AC/Heizung, auch Übernachtung auf der Terrasse, im Nomadenzelt und Camping möglich.

**6 Dunes d'Or**③, ca. 20 km ab Derkaoua, Mobil 0661 35 06 65, Tel. 0535 57 71 46, N 31°12,096', W 04°01,642'. Saubere, freundliche Herberge in einem gepflegten Areal mit Schatten spendenden Bäumen und Bänken vor den Dünen und Pool. Hübsche und recht komfortable DZ/Suite (z.T. mit Heizung/AC), Übernachtung auf der Terrasse oder im Berberzelt möglich (günstiger), ebenso Camping.

**7** **Kasbah Erg Chebbi**③, ca. 22 km ab Derkaoua, Mobil 0610 37 66 82, www.kasbahergchebbi.com, N 31°10,960', W 04°01,895'. Komfortable Unterkunft direkt an den Dünen mit 30 Zimmern und Garten im Innenhof – ideale Lage für einen Spaziergang bei Sonnenaufgang zur höchsten Düne. Der Betreiber *Mohamed Boumesaoud* spricht deutsch. Gutes Essen auf Bestellung, WLAN, abends Trommelmusik. Schöne, große, aber nicht immer saubere (Laken) DZ mit Dusche.

**8** **Atlas du Sable**③, in Hassi Labied, Tel. 0535 57 70 37, Mobil 0661 75 65 35, www.atlasdusable.com. Das hübsche Hotel im Lehmbaustil, geführt von *Ali Anaam* (Spitzname „Ali el Cojo"), hat 42 Zimmer sowie 12 Suiten (alle mit Bad), ein gutes Restaurant und einen Pool. Es gibt auch einen Campingplatz (Stellplätze mit Strom). Organisation von 4x4- und Kamelausflügen.

**8** **Riad Mamouche**③, Tel. 0535 57 60 77, Mobil 0666 66 21 10, www.riadmamouche.com. Komfortables Hotel mit begrüntem Innenhof und Dachterrasse mit Blick auf die Dünen. Erfrischender Pool, Skiverleih (!), WLAN. Hübsche DZ mit Bad und AC.

**8** **Nasser Palace**③, in Hassi Labied, Mobil 0655 01 01 21, www.nasserpalace.com, N 31°08,683', W 04°01,567'. Neueres Kasbah-Hotel mit hübschen DZ mit Blick zum Innenhof oder auf die Dünen, auch Suiten mit AC. Pool im schönen Arkadenhof, Hammam mit Massageangebot. Übernachtung im Nomadenzelt günstiger.

**8** **Auberge La Source**②, in Hassi Labied, Mobil 0662 10 15 85, www.auberge-lasource.com. Die Herberge der sehr freundlichen, deutsch sprechenden Brüder *Hassan* und *Omar* hat einfache, saubere Zimmer mit oder ohne (warme) Du/WC bzw. mit Bad und AC.

102m015 ed

**8 Auberge Oasis**③, in Hassi Labied, Tel. 0535 57 73 21, Mobil 0661 73 90 41, www.aubergeoasis.net, N 31°08,505', W 04°01,448'. Die sehr freundlichen Brüder *Oubana* bieten in ihrer Herberge hübsche, saubere Zimmer mit großem Bad und sogar ein kleines Apartment mit Mini-Küche an. Man kann auch auf der Panoramaterrasse übernachten. Organisiert werden u.a. Ausflüge in das Gnawa-Dorf südlich von Taouz.

**9 Maison Merzouga Guesthouse**③, in Hassi Labied, Mobil 0661 25 46 58 *(Lahcen)* oder 0667 76 68 32 *(Ali)*, Tel. 0535 57 72 99, www.merzouga-guesthouse.com, N 31°08,320', W 04°01,336'. Die gemütliche Herberge mit schönem Garten und Pool der sehr freundlichen Familie *Seggaoui* bietet saubere Zimmer unterschiedlicher Preiskategorien (Bad mit heißer Dusche), einen netten marokkanischen Salon, ein Speisezimmer mit Kamin (gutes Essen) und eine schöne Dachterrasse. Die Familie betreibt auch einen Souvenirladen für Fossilien. *Lahcen* spricht deutsch und informiert gerne über die Region.

**10 Kasbah Sable d'Or**②, in Hassi Labied, Tel. 0535 57 78 59, Mobil 0659 12 70 95, www.kasbah-sable-dor.net. Kleine Herberge mit vier einfachen Zimmern im Berberstil, Nomadenzelt und Camping-areal (mit heißen Duschen und Strom). Das französisch-marokkanische Paar *Isabelle* und *Rachid* ist ein herzlicher Gastgeber, *Isabelle* kocht selbst für ihre Gäste (gutes Essen). Zimmer mit/ohne Bad, auch Camping und Übernachtung im Nomadenzelt oder auf der Dachterrasse möglich (günstiger).

**10 Auberge Sahara**③, ca. 4 km nördlich von Merzouga in Hassi Labied, Abzweig von der Asphaltstraße ab Rissani bei km 30 (Asphaltstraße nach Hassi Labied), Tel. 0535 57 70 39, Mobil 0666 76 63 55, www.aubergesahara.com, N 31°08,148', W 04°01,233'. Die sehr saubere Herberge im Kasbahstil liegt direkt an den Dünen und wird von den netten Brüdern *Bourchuk* geführt. Es gibt kleine, einfache Zimmer mit Gemeinschaftsbad und etwas komfortablere Zimmer/Suiten mit Bad um den Pool, eine Terrasse mit Dünenblick und einen liebevoll dekorierten Salon/Restaurant (abends Trommelkonzert, sehr gutes Frühstück). Camping direkt an den Dünen unter Palmen (gute Sanitäranlagen, heißes Wasser, Kassettenentsorgung, Strom), auch Übernachtung auf der Dachterrasse oder im Nomadenzelt möglich. WLAN.

**11 Heaven La Chance**③, ca. 4 km nördlich von Merzouga in Hassi Labied, Abzweig von der Asphaltstraße ab Rissani bei km 30, Tel. 0535 57 72 69, www.desert-hotel.com, N 31°08,031', W 004° 01,128'. Familiäre Herberge von *Hmad* mit 18 Zimmern (mit Bad, z.T. klimatisiert) im traditionellen Stil, mit Nomadenzelten① rund um den großen Pool, Restaurant und WLAN. Das Personal spricht etwas deutsch. Sehr schönes Campinggelände direkt an den Dünen mit Strom für Wohnmobile.

**11 Ksar Merzouga**③, in Hassi Labied, Tel. 0535 57 88 03, Mobil 0666 34 46 18, www.ksar-merzouga.com. Dieses sehr komfortable Hotel mit einem auffälligen, von zwei Burgtürmen flankierten Tor liegt direkt an den Dünen. Es wird von dem sehr freundlichen, mehrsprachigen *Bari Aalla* betrieben und ist eine der stilvollsten Unterkünfte am Erg. Es gibt einen gemütlichen Salon, ein Esszimmer, ein Freiluft-Restaurant mit einem Tisch direkt auf den Dünen – hier lohnt sich allein eine Kaffeepause. Ausgesprochen schöne, farblich unterschiedlich gestaltete Zimmer mit Tadelakt-Bädern. Auch Camping möglich.

UNSER TIPP: **12 Kasbah Mohayut**③, ca. 3 km nördlich von Merzouga, Mobil 0666 03 91 85, 0661 14 46 20, www.hotelmohayut.com, N 31°07,886',

◁ Blick von der Dachterrasse des Riad Nezha auf Merzouga

W 04°00,931'. Diese wunderbare Herberge von *Mohamed Oubadi* und der deutschen Reiseveranstalterin *Jutta Payne* liegt direkt neben der Auberge Riad Amazir (s.u.). *Mohamed* spricht sehr gut deutsch, ist sehr nett und hilfsbereit und kennt sich hervorragend in der Gegend aus. Die Anlage ist komfortabel und schön konzipiert: geschmackvolle Zimmer mit Bad/WC, Suiten mit Dachterrasse, zwei Bungalows, Pool, hübsches Restaurant (hervorragendes Essen, Alkohol), großartige Aussicht, WLAN. Am Rande des Geländes gibt es ein *Maison de Dunes* in Alleinlage für Familien. Das Campinggelände an den Dünen lässt Camperherzen höher schlagen! Wohnmobile stehen direkt an den Dünen oder im ummauerten Innenhof (Strom, saubere Toiletten, warme Duschen, Entsorgungsstation, Waschmaschine).

12 **Auberge Riad Amazir**②, neben obiger Herberge direkt an den Dünen, Tel. 0535 57 72 03, Mobil 0669 11 40 47, www.aubergeamazir.com. Liebevoll gestaltete, einfache Herberge von *Mohamed Aït Bahadou* mit toller Aussichtsterrasse auf die Dünen und 20 Zimmern mit eigenem Bad, z.T. mit Zugang zur Terrasse. Nettes Restaurant. Auch einige Zimmer ohne Bad im Altbau mit sehr sauberen Gemeinschaftsduschen und WCs (günstiger). WLAN.

12 **Kanz Erremal**③, 3 km außerhalb von Merzouga Richtung Hassi Labied, Tel. 0535 55 84 82, www.kanzerremal.com, N 31°07,741', W 04°00,819'. Die sehr schöne und komfortable Auberge im Kasbahstil liegt direkt am Dünenrand und hat einen Pool. Die zehn großen DZ und Suiten mit Bad (z.T. mit AC/Ventilator) und vier Turmzimmer sind im Berberstil gestaltet und bieten zum Teil einen tollen Ausblick direkt auf die Dünen. Der Service lässt manchmal Wünsche offen. Sehr schönes Campinggelände an den Dünen (moderne sanitäre Anlagen) und Übernachtung im Nomadenzelt neben dem Hotel oder in den Dünen möglich.

13 **Kasbah Tombouctou**③, direkt neben Kanz Erremal Richtung Merzouga, Tel. 0535 57 70 91, Mobil 0661 25 56 84, www.xaluca.com, N 31°07,633', W 04°00,802'. Der große, viel von Gruppen besuchte Komplex im Kasbahstil mit mehreren Lehmgebäuden und vielen Türmchen direkt an den Dünen hat ein bisschen Disneyland-Charakter. Die sehr geräumigen, originell und sehr schön dekorierten Suiten (mit AC und Tadelakt-Bädern) sind sehr sauber. Pool, Hammam (mit Massage) und Restaurant-Terrasse mit Dünenblick (üppiges Abend- und Frühstücksbuffet, Alkohol). Camper können den Parkplatz nutzen (sanitäre Anlagen vorhanden).

13 **Dar el Janoub**③, südlich angrenzend an die Kasbah Tombouctou, Tel. 0535 57 78 52, Mobil 0672 08 56 58, www.dareljanoub.com, N 31°07,579', W 04°00,880'. Wunderschönes Maison d'Hôtes, das mit schlichter Eleganz überzeugt, statt dick mit marokkanischen Stilelementen aufzutragen. Helle, freundliche Wohlfühl-Atmosphäre, etwas trüber Pool. 21 Zimmer mit AC in kleinen Bungalows mit Garten, zum Teil mit Privatterrasse, sehr schöne schattige Terrasse mit Blick direkt auf die Dünen.

14 **Chez Tihri – Suerte Loca**③, von der Asphaltstraße ab Rissani bei km 33 links abbiegen (Schild), an den Dünen südlich des Hotels Tombouctou, Mobil 0661 38 18 43, www.tuaregexpeditions.com, N 31°07,434', W 04°00,713'. Sehr schöne, großzügig angelegte Herberge in ruhiger Lage mit großem Innenhof, Restaurant, großem Wohnmobilstellplatz und Pool. Saubere und geschmackvoll eingerichtete Zimmer mit Bad (z.T. mit Heizung/AC), Übernachtung auch im Berberzelt (günstiger).

## Camping

Sehr viele Herbergen (vgl. oben) bieten Camping an, haben aber oft nicht ausreichend Fläche, Stromanschluss oder Entsorgungsmöglichkeit für Wohnmobile. Sehr empfehlenswert sind die Plätze bei der **Kasbah Mohayut,** bei **Kanz Erremal** und **Heaven La Chance** (beide direkt an den Dünen ) sowie bei **Auberge-Camping Sahara** (vgl. bei den Hotels). Der einfache **Campingplatz La Tradition** liegt an der Straße nach Taouz.

## Essen und Trinken (Karte S. 454)

**10** **Dakar,** an der Kreuzung vor dem Stadttor in Merzouga Ost. Das gute, mittelpreisige Restaurant überzeugt mit Wüstenatmosphäre und freundlichem Service.

**1** **Panorama,** das Restaurant der gleichnamigen Auberge liegt zwischen Merzouga und Hassi Labied auf einem Hügel mit Weitblick auf den Ort und den Dayet Sri.

**12** **Ténéré,** im neuen Zentrum in Merzouga Ost. Sehr nettes und gutes mittelpreisiges Lokal mit schöner Dachterrasse und Blick auf die Dünen.

**11** **TransSahara,** an der Hauptstraße in Merzouga Ost. Preiswertes und gutes Restaurant in der gleichnamigen Traveller-Unterkunft (s.o.).

■ Gutes Essen erhält man außerdem im **8** **Restaurant des Amis** (Karte S. 452).

## Einkaufen

■ Auf dem **Markt** und in **kleinen Läden** entlang der Hauptstraße im neuen Zentrum in Merzouga Ost sind alle Lebensmittel erhältlich.

■ An der einzigen **Tankstelle** (ca. 5 km Richtung Rissani) gibt es gute Einkaufsmöglichkeiten, u.a. wird Käse angeboten.

■ **Le grand dépôt de Merzouga,** Familie *Karraoui*, Tel. 0535 57 66 05. *Omar Karraoui* hat in Merzouga in der Kasbah seines Großvaters eine schöne Sammlung alter Gebrauchsgegenstände aus der Karawanenzeit angelegt, die er gerne interessierten Besuchern vorführt und erklärt (er spricht sehr gut deutsch). Außerdem vertreibt er in Kommission Silberschmuck und schöne Berberteppiche von den Nomadenfamilien der Region.

■ **Depot Nomade,** Hassi Labied, Mobil 0648 88 67 06. Der sehr schöne Teppich- und Kunsthandwerksladen gehört Said Amroui (Topi), der u.a. gut deutsch spricht. Die Teppiche der Familien werden in Kommission genommen und bei *Said* verkauft. Laut einem Leser sind die Preise inzwischen überteuert – Verhandeln ist angesagt!

## Taxis und Busse

**Sammeltaxi-Kleinbusse** fahren mehrmals täglich bis 19 Uhr **nach Rissani** (Abfahrt im Zentrum). Die Herbergenbesitzer helfen gerne, eine Fahrmöglichkeit zu beschaffen.

2x täglich (morgens und abends) fährt ein **Supratours-Bus** über **Rissani** (ca. 25 DH), **Erfoud** (ca. 40 DH) und **Errachidia** (ca. 60 DH) nach **Fès** (nur der Abendbus, 180 DH). Außerdem tägl. ein Supratours-Bus **zwischen Merzouga und Marrakesch** (via Rissani, Erfoud, Errachidia, Tinerhir, Boumalne du Dadès, Ouarzazate), Abfahrt um 7.30 Uhr in Merzouga, Fahrzeit bis Marrakesch ca. 13 Std.

## Sonstiges

■ Die **Post** (mit Geldautomat) ist in dem rosafarbenen Gebäude mit grünem Dach am Ortseingang von Merzouga untergebracht.

■ Die **Gendarmerie Royale** (Polizei) befindet sich neben der Post, Tel. 0535 57 61 26.

## Touren/Ausflüge

Sämtliche Hotels organisieren **Kamel-, Quad- und 4x4-Touren.** Viele Herbergen haben auch ein eigenes Zeltcamp *(Bivouac)* im Dünengebiet eingerichtet und bieten Ausflüge mit einer Übernachtung in der Wüste an. Empfehlenswerte, auch individuelle Touren in ganz Marokko im (klimatisierten) Geländewagen und Mini-Bus organisiert **Brahim Karaoui** (Mobil 0661 37 35 58 oder über das Gästehaus Riad Nezha in Merzouga kontaktierbar). In der Umgebung kann man mit ihm die Minen bei Taouz und die Gnaoua-Musiker in Khamlia besuchen.

# Von Erfoud nach Merzouga

- **46 km, R 702.**
- Die **Asphaltstraße** wurde 2016 fertiggestellt, sodass diese Wüstenstrecke auch für Pkw kein Problem mehr darstellt. Zu den Herbergen zweigen gute Pisten von der Straße ab.

Die Straße führt am Suq und Hauptplatz von Erfoud vorbei (der Beschilderung zum Busbahnhof/Suq folgen), überquert den (trockenen) Ziz-Fluss und passiert den Bordj Est.

Etwa **9 km** östlich von Erfoud erstreckt sich links der Straße (N 31°22, 851', W 04°10,422') ein 350 Millionen Jahre altes **Korallenriff** in der Wüste; dort sind schöne Versteinerungen zu finden. Dann folgen Abzweige zu Fossilienläden, z.B. dem der Familie *Zegra*, danach ein Hinweisschild zu einem Fossilienladen der Familie *Seggaoui*.

**2 km weiter** geht links eine Piste zu einem weiteren **Fossiliensteinbruch** (5 km), dem Hauptladen der Familie *Seggaoui*. Nach 2 km erreicht man die Häuser der Familie und anderer Händler, die Fossilien aus dem Steinbruch abbauen. Man kann dort auch geschliffene Fossilien einkaufen, sollte aber handeln und sich vorher in Erfoud einen Überblick über die Preise verschafft haben. *Ahmed Seggaoui* hat hier ein wahres Museum errichtet.

Bei **km 19** liegt rechts der Straße das schöne **1 Kasbah Hotel Said**③ (Karte S. 452, N 31°18,869', W 04°06,287', Tel. 0535 57 71 54, Mobil 0664 49 40 50, www.kasbah-hotel-said.biz) des Spaniers *Fredi* und des Betreibers des Restaurant du Sud in Erfoud, *Said:* 17 stilvolle Zimmer mit Bad, Pool, begrünter Innenhof, auch Übernachtung im Nomadenzelt und Camping.

Bei **km 23** passiert man eine Brücke, kurz darauf folgt die **2 Kasbah Derkaoua**③ (Karte S. 452, N 31°17,383', W 04° 05,517', Tel. 0535 57 71 40, Mobil 0661 34 36 77). Das hübsche, sehr gepflegte Kasbah-Hotel war 1988 die erste Herberge in der Region. Es hat 22 Zimmer (mit Bad und AC), einen herrlichen kleinen Garten, einen Pool und einen Hammam.

Bei **km 31** geht es nordwestlich zu den **Dünen;** fährt man geradeaus bzw. etwas östlich, liegen am Nordende des Ergs die Herbergen Palmeras Yulness, Sand Fish, La Belle Étoile, das Bivouac des Hotels Kasbah Xaluca in Erfoud und das Hotel Yasmina. An der Dünenwestseite folgen die Auberge Cinq Frères und die Auberge du Sud (zur letztgenannten vgl. bei Merzouga „Herbergen/Camping entlang des Erg Chebbi").

Ab etwa **km 34** zieht sich ein **Schilderwald der Herbergen** am Dünenrand entlang. Zunächst passiert man das Hotel/Camping Dunes d'Or (vgl. bei Merzouga „Herbergen/Camping entlang des Erg Chebbi"). Weiter vorbei am Abzweig nach Hassi Labied und zur Auberge Oasis (vgl. auch bei Merzouga) ist etwa bei **km 46 Merzouga** erreicht.

Auf dem Wochenmarkt in Jorf

# Von Erfoud nach Tinejdad

- **87 km, R 702.**
- Diese **Abkürzungsstrecke zurück zur Straße der Kasbahs** führt durch eine schöne Wüstengegend auf einer z.T. etwas holprigen (rissigen) Asphaltstraße mit einigen Sandverwehungen (vorausschauend fahren). Nach starken Regenfällen kann die Route im Bereich von Furten überschwemmt oder beschädigt sein.
- **Busverkehr** zwischen Erfoud und Tinejdad spärlich, besser mit dem **Sammeltaxi.**

Am Kreisverkehr beim Hotel Chez Gaby in Erfoud zweigt die **R 702** in Richtung Jorf/Tinejdad nach Westen ab.

Bei **km 7** führt eine Brücke über den **Oued Gheris,** der nach Regenfällen im Frühjahr viel Wasser führen kann. Rechts der Straße liegt ein versteinertes Korallenriff.

**Jorf,** ein größerer Ort mit Palmenhain und schönem Ksar, ist nach **19 km** erreicht (Tankstelle, Geschäfte, Café-Restaurant). Hier wird mittwochs ein sehenswerter und sehr ursprünglicher Wochenmarkt abgehalten. Die Frauen in schwarzen Gewändern sind hier fast voll verschleiert.

100sm20 ad

Bei **Fezna (km 20)** zweigt eine Straße zum Stausee ab. 8 km weiter ist die Palmenoase **Ksar Jallal** erreicht.

Hinter Ksar Jallal (etwa **km 36**) fallen über ca. 3 km die Erdschächte von *khettaras* rechts neben der Straße auf. Es handelt sich um **Wartungsschächte** eines unterirdischen Bewässerungssystems, das früher gutes (weniger salzhaltiges) Wasser aus höheren Lagen am Rande des Atlas in die Oasen beförderte. Die Kanäle wurden von Sklaven ausgehoben und über die Schächte instand gehalten bzw. von Sand befreit. Man kann auf die Aushubkegel gehen und einen Blick in die Tiefe werfen. Viele Nomadenzelte mit Cafés wurden entlang des kleinen Dünenzugs und der Schächte angelegt, auf deren Öffnung selbst ernannte „Blaue Männer" stehen und mit Seilzügen und Wasserbehältern hantieren, um die historischen Wasserkanäle etwas zu veranschaulichen.

Beim großen **Teezelt „Peace de Relaxation"** mit Souvenirstand an einer *khettara* kann man über eine Treppe in den unterirdischen Schacht einsteigen (geringe Eintrittsgebühr). Von hier ist es auch möglich, mit 4x4 oder zu Fuß zu den **Kunstwerken von Hannsjörg Voth** abzuzweigen (9 km bis zur „Goldenen Spirale", vgl. Exkurs „Kunst in der Wüste") oder man nimmt sich einen Führer.

Die Straße führt weiter durch einsame Wüstenlandschaft mit schwarz-braunen Felsformationen.

**Touroug,** eine Oase mit einem alten Ksar und einem neuen Ortsteil entlang der Straße, passiert man nach **52 km.**

Etwa **65 km** hinter Erfoud liegt der große Ort **Mellab** zwischen schräg gefalteten Bergen in idyllischer Lage am Oued Todrha. **Markttag** ist der Dienstag. Linker Hand der Straße zieht sich der Bergzug des Djabal Oughnat, der im Westen in den Djabal Saghro übergeht. In dieser sehr ursprünglichen Berglandschaft gibt es viele Fossilien und Versteinerungen. Außerdem leben hier Bergnomaden.

Bei **km 70** durchquert man **Igli.** Die Bevölkerung dieses Araberdorfes wurde stark von den saudischen **Wahabiten** beeinflusst. In der Region gibt es reine Berber- und reine Wahabitendörfer – die Trennung der Orte hat sich mit dem steigenden Einfluss der strenggläubigen Wahabiten aus der Golfregion durchgesetzt und war für Marokko früher nicht üblich. Igli hat einen malerischen alten Ksar (rechts der Straße) mit Friedhof und altem Steinminarett.

**Nach 1 km** überquert die Straße erneut eine Foggara mit zum Teil 1,50 m hohen Ausgrabungshügeln bei einem kleinen Sanddünengebiet.

**83½ km** von Erfoud entfernt mündet die R 702 bei einer großen **Tankstelle** und einem **Café/Restaurant** (saubere Toiletten, N 31°30,976', W 05°00,880') in die N 10 (beschildert) ein – links weiter nach Tinejdad und Ouarzazate.

Bei **km 87** folgt **Tinejdad.**

# Von Rissani über Tazzarine und Nekob ins Drâa-Tal

■ **231 km, N 12, R 108.**

■ Diese **gute Asphaltstraße** ins Drâa-Tal bietet sich zur Rückfahrt an, um nicht auf gleicher Strecke wieder nach Ouarzazate zurückzukehren. Die schöne Strecke, die zwischen **Djabal Saghro** und der **Sahara** nördlich der algerischen Grenze verläuft, ist weniger frequentiert als die Straße der Kasbahs, bietet aber auch weniger Höhepunkte. Sehenswert sind **Tazzarine** und die nahe gelegenen Felsgravuren, die Palmenoase **Nekob** mit ihren vielen Kasbahs und das angrenzende Djabal-Saghro-Massiv (vgl. Exkurs „Trekking im Djabal Saghro").

■ Eine **Busverbindung** besteht von Rissani aus (siehe Rissani). **Sammeltaxis** verkehren nach Alnif bzw. Nekob und Tinerhir. In Nekob halten auch ein Supratours-Bus und der CTM-Bus von Marrakesch nach Tazzarine. Ab Tazzarine gibt es Sammeltaxis Richtung Zagora, d.h. bis zur Straße N9 (Ouarzazate – Zagora), ab dort Busse in beide Richtungen.

Rissani durch das Stadttor Richtung Erfoud verlassen, beim Kreisverkehr 2 km hinter dem Tor (3 km ab Zentrum) geht es rechts weiter und wenig später bei der Ziz-Tankstelle links auf die **N 12 westwärts** nach Alnif/Zagora (geradeaus führt die N 13 nach Errachidia).

Nur wenige Kilometer weiter, beim Hotel Charme la Bérbère, kündigen kleine Sanddünen das Ende der Tafilalet-Oasen an. Bei **km 11** erstreckt sich ein **fossiles Korallenriff** rechts der Straße.

Kurz danach, bei **km 12 (N 31°16, 169', W 04°23,386'),** führt eine Piste nach rechts (nordwärts) auf einen **kreisförmigen Berg mit Krater** zu; die Einheimischen nennen ihn **Gara Lamdouar** oder *Gara Medouar* („Runder Berg"). Hier wurden einige spektakuläre Szenen für den James-Bond-Flim „Spectre" gedreht. Besser ist es aber, erst nach **14,5 km** (von Rissani aus, **N 31°16,173', W 04°24,706'**) abzubiegen. Hier führt eine breite Piste ohne Umweg und für jedes Fahrzeug befahrbar zu dem Berg, der bei **N 31°17,858', W 04°24,099'** erreicht ist. Der runde Berg ist nach Westen hin offen und ansonsten von einer großen, dicken Mauer mit einem ca. 3 m breiten Einlass umgeben. Eine Zufahrt führt nach innen, eine schmale Piste hinauf bis an den Kraterrand. Von oben hat man eine großartige Aussicht auf die ehemalige Meeresebene und die Korallenriffabhänge. Das Gestein enthält auch Fossilien. Der Krater diente früher angeblich Karawanen als Schutz vor Sandstürmen und später der französischen Armee als natürliche Festung.

Nach 23 km liegt das **Bordj Taguerroumt** zur Linken.

Der kleine Ort **Mecissi** (Post, Cafés, Tankstelle) folgt nach **58 km.** Unterkunft bieten der einfache Campingplatz Tombouctou mit einem guten Restaurant und das Camp Azourite (Schild).

Weiter verläuft die Route durch schwarz-braune Wüstenlandschaft mit kleinen Bergen.

**12 km hinter Mecissi** liegen eine Ziz-Tankstelle mit Raststätte *(Aire de Repos)* sowie Herbergen an der Straße und 2 km weiter ein Dorf mit Fossilienläden und Café. Hier führt ein Abzweig nach Süden

# Kunst in der Wüste

Die aus Lehmziegeln gefertigte **„Himmelstreppe" des Münchner Künstlers Hannsjörg Voth** wurde 1986 fertiggestellt und hat die Form eines Dreiecks. Das Dreieck, dessen langer Schenkel 23 m misst (Boden), hat eine Höhe von 16 m. Die Hypothenuse beträgt 28 m: Hier verläuft zwischen zwei 140 cm hohen und 52 cm breiten Wangen-Brüstungen eine Treppe mit 52 Stufen. Die Stirnseite des Dreiecks ist an der Basis 6,80 m breit und verjüngt sich bis zur Spitze auf 3,60 m. Diese senkrechte Seite wird durch einen 60 cm tiefen Einschnitt profiliert und vertikal gegliedert. Die 52 Treppenstufen führen zu einer Plattform, die 4 m unterhalb der Spitze des Bauwerks liegt. Im Inneren der Treppe befinden sich im oberen Raum zwei Flügel mit Federkleid aus handgeschmiedeten Messern. Die Spannweite beträgt 3,50 m.

Die zehn Jahre später realisierte **„Goldene Spirale"** ist über einen Brunnen gebaut. Der Grundriss ist aus neun Viertelkreisen konstruiert. Die Spirale wurde mathematisch durch eine Summenreihe wiedergegeben, in der jede Zahl die Summe der zwei vorangegangenen Zahlen ist: 1, 2, 3, 5, 8, 13, 21, 34, 55, 89 usw. („Fibonacci-Reihe" des *Leonardo von Pisa,* 1180–1250). Jede Tirade dieser Summenreihe ergibt eine Annäherung an den Pi-Wert des Goldenen Schnittes. Diese Verbindung des Goldenen Schnittes über die Fibonacci-Reihe ist eine Gesetzmäßigkeit,

ma20_113 ed

die sich in vielen ungestört ablaufenden Prozessen der Natur findet: in Kristallen, Muscheln, Pflanzen, aber auch im menschlichen Körper.

Die **Umfassungsmauer** der Anlage erreicht nach 260 m den höchsten Punkt von 6 m. Eine aufgeschüttete Rampe führt ins Zentrum der Spirale.

Die Kunstwerke werden mittlerweile vom marokkanischen Staat verwaltet und bewacht. Sie waren 2019 nicht für Individualtouristen zugänglich. Man kann jedoch von außen einen Blick auf die Anlagen werfen.

über Tazoulait, Fezzou und Mharech bis Tafraout (Hassi Fougani). Unterkunft in Fezzou in der Auberge Chez Brahim oder in Tafraout.

Bei **km 80/84** folgt die lang gezogene **Palmenoase Achbarou.** Ein verfallener Ksar liegt malerisch links am Berg.

**Alnif** ist bei **km 94** erreicht.

## Alnif

Der **große Ort in einem palmengesäumten Flusstal** ist bekannt für seine **Fossilien** (u.a. Trilobiten), die in Bergen der Umgebung gesammelt und überall in der Region verkauft werden (Vorsicht vor Fälschungen!) *Mohamed Bouyiri* (Mobil 0672 15 29 52) erzählt in seinem Laden gegenüber der Afriquia-Tankstelle am Ortseingang sehr viel über die Region und seine Fossilien- und Mineraliensammlung. Besonders empfehlenswert ist der Souvenir- und Mineralienladen von *Ihmadi Mohand* mit fairen Festpreisen (Mobil 0666 22 15 93, http://trilobitesihmadi.wordpress.com, von Rissani kommend ca. 200 m vor dem Ortsende auf der linken Seite). Der Geologe gibt Interessierten viele Informationen und auch Infoblätter mit einer Auflistung der geologischen Erdzeitalter und der verschiedenen Fossilien. Geologen kann er Touren zu den Fundstellen organisieren.

Empfehlenswert ist das **Hotel/Restaurant Palmiers**① (Tel. 0535 88 19 71) am Ortsanfang: sechs einfache, sehr saubere Zimmer mit warmer Dusche, gutes und reichliches Essen. Die Betreiber *Lahcen* und *Mohamed* sind sehr freundlich und unternehmen Exkursionen in die Berge und zu Fossilienfundstellen. Hier finden auch Wohnmobile in einem ummauerten bewachten Hof einen Stellplatz.

## Weiterfahrt ins Drâa-Tal

Am Ortsausgang von Alnif zweigt die Straße nach Tinerhir zur Straße der Kasbahs rechts ab. Bei **km 103** passiert man eine Ziz-Tankstelle, kurz darauf folgt die **Palmenoase Tisernay** am **Oued Tazlaft.** Die Straße führt durch eine von Bergen umrahmte Steinwüste.

2 km südwestlich von Tisernay **(km 106)** bietet die **Kasbah Meteorites**③ (Ksar Tiguirna, Tel. 0535 78 38 09, www.kasbahmeteorites.com) mitten in der Wüste empfehlenswerte Unterkunft: klimatisierte Zimmer mit Bad und TV, großer Pool, Restaurant mit Alkohollizenz. Campingfahrzeuge können hier ebenfalls die Nacht verbringen.

Es folgen mehrere Orte entlang der Strecke. Bei **km 152** mündet die Straße von Taghbalte und Zagora ein.

Bei **km 155** ist **Tazzarine** erreicht.

## Tazzarine

Die **sehr schöne und ursprüngliche Palmenoase** mit großen Kasbahs ist noch nicht so überlaufen wie die Orte an der Straße der Kasbahs, obwohl sie ebenso schön ist wie die entlang der Route Tinerhir – Ouarzazate. Lehmhäuser, enge Gassen und Bewässerungskanäle in den Oasengärten prägen das Ortsbild, die Bevölkerung ist sehr freundlich. Tazzarine eignet sich als Ausgangspunkt für 4x4- oder Trekkingtouren in den Djabal Saghro. Zudem gibt es einen hübschen Marabut mit Friedhof, einige Geschäfte und eine Tankstelle.

Felsgravur in Aït Ouazik

aga_90 dd

## Praktische Informationen

### Unterkunft/Camping

■ **Bougafer**③, Tel. 0524 83 90 05, Mobil 0668 22 07 70. Von Agdz kommend rechts über die Brücke, Beschilderung „Village touristique", am Ortsanfang sofort links. Das ältere Hotel mit Pool und Restaurant (Alkohollizenz) im schönen Garten hätte eine Renovierung nötig. Der etwas sterile, ummauerte Campingplatz eignet sich auch für größere Wohnmobile, bietet jedoch nur wenig Schatten.

■ **Camping Amasttou,** beim Kreisverkehr im Zentrum nach Süden, dann nach ca. 200 m nach Osten abbiegen (ausgeschildert), Tel. 0524 83 90 78, N 30°46,491', W 05°33,727'. Das schöne, kleine Areal am Rande der Oasengärten hat ordentliche Sanitäranlagen, Stellplätze für Wohnmobile und Geländewagen im Palmengarten mit schattigen Sitzgelegenheiten, gutes Essen gegen Vorbestellung, einfache Nomadenzelte① mit Betten und etwas heiße, kleine Zimmer② (mit Ventilator und warmer Dusche). Von hier kann man gut die Gärten und die alten Ortsteile besichtigen. Es werden auch **Ausflüge** zu den nahe gelegenen **Felszeichnungen** Tirourirines und Abdi Boulili und Aït Ouazik, zu den Wasserfällen Imi Nougizi Noukbache und nach Taghbalte organisiert. Der Verwalter vermittelt Touren oder einen Führer zur Besichtigung der örtlichen **Kasbahs Aït Chaib** und **Aït-Ali Ouhda.** In einer der Kasbahs ist ein sehenswertes **Museum** eingerichtet (Eintritt 10 DH). Gute Detailkarten über die Gegend hängen in der Rezeption aus.

■ **Camping Serdrar,** Mobil 0667 23 80 22, www.camp-serdrar.com, N 30°43,317', W 05°28,552'. Südöstlich von Tazzarine in Richtung Oum Jerane/Zagora: An der Ortsausfahrt links (von Alnif kommend) auf die Asphaltstraße Richtung Zagora/Taghbalte abbiegen und nach knapp 12 km wieder links ab (Schild N 30°41,986', W 05°30,861') und auf schmaler Asphaltstraße den Schildern folgen; nach 3 km links auf eine Piste abbiegen (weitere 3 km bis zum Camping). Der sehr freundliche und engagierte *Brahim Aït Baha* bietet neben Camping auf dem großen, ummauerten Gartengelände auch Berberzelte und Zimmer mit Dusche② zur Übernachtung an. Außerdem gibt es ein gutes Restaurant (WLAN), sehr gute sanitäre Anlagen mit heißen Duschen, Stromanschlüsse, Abwasserentsorgung und eine Waschmaschine. Organisation von **4x4-Ausflügen** zu den **Felsgravuren** (s.u.), zum kleinen **Dünengebiet Foum Tiza** (13 km) und einem **Fossiliensteinbruch.** Vom Platz kann man schöne Spaziergänge mit Wüstenfeeling unternehmen.

### Essen und Trinken

Zur Einkehr bieten sich viele **Cafés und Restaurants entlang der Hauptstraße** an. Empfehlenswert ist das Restaurant du Sud.

### Verkehrsverbindungen

Einmal täglich (frühmorgens) fährt ein **CTM-Bus** über Tansikht, Agdz, Ouarzazate nach Marrakesch: **nach Marrakesch** 150 DH, ca. 7½ Std. Fahrzeit; **nach Ouarzazate** 65 DH, ca. 3 Std. Fahrzeit; **nach Agdz** 40 DH, ca. 75 Min. Es verkehren außerdem Sammeltaxis in Richtung Tansikht/Agdz und Rissani sowie Tinerhir.

## Ausflug zu den Felsgravuren von Aït Ouazik

Dieser Pistenausflug ist mit Vorsicht auch mit Pkw mit ausreichend Bodenfreiheit machbar. Für nichtmotorisierte Reisende organisieren die Herbergen bzw. Campingplätze in Tazzarine Ausflüge zu den Felszeichnungen Tirourirines, Abdi Boulili und Aït Ouazik sowie zu den Wasserfällen Imi Nougizi Noukbache und nach Taghbalte.

In **Tazzarine (km 0)** folgt man der Asphaltstraße N 12 in Richtung Taghbalte nach Süden. Etwa 8 km hinter Tazzarine zweigt rechts (hinter einem rosafarbenen Haus und kurz vor der Ziz-Tankstelle) eine gute Piste (beschildert) nach Aït

Ouazik und zu den Gravuren ab **(N 30° 43,677', W 05°31,690').**

Bei **km 16** (8 km vom Abzweig) ist ein Oued zu queren. Es folgen einige Häuser. Die Piste schlängelt sich die nächsten vier Kilometer ein malerisches Palmenoued entlang (schöne Wildcampingplätze), danach folgen Wassermelonenfelder rings um die Oasen.

**23 km hinter Tazzarine** ist das schöne Lehmdorf **Aït Ouazik (N 30°41,379', W 05°37,131')** erreicht. Es geht rechts bzw. geradeaus durch den Ort und am Dorfende bei einer Schule (Schild „gravures rupestres") rechts weiter.

An der **Kreuzung bei km 25** fährt man bei einem blau-weißen Schild („gravures rupestres", **N 30°40,995', W 05°37,598'**) geradeaus, dann rechts an einer kleinen Kasbah vorbei auf einen Hügel. Nach 1 km **(N 30°41,077', W 05° 38,651')** erreicht man einen kleinen Parkplatz (Steinhaus auf einem Hügel oberhalb). An der Abbruchkante zum Oued finden sich auf am Boden liegenden Steinen zahlreiche schöne, etwa **8000 Jahre alte Gravuren** (Gazellen, Strauße, Rinder, Fische; **N 30°41,126', W 05°39,069'**); ein sehr gut englisch sprechender Führer zeigt sie gerne (ca. 50 DH Trinkgeld). Achtung: Bitte steigen Sie nicht auf den Steinen herum und achten Sie darauf, nichts zu beschädigen!

Zurück auf der gleichen Piste.

## Weiterfahrt ins Drâa-Tal

Die **Straße in Richtung Nekob** führt weiter durch sehr schöne Wüstenlandschaft parallel zum Oued, gesäumt von Palmen und Tafelbergen. Nach 6 km endet der Palmenhain von Tazzarine.

Ca. **10 km nach Tazzarine** folgt der kleine Ort **Tamsahalte.** Hier zweigt links eine 1 km lange Piste zum schönen Hotel Riad du Sud in einer renovierten Kasbah ab (2019 leider geschlossen).

**22 km** von Tazzarine entfernt (178 km ab Rissani) liegt der kleine Ort **Ilal,** es folgt eine Ziz-Tankstelle mit Café und 2 km weiter bei **km 182** der **Ksar Aït Massaoud.**

3 km weiter **(km 185)** zweigt rechts (Norden) eine Piste ins Djabal-Saghro-Massiv nach Iknioun und Boumalne ab, für Geländwagenfahrer eine Alternative zur Strecke über den Tizi-n-Tazazert (vgl. folgende Route).

Bei **Gesamt-km 190** ab Rissani, 34 km hinter Tazzarine, folgt **Nekob.**

## Nekob

Der Ort (ca. **4000 Einwohner**) auf 1050 m Höhe erstreckt sich **entlang eines wunderbaren, großen Palmenhains mit Oasengärten** südlich des Djabal-Saghro-Massivs. Nur die Hauptgeschäftsstraße (Post, Bank mit Geldautomat, Grand-Taxi-Haltestelle, Tankstelle, Apotheke, Straßenrestaurants) ist asphaltiert, durch die staubigen Nebengassen kann man zwischen den alten Lehmgemäuern hindurch zum Palmenhain hinunter spazieren. Der große, interessante **Wochenmarkt** findet sonntags statt. Von der Hauptstraße nicht sofort ersichtlich sind die vielen **mächtigen Kasbahs** im Ort – insgesamt angeblich 42, die meisten noch bewohnt und zum Teil sehr authentisch renoviert. In Nekob kann man gut ein paar ruhige Tage in einem der stilvollen Kasbah-Hotels verbringen, die Umgebung erkunden

029sm20 ad

und sich mit den sehr freundlichen Menschen (Berber von der Stammeskonföderation der Aït Atta) austauschen.

Der Ort eignet sich besonders als **Ausgangspunkt für Wander- und Trekkingtouren,** ob als Rundtour oder Tagesausflug. Bei einer Tagestour in den westlich angrenzenden Gebirgszug Amoun begibt sich der Wanderer auf Neuland. Auch mit dem Fahrrad oder Auto kann man viele Ausflugsziele ansteuern.

Das karge, erdgeschichtlich uralte Massiv des **Djabal Saghro** nördlich von Nekob kann man bei einem fünftägigen, sehr lohnenswerten Trekking nach Boumalne du Dadès zu Fuß durchqueren (vgl. folgenden Exkurs). Es lohnt sich aber auch ein Tagesausflug zur **Felsformation Bab'n'Ali.** Das Massiv ist nicht nur ein Paradies für Wanderer, sondern auch für Mineralien- und Fossiliensammler.

## Praktische Informationen

### Unterkunft

**Auberge/Camping Bassou**②, von Tazzarine kommend am Ortsende rechts abbiegen (beschildert, am Abzweig zum Tizi-n-Tazazert und Boumalne du Dadès/Tinerhir), ca. 5 km inmitten der Wüste, Mobil 0658 38 52 91, www.aubergebassou.com. Diese nette Herberge (Zimmer mit Heizung/AC) des freundlichen französisch-marokkanischen Paares *Brigitte* und *Brahim* ist die beste Wahl für Camper (mit Strom) und umweltbewusste Traveller. Die Anlage ist aus Naturmaterialen gebaut, Gemüse und Obst stammen aus dem eigenen Garten. Aus ökologischen Gründen fehlt ein Pool. Organisation von Trekkingtouren im Djabal Saghro, gutes Essen, WLAN.

Nekob – Aussicht von der Kasbah Aït Omar

# Trekking im Djabal Saghro

Das Djabal-Saghro-Massiv zieht sich als östliche Fortsetzung des Anti-Atlas 200 km **vom Drâa-Tal bis zum Ziz** im Süden Marokkos. Das Gebirgsmassiv ist e**ine der unwirtlichsten Regionen des Landes** mit nur durchschnittlich 200 mm Regenfall im Jahr. Im Frühjahr zieren ein paar gelbe, weiße und blaue Farbflecke die Hänge dieser schwarz-braunen Steinwüste. Knorrige Wacholderbäume – die einzigen Bäume in dieser Höhe – neigen sich in Windrichtung. Die karge Bergwelt ist Lebensraum der **Berber vom Volk der Aït Atta.** Sie betreiben bescheidene Landwirtschaft in den tief eingeschnittenen, grünen Tälern. Auf ihren Feldern gedeihen Weizen, Gerste, Henna, Mandel- und Walnussbäume. Ihre traditionelle Lebensgrundlage ist die Wechselweidewirtschaft. Im Winter weiden die Aït Atta ihre Ziegen und Schafe in der Sahara südlich der Berge, im Frühjahr treiben sie die Tiere auf die Hänge des Djabal Saghro, nach deren Abweidung ziehen sie schließlich in den Hohen Atlas, der nach der Schneeschmelze neue Weidegründe bietet.

Das Djabal-Saghro-Massiv fasziniert durch die **Klarheit von Formen und Farben:** bizarr erodierte Felsen, Steine und Kiesel in Schwarzbraun, die in unvergleichlicher Weise mit dem klaren, kristallblauem Himmel kontrastieren. Das hohe geologische Alter von 200 bis 500 Millionen Jahren zieht zudem Geologen, Fossiliensammler und Naturliebhaber an. Besonders bekannt ist das **Bab'n'Ali,** das „Tor von Ali": zwei bizarre Felskegel inmitten der imposanten Bergkulisse nördlich von Nekob.

**In vier Tagen** können Wanderer mit etwas Kondition das Massiv durch eine Reihe fantastischer Schluchten hindurch, vorbei an markanten Felstürmen und -spitzen, ursprünglichen Berberdörfern und über mehrere Gipfel von mehr als 2000 Metern Höhe, durchqueren. **Das Trekking startet am Nordrand des Djabal Saghro in Tagdilt (südlich von Boumalne du Dadès) oder von Süden in Handour (nördlich von Nekob).** Im Frühjahr kann es nachts noch empfindlich kalt werden, mit Temperaturen nahe an der Nullgradgrenze. Tagsüber herrschen dafür angenehme 25 bis 35 Grad, während es im Sommer bis zu 45 Grad heiß wird. Am romantischsten ist die Übernachtung in Zelten unter dem klaren Sternenhimmel. Es ist aber auch möglich, in einfachen Gîte d'étapes – von Berberfamilien geführten, einfachen Unterkünften in den Oasen – unterzukommen (Schlafsack mitbringen). Wer sein Gepäck nicht selbst tragen möchte, kann in Boumalne oder Nekob bei den dortigen *Bureau des guides et accompagnateurs* Mulitreiber mit ihren Tieren anmieten. Ein marokkanischer Bergführer sollte auf jeden Fall angeheuert werden, da die Wege nicht markiert sind und die Orientierung auf den weit verzweigten Pfaden schwer fällt. Ein Bergführer kostet pro Tag ca. 400 DH, dazu kommen die Kosten für Maultiere und Mulitreiber (ca. 150 DH pro Tag), sodass mit Kosten von 60–100 Euro pro Tag (für die gesamte Gruppe) zu rechnen ist.

### Etappen

- **1. Tag:** Tagdilt (1670 m, südlich von Boumalne du Dadès) – Tizi-n-Tazoughat (2200 m) – Tizi-n-Iferd (2500 m) – Almoun-n-Ouarg (2200 m). Gehzeit ca. 7 Std., 900 Höhenmeter Aufstieg, 300 Höhenmeter Abstieg.
- **2. Tag:** Almoun-n-Ouarg – Kouaouch (2592 m) – Igli (1730 m). Gehzeit ca. 7 Std., 400 Höhenmeter Aufstieg, 900 Höhenmeter Abstieg.
- **3. Tag:** Igli – Afourar-Schlucht (1440 m) – Bab'n'Ali (1380 m). Gehzeit ca. 4 Std., 350 Höhenmeter Abstieg.

■ **4. Tag:** Bab'n'Ali – Irhazzoun (1300 m) – Handour (1200 m, 15 km nördlich von Nekob). Gehzeit ca. 7 Std., 150 Höhenmeter Aufstieg, 250 Höhenmeter Abstieg.

## Unterkunft und Versorgung

■ **Gîte d'étape in Tagdilt:** einfache, aber saubere Unterkunft des herzlichen *Brahim Bourig* mit seiner Familie (**Gîte de Bourig**①, Mobil 0661 77 67 08 oder 0673 18 13 69, N 31°15,088', W 05°51,504', zwei Salons mit Matratzen, heiße Dusche, Essen auf Bestellung).

■ Beim **Lagerplatz in Igli** gibt es Duschen, Softdrinks und Schokoriegel.

■ Beim **Bab'n'Ali** stehen ein Shop mit Getränken und die ordentliche, einfache Auberge Tazlout (Tel. 0524 93 97 40, Mobil 0661 68 81 70) für Mountainbiker und Trekker zur Verfügung.

■ Auch am Endpunkt des Trekkings in **Handour** (nahe Nekob) gibt es eine nette, saubere Gîte d'étape.

■ **In einigen Dörfern** kann man bei Berberfamilien einen Tee trinken und evtl. Wasserflaschen kaufen, ansonsten muss das Proviant selbst mitgebracht werden.

## Karte

■ **„Kultur-Trekking im Dschebel Saghro"** von *Mohamed Aït Hamza* und *Herbert Popp*, Maßstab 1:100.000, beziehbar über www.stadtgeo.uni-bayreuth.de/de/publications/maghrebkarten.

Die bekannteste Felsformation im Djabal Saghro – das Bab'n'Ali

030sm20_ad

■ **Kasbah Aït-Atta**②, am westlichen Ortsrand, Mobil 0629 91 93 94. Schöne Zimmer in einer Kasbah am Rande der Palmeraie, toller Blick von der Dachterrasse. *Zaid* und *Aisha* kümmern sich rührend um die Gäste. *Zaid* ist Bergführer und organisiert Touren in den Djabal Saghro.

**Unser Tipp:** **Kasbah Aït Omar**②-④ (je nach Ausstattung), Tel. 0524 83 99 81, www.hotel-aitomar.de, N 30°52,442', W 05°51,773'. Die wunderschöne, verschachtelte Kasbah wurde von den Globetrottern *Dr. Jutta Frieß* und *Hartmut Dahnelt* gemeinsam mit einheimischen Handwerkern in jahrelanger Arbeit liebevoll renoviert und zum Hotel umgebaut. Vor Ort kümmert sich Manager *Ali* aufmerksam um die Gäste. Von den oberen Etagen und der Dachterrasse bietet sich ein traumhafter Ausblick auf die Palmenoase und die Berge. Es gibt neun Apartments (davon eines behindertengerecht) und zwei Einzelzimmer mit Bad, Klimaanlage und Fußbodenheizung (!), außerdem eine eigene Ferienwohnung (für max. 8 Pers.) und zwei weitere DZ für bis zu 4 Pers. im unteren Teil beim ummauerten Parkplatz. Im Restaurant werden neben marokkanischen auch vegetarische Gerichte aus frischen saisonalen Lebensmitteln zubereitet. Pool, Fitness- und Yogaraum, Hammam, WLAN.

■ **Kasbah Baha Baha**②-③, Abzweig einer beschilderten Piste rechts am Ortseingang (200 m), Tel. 0524 30 78 01, 0524 83 97 63, www.kasbahabaha.com. Die alte Familienkasbah wurde von *Lahcen* und *Brahim El-Ouarzizi* zu einem sehr stilvollen Hotel umgebaut. Die gesamte Anlage ist liebevoll eingerichtet, mit kleinem ethnografischen Museum (10 DH), Pool und Restaurant. Von der Terrasse hat man einen herrlichen Blick über das ganze Tal. Die sehr hübsch im Berberstil dekorierten Zimmer haben nicht alle ein Bad (sehr saubere Gemeinschaftsduschen/WCs). Auch Übernachtung im Nomadenzelt (mit Matratzen und frischer Bettwäsche).

■ **Kasbah Ennakhile**②-③, am Ortsausgang Richtung Tazzarine (1 km) links an der Straße, Tel. 0524 83 97 19, Mobil 0672 64 15 11, www.kasbahnkob.com. Die familiäre Herberge im Kasbahstil hat fünf hübsche Zimmer (mit Bad) und ein Restaurant, von der Dachterrasse bietet sich ein toller Ausblick. Der Betreiber *Houssaine Benaamer* ist sehr freundlich und spricht gut englisch.

■ **Kasbah Imdoukal**②-③, Hinweisschild an der Straße, nahe Kasbah Baha Baha, Tel. 0524 83 97 98, https://kasbah-imdoukal.com. Das schöne Gästehaus präsentiert sich in traditioneller Lehmarchitektur mit Pool im Hof und Restaurant. Es hat 18 Zimmer im Berberstil mit Bad und AC/Heizung.

### Essen und Trinken

Auf der Terrasse des **Café-Restaurants Ennakhile** (im gleichnamigen Hotel) am Ortsende (von Tazzarine kommend) sitzt man recht gemütlich unter Palmen – es gibt guten Kaffee und einfache Gerichte. Entlang der Hauptstraße im Zentrum findet man weitere **einfache Straßenrestaurants.**

### Sammeltaxis/Busse

■ **Grands Taxis (Sammeltaxis)** verkehren in alle Richtungen, u.a. nach Alnif, Rissani und Tansikht (von dort weiter nach Zagora oder Ouarzazate) sowie nach Tazzarine.

■ Morgens fährt ein **CTM-Bus** über Tansikht und **Agdz** (25 DH, ca. 1½ Std.) nach **Ouarzazate** (50 DH, 2½ Std.) und weiter nach **Marrakesch** (125 DH, ca. 8 Std. ab Nekob). Von Ouarzazate bzw. Marrakesch kommend nimmt man den Bus nach Tazzarine und steigt in Nekob aus. In Agdz oder Tamsikht kann man auch in einen Bus **nach Zagora** und weiter nach M'hamid umsteigen.

### Bergführer

Von Nekob kann man wunderschöne Ausflüge ins **Djabal-Saghro-Massiv** unternehmen (vgl. Exkurs „Trekking im Djabal Saghro") oder das Gebirge auf einem mehrtägigen Trekking von Nord nach Süd durchqueren. Das *Bureau des guides en montagne* an der Hauptstraße in Nekob vermittelt lizensierte Wanderführer (Tel. 0667 48 75 09). Empfehlenswert ist z.B. der sehr gut englisch sprechende Bergführer und Geograf *Hammou Maarir* (Mobil 0673 51 94 35, azoul.hamou@gmail.com, www.saghrotrek-desertour.eu5.net).

## Weiterfahrt ins Drâa-Tal nach Tamsikht

**1 km hinter dem Zentrum von Nekob** in Richtung Westen folgt der Abzweig der Straße über den Tizi-n-Tazazert nach Boumalne (rechts/Norden, vgl. nächste Route) sowie zur Auberge Bassou bei einer Ziz-Tankstelle.

Etwa **4 km** hinter Nekob liegt der Ort **Aït Ouzzine** am Fuß schwarzer Tafelberge. Hier findet man Unterkunft im **Maison d'Hôtes Ksar Jenna**③ im Kasbahstil links an der Straße (Tel. 0524 83 97 90, herrlicher Palmen- und Rosengarten, sieben komfortable Zimmer mit AC und schönen Bädern, gemütliches Restaurant für eine Mittagsrast).

Die Straße weiter in Richtung Drâa-Tal führt durch schöne Tafelberg- und karge Steppenlandschaft.

**23 km** hinter Nekob zweigt eine Straße nach **Taftechna** ab (15 km, *Gîte d'étape*). 6 km weiter folgt ein sehr schönes Oued mit verfallenden Kasbahs und Palmen südlich der Straße, wo man wild campen kann.

Bei **km 37,5 (N 30°42,337', W 06°10, 773')** führt rechts eine neue Straße (beschildert „Afra 5 – Mezguita 20") rechts (Nordwesten) ins Drâa-Tal. Wer nach Agdz und Ouarzazate weiterfahren will, wählt am besten diese Variante (s.u.).

Ca. **40 km hinter Nekob** (Gesamt-km 231) mündet die Route nördlich von **Tamsikht** in die N 9 enlang des Drâa-Tals. Rechts geht es nach **Agdz** (29 km) und **Ouarzazate** (ca. 100 km), links nach **Zagora** (66 km).

### Variante nach Tamnougalte/Agdz (30 km)

Diese landschaftlich sehr schöne Asphaltstraße zweigt bei **km 37,5** (s.o.) von der Hauptroute rechts ab und führt an der Südseite des Djabal Kissane (Hausberg von Agdz) vorbei. **Nach 5 km** liegt **Afra,** ein malerisches Dorf mit altem Ksar und riesigem Palmenhain, auf der Ostseite des Oued Drâa an der Route. 1 km weiter erreicht man das Drâa-Tal. Die Straße verläuft nun am Fuße des **Djabal Kissane** durch Palmenhaine und kleine Dörfer zum **Ksar Mezguita** (etwa **km 20**). Nach weiteren 3 km erreicht man **Tamnougalte** (Gesamt **km 23,5,** vgl. Kapitel über das Drâa-Tal). Die Straße führt auf die Westseite des Drâa-Flusses und mündet 25 km hinter dem Abzweig in die Route Ouarzazate – Zagora ein. Bis Agdz sind es weitere 5 km entlang der N 9.

# Von Nekob über den Tizi-n-Tazazert nach Boumalne du Dadès

- **ca. 90 km**
- Die Strecke ist seit Sommer 2019 **komplett asphaltiert.** Diese Route führt durch die fantastische, **bizarre Bergwüstenlandschaft des Djabal Saghro.** Das Massiv kann in fünf Tagen auf einer Trekkingtour zu Fuß durchquert werden, meist starten die Touren von Norden in Tagdilt (vgl. Exkurs). Die Trekkingroute verläuft westlich dieser Piste über den Pass Tizi-n-Ouarg (2400 m) und Igli durch die Afourar-Schlucht nach Bab'n'Ali. Um das Bab'n'Ali sind auch viele Mountainbiker unterwegs.
- Als **Alternative** zur neuen Straße bietet sich ab Nekob oder Handour eine lohnenswerte **Piste nach Imi-n-Ousidene** (schönes Bergtal umgeben von bizarrer Bergkulisse) und von hier nach Norden nach Tirhremt oder weiter östlich von Nekob nach Norden über Imi n'Sit und weiter Richtung Iknioun an. Nach heftigem Winterregen bzw. Schnee muss man sich vorher erkundigen, ob eine Befahrung möglich ist.
- An Markttagen findet man in Nekob evtl. **Minibus-Sammeltaxis nach Boumalne du Dadès.** Bis Handour bzw. von Boumalne kommend bis Tagdilt oder von Tinerhir nach Iknioun kann man mit einem **Grand Taxi** fahren. Die Verkehrsverbindungen dürften mit der Fertigstellung bzw. Asphaltierung der Straße besser werden.

▷ Ausblick auf die kargen Berge des Djabal Saghro vom Pass Tizi-n-Tazazert

- Weitere Infos zum Djabal-Saghro-Massiv und zum Trekking in der Region vgl. **Exkurs „Trekking im Djabal Saghro“.**

Westlich des Zentrums von Nekob geht bei der Ziz-Tankstelle diese Route **nach Norden** (Schild „Auberge/Camping Bassou“, N 30°52,166', W 05°52,086') Richtung Boumalne und Iknioun ab.

Nach **1 km** geht es bei einem Schild links zur Auberge Bassou (vgl. bei Nekob), geradeaus weiter Richtung Boumalne. Nach weiteren **3 km** überquert die Straße auf einer Furt ein breites **Oued mit Akazien** (N 30°53,189', W 05° 52,094'). Die Strecke verläuft über ein weites, hügeliges Wüstenplateau (Hammada) immer geradeaus.

Etwa **15 km** hinter Nekob liegt das Dorf **Tassaout** (1200 m) in einem malerischen Palmen-Flusstal unterhalb der Straße **(N 30°58,529', W 05°49,083')** zwischen den Bergen.

Die Route führt nun bergab zum schönen Flusstal und einzelnen Häusern und weiter entlang des Oueds bis links oberhalb der Straße die beiden markanten **Felstürme des Bab'n'Ali** (etwa **km 26** ab Nekob, 1396 m, **N 31°63,158', W 05°47,305'**) auftauchen. Einer Legende zufolge handelt es sich beim „Tor des Ali" um eine versteinerte Hochzeitsgesellschaft; den linken Berg nennt man „Monsieur", den rechten mit seinen kleinen Ausläufern „Madame mit ihren Kindern".

In der **bizarren Felslandschaft** rund um das Bab'n'Ali kann man **herrliche Wanderungen** unternehmen, z.B. durch

102sm20 ad

einen schmalen Bacheinschnitt hinauf zu einem **Aussichtspunkt** bei den Türmen **(N 31°03,461', W 05°48,242')** oder in die wunderschöne Afourar-Schlucht. Die **Wanderung in die Afourar-Schlucht** beginnt an der Piste im Flussbett unterhalb des Bab'n'Ali **(N 31°03, 150', W 05°47,438')**. Von dort marschiert man das Oued flussaufwärts. Das Tal verengt sich zu einem kleinen Canyon, ab und zu muss man über Felsblöcke klettern. Nach etwa einer Stunde weitet sich das Tal wieder etwas und man erreicht einen ebenen Zeltplatz unterhalb einer Fahrpiste (von Trekkingtouristen bei der Djabal-Saghro-Durchquerung genutzt, **N 31°03,931', W 05° 47,926'**). Von hier kann man entweder die Schlucht weiter aufwärts zu **Wasserbecken** (Badegelegenheit, z.B. bei **N 31° 04,354', W 05°48,349'**) wandern oder zunächst entlang der Piste (links) und dann durch ein kleines Seitental in Richtung Süden (über den oben genannten Aussichtspunkt) zurück zu den Felstürmen des Bab'n'Ali.

Die Leute in Bab'n'Ali (wenige Häuser) sind sehr angenehm und zurückhaltend. Neben einer Schule und einem Friedhof gibt es einen Laden mit Softdrinks und eine einfache *Gîte d'étape* für Trekker (auch Camping möglich). Von der **Auberge Tazlout** nahebei (Tel. 0524 93 97 40, Mobil 0661 68 81 70, einfache Toiletten/Duschen, ideal für Trekker und Mountainbiker) kann man zu den ca. 2 km entfernten **Cascades Tazlout** **(N 31°03,785', W 05°46,183')** wandern.

101sm20 ad

Die hübschen, etwa 20 m hohen Kaskaden liegen in einer kleinen Schlucht mit gesicherten Kletterrouten.

**Hinter Bab'n'Ali** beginnt die asphaltierte Straße steil in Serpentinen Richtung Pass anzusteigen **(N 31°04,873', W 05°46,665').**

Etwa **37 km** hinter Nekob liegt auf einem Felsabsatz die einfache **Auberge Tiza①** **(N 31°06,760', W 05°46,654')** in 2110 m Höhe oberhalb der zerklüfteten **Tazlout-Schlucht,** die mit ihren in den Himmel ragenden schwarzen (vulkanischen) Felssäulen an das Hoggar-Gebirge in Algerien erinnert.

Bei **km 40** ist die Passhöhe **Tizi-n-Tazazert** (2283 m) erreicht, **N 31°07,430', W 05°46,271'.** Hier gibt es einen Stellplatz für Camper und die einfache, aber liebevoll aus Legesteinen gestaltete Herberge **Gîte Tizi Bérbère①** des Bergführers *Brahim el Kayal* (Mobil 0666 18 90 92). Von der Terrasse des Cafés bietet sich ein grandioser Panoramablick auf die bizarre Berglandschaft des Djabal Saghro.

Bei **km 41** führt eine Piste zu einem Richtfunksender auf dem Berg. Unmittelbar vor dem Abzweig liegt rechts unterhalb der Strecke eine Wasserstelle. Die breite Route führt nun bergab, nach 5 km folgt rechts ein kleiner Stausee. Malerische Dörfer liegen am Fuße das 2712 m hohen **Amalou-n-Mansour.**

Bei **km 50** ab Nekob geht es an einer **Kreuzung** links (auf Asphalt, **N 31°10, 249', W 05°43,624'**) nach Boumalne weiter, rechts nach Iknioun. Weiter verläuft die Strecke durch ein grünes Flusstal mit Feldern zu einem kleinen **Weiler (km 54)** und dann kurvig bergab. Bei **km 71** überquert man auf einer Betonfurt das Oued und erreicht das Dorf **Izoumgane (N 31°17,713', W 05°50, 645')** am Nordrand des Djabal-Saghro-Massivs. Das Dorf **Tagdilt,** Ausgangspunkt für die Djabal-Saghro-Durchquerung (Trekking, vgl. Exkurs), liegt etwa 6 km südwestlich von Izoumgane.

Nach insgesamt etwa **82 km** mündet man in die Route (Straße der Kasbahs, N 10) zwischen Tinerhir und Boumalne ein (**N 31°21,851', W 05°54,889',** von Boumalne kommend hier rechts ab Richtung Iknioun). Weiter geht es durch flache Steppe direkt auf die schneebedeckten Berge des Hohen Atlas und den Ort Boumalne zu.

Nach rund **90 km** ist **Boumalne du Dadès** erreicht (vgl. im Kapitel zur Straße der Kasbahs).

☐ Wanderung in der Afourar-Schlucht

Arrêt de bus
موقف الحافلات
ALSA
3
6
10

031sm20 ad

# 8 Reisetipps A–Z

Warten auf den Bus in Marrakesch

# Als Gast in Marokko

**Touristen bringen Geld,** und Marokko ist um den weiteren Ausbau des Tourismus bemüht. Allerdings kommen die Devisen nur zum Teil der marokkanischen Bevölkerung zu Gute, denn ein großes Stück vom Kuchen bleibt den Touristen in Form von Luxusgütern, die importiert werden müssen, um die Ansprüche der Besucher zu befriedigen. Auch sonst hat der Tourismus nicht nur positive Seiten. Wenn man beobachtet, wie Busladungen kamerabewehrter Urlauber sich zur Schnellvisite über ein Bergdorf ergießen oder Touristinnen in knappen Shorts und tief ausgeschnittenen Tops durch arabische Altstädte bummeln, lässt sich erahnen, welch **unterschiedliche Welten und Moralvorstellungen** hier aufeinanderprallen. Daher sollte nie vergessen werden: Auch wer bezahlt, bleibt Gast und hat die **landestypischen Sitten zu respektieren.** Religion, Gebräuche, Kultur und Mentalität der meisten Marokkaner weichen nun einmal stark von europäischen Maßstäben ab.

Wo zu viele Fremde auftauchen, hat sich das **Verhalten der Einheimischen** verändert. Während man sich an den Küsten und in den großen Städten an Touristen gewöhnt hat und diesen mal reserviert, mal geschäftstüchtig, aber weitestgehend freundlich begegnet, wird der Besucher an stark frequentierten Ausflugszielen oft bedrängt und angebettelt. Man bedenke jedoch: Für den einfachen Marokkaner ist ein Europäer, der sich eine Auslandsreise leisten kann, der gut gekleidet in für ihn unerschwinglichen Hotels wohnt, zumindest reich genug, um auch ihn daran teilhaben zu lassen. Wenn wohlmeinende, aber gedankenlose Touristen Geschenke, Bonbons oder gar Geld an die vermeintlich armen Kinder verteilen, ist es kein Wunder, wenn die nächsten Besucher umso forscher bedrängt werden. In manchen Regionen hat sich daraus regelrecht ein Sport entwickelt, nach dem Motto „Wer luchst den Touristen am meisten ab?“. Unterstützen Sie diese Entwicklung nicht! Spenden Sie lieber an Hilfsorganisationen oder geben Sie Sachspenden, z.B. an Schulen. Abseits der Touristenpfade, aber oft auch in den Touristenhochburgen trifft man nach wie vor auf eine überaus freundliche Bevölkerung und herzliche Gastfreundschaft.

Das **große Geld im Tourismus** machen vorwiegend Veranstalter und (immer mehr europäische) Hotelbesitzer. Angestellte und kleine Dienstleistende finden oft nur saisonweise Arbeit und müssen bei geringem Einkommen und häufig ohne soziale Absicherung zusehen, wie die Gäste in Saus und Braus leben. Die Terroranschläge des 11. September 2001 (mit darauffolgenden Anschlägen weltweit), die Radikalisierung von Teilen der nordafrikanischen Bevölkerung sowie die Destabilisierung des gesamten arabischen Raums in Folge des „Arabischen Frühlings“ schreckte viele Touristen vor einer Reise nach Nordafrika ab, sodass der **Konkurrenzkampf** von Teppichhändlern, Souvenirverkäufern und Tourenanbietern immer härter wurde. Nur wer ständig auf sich und seine Ware aufmerksam macht, hat Erfolgschancen – so die Denkweise vieler Marokkaner im Tourismusgeschäft. Man sollte das berücksichtigen, wenn die Händler besonders penetrant und nervend zum Kauf animieren. Leider belagern auch vielerorts **Schlepper** die Touristen an Bahnhöfen und in den Altstädten – sie bieten sich als (illegale) Führer an, vermitteln Unterkünfte oder führen in den Laden des Cousins, natürlich gegen Provision. Wegen der hohen Arbeitslosigkeit und mangels Sozialhilfe sehen viele Jugendliche und junge Erwachsene keine andere Möglichkeit, als sich so ein Zubrot von den Touristen zu verdienen.

Es lässt sich nie ganz vermeiden, dass man in einem fremden Land da oder dort ins Fettnäpfchen tritt. Wer sich jedoch für die Menschen, ihre Lebensart und ihren Alltag interessiert und versucht, sie zu verstehen, wird viele nette Kontakte knüpfen. Der **ignorante Reisende,** der einerseits die orientalische Kulisse sucht und gleichzeitig den Kontakt mit den „lästigen" Einheimischen meidet, wird in Marokko sicherlich negative Erfahrungen machen. Wer auf jedes fremde Gesicht und jeden Spruch eines Händlers abwehrend, mit Angst oder Aggression reagiert, macht sich keine Freu(n)de. Das deutsche Sprichwort: „Wie man in den Wald hineinruft, so schallt es heraus", trifft auch auf Marokko zu. Mit einem freundlichen Lächeln und einem Scherz lösen sich viele Unsicherheiten wie von alleine auf.

Weitere Tipps zum Umgang mit Marokkanern siehe im Kapitel „Verhaltenstipps".

## Mut zu eigenen Unternehmungen

**Direkte Kontakte mit Einheimischen** und persönliche Beobachtungen prägen sich tiefer ein und bleiben oft stärker in Erinnerung als jedes noch so spektakulär organisierte Programm. Sie machen den eigentlichen Reiz jeder Reise aus, und auf solche Erlebnisse sollte kein Besucher, auch nicht der organisiert Reisende, verzichten.

Wer zum ersten Mal nach Marokko, gar nach Afrika, kommt, wird zunächst vermutlich ziemlich „fremdeln". **Vieles ist anders als bei uns,** die Sprache, die Religion, die Mentalität der Landesbewohner. Man kennt sich nicht aus mit öffentlichen Verkehrsmitteln, ist unsicher beim Einkaufen und in Restaurants, fühlt sich schutzlos im Gewühle eines Marktes oder in unbekannten Stadtvierteln. Kurzum: Viele Pauschalurlauber trauen sich oft kaum aus ihrem ghettoartigen Hotelbereich hinaus. Ausflüge werden meist nur unter den Fittichen erfahrener Agenturen und Reiseleiter unternommen, die zweifellos bemüht sind, so viel wie möglich an Sehenswertem in ihre Touren zu packen. Das hat allerdings zur Folge, dass das Programm prallvoll ist und es keine Zeit zum „Atmosphäre schnuppern", keine Chance für private Erlebnisse lässt.

Nichts spricht dagegen, Ausflüge und Rundfahrten zu buchen – manches lässt sich ohnehin kaum oder nur mühsam in der Kürze der Zeit auf eigene Faust organisieren. Wer jedoch das Land und seine Menschen wirklich kennen lernen will, sollte versuchen, die **ausgetretenen Tou-**

103sm20 ad

**ristenpfade** zu **verlassen.** Das ist für jeden Hotelgast problemlos möglich und keineswegs ein riskantes Unterfangen, wie Reiseleiter gelegentlich – in weiser Berechnung – zu suggerieren versuchen.

**Die Marokkaner sind gastfreundlich, tolerant, hilfsbereit und kontaktfreudig.** Man spürt dies schnell und fühlt sich dadurch auch bald sicherer in der fremdartigen Umgebung. Wenn Sie sich irgendwo verlaufen haben oder sonst wie Hilfe brauchen, sprechen Sie einen Passanten an oder gehen Sie ins nächstbeste Geschäft. Man wird Sie notfalls so lange „weiterreichen", bis irgendjemand gefunden ist, der Ihnen – immer häufiger sogar in deutscher Sprache – weiterhilft. Begegnen Sie den Menschen offen und ohne Scheu, dann werden Sie ebenso empfangen. Wer dagegen ängstlich und genervt durch die Gassen schleicht, wird sich schneller provoziert und (meist völlig unberechtigt) bedroht fühlen.

⌃ Als Gast in Marokko bekommt man immer und überall Thé à la menthe serviert

## Urlaub und Umwelt

**Wasserknappheit** ist ein zunehmendes Problem in den Sahara- und Sahelländern, so auch in Südmarokko wie im südlichen Drâa- und Ziztal und im Tafilalet. Gehen Sie sparsam, zumindest bewusst mit Wasser um und überlegen Sie sich, ob Sie in der Wüste wirklich nicht auf einen Pool verzichten können! Einige Touristenhotels machen ihre Gäste gezielt auf dieses Problem aufmerksam, indem sie beispielsweise die Handtücher nicht täglich waschen. Weisen Sie ggf. die Rezeption darauf hin, dass z.B. das tägliche Wechseln von Handtüchern und Bettwäsche nicht notwendig ist. Gut gefüllte Pools und Wellnessbereiche in allen besseren Hotels gaukeln Wasser in Hülle und Fülle vor, aber nur durch den kostspieligen Bau von immer mehr Stauseen kann die Versorgung des Landes mit Trinkwasser aufrechterhalten werden. Die Hotelzentren in Agadir wurden z.B. selbst in Trockenjahren immer mit Wasser versorgt, während der einheimischen Bevölkerung das Wasser rationiert wurde. **Besonders kritisch ist die Situation** in den Oasen im Drâa-Tal, wo durch den Stausee Mansour Eddahabi bei Ouarzazate und den unverhältnismäßig hohen „touristischen" Bedarf der Grundwasserspiegel sinkt und mittlerweile die gesamte Oasenwirtschaft gefährdet ist.

Wer sich öfters in armen Ländern aufhält, gewöhnt sich an den **Müll,** den Schutt und die Plastiktüten, die wild verstreut in der Gegend herumliegen. Auch Marokko erreicht natürlich keinen deutschen Umweltstandard. Aber im Vergleich zu vielen anderen Entwicklungsländern herrschen zumindest in den marokkanischen Neustädten *(Ville nouvelle)* geradezu vorbildliche Zustände – mit begrünten Prachtboulevards, gepflasterten Gehwegen und einer (weitgehend) funktionierenden Müllabfuhr. In der Umgebung einiger Großstädte, an Stränden und in Gebirgsdörfern ohne zuverlässige Müllentsorgung fliegen jedoch leider die Plastiktüten durch die Gegend und weggeworfener Müll sammelt sich in trockenen Bachläufen. Auch in den Gassen der Altstädte stapeln sich besonders abends, wenn die Läden geschlossen haben, die Mülltüten in den Ecken. Diese werden nachts entweder von Reinigungskolonnen aufgeräumt oder von Katzen zerfleddert. Fährt man bei einer späten Ankunft am Flughafen von Marrakesch über die palmengesäumten Prachtalleen in die Stadt ein und marschiert wenige Minuten später durch dunkle, schmutzige und menschenleere Gassen zum Gästehaus in der Medina, so ist der Kulturschock für viele Reisende bereits vorprogrammiert. Doch keine Sorge: Sobald sich die Tür zum Hotel oder Gästehaus öffnet, entsprechen die hygienischen Verhältnisse den Anforderungen der ausländischen Kundschaft. Fleißige Bedienstete und Putzpersonal sind im Einsatz, um Zimmer, Außenanlagen und Strände in Schuss zu halten.

Eine perfekte **Müllentsorgung** und **Straßenreinigung,** wie wir sie kennen, existiert in Marokko nur in Ansätzen. Müll, Luft- und Umweltverschmutzung werden mit zunehmender Bevölkerungszahl und wachsender Industrialisierung ein immer brennenderes Problem. Zwar sind in größeren Städten Müllcontainer aufgestellt (in kleineren Orten offene Kübel oder Fässer), man bemüht sich auch um die Aufklärung der Bevölkerung, trotzdem landet viel Abfall einfach im Gelände. Außerdem sorgen Wind, Hunde und Katzen dafür, dass der gesammelte Müll wieder verteilt wird.

Eine regelrechte „Landplage" waren in den letzten Jahrzehnten **Plastiktüten** – sie wurden beim Einkauf großzügig ausgegeben, um dann landesweit Straßen, Gehwege, Gärten und Felder zu verunzieren und an Zäunen, Sträuchern und

Bäumen zu hängen. Ein großer Schritt gegen diese Vermüllung war 2016 die Einführung eines landesweiten Verbots von Plastiktüten. Inzwischen bekommt man in den allermeisten Läden und bei Straßenhändlern wiederverwendbare, dünne Stoffbeutel für den Einkauf.

Trotz einiger Regierungsinitiativen fehlt es dem Großteil der Bevölkerung leider immer noch am nötigen **Umweltbewusstsein.** Wenn Strände, Park- oder Picknickplätze und sogar die Pfade und Kanäle in abgelegenen Bergdörfern von Bonbonpapier, Chipstüten und Plastikflaschen gesäumt sind, könnte man schon in Depressionen verfallen. Andererseits sollte berücksichtigt werden, dass Umweltschutz und die entsprechende Bewusstseinshaltung immer auch in direkter Beziehung stehen zum allgemeinen Wohlstand eines Landes und seiner Einwohner. Eine bekannte Weisheit paraphrasierend, könnte man formulieren: „Fressen kommt vor Sauberkeit" – und viele Marokkaner haben nun mal in erster Linie damit zu tun, ihren Lebensunterhalt zu verdienen, und sorgen sich wenig um die Sauberkeit außerhalb ihrer eigenen vier Wände (in denen es – wie in allen arabischen Ländern – dafür umso sauberer ist).

Besonders ärgerlich ist es, wenn der ökologisch sensibilisierte **Tourist im Ausland** alle Hemmungen fallen lässt, nur weil sich die meisten Einheimischen nicht um die Umwelt scheren. Hier besteht eine gute Gelegenheit, als Vorbild aufzutreten: Hinterlassen bzw. verursachen Sie so wenig Müll wie möglich, gehen Sie sparsam mit Wasser um, verwenden Sie umweltfreundliche Shampoos, Seifen und Waschpulver, denn die Abwässer fließen oft ungeklärt ins Meer.

Das Erscheinungsbild mancher Dörfer und Städte wird auch beeinträchtigt durch deren anhaltenden **Baustellencharakter.** Häuser bleiben lange Zeit halb fertig und unverputzt. Steine, Sand, Bauschutt und Abfall werden nach der Fertigstellung nur peu à peu weggeräumt. Der Wind wirbelt Staub und Dreck unbefestigter Bodenflächen durch die Gassen. Mancherorts stolpert man bei Rundgängen über hochstehende Steinplatten, steigt über Sandhaufen und Baumaterial, hüpft über Löcher und offene Kanalschächte – und niemand stört sich daran. **Rollstuhlfahrer** haben es deshalb, auch mangels durchgehend gepflasterter Gehwege, besonders schwer. Wenn dann die wenigen gut ausgebauten Fußgängerwege noch mit Buden und Cafèstühlen vollgestellt sind, gleicht das Fußgängerdasein eher einem Hindernislauf.

Abstriche von der uns gewohnten Sauberkeit und Hygiene müssen auch gemacht werden, wenn **Billighotels,** kleine Restaurants und **Garküchen** besucht werden – von **öffentlichen Toiletten** ganz zu schweigen.

Diese Zu- und Missstände sind den Verantwortlichen durchaus bewusst. In Ministerien, Kommunen, Universitäten und Schulen sind landesweit **Umweltspezialisten** eingesetzt, die forschen, informieren und aufklären – ein weites Aufgabengebiet, das viel Geld und Geduld kostet.

> Das Gebirgsmassiv des Hohen Atlas

# Anreise

## Mit dem Flugzeug

Pauschalurlauber erreichen Marokko im Allgemeinen mit Ferienfluggesellschaften wie Air Berlin und TUIFly von vielen Flughäfen in Deutschland, Österreich und der Schweiz **direkt nach Agadir/Aït Melloul oder Marrakesch** und gelangen dann per Bustransfer zu ihrem Hotel.

**Direktverbindungen** nach Marokko aus dem deutschsprachigen Raum bestehen u.a. mit Royal Air Maroc nach Casablanca, mit Lufthansa nach Casablanca und Marrakesch, mit Ryanair nach Tanger, Oujda, Marrakesch und Fès, mit EasyJet nach Marrakesch und Agadir, mit TUIFly nach Marrakesch und mit Air Berlin nach Marrakesch und Agadir.

Daneben gibt es etliche **Umsteigeverbindungen** europäischer Linienfluggesellschaften mit mindestens einem Zwischenstopp im Heimatflughafen der jeweiligen Airline.

Die **Flugzeit** z.B. von München nach Casablanca beträgt rund 4 Stunden.

Bei **Flugbuchung im Internet** wird eine Kreditkarte oder ein PayPal-Konto benötigt. Die Airlines senden ein E-Ticket mit einer **Buchungsnummer** per Mail zu. Das Ticket muss daher nicht mehr zwingend (außer für den eigenen Überblick) ausgedruckt werden, beim Check-in am Flughafen reicht die Vorlage des Reisepasses und die Nennung der Buchungsnummer.

002m015 ad

# Kleines „Flug-Know-how“

## Check-in

Nicht vergessen: Ohne einen **gültigen Reisepass** kommt man nicht an Bord eines Flugzeuges (gilt auch für Kinder).

Bei den meisten internationalen Flügen muss man zwei bis drei Stunden vor Abflug am Schalter der Fluggesellschaft eingecheckt haben. Je nach Airline kann man das in der Regel ab 24 Stunden vor dem Flug zu Hause im Internet **(Online Check-in)** erledigen, den gewünschten Sitzplatz auswählen und die **Boarding-Pässe** erhalten. Am Airport stellt man sich dann nur noch bei der Gepäckabgabe an und geht anschließend mit den ausgedruckten oder digitalen (Smartphone) Boarding-Pässen direkt zur Sicherheitskontrolle und weiter zum entsprechenden Gate. Reist man nur mit Handgepäck, kann man mit den Boarding-Pässen gleich durch die Sicherheitskontrolle und zum Gate marschieren.

## Das Gepäck

In der **Economy Class** darf man pro Person in der Regel ein Handgepäckstück bis zu 7 kg in die Kabine mitnehmen (nicht größer als 55 x 40 x 20 cm) und bei Bedarf zusätzlich ein Gepäckstück bis zu 23 kg einchecken. In der **Business Class** sind es pro Person meist zwei Handgepäckstücke (insgesamt nicht mehr als 12 kg) und ein Gepäckstück bis zu 30 kg zum Einchecken. Aufgepasst: Bei sog. Billigfluggesellschaften wie etwa Ryanair gelten andere (zum Teil recht komplizierte) Regelungen. Man sollte sich beim Kauf des Tickets genau über die Bestimmungen der Airline informieren. In der Regel sind die Gebühren für zusätzliches Aufgabegepäck günstiger, wenn man dies bei der Flugbuchung gleich online erledigt, statt erst am Check-in-Schalter am Abflugtag zu bezahlen.

Beim Packen des **Handgepäcks** sollte man darauf achten, dass Getränke oder andere flüssige und gelartige Substanzen (Parfüm, Shampoo, Creme, Zahnpasta, Deo, Rasierschaum etc.) nur in geringen Mengen bis zu jeweils 100 ml mit ins Flugzeug genommen werden dürfen. Diese Substanzen muss man separat in einem wiederverschließbaren, durchsichtigen Plastikbeutel (z.B. Gefrierbeutel) transportieren, den man beim Durchleuchten in eine der bereitstehenden Schalen auf das Fließband legen sollte. Auch das Notebook oder Smartphone muss gesondert in eine solche Schale gelegt werden. Hat man einen Gürtel mit einer Schnalle aus Metall, empfiehlt es sich, diesen auszuziehen und ebenfalls in die Schale zu legen, da sonst in der Regel der Metalldetektor anschlägt und man vom Flughafenpersonal abgetastet werden muss.

Aus **Sicherheitsgründen** dürfen Nagelfeilen sowie Messer und Scheren aller Art, also auch Taschenmesser, nicht im Handgepäck untergebracht werden. Diese Gegenstände sollte man unbedingt daheim lassen oder im aufzugebenden Gepäck verstauen, sonst werden sie bei der Sicherheitskontrolle einfach weggeworfen. Darüber hinaus gilt, dass leicht entzündliche Gase in Sprühdosen (Schuhspray, Campinggas, Feuerzeugfüllung), Benzinfeuerzeuge und Feuerwerkskörper etc. nicht im Koffer oder dem Handgepäck transportiert werden dürfen.

Die **Billig-/Charterfluglinien** steuern Marrakesch, Fès und Agadir häufig nur saisonal an. Immer mehr Fluglinien berechnen **Extrakosten** für die Sitzplatzwahl, für aufgegebenes Gepäck sowie für Mahlzeiten und Getränke an Bord. Besonders bei Ryanair sollte man die Gepäckbestimmungen genau studieren, um nicht am Flughafen doppelt zu zahlen (die vorherige Online-Buchung des Gepäcks ist günstiger).

- **Royal Air Maroc,** www.royalairmaroc.com; Linienflüge ab Frankfurt, München, Berlin-Tegel, Straßburg, Amsterdam und Zürich nach Casablanca. Umsteigeverbindungen ab Casablanca zu allen nationalen Flughäfen (häufig lange Transferzeiten).
- **Air Arabia,** www.airarabia.com; Direktflüge u.a. nach Marrakesch ab München und Frankfurt, nach Casablanca ab Brüssel, nach Fès ab Amsterdam. Auch diverse Inlandsverbindungen in Marokko.
- **Edelweiss Air,** www.edelweissair.ch; Direktflüge nach Marrakesch ab Zürich.
- **Easyjet,** www.easyjet.com; Direktflüge nach Marrakesch ab Basel und Genf.
- **Eurowings,** www.eurowings.com; von Weeze am Niederrhein nach Agadir, von Köln-Bonn, Berlin-Tegel, Stuttgart und Zürich nach Marrakesch, Tanger und Nador, von Köln-Bonn, Berlin-Tegel, Zürich und Wien nach Casablanca, von Berlin-Tegel, Stuttgart und Zürich nach Agadir.
- **Ryanair,** www.ryanair.com; Direktflüge ab Memmingen, Hahn im Hunsrück und Weeze am Niederrhein nach Marrakesch und Fès, von Weeze am Niederrhein auch nach Tanger und Oujda.
- **Transavia,** www.transavia.com; Direktflüge ab Amsterdam nach Marrakesch.
- **TUIFly,** www.tuifly.com; saisonale Direktflüge nach Casablanca, Tanger, Nador, Marrakesch und Agadir aus diversen deutschen Städten.
- **Vueling,** www.vueling.com; günstige Flüge über Barcelona nach Nador, Tanger, Casablanca, Fès und Marrakesch.

### Flugpreise

**Je nach Fluggesellschaft, Jahreszeit und Aufenthaltsdauer** schwanken die Preise für einen Hin- und Rückflug nach Agadir oder Marrakesch erheblich. So kann man im Januar, Februar, Juni oder November durchaus einen Flug ab 150 Euro ergattern, mit Ryanair sogar ab 50 Euro one way. Während der Oster- oder Pfingstferien sind jedoch mindestens 350 Euro für Hin- und Rückflug zu veranschlagen. Preiswertere Flüge sind evtl. mit Jugend- und Studententickets (je nach Fluggesellschaft alle jungen Leute bis 29 Jahre und Studenten bis 34 Jahre) möglich.

**Kinder** unter zwei Jahren fliegen ohne Sitzplatzanspruch für 10% des Erwachsenenpreises, für ältere Kinder werden die regulären Preise je nach Fluggesellschaft um 25–50% ermäßigt. Ab dem 12. Lebensjahr gilt der Erwachsenentarif oder ein besonderer Jugendtarif.

Inzwischen muss man nicht mehr unbedingt an den Flughafen Frankfurt reisen, um nach Marokko zu fliegen. Mit den Billigfluglinien kam eine Vielzahl an Verbindungen im deutschsprachigen Raum hinzu. Die etwas abgelegenen Kleinflughäfen wie Memmingen, Frankfurt-Hahn und Düsseldorf-Weeze (Ryanair) sind mit einem günstigen **Zubringerbus** erreichbar, den man online mitbuchen kann (z.B. Flixbus München – Memmingen 11–15 Euro one way).

## Mit dem Auto

Auto- oder Motorradfahrer können ihr Fahrzeug **(bis zu sechs Monate) zollfrei einführen.** Erforderliche Dokumente sind der (nationale) Führerschein sowie Fahrzeugschein *(carte grise)*. Sie benötigen für Marokko außerdem die **Grüne Versicherungskarte,** die ihren Versicherungsschutz in der Kfz-Haftpflichtversicherung bescheinigt. Erkundigen Sie sich rechtzeitig bei Ihrer Kfz-Versicherung, ob diese eine Deckungszusage für Marokko gibt und die Versicherung für Marokko gültig schreibt. Ohne Grüne Versicherungskarte muss an der Grenze eine lokale Haftpflichtversicherung abgeschlossen werden, die ca. 90 Euro für einen Monat kostet (mit sehr niedrigen Deckungssummen).

**Mittelmeerfähren** verkehren von Spanien, Frankreich und Italien. Die billigsten und kürzesten Verbindungen sind von Algeciras und Tarifa nach Ceuta oder Tanger. Die längste und teuerste Überfahrt, dafür aber die kürzeste und bequemste Anreise nach Südfrankreich, haben Sie mit der Verbindung Genua – Tanger (48 Std.) und Sète – Tanger/Nador (34–36 Std.). Es operieren u.a. die Fährlinien Trasmediterranea, FRS und Grand Navi Veloci.

▷ Familienbetrieb – der Sohn als Verkäufer in einem typischen Kramerladen

# Ausrüstung

## Reisegepäck

Eine Marokkoreise erfordert kaum andere Vorbereitungen als eine beliebige Südeuropareise. Zu beachten ist jedoch, dass man in ein islamisches Land reist und gewisse **Kleidungssitten** zu respektieren sind.

Auch wenn Sie etwas zu Hause vergessen haben – bis auf die neueste Reise- und Outdoorausrüstung lässt sich **in Marokko alles nachkaufen.** Generell ist wichtig, an die persönlichen und unersetzlichen Dinge zu denken, z.B. Personal-/Versicherungsdokumente, Brille und Medikamente, Adressen sowie Wörterbuch bzw. Sprachführer (z.B. Kauderwelsch „Marokkanisch-Arabisch – Wort für Wort", Reise Know-How Verlag). Reiseführer/-karte und Urlaubslektüre (deutsche Zeitungen, Zeitschriften) sind auch in den Urlaubszentren erhältlich.

**Fotografen** sollten das Ladegerät für die Kamera (kein Adapter notwendig), evtl. Ersatzbatterien und eine Speicherkarte mit ausreichend Kapazität mitnehmen (Speicherkarten sind in Marokko erhältlich, aber teurer). Bei Wüstenausflügen kann auch ein Reinigungspinsel nicht schaden, um die Linse von Staub zu befreien.

Sollten Sie vorzugsweise in Billigunterkünften nächtigen, kann ein (schnell trocknendes) **Handtuch** nicht schaden, denn dieses gehört nicht immer zur Ausstattung. Low-Budget-Touristen sollten auch an einen **Hüttenschlafsack** (aus Seide od. Baumwolle) denken, falls keine oder nur verschmutzte Bettwäsche vorhanden ist. Ein wärmerer Schlafsack ist notwendig, wenn man plant, auf Dachterrassen, im Zelt oder open air in der Wüste zu übernachten – im Winter wird es nicht nur in den Bergen (Frost/Schnee), sondern auch in der Wüste empfindlich kalt. Packen Sie eine kleine **Taschenlampe** (z.B. LED-Stirnlampe) ein: Sie brauchen sie bei evtl. Stromausfällen, bei abendlichen Spaziergängen durch schlecht oder unbeleuchtete Gassen, bei Touren über Land oder in Zelten oder Hütten.

Denken Sie an einen guten **Sonnenschutz** für Kopf und Haut (Sonnencreme mit hohem Lichtschutzfaktor).

Empfehlenswert ist die Mitnahme einiger individueller **Geschenkartikel** als Dank für kleinere Dienstleistungen und als Mitbringsel bei Einladungen. Besonders beliebt sind duftende Kosmetikartikel (Shampoo, Parfüm, Body Lotion o.Ä.). Auch typische Souvenirs aus dem Heimatland (Kalender, Postkarten, Bildband etc.) kommen gut an.

In einem **Notizbuch** kann man Erlebnisse, Adressen und praktische Infos zu besuchten Hotels, Restaurants etc. festhalten. Zu Hause fällt anhand der Notizen die Zuordnung der Reisebilder leichter und bei einer evtl. weiteren Reise kann man leicht auf das Notierte zurückgreifen.

Eine robuste **Trinkflasche** (Weithalsflasche) ist für Rucksackreisende und Wanderer zwar praktisch, alternativ kann man aber auch überall 1,5-Liter-Mineralwasserflaschen kaufen und ggf.

003m015 ad

diese wieder befüllen. Wer Plastikmüll vermeiden möchte, kann sich eine **Filterflasche** (z.B. LifeStraw Go) anschaffen, in die man Leitungs- oder Flusswasser einfüllen und dank integriertem Filterstrohhalm gleich trinken kann.

**Wasserdesinfektionsmittel** sind für Fahrrad-, Auto-, bzw. Motorradreisende, die häufig campen möchten, auf jeden Fall ratsam. Präparate auf Silberionenbasis von Micropur, Certisil oder Romin (in Tabletten oder flüssiger Form) machen klares Wasser haltbar. Präparate mit Chlor desinfizieren zweifelhaftes Wasser und sind (bei richtiger Dosierung) annähernd geschmacksneutral. Für Rucksack- und Fahrradtouristen sind 1-Liter-Tabletten praktisch, für Autoreisende eher Tabletten mit 20-Liter-Dosierung. Das Leitungswasser in den Städten ist sehr chlorhaltig, sollte besser nicht getrunken werden, ist zum Zähneputzen aber unbedenklich. Rucksackreisende, die entlang der Hauptrouten unterwegs sind, können überall Mineralwasser, Tee und Softdrinks kaufen und müssen folglich nicht an Wasserdesinfektion denken.

Ein **Laptop, Tablet oder Smartphone** ist in Marokko nützlich: Inzwischen bieten die allermeisten Hotels und sehr viele Gästehäuser, Restaurants und Cafés (vorwiegend in den Städten) kostenloses WLAN für ihre Gäste an. Wer länger in Marokko unterwegs ist, kann über die Anschaffung einer marokkanischen SIM-Karte nachdenken, um Telefonkosten zu sparen. Prüfen Sie dafür vor der Abreise, ob Ihr **Mobiltelefon** per SIM-Lock für andere Karten gesperrt ist oder nicht. Packen Sie ggf. zusätzlich ein altes Handy für die Nutzung mit der marokkanischen SIM-Karte ein.

Ein **Navigationsgerät** ist in Marokko nicht unbedingt notwendig, außer man reist abseits der Hauptrouten und möchte (z.B. die in diesem Buch genannten) GPS-Koordinaten bzw. Routen ansteuern bzw. neue aufzeichnen. Für die Nutzung in Marokko muss vorher die entsprechende Kartensoftware erworben werden (vgl. „Unterwegs in Marokko/Verkehrsmittel/Straßennavigation“). Bei einigen Mietwagenfirmen kann ein Navigationsgerät mit installierten Karten hinzugebucht werden. Ein leichtes Handgerät ist bei selbstständigen Trekkingtouren im Hohen Atlas ein sinnvolles Accessoire. Ansonsten bietet sich die Nutzung der **Karten von Open Street Maps oder Maps.me** auf dem Smartphone an. Um auch offline navigieren zu können, sollte man sich die entsprechenden Regionalkarten per WLAN aufs Gerät laden. Für das Smartphone ist unter Umständen die Mitnahme einer Autohalterung praktisch.

**Kopien von Pass und Dokumenten** – separat aufbewahrt – sind nützlich bei Verlust der Originale. Am sinnvollsten ist es, eine digitale Kopie der Dokumente in einem Onlinespeicher (Cloud) zu hinterlegen (z.B. bei Dropbox) – so sichert man sich bei Verlust jederzeit und überall auf der Welt den Zugriff auf Passdaten o.Ä.

## Kleidung

Generell auf Reisen empfehlenswert ist **leichte, atmungsaktive Kleidung.** Moderne Funktionskleidung trocknet schnell und bietet guten UV-Schutz. Der Tragekomfort von Baumwolle ist jedoch häufig höher. Mit leichten Hosen oder

Röcken, die bis über die Knie reichen, sowie nicht zu engen Blusen/T-Shirts ist man unterwegs nicht nur einigermaßen „anständig" angezogen, sondern auch vor der intensiven Sonneneinstrahlung geschützt. Marokkaner wird man außerhalb der Küstenstädte selbst im (sehr heißen) Hochsommer allenfalls in knielangen Shorts auf der Straße antreffen. Auch der wohlgeformteste Mann würde sich daneben benehmen, liefe er mit entblößter Brust herum. Diese Regeln gelten umso mehr, je weiter man sich von touristischen Zentren entfernt.

Selbst in der allergrößten Hitze muss **Rücksicht auf das islamische Gastland** genommen werden. Nacktbaden ist in Marokko verboten, „oben ohne" ganz und gar unangebracht. Freizügige Kleidung wie sehr kurze Röcke/Shorts und tief ausgeschnittene oder rückenfreie Shirts sollten Frauen nur im Hotelbereich oder in den modernen Neustädten von Marrakesch und Agadir tragen. In ländlichen Regionen, in Bergdörfern, in den Altstädten und vor allem beim Besuch von religiösen Monumenten (z.B. Medersen/Koranschulen) trägt frau besser knie- und schulterbedeckende Kleidung, um keinen Unmut zu provozieren.

Das **Tragen marokkanischer Landestracht** empfiehlt sich nur zu geeigneten Anlässen: Als Kopfbedeckung bei einer staubigen Tour unter sengender Sonne etwa ist ein Chech (Wickelkopftuch der Saharavölker) sehr praktisch. Bei einem Rundgang in der Altstadt kann durchaus eine Djellabah getragen werden. Insgesamt aber sollte auch hier das nötige Fingerspitzengefühl bewiesen werden.

☑ Mit luftiger, nicht zu enger und knapper Kleidung sind Touristinnen richtig gekleidet

104sm20 ad

Für Frauen empfiehlt sich ein großes, leichtes **Tuch,** das beliebig über Kopf und/oder Schultern getragen werden kann – im Süden kann für diesen Zweck auch ein Chech gekauft werden. Dies ist nicht nur ein empfehlenswertes Zugeständnis an die Landessitte, es schützt auch Kopf und Nacken vor der Sonne und das Haar vor Austrocknung und Staub – außerdem lässt sich damit beim Besuch z.B. von Moscheen, Museen, Suqs, Restaurants ein etwaiges Zuviel an nackter Haut im Schulterbereich dezent verhüllen.

Auch ins Sommergepäck gehören ein **warmer Pullover, Windstopper oder Fleece** für kühle Abende sowie ein leichter Wind- und Regenschutz. Im Winter braucht man vor allem im Gebirge, aber auch in der Wüste (Nachtfrost!), genug warme Klamotten und einen entsprechend warmen Schlafsack. Für Trekkingtouren im Hohen Atlas müssen vor März und ab September unbedingt Mütze und Handschuhe ins Gepäck!

Feste, geschlossene **Schuhe** sind nicht nur für Wüstenexkursionen empfehlenswert, sondern auch für längere und kürzere Wanderungen, Ausflüge ins Gelände und Besichtigungen antiker Ruinenstätten. Ansonsten sind robuste Trekkingsandalen ideal, sowohl für den Altstadtbummel als auch für Spaziergänge abseits der Straße.

# Barrierefreies Reisen

**Marokko ist kein ideales Land für Menschen mit Behinderung.** Es gibt nur wenige behindertengerechte Hotels, öffentliche Einrichtungen oder gar öffentliche Verkehrsmittel. Öffentliche Toiletten sind meist Stehtoiletten. Die Hotels und Riads *(Maison d'Hôtes)* haben europäische Bäder und manchmal auch einige barrierefreie Zimmer. In den mehrstöckigen Riads existieren keine Aufzüge, und die gewundenen Treppenaufgänge sind steil und eng. Am ehesten funktioniert das Reisen noch mit der Eisenbahn. Auch die Straßen und Gehsteige sind nicht für einen Rollstuhl geeignet: So sind Gehwege oft nicht vorhanden bzw. häufig uneben, mit Löchern und hohen Bordsteinkanten. In den Medinas sind die Gassen oft so eng, dass man schon als normaler Fußgänger seine liebe Not hat, Mopeds, Eselswagen und Menschen auszuweichen. **Rollstuhlfahrer** sollten deshalb unbedingt mit Begleitperson reisen. Es gibt zwar Rollstuhlfahrer, die sich alleine durch Marokko geschlagen haben, aber dieses Unterfangen ist ausgesprochen mühsam – immerhin lautet das einstimmige Urteil aller, dass die marokkanische Bevölkerung Menschen mit Behinderung gegenüber sehr aufgeschlossen, hilfsbereit und freundlich wäre.

Eine Leserin im Rollstuhl wies darauf hin, dass man Flickzeug für die Räder einpacken sollte. Zu manchen öffentlichen Sehenswürdigkeiten haben Besucher mit Behinderung freien Eintritt.

■ Eine kostenlose **Beratung** für barrierefreies Reisen erhält man beim **Bundesverband Selbsthilfe Körperbehinderter e.V.:** Tel. 06294 42 81-0, www.bsk-ev.org.

■ **Handioasis** betreibt eine behindertengerechte Unterkunft nahe Marrakesch und ist auf Touren für Menschen mit Behinderung spezialisiert (u.a. rollstuhlgerechter Bus und angepasste Geländewagen): Tel. 0524 38 00 45, www.handioasis.com.

# Diplomatische Vertretungen

Adressen aller Vertretungen auch **online** unter www.auswaertiges-amt.de, www.bmeia.gv.at und www.eda.admin.ch.

## Botschaften des Königreichs Marokko

■ Niederwallstr. 39, 10117 **Berlin,** Tel. 030 20 61 240, www.botschaft-marokko.de.

■ Hasenauerstr. 57, 1180 **Wien,** Tel. 01 586 66 50, 586 66 51, emb-pmissionvienna@morocco.at.

■ Helvetiastr. 42, 3005 **Bern,** Tel. 031 351 03 62 oder 351 46 30, www.amb-maroc.ch.

## Vertretungen in Marokko

### Deutsche Botschaft: Ambassade de la République fédérale d'Allemagne

■ 7, Zankat Madnine, **Rabat,** Tel. (00212) (0)537 21 86 00 und im Notfall außerhalb der Öffnungszeiten Tel. (00212) (0)661 14 70 59 oder per SMS, www.rabat.diplo.de; Rechts- und Konsularreferat: 12, Av. Mehdi Ben Barka, Souissi, Tel. (00212) (0)537 63 54 00.

### Deutsches Konsulat: Consulat de l'Allemagne

■ 6, Rue de Madrid, Secteur résidentiel, **Agadir,** Tel. (00212) (0)528 84 10 25, agadir@hk-diplo.de.

### Österreichische Botschaft: Ambassade de l'Autriche

■ 2, Zankat Tiddas, **Rabat,** Tel. (00212) (0)537 76 40 03, 76 16 98, und nur für Notfälle außerhalb der Dienststunden Tel. (0670) 05 76 48, rabat-ob@bmeia.gv.at

### Schweizerische Botschaft: Ambassade de Suisse

■ Square de Berkane, **Rabat,** Tel. (00212) (0)537 26 80-30/-31, www.eda.admin.ch/rabat

# Drogen

Der Konsum von **Cannabis (Kif)** gehört in manchen Regionen zum marokkanischen Alltag und ist im Gegensatz zum Alkoholkonsum nach religiöser Auslegung nicht „haram" (verboten). Kif ist Marokkanern für den Eigenverbrauch erlaubt, **für Touristen** jedoch **streng verboten.** Junge Männer z.B. in Essaouira versuchen sich als Drogendealer oder locken Touristen mit fragwürdigen Einladungen, wo man entweder ausgenommen oder beschwatzt wird, Drogen zu kaufen.

**Konsum, Besitz und Handel von Drogen sind in Marokko verboten!** Wer erwischt wird, dem drohen lange Haftstrafen – die Haftbedingungen sind katastrophal!

Ein Problem in Marokko ist die leichte Erhältlichkeit bzw. die zwiespältige Handhabung im Umgang mit Drogen. Weniger gebräuchlich sind harte Drogen, aber **Marihuana bzw. Haschisch sind allgegenwärtig** – vor allem im Norden. Hanf/Cannabis wird im Rif-Gebirge angebaut. Da Hanf häufig die einzige, sicherlich aber die lukrativste, Einnahmequelle der armen Bergbauern ist und die Rif-Kabylen schon immer aufsässig gegen die Regierung waren, unternimmt der Staat wenig gegen die Hanfanpflanzer, um sich in diesem Gebiet die Ruhe zu sichern. Andererseits will sich Marokko nicht den Ärger der westlichen Partner USA und Europa einhandeln und bestraft deshalb nicht nur den Handel mit harten Drogen, sondern auch Besitz und Handel mit Marihuana bzw. Haschisch.

Touristen sollten extrem vorsichtig sein, denn ein Joint unter „Freunden" führt schnell zu Komplikationen. Rucksackreisende berichten gelegentlich von **massiven Erpressungsversuchen** bei „Einladungen". Vermeintlich freundlichen Studenten auf den Leim gegangen, stellt sich oft heraus, dass diese nichts anderes im Sinne haben, als ihren Stoff zu verkaufen. Grundsätzlich sollte man vorsichtig sein und keinesfalls leichtfertig Einladungen annehmen!

**Hinweis**

Da sich die **Einreisebedingungen** kurzfristig ändern können, raten wir, sich kurz vor Abreise beim Auswärtigen Amt (www.auswaertiges-amt.de bzw. www.bmeia.gv.at oder www.dfae.admin.ch) oder der jeweiligen Botschaft zu informieren.

# Ein- und Ausreise

## Einreisebestimmungen

Deutsche Staatsbürger benötigen für einen Aufenthalt in Marokko einen noch **mindestens sechs Monate gültigen Reisepass,** Kinder brauchen für die Ein- und Ausreise einen **Kinderreisepass,** ab 12 Jahren einen regulären Reisepass mit elektronischen Daten.

**Die Einreise mit dem Personalausweis ist nicht möglich!**

Deutsche Touristen dürfen sich **bis zu 90 Tage visumfrei** in Marokko aufhalten. Eine Verlängerung der Aufenthaltsdauer ist nur schwierig möglich, es sei denn, der Ausländerpolizei wird ein vollständiger Antrag mit Nachweis über finanzielle Mittel, ggf. Arbeitsvertrag oder Bankkonto in Marokko und Begründung, warum ein längerer Aufenthalt erforderlich ist, vorgelegt. Um den vielen im Land überwinternden europäischen Rentnern entgegenzukommen, gibt es außerdem eine **Sonderregelung für Wohnmobiltouristen über 60 Jahre.** Sie können bei der jeweiligen Immigration bzw. Gendarmerie in den Provinzhauptstädten nach Ablauf der 90 Tage eine Verlängerung um weitere drei Monate beantragen. Manche Langzeitreisende berichten auch über eine relativ problemlose Verlängerung in Agadir – die Aussagen darüber gehen jedoch auseinander.

[>] Babuschen sind ein schönes Souvenir und können problemlos ausgeführt werden

Reisen **Minderjährige** nicht in Begleitung beider Eltern, kann man beim Rückflug in die EU theoretisch nach einer Einverständniserklärung des anderen Sorgeberechtigten gefragt werden (Schutzmaßnahme gegen eine mögliche Kindesentführung). In der Praxis wissen wir jedoch von keinem Fall alleinreisender Mütter/Väter, die diesbezüglich Probleme hatten. Das Thema ist unserer Meinung nach nur relevant, wenn der nicht mitreisende Elternteil marokkanischer Herkunft ist.

Die **Abfertigung am Flughafen** ist **unproblematisch.** Dem Polizeibeamten legt man den Pass und den ausgefüllten Ein-/Ausreisezettel *(Carte d'Embarquement/Débarquement)* vor, der zukünftig dank elektronischer Datenerfassung abgeschafft werden soll. Daraufhin erhält man in den Pass den **Einreisestempel mit Identifikationsnummer** *(Numéro d'entrée)*, auf deren Lesbarkeit man achten sollte, da sie beim Einchecken in die Hotels und für weitere Einreisen benötigt wird. Bei der Ausreise musste in der Vergangenheit der gleiche Zettel ausgefüllt werden, der an diversen Pulten am Flughafen auslag. Eine Einreise mit dem Personalausweis ist nicht möglich (s.o.). Zukünftig sollen gemäß einer Ankündigung von Ende 2019 die Ein-/Ausreisezettel entfallen und alle Daten elektronisch erfasst werden.

## Zollbestimmungen

**Private Gebrauchsgegenstände** (z.B. Kamera, Laptop, Smartphone, Radio, Sportausrüstung) können **zollfrei** eingeführt werden. Die Einfuhr von Barmitteln, deren Gegenwert 100.000 Dirham (ca. 9000 Euro) übersteigt, muss bei der

ma20_122 ad

105sm20 ad

Einreise deklariert werden – dies ist für Touristen jedoch kaum relevant. Die marokkanische Währung (Dirham) darf bis zu einem Höchstbetrag von 2000 Dirham ein- oder ausgeführt werden.

Erwachsene Reisende dürfen an **Genussmitteln** 200 g Tabak, 1 Liter Wein und 1 Liter Spirituosen oder drei Flaschen Wein zollfrei mitführen.

Die Mitnahme von **Funkgeräten und Waffen** ist verboten. Amateurfunker (nicht CB) können aber in Deutschland bzw. Österreich oder der Schweiz eine Gastlizenz beantragen. Die Einfuhr von Pornografie oder in anderer Form „moralisch verwerflicher" Medien ist ebenfalls nicht gestattet.

Ankunft am modernen Flughafen in Marrakesch

Die Ein- und Ausfuhr von Rauschgift (harte Drogen, Substanzen aus Anis oder Absinth, **Cannabis** in Form von Haschisch, Marihuana und Kif) ist verboten und wird mit langen Gefängnisstrafen geahndet.

Bei der **Mitnahme von Hunden (und Katzen)** sind vor allem die Bestimmungen für die Wiedereinfuhr in die EU relevant: Der EU-Heimtierpass muss eine gültige Tollwutimpfung vor wenigstens einem Monat und nicht länger als zwölf Monaten nachweisen. Außerdem brauchen Sie einen sogenannten Tollwut-Titer, der den Nachweis erbringt, dass die Impfung angeschlagen hat. Das Tier muss tätowiert oder mit einem implantierten Mikrochip gekennzeichnet sein. Für die Einreise nach Marokko ist **offiziell** ein **amtstierärztliches Zeugnis** (in franz. oder engl. Sprache) nötig, das in den Impfpass eingetragen wird und nicht älter als zehn Tage sein darf. Offiziell muss das Tier am Grenzposten von einem Tierarzt des Landwirtschaftsministeriums gecheckt werden. Nach Bezahlung einer Gebühr erhält man von ihm eine Bescheinigung über die Kontrolle. Das Prozedere wird jedoch selten so streng gehandhabt.

## Rückeinreise nach Europa

Bei der Wiedereinreise in die Europäische Union und in die Schweiz gelten verschiedene **Freigrenzen, Verbote und Beschränkungen.** Die in den Urlaub mitgenommenen Waren des persönlichen Bedarfs unterliegen keinen mengen- oder wertmäßigen Einfuhrbeschränkungen.

- Die Waren sollten für den **persönlichen Gebrauch** bestimmt sein.
- Bei der Einfuhr in ein **EU-Land** gelten folgende Mengen- und Wertgrenzen (für mind. 17-Jährige): 200 Zigaretten oder 100 Zigarillos oder 50 Zigarren oder 250 g Tabak bzw. anteilige Zusammenstellung; 1 l Spirituosen über 22 Vol.-% oder 2 l bis max. 22 Vol.-% oder anteilige Zusammenstellung und 4 l nicht schäumende Weine und 16 l Bier; andere Waren bis zu einem Warenwert von 430 Euro (für Reisende unter 15 Jahren nur 175 Euro nach Deutschland, 150 Euro nach Österreich).

- Für die Einreise von Nicht-EU-Ländern in die **Schweiz** gelten folgende Freimengen (für mind. 17-Jährige): 250 Zigaretten/Zigarren oder andere Tabakprodukte; 1 l Spirituosen über 18 Vol.-% oder 5 l bis max. 18 Vol.-%; andere Mitbringsel bis zu einem Warenwert von 300 SFr in die Schweiz.
- Überschreiten die Reisemitbringsel diese Freigrenzen, sind **Einfuhrabgaben** zu entrichten.
- **Einfuhrverbote und -beschränkungen** bestehen z.B. für Tiere, Tierprodukte, Pflanzen (Vorsicht auch bezüglich Saatgut und Artenschutz!), Medikamente, Betäubungsmittel und Drogen, Feuerwerkskörper, Lebensmittel, Fälschungen, Kulturgüter, Waffen und Munition; in Deutschland und Österreich auch für Pornografie und verfassungswidrige Schriften, Rohdiamanten; in der Schweiz auch für Radarwarngeräte u.v.m.

### Nähere Informationen

- **Deutschland:**
www.zoll.de; App „Zoll und Reise"
- **Österreich:** www.bmf.gv.at; BMF-App
- **Schweiz:** www.ezv.admin.ch; QuickZoll-App

Die genannten Apps sind für Android und iOS kostenfrei.

# Elektrizität

Die Netzspannung beträgt **220 V.** Die deutschen Gerätestecker passen in die marokkanischen Steckdosen – es ist kein Adapter notwendig.

Voilà – hier kommt die Tajine, das Nationalgericht Marokkos, auf den Tisch

# Essen und Trinken

## Die marokkanische Küche

Wer sie noch nicht kennt, der wird sie lieben: die marokkanische Küche! Wenn im Hotelrestaurant zum wiederholten Male die Standard-Tajine mit Kartoffeln, Erbsen und Hühnchen auf den Teller kommt, entsteht der Eindruck, die marokkanische Küche sei eintönig. Aber das Gegenteil ist der Fall! **Die marokkanische Küche ist eine der vielfältigsten der Welt,** mit Einflüssen aus den Mittelmeerländern und den östlichen arabischen Gebieten. Die Zubereitung köstlicher und üppiger Speisen gehört in Marokko einfach dazu, besonders zur Bewirtung eines Gastes, zu festlichen Anlässen wie etwa einer Hochzeit oder allabendlich zum Fastenbrechen in der Zeit des Ramadan.

Auf den Märkten türmen sich sonnengereiftes **Gemüse und Früchte** von Marokkos Anbauflächen: Paprika, Tomaten, Kartoffeln, Auberginen, Orangen, Erdbeeren, Aprikosen, Äpfel. In den Suqs werden bergeweise eingelegte Oliven und Zitronen sowie verschiedene Dattelsorten verkauft. Den Eiweißbedarf decken **Fisch, Meeresfrüchte und Geflügel, Schaf-, Ziegen- und Rindfleisch.**

Den richtigen und unverwechselbaren Geschmack geben **Gewürze:** Kreuz-

032sm20 ad

kümmel, Zimt, Koriander, Ingwer und die edlen Safranfäden. Der Anblick der bunten Gewürzberge auf den Märkten gehört zu den faszinierendsten Eindrücken einer Marokkoreise.

Die pikante **Gewürzmischung Ras el-Hanout** besteht aus 25 Gewürzen und wird in vielen Gewürzläden individuell gemischt bzw. sogar frisch gemahlen – sie eignet sich besonders gut als Mitbringsel.

Auch **Kräuter** sind in der marokkanischen Küche elementar: Thymian, Koriander, Minze, Lorbeer, Petersilie u.v.m.

Eine der wichtigsten Zutaten für die marokkanische Küche ist das im Land gewonnene, kaltgepresste **Olivenöl.**

Eine Spezialität Marokkos ist **Arganienöl,** das in einem aufwendigen Prozess aus den gerösteten Samenkernen der Arganienfrüchte gepresst wird und nussartig schmeckt. Das Speiseöl und kosmetische Produkte aus Arganienöl gibt es vor allem in der Sous-Region (vgl. Exkurs im Kapitel über den Anti-Atlas).

In den Städten findet man überall **Pâtisserien** mit köstlichem Gebäck aus Sesam, Mandeln, Rosinen und Honig. Die halbmondförmigen, mit Sesam bestreuten „Gazellenhörner" *(Kaab el-ghazal)* haben eine weiche Mandelfüllung, die klassisch runden Kekse *(Ghoriba)* sind mit einer Mandel oder Sesam garniert. Als Ramadan-Gebäck gibt es *Griouch* (von Hand gefaltet) und *Chebakia.*

Das Gebäck wird traditionell zur Begrüßung mit dem **Thé à la menthe** gereicht. Das Nationalgetränk wurde erst 1854 von britischen Händlern eingeführt. Heute ist der grüne Tee mit frischer Minze in den nordafrikanischen Ländern allgegenwärtig; das gemeinsame Teetrinken hat eine wichtige soziale Funktion. Findige Händler bieten ihn – vor der selbstverständlich unverbindlichen Teppichvorführung – als „Whiskey marocain" an. Der grüne Tee wird mit sehr viel Zucker und aromatischer Nana-Minze (marokkanische Pfefferminzart) in der Kanne serviert. Nun beginnt die eigentliche **Teezeremonie:** Der Tee wird mehrmals in großem Bogen von der Kanne in ein Glas gefüllt und wieder zurückgegossen, bis die obligatorische Schaumkrone und das richtige Gemisch entstehen. Schließlich bekommt der erste Gast den Tee gereicht, erhebt mit einem „bismillah!" („Im Namen Gottes!") das Glas und trinkt es schlürfend aus. Ein arabisches Sprichwort besagt, dass immer drei Gläser getrunken werden sollen: „Das erste Glas ist süß wie die Liebe, das zweite hart wie das Leben und das dritte bitter wie der Tod." Neben Tee gibt es in jedem Kaffeehaus auch *Café au lait* und frisch gepressten Orangensaft.

Das marokkanische Festmahl beginnt mit köstlichen **Vorspeisen:** Salate aus Auberginen, Zucchini und Paprika mit Olivenöl, geriebene Karotten mit Orangensaft, Kichererbsenmus, gekochtes und rohes Gemüse. Auch **Salate** sind in verschiedensten Variationen erhältlich. Der typische *Salade marocaine* besteht aus sehr klein geschnittenen Tomaten, Gurken, Zwiebeln, Kartoffeln, Roter Beete und Oliven.

Die bekanntesten **Hauptgänge** sind **Couscous und Tajine** (sprich: Taschin). Couscous ist das Nationalgericht und wird traditionell freitags zubereitet.

Als **Dessert** werden meist *Oranges à la canelle* (Orangenstücke mit Zimt), frisches Obst oder Gebäck gereicht. Und dann beginnt alles wieder von vorne mit dem *thé à la menthe.*

**Traditionell** wird in Marokko **auf Holzkohle gekocht.** Viele marokkanische Hausfrauen ziehen immer noch ein Holzkohlestövchen dem Gasherd vor, auch wenn dieser längst Einzug in die Küchen gehalten hat. Üblicherweise isst die ganze Familie mit den Händen aus der Tajine- oder Couscousschale in der Mitte des Tisches. Inzwischen dominieren jedoch auch in marokkanischen Restaurants und Haushalten chinesische Plastikteller mit bunten Mustern …

## Bekannte Gerichte

### Couscous

Das marokkanische **Nationalgericht** besteht aus Hartweizengrieß, der in einem Sieb über einem Eintopf aus Hammel-, Lamm- oder Hühnerfleisch mit sieben verschiedenen Gemüsen und Kichererbsen gedämpft wird. Dazu kommt eine sehr scharfe Soße aus **Harissa** (Paprikapaste). Die Zubereitungsarten von Couscous variieren stark, je nach Geldbeutel und Anlass. Bei vielen Familien kommt Fleisch nur an Festtagen auf den Tisch, ansonsten gibt es Gemüse-Couscous. Bei wohlhabenderen Familien findet sich dagegen meistens reichlich Fleisch auf dem Couscous. Es gibt auch noch ein süßes Couscous, das mit Rosinen, Zimt und Mandeln als Nachspeise zubereitet wird.

Ein Klassiker der einfachen Küche – Brochettes mit Beilagen (serviert im Restaurant Salut Maroc in Essaouira)

033sm20 ad

**Traditionell** wird Couscous **am Freitag serviert,** oftmals wird von reichen Familien auf dem Lande mehr gekocht und in die Moschee gebracht, um dort bedürftige Familien zu speisen.

### Mechoui

Ein junger **Hammel** wird ganz am Spieß oder im Ofen gebraten, gewürzt mit Knoblauch, Salz, Kreuzkümmel, Paprika und Cayennepfeffer und eingerieben mit Smen, dem marokkanischen Butterschmalz. Dies geschieht gewöhnlich über einem Holzkohlenfeuer. Das Gericht ist das **traditionelle Festmahl,** das vor allem zum Opferfest 50 Tage nach Ramadan-Ende, aber auch zum Maulad (Mohameds Geburtstag) oder zum Neujahrsfest Ashura zubereitet wird.

### Bastillia (B'stilla)

Die Bastillia ist ebenfalls ein Festgericht. Es handelt sich um **eine Art Pastete** aus hauchdünnen Teigblättern *(warkha),* gefüllt mit Rosinen, Mandeln und Taubenfleisch, oft auch mit Früchten und Geflügel. Die Zubereitung ist sehr aufwendig. In manchen Restaurants bekommt man Bastillia auf Vorbestellung.

### Tajine

Die Tajine ist **DAS landestypische Gericht** und wird überall in Restaurants und am Straßenrand angeboten. Für die Zubereitung wird ein (gleichnamiger) Tontopf mit spitzhaubigem Deckel verwendet, in dem das Gericht direkt über der Holzkohle im Kanoun geschmort wird. Häufig kommt Tajine aus gebratenem Hähnchen mit Kartoffeln, Karotten, Erbsen und Oliven oder aus Hähnchenschenkeln mit eingelegten Zitronen und Oliven *(Tajine au poulet)* auf den Tisch. Besonders lecker schmeckt Tajine mit Lammfleisch, Pflaumen und gerösteten Mandeln *(Tajine d'agneau aux prunes et amandes).* Es gibt unzählige Zubereitungsmöglichkeiten – leider bekommen Urlauber in den Touristenlokalen oft dieselbe Tajine vorgesetzt.

### Kebab (Brochettes)

Die **gegrillten Spieße** mit Lamm- oder Rindfleischstücken gibt es in jedem einfachen Straßenrestaurant. Zu den Brochettes isst man Salat oder Pommes.

### Kefta

Hierbei handelt es sich um Kügelchen oder Würstchen aus gerolltem **Lammhack,** ziemlich scharf gewürzt und in Öl gebraten oder gegrillt (im gesamten Vorderen Orient und von Ägypten bis in den Maghreb beheimatet).

### Merguez

Die rötlichen **Würstchen,** die wie unsere Bratwürstchen gebraten oder gegrillt werden, sind ein beliebter Imbiss.

### Harira

Die **traditionelle Fastensuppe** ist eine dicke, nahrhafte Suppe aus Lammbrühe, Lammfleisch, Linsen, Kichererbsen, gehackten Tomaten, Zwiebeln und frischen Kräutern und Gewürzen. Das Gericht ist in der ganzen arabischen Welt verbreitet und wird vorwiegend im Winter gegessen, wenn frisches Gemüse fehlt. Inzwischen gibt es die Suppe aber auch zu anderen Jahreszeiten, in Fès sogar als spezielle Diätversion für heiße Tage. Im Ramadan wird Harira meist mit dem Ruf des Muezzin, der das Fastenbrechen verkündet, als erste Mahlzeit eingenommen.

## Restaurants und Cafés

In den meisten Stadthotels kann zwischen **europäischer** (französischer) und **marokkanischer Küche** gewählt werden. In den Gästehäusern *(Maisons d'Hôtes)* und Herbergen *(Gîtes)* gibt es meist Tajine auf Vorbestellung. In den Städten und touristischen Zentren muss kein Tourist auf internationale bzw. gewohnte Kost verzichten, in Agadir kommt sogar deutsches Bier vom Fass und Wiener Schnitzel auf den Tisch. Auch **Pizza und Fast Food** (Burger King, Pizza Hut, McDonald's) haben in Marokko Einzug gehalten.

**Speisekarten** in den Touristenlokalen sind häufig zusätzlich in Deutsch (in Agadir) und Englisch abgefasst.

**Restaurants** mit marokkanischer und französischer Küche gibt es in den Großstädten in reicher Auswahl. In der **Altstadt** dominieren einfache **Garküchen** mit einheimischem Essen. In der Medina von Marrakesch kann man sich auch in **Palastrestaurants** verwöhnen lassen: In den Altstadtgassen verstecken sich wahre Gourmettempel in alten Stadtpalästen mit abwechslungsreicher Speisekarte und gehobenen Preisen (20–60 Euro für ein Menü, z.T. inkl. Wein, manchmal auch mit Musik- und Tanzshows).

Ein **3-Gänge-Menü,** bestehend aus Suppe, Hauptspeise (Tajine, Couscous od. Brochette) und Dessert (z.B. Obstsalat), ist in einem mittelpreisigen Restaurant für 70–150 DH zu bekommen. Da sich die Lokale meist auf bestimmte Stadtviertel (meist in der Neustadt oder am zentralen Platz) konzentrieren, kann man bei einem Stadtbummel anhand der aushängenden Speisekarten einen Preisvergleich anstellen. In einfachen Lokalen mit marokkanischer Küche und weniger Atmosphäre (z.B. Plastikstühle, keine Tischdecken, evtl. verschmutzte WCs) ist ein Hauptgericht schon ab 40 DH zu haben. In **Grill-Schnellimbissen** *(Rotisseries)* entlang der Fernverkehrsstraßen, an Tankstellen und an großen Kreuzungen gibt es *Poulet rôti* (Grillhähnchen) mit *Pommes, Kefta* (Rinderhackwürstchen), *Merguez* (rote Würstchen) oder *Brochettes* (Fleischspieße) für jeweils 35–50 DH. In sog. *Casse-croûte* an den Straßen werden Sandwiches, Pizzas oder Omelettes günstig angeboten.

Entlang der Küste bieten Restaurants hervorragend zubereitete **Meeresfrüchte** *(Fruits de mer)* und **frischen Fisch** an. Am besten und frischesten isst man Fisch direkt im Hafenbereich (z.B. in Essaouira).

Der Besuch eines der zahllosen **Cafés** ist ein Muss. Ein Sprichwort in Marokko beschreibt scherzhaft die Kaffeehausdichte in den Altstädten: „Zwischen einem Café und einem Café ist ein Café".

Das **traditionelle Café** im islamischen Kulturkreis ist **Männertreffpunkt,** Kommunikationszentrum und Austauschbörse, häufig auch Vermittlungsort von Prostituierten und Kiffertreffpunkt. Wie bei uns reicht hier die Bandbreite der Lokale von gediegen bis zwielichtig, was natürlich entscheidend vom Viertel abhängt. In kleineren Orten kann das Café aber auch sämtliche der genannten Funktionen erfüllen, ohne dass ein Tourist das merkt. Die traditionellen marokkanischen Cafés in der Medina sind (vor allem für alleinreisende) Frauen tabu. In Marrakesch, Agadir und Essaouira finden Touristen aber auch viele moderne Cafés und Eisdielen, wo sich die marokkanische Jugend trifft.

## Selbstversorger

Selbstversorger finden auf den **Märkten** (*Marché central/municipal*) bzw. den Wochenmärkten in den kleineren Orten *(Suq hebdomadaire)* und in den Lebensmittelgeschäften *(Alimentaire)* alles Nötige. Das Angebot auf den Märkten variiert mit der Jahreszeit. Im Frühjahr gibt es alle erdenklichen **Obst- und Gemüsesorten** zu kaufen, im Sommer wird das Angebot etwas spärlicher mit Paprika, Kartoffeln, Blumenkohl, Karotten, Tomaten und Zwiebeln sowie Orangen und Zitronen. Selbst in abgelegenen Dörfern der Westsahara und in den Bergen ist frisches Obst und Gemüse erhältlich.

In allen großen Städten gibt es riesige **Supermärkte** (z.B. Marjane, Carrefour) mit einem Angebot, das demjenigen in Europa in nichts nachsteht – abgesehen von Schweinefleisch, Schwarzbrot und zum Teil auch Alkohol.

Trekkingtouristen und Outdoorsportler sollten einen kleinen Vorrat an Müsli-/Energieriegeln und **leichter Fertignahrung** (entweder gefriergetrocknete Expeditionsnahrung oder Fertigpackungen aus dem Supermarkt) von zu Hause mitnehmen, um bei mehrtägigen Exkursionen mit Übernachtung in der Natur versorgt zu sein.

**Brot** (arab. *chobs*) wird in Form von französischem Stangenweißbrot und Fladenbrot verkauft – frisch schmeckt beides ausgezeichnet. Im Ramadan wird Brot evtl. erst nachmittags verkauft, um dann zum Fastenbrechen bei Sonnenuntergang ganz frisch auf den Tisch zu kommen.

106sm20 ad

Der Anblick von **Fleisch** auf marokkanischen Märkten ist nicht für jedes Gemüt erträglich: unförmige Fleischfetzen oder ganze Ziegen- oder Kamelköpfe hängen am Fleischerhaken vor der Metzgerei. Auch Rinderhälften oder Schafskeulen, Pansen und Darmhäute dekorieren die Auslage. Der Hygienestandard ist jedoch großteils gut: Die Metzgereien bekommen das Fleisch frisch angeliefert und bis auf kleine Mengen, die auf der Theke liegen, wird das Fleisch im Kühlschrank aufbewahrt. Eine gute Auswahl an Frischfleisch findet man u.a. auf dem **Marché municipal** (in einer Markthalle untergebrachter öffentlicher Markt) in jeder Stadt. Auf kleineren Märkten wird meist Schaf- oder Ziegenfleisch *(chèvre)* verkauft, in größeren Orten auch Rind und Kamel.

Auf dem *Marché municipal* und in kleinen Lebensmittelläden kann man sich auch mit Eiern und **Milchprodukten** wie Frischmilch, Joghurt, Schmelzkäse (v.a. *La vache qui rit*) und Butter eindecken. Anderer Käse wie Edamer und Emmentaler findet sich meist nur in den größeren Orten und Supermärkten.

An der Atlantik- und Mittelmeerküste kann man direkt bei Fischern oder in den Markthallen nahe der Fischerhäfen guten und frischen **Fisch** kaufen.

In **abgelegenen Orten** im Süden oder im Gebirge ist es bei Nachfrage oft möglich, Eier, Obst und Tomaten direkt von den Bauern aus deren Oasengärten und Obsthainen zu kaufen. Konserven wie Sardinen, Erbsen, Tomatenmark etc. sind in jedem noch so kleinen Laden auf dem Land erhältlich.

In den Ausläufern des Hohen Atlas und Anti-Atlas wird sehr guter **Honig** hergestellt, den man an der Straße oder direkt bei den Familien kaufen kann, z.B. Thymian-, Eukalyptus-, Argan- oder Wildblütenhonig. Der teuerste Honig stammt von Euphorbienblüten (30 Euro/kg) und gilt als Naturheilmittel.

**Olivenöl** kann man mancherorts direkt von der Presse beim Bauern kaufen, der Liter kostet ca. 60 DH. Im Süden entstehen immer mehr Arganienölkooperativen, die das besonders gesunde und nussig schmeckende **Arganienöl** an Touristen verkaufen. Das Öl hat sich in den letzten Jahren wegen der steigenden Nachfrage rapide verteuert, inzwischen kostet ein Liter ca. 300 DH.

◁ Auf den Märkten in Marokko kann man sich sehr gut selbst versorgen

**Vorsicht bei Safran und Arganienöl:** Besonders in sehr touristischen Städten wie Marrakesch versuchen die Händler in den sogenannten „Herboristerie" unechten oder minderwertigen Safran und gepanschtes Arganienöl zu verkaufen. Unbedarften Touristen wird sogar Curcuma als „gemahlener" Safran angeboten. Manche Gerichte in Restaurants werden mit künstlichem Farbstoff (Tartrazin, als „poivre jaune" in Streuern erhältlich) besonders gelb gefärbt. Der Farbstoff kann allergieauslösend wirken.

**Softdrinks** und **Mineralwasser** in 1,5-Liter-Flaschen (z.B. Sidi Ali, Sidi Harazem, Oulmès) gibt es an jeder Ecke zu kaufen. Verpackter Fruchtsaft ist in Supermärkten oder auf dem *Marché municipal* erhältlich. Am besten schmeckt der **frisch gepresste Orangensaft,** z.B. in einem Café oder an den Ständen am Djâmaa el-Fna in Marrakesch.

Im Gegensatz zu anderen Waren in den Suqs wird **bei Lebensmitteln kaum gehandelt,** außer bei größeren Mengen oder ab und zu beim Gewürzeinkauf. In den *Marchés municipaux* sind die Lebensmittel meist mit Preistäfelchen ausgezeichnet.

Beim Einkaufen sollte man **auf** die marokkanischen **Festtermine achten.** Zum Hammelfest *(Aid el-kebir)* herrscht für eine Woche im öffentlichen Leben Stillstand – dann sollte man unbedingt am Wochenende vorher einkaufen!

## Besonderheiten

**Alkohol** darf in Marokko **nur in lizensierten (d.h. großen oder teureren) Restaurants und Hotels** ausgeschenkt werden. In den lizensierten Lokalen bekommt man u.a. guten marokkanischen Wein aus den Regionen um Meknès, Casablanca oder Essaouira serviert. In größeren Städten verkaufen die Carrefour- und Marjane-Supermärkte z.T. Alkoholika (Bier, Wein), aber in abgetrennten Bereichen mit gesonderten Kassen (teils recht versteckt mit eigenem Eingang). Im ländlichen Marokko ist Alkohol kaum aufzutreiben, nur in einigen spezialisierten (oft schwer erkennbaren bzw. unauffälligen) Läden in großen Orten.

**Rauchen ist in allen Restaurants und Cafés gestattet.** Nur im Ramadan sollte man Rücksicht üben und nicht in der Öffentlichkeit rauchen.

**Schweinefleisch** ist in keinem islamischen Land erhältlich und steht in den Restaurants nicht auf der Speisekarte.

### Vegetarier

Vegetarier **werden in Marokko sicher nicht verhungern.** In jedem Restaurant gibt es zumindest einen *Salade marocaine* und/oder eine Suppe, oft auch Gemüse-Tajine oder Couscous ohne Fleisch. Immer mehr Touristencafés und -restaurants bieten auch eine größere Auswahl an fleischlosen Gerichten. An Straßenständen auf dem Land werden meist nur Tajine mit Hühnchen oder Fleischspieße angeboten, sodass Vegetariern manchmal nichts anderes übrig bleibt, als einen Teller Pommes zu essen. Doch auch auf den Märkten und in Supermärkten können sich Vegetarier problemlos mit Lebensmitteln versorgen. Bei privaten Einladungen kann es passieren, dass man von der Familie den Teller mit extra viel Fleisch serviert bekommt, da es sich um die teuerste Zutat handelt und man so die Wertschätzung des Gastes betont. Viele Marokkaner können die Gründe für eine fleischlose Ernährung (noch) nicht nachvollziehen.

### Ramadan

Im Ramadan kann es **auf dem Land** sehr schwierig werden, ein geöffnetes Restaurant oder Café zu finden. Die meisten auf Touristen ausgerichteten Lokale **in den Städten** (z.B. Marrakesch, Agadir, Essaouira) bleiben im Ramadan auch tagsüber geöffnet. In Marrakesch servieren die Terrassenrestaurants am Djamâa el-Fna die Speisen tagsüber nur im Obergeschoss. Vorwiegend von den Einheimischen frequentierte Straßencafés und Garbuden öffnen erst abends.

# Feiertage

## Der islamische Kalender

**Das islamische Jahr wird nach Mondmonaten gerechnet,** ist also kürzer als das Sonnenjahr. Ein Hidjri (bzw. *Higri*) entspricht einem Jahr christlicher Zeitrechnung minus zehn bis elf Tage je nach Mondaufgang, 100 Hidjri sind also etwa 97 Jahre christlicher Zeitrechnung. Da die arabischen Ziffern ebenso von muslimischen Türken wie von nicht-muslimischen Arabern verwendet werden, sagen Inschriften und Jahresangaben ohne den Zusatz „Hidjri" nicht eindeutig aus, ob sie sich auch tatsächlich nach der islamischen Zeitrechnung richten.

**Ende August 2019 begann** das islamische Jahr **1441.** Jedes neue islamische Tagesdatum beginnt abends nach Sonnenuntergang, jeder neue islamische Monat mit dem Mondaufgang.

## Religiöse Feiertage

Von allen Muslimen gemeinsam werden nur zwei Feste gefeiert: Aid al-Fitr und Aid al-Adha. Die anderen Feste sind jedoch in vielen weiteren islamischen Ländern üblich. Die **aktuellen Festtermine** sind im Internet **unter www.islam.de** zu finden. Aufgrund verschiedener Berechnungsgrundlagen kann das Datum der Feste um einen Tag variieren.

### Aid al-Fitr oder Aid as-Saghir

Das **Fest am Ende des Fastenmonats Ramadan** (s.u.) findet in den nächsten Jahren voraussichtlich in folgenden Zeiträumen statt: 24. bis 26. Mai 2020, 13. bis 15. Mai 2021 und 2. bis 4. Mai 2022.

### Aid al-Adha oder Aid al-Kabir

Das **Opferfest,** im Volksmund auch **Hammelfest,** erinnert an die – uns durch das Alte Testament ebenfalls bekannte – nicht vollzogene Opferung *Ismails (Isaaks)* durch seinen Vater *Ibrahim (Abraham).* Dieses Fest dauert vier Tage bis eine Woche, und überall in der islamischen Welt werden zu diesem Anlass Hammel geschlachtet. Das Opferfest findet am zehnten Tag des Pilgermonats

### Wochentage

- **Sonntag** = *nhar el had*
- **Montag** = *nhar et tnin*
- **Dienstag** = *nhar el tlata*
- **Mittwoch** = *nhar el arba*
- **Donnerstag** = *nhar el khemis*
- **Freitag** = *el djemâa*
- **Samstag** = *nhar es sebt*

statt, und jede Familie, die es sich leisten kann, schlachtet ein Schaf, Rind oder Kamel. Zwei Drittel des Fleisches sind für die Armen bestimmt, ein Drittel behält die Familie selbst.

In der Festzeit sind die meisten **Geschäfte geschlossen,** auch Ämter haben nur gelegentlich offen. Viele Verkehrsmittel verkehren nicht. Man sollte sich unbedingt am Donnerstag oder Freitag vor Beginn des Festes mit einem Lebensmittelvorrat eindecken und Amtsgänge vorher erledigen. Fleisch ist in diesem Zeitraum kaum zu bekommen, da die Familien selber schlachten und dies für einige Zeit reicht. Geschlachtet werden darf nach islamischen Regeln nur ein männliches erwachsenes Tier, das mindestens zwei Jahre alt ist. Arme Familien können sich lediglich ein Huhn leisten, da ein ganzer Hammel für viele Familien mehr als ein Monatsgehalt kostet. Die Banken haben die ersten beiden Tage des Festes geschlossen und die restlichen Tage meist vormittags offen, besser aber noch vorher Geld wechseln!

■ **Termin:** Das Hammelfest findet in den nächsten Jahren voraussichtlich zu folgenden Daten statt: 31. Juli bis 2. August 2020, 20. bis 22. Juli 2021, 9. bis 11. Juli 2022.

### Mevlid (Maulad)

Am 12. Tag des 3. Monats (Rabia I), **Geburtstag Mohameds.** Im Islam werden Geburtstage eigentlich nicht gefeiert, dieser Tag ist aber zugleich ein Gedenktag an die Emigration der Muslime von Mekka nach Medina (früher Yathrib), die Hidjra.

■ **Termin:** voraussichtlich 29. Oktober 2020, 18. Oktober 2021, 8. Oktober 2022.

### Ashura

Am 1. Tag des Monats Muharram. Ursprünglich ein Trauertag zur Erinnerung an den Tod von *Hussein,* Enkel des Propheten. Heutzutage wird Ashura in Marokko ähnlich wie Weihnachten in unseren Gefilden mit **Geschenken und Süßigkeiten für die Kinder** gefeiert.

■ **Termin:** voraussichtlich 29. August 2020, 18. August 2021, 8. August 2022.

### Ramadan

Der neunte Monat ist der **Fastenmonat.** Dann dürfen alle erwachsenen, gesunden Gläubigen von Sonnenaufgang bis Sonnenuntergang nicht essen, trinken, rauchen oder Sex haben. Das legt das öffentliche Leben ziemlich lahm, da nachts gegessen und gefeiert wird und tagsüber, soweit möglich, geschlafen. Banken und Ämter sind im Ramadan meist nur vormittags offen. Dörfer wirken häufig verwaist, viele Restaurants und Cafés sind tagsüber geschlossen, Brot ist meist nur abends erhältlich! In größeren Städten bleiben viele Touristenrestaurants geöffnet. Der Tag, an dem der Ramadan endet, wird kurzfristig berechnet, je nachdem wann der Vollmond im neuen Monat aufgeht.

■ **Termin:** voraussichtlich 24. April 2020 bis 24. Mai 2020, 13. April bis 13. Mai 2021, 2. April bis 2. Mai 2022.

### Die Pilgerfahrt (Hadj)

Beginn der Pilgerfahrt ist im 12. Monat des islamischen Kalenders. Auf diesen Tag fällt in der ganzen islamischen Welt der Aufbruch zur **Pilgerfahrt nach Mekka.** Hat man einmal in seinem Leben dieses Pilgerziel erreicht, darf man sich „al Hadj" nennen, was eine der wichtigsten Auszeichnungen für einen Muslim ist.

### Vefat/Wafa

**Todestag des Propheten Mohamed** am 2. Rabia I.

### Yennayer

Das **Neujahr nach dem Berberkalender** wird Mitte Januar, zwischen dem 12. und 14.1., gefeiert. 2019 entsprach nach der Zeitrechnung der Amaziren, die auf dem Julianischen Kalender basiert, dem Jahr 2969.

## Staatliche Feiertage

- **31. Dezember/1. Januar:** islamisches Neujahrsfest *(Fête du Nouvel An).*
- **11. Januar:** Tag der Unabhängigkeitserklärung *(Manifeste de l'Indépendance).*
- **1. Mai:** Tag der Arbeit *(Fête du Travail).*
- **30. Juli:** Thronfest *(Fête du Throne),* Thronbesteigung *Mohamed VI.*
- **14. August:** Tag der Integration der Westsahara *(Fête de Oued Eddahab).*
- **20. August:** Fest des Königs und des Volkes *(Fête du Roi et du peuple).*
- **21. August:** Fest der Jugend *(Fête de la Jeunesse)* am Geburtstag von König *Mohamed VI.*
- **6. November:** Jahrestag des Grünen Friedensmarsches zum Wiederanschluss der ehemals spanischen Sahara *(Anniversaire de la Marche Verte).*
- **18. November:** Unabhängigkeitsfest *(Fête de l'Indépendance).*

**Wochenfeiertag und arbeitsfreier Tag ist der Sonntag,** freitags sind mittags zu Gebetszeiten zahlreiche Ämter zu, aber auch im Suq sind Freitag vormittag viele Läden geschlossen.

# Geld und Finanzen

## Währung

Währungseinheit ist der **Marokkanische Dirham (DH).** Bis zu einer Summe von 2000 DH darf die Währung ein- und ausgeführt werden. Der Dirham ist in 100 Centimes unterteilt. Es gibt Scheine zu 20, 50, 100 und 200 DH sowie Münzen zu 1, 2, 5 und 10 DH sowie zu 1, 5, 10, 20 und 50 Centimes. Der Kurs des Dirham richtet sich nach dem US-Dollar, sodass der **Wechselkurs** zum Euro von dessen Stärke oder Schwäche abhängt; im Februar 2020 bekam man für 1 Euro gut 10 Dirham.

## Geldwechsel

An den Grenzen und Flughäfen gibt es **Wechselstuben,** die Bargeld tauschen, ebenso in großen Hotels, in manchen Reisebüros und in den Touristenstädten in der Nähe stark frequentierter Plätze oder Straßen. Fast alle großen **Banken** wie Attijariwafa, BMCI und BMCE sind in den Städten und großen Orten vertreten und haben Geldautomaten (s.u.). Auch größere Hotels wechseln Euro, allerdings zu einem schlechten Kurs.

Der **Euro** wird überall gern gesehen, auch im Suq und in Geschäften der Touristenzentren können Sie damit zahlen. Auf der Straße zu tauschen ist illegal und kann auch eher dazu führen, über's Ohr gehauen zu werden, als finanzielle Vorteile zu erzielen.

Lassen Sie sich bei den Banken **genügend Kleingeld** geben, denn grundsätzlich herrscht überall Kleingeldmangel. Selten kann etwa ein Gemüsehändler auf größere Scheine herausgeben, und wenn kleine Dienstleistungen zu zahlen sind oder Trinkgeld fällt ist, dann sollte man einige Münzen griffbereit haben.

Viele Banken haben über Mittag (ca. 12–14 Uhr) geschlossen und **schließen** im Ramadan schon am frühen Nachmittag. Einige Wechselstuben in den Touristenstädten (z.B. Marrakesch) haben auch sonntags geöffnet.

Bei der **Ausreise** können übrige Dirham-Beträge (z.B. am Schalter im Flughafen im bzw. vor dem Check-in-Bereich und vor der Handgepäckkontrolle) zurückgetauscht werden – jedoch zu einem ungünstigen Kurs.

**Travellerschecks,** früher auf der ganzen Welt weit verbreitet, werden von Banken und Wechselstuben auch in Marokko nicht mehr angenommen.

### Öffnungszeiten der Banken

- **Montag bis Donnerstag:** 8.30 (9)–11.30 und 14.30–16.30 (17) Uhr.
- **Freitag:** evtl. nachmittags geschlossen oder längere Mittagspause.
- **Im Ramadan bzw. Sommer:** 8–14 (14.30) Uhr.
- Während der **Aid-Feiertage** (siehe „Feiertage") sind Banken und Amtsstuben **mehrere Tage geschlossen.**

## Geld- und Kreditkarte

Die regelmäßige Abhebung von **Bargeld am Automaten** bietet sicher die bequemste Geldversorgung unterwegs und hat den Vorteil, dass man nicht von Anfang an sein gesamtes Reisebudget mit sich rumträgt. Im Hafen, an den Flughäfen, in allen Städten und in vielen größeren Orten gibt es Bankomaten, an denen man mit seiner Maestro-Bankkarte (nicht mit V-Pay-Karte!) oder der Kreditkarte (z.B. VISA oder MasterCard) unter Angabe der PIN-Nummer Geld abheben kann, max. 2000 DH. Ob und welche Kosten für die Barabhebung anfallen, ist abhängig von der Bank, die die Karte ausstellt. Man sollte sich daher vor der Reise bei seiner Hausbank über die Höhe der Abhebungsgebühr informieren. **Für Vielreisende** empfehlen wir die Einrichtung eines kostenfreien Kreditkartenkontos z.B. bei der Deutschen Kreditbank Berlin (www.dkb.de): Mit der VISA-Card der DKB kann weltweit bei beliebigen Banken kostenlos Geld abgehoben werden. So kann man unterwegs ohne die lästigen Abhebekosten immer nur die Summe am Automaten ziehen, die man in nächster Zeit auch benötigt.

**Kreditkartenzahlung** wird nur in großen Hotels, in einigen teuren Touristenrestaurants oder großen Souvenir-/Teppichläden akzeptiert. An Tankstellen werden Kreditkarten fast nie angenommen. Für das bargeldlose Zahlen per Kreditkarte werden 1–2% für den Auslandseinsatz berechnet. Bei Verlust der Kreditkarte siehe Kapitel „Notfälle".

# Gesundheit

Eine Reise nach Marokko birgt normalerweise keine größeren gesundheitlichen Risiken als eine Reise in ein beliebiges südeuropäisches Land. **Impfungen sind nicht vorgeschrieben.**

## Reisedurchfall

Die **häufigste Erkrankung** während eines Marokkoaufenthalts ist der sog. Reisedurchfall. Meist wird er durch relativ harmlose landesspezifische Bakterien – an die der Einheimische gewöhnt ist, nicht aber der Tourist – oder durch Viren hervorgerufen. Seltener sind die gefährlichen Erreger des Typhus, der bakteriellen Ruhr, der Cholera, Lambliasis und Amöbenruhr Ursache von Durchfall. Die Ansteckung erfolgt über verschmutztes Wasser und damit verunreinigte Lebensmittel. Auch Wurminfektionen (z.B. Spulwürmer, Ascaris) und Hepatitis A werden über verunreinigte Lebensmittel übertragen. Häufig genug erkranken Touristen nicht vom Essen der Garküchen, sondern vom vermeintlich „guten Essen" der Hotelküche. Man kann keine verbindliche Regel aufstellen, warum man an Durchfall erkrankt oder nicht. Vieles hängt von den eigenen Abwehrkräften und der momentanen gesundheitlichen Gesamtkonstitution ab. Wer längere Zeit im Ausland weilt, stärkt sein Immunsystem eher durch einheimisches Essen, als wenn man versucht, möglichst „keimfrei" zu essen.

Folgende **Vorbeugemaßnahmen** helfen, einen Reisedurchfall zu vermeiden:

- Zum **Trinken** sollten nur abgepackte Getränke oder abgekochtes Wasser verwendet werden. Das Leitungswasser in den Städten Marokkos ist ausreichend gechlort, sodass es zum Zähneputzen reicht. Zum Abkochen muss das Wasser mindestens 10 Minuten sprudelnd kochen. Tabletten zur chemischen Wasserdesinfektion können in Marokko das Abkochen ersetzen. Desinfizieren Sie bei Auto-/Motorrad-/Fahrradreisen Ihr Trinkwasser mit Micropur, Romin oder Certisil, das es flüssig (nur ein Jahr haltbar), in Pulver- oder Tablettenform gibt. Flaschenwasser gibt es überall preiswert zu kaufen.
- **Tee und Kaffee** aus nur kurz erhitztem Wasser sind nicht keimfrei.
- **Eiswürfel** sind in einfachen Hotelanlagen und Restaurants zu meiden.
- **Kohlensäurehaltige Getränke** sollten bevorzugt werden, da die vorhandene Kohlensäure als Beweis der intakten Originalverpackung gelten kann.
- **Obst** sollte man selbst schälen.
- **Fleisch und Gemüse** sollten stets stark gekocht sein, wenn man sich selbst versorgt am besten im Dampfkochtopf. Über rohes oder nicht ausreichend gegartes Fleisch kann eine Ansteckung mit Trichinen erfolgen. In Restaurants sollte bei Kurzgebratenem, wie Brochettes oder Kefta, darauf geachtet werden, dass das Fleisch ganz durchgebraten wurde. Tajines und Couscous sind immer lange genug gegart, hier braucht man keine Bedenken zu haben. Auf rohe Salate und Obst ohne Schale soll-

### Hinweis

Einen guten Überblick und alle Informationen zu gesundheitlichen Risiken, Impfempfehlungen, Präventivmaßnahmen, Reiseapotheke, Adressen qualifizierter Berater, von Impfstellen und Tropenmedizinischen Instituten u.v.m. findet man auf der Internetseite **www.crm.de** (s.a. im Anhang).

021m015 ad

ten Sie verzichten, wenn Sie zum erstenmal im Land und noch nicht abgehärtet sind. Marokkanischer Salat besteht meist aus gekochten Roten Rüben, Kartoffelsalat, geschälten Gurken und Tomaten – man kann ihn bedenkenlos essen. Blattsalat wird ohnehin selten verwendet.

- **Eier** sollten Sie nach Möglichkeit in Läden mit Kühlschrank kaufen, da sie auf den normalen Märkten oft tagelang in der Sonne brüten.
- **Rohmilch** sollte gemieden werden, da über sie Rindertuberkulose und die Brucellose übertragen werden kann.

Kommt es trotzdem zu Durchfall, sollte man darauf achten, dass die dadurch entstehenden Wasser- und Elektrolytverluste ausgeglichen werden. Dazu gibt es in den Apotheken erhältliche Elektrolytpulver (z.B. Elotrans), die man aber gewöhnlich nicht braucht. Im Notfall kann man sich mit einem Teelöffel Kochsalz, zehn Teelöffel Zucker und einem Glas Orangensaft auf einen Liter Tee behelfen. Das sind Zutaten, die Sie in Marokko überall bekommen. Diese **Kochsalzmischung,** ähnlich Elotrans, kann man in Marokko ebenfalls in Apotheken bekommen; sie heißt *Sels de Rehydration orale.* Zur Überbrückung kann kurzfristig Loperamid (z.B. Immodium) eingesetzt werden. Da der Durchfall durch die Ausscheidung der Erreger auch zur Heilung führt, sollte man der Sache, sobald eine geeignete Toilette zur Verfügung steht, unbedingt freien Lauf lassen. Antibiotika sollten nicht selbstständig eingenommen werden. Lang anhaltender Durchfall mit Fieber oder Blut im Stuhl

⌃ In der Wüste ist guter Sonnenschutz wichtig

sollte sofort zum Arztbesuch führen. Sinnvoll ist erstmal schwarzer Tee (kein Kamillentee) sowie Zwieback oder Salzstangen. Am zweiten Tag Hühnerbrühe, Haferschleimsuppe und leicht verdauliche Speisen. Hungern ist lediglich bei starkem Erbrechen vorzuziehen.

## Sonnenschutz

In Marokko ist wegen der hohen UV-Einstrahlung (besonders im Hohen Atlas und in der Wüste) ein guter Sonnenschutz **dringend zu empfehlen.** Lange Sonneneinstrahlung ohne Schutz kann zu schweren Hautverbrennungen, Sonnenstich, Hitzeerschöpfung oder Hitzschlag führen. Durch Benutzen einer Sonnencreme, Tragen eines Sonnenhuts (auch den Nacken und die Ohren vor starker UV-Strahlung schützen) und regelmäßiges Trinken kann man dem vorbeugen. In den heißesten Stunden des Tages hält man es am besten so wie die Einheimischen und ruht an einem schattigen Platz oder im Haus.

## Tollwut

In Marokko kam es in den letzten Jahren vereinzelt zu Tollwutinfektionen bei Menschen, die durch **streunende bzw. Straßenhunde** übertragen wurden. Für Fahrrad- oder Motorradfahrer, die abseits der Hauptrouten unterwegs sind, besteht die Gefahr, von streunenden Hunden angegriffen zu werden. Daher ist für diese Reiseform sowie für Touristen mit eigenem Hund (wegen evtl. vermehrtem Kontakt mit anderen Hunden) und Reisende, die sich lange in ländlichen Regionen mit Tierkontakt aufhalten, eine Impfung empfehlenswert.

## Haut-/Augenschutz

Sonne und Wind trocknen die Haut aus. Eine **Fettcreme** und ein Fettstift für die Lippen gehören ins Gepäck. Eine gute **Sonnenbrille** schützt die Augen vor grellem Licht und Staub.

## Insektenschutz

**Haut**- bzw. **Anti-Insektensprays** und **Lotions** (z.B. *Autan, NoBite, Zedan*) halten Stechmücken fern bzw. bringen sie um; Insektensalbe (in Marokko *Mousticrème*) oder -stift (z.B. *Soventol* oder *Fenistil*) verhindern Schwellungen und lindern den Juckreiz, wenn die Biester trotzdem gestochen haben.

## Schlangenbisse/Skorpionstiche

Vergiftungen durch Giftschlangen und Skorpione sind in Marokko bei Touristen **extrem selten.** Eine gewisse Vorsicht ist bei Kindern angebracht: Sie sollten nicht unbeaufsichtigt in der Wildnis spielen, denn unter dem einen oder anderen Stein mag ein Skorpion sitzen, vielleicht sonnt sich auch auf einem Felsen ganz unscheinbar eine Schlange oder zieht nahe einer Wasserstelle ihre Bahnen. Nach Einbruch der Dunkelheit sollte man sich vor **Hundertfüßern** *(Skolopender)* in Acht nehmen, deren giftiger Biss sehr schmerzhaft und für geschwächte Personen oder Kinder gefährlich sein kann.

## HIV/AIDS

Ansteckungsgefahr mit HIV besteht hauptsächlich bei ungeschütztem Geschlechtsverkehr, am besten schützt also **sexuelle Zurückhaltung.** Der Anteil HIV-infizierter Personen an der Gesamtbevölkerung liegt offiziell bei nur 0,14% (vergleichbar mit Deutschland), bei Prostituierten, Drogenabhängigen und Homosexuellen jedoch um ein Vielfaches höher. Die höchste HIV-Rate besteht in Agadir, Marrakesch und Casablanca. Die Zahl der Neuinfektionen stieg in den letzten Jahren besonders unter Frauen und jungen Erwachsenen.

## Versicherungsschutz

Die staatlichen Krankenhäuser und Gesundheitszentren in Marokko bieten ihre **Grundleistungen** auch für Ausländer kostenlos an. Sonderleistungen, Behandlungen in den besser ausgestatteten Privatkliniken und private Konsultationen müssen allerdings selbst bezahlt werden.

Die Kosten für eine Behandlung in Marokko werden von den gesetzlichen Krankenversicherungen in Deutschland und Österreich nicht übernommen, daher ist der **Abschluss einer privaten Auslandskrankenversicherung unverzichtbar.** Es ist auch möglich, über die heimische Krankenversicherung eine günstige Auslandsreisekrankenversicherung bei einem Partnerunternehmen (z.B. online) abzuschließen. Bei Abschluss der Versicherung sollte auf einige Punkte geachtet werden. Zunächst sollte ein Vollschutz ohne Summenbeschränkung bestehen, im Falle einer schweren Krankheit oder eines Unfalls sollte auch der Rücktransport übernommen werden. Diese Zusatzversicherung bietet sich auch über einen Automobilclub an, gerade wenn man bereits Mitglied ist. Diese Versicherung bietet den Vorteil billiger Rückholleistungen (Helikopter, Flugzeug) in extremen Notfällen. Auch wichtig: Im Krankheitsfall wird der Versicherungsschutz über die vorher festgelegte Zeit hinaus automatisch verlängert, falls die Rückreise nicht möglich ist.

**Schweizer** sollten bei ihrer Krankenversicherungsgesellschaft nachfragen, ob die Auslandsdeckung auch für Marokko inbegriffen ist. Sofern man keine Auslandsdeckung hat, kann man sich kostenlos bei Soliswiss (www.soliswiss.ch) über mögliche Krankenversicherer informieren.

Zur **Erstattung der Kosten** benötigt man Quittungen mit Datum, Namen, Bericht über Art und Umfang der Behandlung sowie Kosten der Behandlung und Medikamente.

## Medizinische Versorgung

**Vor einer Marokko-Reise empfiehlt sich ein Zahnarztbesuch,** da vor Ort eine qualifizierte zahnärztliche Versorgung problematisch sein kann.

In den Städten ist eine gute **ärztliche Versorgung** gewährleistet. Auf dem Land gibt es Gesundheitsstationen, die auch für Touristen eine kostenlose Erstversorgung gewährleisten. Größere Hotels verfügen gelegentlich über einen eigenen (teuren) medizinischen Dienst bzw. Hotelarzt oder empfehlen zuverlässige Ärzte. Auch über die Botschaften oder Konsulate sind Adressen von guten Ärzten vor Ort zu erfahren. In den Ferienorten können Hotelrezeptionen und Fremdenverkehrsämter die jeweils diensthabenden und evtl. auch englisch- oder sogar deutschsprachigen Ärzte nennen. Beim ADAC (www.adac.de) können sich Mitglieder vorab erkundigen, wo sich in Marokko deutsch sprechende Ärzte befinden. Empfehlungen sind auch in den Stadtkapiteln dieses Buches zu finden.

In den Städten gibt es **staatliche Krankenhäuser** *(Hôpital)* und **private Kliniken** *(Clinique)*, in kleineren Orten oft nur Polikliniken, einfache Ambulatorien *(Dispensaire)* oder mobile Stationen.

**Apotheken** *(Pharmacie)* führen einheimische und ausländische Medikamente, die meist rezeptfrei und billiger als bei uns zu haben sind. In jedem größeren Ort gibt es Bereitschaftsapotheken *(Pharmacies de garde)*, die auch nachts und an Sonn- und Feiertagen geöffnet und oft in den Rathäusern untergebracht sind.

# Informationen

## Fremdenverkehrsämter

Die offizielle Website der Fremdenverkehrsämter **www.visitmorocco.com** gibt in mehreren Sprachen Auskunft über das ganze Land: Unterkünfte, Städte, Routenplaner, Transport, Wetter, Veranstaltungen etc.

### In Deutschland

- **Staatliches Marokkanisches Fremdenverkehrsamt (ONMT),** Graf-Adolf-Straße 59, 40210 Düsseldorf, Tel. 0211 37 05 51/52, www.visitmorocco.com. Das Fremdenverkehrsamt verschickt eine Übersichtskarte sowie stimmungsvolle Prospekte zu touristischen Zielen (u.a. Marrakesch und Agadir), die aber wenig Informationen enthalten. Es sind auch Broschüren mit Urlaubstipps und praktischen Informationen sowie zum Trekking erhältlich. Die Publikationen können online bestellt werden.

### In der Schweiz

- **Staatliches Marokkanisches Fremdenverkehrsamt (ONMT),** Schifflände 5, 8001 Zürich, Tel. 044 252 77 52, info@marokko.ch.

### In Marokko

Die **Hauptniederlassung** des Fremdenverkehrsamtes und die Vertretung des Tourismusministeriums befinden sich **in Rabat.** Die Auskünfte sind nicht wesentlich besser als in anderen marokkanischen Städten – meist erhält man nicht mehr als einen Stadtplan und/oder eine kleine Broschüre. Zweigniederlassungen des ONMT gibt es in allen großen Städten und wichtigen Touristenorten. Zu den Adressen siehe im Routenteil bei den jeweiligen Orten.

- **Office National Marocain du Tourisme** (ONMT bzw. Tourismusministerium), Angle Rue Oued El Makhazine/Rue Zallaqa, **Rabat-Agdal,** Tel. (00212) (0)537 67 40 13, www.visitmorocco.com.

## Vereine

- **ADAC Reiseservice,** Info-Tel. 0800 51 01 112, www.adac.de (Mail-Anfragen zu verschiedenen Themengebieten möglich). Hier erhalten ADAC-Mitglieder ein TourSet mit Infos über Einreise- und Verkehrsbestimmungen, Kfz-Schutzbrief und Auslandskrankenversicherung.

Folgende Vereine haben sich **Völkerverständigung** oder **interkulturellen Austausch** zum Ziel gesetzt:

■ **Deutsch-Arabische Gesellschaft,** Calvinstr. 23D, 10557 Berlin, Tel. 030 80 94 19 92, www.d-a-g.de. Vorträge, Newsletter mit Nachrichten aus dem arabischen Raum und sonstige Infos.

■ **Euro-Arabischer Freundeskreis e.V.,** c/o *Helmut Six*, Trautmannstr. 5, 81373 München, Tel. 089 76 04 498, www.eaf-ev.de. Monatliches Informationsheft über Kulturelles und Touristisches aus arabischen Ländern, regelmäßige Treffen in München u.v.m.

## Informationen im Internet

■ **www.marokko.com**
Gute deutschsprachige Seite mit Reiseberichten, Fotos, Videos, Städte- und Landesinfos sowie Diskussionsforum zu Themen von Tourismus bis Politik und Landesküche.

■ **www.maghreb-post**
Sehr informatives deutschsprachiges Newsportal mit aktuellen Meldungen aus Politik, Wirtschaft, Kultur und Gesellschaft aus den nordafrikanischen Ländern.

■ **www.moroccoworldnews.com**
Englischsprachiges Newsportal mit interessanten (Hintergrund-)Berichten aus Marokko, der Westsahara und den anderen Maghreb-Staaten.

■ **www.visitmorocco.com**
Offizielle Seite des ONMT (Office Nationale Marocain du Tourisme (s.o.). Informationen und Bilder zu den meistbesuchten Destinationen (deutschsprachig), Bestellmöglichkeit von Broschüren.

■ **www.trekking-marokko.de**
Hier gibt es nicht nur Infos zu Wander- und Trekkingrouten, sondern auch zahllose Tipps zum Reisen im Land mit verschiedenen Verkehrsmitteln, zur Ausrüstung etc.

■ **www.oncf.ma**
Fahrplan, Preise und weitere Informationen der Bahn und der Buslinie Supratours.

■ **www.ctm.ma**
Busverbindungen in Marokko (Preise, Fahrpläne).

■ **www.telecontact.ma**
Gelbe Seiten und Telefonbuch für Marokko (franz.)

■ **www.tripadvisor.de**
Hilfreicher Überblick zu Hotels und Gästehäusern in allen touristischen Regionen des Landes, mitsamt Bewertungen von Gästen.

■ **www.madeinmedina.com**
Die Seiten von „Made in Medina" geben einen sehr guten Überblick über alle touristischen Adressen (Restaurants, Hotels, Freizeitangebote) in allen größeren marokkanischen Städten.

■ **www.qantara.de**
Die deutschsprachige Website ist ein Projekt der Deutschen Welle und möchte den Dialog mit der islamischen Welt fördern. Berichte u.a. über Politik, Gesellschaft, Kultur aus dem islamischen Raum, häufig interessante Artikel zu Marokko.

■ **www.worldbank.org/en/country/morocco**
Informationen über Projekte der Weltbank in Marokko (engl.).

■ **www.marokko.ahk.de**
Diverse nützliche Informationen und Links der Deutschen Industrie- und Handelskammer in Casablanca.

■ **www.daerr.net**
**Website der Autorin Astrid Därr** mit Hinweisen zu den neuesten Publikationen und von ihr geleiteten Marokkoreisen.

■ **www.felibrina.com**
*Sabrina* und ihre Tochter *Felicitas* reisen mehrmals im Jahr nach Marokko und berichten in diesem Blog über ihre Erlebnisse, geben Tipps zur Reiseplanung, Unterkünften und Reisezielen.

■ **www.marokko-per-rad.de**
Forum, Berichte und nützliche Informationen zu Radreisen in Marokko von *Jan Cramer.*

■ **www.edith-kohlbach.de/saharaforum.html**
Aktives Forum von *Edith Kohlbach* mit Diskussionsbeiträgen über Hotels, Campingplätze, Straßenverhältnisse etc.

■ In verschiedenen **Facebook-Gruppen** tauschen sich Marokko-Liebhaber und -Reisende über aktuelle Entwicklungen und Tipps aus, z.B. Überwintern in Marokko, in Marokko und Mauretanien mobil unterwegs, Marokko erleben.

## Nützliche Apps

Inzwischen gibt es diverse nützliche Apps, die das Reisen erleichtern. Wenn man sich eine **marokkanische SIM-Karte mit Prepaid-Guthaben** anschafft (vgl. „Telefon und Internet"), kann man unterwegs jederzeit darauf zugreifen und online Infos abrufen.

- **Maps.me** bietet sehr detaillierte Karten weltweit (inkl. POIs wie Hotels, Tankstellen etc.) mit Download-Möglichkeit der benötigten Regionalkarten, sodass man diese auch offline zur Straßennavigation oder zur Orientierung in den Gassen der Altstädte verwenden kann.
- **iOverlander** ist für Reisende mit eigenem Fahrzeug bzw. Campingmobil sehr zu empfehlen. Hier findet man zahllose Tipps von anderen Reisenden zu Campingplätzen, Wildcampingmöglichkeiten, günstigen Unterkünften, Werkstätten, Einkaufsmöglichkeiten etc. inkl. GPS-Koordinaten und Preisangaben.
- **Campercontact** bietet Adressen (mit GPS-Koordinaten), Beschreibungen, Bilder, Preise und Bewertungen von anderen Campern zu den meisten Stell- und Campingplätzen in Marokko – so findet man immer den passenden Platz (auch offline verfügbar). Die Vollversion ist kostenpflichtig.
- **Meteoblue** ist eine der besten Wetter-Apps mit meist sehr zutreffenden Prognosen (auch Berge wie z.B. der Toubkal oder das Djabal-Saghro-Massiv sind gelistet).

# Kinder auf Reise

**von Nadine Kemp**

Egal, wie alt (oder jung) der Nachwuchs auch sein mag, er ist kein Grund, auf eine Reise nach Marokko zu verzichten. Kinder sind **in Marokko stets willkommen** und schnell entstehen durch die Jüngsten Kontakte zu Einheimischen. Marokkaner sind geradezu verrückt nach Kleinkindern, trotzdem sollten sich Eltern bereits vorher Gedanken darüber machen, wie sie damit umgehen, wenn wildfremde Menschen Fotos vom Kind machen, es küssen, auf den Arm nehmen oder bespaßen möchten. Was für Mitteleuropäer befremdlich wirkt, ist in Marokko etwas völlig Normales. Auch spontane kleine Geschenke für Kinder sind keine Seltenheit und sollten nicht zurückgewiesen werden, außer an den touristischen Hotspots, denn dort werden die fliegenden Händler ihr Geld nachfordern, sobald das Kind das Geschenk nicht mehr hergeben mag.

## Kindergepäck

Um sich selbst und dem Kind das Reisen angenehmer zu machen, sollten einige Dinge im Gepäck nicht fehlen:

Anstatt eines Kinderwagens empfiehlt sich eine **ergonomische Trage oder ein Tragetuch** für das Kind, da außerhalb einiger touristischer Einrichtungen Gehwege und Gebäude nur sehr selten barrierefrei sind. Auch der Suq-Besuch mit Kinderwagen bedeutet für alle Beteiligten nur Stress. Nutzen Sie vor Ort einen Mietwagen, so empfiehlt es sich, bei einem internationalen Unternehmen einen adäquaten **Kindersitz** von Deutschland aus zu buchen – oder Sie nehmen den Kindersitz von zu Hause mit, um auch bei Fahrten mit Taxi oder Ausflugsbussen das Kind richtig sichern zu können. Gehen Sie nicht davon aus, dass Fahrzeuge vor Ort Isofix-Halterungen haben.

Viele Restaurants verfügen zwar über **Hochstühle** für Kinder, allerdings sind diese sehr häufig in einem schlechten Zustand (fehlende Gurte, herausstehende Schrauben etc.). Wenn Sie mit dem Wohnmobil reisen, planen Sie den Platz für ein einfaches Exemplar ein. Dasselbe gilt für **Reisebetten** in Unterkünften, auch hier empfiehlt sich eine Mitnahme von zu Hause. **Spielzeug und Bastelsachen** im Gepäck sollten nicht fehlen, da vor Ort häufig nur Importware erhältlich ist, die entweder sehr teuer ist oder eine mindere Qualität hat.

## Ernährung

Ein heikles Thema auf Reisen ist die Ernährung des Kindes. Am einfachsten gestaltet sich diese, wenn das Baby noch gestillt wird – auch in Marokko sind **stillende Mütter** Teil des Alltags, das Stillen läuft jedoch diskreter als bei uns ab. Suchen Sie sich einen Tisch am Rand eines Cafés oder Restaurants und decken Sie die Brust dezent mit einem Tuch ab, dann wird sich niemand daran stören.

**Pulvernahrung und Breie europäischer Marken** sind in den großen Supermärkten (z.B. Marjane, Carrefour) und in Apotheken erhältlich, aber deutlich teurer als bei uns. Breie sind oft gewürzt, gesalzen und gezuckert. Bei allen anderen Lebensmitteln gilt auch und gerade für Kleinkinder die Globetrotter-Grundregel: „Cook it, peel it or leave it“. Bei **Getränken,** vor allem Wasser, sollte man darauf achten, dass die Flaschen noch

107sm20 ad

versiegelt sind. Bei frischen Säften ist es wichtig, dass diese nicht mit (evtl. verunreinigtem) Wasser vermischt wurden.

## Medizinische Versorgung

Die medizinische Versorgung in Marokko ist zumindest in urbanen Gebieten gut. Ein zwingendes Muss ist eine **Auslandskrankenversicherung für das Kind,** von dieser oder vom Automobilclub erhalten Sie im Bedarfsfall auch eine Liste deutschsprachiger (Kinder-) Ärzte. Die medizinische Befragung eines Kindes sollte möglichst ohne einen Dolmetscher möglich sein, da sonst schnell wichtige Informationen untergehen. Nahezu alle in Deutschland üblichen, aber auch landesspezifische **Medikamente** sind in Marokko erhältlich. Allerdings haben viele Medikamente andere Handelsnamen, weswegen es empfehlenswert ist, den Wirkstoffnamen zu kennen. Kaufen Sie notwendige Medikamente in größeren städtischen Apotheken und nicht auf dem Suq. Denken Sie daran, dass gerade Kleinkinder auch bei vermeintlich trübem Wetter schon in kürzester Zeit einen **Sonnenbrand** bekommen können. Langärmelige Kleidung, ein Sonnenhut und Sonnencreme sind daher wichtig. Die Mittagshitze sollte man meiden.

## Unterhaltung für die Kids

Gerade während längerer Strecken brauchen die Kinder regelmäßige Pausen, in denen sie sich austoben können. In nahezu jeder größeren Ortschaft gibt es **Spielplätze,** auf denen auch Touristen willkommen sind. Einheimische Kinder versuchen schnell Kontakt zu knüpfen, und auch das Fehlen einer gemeinsamen Sprache ist kein Hindernis. Leider sind die Spielgeräte häufig in einem bescheidenen Zustand, sodass man beim Spielen ein Auge auf die Kleinen werfen sollte. Die Spielplätze an den Rasthöfen entlang der Schnellstraßen sind meist deutlich gepflegter. Eine Alternative zu Spielplätzen sind **Schwimmbäder** oder Pools, die sich bei vielen Campingplätzen und Hotels befinden. In touristischen Städten wie Marrakesch gibt es auch Spaßbäder mit großen Rutschen etc. Die Pools sind jedoch nur selten beheizt und in der Regel sehr stark gechlort – beobachten Sie daher gut die Haut- und Augenreaktionen der Kinder. Leider sind auch häufig Geländer, Schutzgitter oder Fliesen lose oder defekt. **Am Strand** ist ebenfalls Vorsicht geboten: Glasscherben und Müll trüben hier nicht selten den Spaß. Eine tolle Freizeitbeschäftigung für Kinder und Eltern ist ein **Suq-Besuch:** Das Kind hat so viel zu entdecken und zu sehen und steht so oft im Mittelpunkt, dass es mit einer erstaunlichen Gelassenheit auf den Trubel reagieren wird. Jegliche **Tiere** sollten hingegen wegen übertragbarer Krankheiten (Tollwut, Zecken, Läuse, Flöhe etc.) nicht zu Spiel- und Kuschelfreunden der Kinder werden.

Wenn Sie vor der Abreise noch den ohnehin schon lange geplanten **Kurs für Erste Hilfe am Kind** besuchen, steht einem entspannten Marokko-Urlaub mit dem Nachwuchs nichts mehr im Weg.

< Kamelreiten macht den meisten Kindern Spaß

# LGBT+

**Homosexualität ist in Marokko illegal,** sexuelle Handlungen zwischen gleichgeschlechtlichen Partnern können dem Gesetz nach mit einer Geldstrafe oder Gefängnis bis zu drei Jahren bestraft werden. Homosexuelle Partnerschaften sind in religiöser und moralischer Hinsicht für einen Großteil der lokalen Bevölkerung nicht akzeptabel. Zärtlichkeiten zwischen gleichgeschlechtlichen Paaren in der Öffentlichkeit sind daher tabu, auch wenn freundschaftlich Hand in Hand schlendernde marokkanische Männer zum Alltagsbild gehören.

Dennoch ist Marokko (besonders Marrakesch und Tanger) ein **Gay-Reiseziel,** und hinter der Fassade hat sich eine lebhafte Szene entwickelt. In den Städten gibt es zwar keine ausgewiesenen Gay-Bars, einige Orte sind jedoch als Treffpunkte bekannt.

**Marokkanisch-europäische Paare gleichen Geschlechts** haben eventuell Schwierigkeiten, ein gemeinsames Zimmer in einem Hotel zu mieten, weil vermutet wird, dass es sich bei dem marokkanischen Partner um einen Prostituierten handelt. In Marrakesch gibt es jedoch diverse Riads, die als „gay friendly" gelten und z.T. von schwulen Paaren betrieben werden.

Die wachsende **Prostitution** (von Männern und Jungen) in den Städten und die steigende Zahl an bekannt gewordenen Fällen von **Pädophilie** führten zu einer verstärkten Abneigung einiger Marokkaner bis zu vereinzelten Gewalttaten gegen Homosexuelle – auch Politiker sprachen sich bereits öffentlich gegen Schwule aus. Homosexuelle Touristen, die sich in der Öffentlichkeit unauffällig verhalten, haben in Marokko jedoch keine Probleme zu erwarten. Lesbische Reisende werden ohnehin als Freundinnen oder Schwestern wahrgenommen, da etwas anderes für die meisten gar nicht vorstellbar wäre.

# Notfälle

## Autopanne/-unfall

Der **ADAC** und der **ÖAMTC** stehen Mitgliedern z.T. auch im außereuropäischen Ausland beratend zur Seite. Als ADACPlus-Mitglied erhält man weltweit Hilfestellung: Kredit- und Bargeldservice, Rechtsberatung und Notrufservice mit Beratung im Falle einer Fahrzeugpanne oder eines Unfalls. Die Kosten zur Pannenbehebung und Abschleppkosten werden für ADACPlus-Mitglieder bis zu jeweils 200 Euro erstattet. Informationen bei den großen Automobilclubs.

### Automobilclubs

- **ADAC** (Deutschland), Tel. (0049) (0)89 22 22 22 bei Fahrzeugschaden (man wird mit einer evtl. deutschsprachigen Notrufstation vor Ort verbunden), Tel. (0049) (0)89 76 76 76 für medizinische Notfälle; www.adac.de.

Ist was Brauchbares dabei?

■ **ÖAMTC** (Österreich), Tel. (0043) (0)1 25 12 000 oder Tel. (0043) (0)1 25 12 020 für medizinische Notfälle; www.oeamtc.at.

■ **TCS** (Schweiz), Tel. (0041) (0)58 87 22 20, www.tcs.ch.

■ **Marokkanischer Automobilclub: Royal Automobile Club Marocain (RACM),** 13, Rue de Blida, Casablanca, Tel. 0522 20 03 96.

## Verlust von Geldkarten

Bei Verlust oder Diebstahl der Kredit- oder Maestro-Bankkarte sollte man diese **umgehend sperren** lassen. Für deutsche Geldkarten gibt es die einheitliche **Sperrnummer 0049 116 116** und im Ausland zusätzlich 0049 30 4050 4050. Der Touring Club Schweiz (TCS) betreibt einen Kartensperrservice (TCS Card Assistance); Infos unter 0041 58 827 24 38. Für alle Karten (Maestro- oder Kreditkarten) machte es Sinn, vor Abreise die Rufnummer der kartenausstellenden Bank zu notieren und diese im Notfall direkt zu kontaktieren.

## Geldnot

Wer in Marokko dringend eine größere Summe Geld benötigt (wegen eines Unfalles o.Ä.), kann dies z.B. **über Western Union** (www.westernunion.de) regeln und das Geld bei der entsprechenden Vertretung von Western Union am Urlaubsort auszahlen lassen. Solche Überweisungen kann man per App von Western Union tätigen, über Online-Banking von seiner eigenen Bank oder durch eine dritte Person zu Hause. Es fällt grundsätzlich eine Gebühr an.

034sm20 ad

### Ausweisverlust/Notfall

Wird der Reisepass (oder Personalausweis) im Ausland gestohlen, muss man dies **bei der örtlichen Polizei melden.** Darüber hinaus sollte man sich an die nächste diplomatische Auslandsvertretung seines Landes wenden, die ein Ersatzdokument zur Rückkehr ausstellt (ohne kommt man nicht an Bord eines Flugzeuges!).

Auch in **dringenden Notfällen** (z.B. medizinischer oder rechtlicher Art, bei der Vermisstensuche, Hilfe bei Todesfällen, Häftlingsbetreuung) können die Auslandsvertretungen vermitteln (Kontaktdaten siehe Kapitel „Diplomatische Vertretungen").

#### Notrufnummern in Marokko

- **Rettungsdienst/Feuerwehr:** Tel. 15 oder 150
- **Polizei:** Tel. 19 oder 112
- **Gendarmerie:** Tel. 177
- **Maroc Assistance:** Tel. 0522 30 30 30, www.mai.co.ma
- **SOS Médecin:** Tel. 0522 44 44 44, www.sosmedecins.ma

## Öffnungszeiten

Generell sind die Öffnungszeiten **im Ramadan und in der Woche nach dem Opferfest** (Aid al-Kabir) **eingeschränkt.** (Post-)Ämter und Behörden haben dann meist nur von 9.30–15 Uhr geöffnet, Geschäfte nach Lust des Besitzers manchmal nur vormittags oder nur in den späten Nachmittagsstunden. Am Freitagmittag (Moscheebesuch und islamischer Feiertag) haben viele Geschäfte in den Altstädten und in Dörfern geschlossen. Am Nachmittag ab 15/16 Uhr ist dann wieder mit offenen Läden zu rechnen.

- **Geschäfte und Büros:** Da es in Marokko kein Ladenschlussgesetz gibt, hier nur die Kernöffnungszeiten der Geschäfte: Montag bis Samstag 9.30–13 und 15–19 Uhr.
- Die **Ämter und Behörden** sind montags bis donnerstags 8.30–12 und 14.30–18.30 Uhr geöffnet, freitags 8–11.30 und 15.30–18.30 Uhr.
- **Museen und Sehenswürdigkeiten:** Die meisten Museen sind täglich außer Dienstag 9–17.30 Uhr geöffnet, der Eintritt beträgt 10–70 DH. Auch bei Sehenswürdigkeiten wie Palästen, Medersen (Koranschulen) etc. gelten diese Eintrittspreise und in etwa die gleichen Öffnungszeiten, wobei muslimische Sehenswürdigkeiten wie Koranschulen meist am Freitagvormittag geschlossen haben.

## Post

**Postämter** gibt es in allen größeren Orten. Die gelben **Briefkästen** zum Einwurf von Postkarten/Briefen sind leicht zu erkennen und auch in allen Orten zu finden.

**Briefmarken** sind oft auch in Tabak- und Schreibwarenläden erhältlich, in denen Postkarten verkauft werden. Postkarten und Briefe bis 20 g nach Deutschland müssen bei Luftpost mit 9 DH frankiert werden.

Die **Laufzeit** für Briefe und Karten in die Heimat bewegt sich zwischen einer und drei Wochen.

# Reiseveranstalter und Rundreisen

Reisen nach Marokko werden von immer mehr (Billig-)Veranstaltern in vielfältiger Form angeboten, neben reinem Badeurlaub auch viele Rundreisen. Dabei handelt es sich vor allem um Touren zu den **Königsstädten** Rabat, Fès, Meknès und Marrakesch**, zu Kasbahs und Speicherburgen,** um Bus- oder **Geländewagenfahrten** in die **Berge** und die **Wüste.** Beachten Sie bei Rundreisen durch das ganze Land, dass eine solche Unternehmung mindestens 14 Tage dauern sollte, eher länger. Für eine Tour im Süden, also von Agadir nach Marrakesch und weiter nach Ouarzazate und entlang der Straße der Kasbahs, reichen 14 Tage, auf eine 8-Tage-Rundreise sollten Sie sich auch hier nicht einlassen.

Ferner werden u.a. **Wander- und Trekkingtouren, Yoga-, Surf- und Golfreisen** sowie **Rundfahrten mit Mietwagen** angeboten. Ein Badeurlaub lässt sich problemlos anhängen. Aber auch Bausteinprogramme (Flug, kombiniert mit individuellen Destinationen und Ausflügen oder Mietwagen) kann man buchen.

Wer das Land und seine Leute wirklich kennenlernen und sich auch abseits der touristischen Zentren und Hauptrouten bewegen möchte, sollte bei spezialisierten Reiseveranstaltern buchen. Gute lokale Veranstalter sind in den jeweiligen Kapiteln genannt. Auch die großen Hotels (z.B. in Agadir) bieten meist ein vielfältiges Ausflugsprogramm.

# Reisezeit

Vgl. auch den Abschnitt „Klima" im Kapitel „Land und Leute".

Die angenehmste Reisezeit in Marokko ist **von Anfang März bis Ende Mai.** In Südmarokko hat es tagsüber oft schon im Februar angenehme Temperaturen (nachts ist es jedoch kalt), im Anti-Atlas blühen zu dieser Zeit die Mandelbäume. Im **Frühjahr** zeigt sich die Landschaft in ihrem schönsten Kleid, alles grünt und blüht. Ostern ist absolute Hauptsaison, dann sind nicht nur Flüge, sondern auch viele Unterkünfte teurer und evtl. ausgebucht. Trotz meist sehr angenehmer Temperaturen im Frühjahr kann es zu dieser Zeit auch starke Regenfälle und Kälteeinbrüche geben.

Im **Sommer,** vor allem im August, während der europäischen und marokkanischen Ferien, sind die Badeorte am Atlantik (und am Mittelmeer) überfüllt, und die Campingplätze quellen von marokkanischen Großfamilien über, mit der Folge, dass die Zustände auf manchen Plätzen unerträglich sind. Bei Reisen im Süden sollte man sich auf bis über 40°C Hitze einstellen. An den hoch gelegenen Seen des Mittleren Atlas und im Hohen Atlas lässt es sich dagegen gut aushalten, und es ist nicht viel los.

Der **Herbst** ist wiederum eine sehr beliebte Reisezeit auch für Gruppen- und Trekkingreisen. In den meisten Regionen herrschen moderate Temperaturen. Es fehlt jedoch die Farbenpracht des Frühjahrs und weite Landstriche mit abgeernteten Feldern wirken vertrocknet und kahl.

Im **Winter** (Dezember bis März) ist zu beachten, dass in höheren Lagen im Mittleren und Hohen Atlas Schnee liegt und einige Straßen (zeitweise) nicht passierbar sind. Auch in der Wüste kann es nachts frostig kalt werden. Nur wenige Hotels/Herbergen haben eine richtige Heizung, oft gibt es nur einen Salon, der per Kamin eingeheizt wird. In den Zimmern ist es richtig kalt. Je nach Wetter kann es im Süden tagsüber aber auch schon angenehm warm werden (20°C, vgl. Klimatabelle im Kapitel „Land und Leute/Klima"). Während der kalten Jahreszeit überwintern zahllose europäische Wohnmobilisten auf den Campingplätzen entlang der Atlantikküste und im Süden (Anti-Atlas) und es fällt vielleicht schwer, noch einen Stellplatz dazwischen zu finden …

Bei der Reiseplanung sollte man beachten, ob die Reisezeit in den Fastenmonat **Ramadan** (vgl. „Feiertage") fällt. Während der Fastenzeit sind die meisten Restaurants und viele Shops in den ländlichen Gebieten tagsüber geschlossen bzw. öffnen erst am Nachmittag. In den Städten findet man genug geöffnete Touristenrestaurants/-cafés, sodass man nicht fürchten muss, mitzufasten. Supermärkte haben auch im Ramadan durchgehend geöffnet, sodass man sich gut selbst versorgen kann. Das öffentliche Leben insgesamt läuft während des Ramadans auf Sparflamme: Ämter, Poststellen und Banken, Museen und andere Sehenswürdigkeiten haben verkürzte Öffnungszeiten; Service-Mitarbeiter in Touristenrestaurants und -hotels wirken manchmal träge und langsam. Die **mangelnde Motivation,** Touristen zu versorgen, während man selbst den ganzen Tag hungert und durstet, sollte man den Menschen verzeihen. Dafür erwacht kurz vor Sonnenuntergang das Leben in den Städten/Orten. In den Straßen, auf den Märkten und in den Cafés herrscht Hochbetrieb und es gibt so üppige Mahlzeiten wie sonst nie. Eine Reise im Ramadan kann deshalb auch zu einem sehr interessanten Erlebnis werden.

# Sicherheit

Die **Kriminalitätsrate** in Marokko ist im Vergleich zu den westlichen Industrienationen **sehr gering.** Es ist wahrscheinlicher, in einer südeuropäischen Stadt bestohlen oder überfallen zu werden als in Marokko. Raubüberfälle und Vergewaltigungen sind in Marokko extrem selten. **Allgemeine Vorsichtsmaßnahmen** zur Verhinderung von **Diebstählen** sind allerdings in den Großstädten und touristischen Destinationen wie Marrakesch, Agadir etc. angebracht. Im Gedränge sind (wie überall auf der Welt) Taschen- und Trickdiebe unterwegs. Bei abendlichen Spaziergängen (z.B. zum Djâmaa el-Fna in Marrakesch) nimmt man am besten nur das nötigste Geld mit und deponiert den Rest im Hotelsafe oder im verschlossenen Koffer. Die Gefahr, vom Hotelpersonal bestohlen zu werden, ist in Mittel- und Oberklassehotels bzw. entsprechenden Gästehäusern auf jeden Fall geringer, als im Gedränge auf den Suqs oder am Strand Opfer eines Diebstahls zu werden.

**Unterwegs** sollten keine teuren Elektronikgeräte (Laptop, Tablet, Smartphone etc.) oder Schmuckstücke offen zur Schau getragen werden, um Diebe nicht in Versuchung zu führen. Auch teure Kameras trägt man in den Städten besser gut verstaut in einer Kameratasche oder im Rucksack und nicht lose an der Schulter. Im Gedränge auf dem Suq oder in der Medina trägt man eine Umhängetasche oder den Rucksack vorsichtshalber vorne oder unter den Arm geklemmt, um einen schnellen Zugriff von hinten zu vermeiden. **Pass, Kreditkarte, größere Geldsummen etc.** sind im **Brust- oder Hüftbeutel** oder im **Geldgürtel** direkt am Körper versteckt unter der Kleidung am besten verstaut. Für die täglichen Einkäufe und Ausgaben hält man einen kleinen Geldbeutel griffbereit, in dem nur der für den Tag benötigte Betrag an Dirham enthalten ist. Verteilen Sie grundsätzlich das Barvermögen auf möglichst viele Stellen (im Auto, Rucksack oder am Körper), damit im Falle des Falles nicht alle Geldreserven verloren sind.

**Meiden Sie** in Städten **abends dunkle Viertel und menschenleere Gassen,** vor allem wenn sie alleine unterwegs sind. Allein reisende Frauen sollten auf nächtliche Spaziergänge in der Medina (nach 22 Uhr) oder am Strand verzichten. Fragen Sie im Zweifelsfall im Gästehaus/Hotel, welche Bereiche der Medina spätabends oder frühmorgens eher gemieden werden sollten. Grundsätzliche No-Go-Areas gibt es in Marokko jedoch nicht. Tagsüber kann man/frau sich überall völlig frei und ohne Angst vor Bedrohungen bewegen.

Gehen Sie beim **Baden** immer abwechselnd ins Wasser, um die Wertsachen oder auch den Autoschlüssel im Blick zu behalten.

**Kurbeln Sie im Auto die Fenster hoch,** wenn Sie durch große Menschenmengen (z.B. am Markttag in einem Ort) fahren oder beim Anhalten von Kindern umringt werden. Damit verhindern Sie einen schnellen Zugriff auf im Auto herumliegende Dinge. **Sperren Sie das Auto immer ab,** auch wenn Sie sich nur kurz für ein paar Meter entfernen.

In dichter besiedelten Gebieten sollten beim **Wildcampen** nachts keine Stühle, Schuhe oder Ausrüstungsgegenstände draußen vor dem Auto bleiben. Lassen Sie keine Wertsachen über Nacht in Ihrem Fahrzeug, sondern nehmen Sie diese mit ins Zelt oder Hotelzimmer! **Autoaufbrüche** sind zwar selten, kommen aber besonders dann, wenn im Fahrzeug von außen einsehbar Gepäck gelagert ist, immer wieder vor.

Parken Sie Ihr Auto an belebten Stränden und in Städten möglichst nur auf **bewachten Parkplätzen** oder so, dass Sie es beim Café- oder Restaurantbesuch im Auge haben. In den größeren Orten gibt es in der Nähe von Sehenswürdigkeiten, der Stadttore und bei Ämtern bewachte Parkplätze, für die nur eine geringe Gebühr anfällt. Häufig bieten sich auch herumhängende Jugendliche an, auf das Auto aufzupassen – diese bekommen dann bei der Rückkehr zum Auto ein Trinkgeld von ein paar Dirham. Merken Sie sich genau, wen Sie beauftragt haben, sonst dürfen Sie hinterher die ganze Meute bezahlen. In Gebirgsregionen und abseits der touristischen Städte ist es kein Problem, sein Fahrzeug z.B. für eine Trekkingtour ein paar Tage stehen zu lassen (z.B. bei einer Herberge oder der örtlichen Polizeistelle).

Für **Rucksackreisende** bieten viele Unterkünfte die Möglichkeit an, das Gepäck in einem abgesperrten Raum zu lagern. Auch an vielen Busbahnhöfen kann man sein Gepäck am Schalter lagern, falls man ein Busticket für die spätere Weiterfahrt gebucht hat. Wichtige Wertsachen (Pass, Kreditkarte, Ticket) sollten nicht im großen Rucksack, sondern in einem Brustbeutel oder Hüftgurt am Körper versteckt werden.

Das **Sicherheitsrisiko durch Terroranschläge** schätzen wir in Marokko nicht höher ein als in Europa. Als Tourist wird man im Land von der überwiegenden Mehrheit der Menschen nach wie vor höchst willkommen geheißen!

Bei jeglicher Art von **Belästigung** sollte man sich nicht scheuen, laut zu rufen und seinen Unmut kundzutun (egal in welcher Sprache). Gerade in den Touristenstädten sind sehr viele (Geheim-) Polizisten in Zivil unterwegs und es werden sehr schnell mehrere Menschen zu Hilfe eilen. In den Städten ist die **Brigade Touristique** für Touristenangelegenheiten zuständig (Diebstähle, Belästigung durch „faux guides“ u.Ä.).

# Souvenirs

Marokko hat eine **fantastische Auswahl an geschmackvollen Souvenirs** – vor allem das Kunsthandwerk ist weltweit berühmt.

Die größte Auswahl und die günstigsten Preise für Souvenirs findet man auf dem **Suq** (franz. **Souk** = Markt). Diese sind nach **Handwerkervierteln** gegliedert, wo man auch die Möglichkeit hat, die Handwerker bei ihrer Arbeit zu beobachten. In den typischen **Souvenirgeschäften** ist die Auswahl meist nur auf den Touristen abgestimmt, alltägliche Gebrauchsgegenstände sind in der Regel dort nicht zu bekommen.

Auf den **regionalen Märkten** werden oft sehr hübsche Töpferwaren und Dinge des täglichen Gebrauchs angeboten, das „Drumherum“ ist wesentlich ursprünglicher und schöner als in den Großstadtsuqs.

Beim Einkauf in den Suqs muss immer hart verhandelt werden (außer für Lebensmittel oder Dinge des täglichen Bedarfs). Der erstgenannte Preis ist besonders in Touristenstädten wie Marrakesch, Agadir und Essaouira um ein Vielfaches zu hoch. **Tipps zum Handeln** vgl. „Verhaltenstipps“.

## Lederwaren

Die Lederbearbeitung in Marokko beruht auf **jahrhundertealter Tradition,** die Produkte fanden schon früh in Europa Absatz (Lederwarengeschäfte heißen in Frankreich „Maroqinerie“!).

In der Gegend von **Tétouan** und im Rif sind die großen braunen und beigefarbenen Ledertaschen der Hirten und Nomaden mit farbigen Riemen verziert. Die Lederwarenhersteller von **Rabat** verfeinerten diese Technik und benutzten gefärbtes Leder mit gepunzten Ledermustern, um Taschen, Geldbeutel und Gürtel herzustellen. Die Vergolder von **Fès** bringen auf den verschiedensten Lederwaren goldene Ranken, Girlanden, Sterne und Muster an. In **Marrakesch** verzieren Sticker gelbes, violettes und weißes Leder mit farbiger Seide und verarbeiten es zu wunderschönen Kissen und Taschen. Diese werden dann mit roten oder blauen Riemen versehen. In der Gegend von Zemmour werden Sandalen, Gürtel und Taschen mit Filzringen und Silberfäden verziert.

Neben traditionellen Lederwaren gibt es natürlich auch „moderne“, z.B. Taschen und Rucksäcke, zum Teil mit Kelimgewebe durchsetzt, Geldbeutel, Bekleidung, Sitzkissen etc.

## Messing- und Kupferwaren

Die Messing- und Kupferbearbeitung ist in Marokko, wie in allen arabischen Staaten, **sehr verbreitet.** Die Gegenstände werden nach jahrhundertealten Mustern mit geometrischen Flechtwerken, Ranken, Blumen und Ornamenten verziert. Tabletts, Wasserkessel, Teekannen, Zuckertöpfe, Mokkaservices, Mörser, Leuchter, Laternen, Becher, Türklopfer und vieles mehr werden dadurch zu wertvollem und wunderschönem Hausrat. Leider ist gerade dieses Handwerk durch das Vordringen von Plastikgegenständen und billigem Aluminiumhausrat stark gefährdet.

## Kunstschmiede

Bei den Kunstschmieden wird **hauptsächlich Eisen** zu Ranken, Bändern, Scheiben und Ornamenten verarbeitet, die Eingangstüren, Leuchter und Blumenvasen, Gartentore, Balkonbrüstungen, Fenster u.v.m. verzieren.

Orientalische Lampen sind ein schönes Mitbringsel

035sm20 ad

## Fossilien

In der Region um Erfoud werden in Steinbrüchen in der Wüste riesige Fossilienblöcke mit versteinerten Lebewesen aus der Thetys (urzeitliches Meer, das einst die Sahara bedeckte) gewonnen. Die **zugeschnittenen und polierten Fossiliensteine** werden vor allem in Südmarokko in Form von Schalen, Anhängern, Waschbecken und ganzen Tischplatten angeboten. Besonders bei Trilobiten und Ammoniten ist jedoch Vorsicht geboten: Die versteinerten Gliederfüßer und Kopffüßer aus dem Erdaltertum werden in geschickter Steinmetzarbeit massenweise gefälscht.

## Schmuck

**Silber- und Goldschmuck** ist in den Dörfern der Hochebenen bei den Berbern immer noch eine wertvolle Geldanlage. Er ist Aussteuer, Brautgeschenk und Prestigeobjekt zugleich, und man trägt ihn dauernd bei sich.

Der Silberschmuck der Berber wird mit Kerben und einfachen Linien dekoriert und zu Armbändern, Kopf- und Gürtelschmuck, Ringen und Anhängern verarbeitet, die oft **mit Bernstein, Malachit oder Korallen verziert** sind.

Der Schmuck dient in Form von Amuletten vor allem zur **Abwehr des „Bösen Blickes“.** Silber und Kupfer wird eine segensreiche Wirkung zugesprochen, welche noch durch die Form des Schmuckstückes verstärkt werden kann. So sind vor allem Amulette als fünffingrige Hand üblich, welche als „Hand der Fatima“ (nach der Tochter Mohameds) oder als *chamsa* (arabisch für fünf) bezeichnet werden. Diese Amulette sollen ebenfalls böse Geister und Unglück abwehren. Die Fünf wird als magische Zahl angesehen: Schon das Aussprechen der Zahl oder auch nur das Ausstrecken der rechten Hand genügt, um den bösen Blick von sich abzuwenden. Die Fünf bestimmt in zahlreichen Kombinationen das Design der Schmuckstücke, so auch in Form von Kreuzen und Sternen mit fünf Zacken (Doppelkreuz mit gemeinsamem Mittelpunkt) und als Kreuzbalken in Blütenform. Aber auch Dreiecksamulette und Amulette in Form eines stilisierten Auges sind sehr üblich.

Goldschmuck wird hauptsächlich in der Stadt zu zierlichen Schmuckstücken verarbeitet. Sie werden mit Smaragden, Türkisen, Perlen und Granaten besetzt und haben einfache, aber trotzdem kunstvolle Muster. Besonders schön und inzwischen auch sehr wertvoll sind die silbernen, mit Edelsteinen verzierten Dolche und Gewehre der Berber.

**Alter Berberschmuck** ist selten geworden. In Agadir und Marrakesch haben Antiquitätenläden solchen Schmuck zu sehr hohen Preisen im Angebot.

## Intarsienarbeiten

Dazu wird das **Holz von Zeder, Zitronen-, Nussbaum und Thuja** verwendet. Für Intarsien in Schmuckkästchen, zierlichen Möbeln, Schränken und Zigarettendosen kommt oftmals auch Perlmutt zum Einsatz. Die Muster bestehen in erster Linie aus Arabesken, Blumendekors und Linien. Besondere Tradition hat die Intarsienarbeit in **Essaouira,** wo kunstvoll Kästchen, Tische und andere Möbelstücke gefertigt werden.

## Holzschnitzereien

Viele Moscheen, Koranschulen und auch neuere sakrale Bauwerke bieten herrliche Beispiele für die **Kunstfertigkeit** der Holzschnitzer und -drechsler. Decken und Kuppeln, Wände und Leuchter sind mit Unmengen von Sternen, Geflechten und Ranken kunstvoll verziert. Auch an Grabmälern und in Koranschulen (Medersa) findet man prachtvolle Holzschnitzereien, ebenso werden Musikinstrumente, Teller, Tabletts, Pfeifen etc. verziert. Den Touristen werden in der Regel nur kleinere Stücke interessieren, aber auch komplette Türen (mit Malereien) und Fensterläden kann man mit Glück im Suq erstehen.

## Keramik

Die Töpferei des Abaka-Stammes ist bekannt für ihre rustikalen Formen und das fahlrote und weiße geometrische Dekor. Rotbraun glasierte Töpfe für Tajine, Couscous und andere Gerichte bilden das übliche **Geschirr** marokkanischer Hausfrauen. Kobaltblaue, schwarz umringte Muster auf Email verzieren Schüsseln, Buttertöpfe, Krüge, Schalen und Vasen. Salé ist auf Ziertöpferei mit farbigem Email spezialisiert, ebenfalls aus Ton sind die grünen Ziegel der Dächer von Fès, Meknès und manchen Heiligtums.

Die **bekanntesten Keramiken** stammen aus **Fès** (typische blau-weiße Keramik) **und Safi,** aber auch aus der Region Tétouan. Sie sind durchaus mit Keramiken aus Italien und Spanien vergleichbar, oft wegen der kunstvollen Bemalung sogar schöner.

Am besten kauft man direkt bei den Töpfern. Man kann aber auch in den Touristenzentren oft teure, sehr schöne Keramiken erstehen.

## Stickereien

Stickereien sind vor allem als **Raumschmuck** beliebt – Kissen, Tischdecken, Nischenvorhänge und Wandbehänge werden mit Baumwoll- oder Seidenfaden auf Baumwollstoff gefertigt. Die Stickereien stammen aus dem Norden, wo sich in allen großen Städten (Meknès, Fès, Tétouan, Chefchaouen, Rabat, Salé) ein eigener Stil herausgebildet hat.

**Bestickte Kleidungsstücke,** z.B. *Djeballahs* oder *Gandouras,* eignen sich hervorragend als Mitbringsel.

## Teppiche

**Sie fehlen in keinem Haushalt.** Selbst in den Nomadenzelten der Berber verwendet man sie als Sitzgelegenheit und als Bettdecke in kühlen Nächten. Als Materialien werden Baumwolle, Wolle und Seide verwendet. Große Plastikteppiche aus China kommen allerdings auch immer öfter (z.B. als Picknickunterlage für draußen) zum Einsatz … Verwendete Techniken sind Weben, Knüpfen und Besticken – bei manchen Teppichen finden alle drei Anwendung.

**Kelims,** Webteppiche, findet man **bei den Berbern,** bei denen sie *Hambel* heißen. Sie sind sehr strapazierfähig; erst werden sie einfarbig gewebt, danach Muster darauf gestickt.

Am häufigsten sind **Knüpfteppiche;** sie schmücken den Boden oder Wände.

# Die Suqs (Souks)

Zu jeder Stadtbesichtigung gehört der Besuch des Suq, manchem auch unter dem persischen Wort **„Basar"** bekannt. Das Suq-Viertel liegt nach alter Tradition in der Nähe der Hauptmoschee in der **Medina (Altstadt)** und ist durchzogen von unzähligen Haupt- und Nebengassen, die nur zu Fuß oder für Mopeds und Eselskarren zugänglich sind. Häufig sind die Suqgassen mit einem Schatten spendenden Dach gedeckt. Der Suq ist keineswegs nur Kaufhaus oder traditioneller Supermarkt, sondern **Arbeits- und Verkaufsstätte zugleich.** Die Viertel des Suqs sind traditionell unterteilt nach Handwerkszweigen: So gibt es den Töpfer- und den Tischler-, den Wollfärber-, Messing- und Kupferschmiede-, den Schneider-, Babuschen-, Hutmacher-, Apotheker-, Schmuck- und den Ledersuq, an den sich meist das Gerberviertel anschließt, das normalerweise am Stadtrand untergebracht ist. Dieses Viertel ist vor allem in Fès Touristenattraktion, spiegelt aber auch die harten Arbeitsbedingungen in solchen traditionellen Berufen wider. Die Gerber stehen bis zu den Knien in riesigen gemauerten Bottichen, in denen das Leder gestampft und gewalkt wird.

Der Suq als Arbeits- und Handelsplatz zählt zu den schönsten Erlebnissen einer Orientreise und entfaltet eine Fülle von Sinneseindrücken, wie sie kein noch so schönes Großkaufhaus in westlichen Städten bieten kann. Auch wird hier ein repräsentativer **Querschnitt durch die Bevölkerung** – ob arm oder reich, Gelegenheitsverkäufer, Gaukler, Handwerker mit Kleinbetrieb oder angesehener Händler im riesigen Teppichladen – präsentiert. Dem Besucher bietet sich die Möglichkeit, das Entstehen einer Ware bis zu ihrem Verkauf zu verfolgen, ein für uns ungewohntes Erlebnis. In den verschiedenen Vierteln wird gehämmert, gefeilt, getischlert, gewebt, gefärbt, genäht oder nur einfach verkauft. Auch der Verkauf ist nicht nur ein Entgegennehmen und Bezahlen von Ware, sondern dem Kauf geht nicht selten ein ausführliches Einführungsgespräch über die Art der Ware, vor allem bei Teppichen über deren Muster, Herkunft und Bedeutung, voraus. Der Kunde wird bewirtet und in ein persönliches Gespräch verwickelt, und nebenbei findet ein erstes Vortasten über die Preisvorstellung statt. Nicht selten ist man bei einem ersten Suqbesuch überwältigt und überfordert und deshalb ein hilfloses Opfer geschäftstüchtiger Bazaristen (vgl. „Verhaltenstipps"). Der Suq ist aber in erster Linie eine Einrichtung für Einheimische, und er ist dies trotz vieler touristischer Einflüsse in den meisten Städten und Orten auch geblieben. Das Warenangebot reicht von einfachen Plastiksandalen und -schüsseln

108sm20 ad

109sm20 ad

bis zu kunstvoll ziselierten Kästchen und Holzmöbeln. Der Suq ist ein wesentlicher Bestandteil des orientalischen Lebens: Handels-, Arbeits- und Begegnungsstätte, auf der Waren hergestellt und verkauft, Neuigkeiten ausgetauscht und Verbindungen geknüpft werden.

**Auf dem Lande** hat der **Wochenmarkt** *(Suq hebdomadaire)*, der immer an einem bestimmten Tag abgehalten wird, eine wesentlich höhere Bedeutung als die kleinen Suqs in den Ortszentren. Nicht selten ist ein Ort nach dem Tag benannt, an dem der Wochenmarkt stattfindet. Das große (häufig ummauerte) Wochenmarktgelände befindet sich meist am Ortsrand, wo sich einmal in der Woche die Bevölkerung der ganzen Umgebung trifft, die mit dem Sammeltaxi, Lkws oder auf Eseln anreist. Diese Märkte sind ein malerisches Schauspiel für den Touristen, noch **echt und unverfälscht.** Neben dem Viehmarkt, auf dem meist Schafe und Ziegen, im Süden auch Kamele, angeboten werden, findet man sämtliche Waren des täglichen Gebrauchs: von Töpferwaren bis zum Plastikgeschirr, Kleidung und Schuhe, Gewürze, Gemüse und Früchte ebenso wie Errungenschaften der Moderne wie Handyhüllen und Ladegeräte. Der Wochenmarkt dient mehr zur Befriedigung der unmittelbaren **alltäglichen Bedürfnisse,** während der Stadtsuq sämtliche Utensilien des täglichen wie auch des häuslichen und längerfristigen Bedarfs feilbietet.

Die bekanntesten städtischen Suqs sind diejenigen von **Fès** und **Marrakesch,** hier finden sich das größte Warenangebot und sämtliche traditionellen Handwerkszweige.

< ^ Olivenverkäufer im Marché Couvert in Marrakesch (La Perle d'Olive); auf dem Wochenmarkt in Ourika

Die **Teppichornamente sind sehr vielfältig.** Häufig verwendet werden Rautengitter-Muster. Das Dekor besteht aus unverbundenen, in sich geschlossenen Längs- oder Querstreifen mit Rauten oder Zickzackbändern oder miteinander verbundenen Rechteckketten. Bei vielen Teppichen, vor allem bei den Hochzeitsteppichen, die als Aussteuergut dienen, werden Geschichten aus dem täglichen Leben einer Familie dargestellt und in die einzelnen Ornamente Bilder von Häusern und Tieren eingearbeitet, seltener auch Menschenfiguren.

**Traditionelle Berberteppiche** haben geometrische Muster und im Gegensatz zu den asiatischen Orientteppichen nie eine abschließende Bordüre, die den Teppich umrahmt. Erst Anfang des 20. Jahrhunderts tauchten Teppiche mit Bordüren auf, in Anlehnung an asiatische Vorbilder. Sie scheinen farblich den Berglandschaften angepasst zu sein. Fahlrot und Beige bevorzugen die Marmouchka-Stämme im Hohen Atlas, die Beni Ouarain Schwarz, Weiß und Grün. Bei den Uled Besseba in der Haouz-Ebene bei Chichoua werden Teppiche mit stilisierten Menschen, Tieren und Mustern in den Farben Ocker und Rot gefertigt. Nomadenteppiche werden in der Grundfarbe Orange gefertigt.

Sehr berühmt sind die **Teppiche der Glaoua** (Glawa) aus dem Hohen Atlas. Die Stämme der Aït Glawa weben in farbenfrohen Mustern, vor allem in Orange, Schwarz, Gelb, Grün und Weiß. In der Gegend von Ouarzazate werden Blau, Rot und Weiß bevorzugt.

Teppichpräsentation im Maison du Troc in Tafraoute

ma20_104 ad

**Gebetsteppiche** werden nur zum Beten benutzt, sind häufig industriell gefertigt und nicht durch traditionelle Muster zu erkennen.

# Sport

**Marokko ist ein Mekka für Outdoor-Enthusiasten!** Alles ist möglich, und das in schönster Umgebung: kurze Oasen- und Strandwanderungen oder mehrtägige Trekkingtouren im Hohen Atlas, Radfahren in der Wüste und den Bergen, Wind-, Body- und Kitesurfen im Atlantik, Paragliden im Hohen Atlas und an der südlichen Atlantikküste, Quadfahrten in der Wüste und am Strand, Kajakfahrten auf Assif M'goun, Dadès und Drâa, Ausritte zu Pferd oder Kamel, Alpin- und Sportklettern im Hohen und Anti-Atlas, Frühjahrs-Skitouren am Djabal Toubkal oder Pisten-Skifahren in Oukaïmeden, Segeln und Hochseefischen in Agadir, Golfen in Marrakesch, Essaouira und Agadir. Zu Aktivitäten, Veranstaltern und Bergführern siehe die Regional- bzw. Stadtkapitel.

## Wandern/Trekking/Klettern

**Tipps** für Wanderungen in den Oasengärten, zu Kasbahs, Agadirs und durch Schluchten geben die Unterkünfte vor Ort (s.a. jeweilige Regionalkapitel). Häufig hängt dort auch eine Karte mit allen Highlights der Umgebung aus.

Die schönsten Regionen für mehrtätige **Trekkingtouren oder Tageswanderungen** sind der Hohe Atlas um Imlil (vgl. Exkurs zum Djabal Toubkal) und das Aït-Bougoumez-Tal mit den über 4000 m hohen Gipfeln des Djabal Toubkal und Djabal M'goun, das Djabal-Saghro-Massiv (vgl. entsprechenden Exkurs), der Anti-Atlas um Tafraoute und das Djabal-Siroua-Gebiet. Die beste Jahreszeit für Wanderungen in Höhen über 2000 m ist das Frühjahr ab etwa April und der Herbst ab September. Im Sommer ist es sehr heiß, im Winter liegt hier Schnee. Detaillierte Wanderkarten der Gebiete sind nur schwer erhältlich, deshalb ist für weniger erfahrene Wanderer auf jeden Fall das Engagement eines lizenzierten Bergführers *(Guide de montagne breveté)* sinnvoll. Die marokkanischen **Bergführer** werden nach einem vom französischen Alpenverein in Marokko etablierten Programm ausgebildet und geprüft; häufig sprechen sie englisch oder sogar deutsch. Ein Bergführer, ein lokaler Veranstalter oder das *Bureau des guides et accompagnateurs* vor Ort organisieren auch Gepäckmulis samt Mulitreiber und einen Koch für mehrtägige Trekkings in der Gruppe. Berghütten, wie wir sie aus den Alpen kennen, gibt es in Marokko nur am Djabal Toubkal und am Djabal M'goun. Wer nicht im Zelt übernachten möchte, kann seine Tour so planen, dass er in Bergdörfern bei einheimischen Familien in einfachen Gîtes d'étape (vgl. „Unterkunft") schläft. Camping- und Kochausrüstung für eine gebuchte Trekkingtour stellt die Agentur. Diese kümmert sich auch um den Einkauf der Lebensmittel und der Wasserflaschen. Selbst mitbringen sollte man einen Schlafsack, gut eingelaufene Wanderstiefel sowie je nach Jahreszeit ausreichend warme Kleidung und Regenbekleidung.

Ausführliche Trekking-Informationen und **Beschreibungen von Wandertouren** in Marokko geben der Wanderführer „Marokko: Atlasgebirge und Sahara. 50 Touren“ von *Michael Wellhausen* (Bergverlag Rother 2017) sowie das Büchlein „Trekking in the Atlas Mountains“ (engl.) von *Karl Smith* (Cicerone Guides 2010).

### Die schönsten Trekkingtouren in Marokko

- **Djabal-Toubkal-Besteigung:** Imlil – Toubkal-Hütte – Djabal-Toubkal-Gipfel – Toubkal-Hütte oder Imlil; 3 Tage, max. Höhe 4167 m.
- **Djabal-Saghro-Durchquerung:** Tagdilt – Almoun'n'Ouarg – Igli – Bab'n'Ali – Tifdassine – Nekob; 5 Tage, max. Höhe 2592 m.
- **Trekking im Hohen Atlas:** verschiedene Routen möglich, z.B. Oukaimeden – Ouaneskra – Imi Oughlad – Azib Tamsoult – Imlil (anschließende Djabal-Toubkal-Besteigung möglich); 4 Tage, max. Höhe 2960 m.
- **Ighil-M'goun-Überschreitung:** Tabant – Azib 'n' Ikiss – Terkkeddit-Plateau – Ighil M'goun – Oulilimt-Tal – Ouzighimit-Tal – Achaabou-Schlucht – Vallée des Roses – Boumalne Dadès; 8 Tage, max. Höhe 4068 m.
- **Große Atlasdurchquerung:** Imilchil – Quellen von Aghbaloul – Batli – Assif Melloul – Hochplateau von Kousser – Zaouiat Ahançal – Assem Suq – Aït-Bougoumez-Tal – Timit – Oulilimt-Tal – Ighil M'goun – Terkkeddit-Plateau – Tessaout-Tal – Tifardzine – Tamda-See – Ounila-Tal/Telouèt; 16 Tage, max. Höhe 4068 m.

**Kameltrekkings** werden vor allem in Zagora und in M'hamid zum Dünengebiet des Erg Chegaga angeboten (siehe dort). Eine Tour mit diesen liebenswürdigen Tieren ist vor allem für Familien ein tolles Erlebnis. Bei einer mehrtägigen Kameltour wird jeden Tag bis zu sechs Stunden marschiert oder geritten. Für das nicht abgehärtete Gesäß ist es empfehlenswert, zunächst nur ein bis zwei Stunden zu reiten und dann wieder zu laufen, sonst reitet man sich schnell wund. Übernachtet wird in der Wüste unter freiem Himmel oder in einem fest installierten Nomadenzelt auf Matratzen, abends gibt es Tajine am romantischen Lagerfeuer. Die Kamelführer sind „Söhne der Wüste“ und können sich auch im Sandsturm problemlos orientieren, bei der vermittelnden Agentur sollte man sich jedoch nach den Sprachkenntnissen erkundigen. Auch ein kurzer Kamelritt durch die Dünen zum Sonnenaufgang am Erg Chebbi ist reizvoll.

Mit Bohrhaken abgesicherte **Sportkletterrouten** existieren im Hohen Atlas in der Todrha-Schlucht, im Aït-Bougoummez-Tal und bei Taghia nahe Zaouiat Ahansal. Schöne **alpine Touren** sind sicherlich auch an den vulkanischen Felstürmen im Djabal-Saghro-Gebiet möglich, müssen jedoch selbst gesichert werden.

- **Infos** für Kletterer im Internet: www.moroccorock.com, www.climb-tafraout.com

## Radfahren

Marokko mit **dem Trekking- oder Mountainbike** zu bereisen, wird immer beliebter. Inzwischen werden sogar geführte E-Bike-Touren (mit Gepäcktransport per Fahrzeug) im Land angeboten. Schöne **Mountainbike-Touren** sind zum Beispiel am Südrand des Djabal Saghro (Bab'n'Ali, Tizi-n-Tazazert), im Gebiet der Todrha- und Dadès-Schlucht oder in der Aït-Mansour-Schlucht bei Tafraoute möglich. Häufig kann man

Fahrräder in Hotels oder bei lokalen Veranstaltern vor Ort für etwa 150 DH pro Tag mieten.

Marokko mit dem eigenen Fahrrad zu bereisen, verspricht ein besonders **hautnahes Erlebnis** von Natur, Land und Leuten, allerdings muss man sich wegen der großen Distanzen und z.T. schlechten Straßenverhältnisse auf eine sehr begrenzte Region beschränken. Kilometerleistungen von 50 km pro Tag auf Pisten und 80 km auf Straßen sind realistisch. Die beste Reisezeit ist wie bei Wanderungen das Frühjahr und der Herbst.

■ Ausführliche **Infos mit Routentipps** und zahlreichen Fotos finden Radfahrer auf der Website von *Jan Cramer,* der Marokko viele Male durchradelt hat: www.marokko-per-rad.de.

## Surfen

Marokko ist in der internationalen Surferszene sehr bekannt. Die besten Spots für **Wind-, Body- und Kitesurfer** befinden sich in Essaouira, südlich davon bei Sidi Kaouki und Immsouane, nördlich von Essaouira in Moulay Bouzerktoun, in Agadir und an den nördlichen Stränden bei Taghazoute und Tamri, in Mirleft, Sidi Ifni und entlang der südlichen Atlantikküste in der Westsahara (Dakhla). In Essaouira und Agadir existieren diverse Agenturen, die pauschale Surfreisen inkl. Unterkunft in einer Surferpension und Transfers zu den besten Spots, Surfkurse und Ausrüstungsverleih anbieten. Man kann sich aber auch vor Ort stunden- oder tageweise Ausrüstung ausleihen und Surfunterricht nehmen (Adressen in den jeweiligen Ortsbeschreibungen).

■ **Infos** zum Surfen, zu guten Spots, Unterkünften etc. online z.B. unter https://surfmaroc.com oder www.oceanvagabond.com.

## Golfen

Marokko entwickelte sich in den letzten 20 Jahren zu einem beliebten Golfreiseziel – **besonders rund um Marrakesch** entstehen ständig neue Plätze. In Agadir und Marrakesch gibt es diverse Hotels mit speziellen Angeboten für Golfer (vergünstigte Tarife für Unterricht und Green Fee, Transfer zum Platz etc.).

■ **Infos** zum Golfen in Marokko findet man online z.B. unter www.golfdumaroc.com.

# Sprache

In Marokko sind **Arabisch** – gesprochen wird Darija, maghrebinisches Arabisch – und die **Berberdialekte** (Masirisch) **offizielle Landessprachen.**

**Französisch** ist seit der Kolonialzeit Verkehrs-, Bildungs- und Handelssprache, also bei Behörden, in Büros und im Geschäftsverkehr üblich. Es ist Pflichtfach in den Schulen, in den meisten höheren Schulen sogar Unterrichtssprache. In den Ferienhotels und an populären Ausflugszielen hat man sich auf die ausländischen Besucher eingestellt. Hotelpersonal, Fremdenführer und Souvenirhändler verblüffen oft mit passablen Deutschkenntnissen.

**Außerhalb der Touristenzentren** muss man ohne Kenntnis wenigstens der wichtigsten französischen Grundbegrif-

## Eine Anmerkung zur Problematik der Transkription

In diesem Buch wird versucht, arabische Begriffe und historische Personen in der allgemein verbindlichen Übertragung (Transkription) der arabischen Sprache in die **lateinische Schrift** wiederzugeben. Diese weicht von den französischen Schreibweisen ab, die in Marokko – neben den offiziellen arabischen Schreibweisen – häufig benutzt werden. Ortsnamen wurden deshalb meist in der **französischen Schreibweise** beibehalten (z.B. „ou" statt „u"), außer die offizielle Transkription ist unmissverständlich. Bei Ortsbezeichnungen wurden meist die Namen aus der Michelin-Karte verwendet, es sei denn, eine abweichende Schreibweise ist in Marokko gebräuchlicher. Trotzdem ist eine konsequente Vereinheitlichung kaum durchführbar.

Vor allem bei dem **Mischlaut** „gh" bzw. „rh", den unser Alphabet nicht kennt, ist eine gültige Übertragung nicht möglich. Ein Ort wie „Tinerhir" wird häufig mit „Tinghir", der Berg „Irhil M'goun" als „Ighil M'goun", das „Oued Rheris" als „Oued Gheris" bezeichnet. Beide Varianten sind richtig. Auch **Vokale** wie a und e oder u und o werden für ein und denselben Ort verwendet, da es im Arabischen nur Anfangsvokale gibt und die Vokale als ein Art Zwischenlaut zwischen den beiden uns üblichen Ausspracheformen verwendet werden. Der **Artikel** „el" bzw. „al" oder „er" bzw. „ar" wird häufig Ortsnamen vorangestellt und „verschmilzt" immer mehr mit diesem: So wird aus Er Rachidia Errachidia bzw. Arrachidia, aus Er Foud Erfoud bzw. Arfoud, aus der Straße La Attarine in Essaouira die Straße Lattarine. Sie werden selbst in Marokko kaum eine Karte finden, in der alle Straßennamen und Ortsbezeichnungen einheitlich geschrieben sind. Wir bitten daher, mögliche unterschiedliche Schreibweisen innerhalb des Buches zu entschuldigen.

fe und Redewendungen mit Verständigungsschwierigkeiten rechnen. Es lohnt sich also, vor der Reise die Französischkenntnisse aufzupolieren und zumindest ein Wörterbuch oder kleinen Sprachführer (siehe Kasten unten) mitzunehmen. Wer sich gar die Mühe macht, wenigstens ein paar Begriffe, Grußformeln, Redewendungen etc. auf Arabisch zu lernen, **erleichtert Kontakte** mit den Bewohnern und steigt in deren Achtung. In abgelegenen Dörfern im Gebirge sprechen die Menschen häufig nur eine Bersprache und arabisch – hier kann die Kommunikation manchmal schwierig werden.

Eine einheitliche **berberische Sprache** existiert nicht. In Marokko unterscheidet man drei Hauptsprachen: **Tashelhai** (im Sous, Anti-Atlas sowie um Marrakesch), **Tamazirt** (im zentralen Hohen Atlas, im Mittleren Atlas sowie im Gebiet zwischen Taza und Melilla) sowie **Tarifit** (im Rif-Gebirge). Seitdem die Berberdialekte als offizielle Landessprachen anerkannt wurden, sind immer mehr offizielle Gebäude (Schulen etc.) und Straßenschilder in Südmarokko auch in berberischer Sprache und Schrift (Tifinar) beschriftet.

### Hinweis

Eine kleine **Sprachhilfe** findet sich **im Anhang dieses Buches.** Sehr zu empfehlen für den Aufenthalt in Marokko sind zwei handliche und praxisnahe **Sprachführer** aus der Kauderwelsch-Reihe des Reise-Know-How-Verlages: „Marokkanisch-Arabisch – Wort für Wort" sowie „Französisch – Wort für Wort".

# Telefon und Internet

Wie überall auf der Welt hat sich auch in Marokko das Mobiltelefon durchgesetzt und die allermeisten Marokkaner telefonieren mit einem Prepaid-Handy (s.u.) mit günstigen Internet- und Telefongebühren. Wer noch „altmodisch" per Festnetz nach Hause oder im Land telefonieren möchte, findet in großen Orten und in den Städten sogenannte **Téléboutiquen** mit Münzapparaten (Einwurf von Dirham-Münzen, ca. 3,50 DH/Minute nach Deutschland). Dort werden auch SIM- und Aufladekarten für das mobile Prepaid-Guthaben verkauft.

Telefonieren nach Deutschland vom Hotel aus ist horrend teuer (3–5 Euro/Min.). Am günstigsten ist es, sich mit einer deutschen **Billigvorwahl** (Call-by-Call-Tarife) zurückrufen zu lassen oder per Skype zu Hause anzurufen (vgl. „Internettelefonie").

In Marokko muss man bei allen Telefonnummern die komplette **vierstellige Vorwahl** mitwählen. Festnetznummern beginnen mit 05xx, Mobilfunknummern mit 06xx. Die Vorwahlen wurden 2006 landesweit umgestellt, was nicht heißt, dass alle marokkanischen Internetseiten und Visitenkarten inzwischen aktualisiert wurden: Ist nur eine dreistellige Vorwahl angegeben, fügen Sie hinter der 0 eine 5 (Festnetz) oder eine 6 (Mobilfunk) ein.

Bei Gesprächen vom Ausland wählt man die **Vorwahl für Marokko 00212** und die zehnstellige Nummer ohne die 0 am Anfang.

Das **marokkanische Telefonbuch** sowie die **Gelben Seiten** *(Les Pages Jaunes)* findet man auch online: **www.pj.ma** oder **www.telecontact.ma.**

Die **Telefonauskunft** erreicht man in Marokko unter der Nummer **160.**

## Mobilfunk

Inzwischen ist die **Netzabdeckung** fast überall gewährleistet. Nur an manchen einsamen Stränden, im Gebirge oder in der Wüste gibt es kein Netz.

Die meisten deutschen Mobilfunkgesellschaften haben **Roamingverträge** mit den marokkanischen Gesellschaften (z.B. Maroc Telecom), sodass man das Mobiltelefon problemlos in Marokko nutzen kann. Die Roaminggebühren sind jedoch sehr hoch (Ländergruppe 3, bei der Telekom 2,99 Euro/Min. für ausgehende Gespräche, 1,79 Euro/Min. für ankommende Gespräche). Auch die Tarife für mobiles Internet über Roaming sind sehr teuer, die Buchung eines Datenpasses (für einen Tag oder eine Woche) ist etwas günstiger.

Bei einem längeren Aufenthalt in Marokko lohnt sich auf jeden Fall die Anschaffung einer **lokalen SIM-Karte mit Prepaid-Guthaben,** sofern das eigene Mobiltelefon SIM-lock-frei (keine Sperrung anderer Provider vorhanden) ist.

### Ländervorwahlen

- **Deutschland: 0049**
- **Österreich: 0043**
- **Schweiz: 0041**
- **Marokko: 00212**

Mit einer marokkanischen SIM-Karte sparen Sie sich die Roaminggebühren für ankommende und abgehende Anrufe, zudem kann man jederzeit (mit sehr günstigen Tarifen) mobil surfen. Sogar die Kosten für Anrufe nach Deutschland sind wesentlich niedriger als mit dem deutschen Mobiltelefon. Den SIM-lock kann man sich übrigens in den Telefongeschäften oder bei Bastlern in Marokko auch entfernen lassen. Eine marokkanische SIM-Karte (z.B. von Orange, Maroc Telecom) erhält man häufig bereits am Flughafen sowie in Handyläden in jedem größeren Ort. Die SIM-Karten mit Startguthaben werden teilweise sogar kostenlos ausgegeben. Prepaid-Guthaben *(Carte de recharge)* zur Aufladung gibt es in Supermärkten (z.B. Marjane) und in kleinen Läden in jedem Ort.

## Internettelefonie

Telefonate über das Internet sind die billigste Art der weltweiten Kommunikation. Wer viel/länger im Ausland unterwegs ist, sollte sich einen kostenlosen **Skype-Account** (www.skype. com) zulegen. Wer einen Laptop, ein Tablet oder ein Smartphone mitnimmt, kann in einem Hotel oder Café mit WLAN über Skype eine Festnetz- oder Mobilfunknummer zu Hause anrufen und zahlt dafür nur sehr geringe Gebühren. Telefonate von Skype zu einem anderen Skype-Mitglied sind kostenlos.

## Satellitentelefon

Wer wirklich abseits der Hauptwege reist (Kameltouren, Weiterreise nach Mauretanien und andere Saharastaaten, Bergtrekking) oder geschäftlich **immer erreichbar** sein muss, für den lohnt sich unter Umständen die Miete eines Satellitentelefons. Mit einem Thuraya-Satellitentelefon kostet die Gesprächsminute etwa 1,15 Euro ins Handy- und Festnetz (egal welchen Landes) – das ist günstiger als die Roaminggebühren der deutschen Mobilfunkanbieter für diese Ländergruppe.

Weitere Infos unter www.satfon.de oder www.expeditionstechnik.de.

## Internet

In den meisten Gästehäusern (außer in abgelegenen Wüsten- und Bergregionen), Hotels und Touristencafés steht den Gästen **kostenloses WLAN** zum kabellosen Surfen zur Verfügung. In größeren Orten und Städten findet man außerdem Internetcafés.

**Kommunikation per E-Mail** ist in Marokko bei Firmen oder touristischen Unternehmen zum Alltagsgeschäft geworden. So kann man sein Hotelzimmer oder den Mietwagen oft per Mail buchen. Man sollte sich allerdings etwas gedulden – manchmal lässt die Antwort auf sich warten …

Wer auch außerhalb einer WLAN-Zone mit dem Laptop online gehen möchte, kann sich problemlos **mit einer marokkanischen SIM-Karte ins Internet einwählen.** Alle großen Mobilfunkanbieter haben günstige Datenpakete. Daten- und Telefonguthaben für marokkanische SIM-Karten kann man bereits für wenige Dirham in Handyläden und vielen Shops in jedem größeren Ort erwerben.

# Trinkgeld

Trinkgeld spielt eine **wichtige Rolle** angesichts des geringen Einkommens der meisten Einheimischen bzw. im Dienstleistungssektor Beschäftigten. Zimmermädchen (mind. 10 DH pro Tag), Kofferträger (5–10 DH) und Kellner im Hotel sollten nicht erst bei der Abreise bedacht werden – ein Trinkgeld vorweg bzw. zwischendurch hebt die Stimmung und sorgt für besseren Service.

In Restaurants erhält der **Kellner** – sofern er einen freundlich bedient hat (was nicht selbstverständlich ist) – etwa 10% der Gesamtsumme an Trinkgeld. In Touristenrestaurants kann es schon mal vorkommen, dass die Bedienung ihr Trinkgeld eigenmächtig auf die Rechnung aufschlägt. In so einem Fall sollte man reklamieren und so viel geben, wie man für angemessen hält.

Auch ehrliche **Taxifahrer,** die das Taxameter einschalten statt einen Fantasiepreis zu nennen, haben eine kleine Belohnung verdient, und man rundet die Summe um 2–5 DH auf. **Busfahrer, Reiseleiter, Berg-, Kamel- und Muliführer** oder **Köche** (bei Trekkings) bekommen ihren Tarif, erwarten aber trotzdem Trinkgeld von der Gruppe (etwa 100 DH pro Tag). Bei Trekkings erhält natürlich der Bergführer mehr als ein Kamel- oder Mulifführer.

Falls Sie jemanden als **Aufpasser** *(gardien)* für Ihr Auto engagieren, darf dieser etwa 5–20 DH erwarten, falls nicht ein offizielles Ticket einen anderen Preis ausweist.

# Uhrzeit

In Marokko gilt eigentlich die Westeuropäische Zeit (UTC). Seit im Herbst 2018 kurzfristig beschlossen wurde, die marokkanische Sommerzeit beizubehalten, herrscht eine allgemeine **Verwirrung** hinsichtlich der Uhrzeit. Nach derzeitigem Stand (Anfang 2020) hat Marokko während der deutschen **Winterzeit** dieselbe Uhrzeit wie Deutschland (MEZ), während der deutschen **Sommerzeit** (MESZ) ist es in Marokko eine Stunde früher. Während des Ramadans kann es jedoch wieder zu einer Umstellung der Uhrzeit kommen …

# Unterkunft und Camping

Marokkos Angebot an Unterkünften reicht **von Luxus-Palästen** wie aus 1001 Nacht **bis zu einfachsten Herbergen** bei Berberfamilien im Hohen Atlas *(Gîte d'étape)*. Besonders stilvoll und authentisch wohnt man in renovierten **Riads** *(Maison d'Hôtes)* in den Altstädten oder zwischen Lehmmauern in umgebauten **Kasbahs** in den Oasen. Die Zahl der Kasbahhotels und Maisons d'Hôtes wuchs in den letzten zehn Jahren rasant, sodass das Angebot in den Touristenzentren inzwischen ziemlich unübersichtlich geworden ist. In diesem Reiseführer nennen wir in den jeweiligen Kapiteln empfehlenswerte Adressen.

# Buchungsportale

Als Ergänzung zu den sorgfältig zusammengetragenen Unterkunftsempfehlungen in diesem Buch sind Buchungsportale wie Booking.com, Agoda.com oder AirBnB.de eine Hilfe, um **aktuelle Preise** und die Bewertungen anderer Reisender einzusehen sowie Unterkünfte direkt zu buchen.

Die Plattformen listen **Unterkünfte aller Art** auf und machen sie für Reisende leicht auffindbar. Sie übernehmen bürokratische Aufgaben wie die Abwicklung der Bezahlung oder stellen den Kontakt zwischen Unterkunft und Interessenten her.

Hilfreich bei der Entscheidungsfindung sind die **Bewertungen anderer Kunden** in diesen Portalen. Gäste bewerten eine Unterkunft nach oder während ihres Aufenthalts und sorgen im besten Fall für aussagekräftige Benotungen (1–10, 10 ist das Optimum). Je mehr Nutzer eine Bewertung abgegeben haben, desto verlässlicher ist das Ergebnis. Vorsicht ist geboten, wenn nur sehr wenige Nutzer ihre Meinung äußern. Aber auch sonst lohnt es sich, **kritisch** zu **lesen:** Achtet man auf die zu den Rezensionen verfassten Texte, so erhält man oft Aufschluss über die Echtheit der Bewertung. Auch lassen sich Veränderungen im Qualitätsstandard erkennen, wenn eine insgesamt positiv bewertete Unterkunft in jüngster Zeit zahlreiche schlechte Bewertungen erhalten hat.

Über die Plattform **AirBnB** können private und gewerbliche Vermieter ihr „Zuhause" oder einen Teil davon anbieten. Auch hier vermittelt das Portal zwischen Anbieter und Kunde. Es können zusätzlich Touren und Aktivitäten mit Einheimischen vereinbart werden.

**Tripadvisor** ist ein reines Bewertungsportal, das die Nutzer bei Bedarf an Buchungsportale und/oder die Websites von Unterkünften bzw. Restaurants weiterleitet und sich besonders für Gastronomietipps eignet.

Ob man sich für die **Buchung** über ein Online-Buchungsportal entscheidet, hängt von der Präferenz der Nutzer ab. Zur generellen Sondierung der Marktsituation und zur Einschätzung von Unterkünften sind die Portale meist empfehlenswert. Die Nutzung ist für Endkunden zunächst kostenlos, für die Betreiber der Unterkünfte fällt jedoch eine Provision an – die im Zweifel irgendwann eingepreist wird. Die Haltung der Betreiber ist unterschiedlich: Während manche über das Portal sogar günstigere Preise anbieten, freuen sich andere ausdrücklich, wenn man persönlich und direkt bucht.

Reisende sollten **in den ländlichen Gebieten Marokkos (Berge, Wüste)** bei kleinen, familiengeführten Gästehäusern und Gîtes keine europäischen Ansprüche an Komfort und Sauberkeit stellen. Die Familien geben ihr Bestes, Sie herzlich zu empfangen und gut unterzubringen, haben aber eben nicht die gleichen Mittel wie eine europäische Hotelkette.

**Individualreisende,** die schon vor der Tour eine Unterkunft am Zielort auswählen, erhalten bei frühzeitiger Internetbuchung z.B. über www.booking.com häufig einen wesentlich günstigeren Preis als vor Ort ohne Vorausbuchung *(walk in rate);* dies gilt vor allem für Mittelklasse- und Luxushotels. Ein vorheriger Vergleich der auf der Hotel-Homepage angegebenen Tarife und derjenigen eines Buchungsportals für dasselbe Hotel lohnt sich also. Die meisten Unterkünfte können problemlos **per Mail** oder Buchungsformular auf der Homepage gebucht werden (evtl. Anzahlung per Kreditkarte oder PayPal notwendig). Bei E-Mail-Anfragen kann die Antwort jedoch selbst bei Oberklasse-Hotels auf sich warten lassen. Die meisten kleinen, günstigen Unterkünfte haben keine Mail-Adresse. Hier fragt man entweder telefonisch an oder verlässt sich darauf, dass bei Ankunft noch ein Zimmer frei ist – bei den allermeisten Budgethotels ist keine Vorausbuchung notwendig.

**In der Hochsaison** (Ostern, Weihnachten, Neujahr, in Agadir auch August) sollten Individualreisende die Unterkunft in Marrakesch, Essaouira und Agadir besser reservieren, um vor Ort nicht lange nach einem freien Bett suchen zu müssen. **Außerhalb der Urlaubszeiten** reicht es, wenn für die erste Nacht in der Ankunftsstadt ein Zimmer vorgebucht wird. Entlang der Hauptreiserouten finden flexible Urlauber immer ein Zimmer.

Hitzeempfindliche Menschen sollten im Sommer ein **klimatisiertes Zimmer** buchen. Eine **Heizung** gehört bei den marokkanischen Hotels nicht zur Standardausstattung, kann aber in den kalten Wintermonaten in den Bergen oder in der Wüste sehr angenehm sein. Manche Gästehäuser haben ein gemütliches Kaminzimmer oder Zimmer mit eigenem Kamin, wo man sich aufwärmen kann.

Es ist marokkanischen Hotels **verboten, ein Zimmer gemeinsam an Ausländer und Marokkaner zu vermieten.** Das soll Prostitution oder gar homosexuelle Kontakte unterbinden. Übernachtung ohne Trauschein gehört sich nicht, deshalb sollte man bei „Multikulti-Ehen" den Trauschein nicht vergessen. Bei nicht verheirateten ausländischen Paaren wird nicht nachgefragt.

### Unterkünfte: Preiskategorien

Die Preise im Buch gelten für **zwei Personen pro Nacht im Doppelzimmer mit Frühstück.**

- ① sehr einfaches Hotel/Billigunterkunft oder Bivouac/Nomadenzelt: **50–200 DH**
- ② einfaches Hotel/Gästehaus: **200–350 DH**
- ③ Mittelklassehotel/-gästehaus: **350–700 DH**
- ④ gehobene Mittel-/Oberklasse: **700–1600 DH**
- ⑤ Luxushotel/-gästehaus: **1600–3500 DH**

Mit einem **Hund** kann es erhebliche Probleme bei der Hotelsuche geben: Viele Hotels akzeptieren keine Tiere in den Zimmern!

## Hotels, Apartments, Ferienclubs

In Marokko gibt es **klassifizierte Hotels** aller Kategorien. Gruppenreisende werden in der Regel in den besseren Ober- und Mittelklassehotels untergebracht. **Ab drei Sternen** aufwärts kann man meist mit sauberen, oft sogar mit komfortablen und geräumigen Zimmern rechnen, die „normalen" Ansprüchen genügen. Dusche/WC im Zimmer, TV sowie Klimatisierung/Heizung sind selbstverständlich. Oft gehören auch ein Restaurant, Pool und/oder Garten zum Hotel. Außerhalb der Saison kann man bei den Mittelklassehotels oft den Preis herunterhandeln.

Bezüglich der **Lage** bei Stadtunterkünften sollte man sich Gedanken machen, ob man in der Altstadt (Medina) oder in der Neustadt wohnen möchte. In den Urlaubsorten an der Atlantikküste (Agadir, Essaouira etc.) ist natürlich die Strandnähe des Hotels ein Kriterium. Will man viel marokkanische Atmosphäre erleben und sich ins Alltagsgetümmel werfen, dann sollte man ein Hotel nahe der Altstadt oder sogar einen Riad mitten in der Medina wählen. Legt man mehr Wert auf Restaurantbesuche und Bars, dann ist man besser entweder in der Neustadt der Königsstädte oder in Agadir gleich in den Touristikhochburgen entlang der Küste aufgehoben. Sucht man mehr Ruhe, sollte auf eine Lage möglichst am Rande der Touristenzentren, abseits verkehrsreicher Straßen oder einige Kilometer außerhalb geachtet werden.

**Für Familien** sind Hotels in der Neustadt evtl. besser geeignet als ein Riad *(Maison d'Hôtes)* in der Altstadt. Die Fenster der Zimmer in den Riads zeigen meist zum Innenhof, sodass alle Geräusche aus den Zimmern bzw. von außen (wenn die Kinder schlafen sollen) hörbar sind. Zudem sind die Zimmer häufig nicht so groß, oder man muss verwinkelte Treppen auf- und absteigen – mit Kleinkindern eher ungünstig. Erkundigen Sie sich vorher beim Gästehaus, ob Familienzimmer oder andere Serviceleistungen (Kinderbett o.Ä.) für Familien angeboten werden. Hotels in der Neustadt haben im Gegensatz zu den meisten Riads einen Garten und einen Swimmingpool, wo sich die Kinder austoben können.

**Für Autoreisende** ist die Parkplatzsituation in den Städten relevant. Die meisten Gästehäuser in den Altstädten sind nicht direkt mit dem Kfz erreichbar. Lassen Sie sich von den Betreibern den nächsten bewachten Parkplatz zeigen/beschreiben. In Marrakesch befinden sich viele bewachte Parkplätze in der Umgebung des Djamâa el-Fna. Wer sein Auto direkt vor der Tür parken möchte, wählt besser ein Hotel in der Neustadt.

Im **Ramadan** ist in Hotels mit angeschlossenen Restaurants, die nicht nur von Touristen besucht werden, mit **Musikveranstaltungen** zu rechnen oder in Hotels mit benachbarten Lokalen mit Live-Musik – vor 1 Uhr nachts ist dann nicht an Schlaf zu denken!

Neben den Hotels gibt es auch komfortable **Ferienclubs** (Club Valtur, Club Med, Club Robinson), Clubhotels mit vielfältigem Sportangebot und Kinderbetreuung sowie geräumige **Apartments** (Résidence oder Apart-Hotel) und Bungalows für Selbstversorger. Diese Apartments werden zu sehr günstigen Preisen als Wochenarrangements von den Reiseveranstaltern in Deutschland angeboten.

## Maisons d'Hôtes (Riads)

Der Begriff **Riad** (oder Ryad) stammt aus dem Arabischen und bedeutet ursprünglich „Garten". Die Bezeichnung wurde für ein traditionelles Stadthaus mit Gartenelement (z.B. Blumenrabatte, Orangenbäume) und Springbrunnen im Innenhof übernommen. Inzwischen wird der Einfachheit halber auch ein **Dar,** ein Stadthaus ohne Grün im Innenhof, als Riad bezeichnet. Ein Riad war früher meist das Haus eines reichen Händlers, Wesirs oder anderweitig wichtiger Menschen, die sich in der Altstadt z.B. von Marrakesch, Essaouira oder Fès ein prachtvolles Haus leisten konnten. Solche Häuser wurden in den letzten zehn Jahren in zunehmendem Maße zu individuellen und sehr stilvoll marokkanisch gestalteten Hotels mit fünf bis maximal zehn Zimmern umgebaut, den sogenannten **Maisons d'Hôtes.** Die Besitzer sind häufig Europäer, aber auch wohlhabende Marokkaner. Diese Gästehäuser sind wahre Kleinode, jedes Zimmer ist traditionell und individuell eingerichtet – häufig auch in einem Stilmix mit modernen Elementen –, die Räume sind mit Mosaiken, Stuckornamenten und Zedernholzschnitzereien versehen. Die Auswahl in Marrakesch, Fès, Asilah und Essaouira ist groß, allein in Marrakesch gibt es mittlerweile Hunderte Gästehäuser. Die Zimmerpreise in einem Riad reichen von 30 bis 400 Euro für das Doppelzimmer bzw. eine Suite. Manchmal kann man ein Haus auch komplett mieten. *Maisons d'Hôtes* in den Altstädten sind meist nicht direkt mit dem Auto erreichbar, die Zimmer verteilen sich auf mehreren Etagen (ohne Aufzug) und orientieren sich zum Innenhof.

**Hinweis:** Besonders in Marrakesch, aber auch in anderen marokkanischen Städten, gibt es unzählige **Maisons d'Hôtes ohne offizielle Autorisation** des marokkanischen Tourismusministeriums. Das heißt, sie arbeiten informell, zahlen weder Abgaben noch Steuern, und sie melden ihre Mitarbeiter nicht bei der Sozialversicherung an. Ein Gast sollte sich darüber im Klaren sein, dass diese Gästehäuser ihre Dienstleistungen zu geringeren Preisen weitgehend auf Kosten der sozialen Absicherung ihrer Mitarbeiter anbieten. Hinweise darauf, dass ein Riad angemeldet ist und seine Mitarbeiter versichert, sind eine offizielle Kategorisierung (Kategorie 1 oder 2) sowie die Angabe einer Steuernummer *(Identification fiscal)* auf einem offiziellen Briefbogen oder einer Rechnung. Wenn der Gast bei Ankunft kein Registrierungsformular ausfüllen muss, ist dies ein Hinweis darauf, dass das Maison d'Hôtes informell operiert.

## Billigunterkünfte

Billighotels finden Rucksackreisende vor allem in der **Nähe der Busstationen** und in der **Altstadt** (Medina). In den kleinen Zimmern der einfachen Hotels gibt es meist nicht viel mehr als ein Metallbettgestell mit durchgelegener Matratze, kratziger Wolldecke und einem (hoffentlich sauberen …) Laken. Manchmal gibt es noch ein Waschbecken und einen Ventilator im Zimmer. Die Duschen und WCs auf dem Gang teilt man sich mit den anderen Gästen. Nicht in allen Herbergen ist heißes Wasser vorhanden. Die **Toiletten** sind wie in den meisten Ländern der Dritten Welt gewöhnungsbedürftig: Nicht immer sauber, für Klopapier muss man selbst sorgen, die Spülung funktioniert häufig nicht, und auch die arabischen Stehklosetts sind für viele Europäer ungewohnt. Manchmal stehen ein Wasserhahn und Eimer als Spülung bereit. Bevor man sich einmietet, sollte man deshalb einen Blick auf die **sanitären Anlagen** und das **Bettzeug** werfen. Außerdem empfiehlt sich die Mitnahme eines leichten (Hütten-)Schlafsacks aus Baumwolle oder Seide. Inzwischen gibt es in touristischen Orten aber auch hübsche und saubere, auf Budgetreisende spezialisierte Herbergen/Hostels mit Gemeinschaftssalon (z.T. auch mit Ge-

014m015 ad

meinschaftsküche), Dachterrasse und kostenfreiem WLAN. Empfehlenswerte Herbergen findet man in den Regionalkapiteln dieses Buches oder unter www.hostelworld.com (mit Buchungsmöglichkeit). In Marokko existieren zudem **Jugendherbergen** des internationalen Jugendherbergsverbandes (Infos unter www.hihostels.com).

**In den Bergregionen** bieten sogenannte **Gîtes d'étape** einfache Unterkunft für Trekkingtouristen. Hier übernachtet man in typischen Familienhäusern auf Matratzen in Schlafsälen oder kleinen Zimmern. Die Stehtoiletten und Duschen sind nicht immer sauber, und es gibt nicht überall heißes Wasser. Eine Übernachtung kostet in der Regel 55–100 DH p.P. In den Gîtes macht man sehr nette Bekanntschaften mit der Familie des Hauses und erfährt etwas über die Lebensbedingungen auf dem Land.

### Tipps

- In den **Herbergen des internationalen Jugendherbergsverbands** (www.hihostels.com) kann man unabhängig von seinem Alter absteigen! Mit einem internationalen Jugendherbergsausweis aus dem Heimatland schläft man hier zum günstigeren Tarif als Nicht-Mitglieder.
- In vielen günstigen Hotels und Riads kann man mit dem Schlafsack auf einer Matratze oder Polstern **auf der Dachterrasse** nächtigen (ca. 50 DH p.P.).
- Einige Campingplätze und Hotels im Süden bieten günstige Übernachtungen in **Nomadenzelten** (*Khaima, Bivouac* oder *Tente Bérbère*) im Garten an.

## Preise

Bezüglich der Hotelpreise – zumindest für Mittelklasseunterkünfte – gehört Marokko im Vergleich zu manchen Ländern in Südostasien nicht zu den billigsten Destinationen. Im Reiseteil sind die Hotelpreise nach **Kategorien** angegeben (①-②-③-④-⑤, s.o.). Die Preise im Buch beziehen sich in der Regel auf die im Internet auf der Website des Hotels veröf-

[<] Selbst im äußersten Süden findet man stilvolle Unterkünfte (im Bild die Terrasse des Dar Infiane in Tata)

fentlichten Tarife. Bei Online-Buchung können manche Hotels deutlich billiger gebucht werden. **Die Preise im Buch gelten für zwei Personen pro Nacht im Doppelzimmer mit Frühstück.** Der Preis eines Zimmers sagt nicht zwangsläufig etwas über die Qualität der Unterkunft aus – günstigere Zimmer können durchaus Mittelklasse-Niveau haben. Entsprechend sind die Unterkünfte in diesem Reiseführer zusätzlich in die Kategorien „Oberklasse", „Mittelklasse" und „Günstig" eingeteilt. Wer die Details seiner Unterkunft ganz genau wissen will, sollte telefonisch oder per Mail beim Hotel anfragen.

Der Preis in **einfachen Billig- und in 1-Stern-Hotels** liegt bei 50–200 DH für ein Doppelzimmer (Preisklasse①). Einzelzimmer sind in der Regel schwer zu bekommen. Selbstverständlich kann man sich sein Mehrbettzimmer auch mit anderen Gästen teilen. Auf diese Weise ist ein Hotelzimmer oft nicht teurer als eine Jugendherberge.

Meist recht einfache und nicht immer saubere **2-Sterne-Hotels②** kosten 200–400 DH.

**Ab 3 Sternen** aufwärts kann man mit sauberen und komfortablen Zimmern rechnen. In diesen **Mittelklassehotels③** werden zwischen 400 und 800 DH fällig.

**Gehobene Mittel- und Oberklassehotels** (4 Sterne) mit sehr guter Ausstattung, Klimaanlage, TV, Balkon und Terrasse kosten ab 800 DH aufwärts (④).

Sollten Sie ein **5-Sterne-Hotel⑤** präferieren, müssen Sie pro Nacht 1600–3500 DH für ein Doppelzimmer oder eine Suite berappen.

Der Preis für ein Doppelzimmer in einem **Maison d'Hôtes** kann je nach Ausstattung (einfach-familiär bis durchgestylter Superluxus) von 300 bis über 4000 DH reichen. Die meisten guten Riads bewegen sich in der Preisspanne von 500 bis 1700 DH für ein Doppelzimmer.

Die offiziellen Hotelpreise müssen gut leserlich an der Rezeption angeschlagen sein. Der Preis beeinhaltet nicht immer das **Frühstück** (30–150 DH) und die **Touristensteuer,** die von der Hotelkategorie abhängig ist.

## Campingplätze

Es gibt in ganz Marokko eine stattliche Anzahl von Campingplätzen **unterschiedlichster Qualität,** teils in staatlicher, teils in privater Hand. Während die privaten Plätze je nach Engagement des Besitzers durchaus passabel, manche sogar hervorragend ausgestattet sind, verfügen die vor über 30 Jahren konzipierten staatlichen bzw. städtischen Anlagen *(Camping municipal)* nur über eine rudimentäre Ausstattung.

Abgesehen von den neueren Plätzen entsprechen die Toiletten und **sanitären Einrichtungen oft nicht europäischen Normen.** Häufig gibt es nur (verdreckte) Stehtoiletten, die Spülung funktioniert nicht immer, aus den Duschen läuft (oder tröpfelt) z.T. nur kaltes Wasser.

Die **Sauberkeit** der Plätze **schwankt nach Jahreszeit und Andrang.** Im August, zur Ferienzeit der Marokkaner, muss man vor allem entlang der Atlantikküste mit überfüllten und verdreckten Anlagen rechnen.

In der Umgebung von Agadir, Essaouira, Sidi Ifni, im Anti-Atlas, am Erg Chebbi und entlang der Straße der Kasbahs, wo viele europäische Rentner mit ihren **Wohnmobilen überwintern,** entstanden komfortable Campingplätze mit Pool, guten Sanitäranlagen, Entsorgungsmöglichkeit für Chemietoiletten, Waschmaschine, Shop, WLAN etc. Allerdings sind diese Plätze und alle anderen einfachen Stellplätze entlang der südlichen Atlantikküste und südlich des Hohen Atlas in den Wintermonaten oft völlig überlaufen.

Individualreisende, die **mit dem Zelt** unterwegs sind, müssen sich bei den meisten Campingplätzen auf einen harten Untergrund einstellen, denn viele Anlagen sind für Wohnmobile konzipiert. Hier findet man häufig nur Beton- oder Kiesplätze.

Die **Campingplatzgebühren** betragen 70–100 DH für zwei Personen inkl. Auto oder Caravan. Für Strom am Platz (nicht überall verfügbar) müssen etwa 20 DH extra bezahlt werden. Manchmal kosten auch die heißen Duschen extra (5–10 DH). Für ein Zelt werden 10–20 DH berechnet. Für Langzeitcamper werden ab etwa 7, 14 oder 30 Tagen Aufenthalt gestaffelte Ermäßigungen gewährt.

■ Auf **www.campercontact.com** findet man eine umfangreiche Liste an Campingplätzen in Marokko inkl. Fotos, Beschreibung, Adresse (z.T. mit GPS-Koordinaten), Preisen und Bewertungen von anderen Campern.

# Unterwegs in Marokko/ Verkehrsmittel

Dem Urlauber stehen vielerlei Transportmittel zur Verfügung, um auf eigene Faust das Land zu erkunden. Für den Nahbereich eignet sich das **Fahrrad,** Moped oder Quad (Verleih z.B. in Agadir und Marrakesch). In Marrakesch und Taroudannt verkehren **Pferdekutschen** *(calèches).* Für größere Distanzen bieten sich **Busse, (Sammel-)Taxis** und die **Bahn** an. Absolut unabhängig reist man mit dem **Mietwagen.**

## Busse

Die größten Busunternehmen in Marokko mit Verbindungen in fast alle Städte des Landes sind **CTM** *(Compagnie de Transport au Maroc)* und **Supratours.** Des Weiteren existiert eine Reihe kleinerer privater Buslinien. Busse sind das billigste und populärste Transportmittel, sowohl für Überland- wie für Stadtfahrten. Zwischen den großen Städten der Küste verkehren alle ½–2 Std. Busse verschiedener Linien, zwischen den anderen Orten/Städten mehrmals täglich, im äußersten Süden nur einmal täglich.

Die Busse von CTM und Supratours sind in gutem Zustand, schnell und pünktlich, viele **Langstreckenbusse** sind sogar klimatisiert und sehr komfortabel. Supratours hat zwei Fahrer an Bord, und diese fahren auch nicht schneller als die vorgeschriebenen 80 km/h. Fahrer der anderen Privatbuslinien machen öfter mal eine Essenspause und halten Fahrzeiten und Geschwindigkeitsbegrenzungen oft nicht ein. Das führt zu schlimmen Unfällen, und auch Pannen kommen häufiger vor, weil die Busse oft in schlechtem Zustand sind. Ihre Vorteile sind, dass sie häufiger auch abgelegene Ziele frequentieren und preislich günstiger sind. Allein reisende Frauen empfinden die Busse wegen der Enge u.U. als unangenehm.

Die **Abfahrtszeiten und -preise** für die Hauptverbindungsstrecken erfährt man am Schalter der entsprechenden Busgesellschaft direkt am Busbahnhof *(Gare routière)* bzw. im jeweiligen Stadtbüro der Gesellschaft. In den Fenstern der Schalter sind die Abfahrtszeiten manchmal angeschlagen (bei manchen Gesellschaften nur auf Arabisch).

Die **Busbahnhöfe** liegen manchmal noch am Rand der Altstadt, wurden aber in fast allen Großstädten an eine wichtige Haupt-/Ausfallstraße am Rande der Neustadt verlegt. Hin und wieder gibt es einen Bahnhof für CTM, einen für Supratours sowie einen weiteren für die anderen Buslinien. Die Adressen sind bei den Ortsbeschreibungen im Routenteil angegeben, ebenso die Häufigkeit der CTM-Abfahrten (Hauptverbindungsstrecken) und -Fahrpreise. CTM- und Supratours-Busse sollte man mindestens einen Tag **im Voraus buchen,** sonst sind sie eventuell schon voll. Meistens muss pro **Gepäckstück** (abhängig von Größe und Gewicht) eine extra Gebühr bezahlt werden (10–15 DH).

### Abfahrtszeiten/-preise und Online-Buchung

- **CTM,** www.ctm.ma
- **Supratours,** www.supratours.ma

## Taxis/Sammeltaxis

In den Städten verkehren **Petits Taxis,** die höchstens drei Passagiere befördern dürfen. Die Petits Taxis sind dank ihrer einheitlichen Farbe leicht zu erkennen (z.B. Rot in Marrakesch). Man sollte den **Preis immer vorher aushandeln** oder am besten darauf bestehen, dass der **Taxameter eingeschaltet** wird. Eine Stadtfahrt im Zentrum bzw. innerhalb einer Kleinstadt darf tagsüber nicht mehr als 30 DH kosten. Weigert sich der Fahrer, den Taxameter einzuschalten und nennt einen überzogenen Preis, sollte man gar nicht erst einsteigen oder wieder aussteigen – dies bewirkt meist ein schnelles Einlenken. Gerade in Touristenstädten wie Marrakesch muss hart verhandelt werden. Es ist üblich, den am Taxameter angezeigten Preis aufzurunden, also das Wechselgeld als Trinkgeld zu geben.

- Die **offiziellen Taxitarife** stehen auf der Windschutzscheibe auf der Beifahrerseite: 1,40 DH Grundgebühr plus 2 DH pro Kilometer, nachts 50% Aufschlag.

**Grands Taxis** führen sowohl Stadtfahrten als auch Fahrten in andere Städte durch. Sie können entweder **privat für Ausflugsfahrten gemietet** werden oder verkehren als **Sammeltaxis,** bei denen sich alle fünf Fahrgäste den Fahrpreis teilen. Ein Sammeltaxi fährt erst ab, wenn alle Plätze besetzt sind. Es empfiehlt sich auch hier, vor Antritt der Fahrt einen festen Preis auszuhandeln. Bei kompletten Tagesmieten muss ein Sonderpreis vereinbart werden (600–1000 DH). Meist ist es bequemer und kaum teurer, mit dem Bus statt mit dem vollgestopften, überladenen Sammeltaxi zu fahren. Die Sammeltaxis warten u.a. neben dem Busbahnhof.

Von/zu den meist außerhalb des Stadtbereichs liegenden **Flughäfen** fahren **nur Grands Taxis** – stellen Sie sich darauf ein, um nicht ewig auf ein kleines Taxi zu warten! In Marrakesch verkehren auch Petits Taxis zum zentrumsnahen Airport. In der Nähe der Flughäfen an den Hauptverkehrsstraßen halten auch Busse, die Sie für ca. 4 DH ins Zentrum befördern. Für die Fahrt mit dem Grand Taxi vom/zum Flughafen gibt es in jeder Stadt Festtarife von 120 bis 350 DH, je nach Tageszeit und Entfernung. Teilen Sie sich evtl. ein Taxi mit anderen Fluggästen. Die Festpreise für ein Taxi in die Stadt sind am Flughafen in Marrakesch ausgehängt.

Petits Taxis verkehren in jeder Stadt und sind sehr günstig

Erwähnt seien noch **Pick-ups** *(camionettes)* und **Berber-Trucks** *(camions)*, auf denen man gegen (ausgehandelte) Bezahlung auf der Pritsche mitfahren kann. Die günstigste Gelegenheit, zuzusteigen, bietet sich auf dem örtlichen Markt.

## Bahn

Während das Schienennetz im Nordteil des Landes (vor allem an der Küste) recht gut ausgebaut ist, verlaufen die Gleise im Süden **nur bis Marrakesch.** Ein Weiterbau bis Agadir ist zwar seit Ewigkeiten geplant, der Zeitpunkt der Umsetzung steht jedoch weiterhin in den Sternen …

Zwischen Marrakesch und zahlreichen Zielen im Süden sorgen dafür die **bahneigenen Busse** von Supratours für gute Anschlüsse.

110sm20 ad

Die Eisenbahn in Marokko ist pünktlich, bequem, preiswert und zuverlässig. Die Orientierung an den Bahnhöfen fällt meist leicht, am Schalter und auf Übersichtstafeln erhält man Informationen und Tickets der 1. und 2. Klasse. Für die **Fernzüge** besteht **Reservierungspflicht,** was zwar spontanes Reisen verhindert, dafür aber Überfüllung vermeidet und einen Sitzplatz garantiert. Der Standard der Züge entspricht in etwa unseren Intercity-Zügen, nur die Toiletten sind manchmal wenig gepflegt. Es werden Getränke und Snacks während der Fahrt verkauft, Alkoholkonsum im Zug ist streng verboten. An modernen Bahnhöfen wie in Marrakesch informieren digitale Anzeigetafeln über An- und Abfahrtszeiten sowie die Gleisnummer.

**Fahrplan, Preise und weitere Informationen**

- **www.oncf.ma:** Auf der Website wird zwar eine Online-Buchung angeboten, sie funktioniert allerdings nur mit einer marokkanischen Kreditkarte.

## Flugzeug

In den letzten Jahrzehnten machten Inlandsflüge in Marokko nicht wirklich Sinn: Einziger Anbieter war die staatliche *Royal Air Maroc,* deren Verbindungen alle umständlich und mit langen Transferzeiten über Casablanca liefen. Inzwischen bietet **Air Arabia** eine Viel-

Air Arabia steuert Ziele im Land an

111sm20 ad

zahl an günstigen Inlandsflügen an, z.B. von Fès nach Marrakesch, Agadir und Errachidia, von Casablanca nach Dakhla und von Rabat nach Agadir.

■ **Infos und Preise** unter www.airarabia.com.

## Mietwagen

In Marokko sind **sehr viele, auch internationale Autovermietungen** (Avis, Hertz, Europcar usw.) vertreten, die in der Regel nie ausgebucht sind.

Wenn Sie versiert im Handeln sind und französisch sprechen, können Sie vor Ort bei Vermietern günstigere Tarife als von Deutschland aus erzielen. Bei der Preiskalkulation zu beachten ist allerdings, dass bei manchen marokkanischen Vermietern die Autos in schlechtem Zustand sind und bei den Angeboten in Deutschland **unbeschränkte Kilometerzahl** *(Kilometrage illimité)* sowie lokale **Steuer** (20% T.V.A.) und **Versicherung** enthalten sind. In Marokko können Sie wählen zwischen Tagespreisen und Wochenpauschalen. Handeln ist immer möglich. Bei der Entgegennahme des Mietwagens vor Ort muss meist eine **Kaution in Höhe der Selbstbeteiligung** der Versicherung in Form eines Blanko-Kreditkartenabzugs hinterlegt werden, bzw. es wird die entsprechende Summe per Online-Buchung auf dem Kreditkartenkonto bis zur Rückgabe des Fahrzeugs geblockt.

**Voraussetzungen zur Miete** eines Fahrzeugs sind: Man muss mindestens 21 Jahre alt und ein Jahr im Besitz eines gültigen Führerscheins sein. Für größere Fahrzeugklassen gilt sogar häufig ein Mindestalter von 25 Jahren.

**Tipp: Checken Sie das Mietauto gut durch,** schon aus eigenem Sicherheitsinteresse (Bremsen, Licht, Reifen, Bordwerkzeug) und auch, um eventuelle Forderungen des Vermieters bei Rückgabe des Fahrzeugs zu vermeiden – wenn es etwa heißt, Sie hätten die Beule im Kotflügel zu verantworten, die aber tatsächlich schon fünf Jahre alt ist … Machen Sie ggf. Fotos vom Auto. Auch der Zustand der Reifen sollte geprüft werden.

Es gibt unterschiedliche **Versicherungspakete.** In der Regel sind bei der Grundversicherung nur Schäden am Fahrzeug des Unfallgegners versichert, nicht am Mietfahrzeug; wenn Sie also einen selbst verschuldeten Unfall mit dem Mietfahrzeug haben, wird der Vermieter die Kosten auf Sie abwälzen bzw. die Kaution einbehalten. Am unbeschwertesten reisen Sie, wenn Sie gegen einen Aufpreis eine Vollkaskoversicherung ohne Selbstbeteiligung *(Assurance tous risques sans franchise)* abschließen.

Zu den kleinsten und preiswertesten **Mietwagen-Typen** zählen z.B. Fiat Panda oder Punto, Hyundai i10 und Peugeot 208 (Kat. A), Renault Clio, Dacia Sandero und Dacia Logan (Kat. B/C). Die Tagespreise bewegen sich hier zwischen 20 und 40 Euro. Bei frühzeitiger Online-Buchung ist ein Kleinwagen schon ab einer Wochenmiete von 85 Euro zu ergattern. Etwas größere Fahrzeuge wie z.B. Dacia Dokker, Fiat Tipo oder VW Passat sind in die Kategorien D und E eingestuft, sie kosten 35–70 Euro pro Tag. Am größten und teuersten sind Geländewagen bzw. SUVs (Kat. G, französische Bezeichnung „Kat-Kat", von franz. für 4x4) wie Dacia Duster, Kia Sportage oder Toyota 4x4 Prado; hier muss man mit einer Tagesmiete von 100 Euro und mehr rechnen – bei rechtzeitiger Miete findet man aber auch Angebote ab 500 Euro pro Woche (Dacia Duster ab 300 Euro pro Woche).

Meist sind die Fahrzeuge bei der Anmietung **voll getankt,** falls nicht, wird der Tankstand notiert. Die Autos müssen mit der entsprechenden Tankfüllung wieder zurückgegeben werden.

Seit wenigen Jahren werden auch **voll ausgestattete Wohnmobile** vermietet – ideal für Familien! Die Preise bewegen sich beim Anbieter Zigzag Camper in Marrakesch (Mobil 0624 66 36 70, www.zigzagcamper.com) zwischen etwa 650 und 950 Euro pro Woche für ein Fahrzeug, das Platz für vier bis sechs Personen bietet (mit unbegrenzter Kilometerzahl, niedrigere Tarife ab zwei Wochen Mietdauer).

### Versicherungs-ABC

Die in Französisch oder Englisch abgefassten Versicherungsbedingungen der lokalen Vermieter sind oft schwierig zu verstehen. Hier die **Übersetzung** häufig verwendeter Begriffe/Abkürzungen:

- **A.C.:** *Air Condition,* mit Klimaanlage
- **Assurance tous risques:** Vollkaskoversicherung
- **Conducteur additionnel/supplémentaire:** zusätzlicher Fahrer, muss meist kostenpflichtig hinzugebucht werden
- **Pas de franchise:** ohne Selbstbehalt
- **Kilométrage illimitée:** unbegrenzte Kilometer
- **T.P.:** *Theft Protection,* Diebstahlschutzversicherung
- **C.D.W.:** *Collision Damage Waiver,* Vollkaskoversicherung mit (oft relativ hoher) Selbstbeteiligung
- **S.C.D.W.:** Vollkaskoversicherung mit reduzierter oder ohne Selbstbeteiligung
- **T.T.C.:** *toutes taxes comprises,* alle Steuern und Abgaben sind inbegriffen

## Straßennetz

Marokko verfügt über das **dichteste Asphaltstraßennetz ganz Nordafrikas.** Die Hauptstraßen *(Routes principales)* sind vorwiegend in sehr gutem Zustand. Es existieren (mautpflichtige) **Autobahnen** von Tanger über Rabat, Casablanca, El Jadida nach Safi, von Ceuta nach Tétouan, von Casablanca über Marrakesch nach Agadir, von Casablanca nach Beni-Mellal und von Rabat über Fès nach Oujda. Vorsicht: Die Seitenstreifen der marokkanischen Autobahnen werden nicht selten von Tieren und Fußgängern bevölkert, die gelegentlich sogar die Fahrbahn überqueren!

**Auf den Nebenstrecken** lässt der Asphaltbelag manchmal zu wünschen übrig (v.a. bedingt durch Wetterschäden). Die Seitenstreifen sind häufig ausgefranst und die Bankette schlecht befestigt. Da die Nebenstraßen und Pisten oft nicht breit genug für zwei Fahrzeuge sind, muss man sich bei Gegenverkehr darauf gefasst machen, den Asphalt seitlich zu verlassen. Es gleicht manchmal einem Machtkampf, wer am längsten die Nerven behält, den Platz auf dem schmalen Asphaltstreifen für sich zu beanspruchen – der Schwächere weicht schon rechtzeitig aus. Fahren Sie besser gleich (möglichst vorsichtig) zur Seite.

Die **Gebirgsstrecken** im Hohen Atlas sind mit Alpenpassstraßen in Europa vergleichbar. Für (nicht schwindelfreie) Flachlandbewohner kann sich eine Fahrt durchs marokkanische Gebirge zum Alptraum entwickeln, denn oft kommen die schmalen Straßen ohne Leitplanken, Seitenbegrenzung oder Mittelstreifen aus. In **endlosen Kurven** winden sich viele Gebirgsrouten bergauf und -ab, neben der Straße tut sich ein tiefer Abgrund auf. Nach Unwettern sind die Bergstrecken häufig beschädigt und der Belag z.T. weggeschwemmt oder durchlöchert. Wohnmobilisten sollten schmale Gebirgsstrecken meiden.

Die **Straßenbeschilderung** ist inzwischen entlang der größeren Straßen durchwegs in Französisch, sodass eine Orientierung relativ leicht fällt. In ländlichen Gebieten und im Anti-Atlas fehlen gelegentlich sämtliche Wegweiser oder es existieren nur arabisch (oder immer häufiger auch masirisch) beschriftete Schilder – dann sollte man in den Dörfern nachfragen, die Leute helfen gerne.

Der Verkehr hat in Marokko in den letzten Jahren deutlich zugenommen, und es passieren leider auch viele tödliche Unfälle. **Erhöhte Vorsicht ist im Bereich von Großstädten und nachts** geboten: Fußgänger, Hunde und Esel überqueren plötzlich die Straße, Mopeds und andere Fahrzeuge scheren unerwartet aus und nutzen jede Lücke, um sich unvermittelt wieder einzureihen, oder blockieren wegen einer Panne eine Spur. Oft haben Pannen-Lkw kein Warndreieck, stattdessen werden auf Landstraßen, im Gebirge auch an unübersichtlichen Kehren Äste oder Steine auf die Straße gelegt und nach Ende der Panne liegen gelassen! Viele alte Laster sind nicht oder nur schlecht beleuchtet und oft erst im letzten Moment auszumachen. Wer hier nicht über gute Nerven verfügt, schwitzt „Blut und Wasser“, wie es ein Leser ausdrückte.

Achtung: In den letzten Jahrzehnten wurden die offiziellen **Straßennummerierungen** immer wieder geändert. Seit 2018 gilt wieder ein neues Nummernsystem. Dessen Umsetzung vor Ort (auf Schildern, Karten etc.) kann jedoch Jahre dauern, sodass in diesem Reiseführer die alte Nummerierung der Straßen (nach dem System N = Nationalstraße, R = Regionalroute) beibehalten wurde, um Verwirrung zu vermeiden. Apple und Google Maps verwendeten 2019 weiter die alten Nummern und Bezeichnungen, OpenStreetMaps z.T. die neuen (RN = Nationalstraße).

■ Auf **www.admtrafic.ma** finden sich aktuelle Verkehrsmeldungen (Unfälle etc.) von den Autobahnen.

## Stadtverkehr

Die großen Städte Marokkos teilen sich i.d.R. in zwei Bezirke: Medina (Altstadt) und Neustadt *(Ville/Cité Nouvelle)*. In den **Neustädten** ist die **Orientierung meist kein Problem,** da diese in der französischen Kolonialzeit angelegt wurden und klar gegliedert sind. Die Hauptstraße der Neustadt ist entweder nach den früheren Königen *Mohamed V.* und *Hassan II.* oder nach dem aktuellen König *Mohamed VI.* benannt. Viele früher gebräuchlichen französischen Straßennamen wurden in **arabische Straßennamen umbenannt.** So wird heute häufig statt des französischen *Rue* das arabische *Zankat* oder *Sharia* verwendet (z.B. Rue d'Algier = Zankat al Jazair), *Derb* bezeichnet eine Gasse. Da die Schreibweise aber selten nach der offiziellen **Transkription** vom Arabischen ins Lateini-

112sm20 ad

sche, sondern in der im Französisch gebräuchlichen Transkription vorgenommen wurde, differieren hier die Schreibweisen erheblich. So gibt es z.B. für den arabischen Eroberer *Yussuf ibn Tashfin* (offizielle Transkription), nach dem viele Straßen benannt sind, die Schreibweisen *Youssouf Ben Tachfine* (franz.), *Yussef ibn Tachfin, Jussef ben Taschfin* usw. Ebenso für *Moulay Idris* z.B. *Moulay Idriss, Moulay ben Driss, Moulay Ibn Driss* oder bei *Mohamed* alias *Muhamad* (offizielle Transkription) oder *Muhammed* bzw. *Mohammed*. Diese Beispiele ließen sich beliebig fortsetzen. Manche Stadtpläne geben noch alte Straßennamen an, was es erschwert, sich zurechtzufinden. Stra-

⌃ Marokko hat ein gutes Asphaltstraßennetz, auch die Passstraße über den Tizi-n-Tichka ist gut ausgebaut

ßenschilder sind in kleineren Orten üblicherweise nur an den Hauptstraßen angebracht, eine Adresse in der Medina oder in einem Wohnviertel ausfindig zu machen, ist deshalb ziemlich schwierig.

Die **Medinas** kann man, abgesehen von sehr wenigen Durchgangsstraßen, **nicht mit dem Auto befahren.** Die Gassen sind so eng, dass sich allenfalls wenige Lieferfahrzeuge, meist aber nur Packesel und Mopeds durch das Menschengewühl drängen. Bewachte Parkplätze findet man am Rand der Medina nahe der Eingangstore (arab. *Bab*).

Bei **Orientierungsproblemen** können Polizisten helfen. Die Beamten sind durchweg sehr hilfsbereit und sprechen gutes Französisch, evtl. auch englisch.

Insgesamt ist der **Stadtverkehr** in Marokko nach europäischen Maßstäben recht **chaotisch.** Besonders in den vielen Kreisverkehren drängeln sich ständig verwegene Moped- und Fahrradfahrer, Taxis und Pferdekutschen durch den Verkehr nach vorne. Immerhin werden rote Ampeln (im Gegensatz zu manch anderen Ländern) respektiert, Zebrastreifen aber beispielsweise konsequent ignoriert. Deshalb drängen sich auch Fußgänger einfach kreuz und quer über die Straße. Die Hupe wird oft und gerne benutzt. Wird ein Auto mal von hinten oder seitlich touchiert, entstehen zwar lautstarke Wortgefechte, aber meistens setzen nach einigen Minuten beide Fahrer ihren Weg fort.

## Verkehrsregeln

Es herrscht **Rechtsverkehr.** Es gilt wie bei uns **rechts vor links,** auch im Kreisverkehr – außer die Einfahrt ist mit einem Vorfahrt-achten-Schild oder einer Ampel versehen. Allgemein gilt, dass man in Marokko nicht zu sehr auf sein Vorfahrtsrecht bestehen, sondern lieber defensiv und umsichtig fahren sollte. Rot-weiße Streifen am Randstein bedeuten **Parkverbot.** Für Fahrer und Beifahrer herrscht **Anschnallpflicht.** Es gilt ein **absolutes Alkoholverbot!** Offiziell müssen Motorrad- und Mopedfahrer einen **Helm** tragen, was jedoch nicht immer eingehalten wird.

## Geschwindigkeitsbeschränkungen

100 km/h außerhalb von Ortschaften, 120 km/h auf Autobahnen, in Ortschaften 40–60 km/h (je nach Beschilderung), beim Überholen von Militärkolonnen 30 km/h. **Polizei- und Geschwindigkeitskontrollen sind in Marokko sehr häufig.** Vor und nach größeren Städten stehen uniformierte Polizisten – manchmal sogar mit Radarpistole bewaffnet – versteckt auf dem Grünstreifen zwischen den Autobahnspuren. Kontrollen an den Straßen werden (leider nicht immer) durch runde, rot-weiße Schilder (wie allgemeines Fahrverbot) mit der Aufschrift „Ralentir, gendarmerie" und „Halte, gendarmerie" angekündigt. In den letzten Jahren wurden die **Strafgelder für Verkehrsübertretungen** drastisch erhöht – inzwischen liegt das Strafgeld bei pauschal 700 DH. Auch für Parken im Halteverbot, für überladene Fahrzeuge, Sichtbehinderung etc. sind empfindliche Geldbußen vorgesehen. Zu hoffen ist, dass Marokkos Straßen dadurch sicherer werden. Touristen sei geraten, sich strikt an die Straßenverkehrsordnung zu halten. Besonders Geschwindigkeitskontrollen per Radarpistole nahmen in den letzten Jahren drastisch zu (auch auf Autobahnen). Verkehrspolizisten in Kreuzungen oder Kreisverkehren werden von den Einheimischen meistens nicht sonderlich beachtet und sorgen eher für mehr Stau als für flüssigeren Verkehr. Ein Touristenführer formulierte es mal treffend: „Verkehrspolizisten sind bei uns reine Dekoration – das ist eben der *Chef de Décoration.*"

## Treibstoffversorgung

Es gibt ein **dichtes Tankstellennetz** in Städten und entlang der Hauptstraßen. Auch bleifreies Benzin und Super ist fast überall erhältlich. Auf Nebenstraßen in dünn besiedelten Gebieten sollte man vorsichtshalber einen Ersatzkanister mit sich führen bzw. zeitig auftanken.

### Kraftstoffpreise (pro Liter/Anfang 2020)

- **Super:** ca. 11,80 DH
- **Diesel** *(gasoil):* ca. 9,90 DH
- Die Spritpreise sind innerhalb einer Provinz gleich – **je abgelegener die Provinz, desto teurer ist der Treibstoff.** Südlich von Tan-Tan und in der Westsahara (Zollfreigebiet) ist Diesel und Benzin deutlich billiger.

113sm20 ad

☒ Wo geht's lang?

## Straßennavigation

Im unübersichtlichen Großstadtverkehr, aber auch bei Überlandfahrten kann ein **Navigationsgerät** mit der passenden Kartensoftware in Marokko gute Dienste leisten. Entweder man nimmt sein eigenes Gerät von zu Hause mit und spielt vor der Reise die Straßenkarten (z.B. Garmin CityNavigator Marokko NT, siehe www.garmin.de) auf, oder man bucht bei der Mietwagenfirma ein Navi dazu (ca. 10 Euro/Tag). In diesem Buch sind Koordinaten von schwer auffindbaren Abzweigen oder Orten angegeben.

Eine günstige Alternative zum Navigationsgerät ist ein **Smartphone oder Tablet.** Mit **Apps** wie OpenStreetMaps oder Maps.me lässt sich inzwischen genauso gut navigieren wie mit einem Navigationsgerät. Am besten man lädt sich schon zu Hause über WLAN die benötigten Regionalkarten herunter, die dann unterwegs offline verfügbar sind. Die Karten sind erstaunlich präzise und enthalten zahllose **Points of Interest (POI)** wie Tankstellen etc. Mit einer Autohalterung und (USB-)Ladegerät kann man auch während der Fahrt die Karte im Blick behalten. Im Gegensatz zur Navigation mit Google Maps muss man bei dieser Lösung nicht online sein.

# Touristenknigge

**Beginnen Sie Ihre Reise unvoreingenommen** mit dem Wunsch, mehr über das Land und seine Menschen zu erfahren.

**Respektieren Sie die Gefühle der gastgebenden Bevölkerung.** Bedenken Sie, dass Sie durch Ihr Verhalten auch ungewollt verletzen können. Dies trifft vor allem auf das Fotografieren zu.

Gewöhnen Sie sich an, **zuzuhören** und zu beobachten anstatt nur zu hören und zu sehen.

Halten Sie sich vor Augen, dass andere Völker oft **andere Zeitbegriffe** haben – diese sind nicht schlechter, nur eben verschieden.

Entdecken Sie, wie interessant und wertvoll es sein kann, **eine andere Art des Lebens kennenzulernen.**

Machen Sie sich mit den **örtlichen Sitten** und Gebräuchen vertraut. Sie werden sicher jemanden finden, der Ihnen dabei hilft.

**Legen Sie die Gewohnheit ab, auf alles eine Antwort parat zu haben.** Seien Sie mal derjenige, der eine Antwort haben möchte.

Denken Sie daran, dass Sie nur einer von Tausenden Touristen im Land sind. **Beanspruchen Sie keine besonderen Privilegien.**

**Wenn Sie etwas günstig eingekauft haben,** denken Sie daran, dass Ihr Vorteil vielleicht nur deswegen möglich war, weil die Löhne in Ihrem Gastland niedrig sind.

**Machen Sie niemandem Versprechungen,** wenn Sie nicht sicher und willens sind, sie auch zu halten.

**Nehmen Sie sich täglich etwas Zeit, um Ihre Erlebnisse zu verdauen;** sie werden dann mehr vom Reisen haben.

**Wenn Sie es auf Reisen wie zu Hause haben wollen,** dann sollten Sie Ihr Geld nicht fürs Reisen verschwenden und lieber daheim bleiben.

Ein **empfehlenswertes Buch** zu dieser Thematik ist (aus dem Reise Know-How Verlag, Bielefeld):

- *Muriel Brunswig*, **KulturSchock Marokko**

016m015 ad

# Verhaltenstipps

## Autoritäten

**Beamten** sollte man immer **freundlich begegnen.** Autoritäten werden in Marokko noch wesentlich mehr respektiert als bei uns. Die Autorität des Staates, von Amtspersonen, aber auch der Eltern ist noch kaum in Frage gestellt. Daher sollten kritische oder gar beleidigende Äußerungen, sowohl was den König (Straftatbestand!) als auch das Land betrifft, unterbleiben. Der Stolz auf das Land, seine Kultur und seine Werte ist groß, und selbst dem System kritisch gegenüberstehende Marokkaner werden selten negativ über ihre Heimat sprechen.

## Einladungen

Der Besucher Marokkos entwickelt mit der Zeit ein **Gespür** dafür, ob echte Gastfreundschaft oder nur Geschäftssinn hinter einer Einladung steckt. In touristischen Hochburgen kann ein **gesundes Misstrauen** nicht schaden. Zwar mag das Angebot einer Tasse Tee schließlich in einen Teppichladen führen, doch wer nichts kaufen will und dies klar kundtut, wird ohne Groll wieder „entlassen".

**Abseits der touristischen Zentren** wird der Besucher im Allgemeinen auch heute noch traditionsgemäß herzlich und ohne kommerzielle Hintergedanken begrüßt und aufgenommen. Legen Sie dann Ihre europäische Hektik ab, zeigen Sie Interesse für Ihre Gastgeber, ziehen Sie Ihre **Schuhe** vor dem Betreten des Empfangszimmers aus, und strecken Sie Ihrem Gegenüber niemals die Fußsohlen entgegen.

Traditionell werden die Gäste in einem Salon mit rundum laufenden Sitzpolstern und niedrigen Tischen bei einem Glas süßen Tee begrüßt. Manchmal läuft hier auch der **Fernseher,** von dem man sich nicht irritieren lassen sollte – er gilt noch immer als Zeichen des Fortschritts und des Wohlstands. **Frauen** werden Sie in konservativ orientierten Familien auf dem Land in der Regel nur zum Auftragen der Speisen sehen. Traditionell üblich essen die Frauen und Kinder von den Männern getrennt. Bei Touristinnen wird eine Ausnahme gemacht. **Essen Sie nur mit der rechten Hand, die Linke gilt als unrein** (da man sich damit nach der Toilette und bei der rituellen Reinigung vor dem Gebet an „unreinen" Körperteilen wäscht). Bei einer privaten Einladung sind **Gastgeschenke** willkommen: z.B. für die Kinder Bonbons oder Buntstifte, für die Männer Zigaretten, für die Frauen kleine Kosmetikprodukte wie Cremes und Parfumproben. Überreichen Sie die Gastgeschenke ebenfalls nur mit der rechten Hand.

Die übliche marokkanische **Begrüßung** auf der Straße ist: *Läbäs (bes)?,* was in etwa heißt: „Wie geht's?". Die Antwort darauf lautet *Läbäs el hamdulilah* – „Es geht gut, Gott sei Dank". Im Haus wird man meist mit *marhaba* = „Willkommen" bzw. dem arabischen *Salam aleikum* in Empfang genommen (Antwort: *Aleikum assalam*). Zur Verabschiedung sagt man *Besslama* bzw. *Ma Salama* = „Auf Wiedersehen". Man reicht sich zur Begrüßung die rechte Hand, die als Zeichen des besonderen Respekts anschließend ans eigene Herz geführt wird. Marokkanische Männer begrüßen sich häufig mit Wangenküsschen, während sie die Begrüßungsformeln austauschen.

## Fotografieren

Die vielen fremdartigen Motive Marokkos verlocken zu häufigem Gebrauch der Kamera. Aber **Vor- und Rücksicht!** Grundsätzlich verboten ist das Filmen und Fotografieren militärischer Einrichtungen im weitesten Sinne, dazu gehören auch die Staumauern der Stauseen. Zurückhaltung also, wenn Antennenanlagen, beflaggte Gebäude oder Militärzäune mit in die „Schusslinie" kommen. Auch Uniformierte (Gendarmerie, Polizei) sollte man fragen, bevor man sie fotografiert.

Nach strenger Koranauslegung ist jede **bildliche Darstellung des Menschen** verboten, daher ist vor allem bei Personenaufnahmen äußerstes Feingefühl gefragt. Wer Menschen fotografieren will (und dies nicht unbemerkt tun kann), sollte sich durch Fragen oder entsprechende freundliche Gestik vergewissern, dass der Betroffene nichts dagegen hat. Im Zweifelsfall: kein Foto. Während die berberische Bevölkerung meist aufgeschlossen aufs Fotografieren reagiert, ist es respektlos, z.B. eine traditionell gekleidete arabische Frau ungefragt aus der Nähe „abzuschießen". Auf **wenig Verständnis** stoßen auch Fotografen, die ärmliche Verhältnisse (Slums, Müllhalden, baufällige Häuser, Bettler etc.) als Motiv wählen.

Manch fotoscheuen Menschen kann man eventuell doch von einem Foto überzeugen, indem man ihm einen Blick auf das Kameradisplay gewährt – die Freude über das eigene Abbild lässt die Skepsis vielleicht schwinden.

**Digitalaufnahmen,** von denen man auch in Marokko Abzüge machen lassen kann, sind eine gute Möglichkeit, sich für eine Einladung oder Dienstleistung zu revanchieren, ebenso das (natürlich einzuhaltende) Versprechen, Bilder später von zu Hause aus zu schicken.

## Frauen allein unterwegs

**Besonders jungen, blonden Frauen** wird es nicht verborgen bleiben: Für einige marokkanische Junggesellen scheinen diese Merkmale einen Schlüsselreiz darzustellen, der sie zu einem zuckersüßen „Bonjour, la gazelle" oder einem leisen Pfeifen oder Zischen im Vorbeigehen veranlasst. Alleinreisende Frauen müssen in marokkanischen Großstädten gelegentlich mit Anmache rechnen, ernsthaft belästigt wird frau jedoch äußerst selten.

Um Anmache zu vermeiden, sind **angemessene Kleidung** (keine schulterfreie, tief ausgeschnittene oder sehr enge Kleidung, keine Mini-Röcke) und ein **sicheres Auftreten** wichtig: Blickkontakt vermeiden (z.B. mit Sonnenbrille), selbstbewusst und zielsicher weitergehen, ohne auf Kommentare zu reagieren. Ledige Frauen sollten bei der Frage nach der Familie immer einen Ehemann und am besten auch Kinder „erfinden", die zu Hause warten.

Bis auf gelegentlich nervige Kommentare können sich allein reisende Frauen in Marokko problemlos frei und sicher bewegen. Sollte doch einmal ein Mann zudringlich werden, dann sollte frau laut rufen und mit der Touristenpolizei drohen – sofort werden mehrere Personen zu Hilfe eilen. **Traditionelle Cafés** mit ausschließlich männlichem, einheimischem Publikum (besonders in den Medinas) sollten gemieden werden.

## Führer und „Faux guides"

Immer wieder werden Reisende von sogenannten *faux guides* – Jugendlichen oder jungen Männern, die sich illegal als Führer anbieten – belästigt. Es ist ratsam, sich unbedingt einen **offiziellen, staatlich geprüften Stadtführer** zu nehmen und sich gegebenenfalls seine Führerlizenz oder -plakette zeigen zu lassen. Die offiziellen Führer sprechen mehrere Sprachen und geben geschichtliche Hintergrundinformationen. Faux guides zielen hingegen hauptsächlich darauf ab, von einem Souvenirgeschäft zum nächsten und zu Restaurants zu führen, von denen sie eine hohe Provision erhalten.

Der Ärger mit (inoffiziellen) Fremdenführern und die Belästigung durch aufdringliche Kinder, Jugendliche und/oder „Mopedguides" haben in der Vergangenheit wesentlich zum touristischen **Negativimage** Marokkos beigetragen. Kampagnen in TV und Rundfunk sowie verstärkte Polizeikontrollen haben vor allem in den Großstädten die Situation wesentlich verbessert. Dennoch werden Touristen in manchen Oasen und Altstädten weiterhin von faux guides, Souvenirhändlern, Schleppern oder bettelnden Kindern bedrängt, die man nur mit viel Gleichmut und (freundlicher) Hartnäckigkeit abwimmeln kann.

Touristen ohne Französischkenntnisse oder Urlauber, die zum ersten Mal den Orient bereisen und sich im Gassengewirr der Altstädte unsicher fühlen, sollten zur Orientierung am ersten Tag einen offiziellen Führer engagieren. Gästehäuser und Hotels sowie die lokalen Tourismusämter vermitteln deutsch- oder englischsprachige Führer. Einige empfehlenswerte offizielle Führer sind in den Stadtkapiteln genannt. **Kompetente deutschsprachige Stadtführer** verlangen für eine halbtägige Führung ca. 500 DH (40 Euro) und für den ganzen Tag 600–1000 DH (50–90 Euro) – unabhängig von der Personenzahl. Der **Preis** sollte immer **vorher vereinbart** werden! Auch offizielle Führer erhalten Provision, wenn Touristen in den Läden einkaufen, in die sie führen. Man sollte deshalb vor der Führung klar vereinbaren, ob man am Besuch einer Kunsthandwerksstätte oder eines Teppichladens interessiert ist oder nicht.

## Handeln

Sollten Sie Spaß am **Feilschen** haben, so können Sie das in den Großstadt-Suqs stundenlang betreiben. Billig ist in den Städten allerdings nichts mehr, viele Gegenstände werden nur noch für den Verkauf an Touristen gefertigt. Oft lässt sich der erstgenannte Preis für Touristenware bis auf die Hälfte herunterhandeln. Man sollte nie ohne **Preisvergleich** handeln und sich niemals als Marokko-Neuling outen. Wenn Sie auf entsprechende Fragen Ihres Pendants mehrere Städte aufzählen, in denen Sie schon gewesen sind und einen Aufenthalt in Marokko von mindestens drei Wochen angeben, suggeriert dies Erfahrung, und die Verhandlungsbasis ist eine ganz andere.

Bei **Lebensmitteln** wird nicht gehandelt, von Touristen aber gelegentlich ein höherer Preis abkassiert (z.B. für Datteln, Obst/Gemüse an der Straße).

**Beim Feilschen gilt eine Anstandsregel:** Beginnen Sie **keinen Handel, wenn Sie nicht die Absicht haben,** den Gegenstand wirklich **zu kaufen.** Manchmal wird man zwar fast zum Handeln gezwungen, aber meist kann man bekunden, dass kein Interesse besteht. Sollte der Händler trotzdem nicht lockerlassen, nennt man einen so idiotisch niedrigen Preis, dass ihm von selbst die Lust zum Handeln vergeht. In den allermeisten Fällen einigt man sich auf einen Preis in der Mitte, mit dem beide zufrieden sind: Der Händler hat seinen Anteil verdient und der Tourist ein schönes Stück erworben, das ihm diesen Preis wert ist. Touristen, die nicht handeln, werden belächelt – handeln Sie aber wie ein Araber, werden Sie sich Respekt verdienen.

Ohne Handeln kauft man in den **staatlichen Läden Ensemble Artisanal** in den großen Städten ein. Diese führen ein gutes Sortiment an landestypischen Handwerksprodukten zu Festpreisen. Auf Wunsch wird die Ware sogar nach Hause geschickt.

Grundsätzlich gilt: **Lassen Sie sich nie von einem Händler unter Druck setzen!** Will er Sie am Gehen hindern, oder schlägt er einen aggressiven Ton an, sagen Sie ihm deutlich, was Sie davon halten, und drohen Sie ggf. mit der Touristenpolizei. Dann ist dieses Theater sehr schnell beendet.

114sm20 ad

## Religion und religiöse Stätten

Der **Zutritt** ins Innere von Moscheen, Zaouias und Marabuts ist für Nicht-Muslime **verboten** (Ausnahmen: Moschee Hassan II. in Casablanca und Tin Mal im Hohen Atlas). Auch das Fotografieren von Betenden oder Gläubigen bei der rituellen Waschung, etwa durch den Eingang einer Moschee, ist unangebracht.

☒ Als Frau allein in Marokko unterwegs? Kein Problem!

Nach der Religion gefragt, sollte man sich **als Christ bekennen** – Atheisten ernten nur Unverständnis.

Im **Fastenmonat Ramadan** sollten auch Touristen in der Öffentlichkeit Zurückhaltung bezüglich Rauchen, Essen und Trinken üben. Alkoholgenuss sollte generell auf Hotels, Bars und Restaurants beschränkt bleiben. Animieren Sie keinen Moslem zum Alkoholkonsum!

## Schlepper und Nepper

Ein orientierungsloser Blick im Gassengewirr und schon kommt ein freundlicher junger Mann und zeigt den Weg durch die Medina – mit Abstecher in den Gewürzladen des Bruders und der Erwartung eines großzügigen Trinkgelds bzw. einer Provision. Ein anderer hilfsbereiter Einheimischer ruft „Die Medersa hat heute geschlossen, aber ich zeige dir eine andere Attraktion" – der gut gemeinte Hinweis entpuppt sich als Falschaussage, und auch dieser selbst ernannte Führer will ein überhöhtes Trinkgeld. Neben den bestellten Fleischspießen stehen an der Garbude auf dem Djâmaa el-Fna in Marrakesch plötzlich Pommes, Brot und Salat auf dem Tisch, für die zum Schluss ordentlich abkassiert wird. Die Henna-Frau ein paar Meter weiter versteht eine Geste der Touristin vermeintlich falsch und malt unaufgefordert Henna-Ornamente auf deren Hand, worauf eine völlig überzogene Preisforderung folgt. Die Marokkaner sind einfallsreich, und so gibt es **unzählige Tricks,** Touristen in einen Verkaufsladen zu locken, irgendwo hin zu führen oder überhöhte Preise für eine Leistung (z.B. auch Taxifahrten) zu verlangen. Eine **gesunde Portion Misstrauen** gehört zu einer Reise nach Marokko, will man sich nicht ständig zwischen Souvenirs wiederfinden oder ein Trinkgeld für eine vermeintliche Hilfestellung zahlen. Man übe sich in freundlicher, aber selbstsicherer und konsequenter Ablehnung – dann kehrt zumindest vorübergehend Ruhe ein …

Man sollte nicht dazu übergehen, alle Marokkaner als potenzielle Betrüger und Abzocker zu betrachten. Die beschriebenen Szenen sind **vorwiegend an sehr touristischen Orten** wie z.B. in Marrakesch zu beobachten. In ländlichen, weniger besuchten Regionen begegnet man täglich echter Gastfreundschaft und Hilfsbereitschaft.

Eine gute Zusammenfassung gängiger Abzock- und Betrugsmaschen inklusive Verhaltenstipps findet sich **online** unter www.riads-marrakesch.de/scams-marokko-betrug-abzocke-bezness.

## Umgang mit Bettlern und Kindern

Besonders in den Altstädten begegnen Touristen immer wieder der **Armut:** Alte gebrechliche Frauen und Männer betteln vor den Eingängen einer Moschee, Mütter sitzen mit kleinen Kindern auf dem Schoß auf dem Gassenboden, ein Junge führt seinen blinden Großvater mit offener Hand durch die Gegend, sechsjährige Knirpse verkaufen Kekse oder Taschentücher auf der Straße. Das **Almosengeben** ist eine **muslimische Pflicht,** und so kann man regelmäßig Marokkaner beobachten, die Bettlern etwas zustecken. Auch als Tourist kann man Gutes tun, indem man Armen gelegentlich 1 oder 2 Dirham gibt. Es ist jedoch sehr wichtig, nicht wahllos Geld ohne Gegenleistung zu verteilen, sondern nur gezielt an wirklich Bedürftige!

**Unangebrachte Mitleidsspenden** an bettelnde Kinder führen letztlich dazu, dass Touristen von schreienden Kinderhorden verfolgt und die Kleinen statt zur Schule zum Betteln geschickt werden.

Wohnmobilisten berichten gelegentlich, dass sie **von Kindern mit Steinen beworfen** wurden. Die Gründe dafür sind schwer zu durchschauen. Kinder, die schon einmal Süßigkeiten oder Kugelschreiber von wohlmeinenden Touristen erhalten haben, werfen die Steine vielleicht aus Frust darüber, diesmal leer ausgegangen zu sein. Bettelgaben sind sicher keine Lösung, deshalb sollte man bei Steinattacken sofort bremsen, dem Übeltäter nachlaufen und ihn zur Rede stellen. Freundliches Winken beim Vorbeifahren hilft ebenso: Dann fällt der Stein zu Boden und stattdessen erhebt sich die Hand zum Zurückwinken …

### Umgang mit dem anderen/ gleichen Geschlecht

Gefühlsbezeugungen oder gar der Austausch von **Zärtlichkeiten** zwischen Mann und Frau **in der Öffentlichkeit** widersprechen den islamischen Moralvorstellungen. Umgekehrt lässt sich beobachten, dass marokkanische Männer häufig Händchen haltend oder Arm in Arm durch die Straßen gehen. Dies ist meist Ausdruck einer ganz normalen guten Freundschaft unter Männern. **Homosexualität** ist verboten, aber weit verbreitet – viele Marokkaner machen ihre ersten sexuellen Erfahrungen mit dem gleichen Geschlecht.

**Als ungebührlich gilt,** wenn ein männlicher Tourist in der Öffentlichkeit eine marokkanische Frau anspricht, und sei es nur, um nach dem Weg zu fragen. Ganz und gar ungewöhnlich ist es, als Mann von einer oder mehreren marokkanischen Frauen angesprochen zu werden. Diese Form der Kontaktaufnahme wählen nur Prostituierte, selbst wenn die Damen überhaupt nicht danach aussehen und sich z.B. als Studentinnen ausgeben.

Außereheliche und gleichgeschlechtliche **Sexualbeziehungen** sind in Marokko Straftatbestände, die Praxis zeigt allerdings, dass eine Beziehung unter europäischen unverheirateten Hetero-Paaren akzeptiert wird, jedoch Schwierigkeiten auftreten, wenn einer der Partner die marokkanische Staatsbürgerschaft besitzt.

## Versicherungen

Zur **Reisekrankenversicherung** siehe „Gesundheit/Versicherungsschutz“.

Ist man mit einem Fahrzeug unterwegs, ist der **Europaschutzbrief** eines Automobilclubs eine Überlegung wert (Adressen der Automobilclubs siehe im Kapitel „Notfälle“). Die Schutzbriefe (z.B. ADAC plus) beinhalten fast sämtliche unten aufgeführten Versicherungen inklusive Krankenversicherung und Rückholflug im Notfall.

Ob der Abschluss einer Reiserücktritts-, Reisegepäck-, Reisehaftpflicht- oder Reiseunfallversicherung nötig ist, ist individuell abzuklären. Gerade diese

Versicherungen enthalten viele Ausschlussklauseln, sodass sie nicht immer Sinn machen.

Eine **Reiserücktrittsversicherung** ist nur für teure und lange im Voraus gebuchte Pauschalreisen eine Option und gilt dann, wenn man vor der Abreise einen schweren Unfall hat, schwer erkrankt, schwanger wird, gekündigt wird oder nach Arbeitslosigkeit einen neuen Arbeitsplatz bekommt, die Wohnung abgebrannt ist u.Ä.; nicht gelten hingegen: Terroranschlag, Streik, Naturkatastrophe etc.

Die **Reisegepäckversicherung** lohnt sich seltener, da z.B. bei Flugreisen verlorenes Gepäck oft nur nach Kilopreis und auch sonst nur der Zeitwert nach Vorlage der Rechnung ersetzt wird. Wurde eine Wertsache nicht im Safe oder verschlossenen Koffer aufbewahrt, gibt es bei Diebstahl auch keinen Ersatz. Kameraausrüstung und Notebook dürfen beim Flug nicht als Gepäck aufgegeben worden sein. Gepäck im unbeaufsichtigt abgestellten Fahrzeug ist ebenfalls nicht versichert. Die Liste der Ausschlussgründe ist endlos … Für den Fall, dass etwas passiert ist, muss der Versicherung als Schadensnachweis ein Polizeiprotokoll vorgelegt werden, was in Marokko zu einem größeren bürokratischen Akt ausarten kann. Zudem wird das Dokument evtl. nur in Arabisch, bestenfalls in Französisch ausgestellt.

Manche **Gold-Kreditkarten** (VISA, MasterCard etc.) beinhalten z.B. eine Unfallversicherung im In- und Ausland, eine Auslands-Privathaftpflichtversicherung, eine Reisekrankenversicherung und eine Reiserücktrittsversicherung für den Karteninhaber. Man sollte die Konditionen vor der Abreise genau prüfen.

## Veranstalter: Pleite!

Jeder, der eine Rund- oder Pauschalreise bucht, hat das Recht, sich zu vergewissern, dass der Veranstalter gegen eine Insolvenz versichert ist. Spätestens bei der ersten (An-)Zahlung sollte der Veranstalter bzw. das Reisebüro dem Kunden deshalb einen **Sicherungsschein** aushändigen.

Wenn kein Sicherungsschein ausgehändigt wird und man annehmen muss, dass der Veranstalter nicht versichert ist, sollte man ermessen, wie wahrscheinlich eine Insolvenz bei diesem Unternehmen ist. Das **Risiko** ist sowohl bei namhaften Veranstaltern (wie die Pleite von *Thomas Cook* gezeigt hat) als auch bei sogenannten Billigveranstaltern gegeben. Im Zweifelsfall erhält man bereits bezahlte Reiseleistungen nicht zurück (aber auch mit Sicherungsschein kann es sein, dass Erstattungen nur bis zu einer gewissen Grenze erfolgen). Jedoch gibt es auch Veranstalter, die als Landeskenner z.B. individuell einmal pro Jahr eine Reise veranstalten, dann ist per Gesetz ein Sicherungsschein nicht notwendig – eine Buchung bei solchen Veranstaltern ist Vertrauenssache.

037sm20 ad

# 9 Land und Leute

Wasserverkäufer in seiner traditionellen Tracht am Djamâa el-Fna in Marrakesch

# Geografie

**Marokko** (inklusive dem Gebiet der Westsahara) liegt in seiner Nord-Süd-Erstreckung zwischen dem 36. Breitengrad und dem nördlichen Wendekreis im äußersten Süden bei 23,3°. Das Land bildet zusammen mit Tunesien und Algerien den Landschaftsraum der **Atlasländer.** Die Gipfelhöhen des Atlas-Gebirgsmassivs nehmen westwärts von Tunesien über Algerien nach Marokko hin ständig zu und erreichen im Hohen Atlas ihre größten Höhen. Die beiden Gebirgsketten des nördlichen Rif-Gebirges an der Mittelmeerküste und des Mittleren Hohen Atlas, der sich Richtung Südwesten bis zur Atlantikküste bei Agadir fortsetzt, umschließen den atlantischen Kernraum Marokkos, die Meseta.

Wenn von Marokko als einer „Insel" gesprochen wird, so ist der beschriebene Kernraum mit den umrahmenden Gebirgen im Norden, Osten und Süden gemeint. Damit ist aber nicht einmal die Hälfte der Fläche Marokkos abgedeckt. Die übrigen Gebiete werden oft als das **transmontane Marokko** bezeichnet: Hierzu gehören der Nordosten Marokkos östlich des Flusses Moulouya – ein altes Hochlandmassiv, das jenseits der Grenze nach Algerien in das Hochland der Schotts übergeht – und die Landschaftsräume im Süden und Südosten, die zum eigentlichen afrikanischen Festlandsockel gezählt werden. Es sind im Wesentlichen die Gebiete des Anti-Atlas und des östlich anschließenden Djabal Saghro sowie die atlantischen Wüstenbereiche der Westsahara im äußersten Südwesten Marokkos.

Die **landschaftliche und klimatische Gestaltung** Marokkos wird wesentlich von den Ketten des Atlas-Gebirges geprägt. So sind bereits in der gebirgsbildenden Hebungsphase vor 30 bis 50 Millionen Jahren Teile auch der zentralen Meseta in die Hebung mit einbezogen worden. Gleichzeitig bedecken die bei der Gebirgsbildung abgetragenen Sedimente weite Bereiche des alten Massivs Zentralmarokkos wie auch der transmontanen Hochsteppen und Wüsten. Die Wassermassen der Flüsse werden fast ausschließlich von den Gebirgshängen des Atlas gespeist und gelenkt. Und nicht zuletzt bildet diese Gebirgsmauer die dominierende Klimascheide Marokkos: Sie ist für die unterschiedlichen Klimaräume sowie für die mögliche agrarische Nutzung der verschiedenen Landesteile verantwortlich.

## Mittlerer Atlas

Von Westen her gehen die Mittelgebirge der zentralen Meseta südlich von Meknès und Fès in den sogenannten **Flächenatlas** und dieser schließlich in den eigentlichen Mittleren Atlas über. Dieser gefaltete Gebirgsteil erreicht im äußersten Osten seine größten Höhen mit über 3300 m. Ein schroffer, steiler Abfall zum Moulouya-Tal auf 700 bis 800 m markiert dann die Grenze zu den ostmarokkanischen Hochsteppen.

Die **Niederschläge** sind im Hochgebirge des Mittleren Atlas **sehr reichlich** (bis über 1000 mm) und ermöglichen

> Im Mittleren Atlas liegen viele Seen in den Eichen- und Zedernwäldern

(meist über Stauseen) die Bewässerung weiter Landesteile. Der Schnee bleibt in den Wintermonaten liegen, sodass selbst Skifahren bzw. Skitouren möglich sind. Zur Zeit der Schneeschmelze in den Monaten März und April sind deshalb plötzliche Hochwasser nicht selten.

Verbreitet sind auf den zentralen Hochplateaus **Karsterscheinungen,** etwa Dolinen (trichter- oder schachtförmige Senken, die zuweilen Seen enthalten) oder Karren (Felsrippen und -furchen). Die **Baumgrenze** wird bei 2600 bis 2800 m erreicht. Im Mittleren Atlas wachsen vor allem Eichen und Zedern.

Die **Dörfer** im Mittleren Atlas liegen, abgesehen von manchen Randgebieten, **sehr weit verstreut.** Die Bewohner betreiben als **Halbnomaden** zum Teil noch **Transhumanz,** d.h. sie wohnen im Winter in ihren Häusern in den Tälern, während im Sommer ein Teil der Bevölkerung mit den Tieren (Schafe und Ziegen, aber auch Rinder) auf die Hochweiden zieht und dort in selbst gebauten Zelten (Khaimas) lebt. Der übrige Teil der Bewohner bleibt zurück und bewirtschaftet die Felder. Auf den 900 bis 1500 m hoch gelegenen Ebenen zwischen Mittlerem und Hohem Atlas, vor allem in der Region Midelt, gewinnt der Apfel- und Gemuseanbau immer mehr an Bedeutung.

## Hoher Atlas

Gewaltiger noch als der Mittlere Atlas ragt das Gebirge des südlicheren Hohen Atlas empor. Seine Ausdehnung vom Atlantischen Ozean bei Agadir in nordöstlicher Richtung beträgt ca. 700 km, seine höchsten Gipfel erreichen über 4100 m (Djabal Toubkal 4167 m). Die **Gipfelketten trennen das mediterrane vom saharischen Marokko,** sie schieben die Wüstensteppe gewissermaßen um meh-

038sm20 ad

rere hundert Kilometer nach Süden und verhindern ein Vordringen der Wüste (Desertifizierung) nach Norden.

Bei einer Passfahrt über den Hohen Atlas von Marrakesch nach Ouarzazate oder Taroudannt zeigt sich deutlich der **Gegensatz** zwischen den grünen, bewaldeten Nordhängen und den kargen, wüstenhaften Südhängen des Massivs.

Weiter südlich trennt die schmale Depression des **Sous und Dadès** nochmals die Kette des Anti-Atlas und des Djabal Saghro ab, bevor dann die **Wüste** endgültig das Landschaftsbild beherrscht.

Der **östliche Hohe Atlas** ist im Gegensatz zum zentralen (paläozoischen = erdaltertümlichen) Hohen Atlas aus **„mittelalterlichen" Jurakalken** aufgebaut (Alter ca. 169–190 Millionen Jahre). Er geht nach Osten in den sogenannten Sahara-Atlas über, der das Bindeglied zum algerischen Teil des Atlas bildet. Die Gebirgshänge sind vor allem oberhalb von 3000 m von mächtigen Schutthalden überdeckt. Sie sind das Resultat häufigen Frostwechsels vor allem in den winterlichen Grenzmonaten (stärkere Erwärmung tagsüber, nächtlicher Frost). Große, eiszeitlich gebildete Hangmulden (sog. Kare) und beachtliche Schuttmäntel auch in den niederen Höhen unter 2700 m zeugen von einer eiszeitlichen Vergletscherung des Hohen Atlas.

Der **Wald** (mit Kiefern, Zedern und Eichen) ist in weiten Teilen des Hohen Atlas durch menschliche Einwirkung dezimiert worden. Allerdings ist auch unter natürlichen Bedingungen der Wald im Hohen Atlas aufgrund der geringen Niederschläge nie so dicht gewesen wie im Mittleren Atlas. In Höhen von über 2000 m prägen knorrige **Wacholderbäume** das Bild des Hohen Atlas.

## Anti-Atlas und Sous-Ebene

Der Hohe Atlas und der Anti-Atlas sind durch die bereits erwähnte **„vorafrikanische Furche"** getrennt. Diese ist als von Ost nach West verlaufende Längssenke ausgebildet, bestehend aus der Sous-Ebene und dem Dadès-Tal. Als einzige Nahtstelle zwischen den beiden Gebirgssystemen fungiert das vulkanische Massiv des Djabal Siroua.

Die fruchtbare **Sous-Ebene** zeichnet sich durch eine offene Lage zum Atlantik hin aus (Mündung des Oued Sous ins Meer). Der hier vorbeiströmend kalte Kanarenstrom führt deshalb bis 30 km landeinwärts zu häufigen Nebelbänken, welche die geringen Niederschläge von unter 200– 300 mm zumindest teilweise wettmachen und den Anbau von Zitrusfrüchten und Gemüse ermöglichen.

Die **Entstehung** des Anti-Atlas geht auf das Präkambrium (vor mehr als 600 Mio. Jahren) zurück, er ist damit der älteste Gebirgszug des Landes mit Gipfeln bis zu 2500 m Höhe. Das Massiv besteht aus präkambrischen Gesteinen wie Gneis, Dolerit und Pegmatit, im zentralen Bereich aus Granit.

Charakteristisch für den in vielen Teilen nur spärlich bewachsenen Anti-Atlas (außer an den mit Terrassenfeldbau bewirtschafteten Hängen und in den Oasen) ist der in Marokko endemische **Arganienbaum** (vgl. Exkurs im Kapitel zum Anti-Atlas). Durchschnittliche Jahresniederschläge von unter 300 mm machen eine **Vorratswirtschaft** notwendig. Zu diesem Zweck wurden riesige Speicherburgen (Agadir) angelegt.

# Klima

Marokko hat von Norden her **bis etwa zum Anti-Atlas** Anteil am **gemäßigten Mittelmeerklima,** das sich durch trockene, warme Sommer und milde Winter auszeichnet. Die je nach Region zwischen 300 und 600 mm schwankenden Niederschläge fallen überwiegend im Winterhalbjahr, wenn atlantische Tiefausläufer bis nach Marokko vorstoßen.

Der **kalte Kanarenstrom** zeigt seine ausgleichende Wirkung an der Atlantikküste bis weit in den Süden Marokkos hinein. Die Tagesmitteltemperaturen bewegen sich fast immer zwischen 18 und 25°C. Im Landesinneren sorgt der Atlantik bis zu den Atlasketten für jahreszeitlich ausgeglichene Temperaturen. Die mittlere Jahrestemperatur liegt meist um 18°C, das Monatsmittel der wärmsten Monate um 25°C (mit Tagesmaxima über 35°C).

**Südlich der als Klimascheide wirkenden Atlas-Ketten** bewegen wir uns bis etwa zum Breitengrad der Kanarischen Inseln bei 28°C im **Bereich des Steppenklimas.** Hier sinken die Niederschläge bereits deutlich auf meist unter 200 mm im Jahr ab, die Temperaturschwankungen zwischen Tag und Nacht nehmen spürbar zu. Das Jahresmittel der Temperatur liegt meist noch unter 18°C, die Tagesmaxima im Sommer klettern allerdings bereits auf über 40°C.

**Wesentlich heißer und trockener** wird es im **Wüstenklima der Westsahara und der südöstlichen Hammadas.** Tagestemperaturen von 40 bis 50°C im Sommer und immer noch bis 30°C im Winter stehen nächtliche Werte gegenüber, die zwischen 20°C im Sommer und 2,5°C im Winter, d.h. teilweise bis unter dem Gefrierpunkt liegen.

Auch **zum Landesinneren hin** wird das **Klima allgemein extremer,** d.h. die Temperaturunterschiede zwischen Tag und Nacht und – vor allem im Gebirge – zwischen Sommer und Winter nehmen zu. So bleiben in den Hochgebirgen des Atlas oberhalb von 2000 m Höhe die Niederschläge von bis zu 1000 mm als geschlossene Schneedecke oft bis ins Frühjahr liegen.

**Besonders angenehm ist das Klima** im Mittleren Atlas **in der Gegend von Ifrane und Azrou** mit Sommertemperaturen um 25°C und Schnee im Winter – deshalb ist die Region das ganze Jahr über ein beliebtes Erholungsgebiet reicher Marokkaner. Im Hohen Atlas herrschen im Winter eisige Winde und sehr kalte Temperaturen, und im Sommer ist es selbst in den Hochtälern sehr heiß und trocken.

Die Gebiete des **östlichen transmontanen Hochlandes** weisen ein **typisches Steppenklima** auf. Die Sommer sind trocken und heiß mit Durchschnittstemperaturen im Juli von 25 bis 30°C, die Winter relativ kalt mit einer mittleren Temperatur im Januar unter 10°C und zeitweisem Schneefall.

Die tägliche (astronomisch mögliche) **Sonnenscheindauer** in Marokko weicht von den Verhältnissen in unseren mittleren Breiten bereits deutlich ab. Die höchste Sonnenscheindauer im Sommer erreicht etwa 14 Stunden. Im Winter steht die Sonne dagegen nie so tief wie bei uns.

Ursache für die regelhaften Windsysteme und damit verantwortlich für die Wetterlagen in Marokko sind das vor al-

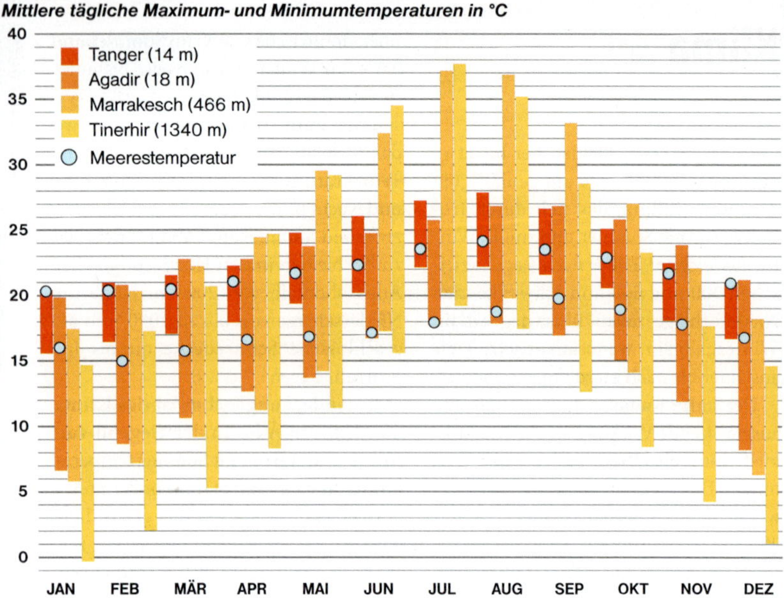


lem im Sommer relativ ortsfeste **Azoren-Hoch** sowie das ebenfalls im Sommer ausgeprägte **Sahara-Hitzetief.**

Das Hoch bewirkt im Uhrzeigersinn umlaufende Winde, die auf die marokkanische Küste als Nord- oder Nordwestwinde treffen. Nach Süden zum Wendekreis hin gehen sie in den **Nordostpassat** über.

Das Hitzetief der Sahara dagegen bewirkt leicht gegen den Uhrzeigersinn umlaufende Winde. Sie erreichen den Süden Marokkos aus östlicher Richtung oft als **heiße Wüstenwinde (Schirokko),** die mehrere Tage andauern können und weite Landstriche austrocknen. Diese großräumig wirkenden Zirkulationssysteme werden häufig durch vielfältige lokale Winde überlagert.

Die **Wassertemperaturen** im Atlantik werden in ihrem Jahresverlauf vom kalten, aber gleichmäßig temperierten Kanarenstrom geprägt. Sie sinken im Januar und Februar auf noch erträgliche 17°C ab, steigen aber im Sommer kaum über 21°C.

Zur besten **Reisezeit** vgl. den entsprechenden Abschnitt in „Reisetipps A–Z“.

# Geschichte und Politik

## Frühgeschichte

Die in einer Höhle am Djabal Irhoud (55 km südöstlich von Safi) gefundenen **Reste eines hominiden Kinderschädels** sind nach neuesten wissenschaftlichen Erkenntnissen mit einem Alter von rund **300.000 Jahren** die bislang ältesten dem **Homo sapiens** zugeschriebenen Knochenfunde der Welt. Bislang ging die Wissenschaft davon aus, dass *Homo Sapiens* erst vor ca. 200.000 Jahren in Ostafrika lebte. Werkzeuge aus Feuerstein und Knochen, entdeckt vor allem im algerisch-marokkanischen Grenzgebiet, stammen aus der Jungsteinzeit (um 40.000 v.Chr.) und weisen auf die Präsenz des *Homo sapiens* hin. Im östlichen Rif-Gebirge südlich von Melilla wurden bis zu 130.000 Jahre alte Funde zu allen Epochen der Menschheitsgeschichte gemacht. Besonders ergiebig waren die Grabungen am Abri (Felsüberhang) Ifri n'Ammar an einem Verbindungsweg zum Oued Moulouya. Die Funde von Lagerplätzen, Steinwerkzeugen, menschlichen und Tierskeletten, Keramiken und den ältesten jemals entdeckten Schmuckgegenständen aus Schnecken reichen bis ins 13. Jahrtausend zurück und waren laut Deutschem Archäologischen Institut, das die Grabungen leitete, die ergiebigsten in ganz Nordafrika. Bei Ausgrabungen des Instituts in den Jahren 2005/06 wurden im Raum Al Hoceima Funde gemacht, die in die Zeit von 5600 bis 7000 v.Chr. zurückreichen.

**Bis 5000 v.Chr.** treten die **Capsien-** und die **Mouillien-Kultur** auf (nach den Fundorten Capsa = Gafsa in Tunesien und Mouillah bei Maghnia im marokkanisch-algerischen Grenzbereich). Aus dieser Zeit liegen Werkzeug- und Skelettfunde vor, auch Gräber wurden entdeckt. Ein Bezug dieser Kulturen zu den Berbern der geschichtlich fassbaren Zeit ist noch ungeklärt.

Die letzte Epoche der Neusteinzeit **8000 bis 2000 v.Chr.** ist die **Zeit der Felsbilder und Megalithkulturen.** Der bekannteste Steinkreis, dessen Ursprünge Bezüge zu einer unbekannten Seefahrerkultur aufweisen, die auch Dolmen und Steinkreise in der Bretagne, an der Ostseeküste und in Korsika geschaffen hat, liegt in Mzoura südlich von Tanger. Felsgravuren finden sich überwiegend im Hohen Atlas (Oukaimeden und Djabal Yagour südlich von Marrakesch) und im Anti-Atlas bei Tazzerine und Foum el-Hassan.

Im Laufe des frühen 2. Jahrtausends v.Chr. wird auch die Einwanderung der **Amazigh** bzw. **Amaziren (Berber)** vermutet. Stichhaltige Beweise fehlen jedoch, sodass nicht auszuschließen ist, dass es sich bei den Amaziren um die Urbevölkerung handelt, die als Nomaden im dünn besiedelten Maghreb umherstreifte.

## Phönizier und Karthager

**Ende des 2. Jahrtausends v.Chr.** begannen Phönizier von Tyros (Libanon) aus im gesamten Mittelmeerraum Handelskolonien zu bilden. Man nimmt an, dass sie um 1100 v.Chr. durch die Meerenge von Gibraltar in den Atlantik vorstießen. In der Folgezeit wurden u.a. Gadir (Cadiz, Südspanien) und Liks (röm. Lixus, bei Larache in Nordmarokko) sowie Rusaddir (Melilla) gegründet. Gehandelt wurde mit der einheimischen Bevölkerung. Bis Mitte des 1. Jahrtausends v.Chr. wurden weitere Handelsstützpunkte angelegt, die den Karthagern zugerechnet werden: Tingis (Tanger), Rusibis (Mazagan, Al-Jadida) und Chellah (bei Rabat). Der südlichste Punkt lag bei Mogador (Essaouira). Diese übernahmen nach der Gründung von Karthago (Nordwest-Tunesien) 814 v.Chr. die Oberhoheit über die bis dahin phönikischen Handelsniederlassungen im westlichen Mittelmeerraum.

460 v.Chr. stieß der karthagische Seefahrer *Hanno* bei seiner „Afrika-Umseglung" bis in die Gegend des Río de Oro, womöglich bis zum Golf von Guinea, vor. Das **bekannteste Handelsgut** wurde die **Purpurschnecke,** aus der der rot-lila Farbstoff Purpur gewonnen wurde. Die Schnecken stammten ursprünglich aus der Levante (Libanon) und gediehen auf den Inseln vor Mogador hervorragend.

Die einheimische Bevölkerung war – außerhalb ihres Stammes – bis in die letzten vorchristlichen Jahrhunderte nur sehr lose organisiert. Erst im Laufe des 3. Jahrhunderts v.Chr. scheint sich eine Art Herrschaftsbereich beidseits des Moulouya-Flusses herausgebildet zu haben; in der Geschichtsschreibung ist er als das maurische **Königreich von Marusia** bekannt geworden. In diesem Kontext ist möglicherweise auch die Erwähnung des Masmudakönigs *Baga* zu sehen.

☒ Die römischen Ruinen von Volubilis

## Römer und Byzantiner

Nach dem 3. Punischen Krieg und dem **Fall der Stadt Karthago** im Jahr 146 v.Chr. übernahmen die Römer die Herrschaft über die karthagischen Gebiete und gaben den Masiren oder **Amaziren** („die Freien"), wie sie sich selbst nennen, auch ihre bis heute geläufigen Namen: **Berber** (lat. *barbarus,* vom griech. *barbaroi* = „stammeln" bzw. ein mit der einheimischen Sprache nicht vertrauter Ausländer) und **Mauren** (lat. *mauri,* von griech. *amauros* = dunkel). Das damalige Mauretanien war also das „Land der Dunkelhäutigen"; es umfasste das nördliche Marokko bis zum Fluss Ampsaga (dem heutigen Oued al-Kebir im westlichen Algerien).

Der wohl bekannteste Herrscher der Mauren war **Juba II.,** den *Augustus* im Jahre 25 v.Chr. auf den Thron von Numidien und Mauretanien hob. Er behielt diese Stellung bis ins Jahr 23 n.Chr. Seine Frau *Kleopatra Selene,* die Tochter der berühmten ägyptischen Herrscherin und des *Antonius,* brachte das griechische Kulturgut nach Nordwestafrika. *Juba II.* residierte in Jol (Cherchell in Algerien) und in **Volubilis,** der wohl bekanntesten römischen Stadt in Marokko, die auch schon vor der Römerzeit von Masmuda besiedelt war.

Im Jahr 40 n.Chr. wurde Jubas Sohn *Ptolemäus* auf *Caligulas* Geheiß in Rom ermordet. In der Folge kam es in Mauretanien zu **Aufständen,** die im Jahr 42 von Kaiser *Claudius* niedergeschlagen wurden. Er teilte die Provinz in zwei Teile: **Mauretania Tingitana** (Hauptstadt Tanger) und **Mauretania Caesarea** (Hauptstadt Cherchell) mit dem Fluss Mulucha (Oued Moulouya) als Grenze.

Der römische Einfluss beschränkte sich letztendlich auf einen ziemlich kleinen Teil des heutigen marokkanischen Staatsgebietes: auf die nördlichen Küstenstädte und (ungefähr) auf die Linie Salé – Fès – Taza – Oujda. Südlich dieser Linie, die im Jahr 146 teilweise durch einen Limes befestigt wurde, blieben die Amaziren unabhängig.

Die ersten nachchristlichen Jahrhunderte waren eine Zeit der Wirren, in der es einigen Statthaltern immer wieder gelang, sich von Rom loszusagen. Anfang des 5. Jahrhunderts beherrschte Rom nur noch das Gebiet von Tingis (Tanger) und Septem (Ceuta).

Im Jahr 429 kamen die **Wandalen** über die Meerenge von Gibraltar nach Afrika. Die Amaziren schlossen sich dem Wandalenkönig **Geiserich** an. Dieser besetzte Tingis und Septem, zog aber bald mit dem Großteil seines Heeres und einer nicht unbeträchtlichen Anzahl von Berbern gen Osten, um seinen Feldzug fortzuführen. Nach dem Tod *Geiserichs* 477 zerfiel das Reich der Wandalen, und die Berber übernahmen die westlichen Gebiete. Der letzte Wandalenherrscher *Gelimer* wurde von den Truppen *Justinians I.* unter dem Feldherr *Belisar* 533 besiegt. **Kaiser Maurikios** (582–602) fasste Tingis und Septem mit einigen südspanischen Küstenstädten und den Balearen zur Provinz Mauretania Secunda zusammen. Dieser Schritt hatte allerdings fast nur noch nominale Bedeutung, denn die Amaziren waren die faktischen Herrscher Marokkos, abgesehen von den beiden Küstenstädten.

046m015 ad

## Islamisierung

Das erste Eindringen der Araber in Marokko ist mit dem Namen **Uqba Ibn Nafi** verbunden, der im Rahmen des **großen islamischen Eroberungsfeldzuges** des 7. Jahrhunderts der Überlieferung nach im Jahr 682 bis zum Atlantik, auf der Höhe des heutigen Agadir, vorstieß. Danach kämpfte er gegen die Berber im Mittleren Atlas, die in großer Zahl den Islam annahmen. Doch deren Widerstand war damit nicht gebrochen; zahlreiche Aufstände zwangen *Uqba Ibn Nafi* zum Rückzug nach Osten, bei dem sein Heer in der Nähe von Biskra (Algerien) von der Berberarmee unter *Kusaila Ben Lemzen* vernichtend geschlagen wurde und *Uqba* den Tod fand.

Zwischen 698 und 709 gab es weitere Vorstöße Richtung Atlantik unter der Führung *Musa Ibn Nusairs*. Marokko wird dem **Omayyaden-Kalifat** von Damaskus einverleibt und Teil der Provinz Ifriqiya (= Afrika).

Der **Islam breitete sich** unterdessen immer weiter unter den Berbern **aus,** und zwar in Form der kharidjitischen Lehre, denn sie ging davon aus, dass es keine Unterschiede unter den Muslimen aufgrund ihrer Herkunft geben dürfe und so die Araber nicht automatisch das Recht auf das Kalifenamt besaßen. Nur der beste Muslim sei für dieses Amt geeignet, nicht der mächtigste. Dieses Dogma machte es ihnen zur Pflicht, eine Art „Heiligen Krieg" gegen die „illegitimen" Kalifen zu führen.

**711** setzte **Tariq Ibn Ziyad** nach Gibraltar (= Djabal at-Tariq/Berg des Tariq) über und leitete die **Eroberung der iberischen Halbinsel** ein. Binnen zwei Jahren gelang es dem arabisch-masirischen Heer, nahezu das ganze heutige Spanien in seinen Besitz zu bringen.

In Marokko kam es in den folgenden Jahrzehnten zu mehreren Aufständen, deren bedeutendster, von *Maisara al-Matghar* geführt (739–740), die **Loslösung vom Kalifat** zur Folge hatte und das Land in Anarchie stürzte.

Die **Dynastie der Idrissiden** (788–974) unternahm den ersten Versuch zur Organisation eines selbstständigen staatlichen Gemeinwesens. *Idris I.* errichtete sein befestigtes Lager *Madinat Fas,* das unter seinem Nachfolger *Idris II.* (803–828) die Züge der künftigen **Stadt Fès** annahm. Um das Ende des 8. Jahrhunderts erfolgte die Errichtung der Moschee der Fatima, der nachmaligen Kairawiyine-Moschee. Arabisch wird als Verwaltungssprache immer gebräuchlicher, und der sunnitische Islam (die orthodoxe Richtung des Bagdader Kalifats) gewinnt allmählich die Vorherrschaft.

Am Anfang des 10. Jahrhunderts entwickelte sich in Nordafrika die **Fatimiden-Dynastie** (974–1061), die sich gegen das herrschende, auf die Umayyaden folgende Kalifat der Abbasiden stellte und dem schiitischen Glaubenszweig (Ismailiten) anhing. Die Herkunft dieser neuen Herrscherfamilie lag im Bereich zwischen Ostalgerien und dem westlichen Libyen. Im Verlauf weniger Jahrzehnte dehnte sie ihre Macht bis Ägypten (969) und Marokko aus. Da sich das Interesse der Fatimiden nach der Eroberung Ägyptens immer mehr nach Osten orientierte, konnte sich in Nordalgerien eine neue Dynastie etablieren, die **Ziriden,** die zum sesshaften Zweig der Sanhadja-Berber gehörten. 1051 sagte sich *al-Mu'izz,* der bedeutendste Ziridenemir, von den Fatimiden los und unterstellte sich dem Kalifat von Bagdad. Diesen Ungehorsam beantwortete der Fatimidenherrscher *al-Mustansir* mit der wohl folgenschwersten Entscheidung für den gesamten Maghreb: mit der Entsendung der **Beni-Hillal-Nomaden** nach Westen.

Ursprünglich vom Hidjaz auf der südlichen arabischen Halbinsel stammend, kam dieser Nomadenstamm schon in der ersten Hälfte des 8. Jahrhunderts zusammen mit dem Bruderstamm der Sulayman nach Unterägypten, von wo sie wegen ihres Ungehorsams im letzten Drittel des 10. Jahrhunderts vom Fatimidensultan *al'Aziz* nach Oberägypten umgesiedelt wurden. Um die Mitte des 11. Jahrhunderts veranlasste dann, wie erwähnt, *al-Mustansir* die Strafexpedition der Beni Hillal gegen die abtrünnigen Ziriden im westlichen Maghreb. Damit begann eine große **Wanderungsbewegung** nach Nordafrika (um 1052), zu deren Beginn die Hillalscharen die Felder und Dörfer niederbrannten und die Bewohner zur Flucht in die Städte zwangen. Nachdem schon 1053 die *Banu Ridyah*, die Vorhut des Hauptstammes, Gabes (Tunesien) erreicht hatten und der Ziridenemir *al-Mu'izz* besiegt war, stießen die Beni Hillal weiter nach Zentralalgerien vor.

Hier herrschten die **Hammadiden,** die die plündernden Horden zu zähmen wussten, indem sie sie teilweise in die eigene Armee eingliederten und ihnen Subsidien zahlten. Der Tauschhandel der arabischen Nomaden mit der einheimischen Bevölkerung forcierte deren Assimilation zusätzlich, sodass im Laufe der folgenden Jahrzehnte ein mehr oder minder friedliches Zusammenleben zustande kam. Der **Ansturm der Almohaden** (s.u.) ließ das Ziriden- und Hammadidenreich endgültig zusammenbrechen. **Abd al-Mu'min,** der erste große Herrscher der neuen Dynastie, besiegte die Beni Hillal bei Setif und Kairuan und drängte sie mehr und mehr in die nordmarokkanische Tiefebene.

Festzuhalten bleibt, dass alle **Beduinen** zwischen der Atlantikküste und den Grenzen Ägyptens Nachkommen des Beni-Hillal-Stammes sind (und zweier weiterer Stämme, die diesem folgten, des Ma'qil- und des Sulaimstammes). Auf sie geht die Verbreitung der arabischen Sprache in Nordafrika zurück.

Die von 1061–1147 herrschenden **Almoraviden** (arab.: *al-murabitun,* von *ribat* = eine Art „Wehrkloster", ähnlich der Zaouia; die Bewohner dieser Klöster sind die *murabitun,* also Mönche mit offensivem Missionseifer) kamen als eine **Reformbewegung** an die Macht, die die Rückkehr zur reinen, ursprünglichen Lehre des Islam propagierte. An der Spitze standen der Theologe **Abdallah Ibn Yasin** und seine Gemeinschaft von „Kriegermönchen" vom Stamm der Sanhadja-Berber, die den Schleier trugen und deshalb *Al-Mulathamin* genannt wurden (von *litham* = Schleier/t = „th"). Begründer der Almoraviden-Dynastie war der Neffe einer der ersten Gefährten *Ibn Yasins,* **Yussuf Ibn Tashfin,** der von 1061–1106 lebte.

Um 1040 brachen die **Sanhadja** auf, um den Senegal und den Sudan zu islamisieren. Nachdem sie ihre Vorherrschaft im Süden gefestigt hatten, überquerten sie unter der Führung von *Yussuf Ibn Tashfin* den Atlas und schlugen ihr Heerlager in der Haouz-Ebene auf (1062), aus dem sich dann **Marrukusch/ Marrakesch** (wörtl.: „die Stadt") entwickeln sollte. Von dort eroberten sie in nicht einmal zwanzig Jahren ganz Marokko und Westalgerien bis Algier. 1085 wurde Marrakesch Residenzstadt. Nach der Eroberung Toledos durch *Alfons VI. von Kastilien und León* riefen die andalusischen Moslems *Ibn Tashfin* zu Hilfe, der 1086 den Christen in der Schlacht bei Zallaqa (Provinz Badajoz) eine schwere Niederlage beibrachte. In der Folge dehnte sich das Almoravidenreich auch über große Teile Spaniens aus, das seit Anfang des 11. Jahrhunderts in viele kleine moslemische Teilreiche (Taifa-Könige) zerfallen war.

Der **Almoraviden-Staat** beruhte auf einer losen Organisation von Provinzen, deren Statthalter auf die Wahrung ihrer Autonomie bedacht waren. Der andalusische Einfluss wurde sehr stark spürbar. *Ibn Tashfin* holte Gelehrte, Dichter und Schriftsteller aus **Al-Andalus** in die neue Hauptstadt Marrakesch und ließ die **andalusisch-maurische Geisteskultur** erblühen. Auch auf dem Gebiet des Kunsthandwerks und der Architektur wird das andalusische Wissen verarbeitet und weiterentwickelt (besonders in der Ornamentik). In dieser Zeit ist der Ursprung des typisch „maurischen" Stils in Nordafrika zu suchen.

Nach dem Tode *Alis,* der die Nachfolge seines Vaters, *Ibn Tashfins,* 1106 übernommen hatte, erlosch das Reich der Almoraviden sehr schnell und mit ihm auch die kurze Hochblüte der Geisteskultur. Die regen theologischen Forschungen und Diskussionen machten einer immer dogmatischeren Starrheit Platz, die Entstehung einer neuen religiösen Bewegung war regelrecht absehbar: Es sollte die **Dynastie der Almohaden** (1147–1269) sein.

Der Aufstieg der Almohaden (arab.: *al-muwahhidun* = die Bekenner der göttlichen Einheit, abgeleitet vom arabischen Wort für eins = *wahid*) ist mit dem Namen eines Masmuda-Berbers aus dem Stamm der Hargha verknüpft: **Mohamed Ibn Abdallah Ibn Tumart,** der um 1080 geboren wurde und schon in früher Jugend eine asketische Lebensweise und religiösen Eifer an den Tag legte. Nach langjährigem Aufenthalt in Andalusien und im arabischen Osten zur Vertiefung seiner Studien kehrte er um 1115–1120 von Ägypten nach Marrakesch zurück. Auf seinem Wege entlang der nordafrikanischen Küste predigte er in vielen Städten, und es sammelte sich bereits eine kleine Schar von Adepten um ihn (u.a. *Abd al Mu'min,* der spätere Herrscher). Aus Marrakesch als Agitator vertrieben, ließ er sich um 1125 schließlich in Tin Mal, im zentralen Hohen Atlas, wo heute noch sein Ribat (Kloster) zu sehen ist, nieder. Von dort aus verbreitete sich seine Lehre in wenigen Jahren über das gesamte Atlasgebiet. Deren Grundprinzip ist die rigorose, doch vergeistigte Interpretation des islamischen Dogmas von der Einheit Gottes; der bei den Berbern tief verwurzelte Glaube an einen Erlöser = *Mahdi,* als der er sich verstand, kam *Ibn Tumart* zugute.

Es folgten die **Ausrufung des Heiligen Krieges gegen die Almoraviden** und langwierige Kämpfe. In dieser Zeit (1130) starb *Ibn Tumart,* und sein Schüler **Abd al-Mu'min** übernahm nach und nach die Führung der neuen Bewegung. Bis 1148 eroberte er mit großer Brutalität ganz Marokko, das moslemische Spanien sowie Algerien und Tunesien (Hinrichtung von fast 30.000 Rebellen). Das Almohadenreich erreichte damit eine größere Ausdehnung als alle Dynastien vor- und nachher. Im Jahre 1162 nahm er den Kalifentitel an. *Abd al-Mu'min* gilt als **großer Förderer der spanisch-maurischen Kultur,** er gründete Universitäten und organisierte die Verwaltung, indem er die traditionellen Stammesinstitutionen der Berber (mit einer religiös-militärischen Hierarchie) übernahm und sie mit der aus Andalusien stammenden Administrationspraxis verband. Marrakesch, das er mit prächtigen Bauten schmücken ließ, blieb auch die Hauptstadt des Almohadenreiches.

Nach *Abd al-Mu'mins* Tod (1163) übernahm sein Sohn **Abu Yaqub Yussuf** (bis 1184) das wohl bestorganisierte Imperium des arabischen Westens. Dieser war vor allem ein großzügiger Gönner von Religionswissenschaft und Philosophie. Den strengen Puritanismus, den die ersten Anhänger der Almohadenlehre befolgten, hatte er abgelegt. Unter ihm und seinem Sohn **Abu Yussuf Yaqub Al Mansour** erreichten die Baukunst und die geistige Kultur Marokkos und Südspaniens ihren Höhepunkt. Die drei „verwandten" Minarette wurden errichtet: der Hassan-Turm in Rabat, die Giralda in Sevilla und die Kutubiya in Marrakesch sowie u.a. die Kasbah der Oudaia in Rabat, die Kasbah von Marrakesch und das Bab Agnaou ebendort. Unter Yaqub al-Mansur wurde **Rabat** die neue **Hauptstadt.**

Doch schon bald nach der **Schlacht bei Las Navas de Tolosa** (1212), in der der Urenkel von *Abd al-Mu'min, Mohamed an-Nasir,* von *Alfons VIII.* besiegt wurde, brach das Reich auseinander. Die Almohaden zogen sich aus Spanien zurück, in Tunesien löste sich die berberische Dynastie der Hafsiden auf, und in Algerien übernahmen die Abdalwadiden die Stadt Tlemcen und den Osten des Landes.

Im zentralen Kernland etablierten sich einige Jahrzehnte später die **Meriniden,** die dann von 1269–1420 an der Macht blieben. Aus dem Osten und Südosten des heutigen Marokko stammend, konnten diese Zenata-Berber nur ungenügend in die almohadische Armee integriert werden. Ihr Führer **Abu Yahya Abdelhaqq** (bis 1258) organisierte den Widerstand gegen die Almohaden, den sein Bruder *Abu Yussuf Yaqub* verstärkte; schließlich gelang es diesem, Marrakesch im Jahr 1269 einzunehmen. Unter ihm und seinem Sohn kam es zur **Ausdehnung des Reiches bis Algier.**

Nach der Herrschaft von *Abu al-Hassan Ali* (1331–1351) und seines Sohnes *Abu Inan Faris* (1351–1358) verloren die Meriniden immer mehr an Macht und Bedeutung.

Die **Wattasiden,** ein über viele Jahrzehnte treu ergebener Clan, übernahmen die Regierungsgeschäfte und ließen die Merinidennachkommen als Marionettenherrscher an der Macht. Da den Meriniden das religiöse Prestige ihrer Vorgänger fehlte, versuchten sie dieses Manko wettzumachen, indem sie die Vorkämpfer des Islam in Marokko zu Heiligen erhoben, allen voran *Idris I.,* der bis heute als **Moulay Idris** im religiösen Leben der Marokkaner eine wichtige Rolle spielt.

Die **spanisch-maurische Kultur erlebte nochmals eine Blüte.** Die Universität von Fès, die Kairawiyine, zog viele Gelehrte aus dem gesamten arabischen Westen an, so auch den berühmtesten aller arabischen Geschichtsschreiber, *Ibn*

*Khaldun,* und den großen andalusischen Dichter *Ibn al-Khatib.* **Fès,** die **neue Hauptstadt,** wurde mit Palästen, Moscheen und Koranschulen versehen und entwickelte sich zur wichtigsten Handelsstadt im Maghreb.

Doch dem Merinidenreich fehlte eine stabile Organisation, vielen lokalen Persönlichkeiten gelang es immer wieder, **autonome Klein- und Kleinstreiche** zu gründen. Im Jahre 1465 schließlich, nachdem der letze Sultan durch ein Attentat ums Leben gekommen war, übernahmen die Bani Wattas offiziell die Macht im „äußersten Westen", wie Marokko im arabischen Sprachgebrauch genannt wird.

## Christliche Offensive

Die **internen Schwierigkeiten,** mit denen die Meriniden und Wattasiden zu kämpfen hatten, machten es den Christen leicht, eine offensive Position gegen die Mauren zu beziehen. 1415 nahmen die **Portugiesen** Ceuta ein, 1471 Tanger. In den folgenden Jahrzehnten eroberten sie an der Atlantikküste eine Stadt nach der anderen: Asilah, Anfa (Casablanca), Azzemour, Safi, Mazagan (Al-Jadida) und Santa Cruz (Agadir). Nur Larache blieb unabhängig. Damit waren also nahezu die gesamte Atlantikküste und das angrenzende Binnenland unter portugiesischem Einfluss.

Im Osten wurden die Wattasiden von den Spaniern bedrängt. Nachdem im Zuge der **Reconquista 1492** die letzte maurische Dynastie auf andalusischem Boden, die Nasriden von Granada, von der Halbinsel vertrieben worden war, setzten die Spanier ihren „christlichen Eroberungsfeldzug" an der nordafrikanischen Küste fort (1507 fiel Marsa al-Kabir, 1509 Oran).

Diese Bedrohung durch die Christen hatte eine **Renaissance des Islam** im 15./16. Jahrhundert zur Folge. Vorbereitet wurde sie durch die aus dem Osten importierten Sufi-Lehren (**Sufismus** = islamische Mystik) und das Entstehen von **religiösen Bruderschaften** (arab.: *tariqa,* vom arabischen Wort für „Weg" = *tariq* abgeleitet), in denen die Anhänger dieser Lehren organisiert waren. Die Berber, noch immer Anhänger des **Marabutismus,** schlossen sich der Entwicklung an (Marabutismus = Verehrung „lokaler Heiliger"; das Wort *marabut* bedeutet „Heiliger", bezeichnet aber auch das Grabmal desselben, das etwa zur Befreiung von Krankheiten aufgesucht wurde). Die religiösen Führer übten im regionalen Bereich einen sehr starken moralischen Einfluss aus, der von der Bevölkerung bereitwillig aufgenommen wurde und zur Bildung eines „religiösen Gemeinschaftsgewissens" führte. Die Folge war eine starke Solidarität unter den Anhängern der verschiedenen „Tariqat" (Mehrzahl von *tariqa*), die bis zum heutigen Tag noch spürbar bleibt!

## Die Scherifen

Die **Saaditen** (1554–1659) sind, wie ihre Nachfolger, die Alawiten, Scherifen (arab: *shurafa,* sing.: *sharif*). Das bedeutet wörtlich „die Edlen" und bezeichnet diejenigen, die ihre **Herkunft von der Familie des Propheten Mohamed** ableiten. Damit kommen wir in die **arabische Epoche** und lassen die der Berberdynastien hinter uns.

Die Saaditen stammten wie die Beni Hillal aus dem Hidjaz (arabische Halbinsel) und wanderten zu Beginn des 14. Jahrhunderts in Südmarokko ein; dort ließen sie sich im Drâa-Tal nieder. Aufgrund ihrer scherifischen Herkunft und ihres religiösen Ansehens waren die Saaditen dazu berufen, den **Kampf gegen die Portugiesen** zu führen. 1511 begann der Scherif von Tagmaddart einen Kleinkrieg gegen die Invasoren mit Unterstützung der Marabuts. Aber erst unter seinem Sohn *Mohamed al-Mahdi* nahm der Aufstand überregionale Dimensionen an. Bis 1541 waren die Portugiesen aus fast allen Küstenstädten vertrieben, im Jahr 1554 fiel Fès, die Hochburg der Wattasiden.

**Mohamed I.,** erster Herrscher der neuen Dynastie, wählte Marrakesch zur neuen Hauptstadt. Die Autorität über Marokko wurde wiederhergestellt, das Reich administrativ gefestigt. Im Jahr 1578 wurden die Portugiesen in der **„Dreikönigsschlacht"** bei Ksar al-Kebir vernichtend geschlagen.

Der Sieger der Schlacht, **Ahmad al-Mansur** („der Siegreiche"), Sohn von *Mohamed I.,* gilt als der fähigste Herrscher der Dynastie. Er leitete eine Periode des „Friedens und Wohlstands" ein, und das Reich expandierte. 1591 eroberten seine Truppen Timbuktu und brachten von dort mehrere tausend schwarze Sklaven nach Marokko. Die Saaditen wurden für ein halbes Jahrhundert die Herren über den westlichen Sudan, ein Gebiet, das sich vom Senegal bis nach Bornu im heutigen Tschad erstreckte.

Doch wie so oft, kam es auch diesmal nach dem Ableben eines starken Herrschers (*Ahmad al-Mansur* starb 1603) zu einem rapiden **Verfall.** Im Verlauf der Thronstreitigkeiten unter den Söhnen *al-Mansurs* zerfiel die Zentralmacht zusehends. Larache wurde von den Spaniern eingenommen, Fès entzog sich der Oberherrschaft, eine Reihe von religiösen Fürstentümern, mit Marabuts und Sherifen an ihrer Spitze, betrat die Bühne: so im Sous *Sidi Ali,* im Gharb (Nordwest Marokko) *al-Ayyaschi* und im Tafilalet die Hassani-Sherifen, besser bekannt unter dem Dynastienamen **Alawiten** (seit 1659 bis heute).

Diese unternahmen Raubzüge im Norden und brachten den Osten unter ihre Gewalt. **Moulay ar-Rashid** (1664–1672) gelang es, Fès einzunehmen, bald darauf auch Marrakesch. Erneut kam es zur **Schaffung eines gesamtmarokkanischen Reiches,** das die Alawiten – in Ermangelung einer soliden scherifischen Abstammung – mit Hilfe von Scherifenfamilien mit einem tragfähigen religiösen Fundament untermauerten. Die Nachfolge von *Moulay ar-Rashid* trat **Moulay Ismail** an, der bis 1727 an der Macht war. Während der ersten 15 Jahre bildete er eine **Armee aus schwarzen Sklaven** heran, die er im Laufe seiner langen Regierungszeit durch regelrechte „Zucht" auf 150.000 Mann anwachsen ließ. Das **Bilad al-Makhzan,** das „Land unter staatlicher Kontrolle", erstreckte sich über nahezu ganz Marokko. Der Unterlauf des Moulouya-Flusses bildete für lange Zeit die Ostgrenze des scherifischen Reiches.

Nach dem Tod Moulay Ismails kam es drei Jahrzehnte lang zu Streitigkeiten um den Thron. **Moulay Mohamed** (1757–1792) gelang es schließlich, die Autorität der scherifischen Dynastie wiederherzustellen. Mit der Eroberung von Mazagan (Al Jadida) im Jahre 1769 nahm er die letzte Bastion der Portugiesen ein. Er versuchte, die miserable finanzielle Lage, in der sich das Reich befand, durch Forcierung des Handels mit Europa zu verbessern. Er schloss **Handelsverträge** mit Dänemark, Schweden, England und Frankreich und gründete die Stadt **Mogador** (Essaouira) als zentralen Handelspunkt, um Kaufleute anzuziehen.

**Moulay Sulayman** (1794–1822) hatte lange Zeit mit dem nach dem Tode *Moulay Mohameds* neu entfachten Widerstandsgeist der Berber zu kämpfen, die sofort die Gelegenheit, die sich durch eine schwache Regierung bot, ergriffen, um sich selbstständig zu machen. *Moulay Sulayman* war es, der Marokko nach außen hin abschloss. Die Kontakte mit christlichen Kaufleuten wurden auf ein Minimum reduziert, aus Furcht vor verschwörerischen Verbindungen mit den aufsässigen Berbern. Auch die Nachfolger *Moulay Slimans* verfolgten eine **Politik der Abschottung,** was aber nicht verhinderte, dass der **Einfluss der Europäer** auf die Wirtschaft und Politik des Landes zunahm. Im Land sagten sich die vom Machtzentrum weit entfernten Gebiete von der Regierung los, und die Kontrolle über das Land schrumpfte von Jahrzehnt zu Jahrzehnt.

**Moulay al-Hassan,** der 1873–1894 das Sagen hatte, konnte den Zusammenbruch noch um einige Jahre verzögern, auch weil sich die Situation auf der internationalen Bühne grundlegend geändert hatte. Die **Franzosen** hatten schon 1830 mit der **Kolonialisierung Algeriens** begonnen, und auch Marokko weckte die imperialistischen Gelüste der europäischen Großmächte. Es war schon mehrmals zu Gefechten zwischen Europäern und Marokkanern gekommen. Am folgenschwersten aber war sicherlich der **1859** von den Spaniern errungene Sieg, der als Antwort auf die andauernden marokkanischen Angriffe auf die spanischen Enklaven gefeiert wurde. Resultat war der **Vertrag von Tétouan** (1860), in dem Marokko verpflichtet wurde, eine hohe Summe als Wiedergutmachung zu zahlen. Dies war der **Grundstein für den Ausverkauf Marokkos** durch die Kolonialmächte und das 50 Jahre später errichtete spanisch-französische Protektorat. Unter Sultan **Abd al-Aziz** (1894–1908) traten die **Unabhängigkeitsbestrebungen der Berberstämme** wieder in den Vordergrund.

Ab Mitte des 19. Jahrhunderts entfaltete sich der europäische **Imperialismus** immer mehr, es begann die Aufteilung Afrikas. 1906 wurde als Folge der wirtschaftlichen Ambitionen des Deutschen Reiches in Marokko die Unantastbarkeit

Moulay Ismail regierte von 1672 bis 1727

des Landes in der **Konferenz von Algeciras** festgelegt. Doch schon ein Jahr darauf provozierten die Franzosen in Marokko Unruhen, denen sie dann durch die Entsendung eines Expeditionskorps entgegentraten. Die Städte Casablanca, Agadir, Rabat, Safi und Essaouira wurden besetzt.

1911 rief der durch die Berber in Fès eingeschlossene Nachfolger von *Abd al-Aziz*, Sultan **Abd al-Hafiz,** die Franzosen zu Hilfe, die daraufhin Mitte des Jahres in Fès einmarschierten. Auch das **„Unternehmen Panthersprung"** – das Erscheinen des deutschen Kanonenbootes „Panther" vor Agadir – konnte die Schutzherrschaft Frankreichs über Marokko nicht verhindern. Am **30. März 1912** wurde fast ganz Marokko – der nördlichste Teil unterstand spanischer Kontrolle – zum **französischen Protektorat.**

## Die Protektoratszeit (1912–1956)

Die Hauptstadt des französischen Territoriums wurde Rabat, die Spanier wählten Tétouan zum Verwaltungssitz. Tanger wurde internationale Zone. Der französische **Marschall Louis Hubert Lyautey** übernahm zwölf Jahre als Generalresident mehr oder minder die Regierungsgeschäfte, dem Sultan kam eine rein formelle Funktion zu. Es bedurfte zwanzig Jahre kontinuierlicher militärischer Anstrengungen, ehe Frankreich und Spanien den Kleinkrieg gegen die einheimischen Stämme gewannen.

Im Norden, im Rif-Gebirge, konnte sich der Berber **Abd al-Karim al-Khattabi** (bekannt unter dem Namen *Abd al-Krim*) jahrelang gegen die Spanier erfolgreich zur Wehr setzen und sogar eine **„Rif-Republik"** ausrufen, die von 1922 bis 1926 Bestand hatte. Er wurde schließlich von einer französisch-spanischen Armee unter massivem Einsatz von deutschem Giftgas (!) besiegt und auf die Insel Réunion verbannt, von der er 1947 flüchten konnte. Er starb 1963 in Ägypten. Im Süden vereinte **Ahmad al-Hiba** die Berber des Sous, nachdem schon sein Vater *Ma'al-Ainain* erfolgreich gegen die europäischen Usurpatoren gekämpft hatte.

Die **„Befriedung" Marokkos** kostete einer halben Million Moslems das Leben, auf französischer Seite waren es knapp 30.000 Tote – ein Verhältnis, das sich 30 Jahre später im algerischen Befreiungskrieg wiederholen sollte.

Wenig bekannt ist auch, dass im **Ersten Weltkrieg** zahlreiche Marokkaner und Algerier an der Seite Frankreichs

Moulay al-Hassan (1873–1894)

kämpften und zeitweise im Elsass und auf der östlichen Rheinseite stationiert waren.

**1930** wurde von den Franzosen im Namen von Sultan **Mohamed V.,** damals 21 Jahre alt, das **Berber-Dekret** (der „Dahir“) erlassen, das die Trennung von Arabern und Berbern zum Ziel hatte, getreu der schon von den Römern angewandten machtpolitischen Maxime des „divide et impera“ (Teile und herrsche). Den Berbern wurde eine eigene Rechtssprechung nach ihrem Gewohnheitsrecht zugebilligt, während die Araber am islamischen Recht festhalten sollten. Doch die „umma al-islamiyya“, das islamische Zusammengehörigkeitsgefühl, war stärker als die politischen Ziele der Franzosen. Ein **marokkanischer Nationalismus** erwachte, erste politische Parteien wurden gegründet, das „Marokkanische Aktionskomitee“ in der französischen Zone und die „Nationale Reformpartei“ auf spanischem Territorium. Aus dem Komitee entstand 1944 nach dem Zusammenschluss mit der Partei der Marokkanischen Volksbewegung die „Marokkanische Unabhängigkeitspartei“ oder **Istiqlal,** wie sie auf Arabisch genannt wurde. **Allal al-Fassi** wurde ihr legendärer Führer und die bestimmende Person im Unabhängigkeitskampf.

Die Rede, die Sultan *Mohamed V.* 1947 in Tanger hielt, in der er unverhohlen die Linie der Istiqlal-Partei vertrat, war der Ausgangspunkt zur **Verbreitung des Unabhängigkeitsgedankens** auch beim „einfachen Volk“. Die nationalistische Bewegung konnte auch in den Bergen Fuß fassen, im Ausland entstand bald ein Propagandaapparat. In der Folge kam es zu Masseninhaftierungen, Presseverbot und Landesverweisungen. Im August 1953 wurde *Mohamed V.* abgesetzt und nach Madagaskar ins Exil geschickt. **Ben Arafa** wurde zum Marionettensultan von Frankreichs Gnaden erhoben. Die folgenden zwei Jahre konnte der Aufruhr trotz Repression und Einkerkerungen nicht mehr eingedämmt werden. Ende 1955 dankte *Ben Arafa* ab.

*Mohamed V.* kehrte aus dem Exil zurück und wurde begeistert in Rabat empfangen. In einer Reihe von Abkommen wurde schließlich am **2. März 1956** das **Ende des französischen Protektorats** besiegelt, **am 8. April 1956 trat Spanien als Schutzmacht zurück.** Tanger blieb bis 1960 internationaler Freihafen, Ceuta und Melilla befinden sich bis heute in spanischem Besitz.

Am 16. August 1956 nahm **Mohamed V.** den Königstitel an. Er starb 1961. Die Nachfolge trat sein Sohn **Hassan II.** an, der 38 Jahre lang die marokkanische Politik bestimmte. Ihm folgte am 23. Juli 1999, dem Todestag *Hassan II.,* sein Sohn **Mohamed VI.** auf den Thron.

# Politik und Staat

## Staatsform

„Marokko ist eine **konstitutionelle, demokratische und soziale Monarchie“** (Art. 1 der Verfassung). Das demokratisch gewählte Parlament ist jedoch in vielen Bereichen durch den König kontrolliert. Die **zwölf Regionen, 13 Präfekturen und 62 Provinzen** (mit Westsahara) wurden in der Vergangenheit zentralistisch regiert, doch seit einigen Jahren findet eine Dezentralisierung statt, die sich das Föderalismusprinzip in Deutschland zum Vorbild nimmt. Die

047m015 ad

Regionen *(Wilaya)* werden von einem Wali, die Provinzen und Präfekturen *(Préfecture)* von einem Gouverneur verwaltet. Auf der untersten (Gemeinde-) Ebene *(municipalité, commune rurale)* sind Bürgermeister bzw. Qaids eingesetzt.

## Staatsoberhaupt

Der **König ist religiöses und staatliches Oberhaupt** des Landes mit Erbfolge aus dem Geschlecht der **Alawiten,** das seit dem 17. Jahrhundert regiert. Marokko ist Monarchie seit dem 8. Jahrhundert und damit das am längsten währende Königreich der Welt. Die Alawiten betrachten sich als direkte Nachkommen des Propheten Mohamed, der König ist daher Anführer der Gläubigen und „de facto" unangreifbar.

Die fast **autokratische Position des Königs** im Wechselspiel der Staatsgewalten zeigt sich vor allem in der Tatsache, dass er einen Großteil exekutiver und legislativer Entscheidungen per Dekret treffen/beeinflussen und den Ausnahmezustand ausrufen kann. Außerdem ist er Oberbefehlshaber der Streitkräfte.

Die **Exekutive** setzt sich neben dem König aus dem Kronrat bzw. Makhzen (qualifizierte Fachberater am Hof des Königs), dem Premierminister und den Ministern, die vom Premier und dem König ernannt werden, zusammen.

⌃ Ein Führer erklärt die Kalligrafien im Mausoleum von Moulay Ismail (18. Jh.) in Meknès

# König Mohamed VI.

König Mohamed VI. wurde am 23. August 1963 als *Sidi Mohamed Ben (ibn) al-Hassan* in Rabat geboren. Seine Schulzeit absolvierte er in der königlichen Schule, wo er 1981 das Abitur ablegte. 1987 erwarb er den Abschluss in Politikwissenschaften an der Universität Mohamed V. in Rabat, zusätzlich 1988 den Abschluss in Öffentlichem Recht. 1993 erhielt er von der Universität Nizza den Doktortitel für Rechtswissenschaften. **1999** übernahm er nach dem Tod seines Vaters König *Hassan II.* den **Thron.** Am 21. März 2002 heiratete *Mohamed VI.* die Informatikingenieurin *Salma Benanni.* Bei den Feierlichkeiten in Rabat wurde zum ersten Mal in der Geschichte des Landes die Frau des Königs offiziell gezeigt und auch fotografiert. Da es den Titel „Königin" in Marokko nicht gibt bzw. die First Lady unter *Hassan II.* nur „Mutter der Prinzen" hieß, erhielt *Salma Benanni* den Titel „Prinzessin Lalla Salma". Am 8. Mai 2003 kam Kronprinz *Moulay Al-Hassan,* am 28. Februar 2007 Prinzessin *Lalla Khadija* zur Welt. Prinzessin *Lalla Salma* trat bis 2016 immer wieder öffentlich ohne Schleier auf und verbreitete zusammen mit dem König und den Kindern das **Bild eines modernen Familienlebens und Königshauses.** In den letzten Jahren jedoch war sie in der Öffentlichkeit nicht mehr präsent, es gibt Spekulationen über eine Krebserkrankung (sie gründete eine Krebsstiftung) oder womöglich eine Trennung des Königspaares – das Königshaus äußert sich dazu nicht.

*Mohamed VI.* wird vom Volk einfach **„M6"** genannt und pflegt seinen Ruf als **„König der Armen",** da er sich vor allem zu Beginn seiner Herrschaft für soziale Reformen stark machte. Er ist Vorstand der „Stiftung Mohamed V.", die sich wie eine humanitäre NGO um die Armen kümmert. Zudem engagiert er sich für die Alphabetisierung und die **Rechte der Frauen.** 2004 setzte er ein neues Familienrecht *(Moudawana)* durch, das die Rechte der Frauen stärkt. Das Heiratsalter der Frauen wurde mit 18 Jahren demjenigen der Männer angeglichen und das Recht auf Polygamie für Männer eingeschränkt. Zudem wurde ein Scheidungsverfahren mit Antragsrecht beider Partner und gleichmäßiger Aufteilung der in der Ehe erworbenen Güter eingeführt. Die einseitige Scheidung durch den Ehemann (Verstoßung nach dem Koran) unterliegt strengen Vorschriften und wird richterlich überwacht. Mit dem neuen Familienrecht wurden auch die Rechte der Kinder gestärkt und ein eigenes Familiengericht eingerichtet.

Eine wichtige innenpolitische Maßnahme ist die 2005 vom König initiierte **„Nationale Initiative für menschliche Entwicklung"** (INDH). Das Programm soll gezielt die Armut in ländlichen Gebieten und städtischen Armenvierteln und die soziale Ausgrenzung von sozial schwachen Menschen bekämpfen.

Als wichtiges Projekt des Königs gilt die **Einheit des Volkes** bzw. die Verständigung der Volksgruppen der Berber bzw. Amaziren mit der arabisch dominierten Oberschicht. Die Berberdialekte wurden als Amtssprachen neben Arabisch anerkannt, der Schulunterricht in berberisch dominierten Gebieten findet in deren Sprache statt, Straßen-/Orts- und Behördenschilder tragen neben arabischer auch die berberische/masirische Beschriftung.

Auch auf die **religiösen Gruppen** geht der König zu. So sucht er den Kontakt zu gemäßigten islamischen Rechtsgelehrten und den Sufis, deren Mystik vor allem im einfachen Volk regen Zuspruch findet. Anlässlich des Besuchs von Papst *Franziskus* in Rabat im März 2019 sprach sich *Mohamed VI.* für einen Dialog zwischen

Christen, Muslimen und Juden sowie für ein friedliches Miteinander ohne Extremismus aus.

Der König zeigt sich **weltoffen, tolerant und cool:** Bei seinen langen Frankreich-Aufenthalten trägt er extravagante Outfits mit Batikhemden, Jeans und Kappe, in seiner Freizeit düst er gerne im Jetski übers Meer, was ihm den Spitznamen „Ma-jet-ski" einbrachte. In Frankreich ließ er sich mehrmals medizinisch behandeln, über seinen offenbar schlechten Gesundheitszustand gibt es – wie über seine Ehefrau – viele Spekulationen.

Seit seinem Amtsantritt brachte M6 die **Demokratisierung** des Landes voran. Er initiierte eine Verfassungsreform, mit der er dem Parlament mehr Vollmachten erteilte und auf einige seiner Privilegien verzichtete (vgl. „Politik"). Auch wenn der König nicht mehr so häufig in der Öffentlichkeit zu sehen ist wie zu Beginn seiner Amtszeit, nimmt er seine Aufgabe ernst, das Land zu modernisieren, besonders im Bereich der Energieversorgung (massive Förderung der Solarenergie, vgl. „Wirtschaft") und beim Ausbau der Infrastruktur (u.a. neue Frachthäfen, Schnellzugnetz TGV). Beim Klimaschutz-Index 2018, der Staaten weltweit u.a. bezüglich Emissionen und Energieverbrauch bewertet, lag Marokko auf einem der vordersten Plätze.

Die Unruhen im Zuge des „Arabischen Frühlings" in Nordafrika konfrontierten auch *Mohamed VI.* verstärkt mit **Forderungen nach mehr Demokratie, sozialer Gerechtigkeit und Korruptionsbekämpfung.** Diese Themen sind ihm ein wichtiges Anliegen, jedoch reichen seine Bemühungen bei Weitem nicht aus. Die landesweiten Proteste, ausgehend von der Rif-Region, führten seit 2017 immer wieder zu politischen Krisen. Mit der Ernennung der neuen Regierung 2018 scheint sich die Situation jedoch entspannt zu haben. Auch wenn die Position des Königs als Staatsoberhaupt bisher nicht in Frage gestellt wird, bleibt abzuwarten, wie er sich den existenziellen Herausforderungen für das Land stellt und die Menschen weiterhin von seiner Politik überzeugt.

049m015 ad

▷ „M6" hat Königshaus und Staat modernisiert

## Verfassung

Die erste Verfassung des Landes, in denen die **Grundrechte und Pflichten** der Marokkaner festgelegt waren, wurde am 7. Dezember 1962 durch Volksabstimmung angenommen, aber bereits drei Jahre später von König *Hassan* außer Kraft gesetzt. Denn bereits zu Beginn seines Amtsantrittes gab es aufgrund wirtschaftlicher Probleme Unruhen, darauf folgten Wahlmanipulationen und drastische Übergriffe auf Oppositionelle.

**1970** trat eine **neue Verfassung** in Kraft, die am 10. März 1972 nach einem Referendum revidiert wurde. Nach einer **Volksabstimmung im September 1992** wurde eine weitere Verfassungsrevision genehmigt; auch hier fielen die Änderungen bescheiden aus.

Einen neuen **Markstein in der Verfassungsgeschichte** Marokkos bedeutete die Verfassung, die am **13. September 1996** per Referendum angenommen wurde. Festgeschrieben sind u.a. Gewaltenteilung, Meinungsfreiheit, Gleichheit der Geschlechter, Streikrecht, Recht auf Eigentum und Erziehung. Entscheidend aber ist die Verankerung des Zweikammerparlaments, ein wichtiger Schritt zu mehr Demokratie und Gewaltenteilung.

Als Reaktion auf die Protestbewegungen im Frühling 2011 in Nordafrika und die daraus in Marokko entstandene „Bewegung des 20. Februar" leitete der König **2011** eine **Verfassungsreform** ein, die per Volksabstimmung mit großer Mehrheit angenommen wurde. Mit der Reform gab der König einen Teil seiner autokratischen Privilegien ab, behielt

115sm20 ad

aber seine Aufgabe als Oberbefehlshaber der Armee sowie den Vorsitz über den Ministerrat und den Obersten Rat der Richter und Staatsanwälte. Die zentrale Stellung des Königs, der die Politik weiterhin bestimmt, wird damit nicht angegriffen.

Mit der Verfassungsreform wurde u.a. die **Sprache der Amaziren (Berber), Tamazight,** neben Arabisch als offizielle Amtssprache und als „gemeinsames Erbe aller Marokkaner ohne Ausnahme" anerkannt. Der Staat ist außerdem dem Schutz aller anderen lokalen Dialekte und Ausdrücke verpflichtet. Der **König** gilt nicht mehr als „heilig", seine Integrität ist jedoch unantastbar (Art. 46). Er muss einen **Premierminister** aus der Partei ernennen, die bei Wahlen die meisten Parlamentssitze erhalten hat. Der Premier hat das Recht, vom König die Entlassung eines Ministers zu verlangen – bisher war dies ausschließlich dem König vorbehalten. Nicht mehr der König, sondern der Premier ernennt hohe administrative und diplomatische Postenträger (u.a. Botschafter, Geschäftsführer staatlicher Unternehmen und Provinzgouverneure). Dies tut er in Absprache mit dem Ministerrat. Das **Parlament** erhält einige zusätzliche Rechte. So darf es z.B. eine Generalamnestie erlassen, was bisher nur dem König möglich war. Art. 107 legt fest, dass **Exekutive und Judikative getrennt** werden sollen. Die Verfassung garantiert zudem die zivile und soziale **Gleichstellung von Frauen und Männern.** Als Regierungsoberhaupt erhält der Premierminister das Recht, das Parlament aufzulösen. Für alle Staatsbürger festgeschrieben sind die **Freiheit der Gedanken, der Ideen und der Kunst.**

☒ Die marokkanische Flagge (hier neben der Kutubiya-Moschee in Marrakesch) schmückt ein grünes Pentagramm, das Siegel des Salomon

## Volksvertretung

Gemäß Verfassung muss **alle fünf Jahre ein neues Parlament gewählt** werden. Von den 395 Parlamentssitzen werden 305 über Parteilisten in 92 Wahlbezirken vom Volk gewählt. Die weiteren 90 Sitze werden über eine „nationale Liste" gewählt, welche für Frauen (60 Sitze) und für Abgeordnete, die jünger als 40 Jahre sind (30 Sitze), reserviert ist.

## Politische Parteien

Die großen Parteien sind während der gemeinsamen **Frontstellung gegen die Protektoratsmacht Frankreich** entstanden. Die programmatischen Unterschiede prägten sich im Laufe der Zeit immer mehr aus und sind heute erheblich. Die Monarchie, der Anspruch Marokkos auf das Gebiet der Westsahara sowie der Islam als Staatsreligion sind jedoch bis heute unantastbar.

Das **Mitspracherecht** der Oppositionsparteien wurde von 1965 an nachhaltig eingeschränkt. Unter König *Hassan II.* wurden zahlreiche Parteien verboten und unliebsame Politiker eingesperrt. Seit dem Amtsantritt von König *Mohamed VI.* ist ein **Demokratisierungsprozess** im Gange, 2006 wurde ein **neues Parteiengesetz** erlassen, das eine weitere Parteienzersplitterung verhindern soll. Es verbietet zudem Allianzen auf rein religiöser, ethnischer, regionaler oder sprachlicher Grundlage und setzt einen Frauenanteil in jeder Partei fest.

Bei den **Wahlen 2011 und 2016** gewann die gemäßigt islamische Partei für Gerechtigkeit und Entwicklung (*Parti de la justice et du développement*, PJD). Sie stellte von 2011 bis 2017 den Regierungschef *Abdelilah Benkirane* und bildete eine Koalition mit den Parteien *Rassemblement National des Indépendants* (RNI), *Mouvement Populaire* (MP) und *Parti du Progrès et du Socialisme* (PPS).

Bei den Parlamentswahlen im Oktober 2016 traten 24 Parteien an. Die Wahlen galten als **fair und frei,** jedoch lag die Wahlbeteiligung nur bei 42,6% von 15,7 Mio. Wahlberechtigten. Sieger war abermals *Benkiranes* PJD. Jedoch gelang es ihm nicht, eine regierungsfähige Koalition zu bilden, sodass er im März 2017 sein Amt abtrat. Der König ernannte daraufhin einen neuen Regierungschef aus der stärksten Partei. Seitdem ist **Dr. Saad-Eddine el Othmane,** Außenminister im Kabinett *Benkirane,* neuer **Premierminister.** Bekannt als kühler Analytiker, gelang es ihm, eine neue Koalition aus fünf Parteien mit der RNI unter *Aziz Akhneouch,* einem wohlhabenden Industriellen und Freund des Königs, und den bisherigen Regierungsparteien (s.o.) sowie der sozialistischen Union des einfachen Volkes (USFP) zu bilden.

Die **Opposition** setzt sich aus der PAM (wird dem königstreuen Lager zugerechnet), der konservativen Istiqlal (Unabhängigkeitspartei), der Sozialistischen Union der Volkskräfte (USFP), der *Union Constitutionelle* (UC) und diversen kleinen Parteien zusammen.

Radikal-islamistische Gruppierungen wie die Vereinigung Gerechtigkeit und Wohlfahrt (Al Adlwa Lihsane) sowie einige linksextreme Parteien boykottierten die Wahl.

## Gewerkschaften

Gewerkschaftliche Vereinigungen sind nach der Verfassung **zugelassen** und gewannen im Land vor allem in den Zeiten der Repression stark an Einfluss. Streiks zur Durchsetzung von Forderungen wurden von der Regierung allerdings regelmäßig verboten.

Stärkste Gewerkschaft ist die **Union Marocaine du Travail (UMT).** Ihr Einfluss in Wirtschaft und Handel ist ziemlich bedeutend, und sie konnte auch ansehnliche Erfolge verbuchen. Weitere wichtige Gewerkschaften sind *Union Générale des Travailleurs Marocains (UGTM), Union nationale du travail (UNTM), Conféderation Démocratique du Travail (CDT)* und *Fédération démocratique du travail (FDT).*

Die Gewerkschaften sind zu einer Gegenmacht im Staate geworden, vor allem auch, weil sie sich dem **Kampf gegen die Korruption** verschrieben haben.

## Armee und Polizei

Die marokkanische **Armee** ist ein **wichtiger Machtfaktor im Lande** und zählt zu den bestausgebildeten Truppen Afrikas. Die Verteidigungsausgaben machen rund 3% des Bruttoinlandsproduktes aus (in Deutschland sind es 1,2%). Marokko ist an diversen UN-Auslandseinsätzen beteiligt. 2019 wurde wieder die allgemeine Wehrpflicht (1 Jahr Dienst) eingeführt, nachdem sie König *Mohamed VI.* 13 Jahre zuvor abgeschafft hatte.

Da Marokko als wichtiger **Verbündeter der USA** im Kampf gegen den Terrorismus zählt, erhält das Land Militärhilfe von den Vereinigten Staaten.

Die **Polizei** ist ebenfalls **straff organisiert** und nicht zimperlich, z.B. bei Kundgebungen der Islamisten von *Al Adlwa Lihsane,* bei *Saharawi*-Demos in der Westsahara oder der Rif-Protestbewegung *Hirak El-Shaabi* (s.u.). Korruption und Machtmissbrauch waren früher an der Tagesordnung; da aber König *Mohamed VI.* nach 1999 viele Verantwortliche gerade bei der Polizei auswechseln ließ, hat sich manches zum Besseren gewandelt. Im internationalen **Korruptionsindex** von Transparency International liegt Marokko auf Platz 73 (Deutschland belegt Platz 11).

Verstöße gegen das Gesetz, z.B. gegen das **Rauschmittelgesetz** – Marokko ist der größte Cannabisproduzent weltweit! –, werden vor allem bei Touristen streng bestraft und haben viele europäische Kiffer hinter Gitter gebracht. Die **Gefängnisse** in Marokko entsprechen eher Verliesen als unseren Vorstellungen eines modernen Strafvollzugs. Im Zuge der Demokratisierungsmaßnahmen seit 1996 wurden einige der berüchtigten politischen Gefängnisse des Landes geschlossen und auch einige der übelsten Folterer belangt.

## Menschen- und Freiheitsrechte

Seit dem Amtsantritt von König *Mohamed VI.* ist die Regierung bezüglich Menschenrechte und Meinungsfreiheit einen weiten Schritt vorangekommen. Waren unter *Hassan II.* Foltergefängnisse weit verbreitet und wurden politische Gegner kurzerhand weggesperrt, untersuchte ab Januar 2004 die Kommission „Instance Equité et Réconciliation" (IER) **Menschenrechtsverletzungen** in der Zeit der „bleiernen Jahre" zwischen 1956 und 1999. Das Mandat der IER war zwar begrenzt, doch brachte vor allem die öffentliche Anhörung der Opfer eine breite gesellschaftliche Diskussion in Gang. Die im Abschlussbericht festgelegten Empfehlungen zur Entschädigung der Opfer sind weitgehend umgesetzt worden.

Im Jahr 2005 wurde ein Gesetz verabschiedet, das **Folter** explizit verbietet und unter Strafandrohung stellt. Von Inhaftierten werden allerdings weiterhin Foltervorwürfe erhoben. Die Todesstrafe wird in Marokko zwar verhängt, aber de facto nicht mehr vollstreckt.

Meinungs- und Pressefreiheit sind mit der neuen Verfassung von 2011 zwar garantiert, aber noch nicht mit den Standards demokratischer Staaten zu vergleichen – so wird z.B. **Kritik** am König als „Angriff auf die heiligen Werte der Nation" betrachtet und z.T. mit Gefängnis bestraft, auch Kritik an der Westsahara-Politik ist nach wie vor tabu.

Eine **Reform des Rechtssystems und der Sicherheitskräfte** sowie die Durchsetzung der Menschenrechte bei den relevanten Behörden und eine Verankerung in der Verfassung wurden in der Verfassungsreform 2011 berücksichtigt. Der 2012 gegründete **Nationalrat für Menschenrechte (CNDH)** agiert unabhängig und hat gegenüber dem König ein Vorschlagsrecht für Menschenrechtsverbesserungen, das er aktiv aus-

# Der vergessene Krieg in der Westsahara

Bereits seit dem Mittelalter führten **Karawanenrouten** durch den Süden nach Timbuktu und bis in das Gebiet des heutigen Staates Senegal. Die marokkanischen Händler unterhielten Handelsbeziehungen zu den Nomaden in der Sahara. Die Shaiks der Stammesfraktionen in dem Gebiet der heutigen Westsahara leisteten dem marokkanischen Sultan den Treueeid, dafür fungierte Marokko als Schutzmacht bei Bedrohung von außen.

Ende des 19. Jh. sicherte sich jedoch die Handelsflotte der Compagnie Commerciale Hispano-Africaine die Herrschaft über die Bucht von Dakhla, und durch den Vertrag von Berlin erhielt **Spanien** das Protektorat über das Gebiet von Cap Bojador bis Cap Blanc. Der Konflikt mit Frankreich endete 1900 mit der Vereinbarung, die Hauptsahara Frankreich und das Gebiet **Río de Oro** Spanien zuzuteilen. Río de Oro wurde 1958 in Provinz Sahara umgetauft.

Zunächst nur an den Küsten stationiert, rückten die Spanier nach und nach auch ins Landesinnere vor, die stationierten Truppen wurde immer mehr: 1970 hielten sich in der Westsahara mehr spanische Soldaten auf als Saharawis. Die **Nomadenbevölkerung** – ihre Zahl wurde auf 200.000 geschätzt – setzte den Spaniern keinen Widerstand entgegen, obwohl die Spanier mit eiserner Faust regierten. Mit der Entdeckung des Phosphats änderte sich die Situation. Die Saharawis gaben zu Tausenden das Nomadenleben auf, um in den **Phosphatminen** zu arbeiten. Vom verlockenden Stadtleben angezogen, siedelten sie sich in den Elendsquartieren um die Städte an. Als dergestalt die Ausbeutung und Unterdrückung offensichtlich wurden und die Saharawis, im Gegensatz zu den Spaniern, durch das Phosphat keineswegs reicher wurden, regte sich Unmut. 1973 bildete sich die **POLISARIO** (Volksfront für die Befreiung der Seguiet el Hamra und des Río de Oro) und unternahm ihre ersten Vorstöße von Mauretanien aus.

Die UNO verzeichnete die Westsahara – obwohl diese nie eine Nation war – bereits 1963 auf einer Liste von Staaten, denen das Recht auf **Selbstbestimmung** immer noch verwehrt werde. 1965 forderte die UN-Vollversammlung Spanien auf, das Gebiet zu entkolonialisieren, und verlangte ein Referendum über die Selbstbestimmung der Saharawis. 1975 stellte eine UN-Delegation fest, dass die überwiegende Mehrheit der Bevölkerung für Unabhängigkeit sei und die POLISARIO unterstütze.

Dies rief **König Hassan II.** von Marokko auf den Plan, der keinen sozialistisch orientierten Staat, noch dazu von Libyen und Algerien unterstützt, an der Südgrenze Marokkos dulden wollte. Ferner sah sich der König als Vollstrecker des historischen Auftrags, den saharischen Süden, dessen Stämme starke traditionelle Bindungen zu Marokko hatten, in sein Reich einzugliedern.

Ein Beschluss des Internationalen Gerichtshofes von Den Haag, der historische Bindungen einiger Volksgruppen der Westsahara an Marokko anerkennt, diente Hassan II. dann als Legitimation für seinen Vorstoß. In Windeseile wurden Straßen in Richtung Westsahara zum südlichsten marokkanischen Zipfel nach Tarfaya gebaut, und 350.000 Menschen zogen am 6.11.1975 über die ehemaligen spanischen Grenzen. Dieses Schauspiel, der **„Grüne Marsch"**, wurde vom marokkanischen Fernsehen live übertragen und beschleunigte die Entwicklung zugunsten der marokkanischen Interessen.

Das spanische Parlament trat in Eile zu einer Abstimmung zusammen, bei der die „Rabat-freundliche" Fraktion siegte. Angeblich soll der marokkanische König bereits am Krankenbett von General *Franco* die problemlose Übergabe der Westsahara ausgehandelt haben. Am 14.11.1975 wurde in Madrid ein **Abkommen** zwischen Spanien, Marokko und Mauretanien unterzeichnet, wonach alle spanischen Streitkräfte bis zum 28.2.1976 aus der Westsahara abzuziehen hatten; Spanien wurde eine Beteiligung an den Phosphateinnahmen zugesichert, und es stimmte einer Aufteilung des Landes unter Marokko und Mauretanien zu.

Die POLISARIO erklärte den Vertrag für null und nichtig, konnte aber nicht verhindern, dass mit spanischer Hilfe 4000 marokkanische Soldaten in Laâyoune einzogen. Am 19.12.1975 wurde nach heftigen Kämpfen auch La Guera besetzt. 100.000 Saharawis, praktisch die Hälfte der ursprünglichen Bevölkerung, flüchteten nach der Bombardierung von Saharawi-Dörfern mit Napalm und Phosphor über die Grenzen nach Algerien und bildeten mit Unterstützung der algerischen Regierung Lager bei Tindouf. Gestärkt durch die algerische Hilfe begann zwischen der POLISARIO und Marokko ein **Krieg,** der bis zum Waffenstillstandsabkommen am 6.9.1991 mit gnadenloser Härte geführt wurde.

Am 29.2.76 wurde die **unabhängige Republik Sahara** ausgerufen, die von vielen Ländern der Welt anerkannt wurde, nicht aber von den Weltmächten. Viele Staaten haben ihre Anerkennung inzwischen allerdings widerrufen, zurzeit sind es noch 39 Länder, die die Arabische Republik Sahara als eigene Nation anerkennen.

Nach dem Sturz des mauretanischen Präsidenten *Ould Daddah* 1978 beschloss die neue mauretanische Regierung einen Waffenstillstand mit der POLISARIO. Daraufhin besetzte Marokko den südlichen Teil der Westsahara, da es keinen Ministaat mit POLISARIO-Regierung im Süden zulassen und Algerien den erwünschten Zugang zum Atlantik verwehren wollte (14.8.79). Algerien unterstellt Marokko jedoch, sich die Westsahara wegen dessen Rohstoff- und Fischreichtums einverleibt zu haben.

Marokko brachte die Westsahara mit hohem militärischem Aufwand unter Kontrolle, wobei nicht vor einer **brutalen Repression der Zivilbevölkerung** zurückgeschreckt wurde. Gegen Übergriffe von den in Algerien, Mali und Mauretanien agierenden Kämpfern der POLISARIO baute Marokko einen elektronisch und mit Minen gesicherten **Schutzwall** ( BERM) östlich von Bou Craa und Smara.

Nach einer kurzzeitigen Verbesserung der **Beziehungen zu Algerien** erklärte sich König Hassan II. März 1985 zu einer Volksabstimmung in der Westsahara bereit, wenn die UNO dies in die Wege leite. Aber die Kämpfe gingen weiter, und die Verhandlungen mit der UNO zogen sich hin. Im August 1988 verkündeten sowohl POLISARIO als auch die marokkanische Regierung, dass sie zur Aufnahme von **Friedensverhandlungen** nach einer Volksabstimmung bereit wären. UN-Friedensvermittler sollten dazu ein Referendum ausarbeiten. Aber erst am 27.6.1990 wurde ein konkreter Plan zur Abhaltung einer Volksabstimmung in der Westsahara vom UN-Sicherheitsrat gebilligt, und eine UN-Kommission reiste zu ersten Sondierungen in die Westsahara. Im Februar 1991 hieß es, dass alle Unstimmigkeiten über den Zeitplan bereinigt seien und der Plan verwirklicht werden könne. Eine UN-Kommission zur Überwachung des Referendums wurde gebildet **(MINURSO).** Unter Vermittlung der UNO wurde am 6.9.91 ein **Waffenstillstandsabkommen** geschlossen, und Marokko stimmte einer Truppenhalbierung von 130.000 auf 65.000 Mann zu, was aber nicht eingehalten wurde.

Das für Januar 1992 geplante Referendum und alle weiteren Termine seither sind jedoch immer wieder verschoben worden, da sich beide Seiten nicht über die Anzahl der Wahlberechtigten einigen konnten. Dahinter steht die entscheidende Frage, wer als Saharawi zu gelten habe. Im Verlauf der Houston-Verhandlungen im Jahr 1998 wurde die **„saharische Staatsbürgerschaft"** anhand von einigen Kriterien definiert: Eines davon ist die Bevölkerungszahl von 1974 (nach spanischem Zensus ca. 75.000), ein weiteres die Aufenthaltsdauer in der Westsahara, ein drittes die Abstammung von einem Saharawi-Vater.

Im September 1997 verständigten sich Marokko und POLISARIO auf einen „Verhaltenskodex" für eine **Volksabstimmung.** Die UN legten daraufhin den 7.12.1998 als nächsten Termin fest, doch die Registrierung der Wähler verzögerte sich – bis 1999 sollte sie abgeschlossen sein und etwa 150.000 Wahlberechtigte umfassen. Wiederum gab es keine Einigung, und die UN drohte unverhohlen mit dem Abzug ihrer Truppen. Ein neuer Kompromissvorschlag von James Baker sah daraufhin eine Teilautonomie unter marokkanischer Herrschaft vor, mit Volksabstimmung nach fünf Jahren, also 2003, der aber aufgrund eines Vetos Algeriens und der POLISARIO scheiterte.

In seiner Rede zur Nation im April 2006 sprach König Mohamed VI. erstmals in der Öffentlichkeit von einer **Autonomie unter marokkanischer Oberhoheit:** Marokko behält die Souveränität über die Westsahara inkl. Rechts- und Militärhoheit, während für die internen Angelegenheiten das Volk der Saharawi selbst verantwortlich ist. Diesen Plan hat der König in einer Rede im Januar 2010 abermals bekräftigt und eine Expertengruppe beauftragt, ein Modell der Dezentralisierung zu erarbeiten, das auch für andere Provinzen des Landes gelten soll.

Bei diesem Plan erhält der König Unterstützung von den USA, Frankreich, Spanien, Italien und China. Die POLISARIO hält davon nichts und ist enttäuscht, dass die UNO keinen Druck auf Marokko ausgeübt hat, denn das Scheitern der bisherigen Verhandlungen wird in erster Linie Marokko zur Last gelegt.

Weitere Gespräche zwischen den Beteiligten fanden 2012 statt, wiederum ohne Ergebnis. Alt-Bundespräsident *Dr. Horst Köhler*, bis Mai 2019 Sonderbeauftragter der MINURSO, schaffte es im Dezember 2018 und im April 2019, alle Beteiligten an einen Tisch zu bringen. In Genf fanden Gespräche zwischen Marokkos Außenminister *Bourita,* Delegierten der Saharawis im marokkanisch besetzten Gebiet, der POLISARIO, Algerien und Mauretanien statt. Laut Presseberichten herrschte eine entspannte und höfliche Atmosphäre, aber es gab nach wie vor **keine entscheidende Annäherung** der Positionen. Marokko will weiterhin nur eine Teilautonomie für die Westsahara, die POLISARIO und Algerien die Unabhängigkeit des Staates.

**Die Zeit arbeitet für Marokko.** Das Ende des Kalten Krieges hat den Geldstrom aus den ehemals sozialistischen Staaten an die POLISARIO versiegen lassen. Die Flüchtlingslager bei Tindouf (Algerien) sind auf internationale Spenden angewiesen, und die Medien berichten über die schlechte Ernährungslage der Flüchtlinge in den Lagern. Einige führende POLISARIO-Politiker sind in den letzten 18 Jahren zur marokkanischen Seite übergelaufen, weil sie den Kampf für aussichtslos halten: 2002 der ehemalige Militär- und Gendarmeriechef der saharawischen Interimsregierung *Lahbib Ayoub,* 2010 der ehemalige Polizeichef der Polisario *Ahmed Ould Souilem,* der Scheikh einer der wichtigsten Saharawi-Stämme der Oulad Denim, der sich offen für das Autonomie-Projekt des marokkanischen Königs aussprach. Er wurde im Herbst 2010 zum marokkanischen Botschafter in Madrid ernannt. Der neue Botschafter äußerte sich laut SZ vom 14.10.2010 folgendermaßen: „Mehr als 900 junge Saharawis sind zurück nach Marokko gegangen, wo das Leben weniger rau ist als in den Lagern. Es gibt eine schweigende Bewegung für die Rückkehr." Angeblich hat sich auch mit Unterstützung Marokkos in Tindouf die Oppositionsgruppe „Reform und Gerechtigkeit" gebildet.

Algerien unterstützt weiterhin die POLISARIO, die bisher sämtliche Autonomievorschläge unter marokkanischer Verwaltung ablehnt und die UNO offen der Parteinahme für Marokko bezichtigt. Einige westliche Staaten sprechen mittlerweile nicht mehr von Annektierung der Sahara, sondern von „marokkanischer Verwaltung", was de facto den derzeitigen Stand wiedergibt.

Die POLISARIO drängt auf Einhaltung der Menschenrechte von Seiten der Marokkaner, auch als wesentliche Bedingung für weitere Verhandlungen mit der UNO, obwohl ihnen selbst ein rücksichtsloser Umgang mit ihren Gefangenen vorgeworfen wird. Die POLISARIO hielt über 1000 marokkanische Kriegsgefangene als Faustpfand unter übelsten Bedingungen über 25 Jahre in den Lagern bei Tindouf gefangen; nach Intervention der UNO und des Roten Kreuzes wurden die letzten Gefangenen erst 2005 freigelassen. Mittlerweile wird der POLISARIO nicht nur von den Marokkanern, sondern auch von westlichen Geheimdiensten **Unterstützung der Al-Qaida des Maghreb** und **Daesh** nachgesagt. Immer wieder wurden von der marokkanischen Polizei Terrorzellen zerschlagen, die Bombenanschläge auf Polizisten geplant haben sollen und Waffenverstecke in der Westsahara unterhielten, zuletzt in Dakhla im April 2019. Auch im UNO-Sicherheitsbericht vom Oktober 2018 ist die Rede von der **Infiltration von Terroristen** auf der östlichen Seite des BERM, also dem Bereich der Westsahara östlich des Schutzwalles, den derzeit die POLISARIO verwaltet. In der ersten Hälfte des Jahres 2018 gab es verstärkte Spannungen und Aufmarsch von POLISARIO-Truppen in der entmilitarisierten Zone an der Grenze zu Mauretanien und Westsahara (im marokkanischen Teil), weil die Straße von Guergarat durch das Niemandsland bis zur mauretanischen Grenze weitergebaut werden sollte und die POLISARIO dies als Verletzung der Resolution 2414 des Waffenstillstands betrachtet. Nach Verwarnung durch die MINURSO zogen sich die Truppen der POLISARIO daraufhin am 1. Juli wieder zurück. Auch Marokko wird Behinderung der MINURSO-Arbeit vorgeworfen, v.a. der Zugang zu Oppositionskräften der Saharawi im besetzten Teil.

**Die Weltöffentlichkeit nimmt von dem Konflikt kaum mehr Kenntnis.** Alle Proteste und Menschenrechtsverletzungen haben nicht verhindert, dass das MINURSO-Mandat jährlich (inzwischen halbjährlich) aufs Neue verlängert wurde. Ein Vorstoß der Saharawi-Widerstandskämpfer, der MINURSO auch für die Einhaltung der Menschenrechte in der Westsahara ein Mandat zu erteilen, scheiterte bei der UN am Widerstand Frankreichs und Marokkos. Marokko ist seit 2018 wieder Mitglied der OAU, der Organisation afrikanischer Staaten. Bei der Sitzung der OAU in Marrakesch, die parallel zu einer weiteren Sitzung in Pretoria stattfand, nahmen mehr Staaten teil als in Südafrika. Einige Staaten schickten sogar ihre Delegierten an beide Versammlungsorte. Jedenfalls gelang es Marokko, weitere afrikanische Staaten auf seine Seite zu ziehen. Hauptunterstützer der POLISARIO sind nach wie vor Algerien und Südafrika.

Marokko arbeitet mit einer **Verzögerungstaktik,** um seine Autonomiepläne durchzusetzen, und hat mit Frankreich und den USA prominente Unterstützer. De facto hat Marokko durch die Beherrschung von 90% des Gebietes, den Ausbau der Infrastruktur und die wirtschaftlichen Investitionen den Anschluss schon fast erreicht. Die Hauptstadt **Laâyoune** ist inzwischen eine moderne Hafenstadt mit über 200.000 Einwohnern. Marokko hat nach eigenen Angaben fast 1 Mrd. Euro in die Westsahara investiert (dazu Steuersubventionen und Zollfreiheit in den südlichen Provinzen).

Zu hoffen ist, dass in absehbarer Zeit eine offizielle, international gültige Vereinbarung unterzeichnet wird, die für beide Seiten akzeptabel ist und dem politischen Ränkespiel endlich ein Ende setzt.

übt. Doch im Zuge der Terrorismusbekämpfung und der Bedrohung durch die *Maghreb-Al-Qaida* (Aqim) bzw. den *IS* (arab: *da'esh*) sowie infolge der Eingliederung der Westsahara und der damit einhergehenden Proteste wird Marokko wohl weiterhin autoritär-repressiv ausgerichtet bleiben.

## Arabischer Frühling

Nach den Demonstrationen und Unruhen in Tunesien, Ägypten, Libyen, Syrien und anderen Ländern des arabischen Raums formierten sich auch in Marokko Anfang 2011 Bürgerinitiativen, die zu Reformen aufriefen. Am 20. Februar 2011 demonstrierten Zehntausende Menschen in sieben marokkanischen Städten weitgehend friedlich für mehr Freiheit und Arbeit, weniger Korruption und eine Verfassungsreform zur Einschränkung der königlichen Machtbefugnisse. Danach kam es im Rahmen dieser **„Bewegung des 20. Februar"** bis 2014 regelmäßig zu Demonstrationen, die größtenteils friedlich verliefen und nicht den Rücktritt des Königs zum Ziel hatten, sondern demokratische Reformen, die Bekämpfung der Korruption und eine wirksame Gewaltenteilung. Der König proklamierte daraufhin den Übergang zu einer konstitutionellen Monarchie und ließ am 1. Juli 2011 über eine neue Verfassung abstimmen (s.o.).

2017 kam es nach dem gewaltsamen Tod des Fischhändlers *Mohsin Fikri* in einer Müllpresse in Al Hoceima (für den die Polizei verantwortlich gemacht wurde) zu landesweiten Protesten. Daraus bildete sich im Rif die **Bewegung Hirak El-Shaabi,** deren Aktivisten Behördenwillkür, Polizeigewalt, Korruption und die Vernachlässigung der Rif-Region (u.a. hohe Arbeitslosigkeit, schlechte Verkehrsanbindung und mangelhafte medizinische Versorgung) beklagen. Die Regierung versuchte erfolglos, die Proteste z.T. gewaltsam einzudämmen. Einige Aktivisten, u.a. der Anführer der Bewegung, *Nasser Zefzafi,* wurden zu hohen Haftstrafen verurteilt. Mittlerweile jedoch wurden nach weiteren Protesten die Strafen von 17 Verurteilten deutlich reduziert bzw. aufgehoben. Gleichzeitig wurden hochrangige Beamte, die Gelder für Entwicklungsprojekte in Nordmarokko veruntreut hatten, von der Regierung entlassen.

## Terrorismusbekämpfung

Der Islam und islamistischer Terrorismus sind in den letzten 15 Jahren in den Fokus der Öffentlichkeit gerückt. König *Mohamed VI.* war einer der ersten Staatschefs, die ihr Bedauern über den Terroranschlag des 11. September 2001 in New York ausdrückten. Die marokkanische Regierung pflegt **enge Beziehungen zu den USA.** Jedoch waren unter den Attentätern und Unterstützern viele Marokkaner, sodass die Gefahr eines Anschlags von *Al-Qaida* auch in Marokko zu drohen schien. Und der Terror ließ nicht auf sich warten: Im Mai **2003** kam es zu einer **Anschlagsserie in Casablanca** durch eine verhältnismäßig wenig bekannte radikal-islamistische Partei, bei der 41 Menschen ums Leben kamen und 60 verletzt wurden. Die Täter kamen aus dem islamistischen Milieu der Armenviertel der Stadt. Die Bevölkerung reagierte mit großer Bestürzung und Entsetzen – es kam zu den größten Demonstrationen seit der Unabhängigkeit.

Der König ließ ein **Antiterror-Gesetz** in Kraft treten, das Festnahmen, Hausdurchsuchungen und die Überwachung von Post und Telekommunikation wesentlich erleichtert. Sicherheitsbestimmungen wurden massiv verschärft, die Polizeipräsenz im Land stieg seitdem kontinuierlich an. Bei öffentlichen Veranstaltungen gelten höchste Sicherheitsstandards. Im August 2003 wurden vier der Unterstützung des Attentats Verdächtige zum Tode verurteilt.

Trotz des harten staatlichen Vorgehens gegen radikal-islamistische Gruppen kam es im März und April **2007** zu **terroristischen Vorfällen in Casablanca** mit acht Toten und etwa 40 Verletzten. Am verheerendsten war der Bombenanschlag auf das Café Argana am Djamâa el-Fna im Herzen von **Marrakesch** Ende April **2011** mit 17 Toten, darunter mehrere Ausländer. Die Täter wurden schnell gefasst und zwei der Hauptverantwortlichen zum Tode verurteilt.

Auch die drei **Mörder** (darunter ein Schweizer) **zweier junger Frauen aus Norwegen und Schweden,** die beim Zelten am Djabal Toubkal Anfang 2019 brutal umgebracht wurden, waren bald gefasst und wurden zum Tode verurteilt. Sie bekannten sich zur islamistischen Terrororganisation *IS;* insgesamt standen 24 Hauptverdächtige vor Gericht. Bei der marokkanischen Bevölkerung löste der Mord landesweit große Betroffenheit mit Beileidsbekundungen aus.

Marokko hat sich dem Kampf gegen den *IS* angeschlossen und betreibt die **Verfolgung von Terroristen** im eigenen Land systematisch. Die Regierung installierte eine Hubschrauberüberwachung der Grenze zu Algerien sowie Befestigungen an sicherheitsrelevanten Grenzpunkten. Der Polizeieinsatz in Städten und gefährdeten Zonen wurde verstärkt. Auch die spanischen Enklaven Melilla und Ceuta werden als Brutstätten des Terrorismus angesehen. Vor diesem Hintergrund erließ die marokkanische Regierung im Oktober 2014 ein Gesetz, welches das Anwerben von Kämpfern für den *IS* und auch dessen Unterstützung unter Strafe stellt.

2015 wurde zudem das **Bureau central d'investigation judiciaire** (BCIJ) – scherzhaft auch „FBI marocain" genannt – ins Leben gerufen, das sich ausschließlich dem Kampf gegen den Terrorismus und die organisierte Kriminalität widmet. Die Behörde arbeitet sehr effektiv und hatte u.a. die deutsche Regierung vor dem Attentäter *Anis Amri* gewarnt, der im Dezember 2016 den Anschlag auf dem Berliner Weihnachtsmarkt unternahm.

Das **Auswärtige Amt** gibt für den Sahararaum einen **allgemeinen Reisehinweis** und warnt vor der Entführungsgefahr in „nicht hinreichend durch wirksame Polizei- oder Militärpräsenz gesicherten Gebieten". Es wird geraten, Menschenansammlungen zu meiden. Dieser Hinweis gilt für alle nordafrikanischen Länder und ist mehr als Vorsichtsmaßnahme denn als Hinweis auf akut drohende Gefahren für Touristen zu verstehen. Bislang gab es in Marokko – das am äußersten Nordrand der Sahara liegt – keine Entführungen von Ausländern.

Marokko wird in vielen internationalen Studien als **sicherstes Land Afrikas** eingestuft. Trotzdem lassen sich islamistisch motivierte Verbrechen wie die Ermordung zweier skandinavischer Touristinnen (s.o.) trotz aller Überwachung nicht ausschließen. Nach unserer Einschätzung ist die Gefahr, in Marokko Opfer eines Terroranschlags zu werden, nicht größer als in irgendeiner westlichen Stadt.

Zur Sicherheit in Marokko vgl. auch den entsprechenden Abschnitt im Kapitel „Reisetipps A–Z".

# Wirtschaft

**Marokko wandelt sich vom Agrar- zum Industrie- und Dienstleistungsland.** König *Mohamed VI.* steht für eine Modernisierung der Wirtschaftspolitik. Marokko soll zu einem Schwellenland mit wettbewerbsfähigem Industrie- und Dienstleistungssektor werden. Dafür wurden zahlreiche Förderprogramme in den Bereichen Industrie, Handel/Logistik, Digitalisierung, Landwirtschaft und Tourismus ins Leben gerufen. Das Wirtschaftsministerium gewährt Investitionsanreize und Steuervorteile zur Ansiedlung von Industriebetrieben. Vor allem die klein- und mittelständische Industrie soll in Zukunft Förderung erhal-

Fast die Hälfte der Bevölkerung lebt von der Landwirtschaft

116sm20 ad

ten – Standortvorteile sind die niedrigen Produktionskosten und die Nähe zum Hauptwirtschaftspartner EU. Die Telekommunikations- und Verkehrsinfrastruktur (Autobahnen, Flughäfen, Häfen etc.) wurde in den letzten Jahren massiv ausgebaut. Außerdem investiert Marokko in den Ausbau erneuerbarer Energien (Wind- und Solarenergie). In der Wüste bei Ouarzazate ist der weltweit größte Solarkomplex entstanden, weitere sind z.B. bei Midelt in Bau.

Das **Bruttoinlandsprodukt** betrug im Jahr 2018 über 118,3 Mrd. US$, das **Wirtschaftswachstum** lag bei rund 3,1%. Die Landeswährung Dirham ist mit einer konstanten **Inflationsrate** von 2 bis 2,8% stabil.

## Landwirtschaft

**45% der Bevölkerung** leben von der Land- bzw. Forstwirtschaft und von der Fischerei. Die Erträge aus Land-, Forst- und Fischwirtschaft tragen zusammen etwa 15% zum Bruttoinlandsprodukt bei. Der **Wirtschaftsplan „Plan Maroc Vert"**, 2008 ins Leben gerufen, sieht umfangreiche Subventionsmaßnahmen zur Professionalisierung der Landwirtschaft und zum Aufbau einer modernen und konkurrenzfähigen Verarbeitungsindustrie vor. Immerhin hat der Plan bis 2019 so weit getragen, dass rund ein Drittel der aufgewendeten Gelder in „Projects Solidaires" floss, also in kleinere Betriebe. Außerdem wurde in Bewässerungssysteme investiert, bei denen es weniger Wasserverlust, z.B. durch Verdunstung bei langen Transportwegen (offene Rohre u.Ä.), gibt. Auch Plantagen mit resistenten Pflanzenarten (z.B. Datteln oder Oliven) wurden angelegt, um das Verlustrisiko bei Krankheiten zu minimieren und den Ertrag zu steigern.

**Fast 22% der Landfläche entfallen auf Ackerland** und Dauerkulturen. Neben der traditionellen kleinteiligen Landwirtschaft gibt es einen **hochmodernen Agrarsektor,** der **exportorientiert** und auf großen Landgütern beheimatet ist. Vor allem der Anbau von **Weizen, Gerste und Hafer** nimmt mehr als die Hälfte der landwirtschaftlichen Fläche ein. Hinzu kommen Mais, Zuckerrohr, Zuckerrüben und **Gemüse** wie Bohnen, Kichererbsen, Linsen, Erbsen und Kartoffeln, das großflächig kultiviert wird. Im **Obstanbau** dominieren Orangen, Zitronen, Mandarinen, Mandeln und Wassermelonen. Zwei Drittel der Weintrauben werden zu **Wein** verarbeitet und zum Großteil exportiert.

Aus den zahllosen Olivenbäumen in Marokko werden Olivenöl und Speiseoliven gewonnen. Jedes Jahr werden rund 160.000 Tonnen **Olivenöl** im Land produziert, davon gehen rund 10% in den Export.

In Marokko soll es nach offiziellen Schätzungen rund 4,8 Mio. Dattelpalmen geben. Die meisten **Datteln** (verschiedener Sorten) werden im Ziz- und Drâa-Tal geerntet. Viele Dattelpalmenhaine waren in den letzten 20 Jahren stark von der Pilzkrankheit *Bayoud (Fusariosse)* betroffen, sodass die Ernten immer schlechter wurden. Marokko importiert zudem für den Eigenverbrauch Datteln aus Tunesien.

Im Anti-Atlas wird immer mehr **Arganienöl** hergestellt, das zwar nur einen kleinen Beitrag zum Export leistet, aber aufgrund seiner hohen Qualität und Einzigartigkeit (der Arganienbaum wächst nur in Südmarokko) immer größere Nachfrage in der Lebensmittel- und Kosmetikindustrie erfährt (vgl. entsprechenden Exkurs).

Im Osten Marokkos wird **Halfagras** angebaut und zur Papierherstellung verwendet. In geringem Maße werden auch **Baumwolle und Tabak** produziert.

Illegal werden aus dem **Anbau von Hanf** (Marihuana, Haschisch) im Rif-Gebirge nach Schätzungen ca. 8 Mrd. Euro (!) Jahresumsatz erzielt.

Angesichts der ständig ungewissen jährlichen Regenmengen werden die **Bewässerungsanlagen** ausgebaut und erweitert, um die Nutzflächen zu vergrößern. Denn regelmäßig wird Marokko von **Dürreperioden** heimgesucht, die der Landwirtschaft starke Einbußen bringen. Es gibt landesweit mehr als 100 große **Talsperren,** weitere Methoden zur Wassergewinnung sind **Nebelnetze,** wie sie vor allem in Küstenregionen und in den Bergen eingesetzt werden.

## Forstwirtschaft

Etwa 13% der Landesfläche sind bewaldet, die Wälder befinden sich fast ausschließlich in Staatsbesitz. Den größten Baumbestand bilden **Eichen.** Es folgen **Akazien** und die endemischen **Arganienbäume** (Eisenholzbäume) im Anti-Atlas. Weitere Baumarten sind Thujen, Korkeichen, Zedern, Pinien und Wacholder. Für **Bau- und Feuerholz** werden **Zedern, Pinien und Eukalyptus** abgeholzt. Die Holzproduktion in Marokko deckt nicht den nationalen Bedarf, sodass Nadelholz aus Europa und Tropenhölzer aus Schwarzafrika importiert werden müssen.

Zur **Aufforstung** des Landes wurden in den letzten drei Jahrzehnten enorme Anstrengungen unternommen. Das Land drohte, ähnlich wie alle südlichen Mittelmeerländer, zu verkarsten, da die Nomaden und Kleinbauern vorwiegend Ziegen und Schafe halten, die die jungen Triebe der Bäume fressen und so alles Grün vernichten. Zudem sorgt die **Desertifikation** im Süden für Probleme.

Die Aufforstung in den 1970er/-80er Jahren bediente sich vor allem schnell wachsender Arten wie Eukalyptus, Akazien, Pinien und Pappeln. Heute werden wieder **vermehrt einheimische Arten** wie Kork- und Steineichen gepflanzt. Denn gerade Eukalyptus ist ein starker Wasserverbraucher und trägt zur Verwüstung seiner Umgebung bei. Trotz massiver Bemühungen des Forst- und Wasserministeriums zur Aufforstung und Bekämpfung der Desertifikation ist mit einer weiteren Verringerung des Waldbestandes zu rechnen.

## Viehzucht

Die Viehhaltung hat für die Gesamtwirtschaft einen geringen Stellenwert, bringt aber **ein Drittel der Erlöse in der Landwirtschaft.** Die Erzeugung tierischer Produkte ist im Vergleich zu anderen nordafrikanischen Ländern gering. Die industrielle Fleischproduktion steigt jedoch an. Wesentliche Bedeutung hat die Viehwirtschaft für die Kleinbauern, für den Eigenverbrauch und den Verkauf auf den Märkten der Provinz.

**Rinder-, Schaf- und Hühnerfleisch** sind für den nationalen Lebensmittelmarkt am wichtigsten. Rinder gibt es in den Ebenen zwischen Rif und Atlas, im

Rharb (Gharb), Sous und in den milden, grünen Gebieten des Mittleren Atlas. Abseits der großen landwirtschaftlichen Ebenen werden **Schafe und Ziegen** in Wechselweidewirtschaft gehalten.

**Esel, Maultiere** und **Pferde** sind die beliebtesten Arbeits- und Reittiere, ihnen begegnet man im ganzen Land. **Kamele** sieht man fast ausschließlich in den Regionen südlich des Atlas, aber auch zwischen Essaouira und Agadir. Sie dienen als Zucht- und Reittiere, das Fleisch wird aber auch für Tajines und Couscous verarbeitet.

## Fischerei

Der im Atlantik vor Marokkos Küsten fließende Kanarenstrom mit seinem Planktonreichtum sorgt für **ertragreiche Fischgründe.** Zur Förderung der Fischerei wurde 1981 ein eigenes Ministerium geschaffen, und zahlreiche Fischereihäfen vor allem an der südlichen Atlantikküste wurden ab den 1990er Jahren ausgebaut. Die Hälfte der Fangmenge stammt aus den Gewässern vor der Westsahara – der wichtigste Fischereihafen ist Laâyoune, gefolgt von Tan-Tan. Im Jahr 2018 wurden in Marokko insgesamt rund 1,1 Mio. Tonnen Fisch eingeholt.

An den Küsten zwischen Larache und Agadir werden Thunfisch, Seezungen, Sardinen, Makrelen, Meeraale, Rochen, Brassen, Austern und Tintenfische gefangen. Vor den Küsten Agadirs und Essaouiras werden Langusten und Hummer in großer Zahl eingebracht. Die Hochseefischerei liefert in erster Linie Sardinen. Marokko ist **weltweit zweitwichtigster Erzeuger von Sardinenkonserven** und zweitgrößter Hersteller des Rotalgenextrakts Agar-Agar.

Die **Binnengewässer** Marokkos, vor allem die Bergseen des Mittleren Atlas, sind reich an Süßwasserfischen wie Forellen, Hechte, Brassen, die aber in erster Linie von Hobbyfischern geangelt werden.

1995 kam es über die Frage der **Fischereirechte vor der marokkanischen Küste** zu einem Streit zwischen Spanien und Marokko, der im selben Jahr mit einem Fischerei- und EU-Assoziierungsabkommen beigelegt wurde. 1999 ergaben sich zur fälligen Verlängerung des Abkommens mit der EU Auseinandersetzungen, denn Marokko wollte nicht nur über Quoten und Zahlungen für Konzessionen verhandeln, sondern auch Gelder zur Modernisierung der eigenen Fischwirtschaft fordern. 2018 wurde ein neues **Fischereiabkommen** zwischen Marokko und der EU abgeschlossen, das den langjährigen Streit beendete und erstmals das Gebiet der Westsahara einschloss, obwohl die EU bisher rechtlich die Westsahara nicht als Teil Marokkos anerkennt. 2019 wurde das Abkommen bestätigt, was dazu führt, dass spanische Fischer vor der Küste Marokkos wieder Fischfang im großen Stil betreiben.

## Bodenschätze und Energie

Marokko verfügt über reiche Bodenschätze, die bei Weitem noch nicht alle erforscht und genutzt werden. **Wichtigstes Bergbauprodukt ist Rohphosphat** – Marokko zählt neben China zu den größten Phosphatexporteuren weltweit. Die jährliche Fördermenge beträgt rund 30 Millionen Tonnen. Fast 80% der

Phosphatreserven der Welt liegen auf marokkanischem Territorium (vor allem auch in der Westsahara). In Safi ist ein riesiger Industriekomplex entstanden, in dem ein Großteil des Phosphats verarbeitet wird. Dank der neuen Anlage konnte die Phosphat- und Phosphatderivateproduktion deutlich gesteigert werden – seit 2017 um mehr als 25%. Phosphat wird u.a. für die Düngemittelproduktion benötigt.

Für den Export bedeutsam sind zudem **Mangan, Eisenerz, Blei und Zink.**

Die bekannten marokkanischen **Erdölvorkommen** im Gharb sind fast erschöpft. Die im Jahr 2000 groß verkündeten Öl- und Erdgasvorkommen in der Nähe von Talsinnt haben sich nicht bewahrheitet. Aber vor der marokkanischen Atlantikküste (Westsahara) werden noch Ölvorkommen vermutet.

Der Abbau von Uran (Kernenergie) und die Nutzung der großen **Erdgasvorkommen** werden stark gefördert. Die Ausbeutung von **Ölschiefern** bei Timadhite und Tarfaya wurde in einzelnen Gebieten wegen mangelnder Rentabilität wieder aufgegeben. Aus der Erdgaspipeline, die von Algerien nach Südeuropa 525 km über marokkanisches Terrtorium führt, kann Marokko für den Eigenbedarf entnehmen.

Vor der Inbetriebnahme von **Noor,** dem weltweit größten **Solarkraftwerk** (Eröffnung 2016 nahe Ouarzazate), musste Marokko 95% der Energieträger importieren (Strom meist über Unterseekabel aus Spanien), wofür das Land einen stetig wachsenden Anteil seiner Devisen ausgab. Daher wurde immer mehr in **erneuerbare Energien** investiert. Marokko brachte sich als wichtigster afrikanischer Partner und Standort in das 2009 von der Deutschen Rück, Siemens, Bosch, EON und dem Bundesumweltministerium geförderten **Desertec-Programm** zur Erzeugung von Solarstrom in der Wüste ein, jedoch zogen sich 2014 alle deutschen Partner zurück und chinesische Investoren sprangen ein. Nun profitieren vor allem Marokko und die fernöstlichen Anleger davon. Nach kompletter Fertigstellung aller vier Anlagen soll das **Solarkraftwerk Noor** 580 Megawatt leisten, etwa so viel wie ein mittlerer Atomreaktor und ausreichend für die Stromversorgung von rund einer halben Million Menschen. Weitere Projekte für Solarkraftwerke, Windparks und Wasserkraftanlagen sind in Gang, so u.a. das Solarkraftwerk „Noor Midelt I" (Baubeginn Ende 2019), das eine Leistung von 800 Megawatt erbringen soll. Auch kleinere Initiativen zeigen das Engagement der Politik für erneuerbare Energien: So werden z.B. mehr und mehr Moscheen in Land mit Solarpaneels zur Eigenversorgung mit Strom ausgestattet und in Marrakesch wurden E-Busse eingeführt.

## Industrie und Außenhandel

Rund **21% der Bevölkerung** arbeiten im industriellen Sektor. Privatisierung, Liberalisierung und Investitionsförderung stehen im Mittelpunkt der marokkanischen Wirtschaftspolitik. So wurde der ökonomische Anschluss an den Westen erreicht: eine marktfreundliche Wirtschaftsordnung, Schutz des Eigentums, Preisbildung hauptsächlich durch Angebot und Nachfrage, realistische Wechselkurse, Gewerbe- und Niederlassungsfreiheit.

**Wichtige Industrien** sind der **Nahrungsmittelsektor**, die **Textilindustrie** und Lederprodukte, die **chemische Industrie** (Phosphate, Sulfate, pneumatische und Kunststoffartikel, Zement) und die **Zulieferindustrie** in den Bereichen IT, Automobile und Luftfahrt sowie die **Automobilindustrie** mit Niederlassungen von Renault und BMW.

Der marokkanische **Außenhandel** ist **defizitär** (minus 19,4 Mrd. US-$) – das sind knapp 20% des BIP –, vor allem verursacht durch die hohen Ausgaben für Gas und Öl. Exportiert wird weniger als halb so viel wie importiert. Doch die marokkanische **Exportbilanz** wird besser. Chemische Erzeugnisse (Dünger, Phosphat) stehen als Exportprodukte an erster Stelle, gefolgt von Textilien, Nahrungsmitteln und Elektrotechnik. Marokkanische Textilien konkurrieren jedoch auf dem europäischen Markt zunehmend mit asiatischer Ware. Unter den Abnehmern steht Europa mit 60% an erster Stelle, danach folgen in großem Abstand Indien, die USA, Saudi-Arabien, China und Russland.

In trockenen Jahren entfallen bis zu 10% der **Importe** auf Nahrungsmittel (vor allem Getreide, Tee, Kaffee, Zucker, Tabak, Vieh). Den größten Posten mit etwa einem Viertel der Einfuhren nehmen Konsumgüter, Investitionsgüter wie Erzeugnisse des Maschinenbaus, elektrotechnische Produkte und Fahrzeuge ein, gefolgt von bearbeiteten Waren (darunter Eisen und Stahl). Der größte Lieferant Marokkos ist Spanien, dann folgen Frankreich, China, USA, Saudi-Arabien, Russland und Italien.

Die wirtschaftlichen Daten und Zahlen lassen die Europäische Union als mit Abstand wichtigsten Handelspartner erkennen. Im Jahr 2000 wurde ein **Assoziierungsabkommen mit der EU** abgeschlossen. Seit 2013 verhandelt Marokko mit der EU über eine Erweiterung des 2000 in Kraft getretenen **Europa-Mittelmeer-Freihandelsabkommens,** das die wirtschaftliche Zusammenarbeit stark erleichtern soll. Laut EU soll „die vertiefte und umfassende Freihandelszone Handelshindernisse sowohl an der Grenze als auch hinter den Grenzen beseitigen und somit einen wichtigen Schritt zur schrittweisen Einbindung der marokkanischen Wirtschaft in den EU-Binnenmarkt darstellen".

## Tourismus

Der Tourismus ist die **zweitwichtigste Devisenquelle Marokkos** (nach dem Geldtransfer der Gastarbeiter aus dem Ausland) und wichtiges Ausgleichsinstrument für die Handelsbilanz. Zudem trägt er zur ökonomischen und infrastrukturellen Entwicklung vieler (vor allem ländlicher) Regionen bei. Allerdings hat das Land nach einem starken Anstieg der Touristenzahlen und der Förderung der klassischen Standbeine Bade- und Rundreisetourismus im Zusammenhang mit dem internationalen Terrorismus und dem Arabischen Frühling immer wieder mit Einbrüchen bzw. Stagnation zu kämpfen.

Mit dem **„Plan Azur"** bzw. der **„Vision 2010"** formulierte die marokkanische Regierung Anfang der 2000er Jahre einen ehrgeizigen Plan zur touristischen Entwicklung, der vor allem den Ausbau des **Badetourismus** sowie die Steigerung auf 10 Mio. Touristen pro Jahr bis 2010 vorsah – das Ziel wurde mit 9,2 Mio.

039sm20 ad

Touristen (davon 4,3 Mio. Marokkaner) nur knapp verfehlt. Im Rahmen des *Plan Azur* sollten sechs Badezentren am Mittelmeer (z.B. Saïdia) und Atlantik (u.a. Mogador Essaouira, Taghazoute) neu erschlossen werden. Einige Projekte wurden jedoch bis heute nicht fertiggestellt, andere eingestellt, manche funktionieren, wie z.B. in Saïdia (marokkanischer Inlandstourismus) oder Taghazoute (Surf-Tourismus). Das Tourismusministerium setzt zudem verstärkt auf die Förderung des **Tourismus im ländlichen Raum.** Dazu zählen der Bereich Ökotourismus, die Errichtung von Herbergen *(Gîtes)* und der Ausbau der sportlichen Aktivitäten im Bereich Trekking, Radfahren etc. In den letzten Jahren war außerdem zu beobachten, dass besonders im Luxussegment investiert wurde – sowohl in den Städten als auch an der Küste entstanden immer mehr 4- und 5-Sterne Hotels. Inzwischen hat **Marrakesch** bezüglich der Bettenzahl Agadir als wichtigste Touristendestination überholt. Besonders das Angebot an **Maisons d'Hôtes** (vgl. „Reisetipps A–Z/Unterkunft und Camping") stieg in den letzten Jahren kontinuierlich an. Diese Unterkünfte in traditionellen Stadthäusern der Medina oder in restaurierten Kasbahs bieten Touristen ein wesentlich authentischeres Urlaubserlebnis als die oft gesichtslosen Hotelbauten der 1980er und -90er Jahre. Inzwischen entfällt auf diese *Maisons d'Hôtes* fast ein Viertel der Gesamtbettenzahl im Land.

Aufbauend auf die Vision 2010 hat das Tourismusministerium die **„Vision 2020"** formuliert. Diese basiert auf den Säulen Authentizität (Erhaltung des kul-

Der Tourismus ist ein wichtiger Wirtschaftsfaktor für Marokko, auch in Essaouira (Centre Artisanal)

turellen Erbes), Vielfalt von Landschaft und Kultur, Qualität des touristischen Angebots sowie Nachhaltigkeit im sozialen und ökologischen Bereich. Das ehrgeizige Ziel: Marokko soll bis zum Jahr 2020 eine der 20 wichtigsten Tourismusdestinationen weltweit werden. Zu den konkreten Zielen gehören die Verdoppelung der Bettenzahl und der internationalen Touristenankünfte, die Verdreifachung der heimischen Touristenzahlen sowie die Schaffung von 470.000 neuen Arbeitsplätzen im Tourismus. Dazu sollen vor allem **Maßnahmen in sechs Bereichen** beitragen: Ökotourismus, Kulturtourismus, Sport- und Aktivtourismus, Gesundheits- und Geschäftstourismus sowie Binnentourismus, d.h. ein auf die Bedürfnisse der Marokkaner abgestimmtes Angebot. Doch Anfang 2020 sah es so aus, als wären auch hier die Ziele viel zu hoch gesteckt worden. Dennoch steigt die Anzahl ausländischer Besucher von Jahr zu Jahr; deutsche Gäste sind mit rund 10% recht gut vertreten.

**Der Tourismus hat natürlich nicht nur positive Seiten.** Er bringt auch erhebliche soziokulturelle und ökologische Probleme mit sich. Die Preise in Touristengebieten steigen auch für Einheimische stark an, und der Zusammenstoß fremder Kulturen und Mentalitäten ist nicht immer fruchtbar. Alkoholismus und Prostitution nehmen zu, die Kriminalität ebenso. Jeder Tourist wird als „reich" eingestuft und als zahlungskräftiger Kunde betrachtet. Viele Marokkaner versuchen deshalb mit einem Kleinbetrieb – sei es ein Café/Restaurant, eine Herberge oder eine Souvenirbude – am Tourismus zu verdienen. Das verschafft manchen Anbietern sicher Ansehen und Einkommen, viele scheitern aber aufgrund mangelnder Kenntnisse und Kapital. Die Konkurrenz ist groß, vor allem im Süden: Nahezu jede Familie bietet Kamel- oder andere Wüstentouren an bzw. betreibt ein kleines Gästehaus. Was in unseren Augen als gesunder Wettbewerb erscheint, gestaltet sich in Marokko häufig ruinös – und das Vorgehen gegen unliebsame Konkurrenz gleicht gelegentlich Mafiamethoden.

# Bevölkerung und Sozialwesen

Marokko zählt rund **35 Millionen Einwohner.** Das Durchschnittsalter beträgt lediglich 29 Jahre (Deutschland: 44 Jahre). 30% der Bevölkerung über 15 Jahre kann weder lesen noch schreiben. Bei den Jüngeren sehen die Zahlen sehr viel besser aus – von ihnen sind nur 9% **Analphabeten.** Die **Arbeitslosenquote** betrug 2018 knapp 10%, am stärksten betroffen sind die Städte sowie Frauen und die Altersklasse zwischen 15 und 24 Jahren. Dramatisch ist auch die Zahl der arbeitslosen Akademiker. Zwischen **Stadt und Land** bestehen erhebliche Unterschiede in Einkommen und Lebensstandard. Die Schere zwischen **Arm und Reich** öffnet sich immer weiter. Absolut leben nur 1,5% der Menschen unterhalb der Armutsgrenze, relativ gesehen jedoch 18%. Rein subjektiv würden aber 55% sich selbst als arm bezeichnen. Das birgt sozialen Sprengstoff, der zur **Radikalisierung** bestimmter Bevölkerungsgruppen oder zu verstärkter illegaler Einwanderung nach Europa führt. Die

Bekämpfung der Armut ist ein erklärtes Ziel von König *Mohamed VI.*, der eine Bildungsreform beauftragte und seitdem immer wieder Milliarden an Dirhams in Bildungs- und Entwicklungsprojekte steckt. Das geschieht nicht aus reiner Menschenliebe, sondern ist politisches Kalkül. Gerade in den Armutsvierteln der Großstädte bilden sich soziale Brennpunkte, die ganz wesentlich zur Radikalisierung der jungen Bevölkerung beitragen. Der **HDI** (*Human Development Index* der Vereinten Nationen), der verschiedene Entwicklungsfaktoren wie Lebenserwartung, Bildung etc. berücksichtigt, führte Marokko im Jahr 2019 auf Platz 123 von 188 Ländern.

Das jährliche (statistische, undifferenzierte und wenig aussagekräftige) **Pro-Kopf-Einkommen** in Marokko lag 2018 bei 8679 US$. Auch wenn seit 1996 gesetzliche Mindestlöhne (SMIG = *Salaire Minimum interprofessionell garanti*) gelten, wird die Entlohnung vor allem in den Städten kaum den Lebenshaltungskosten gerecht bzw. der Mindestlohn oft auch nicht eingehalten. Ein Fahrer im Tourismussektor verdient rund 2200 DH im Monat, ein Industriearbeiter etwa 3000 DH, ein Diplomingenieur oder Arzt kommt auf 12.000 bis 20.000 DH. Häufig wird in Form von Bestechungsgeldern ein Zubrot verdient.

Seit 2004 der **Code du Travail** verabschiedet wurde, gilt in Marokko die **44-Stunden-Woche.** Ferner wurden die Regelungen zum Mutterschutz, zu Arbeitsunfällen, Invalidität und Altersrente sowie für Familien und Hinterbliebene verbessert. Zwangsarbeit und Kinderarbeit unter 15 Jahren sind unter Strafandrohung verboten, kommen aber trotzdem weiter vor.

Es gab außerdem seit 2005 Änderungen bei der **Sozialversicherung,** die den Kreis der Empfänger ausweiten; bisher sind die meisten Marokkaner jedoch nicht sozialversichert. Meist bleiben die eigenen Kinder immer noch die zuverlässigste Krankheits- und Altersvorsorge. Die Sozialversicherungspflicht galt bisher nur bei einer Beschäftigung, die länger als acht Monate dauert. Die Folge: Sie wurde häufig umgangen, indem Leute nur für acht Monate eingestellt wurden. Die Angestellten hatten somit keinerlei Versicherung, auch wenn sie faktisch jahrelang für den gleichen Arbeitgeber tätig waren.

Der **Anteil der arbeitenden Frauen** (ab 15 Jahren) betrug 1980 nur 8%, 2018 waren es 22%, mehr als die Hälfte davon in der Landwirtschaft. Erst seit den 1990er Jahren können verheiratete Frauen ohne Erlaubnis ihres Ehemannes einer bezahlten Arbeit nachgehen.

**Prostitution** existiert offiziell nicht. Vielen Frauen in wirtschaftlicher Notlage und Mädchen, die vor der Heirat ihre Jungfräulichkeit eingebüßt haben, bleibt aber kein anderer Ausweg, als ihren Körper zu verkaufen. Auch Männerprostitution (hetero- und homosexuell) ist häufig. Marokko – vor allem Marrakesch – ist in Europa schon lange als Homosexuellen-Treffpunkt bekannt. In Agadir und Umgebung fallen nicht nur Insidern die älteren Damen auf, die in Begleitung junger Marokkaner unter-

[>] Berberkinder in der Dadès-Schlucht

wegs sind. Bei vielen jungen Männern, die sich mit einer Europäerin einlassen, ist das Hauptmotiv sicher die Hoffnung auf ein besseres Leben in Europa. Enttäuschte europäische Frauen berichten immer wieder von marokkanischen Heiratsschwindlern („Bezness").

**Kinderprostitution,** häufig unter Beteiligung einheimischer Vermittlung, ist leider keine Seltenheit. In den letzten Jahren wird endlich auch von staatlicher Seite strenger durchgegriffen; einige Ausländer wurden wegen Pädophilie verurteilt und inhaftiert.

Die **gesundheitlichen Folgen** der Prostitution – Geschlechtskrankheiten und HIV/AIDS – bleiben sicher nicht aus. Nach offiziellen Schätzungen sind bisher (ähnlich wie in Deutschland) 0,14% der Bevölkerung mit dem HI-Virus infiziert.

## Schulwesen

Zu Beginn der Unabhängigkeit waren 80% aller Marokkaner im schulfähigen Alter Analphabeten. 1963 wurde die **allgemeine Schulpflicht** für 7- bis 13-Jährige eingeführt. Heute liegt die Einschulungsquote bei rund 97%. Jedoch besucht nur noch knapp über die Hälfte der 12- bis 14-Jährigen anschließend eine Sekundarschule. Vor allem in den unzugänglichen Gebieten des Atlasgebirges und unter den Nomaden ist es schwierig, die Kinder zur Schule zu schicken. Aber selbst in den Städten werden vor allem kleine Mädchen als billige Arbeitskräfte benutzt, um zum Familieneinkommen beizutragen.

Die „Stiftung Mohamed VI." führte **Unterricht an Moscheen** ein, der vor allem Frauen zugute kommt. Diese Maß-

040sm20 ad

nahme verhindert, dass konservative Männer aus meist religiös orientierten Bevölkerungsschichten ihren Frauen den Unterricht außer Haus verbieten.

Das **Schulsystem** ist **nach französischem Vorbild** aufgebaut. Es gibt staatliche und private Schulen. Immer weniger wichtig sind Koranschulen. Neben

## Das Hammam – eine orientalische Institution

Zur Grundausstattung jedes Quartiers einer orientalischen Altstadt gehört – ebenso wie Bäckerei, Markt und Moschee – ein Hammam. Bevor die Häuser in den Altstädten eigene Sanitäranlagen hatten, war die Körperwäsche nur in den **Quartierbädern** möglich. Zudem ist die rituelle „große Waschung" eine religiöse Pflicht der Moslems, daher befindet sich **neben den meisten Moscheen** ein Hammam. Der regelmäßige Besuch eines öffentlichen Bades gehört bis heute zum **Alltag** der Marokkaner. Auch der Reisende sollte sich einen Besuch nicht entgehen lassen, und zwar in einem traditionellen Dampfbad, was ein wesentlich authentischeres (und günstigeres!) Erlebnis ist als in einem der Touristenhammams, die mehr und mehr in Stadthäusern der Medina eingerichtet werden.

Die **Hammams der Einheimischen** sind entweder nach Geschlechtern in zwei Bereiche geteilt, oder es gibt unterschiedliche Besuchszeiten. Frauen haben für gewöhnlich tagsüber Zutritt, in den Abend- und Nachtstunden ist der Hammam für die Männer reserviert. Das Bad ist traditionell **viergeteilt** in einen Ruhe- und Umkleideraum, einen Kaltraum, einen mittleren warmen Raum und einen Heißraum. Der Hammam wird von einem **unterirdischen Holzofen** beheizt (häufig der Ofen einer angeschlossenen Bäckerei). An der Eingangstheke bezahlt man den Eintritt (ca. 10 DH) und kann seine Kleidung etc. zur Aufbewahrung abgeben. In den Shops neben dem Bad oder am Eingang erhält man die notwendigen Utensilien: einen Schrubbhandschuh für die Haut (ca. 20 DH) und eine kleine Portion der dunklen, schmierigen und etwas seltsam riechenden Olivenseife (franz. *savon noir,* ca. 5 DH). Mit Unterhose oder Badeanzug bekleidet wäscht man sich in den unterschiedlich temperierten Räumen mit warmem, lauwarmem und kaltem Wasser aus kleinen Wandbrunnen oder Wasserhähnen (kleine Schöpfgefäße sind vorhanden).

**Berührungsängste sind fehl am Platz:** Die Marokkaner gehen wohlmeinend zur Hand und reiben sich gegenseitig mit der schwarzen Seife ein. Frauen färben sich zudem die Haare mit Henna oder enthaaren sich – perfekte Hygiene darf man hier nicht erwarten.

Zur Hammamroutine gehört auch, sich von einem Badmitarbeiter mit dem mitgebrachten Handschuh kräftig den Körper abrubbeln zu lassen, sodass sich ganze Spaghettirollen an alter Haut ablösen – eine Art **Ganzkörperpeeling** (franz. *gommage*). Die Männer erhalten meist eine gliederverbiegende Massage (ca. 50 DH Trinkgeld an die Mitarbeiter). Wohlig-erschöpft und mit einem nie gekannten Gefühl von Sauberkeit entspannt man schließlich noch ein bisschen im Ruheraum oder bei einem Tee im nächsten Straßencafé.

Primar- *(écoles primaires)* und Sekundarschulen *(écoles secondaires)* gibt es technische Schulen *(écoles techniques)*. Die **Regelschulzeit** in staatlichen Schulen beträgt sechs Jahre in der Primarstufe (Abschluss *Certificat Moyen*), darauf folgen drei Jahre *Collège* und noch einmal drei Jahre *Lycée* (mit Abitur).

**Unterrichtssprache ist meist Arabisch.** Seit der Anerkennung von Tamazight als offizielle Landessprache wird in den Grundschulen auch in Berberisch unterrichtet, Französisch wird verstärkt in der Oberstufe und an den Universitäten benutzt. Arabisch ist in vielen Gebieten Marokkos für die Schüler eine Fremdsprache.

Unter den Fremdsprachen nimmt **Französisch** eine Vorrangstellung ein. Es gibt viele private französische Schulen, die Schulgeld kosten und auf die vorwiegend Kinder der Ober- und Mittelschicht geschickt werden. So kommt es, dass viele Oberschichtkinder besser französisch als arabisch sprechen.

Nach wie vor sind **gewaltige Anstrengungen nötig,** um das Schulsystem zu verbessern und zu modernisieren. So sind Lehrkräfte weiterhin Mangelware, und schulische Einrichtungen fehlen ebenso. Auch wenn der Schulbesuch kostenlos ist, können sich viele Familien nicht einmal Hefte und Stifte leisten – Betteleien nach einem „stylo" werden so verständlicher. In den letzten Jahren bekam Marokko Unterstützung aus dem Ausland, um den Bildungssektor zu reformieren.

**Universitäten** befinden sich in den Städten Rabat, Casablanca, Fès, Oujda, Marrakesch, Meknès, Ifrane, Errachidia, El Jadida, Kénitra, Agadir und Tétouan. Jeder sechste Akademiker in Marokko ist arbeitslos, und immer wieder kommt es zu Demonstrationen der arbeitslosen Jungakademiker. Denn bisher gibt es fast nur Stellen beim Staat, und die sind schwer zu bekommen bzw. nur durch Beziehungen.

## Gesundheitswesen

Das marokkanische Gesundheitswesen ist im Vergleich zu anderen afrikanischen Staaten **relativ gut ausgebaut,** zwischen Stadt und Land jedoch sehr unterschiedlich. Ein Arzt kommt in Marokko auf etwa 1400 Einwohner – in Deutschland steht im Durchschnitt ein Arzt für 240 Einwohner zur Verfügung.

**In den Städten** ist die ärztliche Versorgung gut. Dort lässt sich die Mehrzahl der Ärzte nieder, weil eine bessere Infrastruktur zur Verfügung steht und das Publikum zahlungskräftiger ist.

In den öffentlichen **Krankenhäusern** ist die Versorgung kostenlos. Grundsätzlich sind private Krankenhäuser und Arztpraxen wesentlich besser ausgestattet als öffentliche Einrichtungen.

2005 wurde eine **gesetzliche Krankenversicherung** (*Assurance Maladie Obligatoire,* AMO) eingeführt, die den Zugang der Bevölkerung zu medizinischer Versorgung verbessert hat. Es wird jedoch noch lange dauern, bis die Mehrheit über einen Versicherungsschutz verfügt.

Die **ärztliche Versorgung auf dem Lande** wird in erster Linie durch die Gesundheitszentren garantiert. Hier wird kostenlos, freundlich und kompetent eine medizinische Grundversorgung gewährleistet. Zusätzlich gibt es fahrbare ambulante Pflegestationen.

Die Versorgung mit **Medikamenten** ist in allen größeren Orten gut, wo oft mehrere Apotheken *(pharmacie)* zur Verfügung stehen. In den entlegenen Gebieten wirken alle möglichen **Wunderheiler,** oft anstelle von Ärzten. Der Glaube an die Wirkung diverser volkstümlicher Heilmittel ist weit verbreitet.

Als **Hebammen** fungieren meist ältere Frauen und Familienangehörige. Aufgrund der verbesserten ärztlichen Versorgung ging die Säuglingssterblichkeit in den letzten Jahren erheblich zurück.

**Familienplanung** wird seit den 1960er Jahren staatlich gefördert. Im Zusammenspiel mit der zunehmenden Verstädterung ist das jährliche **Bevölkerungswachstum** von 3% auf ca. 1,2% zurückgegangen: Bekam eine Frau seinerzeit im Schnitt noch sieben Kinder, sind es heute statistisch nur noch 2,4.

## Ethnische Gruppen

Die einheimische Bevölkerung Marokkos besteht in der Mehrheit aus **Amaziren** (eingedeutscht auch „Masiren", Fremdbezeichnung: Berber) und **Arabern,** die mit der Ausbreitung des Islam nach Marokko kamen. Marokkanische Araber sind überwiegend Stadtbewohner. Vor allem die gehobenen Schichten von Fès sind arabischer Herkunft. Die Fassis (die Stadtbewohner von Fès) übten zu allen Zeiten einen entscheidenden Einfluss auf das Land und seinen Handel aus. Die fruchtbarsten Gebiete und die größten Fabriken befinden sich in arabischer Hand.

Die **Berber** sind **keine homogene Ethnie,** sie haben äußerlich wenig gemeinsam und sprechen auch keine einheitliche Sprache. Die Herkunft der Amaziren (Selbstbezeichnung der Berber) ist noch nicht eindeutig geklärt, womöglich geht sie auf die Libyer zurück, die bereits in ägyptischen Quellen des alten Reiches (3. Jahrtausend v.Chr.) erwähnt sind und in blonde (Temhu) und dunkle Libyer (Tehennu) unterschieden wurden. Dazu gehören auch die Garamanten, die im Fezzan in Libyen siedelten und mittlerweile als Vorfahren der Tuareg angesehen werden, welche auch zu den Berbervölkern zählen. Die Abstammung z.B. von den blonden Libyern würde auch erklären, warum unter den Berbern so viele blonde und rothaarige Menschen zu finden sind. Man definiert einen Amazir heute als einen Menschen, der einen Berberdialekt spricht – sei es Tarifit, Tamzight, Tachelheit oder Tamaschek (Sprache der Tuareg). In der marokkanischen Politik sind die Berber **nach wie vor nicht gleichgestellt.** Immerhin findet der Schulunterricht in vielen Schulen in den ersten beiden Klassen in Masirisch und Arabisch statt, es gibt jedoch nur ein gutes Radio- und TV-Programm. Dort, wo die Bevölkerung mindestens zur Hälfte aus Amaziren besteht, sind Straßenschilder und auch einige Schilder von Amtsgebäuden inzwischen zweisprachig, z.T. (mit Französisch) sogar dreisprachig.

Aufgrund der starken Vermischung von Arabern mit Berbern und der Arabisierung von Berbern ist eine klare Zuordnung heute schwierig.

Eine weitere Bevölkerungsgruppe rekrutiert sich aus den **Schwarzen (Haratin),** die hauptsächlich als Sklaven ins Land gebracht wurden und sich im Laufe der Zeit mit der einheimischen Bevölkerung vermischten. Viele der ehemaligen Haratin bezeichnen sich stolz als Berber, obwohl ihr schwarzafrikanischer Ursprung unverkennbar ist.

Hinzu kommt eine Minderheit von **Juden** (vor allem in Casablanca) und Nachfahren europäischer Moslems und Juden, die im Zuge ihrer Flucht vor der Reconquista aus Spanien nach Marokko gelangten.

In der **Westsahara** leben nach der letzten Volkszählung (2009) **513.000 Einwohner.** Etwa 50.000 sind noch „echte" Sahrawis der Stämme Reguibat, Kunta, Tekna, Beni Hassan, Brakna, Aulad Delim, Aulad Dada u.a. Etwa 2000 sind Nomaden, die wie ihre Nachbarn in den angrenzenden Saharaländern nur von ihrem Vieh leben und in Zelten wohnen, und die je nach Ertrag der Weidegründe weit umherziehen. Es leben jedoch nach Angaben des UN-Flüchtlingswerks UNHCR etwa 90.000 Sahrawis in Flüchtlingslagern bei Tindouf in Algerien, wo sie sich eine vorbildlich verwaltete Stadt mit dem Namen Smara aufgebaut haben und weiterhin auf einen eigenen Staat hoffen (siehe Exkurs über die Westsahara).

Grundsätzlich gilt, dass es **keinen einheitlichen marokkanischen Typ** in ethnischer und sprachlicher Hinsicht gibt. Das Zusammengehörigkeitsgefühl wurde in erster Linie von der gemeinsamen Geschichte und Religion geprägt, wobei sich der Großteil der Sahrawis nicht Marokko zugehörig fühlt.

## Ehe und Familie

Die wichtigste soziale Einrichtung ist nach wie vor die Familie, wobei die Mehrzahl der Bevölkerung im Gegensatz zu europäischen Verhältnissen im Verbund der **Großfamilie** lebt. In den Großstädten nimmt allerdings die Tendenz zur Kleinfamilie (Eltern und Kinder) deutlich zu.

Die **Ehe** kommt nach marokkanischem Recht mit einem Vertrag zustande, durch den sich Mann und Frau zum gemeinsamen und dauerhaften ehelichen Leben verpflichten. Die für die Eheschließung erforderlichen Erklärungen werden vor zwei Notaren (arab. *Adul*) in Anwesenheit beider Ehepartner abgegeben. Bei den Notaren wird auch der Ehevertrag hinterlegt, der u.a. die Höhe des Brautpreises und Einzelheiten im Falle einer Scheidung (etwa die Verteilung des in der Ehe erworbenen Vermögens) festlegt.

Nach dem Islam kann der Mann vier Frauen heiraten, vorausgesetzt, er kann alle gleichrangig behandeln und ernähren. Auch wenn in Marokko schon vor der Verabschiedung des neuen Familienrechts im Jahr 2004 nur 2% der Männer eine zweite Ehefrau hatten, wurde die **Mehrehe (Polygamie)** deutlich erschwert. Ein Mann kann nach dem Gesetz nur dann eine zweite Ehefrau heiraten, wenn sich die erste laut Ehevertrag damit einverstanden erklärt. Eine Frau kann durch den Ehevertrag eine Verheiratung des Mannes mit weiteren Frauen auch von vornherein ausschließen.

Die in vielen arabischen Ländern gültige gesetzliche Regelung, dass ein **Vergewaltiger** einer Verurteilung entgeht, wenn er sein Opfer heiratet, wurde in Marokko 2014 nach zahlreichen Demonstrationen abgeschafft. Auslöser war der Selbstmord eines 16-jährigen Mädchens, das nach einer Vergewaltigung zwangsverheiratet wurde.

# Die Situation der Frau in Marokko

von *Muriel Brunswig*

Ein Mann kam zum Gesandten Gottes und fragte ihn: Wer von den Menschen hat das größte Recht auf meine Liebenswürdigkeit und mein Wohlwollen? Der Prophet erwiderte: Deine Mutter! Und als nächstes? Deine Mutter! Und als nächstes? Deine Mutter! Und als nächstes? Dein Vater!

(*Sahih al-Bukhari:* Nachrichten von Taten und Aussprüchen des Propheten Mohamed)

Seit Beginn der Islamisierung gab es immer Frauen, die in der Politik aktiv waren. Frauen wie *Aischa,* die Lieblingsfrau des Propheten Mohamed, Sultaninnen und Königinnen in Kairo, Sanaa oder Granada bis hin zu modernen Staatschefinnen, wie *Benazir Bhutto* oder *Tansu Giller,* haben bewiesen, dass auch sie in einer islamischen Gesellschaft politisch agieren, ja sogar herrschen können. Auch in Marokko haben **Frauen in der Geschichte** mitgewirkt: *Fatima al-Fihiria* zum Beispiel, die Erbauerin der Kairawiyin-Moschee in Fès, oder ihre Schwester *Mariam,* auf die die Al-Andalus-Moschee zurückgeht, spielten zu ihrer Zeit eine wichtige politische Rolle. Aber auch *Khnata bint Bekkar,* eine der Witwen von *Moulay Ismail,* herrschte ein Vierteljahrhundert lang, um das Reich vor dem drohenden Chaos zu bewahren. Und auch *Lalla Fatima,* eine Frau aus dem Rif-Gebirge, spielte in der nationalen Geschichte Marokkos eine wichtige Rolle, als sie sich gegen die Kolonialherrschaft und auf die Seite *Abdelkrims* stellte.

Sie alle waren gläubige Musliminnen, die ihre religiöse Aufgabe in ihrer politischen Tätigkeit sahen. Darauf bauen auch **moderne gläubige Feministinnen:** Die Erkenntnis, dass sich Unterdrückung und Ausschluss der Frauen aus dem öffentlichen Leben nicht durch den Islam rechtfertigen lassen, ist ein wesentlicher Bestandteil ihrer Argumentation. Es ist ihnen wichtig zu zeigen, dass (entgegen der Meinung vieler sogenannter Fundamentalisten) **Islam und Frauenrechte keinen Widerspruch** darstellen. Mit dem Verweis auf die islamische und marokkanische Geschichte, in der Frauen und Männer zumindest zeitweise gleichberechtigt waren und Politik keine ausschließlich männliche Angelegenheit war, entkräften sie eines der Hauptargumente ihrer Gegner, nämlich, dass die Emanzipation der Frauen eine „Verwestlichung" der islamischen Gesellschaft bedeute. Wichtig ist außerdem zu sehen, dass der Koran durchaus feministisch interpretierbar ist und es auch einige Völker gibt, bei denen der Islam und ein hohes gesellschaftliches Ansehen der Frau miteinander harmonieren, z.B. bei den Minangkabau in Indonesien oder den Tuareg in der Sahara.

Aber so schön der Koran auch ausgelegt werden kann, die **Realität** in Marokko sieht für Frauen heute meist anders aus. Dabei geht es weniger um die Frauen, die glücklich in ihrer Rolle als Mutter aufgehen, die sich hinter einem Schleier geborgen und geschützt fühlen und die uns Europäerinnen ob unserer mangelnden Sicherheit im Leben bemitleiden, sondern vielmehr um eine große Anzahl von Frauen, die sich mehr und mehr von der Gesellschaft, in der sie leben, verraten fühlen.

Gerade in Marokko ist die Position der Frau noch immer nicht gleichberechtigt mit der des Mannes, obgleich laut Verfassung alle Bewohner Marokkos als gleichberechtigt gelten und ein 2004 in Kraft getretenes Gesetz der Frau die völlige **Gleichberechtigung** bescheinigt. Während die marokkanischen Frauen per Gesetz schon lange dieselben politischen Rechte wie Männer hatten, sah es im **Familienrecht** ganz anders aus – bis im Jahr 2003 Revolutionäres passierte. „Wie kann man auf Fortschritt und Wohlstand hoffen, wenn die Interessen der Frauen missachtet werden?" Die Rede, die König *Mohamed VI.* am 10. Oktober 2003 im Parlament hielt und die wenige Monate später die Änderung des Familienrechts nach sich zog, rief ein wahres Erdbeben hervor.

Damit wurde in Marokko als erstem islamischen Land die vollkommene Gleichberechtigung der Frau im Gesetz verankert. Die alten, frauenfeindlichen Gesetze wurden aufgehoben. War es bis dahin den Männern erlaubt, ihre Gattinnen zu verstoßen oder gegen ihren Willen eine zweite, dritte und vierte Frau zu ehelichen, ist dies nun nahezu unmöglich. Die Frauen sind nicht mehr verpflichtet, ihren Ehemännern zu gehorchen. Neu ist auch, dass Marokkanerinnen selbst bestimmen dürfen, wen sie heiraten; sie brauchen keinen Vormund mehr. Außerdem wurde das Mindestalter für die Ehe von 16 auf 18 Jahre hinaufgesetzt.

Lange Zeit hatte der König versucht, dieses Gesetz in Marokko zu verabschieden und war immer wieder am energischen Widerspruch der Parlamentarier und am Vorwurf, **unislamisch** zu handeln, gescheitert. Der parlamentarische Protest ließ den König vergleichsweise kalt, doch der Vorwurf, sich gegen den Islam zu stellen, war natürlich ein ernsthaftes Hindernis. Also erarbeitete Mohamed VI. mit Hilfe islamischer Gelehrter einen Gesetzestext, der in allen Punkten mit dem Koran übereinstimmt. Damit nahm er den islamischen Gegnern der Gleichberechtigung der Frau den Wind aus den Segeln, indem er sie mit ihren eigenen Waffen schlug!

Doch natürlich reicht ein Gesetz allein nicht aus, um tief verwurzelte Strukturen und Denkweisen zu ändern, die in **Marokko traditionell patriarchalisch-chauvinistisch** geprägt sind. Bis das Gesetz in den Köpfen der (männlichen) Marokkaner angekommen sein wird, wird wohl noch einige Zeit vergehen. So kommt es zum Beispiel immer noch, vor allem in ländlichen Gebieten, zu unnötigen Todesfällen bei Frauen, da ihnen nicht gestattet wurde, sich von einem männlichen Arzt untersuchen zu lassen.

Auch wenn dem Analphabetismus verstärkt der Kampf angesagt wurde, so ist die Anzahl der Frauen auf dem Land, die weder schreiben noch lesen können, erschreckend hoch (sie liegt bei ca. 60%!).

Hinzu kommt die **Mehrfachbelastung für arbeitende Frauen,** sei es in einer Fabrik oder auf dem Feld. Auch wenn Frauen mehr und mehr in Berufe vorpreschen, die in Marokko noch immer als ausgesprochene Männerberufe gelten, das heißt, in alle Akademikerjobs, bedeutet das dennoch nicht, dass sie nach ihrer beruflichen Tätigkeit nicht mehr ihren Mann, Kinder und Haushalt versorgen müssten. Männer helfen dabei nur in Ausnahmefällen – dann nämlich, wenn die Frau vor Erschöpfung krank geworden ist.

Die meisten marokkanischen **Frauen** sind so **in Traditionen verwurzelt,** dass sie häufig gar nicht merken, wie diese Tradition ihnen Freiheiten vorenthält, die sich keine Europäerin nehmen lassen würde. Nur langsam, und vor allem in der städtischen, intellektuellen Oberschicht, bildet sich unter den Frauen das Bewusstsein aus, dass sie nun weit mehr Rechte haben als bisher. Aber auch Frauen aus den unteren sozialen Schichten fangen ganz langsam an zu begreifen, dass sie sich gegen das Unrecht wehren können, dass sie immer wieder erfahren haben. Während die Damen der oberen Schichten für bessere Positionen kämpfen und ihr neues Recht auf Scheidung nutzen, wehren sich Marokkanerinnen aus ärmeren Verhältnissen vor allem gegen die Polygamie.

Auch wenn Frauen nach dem neuen Gesetz nun gleichberechtigt sind, so gibt es doch einige Punkte, in denen die Tradition sie nach wie vor benachteiligt. Dazu gehört der Wert, der der **Jungfräulichkeit** der Frau beigemessen wird. Kein Gesetz schreibt vor, dass eine Frau als Jungfrau in die Ehe gehen muss, und doch ist dies eines der bedeutendsten (wenn auch ungeschriebenen) Gesetze Marokkos, das dazu führt, dass Frauen weniger Rechte haben als Männer. Die Grundlage dafür ist, dass die Jungfernschaft einer Frau äußerst bedeutsam für die **Ehre der Familie** ist. Und das beschränkt sich keinesfalls nur auf konservative Familien. Es kommt in der Tat häufig vor, dass ein Mann seine Freundin verlässt, nachdem er sie entjungfert hat, allein aus dem Grund, weil sie nun in ihrer Hochzeitsnacht nicht mehr Jungfrau ist. Auch kommt es immer wieder vor, dass Frauen gezwungen werden ihren Vergewaltiger zu heiraten, damit ihre Ehre erhalten bleibt. So bizarr uns dieses Verhalten vorkommen mag: Es ist durchaus üblich. Den Frauen wird von klein auf eingetrichtert, „rein" zu bleiben, sich für den Mann ihres Lebens „aufzuheben". Sie haben diese „Weisheit" so sehr verinnerlicht, dass sie sich um ihr Jungfernhäutchen (arab. *bakara)* mehr sorgen als um alles andere auf der Welt. Verlieren sie es, auch wenn dies vollkommen unschuldig geschieht, wie z. B. durch eine Vergewaltigung, so kann es passieren, dass sie aus der Familie verstoßen werden. Da viele Frauen nie gelernt haben, ihren Lebensunterhalt allein zu bestreiten, hat das wiederum katastrophale Folgen für sie.

Eine ganz andere Sache ist die mit dem **Schleier.** Dieses ehemalige Statussymbol der muslimischen Frauen ist für europäische Betrachterinnen in der Regel ein deutliches Zeichen für die Unterdrückung der Musliminnen. Diese sehen das allerdings meist ganz anders. Der Schleier an sich bedeutet keine Unterdrückung. Ganz im Gegenteil ist er ein Zeichen der Gleichheit unter den Menschen. In vorislamischer Zeit war der Schleier allein adeligen Frauen vorbehalten. Laut Islam aber gibt es vor Gott keine Unterschiede unter den Menschen. Aus diesem Grund gestattete der Prophet allen Frauen, dieses Statussymbol zu tragen.

Im Koran selbst gibt es keinen konkreten Hinweis darauf, dass der Kopf verschleiert werden soll. Wohl steht da, man sollte sich verhüllen, aber das ist, wie alles, weit interpretierbar. Ein Kopftuch symbolisiert für die meisten Frauen häufig nicht viel mehr als ihre Zugehörigkeit zu der Gemeinschaft der Gläubigen. Viele marokkanische Migrantinnen in Europa kehren so auch wieder zu ihrer Schleiertradition zurück, um damit ihr **Zugehörigkeitsgefühl** zu der eigenen Kultur zu demonstrieren.

Diese Aspekte sprechen wenig für eine „Unterdrückung durch den Schleier". Häufig tragen Frauen ihn jedoch deswegen, weil sie sich darin aufgehoben, geschützt und geachtet fühlen; dann aber ist es nicht das Kopftuch, das die Muslima unterdrückt. Vielmehr lässt der Grund, weswegen sie es tragen möchten, Rückschlüsse auf ihr Ansehen in der Gesellschaft bzw. diese als solche zu. Wenn sich die Frau dahinter geborgen fühlt, weil sie sonst von den marokkanischen Männern als reines Sexualobjekt betrachtet wird (und leider entspricht das nur allzu häufig der Wahrheit), wirft das ein trauriges Bild auf die Männer im Land.

Aber der Schleier ist auch ein **politisches Symbol.** Viele Frauen bringen damit ihren Unwillen gegen eine „Verwestlichung" ihrer Gesellschaft zum Ausdruck oder ihren Wunsch nach einem Staat, in dem die Religion mehr in den Vordergrund rückt.

*Lalla Salma,* die junge Frau von König Mohamed VI., verkörpert den gegenwärtigen Trend in Marokko: Sie trägt sogar zu offiziellen Anlässen ihre Haare offen und ermuntert somit die Frauen des Landes, es ihr gleich zu tun.

**Buchtipp: KulturSchock Marokko,**
*Muriel Brunswig,* Reise Know-How Verlag

Die **Ehemündigkeit** tritt bei beiden Geschlechtern mit Vollendung des 18. Lebensjahres ein. Bei einer vorherigen Genehmigung muss ein Vormund *(Wali)* eingesetzt werden. Es ist nicht mehr wie früher nötig, dass die Frau generell durch einen Wali vertreten wird.

Bei der **traditionellen Heirat auf dem Land** suchen fast immer die Mütter und Tanten die Ehepartner für die Kinder aus. Die Braut wird in der Regel nach Gesichtspunkten wie Reichtum, Familienverbindungen und Ansehen ausgewählt. Jedoch muss die Frau nun in die Ehe einwilligen.

Im modernen Leben der **Städte, aber auch zunehmend auf dem Land,** nimmt der europäische Einfluss stark zu, und das traditionelle Wertdenken wird oft als rückständig angesehen. Hier gehört die **Liebesheirat** mittlerweile zum Alltag, auch wenn diese gegenüber den Eltern nicht immer durchsetzbar ist.

Die **Scheidung** war für den Mann nach islamischem Recht einfach, ist aber inzwischen nur mit der Erlaubnis eines marokkanischen Richters möglich. Mittlerweile können sich Frauen (theoretisch) genauso leicht von Männern scheiden lassen wie umgekehrt. In der Realität aber ist es für Frauen nach wie vor deutlich schwerer, da sie durch diesen Schritt schnell gesellschaftlich ins Abseits geraten.

Gesetze sollen die Frau davor bewahren, nach einer Trennung in Armut zu verfallen. Meist wird der Brautpreis, den der Mann zur Hochzeit entrichten musste, von der Familie der Frau zur Hälfte eingefordert (für den Verlust der Arbeitskraft bzw. falls die Frau nach einer Scheidung wiederaufgenommen werden muss), die zweite Hälfte bekommt die Frau, ebenso den oft teuren Brautschmuck. Nach den Ehegesetzen hat der Mann der Frau bei Verstoßung ein **Schmerzensgeld** zu zahlen, das seinen Mitteln und den Verhältnissen der Frau entspricht. Da nach islamischem Recht **Gütertrennung** gilt, kann die Frau ein vor/in der Ehe erworbenes Vermögen selbst verwalten und darüber verfügen.

**Theorie und Praxis** gehen hier aber oft weit auseinander: Wenn der Mann nicht zahlen kann oder die Morgengabe bei armen Familien ohnehin sehr gering war und die Familie der Frau sie nicht mehr aufnehmen will bzw. kann, dann bleibt nur noch der Weg in die Armut, der oft in der Prostitution endet. Natürlich gibt es auch Frauen, die in gute Verhältnisse einheiraten und dank Ausgleichszahlung, Morgengabe und Unterhaltszahlungen für die Kinder nach der Scheidung wesentlich besser dastehen als der Ehemann.

Gerade auf dem Land oder bei den Islamisten stößt das „moderne" **Ehegesetz** auf Widerstand, denn nach der Scharia wird eine Frau mit der Geschlechtsreife ehemündig. Außerdem ist durch die Anhebung des Heiratsalters die junge Frau für die Familie ein unnötiger Esser mehr. Die neuen Scheidungsrechte sind zudem für viele Männer unannehmbar. So ist die Zahl der Eheschließungen seit Einführung der neuen Gesetze deutlich zurückgegangen.

Im Leben des männlichen Marokkaners ist die **Beschneidung** ein wichtiges Ereignis, meist im Alter von etwa fünf Jahren durchgeführt. Das für den Buben (wenn ohne Betäubung durchgeführt) schmerzhafte und für die Familie ehrenvolle Ereignis wird mit dem ersten Moscheebesuch des Jungen und einem großen Fest (meist auch mit Hupkonzert und einer Prozession auf den Straßen) begangen. Die Beschneidung von Frauen wird in Marokko nicht praktiziert.

Der **Tod** ist im Leben eines gläubigen Moslems **kein trauriges Ereignis,** da der Tote zu Allah zurückkehrt. Die Toten werden schnell mit dem Kopf gen Mekka beerdigt. Ein Totenmahl findet wie bei uns bei der Familie des Toten statt. Männer und Frauen besuchen getrennt den Friedhof, die Witwen tragen als Zeichen der Verbundenheit oder auch als Trauerkleidung vier Monate lang ein Kleidungsstück des Mannes und dürfen in dieser Zeit nicht wieder heiraten.

## Dorf und Stamm

Bei den Amaziren, die noch in festen Stammeseinheiten leben, sind die Sippen und Großfamilien nach wie vor die **grundlegende Sozialeinheit.** Die Leitung der Sippe obliegt dem ältesten Mann; im Besitz der Sippe befinden sich Grund und Vieh. Viele der Sippen besitzen einen gemeinsamen Speicher, einen Agadir. Er wurde früher auch als Fluchtburg der Familie benutzt. Mehrere verwandte Sippen bewohnen einen **Ksar** (Mehrzahl: Ksour), ein befestigtes Dorf, das aus vielen von Familien bewohnten Kasbahs (oder masirisch Igherm) besteht, oder ein **Douar,** eine Siedlung aus Zelten (jetzt auch festes Dorf).

Die Männer der verwandten Sippen bilden die **Jemâa** (Ratsversammlung). Diese wählt den Vorsitzenden, den „Muqadam" oder „Amghar". Durch Verwandtschaft verbundene Dörfer bilden eine **Stammesfraktion,** „Taqbilt" oder „Fechda" genannt. Sie besitzt oft einen gemeinsamen Wochenmarkt und zählt meist zwischen 5000 und 10.000 Mitgliedern. Der **Stamm** oder **Qibla** besteht aus mehreren Stammesfraktionen. Diese spielen im normalen Leben keine entscheidende Rolle, lediglich in Notzeiten oder im Kriegsfall.

Der **Ursprung des Stammes** geht auf einen gemeinsamen Urahn zurück. Dem Namen des Stammes wird „Aït" (berberisch) oder „Aulad" bzw. „Beni" (arabisch) vorangestellt, was so viel wie „Söhne von …" bedeutet.

Stammesbündnisse von kurzer Dauer wurden gelegentlich bei Eroberungszügen in der Vergangenheit geschlossen. Heute gibt es ungefähr **300 Berberstämme** in Marokko.

Die Stammesfraktionen halten ebenso ihre Jemâas ab wie die Dörfer. Allerdings wurde der gewählte Vorsitzende oft durch den **Führer der Stammesfraktion,** den „Schaykh" oder **„Qaid",** ersetzt. Die **Ämter** waren innerhalb der Familien **erblich.** Jetzt werden die Qaids von der Regierung gestellt. In den Versammlungen verfügen nur die Männer über ein Stimmrecht.

[>] Typische maurische Architektur in der Kasbah von Telouèt

# Religion

**Rund 98% der marokkanischen Bevölkerung bekennen sich zum Islam.** Er ist **Staatsreligion** und gleichzeitig einigende Klammer aller Volksgruppen. Der König ist das geistliche Oberhaupt; er entstammt dem Geschlecht der Alawiten, die sich als direkte Nachfahren des Propheten Mohamed betrachten. Die Marokkaner gehören der **sunnitischen Richtung** des Islam an. Der Islam durchdringt derart den Alltag, dass ohne seine Kenntnis das Verhalten der Menschen oft nicht verständlich ist. In Europa wird der Islam häufig nur negativ rezipiert, oft stehen einer objektiven Beurteilung „kulturelle Imperative" der Aufklärung und des christlichen Glaubens im Weg. Und natürlich tragen auch Islamismus und Salafismus mit ihren radikalen Islaminterpretationen zu einem falschen Bild der Religion bei.

Das heilige Buch des Islam ist der **Koran.** Als schriftliche Fixierung der **Äußerungen des Propheten Mohamed** zu seinen Lebzeiten gibt der Koran dem Anhänger des Islam die Gewissheit, dass es sich um das **Wort Gottes** handelt, d.h. nicht nur um bloße Glaubensformeln, sondern um ein moralisch und gesellschaftlich bindendes Gesetz. Die gesamte islamische Rechtsprechung beruht daher auf dem Koran. Ergänzt wird er von der **Sunna,** dem vom Propheten vorgelebten Beispiel, das selbst alltäglichen Tätigkeiten wie zum Beispiel Essen und Waschen die Form gibt.

055m015 ad

## Die fünf Säulen des Islam

### Das Glaubensbekenntnis (Sahada)

Der wichtigste Satz des Glaubensbekenntnisses lautet: **„Es gibt keinen Gott außer Allah, und Mohamed ist sein Prophet.“** Dieser Satz wird bei zahlreichen Gelegenheiten ausgesprochen, er dient auch als Formel beim Übertritt zum Islam.

### Das Gebet (Salat)

Der Gläubige muss sich **fünfmal am Tag gen Mekka** wenden und knieend beten: bei Sonnenaufgang, mittags, nachmittags, bei Sonnenuntergang und nachts. Vor dem Gebet wäscht sich der Moslem nach genauer Vorschrift und verrichtet sein Gebet nicht auf blanker Erde (sondern auf Gebetsteppichen, Decken oder ähnlichem) und ohne Schuhe.

### Das Fasten (Ramadan)

Der **neunte Monat im islamischen Kalender** ist der Fastenmonat Ramadan. Während dieser Zeit darf der Gläubige zwischen Sonnenaufgang und -untergang weder essen noch trinken, nicht rauchen oder sich weltlichen Vergnügungen (das schließt Sex ein) hingeben. Reisende und Kranke, Schwangere und Kinder bis zu 12 Jahren sind von den Vorschriften ausgenommen, Erstere müssen das Fasten aber nachholen. Die Nichteinhaltung des Fastens wird bestraft. Der Ramadan dauert 29 Tage, sein Ende wird mit dem Aid al-Fitr festlich begangen. Der erste Tag des Ramadan wird erst unmittelbar vorher über die Medien bekannt gegeben, da er sich nach dem Neumond richtet.

**Im Ramadan** ertönt zum Sonnenuntergang ein Sirenensignal oder der Ruf des Neffar *(Muezzin)* von der nächstgelegenen Moschee – ab diesem Zeitpunkt darf gegessen werden. Die erste Mahlzeit *(Ftur)* ist in der Regel die Harira, eine nahrhafte Gemüsesuppe. Ihr folgt zwei bis drei Stunden später das Hauptgericht und vor Sonnenaufgang ein Frühstück *(Shour)* zwischen 3 und 4 Uhr morgens. Hierzu wird man entweder wieder vom Ausrufer der Moschee oder von einer Sirene geweckt. Es werden alle drei Mahlzeiten nachts eingenommen. Gefastet wird also eigentlich nicht. Im Gegenteil: Meist fällt das Essen üppiger und festlicher aus als sonst, Gesangs- und Tanzveranstaltungen zwischen den Mahlzeiten sind in den Lokalen üblich. In der Stadt wird zwischen den Mahlzeiten promeniert, oder man hält sich im Café auf. Im Ramadan geht es abends wesentlich lebhafter auf den Straßen zu, oft bis weit nach Mitternacht, während sonst ab 22 Uhr nicht mehr viel los ist. Auf dem Lande wird der Ramadan eher im Kreise der Familie zugebracht.

Der Ramadan, vergleichbar mit unserer Adventszeit, soll ein **Monat der Besinnung,** der Freude, Kraft und Güte, der inneren Einkehr sein – aber er ist auch ein Monat der Gelüste, Düfte und Gerüche, ebenso ein Monat der Gebete, der Selbstverleugnung, der Sammlung, Unterwerfung, Mildtätigkeit und ein Monat der Gefühle, Solidarität und Brüderlichkeit unter den Gläubigen.

Auswirkungen für **Reisen im Ramadan:** Die Arbeitsleistung der Marokkaner ist während des Tages selbstverständlich auf ein Minimum reduziert, sodass das Hotelpersonal oder Taxifahrer bisweilen sehr lustlos sind. Körperliche Arbeit wird wenn möglich – vor allem bei großer Hitze – vermieden, sodass es zu dieser Zeit z.B. schwierig sein kann, Bergführer oder Mulitreiber für ein paar Wandertage zu engagieren. Viele Cafés und Restaurants auf dem Land haben tagsüber geschlossen, einige Läden öffnen erst nachmittags. In Touristenstädten haben die meisten Lokale weiter geöffnet, die Sehenswürdigkeiten jedoch verkürzte Öffnungszeiten. Während des dreitägigen Festes Aid Fitr zum Ende des Ramadan steht das öffentliche Leben fast still: Ämter und Banken sind geschlossen, es fahren kaum öffentliche Verkehrsmittel. Ansonsten ist es ein besonderes Erlebnis, den Ramadan mitzuerleben und das köstliche, klebrige Ramadangebäck zu probieren.

Zu den **Ramadan-Terminen** für die nächsten Jahre siehe „Reisetipps A–Z/ Feiertage“.

### Die Barmherzigkeit (Sakat)

Armen etwas von seinem Verdienst zu geben, ist eine wichtige Pflicht für den Moslem. **Almosen** sind selbstverständlich, früher wurde eine Armensteuer erhoben, die sich auf 10% der Ernte und des Herdenzuwachses und 25% vom zehnten Teil der Geldeinnahmen belief. Inzwischen sind die Almosen an die Armen wieder freiwillig.

Aus der Verpflichtung, Almosen zu geben, wird das Betteln bzw. die Anspruchshaltung der Armen gegenüber den Reichen (in diesem Fall auch gegenüber den Touristen) wohl verständlicher.

### Die Pilgerfahrt (Hadj)

Im letzten Monat des Jahres begibt sich der Moslem auf Wallfahrt zu den Pilgerstätten. Einmal in seinem Leben soll er dabei **Mekka** besucht haben; er darf dann den Titel „al-Hadj“ führen. Die Qaaba in Mekka verehren die Moslems als ein von Abraham *(Ibrahim)* und *Ismail* erbautes Heiligtum. Ihr Besuch ist eine Wiederbegegnung mit der ursprünglichen, monotheistischen Überlieferung, welche auf Abraham zurückgeht und als deren Erneuerung sich der Islam betrachtet.

In Marokko und auch anderen Ländern wird es zunehmend Sitte, während des Wallfahrtsmonats zu den Gräbern der Landesheiligen zu pilgern, in Marokko z.B. zum Grab des Staatsgründers *Moulay Idris.* Wer es sich allerdings leisten kann, zieht natürlich den Besuch Mekkas vor – der „Titel“ *al-Hadj* ist nach wie vor die größte Ehre.

## Weitere wichtige Regeln

Zahlreiche Regeln **bestimmen das Leben des Gläubigen.** So darf der Moslem **keinen Alkohol** trinken, er soll nur Fleisch von geschächteten Tieren essen, also von gänzlich ausgebluteten Tieren, denen die Kehle durchschnitten wurde, er soll kein Blut trinken oder mit Blut verarbeitete Speisen essen. Auch die Frau in der Menstruation gilt als unrein und muss während dieser Zeit zahlreiche Vorschriften einhalten. Für alle denkbaren und undenkbaren Lebensvorgänge gibt es einen Verhaltenskatalog. Dazu gehören auch zahlreiche Hygienevorschriften, die u.a. die **täglichen Waschungen** vor dem Gebet, die teilweise rituellen Charakter erhalten haben, vorschreiben.

Gebetsräume der **Moscheen** dürfen in Marokko von Ungläubigen nicht betreten werden. Touristen sollten auch beim Fotografieren Zurückhaltung üben.

## Mystik und Bruderschaften

Es gibt im Islam **keine Kirche** und also auch **kein Priestertum.** Als Verbreiter der Glaubensgesetze gelten die Gelehrten, die meist Rechtsgelehrte sind. Man verlangt von einem Moslem zwar, dass er die Glaubensvorschriften befolgt, sein inneres Glaubensleben aber geht nur ihn allein etwas an. Da jedoch der Koran immer wieder die geistige Vertiefung in den Glauben empfiehlt, sind Lehrer und Meister hervorgetreten, welche die **Besinnung auf den innersten Gehalt der Religion** lehren. Aus dieser Besinnung hat sich die islamische Mystik herausgebildet, deren Vertreter die **Sufis** sind. Etwa seit dem 13. Jahrhundert formierten sich die Überlieferer der Mystik zu Orden oder Bruderschaften *(Zaouia)*, unseren Klöstern vergleichbar, welche **großen Einfluss** auf das Volk haben. Aus solch einem Orden ging zum Beispiel auch das Herrschergeschlecht der Almorawiden hervor. Diese **Zaouias** (Zawias) wurden von **Marabuts** (Weise/Gelehrte) gegründet, die als „Heilige" verehrt werden (obwohl es laut strengem Islam keine Heiligen gibt), deshalb ist der Zaouia das Grab des Marabut angeschlossen. Zu einer Zaouia gehören meist auch Unterkünfte für die Schüler, ähnlich einem Kloster oder Internat. Neue Schulen werden vom Religionsministerium gefördert, sind aber mehr einer Koranschule als einer Schule in unserem Sinne gleichzusetzen.

## Der Heiligenglaube

Im Zusammenhang mit **islamischer Mystik** und den **Glaubensvorstellungen der Berber** entwickelte sich in Marokko ein besonderer Heiligenglaube, der allerdings von strenggläubigen Moslems nicht als reiner islamischer Glaube anerkannt wird.

Die Heiligen verfügen über **„Baraka"** (Segen), eine göttliche Kraft. Sie wird lebenden und verstorbenen Personen zugeschrieben. Diese Heiligen werden auf Arabisch **Marabuts** (franz. *Marabout*) und auf Berberisch *Igourramen* genannt.

Die berühmtesten islamischen Heiligen waren Begründer von „geistigen Schulen". Sie haben meist **sittliche Vorschriften und Anweisungen** zu einem Leben in Besinnung und geistiger Versenkung hinterlassen, die von Schülern weitergegeben wurden und denen durch das Beispiel des Heiligen eine rettende und verwandelnde Wirkung beigemessen wurde. Den Heiligen werden oft Wundertaten zugeschrieben. Wunderheiler werden auch *Fkih* oder *Fakih* genannt.

Plätze, an denen Heilige gewohnt oder sich auch nur zur Rast niedergelassen haben, werden besonders verehrt, ebenso die **Grabstätten der Marabuts,** die man im ganzen Land findet. Das Baraka soll an diesen Plätzen auf die Gläubigen übergehen, deshalb sind diese Stätten Pilgerziele: Frauen erbitten sich Fruchtbarkeit oder Bauern einen reichen Erntesegen. Viele Feste (**Moussems** bzw. *Mausims*) finden jedes Jahr an den zahlreichen Marabuts zu Ehren der Dorfheiligen statt.

Die Kraft des Baraka kann aber auch in Dingen wohnen: Baraka besitzt das Korn, das im Kreislauf der Natur immer wieder neues Leben hervorbringt, oder das **Henna** (Henna, die rötlich-braune Farbe), eine Gabe Gottes und des Propheten Mohamed. Daher rührt auch die Sitte, sich Haare, Nägel und Hände mit Henna zu färben. Dieser Baraka-Glaube spielt vor allem bei den Atlas-Berbern eine erhebliche Rolle. Der Heiligenglaube ist aber in ganz Marokko verbreitet, und die Baraka-Wirkung wird vielen Personen, die sich durch Glaubenstaten hervorgetan haben, zugeschrieben, so auch Mohamed. Dieser vererbte sie auf seine Tochter *Fatima*. Und da das Herrschergeschlecht der Alawiten auf Mohamed zurückgeht, verfügt auch der König über das Baraka.

Weit verbreitet ist der Glaube an die **Djinnen,** die guten und bösen Geister. Man schützt sich mit Salz, Metallen (Silber bringt Glück, Eisen und Gold Unglück, allerdings nur bei den Berbern, nicht bei den Arabern) oder Schießpulver oder besänftigt sie mit Opfergaben.

Vielerorts anzufinden ist auch der **Glaube an den „Bösen Blick".** Hier helfen Amulette oder die „Hand der Fatima", ein Talisman in der Form einer Hand. Es mehren sich freilich die Stimmen, die in der Heiligenverehrung eine Bedrohung des Monotheismus sehen. Diese Auffassung vertreten vor allem die Wahabiten, deren Glaubensrichtung im 19. Jahrhundert aufkam, und die moderne ägyptische Islamforschung. Für die strenggläubigen Moslems aus dem Osten ist der in Marokko praktizierte Islam nichts anderes als Sektentum.

# Kunst und Kultur

## Vorislamische Kunst

Auf marokkanischem Boden waren es die **Römer** (im damaligen *Mauretania Tingitana*), die erste bleibende Kunstwerke hinterließen. Zunächst orientierten sie sich am Stil der Griechen, kauften oft für viel Geld griechische Originale oder ließen Kopien anfertigen. Erst als für römische Bürgerhäuser, Tempel und Gräber der Bedarf an Skulpturen und Steinmetzarbeiten wuchs, entwickelten sich ein eigener Stil und ein lebhaftes Kunstschaffen. Vor allem öffentliche Bauten wurden kostbar geschmückt. Teure Plastiken aus Bronze und Marmor

aga_6-2 dd

Bronzebüste von Juba II.

wurden hergestellt, von denen auch in Nordafrika wertvolle Stücke gefunden wurden, z.B. die Bronzefiguren aus Volubilis, Banasa und Thamusida. Besonderer Wert wurde auf die Verschönerung von reichen Privathäusern, Thermen, öffentlichen Gebäuden und Bädern gelegt.

Die Baumeister verwandten große Sorgfalt darauf, die Bauten der Landschaft anzupassen. Tempel und Säulenhallen wurden so angelegt, dass sie den Blick auf Berge und Täler frei ließen. Ein Beispiel für die schöne Lage und prachtvolle Baukunst ist **Volubilis,** die **bedeutendste Stadt aus römischer Zeit in Marokko.** Sie liegt auf einer Hochebene am Fuß des Zerhoun-Massivs in der Nähe von Fès und Meknès. Das Ruinenfeld erstreckt sich über 40 ha; der Platz war bereits vor den Römern sowohl von Berbern besiedelt als auch von maurischen Königen geschätzt. König *Juba II.* (25 v.Chr. bis 23 n.Chr.) errichtete hier eine seiner Hauptstädte. Sie wurde Residenzstadt der Prokuratoren und mit einer 2350 m langen Mauer und 40 Bastionen gut gegen die aufständischen Berber geschützt. Das Ruinenfeld von Volubilis wurde früher als Steinbruch genutzt, sodass viele wertvolle Kunstgegenstände und Bauten zerstört wurden. Erst 1915 begann man systematisch mit Ausgrabungen.

Viele **Bronzen, Skulpturen und Stelen** aus den römischen Städten kann man im Archäologischen Museum in Rabat besichtigen, zudem Keramiken, Werkzeuge und Kunstgegenstände aus der Punierzeit und der Steinzeit.

aga_15a dd

## Islamische Kunst

Die islamische Kunst **basiert auf Elementen der römisch-hellenistischen, persisch-sassanidischen und christlichen Kunst.** Aus diesen Bestandteilen formte sich ein eigener Stil, für den sich die Bezeichnung „maurisch" durchgesetzt hat. Charakteristika sind die Vernachlässigung der Fassaden, die Ausdehnung in die Breite, scheinbare Auflösung der Deckenlasten durch Verjüngung der Säulen und Stalaktitengewölbe sowie Betonung von Details, wobei sich durch die Anwendung der stilisierten Muster trotzdem ein zusammenhängendes harmonisches Gesamtbild ergibt.

[<] Kennzeichen islamischer Kunst: Stuckornamente, Zelliges und Kalligrafie

Das **dekorative Moment** wurde zum **wichtigsten Bestandteil der islamischen Architektur.** Es verziert Decken, Wände, Bögen und Gewölbe. Die charakteristischen Dekors sind der **Hufeisenbogen und Stalaktitenverzierungen, Arabesken und Ornamente.** Da dem Moslem bildliche Darstellungen verboten sind, wurden diese Dekors immer neu variiert.

Arabesken geometrischer Ornamente wurden kombiniert mit pflanzlichen Formen, wodurch abstrakte Bilder entstanden. Linien, Kurven, Blätter und blütenartige Gebilde ohne Anfang und Ende fügen sich zu einem kompletten Ganzen. Die **Arabeske** ist eine typische Schöpfung der maurischen Kunst. Sternförmig ineinander geschlungen illustrieren sie die Unendlichkeit des Universums (auch „Spinngewebe Gottes" genannt), oder als Palmetten, ein Rankenwerk aus Blumenformen und Blättern, deren ursprüngliche Gestalt nicht mehr zu erkennen ist, formen sie sich zu Spiralen und Wellen, verzieren hölzerne Fenstergitter, Wände und Fliesen.

Das **Schriftornament** verbindet sich oft mit Arabesken und stellt so ein Rankengebilde aus Schrift und Muster dar. Es dominieren zwei Stilformen, eine in der eckigen Schrift des *Kufi,* die andere in der Kursivschrift des *Nesschi.* Die Schriftornamente werden so weit stilisiert, dass sie oft zum herausragenden Element des Gesamtdekors werden. Den **Inhalt der Ornamente** bilden **Koranverse,** die sich immer auf die Allmacht Allahs beziehen, und der Gruß *Salam,* was so viel wie Frieden bedeutet.

Die wichtigsten Bauwerke der maurischen Kunst entstanden unter der Herrschaft der Araber in Spanien, so z.B. die **Alhambra in Granada.** Von Spanien aus, zumal nach der Vertreibung der Mauren von der Iberischen Halbinsel, verbreitete sich dieser Stil unter den Almoraviden und Almohaden auch in Marokko. Die **Kairaouyine-Moschee in Fès,** ursprünglich nur ein bescheidener Betsaal, wurde unter dem **Almoraviden** *Yussuf Ben Tashfin* in der zweiten Hälfte des 11. Jahrhunderts mit gewaltigem Aufwand ausgebaut. Sie bekam reiche Verzierungen, macht aber wegen ihrer wuchtigen Pfeiler und den nur geringen Höhen der Bögen einen schwerfälligen Eindruck. Unter den **Almohaden** in der zweiten Hälfte des 12. Jahrhunderts wurde die marokkanische Architektur zu neuen Glanzleistungen geführt. *Abd al Mu'min* (1130–1163) gründete die Moscheen von Tin Mal, Taza und Marrakesch und veranlasste den Bau des Agnaoua-Tors in Marrakesch. Sein Sohn *Abu Yaqub* (1163–1184) gab in Sevilla eine später zerstörte Moschee in Auftrag. Außerdem ließ er die große Moschee von Salé errichten. Sein Enkel *Abu Yussef Yaqub al Mansur* (1184–1199) vollendete in Marrakesch die von seinem Vater begonnene Kasbah und versah sie mit einer riesigen Moschee. In Rabat ließ er den großen Almohaden-Mauerring mit seinen berühmten Minaretts in Angriff nehmen, den er aber nicht vollenden konnte.

Die **Meriniden** (13. bis Ende des 15. Jahrhunderts) führten die Baukunst der Almohaden fort. So wurde von ihnen neben Fès-al-Bali auch Fès-al-Jedid errichtet, das Arsenal von Salé, die Medersa von Taza und Chellah in Rabat, das zur Königsnekropole (Totenstadt) wurde. Die Kunst der Meriniden war nicht nur Krieg und Religion geweiht, sie diente auch dem persönlichen Vergnügen und der Verschönerung der Städte und Paläste.

Unter den Nachfolgern der Meriniden und Ouassiten, den **Saadiern** bzw. Saaditen (16. bis Mitte des 17. Jahrhunderts), entstanden weniger bedeutende Bauwerke. Eindrucksvollstes Zeugnis sind die Saaditengräber in Marrakesch.

Unter der **Alawiten-Dynastie** (1663 bis heute) verflachte die Kunst gänzlich. Meknès wurde mit riesigen Stadtmauern, Kasernen und Stallungen versehen, berühmtestes Bauwerk dieser Zeit ist das Bab al Mansur in der Stadt.

### Das städtische Haus

Die Städte hatten und haben Bedeutung als zentrale Markt- und Produktionsorte, als religiöse und administrative Zentren. Arabische Städte waren **im Mittelalter** wesentlich besser organisiert als europäische Städte und verfügten über Kanalisation und Wasserleitungen. Auch kulturell waren sie den Städten in Europa überlegen. In den marokkanischen Städten hatte sich eine Schicht aus Großgrundbesitzern, Großkaufleuten, Beamten des Sultans, Besitzern von Teppichmanufakturen, Juwelieren, Professoren etc. herausgebildet, die durchaus mit dem europäischen Großbürgertum im 19. Jahrhundert zu vergleichen ist. Sie ließen sich prunkvolle Häuser bauen, die zum Teil in den Altstädten (vor allem von Fès) noch erhalten sind.

Die Bauweise des städtischen marokkanischen Hauses lässt sich vom alten orientalischen Hofhaus ableiten **(Riad),** das wiederum römische Vorbilder hat. In der Regel handelt es sich um ein zweistöckiges, aus sehr flachen, plattenförmig gebrannten Ziegeln aufgemauertes **Flachdachhaus mit Innenhof (Patio).** Dieser Innenhof ist in der Regel offen, es gibt aber auch Häuser, denen ein Glasdach aufgesetzt wurde. Die schwere hölzerne Haustür befindet sich in der linken Hausecke, von der ein rechtwinkliger Gang in den Innenhof abzweigt, sodass dieser von der Haustüre nicht eingesehen werden kann. Dadurch wurde den Frauen ermöglicht, beim Erscheinen eines Besuchers rechtzeitig den Rückzug antreten zu können. Dieser Innenhof ist mit Mosaikfliesen belegt, in der Mitte befindet sich ein marmorner Brunnen. Um den Innenhof gruppieren sich symmetrisch die **vier Haupträume** (Empfangszimmer, Schlafraum des Hausherrn, Aufenthaltsraum der Frauen, Familienraum), kleinere Nebenräume und die Küche. Vier achteckige, mit Fliesen und Stuck verzierte Säulen tragen die Galerie des überdachten Ganges vor den Räumen. In die vier Haupträume führen geschnitzte Doppelflügeltüren. Lichteinfall erhalten die unteren Räume durch ein ca. 1,50 m hohes und 1 m breites vergittertes Fenster ohne Scheiben, vor dem hölzerne Fensterläden angebracht sind.

**Islamische Häuser** haben im Gegensatz zu den jüdischen Wohnhäusern in der Mellah (Judenstadt) **keine Fenster zur Straßenseite,** sondern lediglich zum Innenhof oder zum Garten hin. Die Fenster zum Innenhof sind holzgeschnitzt mit doppeltem oder einfachem Hufeisenbogen. Die Holzläden und Türen bestehen aus meist farbig gefasstem Zedernholz, tragende Balken aus geschnitztem, dunklem Zedernholz. Die Räume des Obergeschosses entsprechen im Grundriss in der Regel denen des Untergeschosses und werden von den Frauen bewohnt. Geschlafen wird auf

Polstern in den Schlafräumen, nach Geschlechtern getrennt. Die nicht verzierten Teile eines Raumes sind gekalkt, das obere Drittel der Wände ist meist durch eine Stuckdekorbordüre verziert, an die eine bemalte Holzkassettendecke anschließt. Die Böden und Wände der Innenhöfe wie auch die Säulen sind mit Mosaikfliesen (Zelliges) in den Farben Schwarz, Weiß, Flaschengrün, Dunkelblau und Ocker belegt. Hier gibt es einige immer wiederkehrende Muster in Pfeilform oder als achteckiger Stern. Die Stuckverzierungen an den oberen Teilen der Wände, aber auch die Holzdecken sind mit vielfältigen Ornamenten und Arabesken gestaltet.

Zum **Mobiliar** gehören Polster am Boden, die als Rückenstütze (bzw. Kissen) dienen, unter denen häufig auch ein einfaches Holzgestell angebracht ist. Bei vornehmen Familien waren die Stoffpolster aus Brokat, und kunstvoll bestickte Kissen wurden als Rückenpolster verwendet. Im Empfangsraum stehen noch einige wenige kleine Holztische. Der Tee wird auf einem Metalltablett serviert, das auf einem Holzgestell abgestellt wird oder Füße hat. Als zusätzliche Einrichtung gibt es noch gelegentlich hölzerne, verzierte **Wandborde.** Sehr kunstvoll verziert waren auch die hölzernen Brottische, die inzwischen sehr selten geworden sind. Schränke fehlen völlig: Decken sowie Schmuck und Kleider wurden in **Truhen** aufbewahrt, die von der Frau in die Ehe mitgebracht werden. Sie sind aus braun gebeiztem Zedernholz und bemalt.

Die **Lampen** sind aus Messing oder Bronze gegossen, an schweren Ketten aufgehängt und mit typischen marokkanischen Ornamenten durchbrochen.

Derartige Häuser finden sich noch zahlreich **in den Medinas;** sie werden infolge veränderter Gegebenheiten (weniger Frauen, ärmere Familien) meist von mehreren Familien gemeinsam genutzt. In den Volkskundemuseen in Meknès, Tètouan und Fès und im Palais el Bahia in Marrakesch kann man solche Wohnstätten sehr gut besichtigen, da die Museen in ehemaligen Wesirspalästen untergebracht, mit zahlreichen Exponaten aus Bürgerhäusern bestückt und so hervorragende Beispiele gehobener islamischer Wohnkultur und Architektur sind. In den letzten 15 Jahren wurden immer mehr traditionelle Stadtpaläste (Riads und Dars) von privaten Investoren (darunter viele Europäer) zu stilvollen Gästehäusern *(Maison d'Hôtes),* Restaurants oder Kunsthandwerks-/Teppichläden umgestaltet und so vor dem Verfall gerettet.

Reiche Familien bauten sich in den 1970er bis 1990er Jahren nach europäischen und maurischen Vorbildern gestaltete und mit allem Komfort ausgestattete **Villen** in den Vororten bzw. Nobelvierteln der großen Städte (z.B. Casablanca-Anfa) und statteten diese teils sehr geschmackvoll, manchmal auch orientalisch überladen, mit westlichem Mobiliar aus. Dieser Trend war auch in Mittelklassefamilien zu beobachten. Da aber inzwischen marokkanische Wohnkultur – modern aufgepeppt – in Europa und Amerika schick geworden ist, besinnen sich Marokkaner der Mittel- und Oberklasse in zunehmende Maße wieder eines gehobenen marokkanischen Lifestyles.

In den großen Städten werden ähnlich wie in Europa zahlreiche **Trabantensiedlungen** angelegt, deren Bauweise nur noch wenig mit islamischer Tradition zu tun hat. Sie weisen, wie auch bei uns üblich, Balkone und Fenster nach außen auf. Nach wie vor sind aber wegen der geringen Regenfälle begehbare Flachdächer, auf denen Wäsche oder Früchte getrocknet werden, vorherrschend.

Ein großzügiges Haus kann sich in der Stadt kaum mehr jemand leisten, die **Mieten** für eine Dreizimmerwohnung in einfachen Neubauvierteln sind für viele ebenfalls unerschwinglich und lassen sich nur durch den Verdienst mehrerer Familienangehöriger bezahlen. Da auch der Zuzug vom Land in die Stadt anhält, wachsen in den Vororten der Großstädte, vor allem in Casablanca, die **Bidonvilles,** einfache, selbst zusammengezimmerte Häuser aus Ziegelsteinen, Wellblech und Pappe ohne Wasser- und Stromversorgung, durch hohe Mauern den Blicken der vorbeifahrenden Autofahrer auf der Autobahn entzogen.

## Die Baukunst der Berber

So unklar wie die Herkunft des Berbervolkes ist auch die **Entstehung** der berberischen Baukunst. Eine Verwandtschaft zu babylonisch-assyrischen Bauten lässt sich nicht leugnen. Eine große Ähnlichkeit besteht vor allem zu den Wohnburgen im Hadramaut (Jemen).

Die **Ksour** (Sing. **Ksar**), die **befestigten Dörfer der Berber,** sind vom Aufbau her alle gleich. Sie bestehen aus einer Aneinanderreihung mehrerer Wohnstätten in verschiedener Höhe mit konisch zulaufenden Mauern und wenigen Fenstern. Sie sind mit Türmchen und Zinnen versehen, oft mehrere Stockwerke hoch und haben eine hohe Umfassungsmauer. Innerhalb der Ksour befinden sich oft bis zu 100 Feuerstellen, je nach Größe des Familienverbandes. Ein Ksar beherbergt oft einen ganzen Stamm oder eine Sippengemeinschaft. In ihnen herrscht nicht selten ein Leben wie bei uns auf den mittelalterlichen Burgen.

Bei Überfällen bot die **Kasbah** (arab. für Burg, berberisch: **Igherm**) Schutz. Vier Ecktürme sind charakteristisch für eine Kasbah, aber auch für eine Familienburg **(Tighremt).** In den Ecktürmen führen die Treppen nach oben. Die Tore der Umfassungsmauern eines Ksar oder eines ummauerten Marktplatzes sind ebenfalls von solchen quadratischen Türmen flankiert. Die Tighremts sind vor allem im Süden zu finden und durch ihr wehrhaftes Aussehen und ihre reichhaltigen Verzierungen innerhalb der Ksour besonders dominant. Es gibt zwei Arten von Tighremts: solche mit Innenhof und andere mit Mittelgang, von außen in der Regel nicht zu unterscheiden. Diejenigen mit Innenhof findet man öfter in den Tälern und Ebenen, die andere Form herrscht im Gebirge vor.

Die Tighremts oder Kasbahs sind häufig **fünf bis sechs Stockwerke** hoch. Die Kasbah als Fürstensitz einer Sippe wird von den Nebengebäuden und manchmal mit einer Mauer innerhalb des Gesamtkomplexes umfasst.

Der **Grundriss** der Burg ist bei allen Anlagen mehr oder minder gleich. Das Erdgeschoss besteht gewöhnlich aus mehreren kleinen oder einem großen Raum und wird meist als Stall oder Abstellraum für Arbeitsgerät benutzt. In der Regel besitzt die Burg nur eine Tür, durch die man in einen dieser dunklen Räume gelangt; in einem der Ecktürme führt eine Treppe nach oben. Das 1. Stockwerk wird in den meisten Fällen noch als Speicher für Getreide und Hülsenfrüchte benutzt. Im 2. Stockwerk befinden sich die Schlafräume und im 3. Stock die Wohnräume. Sie sind mit Teppichen und Polstern ausgelegt. Sessel und Stühle gibt es bei den Berbern nicht.

Die **Fenster sind nicht verglast,** sondern nur mit einem oft schmiedeeisernen Gitter versehen. Die weißen Wände sind hin und wieder mit bunten Ornamenten verziert.

Die **Außenmauern** einer Kasbah oder eines Tighremt sind ebenfalls mit **Ornamenten** geschmückt, die häufig erst in Höhe des Wohntraktes beginnen. Die Ornamente haben magische Bedeutung. Sie verfügen über Baraka, Heil bringenden Segen (siehe „Religion/Der Heiligenglaube"), und sollen vor bösen Geistern schützen. Die Ornamente wurden in ihrer Ausgestaltung geringfügig durch den Islam beeinflusst, beruhen aber meist auf alten Stammestraditionen.

Häuser und Burgen sind **aus Stampflehmerde hergestellt.** Man sticht an dem Platz, an dem das Gebäude entstehen soll, den Lehmboden aus und mischt den Lehm mit Wasser und Maisstroh. Dann wird der Lehmbrei in Holzkästen gefüllt, die die Breite der geplanten Mauern haben, man lässt das Ganze trocknen und zieht dann den Holzkasten ab. Über die fertigen Mauerteile legt man Holzknüppel zur Befestigung, setzt den oben und unten offenen Holzkasten darauf, füllt ihn mit Lehm, lässt die Masse trocknen und löst die Bretter. Nach dem Trocknen zieht man die Balken heraus, sodass in bestimmten Abständen Löcher entstehen, die wie Fenster oder Schießscharten wirken. Bei besonders sorgfältig gebauten Kasbahs werden diese Löcher mit Lehmbrei ausgefüllt. In den oberen Stockwerken führt man manchmal den Bau mit luftgetrockneten Lehmziegeln zu Ende. Durch eine bestimmte Anordnung der Ziegel oder durch Aussparungen kann man nun Muster und Zeichen an der Mauer gestalten. Manche Kasbahs im Hohen Atlas (z.B. im Tessaout-Tal) sind wegen der besseren Haltbarkeit aus Trockensteinen errichtet. Die Decken der Innenräume werden mit Baumstämmen befestigt und mit geflochtenen Rohrmatten in Fischgrätmuster belegt.

036sm20 ad

⌃ Altes Holzportal mit Stein-Ornamenten im Festungsdorf Tizourgane

Eine Kasbah vergrößerte sich mit dem Anwachsen der Familie. Es wurden immer wieder neue Anbauten mit Türmen, Höfen und Mauern geschaffen, die den Kasbahs ihr jetziges festungsartiges Aussehen gaben und oft Hunderten von Menschen Platz boten. Oftmals war eine **Kasbah auch Privatwohnsitz mächtiger Herrscher** mit prachtvoll ausgeschmückten Räumen und Nebengebäuden für Gesinde und Günstlinge, so z.B. die Kasbahs des Paschas *Al-Glaoui.*

**Kasbahs als Sitz eines Qaids** wurden entlang der Karawanenwege, vor allem im Drâa- und Dadès-Tal errichtet, und hatten die Funktion, den Handel zu kontrollieren, Macht zu demonstrieren und Karawanen zu beherbergen. Mehr und mehr Kasbahs wurden an exponierten Stellen gebaut, alle dem jeweiligen Qaid unterstellt. Als nun im Süden der mit den Franzosen paktierende **Pascha Al-Glaoui** an Machtfülle gewann, baute dieser jeweils neben einer qaidalen Kasbah seine eigene Kasbah. Dies erklärt die Fülle an Kasbahbauten vor allem im Drâa-Tal, durch das der Karawanenweg nach Timbuktu führte.

**Früher** hatten viele Kasbahs eine lebenswichtige Funktion, da sich die Berberstämme laufend bekriegten. Durch die Befriedung der Berberstämme, aber auch aufgrund des eingestellten Karawanenhandels, verloren die Kasbahs ihren ursprünglichen Zweck und wurden, wenn der Unterhalt zu viel Geld verschlang, von den Familien aufgegeben. Früher wurden die Lehmmauern der Kasbahs fortwährend instand gehalten, verbessert und verschönert, sodass kaum eine Kasbah im Laufe der Jahrhunderte das gleiche Gesicht behielt. Denn gerade die starken Regenfälle im Winter zwangen die Menschen dazu, ihre Kasbahs zu renovieren. Vor allem die Besitztümer des mit den Franzosen kooperierenden **Pascha Al-Glaoui,** der nach der Unabhängigkeit alle seine Ämter verlor, wurden dem Verfall preisgegeben. Einige seiner prachtvollen Fürstensitze wurden in das Förderprogramm der Cerkaz (der staatlichen Stelle zur Erhaltung der Kasbahs) aufgenommen. Manche fürstliche, aber auch Familien-Kasbahs haben mit zunehmendem Tourismus eine **Renovierung** erfahren und dienen jetzt als Hotel. Die Kasbahs befinden sich ausnahmslos im Süden Marokkos, vor allem in den Tälern Dadès, Drâa, Todrha und Ziz.

Viele Dörfer im südlichen Hohen Atlas und im Anti-Atlas verfügen über einen oder mehrere **Vorratsspeicher** (Sing. **Agadir,** Pl. Igoudar, im Deutschen auch „Agadire", franz. *Greniers collectifs* oder *Greniers-citadelles*) für die Gemeinschaft des dort ansässigen Berberstammes/-clans. Sie ähneln einer Burg, haben ein oder zwei Wachtürme und sind von zwei Verteidigungswällen umgeben. Der Agadir hat einen einzigen Eingang, an dem ein Wachposten steht.

Es gibt zwei Arten von Agadiren, den **Hof-** und den **Zellen-Agadir.** Beim Hof-Agadir sind die **Aufbewahrungszellen** um einen Innenhof gruppiert, sodass man dort auch noch Vieh unterbringen kann (v.a. bei Halb-Nomaden beliebt). Zellen-Agadire findet man im Anti-Atlas, in ihrem Falle sind die Aufbewahrungszellen entlang eines Ganges angebracht. Große Agadire haben bis zu 300 abschließbare Aufbewahrungszellen. In einem Agadir kann sich auch das Grab eines Heiligen befinden, dem einige Vorratskammern geweiht sind. Dieser ist oft ein Urahn der Sippe. So ist dieser Ort besonders geschützt und ein heiliger Bezirk, der nicht entweiht werden darf (etwa durch Gewalttaten).

**In den Vorratskammern** werden Feldfrüchte, Häute, Waffen, Familienbesitz, Urkunden etc. untergebracht. Die Zellen werden über vorstehende Ziegel oder Balken erreicht. Am gefragtesten sind die mittleren Zellen, da in diese weder durch das Dach noch durch den Boden Feuchtigkeit dringen kann.

Besonders schön und typisch für die Speicher sind die **großen Holzschlösser.** Solch ein Schloss besteht aus einem ausgehöhlten Holzblock mit einem ebenfalls ausgehöhlten Riegel, der sich innerhalb des Blockes hin- und herschieben lässt. In das Loch des Riegels führt man einen hölzernen Schlüssel mit aufrecht stehenden Zacken ein, die man genau unter die dazugehörigen Löcher steckt. Dort befinden sich bewegliche Holzstifte, die das Schloss blockieren, wenn man den Schlüssel abzieht.

### Literatur (z.T. antiquarisch)


- *Neumann, W.:* **Die Berber.** Vielfalt und Einheit einer alten nordafrikanischen Kultur. DuMont, Köln 1983.
- *Bianca, S.:* **Hofhaus und Paradiesgarten.** Architektur und Lebensformen in der islamischen Welt. C.H. Beck, München 2001.
- *Brentjes, B.:* **Die Kunst der Mauren.** Islamische Traditionen in Nordafrika und Südspanien. DuMont, Köln 1992.
- *Wirth, E.:* **Die islamische Stadt.** Verlag Ph. v. Zabern, Mainz 2000.
- *Popp, H., Aït Hamza, M.* und *El Fasskaoui, B.:* **Les agadirs de l'Anti-Atlas occidental. Atlas illustré d'un patrimoine culturel du Sud marocain.** Naturwissenschaftliche Gesellschaft, Bayreuth 2011.
- *Popp, H., El Fasskaoui, B.:* **Die Straße der Kasbahs – einst und jetzt.** Michael Imhof Verlag, Petersberg 2017.


## Kunsthandwerk

Vieles, was uns als Kunsthandwerk erscheint (z.B. Textilien, Metall-, Lederarbeiten), ist für Marokkaner **Gebrauchsgegenstand.** Deshalb sind die alten Handwerkstraditionen bis heute lebendig. In einer Stadt wie Fès arbeiten Hunderte von Schneidern, Silberstickern und Metallhandwerkern vor allem für den marokkanischen Markt, auch wenn ein Vordringen billiger Plastikwaren (meist aus China) in die marokkanischen Haushalte zu beobachten ist und die Fertigung für den Souvenirmarkt zunehmend auch industriell erfolgt.

Die **Überflutung mit europäischen Waren** seit der französischen Protektoratszeit hatte eine **Verflachung der handwerklichen Kunst** und tiefgreifende Veränderungen zur Folge. Denn die Trennung zwischen Handwerker und Kunsthandwerker ist dem Marokkaner eigentlich fremd. Er benutzt die französische Bezeichnung „artisan" (Künstler) für jeden Handwerker. So sehr dieser auch kreativer Individualist ist, will er doch Gegenstände schaffen, die allen nützen und „alltäglichen" Ansprüchen gerecht werden.

Der Touristenstrom nach Marokko hat zu einer gewissen **Vereinheitlichung** im handwerklichen Schaffen geführt, sodass „echte" marokkanische Handwerksstücke oft nicht mehr auf dem Markt zu finden sind, sondern nur noch direkt bei den Handwerkern oder in Geschäften, die außerhalb der touristischen

Gegenden liegen. Insgesamt aber begegnet man bei einem Aufenthalt in Marokko nach wie vor der großen Vielfalt des marokkanischen Kunsthandwerks.

In den **Suqs** und auf den **Märkten** gibt es für die verschiedensten Handwerkszweige eigene Gässchen und Viertel, so etwa Messing- und Kunstschmieden, Teppichwirkereien, Gerbereien, Färbereien, Töpfereien; Leder- und Schmuckwaren, Intarsienarbeiten, Holzschnitzereien und viele andere kunstvolle Arbeiten werden hier gefertigt.

Weitere Infos zum Kunsthandwerk im Kapitel „Reisetipps A–Z/Souvenirs".

## Film

Der marokkanische Film erlebte in den letzten Jahren eine Art Frühlingserwachen, vor allem in den Großstädten. So finden Filmfestivals in Tanger und Tétouan (Mittelmeer-Filmtage), in Settat (Amateurfilmfestival) und Agadir (Dokumentarfilmfestival) statt. Weltweit bekannt ist das **Internationale Filmfestival von Marrakesch,** das seit 2001 jedes Jahr Ende November mit internationalem Staraufgebot veranstaltet wird. Waren in der Vergangenheit nur wenige marokkanische Filmer wie *Mohamed Tazi* in Europa bekannt, finden sich zunehmend marokkanische Filme und Namen unter den Wettbewerbsbeiträgen, wie *Said Taghmoui,* der das Leben eines Straßenjungen in Casablanca thematisierte, oder die Regisseurin *Zakia Tahiri,* deren Gesellschaftskomödie „Number one", in der sich ein Macho in einen Feministen verwandelt, ein Kassenhit in Marokko wurde. Eine Pionierin des marokkanischen Films und mittlerweile auch in Europa und Amerika bekannt ist die Drehbuchautorin, Regisseurin und Produzentin *Farida Belyazid,* die vorwiegend feministische Themen aufgreift, aber auch Dokumentationen z.B. über die Fischerei oder Frauen im Sahel gedreht hat.

Inzwischen laufen in spezialisierten Kinos oder bei Filmfestwochen **auch in Deutschland** marokkanische Filme. Aber nicht nur marokkanische Filmer greifen Thematiken aus und in Marokko auf, sondern auch deutsche Regisseure wie *Michael Dreher* in seinem Fim „Die zwei Leben des Daniel Shore" oder in seinem Erstling „Fair Trade", der 2006 weltweit viele Preise erhielt. Beide Filme spielen zum großen Teil in Marokko unter Beteiligung einiger marokkanischer SchauspielerInnen. Großen Erfolg in Marokko und Frankreich (DVD auch in deutscher Sprache erhältlich) hatte der Film „Quelle der Frauen" von *Radu Mihaileanu* mit *Leila Bekhti* in der Hauptrolle, der in einem Bergdorf in Marokko spielt.

Marokko ist zudem **international eines der beliebtesten Kulissenländer,** die bekanntesten Drehorte sind Ouarzazate und Aït Benhaddou (siehe dort). Immer mehr Hollywood-Streifen werden zumindest teilweise in Marokko gedreht. Die Filmindustrie ist zu einem **wichtigen Wirtschaftsfaktor** geworden, sowohl was den Arbeitsmarkt als auch die Einnahmen betrifft. Eine der ersten in Marokko gedrehten Produktionen war *Hitchcocks* „Der Mann, der zu viel wusste" (1956), zu den jüngeren (zumindest zum Teil) im Land realisierten Filmprojekten gehören u.a. „Der Medicus" (2013), „Exit Marrakesch" (2013), „Mission: Impossible 5", „James Bond 007:

Spectre" (beide 2015) und Szenen für die Kult-Serie „Game of Thrones".

## Bildende Kunst

**Malerei und Grafik** als zweckfreie bildende Künste sind in Marokko eine verhältnismäßig junge Erscheinung, doch reichen ihre visuellen Wurzeln bis tief in die Geschichte des Landes zurück: Malerei war in Marokko lange vor der Kolonialisierung bekannt. Färberei, Tätowierung, Webkunst, Keramik, Buchmalerei oder Kalligrafie und andere traditionelle Kunsthandwerke haben die bildende Kunst genauso beeinflusst wie abendländische Leinwandgemälde. Unter den freien Künsten ist die Malerei in Marokko mit Abstand am stärksten vertreten. Sie wurde von drei Traditionen geprägt: von der präislamischen, der arabo-islamischen und der europäischen.

Aus der Begegnung und dem Austausch mit der europäischen Kunst erwuchs Anfang des 20. Jahrhunderts eine marokkanische Tradition der **Leinwandmalerei.** Während der Protektoratszeit wurden in Tétouan und Casablanca Kunstschulen gegründet. In den **1940er Jahren** erlebte die „spontane" Malerei marokkanischer Autodidakten ihren Aufschwung. Zu den herausragenden Repräsentanten dieser frühen „Naiven" zählen **Mohamed Ben Allal, Moulay Ahmad Drissi** und **Ahmad Louardighi.** Ungeachtet individueller Stilunterschiede lässt ihre Malerei insgesamt eine Vorliebe für fantastische, märchenhafte oder surreale Welten erkennen.

Die **marokkanische Moderne** beginnt in den 1960er Jahren. Dank Auslandsstipendien entstand ein reger Austausch mit der europäischen Kunst. Marokkaner studierten in Sevilla, Madrid, Paris, Amsterdam, Rom, Prag und Warschau. Zwei der wichtigsten Vertreter dieser Epoche sind **Ahmad Cherkaoui** und **Jilali Gharbaoui.** Beide Künstler trugen wesentlich zur Entwicklung einer modernen Bildsprache in Marokko bei.

Wichtige intellektuelle Impulse gingen von der 1964 wiedereröffneten **École des Beaux-Arts** von Casablanca aus. Ihr damaliger Direktor **Farid Belkahia,** einer der bedeutenden Künstler Marokkos, rief gemeinsam mit Künstlerkollegen wie **Mohamed Melehi** die **Pro-Arte-Bewegung** ins Leben. Man nahm sich vor, die kulturelle Identität Marokkos neu zu definieren und vor allem Kunst und Künstler besser in das soziale Leben zu integrieren. *Belkahia* setzte die marokkanische Volkskunst auf den Lehrplan und bestand auf der Beherrschung handwerklicher Fähigkeiten. Dementsprechend sind seine eigenen Werke nicht durch den Gebrauch von Leinwand und Ölfarben bestimmt, sondern eher durch die Verwendung landestypischer Materialien wie Messing, Tierhaut und Färber-Pigmente.

In Ermangelung einer geeigneten Infrastruktur bekam in den 1960er Jahren die unabhängige **private Initiative** eine tragende Rolle. Es entstanden zahlreiche Künstlerorganisationen. Der Initiative von Künstlern ist es zu verdanken, dass seit 1978 in Asilah das Internationale Kulturfestival stattfindet, das zu einer Begegnungsstätte für Intellektuelle und Künstler aus ganz Marokko wurde.

Seit den 1970er Jahren erhielt das **Galeriewesen** wachsende Bedeutung. Ein Pionier war die Galerie l'Atelier, die 1971 in Rabat eröffnete. Mittlerweile gibt es in

Marokko zahlreiche Galerien: Zentren sind Rabat, Casablanca, Marrakesch, Tanger und nicht zuletzt Essaouira, wo um die Galerie Frederic Damgaard eine erfolgreiche Künstlerkolonie gewachsen ist. Eine neue Entwicklung ist die **Graffiti-Kunst** – beeindruckende Street-Art-Werke findet man u.a. auf Gebäudefassaden in Rabat, Casablanca, Asilah und Marrakesch.

Das **Museum Moderner und Zeitgenössischer Kunst Mohamed VI.** (MMVI) in Rabat, im Oktober 2014 mit der von *Mohamed Rachdi* kuratierten Ausstellung „100 Jahre Schaffen" eröffnet, zeigt zeitgenössische Kunst von 1914 bis zur Gegenwart: die Anfänge von Malerei und Fotografie, Installationen und Skulpturen des 21. Jahrhunderts. Mehr als 400 Arbeiten von 200 Künstlern zeichnen ein ziemlich vollständiges Bild von der Entwicklung der bildenden Kunst im Land.

Das marokkanische Volk zieht es immer mehr zu Kunst und Kultur, was sich auch an der sehr **dynamischen Entwicklung** z.B. des Kulturangebots in Marrakesch zeigt. Viele Künstler versuchen vor allem an touristischen Orten von ihren Werken zu leben.

## Sprache und Literatur

Die Berberliteratur basiert im Wesentlichen auf der **mündlich überlieferten Volksdichtung,** die heute noch in Märchen und Legenden lebendig ist. Aus der

⊻ Safranmalerei in Aït Benhaddou

041sm20 ad

Kultur der Berbervölker nicht wegzudenken sind die Märchenerzähler auf den Stadtplätzen, bei Festen und Veranstaltungen. Auch Balladensänger, die den Alltag oder die Liebe besingen, oder der Vortrag von kleinen Theaterstücken und Satiren, die sowohl vom Alltag als auch von Zauber- und Hexenmeistern erzählen, sind heute noch Bestandteil der literarischen Volkskunst.

Die **berberische Sprache gehört zu den ältesten der Welt** und war vor der römisch-christlichen Herrschaft von den Kanarischen Inseln über Nordafrika bis nach Mauretanien und Libyen verbreitet. Sie differenzierte sich später in viele Mundarten, von denen heute die meisten ausgestorben sind. An geschriebener Sprache existieren lediglich Felsinschriften, die heute noch von den Tuareg gelesen werden können, die übrigens als einziges Berbervolk eine Schriftsprache (das Tifinagh) entwickelt haben. Der geistige Austausch zwischen Römern, Puniern und Berbern brachte einige bedeutende berberische Denker hervor. Auch nach der Islamisierung traten Berber durch literarische Leistungen hervor, vor allem durch Übersetzungen des Koran. Hervorzuheben ist das Loblied von *Al-Busiri* (1213–1295) auf den Propheten Mohamed.

Einige **arabische Reiseschriftsteller** berichteten bereits im Mittelalter in eindrucksvoller Weise von Marokko und legten so schriftliches Zeugnis von der damaligen, für den Europäer noch gänzlich fremden Welt ab. Am bekanntesten ist **Ibn Battuta,** der 1325 von Tanger nach Mekka aufbrach und über diese Pilgerfahrt eine der ältesten arabischen Reisebeschreibungen überhaupt verfasste. Spektakulär ist die Geschichte des aus Granada stammenden **Leo Africanus** (ca. 1487 bis ca. 1550), mit richtigem Namen *Al Hassan bin Mohamed bin Ahmad el Wassan,* der nach seiner Flucht vor der Reconquista von Spanien nach Fès als Diplomat in Diensten des Sultans tätig war und durch seine „Beschreibung von Afrika“ sowie als Berater des Papstes *Leo X.* berühmt wurde. In dessen Dienste gelangte er, nachdem er von christlichen Eroberern als Sklave nach Rom verschleppt wurde und dort zum Christentum konvertierte.

Ein Problem, sich weiten Teilen der Bevölkerung verständlich zu machen, besteht darin, dass viele Menschen nach wie vor nur mündlich überlieferte Sprachen – Dialektarabisch und Berbersprachen – sprechen. So befinden sich die Marokkaner in der kulturell schwierigen Lage, dass ihnen eine **gemeinsame geschriebene Muttersprache als verbindendes Element fehlt.** In den Schulen wird zwar als erste Sprache Arabisch gelehrt, das Hocharabisch weicht aber vom maghrebinischen Arabisch deutlich ab.

Als zweite Sprache war vor Einführung des Unterrichts in Berbersprachen **Französisch** üblich (und ist es noch in den Städten), sodass – vielleicht auch mit Blick auf den europäischen Markt – Französisch zur Schriftsprache der Intellektuellen wurde.

Die Literatur **bis Anfang der 1950er Jahre** war eher ethnografisch und folkloristisch angelegt und hatte die Gewohnheiten des Volkes – Heirat, Familie, Traditionen usw. – zum Thema. Zu dieser Generation gehörte der Schriftsteller *Ahmed Sefrioui* (1915–2004) aus Fès, der vor allem durch seine Kindheitsschilderung „Das marokkanische Wunderkästlein“ (1954) bekannt wurde.

**Nach der Unabhängigkeit** wurde die Literatur nationalistischer, aber auch kritischer. Zunehmend werden soziale Fragen, die Willkür des Mannes gegenüber der Frau, aber auch die des Vaters gegenüber den Söhnen, schließlich die Willkür des Staates und der Behörden auf- und angegriffen. Die Machtlosigkeit im Alltag, Hoffnungslosigkeit und Tristesse angesichts von Hunger und Arbeitslosigkeit, aber auch die Unterdrückung der Sexualität und die daraus resultierenden Probleme sind tragende Themen der neuen Literatur.

Wohl der wichtigste und produktivste marokkanische Schriftsteller der heutigen Zeit ist **Tahar Ben Jelloun,** der sich in seinen Romanen „Sohn ihres Vaters", „Nacht der Unschuld", „Das Gebet für den Abwesenden", „Mit gesenktem Blick", „Der korrumpierte Mann", „Zina oder die Nacht des Irrtums", „Das Schweigen des Lichts" und „Arabischer Frühling: Vom Wiedererlangen der arabischen Würde" mit allen brisanten Themen der marokkanischen bzw. arabischen Gesellschaft auseinandersetzt.

Ein Autor von Rang ist auch **Driss Chaibri,** der in der Schilderung des Alltags versöhnlicher ist als sein Kollege **Abdelahak Serrane,** der in seinen Romanen „Messauda" und „Söhne der engen Gassen" ein düsteres Bild der marokkanischen Wirklichkeit zeichnet.

Zeitkritische Autoren sind auch *Mohamed Mrabet* und **Mohamed Choukri.** Dessen bekanntester Roman „Das nackte Brot", von *Tahar Ben Jelloun* ins Französische und von *Paul Bowles* ins Englische übersetzt, war in Marokko wegen seiner realistischen Schilderung der Armut, die mit sittenwidriger Ausbeutung einhergeht, unter dem Vorwurf der Obszönität zeitweise verboten, findet sich aber in allen Buchhandlungen. *Choukri* wuchs selbst in ärmsten Verhältnissen auf, lebte und arbeitete in Straßencafés, war im Gefängnis und beschloss dann mit 20 Jahren, Lesen und Schreiben zu lernen und sich als Schriftsteller zu betätigen. Er starb 2003 in Rabat.

Eine wichtige Autorin kritischer Texte war die Soziologieprofessorin **Fatima Mernissi,** die in Amerika studierte und später an der Universität Rabat Soziologie lehrte. Sie beschäftigte sich in ihren Büchern („Der Harem in uns" oder „Der politische Harem: Mohamed und die Frauen") vor allem mit der Situation der Frau in der marokkanischen Gesellschaft. *Mernissi* starb 2015 in Rabat.

Als wichtiger Schriftsteller darf **Paul Bowles,** gebürtiger und nach Marokko ausgewanderter Amerikaner, nicht vergessen werden. Er hat sowohl Romane marokkanischer Autoren nach mündlichen Erzählungen aufgeschrieben (*Driss Ben Hamed Charhadi:* „Ein Leben voller Fallgruben") als auch Kurzgeschichten zu Marokko gesammelt. Für seine eigenen Romane wählte er auch marokkanische Schauplätze. Sein Buch „Himmel über der Wüste" hat Weltruhm erlangt. Er verstarb 1999 in Tanger.

Genannt werden sollte auch **Elias Canetti,** der mit seinem Buch „Die Stimmen von Marrakesch" bekannt wurde, einem immer noch eindrucksvollen Stimmungsbild der Stadt.

Seit der Jahrtausendwende hat sich das Spektrum der auch international wahrgenommenen Autoren deutlich erweitert: **Youssouf Amine Elalamy** („Gestrandet"), **Abdellah Taïa** („Der Tag des Königs") und **Mahi Binebine** („Die Engel von Sidi Moumen" und „Der Hofnarr“) gehören zu den Schriftstellern, die sich in ihren Romanen und Erzählungen intensiv mit der aktuellen gesellschaftlichen Situation im Land beschäftigen. Zur jungen Literaturszene gehört **Abdelmajid Sebbata,** der für seinen zweiten Roman „Stunde Null“ mit dem marokkanischen Literaturpreis 2018 ausgezeichnet wurde.

## Marokkanische Musik

**Musik ist in Marokko allgegenwärtig.** Man wird von ihr in den Straßen, den Cafés, den Suqs auf Schritt und Tritt begleitet. Dabei ist der Musikgeschmack der Marokkaner sehr vielfältig: **Moderne westliche Musik,** vorwiegend frankophon, **klassische arabisch-andalusische** Musik, **Folklore** (masirisch, arabisch oder Gnaoua) und natürlich **moderne nordafrikanische Musik** wie **Rai** sowie **„Maroc-Pop“,** moderne Musik, die sich aber an traditionellen Spielweisen orientiert und dabei durchaus politisch kritisiert, und natürlich der weltweit erfolgreiche **Ethno-Rock/-Pop,** in dem europäische Chansons, Popmusik und nordafrikanische und arabische Stilelemente miteinander verschmelzen.

### Die klassisch-andalusische Musik

Die klassisch-andalusische Musik ist vor allem mit dem Namen **Ziryab** verbunden. Der begnadete Musiker kam im Jahr 820 von Bagdad nach Córdoba, wo er am dortigen Sultanshof eine Musikschule gründete, die fortan tonangebend für andalusische Musik wurde. Unter ihm entstand das zentrale Musikstück der Andalusier, die Nuba, eine Art Suite mit instrumentalen und vokalen Teilen. Unter *Ziryab* wurde auch die Laute zu einem kammermusikalischen Instrument. Neben ihr, die wohl am sinnbildlichsten für die andalusische Musik steht, geben vor allem Geige, Tontrommeln, Zither und *Rbab,* ein zweisaitiges Instrument, den Ton in dieser Musikrichtung an.

**Nach Ziryabs Tod** in Córdoba entwickelte sich die andalusische Musik weiter. Mit der Vertreibung der Araber aus Spanien gelangte die Musik nach Marokko und etablierte sich schnell in den Kunstzentren des Landes, vor allem in Fès. Hier findet man bis heute das beste andalusische Orchester, denn gerade die Fassis sind stolz darauf, diese musikalische Tradition zu pflegen, sehen sie sich doch als die Hüter der „echten“ andalusischen Künste.

### Rai

Rai kennt man auch in Europa – vor allem seit dem Hitparadenerfolg von *Cheb Khaled* mit „Aisha“. Rai (arabisch für **„Meinung“**) ist eine Musikrichtung, die in den 1990er Jahren in Algerien entstand und deren bekannteste Vertreter immer noch aus diesem Land kommen. Wie das Wort „Rai“ schon besagt, wollen die Künstler ihre Ansichten zu Gehör bringen – das „Cheb“ vor dem Künstlernamen bedeutet übrigens „junger Mann“ und war seinerzeit ein wichtiges Kriterium für die Musiker, die jung waren und voller Elan ihre Meinung ausdrück(t)en. Meist verstecken sie diese in eher banalen Texten, denn die Angst vor politischen Reaktionen ist groß. Rai ist eine moderne Musik, die sich an orientalischen Weisen orientiert und dabei durchaus europäische Elemente in sich trägt, z.B. Dudelsack und spanische Gitarre.

### Maroc-Pop

Eine weitere wichtige Musikrichtung in Marokko ist eine **Mischung aus traditioneller marokkanischer Musik und modernen Texten.** Diese Musik ist bei der einfachen Landbevölkerung genauso beliebt wie in intellektuellen Kreisen. Die *Beatles* und *Coldplay* der Marokkaner sind die Gruppen *Lemchaheb, Jil Jilala* und *Nass el-Ghiwane,* die heute nicht mehr existieren; die meisten Bandmitglieder sind gestorben oder haben aufgehört. Die Musik wird dennoch gehört, schließlich sind die Texte zeitlos und zeichnen sich durch äußerst sozialkritische Inhalte aus, sodass fast alle Mitglieder dieser Bands einige Monate im Gefängnis verbracht haben, was ihre Popularität nur gesteigert hat.

### Ethno-Rock/-Pop

Eine erst in den letzten zehn Jahren sich entwickelnde neue Musikrichtung in Nordafrika ist eine moderne, **arabisch-afrikanisch interpretierte Art der Fusion-Musik.** Sie setzt sich aus dezidiert europäischen Stilelementen zusammen, häufig in der Art französischer Chansons, und verbindet diese mit arabischen und masirischen Texten. Themen sind Liebe, Freundschaft, Familie, ab und zu, wenn auch eher selten wird es politisch. Sehr beliebte Interpreten dieses Genres sind in Marokko vor allem *Hindi Zahra,* eine Marokkanerin, die auf Tamazight und Englisch singt, und die algerische Sängerin *Souad Massi,* die auch in Europa populär ist. Der bekannte tunesisch-französische DJ *Claude Challe,* bekannt vor allem durch seine Musik in den Buddha-Bars weltweit, hat diese Musik maßgeblich beeinflusst und nach Marokko gebracht, wo sie Abend für Abend in den modernen Clubs der Neustädte gespielt wird.

### Gnaoua-Musik

Die Gnaoua kamen mit den **Sklaven,** die die Saadier mit der Eroberung Timbuktus nach Marokko verschleppt hatten, nach Nordafrika, und wie alle Sklaven brachten auch sie ihre Musik, ihre Religion, ihre Tänze und ihre Kulte aus ihrer Heimat mit und schafften es, diese über die Jahrhunderte hinweg zu bewahren. Da die Sklaven aus unterschiedlichen Regionen Schwarzafrikas kamen, vermischten sich ihre Klänge und Melodien – das Ergebnis war eine ganz eigene Musik: die Gnaoua-Musik. Das gesungene Lied ist dabei – neben Kastagnetten und dem Zupfinstrument *Hajhuj* – der wichtigste Bestandteil. In ihm treten **Geister und Dämonen** auf, die sich der Menschen bemächtigt haben und die es zu besänftigen gilt. Dadurch hat diese Musik eine **sozialpsychologische Funktion,** denn für viele psychisch Labile oder Kranke bietet sie die Möglichkeit, durch Tanz und sich monoton wiederholende Körperbewegungen und Sprachformeln in Trance zu fallen und Aggressionen und seelische Unstimmigkeiten abzubauen.

Gnaoua-Musik hat den Nerv der Zeit getroffen und ist heute – auch dank des großen Gnaoua-Festivals in Essaouira – **weltweit bekannt,** zumal einige Jazz-Größen Platten mit Gnaoua-Musikern aufgenommen haben und etliche Gnaoua-Sänger bei internationalen Plattenlabels unter Vertrag stehen.

### Berbermusik

Berbermusik wird fast ausschließlich von Berbern gehört, ist aber weit über

057m015 ad

die Landesgrenzen bekannt und bis heute aktuell. Sie ist die **älteste Musikgattung in Nordafrika** und für einige Berbervölker, z.B. die Touareg, noch immer ein wichtiger Teil ihrer Geschichte. Der Ursprung der Berbermusik (und -lyrik) ist in der alten Vorliebe für Dichtung zu suchen, die bei den Berbern einen großen Stellenwert besitzt und oft in Begleitung mit Musik dargeboten wurde. Die Musik und Gesänge spielen dabei eine wichtige Rolle in der **oralen Vermittlung und Tradierung von Geschichte(n).** Berber haben keine Geschichtsschreibung – eine Schrift gibt es (außer bei den Touareg) traditionellerweise nicht. Auch wenn man heute das Tamazight mit den Zeichen der Touareg schreiben kann, ist die Tradition der mündlichen Weitergabe von Geschichten und Legenden lebendig geblieben. Traditionell werden sie von den Müttern an ihre Töchter weitergegeben. So wundert es auch nicht, dass das Repertoire **Wiegenlieder, Gebete, Begräbnisgesänge und rituelle Lieder** bei religiösen Handlungen umfasst. Daneben gibt es „professionelle" Sänger, die *Ruwat,* die jedoch mehr und mehr aussterben. Ihre Aufgabe war die des mittelalterlichen Minnesängers, d.h. sie fungierten als Nachrichtenübermittler, die Neuigkeiten von Dorf zu Dorf bringen und Missstände anprangern. Das Radio hat heute ihre Funktion übernommen.

### Volksmusik/-tänze und Fantasias

Die Volksmusik ist abwechslungsreicher und fantasievoller als die andalusische Musik und kennt kein grammatisches Maß. Sie ist der leichten Musik zuzurechnen, etwa wie bei uns der Schlager. Sie wird in arabischen Dialekten gesungen und ist für den Mann auf der Straße

⌃ Der blinde Abdessalam vom „Maison traditionelle" in Oumesnat spielt auf der Oud

bestimmt. Man unterscheidet **diverse Ausdrucksformen:** Der *Griha* (bedeutet Improvisation) räumt dem Gedicht viel Platz ein und ist ein von Schlaginstrumenten begleitetes Rezitativ. Die *Aïta* (Aufruf) wird im Haouz in der Gegend von Marrakesch gesungen; sie ist ein schriller Leidensschrei, der am Ende eines von Frauen aufgeführten Tanzes ausgestoßen wird, der im Rhythmus der Klänge von Terrakotta-Tambourinen getanzt wird. Es gibt auch Schaukelgesänge, die vor allem dichterisch wertvoll sind. Zur Volksmusik gehört auch Zugmusik, die von Tamburin- und Dudelsackkapellen und langen geraden Trompeten, *N'Fir*, bei allen Familien und religiösen Festen und Umzügen gespielt wird.

Die berberische oder ländliche Musik wird allein zum **Rhythmus des Bendir** (kreisförmige, mit Ziegenfell umspannte Trommel) gespielt. Die Tänze und Gesänge der Berber, *Ahwach* genannt, sind Schauspiele und Gruppentänze mit vielen Gedichten und reich an Ausdruckskraft, die durch die malerische Kulisse der Landschaft und Nomadenzelte besonders wirksam sind. Die Musik ändert ihren Charakter je nach Ort und Stamm.

Die **Volkstänze** werden meist **zu großen Festen** nachts um ein Holzfeuer getanzt. Bei diesen Gelegenheiten tragen die Frauen die schönsten Kleider und wertvollen Schmuck. Diese Volksfeste sind Ausdruck der Lebensfreude der jeweiligen Region und keine religiösen oder kulturellen Veranstaltungen.

Die **Fantasia** ist kein Tanz, sondern ein **Reiterspiel,** ein Höhepunkt diverser Feste und Festspiele. Die prachtvoll geschmückten Pferde und Reiter jagen in einer Staubwolke dahin und halten jäh an, begleitet vom Knallen aller Pulverflinten der Reiter.

## Moussems und Festivals

Ein **Moussem** (arab. *Mausim*) ist eine **Wallfahrt zum Grab eines Heiligen.** Und da fast jedes Dorf einen Dorfheiligen hat, der in einem Marabut begraben ist, findet dort auch jährlich ein Moussem statt, d.h. zu einem bestimmten Datum oder einer festgelegten Jahreszeit wird am Grab des Heiligen zu dessen Ehren ein Fest gefeiert.

Moussems stellen eine **Mischung aus Wallfahrt, Volksfest und Jahrmarkt** dar. Je nach Charakter finden sich bisweilen Tausende von Marokkanern ein, um um Vergebung zu bitten, Segen zu empfangen, Wünsche zu äußern oder Handel zu treiben.

Moussems werden häufig **auf islamische Feiertage** gelegt, die sich nach dem islamischen Mondkalender richten; dadurch verändern sich die Termine der Feste jedes Jahr. Die regionalen Veranstaltungen (Musikfestivals, Moussems) sind im jeweiligen Kapitel im praktischen Teil dieses Buches genannt.

Neben den traditionellen Volksfesten und Moussems gibt es **Musik-, Theater- und andere Kulturfestivals,** zum größten Teil im Sommer. Zu den bekanntesten Festivals in Marokko zählen das **Gnaoua-Festival** (www.festival-gnaoua.net) in Essaouira, das **Internationale Filmfestival** in Marrakesch sowie das **Internationale Kulturfestival** in Asilah. Die meisten Festivals zu allen möglichen Kulturbereichen finden in Marrakesch statt.

# Pflanzen- und Tierwelt

**in Zusammenarbeit mit Carola Stoob,**
Ethologie und Wildforschung,
UZI, Zürich

Bemerkenswert an Marokko ist nicht eine bestimmte Landschaftsformation oder das einzigartige Vorkommen von Pflanzen und Tieren, sondern der **Wechsel** und das zum Teil **krasse Nebeneinander verschiedener Landschaftstypen.** Zwischen Laub-Mischwald und Wüste sind alle Übergänge anzutreffen, dazu kommen zwei verschiedene Küstenregionen und spezielle Kulturformen wie die künstlich bewässerten Gärten aus 1001 Nacht, die Palmenhaine und die Oasen. Bedingt durch unterschiedliche Höhenlagen und Klimazonen sind sowohl Mittelmeer- als auch tropische Vegetation anzutreffen.

Marokko ist ein **Agrarland**, ein großer Teil der Produkte dient der Subsistenz der einheimischen Bevölkerung. Die Landwirtschaft ist auf natürlich vorkommendes Wasser angewiesen (Täler, Wadis, Oasen). Dessen effektive Nutzung sichern Bewässerungssysteme. Unter solchen Voraussetzungen fallen zunächst Kulturpflanzen und Haustiere oder sogenannte Kulturfolger, z.B. Spatzen, ins Auge.

Die **wichtigsten Kulturpflanzen** sind Olivenbäume (= Ölbaum), Pistazien, Lorbeer, Drum- oder Dattelpalmen, Agaven, Feigenkaktus, Zitrusfrüchte, Mandel, Pfirsich, Maulbeere, Walnuss, Feige, Wein, Banane, Baumwolle, Weizen, Gerste, Hirse, Paprika, Artischocke, Aubergine, Mais, Eukalyptus, Oleander, Thuja, Zypressen, Pappeln und Arganien (endemisch).

Vor allem die **Rosenzucht** hat in Marokko eine lange Tradition. Rosen werden entlang der Oasen an der Straße der Kasbahs im Mai als Nutzpflanzen geerntet und zu Rosenwasser und Rosenöl verarbeitet (vgl. bei El Kelâa M'gouna im Kapitel zur Straße der Kasbahs).

**Nutztiere** sind Geflügel, Schafe, Ziegen, Rinder, Pferde, Kamele, Esel und Maultiere. Hunde und Katzen sind nicht eigentlich „Haustiere", sondern führen ein recht freies, wildes Leben.

In den Lebensraum der Kulturpflanzen gehört selbstverständlich auch eine Reihe von Tieren, die der Mensch nicht direkt nutzt oder als schädlich bezeichnet. Aufgrund der Temperaturen ist Marokko ziemlich ideal für **Insekten.** Diese bilden die Nahrungsgrundlage für **Reptilien** (z.B. Eidechsen, Geckos, Skinke), **Vögel, Nagetiere** und – systematisch – sog. **Insektenfresser** (das sind z.B. Igel und Spitzmäuse). Man findet hier neben „alten Bekannten" wie Bienen, Ameisen, Tag- und Nachtfaltern, Spinnen, Smaragdeidechsen, Tauben, Spatzen, Nachtigallen, Käuzen, Eulen, Mäusen und Igeln auch Arten, die man bei uns gar nicht oder nur höchst selten zu Gesicht bekommt: den Dungkäfer Skarabäus oder den echten „heiligen" Skarabäus, die „biblische" Wanderheuschrecke, Fangschrecken, die Maulwurfsgrille, den Hirschkäfer, Skorpione, den Mauretanischen Mauergecko, Hausammer, Steinsperling, diverse Grasmückenarten (z.B. Cistensänger), Blaumerle, Bienenfresser, Blassspötter, Heckensänger, Zwergohreule und diverse Spitzmausarten.

## Atlantikküste und Mittelmeer

Der reine Sandstrand und ein Strand aus Kies verdanken ihren optischen Reiz vielleicht gerade der Abwesenheit von Pflanzen und Tieren – als Biotope sind sie vergleichsweise **artenarm.** Für Pflanzen bieten sie beispielsweise keine Möglichkeit der Verwurzelung, und nur wenige Spezialisten vertragen Salzwasser (sog. Halophyten wie Sode, Queller, Salzkraut).

Ein typischer Bewohner des Sandstrandes ist der **Sandflohkrebs** *(Talitrus)*, der aber lieber in gestrandeten Algen Deckung sucht, als dass er auf dem bloßen Sand umherhüpft. Die meisten anderen Sandbewohner graben sich ein und bilden dabei eine röhrenförmige Behausung (Borsten- und Sandröhrenwürmer). Auf dem Sand direkt unter Wasser leben nur wenige vegetarische oder räuberische Schnecken, z.B. die Hornschnecke, *Cerithium*, die Netzreusenschnecke, *Nassarius*, und die Halsbandschnecke *(Natica)*. In tieferem Wasser oder in Tümpeln mit stehendem Meerwasser können sich Algen entwickeln und bereits einer größeren Vielfalt von Tieren als Lebensraum dienen.

**An felsigen Küsten** entfaltet sich der ganze Artenreichtum des Meeres mit verschiedenen Schwämmen, Seeigel-, Seestern-, Muschel-, Schnecken-, Krebs- und Fischarten. Der Rand des Festlandes ist vor allem dort, wo er für den Menschen „unattraktiv" oder schwer zugänglich ist (etwa als Steilküste oder verschlammte Flussmündung), ein Rückzugsgebiet für Wasservögel – man sollte die Tiere nur durch ein Fernglas beobachten, um sie nicht in ihrem Lebensraum zu stören.

## Wald

Tropische Wälder oder sommergrüne Laubwälder wie in Europa sucht man in Marokko vergeblich. Die **Atlas-Zeder** *(Cedrus atlantica)* ist der typische Baum Marokkos und eine der wenigen ursprünglichen Arten. Sie wird im Rahmen von Aufforstungsprogrammen zusammen mit Libanon-Zedern *(C. libani)* und eingeführten Kiefern *(Pinus)* und Tannen *(Abies)* kultiviert. Auch Korkeichen *(Quercus suber)* sind in Marokko heimisch und bildeten vermutlich mit Stein- und Kermeseichen *(Q. ilex, Q. coccifera)* den ursprünglichen, immergrünen Eichenwald bis in eine Höhe von 1100 m. Weiter oben findet man Thuja und Wacholder *(Cupressaceen)*.

Reiner **Nadelwald** ist wegen der Ansäuerung der Böden ein recht schwieriger Lebensraum. Nadelbäume haben jedoch den wirtschaftlichen Vorteil, dass sie geringere Ansprüche an die Bodenbeschaffenheit und Wasserversorgung stellen und relativ schnell wachsen. Die Aufforstung der Zedern- und Eichenwälder mit teilweise nicht heimischen Laub- und Nadelbäumen ist ein Kompromiss zwischen den Nutzungsaspekten des Waldes und dem Bedürfnis nach Erhaltung oder Wiederherstellung einer relativ ursprünglichen Vegetation und Tierwelt.

Zum Wald gehören pflanzenfressende oder -saugende **Insekten:** Blattkäfer, Rüsselkäfer (an diversen Eichenarten), *Coccinelliden* (erinnern an Marienkäfer – der VW-Käfer heißt auf Französisch *coccinelle*), *Chrysomeliden* (kleine, gedrungene, metallisch glänzende Käfer; eine Art ist auf Minze spezialisiert), Schmetterlinge und ihre Raupen, Bienen, Ameisen, (Holz-)Wespen und Zikaden – um nur einige zu nennen. „Ameisenlöwen", Wanderheuschrecken und Maulwurfsgrillen trifft man eher an trockenen Standorten.

Wegen der Vielfalt der Nahrungsquellen und der guten Deckung ist der **Wald bzw. der Waldrand bei Vögeln beliebt.** Kuckuck, Eichelhäher, Grün- und Buntspecht, Amseln, Drosseln, Finken – Stare weniger –, aber Baumläufer, Meisen, Nachtigall, Fitis, Rotkehlchen, Ammern, Würger, Dorn- und Mönchsgrasmücke, Ziegenmelker, Uhu und Waldohreule sind entweder „alte Bekannte" oder kommen in einer nah verwandten spezielleren Art vor: zum Beispiel Einfarbstar, Häherkuckuck, Rothalsziegenmelker, Zaunammer, Alpendohle, Berglaubsänger und Rotflügelgimpel. Spezielle Bewohner Marokkos sind z.B. die Atlasgrasmücke, der Diademrotschwanz und der Blauwangenspint.

**Nagetiere** wie Eichhörnchen und Mäuse gehören in den Wald, und in Marokko kommen zudem Stachelschweine *(Hystrix christata)* vor. Spezialisierte Insektenfresser sind der Wanderigel *(Erinaceus algirus)* und die Rot- und Weißzahn-Spitzmäuse (*Soricidae, Crociduridae* = Wimpernspitzmäuse), die aber auch einen Wurm nicht verschmähen. Neben dem Fuchs, dem marderartigen Wiesel, Dachs und Fischotter könnten in den marokkanischen Wäldern auch Ginsterkatzen *(Genetta genetta)*, Luchse und der Serval *(Felis lynx, F. serval)* vorkommen. Wildschweine *(Sus scrofa)* gibt es (z.B. im Anti-Atlas und Hohen Atlas) genug, da sie kaum gejagt werden.

Erwähnenswert im Vergleich zur heimischen Fauna ist sicher das Vorkommen der **Berberaffen** (*Macaca sylvanus*, franz. *magot*). Marokko besitzt neben Gibraltar und Algerien die letzten nennenswerten Bestände dieser schwanzlosen, „winterfesten" Makakenart, die vor den Kaltzeiten auch in Europa verbreitet war. Auch in Marokko ist die Population immer mehr gefährdet, weil Tierfänger Affenbabys an Privathaushalte oder für Tiershows (wie am Djamâa el-Fna in Marrakesch) verkaufen.

Stehende und fließende **Gewässer** bilden einen eigenen Lebensraum innerhalb des Waldes. Hier kommen Rohrkolben *(Thypha)*, Binsen *(Juncus)*, Süßgräser *(Poaceen)* und „passende" Tiere vor: Libellen, Barben, Hechte, Forellen (eingeführt), Frösche, Kröten, Salamander, Wasserschildkröten, (Bach)stelzen, Wasseramseln, Eisvögel und Gebirgsstelzen.

**In felsige, höhere Lagen** können sich Mufflons *(Ovis ammon)* und Mähnenschafe *(Ammotragus lervia)* zurückziehen. Einige Vogelarten bevorzugen die Felsen als unzugängliche Brutplätze (beispielsweise Greifvögel, verschiedene Segler, Blaumerle oder Alpenbraunelle).

Stachelschwein, Fuchs und Hase sowie die Landschildkröte und verschiedene Greifvogelarten kommen auch im offeneren Gelände und in den sich an den Wald anschließenden trockeneren Regionen vor. In diesen **Übergangsgebieten** kann man außerdem gestreiften Hyänen *(Hyaena hyaena)* begegnen.

## Trockengebiete

Die **Macchie** (franz. *le maquis*) besteht aus immergrünen Sträuchern und Bäumen mit harten Blättern (1–6 m hoch). Dazu gehören Lorbeer *(Laurus)*, Erdbeerbaum *(Arbutus unedo)*, Myrte *(Myrtus)*, Lentisken *(Pistacia lentiscus)*, Rosmarin, Ginster *(Genista)*, Kreuzdorn *(Rhamnus)*, Baumheide *(Erica)* und aromatische Büsche wie Lavendel und Thymian. Sie bilden ein dichtes Gewirr von Zweigen und Ästen. Ihren Namen verdankt die Macchie der spanischen Bezeichnung für eine charakteristische Pflanze, die Zistrose *(Cistus)*.

Auf durchlässigem Kalkstein degeneriert die Macchie zur **Garrigue** (auch *Garide*). Die Vegetation besteht aus **niederwüchsigen,** ca. 1 m hohen **Sträuchern und Polsterpflanzen.** Zwischen bloßem Felsen wachsen z.B. Stechginster, Lavendel, Salbei und andere Gewürz- und Heilkräuter. Übergänge zu den Vegetationstypen Steppe und Wald kommen vor; oft sind die Gebiete nur kleinräumig und liegen wie Inseln zwischen anderen Regionen. Größere Areale, die aber auch unter menschlichem Einfluss stehen, befinden sich in der Meseta (Atlantikküste nördlich von Agadir bis Rabat und landeinwärts bis an den Fuß des Hohen und Mittleren Atlas) und in der Ebene von Sebou, die sich nordostwärts daran anschließt. Auch in der Garrigue gibt es Korkeichen, die hier aber nur Strauchhöhe erreichen.

In diesem Vegetationstypus sind **Insekten** und insektenfressende Arten stark vertreten. Es gibt spezielle Heuschrecken, Spinnen (z.B. die Wolfsspinne *Lycosa*), Eidechsen, Schlangen und Vögel. Landschildkröten aufzuspüren, ist dagegen nicht so einfach. Skorpione lieben dunkle, feuchte Unterschlupfe, die sie nicht nur unter Steinen, sondern manchmal auch in Camper-Schuhen finden. Eine gewisse Vorsicht ist daher angebracht. Lässt man ihnen die Wahl, ziehen **Skorpione** und **Schlangen** auf jeden Fall die Flucht dem Angriff vor.

In der Garrigue gibt es auch **Chamäleons,** man muss sie nur finden – ihrer Anpassungsfähigkeit entspricht der Mangel an natürlicher Deckung. Dieser Mangel zieht eine Reihe von **Greifvögeln** (Bussard, Falke, Milan, Sperber, Steinadler oder gelegentlich die selteneren Schlangen-, Habichts- und Steppenadler) an, die Jagd auf kleinere Wirbeltiere machen. Verhältnismäßig häufig kann man im Bereich der Sous-Mün-

058m015 ad

Die Atlas-Zeder ist typisch für die Vegetation im Mittleren Atlas

dung und entlang der südlichen Atlantikküste das gestreifte **Zieselhörnchen** beobachten *(Xerus erythropus)*, das nur einen Streifen auf der Flanke hat und ca. 20 cm groß ist. Sein Vetter, das **Atlashörnchen** *(Atlantoxerus getulus)* lebt an der Atlantikküste bis hinauf in die Höhen des 4000 m hohen Atlasgebirges, ist viel kleiner, besitzt drei helle Streifen auf der Flanke und hat einen körperlangen, buschigen Schwanz. Kleinere **Vögel** leben eher von Insekten, z.B. der Bienenfresser *(Merops apiaster)* und der Wendehals *(Jynx torquill)* sowie verschiedene Grasmückenarten (z.B. Brillen-, Weißbart-, Provence- und Samtkopfgrasmücke). Die vorkommenden Lerchenarten und die Wachteln bevorzugen „gemischte" Kost. Vor allem in der Dämmerung und in der Dunkelheit sind der Ziegenmelker *(Caprimulgus)*, die Zwergohreule *(Otus scops)*, der Steinkauz *(Athene noctua)* und Fledermäuse *(Hufeisennasen, Rhinolophus)* unterwegs auf der Jagd nach Insekten und anderen kleinen Tieren.

### Natürliche Trockengebiete

Einiges spricht dafür, dass Macchie und Garrigue im Bereich der Mittelmeerküsten als Trockengebiete nicht auf klimatische Einflüsse, sondern vielmehr auf die **Einwirkung des Menschen zurückzuführen sind.**

Ziegen auf einem Arganienbaum

042sm20 ad

aga10_001 ad

Daneben gibt es in Marokko verschiedene **Formen natürlich entstandener Trockengebiete,** wo aufgrund der Bodenverhältnisse, Niederschläge und Temperaturen keine Bäume wachsen. Dort können nur Pflanzen und Tiere vorkommen, die besondere „Techniken" entwickelt haben, um ihren Wasserverbrauch einzuschränken. Viele Pflanzen wirken z.B. unscheinbar, weil die Blattoberflächen klein und die Stengel hart und holzig sind. Sprosse werden in Dornen umgewandelt und Blätter mit Haaren und Borsten versehen. Unauffälligkeit, Verholzung und Dornbildung schützen zugleich gegen saugende Insekten und Verbiss der Triebe durch Weidetiere. Charakteristisch für die Trockengebiete sind Dornsträucher wie z.B. der Kameldorn *(Zizyphus lotus)* und die Tamarisken *(Tamarix)*. In der atlantiknahen Sahara findet man in Strauchwüsten (z.B. *Rhus oxiacantha*) auch kaktusähnliche Wolfsmilchgewächse *(Euphorbiaceen)* und Arganien. Räumlich begrenzt, z.B. im Hohen Atlas und am Djabal Saghro, treten Trocken- und Wüstensteppen mit Halfa- oder Espartogras auf *(Stipa tenacissima, Lygeum spartum)*. Das **Halfagras** bevorzugt einen durchlässigen Standort und verdankt sein Überleben in den trockenen Gebieten vermutlich dem Umstand, dass es im 19. Jahrhundert für die Papierherstellung (Geldscheine, Zigarettenpapier) entdeckt wurde und seitdem gelegentlich kultiviert wird.

⌃ Berberaffen im Mittleren Atlas

Am Südfuß des Hohen Atlas begegnet man neben Kameldorn *(Zizyphus lotus)* und Akazien dem Kapernstrauch *(Capparis spinosa)* und an feuchten Standorten Oleander *(Nerium oleander)*.

An die mit Graspolstern durchsetzte **Strauchwüste** schließt sich die **Hammada** mit Dornpolsterpflanzen (z.B. Limoniastrum, Bleiwurzgewächse) an. Dazwischen gibt es Areale mit Pflanzen, welche die hohe Salzkonzentration im Boden vertragen, z.B. spezielle Sodenarten.

Allmählich geht die Vegetation in „echte" **Wüste** über, deren „klassischer" Dornbusch, *Zilla spinosa,* ein Verwandter unserer Kohlpflanzen *(Brassicaceae)* ist. Einzelne Dünenstandorte *(nebkas)* bestehen u.a. aus Kameldorn, Retam *(Retama raetam),* Tamarisken, „Salzbusch" *(Atriplex),* Drinn *(Aristida pungens)* und „Keuschlamm" *(Vitex agni castus)*.

In diesem **Übergangsbereich zur echten Sandwüste** findet sich ein **relativ reiches Tierleben,** vor allem Insekten, Reptilien und Vögel: Felsenhühner, Trappen, Rennvogel, Steinschmätzer- und Lerchenarten, Triele, Flughühner (in Wassernähe), Felsen- und (evtl.) Brachschwalbe.

Die **Wüste** beherbergt Vertreter verschiedener Echsenfamilien mit sprechenden Namen wie Fransenfinger, Wüstenrenner, Dornschwanz oder Wühlechse (sog. Skinke). Skorpione und Schlangen (z.B. die giftige Hornviper, *Cerastes cerastes*) hinterlassen deutliche Spuren im Sand. Viele Arten sind aber nachtaktiv und graben sich tagsüber ein. Von Insekten, Schlangen und Echsen ernährt sich z.B. der Wüstenigel *(Parechinus aethiopicus)*. Größere Wirbeltiere, die von kleineren leben, passen sich deren Nachtleben an: z.B. die Sandkatze *(Felis margerita),* der Wüstenluchs/Caracal *(F. caracal)* und der Wüstenfuchs/Fennek *(Fennecus zerda)*. Umgekehrt vermeiden die Mhorr-, Dorcas- und Edmi-Gazellen, die vom spärlichen Pflanzenbewuchs leben können und nicht regelmäßig trinken müssen, ihre möglichen Feinde, indem sie tag- bzw. dämmerungsaktiv sind. Auch das Gundi, ein Verwandter der Meerschweinchen, ist dämmerungsaktiv und ein reiner Pflanzenfresser. Seine Nagetierverwandten, die Mäuse, nutzen alle Nahrungs- und Zeit„nischen": Tagsüber ist die Wüste der Tummelplatz für die Sandrennmaus *(Psammonys obesus),* Springmäuse *(Jaculus)* sind nachtaktiv, die Stachelmaus *(Acomys)* dämmerungsaktiv.

Im Bereich der **Wadis und Oasen** kommen aufgrund der Feuchtigkeit wieder Tier- und Pflanzenarten vor, die stärker auf Wasser angewiesen sind, z.B. findet man hier verschiedene Natternarten (Vipernnatter, Diademnatter und die Sandrennatter) sowie Arten, die die Nähe des Menschen vertragen.

### Buchtipp

- **Kosmos Naturführer „Sahara. Tiere, Pflanzen, Spuren"** von *Verena Schatanek* und *Houcine Elkharassi* (Franckh-Kosmos Verlag). Ausführliche Informationen zu Tieren und Pflanzen in Nordafrika inkl. der französischen, arabischen und Tamazirt-Namen der Arten.

# Nationalparks und Naturreservate

In Marokko wurden seit 1942 zehn Gebiete als Nationalparks deklariert, als erster der **Parc National du Toubkal.** Wie der Name schon sagt, umfasst dieser 38.000 ha große Park das Gebiet um den höchsten Berg Marokkos, den 4167 m hohen Djabal Toubkal, der ca. 60 km (Luftlinie) südlich von Marrakesch im Hohen Atlas liegt. In den Höhen zwischen 800 m und 4000 m leben 16 Säugetierarten, 50 Vogelarten und zahlreiche Amphibien sowie Fischarten. Die bekanntesten Spezies sind das Mähnenschaf *(Moufflon à manchettes)* und der Lämmergeier. In diesem Park sind die meisten endemisch vorkommenden Pflanzenarten Marokkos zu finden. 15% des Parks sind mit Wald bedeckt, in dem die ältesten Eichen und Thujen des Landes wachsen. Auch zahlreiche Felsgravuren, die mehr als 5000 Jahre alt sind, gibt es im Nationalpark zu entdecken.

Bereits 1950 entstand der zweite Nationalpark – der **Parc National du Tazzekka** – auf einer Fläche von 680 ha rings um den Djabal Tazzekka (1980 m), um die Zedern auf dem Gipfel des Berges zu schützen. Er liegt ca. 80 km östlich von Fès und wurde auf eine Fläche von 12.800 ha ausgeweitet, um die weitere Region mit ihren Wäldern und zahlreichen Höhlensystemen, vor allem die größten Tropfsteinhöhlen Nordafrikas – die Friatou-Grotten – mit einzubeziehen. Wichtige Wasserresourcen, Zedern- und Korkeichenwälder, 506 verschiedene Gefäßpflanzen (höhere Pflanzen mit Leitsystemen für Wasser) und verschiedenste Wildarten wie Hirsche, Rehe, Wildschweine, Wiesel, Luchs, Ginsterkatze, Igel, Stachelschwein und viele Fledermausarten, sind hier zu Hause. Der seltene Berberhirsch wurde 1993 wieder angesiedelt.

Erst 1991 entstand der nächste Nationalpark, diesesmal an den Mündungen des Oued Sous und Oued Massa in den Atlantik, südlich von Agadir. Der **Parc National de Sous-Massa** ist 34.000 ha groß und beherbergt 257 Vogelarten, 46 Säugetierarten, 40 Reptilien- und Am-

117sm20 ad

Singzikaden auf einem Ast

phibienarten, neun Fisch- sowie zahlreiche Schmetterlingsarten. Im Park ist das weltweit einzige Vorkommen des kahlköpfigen **Ibis (Waldrapp)** zu verzeichnen, der bis zum 17. Jahrhundert noch in den Alpen lebte und heute bis auf die Regionen nördlich und südlich von Agadir ausgestorben ist. Auch die seltene Wassereule ist hier beheimatet. Dorcas- und Mhorr-Gazellen, Oryx- und Addaxantilopen, aber auch Strauße wurden hier ausgewildert. Dieses Gebiet liegt in einer Übergangszone, das vom gemäßigten Mittelmeerklima zum tropischen und Sahara-Klima übergeht, aber trotz weniger Niederschläge eine hohe Luftfeuchtigkeit infolge der Temperaturunterschiede zwischen heißem Inlandsklima und dem vorbeiziehenden kalten Kanarenstrom vorzuweisen hat. So konnte auch ein großer Artenreichtum an Pflanzen entstehen. Verschiedenste Euphorbienarten, Dünengräser, Steppenvegetation und Arganienbäume sind hier zu finden. Die Feuchtzonen entlang der Flüsse bieten den Vögeln ideale Voraussetzungen zum Überwintern, sodass dieser Nationalpark ein beliebtes Durchzugsgebiet für Zugvögel aus Europa ist.

Der **Nationalpark Al Hoceima** an der Mittelmeerküste (gegründet 2004) umfasst 47.000 ha und schließt weite Zonen des Mittelmeers mit ein. Dieser landschaftlich einzigartige Küstenstreifen, mit klaren Felsbuchten und vorgelagerten Inseln, ist nur dünn besiedelt und kaum durch Straßen erschlossen. So konnten sich hier die fast ausgestorbene Mönchsrobbe, aber auch drei Delfin- und 69 Vogelarten erhalten. Zahlreiche Muscheln, Krustentiere, Fischarten und Schnecken leben im glasklaren Meereswasser.

Wenig bekannt ist der 60.000 ha große **Nationalpark Talassemtane** im Rif, zwischen Ceuta und Assifane. Das schroffe, calciäre Gestein bildet spektakuläre Felslandschaften mit Wäldern, Schluchten und fantastischen Aussichtspunkten. Mehr als 239 Pflanzenarten – erwähnt sei vor allem die Atlaszeder, die Schwarzkiefer und die einzige marokkanische Tannenart „abies marocana" – wachsen hier. 37 Säugetierarten, so auch der in Nordafrika beheimatete Berberaffe, leben in den Wäldern und finden Unterschlupf in den zahlreichen Höhlen. Von den 117 vorkommenden Vogelarten sind besonders der Lämmergeier und der Goldadler erwähnenswert.

53.000 ha umfasst der **Parc National d'Ifrane** im Mittleren Atlas. Dieses einzigartige Gebiet mit kleinen Vulkanseen, Flüssen, Quellen, Grotten und vielen Zedern- und Eichenwäldern ist aufgrund seiner kargen, steinigen Böden kaum besiedelt. Nur im Sommer findet man hier Halbnomaden, die ihre schwarzen Wollzelte auf den Hochplateaus aufstellen und ihre Schafen und Ziege hier weiden lassen. Die Region ist das Gebiet mit den größten zusammenhängenden Zedernwäldern in Marokko. 37 verschiedene Säugetierarten gibt es hier. Deren in dieser Region wichtigster Vertreter, der Berberaffe, hat hier sein größtes Siedlungsgebiet, und auch wenige Leoparden soll es noch geben. 142 Vogelarten und 33 Amphibien- und Reptilienarten und so seltene Fische wie die Fario-Forelle sind hier noch heimisch.

Der **Parc National du Haut-Atlas Oriental** liegt im Hochgebirge zwischen einem relativ feuchten Gebiet im Norden und einer trockenen wüstenartigen Zone im Süden. Er umfasst 49.000 ha und zieht sich entlang der bis zu 3000 m hohen, schwer zugänglichen Hochplateaus um Imilchil. Die Berghänge sind im Norden von Zedern, Steineichen, Mittelmeerpinie, Thujen und Wacholder bewachsen und von zahlreichen Wasserläufen durchzogen, während auf den trockenen, zum Süden weisenden Hochebenen hauptsächlich Dornbuschgewächse wie der *Erinacea pungens* wachsen und, abgesehen von den Flussauen entlang der Siedlungsgebiete, keine Bäume mehr gedeihen. In dieser wilden, kargen Landschaft leben die letzten Leoparden und Berggazellen, und auch eine größere Population von Mähnenschafen ist noch anzutreffen.

Ganz im Süden, auf dem Gebiet der Westsahara, ist der **Parc National de Dakhla** geplant. Der sich weit südlich von Dakhla ins Landesinnere ziehende Teil des Parks um den Adrar Souttouf mit seinen von Sand durchzogenen Steinhügeln wird von Trockenflussbetten durchzogen, die mit Akazien bewachsen sind. Es gibt dort noch wenige Mähnenschafe (Moufflons) und Dorcas-Gazellen. Geplant ist aber die Wiederansiedlung einiger, früher in der Sahara heimischen Tierarten, u.a. von Addax- und Oryxantilopen. Der Küstenbereich des Dakhla-Nationalparks, die **Mönchsrobbenküste (Côte de Monques)** bei Aguergar, liegt im Grenzbereich zu Mauretanien, im Anschluss an den in Mauretanien ausgewiesenen Nationalpark Banque d'Arguin. Dieser Park zieht sich 180 km entlang der Küste und reicht zwölf nautische Seemeilen weit ins Meer. Wie der Name schon sagt, sind hier die seltenen Mönchsrobben zu Hause. Es soll sich weltweit um die größte Population handeln. Im Küstenbereich, der das Meer mit hellgelben Sanddünen begrenzt, sind noch Dorcasgazellen heimisch. Dieser Park ist wegen der Westsahara-Problematik, der Grenznähe und aus militärischen Gründen für Touristen nicht zugänglich.

Neben den Nationalparks sind weitere besondere Ökosysteme als **Naturparks und Biosphärenreservate** ausgewiesen. Sie sollen das biologische Gleichgewicht erhalten sowie Studienzwecken und der Bewusstseinsbildung der Öffentlichkeit zum Erhalt des Ökosystems dienen.

Das **Naturreservat M'Sabih Talaa** nordwestlich von Marrakesch ist eines der ältesten, von der Wasser- und Forstverwaltung gegründeten Reservate in Marokko (seit 1952). Seine Aufgabe ist es, die letzten Dorcas-Gazellen der Haouz-Ebene zu schützen. Die Ebene zwischen Marrakesch und Essaouira gehört zur semi-ariden Klimazone, und der jährliche Regenfall beträgt unter 200 mm im Jahr. Es wachsen u.a. Akazien, Kreuzdorngewächse und wilde Olivenbäume.

Das **Réserve des Îles d'Essaouira** liegt auf den der gleichnamigen Stadt vorgelagerten Inseln. Die Inseln waren wegen des Purpurexports bereits den Phöniziern bekannt. Der Farbstoff, der vor allem den Prachtgewändern der Könige und Kardinäle seine rote Farbe verlieh, wurde aus der **Purpurschnecke** gewonnen. Jetzt sind die Inseln in erster

☒ Gut getarnte Echse im Anti-Atlas bei Tafraoute

Linie Vogelschutz-Reservat und dem Besucher nur mit Sondergenehmigung zugänglich. Es brüten dort sehr seltene Vogelarten wie der Eleonorafalke und die gelbfüßige Heringsmöwe.

Seit 1998 stellt das 2,5 Millionen ha große UNESCO-Biosphärenreservat **Réserve de Biosphère de l'Arganeraie** zwischen Hohem Atlas, Anti-Atlas und dem Atlantik die bedrohten Bestände der in Marokko endemischen Arganienbäume unter Schutz (vorwiegend in der Region Sous-Massa-Drâa).

**Marokko hat die meisten Feuchtgebiete in Nordafrika.** So finden sich im Königreich zahlreiche natürliche Seen und über 140 Stauseen, viele Flussläufe und Flussmündungen in den Atlantik sowie vier große Meereslagunen. Die Feuchtgebiete sind Rückzugsgebiete vieler Vogelarten – auch von Zugvögeln aus Europa. Einige wurden als Naturreservate und Nationalparks ausgewiesen (u.a. Sous-Massa-Nationalpark, Khenifiss-Nationalpark, Naturreservat Sidi Boughaba am gleichnamigen See bei Khenitra, Reservat Merja Zerga bei Moulay Bousselham und Reservat d'Afennourir im Mittleren Atlas).

118sm20 ad

MAX & JAN

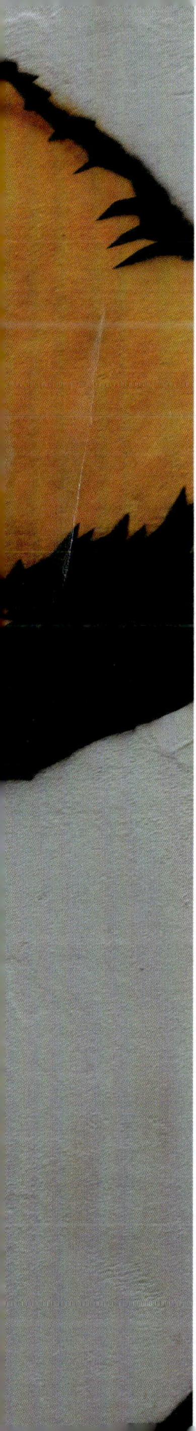

046sm20 ad

# 10 Anhang

Wandmalerei in Max & Jan Store in Marrakesch

# Reisegesundheitsinformationen zu Marokko

**Stand: Februar 2020**



Die nachstehenden Angaben dienen der Orientierung, was für eine geplante Reise in das Land an Gesundheitsvorsorgemaßnahmen zu berücksichtigen ist. Die Informationen wurden uns freundlicherweise vom Centrum für Reisemedizin zur Verfügung gestellt. Auf **www.crm.de** werden diese Informationen stetig aktualisiert – man sollte dort kurz vor Reiseantritt noch einmal nachschauen.

Die nachstehenden Angaben wurden nach bestem Wissen und sorgfältiger Recherche zusammengestellt. Eine Gewähr oder Haftung kann nicht übernommen werden.

## Impfungen

**Einreise-Impfvorschriften: keine.**

### Empfohlener Impfschutz

**Generell: Standardimpfungen nach dem deutschen Impfkalender,** speziell Tetanus, Diphtherie und Hepatitis A.

Bei Reisen durch das Landesinnere unter einfachen Bedingungen (Rucksack-/Trekking-/Individualreise) mit einfachen Quartieren bzw. Hotels, bei Camping-Reisen, Langzeitaufenthalten, einer praktischen Tätigkeit im Gesundheits- oder Sozialwesen sowie bei engem Kontakt zur einheimischen Bevölkerung ist ein Impfschutz gegen Typhus, Hepatitis B, Polio und Tollwut (bei vorhersehbarem Umgang mit Tieren) zu erwägen.

### Wichtiger Hinweis

Welche Impfungen letztendlich vorzunehmen sind, ist abhängig vom aktuellen Infektionsrisiko vor Ort, von der Art und Dauer der geplanten Reise, vom Gesundheitszustand sowie dem evtl. noch vorhandenen Impfschutz des Reisenden. Da im Einzelfall unterschiedlichste Aspekte zu berücksichtigen sind, empfiehlt es sich immer, rechtzeitig (4 bis 6 Wochen) **vor der Reise** eine **persönliche Reise-Gesundheits-Beratung** bei einem reisemedizinisch erfahrenen Arzt oder Apotheker in Anspruch zu nehmen.

## Malaria

**Sehr geringes,** herdförmiges **Risiko** von Mai bis Oktober in ländlichen Gebieten der Chefchaouen-Provinz (Nordmarokko). Malariafrei sind die übrigen Landesteile, Stadtgebiete und Touristenorte.

## Ratschläge zur Reiseapotheke

Vergessen Sie nicht, eine kleinere oder größere Reiseapotheke mitzunehmen (zumindest Medikamente gegen Durchfall, Fieber und Schmerzen sowie Verbandstoff, Pflaster und Wunddesinfektion), damit Sie für kleinere Notfälle gerüstet sind. Nicht vergessen: Medikamente, die der Reisende ständig einnehmen muss!

# Sprache

## Aussprache/Umschrift

Die folgende Auflistung soll helfen, **Laute des marokkanischen Arabisch,** die im Deutschen nicht existieren, annähernd richtig auszusprechen. Aufgrund einer einfacheren Handhabung müssen allerdings Zugeständnisse hinsichtlich der Differenzierung der Laute gemacht werden. Als Hilfe sei empfohlen, einheimische Radio- bzw. Fernsehsendungen zu hören, um ein Gefühl für Klang und Aussprache zu bekommen. Ebenso sollte man stets auf der Straße, im Café, im Suq (Souk) oder sonstwo mit offenen Ohren unterwegs sein, dann ist man bald soweit, Unterschiede zu identifizieren und für den eigenen Sprachgebrauch nutzbar zu machen.

Damit Sie nicht die arabische Schrift lernen müssen, bedienen wir uns einer **Umschrift,** bei der in der Regel ein Zeichen einem arabischen Buchstaben entspricht – so gibt es keine Zweifel, ob „ch" französisch oder deutsch zu lesen ist, ob „sh" wie im Englischen ein Laut ist oder „s" und „h".

### Konsonanten

- **sh** – wie das deutsche „sch"
- **j** – stimmhaftes „sh" wie im franz. „Journal"
- **dj** – stimmloses „Dsch" wie in „Dschungel"
- **r** – ein rollendes Zungen-„r"
- **gh** – Zäpfenchen-„r" wie in Norddeutschland oder Frankreich
- **s̲ t̲ d̲ z̲** – emphatische, gepresste Varianten von s, t, d und z; sie verdunkeln den folgenden Vokal
- **h** – wie im Deutschen, doch immer hörbar, wie z.B. in Betle**h**em
- **h̲** – stark gehauchter h-Laut (als ob man sich zum Wärmen der Finger in die Hände haucht)
- **ch** – wie in deutsch „Dach"
- **z** – stimmhaftes weiches „s" wie im deutschen „Rose"
- **q** – hinten im Rachen gebildetes kehliges „k" (wie im Tiroler Dialekt)
- **w** – wie in englisch „what", mit beiden Lippen gebildet
- **y** – wie im Deutschen das „j"
- **'** – Stimmabsatz, wie z.B. im Deutschen: „Vor'ab" oder „Neckars'ulm"
- ***** – der in europäischen Sprachen nicht existierende Kehlkopfverschlusslaut 'Ain; es ist ein Würgelaut, der zur Folge hat, dass die folgenden Vokale dunkler gesprochen werden

Die Konsonanten **b d g f k l m n s t** werden wie im Deutschen ausgesprochen und geschrieben. Doppelte Konsonanten werden deutlich gelängt ausgesprochen! Das Doppel-n im Deutschen (z.B. „rennen") entspricht im Marokkanischen einem einfachen Konsonanten.

### Selbst- und Zwielaute

Ai, au wie im Deutschen. Unterscheiden sie Kurzvokale (a ä e i o u) und Langvokale (â ê î ô û). Häufig ist der flüchtige Murmellaut ë, den es auch im Deutschen gibt: Gëbirgë, bëdankën etc.

### Betonung

Langvokale werden immer betont! Man halte sich aber an die Daumenregel, dass in einem Wort ohne Langvokale üblicherweise die letzte Silbe betont wird, wenn ein Wort jedoch mit zwei Konsonanten aufhört, wird die vorletzte Silbe betont: fëhë*mt = ich habe verstanden, tëntkällem = ich spreche.

Ein Vokal am Ende eines Wortes wird niemals betont.

# Kleine Sprachhilfe

## Deutsch / Marokkanisch / Französisch

### Wichtige Worte und Redewendungen

ja / nâ*m, îye / oui
nein / lâ / non
bitte / *afak, lla ichallëk / s'il vous plaît
danke / shukran / merci
in Ordnung / wachcha / d'accord
viel, zu viel / bzâf / beaucoup, trop
wenig / shwîya / (un) peu
billig / rëchîs / bon marché
teuer / ghâli / cher
groß, alt / kbîr / grand, agé
klein, jung / sghir / petit, jeune
lang / twêl / long
kurz / qsîr / court
es gibt / käyin / il y a
es gibt nicht (kein) / makäyinsh / il n'y a pas
ich will / bghît / je veux
ich will nicht / mabghîtsh / je ne veux pas
ich brauche, ich muss / chassni / il me faut
geben Sie mir / shibli, *âtinî / donnez-moi
komm/kommt / aji/ajiu / viens/venez
verschwinde/t / sirr/sirru / dégage/z la piste
auch: ba*d minni/ba*du minni
schau/schaut / shûf/shûfu / regarde/z
ich bin Österreicher/in / äna nemsâwi/nemsawîya / je suis Autrichien/ne
ich bin Deutscher/-e / äna almâni/almanîya / je suis Allemand/e
ich bin Schweizer/in / äna swîsri/swisrîya / je suis Suisse
ich bin verheiratet / äna mëmzuwwush / je suis marié/e
ich bin nicht verheiratet / äna mâshi mëmzuwwush / je ne suis pas marié/e
gut / mëziyân / bon
schlecht / chaib / mauvais/mal
schön / zwîn / beau/belle
hässlich / chaib, qbîh / laid
wie viel (kostet das)? / bschhâl (häd shi)? / combien (ça fait)?
nichts / wâlu / rien
ich will nichts / ma bghît wâlu / je ne veux rien
Achtung! / bâlak! / attention!
Entschuldigung! / smähli / éxcusez-moi
was hast du gesagt? / shnu gulti / Qu'est-ce que tu as dit?
ich habe nicht verstanden / ma fhëmtsh / je n'ai pas compris
noch einmal bitte! / *ud min fadlëk / encore une fois
so Gott will, hoffentlich / in sha'allâh / ésperons-le
im Namen Gottes / bismillâh
gelobt sei Gott / al hamdu lillâh

### Begrüßung, Gespräch

Grüß Gott (höflich) / as salâmu *alêkum / bonjour, bonsoir – Antwort: wa *alêkum as-salâm
wie geht's ? / labâs, ki dêr (m), ki dêra (w) / comment ça va ? – Antwort: labâs al-hamdu lillâh
guten Morgen / sëbâh ël-chêr / bonjour
guten Abend / msa ël-chêr / bonsoir
gute Nacht / lêla sa*îida,tisbah *ala-chêr / bonne nuit
Mahlzeit! Guten Appetit! / bismillâh / bon appétit
zum Wohl / bisaha / à votre santé (beim Essen, nach dem Hammam) – Antwort: llah *tik ës-saha
auf Wiedersehen / bëslâma, mâs:aläma / au revoir
bitte (als Aufforderung) / tfaddal (m), tfaddali (w), tfaddlu (Mz) / s'il vous plaît
Haben Sie Kinder? / wash *andëk ëddrâri? / avez-vous des enfants?
Junge/n / wuld/wulâd / garçon/s
Mädchen/Mz / bënt/bnât / jeune/s fille/s

### Hilfszeitwörter

ich habe / *andi / j'ai
du hast / *andëk / tu as
er hat / *andu / il a

sie hat / *andha / elle a
wir haben / *andna / nous avons
ihr habt / *andkum / vous avez
sie haben / *andhum / ils ont

„Sein" wird in der Gegenwart nicht gebildet. „Haben" wird eigentlich umschrieben: als „bei mir ist" usw. (*and = bei + Possesivpronomen).

### Zahlen

eins / wâhid / un
zwei / juj / deux
drei / tlâta / trois
vier / arb*a / quatre
fünf / chamsa / cinq
sechs / sëtta / six
sieben / sb*a / sept
acht / tmaniya / huit
neun / tës*ud / neuf
zehn / *ashra / dix
elf / hadâsh / onze
zwölf / tnâsh / douze
13 / tlätash / treize
14 / ërb*atash / quatorze
15 / chamstâsh / quinze
16 / sëttâsh / seize
17 / sb*atash / dix-sept
18 / tamantâsh / dix-huit
19 / ts*atâsh / dix-neuf
20 / *ishrîn / vingt
21 / wâhid u-*ishrîn / vingt-et-un
22 / tnên u-*ishrîn / vingt-deux
23 / tlâta u-*ishrîn / vingt-trois
30 / tlätîn / trente
40 / ërb*în / quarante
50 / chamsîn / cinquante
60 / sëttîn / soixante
70 / sbë*în / soixante-dix
80 / tmanîn / quatre-vingts
90 / tës*în / quatre-vingts-dix
100 / mîyya / cent
1000 / alf / mille

### Wochentage

Montag / l-etnîn / lundi
Dienstag / et-läta / mardi
Mittwoch / l-arba* / mercredi
Donnerstag / l-chîms / jeudi
Freitag / ej-jum*a / vendredi
Samstag / es-sebt / samedi
Sonntag / l-hädd / dimanche

An einigen **Ortsnamen** lässt sich der Tag des Wochenmarkts ablesen, z.B. Suq el Hed (Markt am Sonntag).

# Glossar

- **Ashura** bzw. **Achoura:** Neujahr, auch Kinderfest
- **Agadir:** Umfriedung; befestigter Platz; befestigter Speicher
- **Aguedal:** Gärten und Obsthaine der Sultane
- **Agoumi:** entspricht etwa dem Begriff „Alpweide"
- **Aguelmame:** See
- **Ahaidous:** Tanz der Dorfbevölkerung im nördlichen Atlas
- **Ahwach:** Tanz der Dorfbevölkerung im südlichen Atlas
- **Aid al Kebir:** das große Fest (erinnert an das Opfer Abrahams)
- **Aid al Seghir:** das kleine Fest – Abschluss des Fastenmonats Ramadan
- **Ain:** Quelle
- **Aït:** Söhne von …, Leute der … (Stammesname)
- **Amghar:** Dorfältester; wohlhabender Dorfbewohner
- **Arhour:** Brunnen für die Bewässerung (mit Rampe für Zugtiere)
- **Asif:** Wasserlauf
- **Assarag:** Tanzplatz
- **Azrou:** Felsen

■ **Bab:** Tor, Durchgang
■ **Balek:** Warnruf wie „Achtung!"
■ **Ben** (Mz. *Beni*): Sohn des (der) …
■ **Bir:** Brunnen
■ **Bled:** offenes Land (Gegensatz zur Stadt)

■ **Chech:** Gesichtstuch/-schleier (meist blau, weiß oder schwarz, 5–7 m lang)
■ **Chergui:** heißer Südwind, Wüstenwind
■ **Chleuh (Schlöh):** Berberstamm im Anti-Atlas
■ **Chouari:** Tragkorb mit zwei großen Taschen, den man über den Rücken des Esels legt
■ **Couscous:** Gericht aus Weizen- oder Hirsegrieß mit Schaf- oder Hühnerfleisch und Gemüse

■ **Dir:** Geländerücken; in die Ebene hinauslaufender Sporn
■ **Dirham:** marokkanische Währung (DH)
■ **Dar** (Mz. *Duar* bzw. franz. *Douar*): Haus; ländliche oder vorstädtische Siedlung; Gruppe von Zelten oder Häusern
■ **Djama:** Moschee
■ **Djamâa** bzw. **Djemâa:** Versammlung der Bevölkerung eines Gebietes; Versammlungsplatz
■ **Djabal** bzw. **Djebel:** Berg
■ **Djedid:** jung, neu
■ **Djellabah:** weites, mantelartiges Kleid mit Kapuze; wird von Männern und Frauen im Freien getragen
■ **Djinn** (Mz. *Djnoun*): Dämon, Geist
■ **Doum:** Zwergpalmenart

■ **Erg:** Sandwüste

■ **Fantasia:** wilder Ritt, bei dem Gewehre abgefeuert werden (aus dem Spanischen)
■ **Fata:** rituelles Gebet
■ **Fellah:** Bauer
■ **Fina:** Hauskleid der Frau; Schleier, der über das Hauskleid getragen wird
■ **Fkih:** Lehrer an einer Koranschule
■ **Funduk (franz. Foundouk):** Herberge, Karawanserai, traditionelles (Stadt-)Haus

■ **Gara** (Mz. *Gour*): isolierter Tafelberg; Zeugenberg
■ **Gharbi:** Westwind, Meerwind
■ **Ghezzou:** Raubzug; Teilnehmer an einem Raubzug
■ **Gnawa (franz. Gnaoua):** meist schwarze Musiker (Ursprungsland Guinea), die islamischen Orden angehören und deren Gesängen und Tänzen Heilkraft zugesprochen wird; oft auf dem Djamâa el-Fna-Platz in Marrakesch zu sehen
■ **Guedra:** röhrenförmige Töpferarbeit (mit Fell bespannt als Tamburin verwendet); Volkstanz in Guelmim
■ **Guich:** bewaffneter arbischer Stamm, vom Sultan zur Überwachung eines Gebietes angesiedelt

■ **Hadj:** Wallfahrt nach Mekka
■ **Haik:** weibliches Kleidungsstück, Überwurf (nur noch selten getragen)
■ **Hammada:** Felswüste, Steinwüste
■ **Hammam:** islamisches Bad
■ **Haratin:** dunkelhäutige, aus der marokkanischen Sahara stammende Bevölkerung
■ **Harira:** kräftige Suppe zum Fastenunterbrechen im Ramadan

■ **Imam:** frommer Mann, der das Gebet in der Moschee leitet
■ **Imazighen:** freie Leute, Freie
■ **Irherm (Igherm):** Umfriedung; befestigter Platz; befestigter Speicher

■ **Kaftan:** besticktes Kleid aus kostbarem Stoff
■ **Kaid:** siehe Qaid
■ **Kalif:** Herrscher der Gläubigen; Nachfolger Mohameds
■ **Kanoun** bzw. **Qanun:** Holzkohlebecken aus gebrannter Erde oder Metall
■ **Kasbah:** befestigter Wohnsitz einer Sippe, bzw. Ansammlung von mehren Tighremts, vor allem im südlichen Marokko
■ **Kerkour:** Pyramide, auf die jeder Vorbeigehende einen Stein legt, um Unglück abzuwenden

■ **Kesra:** rundes Brot

■ **Khammès:** Pächter, der ein Fünftel der Ernte erhält

■ **Khettara:** unterirdischer Bewässerungskanal

■ **Khoms:** Vereinigung verschiedener Stämme

■ **Kibla** (Qibla): Gebetsmauer in der Moschee, nach Osten (Mekka) gerichtet

■ **Kissaria:** Markthalle für Stoffe, Leder, Parfüm usw.

■ **Koubba:** siehe Qubba

■ **Ksar** (Mz. *Ksour*): von lat. „castrum"; in Marokko befestigtes Lehmdorf im Süden/Osten des Atlas

■ **Maghreb:** Westen/Land des Sonnenuntergangs/Okzident; Sammelbegriff für die Länder Marokko, Tunesien, Algerien

■ **Maghzen:** Regierung des Sultans

■ **Mahdi:** der durch Gott bestimmte Führer (z.B. *Ibn Tumart*)

■ **Makina:** Fabrik

■ **Marabout (franz. Marabout):** islam. Heiliger; wegen seiner Frömmigkeit und seines beispielhaften Lebens angesehener Mann bzw. sein Grabmal

■ **Mechwar (franz. Mechouar):** Versammlungsplatz der Stämme vor dem Sultanspalast

■ **Mechoui:** im geschlossenen Ofen gebratenes Schaf

■ **Medersa:** Schule, Hochschule der Muslims, zugleich Wohnhaus der Studenten

■ **Medina:** Stadt; traditioneller Stadtteil; Altstadt

■ **Mellah:** Judenviertel, Judenstadt

■ **Mihrab:** apsisförmige Gebetsnische in der Kibla (s.o.)

■ **Minbar:** Kanzel in der Moschee, meist neben der Mihrab (s.o.)

■ **Mouloud** bzw. **Maulad:** Geburtsfest des Propheten oder eines Heiligen

■ **Moussem (franz.)** bzw. **Mausim:** Fest oder Pilgerfahrt zu Ehren eines Schutzheiligen

■ **Msid:** Koranschule

■ **Nouala:** Hütte aus Schilfrohr und Lehm mit Strohhäcksel

■ **Oued** bzw. **Wadi:** Wasserlauf, Fluss

■ **Oulad** bzw. **Ulad:** Söhne des ...

■ **Pastilla (auch Bastilla):** mit Taubenfleisch und Eiern gefüllte Pastete (aus dem Spanischen)

■ **Qaid:** Chef, Stammesoberhaupt

■ **Qubba:** Kuppel; gebraucht für Marabout mit runder Kuppel über quadratischem Grundriss

■ **Ramadan** bzw. **Ramadhan:** Fastenmonat im islamischen Kalender

■ **Ras el Hanout:** Gewürzmischung, der man allgemeine und besondere Heilwirkung zuspricht

■ **Ribat:** befestigtes Kloster

■ **Riad/Ryad:** Innengarten eines Hauses, auch Herrenhaus oder Palast

■ **Ryal:** Münzeinheit – 0,05 Dirham (vom span. „Real")

■ **Scherif** (Mz. *Schorfa*): angeblicher Nachkomme des Propheten Muhammad; siehe chérif

■ **Seguia:** offener Bewässerungskanal

■ **Sidi:** mein Herr!

■ **Suq** bzw. **Souk (franz.):** in der Einzahl – Markt, meist Wochenmarkt; in der Mehrzahl – Marktgassen einer Stadt; die Wochenmärkte tragen die Namen der Tage, an denen sie stattfinden: *el had* = Sonntag, *et tnine* = Montag, *et tleta* = Dienstag, *el arba* = Mittwoch, *el khemis* = Donnerstag, *el djema* = Freitag, *es sebt* = Samstag

■ **Tachelhit:** einer der drei Berberdialekte in Marokko

■ **Tadelakt:** spezieller, glänzender Kalkputz (besonders für Bäder) in verschiedenen Farben

■ **Tajine:** Fleisch mit Soße, in spitzdeckeligem Tontopf geschmort

■ **Takbilt:** politische Einteilung der Berberbevölkerung des Hohen Atlas (arabisch-berberische Mischform)

■ **Taleb** (Mz. *Tolba*): Student an einer islamischen Hochschule

- **Tamazight:** einer der drei Berberdialekte in Marokko
- **Tarbouch:** männliche Kopfbedeckung (städtisch)
- **Tigemmi:** Haus
- **Tighremt:** Umfriedung; befestigte Burg oder Speicherburg, auch Kasbah
- **Tirs:** gute schwarze Ackerböden
- **Tit:** Quelle
- **Tizi (franz. Col):** Passübergang

- **Umma:** Gemeinschaft der mohammedanischen Gläubigen

- **Zawia** bzw. **Zaouia (franz.):** Heiligtum, kleine Moschee; Sitz einer religiösen Bruderschaft
- **Zellij** bzw. **Zelliges:** Mosaik aus farbigen Keramikstücken, verwandt mit dem spanischen „azul" (= blau); „azulejos"
- **Zenata:** nomadisierende Berber (aus dem Osten zugewandert); sie sprechen einen der drei Berberdialekte Marokkos

# Literatur

Als **sehr gute Hintergrundliteratur** sind die sozialkritischen Romane einiger marokkanischer Schriftsteller wie **Mohamed Mrabet, Mohamed Choukri, Tahar Ben Jelloun** u.a. zu empfehlen. Besten Einblick in das marokkanische Sozialgefüge liefert auch die Soziologin und Feministin **Fatima Mernissi** mit ihren zahlreichen Büchern. Kurzweilige Geschichten verschiedener bekannter Marokko-Literaten (u.a. *Elias Canetti, Fatima Mernissi, Tahar Ben Jelloun*) enthält das Buch **„Reise nach Marokko – Kulturkompass fürs Handgepäck"** aus dem Unionsverlag. Ein neuerer lesenswerter Roman ist **„Die alte Dame in Marrakesch"** (2017) von *Fouad Laroui* aus dem Merlin Verlag. *Tahir Shah* gibt in seinen autobiografischen Büchern mit viel Witz interessante Einblicke in die marokkanische Gesellschaft: **„Der glücklichste Mensch der Welt: Meine Reise zu den Geschichtenerzählern Marokkos"** (2011) und **„Im Haus des Kalifen. Ein Jahr in Casablanca"** (2019) sind im Malik-Verlag erschienen.

Viele **Bildbände** zeigen zwar eindrucksvolle Fotos, haben aber sehr klischeehafte Texte, die wenig in die Tiefe gehen, nicht aktuell sind oder nur die wichtigsten touristischen Regionen abdecken. Eine Ausnahme ist der wunderschöne Bildband **„Marokko – Reise durch eine verborgene Wunderwelt zwischen Wüste und Prunk"** von *Steffen Burger*, der auf mehreren langen Reisen, v.a. mit dem Motorrad in abgelegenen Regionen, seine Eindrücke fotografisch festhielt und engen Kontakt zur Bevölkerung fand. In den sehr einfühlsamen, manchmal poetischen Texten schildert er seine Erlebnisse und gibt Hintergrundinformationen ohne Klischees. Das Buch ist für uns der derzeit schönste und informativste Bildband zu Marokko (zu beziehen nur über den Autor, www.steffenburger.de).

Das Buch **„Zeit für Marokko – Den Zauber des Orients entdecken und genießen"** (Bruckmann Verlag) verbindet Fotos des professionellen Reisefotografen *Christian Heeb* mit Tipps zu den stilvollsten Unterkünften und ausführlichen Hintergrundtexten der Autorin *Astrid Därr*. Wer sich für orientalische Architektur und Innenausstattung interessiert, wird **„Moroccan Interiors"** oder **„Living in Morocco"** (dreisprachig) von *Lisa Lovatt-Smith* aus dem Taschen-Verlag lieben. Gezeigt werden traditionelle Häuser, Wohnformen, Villen aus marokkanischen Städten und deren Einrichtung.

Eine ganz neue Perspektive auf die Bergwelt, Oasen und Speicherburgen im Anti-Atlas bietet der Bildband **„Anti-Atlas (Marokko). Eine eindrucksvolle Kulturlandschaft von oben betrachtet"** von *André Humbert* und *Herbert Popp* (Michael Imhof Verlag). Das Buch zeigt nicht nur beeindruckende Luftaufnahmen, sondern wartet zudem mit interessanten Hintergrundinformationen zu Geografie, Landwirtschaft, Bevölkerung und Wirtschaft in der Region auf.

An **Sachliteratur** empfehlen wir z.B. **„KulturSchock Marokko"** von *Muriel Brunswig* (Reise Know-How Verlag) und das **Sympathiemagazin „Marokko verstehen"** (Studienkreis für Tourismus und Entwicklung e.V., www.sympathiemagazin.de). Beide Publikationen geben einen sehr guten Einblick in die marokkanische Mentalität, informieren sensibel über Land und Leute und helfen bei der Überwindung kulturell bedingter Barrieren.

**„Tanger Telegramm. Reise durch die Literaturen einer legendären marokkanischen Stadt"**, herausgegeben von *Florian Vetsch* und *Boris Kerenski*, ist eine Textsammlung, die den Leser in die turbulente (Kolonial-)Geschichte von Tanger entführt.

Alles über Tiere und Pflanzen in Nordafrika – mit traditionellen Heilanwendungen und den lokalen Namen in Arabisch und Berberisch – bietet das Buch **„Sahara. Tiere, Pflanzen, Spuren"** von *Verena Schatanek* und *Houcine Elkharassi* (Franckh-Kosmos Verlag).

Ornithologen können mit **„A Birdwatchers' Guide to Morocco"** von *Patrick* und *Fédora Bergier* (Prion Ltd.) die Vögel in Marokko bestimmen.

Ausführliche Beschreibungen von Wandergebieten und -routen enthalten der **„Rother Wanderführer Marokko: Atlasgebirge und Sahara. 50 Touren"** von *Michael Wellhausen* (Bergverlag Rother) sowie **„Moroccan Atlas: the Trekking Guide"** von *Alan Palmer* (Trailblazer Verlag).

Aktuelle Beschreibungen von Off-Road-Routen inkl. GPS-Daten bzw. Daten-Download von Waypoints und Tracks bietet das Ringbuch **„GPS Off-Road-Reiseführer Marokko"** von *Sabine* und *Burkhard Koch* (www.pistenkuh.de).

**Wissenschaftliche Hintergrundliteratur** zu verschiedenen Themen (z.B. Studienreisen, Wüstentourismus, Heiligenkult, Speicherburgen in Marokko, z.T. in Französisch) liefern die **Maghreb-Studien des Geografischen Instituts der Universität Bayreuth;** Online-Bestellung auf www.stadtgeo.uni-bayreuth.de/de/publications/maghreb-studien.

Natürlich gibt es auch jede Menge Literatur über die **marokkanische Küche.** Empfehlenswerte Kochbücher sind „The taste of Marrakesh – Die echte marokkanische Küche" von *Muriel Brunswig* (Fackelträger Verlag) mit stimmungsvollen Bildern von *Lutz Jäkel* sowie „Tajine & Co.: 100 Rezepte aus dem orientalischen Lehmtopf" von *Jochen Walter* (Christian Verlag).

**In Marokkos** Städten findet sich in teilweise sehr gut sortierten **Buchhandlungen** eine Unzahl an französisch- und zum Teil auch englischsprachigen Titeln zum Land. Auf die große Zahl von französischsprachiger Literatur wird hier nicht näher eingegangen.

Spezialisiert auf Bücher über den arabischen Kulturraum sind folgende **Verlage:** Edition Orient in Berlin (www.edition-orient.de), Edition Wuquf – Hanspeter Mattes (nur online unter www.wuquf.de). Auch der Unions-Verlag in Zürich (www.unionsverlag.com) bringt viele Publikationen arabischer Schriftsteller heraus.

Die **Deutsch-Maghrebinische Gesellschaft e.V.** (www.dmag-bonn.de) bespricht in ihrem Medienspiegel regelmäßig neue Publikationen mit Bezug zum Maghreb.

☑ Wanderer im Djabal-Saghro-Gebirge

047sm20 ad

# Landkarten

Als **Übersichtskarte** für das gesamte Land ist die Marokko-Karte von **Reise Know-How** (world mapping project) im Maßstab 1:1 Mio. zu empfehlen, die von den Autorinnen dieses Buches regelmäßig aktualisiert wird.

Einen sehr guten Überblick gibt außerdem die Marokko-Karte von **Michelin** im Maßstab 1:1 Mio. mit einigen Nebenkarten 1:600.000. Auf dieser Karte sind auch die Pisten und Nebenstrecken genau erkennbar (für Mountainbike- und Geländewagenfahrer), jedoch nicht auf dem neuesten Stand.

Wer sich für **Regionalkarten** mit detaillierten Ausschnitten interessiert oder mit GPS navigieren will, ist mit den Karten der *Division Topographique* (Rabat, 1:250.000) gut bedient. Manche Karten sind genehmigungspflichtig und nur unter großem Aufwand zu bekommen, einige Blätter sind vergriffen, jene über die südlichen Gebiete werden gar nicht an die Öffentlichkeit ausgeliefert. Wichtig sind die Detailkarten 1:100.000 vor allem für Bergsteiger und Mineraliensammler im Hohen Atlas, die Karten 1:250.000 auch für 4x4-Fahrer, die die Nebenpisten im Anti-Atlas und Sahara-Bereich befahren wollen.

Seit Ende 2018 sind für diverse Gebiete in Südmarokko (Marrakesch bis Tan-Tan) die sehr detaillierten und aufwendig recherchierten touristischen Landkarten von **Marokko Erfahren** (www.marokko-erfahren. de/karten.html) erhältlich. Die GPS-fähigen, dreisprachigen Karten im Maßstab 1.120.000 wurden speziell für Individualreisende konzipiert und bieten nicht nur eine sehr gute Orientierungshilfe (z.B. im weitverzweigten Straßennetz des Anti-Atlas), sondern liefern auch Informationen und GPS-Koordinaten von touristisch interessanten Orten (wie z.B. Speicherburgen, Felsgravuren, religiöse Stätten). Bestellung in der Buchhandlung, bei Amazon und auf www.mapfox.de möglich.

Sehr nützlich sind auch die **Wander- und Touristenkarten** von *Mohamed Aït Hamza* und *Herbert Popp* von der Uni Bayreuth: „Kultur-Trekking im Dschebel Saghro (Südmarokko)", „Kultur-Trekking im Zentralen Hohen Atlas", „Touristische Karte des Westlichen Antiatlas". Die Karten können über das Geografische Institut der Uni Bayreuth bestellt werden: www.stadtgeo.uni-bayreuth.de/de/publications/maghreb-karten.

Mit der Kartensoftware **„City Navigator Morocco NT"** von Garmin (www.garmin.de) lässt es sich gut auf den marokkanischen Straßen navigieren. Topografische Karten für Wanderungen und Offroad-Fahrten bieten die Software **„Marokko Topo GPS Karte Garmin"** von Navitracks (www.navitracks.de) sowie **„Nordafrika für Garmin GPS inkl. Marokko, Tunesien"** mit aktuellen und sehr detaillierten Karten (Topografie, Straßennavigation, POIs), zu beziehen über www.expeditionstechnik.de.

# Wir bitten um Ihre Mithilfe

**Dieser Reiseführer** ist gespickt mit unzähligen Adressen, Preisen, Tipps und Infos. Nur vor Ort kann überprüft werden, was noch stimmt, was sich verändert hat, ob Preise gestiegen oder gefallen sind, ob ein Hotel, ein Restaurant immer noch empfehlenswert ist oder nicht, ob ein Ziel noch erreichbar ist oder nicht, ob es eine lohnende Alternative gibt usw.

Unsere Autoren sind zwar stetig unterwegs und erstellen ca. alle zwei Jahre eine komplette Aktualisierung, aber auf die Mithilfe von Reisenden können sie nicht verzichten.

**Darum: Schreiben Sie uns,** was sich geändert hat, was besser sein könnte, was gestrichen bzw. ergänzt werden soll. Nur so bleibt dieses Buch immer aktuell und zuverlässig. Wenn sich die Infos direkt auf das Buch beziehen, würde uns eine Seitenangabe die Arbeit sehr erleichtern. Gut verwertbare Informationen belohnt der Verlag mit einem Sprachführer Ihrer Wahl aus der über 240 Bände umfassenden Reihe „Kauderwelsch". Bitte schreiben Sie an:

**Reise Know-How Verlag** Peter Rump GmbH | Postfach 140666 | 33626 Bielefeld
oder per E-Mail an: info@reise-know-how.de
**Danke!**

TourSerail
Marokko bewusst erleben
Reisen mit dem Know How der
KulturSchock-Marokko-Autorin
Muriel Brunswig
Nachhaltiges und faires Reisen
Begegnungen auf Augenhöhe
Hinter die Kulissen schauen
Kontakt und
Informationen:
Tel. 0761 64 107
www.tourserail.com
info@tourserail.com

# Register

## A

## B

**U**

# Die Autorinnen

**Astrid Därr,** geb. 1977, kümmert sich seit rund fünfzehn Jahren um die Aktualisierung des vorliegenden Reiseführers. *Astrid* war von frühester Kindheit an mit ihren Eltern *Erika* (s.u.) und *Klaus Därr* im gesamten Sahara-Raum unterwegs. Seit ihrem 18. Lebensjahr bereiste sie alle Kontinente auf eigene Faust (darunter mehr als 30 Länder Afrikas) mit öffentlichen Verkehrsmitteln, dem eigenen Fahrzeug oder auf abenteuerlichen Trekking- und Skitouren. Mit ihrem über 30 Jahre alten Toyota Land Cruiser HJ60 durchquerte sie den Kontinent in mehreren Etappen von München bis Kapstadt. Nach zwölf Jahren ausgedehnter Reisen im südlichen Afrika verschiffte sie den Geländewagen nach Südamerika, wo sie die Weltreise in Etappen fortsetzt. Die Diplom-Geografin befasste sich schon während ihres Studiums intensiv mit dem Maghreb, u.a. mit ihrer Diplomarbeit über Investoren in der Medina von Fès. *Astrid Därr* schreibt regelmäßig für verschiedene Print- und Onlinemedien über Outdoor- und Reisethemen, außerdem ist sie Autorin diverser Bücher, darunter „Marokko" und „CityTrip Marrakesch" (beide Titel Reise Know How Verlag), „Zeit für Marokko" und „Zeit für Safari" (beide Bruckmann

Verlag). Als Reisejournalistin und Reiseleiterin ist sie mehr als sechs Monate im Jahr in der ganzen Welt unterwegs. Mehr über die Autorin unter www.daerr.net.

**Erika Därr,** geb. 1949, ist seit 1971 auf allen Kontinenten unterwegs. Das erste Land außerhalb Europas, das sie besuchte, war Marokko. Auf vielen mehrwöchigen Reisen, allein oder mit Familie, lernte sie Land und Leute kennen und lieben. Nach mehreren Sahara-Durchquerungen gründete sie 1976 mit ihrem Mann *Klaus* den mittlerweile verkauften Reiseausrüstungsladen „Därr Expeditionsservice“. Sie schrieb 1981 die erste Auflage des Globetrotterführers „Marokko – vom Rif zum Anti-Atlas“ und veröffentlichte das Buch im Eigenverlag. 1984 war sie Mitbegründerin der Verlagsgruppe Reise Know-How, arbeitete bis 2002 als Verlegerin – und danach weiter als Autorin mehrerer Reiseführer in der Verlagsgruppe. Bis 2008 reiste sie zusammen mit ihrem Mann mehr als fünf Jahre mit einem Allrad-Wohnmobil durch alle Kontinente. *Erika Därr* aktualisierte für diese Auflage verschiedene Routen, einige Angaben im Kapitel „Land und Leute“ und ergänzte Infos zu Hotels, Campingplätzen und Restaurants. Mit dieser Auflage übergibt sie den Reiseführer komplett an ihre Tochter *Astrid,* unternimmt aber weiterhin Reisen durch Marokko. Mehr über die Autorin unter www.daerr.info.

## Danksagung

Unser besonderer Dank gilt den Bekannten und Freunden in Deutschland und Marokko, die uns bei der Aktualisierung dieser Auflage mit Infos, Hintergrundtexten und Fotos behilflich waren. Zu nennen sind (alphabetisch nach Nachnamen sortiert) *Hassan Aferiad, Frank Becker, Abdelkhalek Benalia* (Sahara Experience), *Simone Benhassi, Muriel Brunswig, Silvia Brutschin, Andreas* und *Barbara Conrad* (marokko-erfahren.de), *Prof. Dr. Anton Escher, Manfred Fahnert* (Lehmexpress), *Thomas Friedrich, Peter Heyn, Axel* und *Marlene Hippke, Brahim Karaoui, Nadine Kemp, Siegfried Klausmann* (Gleisnost), *Bärbel* und *Udo Klein, Marion Klein, Edi Kunz, Bari Laballi, Christoph Leisten, Joschi Lerche, Roger Mimo, Gaby Noack-Späth, Prof. Dr. Herbert Popp, Gabriele Rau, Norbert* und *Susanne Schmidt, Wolfgang Seel, Sabrina Sonntag, Corinna Streng* sowie *Sandra Wittlinger.* Danke auch an alle treuen LeserbriefschreiberInnen für unzählige Anregungen, Infos und Tipps!

Die Autorinnen:
Astrid Därr (li.), Erika Därr (re.)